Helmut Thomä   Horst Kächele

Lehrbuch der psychoanalytischen Therapie

2 Praxis

Unter Mitarbeit von

Stephan Ahrens   Andreas Bilger   Manfred Cierpka
Walter Goudsmit   Roderich Hohage   Michael Hölzer
Juan Pablo Jiménez   Lotte Köhler   Martin Löw-Beer
Robert Marten   Joachim Scharfenberg   Rainer Schors
Wolfgang Steffens   Imre Szecsödy   Brigitte Thomä
Angelika Wenzel

Springer-Verlag
Berlin Heidelberg New York
Paris London Tokyo

Professor Dr. Helmut Thomä
Professor Dr. Horst Kächele

Abteilung Psychotherapie der Universität
Am Hochsträss 8, D-7900 Ulm

ISBN 3-540-16196-1 Springer-Verlag Berlin Heidelberg New York
ISBN 0-387-16196-1 Springer-Verlag New York Berlin Heidelberg

CIP-Kurztitelaufnahme der Deutschen Bibliothek.
Thomä, Helmut:
Lehrbuch der psychoanalytischen Therapie / Helmut Thomä ;
Horst Kächele. - Berlin ; Heidelberg ; New York ; Paris ;
London ; Tokyo : Springer
Engl. Ausg. u. d. T.: Thomä, Helmut: Psychoanalytic practice. - Teilw.
mit d. Erscheinungsorten Berlin, Heidelberg, New York, Tokyo
NE: Kächele, Horst:
2. Praxis / unter Mitarb. von Stephan Ahrens ... - 1988
ISBN 3-540-16196-1 (Berlin ...) Gb.
ISBN 0-387-16196-1 (New York ...) Gb.

Datenkonvertierung, Druck, Einband: Appl, Wemding.
2119/3140-5 4 3 2 1 0 - Gedruckt auf säurefreiem Papier

Vorwort

Nach dem Grundlagenband des *Lehrbuchs der psychoanalytischen Therapie* legen wir nun den der *Praxis* dienenden Band 2 vor. Neben der Wiedergabe therapeutischer Dialoge, die uns aus didaktischen Gründen besonders am Herzen liegen, stützen wir uns auch auf traditionelle Protokollierungen und zusammenfassende Beschreibungen von Behandlungsverläufen.

Die erfreuliche Resonanz, die der mittlerweile in mehrere Sprachen übersetzte Grundlagenband gefunden hat, weckte Erwartungen, die nunmehr einzulösen sind. Die Prinzipien der Behandlungstechnik müssen sich in der psychoanalytischen Sprechstunde bewähren.

Die Bereitschaft, unser therapeutisches Denken und Handeln offenzulegen, hat zu einem lebhaften Austausch mit Psychoanalytikern und Wissenschaftlern aus anderen Fachgebieten des In- und Auslands geführt. Diese Zusammenarbeit hat den Inhalt dieses Bandes bereichert. Unsere Ulmer Mitarbeiter sowie auswärtige Kolleginnen und Kollegen haben uns Entwürfe zur Integration und Gestaltung überlassen, ohne als Urheber an der entsprechenden Stelle genannt zu werden. So konnte eine gewisse Geschlossenheit in der Darstellung erreicht werden. In diesem Zusammenhang ist uns bereits nach dem Erscheinen des 1. Bandes die Frage gestellt worden, wie wir unterschiedlichen Auffassungen gerecht geworden sind. Das besondere Interesse scheint dabei nicht nur dem jeweiligen Urheber zu gelten, sondern v. a. der Art der Zusammenarbeit der beiden verantwortlichen Autoren. Es geht hier offenbar um das Problem, wie Meinungsverschiedenheiten unter Psychoanalytikern entstehen und wie sie fruchtbar gelöst werden können. Wir glauben, den richtigen Weg eingeschlagen zu haben, indem wir verschiedene Standpunkte wissenschaftlich, d. h. so objektiv wie möglich, untersuchten. Die kritische Erörterung der psychoanalytischen Praxis und Theorie gab jedem von uns die Möglichkeit, die eigene Auffassung klar zum Ausdruck zu bringen. Der federführende Autor hat hierbei das Fazit aus einer langen beruflichen Laufbahn gezogen und von dem erreichten Standort aus auch solche Abschnitte wesentlich mitgeprägt, die nicht von ihm entworfen worden waren. Eine Abgrenzung der Urheberschaft, die bezüglich der Entstehung einzelner Abschnitte möglich wäre, würde der Gestaltung des endgültigen Textes nicht gerecht. Das Ganze ist auch in diesem Fall mehr als die Summe seiner Teile. Dankbar stellen wir fest, daß Umstände, die außerhalb unseres Zutuns lagen, und eigene Bemühungen eine nunmehr fast 20jährige Zusammenarbeit ermöglichten, die in diesem 2bändigen Lehrbuch einen gewissen Höhepunkt erreicht hat.

Unser besonderer Dank für die ungewöhnliche Bereitschaft, uns ihre speziellen Kenntnisse zur Einarbeitung in das Lehrbuch zur Verfügung zu stellen, geht an die nachfolgend genannten, auswärtigen Psychoanalytiker:

Stephan Ahrens (Hamburg) hat unser Wissen vom Stand der Alexithymiediskussion bereichert; Walter Goudsmit (Groningen) teilte seine jahrelangen Erfahrungen in der Behandlung von Delinquenten mit; Lotte Köhler (München) erörterte unsere Auffassung zu Gegenübertragungen aus selbstpsychologischer Sicht; Imre Szecsödys (Stockholm) hilfreiche Supervisionstätigkeit wurde in einem Abschnitt über Konsultation verarbeitet. Unsere Überzeugung, daß sich der interdisziplinäre Austausch mit Wissenschaftlern aus anderen Fachgebieten auch für die therapeutische Praxis fruchtbar auswirkt, wird durch mehrere Beiträge in diesem Band erwiesen. Martin Löw-Beer (Frankfurt) hat durch philosophische Überlegungen unser Verständnis der „guten Stunde" vertieft; Joachim Scharfenberg (Kiel) nahm als Theologe zu einem Dialog Stellung, der den Analytiker mit religiösen Problemen konfrontiert hatte. Angelika Wenzel (Karlsruhe) zeigte durch linguistische Interpretationen, wie ergiebig es auch für das klinische Verständnis ist, wenn andere Methoden auf psychoanalytische Texte angewendet werden. Über den persönlichen Dank hinaus freuen wir uns über diese Beiträge besonders deshalb, weil sie die Fruchtbarkeit interdisziplinärer Kooperation für die Psychoanalyse unterstreichen.

Die kritische Lektüre, der einzelne Kapitel oder Abschnitte in verschiedenen Entwurfsstadien unterzogen wurden, war von großem Wert. Unserer alleinigen Verantwortung für den vorliegenden Text bewußt, danken wir namentlich:

Jürgen Aschoff, Helmut Baitsch, Hermann Beland, Claus Bischoff, Werner Bohleber, Helga Breuninger, Marianne Buchheim, Peter Buchheim, Johannes Cremerius, Joachim Danckwardt, Ulrich Ehebald, Franz Rudolf Faber, Heinz Henseler, Reimer Karstens, Otto F. Kernberg, Joachim P. Kerz, Gisela Klann-Delius, Lisbeth Klöß-Rotmann, Rolf Klüwer, Marianne Leuzinger-Bohleber, Wolfgang Lipp, Adolf-Ernst Meyer, Emma Moersch, Michael Rotmann, Ulrich Rüger, Walter Schmitthenner, Erich Schneider, Almuth Sellschopp, Ilka von Zeppelin.

Mehr noch als beim 1. Band waren wir auf vielfältige redaktionelle und technische Hilfe angewiesen. Immer wieder verbesserte Entwürfe bis zur Reinschrift wurden von Karin Findling, Ingrid Freischlad und Doris Gaissmaier mit stetigem Engagement geschrieben; die EDV-Fassung des Manuskripts wurde von Irmgard Hössle und Oliver Boos betreut. Michael Hölzer koordinierte die Zusammenarbeit der Abteilung Psychotherapie mit dem Lektorat und besorgte zusammen mit Nicola Scheytt die nötige Überarbeitung. Mit einfühlsamer Hand haben die Lektoren des Springer-Verlags Andrea Gaisser und Lothar Picht den Text verbessert; Toni Graf-Baumann unterstützte die Konzeption und die verlegerische Realisierung des Gesamtwerkes mit Nachdruck. Unser Dank für die allseits erhaltene Unterstützung ist groß.

Am meisten haben wir den Patienten zu danken, die sich uns anvertraut haben. Es liegt in der Natur der Sache, daß Fortschritte der psychoanalytischen Behandlungstechnik an einen zwischenmenschlichen Erkenntnisprozeß gebunden sind. Die Beispiele, die der Leser in diesem Band vorfinden wird, zeugen von der Bedeutung, die wir der kritischen Mitarbeit von Patienten zuschreiben.

Wir hoffen, daß unsere Erfahrungsberichte aus der psychoanalytischen Praxis zukünftigen Patienten zugute kommen und ihren Therapeuten hilfreiche Anregungen vermitteln werden.

Ulm, im Juni 1988

Helmut Thomä
Horst Kächele

Inhaltsverzeichnis

Einleitung

Wie wir in der Einleitung zum Grundlagenband ausgeführt haben, bestehen für deutsche Psychoanalytiker besondere Schwierigkeiten, sich das Werk Freuds kritisch anzueignen und Unabhängigkeit zu erlangen. Es geht um die für die psychoanalytische Berufsgemeinschaft und deren Zukunft wesentliche Frage, wie die jeweils jüngere Generation zu eigenständiger beruflicher Identität gelangt. Wegen der überragenden Bedeutung Freuds einerseits und der Art der psychoanalytischen Ausbildung andererseits wird die wissenschaftliche Auseinandersetzung mit der psychoanalytischen Theorie und Praxis über die Maßen verzögert, so daß der Nachwuchs viel zu spät Eigenständigkeit erlangt.

Im Grundlagenband haben wir unsere Position theoretisch dargelegt und die Leitidee für die Praxis dem Werk Balints entnommen, der in seiner Zwei- bzw. Dreipersonenpsychologie den Beitrag des Analytikers zum therapeutischen Prozeß in den Mittelpunkt stellt. Wegen der erwähnten allgemeinen Probleme und ihrer speziellen deutschen Version sowie aus Gründen, die im eigenen Lebensgang liegen, haben wir unseren Weg langsam und zögernd zurückgelegt. Dies gilt besonders für den Hauptautor, der im Laufe der jahrelangen Vorbereitung und Arbeit an diesem 2bändigen Lehrbuch das Fazit seines beruflichen Denkens und Handelns gezogen hat. Den letzten Anstoß, vom erreichten Standpunkt aus eine kritische Übersicht über die Lage der Psychoanalyse als Theorie und Praxis zu geben und von der Gegenwart aus in die Zukunft zu blikken, hat Merton Gill gegeben. Er hat uns angespornt, das Zögern aufzugeben. Wir seien schließlich alt genug, meinte er, und müßten, um mit gutem Beispiel voranzugehen, sagen, was wir denken.

Wir können für uns beanspruchen, mit diesem guten Beispiel vorangegangen zu sein, indem wir psychoanalytische Dialoge und damit unser therapeutisches Denken und Handeln Psychoanalytikern und anderen Wissenschaftlern seit Jahren zur Verfügung stellen. Die Art unserer Berichterstattung bringt es mit sich, daß sich der behandelnde Analytiker in besonderer Weise der Kritik seiner Fachkollegen aussetzt.

Die ärztliche Schweigepflicht gebietet es, hier erhöhte Sorgfalt walten zu lassen. Die damit verbundenen Probleme haben wir folgendermaßen zu lösen versucht:

In Erweiterung der bereits von Freud (1905a, S. 164ff.) vorgeschlagenen vorbildlichen Chiffrierungsmaßnahmen haben wir nichts unverändert gelassen, was dem Leser die Identifikation eines Patienten ermöglichen könnte. Die Chiffrierung kann allerdings nicht so weit getrieben werden, daß der Patient selbst sich nicht wiedererkennen könnte, falls ein Zufall ihm dieses Buch in die Hände spielen sollte. Freilich halten wir es nicht für ganz ausgeschlossen, daß auch ein so betroffener ehemaliger Patient einige Mühe haben würde, seine eigene Person wiederzufinden. Denn die vorgenommenen Veränderungen aller äußeren Daten und die einseitige, nur auf bestimmte Probleme eingeschränkte Wiedergabe gerade solcher Seiten, mit denen der Patient kaum vertraut war und die auch der Umgebung gewöhnlich nicht bekannt sind, führt zu einer eigenartigen Verfremdung. Im Hinblick auf die Erleichterung der ärztlichen Diskretion muß uns diese Verfremdung willkommen sein.

Lebensgeschichtliche Daten, deren Chiffrierung durch das Prinzip der analogen Ersetzung bestimmt ist, erwähnen wir nur insoweit, als sie für das Begreifen des Behandlungsgeschehens relevant sind. Es ist ein weitverbreiteter Irrtum zu glauben, daß in Psychotherapien die ganze Person zum Vorschein komme. Tatsächlich sind es vorwiegend die schwachen Stellen, die Probleme und das Leiden, die zur Sprache gebracht werden. Ohne die anderen, konfliktfreien Seiten des Lebens, die hier unerwähnt bleiben, weil sie nicht primär Gegenstand der Therapie sind, entsteht ein verzerrtes Bild der Persönlichkeit des Analysanden. So willkommen es uns unter dem Gesichtspunkt der Chiffrierung ist, daß Patienten ein einseitiges, oft genug ein Negativbild, von sich vermitteln, das manchmal nur der Analytiker kennt, so wesentlich ist es, diese Tatsache behandlungstechnisch zu reflektieren.

Über die Art der Kodierung der Patienten haben wir uns viele Gedanken gemacht. Keine ist vollständig zufriedenstellend. Ein hervorstechendes Merkmal zum Decknamen zu machen, gibt einer Eigenschaft ein besonderes Gewicht. Andererseits wollten wir unsere Patienten aber auch nicht mit einer Nummer versehen. Deshalb haben wir als Pseudonyme Vornamen gewählt und - in Anlehnung an die chromosomale Geschlechtsbestimmung - alle Frauen mit einem X sowie alle Männer mit einem Y gekennzeichnet. Der anatomische Geschlechtsunterschied ist die naturgegebene, biologische Grundlage weiblicher und männlicher Biographien, so groß auch immer die psychosozialen Einflüsse auf die Geschlechtsrolle und das Identitätsgefühl sein mögen. Diese Art der Anonymisierung drückt die Spannung zwischen der Einzigartigkeit der Person und deren biologischer Ausstattung aus, die den einzelnen zum Gattungs- bzw. Geschlechtswesen macht. Wir hoffen, daß sich unsere Leser mit dem Kodierungssystem befreunden können. Es dient dem Auffinden der jeweils zu einem Fall gehörenden Behandlungsabschnitte anhand des Patientenregisters.

Ohne die Zustimmung unserer Patienten, die therapeutischen Gespräche in der einen oder anderen Form zu protokollieren und diese nach gründlicher Chiffrierung auszuwerten und zu veröffentlichen, hätte dieser Praxisband nicht entstehen können. Viele Patienten verbinden ihr Einverständnis mit der Hoffnung, daß die gründliche Diskussion behandlungstechnischer Probleme anderen Kranken, die sich einmal in eine psychoanalytische Therapie begeben werden, zugute kommen wird. Einige Patienten haben die sie betreffenden Behandlungsausschnitte kommentiert. Für diese Stellungnahmen sind wir besonders dankbar.

Diese Bereitwilligkeit stellt eine erfreuliche Veränderung des gesellschaftlichen und kulturellen Klimas dar, zu der auch die Psychoanalyse beigetragen hat. Hatte Freud noch guten Grund zu der Annahme, daß die von ihm behandelten Kranken nicht gesprochen hätten, „wenn ihnen die Möglichkeit einer wissenschaftlichen Verwertung ihrer Geständnisse in den Sinn gekommen wäre" (Freud 1905e, S.164), so haben uns viele Patienten im Laufe der letzten Jahrzehnte eines Besseren belehrt. Zweifellos geht die Psychoanalyse durch eine Phase der Entmystifizierung. Es ist kein Zufall, daß etwa zur gleichen Zeit Patienten über ihre Analyse berichten und eine breite Öffentlichkeit alles geradezu gierig aufnimmt, was frühere Analysanden über Freuds Praxis mitteilen. Die Literatur über Freuds Praxis ist im Wachsen, und sie zeigt, daß Freud kein Freudianer war. Die geistigen und sozialen Verhältnisse haben sich in den letzten Jahrzehnten so verändert, daß auch Analysanden - seien es Patienten oder angehende Analytiker, die sich einer Lehranalyse unterziehen - über ihre Erfahrungen in der einen oder anderen Form berichteten. Hier wird u.a. das alte Motto ernstgenommen: Audiatur et altera pars. Man macht es sich zu leicht, wenn man solche autobiographischen Fragmente von unterschiedlicher schriftstellerischer Qualität auf erlittene Kränkungen, auf eine nicht verarbeitete negative Übertragung oder auf ein Übermaß an Exhibitionismus und Narzißmus zurückführt.

Die meisten Bedenken gegen die Benutzung eines Tonbandgeräts und gegen die Auswertung von Transkripten kommen nicht von den Patienten, sondern von den Therapeuten. Es wird mittlerweile weithin anerkannt, daß sich die psychoanalytische Prozeßforschung besonders darauf richten muß, was der Therapeut zum Verlauf, zu Erfolg und Mißerfolg beiträgt. Die entstehenden Belastungen bei der klinischen und wissenschaftlichen Diskussion betreffen nicht den anonymen Patienten, sondern den behandelnden Analytiker, dessen Name sich in Fachkreisen nicht verheimlichen läßt.

Diese Veränderungen erleichtern es der gegenwärtigen Generation von Psychoanalytikern, Verpflichtungen zu erfüllen, die nicht nur dem einzelnen Kranken, sondern auch der Wissenschaft gegenüber bestehen. Die Wohltaten der Aufklärung und die wissenschaftlich begründete Verallgemeinerung müssen, so fordert Freud, allen Kranken zugute kommen.

> Die öffentliche Mitteilung dessen, was man über die Verursachung und das Gefüge der Hysterie zu wissen glaubt, wird zur Pflicht, die Unterlassung zur schimpflichen Feigheit, wenn man nur die direkte persönliche Schädigung des einen Kranken vermeiden kann (1905e, S.164).

Unter persönlicher Schädigung versteht Freud hier einen Schaden, der durch Versäumnisse in der Chiffrierung vertraulicher Mitteilungen entstehen könnte.

Wegen der ärztlichen Schweigepflicht und der notwendigen Chiffrierung können wir oft keine genauen Angaben zur *Krankheitsgeschichte* machen. Trotzdem wird der Leser den Beispielen entnehmen können, daß die Mehrzahl unserer Patienten an schweren und chronischen Symptomen gelitten hat und wir aus einem breiten nosologischen Spektrum ausgewählt haben. Funktionelle körperliche Beschwerden sind eine häufige Begleiterscheinung seelischen Leidens. Mehrere Beispiele stammen aus der Psychoanalyse von Patienten mit somatischen Erkrankungen, deren seelische Mitverursachung wahrscheinlich gemacht werden konnte.

Die Auseinandersetzung von Patienten mit der psychoanalytischen Technik hat in den letzten Jahrzehnten zu Veränderungen unserer *Praxis* beigetragen. Wir legen Krankengeschichten und Behandlungsberichte vor, die während eines Zeitraumes von mehr als 3 Jahrzehnten entstanden sind. Die Wirksamkeit psychoanalytischer Therapien konnte in vielen Fällen langfristig katamnestisch überprüft werden.

Mit einem Aphorismus Wittgensteins möchten wir die Bedeutung von Beispielen hervorheben:

> Um eine Praxis festzulegen, genügen nicht Regeln, sondern man braucht Beispiele. Unsere Regeln lassen Hintertüren offen, und die Praxis muß für sich selbst sprechen (1984, S. 149).

Die psychoanalytische Praxis hat viele Gesichter, die wir durch typische Beispiele abzubilden versuchen. Momentaufnahmen aus der Nähe veranschaulichen Brennpunkte des Dialogs, also den jeweiligen *Fokus*. Um Behandlungsprozesse, die sich über einen größeren Zeitraum erstrecken, überblicken zu können, muß man sich in die Vogelperspektive begeben. Um Phänomene sehen, Worte hören, Texte lesen und die Zusammenhänge menschlichen Erlebens und Denkens begreifen zu können, benötigt man theoretische Halt- und Orientierungspunkte. Im großen sind diese im Grundlagenband zu finden. Im kleinen kann sich der Leser der Dialoge an den Überlegungen und Kommentaren, die den Dialogen hinzugefügt wurden, theoretisch informieren. Als *Überlegung* und *Kommentar* bezeichnen wir Anmerkungen zum Text, die sich in unterschiedlicher Distanz zum verbalen Austausch befinden. Damit glauben wir das Verständnis des jeweiligen therapeutischen Fokus zu erleichtern, auch wenn dieser nicht eigens beim Namen genannt wird. Die Überlegungen stammen stets vom behandelnden Analytiker, der den Leser damit an seinem gedanklichen Hintergrund teilnehmen läßt. Die Kommentare wurden im allgemeinen von uns hinzugefügt. Zwischen Überlegung und Kommentar bestehen fließende Übergänge.

Auf einem mittleren Abstraktionsniveau sind Einfügungen zur allgemeinen und speziellen psychoanalytischen Krankheitslehre angesiedelt, die wir in diesen Band aufgenommen haben, um dem Leser die Zuordnung der Beispiele zu erleichtern. Diese theoretischen Ergänzungen zum Grundlagenband und das breite diagnostische Spektrum, dem wir eine reichhaltige Typologie aus Behandlungsverläufen entnommen haben, haben zu dem beträchtlichen Umfang dieses Bandes geführt.

Durch die folgenden Hinweise möchten wir dem Leser die Orientierung erleichtern:

Mit Ausnahme des 1., 9. und 10. Kapitels korrespondieren die beiden Bände bezüglich der Hauptthemen miteinander. Theorie- und Praxisband sind einander so zugeordnet, daß sich der Leser im 2. Band unter der jeweiligen Kapitelziffer und zahlreichen Untergliederungen mit behandlungstechnischen Phänomenen vertraut machen kann, deren Theorie wir im Grundlagenband historisch-systematisch entwickelt haben. Die parallele Anwendung erleichtert die abwechselnde Berücksichtigung praktischer und theoretischer Aspekte. Ein Leser, der sich beispielsweise über die therapeutische Handhabung eines Identitätswiderstands einer chronischen Magersüchtigen kasuistisch informiert hat, wird an der entsprechenden Stelle des Grundlagenbandes (Abschnitt 4.6) die theoretischen Ausführungen finden.

Die Entscheidung, wegen des Umfangs der Texte ein zweibändiges Lehrbuch vorzulegen und den Aufbau des Praxisbands der Struktur des Grundlagenbands anzugleichen, ist mit dem Nachteil verbunden, daß zusammengehörige Phänomene, die in der psychoanalytischen Situation gemeinsam auftreten, darstellungsmäßig voneinander getrennt werden. Übertragung und Widerstand beispielsweise sind oft, rasch wechselnd, aufeinander bezogen. Damit man aber über etwas reden kann, muß es identifiziert, d. h. beim Namen genannt werden. Nach der theoretischen und begrifflichen Klärung im Grundlagenband geben wir im Praxisband Beispiele dafür, was mit dieser oder jener Übertragungsform und was mit diesem oder jenem Widerstand gemeint ist. Die mehrfache Untergliederung kann nur einen groben Orientierungsrahmen abgeben. Im Sachregister wird eine große Zahl von Querverweisen gegeben, die das Auffinden von Zusammenhängen zwischen den Phänomenen erleichtern.

Wir haben prägnante Beispiele aus den Analysen von 37 Patienten, 20 Männern und 17 Frauen, ausgewählt. Am Ende dieser Einleitung befindet sich die Liste der Chiffren, die wir den Patienten gegeben haben. Die durch Kursivdruck hervorgehobenen Ziffern und Titel kennzeichnen Textstellen mit Informationen über allgemeine Fragen des Krankheits- und Behandlungsverlaufs des jeweiligen Falles. Insgesamt sind in diesem Lehrbuch 14 Fälle in ihrem Verlauf dokumentiert. Bei den übrigen Fällen sind Verläufe zwar impliziert, die der Leser z. T. rekonstruieren kann. Ihre Darstellung dient aber primär der Erläuterung wesentlicher Begriffe der Theorie der Technik.

Angaben zur Frequenz und Dauer machen wir dann, wenn diesen eine besondere Bedeutung zukommt oder wenn es darum geht, bestimmte Themen aus der Einleitung und Beendigung einer Therapie abzuhandeln.

Bei der Wiedergabe von Dialogen verwenden wir für den Analytiker die Ichform, auch wenn dessen Rolle in der Realität von verschiedenen Personen wahrgenommen wurde. Sonst ist, verallgemeinernd, vom Analytiker oder vom Therapeuten die Rede.

Wir bleiben auch in diesem Band beim generischen Maskulinum und wenden uns an Patientinnen und Patienten als Gruppe der Leidenden und an Psychoanalytikerinnen und Psychoanalytiker als Personen, die aufgrund ihrer professionellen Kompetenz Linderung und Heilung in Aussicht stellen.

Patientenregister und Chiffrierung

In der Einleitung haben wir die allgemeinen Prinzipien der Chiffrierung erörtert. In der folgenden Liste sind die Abschnitte, die Informationen über die Krankheitsentstehung oder Zusammenfassungen enthalten, kursiv hervorgehoben. Darüber hinaus kann der Leser Einblicke in Behandlungsverläufe durch kontinuierliche Lektüre der Beispiele gewinnen, die derselben Behandlung entnommen sind.

Amalie X

2.4.2 Die Identifizierung mit den Funktionen des Analytikers
7.2 Freie Assoziation
7.7 Anonymität und Natürlichkeit
7.8.1 Tonbandaufzeichnungen
9.11.2 Veränderungen

Beatrice X

8.3 Deutungsaktionen
9.2 Angsthysterie

Clara X

2.2.5 Negative Übertragung
4.6 Widerstand und Sicherheitsprinzip
7.5.1 Psychoanalytische Aspekte von Metaphern
8.1.2 Behalten und Bewahren
8.5.3 Aufteilung der Übertragung
8.6 Unterbrechung

Dorothea X

8.5.5 Alltägliche Fehler
9.4 Depression

Erna X

Franziska X

Gertrud X

Henriette X

Ingrid X

Käthe X

Linda X

Maria X

Nora X

Rose X

Susanne X

6.2.1 Schichtzugehörigkeit

Ursula X

8.1.3 Jahrestagsreaktionen

Veronika X

3.7. Projektive Identifikation

Arthur Y

2.1.3 Gemeinsamkeit und Eigenständigkeit
2.2.3 Verschmelzungswünsche
3.5 Ironie
3.6 Narzißtische Spiegelung und Selbstobjekt
4.5 Nähe und Homosexualität
6.4 Fremdfinanzierung
6.5 Gutachten und Übertragung
7.1 Reden und Schweigen
7.4 Fragen und Antworten
7.5.2 Linguistische Interpretationen
7.8.1 Tonbandaufzeichnungen
8.1.1 Stundenverabredung
8.2 Lebens-, Krankheits- und Zeitgeschichte: eine Rekonstruktion
8.5.2 Verleugnung der Kastrationsangst
10.1.1 Konsultation
10.2 Philosophische Überlegungen zu einer „guten Stunde"
10.3.1 Das Gottesbild als Projektion

Bernhard Y

9.6 Neurodermitis

Christian Y

4.3 Unlust als Es-Widerstand
7.2 Freie Assoziation
9.3 Angstneurose
9.3.1 Trennungsangst
9.3.2 Beendigungsphase
9.3.3 Anerkennung und Selbstwertgefühl

Daniel Y

2.1.2 Unterstützung und Deutung

Erich Y

3.2 Komplementäre Gegenübertragung
3.3 Nachträglichkeit und Zurückphantasieren
5.1.1 Dysmorphophobie und Torticollis spasticus
5.2 Eine Traumserie
5.3 Ein Traum vom Symptom
5.4 Überlegungen zur Psychogenese

Friedrich Y

2.3.1 Wiederentdeckung des Vaters
9.11.1 Rückblicke von Patienten

Gustav Y

4.2 Pseudoautonomie
7.5.1. Psychoanalytische Aspekte von Metaphern

Heinrich Y

7.8.1 Tonbandaufzeichnungen
8.5.4 Mutterbindung

Ignaz Y

3.1 Konkordante Gegenübertragung
7.3 Gleichschwebende Aufmerksamkeit

Johann Y

3.7 Projektive Identifikation

Kurt Y

7.8.1 Tonbandaufzeichnungen
9.11.3 Abschied

Ludwig Y

6.1 Ein Erstinterview

Martin Y

6.3 Angehörige

Norbert Y

7.6 Wertfreiheit und Neutralität

1 Krankengeschichten und Behandlungsberichte

Vorbemerkungen

Die Krise der Theorie der Psychoanalyse, die wir im 1. Kapitel des Grundlagenbands in den Mittelpunkt gestellt haben, hat zwangsläufig auch Auswirkungen auf die Praxis. Darüber hinaus hat sich im letzten Jahrzehnt gezeigt, daß handlungstheoretische Perspektiven der psychoanalytischen Therapie eine Neubewertung vieler praxisrelevanter Konzepte nach sich ziehen. Insbesondere ist es wesentlich, zwischen der Theorie der Entstehung bzw. der Erklärung seelischer und psychosomatischer Erkrankungen und der Theorie der therapeutischen Veränderung zu unterscheiden.

In der Überschrift „Krankengeschichten und Behandlungsberichte" ist die Spannung enthalten, die das Verhältnis der Theorie der Entstehung und der Theorie der Veränderung in Freuds Werk auszeichnet.

Unser Weg zurück zu Freud führt im 1. Abschnitt dieses Kapitels zum Abschied von der Vorstellung, in den von ihm vorgelegten Krankengeschichten seien beide Seiten dieser Spannung wissenschaftlich zureichend erfaßt worden. Die berühmte Junktimbehauptung benötigt eine Neufassung. Für die Grundlegung der psychoanalytischen Therapie ergibt sich ein zukunftsweisender Neubeginn, wenn man die Bedeutung der Theorie der fortgesetzten Traumatisierung auch für die Gestaltung der therapeutischen Situation ernstnimmt.

Versucht man wissenschaftliche Kriterien an die Abfassung von Krankengeschichten und Behandlungsberichten anzulegen, wird es notwendig, verschiedene Darstellungsformen zu erproben. Mit vielen anderen Analytikern befinden wir uns seit etwa 3 Jahrzehnten in einem Boot, das dem Ziel zusteuert, den psychoanalytischen Dialog möglichst getreu wiederzugeben. Wir zeigen in diesem Kapitel unter 1.2 und 1.3 wichtige Zwischenstationen der Berichterstattung auf, die wir durch Beispiele in späteren Kapiteln erläutern. Das Boot hat inzwischen Neuland erreicht. Durch Tonbandaufzeichnungen ist es nun möglich, dem psychoanalytischen Dialog sehr nahezukommen und ihn für Dritte zuverlässig zugänglich zu machen. Wegen der Bedeutung dieses technischen Hilfsmittels in der Weiterbildung und Forschung machen wir den Leser unter 1.4 mit einer sich schon lange hinziehenden Kontroverse vertraut, zu deren Überwindung unsere Beispiele unter 7.8 beitragen sollen.

1.1 Zurück zu Freud auf dem Weg in die Zukunft

Als Einführung in das Werk Freuds dienen besonders die Krankengeschichten. Jones betont, daß der Fall Dora - nach den *Studien zur Hysterie* die erste der exemplarischen Krankengeschichten -

> ... jahrelang als Modell für Kandidaten der Psychoanalyse (diente), und obschon unsere Kenntnisse seither große Fortschritte gemacht haben, ist ihre Lektüre auch heute noch genau so interessant wie früher. Es war für mich die erste von Freuds postneurologischen Schriften, auf die ich bei ihrer Veröffentlichung stieß, und ich erinnere mich gut, wie tief mich die darin sichtbare Intuition und Beachtung kleinster Einzelheiten beeindruckte. Hier war ein Mensch, der nicht nur genau auf jedes Wort seines Patienten hörte, sondern für den auch jedes Jota einer Äußerung ebenso determiniert war und ebenso einen Zusammenhang voraussetzte wie die physikalischen Erscheinungen (1962, S. 306-307).

Um so bemerkenswerter ist es, daß Erikson (1962) gerade an diesem Fall erhebliche Schwächen der ätiologischen und therapeutischen Konzeption aufzeigte (s. Grundlagenband unter 8.6). Sein Vortrag als Präsident der amerikanischen psychoanalytischen Vereinigung markiert eine zunehmende Kritik sowohl an Freuds ätiologischen Erklärungen in den *Krankengeschichten* als auch an seiner Technik in den *Behandlungsberichten.* Angesichts einer wachsenden Flut von einschlägigen Veröffentlichungen äußert Arlow (1982) sein Befremden über diese Bindung an vergangene Objekte. Kurz und bündig empfiehlt er, von unseren Jugendfreundschaften, die uns einen guten Dienst getan haben, Abschied zu nehmen, sie zur wohlverdienten Ruhe zu legen und zur Tagesordnung überzugehen.

Zunächst ist es sicher wesentlich, daß und wie Jugendfreundschaften mit Anna O., dem kleinen Hans, mit Dora, mit dem Senatspräsidenten Schreber, mit dem Rattenmann und dem Wolfsmann geschlossen werden und unter welchen Umständen diese im Einzelfall zustande kommen. Das Ausbildungsinstitut vermittelt diese Freundschaften und macht durch sie den Kandidaten mit dem Werk Freuds als Therapeut, Wissenschaftler und Schriftsteller vertraut.

Wir sind beim Schreiben dieses Lehrbuchs zu unseren Jugendfreundschaften zurückgekehrt und haben uns in einige der großen Krankengeschichten Freuds vertieft. Wenn es auch bei wiederholter Lektüre Neues zu entdecken gibt, können wir nur mit hermeneutischen Vorbehalten in Lacans (1975, S. 39) Ruf einstimmen: „Zurück zu Freud". Auf dem Weg zurück begegnen wir unseren Jugendfreundinnen und -freunden nicht mehr in der Gestalt, in der sie uns damals entgegengetreten sind, als wir uns für *Katharina* oder für den *kleinen Hans* begeisterten. Immer haben wir Freuds Krankengeschichten in einem etwas anderen Licht gesehen und, es sei geklagt, uns dabei häufig zu wenig darum gekümmert, wie der Autor selbst seinen Text verstanden hat. Schließlich wurden wir nicht nur durch Freud in die Liebe zur Psychoanalyse eingeführt, sondern durch geistige Eltern, die für ihre Sicht der Dinge warben. Wem dürfen wir uns also auf dem Weg zurück so anvertrauen, daß sich die Ideen mit neuem Leben füllen und in die Zukunft weisen, die beispielsweise Arlow u. Brenner (1988) sowie Michels (1988) bei ihren Vorschlägen zur Reform der psychoanalytischen Ausbildung im Auge haben?

Angesichts der Größe des Werkes und der gestellten Aufgabe wird man sich bei der Entscheidung, welche Teile der Vergangenheit angehören, nicht auf einen einzelnen verlassen - und habe er auch die Bedeutung Rapaports (1960), der die vermutliche Lebensdauer wesentlicher psychoanalytischer Begriffe anzugeben wagte. Doch an welchen Vermittler sollen wir uns bei dieser hermeneutischen Aufgabe wenden? Hermes war zwar nicht der etymologische Stammvater der Hermeneutik, hat sich aber als Bote und Übersetzer zwischen Göttern und Menschen am Handel und Wandel dieser Welt beteiligt und hatte bei dieser Verständigung doch stets seine eigene Sache im Sinn. So ist es auch mit den Interpreten, wenn sie sich darum bemühen, dem Werk Freuds gerecht zu werden, ohne ihre eigenen Interessen aus dem Auge zu verlieren. Nicht nur die praktizierenden Psychoanalytiker leben buchstäblich vom Erbe Freuds. Das gleiche gilt für viele Autoren, die dieses Erbe zur Spielwiese ihrer Kritik machen.

Wie steht es mit der Aneignung als einer besonderen Form der Übersetzung? Seitdem Brandt (1977) das italienische Wortspiel „traduttore - traditore“ auf die *Standard Edition* angelegt, damit den „Übersetzer“ Strachey zum „Verräter“ gemacht hat, und seit Bettelheims (1982) provozierendes Buch erschienen ist, verbreitet sich Unsicherheit. Nach der Kritik an der Übersetzung Stracheys durch Bettelheim (1982), Brandt (1961, 1972, 1977), Brull (1975), Ornston (1982, 1985a,b), Mahony (1987) und Junker (1987) könnte nichts die schwierige Lage angloamerikanischer Psychoanalytiker, die sich auf die *Standard Edition* verlassen haben, besser beleuchten als der ironische Titel Wilsons (1987): „Hat Strachey Freud erfunden?“ Die Antwort versteht sich von selbst.

Die ungerechtfertigte und weit übertriebene Kritik an der bewundernswerten Leistung Stracheys hat die Diskussion in den letzten Jahren auf ein Nebengleis verschoben und von den wirklichen Gründen der Krise der Psychoanalyse abgelenkt. Es ist folglich mehr als naiv, diese angeblich durch die *Standard Edition* entstandene Krise mit Hilfe einer Neuübersetzung lösen zu wollen. Neben dem Nachweis von Fehlern und sinnentstellenden Irrtümern Stracheys, auf die von vielen Autoren zutreffend aufmerksam gemacht wird, geht es bei der Kritik an der *Standard Edition* um die hermeneutische Frage nach der Verzerrung des Werkes durch Stracheys Übersetzung. Es ist eine vergleichsweise einfache Sache, sinnentstellende Übersetzungsfehler nachzuweisen. Auf prinzipiellere Schwierigkeiten stößt man, weil die Hermeneutik, also die Lehre der Auslegung von Texten, uns keine Regeln an die Hand gibt, an denen wir uns wie an einem sicheren Seil bei einer schwierigen Hochgebirgswanderung entlangtasten könnten. Wir gehen mit Schleiermacher davon aus, daß es immerhin möglich ist, sich „auf der objektiven und subjektiven Seite dem Urheber gleichzustellen“ (1838, zit. nach 1977, S.94). Diese „Gleichsetzung mit dem Verfasser“ ist eine der Voraussetzungen, um einen Text auslegen und schließlich den Gegenstand besser als der Autor selbst verstehen zu können (s. hierzu Hirsch 1976, S. 37ff.). Diese Aufgabe ist nach Schleiermacher so auszudrücken: „Die Rede zuerst ebensogut und dann besser zu verstehen als ihr Urheber“ (S.94). Jedes Lesen bereichert unsere Vorkenntnisse und setzt uns zum besseren Verstehen instand; so heißt es weiter bei Schleiermacher: „Nur beim Unbedeutenden begnügen wir uns mit dem auf einmal Verstandenen“ (S.95).

Beim Lesen der Behandlungsberichte Freuds legen wir selbstverständlich unsere eigenen Erfahrungen als Maßstab des Vergleichs an, wobei im Laufe der Zeit die Sicherheit wächst, den Gegenstand besser zu verstehen als der Gründer der Psychoanalyse. Der Zuwachs an Erkenntnissen über den Gegenstand, in unserem Zusammenhang also die Behandlungstechnik, wird aus mehreren Quellen gespeist. Zum einen hat die kritische Auseinandersetzung mit Freuds Behandlungsberichten eine Distanz geschaffen, so daß wir unsere Jugendfreundschaften heute anders betrachten, als wir sie zunächst erlebt haben. Eigene Erfahrungen werden dadurch gefördert, daß kreative Psychoanalytiker dem Gegenstand andere und neue Seiten abgewonnen und damit Veränderungen der Therapie und Theorie bewirkt haben.

Viele Psychoanalytiker und andere Freud-Interpreten im Blick, denen wir selbst bei unseren Freud-Studien viel verdanken, fordern wir den Leser auf, sich versuchsweise mit unserer Auslegung zu identifizieren. In diesem 2bändigen Lehrbuch glauben wir ein langes Ringen um die Grundlagen der psychoanalytischen Theorie und ihrer Wirksamkeit als Therapie soweit abgeschlossen zu haben, um einen festen Standpunkt begründen zu können. Es steht viel auf dem Spiel, wenn man den Versuch wagt, die gegenwärtige Krise der Psychoanalyse aus dem Werk Freuds und seiner Rezeption in der psychoanalytischen Bewegung und darüber hinaus in der Geistesgeschichte zu begreifen. Da wir uns bewußt sind, daß es sich hierbei um ein Problem von großer Tragweite handelt, haben wir lange gezögert, unsere Exegese auf wenige Sätze zusammenzudrängen. Freuds große Idee war es, die von ihm erfundene interpretative Methode als therapeutische Beeinflussung seelisch Kranker mit der Erforschung kausaler Zusammenhänge, also der Entstehung seelischer und psychosomatischer Krankheiten, zu einem *Junktim* zu verknüpfen. Fordert man aber für den Nachweis des kausalen Zusammenhangs die Unabhängigkeit der Daten von der Beeinflussung durch den Therapeuten, zerstört die Therapie die Wissenschaft. Glaubt man sich jedweder Anregung (Suggestion) enthalten zu können, um durch reine Interpretationen zu kontaminationsfreien Daten zu kommen, ruiniert man die Therapie ohne Gewinn für die erklärende Theorie, sofern für diese *Unabhängigkeit* vom Untersucher gefordert wird. Denn selbstverständlich beeinflußt der interpretierende Analytiker die Therapie auf seine Weise, auch wenn seine Deutungen sich anscheinend nur darauf richten, die unbewußten, die bisher unerkannten Seiten des Verhaltens des Patienten beim Namen zu nennen und der Reflexion zugänglich zu machen.

In Freuds *Junktim* ist also ein Dilemma enthalten, das weithin unerkannt blieb, weil sein Wortlaut nahelegte, das Befolgen der Regeln diene gleichermaßen der Therapie wie der Forschung. Die Magie dieses Wortes hatte über Jahrzehnte hinweg eine beruhigende Kraft und löste scheinbar auf einen Schlag die therapeutischen und wissenschaftlichen Probleme der Psychoanalyse.

Mit der Gegenüberstellung von *Krankengeschichte* und *Behandlungsbericht* läßt sich exemplarisch sichtbar machen, daß die wissenschaftliche Rekonstruktion der Entstehung seelischer und psychosomatischer Erkrankungen (in der Krankengeschichte) anderen Kriterien folgt als die Darstellung von Behandlungsberichten mit dem Ziel, die Theorie der Therapie und die kurativen Bedingungen zu begründen. Wir haben im Grundlagenband unter 10.5 im einzelnen begründet, welche Konsequenzen es hat, wenn das Junktim auseinanderrückt und der Analytiker von einer permanenten Überforderung befreit wird. Wir wiederholen unseren abschließenden Satz aus dem Grundlagenband: „Freuds Theorie der Technik macht es erforderlich, zwischen der *Heilung*, der *Gewinnung neuer Annahmen*, der *Prüfung von Annahmen*, der *Richtigkeit von Erklärungen* und der *Nützlichkeit von Wissen* zu unterscheiden" (S. 383).

Hinsichtlich der Theorie der Therapie und deren Prüfung können wir Lorenzers Meinung durchaus übernehmen, wenn er sagt:

> Psychoanalytisches Verstehen und Begreifen setzen in *praktisch ändernder Absicht* am Leiden der Patienten an; psychoanalytische Theorie bringt diese Leidenserfahrungen und den Umgang mit diesem Leiden auf den Begriff. Psychoanalyse ist also eine Theorie der therapeutischen Einstellung zum Leiden (1986, S. 17; Hervorhebung von uns).

Ist der leidende Mensch der Erkenntnisgegenstand der Psychoanalyse, so genügt es nicht, diesen Gegenstand zwischen Soziologie und Neurophysiologie anzusiedeln, weil dann alle Wissenschaften benötigt würden, die etwas über den leidenden Menschen zu sagen haben. Nicht nur die interdisziplinäre Forschung liegt im argen, sondern viele Psychoanalytiker haben aus der Tatsache, daß die psychoanalytischen Theorien fast kein wissenschaftliches Nachbargebiet unberührt lassen, das defensive Argument ihres „Schwebecharakters" gemacht. Die Psychoanalyse sitzt weder zwischen den Stühlen, noch schwebt sie über ihnen; am allerwenigsten kann beansprucht werden, in der Metapsychologie ein universales Dach zu haben, das die gesamten Anwendungen der psychoanalytischen Methode umspannt. Statt dessen geht es darum, eine eigene methodische Position zu gewinnen, um dann mit den Nachbarn zu kooperieren, die als Psychologen, Soziologen, Philosophen, Linguisten usw. an für die Psychoanalyse relevanten Themen arbeiten. Aus der Definition von Lorenzer ergibt sich beispielsweise, daß es sehr wichtig wäre, zu angemessenen Methoden der Bestimmung von Veränderung zu gelangen. Solche Untersuchungen gehören zur Theorie der Therapie, die ihrerseits wiederum andere Fragen aufwirft als die Theorie der Ätiologie seelischer und psychosomatischer Erkrankungen.

Unser Quellenstudium hat uns davon überzeugt, daß Freud zeitlebens mit dem oben beschriebenen Dilemma, dessen Lösung noch offensteht, gerungen hat. In Freuds Werk kann man viel entdecken, weshalb wir stets bereichert von der Wiederbegegnung mit ihm zurückkehren. Die Vorgaben jedoch, die Freud selbst zur Erfüllung des Junktims macht, erscheinen uns bezüglich der hypothesenprüfenden Forschung völlig unzulänglich. Es wurde, unter Berufung auf Freud, über Jahrzehnte in einer Weise praktiziert, daß die therapeutischen und wissenschaftlichen Möglichkeiten der psychoanalytischen Methode stagnierten. Bezüglich der erklärenden Theorien war es mehr als unglücklich, daß diese mit der Metapsychologie verehelicht wurden. Aus dieser Ehe sind viele pseudonaturwissenschaftliche Konstrukte hervorgegangen, die eine Erforschung kausaler Zusammenhänge sowie die Lösung der Probleme, die mit der erklärenden Theorie der Psychoanalyse zu tun haben, erschwert haben. Grünbaums Interpretation, daß die Erforschung kausaler Zusammenhänge der Entstehung seelischer und psychosomatischer Erkrankungen nicht an metapsychologische Gesichtspunkte gebunden ist, scheint uns überzeugend. Freilich kann kausale Forschung nicht darin bestehen, klinische Phänomene in die metapsychologische Terminologie zu transportieren. Fara u. Cundo (1983, S. 54f.) haben in einer geistreichen Untersuchung aufgezeigt, daß in allen Werken Freuds verschiedene Ansätze miteinander vermischt sind, wenn auch das Mischungsverhältnis zwischen den metapsychologischen Modellen und der Interpretationskunst, der Hermeneutik, jedes Mal ein anderes ist.

Wir haben im Grundlagenband ausgeführt, daß wahrscheinlich Freuds materialistischer Monismus, der die Metapsychologie bestimmt hat, entsprechende Verirrungen und Verwirrungen hervorgerufen hat. Habermas hat durch die Behauptung, Freud sei einem „szientischen Selbstmißverständnis" unterlegen, nicht nur die Bedeutung der kausalen Forschung in der Psychoanalyse durch die unglückliche Verkettung derselben mit der Metapsychologie falsch eingeschätzt, sondern die therapeutische Praxis mit einer Hypothek versehen, die, wie wir andernorts eingehend dargestellt haben (Thomä et al. 1976), durch Lorenzer noch um einiges erhöht wurde. Diese beiden einflußreichen Autoren haben durch Umbenennungen den alten Wein in neue Schläuche gefüllt, die mit eindrucksvollen Bezeichnungen versehen wurden. Als *Metahermeneutik* oder als *Tiefenhermeneutik* leben die metapsychologischen Gesichtspunkte nicht nur weiter, sondern sie können nun, da sie direkt mit dem Deutungsprozeß in Zusammenhang gebracht werden, erstmals in der Geschichte der Psychoanalyse unbesehen die Praxis beeinflussen. Weder Habermas noch Lorenzer scheinen erkannt zu haben, daß große Teile der Metapsychologie darauf zurückgehen, daß Freud „neurophysiologische Hypothesen" seiner Zeit „psychologisiert" hat, um mit Bartels (1976) zu sprechen.

Nun sind freilich im Hinblick auf „Selbstmißverständnisse" einige Unterscheidungen vorzunehmen. Nicht alle Fälle von Unwissenheit eines Autors sind von der gleichen Art. Freud hat sich über viele Implikationen der therapeutischen und wissenschaftlichen Anwendung der von ihm erfundenen Methode noch kein klares Bild machen können. Insofern erleidet sein Werk das gleiche Schicksal wie das aller Entdecker und Autoren von geistesgeschichtlichem Rang, daß nachfolgende Forscher manches besser begreifen als der Gründer, Entdecker oder Autor selbst. Soweit wir uns mit der einschlägigen Literatur vertraut machen konnten, gibt es aber keine uns überzeugende Argumentation, welche die umstürzende These vom szientistischen Selbstmißverständnis rechtfertigen würde. Habermas muß selbst einräumen, daß sich der Analytiker bei seinen Deutungen auf *erklärende Theorien* stützt.

Besonders dringend ist es, sozialwissenschaftliche Gesichtspunkte in die psychoanalytische Forschung hineinzutragen, worauf wir auch in der Einleitung zu Kap. 2 hinweisen. Damit könnte die Psychoanalyse eine wissenschaftliche Grundlegung erhalten, die aus der Polarisierung von Deutungskunst und Erklärung herausführt. Wir zählen uns jedenfalls zu den Hermeneutikern, denen die Validierung ihrer Deutungen oberstes Gebot ist. Wir sprechen von einer eigenständigen hermeneutischen Technologie um hervorzuheben, daß die psychoanalytische Deutungskunst zu Validierungen verpflichtet ist, die sich auch mit der Frage kausaler Zusammenhänge befassen müssen. In diesem Sinne argumentiert Hirsch (1967, 1976), dessen Verständnis der Hermeneutik von nüchternem Pragmatismus ausgezeichnet ist. Es ist erstaunlich, daß das Werk von Hirsch in der angloamerikanischen psychoanalytischen Literatur von Autoren, die sich der hermeneutischen Richtung verschrieben haben, bisher kaum aufgenommen wurde. Erst Rubovits-Seitz (1986) ist kürzlich darauf eingegangen, daß Hirsch eine hermeneutische Auffassung vertritt, die hohe Anforderungen an die Begründung von Deutungen stellt.

Zusammenfassend könnte man sagen, daß die Neufassung des Junktims nicht nur der Forschung dienlich ist, sondern der psychoanalytischen Praxis Innovationen ermöglicht. Die Entdeckung neuer Aspekte von Übertragung und Gegenübertragung ist bereits eine Begleiterscheinung des sozialpsychologischen Verständnisses der psychoanalytischen Situation. Klare Unterscheidungen vorzunehmen, ist also nicht nur für die hypothesenprüfende Forschung wesentlich, um die es in unserer Zeit vermehrt geht, sondern auch geeignet, den Boden für neue Entdeckungen, für neue Hypothesen zu ebnen. Freuds Junktimbehauptung gehörte in eine Phase, in der Entdeckungen über seelische Zusammenhänge von einfallsreichen Analytikern fast in jeder Behandlung gemacht werden konnten. Heute ist es weit schwieriger, etwas wirklich Neues zu entdecken und es so zu formulieren, daß den heutigen Anforderungen der *hypothesenprüfenden* Forschung entsprochen werden kann.

Es sind gemeinsame Anstrengungen erforderlich, um das Paradigma Freuds in eine normalwissenschaftliche Phase zu bringen. Gewiß kann man von Philosophen nicht erwarten, daß diese unsere empirischen Probleme lösen. Für uns besteht aber kein Zweifel mehr daran, daß das Studium fortlaufender psychoanalytischer Dialoge auch durch Philosophen sich fruchtbarer auswirken würde als deren wissenschaftstheoretische Kritik des Freudschen Werkes. Unbeschadet der Bedeutung der Selbstreflexion in der Therapie hätte Habermas nach Lektüre einiger Tonbandaufzeichnungen die Psychoanalyse kaum mehr zur reinen Reflexionswissenschaft gemacht. Ricoeur wiederum hätte feststellen können, daß Psychoanalytiker auch beobachten. Grünbaum schließlich würde sich darin bestätigt sehen, daß Psychoanalytiker nach Zusammenhängen von kausaler Relevanz suchen, und hätte vielleicht sogar herausgefunden, daß sich Psychoanalytiker heutzutage von den Faktoren, die eine Symptomatik aufrechterhalten, vorsichtiger in die Vergangenheit vortasten als Freud selbst. Auf der anderen Seite ist Grünbaums Auffassung, daß es durch die Beeinflussung des Analytikers zu einer unentwirrbaren Kontamination der Daten kommt, nicht aufrechtzuerhalten. Die in diesem Band vorgelegten Dialoge lassen beispielsweise unterschiedliche Suggestionsgrade erkennen. Die von Meehl (1983) geforderten Schritte bei der methodischen Erfassung des großen Spektrums, das vom Manipulieren über plumpes Überreden bis zur Suggestion im Sinne von Anregung reicht, stehen freilich noch aus. In der psychoanalytischen Deutungstechnik werden die suggestiven Anteile ihrerseits zum Gegenstand des gemeinsamen Nachdenkens mit dem Ziel, Abhängigkeiten aufzuheben. Es ist erstaunlich, daß Grünbaum (1985) nicht selbst auf solche Nutzanwendungen seiner epistemologischen Untersuchung des Placebo-Begriffs aufmerksam gemacht hat. Denn er weist nach, daß das Verständnis *charakteristischer* und *beiläufiger Wirkungsfaktoren* in ihrer Beziehung zum *Zielsyndrom* von der jeweiligen Theorie der Therapie abhängig ist. Ohne die im Grundlagenband (Kap. 8) geführte Diskussion über unspezifische und spezifische, allgemeine und spezielle Wirkungsfaktoren wieder aufnehmen zu wollen, möchten wir doch darauf hinweisen, daß Strupp (1973, S. 35) und Thomä (1981, S. 35) gezeigt haben, wie situationsabhängig die Valenz der jeweiligen therapeutischen Einflußnahme ist. Deshalb sind reliable und valide klinische Einstufungen der charakteristischen und auch der beiläufigen Faktoren zwar schwierig, aber nicht unmöglich. Wir glauben schließlich, daß die Lektüre der in diesem Band vorgelegten Dialoge auch die wissenschaftstheoretische Diskussion vom sprichwörtlichen grünen Tisch wegführen könnte.

Die Behandlung von Kranken wurde von Freud (1933 a, S. 163) als der *Mutterboden* der Psychoanalyse bezeichnet. Aus ihm geht die therapeutisch-interpretative

Methode hervor, die im Unterschied zur theologischen und geisteswissenschaftlichen Hermeneutik (Szondi 1975) systematisch das unbewußte Seelenleben von Patienten untersucht, die mit Hoffnungen auf eine *Behebung* ihres Leidens zum Analytiker kommen. Wegen dieser therapeutischen Zielsetzung unterscheidet sich die psychoanalytische Hermeneutik wesentlich von anderen hermeneutischen Disziplinen. Bei der Interpretation von Kunstwerken können diese i. allg. keinen Schaden erleiden, und der tote Künstler selbst kann sich höchstens metaphorisch im Grab herumdrehen, wenn er sich in dieser Interpretation nicht wiedererkennt. Psychoanalytische Deutungen greifen in menschliche Schicksale ein. Patienten suchen Hilfe wegen ihrer Symptome, und ob Besserung oder Heilung eintritt, ist für sie wesentlich. Texte werden von ihrer unterschiedlichen Exegese und Auslegung nicht betroffen und können sich nicht selbst kritisch zu Wort melden.

Der Analytiker hat deshalb nicht nur sein therapeutisches Handeln im einzelnen Fall zu rechtfertigen, sondern auch die Verpflichtung, fortlaufend die Stichhaltigkeit seiner theoretischen Vorstellungen über das Unbewußte und über das menschliche Erleben und Verhalten zu überprüfen. Im Unterschied zur Hermeneutik der Theologie und der Geisteswissenschaften hat der Begründer der Psychoanalyse die therapeutische Deutungskunst an erklärende Theorien gebunden. Freud hat eine kausale *Relevanz* seiner Theorie der Psychogenese angenommen und die Forderung aufgestellt, die Entstehung und den Verlauf seelischer und psychosomatischer Erkrankungen nach *notwendigen* und *hinreichenden* Bedingungen zu differenzieren. Bei nachträglicher erschlossenen Rekonstruktionen handelt es sich um Postdiktionen. Deshalb kommt dem von Freud eingeführten Gesichtspunkt der *Nachträglichkeit* eine weithin unterschätzte Bedeutung zu, wie wir unter 3.3 und 6.3 aufzeigen.

Zweifellos geht es im analytischen Dialog um Worte. Diese Worte meinen aber etwas, und dieses Etwas ist nichts ausschließlich Sinnhaftes oder Sprachliches. Die Wörter „Zusammenhang", „Relation", „Beziehung", „Synthese" usw. stehen in Freuds Werk im Sinne des damaligen wissenschaftlichen Sprachgebrauchs für den Terminus „erklären". Freud (1900a, S. 656) sprach beispielsweise im Hinblick auf die Konstitutionsbedingungen des manifesten Traumes von einem „gesetzmäßigen Zusammenhang" mit den latenten Traumgedanken. Prinzipiell ging es ihm um die Klärung kausaler Zusammenhänge, wobei er sich bezüglich des empirischen Nachweises im einzelnen Fall irrte und die Probleme der hypothesenprüfenden Forschung insgesamt unterschätzt hat.

Die psychoanalytische Praxis ist der Verlaufs- und Ergebnisforschung unterworfen. Aus der therapeutischen Praxis ergaben sich Freuds erklärende Theorien, die rückwirkend wiederum die psychoanalytische Methode der Deutung nachhaltig beeinflußten. Daher rührt eine mehrfache Korrektur der psychoanalytischen Interpretationslehre. Soweit sich diese auf erklärende Theorien stützt, werden Deutungen falsch, wenn sie von einem widerlegten Theorieanteil abgeleitet werden. Angesichts der Ergebnisse der neueren Mutter-Kind-Interaktionsforschung und der Epidemiologie sind z. B. viele Annahmen der allgemeinen und speziellen Neurosenlehre fragwürdig geworden (Lichtenberg 1983). Insbesondere ist es unerläßlich geworden, die Theorie der Therapie einer Revision zu unterziehen.

Wir können bei dieser Revision der Technik von vernachlässigten Annahmen Freuds ausgehen. Besonders im Hinblick darauf haben wir diesem Abschnitt die

Überschrift „Zurück zu Freud auf dem Weg in die Zukunft" gegeben. Ein Ziel psychoanalytischer Behandlungen hat er darin gesehen, den Patienten in eine Lage zu versetzen, „welche für die erwünschte Erledigung des Konflikts die günstigste ist" (Freud 1909a, S. 187). Bezieht man diese Aussage auf die Behandlungssituation und nicht nur auf die schließlich erreichte Fähigkeit des Patienten, im Alltag Schwierigkeiten symptomfrei bewältigen zu können, läßt sich folgende generelle These formulieren: Günstige Bedingungen zur Erledigung von Konflikten in der Behandlungssituation sind solche, die es dem Patienten ermöglichen, das passive Erleiden der ursprünglichen pathogenen Traumatisierungen in aktives Handeln umzugestalten. Damit verallgemeinern wir Freuds Traumatheorie, in deren Mittelpunkt spätestens seit der Schrift *Hemmung, Symptom und Angst* (1926d) die *Hilflosigkeit* steht (s. Grundlagenband 8.7). Wir schreiben dem Ich, das ein Trauma erlebt hat, mit Freud „die fortwährende Absicht zu, anläßlich der abgeschwächten Reproduktion von Kränkungen den Ablauf selbsttätig und aktiv leiten zu können. Ähnlich wie das Kind, das alle ihm peinlichen Eindrücke im Spiel zu reproduzieren versucht, so hat auch der erwachsene Patient die Hoffnung, vom passiven und hilflosen Erleiden zum aktiven und produktiven Lösen seiner Probleme zu kommen" (Freud 1926d, S. 200). Diese These kann noch weiter verallgemeinert werden: „Durch diese Art, von der Passivität zur Aktivität überzugehen, sucht [der Mensch] seine Lebenseindrücke psychisch zu bewältigen" (G. Klein 1976, S. 259ff.). Klein hat überzeugend nachgewiesen, daß es aus affekt- und kognitionspsychologischen Gründen zu dem von Freud beschriebenen neurotischen und psychotischen Wiederholungszwang kommt. So wird das Gefühl der passiven Hilflosigkeit verstärkt, und die Meisterung verjährter Angstbedingungen wird fortwährend erschwert. Die unbewußten Erwartungen wirken sich nämlich als Wahrnehmungsfilter im Sinne einer negativen, sich selbst erfüllenden Vorhersage aus, so daß es entweder nicht zu positiven Erfahrungen kommt oder erfreuliche Erlebnisse ausgeblendet und ihres Sinnes entleert werden. Auf diesem Weg werden lang zurückliegende Entbehrungen, Bestrafungen oder Kränkungen – kurz: alle traumatischen Erlebnisse – nicht nur konserviert, sondern kumulativ im Alltag und bei ungünstigen Verläufen auch in der Therapie vergrößert. Wir glauben, der Psychogenese als einem fortlaufenden Prozeß gerechtzuwerden, indem wir die von Khan (1963) inaugurierte Theorie der kumulativen Traumatisierung auf den gesamten Lebenszyklus ausdehnen.

Aus unbewußten Gründen gestaltet sich bei vielen Menschen die Lebensgeschichte so, daß sich Erwartungen bestätigen und fortlaufend neue Traumatisierungen geschehen. Beispielsweise projizieren die eifersüchtigen und verfolgten Paranoiker nach außen, was sie im eigenen Inneren nicht wahrhaben wollen, „aber sie projizieren sozusagen nicht ins Blaue hinaus, nicht dorthin, wo sie nichts finden ..., [sie] verwerten in ihrem 'Beziehungswahn' die kleinsten Anzeichen, die ihnen diese Anderen, Fremden geben" (Freud 1922b, S. 199; 1937d, S. 54). Die grundlegende Bedeutung solcher Prozesse unterstreicht Freud in seinem Spätwerk.

> Das erstarkte Ich des Erwachsenen fährt fort, sich gegen Gefahren zu verteidigen, die in der Realität nicht mehr bestehen, ja es findet sich gedrängt, *jene Situationen der Realität herauszusuchen, die die ursprüngliche Gefahr ungefähr ersetzen können, um sein Festhalten an den gewohnten Reaktionsweisen an ihnen rechtfertigen zu können.* Somit wird es leicht verständlich,

wie die Abwehrmechanismen durch immer weitergreifende Entfremdung von der Außenwelt und dauernde Schwächung des Ichs den Ausbruch der Neurose vorbereiten und begünstigen (1937c, S. 83; Hervorhebung von uns).

Dabei können sich Symptome mit neuen Inhalten füllen. Diese uralte Erkenntnis Freuds (1895d, S. 193) ist theoretisch insbesondere durch Hartmanns (1939) Begriff des Funktionswechsels begründet, aber bezüglich der behandlungstechnischen Relevanz nicht systematisch ausgearbeitet worden. Deshalb haben wir im Grundlagenband unter 4.4 besonders hervorgehoben, daß und wie Symptome in einem sich selbst verstärkenden Kreisgeschehen aufrechterhalten werden. Dabei kann es von Tag zu Tag zu Situationen von Hilflosigkeit und Hoffnungslosigkeit kommen, die inhaltlich weit von den ursprünglichen Traumata entfernt sein können. Als ein sicheres Anzeichen dieses Prozesses darf die zunehmende Kränkbarkeit gelten, welche die Empfindlichkeit für spezielle, aber auch für gänzlich unspezifische Reize anwachsen läßt. Schließlich können bei überempfindlichen Menschen – und die neurotische Kränkbarkeit belastet alle zwischenmenschlichen Beziehungen am stärksten – von außen gesehen banal erscheinende Ereignisse einschneidende Folgen haben.

Aufgrund der eben beschriebenen Wiederholungen im Sinne eines erweiterten Verständnisses der Traumatheorie kann es auch in der Therapie zu Kränkungen kommen, die sehr ernstgenommen werden müssen. Diese entstehen trotz der Bemühungen des Analytikers, eine freundliche Atmosphäre zu schaffen. Es kann sich sogar ungünstig auswirken, wenn man glaubt, in einer Art psychoanalytischem Brutkasten konstante Bedingungen für ein ungestörtes seelisches Wachstum herstellen zu können. Denn durch die Rahmensetzung – womit wir die englische Bezeichnung „setting" eindeutschen wollen – und durch unvermeidliches Mißverstehen kommen Kränkungen zustande, die sich um so stärker traumatisch auswirken, je weniger sie beim Namen genannt, anerkannt und interpretiert werden (s. Grundlagenband, Kap. 7 und 8.4).

Lange Zeit blieb das Ausmaß der Traumatisierung anläßlich von Übertragungen unerkannt, die nicht nur eine Wiederholung alter ödipaler oder präödipaler Enttäuschungen mit sich bringen, sondern den sexuell handlungsfähigen erwachsenen Patienten aktuell treffen. Die traumatisierenden Auswirkungen der Übertragung wurden wahrscheinlich deshalb so spät entdeckt, weil die Frustrationstheorie der Therapie diese zu rechtfertigen schien. Thomä hat beim Budapester Kongreß (1987) in einem unveröffentlichten Vortrag nachdrücklich auf die Traumatisierung in der Übertragung als unbeabsichtigte Nebenwirkung hingewiesen. Zu diesem Zeitpunkt war noch unbekannt, daß Ferenczi (1988) seinem das Jahr 1932 betreffenden Tagebuch tiefgehende Entdeckungen anvertraut hat. Er beschrieb, wie professionelle Haltungen und psychoanalytische Regeln sich traumatisierend auswirken können und alte Traumen, zu deren Überwindung die Analyse führen soll, wiederbelebt werden. Aus der Wiederentdeckung der Traumatisierung als Bestandteil der analytischen Situation ziehen wir andere Konsequenzen als Ferenczi. Wir glauben, daß unsere Bereitschaft, den Patienten am Deutungsprozeß und gegebenenfalls auch an der Gegenübertragung teilhaben zu lassen, neue und alte Traumatisierungen überwinden hilft. Die Erweiterung von Freuds Definitionen der Hilflosigkeit als dem Kennzeichen der traumatischen Situation im Kontext der Zwei- und Mehrpersonen-Psychologie Balints macht nicht nur auf unbeabsichtigte und antitherapeutische Mikrotraumen in Behandlungen aufmerksam. Von prinzipieller Bedeutung könnte es sein, daß dieses behandlungstechnische Grundproblem die schulspezifischen Polarisierungen hervorgebracht hat - den spiegelnden Analytiker, der scheinbar nicht verletzt und kränkt einerseits und den liebevollen Analytiker andererseits, der als Objekt den Mangel auszugleichen versucht.

Nachdem Weiss und Sampson (1986) die Frustrationstheorie auch in einer Versuchsanordnung zugunsten der Meisterungstheorie der Therapie widerlegt haben, hat eine neue Ära begonnen. Nun müssen mit aller Entschiedenheit die Möglichkeiten erwogen werden, die dem Analytiker zur Verfügung stehen, um den fortlaufenden Kränkungen anläßlich der Analyse der Übertragung mit ihren ungünstigen Auswirkungen auf das Selbstwertgefühl und die Selbstsicherheit entgegenzuwirken. Erste Schritte in dieser Richtung sehen wir in Klaubers (1987) Betonung der Spontaneität als Antidot zur Traumatisierung in der Übertragung und in der ausführlichen Würdigung der therapeutischen Bedeutung der Natürlichkeit in Freuds Praxis durch Cremerius (1981).

Wie tief sich die Frustrationstheorie zuungunsten der therapeutischen Wirksamkeit der Psychoanalyse im Dienste eines pseudowissenschaftlichen Götzendienstes eingebürgert hat, läßt sich an der selbstpsychologischen Technik Kohuts zeigen. Die Anerkennung, die ein Patient anläßlich narzißtischer Spiegelungen erfährt, glaubt Kohut in analytischer Abstinenz bzw. Neutralität geben zu müssen. Dieses Festhalten an einem mißverstandenen Neutralitätsbegriff entzieht der therapeutisch so wesentlichen Bestätigung und Ermutigung den emotionalen Boden, so daß das Selbstwertgefühl eher geschwächt denn gestärkt wird. Im übrigen würde nach der Selbstobjekttheorie die Bestätigung noch nicht einmal von einem „bedeutungsvollen Anderen" kommen, sondern eine Art von narzißtischer Selbstbestätigung darstellen - in der Spiegelung des eigenen Selbst.

In der neuen Ära der psychoanalytischen Therapie wird die Befürchtung, daß Anerkennungen zur ödipalen Verführung und inzestuösen Wunscherfüllung führen, weiter zurückgehen. Genuine Anerkennungen werden die übertragungsbedingten Traumatisierungen erheblich verringern und die therapeutische Wirksamkeit der Psychoanalyse wesentlich verbessern. Wie der Analytiker im Sprechzimmer die günstigsten Bedingungen für therapeutische Veränderungen schafft, ist die Frage, die als roter Faden alle Kapitel durchzieht. Hierbei geht es darum, den Patienten so zu fördern, daß alte und neue Situationen von Hilflosigkeit und Angst bewältigt und gemeistert werden können. Der Begriff des Durcharbeitens von Konflikten ist der umfassenden Theorie der Meisterung unterzuordnen. Aus der psychoanalytischen Theorie der Angst, die wir unter 9.1 rekapitulieren, leiten sich bisher vernachlässigte therapeutische Möglichkeiten ab, wenn die Mechanismen der Angstabwehr unter dem Gesichtspunkt der Bewältigung im Hier und Jetzt begriffen werden.

1.2 Krankengeschichten

Freud verfolgte durch die von ihm veröffentlichten Krankengeschichten das Ziel, den Zusammenhang zwischen Erkrankung und Lebensgeschichte aufzuzeigen. Hierbei kam er zu dem Ergebnis, daß die Entstehung seelischer und psychosomatischer Erkrankungen im Sinne einer *Ergänzungsreihe* zu verstehen sei. Viele Faktoren müssen zusammenkommen, wenn neurotische Störungen entstehen und sich chronifizieren. Die Belastbarkeit eines Menschen in kritischen Lebensphasen hängt von seiner Disposition ab, die er auf dem Boden angeborener Reaktionsbereitschaften durch prägende Einflüsse und Konflikte in der Kindheit und in der Adoleszenz erwirbt. Da die *psychosexuelle Differenzierung* in den ödipalen Konflikten eine wesentliche Ausgestaltung erfährt und die Übernahme der jeweils psychosozial definierten Geschlechtsrolle - die subjektiv als geschlechtsbezogenes und geschlechtsgebundenes Identitätsgefühl erlebt wird - elementar ist, haben die ödipalen Konflikte große Tragweite für jede Lebensgeschichte. Ob und wie diese Konflikte untergehen oder ob sie sich zum Komplex strukturieren, der aufgrund typischer Erlebens- und Verhaltensweisen diagnostiziert werden kann, hängt wiederum von vielen soziokulturellen und familiären Konstellationen ab. Nicht zuletzt wird jeweils durch die Vorgeschichte mitbestimmt, welchen Ausgang spätere Problemlösungen nehmen.

Die sog. Überdeterminierung von Symptomen und die gut gesicherte Beobachtung, daß mit der Zeit zusätzliche Bedingungen hinzukommen, durch die pathologische Prozesse aufrechterhalten werden können, hat auch eine bemerkenswerte therapeutische Kehrseite: Die Überdeterminierung ermöglicht besonders in kritischen Augenblicken einer Lebensentwicklung oder in statu nascendi von Symptombildungen therapeutisch wirksame Eingriffe, die sich im Netzwerk der Bedingungen ausbreiten können. Diese Auswirkungen über einen Fokus hinaus ergeben sich aus der Überdeterminierung in der Ätiologie der Neurosen, worunter Freud versteht, „daß deren Entstehung zumeist überdeterminiert ist, daß mehrere Momente zu dieser Wirkung zusammentreten müssen" (1895d, S.261). Mit Überdeterminierung ist keine mehrfache Determination in dem Sinne gemeint, daß jede Bedingung für sich, jede einzelne Ursache für sich genommen ein Ereignis, eine Fehlleistung, ein Versprechen oder ein Symptom bewirken würde. Vielmehr ist es das *Zusammentreffen* mehrerer Motive bei Sprechstörungen gewesen, das Wilhelm Wundt beschrieben und das Freud in den Begriff der Überdeterminierung aufgenommen hat (1901b, S.69). Die Annahme der Überdeterminierung macht bezüglich der Entstehung seelischer und psychosomatischer Erkrankungen eine Hierarchie und eine Unterscheidung dahingehend erforderlich, welche Faktoren als *notwendige* und welche anderen als *hinreichende* Bedingungen aufzufassen sind. Man muß demgemäß von der Möglichkeit ausgehen, daß die kausalen Faktoren in verschiedenartiger Weise miteinander kombiniert sein können - notwendig, hinreichend, manchmal notwendig, gemeinsam notwendig, gemeinsam ausreichend, gemeinsam notwendig etc. Die im Anschluß an Sherwoods (1969) Buch über *Die Logik der psychoanalytischen Erklärung* von Eagle (1973) und Rubinstein (1973) aufgenommene Diskussion zeigt, daß Freud als Übersetzer J.S. Mills eine philosophisch hervorragend begründete Theorie der Kausalität vertreten hat. Es ist angebracht, aus einer frühen Veröffentlichung folgende Begriffe aufzuführen.

a) Bedingung, b) spezifische Ursache, c) konkurrierende Ursache und, als den vorigen nicht gleichwertigen Terminus, *d) Veranlassung oder auslösende Ursache.*

Als *Bedingungen* sind solche Momente zu bezeichnen, bei deren Abwesenheit der Effekt nie zustande käme, die aber für sich allein auch unfähig sind, den Effekt zu erzeugen, sie mögen in noch so großem Ausmaße vorhanden sein. Es fehlt dazu noch die spezifische Ursache.

Als *spezifische Ursache* gilt diejenige, die in keinem Falle von Verwirklichung des Effekts vermißt wird, und die in entsprechender Quantität oder Intensität auch hinreicht, den Effekt zu erzielen, wenn nur noch die Bedingungen erfüllt sind.

Als *konkurrierende Ursachen* darf man solche Momente auffassen, welche weder jedesmal vorhanden sein müssen, noch imstande sind, in beliebigem Ausmaße ihrer Wirkung für sich allein den Effekt zu erzeugen, welche aber neben den Bedingungen und der spezifischen Ursache zur Erfüllung der ätiologischen Gleichung mitwirken.

Die Besonderheit der konkurrierenden oder Hilfsursachen scheint klar; wie unterscheidet man aber Bedingungen und spezifische Ursachen, da sie beide unentbehrlich und doch keines von ihnen allein zur Verursachung genügend sind?

Da scheint denn folgendes Verhalten eine Entscheidung zu gestatten. Unter den *„notwendigen Ursachen“* findet man mehrere, die auch in den ätiologischen Gleichungen vieler anderer Effekte wiederkehren, daher keine besondere Beziehung zum einzelnen Effekt verraten; eine dieser Ursachen aber stellt sich den anderen gegenüber, dadurch, daß sie in keiner anderen oder in sehr wenigen ätiologischen Formeln aufzufinden ist, und diese hat den Anspruch, *spezifische* Ursache des betreffenden Effekts zu heißen. Ferner sondern sich Bedingungen und spezifische Ursache besonders deutlich in solchen Fällen, in denen die Bedingungen den Charakter von lange bestehenden und wenig veränderlichen Zuständen haben, die spezifische Ursache einem rezent einwirkenden Faktor entspricht (Freud 1895f, S.372–373, Hervorhebungen im Original).

Diese 4 Faktoren müssen zusammentreffen, um eine vollständige „ätiologische Gleichung“ zu ergeben. Die Komplexität der Ursachen stellt den Forscher vor schwierige Aufgaben, weil sich verschiedene hinreichende oder notwendige Bedingungen miteinander verbinden oder ersetzen können. Eine Ausnahme bildet die spezifische Ursache, die allein schon ausreicht, wenn ihr eine gewisse Prädisposition entgegenkommt. Der Kontext des Freud-Zitats zeigt, daß das Vorbild für diesen Zusammenhang von Ursache und Wirkung der *spezifische* Erreger von Infektionskrankheiten ist, der aufgrund ganz spezieller, ebenfalls spezifisch genannter Gewebeveränderungen von Pathologen erschlossen werden kann (Tuberkulose, Lues etc.).

Da bei den seelischen und psychosomatischen Erkrankungen die lebensgeschichtlich gewordene Disposition oder Reaktionsbereitschaft als notwendige Bedingung gegenüber dem von außen kommenden „Reiz“ – als auslösendem Faktor – eine besondere Bedeutung zukommt, spielen die beiden ersten Faktoren in Freuds wissenschaftlichem Erklärungsmodell eine entsprechend große Rolle. Wir kommen auf diese Probleme bei der Diskussion der Spezifitätshypothese in der psychosomatischen Medizin zurück (Kap. 9.7). In bezug auf Freuds Krankengeschichten ist hier anzumerken, daß sich das zitierte Erklärungsmodell als äußerst fruchtbar erwiesen hat, auch wenn die *Gültigkeit* vieler einzelner kausaler Annahmen heute bezweifelt werden muß. Nicht die Logik des kausalen Schemas wurde widerlegt, sondern die an Einzelfällen entdeckten Zusammenhänge haben sich als falsch erwiesen oder mußten relativiert werden. Diese Unterscheidung ist im Auge zu behalten, wenn wir uns kritisch mit unseren Jugendlieben auseinandersetzen, um von ihnen Abschied zu nehmen. Um so umfassender kann die Liebe zur Methode werden. Freud hat im Modell der *Ergänzungsreihen* an die Kausaltheorien von Hume und Mill angeknüpft (Eimer 1987). Die Verbindung der Faktoren untereinander bringt es mit sich, daß sich therapeutische Eingriffe über die bestehende Vernetzung fortpflanzen können.

Freuds *kausales* Modell der Entstehung seelischer Erkrankungen korrespondiert mit einem entsprechenden Verständnis der Therapie. Um Lösungen für die Probleme der späteren Lebensgestaltung zu finden und um Zusammenhänge zwischen den verschiedensten menschlichen Betätigungen aufdecken zu können, kann es notwendig werden, „in die tiefsten und primitivsten Schichten der seelischen Entwicklung herabzusteigen" (Freud 1918b, S. 32; 1933a, S. 169; s. hierzu Grundlagenband 10.2).

Freuds Krankengeschichten sind Rekonstruktionen, die von der Gegenwart eines Menschen in seiner Besonderheit ausgehen, um in der Vergangenheit die Wurzeln und typischen Bedingungen von Symptomen zu suchen. Im Bereich seelischer und psychosomatischer Symptome scheint freilich die Zeit stillzustehen – die Vergangenheit ist gegenwärtig. Der Phobiker fürchtet sich heute noch genauso vor einem völlig harmlosen Gegenstand wie vor 10 oder 20 Jahren, und Zwangsgedanken und -handlungen wiederholen sich rituell in derselben Weise über Jahre hinweg.

Die neurotischen Symptome sind so in die Lebensgeschichte eingebettet, daß deren Kenntnis unerläßlich ist, wenn man die individuelle Pathogenese begreifen und verstehen will. „Solche Krankengeschichten wollen beurteilt werden wie psychiatrische, haben aber vor letzteren *eines* voraus, nämlich die innige Beziehung zwischen Leidensgeschichte und Krankheitssymptomen ..." (Freud 1895d, S. 227).

Besondere Bedeutung hat die Krankengeschichte des „Wolfsmannes" die unter dem Titel *Aus der Geschichte einer infantilen Neurose* von Freud 1918 veröffentlicht wurde. Allein über diesen Patienten ist eine umfangreiche Sekundärliteratur erschienen, die schon 1984 auf etwa 150 Artikel angewachsen war (Mahony 1984). Perrez (1972) kommt, trotz vieler Vorbehalte gegenüber der Bewährung oder Bestätigung (frz., engl. „validation") psychoanalytischer Erklärungen, zu dem Ergebnis, daß die Darstellung des Wolfsmannes ohne Zweifel ein großartiger Versuch ist, in Form eines Narrativs die Rätsel zu erklären, die dieser Fall aufgegeben hatte. Die von Farrell (1961) eingeführte Bezeichnung „Narrativ" (Erzählung) würdigt eine von Freud eher mit einem gewissen Unbehagen erwähnte Seite der Krankengeschichten – daß sich diese wie *Novellen* lesen (Freud 1895d). Er suchte seine Geltung als wissenschaftlicher Autor und war besorgt, seine Beschreibung menschlicher Schicksale könne „des ernsten Gepräges der Wissenschaft ermangeln" (S. 227). Durch die Verleihung des Goethepreises wurde der Schriftsteller Freud geehrt, dessen Stil von Muschg (1930) bis zu Mahony (1987) viele Literaturwissenschaftler angezogen hat (Schönau 1968).

Für uns ergibt sich die besondere Spannung der Freudschen Krankengeschichten daraus, daß alle Beschreibungen dem Ziel dienen, die Hintergründe des Denkens und Handelns seiner Patienten plausibel zu machen, um historisch-genetische Erklärungsskizzen vorlegen zu können.

Von wesentlicher Bedeutung ist die Tatsache, daß die Analyse einer Freudschen Falldarstellung deutlich zeigt, daß es Freud nicht lediglich darum gegangen ist, die Geschichte einer Neurose zu *beschreiben*. Es ging ihm wesentlich darum, sie zu *erklären*, und zwar offensichtlich im Sinne einer *historisch-genetischen Erklärung*. Die historisch-genetische Erklärung sucht

> nicht nur Ereignisketten zu beschreiben, sondern sie sucht zu zeigen, *warum* ein Zustand zum nächsten führt. Sie macht aus diesem Grund von gewissen Wahrscheinlichkeitsgesetzen Gebrauch, im Falle des Freudschen Narrativs nicht immer ausgesprochenermaßen (Perrez 1972, S.98; Hervorhebungen im Original).

So unzureichend die Ätiologie im einzelnen Fall auch aufgeklärt sein mag und so ungenügend statistische Wahrscheinlichkeiten und Gesetze auch validiert sein mögen, so kann an dem allgemeinen Ergebnis festgehalten werden, daß unbewußt verankerte Schemata des Erlebens und Verhaltens sich über einen sehr langen Zeitraum hinweg bilden. Deshalb besteht nicht nur die Gefahr, daß sich durch wiederholte ungünstige Erfahrungen Stereotype bilden und aufrechterhalten, sondern es gibt auch stets große Chancen, daß günstige Erlebnisse Motivationszusammenhänge verändern. Freuds Gespräch mit Katharina eröffnete diesem jungen Mädchen, das den Herrn Doktor auf einer Alm en passant in einer „Bauernsprechstunde" konsultierte, vielleicht neue Wege. Unter einer Bauernsprechstunde versteht man, wenn ein Akademiker - besonders ein Jurist - außerhalb seiner Kanzlei in einer sozialen Situation bei irgendeiner Begegnung wie nebenbei konsultiert wird. Bemerkenswert ist, daß das Gespräch mit Katharina einen besonders genauen Einblick in Freuds diagnostisch-therapeutische Gesprächsführung vermittelt (Argelander 1978).

Die Einzigartigkeit jeder Lebensgeschichte bindet die psychoanalytische Methode als Therapie an die Einzelfalldarstellung und -forschung (Edelson 1985). Die *wissenschaftlichen* Interessen richten sich auf die Verallgemeinerung der Befunde, weshalb Freud im „Wolfsmann" betont, daß bezüglich bestimmter pathogenetischer Annahmen Allgemeinheiten nur dadurch zu gewinnen seien, daß zahlreiche gut und tief analysierte Fälle vorgelegt werden (1918b, S.140).

Da Freuds Krankengeschichten in erster Linie der Rekonstruktion der Psychogenese, also dem Nachweis verdrängter unbewußter Ursachen der Entstehung von Symptomen dienten, rückte die Beschreibung der Behandlungstechnik an die zweite Stelle. In den Krankengeschichten wurden die *behandlungstechnischen* Regeln nicht fallspezifisch erörtert. Was Freud in der jeweiligen Sitzung gefühlt, gedacht, gedeutet und sonstwie getan hat, wurde von ihm eher bruchstückhaft erwähnt.

Freud unterscheidet zwischen *Krankengeschichte*, die er auch gelegentlich Krankheitsgeschichte nennt, und *Behandlungsgeschichte*. Diese Unterscheidung übernehmen wir, wobei wir wegen der Bedeutung verschiedener Dokumentationsweisen die Bezeichnung *Behandlungsbericht* vorziehen. Auf die Schwierigkeit einer angemessenen Berichterstattung hat Freud frühzeitig aufmerksam gemacht.

> Diese Schwierigkeiten sind sehr erhebliche für den Arzt, der sechs oder acht solcher psychotherapeutischer Behandlungen täglich durchzuführen hat und während der Sitzung mit dem Kranken selbst Notizen nicht machen darf, weil er das Mißtrauen des Kranken erwecken und sich in der Erfassung des aufzunehmenden Materials stören würde. Es ist auch ein für mich noch ungelöstes Problem, wie ich eine Behandlungsgeschichte von langer Dauer für die Mitteilung fixieren könnte (1905e, S.166).

Es handelt sich um Dora, deren Krankengeschichte und Behandlung im *Bruchstück einer Hysterieanalyse* beschrieben wird. Freud kamen 2 Umstände bei der Berichterstattung zu Hilfe, nämlich die kurze Dauer der Behandlung und die Tatsache, „daß die Aufklärungen sich um zwei - in der Mitte und am Schluß der Kur erzählte - Träume gruppierten, deren Wortlaut unmittelbar nach der Sitzung festgelegt wurde, und die einen sicheren Anhalt für das anschließende Gespinst von Deutungen und Erinnerungen abgeben konnten“ (Freud 1905e, S. 166).

Die Krankengeschichte selbst, das Kernstück der Veröffentlichung, hat Freud erst nach Abschluß der Kur aus dem Gedächtnis niedergeschrieben und hierfür einen hohen Grad von Verläßlichkeit in Anspruch genommen. Bezüglich der *Behandlungsgeschichte* hat Freud nach seinen Worten Unvollständigkeit hingenommen:

> Ich habe nämlich die Deutungsarbeit, die an den Einfällen und Mitteilungen der Kranken zu vollziehen war, im allgemeinen nicht dargestellt, sondern bloß die Ergebnisse derselben. Die Technik der analytischen Arbeit ist also, abgesehen von den Träumen, nur an einigen wenigen Stellen enthüllt worden. Es lag mir in dieser Krankengeschichte daran, die *Determinierung* der Symptome und den intimen Aufbau der neurotischen Erkrankung aufzuzeigen; es hätte nur unauflösbare Verwirrung erzeugt, wenn ich gleichzeitig versucht hätte, auch die andere Aufgabe zu erfüllen. Zur Begründung der technischen, zumeist empirisch gefundenen Regeln müßte man wohl das Material aus vielen *Behandlungsgeschichten* zusammentragen (1905e, S. 170; Hervorhebungen von uns).

Dieser Verkürzung gibt Freud deshalb kein besonderes Gewicht, weil bei der nur 3monatigen Therapie die Übertragung nicht zur Sprache kam. Eine ähnliches Überwiegen der Krankengeschichte zuungunsten der Behandlungsgeschichte findet man in allen von Freud publizierten Fallberichten.

Freuds Gründe, in den veröffentlichten Krankengeschichten die Entstehung neurotischer Symptome in den Mittelpunkt zu stellen, beruhen auf der Auffassung, daß durch die Aufklärung der Entstehung und durch den Zuwachs an Einsicht auch die besten Voraussetzungen für therapeutische Eingriffe geschaffen werden können. Ein repräsentatives Zitat lautet: „Wir wollen, was man in der Wissenschaft überhaupt anstrebt, ein Verständnis der Phänomene, die Herstellung eines Zusammenhanges zwischen ihnen, und in letzter Ferne, wo es möglich ist, eine Erweiterung unserer Macht über sie“ (Freud 1916/17, S. 97).

Wie der Analytiker die besten Bedingungen für die therapeutische Veränderung im Patienten herstellt, lernt er laut Greenson (1973, S. 17) nicht aus Freuds Krankengeschichten, sondern aus den 5 behandlungstechnischen Schriften. Wegen der singulären Stellung Freuds wirkt es sich bis heute nachhaltig aus, daß er keine synoptische Darstellung seiner Behandlungstechnik als Theorie *und* Praxis gegeben hat. Die Krankengeschichten wurden für die psychoanalytischen Theorien über die Entstehungsbedingungen beispielhaft, und in diesem Sinne wurden sie beispielsweise von Sherwood (1969), Gardiner (1971), Niederland (1959), Perrez (1972), Schalmey (1977), Mahony (1984, 1986) rezipiert. Freud wollte eher Forschungsregeln zur Aufklärung der Entstehung festlegen, als daß diese danach befragt wurden und werden, ob sie dem Patienten notwendige und hinreichende *Änderungsbedingungen* gewährleisten (s. hierzu Grundlagenband 7.1 und 10.5).

Am Beginn der Therapie wird aus der *Neurose*, wie tief auch ihre Wurzeln in der Lebens- und Krankengeschichte zurückreichen und verankert sein mögen, die *Übertragungsneurose* (s. hierzu Grundlagenband 2.4). Auch wenn dieser Begriff kein ausreichend abgrenzbares Geschehen erfaßt, wie von namhaften Analytikern in der von London u. Rosenblatt (1987) herausgegebenen Kontroverse angenommen wird, so bleibt festzuhalten, daß der Analytiker wesentlich zur Art der Übertragung beiträgt. In diesem Sinne entwickeln sich sogar schulspezifische „Übertragungsneurosen“. Diese widersprechen der Vorstellung Freuds, daß sich Übertragungsneurosen bei bloßem Einhalten der Behandlungsregeln uniform entwickeln. Die Erweiterung der Theorie der Übertragung und Gegenübertragung folgt der Anerkennung des Einflusses durch den Analytiker. Diese Entwicklungen wurden dadurch erleichtert, daß in den letzten Jahren Einblicke in Freuds Praxis möglich wurden, die sowohl das Verständnis der von ihm rekonstruierten Krankengeschichten vertieft als auch die Kenntnis seiner Handhabung von Behandlungsregeln erweitert haben.

Im Grundlagenband haben wir unter 1.1 festgestellt, daß die zunehmende Literatur über Freuds Praxis (Cremerius 1981b; Beigler 1975; Kanzer u. Glenn 1980) die kritische Aufarbeitung der Geschichte der psychoanalytischen Behandlungstechnik erleichtert. Es wäre freilich naiv, die Lösung heutiger Probleme durch Identifizierung mit dem natürlichen und menschlichen Freud finden zu wollen, der Patienten notfalls verköstigte, ihnen Geld auslieh oder schenkte.

Es ist ein Charakteristikum der Freudschen Fallgeschichten, daß sie einerseits die konkrete Analyse des einzelnen Falles leisten, andererseits weitreichende Hypothesen enthalten, die den ganzen Reichtum der klinischen Beobachtungen in einen kausalen Zusammenhang zu bringen und zu vereinfachen versuchen.

Nach Jones (1960) wirkte sich Charcots nosographische Methode nachhaltig auf Freuds Zielsetzung bei der Rekonstruktion von Entstehung und Verlauf psychogener Erkrankungen aus. Die behandlungstechnischen Regeln wurden nicht in erster Linie dahingehend untersucht, ob diese die besten Bedingungen zur therapeutischen Veränderung schaffen. Vielmehr wollte Freud durch seine behandlungstechnischen Ratschläge der psychoanalytischen Methode die wissenschaftliche Grundlage geben: „Wir haben das Recht, ja die Pflicht, die Forschung ohne Rücksicht auf einen unmittelbaren Nutzeffekt zu betreiben. Am Ende - wir wissen nicht, wo und wann - wird sich jedes Stückchen Wissen in Können“ umsetzen, auch in therapeutisches Können (Freud 1916/17, S. 226-263). Die von Freud aufgestellten Regeln sollten die Objektivität der erhobenen Befunde sicherstellen und den Einfluß des Analytikers auf die Daten soweit als möglich herabsetzen. Die Dokumentation der im Gespräch beobachtbaren Phänomene orientierte sich an denjenigen Mitteilungen des Patienten, die in die Krankengeschichten bezüglich ihrer angenommenen kausalen Relevanz aufgenommen wurden. Der Stoff wird von der Methode her gestaltet, getreu der grundlegenden These:

> Die Psychoanalyse wird als Wissenschaft nicht durch den Stoff, den sie behandelt, sondern durch die Technik, mit der sie arbeitet, charakterisiert. Man kann sie auf Kulturgeschichte, Religionswissenschaft und Mythologie ebenso anwenden wie auf die Neurosenlehre, ohne ihrem Wesen Gewalt anzutun. Sie beabsichtigt und leistet nichts anderes, als die Aufdeckung des Unbewußten im Seelenleben (Freud 1916/17, S. 403 f.).

Freilich macht es einen wesentlichen Unterschied, ob die psychoanalytische Methode auf die Kulturgeschichte angewandt oder als therapeutische Tätigkeit ausgeübt wird, denn der Patient kommt zum Analytiker in der Erwartung auf Besserung und Heilung seines Leidens. Der Analytiker übernimmt mit seiner Therapie eine Verantwortung, die bei Interpretation in der Mythologie oder anderen Anwendungen der psychoanalytischen Methode nicht entsteht. Vor allem aber ist der Patient ein kritischer Zeuge der Tätigkeit seines Analytikers.

1.3 Behandlungsberichte

Bei der Metamorphose von der Krankengeschichte zum Behandlungsbericht rückt der Dialog zwischen Patient und Analytiker so in den Mittelpunkt, daß dessen Protokollierung mit *selektiver* Schwerpunktsetzung höchstes Interesse gewinnt. Freuds literarisch anregende Darstellung des Rattenmannes, die neuerdings von Mahony (1986) sprachwissenschaftlich gedeutet wurde, verdankt ihren Reichtum an Details den täglichen Notizen, die Freud abends aus dem Gedächtnis niederzuschreiben pflegte. Den Rattenmann betreffende Protokolle wurden erstmals 1955 im Band 10 der *Standard Edition* der Öffentlichkeit zugänglich gemacht.

Als Zetzel anläßlich der Vorbereitung eines Referats nicht mehr zu den *Collected Papers* sondern zur *Standard Edition* griff, fand sie die bis dahin weithin unbekannt gebliebenen Protokolle Freuds, die besonders bezüglich seiner Behandlungstechnik aufschlußreich sind, aber auch wichtige Ergänzungen zur Entstehungsgeschichte der Symptomatik geben. In Freuds Notizen finden sich nämlich über 40 Hinweise auf eine hoch ambivalente Mutter-Sohn-Beziehung, die in der 1909 veröffentlichten Krankengeschichte nicht adäquat berücksichtigt wurden (Zetzel 1966). Freud selbst notierte: „Nachdem ich ihm die Bedingung genannt, meint er, er müsse mit seiner Mutter sprechen" (Freud 1987, S. 509). In der Krankengeschichte wird diese wichtige Reaktion des Patienten nicht erwähnt.

Seitdem diese Protokolle bekanntgeworden sind, haben außer den bereits genannten Autoren auch Shengold (1971) und Holland (1975) die Krankengeschichte des Rattenmannes reinterpretiert.

Wie alle Psychoanalytiker, so hat auch Freud unter leitenden Gesichtspunkten, d. h. selektiv protokolliert und aus seinen Notizen eine Auswahl getroffen. Am Einzelfall wollte Freud typische Verknüpfungen und Abläufe des seelischen Lebens beispielhaft erläutern.

Freuds Aufzeichnungen zum Rattenmann haben deshalb Aufsehen erregt, weil sich der Gründer der Psychoanalyse weder damals noch später eng an jene behandlungstechnischen Empfehlungen hielt, die schließlich in das psychoanalytische Regelsystem aufgenommen wurden. Wie wir bereits eingangs ausgeführt und im Grundlagenband begründet haben, kann die Lösung behandlungstechnischer Probleme freilich nicht in der Rückkehr zu Freuds unorthodoxer Behandlungsführung gefunden werden.

Ein tiefgreifendes Zeichen des Wandels sehen wir darin, daß bei der Protokollierung kurzer oder längerer Behandlungsabschnitte dem dyadischen Erkenntnisprozeß mehr Aufmerksamkeit zugewendet wird. Dieser Stilwandel in der Berichtsform, zu dem bedeutende Psychoanalytiker aller Schulrichtungen beigetragen haben, ist Ausdruck eines Umdenkens, das der Theorie der Technik und ihrer Prüfung in der analytischen Praxis Eigenständigkeit verleiht.

Um eine Krankengeschichte im Sinne einer Rekonstruktion der Entstehungsbedingungen überzeugend schreiben zu können, müssen andere Kriterien erfüllt sein als bei der Darstellung eines Behandlungsberichts. Bei Behandlungsberichten steht die Feststellung von Veränderung und der Bedingungen, die diese zu Wege gebracht haben, im Mittelpunkt. Freud konnte sich damit begnügen, relativ grobe Unterscheidungen zu treffen, die vieles der nachfolgenden Forschung überließen. Aus heutiger Sicht können Freuds Krankengeschichten weder als Vorbild für eine Rekonstruktion der Entstehungsbedingungen gelten, noch eignen sie sich als Paradigma für die Protokollierung psychoanalytischer Behandlungen. Viel zu umfassend ist die Aufgabe, die günstigsten Veränderungsbedingungen zu schaffen sowie deren Auswirkungen zu untersuchen. Für eine hypothesenprüfende ätiologische Forschung sind Leistungen zu erbringen, die den einzelnen Analytiker überfordern. Edelson (1986) hat unter dem Eindruck der Kritik durch Grünbaum (1984) ein ideales Muster entworfen, nach dem heutzutage eine Krankengeschichte und ein Behandlungsbericht geschrieben werden müßten, um der Hypothesenprüfung genügen zu können; ein praktisches Beispiel hat er jedoch bislang nicht geliefert.

Es gibt keine Krankengeschichte Freuds, aus der der Leser nicht auch einige Einblicke in seine Technik gewinnen könnte. Obwohl der Schwerpunkt aller Freudschen Krankengeschichten in der Rekonstruktion der Entstehungsgeschichte der jeweiligen Neurose liegt, mit dem Ziel, allgemeine Gesetzmäßigkeiten zu finden, gibt Freud auch Beispiele für therapeutische Interventionen, z.T. in wörtlicher Wiedergabe. Wir empfehlen, bei der Lektüre der Freudschen Krankengeschichten jeweils zur kritischen Anleitung ein repräsentatives Buch aus der Sekundärliteratur heranzuziehen.

Die nach-freudsche Entwicklung der Krankengeschichten- und Behandlungsberichtschreibung zeichnet sich immerhin durch einen quantitativ belegbaren Zuwachs an umfangreichen Fallberichten aus (Kächele 1981). Unverkennbar ist über die letzten Jahre die wachsende Tendenz, daß immer mehr Analytiker ihre Praxis dem Leser zugänglich machen, was bei entsprechender Aufbereitung die kritische Auseinandersetzung innerhalb der Berufsgemeinschaft auf eine sachliche Basis zu stellen vermag.

Immer noch finden wir in der psychoanalytischen Literatur als Stil- und Darstellungsform vorwiegend sog. „Vignetten". In Websters *Dictionary* wird die Vignette durch Geschlossenheit, Subtilität und Feinheit charakterisiert (weiteres hierzu s. bei Thomä u. Hohage 1981). Diese Vignetten dienen der Illustration bestimmter psychodynamischer Zusammenhänge. Gegenüber diesem Schwerpunkt treten die behandlungstechnischen Konsequenzen, also das therapeutische Handeln des Analytikers, in den Hintergrund. Die meisten Vignetten beziehen sich auf Ausschnitte zur Psychogenese, und sie dienen als Beispiele, mit denen der Autor eine umschriebene Rekonstruktion der Entstehung illustriert. Greenson (1973, S. 15) hat auch ältere Standardwerke zur psychoanalytischen Technik, beispielsweise Sharpe (1930), Fenichel (1941), Glover (1955), Menninger u. Holzmann (1977) kritisiert, weil in diesen Lehrbüchern kaum beschrieben wird, wie der Analytiker tatsächlich arbeitet, was er fühlt, denkt und tut.

Deshalb besteht noch Grund genug, um mit Spillius (1983) - anläßlich ihrer kritischen Übersicht über neuere Entwicklungen der Kleinianischen Behandlungstechnik - den Mangel an repräsentativen Behandlungsberichten tonangebender Analytiker zu beklagen. Überall sind es in erster Linie die Ausbildungskandidaten, die anläßlich ihrer Aufnahme in die Berufsgemeinschaft Fallberichte liefern, die wegen ihrer kompromißhaften Natur von zweifelhaftem Wert sind, wie Spillius zu Recht hervorhebt. Ausnahmen bestätigen diesen Sachverhalt, und wir möchten nicht versäumen, einige Beispiele ins rechte Licht zu rücken.

M. Klein hat kurz vor ihrem Tode einen umfangreichen Behandlungsbericht über die 4 Monate dauernde Analyse (aus dem Jahr 1941) eines 10jährigen Jungen, dem sie den Namen Richard gab, fertiggestellt, der 1961 veröffentlicht wurde:

Wenn ich die folgende Fallgeschichte darstelle, habe ich verschiedene Ziele im Auge. Zuallererst möchte ich meine Technik detaillierter illustrieren, als ich es früher getan habe. Die umfassenden Notizen, die ich gemacht habe, ermöglichen es dem Leser, zu beobachten, wie Interpretationen ihre Bestätigung im darauf folgenden Material finden. Die Entwicklung der Analyse von Tag zu Tag und die Kontinuität, die darin deutlich ist, werden sichtbar (1961, S.15).

Es gibt kaum ein Behandlungsbericht, in dem die theoretischen Annahmen des Analytikers so klar in ihrer handlungsbestimmenden Funktion ersichtlich werden, wie in dieser Falldarstellung, die alle 93 Sitzungen ausführlich wiedergibt. Neben den Besprechungen von Geleerd (1963) sowie Segal u. Meltzer (1963) liegt auch eine gründliche Studie von Meltzer (1978) vor, die eine detaillierte Aufarbeitung des Verlaufs enthält.

Ebenfalls posthum ist von Winnicott (1972) ein umfangreicher Fallbericht als „Fragment einer Analyse" in einem von Giovacchini (1972) herausgegebenen Sammelband erschienen. Im Hinblick auf die Problemstellung dieses Kapitels ist die Vorgeschichte dieses Fallberichts allein schon bemerkenswert.

1954 hielt Winnicott einen Vortrag über die Behandlung eines schizoiden Mannes, der in der Analyse Zustände der Entrückung erlebte. In der schriftlichen Fassung des Vortrags, die deutsch 1956 erschien, war folgender Hinweis enthalten: „Zufällig habe ich über die letzten vier Monate dieses Teils [der Therapie] einen wörtlichen Bericht gemacht, der zur Verfügung steht, falls jemand es wünscht, die seitherige Arbeit mit dem Patienten nachzulesen" (1956, S.207).

Die dialogische Natur des Gedankenaustauschs zwischen diesem Patienten und Winnicott irritierte die französische Analytikerin A. Anzieu (1977, S.28), weil die Deutungsfreudigkeit Winnicotts es nicht zulasse, die Rede des Patienten zu vernehmen. Im Einflußgebiet Lacans sind Analytiker oft extrem schweigsam, was u.a. auch von Lang (1986) kritisiert wird. Allerdings gibt es von Lacan selbst keine klinischen Studien, und empirische Untersuchungen, insbesondere linguistischer Art, die bei seinen speziellen Thesen nahelägen, fehlen ganz. Dem verschrifteten diagnostischen Interview, das zwischen Lacan (1980) und einem psychotischen Patienten stattfand und aufgenommen wurde, können wenig Hinweise auf Lacans Behandlungsführung entnommen werden; die psychopathologischen Symptome des Patienten wurden nur durch fortgesetztes Fragen in traditioneller Weise exploriert.

Hierzu kontrastiert die Darstellung eines psychoanalytischen Prozesses durch Dewald (1972), der sich wie Wurmser (1987) auf mitstenographierte Stundenprotokolle stützt, was Lipton (1982) eine vorzügliche Basis für seine Kritik an Dewalds Behandlungstechnik lieferte (s. hierzu Grundlagenband Kap. 9).

Ein exemplarisches Beispiel vermittelt auch eine Diskussion, die Pulver (1987) unter dem Titel „How theory shapes technique: perspectives on a clinical study" herausgegeben hat. Basis der Diskussion sind die Aufzeichnungen durch den Analytiker (Silverman), der seine Gedanken und Gefühle neben den gegebenen Deutungen und den Reaktionen der Patientin während 3 Sitzungen protokolliert hat. Dieses klinische Material wurde von 10 Analytikern, namhaften Vertretern der verschiedenen psychoanalytischen Richtungen, beleuchtet. Shane (1987) und Pulver (1987) faßten das Ergebnis der Diskussion zusammen, in der selbstverständlich jeder von seiner persönlichen Sichtweise ausging. Der behandelnde Analytiker selbst, Silverman, ist als Vertreter der Strukturtheorie ausgewiesen.

Nach einer ersten Evaluierung des Materials durch Brenner (Strukturtheorie), Burland (Entwicklungspsychologie à la Mahler), Goldberg (Selbstpsychologie) und Mason (Kleinianische Perspektive) stellt Shane (1987) resignierend fest:

> Wir kommen nicht umhin festzuhalten, daß jeder Diskussionsteilnehmer wichtige diagnostische Merkmale findet, die am besten durch seinen eigenen theoretischen Bezugsrahmen erklärt werden können ... Ich würde sagen, daß die Verschiedenheit der Meinungen bezüglich der Diagnose und der Psychodynamik dieser Patienten nahelegen dürfte, daß die eigene theoretische Haltung andere Überlegungen überrollt. Die Darlegungen zeigen eindrücklich, daß jede Theorie sehr überzeugend klingen kann, was ein absolutes Urteil fast unmöglich und die persönliche Wahl unvermeidbar macht (S. 199, 205).

Auch Schwaber (1987, S. 262) zeigt überzeugend auf, welchen häufig geradezu deformierenden Einfluß die von den Diskutanten verwendeten Modelle bereits auf die Erhebung der Daten haben. Deshalb plädiert sie für eine angemessene Verwendung theoretischer Vorentwürfe.

> Die moderne Wissenschaft lehrt uns, daß die Beteiligung des Beobachters ein essentielles und faszinierendes Element der Daten ist. Ich plädiere nicht für ein atheoretisches Vorgehen, selbst wenn dies möglich wäre. Statt dessen empfehle ich zu beachten - welche Theorie wir auch immer vertreten -, daß wir Gefahr laufen, mit ihrer Hilfe die Untersuchung vorzeitig zu beenden, anstatt sie fortzusetzen, daß wir eher Antworten finden als neue Fragen aufzuwerfen ... Unsere Modelle sind nicht einfach austauschbar, nur eine Frage des persönlichen Geschmacks. Wir müssen das Modell finden, das die Daten am besten erklärt und unseren Horizont erweitert (1987, S. 274, 275).

Diese kritischen Einblicke in eine laufende Behandlung beleuchten die vielfältigen Probleme, die durch Mitwirkung unbeteiligter Dritter, seien es Fachleute, Wissenschaftler anderer Disziplinen oder Laien, deutlich werden. Es liegt deshalb auf der Hand, daß sich Pulver (1987) besonders mit der Frage der Protokollierung befaßt.

Er begrüßt die Offenheit des berichtenden Analytikers enthusiastisch. Es ist in der Tat bemerkenswert, daß es noch immer besondere Anerkennung verdient, wenn ein Analytiker in seinem Protokoll - während oder nach der Sitzung erstellt - genau festzuhalten versucht, was der Patient mitgeteilt hat und was er selbst gefühlt, gedacht und gesagt hat - wohl wissend, daß dieses Protokoll die Grundlage einer Diskussion mit Kollegen aus anderen psychoanalytischen Schulen und Richtungen bilden wird. Daß Psychoanalytiker allmählich eine größere Bereitschaft haben, sich von Kollegen in die Karten schauen zu lassen, hat mehrere Gründe. Zweifellos geht die Psychoanalyse durch eine Phase der Demystifizierung und Entzauberung, zu der sie selbst wesentlich beigetragen hat, von der sie aber selbst weithin ausgespart blieb. Freud wurde zur mythischen Gestalt. Es ist deshalb kein Zufall, daß eine breite Öffentlichkeit alles geradezu gierig aufnimmt, was frühere Analysanden über Freuds Praxis mitteilen. So läßt sich die in einem Titel von Momogliano zum Ausdruck gebrachte rhetorische Frage - „Was Freud a Freudian?" - klar beantworten: „Freud war kein orthodoxer Freudianer" (Momogliano 1987).

Die Scheu vor der Öffentlichkeit ist in den letzten Jahrzehnten so zurückgegangen, daß auch Analysanden, seien es Patienten oder angehende Analytiker, die sich einer Lehranalyse unterziehen, über ihre Behandlungen in der einen oder anderen Form berichten. Neben den weithin bekannten Erzählungen und Tagebüchern von Anais Nin, Marie Cardinale, Hannah Green, Erica Jong, Dörte v. Drigalski und Tilmann Moser gibt es auch gemeinsam publizierte, unabhängig voneinander entstandene Behandlungsberichte, beispielsweise von Yalom u. Elkin

(1974). Hier wird mit dem alten Motto ernstgemacht: Audiatur et altera pars. Man macht es sich zu leicht, wenn man solche autobiographischen Fragmente von unterschiedlicher schriftstellerischer Qualität auf erlittene Kränkungen, auf eine nicht verarbeitete negative Übertragung oder auf ein Übermaß an Exhibitionismus und Narzißmus zurückführt.

Zu diesen Veränderungen des psychoanalytischen Binnenklimas, die eine Demystifizierung der Psychoanalyse eingeleitet haben, trägt auch in zunehmendem Maße eine systematisch angelegte empirische Therapieforschung bei (siehe z.B. Masling 1982, 1986; Dahl et al. 1988). Dadurch werden weitere Veränderungen bewirkt, denen wir einen hohen Stellenwert beimessen. Denn trotz der vorliegenden katamnestischen Studien (s.9.1) wird in der klinischen Literatur immer noch relativ naiv argumentiert. So wird auch in der oben zitierten Veröffentlichung von Pulver daran festgehalten, daß die besonders erfahrenen Analytiker mit hoher Reputation trotz divergenter Auffassungen über einen Fall jeweils in gleicher Weise erfolgreich seien. Tatsächlich waren aber die von Silverman vorgestellten Stunden einem recht ungünstigen Behandlungsverlauf entnommen, so daß es auf die kollegiale Rücksichtnahme zurückzuführen sein dürfte, daß die protokollierten Stunden nicht auf die kurativen Faktoren hin untersucht wurden. Freilich ist noch unklar, wieviele der allgemeinen und speziellen Faktoren, die aufgrund der Ergebnisse der Therapieforschung als kurativ gelten (Kächele 1988), sich im einzelnen Fall qualitativ und quantitativ ergänzen müssen, um zu wesentlicher Besserung oder Heilung zu führen. So könnte es durchaus sein, daß die Wirksamkeit von psychodynamischen Therapien eher durch ihre Ähnlichkeiten und Gemeinsamkeiten bezüglich einiger Grundeinstellungen als durch die Verschiedenheit der Auffassung über den Inhalt von Deutungen zustande kommt. Joseph (1979) führt einige dieser Grundannahmen auf und nennt unbewußte Prozesse, Widerstand, Übertragung, freie Assoziation, die genetische Ableitung von Problemen, die therapeutischen Bemühungen zu verstehen und zu interpretieren und die Annahme von Konflikten. Pulver geht noch weiter, wenn er die Meinungsverschiedenheiten der Diskutanten eher als scheinbare denn als reale bezeichnet.

> Die Therapeuten sagen vielleicht im wesentlichen das gleiche zu den Patienten, wenn auch in verschiedenen Worten. Sobald sich Patienten an die Sprache ihres Therapeuten gewöhnt haben, *fühlen sie sich* tatsächlich *verstanden*. Beispielsweise könnte diese Patientin, die ein unaussprechliches Gefühl der Beschädigung hatte, sich von einem Kleinianer verstanden fühlen, der über ihren Penisneid spricht, ebenso wie von einem Selbstpsychologen, der ihr Gefühl der Fragmentierung in Worte kleidet, wie schließlich von einem Strukturtheoretiker, der sich auf ihre Kastration bezieht (1987, S.298; Hervorhebungen im Original).

Pulver nimmt also an, daß diese Patientin Einsichten gewonnen haben könnte, die zwar in verschiedenen Sprachen zum Ausdruck gebracht werden, aber nur metaphorische Spielarten der gleichen Prozesse darstellen. Ähnlich hat Joseph (1984) argumentiert, indem er auf unbewußte Verknüpfungen aufmerksam machte; beispielsweise berührt ein Gespräch über Angst und Verlust sowohl die unbewußte präödipale Trennungsangst als auch die Kastrationsangst. Tatsächlich fallen jedem Menschen zum Stichwort Verlust viele Erlebnisse ein, die miteinander verwandt sein können und doch zu sich voneinander unterscheidenden Subgruppen gehören. Deshalb ist es sicher nicht gleichgültig oder beliebig, welches Narrativ in einer Behandlung entsteht (Spence 1982, 1983; Eagle 1984). Gewiß ist es wesentlich, daß sich die beiden Beteiligten, der Patient und der Analytiker, gelegentlich auf einen Sachverhalt einigen. Doch geht es keineswegs darum, ein beliebiges „Sprachspiel" zu (er)finden, das als Metapher alles verknüpft. Schließlich möchte der Patient von seinen Defekten geheilt werden. Er möchte seine speziellen Konflikte und ihre unbewußten Wurzeln nicht nur erkennen, sondern auch meistern. Nicht zuletzt sind die eintretenden Veränderungen als Erfolge oder Mißerfolge empirisch als Sachverhalte auch von Dritten festzustellen.

Die in der psychoanalytischen Situation auftretenden Phänomene können, wie Eagle überzeugend aufgezeigt hat, besonders zu einer Theorie der Therapie beitragen, d.h.

> ... zum Verständnis der Beziehung zwischen bestimmten Operationen und Interventionen und dem Eintreten oder Nichteintreten bestimmter spezifischer Veränderungen. Ich halte es für eine Ironie, daß psychoanalytische Autoren klinische Daten für nahezu jeden Zweck zu verwenden versuchen, außer dem einen, für den sie am besten geeignet sind – der Bewertung und dem Verständnis der Veränderung durch Therapie (1988, S. 209).

Aus heutiger Sicht sind Zusammenfassungen von Behandlungsverläufen schon wegen ihrer Unvollständigkeit für die wissenschaftliche Beweisführung problematisch geworden. Zugleich liegt es in der Natur der Sache, daß Vollständigkeit nicht erreicht werden kann. Aber eine wesentliche Forderung kann heute erfüllt werden, nämlich die Dokumentation auf der Beobachtungsebene wenigstens dort detailliert zu betreiben, wo Verallgemeinerungen erfolgen. Das von Mitscherlich eingeführte Schema der systematischen Krankengeschichte war ein früher Versuch in dieser Richtung, auch wenn nur wenige Krankengeschichten dieser Art geschrieben wurden (Thomä 1954, 1957, 1961, 1978; de Boor 1965). Wesentlich war die Forderung nach Begründung für die klassifikatorische Abstraktion und Begriffsbildung. Ähnliches wurde durch den Hampstead-Index versucht, um eine Klärung zentraler psychoanalytischer Begriffe durch eine systematische Dokumentation zu ermöglichen (Sandler 1962). Als Muster hatte die systematische Krankengeschichte hohen didaktischen Wert, weil sie in der Phase des Spezifitätsdenkens in der Psychosomatik die Reflexion förderte und durch Systematisierung den Vergleich erleichterte. Zukünftige Entwicklungen waren im Schema angelegt, von denen wir jene nennen möchten, die wir mitvollzogen oder später verwirklicht haben: Die Bedeutung der Arzt-Patient-Beziehung in Diagnostik und Therapie wurde von A. Mitscherlich durch die Übernahme des Interviewschemas der Tavistock Clinic auch für die Dokumentation unterstrichen. In der psychotherapeutischen Verlaufsbeschreibung rückte die Veränderung von Symptomen in Abhängigkeit von den Interventionen des Analytikers in den Mittelpunkt.

Über die behandlungstechnischen Seiten der Interpretation und der Frage hinausgehend, was wann wie zu interpretieren sei, befaßte sich Bernfeld (1941) in origineller Weise mit dem Thema der wissenschaftlichen Gültigkeit und dem Wahrheitsgehalt von Deutungen. Dieses Problem ist in den 50er Jahren durch die Veröffentlichungen von Glover (1952), Kubie (1952) und Schmidl (1955) aufgegriffen worden.

Die an der Heidelberger Psychosomatischen Universitätsklinik und in Kooperation mit den Mitarbeitern des Sigmund-Freud-Instituts in Frankfurt – beide Institutionen wurden seinerzeit von A. Mitscherlich geleitet – Mitte der 60er Jahre durchgeführten Untersuchungen von Deutungsaktionen hatten das ehrgeizige

Ziel, zu einer Validierung der Theorie, die dem therapeutischen Handeln des jeweiligen Analytikers zugrunde lag, zu gelangen. Wesentliche Anregungen zu diesem Versuch gingen von Balints Gestaltung behandlungstechnischer Seminare aus, die den Überlegungen des Analytikers vor einer gegebenen Deutung ebenso viel Bedeutung beimaß wie der Reaktion des Patienten.

Um den vielfältigen Überlegungen während der gleichschwebenden Aufmerksamkeit gerecht zu werden, empfahl Balint, auch das bloß Gedachte im Sitzungsrückblick zu vermerken. Die Protokollierung dessen, was der Analytiker neben der tatsächlich vollzogenen Intervention erwogen hatte, und Mitteilungen über den emotionalen und rationalen Entstehungszusammenhang von Deutungen bildeten einen wichtigen Zwischenschritt. Anhand dieser Aufzeichnungsform wurde evident, wie wesentlich es ist, den Patienten am gedanklichen Hintergrund von Interventionen oder Deutungen des Analytikers teilhaben zu lassen. Hierbei handelt es sich um einen alten Erfahrungsschatz, den schon Freud (1940a, S. 103) zum Ausdruck gebracht hatte. Er betonte, daß man den Patienten zum *Mitwisser* an den Konstruktionen, d.h. an der Entstehung und Begründung der ihn betreffenden Deutungen machen müsse. Nach den uns heute vorliegenden Zeugnissen hat er seine Patienten tatsächlich ausführlich mit dem gedanklichen Hintergrund, also mit dem Kontext gegebener Deutungen vertraut gemacht. In nicht wenigen Fällen zerlegt sich nach Freud die Analyse in 2 deutlich gesonderte Phasen.

> In einer ersten verschafft sich der Arzt die notwendigen Kenntnisse vom Patienten, macht ihn mit den Voraussetzungen und Postulaten der Analyse bekannt und entwickelt vor ihm die Konstruktion der Entstehung seines Leidens, zu welcher er sich aufgrund des von der Analyse gelieferten Materials berechtigt glaubt. In einer zweiten Phase bemächtigt sich der Patient selbst des ihm vorgelegten Stoffes, arbeitet an ihm, erinnert von dem bei ihm angeblich Verdrängten, was erinnert werden kann, und trachtet, das andere in einer Art von Neubelebung zu wiederholen. Dabei kann er die Aufstellungen des Arztes bestätigen, ergänzen und richtigstellen. Erst während dieser Arbeit erfährt er durch die Überwindung von Widerständen die innere Veränderung, die man erzielen will, und gewinnt die Überzeugungen, die ihn von der ärztlichen Autorität unabhängig machen (1920a, S. 277–278).

Die hierbei aufkommende Gefahr der Intellektualisierung kann durch die Art der Gesprächsführung vermieden werden. Die Begründung des gedanklichen Zusammenhangs von Deutungen hat i. allg. auf der Seite des Patienten ein starkes affektives Echo. Diese zusätzlichen Informationen geben dem Patienten die Möglichkeit, sich kritisch mit der Gedankenwelt des Analytikers auseinanderzusetzen. Der Entscheidungsspielraum des Patienten bei der Übernahme von Ansichten des Analytikers wird größer, und die geheimnisvolle Rolle des Analytikers wird durchsichtiger. Auch die genauere Untersuchung dessen, was als Identifizierung des Patienten mit den Funktionen des Analytikers bezeichnet wird (s. 2.4), ist davon abhängig, daß die Austauschprozesse ausführlich dokumentiert werden.

Thomä u. Houben (1967) versuchten, durch die Untersuchung von Deutungsaktionen sowohl wesentlichen Aspekten der Behandlungstechnik des jeweiligen Analytikers und deren theoretischer Begründung als auch – über die Erfassung der Reaktionen des Patienten – der therapeutischen Wirksamkeit auf die Spur zu kommen. Die Probleme der *Wirksamkeit* von Deutungen und der *Wahrheit* von Theorien wurden uns bei diesen Untersuchungen langsam deutlich.

Zur systematischen Untersuchung von Deutungsaktionen entwarfen wir, einen Vorschlag Isaacs (1939) aufgreifend, ein Berichtsschema. Das Schema fordert den protokollierenden Psychoanalytiker auf, die Stellung der gegebenen Deutungen zwischen Beobachtung und Theorie zu kennzeichnen sowie die Reaktionen zu beschreiben. Behandlungsperioden werden nach folgenden Punkten aufgegliedert:

a) Assoziationen, Verhaltensweisen, Träume des Patienten, die den Analytiker veranlaßt haben, eine bestimmte Thematik in einer Periode zur Durcharbeitung ins Auge zu fassen (*psychodynamische Hypothese*);
b) Überlegungen des Analytikers neurosentheoretischer und technischer Art, die den einzelnen Deutungen vorausgegangen sind;
c) angestrebtes Ziel der Deutung;
d) Formulierung der Deutung;
e) unmittelbare Reaktion des Patienten;
f) alle weiteren Deutungen des Analytikers und Reaktionen des Patienten (Assoziationen, Verhaltensweisen, Träume, Wechsel in Stimmung und Gefühlslage usw.), die für das durchzuarbeitende Thema relevant zu sein scheinen;
g) inwieweit wurde das gesteckte Ziel erreicht?
h) Hinweis auf Material, das nicht im Einklang mit den Hypothesen steht.

Im Laufe dieses Projekts wurde klar, daß man sich bei der Frage der Validierung im komplexen Feld der Verlaufs- und Ergebnisforschung bewegt, dessen Bewältigung unsere Möglichkeiten damals weit überschritt. Das Berichtsschema ist aber nach wie vor gut geeignet, um die klinische Diskussion mit wesentlichen Informationen zu versehen. Es ist für den behandelnden Analytiker ungemein fruchtbar, wenn er sein therapeutisches Denken und Handeln so protokolliert, daß dem Dritten eine alternative Betrachtungsweise erleichtert oder ermöglicht wird. Ein Beispiel hierfür geben wir in Kap. 8. Um die klinische Forschung voranzubringen und die psychoanalytische Praxis wissenschaftlich besser absichern zu können, sind Klärungen erforderlich, die wir besonders in Kap. 10 des Grundlagenbands zusammengefaßt haben.

Wegen unseres besonderen Interesses für die Wirkung von Deutungen haben wir seinerzeit in den Protokollen die Aspekte der Beziehung vernachlässigt. Der Verlust des emotionalen Kontextes, der den Hintergrund bildet, läßt Deutungen und Reaktionen weit kopflastiger erscheinen, als es der Wirklichkeit entspricht. Erleben und Einsicht, Deutung und Beziehung, verbale und averbale Seiten des Dialogs sind wechselseitig aufeinander bezogen (Thomä 1983 a, s. auch Grundlagenband 8.6). Bei der Entstehung von Deutungen und deren Rekonstruktion gelangt man auch in die Tiefen der Gegenübertragung. Darüber läßt sich leichter sprechen als schreiben.

In beiden hier nur exemplarisch beleuchteten Versuchen der Erstellung von Behandlungsberichten geht es darum, eine möglichst naturgetreue Abbildung dessen zu gewinnen, was der Analytiker in der Gegenwart seines Patienten fühlt, denkt und tut. Schon Glover (1955) hat besonderen Wert darauf gelegt, daß der Analytiker protokolliert, was er dem Patienten gesagt hat. Denn viele der sogenannten Narrative sind, wie Spence (1986) kritisiert hat, als typische Erzählungen vom Psychoanalytiker nach verkappten psychodynamischen Gesichtspunkten konstruiert, ohne daß der Beitrag des Analytikers besonders im Hinblick auf Verlauf und Ergebnis ausreichend erkenntlich würde.

Die hier skizzierte Entwicklung wurde schließlich für die Verlaufs- und Ergebnisforschung, aber auch für die Weiterbildung durch die Tonbandaufzeichnung von Analysen auf eine sichere Ausgangsbasis gestellt (Thomä u. Rosenkötter 1970;

Kächele et al. 1973). Fast 30 Jahre nach der Einführung der *systematischen Krankengeschichte* erweist sich die *systematische Einzelfallstudie* als zeitgemäßes Verfahren. Die Methodologie solcher Studien steht seit geraumer Zeit im Mittelpunkt der Diskussion (Bromley 1986; Petermann 1982). Durch Einzelfallstudien können die heutigen Ansprüche an die hypothesenprüfende Forschung in der Psychoanalyse befriedigt werden (Weiss u. Sampson 1986; Neudert et al. 1987).

1.4 Dem Dialog auf der Spur - Tonbandaufzeichnung und Verschriftung

Es ist zweckmäßig, die Anwendung technischer Hilfsmittel sorgfältig zu bedenken. Zwar wird bei Tonbandaufzeichnungen der Dialog vollständig erfaßt; Gedanken und Gefühle, die unausgesprochen bleiben oder den sprachlosen Raum von Stimmungen und Affekten erfüllen, entgehen jedoch diesem technischen „dritten Ohr". Es erübrigte sich, darauf eigens hinzuweisen, wenn diesem Mangel nicht ein so großes Gewicht in der Diskussion gegeben würde. Immerhin kann man beim Lesen von Transkripten und noch mehr beim Anhören der Originaldialoge vom Ton, der die Musik macht, weit mehr hören als bei Veröffentlichungen, die sich auf Protokolle stützen. Beim Protokollieren während der Sitzung kann die Aufmerksamkeit abgelenkt werden, während das stichwortartige Niederschreiben nach der Sitzung, das Freud empfohlen hat, zu einer stärkeren Selektion führt. In der Auswahl der beschriebenen Phänomene folgt der Analytiker seinen subjektiven theoretischen Gesichtspunkten, und wer nimmt schon gerne zur Kenntnis, wenn eigene Erwartungen und Annahmen widerlegt werden! Nicht nur Patienten ziehen aus der Bestätigung Lebensfreude und Hoffnung. Die hypothesenprüfende Forschung belastet die Psychotherapeuten, weil sie klinisch erarbeitete Überzeugungen in Frage stellen muß (Bowlby 1982). Deshalb teilen wir dieses Geschäft gern mit kooperierenden Wissenschaftlern, die an der Therapie nicht unmittelbar mitwirken.

Mit der Übernahme des Lehrstuhls für Psychotherapie 1967 in Ulm begann der Hauptautor mit Tonbandaufzeichnungen psychoanalytischer Behandlungen; in den folgenden Jahren wurde durch viele weitere von ihm und einigen seiner Mitarbeitern aufgezeichnete Therapien ein Fundus psychoanalytischer Behandlungsprotokolle angelegt, der als „Ulmer Textbank" in der Zwischenzeit einer großen Zahl von Wissenschaftlern im In- und Ausland zur Verfügung gestellt wird (Mergenthaler 1986).

Es hat Jahre gedauert, bis wir die ungemein günstigen Auswirkungen des Anhörens von Dialogen und des Lesens von Verbatimprotokollen auf die eigene Praxis so zu schätzen lernten, daß sich alle unsere früheren Bedenken aufgelöst haben. Der Kampf, die entsprechenden technischen Hilfsmittel in die analytische Sitzung einzuführen, wurde 1933 von E. Zinn begonnen (Shakow u. Rapaport 1964, S. 138); er ist zwar noch nicht beendet, aber immerhin ließ McLaughlin beim Internationalen Psychoanalytischen Kongreß in Helsinki (1982) erstmals positiv anklingen, welche Möglichkeiten sich durch auf Tonband aufgezeichnete Analysen auch für die psychoanalytische Ausbildung und Praxis eröffnen.

Im Unterschied zu der Schule von C. Rogers wurden in der Psychoanalyse diese vielfältigen Möglichkeiten aus verschiedenen Gründen lange nicht wahrgenommen. Im Mittelpunkt vieler Bedenken stand die Sorge, daß die Anwesenheit eines Tonbandgeräts sich so auswirken könnte wie die Präsenz eines Zuhörers: daß der Patient verstummen würde, „sobald er einen einzigen, ihm indifferenten Zeugen bemerkte" (Freud 1916/17, S. 10). Nun ist längst bekannt, daß Patienten mit wenigen Ausnahmen bereitwillig ihre Zustimmung dazu geben, daß das Gespräch aufgenommen, in Fachkreisen diskutiert oder wissenschaftlich ausgewertet wird. Nicht selten versprechen sich Patienten zu Recht einen therapeutischen Gewinn davon, wenn ihr Analytiker sich besonders intensiv mit ihnen befaßt. Freilich ist die primäre Zustimmung des Patienten und seine Motivation nur eine Seite, die andere und entscheidende Frage ist jene nach den Auswirkungen der Tonbandaufnahme auf den psychoanalytischen Prozeß. Da es schlechterdings unmöglich ist, denselben Patienten zweimal, einmal mit und ein anderes Mal ohne Tonbandaufnahme der Gespräche zu behandeln, ist es ausgeschlossen, zwischen 2 psychoanalytischen Prozessen desselben Patienten einen Vergleich anzustellen. Trotzdem läßt sich inzwischen mit einer großen Zahl tonbandaufgezeichneter Psychoanalysen argumentieren, bei denen kein systematischer negativer Effekt bekannt wurde. Da wir uns nicht mit dem sog. Playback-Verfahren befassen, machen wir auf eine Veröffentlichung von Robbins (1988) aufmerksam. Besonders schwer gestörte Patienten gelangen zu einer therapeutisch wirksamen „Selbstobjektivierung" (Stern 1970), wenn sie selbst das aufgezeichnete Gespräch abhören und die dabei gewonnenen Erfahrungen durcharbeiten können.

Wir betrachten die einmal verabredete Aufnahme des Gesprächs als permanente Rahmensetzung, auf deren Hintergrund alles, was geschieht, interpretiert wird. Es ist selbstverständlich, daß der Patient seine Zustimmung zur Tonbandaufnahme widerrufen kann. Wir werden hierfür unter 7.5 dieses Bandes auch kasuistische Beispiele geben, die zeigen, daß es nicht nur möglich, sondern sehr fruchtbar ist, wenn solche Vorfälle genau analytisch untersucht werden. Jedenfalls nimmt der psychoanalytische Prozeß nach unseren eigenen Erfahrungen und nach der einschlägigen Literatur i. allg. einen Verlauf, bei dem das Tonband schließlich die möglichen unbewußten Bedeutungen ebenso verliert wie das Liegen auf der Couch: Über-Ich-Funktionen können beispielsweise nur solange dem Tonband zugeschrieben und auf die Sekretärin (als bestrafende Mutter) projiziert werden, solange Bestrafungserwartungen virulent sind. Auch Größenvorstellungen können über einen Text nur solange in angstvoll-lustvoller Erwartung an die Öffentlichkeit gelangen, solange solche Wünsche konflikthaft bestehen.

Bei Licht besehen und nach gehöriger Durcharbeitung wird vieles einfach und menschlich, was zunächst von einzigartiger persönlicher Dramatik zu sein scheint. Dennoch ist kein psychoanalytischer Dialogtext oberflächlich, wiewohl viele Leser überrascht zum Ausdruck bringen, wie wenig ein bloßer Text aussage. Deshalb wird gelegentlich bezweifelt, ob die Verfügbarkeit von Verbatimprotokollen Neues erbringt. Immerhin, der behandelnde Analytiker ist häufig erstaunt, wenn er vom Tonband seine eigene Stimme hört oder dem Transkript entnehmen muß, daß seine Deutungen weit von dem entfernt sind, was sie nach den Lehrbüchern zu sein haben: clare et distincte.

Es ist bemerkenswert, wieviele Probleme ein Analytiker zu bewältigen hat, wenn er die Daten seiner Praxis, in diesem Fall den verschrifteten Dialog, Kollegen zur Auswertung übergibt. Denn diese bestätigen, mehr oder weniger schonungslos, was auch der Selbsteinschätzung nicht entgehen kann, daß zwischen dem professionellen Ideal-Ich und der Wirklichkeit erhebliche Diskrepanzen bestehen können. Kein Zweifel: das Tonband ist ein neutraler Empfänger, der weder überhört noch auswählt! L. Kubie, dessen Supervisionen anhand von Tonbandaufnahmen der Hauptautor sehr viel verdankt, beschreibt in folgendem Zitat schmerzliche Erfahrungen, die jeder Psychoanalytiker durchzustehen hat, wenn er mit seinen Äußerungen aus der analytischen Situation direkt konfrontiert wird:

> Wenn ein junger Psychiater oder ein erfahrener Analytiker erstmals zuhört, wie er selbst ein Interview oder eine therapeutische Sitzung gestaltet hat, ist dies immer eine überraschende und erhellende Erfahrung. Er spricht so, als wäre er das Echo des Patienten, oder er vernimmt, wie er den Patienten übertönt oder noch mehr flüstert als dieser, immer lauter oder immer leiser wird. Oder er bemerkt, daß er sich wie beim Schaukeln verhält, laut in dem Augenblick, in dem der Patient leise wird und leise, wenn der Patient laut wird. Oder er entdeckt mit Überraschung und Bestürzung in seiner eigenen Stimme einen Anklang unbeabsichtigter Verachtung oder von Sarkasmus oder Ungeduld oder Feindseligkeit oder auch übermäßiger Beruhigung und verführerische Wärme. Oder er hört zum ersten Mal seine bisher unbemerkten ticartigen Geräusche, mit denen er den Gedankenstrom des Patienten unterbricht. Von solchen Daten lernt er selbst und die Gruppe sehr viel bezüglich des Austauschprozesses mit Patienten und was dieser Prozeß in den Kranken in Form automatischen und deshalb schwer beschreibbaren verbalen Redeverhaltens auslöst.
>
> Psychiater und Psychoanalytiker lernen hierbei die subtilen Tricks des Vergessens und falschen Erinnerns zu beobachten und zu respektieren, denen wir unterworfen sind. In einer Sitzung berichtete ein junger Psychiater, daß ein Patient in einem früheren Interview an einem bestimmten Punkt gebeten hatte, das Tonbandgerät möge abgestellt werden, während er über besonders belastende Dinge spreche. Die Gruppe diskutierte die möglichen Motive für diesen Wunsch aufgrund des Wissens über den Patienten aus früheren Seminaren. Um dann die Richtigkeit der spekulativen Annahmen zu prüfen, wurde der Psychiater gebeten, der Gruppe ungefähr 5 min des aufgenommenen Gesprächs vorzuspielen, die der Unterbrechung vorausgegangen waren und dann 5 oder 10 min, nachdem das Gespräch wieder aufgenommen wurde ... Zur Überraschung des jungen Psychiaters und der ganzen Gruppe entdeckten wir nun beim Zuhören, daß es der Psychiater und nicht der Patient gewesen war, der vorgeschlagen hatte, das Tonbandgerät abzuschalten. Von seiner eigenen Rolle hatte der junge Psychiater nicht die geringste Erinnerung ... Mehr noch, als wir dem zögernden Sprechen des Patienten zuhörten und dem Wechsel von Geschwindigkeit und Stimmvolumen, der veränderten Stimmlage und dem Einsatz seiner Stimme, wurde es der ganzen Gruppe klar, daß der junge Psychiater ganz intuitiv etwas recht Sinnvolles getan hatte: Er hatte die zunehmende Spannung des Patienten richtig eingeschätzt und hatte dessen Bedürfnis für eine Geste besonderer Rücksicht und Privatheit wahrgenommen. Das Ergebnis war, daß der Patient eine bessere Beziehung als früher herzustellen vermochte, und zwar in einem solchen Umfang, daß der Psychiater sich nun daran erinnerte, daß es der Patient gewesen war, der nach einer relativ kurzen Unterbrechung vorgeschlagen hatte, das Tonbandgerät wieder anzustellen, und der dann offen und ohne Bestürzung weiterhin über die Dinge sprach, über die er vorher so irritiert gewesen war. Die aufschlußreichen Aspekte dieser Episode sowohl für die Daten als auch für Übertragung und Gegenübertragung wurden während des Restes des Seminars in der Gruppe reflektiert und diskutiert. Ohne Tonbandaufzeichnung hätte man dies alles nicht untersuchen können (1958, S. 233).

Es dürfte schwerfallen, sich dieser Geschichte zu entziehen. Sie erschließt einen Kontext der Entdeckung, der die stets latente Gefahr der Verkürzung im verdichteten Bericht beleuchtet.

Transkripte wirken oft armselig im Vergleich zu den Erinnerungen, die der Analytiker an die Sitzung hat und die beim Lesen des Textes durch ihn sofort belebt werden. Es ist also der reiche emotionale und kognitive Kontext, der den einzelnen Mitteilungen des Patienten und des Analytikers Lebendigkeit verleiht; Mitteilungen, die den gesprochenen Sätzen erst dann entnommen werden können, wenn diese in eine Erzählung eingebettet werden. Der fremde Leser kann diesen Kontext und den mehrschichtigen Hintergrund, der sich im behandelnden Analytiker beim Lesen eines Transkripts wiederbelebt, nur erahnen bzw. mit Hilfe seiner Imagination und seiner eigenen Erfahrung abrunden. Diese Anreicherung übernehmen bei den traditionellen kasuistischen Darstellungen, die i. allg. an originalen Daten so viel ärmer sind, die narrativen Erläuterungen des Autors. Wahrscheinlich tragen selbst Verallgemeinerungen, also die Verwendung abstrakter Begriffe, die regelmäßig in klinische Erzählungen eingebracht werden, dazu bei, daß sich der Leser zu Hause fühlt. Der verwendete Begriff füllt sich wie von selbst mit der Anschauung, die der Leser mit ihm verbindet. Ist in einem Bericht von Trauma die Rede oder von Oralität, dann entsteht eine Spannung zum eigenen Verständnis dieser und anderer Begriffe, die in sich selbst schon geeignet ist, in einen zustimmenden oder ablehnenden Dialog mit dem Autor zu treten.

Besonders die unkommentierten Transkripte sind eine ungewohnte Materie, mit der auch wir uns nur langsam befreunden konnten. Vertieft man sich jedoch in diese Dialoge, übt der Leser an eigenen und fremden Texten, dann ermöglicht das Nachvollziehen von Sequenzen eine Fülle von Erkenntnissen. Beispielsweise läßt sich klären, wie eine Frage des Analytikers vom Patienten verstanden wurde und ob sie diesem als Ermutigung oder als Vorwurf im Ohr geklungen hat. Denn wenn der Patient der Grundregel folgt und alles sagt, was ihm einfällt, stellt sich erst heraus, wie er die Frage verstanden hat. So kann am Verbatimtext wenigstens erschlossen werden, daß und wie der Ton die Musik macht. Der emotionale Hintergrund ist noch sicherer zu ergründen, wenn der Analytiker unmittelbar nach der Sitzung seine unausgesprochenen Gefühle zu bestimmten Sequenzen oder insgesamt in Worte faßt oder wenn man ihn zusätzlich zu einem Transkript befragt.

Dies ermöglicht auch die Untersuchung der Schlußfolgerungsprozesse, die schließlich in Deutungen einmünden. Über den motivierenden Hintergrund und die Ziele, die in einer Deutung enthalten sind, lassen sich durch Dritte Vermutungen anstellen, die zuverlässiger werden, wenn ganze Sequenzen in einem Transkript betrachtet werden. Noch weiter führt die Untersuchungstechnik des „lauten Denkens", mit der Meyer (1981, 1988) die Schlußfolgerungsprozesse dreier Analytiker untersucht hat. Schließlich kann man der originalen Situation durch das Anhören der Tonbandaufnahme besonders nahekommen.

Beim Lesen von Manuskripten vollständig aufgenommener Analysen fehlen nicht nur die lautlosen Pausen, die für die beiden Beteiligten durchaus beredt sein können, sondern auch die Beschreibungen der Stimmung, die bei einer mündlichen Vorstellung in einem behandlungstechnischen Seminar direkt oder indirekt vermittelt werden. Wir möchten die Frage aufwerfen, warum es offenbar Musikkennern leichter fällt, schon beim Lesen einer Partitur die Musik zu hören, als Analytikern, das Transkript einer Sitzung mit Leben zu füllen.

Sandler u. Sandler bezeichnen es als eine „wichtige Aufgabe für zukünftige Forscher herauszufinden, warum man beim Lesen transkribierter Sitzungen anderer Analytiker oft das Gefühl hat, daß diese wirklich sehr schlechte Analytiker sind". Abschwächend fügen sie hinzu, daß diese Reaktion zu häufig sei, um der Realität zu entsprechen, denn es könne doch kaum sein, daß so viele Analytiker wirklich so schlecht seien (1984, S. 396). Diese Feststellung fordert zu einer Vergrößerung der Stichprobe heraus. Offenbar sind bisher nur die schlechten Psychoanalytiker bereit, die nackten Tatsachen als unbestechliche Transkripte auf den Tisch zu legen. Wir vergrößern diese bisher kleine Stichprobe nun beträchtlich und hoffen natürlich, nicht unter das Verdikt zu fallen. Doch selbst weitere schlechte Beispiele könnten eine nützliche Funktion haben und namhafte Analytiker anspornen, es endlich besser zu machen, indem sie mustergültige Transkripte von Dialogen zur Diskussion stellen. Alle Lernenden suchen Vorbilder. Die großen Meister unserer Zeit sollten sich die Chancen nicht entgehen lassen, mit guten Beispielen voranzugehen. Selbstverständlich haben die nackten Tatsachen des verbalen Austauschs nicht das letzte Wort. Auch Affekte können durch Kodierung von Intonationen und anderen nichtsprachlichen Kommunikationen in Transkripten besser repräsentiert werden als in den Zusammenfassungen der traditionellen Publikationen. Allerdings bedarf es einiger Übung, um sich solche notierten psychoanalytischen Dialogtexte aneignen zu können.

Für bestimmte Fragestellungen, beispielsweise zur Untersuchung affektiver Äußerungen in der Mimik und Intonation (Fonagy 1983), der Gestik und der gesamten Expressivität in Haltung und Bewegung, also der Körpersprache, sind Videoaufzeichnungen unerläßlich (Krause u. Lütolf 1988). Es bringt freilich nichts, wenn weder eine klare Fragestellung noch eine definierte Auswertungsmethodik zur Verfügung steht, weshalb auch die vielen Filmbänder, die von einer Analyse aufgenommen wurden (Bergmann 1966), in den Kellern des NIMH verschwunden sind und inzwischen wohl vernichtet wurden.

Um die averbale Kommunikation in Haltung und Bewegung, auf deren Bedeutung besonders Deutsch durch mehrere Arbeiten aufmerksam gemacht hat (1949, 1952), zu registrieren, gibt es für klinische Zwecke auch weniger aufwendige Mittel als Videoaufzeichnungen des auf der Couch liegenden und in der Bewegung eingeschränkten Patienten. So erfaßt McLaughlin (1987) die Bewegungen des Patienten auf der Couch durch einfache Zeichen im Protokoll.

Aus unseren Erfahrungen können wir festhalten, daß verschriftete psychoanalytische Dialoge um so aussagekräftiger werden, je mehr sich der Leser einfühlt und den jeweiligen Hintergrund dadurch lebendig werden läßt, daß er sich mit den Beteiligten identifiziert und sozusagen das Gespräch mitinszeniert. Trotzdem bleibt der Unterschied zwischen in vivo und in vitro bestehen: Wenn der behandelnde Analytiker seine gegebenen Interpretationen nachliest, bringen die Erinnerungen wesentliche Dimensionen hinzu. Es ist und bleibt etwas anderes, ob man ein Drama Shakespeares liest oder an seiner Inszenierung auf der Bühne vom Zuschauerraum aus teilnimmt oder es als Regisseur und Schauspieler gestaltet. Da wir die Leser dieses Bandes häufig mit Ausschnitten aus Verbatimprotokollen konfrontieren, bitten wir den Versuch zu machen, den Text gedanklich szenisch zu erweitern. Wir glauben, daß die meisten Dialoge zu vielfältigen phantasievollen Identifizierungen und damit einhergehend zu vielfältigen Interpretationen anregen können. Trotzdem bleibt eine Differenz zwischen Produzent und Rezipient eines Textes erhalten.

Die sog. nackten Tatsachen, die „data bruta" sind immer schon eingekleidet in persönliche Theorien, aufgrund derer der Betrachter das einzelne Faktum beleuchtet und ihm eine Bedeutung verleiht. Diese fortlaufenden Zuschreibungen lassen die Rede über die Erfassung bloßer Tatsachen ebenso zweifelhaft erscheinen wie die ihnen zugeordnete Lehre der bloßen Empfindungen, die William James als Musterbeispiel von Trugschlüssen des Psychologen (the psychologist's fallacy) bezeichnet hat. Gewiß gibt es auch harte Tatsachen, die man unweigerlich besonders dann empfindet, wenn man glaubt, sich über Naturgesetze hinwegsetzen zu können. Der empfundene Schmerz nach einem Sturz, der dem Fallgesetz, nicht aber dem magischen Glauben an die Unverletzlichkeit folgte, mag als Beispiel dienen, das sich ohne weiteres in Freuds Verständnis des Realitätsprinzips einordnen läßt. Ganz offensichtlich wurde in diesem Beispiel dem Glauben eine Macht zugeschrieben, die am Realitätsprinzip scheiterte. Die Anerkennung der übertragenen neben der wörtlichen Bedeutung und die darin enthaltene Spannung ermöglicht es dem Analytiker, die Tiefendimensionen der vorliegenden Texte zu erfassen. Freilich gilt auch hier die alte biblische Weisheit: Suchet, so werdet ihr finden. Als Hilfestellung ergänzen wir den Dialog durch Kommentare und Überlegungen.

Das detaillierte Studium von Verbatimprotokollen eröffnet neue Wege in der Aus- und Weiterbildung (Thomä u. Rosenkötter 1970). Supervisionen können auf der Grundlage solcher Protokolle besonders im Hinblick auf technisches Vorgehen und die Erarbeitung von alternativen Verstehensansätzen sehr fruchtbar gestaltet werden, weshalb wir diesem Thema einen eigenen Abschnitt (10.1) widmen.

Es geht nicht darum, die Tonbandaufzeichnung von therapeutischen Gesprächen zur Routinepraxis erheben zu wollen. Wir vertreten die Auffassung, daß damit bestimmte Lernerfahrungen verbunden sind, die auf andere Weise nur schwer zu gewinnen sind. Als die wichtigste sehen wir an, daß der behandelnde Analytiker ein angemessenes Bild seines konkreten therapeutischen Vorgehens gewinnen kann; dies ist auch aus gedächtnispsychologischen Gründen bei retrospektiv erstellten Stundenprotokolle nur begrenzt möglich. Diese Begrenzung hat systematischen Charakter, da sich bei der Protokollierung regelhafte Auslassungen einschleichen, wie man seit den verdienstvollen Untersuchungen von Covner (1942) und Rogers (1942) weiß. In der heute geübten Supervision versucht der Supervisor, Momente der Blindheit des Kandidaten zu entdecken, obwohl diese aus unbewußten Motiven meist sorgfältig verdeckt sind. Die in Seminaren so vielfältig zu beobachtende Vorgehensweise der Seminarteilnehmer, den Bericht des Vortragenden gegen den Strich zu lesen, d.h. ihm alternative Lesarten abzugewinnen, spricht für die weite Verbreitung dieser Auffassung.

Hat ein Analytiker sich der Konfrontation mit dem Tonband einmal ausgesetzt und hat er die vielen unvermeidlichen Kränkungen überwunden, die regelmäßig entstehen, wenn er seine idealen Vorstellungen mit der Wirklichkeit seines Handelns vergleicht, kann er sich ganz der ungeteilten Aufmerksamkeit hingeben. Er ist dann nicht durch Überlegungen abgelenkt, ob und was er nach der Sitzung aufschreibt oder stichwortartig während der Sitzung notiert. Die subjektive Erfahrung des Analytikers ist von der Verantwortung entlastet, neben der therapeutischen auch noch eine wissenschaftliche Funktion erfüllen zu müssen. Allerdings bleibt dem freien Rückblick auf eine psychoanalytische Sitzung eine eigenständige Aufgabe vorbehalten, die auch eine Tonbandaufzeichnung nicht zu ersetzen vermag, nämlich die Erfassung des „inneren Monologs" (Heimann 1969) als Reflexion des therapeutischen Prozesses nach Beendigung einer Sitzung. Der Rückblick auf die eigenen Erfahrungen und Überlegungen, die ja einen Verarbeitungsprozeß widerspiegeln – den wir zusammen mit A. E. Meyer seit vielen Jahren untersuchen (Meyer 1981, 1988; Kächele 1985) –, konstituiert einen eigenständigen Bereich, in dem freie Berichte eine unverzichtbare Funktion haben.

Rückblickend kann man feststellen, daß mit der Einführung von Tonbandaufzeichnungen in die psychoanalytische Behandlung der Beginn einer phänomennahen Aufarbeitung der therapeutischen Prozesse verbunden ist. Dieses simple technische Mittel war damals und ist heute noch immer unter Psychoanalytikern umstritten; allerdings sind sich jene Psychoanalytiker, die aktiv forschend tätig sind, darin einig, daß solche Aufzeichnungen ein wichtiges Instrument der Forschung geworden sind (z. B. Gill et al. 1968; Luborsky u. Spence 1978; Gill u. Hoffman 1982). Die zunächst wenig ernstgenommene Kritik an der Forschungsmethodologie aus den eigenen Reihen begann in den 50er Jahren (Kubie 1952). So beklagte Glover (1952) die mangelhafte Kontrolle bei der Datenerhebung. Shakow (1960) bezeichnete die von Freuds Junktimbehauptung abgeleitete Sicht, daß jeder Analytiker per se ein Forscher sei, als „naives Mißverständnis des Forschungsprozesses". Das „Junktim" ist überhaupt erst seit der Einführung von Tonbandaufnahmen möglich geworden, sofern man den behandelnden Analytiker mit seinen persönlichen Theorien und ihrer Anwendung in der Praxis in die wissenschaftlichen Fragestellungen einbezieht, an denen besonders bezüglich der Hypothesenprüfung unabhängige Dritte wesentlich teilnehmen müssen. So bezweifelt Stoller den Anspruch der psychoanalytischen Methode als wissenschaftliche Methode, solange ein essentielles Element fehlt, welches in anderen Disziplinen gefunden wird, die als Wissenschaften anerkannt sind.

> Insofern unsere Daten keinem Dritten zugänglich sind, können unsere Schlußfolgerungen von niemand überprüft werden. Das heißt für mich nicht, daß Analytiker keine Entdeckungen machen können, die wissenschaftliche Methode ist nur ein Weg dahin. Aber es bedeutet, daß der Prozeß der Bestätigung sehr wackelig ist ... Ich fürchte, daß wir nicht sehr ernstgenommen werden können, wenn wir unsere Arbeit nicht deutlicher offenlegen (1979, S. XVI).

Da die Psychoanalyse zu Recht darauf besteht, daß die klinische Situation für ihre Theoriebildung der zentrale Ort der Datengewinnung ist, muß eine Verbesserung der Beobachtungsmethode erfolgen, die den Analytiker als teilnehmenden Beobachter nicht ausschließt, sondern ihm Mittel zur Hand gibt, seine „Beobachtungen" zu kontrollieren. Gill et al. (1968) empfahlen die Trennung der Funktionen des Klinikers und des Forschers und die Einführung zusätzlicher systematischer Beobachtungsverfahren.

Freuds eigene eindrucksvolle Fähigkeit, „am Abend nach Abschluß der Arbeit aus dem Gedächtnis" Beispiele niederzuschreiben, schützte ihn selbst nicht vor Selektion und Vergessen und stellt keine hinreichende Begründung für die Fähigkeit irgendeines beliebigen Psychoanalytikers dar, seine Beobachtungen für wissenschaftliche Fragestellungen nur aus dem Gedächtnis aufzuzeichnen. Wir brauchen eine Form, um das Gedächtnis – und sei es als unbewußtes Gedächtnis noch so leistungsfähig – durch externe Datenaufzeichnung zu unterstützen. Gill et al. (1968) haben darauf hingewiesen, daß die Fähigkeit, Zusammenhänge zu erinnern, recht unterschiedlich ausgebildet ist. Es ist wahrscheinlich unmöglich, diese Gedächtnisfähigkeit so zu „kalibrieren", wie es der Standardisierung einer mechanischen Aufzeichnungsmethode entsprechen müßte. Die psychoanalytische Ausbildung, besonders die Lehranalyse, fördert eher die schulgebundene Apperzeption und Selektion als eine gleichmäßig offene, umfassende Perzeption.

Unter dem Einfluß der kognitiven Psychologie werden in neuerer Zeit Modelle vorgeschlagen, die zeigen, wie komplex der Aufbau von patientenspezifischen Gedächtniskonfigurationen im Analytiker - von Peterfreund (1983) Arbeitsmodelle genannt - ist (s. auch Moser et al. 1981; Teller u. Dahl 1986; Pfeifer u. Leuzinger-Bohleber 1986; Meyer 1988). Die vorliegenden Ansätze legen es nahe, mit einer großen Variabilität persönlichkeitsabhängiger Abbildungs-, Speicher- und Retrievalprozesse zu rechnen (Jacob 1981).

Es entspricht nicht nur der klinischen Erfahrung, daß die von Freud vorgeschlagene Art des Zuhörens die Wahrnehmung unbewußter Prozesse fördern kann; es liegen auch experimentelle Untersuchungen vor, die den heuristischen Wert des nicht-aufmerksamkeitsgerichteten Zuhörens unterstreichen (Spence u. Lugo 1972). Es kann in dieser Diskussion nun nicht darum gehen, die ausschließlich subjektive Protokollierung umgestalten zu wollen, sondern es muß lediglich anerkannt werden, daß diese für Forschungsfragen nur eine begrenzte Reichweite hat. Wenn ein Kliniker eine besondere Fragestellung verfolgt, so wird er, um systematische Aussagen treffen zu können, auch seine Beobachtungsmöglichkeiten erweitern müssen. Gerade darum geht es bei der Einführung des Tonbands in die Behandlungssituation. Dieses Hilfsmittel beeinflußt - wie vieles andere - sowohl den Patienten als auch den Analytiker; gleiches gilt sowohl für die Vorstellung der Ausbildungsfälle in kasuistischen Seminaren als auch für die Auswirkungen des Lebensschicksals des Analytikers auf den Patienten. Da Beeinflussung in einem sozialwissenschaftlichen Verständnis vom Psychoanalytiker nicht a priori mit Schädigung gleichgesetzt werden kann, vertreten wir, daß die in die psychoanalytische Situation hineingetragene Forschung auch unmittelbar dem Patienten zugute kommt, weil der Analytiker viele Anregungen aus den wissenschaftlichen Fragen ziehen kann, die an ihn herangetragen werden.

So können wir unsere obigen Überlegungen aufnehmen, um den Leser besser auf die Lektüre von Transkripten vorzubereiten. Wir sind alle daran gewöhnt, daß uns Tatsachen im Lichte von Theorien präsentiert werden. Demgegenüber macht ein Transkript einen eindimensionalen Eindruck: Deutungen des Analytikers und die Antworten des Patienten spiegeln die latenten Wahrnehmungs- und Denkstrukturen nicht von selbst wider. Zwar verraten typische Deutungen die Schulzugehörigkeit eines Analytikers, doch können wir seine Äußerungen nicht mit seiner Theorie in einen Topf werfen. In den traditionellen Kompositionen werden die Phänomene in einer psychodynamischen Gestalt vereinigt, die mehrere Bedürfnisse auf einmal befriedigt. Bei einer guten Komposition fragt man nicht danach, ob die Beiträge, die der Patient gebracht hat, in ihrer ursprünglichen Form belassen wurden oder ob sie sich erst nach interpretativer Bearbeitung ins Ganze einfügen lassen. Zur Überprüfung des Erkenntnisprozesses und der Stimmigkeit einer Gestalt aufzufordern und diese in ihre Teile zu zerlegen, führt ins Sprechzimmer zurück, von dem gewiß auch nur ein Abglanz in einem Transkript erscheinen kann. Man kommt allerdings hierbei dem ziemlich nahe, was Analytiker machen, um die Forderung des Tages einzulösen, nämlich die Untersuchung der psychoanalytischen Praxis. Denn dorthin führt uns Sandlers These, daß Psychoanalyse ist, was Psychoanalytiker machen.

Bevor wir dieses Kapitel abschließen, müssen noch einige schlichte Sachverhalte erwähnt werden. Es ist ziemlich mühselig, das Transkript einer Behandlungsstunde ohne redaktionelle Überarbeitung zu lesen. Der dadurch entstehende Verlust an linguistischer Genauigkeit wird u. E. durch den didaktischen Gewinn wettgemacht. Texte müssen auch eine gewisse sprachliche Form erreichen, um den klinisch orientierten Leser zu einer Teilnahme an den geschilderten Prozessen einzuladen.

Komplexe Beziehungsprozesse können schriftlich nur in Annäherung vermittelt werden. Unsere bisherige Argumentation gibt die Richtung an, auf welche Protokollierungsform wir uns bevorzugt stützen werden. Auch auf Notizen von Analytikern und auf deren Protokolle greifen wir zurück. Im Sinne unserer Leitidee werden wir in der Regel auf umfangreiche lebensgeschichtlich orientierte Einleitungen zu den Behandlungsepisoden verzichten. Wir möchten demonstrieren, daß die Grundprinzipien therapeutischen Handelns auch ohne eingehende Vorreden zur Lebensgeschichte des Patienten erläutert werden können. Theoretische Überlegungen und therapeutische Erfahrungen belegen, daß zumindest im Bereich von Symptomen kausal wirksame Sinnstrukturen über die Zeit hinweg gleichbleiben. Klischees werden aufrechterhalten, die dem Wiederholungszwang zugrunde liegen. Man braucht also nicht immer ausführlich auf lebensgeschichtliche Vorläufer zurückzugehen, um Prozesse, die im Hier und Jetzt ablaufen, verstehen zu können.

2 Übertragung und Beziehung

Vorbemerkungen

Die Untergliederung dieses Kapitels folgt nicht genau den Untertiteln, wie sie im Grundlagenband bei der historisch-systematischen Abhandlung über das umfassende Rahmenthema „Übertragung und Beziehung" zu finden sind. So wichtig es ist, Begriffe durch gut abgegrenzte Beispiele zu erläutern, so wesentlich ist es auf der anderen Seite, nicht aus den Augen zu verlieren, daß Begriffe kein Eigenleben führen, sondern - innerhalb von Theorien - bedeutungsvolle Zusammenhänge in der Kette von Ereignissen hervorheben. Deshalb ist es naheliegend, einige Beispiele von Übertragung unter dem Gesichtspunkt des Widerstands zu betrachten und diese in Kap. 4 abzuhandeln.

Wir beschränken uns auf einige einführende Worte zu den Hauptthemen. Zunächst geht es darum, eine „hilfreiche Beziehung" (Luborsky 1984) aufzubauen, innerhalb derer das Verhältnis von Übertragung und Arbeitsbeziehung (2.1) den psychoanalytischen Prozeß kennzeichnet. Dem Beitrag des Analytikers beim Schaffen günstiger Änderungsbedingungen, also beim Aufbau einer hilfreichen Beziehung, gilt unser besonderes Interesse. Es liegt nahe, Beispiele aus den Anfangsphasen von Behandlungen heranzuziehen. In der Einleitung der Therapie versucht der Patient, sich in einer fremden und beunruhigenden Situation zurechtzufinden. Es ist wesentlich, daß eine vertrauensvolle Beziehung entsteht. Die Hoffnung des Patienten, den Problemen des Lebens durch eine Analyse besser gewachsen zu sein als bisher, wird durch Erfahrungen genährt, die in der analytischen Situation gemacht werden.

Das Wechselspiel von Arbeitsbeziehung und Übertragung wird unter 2.2 genauer ausgeführt; die Identifizierung mit dem Psychoanalytiker und seinen Funktionen wird an einem ausführlichen Beispiel verdeutlicht (2.4).

Die Wiederbelebung vergangener Erlebnisse in der Übertragung (2.3) thematisiert ein Spezifikum der psychoanalytischen Übertragungstheorie: Um ihrem Namen gerecht zu werden, gilt es herauszufinden, welche verinnerlichte frühere Beziehungsform wiederbelebt und auf den Analytiker „übertragen" wird. So sprechen wir von Vater-, Mutter- oder Geschwisterübertragung und meinen damit die Aktualisierung jener Konflikte und/oder unerledigten Wünsche bzw. Bedürfnisse, die mit diesen Vorbildern verbunden sind und zum „Klischee" im Sinne von Freuds Definition geworden sind.

Eine etwas andere Zentrierung ließe sich auch durch die Zuordnung der Übertragungsinhalte zu typischen Angstformen erreichen, bei denen selbstverständlich der aktualgenetische Kontext zu berücksichtigen ist. Um Ängste von Patienten in und außerhalb der Übertragung begreifen zu können, sind Kenntnisse der psychoanalytischen Angsttheorie erforderlich, in die wir unter 9.1 einführen.

Beispiele für das Verhältnis der Gegenwart zur Vergangenheit in der Behandlungstechnik sind auf das ganze Lehrbuch verteilt, da das Hin- und Herpendeln auf der Zeitachse allen Übertragungsdeutungen zugrunde liegt. Zur theoretischen Einführung empfehlen wir die Lektüre der beiden letzten Abschnitte des Unterkapitels 8.4 im Grundlagenband und glauben, daß die anhaltende Kontroverse über das Verhältnis von Übertragungsdeutungen, die sich auf die Gegenwart, und solchen, die sich auf die Vergangenheit beziehen, durch unsere Beispiele in fruchtbare Bahnen gelenkt werden könnte. Zum einen ist es selbstverständlich eine empirische Frage, welches Mischungs- und Ergänzungsverhältnis zwischen aktualgenetischer („hier und jetzt") und retrospektiver („dort und damals") Übertragungsdeutung im Einzelfall therapeutisch wirksam ist. Wir führen diese Unterscheidung ein, um deskriptiv Adjektive verwenden zu können. Zugleich wird damit die Verbundenheit zwischen Gegenwart und Vergangenheit betont, die durch die Beobachtung der Wiederholung zur psychoanalytischen Übertragungstheorie führte. Die beiden Adjektive sind bisher in der psychoanalytischen Literatur nicht üblich, weshalb es zweckmäßig ist, ihre Einführung zu begründen. Übertragungsdeutungen, die sich auf das Hier und Jetzt richten, bedürfen bisher einer umständlichen Umschreibung, durch die gekennzeichnet wird, daß der Analytiker einen Bezug zu sich oder zur psychoanalytischen Situation herstellt oder von der Oberfläche ausgeht. Bei der Aktualgenese bleibt offen, wie tief das gegenwärtige Erleben in der Vergangenheit verankert ist. Daraus ergibt sich auch, daß aktualgenetische Deutungen der Übertragung nicht einfach nach jenem Muster gestrickt werden können, das wahrscheinlich auf Groddeck zurückgeht und sich sprachlich an den Satz anlehnt: „Sie meinen jetzt mich." (s. dazu Ferenczi 1926, S. 109). In den Vorbemerkungen zu Kap. 4 über den „Widerstand" diskutieren wir dieses Thema eingehend.

Die von uns so benannten retrospektiven Übertragungsdeutungen sind dem Leser unter der Bezeichnung genetische Deutungen geläufig. Was rechtfertigt diese Bezeichnung, wenn man sich an das alte Diktum hält: Nomina non sunt multiplicanda praeter necessitatem? Wenn es auch nicht notwendig ist, so dürfte es doch nützlich sein, zumindest ein Adjektiv mit umschriebener Bedeutung verwenden zu können, dessen Anspruchsniveau weit geringer ist, als in der Bezeichnung „genetisch" impliziert wird. Denn die genetische Übertragungsdeutung befindet sich in der Nähe der Rekonstruktion der Psychogenese und beansprucht, das gegenwärtige Verhalten und Erleben aus der Entstehung erklären zu können. Auf Vorläufer zurückzublicken, ist weit weniger anspruchsvoll als bestimmte Übertragungen auf Ursachen in der Kindheit zurückzuführen. Retrospektive Übertragungsdeutungen machen ernst mit dem Prinzip der Nachträglichkeit (s. hierzu 3.3).

Es gibt kaum ein Thema, das die Gemüter so zu erhitzen vermag wie das Verhältnis verschiedener Übertragungsdeutungen zueinander. Obwohl es hierbei auch um die therapeutische Wirksamkeit geht, scheint die polemische Schärfe der Kontroverse, soweit sie nicht berufspolitisch motiviert ist, von Differenzen über die psychoanalytische Methode herzurühren (Fisher 1987). Gills sozialwissenschaftliche Konzeption der Übertragung bringt, sieht man von einigen Übertreibungen ab, die er selbst einräumt (Gill 1984), folgendes mit sich: Es ist davon auszugehen, daß Beeinflussung und Überzeugung Elemente jeder menschlichen Interaktion sind. Dementsprechend sind Übertragungsdeutungen januskӧpfig. Sie bewegen sich innerhalb der (gegenseitigen) Beeinflussung und führen diese auf eine *neue* Ebene.

Um dem Analytiker die Interpretation der Übertragung – um welche Inhalte und Formen es sich auch handeln mag und welche Deutungstypen bevorzugt werden mögen – innerhalb einer hilfreichen Beziehung zu ermöglichen bzw. im Wechselverhältnis mit dieser einzusetzen, ist es unerläßlich, „daß gewisse Grenzen der Interaktion nicht überschritten werden". Dieser salomonische Spruch Gills (1984) wird allseits Zustimmung finden, denn selbstverständlich benötigt die psychoanalytische Methode einen Rahmen. Wir verweisen den Leser auf unsere Diskussion der Funktion der Behandlungsregeln in Kap. 7 des Grundlagenbands.

Der Leser hat die Möglichkeit, die von uns vorgelegten Behandlungsabschnitte unter dem Gesichtspunkt der Interpretation der Übertragung nachzuvollziehen, ja in gewisser Hinsicht nachzuuntersuchen, und er wird sicher viele Schwächen finden, die dem behandelnden Analytiker unterlaufen oder die uns entgangen sind. Abschreckende Beispiele für Grenzüberschreitungen, die keine Interpretation der Übertragung mit therapeutischer Wirkung mehr zulassen würden und die als Kunstfehler zu betrachten wären, finden sich im Psychoboom mehr als genug. Dazu wollen wir keinen Beitrag leisten.

Wo sind aber jene Differenzen, die sich weitgehend unerkannt in den Kontroversen über die aktualgenetische und die retrospektive Übertragungsdeutung kundtun und die Sandler u. Sandler (1984) als Nothelfer durch den neuen Begriff des „gegenwärtigen Unbewußten" zu einem guten Ende bringen zu können glauben? Danach würden sich die aktualgenetischen Übertragungsdeutungen an das gegenwärtige Unbewußte wenden, und die uns vertraute traditionelle Einteilung verschiedener unbewußter Schichten würde durch eine konzeptuelle Innovation erweitert. Läßt man einige eher terminologische Finessen außer Betracht, sind die Unterschiede zwischen dem Vorbewußten und dem „gegenwärtigen Unbewußten" in der Sache selbst gering. Tatsächlich richtet sich Gills leidenschaftliches Engagement für die aktualgenetische Übertragungsdeutung vorwiegend auf die vorbewußten Wahrnehmungen des Patienten, und er empfiehlt, von deren „Plausibilität" auszugehen:

> Es ist nicht nur so, daß beide, Patient und Analytiker, zur Beziehung, sondern daß beide auch zur Übertragung beisteuern. Weiterhin bringt die sozialwissenschaftliche Konzeption der Übertragung mit sich, daß die Realität relativ und nicht absolut betrachtet wird. Jeder der beiden Beteiligten ... hat eine jeweils gültige, wenn auch verschiedene Perspektive von ihr. Hoffman und ich plädieren dafür, den üblichen psychoanalytischen Gesichtspunkt aufzugeben, daß man das zwischenmenschliche Erleben und die Erfahrung in der psychoanalytischen Situation im besonderen in einen realitätsgerechten und in einen verzerrten Anteil aufgliedern kann. Wir meinen statt dessen, daß das zwischenmenschliche Erleben stets Grade von *Plausibilität* hat (1984, S. 499; Hervorhebung von uns).

Diese konsequent sozialwissenschaftliche Konzeption der Übertragung, wie sie auch von Stolorow u. Lachmann (1984/85) vertreten wird, fordert den Analytiker auf, seine Theorien der Realität zu reflektieren und in bezug auf den Patienten zu relativieren. Die Betonung der Plausibilität richtet sich gegen die *Dichotomie* von realer oder realistischer Erfahrung einerseits und verzerrtem Erleben (als herkömmliche Definition der Übertragung) andererseits. Bei einem Kontinuum bleibt offen, wo die Verzerrung beginnt. Die psychosoziale Realität kann nicht allgemeingültig definiert werden. Die Auswirkungen dieser Konzeption auf das Verständnis von Übertragungsdeutungen sind sehr weitreichend. Denn es ist nun die Sache der *beiden Beteiligten*, sich darauf zu einigen, wohin eine Erfahrung im Hier und Jetzt gehören könnte. Einfach ist die Sache dann, wenn ein Patient selbst eine Wahrnehmung, eine Erfahrung oder eine Verhaltensweise als ziemlich abnorm einstuft und der Analytiker diese Einschätzung teilt, so daß sich beide mit geteilten Aufgaben an die Untersuchung machen können, um das vom Patienten gesuchte Ziel der Veränderung zu erreichen. Hierbei geht es selbstverständlich therapeutisch nicht um eine abstrakte Diskussion darüber, wo die Grenze der Normalität liegt und auch nicht darum, fortlaufend Meinungsverschiedenheiten zu besprechen, um zu einer Übereinstimmung zu kommen. Wir wollen mit diesen Ausführungen lediglich hervorheben, daß zunächst zwischen den beiden Beteiligten, zwischen dem Patienten und dem Analytiker, zu klären ist, wo gegebenenfalls die Realität in der analytischen Situation verzerrt wird. Darüber hinaus leben Patient und Analytiker nicht allein auf der Welt, sondern in einer vielschichtigen soziokulturellen Realität, in der gewisse Durchschnittswerte - ohne normative Kraft für das Privatleben des einzelnen - gelten. Das intersubjektive Bestimmen eines Kontinuums steht also im Austausch mit den Meinungen, durch die Patient und Analytiker mit ihrer jeweiligen Umwelt verbunden sind.

Der sozialwissenschaftliche Gesichtspunkt bringt die Anerkennung mit sich, daß der Analytiker den Patienten in hohem Maße persönlich beeinflußt, wie dies auch Freud betont hat, als er im Zusammenhang mit der Suggestion auf die Bedeutung dieses Wortes in der angloamerikanischen Sprachwelt („to suggest", dt. anregen, nahelegen) hinwies. Zugleich hat aber Freud den zum Scheitern verurteilten Versuch gemacht, mit Hilfe des psychoanalytischen Regelsystems kontaminationsfreie Daten zu gewinnen. Sein Verständnis der Auflösung der Übertragung bezog sich auf den Versuch, die suggestive Kraft der mächtigen Gestalten der Kindheit und ihre Wiederbelebung durch den Analytiker zu zersetzen. Diese Orientierung an der *Vergangenheit* hat dazu beigetragen, den großen Einfluß des Analytikers auf die Gegenwart und die Aktualgenese aller seelischen Erscheinungen, einschließlich von Symptomen, zu vernachlässigen. Die praktischen und wissenschaftlichen Probleme der psychoanalytischen Therapie zu lösen, heißt vor allem, von der notwendigen Kontamination der beobachteten Phänomene durch den Einfluß des Analytikers auszugehen und diese bezüglich des Theorie-Praxis-Zusammenhangs zu untersuchen.

2.1 Arbeitsbeziehung und Übertragungsneurose

2.1.1 Förderung der hilfreichen Beziehung

In der Einleitungsphase kann der Analytiker wesentlich dazu beitragen, daß der Patient rasch mit der ihm unvertrauten Situation zurechtkommt. Schon am Anfang Hoffnungen zu wecken und bei der Entwicklung brachliegender Fähigkeiten behilflich zu sein, ist etwas anderes, als durch plumpe Suggestion Abhängigkeiten und Illusionen zu fördern. Die Entfaltung der Arbeitsbeziehung und die Entwicklung der Übertragung können sich wechselseitig verstärken. Bei der Pflege der „hilfreichen Beziehung“ - von Luborsky als „helping alliance“ bezeichnet - gedeihen sowohl die Arbeitsbeziehung wie auch die Übertragung. Dem Patienten können schon früh die neurotischen Bedingungen seines Verhaltens und Erlebens, v.a. aber auch die trotz aller Einschränkungen verbliebene Fähigkeit zur Veränderung gezeigt werden.

In den ersten Gesprächen haben wir erfahren, daß Frau Erna X an zahlreichen neurotischen Symptomen und seit ihrer Kindheit an einer Hauterkrankung leidet. Ich bin ihr von Freunden empfohlen worden. (Bei der Wiedergabe von Dialogen verwenden wir in diesem Buch für den Analytiker die Ichform, auch wenn dessen Rolle in der Realität von verschiedenen Personen wahrgenommen wurde.) Aus Büchern hat sie sich über ihre Erkrankung informiert. Nach den äußeren und inneren Bedingungen können die Gespräche nahtlos in eine Therapie übergehen. Ich formuliere die Grundregel im Sinne des Vorschlags des Grundlagenbands: „Versuchen Sie alles zu sagen, was Sie bewegt, was Sie fühlen und denken, das erleichtert die Therapie.“

Frau Erna X beginnt mit einem schon länger bestehenden Konflikt, den sie in den ersten beiden Gesprächen im Sitzen erwähnt hat: ihre Unentschiedenheit bezüglich einer 4. Schwangerschaft. Einerseits ist ihr Kinderwunsch groß, andererseits gibt es Bedenken dieser und jener Art. Sie ist inzwischen bei einer Krebsvorsorgeuntersuchung gewesen. Ihr Frauenarzt habe die Stirn gerunzelt, als sie ihren Wunsch äußerte, ein 4. Kind haben zu wollen. Sie habe ihre Zwiespältigkeit zum Ausdruck gebracht. Auf die Frage des Frauenarztes, wie sie sich gefühlsmäßig entscheiden würde, war ihre Antwort, gefühlsmäßig eindeutig ja, ihr Verstand sage dagegen nein.

A.: *Ich habe den Eindruck, daß Sie hin- und hergerissen sind. Sie wollen es dem Zufall überlassen, damit Sie sich nicht entscheiden müssen.*

Diese Bemerkung enthält die Tendenz, die Entscheidung nicht dem Zufall zu überlassen.

P.: *Zur Zeit bin ich ganz auf ein viertes Kind eingestellt. Wenn ich einen Schaufensterbummel mache, freue ich mich schon darauf, eine Babyausstattung kaufen zu können. Mit 4 Kindern müßte ich aber meine Berufstätigkeit aufgeben. Ich würde es körperlich nicht mehr schaffen.*

Ähnliches schildert Frau Erna X am Ablauf eines Allergietestes. Es bedurfte ihres ganzen Mutes, die Untersuchung zu unterbrechen, nachdem sie Stunden um Stunden hatte warten müssen. Sie beklagt sich über die mangelnde Auskunftsbereitschaft der Ärzte. Das Ganze sollte sich noch 3mal wiederholen, dafür könne sie nicht jeweils einen ganzen Nachmittag opfern. Die Patientin freut sich über ihren Mut: „Aus Mut wurde Wut. In der Wut konnte ich mutig sein.“

Die Patientin spricht über ihre Pünktlichkeit und über ihr schlechtes Gewissen, wenn sie die Kinder alleinläßt. Es wird thematisiert, daß die Patientin sich in zeitliches Gedränge begibt und daß mit zunehmender Anspannung die Hautsymptomatik als auch situative Blutdrucksteigerungen auftreten.

Ich stelle eine Analogie zur Stunde her: Wegen des Termins war sie in zunehmende Spannung geraten. Von der Patientin wird der Unterschied hervorgehoben: Von der Therapie verspreche sie sich etwas, vom Test erwarte sie nichts.

Frau Erna X spricht über ihre extreme Angst vor dem Erröten: „Ich werde oft dunkelrot bis in die Haarwurzeln." Ich präzisiere, sie leide wohl an einer Schamangst. Die Patientin bestätigt, sie wisse das. Sie schäme sich für alles, was mit Sexualität zu tun habe. Sie sagt: „Schon wenn ich an meine Angst denke, werde ich rot."

Die Angst vor der Angst löst das Symptom aus und führt in typischer Weise zu dessen sekundärer Verstärkung. Es fehlen dann, interpretiere ich, alle Gefühle, die ursprünglich das Erröten und die Angst motiviert haben. Es sei also wichtig, zu den Themen zu gelangen, die ihrer Schamangst zugrunde liegen.

Nun berichtet Frau Erna X: Über Sexualität wurde zu Hause nicht gesprochen, es gab keine Aufklärung. Wurde ein Witz erzählt, war sie unsicher, ob sie lachen durfte oder nicht. Sie beschreibt eine beschämende Situation, vor den Lehrmädchen im Geschäft zu sitzen und dunkelrot geworden zu sein. Sie ärgert sich über sich selbst: „Bin ich so blöd?" Die Angst vor dem Erröten tritt besonders im Beruf auf. Ich greife darauf zurück, daß sie mit einem vierten Kind wieder mehr zu Hause und damit auch entlastet wäre.

Während der Schwangerschaften fühlte sie sich wohl. Nach der ersten war sogar die Haut sehr gut, sie nahm nur wenig Kortison. Sie stellt einen Vergleich an zwischen ihrer Jugend und den heutigen 15- bis 16jährigen Mädchen, die unbekümmert seien. „Waren wir dumm!" Ich beschreibe ihren Zustand im Hinblick auf die übrigen Probleme: Immer mit einem schlechten Gewissen herumlaufen zu müssen, führe zu zunehmenden Einschränkungen. Die Patientin bemerkt, sie habe jahrelang dafür gebetet, die Eltern mögen nichts von ihren Streichen erfahren. Zu Hause spielte es eine entscheidende Rolle, wie man vor anderen dastand. Die größte Sorge ihrer Mutter sei jetzt, es könne jemand erfahren, daß sie zum Psychotherapeuten gehe.

Es liegt nahe, die Verinnerlichung der Werteskala der Mutter zu interpretieren, um damit indirekt ihre Absicht zu bestärken, von der Mutter unabhängiger zu werden. Es wird die Frage aufgeworfen, wieweit die Patientin eigene Ansichten der Mutter zuliebe zurückstellt. Im Gegensatz zur Mutter hat sie eine positive Einstellung zur Therapie, die bereits eine Entlastung gebracht habe: „Ich lege mich gerne hin. Unterwegs dachte ich, bin ich froh, wenn ich mich entspannen kann." Sie habe es nicht geschafft, die Zeit besser einzuteilen. Ich informiere mich über ihren Dienstplan. Die Patientin beschreibt, wie sie sich unter Druck setze, daß sie immer noch etwas Zusätzliches tun zu müssen glaubt. Ihre Schwierigkeit umzuschalten und einen Plan zu ändern, also die Zwanghaftigkeit der Programmierung wird thematisiert.

Sie meint: „Es bricht dann fast alles zusammen, und dann gibt es auch gleich die Reaktion an der Haut."

Schon Kleinigkeiten versetzen sie in Panik. Dann ist sie ungerecht zu ihrem Mann. Manches nimmt sie nicht in Angriff mit einer vagen Hoffnung, daß ein Wunder geschehen werde.

Wir besprechen nun die realen Möglichkeiten, eine Haushaltshilfe zu finden. Frau Erna X hat sich schon umgeschaut. Sie hat ein schlechtes Gewissen ihren Kindern gegenüber. Nun muß sie noch einige Wochen überbrücken; vielleicht springt ihre Nachbarin ein. Die Frage der Honorierung der Nachbarin kommt auf. In diesem Zusammenhang werden die finanziellen Aspekte ihres Familienlebens besprochen. Es gibt zahlreiche Meinungsverschiedenheiten mit ihrem Mann, dessen Kritik sie stark verunsichert.

Es stellt sich heraus, wie ernst sie Kritik nimmt. Ihre Neigung zu vermehrter Selbstkritik wird zur Sprache gebracht. Im Laufe der Ehe wurde Frau Erna X verunsichert. Sie ärgert sich darüber, daß ihr Mann nun aus dem Ganzen *ihr* Problem macht, und ist froh, daß sie heute hier darüber sprechen kann. Es ist deutlich, daß Frau Erna X Unterstützung gegen die Argumente ihres Mannes sucht.

Ein längeres Schweigen wird von mir beendet: ob das Schweigen irritiere, ob sie warte, daß etwas geschehe? Sie habe aus Rücksichtnahme auf mich abgewartet, bevor sie weiterspreche, obwohl ihre Gedanken schon weitergelaufen seien.

Ich mache nun deutlich, daß ich von mir aus etwas sage, wenn ich glaube, etwas beitragen zu können. Die Patientin wird ermutigt, frei alles zu sagen, was immer ihr einfalle. Es wird die Frage aufgeworfen, ob sie auch sonst im Leben unter dem Eindruck stehe, daß sie zuviel rede und den anderen nicht zu Wort kommen lasse. In privaten Gesprächen sei sie eher zurückhaltend. Auf den Unterschied zwischen „draußen" und „drinnen", zwischen Leben und analytischer Situation wird angespielt.

Wenn sie ihren Mann erwarte, sei sie angefüllt von dem, was tagsüber passiert ist. Rufe er an, er komme später, dann sei alles vorbei; komme er pünktlich, sei er meist nicht ansprechbar. Manchmal sage sie trotzdem etwas, erreiche ihn aber nicht. Nur ganz selten komme es zu einem Gespräch, das befriedigend verlaufe. Manchmal riefe sie eine Freundin an, um ihr Herz auszuschütten. Sie ist überrascht, daß es ihr so gut gelingt, hier frei zu sprechen.

Der Unterschied (drinnen/draußen) wird weiter erläutert. Im Leben sei es so, bemerke ich, daß auch Antworten kämen oder eine weitere Frage aufgeworfen werde; in der Analyse würden manchmal Themen nicht von mir aufgegriffen. Es wird erwogen, daß die Patientin evtl. enttäuscht sei, wenn ich etwas nicht aufgreife und statt dessen schweige.

Jetzt wird die Grundregel im Sinne einer Hilfestellung erläutert. Es sei demnach manches unüblich an der Gesprächsführung und deshalb u. U. auch verunsichernd, weil es ungewohnt ist. Ich betone, daß es nicht meine Absicht ist, sie zu verunsichern, daß dies aber eine unbeabsichtigte Nebenwirkung sein könnte. Frau Erna X ist es nun klarer, daß sie weitermachen darf, wenn eine Pause entsteht.

Sie bleibt an dem Wort Verunsicherung hängen und erwähnt, daß sie die Gespräche fortsetze, wenn die Stunde vorbei sei; z. B. habe sie nach der letzten Stunde weiter über das Thema der Anpassung nachgedacht. In ihrer Unsicherheit rufe sie in Entscheidungsschwierigkeiten wider besseres Wissen ihren Mann an, damit er ihr keine Vorwürfe machen könne.

P.: *Ich scheue eigene Entschlüsse bei ganz banalen Sachen. Das ist auch eine Seite meiner übertriebenen Anpassung an meine Mutter.*

A.: *Gehört dies zur Idee, daß der liebe Gott ohnedies alles weiß und wissen darf?*

P.: *Ja, ich war immer von dem Gedanken besessen, die Mutter hört es doch, sie erfährt es doch früher oder später, und oft war es natürlich auch so. Tatsächlich hat sich oft gezeigt, daß sie recht hatte.*

Ihr Mann macht ihr Vorwürfe, daß sie sich immer an die Mutter wendet. Er steht jedoch häufig nicht zur Verfügung. Das ist *ihre* Kritik an *ihm.* Frau Erna X betont ihre Neigung, ihrer Mutter zu folgen - mit einigen wenigen Ausnahmen.

Der Sohn Jakob bringt schlimme Ausdrücke aus dem Kindergarten mit. Ihre Mutter ist entsetzt, wenn sie diese Ausdrücke hört. Sie selbst hätte da Prügel bekommen, wenn sie sich so etwas erlaubt hätte. Frau Erna X verteidigt ihre Kinder gegen die Über-Ich-Pädagogik ihrer Mutter. Über den Weg der Identifizierung mit den Kindern kann die Patientin ihr Recht auf Eigenständigkeit zum Ausdruck bringen.

Kommentar: Diese frühe Sitzung wurde in präskriptiver Absicht ausgewählt, weil wir glauben, daß eine vorbildliche Mischung verschiedener Elemente, die den Aufbau einer hilfreichen Beziehung ausmachen, erreicht wurde.

2.1.2 Unterstützung und Deutung

Im nachfolgenden Beispiel wollen wir zeigen, daß Deutungen per se unterstützend wirken können. Die psychoanalytische Technik hat insbesondere dann eine supportive Seite, wenn Deutungen so gegeben werden, daß im Patienten die Hoffnung geweckt wird, seine Schwierigkeiten meistern zu können. Der Aufbau der hilfreichen Beziehung mit Analyse der Übertragung vollzieht sich im Wechselverhältnis mit Deutungen. Besonders in der Anfangsphase geht es darum, eine Vertrauensbasis zu schaffen. Demgegenüber ist es sekundär, die interpretative psychoanalytische Technik von der supportiven oder konfliktaufdeckenden Psychotherapie abzugrenzen (Wallerstein 1986).

Herr Daniel Y litt seit Jahren an zahlreichen neurotischen Ängsten mit hypochondrischen Befürchtungen. Die Angst, verrücktwerden zu können, quälte ihn besonders stark. Aus verschiedenen Gründen fiel es Herrn Daniel Y sehr schwer, sich zu einer Analyse zu entschließen. Auch über die Verhaltenstherapie hatte er sich informiert. Da er jedoch nicht nur unter Symptomen litt, sondern sich von seiner Lebensgeschichte wie abgeschnitten fühlte und sich kaum an etwas erinnerte, was vor der Pubertät lag, glaubte er, psychoanalytische Hilfe zu benötigen. Unter der Angstsymptomatik und unter dem Gefühl, von seinen lebensgeschichtlichen Wurzeln abgetrennt zu sein, litt Herr Daniel Y so sehr, daß er alle Bedenken gegen die Psychoanalyse zurückstellte.

Seine Überraschung über den bisherigen Verlauf der Behandlung war groß. Weder fand er einen schweigsamen Psychoanalytiker vor, noch war bisher eingetreten, was der Patient am meisten befürchtet hatte: eine Symptomverschlechterung. Zunächst komme es nämlich in Psychoanalysen zu negativen Schwankungen, und erst nach vielen Durchgangsphasen und nach Auflösung von Konflikten trete gelegentlich auch eine Besserung ein, so hatte er gehört und im Bekanntenkreis auch selbst beobachtet. Daß ich Herrn Daniel Y nicht dem Monologisieren überließ, sondern ihn interpretativ unterstützte, bildete einen befreienden Kontrast zu seiner Vorerwartung. Hierbei folgte ich dem therapeutischen Prinzip, für die *Meisterung* früher passiv erlittener Traumatisierungen die bestmöglichen Bedingungen zu schaffen. Diese therapeutische Einstellung erleichterte es dem Patienten, seine verzweifelte Hilflosigkeit angesichts überwältigender Eindrücke aus Gegenwart und Vergangenheit erstmals in Worte zu fassen und gewissermaßen in die Hand zu nehmen. Wie der Patient, so war auch ich selbst über die Intensität seiner Affekte, insbesondere seines Weinens, betroffen. Meine unveränderte Gelassenheit trug dazu bei, daß sich seine Beschämung über sein kindliches Erleben, das zu seiner erfolgreichen Karriere in so starkem Gegensatz stand, in Grenzen hielt.

Insgesamt hatte sich in der bisherigen Therapie ein ausgewogenes Verhältnis von regressivem Eintauchen in das affektive Erleben und reflektierender Zwiesprache ergeben.

Panikartige Angstzustände, die besonders in engen Räumen auftraten, hatten seit Jahren häufige, zu seiner beruflichen Routine gehörende Geschäftsreisen in Auto, Bahn oder Flugzeug zur Qual werden lassen. Herr Daniel Y war überrascht, daß er sich schon nach wenigen Wochen beträchtlich wohler fühlte und bereits mehrere längere Autofahrten ohne Angstanfall hatte zurücklegen können. Ich führte diese Symptombesserung zum einen darauf zurück, daß der Patient Vertrauen und damit auch Hoffnung gefaßt hatte. Insoweit kann die Symptombesserung als Übertragungsheilung im weiteren Sinne des Wortes betrachtet werden. Zum anderen hatte der Patient in der Analyse schon häufig die Erfahrung machen können, daß sich zwar seine Hilflosigkeit und Ohnmacht wiederholten, daß er aber keineswegs mehr allen Belastungen passiv und hilflos ausgesetzt, sondern durchaus in der Lage war, sich mit den alten, konservierten Traumatisierungen und ihrer Auslösung in der Gegenwart aktiv auseinanderzusetzen. Die Besserung konnte also durchaus der analytischen Konfliktbearbeitung zugeschrieben werden.

Bisher gab es keinen Anlaß, den Patienten an meinen Vermutungen über diese beiden Aspekte der Therapie teilnehmen zu lassen. Nun stand eine 8tägige Überseereise bevor, die Herrn Daniel Y bedenklich stimmte, hatte es doch in den letzten Jahren keinen Flug ohne Angstanfall gegeben. Im Hinblick auf den bevorstehenden Flug entschloß ich mich zu einer aufklärenden Bemerkung, von der ich eine beruhigende Wirkung erwartete. Ich erinnerte den Patienten daran, daß mehrere Fahrten in Auto und Zug bereits gutgegangen sind, weil er sich im Gegensatz zu früher nicht mehr ausgeliefert fühlt und seine Fähigkeit zur Selbstbehauptung offenbar zugenommen hat. Die Absicht war, den Patienten auf die Vergrößerung seines Handlungsspielraums aufmerksam zu machen und sein eigenes Wissen zu festigen. Der Patient war von dieser Feststellung berührt. Über sein plötzlich auftretendes Schluchzen und heftiges Weinen konnte kaum mehr gesprochen werden. Eingedenk der Erfahrung, daß es eher ungünstig ist, wenn eine Sitzung mit einem starken und unbesprochenen Affekt endet, war es mir beim Abschied nicht ganz wohl. Zugleich hatte ich aber den Eindruck, daß Herr Daniel Y an Sicherheit gewonnen hatte und sich deshalb auch seinen Gefühlen überlassen konnte.

Herr Daniel Y kam in bester Stimmung zurück. Beide Flüge waren vollkommen angstfrei verlaufen – entgegen seiner Erwartung. Vom Hörensagen mit psychoanalytischen Regeln vertraut, hatte er sich inzwischen überlegt, ob meine Hilfestellung erlaubt gewesen wäre. Zugleich bewunderte der Patient, daß ich mich so weit vorgewagt und das Risiko einer Art Vorhersage auf mich genommen hatte. Aber hätte sein Vertrauen in mein Können bei einem Rückfall nicht einen argen Schaden genommen?, überlegte der Patient so vor sich hin. Nun versuchte ich dem Patienten zu erklären, daß ich ein kalkulierbares Risiko eingegangen und insofern nicht leichtfertig und aufs Geratewohl etwas suggeriert hätte. Tatsächlich hatte Herr Daniel Y vergessen, daß ich meine Vermutung, *möglicherweise* könne er angstfrei reisen, mit seinem Zugewinn an Sicherheit begründet hatte.

Den naturwissenschaftlich ausgebildeten Patienten interessierte es zunehmend, mehr über die therapeutischen Wirkungsmechanismen zu erfahren. In einer späteren Stunde kam es zu einem Gedankenaustausch, der in einem heftigen Affektausbruch endete, den ich im folgenden zusammenfasse.

Es beunruhigte Herrn Daniel Y, daß seinem Wissen die Gründe der eingetretenen Freiheit von Ängsten nicht zugänglich waren. Es sei sein naheliegender Wunsch, etwas über die Bedingungen der Besserung zu erfahren. Schließlich sei er ja auch von seinem Beruf her darauf eingestellt, sich durch die Erkenntnis von Ursachen einer Sache zu versichern bzw. Fehler zu korrigieren. Der Patient schien erleichtert darüber, daß ich seine Neugierde für die therapeutisch wirksamen Faktoren als natürlich betrachtete und als sein gutes Recht bezeichnete. Er hatte damit gerechnet, daß ich die implizierte Frage übergehen oder ihm eine Abfuhr erteilen würde. Zugleich geriet er in Erregung und in eine ängstliche Verfassung. Nun konnte ich ihm die momentane Angstentstehung erläutern. Er wollte mehr von mir wissen, fürchtete aber, mir näherzutreten. Eine starke Ambivalenz kam ins Spiel. Er hoffte, daß ich nicht im dunkeln tappe, zugleich beneidete er mich aber um mein Wissen und um die gelassene Art, wie ich seine Befürchtung hinnahm, vielleicht doch nur mit der Stange im Nebel herumzustochern.

Die Ungleichheit zwischen uns und die Tatsache, daß ich so viel über ihn weiß, erinnerte ihn an kindliche Erlebnisse der Ohnmacht und des Ausgeschlossenseins. Es ermutigte Herrn Daniel Y, daß ich einige Bemerkungen zur Angstentstehung machte und die Intensität seiner Gefühle beim Namen nannte. Plötzlich wurde der Patient von einem Ausbruch des Hasses gegen seinen „Onkel" überfallen, der an die Stelle des Vaters getreten war und dem er sich auf Geheiß der Mutter hatte unterwerfen müssen. Die Intensität seines Hasses und die damit zusammenhängende Angst erschütterten ihn. Meine Hinweise zu den Zusammenhängen seines Erlebens während der Sitzung überzeugten ihn. Aus der verhaltenen Kritik an mir und meiner Reaktion darauf gewann der Patient ausreichend Sicherheit, um sich seinen starken Affekten überlassen zu können.

Das ödipale Spannungsfeld hatte sich nun so aktualisiert, daß er unter günstigen Bedingungen an dessen Neuauflage herantreten konnte. Bemerkenswert ist, daß er zwar seinerzeit gegen den „Onkel" gesiegt hatte und dennoch ein tiefes Gefühl des Unvermögens, ja des körperlichen Defekts, mit hypochondrischen Ängsten, bei denen das Herz im Mittelpunkt stand, zurückbehalten hatte. Einige Zeit später konnte er seine Beschämung überwinden und mitteilen, daß es ihn bis zum späten Durchbruch seiner Sexualität schwer bedrückt hatte, bei der Masturbation nicht zum Samenerguß gelangt zu sein. Die Angst vor seinen lustvollen ödipalen Aggressionen hatte zu einer Hemmung und der sie begleitenden Funktionsstörung geführt. Diese wiederum verstärkte trotz aller äußeren Erfolge das tief verankerte Minderwertigkeitsgefühl.

2.1.3 Gemeinsamkeit und Eigenständigkeit

Die systematischen Untersuchungen von Gill u. Hoffman (1982) haben uns auf die Bedeutung aktueller Wahrnehmungen in der Übertragung aufmerksam gemacht. Ihrem Vorschlag zufolge ist von der Plausibilität der Wahrnehmungen des Patienten auszugehen. Oft genügt es anzuerkennen, daß irgend eine Beobachtung, die sich auf den Analytiker oder auf das Sprechzimmer bezieht, plausibel ist. Häufig ist aber eine weitere Aufklärung erforderlich, die sich nicht nur auf die Phantasien des Patienten beziehen kann. Die damit zusammenhängenden allgemeinen behandlungstechnischen Probleme haben wir im Grundlagenband unter 2.7 und 8.4 abgehandelt. Entsprechende behandlungstechnische Schritte werden durch das folgende Beispiel illustriert.

Der 61. und 62. Sitzung in der Analyse von Herrn Arthur Y entnehmen wir - z. T. wörtlich - einen Gedankenaustausch und möchten zeigen, was es heißt, aktuelle Wahrheiten im Hier und Jetzt anzuerkennen. Die von dem Patienten benutzten Metaphern sind besonders geeignet, seine Stimmung zu vermitteln.

Die beiden Sitzungen liegen vor einer längeren Ferienunterbrechung. Es geht um die Neugierde des Patienten, zu der ich ihn durch Deutungen indirekt ermutigt hatte. Meine Ermutigung, neugieriger zu sein, führt dazu, daß der Patient sich daran erinnert, bei einer früheren Gelegenheit mir gegenüber seine Neugierde unterdrückt zu haben. „Ich habe mich damals eigentlich nicht getraut, und auch heute noch tu ich mich da nicht leicht“ - und der Patient sagt auch sofort, woher das kommt: „Ich hätte von meinen früheren Therapeuten keine Antwort bekommen, sondern die Gegenfrage: ‚Ja, warum interessiert Sie denn das?‘ Und wenn man lange genug solche Gegenfragen gestellt bekommt, dann hat man keine Lust mehr zu fragen.“

Sein Interesse richtet sich auf meinen Ferienaufenthalt. Bei einer früheren Gelegenheit hatte ich Herrn Arthur Y meine Adresse gegeben.

Herr Arthur Y spricht über eine große, weithin bekannte Skiabfahrt, deren Lage auch ich kenne. Er läßt seiner Neugierde freien Lauf und riskiert die zunächst zurückgestellte Frage. Entscheidend ist, daß ich eine ausweichende Antwort gebe und offenlasse, ob ich selbst die Abfahrt gemacht habe. Ich beschränke mich auf einen allgemeinen, nichtssagenden Hinweis: „Als Ulmer kennt man doch diesen Teil der Alpen, das Allgäu.“

Erst in der nächsten Stunde wird die Zurückweisung in ihren Auswirkungen erkennbar und, was das Wesentliche ist, auch korrigierbar.

Herr Arthur Y ist zunächst scheinbar mit meiner Antwort ganz zufrieden, aber er bringt seine momentane unterschwellige Frustration in Beispielen aus seinen früheren Therapien unter; ein bedeutungsvolles Gleichnis fällt ihm ein: Das Bild einer Schnecke, die ihre Fühler ausstreckt, man braucht nur an die Fühler zu tippen, und schon zieht sie sich in ihr Haus zurück. „Genauso hab ich mich bei denen [den früheren Therapeuten] benommen.“ Und dann fällt ihm, in Polarität zur Schnecke, ein großer Hund ein, der die Zähne fletscht. „Den tippt man nicht so leicht an, sonst könnte der einem den Finger abbeißen.“

Es scheint offensichtlich zu sein, daß der Patient sich selbst als Schnecke darstellt und die Analytiker als die bissigen Hunde, die man durch Fragen nicht reizen darf. Diese Vermutung wird in der nächsten Stunde vom Patienten korrigiert.

Im ersten Drittel der nächsten Stunde entsteht eine gute Atmosphäre, weil ich Herrn Arthur Y wegen seiner Ängste bezüglich der Diskretion - Mitteilung an die Krankenkasse usw. - beruhigen kann. Der Patient hat nun ausreichend Sicherheit, um wieder auf spezielle Punkte zurückzukommen. Im Zusammenhang mit dem Hund klagt er: „Wenn ich auch nur einmal der Hund gewesen wäre und gebellt hätte." Ich gebe zu bedenken, daß er dieser Bemerkung zufolge nicht gebissen würde, sondern selbst beiße. Er räumt ein, meine Meinung sei nicht ganz falsch. Nachdem er die Kritik so entschärft und mich sozusagen wieder freundlich gestimmt hat, erinnert er sich an die Abweisung, die er durch meine ausweichende Verallgemeinerung bezüglich der Skiabfahrt erlebt hatte. Mein Ausweichen wurde von ihm, wie er sagt, als rote Lampe erlebt - „Frag lieber nicht weiter" -, und ich mache daraufhin eine Anspielung auf Finger, Beißen, Wut des Objekts und Rückzug (als Schnecke). Der Patient macht deutlich, daß ein solcher innerer Rückzug bei ihm als Stachel wirksam bleibe.

Ich bestätige dem Patienten, daß ich ausgewichen sei und daß mein Ausweichen das Verhältnis von Schnecke und Hund zuungunsten der bissigen Neugierde verschoben habe. Meine Deutung lautet: „Tatsächlich bin ich auch ausgewichen, ich hab' ja nicht gesagt, ich kenne die Abfahrt, sondern ich bin allgemein geworden, und dies haben Sie vielleicht als ein starkes Zurückweisen erlebt, weil Sie nicht nur neugierig waren, sondern weil sich mit Neugierde Zudringlichkeit verbindet - der bissige Hund." Ich sagte also nicht: „Sie hatten dann Angst, mich verletzen zu können", so als habe er sich diese Angst nur eingebildet und als wäre ich nicht irritiert gewesen, sondern ich erkannte die *Plausibilität* seiner Wahrnehmung an. Diese Anerkennung führt wahrscheinlich dadurch zu einer korrigierenden emotionalen Erfahrung, daß Patienten nun in den nächsten Schritten probieren, ob sie mit ihrem Zugewinn an neuen Denk- und Handlungsmustern willkommen sind und bleiben.

Im weiteren Verlauf mache ich eine Bemerkung darüber, warum es auch sinnvoll ist, manchmal Fragen nicht sofort zu beantworten - nachdem ich seine nun expressis verbis gestellte Frage nach der Abfahrt eindeutig beantwortet hatte. Auf meine Erklärung eingehend, faßt der Patient zusammen: „Ja, wenn man Fragen sofort beantwortet, kommt der Denkprozeß vorerst zu Ende." Der Patient bestätigt also, daß es durchaus sinnvoll ist, Fragen auch einmal offenzulassen, um den Denkprozeß nicht zu beenden.

Seine Wortwahl wird genauer betrachtet, und es ergibt sich, daß er dem Analytiker ein listiges Verhalten zuschreibt, das er von sich selbst kennt und mit dem er manchmal Ziele erreicht, ja sich geradezu über Wasser gehalten hat, nach dem Motto: „Der Zweck heiligt die Mittel."

Die Neugierde des Patienten hat sich nun wieder intensiviert, nachdem schon früher vielfältige Beziehungen zu den Begriffen „bohren", „eindringen" usw. assoziativ hergestellt worden waren. Der Patient erinnert sich: „Der löchert mich, sagt man." Die bevorstehende Urlaubsunterbrechung kommt zur Sprache. Herr Arthur Y weiß, daß ich nicht ohne weiteres erreichbar bin, was ihn zu *penetranter Neugierde* reizt. Ein Kompromiß wird geschlossen, der den verschiedenen Komponenten des behandlungstechnischen Problems gerecht wird: Auf der einen Seite wird offengelassen, wo ich mich aufhalten werde, und auf der anderen Seite wird sichergestellt, daß er mich notfalls über das Sekretariat erreichen kann.

Am Ende der Sitzung ist mir angesichts der Ferien wichtig, anhand unseres Vertrautseins mit der gleichen Gegend die zwischen uns bestehende *Gemeinsamkeit* gegenüber der *Eigenständigkeit* zu betonen, indem ich passende Gleichnisse verwende, mit denen wir beide uns bereits auf gutem Fuße befinden.

Die Anerkennung aktueller Wahrheiten gewinnt in der Behandlung situativ dann eine besondere Bedeutung, wenn die therapeutische Beziehung z. B. durch Urlaubsunterbrechungen auf eine besondere Probe gestellt wird. Hinsichtlich der Art und Weise, wie Fragen behandelt werden und wie der Zweck erreicht wird, die Antworten so zu geben, daß sie den Patienten zufriedenstellen und ihm die nötige Sicherheit über den Zeitraum der Trennung hinweg geben, kann i. allg. das Motto „Soviel Gemeinsamkeit wie nötig - soviel Eigenständigkeit wie möglich" als therapeutische Regel gelten.

Am Verlauf der besprochenen Sitzungen wird auch deutlich, daß der therapeutische Prozeß eine fortgesetzte Korrektur der Nebenwirkungen unserer Interventionen ermöglicht; denn diese können neben ihren günstigen Effekten auch unbeabsichtigte negative Nebenwirkungen haben, die oft nicht sofort sichtbar sind.

2.2 Positive und negative Übertragung

Die Spannweite der positiven Übertragung ist groß. Sie reicht von milden Formen der Sympathie und Wertschätzung bis zu heftigen Verliebtheiten. Erreichen diese einen Grad, der die Arbeitsbeziehung nachhaltig verhindert, spricht man von erotisierter Übertragung. Oft schlägt die Übertragungsliebe in Haß um. Die negativaggressive Übertragung ist deshalb oft als Folge von erlebten Zurückweisungen zu verstehen. Wir illustrieren diese Spannweite durch die folgenden Beispiele.

2.2.1 Milde positive Übertragung

Die Patientin, Frau Erna X, kommt auf den autobiographischen Bericht *Lehrjahre auf der Couch* von Tilmann Moser zu sprechen, in dem er heftige aggressive Attacken gegen seinen Analytiker beschreibt (s. auch Kap. 7). Sie selbst hatte es bisher für undenkbar gehalten, daß sie so wütend werden könnte. Inzwischen stehe sie der Abwesenheit negativer Affekte anläßlich einer bevorstehenden Behandlungsunterbrechung, worüber sie enttäuscht ist, skeptisch gegenüber. Da stimme vielleicht etwas nicht.

P.: *Ich war nun doch unzufrieden damit, daß Sie mir nicht gesagt haben, wohin Sie während des Urlaubs fahren. Ich hielt mir aber zugleich vor, daß ich dazu kein Recht habe, und ich schrieb Ihnen zu, daß Sie schon wissen, was Sie mir sagen oder nicht sagen.*

Ich vermute, daß die Patientin den Verdacht hatte, ihr sei eine Antwort vorenthalten worden, um sie wütend zu machen. Nach dem Motto: „Man merkt die Absicht, und man ist verstimmt", wäre es dann konsequent, sich nicht weiter provozieren oder manipulieren zu lassen. Ich mache darauf aufmerksam, daß sich vielleicht ein Machtkampf ankündige bzw. in diesem Thema enthalten sei. Eine manipulative Absicht im Offenlassen wird verneint.

Frau Erna X betont, daß sie sich nicht vorgestellt habe, daß ich sie ärgern wolle; sie denke, ich wollte ihr einen Denkanstoß geben. Ich bestätige diese Auffassung.

Das Thema wird von der Patientin ergänzt und im Dialog erweitert und vertieft. Zunächst befaßt sich Frau Erna X mit meiner 3wöchigen Abwesenheit. Ihre Zwiespältigkeit hängt mit 2 gegenläufigen Motivationsketten zusammen: Einerseits erwartet sie eine strenge berufliche Pflichterfüllung und ein selbstloses Engagement. Auf der anderen Seite sucht die Patientin ein Vorbild, um das Zusammenleben mit ihrem Mann umgestalten zu können. Ihre Überlegung geht dahin, daß es wohl ziemlich hoffnungslos sei, ihren Mann von seinen geschäftlichen Verpflichtungen zu entlasten und ihn mehr für Familienleben und Urlaub zu gewinnen. Würde ich nun tatsächlich 3 Wochen Urlaub machen, entspräche ich ihrem Ideal. So sehr sie sich selbst diesen Lebensstil wünsche, so befürchte sie auch weitere Komplikationen aus der Diskrepanz zwischen diesem Ideal und ihrer Realität. Wahrscheinlich halte sie deshalb an dem Gedanken fest, daß ich nicht in Urlaub gehe.

Nach einigem Schweigen berichtet die Patientin von einem Traum, der von mir handelt.

P.: *Im 2. Traum lag ich mit Ihnen auf einer Couch, nicht hier, sondern in einem anderen Raum. Die Couch war viel größer. An Einzelheiten kann ich mich nicht erinnern, sondern nur an ein Gefühl, nämlich das Gefühl der Geborgenheit. Es war auch ein Gefühl von Stolz und Verwunderung dabei, daß Sie es erlauben, daß Sie mir diese intime Nähe erlauben, daß Sie nicht weggelaufen sind oder mich heruntergeworfen haben. Ein Telefonanruf störte uns. Nun war es doch ein Raum wie das Sprechzimmer. Es war ein Anruf einer Frau, die sagte, daß Sie das Auto vom Kundendienst holen sollen. Ich wollte wissen, welche Frau angerufen hatte. Sie gingen darauf nicht ein. Ich dachte, es war Ihre Mutter oder eine andere Frau. Wir gingen dann zusammen durch die Stadt.*

Es ist schwierig, das Gefühl zu beschreiben, das man im Traum hat. Ich war irgendwie total gelockert mit Ihnen zusammen. Wenn ich hier bin, dann denke ich immer, ich muß alles recht machen. Im Traum war es ganz anders.

A.: *Ja, im Traum kann man sich alle Freiheiten nehmen.*

P.: *Am liebsten hätte ich Sie gleich am Morgen angerufen. Nach dem Aufwachen dachte ich nach und war beglückt. Zunächst hatte ich den Gedanken, nein, ich kann es Ihnen gar nicht erzählen, daß ich mich mit Ihnen zusammen auf der Couch träumte. Andererseits wagte ich auch nicht, Ihnen den Traum zu verschweigen. Sonst spreche ich mit Ihnen gern über Träume.*

A.: *Wegen der Intimität, die im Traum dargestellt ist, waren Sie beunruhigt.*

P.: *Ja, es war mir peinlich.*

Ich spreche dann von natürlichen menschlichen Wünschen und betone, daß diese durch die Gespräche angeregt werden.

A.: *Mich in ihre Wunsch- und Traumwelt einzubeziehen, ebenso wie Sie andere Menschen einbeziehen, mit denen Sie persönliche Dinge besprechen, liegt nahe.*

Die Patientin stellte schon vor der Stunde ähnliche Erwägungen an. Ich mache nun auf die Intervention einer anderen Frau aufmerksam.

P.: *Ja, es war Eifersucht. Ja, diese andere Frau hat Sie mir weggenommen.*

Ich erinnere die Patientin an einen früheren Traum.

P.: *Ja, Sie sagten im Traum eine Stunde ab. Immer wieder taucht Ihr Auto auf. Ja, Sie haben mich auch im Traum mit dem Auto besucht. Bei der Wahl meines Freundes war wichtig, daß er ein großes Auto hat. In der Pubertät habe ich alle meine Mitschülerinnen beneidet, deren Eltern ein großes Auto hatten. Deshalb spielt wohl das Auto eine besondere Rolle. Ich bin mit Ihnen in der Innenstadt die Straße fast tanzend hinuntergegangen, sehr gelockert. Warum soll ich diesen Wunsch nicht zugeben. Aber natürlich könnte ich diesen Traum meinem Mann nicht erzählen, weil er kein Verständnis dafür hätte.*

A.: *Die Frage ist, ob Sie das Verständnis Ihres Mannes für das Traumthema wecken könnten, nämlich Ihre Wünsche nach mehr Zärtlichkeit und Geborgenheit.*

Geborgenheit, Zärtlichkeit und Sexualität werden von mir in einem Atemzug genannt. Ich weise darauf hin, daß durch die Behandlung auch mehr Wünsche geweckt werden und es nicht einfach sei, ihr Leben umzugestalten und ihren Mann hierfür zu gewinnen. Ihr Mann hänge in seiner Familie ja in vergleichbarer Weise drin, wie sie selbst an ihre Eltern gebunden sei.

Die Patientin überlegt sich, warum ich ihr einfalle und nicht ihr Mann.

A.: *Wohl deshalb, weil Sie mit mir mehr darüber sprechen als mit Ihrem Mann.*

Ich interpretiere, daß die Patientin durch ihre Frage eine Entlastung suche.

P.: *Ja, ich hätte mir ja auch selbst die Antwort geben können, aber ich weiß nicht, wie alles weitergehen könnte. Ja, ich will es nicht wahrhaben, daß Sie in jeder Beziehung meinen Wünschen entsprechen. Das Gefühl, das sich im Traum ausgebreitet hat von Verständnis und Geborgenheit, dieses Gefühl wird meinem Mann gegenüber nie aufkommen. Ich bin nun so lange verheiratet, daß ich die Reaktionen meines Mannes einschätzen kann. Es ist so, daß ich eben doch alleine dastehe und er mir nicht hilft.*

Die Patientin gibt ein Beispiel aus dem Alltag mit den Kindern und von der mangelhaften Bereitschaft ihres Mannes, die Versorgung der Kinder mitzuübernehmen.

P.: *So ist es auch zu Hause, wenn ich mich etwas zur Wehr setze bei meiner Mutter und eine zusätzliche Belastung nicht übernehme, dann wird sie ungehalten und spricht sich gegen die nutzlose und zeitaufwendige Therapie aus.*

Einige Tage später intensiviert sich der Kinderwunsch der Patientin. Obwohl alle vernünftigen Erwägungen nach wie vor dagegensprechen und sie erst kürzlich erleichtert bei einer gynäkologischen Beratung erfahren hatte, daß eine von ihr angenommene Schwangerschaft doch nur eingebildet gewesen sei, wünscht sie sich ein viertes Kind. Betroffen von der Zwiespältigkeit ihrer Einstellung suchte sie eine Klärung in den Sitzungen.

Um dem Leser die nachfolgende Interpretation ihres Kinderwunsches verständlicher zu machen, fasse ich eine lebhafte Schilderung zusammen, in der die Patientin die Spiele von Kindern – ihrer eigenen und von Jungen und Mädchen aus der Nachbarschaft – beschreibt: Sie bemerkte mit ungläubiger Überraschung die unbekümmerte Natürlichkeit der 3- bis 5jährigen, die aus ihrer Lust am Sichzeigen, Betasten und Beschauen keinen Hehl machten. Bei den kindlichen sexuellen Spielereien zeigte einer der Jungen sein Glied, was bei einem Mädchen Peniswunsch- und Penisneidreaktionen auslöste. An die Stelle des fehlenden Gliedes hielt dieses Mädchen ein großes Krokodil, mit dem sie den Jungen, der bereits eine umschriebene Phobie entwickelt hatte, demnächst auffressen würde. Mit dem Krokodil – als viel größerem Glied – jagte dieses Mädchen dem Jungen triumphierend Angst ein. Nur mit großer Anstrengung konnte die Patientin die Kinder so lange gewähren lassen, bis diese selbst, nach Befriedigung ihrer Neugierde, ihre Interessen auf anderes richteten. Viel näher hätte ihr gelegen, entweder sofort, wie ihre Mutter, verbietend einzugreifen oder, wie die Großmutter, mit Ausreden auf etwas Schöneres oder Anständigeres abzulenken. Wie ihre Mutter sich während ihrer Kindheit vermutlich zu ihr verhalten hatte, erschloß die Patientin aus den Erziehungsmaßnahmen, denen ihre Kinder bei Besuchen ausgesetzt waren. Wütend beobachtet sie, wie ihre Mutter den Kindern bei allen wesentlichen Fragen etwas vormacht und sie an der Nase herumführt.

Ihr Kinderwunsch äußert sich besonders stark kurz nach Enttäuschungen der verschiedensten Art. Wohl wissend, daß die Belastungen bei einem 4. Kind erheblich ansteigen würden und sie auch mit keiner Unterstützung ihres Mannes würde rechnen können, ist sie dennoch von einem tiefen Glücksgefühl erfüllt, wenn sie an die Augenblicke der engen Verbindung beim Stillen und bei den Hautkontakten denkt. Der Kinderwunsch tritt ganz in den Hintergrund, wenn sie sich verstanden fühlt und nach einem anregenden Gespräch noch weiter mit mir im Dialog bleibt. Ihr vielbeschäftigter Mann hat kaum Zeit für sie, und die sexuellen Beziehungen sind unbefriedigend und so selten, daß eine Konzeption unwahrscheinlich ist.

Nach kurzem und betroffenem Nachdenken nimmt Frau Erna X meine Deutung, sie suche in einem weiteren Kind ihre eigene Kindheit, um ihre Entwicklung unter günstigeren Voraussetzungen zu wiederholen, mit großer innerer Bewegung auf. Ihre weiteren Assoziationen, daß sie niemals während der Sitzung den Wunsch nach einer weiteren Schwangerschaft habe, interpretiere ich nicht als Abwehr ödipaler Wünsche, sondern als Ausdruck ihrer Befriedigung, sich verstanden zu fühlen.

Meine absichtlich so allgemein gehaltene Deutung, sie suche in einem weiteren Kind ihr eigenes, noch ungelebtes Leben, fällt auf fruchtbaren Boden und löst eine Fülle von Gedanken aus. Zu Recht vermutet die Patientin, daß ihr Kinderwunsch auch dem Ausweichen vor der Umgestaltung ihres familiären und beruflichen Alltags dient. Die Einschränkungen, die durch ein 4. Kind auf sie zukämen, würden das meiste unmöglich machen, das sie sich nun – von manchen neurotischen Hemmungen befreit – beruflich zutraut. Sie erzählt einen Traum, der durch die Spielereien der Kinder und durch meine früheren Deutungen ausgelöst worden war: In einem Fotoalbum sah sie *mich* als Kind mehrfach photographiert in verschiedenen Szenen am Strand eines Sees.

Ihre Sexualneugier war in der Übertragung angeregt worden. Sie selbst hatte beschämende Situationen am Strand erlebt. Als Mädchen, das einen viel zu großen Badeanzug mit ausgestopftem Büstenhalter trug, war sie ausgelacht worden. Ein Onkel hatte sein Auge auf sie geworfen, aber zugleich so getan, als interessiere er sich gar nicht für sie.

Ich deute den unbewußten Übertragungswunsch, mit mir und von mir ein Kind zu haben. Der Patientin leuchtet diese Deutung sofort ein, obwohl sie bewußt nie einen solchen Wunsch gehabt habe. Nun kann ich anknüpfen an eine Äußerung des Onkels, daß er schon gerne Kinder *mache*, wenn er auch sonst nichts von Kindern wissen wolle.

Einige Sitzungen später variieren die Themen. Andere Aspekte des Fokus kommen zum Vorschein. Die Patientin knüpft an die letzte Sitzung an. Das Anfangen falle ihr heute leicht. Ein Satz, den ich in der letzten Sitzung gesagt habe, habe sie nicht losgelassen: „Heute stehen Sie nicht so da wie damals als Kind. Heute haben Sie etwas zu bieten."

P.: *Was habe ich zu bieten? Ich bin nicht häßlich, ich bin nicht dumm. Manchmal denke ich, ich bin zu anspruchsvoll. Mir ist das alles nicht genug. Dann dachte ich aber auch daran, warum haben Sie mir dies ziemlich am Ende der letzten Stunde gesagt? War ich richtungslos, haben Sie mich moralisch aufrüsten wollen? Sagen Sie mir, was ich zu bieten habe.*

A.: *Ich hab es nicht gesagt, um Sie moralisch aufzurüsten, obwohl diese Seite auch enthalten ist. Ich wollte auf eine Tatsache hinweisen, nämlich darauf, daß Sie heute nicht mehr so hilflos und beschämt dastehen wie als Kind. Daß Sie selbst keinen weiteren Einfall haben und mich fragen, scheint mir weniger eine Folge Ihres erhöhten Anspruchs zu sein als vielmehr eine Begleiterscheinung dessen, daß Sie hier beunruhigt sind von ihrer Spontaneität und ihren Einfällen.*

P.: *Genauso komme ich mir noch vor, beschämt und hilflos und ausgestopft. Ich bin heute noch fast genauso wie zu jener Zeit. Nach der letzten Stunde war ich aber zufrieden.*

Das ist ein anderer Ablauf als damals am Strand. Die Patientin teilt mit, daß sie über die Bedeutung der Worte „hilflos", „beschämt" und „ausgestopft" nachdenkt. Nach längerem Schweigen ermutige ich sie, ihre Gedanken auszusprechen.

P.: *Es ist schwierig. Manchmal fühle ich mich unheimlich hilflos. Dann ist ein genau entgegengesetzter Zustand da. Es sind Extreme, es fehlt die Mitte. Genau wie nach der letzten Stunde, ich ging weg, ich war unheimlich beglückt, aber als ich unten am Auto war, kam in mir schon der Gedanke: Bilde dir bloß nichts ein, wahrscheinlich war es nur sein Schachzug, der mir Mut machen sollte.*

A.: *Also nicht echt.*

P.: *Doch, echt schon, aber mit dem Hintergedanken, mir darüber hinwegzuhelfen.*

A.: *Warum darf dieser hilfreiche Hintergedanke, der Sie auf etwas aufmerksam macht, nicht sein? Es ist tatsächlich der Hintergedanke im Spiel, daß Sie Ihren Körper als Mittel einsetzen können. Von alters her denken Sie, daß Sie nichts haben. Heute haben Sie etwas, das Sie zeigen können.* (Die Patientin leidet an einer Errötungsangst.)

P.: *Ja, aber es ist kein Verdienst. Es ist eine Entwicklungsstufe. Es kam von selbst. Man hat es nicht erworben, und dann ist es offensichtlich für mich nichts. Es sind wohl nur die Dinge wichtig, die man sich selbst erworben hat.* (Lange Pause) *Ich frage mich, warum es mir so schwerfällt zu glauben, daß ich etwas zu bieten habe.*

A.: *Weil Ihnen dann etwas in den Sinn käme, was verboten ist, und das bestimmte Konsequenzen haben könnte, z. B. daß Sie dann verführerischer wären, als Sie sein dürfen. Daß der Onkel dann noch mehr Übergriffe machen würde bzw. gemacht hätte.*

P.: *Aber wer sagt mir denn, wie ich sein könnte?*

Ich deute an, daß die Patientin durch ihre Erziehung so sehr von außen dirigiert wurde, daß sie ihren eigenen Spielraum nicht austesten konnte. Wenn die Mutter festlegt, was zu geschehen hat, sind klare Verhältnisse geschaffen. Zugleich sähe sie bei ihren Kindern, wie beglückend es ist, etwas selbst auszuprobieren, wenn sie ihnen Spielraum lasse.

P.: *Das Ganze bezieht sich ja nicht nur auf Körperliches, sondern auch auf Seelisches. Da bin ich genauso unsicher. Ja, es liegt im Wesen des Denkens und Fühlens, daß es da auch immer noch andere Seiten gibt. Solange etwas absolut festgelegt ist, ist Sicherheit da. Wenn mehr Offenheit besteht, dann gibt es auch noch Hintergedanken.*

Es ist also beunruhigend für die Patientin, daß ich Hintergedanken habe.

P.: *Ich schreibe Ihnen oft Hintergedanken zu, weil Sie ja etwas im Sinn haben, ein Ziel im Auge haben.*

Ich betone, daß es so sei. Es sei aber zugleich möglich, darüber zu sprechen. Die Patientin hingegen nehme an, daß man darüber nicht sprechen dürfe. Frau Erna X betont daraufhin, daß sie sich tatsächlich nicht so recht traue, danach zu fragen. Manchmal lasse sie sich gern lenken, aber wenn man nicht riskiere zu fragen, dann bestünde auch die Gefahr, daß man manipuliert werde, was sie gewiß nicht wolle. Es ist schön, gelenkt zu werden, aber auf der anderen Seite ist es auch unangenehm.

A.: *Wenn man aber all dies nicht wissen darf, nicht fragen darf, dann kann man auch manipuliert werden. Sie sind viel herumgeschoben und beeinflußt worden. Sie möchten etwas haben, was in ihrem Sinne ist, und das ist nicht ohne weiteres Nachdenken oder Rückfragen zu erreichen.*

P.: *Weil ich nicht aufdringlich sein will und keine dummen Fragen stellen will, bleiben die Hintergedanken unklar, aber ich überlege mir natürlich öfters, welche Absichten Sie haben. In der letzten Stunde war es besonders stark, weil ich tatsächlich gerne auch Ihnen etwas bieten möchte und zugleich eine riesige Unsicherheit habe. Das Wort „ausgestopft" hat mich sehr berührt. Die Leute denken an etwas, was ich gar nicht habe, genau wie in diesem Augenblick des Ausziehens am Strand. Beim Aufdecken kommt dann die Beschämung, und ich werde rot, und dann kommt die Hilflosigkeit. Es sind genau 3 Stufen, nicht von Hilflosigkeit über Beschämung zum Ausgestopftsein, sondern umgekehrt.*

Ich bestätige, daß der Ablauf ganz offenbar so sei, wie es die Patientin nun beschrieben hat. Materielle Dinge sind wohltuend. Geld und ein schönes Auto sind der Patientin wichtig. Ich erinnere die Patientin weiter daran, daß sie ja bei dem damaligen Erlebnis zu wenig hatte, um es vorzeigen zu können. Es war etwas Künstliches, mit dem sie ausgestopft war.

P.: *Es kommt mir dazu das Bild eines Luftballons, in den man hineinsticht, und dann ist alles weg. Ja, es ist genau der Ablauf: ausgestopft, beschämt und hilflos. Das ist genau die Situation, in der ich rot werde. Hinter dem Ausgestopften ist aber sehr viel Leben.*

A.: *Das war ja auch vorhanden. Der Büstenhalter war ausgestopft. Aber dahinter war etwas. Nicht nichts. Eine Brustwarze, eine wachsende Brust, das Wissen um das Wachstum aufgrund der eigenen körperlichen Empfindungen und aus dem Vergleich mit anderen Frauen.*

P.: *Aber es war zu wenig, und es war zu klein, und ich war unzufrieden. Niemand hat zu mir gesagt, die Brust werde noch größer. Man hätte eher gesagt, ja, was willst denn du in dem Alter. Du bist ja noch ein Kind. Ich konnte mit niemand darüber reden. Ich war mir selbst überlassen. Ich habe zwar manches dadurch gelernt, daß mich meine Mutter gezwungen hat, etwas zu tun. Sie hat mir dann genaue Anleitungen gegeben, und es klappte auch. Es wurde befohlen. Ich mußte etwas tun und den*

Ablauf auswendig lernen, wenn es z.B. darum ging, auf ein Amt zu gehen. Aber es war dann eher die Handlung meiner Mutter als meine eigene. Ich hatte keine Wahl. Ich war gezwungen, und ich war es nicht in eigener Person, und deshalb fehlt mir wahrscheinlich das Gefühl, daß ich selbst weitergekommen bin. Zwischen den Extremen: „Ich kann gar nichts - Ich kann sehr viel" fehlt eben die Mitte meines eigenen Tuns.

Ich greife nochmals die Hintergedanken auf. Welche Gedanken, durch die sie gesteuert wird, bleiben im Hintergrund?

A.: *Sie hatten den Verdacht, da wird wieder etwas beabsichtigt. Da wird manipuliert, und es war sehr gravierend, daß Sie es noch nicht einmal wissen durften. Aus diesem Grund hatten Sie auch eine Scheu, mich zu fragen, was ich mit dieser Formulierung meinte, nach dem Motto: Wir meinen's schon gut mit dir. Da braucht man nicht zu fragen.*

P.: *Ich wurde benützt. Es wurde nicht zu mir gesagt, mach's bitte, ich habe keine Zeit, sondern es wurde so hingedreht; du machst es, ohne Alternative, und ich fühlte dann Hintergedanken, ohne mich zu trauen. Es war unehrlich. Ich wußte um die Unehrlichkeit und konnte nicht darüber sprechen.*

Kommentar: Die ermutigende Deutung des Zögerns der Patientin in der Übertragung hat sich fruchtbar auf die Mitarbeit ausgewirkt. Solche Beobachtungen sind für die Beurteilung des therapeutischen Prozesses außerordentlich wichtig.

2.2.2 *Starke positive Übertragung*

Starke positive Übertragungen bewegen sich innerhalb des Rahmens der Arbeitsbeziehung, der bei erotisierten Übertragungen (s. hierzu 2.2.4) zeitweise überschritten wird. Wegen der Komplikationen, die bei einer erotisierten Übertragung auftreten, wäre es wichtig, schon bei der Indikationsstellung Kriterien an der Hand zu haben, die eine diesbezügliche Voraussage erlauben. Können wir heute eine Gruppe von Patienten benennen, die sich so in ihren Analytiker verlieben, daß die Therapie zum Stillstand kommt? Handelt es sich hierbei auch heute noch um jene Gruppe, die nicht für die Aufklärungsarbeit über seelische Zusammenhänge zu haben ist, sondern die materielle Befriedigung sucht, nur zugänglich „für Suppenlogik mit Knödelargumenten" (Freud 1915a, S. 315)? Zu viel hat sich seit der Entdeckung der Übertragungsliebe verändert, als daß wir diese noch wie Freud jener Klasse von Frauen zuschreiben könnten, die „keine Surrogate vertragen" oder wegen ihrer „elementaren Leidenschaftlichkeit ... das Psychische nicht für das Materielle nehmen wollen" (1915a, S. 315).

Zunächst ist darauf aufmerksam zu machen, daß diese Komplikation von jeher besonders in der Analyse von Frauen, die bei einem Analytiker in Behandlung sind, aufzutreten pflegt. Hierfür ist eine Fülle von tiefenpsychologischen, historischen, soziologischen und nosologischen Gründen verantwortlich zu machen. Schließlich waren es zunächst v.a. hysterische Patientinnen, die sich bei Psychoanalytikern in Behandlung befanden. Seither hat die sexuelle Revolution eine Emanzipation der Frau ermöglicht, die sich nicht zuletzt in der freizügigen sexuellen Selbstbestimmung äußert. Diese späte Errungenschaft hat nichts daran geändert, daß sexuelle Übergriffe und Grenzüberschreitungen zwischen Männern und

Mädchen weit häufiger sind als zwischen Frauen und Jungen. Ähnliches gilt für das Verhältnis von Vater-Tochter-Inzest zu Mutter-Sohn-Inzest. Die vom Mann geprägte Heterosexualität ist das nach wie vor dominierende Sexualverhalten zwischen den Geschlechtern. Die Erwartung, was alles beim Analytiker passieren könnte, wird von den Erfahrungen motiviert, die weibliche Patienten früher mit Männern - Väter, Brüder und andere Verwandte sowie Lehrer, Vorgesetzte und Ärzte - gemacht haben. Verführung und Verführbarkeit bilden ein Paar, das durch ein kompliziertes Anziehungs- und Abstoßungsverhältnis verbunden ist: „Wenn das damals möglich war, ist alles möglich ..." Die Beunruhigung, die von diesem Satz ausgeht, hängt ganz wesentlich davon ab, wie real die sexuellen Übergriffe in tabuisierten Lebensräumen waren.

Die sexuelle Selbstbestimmung ist eine Sache. Andererseits werden die sozialen Tabugrenzen immer durchlässiger, so daß althergebrachte Regeln des Sozialverhaltens ihre durchschnittliche Verbindlichkeit verlieren. Der Mißbrauch von Kindern und Jugendlichen scheint zuzunehmen, und die Dunkelziffer des Vater-Tochter-Inzestes ist beträchtlich. Die Übertragungen nach Mißbrauch im weiteren Sinn des Wortes sind kompliziert. Denn die traumatisierten Patientinnen stellen sich selbst und den Analytiker besonders auf die Probe.

In Abschnitt 1.7 des Grundlagenbands haben wir auf ausgesprochene Asynchronien zwischen der Änderungsgeschwindigkeit in familiären Traditionen und historischen und soziokulturellen Prozessen hingewiesen. In der Praxis heutiger Psychoanalytiker findet man also nach wie vor den Typus hysterischer Patientinnen, die sich nicht nur in den Analytiker verlieben, sondern in der Behandlung einen Ersatz für ein unbefriedigtes Leben suchen und an der Illusion seiner Erfüllung durch den Therapeuten festhalten.

Bezüglich der Vorhersage, also der Wahrscheinlichkeit, ob eine komplikationsreiche erotisierte Übertragung auftreten wird oder nicht, ist es diagnostisch wesentlich, über welche Einschränkungen ihres Liebeslebens Patientinnen klagen. Sind es vorwiegend neurotisch bedingte Schwierigkeiten, die befriedigende sexuelle Beziehungen in bestehenden Freundschaften oder in dauerhaften Bindungen erschweren oder unmöglich machen, ist die Gefahr, daß sich eine unauflösbare Übertragungsliebe bildet, gering. Am ungünstigsten ist die Prognose bezüglich einer illusionären Übertragungsliebe dann, wenn eine schwere neurotische Entwicklung zur Vereinsamung geführt hat und ein Lebensalter erreicht ist, das die Chancen, einen passenden Partner zu finden, gering werden läßt. Trotz aller Emanzipation wirken sich die sozialen Gegebenheiten bei diesen Frauen im Unterschied zu einer vergleichbaren Gruppe von Männern ungünstig aus, denn neurotische und einsame Junggesellen finden in unserer Gesellschaft bekanntlich viel leichter Anschluß als unverheiratete Frauen. Die Verschiedenheiten der männlichen und weiblichen *Psychosexualität* tragen das ihre dazu bei, daß beispielsweise Männer bei der Partnerinnensuche über Annoncen weniger jenen Kränkungen ausgesetzt sind, die Frauen bei kurzen Abenteuern erleben.

Der Leser wird sich fragen, was diese Allgemeinplätze mit dem Spektrum positiver Übertragungen zu tun haben. Zum einen ergibt sich daraus, warum männliche Patienten bei Analytikerinnen bei sonst ähnlichen Bedingungen viel seltener eine erotisierte Übertragung entwickeln als in der umgekehrten Verbindung. Wir scheuen uns nicht, noch einen weiteren groben Gesichtspunkt zu nennen, der sich aus dem bisherigen ableiten läßt und der bei Indikationsstellungen nach unserer Erfahrung sehr ernstgenommen werden sollte. Liegt die oben beschriebene Mischung von lebensgeschichtlichen, beruflichen und sozialen Faktoren vor, die zur Entwicklung einer regressiven erotisierten Übertragung prädisponieren, sollte ein männlicher Analytiker vor der Entscheidung zur Übernahme der Behandlung seine bisherigen Erfahrungen bezüglich erotisierter Übertragungen gründlich vor seinem geistigen Auge vorbeiziehen lassen. Im Zweifelsfall liegt es im Interesse der Patientin, eine Empfehlung an eine Kollegin auszusprechen. Trotz unserer Betonung des dyadischen Charakters der Übertragungsneurose, zu der die Übertragungsliebe gehört, bedingt die jeweilige Disposition eines Patienten eine Eigendynamik, die sich dyadisch verstärken kann, wenn Alter und Lebensumstände des Analytikers wie der Schlüssel zum Schloß passen und eher zur Verwirrung und Verirrung von Gefühlen als zu deren Integration im Leben beitragen.

Doch was heißt Verwirrung und Verirrung? Sind Gefühle, Affekte und Wahrnehmungen in der Übertragung echt oder unecht? Ihre Echtheit wurde auch von Freud nicht bestritten, obwohl die Übertragung impliziert, daß eigentlich nicht der Analytiker gemeint ist, so daß sich die Wünsche und die sexuelle Sehnsucht an die falsche Adresse richten würden. Zweifellos gehört es zur vollen Ausgestaltung eines Gefühls, das intendierte Ziel zu erreichen und im zwischenmenschlichen Austausch den anderen zu einer Antwort und möglichst auch zum Mitmachen zu bringen. Deshalb ist der Analytiker auch immer persönlich gemeint. Er bleibt als Person im Hintergrund, um seine Funktion leichter erfüllen zu können und hierbei als Mutter, als Vater, als Bruder oder als Schwester auch die Rollen übernehmen zu können, die der Patient zur Vervollständigung seines Dramas benötigt. Die Interpretation des Widerstands gegen die Übertragung führt zur Aufhebung von Verdrängungen, wobei der Analytiker als auslösender Katalysator wirksam wird und im Sinne des von uns erweiterten Bühnenmodells (s. Grundlagenband 3.4, S. 98) eine Neuinszenierung ermöglicht. Deshalb ist es so wesentlich, von der Plausibilität der Wahrnehmungen des Patienten, nicht aber von deren Verzerrung auszugehen. Statt Neuauflage sprechen wir deshalb von einer Neuinszenierung mit wechselnden Rollen. Soweit der Analytiker dabei zeitweise als Regisseur fungiert, sorgt er dafür, daß der Patient das ihm zur Verfügung stehende, also unbewußt angelegte Rollenrepertoire in der Analyse probt und Mut faßt, im Leben aus dem Probehandeln Ernst werden zu lassen.

Wo ist da noch Raum für erotisierte Übertragungen, die keinen kleinen Teil der sog. unendlichen Analysen ausmachen? Zunächst ist die vorhin beschriebene Gruppe von Patientinnen, aber wohl auch eine beträchtlich kleinere Gruppe von Patienten zu nennen, die auch bei einer im Sinne unserer Empfehlungen veränderten Behandlungstechnik aus äußeren und inneren Gründen den Übergang vom Probehandeln ins Leben nur mit Einschränkungen vollziehen können. Je weniger ein Patient in der Lage ist, zu einer tiefen Wechselseitigkeit mit einem Partner zu kommen, desto faszinierender bleibt die einfühlsame, verständnisvolle und zu vielen Neuentdeckungen anregende Haltung des Analytikers zumal deshalb, weil diese ja nicht durch die alltäglichen Enttäuschungen im realen Zusammenleben getrübt werden.

Am nachfolgenden Fall läßt sich an einigen Wendungen etwas Allgemeines aufzeigen. Vieles läuft auf die Frage hinaus, wie Anerkennung trotz Verzicht auf unmittelbare sexuelle Befriedigung erreicht werden kann. Die ödipalen Versuchungen und Versagungen sind ja im Falle eines pathogenen Ausgangs durch Verdrängungen so untergegangen, daß sich die Existenz unbewußter Wünsche entweder nur an der Wiederkehr des Verdrängten in Symptomen ablesen läßt oder an konfliktreichen und unbefriedigenden Partnerbeziehungen. Zur produktiven Wunschwelt einen Zugang zu finden, ist eine Voraussetzung der Umgestaltung. Dabei wächst die Fähigkeit zu neuen Wegen der Problemlösung. So ist beispielsweise die *Anerkennung* von Wünschen, die in der analytischen Situation durch das Arrangement und durch Deutungen stimuliert und verstärkt werden, nicht an deren *Befriedigung* gebunden. Zugleich liegt es in der Natur von Wünschen, intentionalen Akten und Handlungen, zielstrebig zu einem Abschluß zu gelangen, was bekanntlich mit dem Gefühl von Erleichterung und Befriedigung einhergeht. Auf der anderen Seite bringt es das Leben von Beginn an mit sich, daß vielfältige Ansätze, über Versuch und Irrtum das eine oder andere Ziel zu erreichen, scheitern. Werden davon tiefe vitale Bedürfnisse betroffen, entstehen Defekte in der Selbstsicherheit und in der Geschlechtsrolle mit mannigfaltigen Folgen im Verhalten. Die nachfolgend beschriebene Patientin suchte in der Übertragungsliebe nach Sicherheit und Anerkennung.

Nach wie vor führen die technischen Probleme im Umgang mit heftigen Gefühlen zu einer Bewährungsprobe für die Kur, in der zwischen der Skylla der unterschwelligen Verführung und der Charybdis der Abweisung gesegelt werden muß.

Die 26jährige Frau Franziska X kam zur Behandlung, weil sie unter heftigen Angstanfällen litt, die besonders in Situationen auftraten, bei denen sie ihr berufliches Können unter Beweis stellen sollte. Ihre Ausbildung in einem männlich geprägten Beruf hatte sie glänzend abgeschlossen, und sie konnte mit einer erfolgreichen Karriere rechnen, falls sie ihre Ängste überwinden würde. Diese hatten sich nach dem Abschluß der Ausbildung entwickelt, sozusagen als es ernst wurde und die Rivalität mit den Männern nicht mehr den spielerischen Charakter der Lernzeit hatte. Mit ihrem Mann, den sie während der Ausbildung kennengelernt hatte, verband Frau Franziska X eine befriedigende geistige und seelische Gemeinschaft; dem sexuellen Verkehr konnte sie allerdings in der Ehe wenig abgewinnen; es erfordere viel Konzentration und Arbeit für sie, um einen Orgasmus zu erleben, das könne sie für sich allein viel schneller und einfacher.

Auf die Einleitung der Behandlung reagiert sie mit einer baldigen Verliebtheit, die sich schon in der 4. Stunde mit einem Traum ankündigt, in dem sie zunächst eine Szene zwischen einem exhibierenden Mädchen auf der Polizeiwache und einem sexuell darauf reagierenden Mann beschreibt. Der 2. Teil des Traumes stellt eine ärztliche Untersuchung dar, bei der die Patientin mit Röntgenaugen betrachtet wird und nur ein nacktes Skelett sichtbar wird.

Das Thema einer verbotenen Liebe mit nachfolgender Bestrafung oder Abwendung wird immer wieder in den Träumen der Patientin permutiert. Im Erleben pendelt sie auch stark zwischen dem Wunsch, mir zu gefallen, wie ein Schulmädchen ihre Pflicht zu erledigen, und den sie beunruhigenden Wünschen, die sie auch in Einfällen äußert.

In der 11. Stunde bin ich bereits zum „richtig guten Freund" avanciert, den sie für sich habe, der aber gleichzeitig die Bedingung erfülle, daß „es" niemals realisiert werden kann. Was „es" bedeutet, wird durch den nächsten Einfall beleuchtet, denn im Anschluß daran fragt sie mich: „Haben Sie gestern abend den Film über den Priester gesehen, der ein Verhältnis mit einer konvertierten Frau hatte?" In der 14. Stunde berichtet Frau Franziska X einen Traum.

P.: *Sie haben mir gesagt, Sie seien verliebt, und dann haben Sie mich geküßt, das geht, wenn ich verliebt bin, immer nur bis zum Küssen, das ist das Schönste, das andere kommt halt wohl oder übel nach. Dann sagten Sie, es sei besser, die Analyse zu beenden. Ich war damit zufrieden, weil ich auf diese Weise mehr bekommen habe.*

Die rasch aufkommende Erotisierung scheint dazu bestimmt, die Erfahrung der Analyse als „Durststrecke" (17. Stunde) zu bekämpfen. Bei einem Fortbildungswochenende hat sie sich endlich wieder Anerkennung durch vielfältiges Flirten verschafft, die in den Stunden ausbleibt.

P.: *Ja, es ist mir tatsächlich sehr wichtig, was Sie zu mir sagen. Manchmal denke ich, ich sollte versuchen, meine Erwartungen an Sie doch einzuschränken bzw. ganz zu überwinden, weil ich ja doch nie hoffen kann, daß sie von Ihnen bestätigt werden. Es wäre alles so viel einfacher, wenn ich diese gefühlsmäßigen Einstellungen hier draußen halten und mit Ihnen ein vernünftiges Gespräch führen könnte.*

Ähnliche Äußerungen kann man in jeder Analyse finden. Natürlich wäre es einfacher, Gefühle und Affekte draußenlassen zu können. Damit würde aber gerade jene Aufteilung fortgeführt werden, die der Störung zugrunde liegt. Um eine gewisse Entlastung zu ermöglichen, mache ich die Patientin darauf aufmerksam, daß es am Arrangement, dem Liegen auf der Couch usw., und in der Natur dieser Gespräche liegt, intensive Gefühle zu wecken, deren Anerkennung mir ganz selbstverständlich sei. Es hänge jedoch mit der besonderen Beziehung und den mir übertragenen Aufgaben zusammen, daß ich nicht in der Weise auf ihre Wünsche eingehe, wie sie dies wünsche. Ich sehe eine Analogie zwischen der Unsicherheit der Patientin mir gegenüber und ihrer bisher stets enttäuschten Erwartung, wirklich voll von einem Mann akzeptiert zu werden, und werfe deshalb die Frage nach der Herkunft ihrer Unsicherheit als Frau auf. Dabei habe ich die theoretische Leitidee, daß die Patientin in der Übertragungsliebe wie in ihren Freundschaften mehr die Mutter als den Vater sucht.

Dieses Thema bewegt die Patientin nun. Sie spricht erstmals von Eindrücken ihrer Mutter, von der sie im Erstinterview nur festgestellt hatte, „da gibt es nichts zu sagen". Die Patientin meint, sie habe überhaupt kein Bild von sich als Frau. Sie kommt auf Kindheitserinnerungen zu sprechen und beschreibt Vater und Mutter in der Kirche, wie beide zur Kommunion gehen. Sie selbst bleibt als damals 4jährige zurück, fängt an zu weinen, weiß nicht, was die Eltern da machen. Als die Eltern vom Altar zurückkommen, sich hinknien und die Hände vors Gesicht halten, prägt sich die Patientin diesen Moment mit photographischer Deutlichkeit ein: die Mutter eine hübsche junge Frau mit langem braunem Haar unter einem Kopftuch, wie eine Magd auf einem Bauernhof, die die Hühner füttert, unkompliziert und fröhlich.

Dann folgt in den Einfällen der Patientin ein Umschlag, für dessen Verständnis hier eingeschoben werden muß, daß sie im Alter von 6 Jahren in eine Kinderklinik eingewiesen wurde. Die Mutter war zu der Zeit schwanger und erlitt bei der Geburt der jüngeren Schwester eine Eklampsie mit schwerwiegenden Folgen, von denen sie sich nicht mehr erholte. In den Einfällen taucht nun das Bild der Mutter auf, als die Patientin aus dem Heim kam: eine aufgedunsene Frau, häßlich, Arme und Beine in irgendwelchen Flüssigkeiten zur Elektrisierung von Muskeln. Seitdem nörgele die Mutter ununterbrochen in einer Sprache, die kaum zu verstehen sei - kurzum, ein Bild erschreckenden Verfalls, das dem Zuhörer und Leser nicht nur ödipale Phantasien, mit Schwangerschaft und Rivalität verbunden, nahelegen dürfte.

Von diesen Eindrücken weicht die Patientin aus und kommt, rasch den Affekt wechselnd, auf das schöne Wetter zu sprechen, das es ihr ermöglichen könnte, sich in einem luftigen Kleid zur Analyse zu begeben.

Verliebtheit wird der Motor der Behandlung; nur in dieser Stimmung kann sie sich durchringen, beunruhigende und beschämende Themen zu besprechen. Die Idee, daß es doch nie zu einer Verwirklichung kommen könnte, werde sie nie überwinden können.

Übertragung ja, Arbeitsbeziehung nein, so ließe sich diese Treibhausatmosphäre beschreiben. Die Konstellation verweist auf das Fehlen einer basalen Sicherheit, die durch ödipal anmutendes Sichzeigen und Sichanbieten ausgeglichen werden muß.

In einer der folgenden Stunden (23) beschäftigt sich die Patientin mit der Frage, warum der Analytiker denn keinen weißen Kittel trage. „Sie wären damit viel neutraler, anonymer, einer unter vielen Ärzten." In der Arbeit stellt sich heraus, daß dies wohl eine Wunschseite und eine Abwehrseite hat. Im Zusammenhang mit ihren kurzen Sommerkleidern wird deutlich, daß sie sich eine Rollenaufteilung wünscht: Der Analytiker hat anonym zu bleiben, dann kann sie sich um so ungenierter zeigen; je konkreter sie mich als Person erlebe, desto weniger könne sie sich auf der Couch räkeln. Im Sommer fühle sie sich deshalb sehr viel mehr als Frau als im Winter, da sei ja alles versteckt und verpackt.

Ich bezweifle die Brauchbarkeit eines Selbstbilds, das vom Wetterfrosch abhängig ist; dies löst einen Sturm der Enttäuschung aus. Die Patientin spürt, daß dieses plakative erotische Werben mich nicht erreicht, und sie reagiert mit depressiven Verstimmungen.

Der Aufbau der Übertragungsbeziehung in den ersten Wochen und Monaten stabilisierte sich immer mehr in einer Richtung, bei der die ersten Versuche der Patientin, mich für sie zu interessieren, abgelöst wurden durch systematische Befürchtungen, daß ich keinen Schritt auf sie zumachen würde. Die ganze Geschichte ihrer Beziehung zum Vater, der nach der Lähmung der Mutter für vieles einspringen mußte, kann hier nicht erzählt werden. Das ihr vom Vater zuerkannte Urteil war damals und ist noch heute vernichtend: „Bei dir weiß man nie, woran man ist." Dem entspricht das Gefühl der Patientin, daß der Vater für sie unberechenbar war, als Kind habe sie immer nur in Angst und Zittern vor ihm gelebt.

Die Entwicklung der ersten Monate macht es mir möglich, einen wachsenden Vorwurf für die Patientin zu verbalisieren.

A.: *Ich habe versucht, Sie für mich zu gewinnen, und bin gescheitert; warum kommen Sie nicht mehr auf mich zu, warum sind Sie nicht freundlicher und entgegenkommender. Dieses Gefühl wird hier lebendig und läßt Sie resignieren.*

P. (nach einer Pause): *Ich wüßte nicht, auf wen sich das beziehen sollte. Doch, ich habe vorhin gedacht, der einzige auf den das eigentlich zutreffen kann, ist mein Vater.* (Schweigen) *Jetzt fällt mir unsere Kirche ein, da ist ein großes Deckengemälde*

mit einem großen Gottvater, der immer herunterguckt, und dann fällt mir mein Pfarrer ein, vor dem ich furchtbare Angst gehabt habe.
A.: *Hier geht es nur gut zwischen uns, wenn Sie brav sind und sich gut benehmen, wenn Sie fleißig sind. Wenn Sie anderes im Auge haben, so taucht schnell die Gefahr auf, daß ich verstimmt bin, und dann werde ich in Ihrem Erleben dem Vater ähnlich: Sie geraten in eine Position, in der Sie darauf warten müssen, daß ich Sie wieder in Gnaden annehme wie ein gefallenes Mädchen, doch dieser Gnadenakt läßt lange auf sich warten, ist im Grunde eigentlich nie zu erreichen.*
P.: *Als 15jährige war ich mit einem anrüchigen jungen Mann liiert, meine erste Liebesaffäre, und der hat dann doch gleich ein Küchenmädchen im Konvikt geschwängert; mein Vater hat so mit mir geschimpft, als wäre ich es gewesen.*
A.: *In Ihrem Erleben wird da kein großer Unterschied gewesen sein.*
P.: *Durch solche Sachen ist der Kontakt nie mehr gut geworden. Ich glaube, ich warte noch immer auf das Zeichen des Kreuzes, das der Vater einem zum Abschied auf die Stirn zeichnet. Bei mir hat er das nicht so getan, daß ich's innerlich glauben kann.*

In den folgenden Stunden beschäftigt sich die Patientin mehr mit ihrer katholischen Vergangenheit. Sie hat einen Film gesehen, bei dem eine Frau ihren Vornamen trug und so war, wie sie nach Ansicht des Vaters hätte werden sollen. Ihr fällt ein, daß der Vater ihr mit Beginn der Pubertät ein Aufklärungsheft aus der Kirche in die Hand gedrückt hat, auf dem das Titelbild eines jungen Mädchens in eben dieser Weise dargestellt war: anständig katholisch. Sie könne sich gar nicht vorstellen, daß ihr Vater jemals etwas mit Frauen zu tun gehabt habe. Sie sei darum auch so erschrocken, als ich sie darauf hingewiesen hätte, daß sie in der Zeit in die Kinderklinik gemußt hätte, als die Mutter schwanger war.

Die Patientin beschäftigt sich weiter mit ihren speziellen Beziehungen zu älteren Männern.

P.: *Eigentlich habe ich ja immer davon geträumt, mich in solche Männer zu verlieben, und ich habe auch lange davon geträumt, mit ihnen zu schlafen. Aber in Wirklichkeit habe ich mir einen Mäzen gewünscht, der mich versteht und mich völlig in Ruhe läßt. Das Sexuelle spielt dabei keine Rolle. Komisch, seitdem ich die Analyse begonnen habe, sind diese Träume weg.*
A.: *Das war ja auch Ihre ursprüngliche Vorstellung von der Analyse, in mir einen Mäzen zu finden, dem Sie uneingeschränkt vertrauen können, dem Sie alles tun und sagen dürfen und der Ihnen nicht böse ist.*
P.: *Ja, so war das, und dieses Gefühl habe ich nicht mehr. Ich finde einfach, Sie können sich immer wieder entziehen, und immer wieder stehen Sie außerhalb der Situation, ich kann Sie gar nicht richtig festnageln, eigentlich sind Sie ja mehr wie ein Computer, der Gedanken zusammenordnet und Vorschläge macht, nicht wie ein Mensch, das dürfen Sie ja nicht. Immer wenn ich über Sie nachdenke, gerate ich bald in eine Sackgasse. Denn einerseits fängt es an, daß ich das Gefühl habe, in Ihren Augen die Wärme zu finden, die Vertrautheit, und dann geht alles nicht weiter, und ich fühle mich wie unsanft aus dem Schlaf geweckt, von dem Traum in die Wirklichkeit geschubst, so als ob Sie morgens an meinem Bett sitzen würden und mich wachrütteln, wenn ich in der Nacht von Ihnen geträumt habe. Und eigentlich will ich gar nicht von dem Traum in diese Wirklichkeit zurück.*

Damit ist das behandlungstechnische Problem deutlich geworden, wie eine Patientin Befriedigung und Anerkennung finden kann, wenn sie die Augen aufmacht.

2.2.3 Verschmelzungswünsche

In einem bestimmten Kontext stellte Herr Arthur Y mir die Frage, ob ich mit dem bisherigen Verlauf der Therapie zufrieden sei. Die positive Antwort versah ich mit dem Zusatz, er, der Patient, wäre aber wohl noch zufriedener, wenn die Anerkennung in barem Geld zum Ausdruck gebracht würde, in Anspielung auf die erwartete Gehaltserhöhung. Der Patient ging nun auf diese Analogie ein, indem er zunächst von der Erleichterung berichtete, die sich nach meiner positiven Aussage eingestellt hatte. Dann trat aber eine Beunruhigung auf, die der Patient auf eine möglicherweise doch vorhandene Kritik meinerseits zurückführte. Vielleicht trage er selbst nicht genügend zum Fortschritt bei. An einer Unfallstelle habe er kürzlich alles in seiner Kraft Liegende getan und sich doch später vorwurfsvoll gefragt, ob er wirklich genug getan habe.

Die Höhe der Gehaltsaufbesserung wird im Erleben des Patienten zum Sinnbild, zum Äquivalent von Wertschätzung und Zuneigung. Daß es wunderbar wäre, Zuneigung auch ohne Leistung zu erhalten, hat der Patient aus den Augen verloren. Er kommt nun darauf zurück, indem er in überraschender Weise eine Parallele zu einem (homosexuellen) Internatslehrer während seiner Pubertät zieht. (Das beunruhigende Adjektiv wird von ihm vermieden.)

Zunächst wird das Thema, wieviel Zuneigung er finden könne, ohne ein allzu großes Risiko einzugehen, am Abtasten der Möglichkeiten abgehandelt, die er im bevorstehenden Gespräch mit seinem Chef hat.

P.: *Ich bin also bereit, wesentlich mehr zu tun als das Übliche, aber ich möchte dafür ein Entgelt haben, und wieviel ich da riskieren kann, ohne zurückgewiesen zu werden, das ist das Problem. Ich spüre ganz genau, daß ich vor 2 Dingen Angst habe: davor, daß er meinen Wunsch zurückweisen würde, oder vor der verspielten Chance, wenn ich von vornherein verzichte. Das würde mir stimmungsmäßig sehr zu schaffen machen und etwas Ähnliches läuft hier ab. Ich hatte ja, als ich am Freitag diese Frage stellte, mit der ich heute wieder hierherkam, gesagt, daß meine früheren Therapeuten mir darauf nicht geantwortet hätten, sondern die Frage so zurückgeschmettert hätten wie beim Tischtennis – so einen Schmetterball. Es fiel mir nicht leicht, diese Frage zu stellen, weil ich eben Angst vor der Zurückweisung und der damit verbundenen Blamage, vor der Erniedrigung hatte.*

A.: *Allerdings gab es auch einmal eine Stunde, da schien mir deutlich zu sein, daß Abweisungen zwar schlimm sind, aber auf diese Weise auch wieder eine Distanz hergestellt wird. Die Autoritäten bleiben in der Entfernung.*

P.: *Dieser Punkt scheint mir sehr wichtig zu sein. Es sollte durch die Distanz gesichert sein, daß die sich nicht auf einmal so benehmen wie der [homosexuelle] Lehrer im Internat. Da drängt sich mir die Frage auf, wer garantiert mir denn, daß das nicht so wird, wenn ich zu sehr aus meiner Reserve herausgehe und ich nicht mehr ich und Sie nicht mehr Sie sind, sondern wie in einem Topf, wenn man 2 Stück Butter …*

A.: *Ja*

P.: *… in einer Pfanne heißmacht.*

A.: *Hmhm.*

P.: *Dann verlaufen die ineinander.*

A.: *Sie garantieren dafür und ich, denn Sie sind Sie und ich bin ich.*

P.: *Ja ja, schon.*

A.: *Hm.*
P.: *Jetzt empfinde ich schon ganz deutlich einen Schlag Ihrerseits, der mir sagt, was erlauben Sie sich eigentlich mit der Bemerkung.*
A.: *Ja. Ja ja, wahrscheinlich haben Sie es als einen Schlag, als eine Zurückweisung erlebt, weil es eben diese Sehnsucht gibt nach dem Zusammenlaufen, wie die Butter. Das ist ein wunderbares Bild einer Vermischung, das etwas sehr Tiefsinniges enthält. Vermischung, Austausch, Gemeinsamkeit.*
P.: *Und weil das auf der anderen Seite nicht realisierbar ist, und darum würde vielleicht der Dr. A. [einer der früheren Analytiker] etwas sarkastisch gesagt haben, und drum schließt er messerscharf, daß nicht sein kann, was nicht sein darf, d.h. das schwingt jetzt gleich herein, obwohl ich konsequent bei diesem Thema bleiben wollte, als ich das Wort, das ist so typisch, sagte: messerscharf.*
A.: *Messerscharf.*
P.: *Messerscharf, da fiel mir wieder ein Mädchen ein, dem ich mit einem Messer etwas antun könnte. Also muß ich dieses Wort „messerscharf" möglichst oft wiederholen und dabei versuchen, an etwas anderes zu denken.*

Der Patient lenkt weiter ab. Ich glaube, den roten Faden halten zu können, indem ich eine Gemeinsamkeit zwischen den beiden Themen benenne:
A.: *Es ging ja um die Vermischung, und im Eindringen des Messers ist auch eine enge Verbindung hergestellt zwischen Messer und ...*
P.: *Aber eine zerstörende.*
A.: *Zerstörende, ja.*
P.: *Eine unverschämte.*
A.: *Ja, eine Anmaßung ohnegleichen. Kein Zusammenfließen von der Butter in der Pfanne.*
P.: *Nee, nee, eine Anmaßung ohnegleichen von dem, der das Messer hat, dem anderen gegenüber, der damit bedroht oder verletzt wird.*
A.: *Ja, ja, hm, das Messer, ja.*
P.: *Und der Lehrer* (der auch die Pflege des kranken Patienten im Internat übernommen hatte) *hatte ja so ein Messer – nicht in gegenständlichem Sinn – im Benehmen.*
A.: *In vieler Hinsicht, im allgemeinen Benehmen und im speziellen, mit den Zähnen.*
P.: *Und beim Fiebermessen beispielsweise.*
A.: *Beim Fiebermessen mit seinem Thermometer, das er reingeschoben hat, und im Glied, das irgendwie spürbar war, wenn er Sie auf den Schoß genommen hat.*
P.: *Daran kann ich mich nun* (P. unterschlägt den Teilsatz: ... nicht mehr erinnern) *... hab' ich mich auch schon gefragt. Aber ich glaub' es nicht. Ich kann das zumindest nicht erinnern.*
A.: *Das kann schon sein, daß das ausgeblendet ist und daß er ...*
P.: *es verstand ...*
A.: *zu verstecken, daß das Glied vermutlich steif war.*
P.: *Ja, das ist anzunehmen. Daran kann ich mich also nicht erinnern. Es ist also so weit Gott sei Dank nicht gekommen, aber ich habe mich trotzdem bedroht gefühlt und sehr gefährdet. Ja, so ähnlich wie hier. Auf der einen Seite das Gefühl des Ausgeliefertseins. Ich war ja krank und hatte nicht die Möglichkeit zu sagen, ich möchte einen anderen Pfleger. Kein Vertrauen. Also, es ist ja hier nicht immer so, sondern nur, wenn ich ganz genau versuche darüber nachzudenken. Dann ist irgendwo ein*

Vorbehalt da, nicht so weit zu gehen, weil ich mich sonst nicht mehr wehren kann. Sicher garantieren meine Persönlichkeit und Ihre, aber indem Sie dies sagten, habe ich schon eine Zurückweisung daraus gemacht.

A.: *Ja, weil in dem Zusammenfließen eine Sehnsucht zum Ausdruck kommt, nämlich möglichst viel von meinem Fett zur Anreicherung mitzunehmen, also möglichst nicht nur eine Gehaltserhöhung, sondern eine Million an Zuneigung, als Ausdruck von Kraft und Potenz.*

P.: *Ja, das bringt ja alles Sicherheit, was Sie da eben grade gesagt haben. Es drängt sich mir folgendes auf: Okay, was mach' ich dann mit dieser Sehnsucht nach Zuneigung, wenn sie in diesem Maße wie mit diesen beiden Stücken Butter ja nicht möglich ist? Dann also weg damit.*

In einer späteren Stunde erläutert der Patient die Vermischung an 2 Tafeln Schokolade und macht damit die anale Herkunft mit ihren verschiedenen unbewußten Aspekten kenntlich.

A.: *Warum weg damit? Wer sagt denn, daß nichts realisierbar ist und Sie nicht einiges von hier mitnehmen?*

P.: *Ja ja, entweder alles oder nichts.*

A.: *Und Sie mir ein Stück Fett aus den Rippen schneiden mit dem Messer.*

P. (lacht): *Weil ich immer die Tendenz habe, alles oder nichts.*

A.: *Nun, Sie haben auch entdeckt, daß Sie sehr neugierig sein können, um zu mehr zu kommen, nach Möglichkeit von allem.*

P.: *Was meinen Sie da jetzt als konkretes Beispiel?*

A.: *Hm.*

P.: *Weil ich wissen wollte, wohin Sie in Urlaub ...*

A.: *Ja, daran hab ich im Augenblick als Beispiel gedacht, weil es ja da auch um die bohrende Neugierde ging. Und Sie möchten dann auch einen standfesten Mann haben, den Sie nicht entwerten können, der seine Eigenständigkeit bewahrt, sonst wäre er ja ganz schwach.*

Es ist immer besonders eindrucksvoll und überzeugend, wenn Patient und Analytiker den gleichen Gedanken haben. Der Patient spricht dann, nach einer Pause, über seinen Chef.

P.: *Sie gebrauchten das Wort Sehnsucht nach Zuneigung. Da war noch ein anderes Wort. Sehnsucht nach Übereinstimmung.*

A.: *Gemeinsamkeit.*

P.: *Ja ja.*

A.: *Hm.*

P.: *Das ist etwas, was mir zeitlebens zu schaffen gemacht hat, als ich so die ersten Versuche mit Mädchen machte. Erstmals bei meiner Frau war es dann nicht so, daß ich in dem Moment, in dem meine Zuneigung erwidert wurde, jegliches Interesse verloren habe. Wenn sie schwach geworden war, dann war sie beinahe entwertet.*

A.: *Ja ja, schwach.*

P.: *Oder umgekehrt, wenn ich ganz allgemein gesprochen ein Gefühl der Zuneigung zu irgend jemand, wer es auch immer war, erkennbar werden ließ und keine sofortige Erwiderung fand, bin ich aggressiv geworden. Ich habe nicht nur das Ausstrecken meiner Fühler sofort rückgängig gemacht, sondern den Rückzug verstärkt. Es kam mir als ungeheure Erniedrigung vor. Und auch der Umstand, daß wir beide nicht wie die Butter ohne jeden Vorbehalt ineinanderlaufen können.*

A.: *Sie haben ja beschrieben, daß Sie früher eher aggressiv waren. Irgendwann muß es ja zu einem Umschlag gekommen sein, zu Selbstentwertung, zu Selbstvorwürfen, daß Sie nichts fertigbringen, zu Selbstbeschuldigungen und Selbstanklagen.*
P.: *Mir kommt jetzt das Bild von diesen beiden Stücken Butter. In der Religion und im Abendmahl findet man ja genau dasselbe.*
A.: *In der Kommunion.*
P.: *In der Kommunion, in der Vereinigung, im Essen des Leibes, also nicht nur ich habe diesen Wunsch, sondern viele Millionen. Also gehört es einfach auch zu mir, weil ich ein Mensch bin.*
A.: *Ja.*
P.: *Und nicht, weil ich mal mit diesem Lehrer bekannt geworden bin.*
A.: *Ja.*
P.: *Also ist es nichts, was dauernd bekämpft und abgewertet werden muß, was mich als Mensch abwertet, sondern es ist etwas, was zu mir gehört, weil ich auch so bin wie die anderen.*
A.: *Ja.*
P.: *Und jetzt kommt sofort, daß Sie auch ein Mensch sind, also haben Sie, genauso wie ich, und da müßte es doch möglich sein, dies mit der Butter zu realisieren.*
A.: *Ja.*
P.: *Auf der anderen Seite, ha ha, aber nun mal langsam, sonst geht das zu weit. Sie haben völlig recht. Das geht so gegeneinander, wie meine Stimmung manchmal innerhalb von Sekunden so vibrieren kann wie eine Waage, die versucht auszupendeln. Nur bleibt es bei der Stimmung eben nicht in diesem ausgewogenen Verhältnis. Und jetzt denke ich, wenn ich's tatsächlich schaffe und zu meinem Chef gehe und über Geld spreche, vielleicht denkt auch er, nun, der könnte auch mal was umsonst machen. Der fühlt sich dann irgendwo enttäuscht, wenn ich für das, was ich tue, etwas von ihm verlange, da er ja auch nur ein Mensch ist. Ich müßte es schaffen, hier von diesem Alles-oder-nichts-Standpunkt ein Stück aufzugeben, daß hundert minus eins nicht gleich null ist, sondern hundert minus eins immer noch neunundneunzig und hundert minus fünfzig immer noch die Hälfte, verstehen Sie mich? Und das fällt mir so schwer.*
A.: *Na ja, schöner ist schon hundert Prozent, hm.*
P.: *Ja, aber hundert minus eins sind immerhin …*
A.: *Neunundneunzig.*
P.: *Und für mich wird aus neunundneunzig dann gleich eins. Mich interessiert dann dieser eine Teil von hundert viel mehr als die restlichen neunundneunzig.*
A.: *Und in diesen einen Teil wird dann alles reingesteckt, und Sie selbst sind dann nichts.*
P.: *Ja, wenn ich da nicht alles haben kann, dann will ich gar nichts. Ich warte aber noch immer irgendwie gefühlsmäßig auf den Knall, den es dann tut, wenn ich so eine Erkenntnis habe wie heute, denn der Dr. B. hat damals gesagt, dann zerplatzen Ihre Ängste wie ein Luftballon. Schwupp, schwupp. Weg sind sie. Damit muß ich mich noch beschäftigen, denn schön wär's, wenn's so möglich wäre.*
A.: *Ich habe das Gefühl, daß Sie sich freuen über Ihre heutigen Entdeckungen, aber sich nicht so recht trauen, Ihrer Freude laut Ausdruck zu geben, daß Sie Ihre Entdekkungen gleich wieder schmälern. Vielleicht sind Sie auch enttäuscht, daß ich keinen Freudentanz aufführe über die von Ihnen entdeckten tiefsinnigen Zusammenhänge.*

Danach denke ich über das Ausbleiben des Knalls nach, den ein früherer Therapeut dem Patienten prophezeit hatte. Daß eine solche Überhöhung, die den Analytiker zum wundertätigen Zauberer macht, unbewußt zu dessen analer Entwertung führen muß, die dann das Eintreten des Knalles und die schrittweise Besserung verhindert hat, zeigt die Krankengeschichte dieses Patienten.

2.2.4 *Erotisierte Übertragung*

Die 33jährige unverheiratete Frau Gertrud X wurde vom Hausarzt überwiesen wegen häufiger depressiver Verstimmungen, die bereits mehrfach zu suizidalen Handlungen geführt hatten. Die Patientin klagte darüber hinaus über häufige Neigung zu Kopfschmerzen. Der Hausarzt hatte in vielen Gesprächen versucht, die Patientin zu stützen, inzwischen war die Beziehung zu ihm aber so gespannt, daß er sich zu weiterer Betreuung nicht imstande sah.

Die Konfliktsituation stellte sich so dar: Die Patientin war Einzelkind, sie verlor mit 3 Jahren den Vater im Krieg. Die Ehe der Eltern muß spannungsreich gewesen sein, die Mutter hat sich seither nicht wieder gebunden. Sie fand zunächst Anschluß an die Familie ihres Bruders, der von der Patientin als Kind sehr verehrt wurde. Dieser Onkel fiel im Krieg, als die Patientin 5 Jahre alt war. Eine wichtige Rolle spielte der Großvater mütterlicherseits, ein autoritärer und dominierender Mann, der wie die ganze übrige Familie streng pietistisch eingestellt war. Die Mutter wurde als eher infantile, von der Meinung anderer abhängige Frau dargestellt, sie suchte die Patientin eng an sich zu binden.

Eine positive Entwicklung hatte sich etwa 6 Jahre vor Beginn der Therapie durch die Bekanntschaft mit einer jüngeren Kollegin ergeben, die Frau Gertrud X eine zunehmende Distanzierung von der Mutter ermöglichte. Diese Kollegin wollte nun heiraten und plante im Zusammenhang damit einen Ortswechsel. Die Patientin sah sich verstärkten anklammernden Bemühungen der Mutter ausgesetzt und reagierte mit aggressiven Auseinandersetzungen. Engere heterosexuelle Freundschaften hatte die Patientin noch nie geschlossen. Ihre Beziehung zu Männern war geprägt vom Bemühen, Anerkennung zu finden, wobei sie das Wohlwollen von Vorgesetzten und Ärzten durch häufige Provokationen stark auf die Probe stellte.

Die Patientin appellierte im Erstgespräch v.a. an meine Hilfsbereitschaft, zumal sie die lange Kette von Verlusterlebnissen plausibel darzustellen wußte. Ich bot ihr deshalb eine Therapie an mit dem Ziel, ihr eine konfliktfreiere Lösung von der Mutter zu ermöglichen und darüber hinaus zu einer konfliktärmeren Einstellung zu Männern zu gelangen.

Zu meiner Überraschung ging Frau Gertrud X zwar auf das Therapieangebot ein, äußerte aber von Beginn an Zweifel am Erfolg der Therapie. Skeptisch war sie v.a. gegenüber meinem Alter: Sie könne, wie sie erklärte, nur zu älteren Männern eine vertrauensvolle Beziehung aufbauen – ich selbst war etwa gleich alt wie die Patientin.

Angesichts dieser spröden Zurückhaltung achtete ich besonders sorgfältig auf Hinweise, wo in der Interaktion freundliche Regungen, der Wunsch nach Anerkennung oder erotisches Interesse auftraten. Diesbezügliche Deutungen wurden von der Patientin in einer besonderen Weise zurückgewiesen: Sie betonte stets, es habe doch gar keinen Zweck, sich in dieser Weise mit mir zu beschäftigen. Ganz automatisch versuchte ich ihr verstärkt zu zeigen, daß es sehr wohl sinnvoll sein könnte, sich intensiver mit mir zu beschäftigen; dabei versuchte ich nachzuweisen, daß sie entsprechende Regungen verdränge. Diese Deutungen bewirkten lediglich, daß die Patientin ihre Vorsicht erhöhte. Der Versuch, durch Deutung tieferer Es-Inhalte das Eis zu brechen, wirkte ausgesprochen kränkend auf die Patientin, die mit Depression, Suizidgedanken und Rückzug reagierte. Diese Alarmzeichen veranlaßten mich, mit konfrontierenden Deutungen sehr vorsichtig umzugehen.

Bei aller abweisenden Zurückhaltung der Patientin war es unübersehbar, daß ihr Interesse an mir wuchs: Sie kam überpünktlich zu den Stunden, beschäftigte sich vermehrt mit dem Inhalt der Stunden (wenn auch ganz überwiegend in kritischer Form) und ging dazu über, ein Parfum zu verwenden, das sie noch Stunden nach dem Termin in meinen Räumen „präsent" machte.

Mit diesen Veränderungen zeichnete sich ein neues Thema in der Interaktion ab: Die Mutter der Patientin reagierte mit zunehmender Therapiedauer eifersüchtig auf die Therapie, zumal ich selbst den Berichten der Patientin zufolge häufig als Kronzeuge in Auseinandersetzungen diente. In 2 Telefonaten versuchte die Mutter, mich für ihre Sache zu gewinnen, indem sie mich anrief und begann, über die Tochter zu klagen. Dieser Versuch wurde von mir schon im Ansatz unterbunden, statt dessen wurde die Selbständigkeit gegenüber der Mutter zu einem bevorzugten Thema der Stunden. Die Patientin erzählte sehr ausführlich von den zahllosen Übergriffen der Mutter, von deren Infantilität und Eifersucht, und sie holte sich bei mir Unterstützung im Kampf um mehr Abgrenzung. In dieser Phase der Therapie war die Interaktion erstmals weitgehend konfliktfrei.

Einen wesentlichen Einschnitt brachte die erste Sommerpause, d.h. eine Unterbrechung von mehreren Wochen. Im Vorfeld war von dieser Unterbrechung nicht viel zu spüren, statt dessen wurden die Konflikte mit der Mutter thematisiert. Erst in der letzten Stunde vor den Ferien erschien die Patientin alarmierend depressiv, negativistisch und abwertend. Ohne es zu wollen, geriet ich in die Rolle des Verteidigers dieser Therapie, während die Patientin ungestört weiter alle positiven Ansätze entwertete. Am Abend desselben Tages erreichte mich ein Anruf der Patientin, bei dem sie ganz offen von Suizidabsichten sprach; dabei verstrickte sie mich in ein langes Telefongespräch, in dem die Inhalte der Stunde noch einmal durchgegangen wurden.

Während meiner Ferien wandte sich Frau Gertrud X erneut dem Hausarzt zu und suchte bei ihm Unterstützung. Es entwickelte sich dann sehr rasch eine heftige Auseinandersetzung, in deren Folge sie eine Überdosis Schlaftabletten schluckte, so daß sie kurzzeitig stationär behandelt werden mußte. Bei der Schilderung dieser Vorfälle schien mir eine Spur Triumph mitzuschwingen. Die Interaktion zu mir ähnelte nach der Sommerpause wieder der zu Therapiebeginn: Die Patientin blieb zweifelnd, negativistisch und bezüglich des Therapieerfolgs abwertend. Ausgehend von den Erfahrungen der Sommerpause betonte sie immer wieder, es habe doch gar keinen Zweck, sich hier Hoffnungen zu machen. Spätestens mit dem Therapieende sei sie doch wieder allein und ohne jede menschliche Unterstützung. Den drohenden nächsten Suizidversuch vor Augen, bemühte ich mich darum, der Patientin meine Anteilnahme zu zeigen und ihr zu erklären, daß diese auch über das Therapieende hinaus reichen werde. Der erpresserische Aspekt ihrer Beteuerungen wurde von mir zwar wahrgenommen, aber aus Angst vor weiteren Komplikationen nicht thematisiert.

Konfliktverschärfend wirkte sich in dieser Therapiephase meine eigene private Situation aus: Die Patientin hatte es nicht schwer herauszufinden, daß ich in Scheidung stand und daß meine Familie ohne mich den Wohnort wechselte. Dieser Tatbestand wurde in der Therapie selbst nur sehr kurz gestreift, ich beobachtete aber, daß die Patientin mir außerhalb der Therapiestunden mit dem Auto folgte, um mehr über mein Privatleben herauszufinden. Diese Beobachtung wurde von mir in die Deutung umgemünzt, daß die Patientin neugierig geworden sei und sich eine gemeinsame Zukunft mit mir phantasiere. Die Folge dieser Deutung war ein weiterer Suizidversuch mit Schlafmitteln, der zwar keine stationäre Behandlung notwendig machte, der mich aber verstärkt erpreßbar machte: Die Anrufe der Patientin nach den Stunden häuften sich. Zwar verwies ich regelmäßig auf die Notwendigkeit, diese Dinge in der nächsten Stunde zu besprechen, dennoch wagte ich nicht mehr, die Telefonate forciert zu beenden, so daß ich mich immer wieder in längere telefonische Auseinandersetzungen verstricken ließ. Die hier beschriebene Konstellation blieb über einen sehr langen Zeitraum stabil: Die Patientin verhielt sich in den Stunden schweigend, abweisend und betonte die Hoffnungslosigkeit der ganzen Situation. Ich versuchte, sie teils zu ermutigen, teils mit der latenten Ablehnung zu konfrontieren; sie reagierte i. allg. gekränkt und rief mich häufig nach den Stunden an, „um über das Wochenende zu kommen". Daß in dieser Konstellation die sozialen Außenkonflikte sich ein wenig beruhigten, daß die Patientin v. a. mit dem Vorgesetzten weniger in Auseinandersetzungen geriet, wurde von mir zwar registriert, es bedeutete aber für den therapeutischen Prozeß nur wenig. Angesichts dieser Pattsituation wagte ich darüber hinaus nicht auf ein Ende der Therapie hinzusteuern, weil die Gefahr sehr groß war, daß jede Ankündigung eines Endes mit einem manifesten Suizid beantwortet würde.

Höhepunkt und zugleich Ende dieser quälenden Auseinandersetzung bildete ein Anruf, in dem die Patientin berichtete, daß sie soeben eine wohl tödliche Dosis Schlaftabletten zu sich genommen habe. Sie telefonierte von einer Telefonzelle unweit meiner Behandlungsräume aus. In dieser Notlage war rasches Handeln geboten: Ich holte sie sofort mit meinem Auto ab und brachte sie in die Klinik. Diese gemeinsame Fahrt im Auto, die Übergabe an den behandelnden Notarzt usw. boten natürlich eine große Menge an Übertragungsbefriedigung: Für einen kurzen Zeitraum war es, als wären die Patientin und ich tatsächlich ein – wenn auch zerstrittenes – Paar. Hiermit war allerdings auch der Punkt erreicht, wo ich ihr nach der Entlassung aus der Klinik erklären mußte, daß sie mich zu einer aktiven ärztlichen Hilfsaktion bewegen konnte, daß sie mich damit aber zugleich als Therapeut verloren hatte, weil ich ihr als Therapeut nicht weiterhelfen könne. Natürlich fehlte es nicht an Versuchen, diese Entscheidung durch Suiziddrohungen wieder umzustoßen. Meine Festigkeit am Schluß der Behandlung erlaubte aber doch, ein halbwegs versöhnliches Ende zu finden.

Kommentar: Die hier beschriebene Behandlung ist geprägt von einer Reihe von Fehlern, wie sie für Anfänger typisch sind. Anfängerfehler spiegeln aber oft die jeweilige schulgebundene Behandlungskonzeption wider. Im nachhinein lassen sich folgende Fehlentwicklungen erkennen:

1) Die Therapiekonzeption, nach der eine Bewältigung der fortlaufenden Krisensituationen allein durch Bearbeitung von Übertragung und Widerstand versucht wurde, ist unzureichend, wenn damit keine Besserung der realen Lebenslage verbunden ist: Die Patientin mußte sich mit der Möglichkeit, ja sogar Wahrscheinlichkeit, daß sie unverheiratet durchs Leben gehen würde, abfinden, so daß sich das Wecken unrealistischer Hoffungen antitherapeutisch auswirken mußte. Hier haben auf seiten des Therapeuten unreflektierte Rettungsphantasien einen ungünstigen Einfluß ausgeübt.

2) Da ein Lebenspartner fehlte, mußte sich auch das Fokussieren auf unbewußte Übertragungswünsche antitherapeutisch auswirken, weil wiederum allein durch die forcierte Benennung von Übertragungswünschen unrealistische Hoffnungen geweckt wurden. In der Anfangsphase ist der Therapeut in die Rolle eines Verführers geraten, und diese Rolle wirkte sich auf den weiteren Prozeß schädlich aus.

3) Unbearbeitet geblieben ist besonders im Anfangsdrittel, daß die Therapie als Kampfmittel gegen die Mutter eingesetzt und der Therapeut zur Parteinahme verführt wurde. Erreicht wurde damit, daß die aggressiven Impulse der Patientin, die sich infolge ihrer enttäuschten Hoffnungen unweigerlich einstellen mußten, auf eine Außenperson verlagert wurden. Damit wurde die spätere ungünstige Kollusion auf den Weg gebracht.

4) Unter dem Eindruck massiver Suiziddrohungen wurde der Patientin mehr Anteilnahme entgegengebracht als im Rahmen einer Therapie eingelöst werden konnte. Die Bearbeitung der Aggression, v.a. des Aspekts der Erpressung durch den Suizid, wurde somit erschwert. Gerade in dieser Phase der Therapie wurde die ohnehin vorhandene Tendenz der Patientin verstärkt, den Analytiker wie einen realen Partner zu behandeln, ohne daß die Funktion der Übertragungsbeziehung (Verbündeter) für die Aufrechterhaltung des Selbstwertgefühls gemeinsam reflektiert worden wäre. Die familiäre Situation des Therapeuten ist allein schon so problematisch, daß sie wohl nur in seltenen Fällen zu befriedigenden Lösungen führt: Wenn eine unverheiratete, mit ihrem Alleinsein nicht zurechtkommende Patientin auf einen ebenfalls alleinstehenden, möglicherweise seinerseits unglücklichen Therapeuten passenden Alters trifft, dann ist die soziale Realität dieser Konstellation so stark, daß wohl nur in seltenen Fällen die neurotischen Anteile der Hoffnungen einer Patientin ins Zentrum der Aufmerksamkeit rücken kann. Antitherapeutisch wirkende Erwartungen und Enttäuschungen sind fast zwangsläufig die Folge.

5) Unter dem Eindruck der zumindest mitverschuldeten Enttäuschungen und Verwicklungen ist es fast unausweichlich, daß der Therapeut dem Druck eigener Schuldgefühle nicht standhalten konnte und sich in Telefongesprächen in Rechtfertigungen seines Vorgehens verwickeln ließ. Bei solchem Rechtfertigen geschieht es wie von selbst, daß der Therapeut in seiner Argumentation dem Eigeninteresse und nicht den Bedürfnissen des Patienten folgt, und dies muß wiederum die heimlichen Hoffnungen der Patientin, die Begrenzungen des therapeutischen Settings zu sprengen, fördern. Bezeichnenderweise konnte die therapeutische Rahmensetzung erst in dem Augenblick wieder zur Geltung kommen, in dem der Therapeut sein Scheitern eingestand und wegen dieses Scheiterns das Ende der Therapie ankündigte.

2.2.5 Negative Übertragung

Die negative Übertragung ist eine besondere Form des Widerstands, die den Analytiker funktionsunfähig machen kann. Ist die Therapie zum Stillstand gekommen? Gehört der Patient zu jenen Menschen, die zwar in irgendeinem Winkel ihrer Seele eine Veränderung suchen – denn sonst würden sie ja nicht kommen –, die aber zugleich dem Analytiker jede therapeutische Absicht untersagen? Wie ertragen beide, der Patient und der Analytiker, eine chronisch-negative Übertragung, die als Stillstand beobachtbar ist?

Der Analytiker kann sein Interesse aufrechterhalten, indem er versucht, die Gründe des unbeeinflußbaren Negativismus zu erkennen. Damit kann sich die Hoffnung verbinden, den Wiederholungszwang zu unterbrechen und die erstarrten Fronten wenigstens in einen Bewegungskrieg mit offenen Feindseligkeiten umzuwandeln. Diesem kriegerischen Gleichnis ist unschwer zu entnehmen, daß der behandelnde Analytiker unter dem lähmenden Gleichgewicht der Kräfte leidet. Ein Mittel, die Ohnmacht leichter zu ertragen, ist es, die geheimen Befriedigungen aufzufinden, die der Patient daraus zieht, das Gleichgewicht der Kräfte zu bestimmen und dessen Regulation zu kontrollieren. Damit verbindet sich die Hoffnung, daß mit der Erkenntnis der destruktiven Auswirkung dieser lustvollen Kontrolle auch neue Wege der Befriedigung gefunden werden könnten. Sich von eingefahrenen Gleisen wegzubewegen und den freien Raum zu suchen, ist mit einem Verzicht auf Sicherheit verbunden, den niemand gerne auf sich nimmt, solange nicht neue Quellen der Befriedigung vielversprechend locken und, was noch wesentlicher ist, gerade in den Augenblicken sprudeln, die den Erwartungen des Wanderers entsprechen.

Ohne Umschweife hatte ich in der letzten Sitzung die magersüchtige Patientin Frau Clara X darauf hingewiesen, daß zwischen dem Reden hier und dem Verhalten draußen – und allgemein zwischen Reden und Handeln – ein tiefer und breiter Graben bestünde und sie die beiden Lebensbereiche voneinander trenne. Ich versuchte ihr nahezubringen, daß sie zwar darunter leide, aber zugleich die in der Trennung liegende Macht aufrechterhalte und ich nichts dagegen machen könne. Dem Sinn nach hatte ich gesagt: „Sie sind mächtig und ich hilflos, und diese Macht erlebe ich als starke Gewalt." Nach außen hin wirke sie friedlich, sie sei eine friedliche Machthaberin, und sie sei sich ihrer gewaltigen Macht, die mich hilflos mache, gar nicht bewußt.

Mit ihrer ersten Äußerung knüpft die Patientin an den Schlag an, den ich ihr verpaßt hatte, indem sie auf die herumliegende Fliegenklatsche mit der Frage verweist: „Schlagen Sie im Winter Fliegen tot?", um sogleich hinzuzufügen: „Schlagen Sie damit Patienten?" Meine Deutung: „Sie denken an die letzte Stunde", greift die Patientin sogleich mit Nachdenklichkeit auf: „Ja, es hat mich sehr getroffen."

P.: *Ich habe den* Vorwurf *so verstanden, daß ich zwar bedauere, nicht von der Stelle zu kommen, aber mache ich das mutwillig, daß ich auf meinen Gewohnheiten beharre, um mir von Ihnen nicht am Zeug flicken zu lassen, um meine Unabhängigkeit zu bewahren?*

A.: *Nicht aus Mutwillen. Es ist schwierig, aus meinen Gedanken nicht gleich einen Vorwurf zu machen. Sonst könnten Sie Ihre Gewohnheiten selbstkritisch betrachten*

und vielleicht sehen und spüren, daß es größere, andere Befriedigungsmöglichkeiten geben könnte. Aber indem Sie die Augen verschließen und etwas beibehalten, was sich sehr eingeschliffen hat, bleibt der Spielraum, etwas zu ändern und sich auf den Weg zu begeben, sehr klein.
P.: *Mein Verharrungsvermögen ist ja noch viel schlimmer, Sie müßten der Frage nachgehen, wie steht es eigentlich mit dem Gewicht.*

Die Patientin spricht dann über ihr einziges Motiv, ihr Verharrungsvermögen aufzugeben, nämlich noch ein weiteres Kind zu haben, dieser Wunsch wird aber sofort durch den Gedanken blockiert, daß sie dann wieder ins Gefängnis einer weiteren Mutterschaft käme.

Ich greife dies auf:
A.: *Nicht mehr zu verharren, würde zu einem zwiespältigen Ziel führen, zur Mutterschaft, die zugleich als Gefängnis erlebt wird.*
P.: *Dann müßte ich einige Eigenschaften noch mehr verleugnen. Dann müßte ich weiblich und geduldig sein, auf den Mann warten, zu Hause sitzen und gemütlich sein und ihm gefallen, möglichst ganz lieb sein und mit leiser, sanfter Stimme sprechen, aber wehe! Lust an körperlicher Bewegung ist da nicht dabei, und sozialen Kontakt muß man sich auch weitgehend abgewöhnen und berufliche Ambitionen müßte ich vergessen. Eine zwiespältige Situation löst die andere ab. Meine unterschwellige Sehnsucht ist,* (Pause) *daß ich ringsum akzeptiert werde und mich selbst akzeptieren kann.*
A.: *Also aus der Zwiespältigkeit herauszukommen.*
P.: *Mit einem zweiten Kind da herauszukommen, ist ja eine Illusion, da würde ich genau so viele negative Rückmeldungen bekommen, keine richtige Mutter zu sein und alles falsch zu machen.*
A.: *Ich glaube, daß Sie zutiefst die Sehnsucht haben, aus der Zwiespältigkeit herauszukommen, dieses Gefühl aber beunruhigend ist. Sie ziehen diese Beispiele heran, um die Beschämung wegzuwischen, die in der Sehnsucht nach augenblicklicher Stillung liegt. Sie tun alles, um diese Beschämung zu vermeiden, womit auch die Ausdehnung glücklicher Augenblicke verhindert wird.*

Nach dieser Deutung erwidert die Patientin, sie sehe einfach nicht, wie durch Sprechen etwas geändert werden könne.
Überlegung: Ich komme mir so vor, als wollte ich ihr etwas besonders schmackhaft machen - als redete ich mit Engelszungen. Zu dieser Phantasie gelangte ich sicher besonders deshalb, weil die Patientin vor einiger Zeit ein Bild des Präraphaeliten Rosetti „Die Verkündigung Mariä" abgemalt und mit der Bemerkung mitgebracht hatte, die zerbrechliche, ja kachektische Maria des Bildes sei wohl eine „Anorexe".

Mit meiner nächsten Äußerung spiele ich darauf an.
A.: *Ich bin doch gerade wie der Engel, der eine Verkündigung ausspricht, und Sie sind die Anorexe Maria, die ungläubig ist. Ich rede mit Engelszungen, werde aber zum Teufel, der täuscht, und Sie sind klug genug zu wissen, und Sie wissen auch, daß die Engelszungen lügen, denn die Seligkeit, die verkündigt wird, hält nicht an.*

Daraufhin sagt die Patientin - wie im Gebet, nach längerem Schweigen - folgendes:
P.: *Hm, der Dich, oh Jungfrau, in den Himmel aufgenommen hat, gelobt sei die Jungfrau Maria, gebenedeit, natürlich bin ich ungläubig, schließlich habe ich einen*

Ketzer als Vater gehabt, der sitzt jetzt noch auf einer Wolke im Himmel, nicht weil er in den Himmel gekommen ist, sondern weil die Hölle überfüllt war. Sie haben aber auch zum Ausdruck gebracht, daß er viel zu sehr Ketzer war und viel zu wenig glaubhaft mit Engelszungen geredet hat.
A.: *Sie könnten mir eine Chance geben, daß meine Worte in Ihren Ohren mehr wie Engelszungen klingen, und v.a. können Sie sich selbst eine Chance geben.*
P.: *Aber Herr Gott nochmal, brauche ich dazu ein zweites Kind, um dieses Gefühl der Zerrissenheit loszuwerden?*
A.: *Nein, das glaube ich nicht, daß Sie noch ein Kind dafür brauchen, Sie haben ja schon in die Überlegung eingebaut, lohnt es sich, ein zweites Kind zu haben? Und da haben Sie dann gleich wieder die Zwiespältigkeit dabei. Das zweite Kind wird zum Gefängnis. Sollen Sie sich auf den Weg machen ins Gefängnis? Das möchte doch niemand gern. Es geht also darum, den Engelszungen und dem eigenen Gehör mehr Chancen zu geben, wenn es um eine Entscheidung geht, mit der Sie im Gefängnis landen. Es geht also um die Lust, die Lust um ihrer selbst willen, die allerdings finden Sie immer noch eher dort, wo Sie sie zur Zeit finden, wenn Sie nachts etwas essen zum Beispiel.*
P. (nach langer Pause von ca. 4 Minuten): *Der Gedanke an Zunehmen und Essen hat nichts mit Lust zu tun oder mit dem Gefühl des Sich-selbst-akzeptieren-Könnens oder auch Akzeptiertseins, Akzeptiertwerdens. Ich kann es nur aus der Einsicht tun, daß es für ein weiteres Kind vielleicht notwendig ist, aber sonst nicht. Wenn ich gut gewappnet bin, dann genieße ich den inneren Zwiespalt als ungeteilte Lust.*
A.: *Um die geht es, um die nichtgeteilte, um die eindeutige und nicht zwiespältige Lust.*
P.: *Es tut mir leid, das ist eine Sache, das gibt es schon, aber nur sekundenweise und kaum auf den Gebieten, wo es um Brot und um Essen geht oder die klassische Form der Gemütlichkeit. Da habe ich ein komisches Bild vor Augen. Wenn sich die Anorexe darauf einläßt und anfängt, ihre Finger zu strecken, diese merkwürdige zwitterhafte Gestalt da, der Gabriel oder wer das sein soll auf dem Bild, die ist ja derart in der Schwebe gelassen, ob der Engel männlich oder weiblich ist. In der einen Hand hat sie einen Lilienzweig, in der anderen Hand die Fliegenklatsche, und wenn sie die Finger etwas zu weit ausstreckt, dann gibt's auf die Finger eins drauf mit der Fliegenklatsche. Denke daran, daß Mutterschaft eine große Verantwortung ist.*
A.: *Nur nicht die Finger zu weit ausstrecken, und die Lilie wird dem Engel unter die Nase gehalten zum Riechen und dann auch noch das üble Wort Anorexe, auch nicht sehr lieb, Hexe, Anorexe. Was Sie sich sozusagen selbst geben in Vorwegnahme einer Fliegenklatsche, eines Schlages mit der Fliegenklatsche. Sie haben ja das üble Wort hingeschrieben.*
P.: *Das mache ich immer, alle Worte, die einmal auf mich gemünzt waren, die ich als sehr verletzend empfunden habe, wende ich auf mich selbst an. Das macht den Zustand erträglich, eine uralte Technik, den Angriff vorwegzunehmen in der Übernahme der Aggression. Es ist eine hilfreiche Erfindung.*

Dem Leser sollte nicht entgehen, daß Frau Clara X eben eine treffende Definition der „Identifikation mit dem Aggressor" gegeben hat. Therapeutisch ist es nachteilig, daß dieser Prozeß sich anhand meiner aggressiven Deutungen wiederholt und damit verstärkt hat.

Am Ende der Stunde geht es um unmittelbare Äußerungen.

A.: *Sie haben mich nämlich aufgefordert, Wichtiges unverschlüsselt und unverblümt zu sagen, und nicht so, daß es nur indirekt zum Ausdruck gebracht wird. Ich glaube, das ist eine Forderung, die Sie an mich haben und an sich selbst. Sie möchten klar und deutlich hören, was unverblümt und unzweideutig und ungeteilt ist. Sie möchten raus aus der Zwiespältigkeit. Darum geht's immer wieder, darum ging's heute ganz besonders. Ich möchte mich beinahe bedanken, daß Sie mir dazu Gelegenheit gegeben haben.*

Nach längerem Schweigen fallen in der nächsten Sitzung im Rückblick der Patientin die Worte: „... Ja, ich hatte nach der letzten Stunde doch ein Gefühl der Eintracht und Zufriedenheit. Beim Reden könnte es wieder kaputtgehen."

A.: *Ja, ums Zulassen ging es. Und ich hatte auch das Gefühl, das Sie haben, ich habe mich ja bei Ihnen bedankt.*

P.: *Obwohl ich nicht weiß, was es da zu danken gibt.*

A.: *Ja, es war ein Ausdruck meiner Freude. Ich hatte das Gefühl, ja, ...* (stockende Redeweise) *daß der große Graben, wie mir schien, kleiner wurde.*

P.: *Ja, sehen Sie einen großen Graben?*

A.: *Ja, ich sehe einen großen Graben zwischen Handeln und Verhalten, Handeln, Verhalten und Sprechen und Reden und Denken.*

P.: *Geht es Ihnen nicht auch so, daß wenn man mit dem Reden anfängt, es auch sofort wieder kontrovers wird?*

A.: *Ja, das kann sein, aber es gibt doch auch Übereinstimmungen. Solche gab es ja auch in der letzten Stunde. Denken, Handeln und Sprechen sind nicht das gleiche, doch müssen die Bereiche nicht so weit auseinanderliegen, wie Sie bei Ihnen an einigen Stellen auseinanderliegen. Es gibt doch hoffnungsvolle Zeichen, daß sich mehr Annäherungen vollziehen.*

P. (nach Pause von ca. 2 Minuten): *Na ja, deswegen traue ich mich auch nicht zu sagen, was mir im Kopf rumgeht. Ich denke, es könnte Sie wieder enttäuschen. Jetzt können Sie ja sagen, das bin ich ja gewöhnt.*

A.: *Nein, das würde ich nicht sagen – obwohl es auch zutrifft –, ich würde eher sagen, daß es ein mühevoller Weg ist, mit Enttäuschungen ... Das wissen Sie, daß dem so ist.*

P.: *Was ich mir gedacht habe, ist, warum da wieder neue Enttäuschungen passieren, über das übliche Maß hinaus.*

A.: *Vielleicht hängt es damit zusammen, daß es zu heiß wird, wenn eine Annäherung erfolgt, wenn Sie an jemanden näher heranrücken, daß Beunruhigungen auftreten und wieder ein Rückzug erfolgt.*

Frau Clara X kommt erneut zum Thema ihrer Rolle als Hausfrau und Mutter und zur Frage einer zweiten Schwangerschaft und ob sie sich im Hinblick darauf zu einer Gewichtszunahme zwingen solle. Sie erzählt die Geschichte einer unfruchtbaren Frau und sieht sich selbst als eine Versagerin an, wenn sie kein zweites Kind „schaffe". Dabei wird geklärt, daß ihr Körpergefühl sich in den letzten Monaten – zweifellos als Folge der Therapie – verändert habe. Ich stimme ihr zu, daß die Zielvorstellung eines veränderten Körpergefühls und als dessen Folge eine Normalisierung ihres Gewichts auch von mir vertreten wird. Die Magersucht der Patientin hatte übrigens bald nach der Menarche eingesetzt, so daß sie ganz früh amenorrhoisch wurde. Die Konzeption des gesunden Sohnes wurde durch eine Hormonbehandlung erreicht. Der Patientin ist seit der Aufklärung durch mich bekannt, daß der Zyklus nicht eintreten kann, bevor sie nicht ein bestimmtes Gewicht wenigstens annähernd erreicht hat. Die hormonelle Regulation des Zyklus steht in so enger Korrelation zur Körperfettmasse, daß sich das Sistieren bzw. Wiederauftreten der Menses annähernd am Gewicht ablesen läßt. Im Grenzbereich dieser Korrelation kommen beim Verschwinden und Wiederauftreten der Periode psychogene Faktoren ins Spiel.

Frau Clara X lehnt es ab, erst die notwendigen Voraussetzungen, also ein Normalgewicht, zu schaffen, um dann die Regel zu haben. Das sei keine Zukunftsperspektive, kein Beweggrund für sie.

A.: *Warum ist dieser Weg, der zu einem anderen Körpergefühl führt, nur sinnvoll, wenn Sie ein weiteres Kind haben? Ihr Normalgewicht wäre m. E. die Folge eines anderen Lebensgefühls, das Sie entwickeln könnten mit mehr Lust, vielleicht da und dort auch mit mehr Enttäuschung. Ich sehe da auch noch anderes als ein Kind. Ich bin schon auch ein Normalgewichtsvertreter, aber da werde ich von Ihnen an den falschen Platz gesetzt. Ich bin davon überzeugt, daß Sie sich wohler fühlen können. Wenn Sie meinen, mich zu enttäuschen, hängt es damit zusammen, daß Sie sich an sehr heiße Gefühle angenähert haben, an den heißen Ofen.*

Kommentar: Der Kampf um das Symptom und die Zielvorstellungen einer Veränderung des Körpergewichts haben einen zu großen Raum eingenommen. Die negative Übertragung wurde nicht auf die Enttäuschung des ödipalen Kinderwunsches in der Übertragung zurückgeführt. Eine Anspielung darauf wurde nicht weiter ausgebaut. Mit der Annäherung an den heißen Ofen spielte der Analytiker auf die sexuellen Gefühle der Patientin an, die ihre Empfindungen und ihr Geschlechtsteil häufig so bezeichnet. Freilich gibt es noch eine andere, tiefere Seite, so daß das Versäumnis des Analytikers auch aus einer Unsicherheit herrühren dürfte. Möglicherweise geht es bei dem Thema des 2. Kindes und beim Gespräch über ihr Körpergefühl um ihre Muttersehnsucht. Diese wird von der Patientin im Gleichnis von einer guten Fee zum Ausdruck gebracht, in deren Schoß sie ihren Kopf geborgen hat. In der negativen Übertragung, im Negativismus schützt sich die Patientin nicht nur vor Enttäuschungen, vor Zurückweisungen, sondern auch vor beunruhigenden Verschmelzungen und schließlich auch vor der Trennung.

Frau Clara X hat diesen Bericht durch einen Dialog mit einer fiktiven Leserin ergänzt.

Leserin: Ich habe mit Interesse gelesen, was dein Analytiker geschrieben hat, und fand es recht einleuchtend. Was sagst du aus deiner Sicht dazu?
Ich: Als ich den Text zum ersten Mal sehr schnell und fieberhaft überflog, fragte ich mich: Von wem redet er da? Soll ich die Frau X sein? Hat er das jemals zu mir gesagt? Ich fand Formulierungen und Details wieder, die nur aus meiner Analyse stammen konnten. Aber vieles hatte ich glatt vergessen.
Leserin: Nun ja - vergessen?
Ich: Die beschriebene Passage aus meiner Analyse liegt schon etliche Zeit zurück. Außerdem ist mir diese Frau X zutiefst unsympathisch, sogar widerlich. Ich sehe sie vor mir auf der Couch liegen - ich sitze am Kopfende - wie einen dicken schwarzen Mistkäfer, der unablässig mit den Beinen in der Luft herumpaddelt und knarrt: „Ich komme nicht von der Stelle - oh, ich kann nicht, ich kann nicht!“
Leserin: Ein Mistkäfer auf dem Rücken ist wirklich hilflos.
Ich: Ja, aber ich fürchte, wenn man dem Käfer Frau X einen Strohhalm reicht, an dem er sich hochhangeln und umdrehen könnte, brummt er bloß: „Ich mag kein Stroh! Entweder ich krieg 'ne Orchidee, oder ich bleib liegen!“

Leserin: Du wiederholst in einem Bild - das stammt doch von Kafka? -, was dein Analytiker „unbeeinflußbaren Negativismus" genannt hat. Jetzt hast du eben sogar seinen Sitzplatz eingenommen. Trifft es wirklich auf dich zu, was er sagt?
Ich: Ich fühle mich getroffen. Es wird wohl leider viel zu wahr sein, und ich schäme mich deswegen. In meiner Vorstellung, wie ich gerne wäre, bewege ich mich auf meinen Beinen selbständig vorwärts. Warum war ich in der Analyse bloß derartig stur?
Leserin: Du läßt dir nicht gerne helfen, nicht mal mit einem Strohhalm.
Ich: Das ist mir nicht neu! Ich möchte mich rechtfertigen; ich möchte auseinanderpflücken, was mich gestört hat, warum ich auf diese Art der Hilfe, die mir geboten wurde, so wenig eingegangen bin. Aber das ergibt nichts als eine Neuauflage des Gejammers, das ich in der Therapie schon produziert habe.
Leserin: Laß mich trotzdem hören, was du zu jammern hast.
Ich: Ich war immer tief enttäuscht. Ich sehnte mich nach Näherem, Direkterem, nach einem sozusagen handgreiflichen Kontakt. Ich selbst bin viel zu versiert darin, mit Wörtern um mich zu werfen. Ich kann die Sprache, meiner eigenen Sehnsucht zum Trotz, perfekt dazu benutzen, einen Partner auf Distanz zu halten. Mit Worten bin ich großgezogen worden. Meine Eltern haben mehr geredet als gestreichelt. Meine Mutter sagt selbst, sie hätte ihre Kinder erst richtig genossen, als sie mit ihnen sprechen konnte. Mit Kleinkindern, die auf dem Boden herumkriechen, lallen, sabbern, Essen verschmieren, die man auf den Knien reiten läßt, mit denen man schmust und albert, konnte und kann ich nicht viel anfangen. Das Klima bei uns zu Hause war nicht kalt. Aber kühl, so wie die Tage im Vorfrühling. Das Versprechen von Sonnenschein und Veilchen liegt in der Luft, aber du fröstelst noch und brauchst einen Pullover ...
Leserin: Und dieses Versprechen erweckt natürlich eine ungeheuere Sehnsucht.
Ich: Eben. Der Wonnemonat soll endlich kommen. Statt dessen - die nächste Wolke, der nächste Hagelschauer. Das Kind wird aufgefordert, vernünftig zu sein, sich zu beherrschen, Einsicht zu zeigen. Die Eltern appellieren an seinen Stolz, daß es doch schon „erwachsen" sei ... Diesen Zustand habe ich in der Therapie wiederhergestellt. Und darunter gelitten. Ich habe das gleiche übrigens auch mit meiner Tochter gemacht. Sie konnte sehr früh sprechen. Wenn sie, als knapp 2jährige, zu mir in die Küche kam, um in meiner Nähe zu sein, drängte es mich, meine Arbeit zu unterbrechen und sie auf den Arm zu nehmen. Und was habe ich statt dessen getan? Ich habe ihr *gesagt,* daß sie mit den Töpfen spielen dürfe.
Leserin: Kannst du nicht durch Sprechen auch Distanz überwinden?
Ich: Zum Glück weiß ich, daß ich es kann. Manchmal. Ich mache einen Unterschied zwischen Sprechen und Reden. Du kannst z. B. sagen: die Sprache des Zorns. Oder: die Sprache der Liebe. Aber nicht: das Reden der Liebe. Geredet wird höchstens *über* die Liebe. Das ist mitunter leeres Stroh. Während die Sprache ...
Leserin: ... das Korn ist, aus dem das Brot gemacht wird.
Ich: Du verstehst. Wenn 2 Menschen miteinander sprechen, geschieht wirklich etwas. Ich habe während der Therapie viel kostbare Zeit mit Reden *über* Sachverhalte vertrödelt, mich im Kreise irgendwelcher Symptome gedreht. Ich fürchte, ich habe den Analytiker manchmal an der Nase herumgeführt, unbewußt, und so ist er hinter mir her im Kreise herumgetrabt.
Leserin: Meinst du? Zumindest muß er viel Geduld für dich aufgebracht haben.
Ich: Ja. Und ich konnte mir nur schwer vorstellen, daß er auch gelähmt sein könnte, wenn die Gespräche so unproduktiv verliefen. Ich gestehe, daß es mich gefreut hat, daß ich ihn zu treffen, zu verletzen vermag. Aber das Kind nimmt immer wieder nur die eigene - vermeintliche - Ohnmacht wahr. Einmal hat er mich schlichtweg einen Tyrannen genannt, um mir einen Widerstand deutlich zu machen. *Das* hat gesessen, und ich werde es nie vergessen. Ich war empört und deklamierte beim Nachhausegehen vor mich hin: „Zu Dionys, dem Tyrannen, schlich Dämon, den Dolch im Gewande ..." Ich fand das im Grunde ungeheuer erfrischend.
Leserin: So was kann die festgefahrenen Verhältnisse in Bewegung bringen, oder?
Ich: Bewegung - ja! Das erhoffte ich mir auch, wenn ich versucht habe, Situationen einzufädeln, bei denen er und ich gemeinsam etwas tun würden. Ich bin enttäuscht, daß ich nicht mehr Spontaneität gelernt habe. Zum Beispiel habe ich ihm vorgeschlagen, eine Stunde im Spazierengehen abzuhalten.
Leserin: Was wurde aus dem Spaziergang?
Ich: Es blieb bei der Diskussion darüber. Er fand den Vorschlag nicht total absurd, unannehmbar, kindisch. Er ließ es offen - ich selbst habe dann das Thema aufgegeben. Bei mir war

die Luft raus. Die Luft und die Lust. Ich bin enttäuscht, daß ich nicht mehr Spontaneität gelernt habe.

Leserin: Du bist aber trotz allem gern zur Therapie gegangen?

Ich: Ja. Immerhin spürte ich mehr Aufmerksamkeit und Verständnis, als bei den mir angeblich nahestehenden Menschen, an die ich im Alltagsleben gebunden war. Mein Widerstand war gleichzeitig eine ständige Treue - um nicht zu sagen Liebeserklärung an den Analytiker: „Sieh mal", brachte ich damit unbewußt zum Ausdruck, „ich behalte ein paar Macken, damit ich dich brauche. Ich weiß nämlich, daß es dir, wie jedem Menschen, guttut, gebraucht zu werden. Ich bringe dir regelmäßig und pünktlich meine Sorgen, meine inneren (manchmal sogar real gemalten) Bilder, mein Geld. Ich trage dazu bei, daß du eine Aufgabe hast und deine Brötchen verdienst. Und gleichzeitig achte ich darauf, daß ich dich nicht zu sehr beanspruche, dir nicht zu viel wegnehme von deiner Zeit und Kraft, denn ich mache äußerlich nur spärlichen Gebrauch von deinen Ratschlägen."

Leserin: Hm. Klingt ja ein wenig größenwahnsinnig, leuchtet mir aber ein.

Ich: Deswegen finde ich den Ausdruck „negative Übertragung" unzureichend. Gespeist wurde meine Haltung auch aus Gefühlen, die ich als positiv empfand. Wenn früher meine Mutter sagte: „Um die Tochter brauche ich mich nicht zu sorgen, die läuft so mit, die ist, gottseidank, stabil", dann hörten meine Kinderohren daraus ein dickes Lob. Mein Analytiker, so meinte ich, müsse doch meine Neigung, mir nur sparsamst helfen zu lassen, ebenfalls als positiv anerkennen.

Leserin: Mir fällt gerade etwas ein: Wenn uns jemand zuhört, der voreingenommen gegen psychoanalytische Behandlung ist und Gegenargumente sammelt - der hätte jetzt sein gefundes Fressen: Das therapeutische Verhältnis, das sich selbst aufrechterhält. Klientin konserviert ihre Symptome, weil sie die Couch so gemütlich-familiär findet!

Ich: Klar. Solche Leute kenne ich. Sie mögen zuhören, bis ihnen die Ohren klingen. Aufnehmen tun sie eh nur, was sie wollen. Ich aber weiß, daß ich mich verändert habe. In meinen Lebensumständen ist, durch mein eigenes Handeln, ein gewaltiger Umbruch eingetreten. Mit dem emotionalen Rückhalt, den ich in der Therapie hatte, konnte ich einen Knoten lösen, der mir vor Jahren unlösbar erschien und dem ich zu entrinnen versuchte, indem ich mich in Nichts auflösen wollte. Möglich, daß es nur dieser eine Knoten war, den ich die ganzen Jahre der Analyse hindurch als Aufgabe vor Augen hatte. Die anderen Problembereiche waren mir auch wichtig, aber letzten Endes vielleicht doch zweitrangig.

Leserin: Das klingt ja positiv. Darf ich trotzdem einen kritischen Einwand bringen?

Ich: Ich weiß - du bist genauso ein aberwitziges Wesen wie ich.

Leserin: Hä?

Ich: Jemand, der an jede erfreuliche Aussage ein „Aber" anhängt! Schieß los!

Leserin: Zu den anderen, angeblich zweitrangigen Problembereichen gehören deine Essensgewohnheiten, dein Gewicht, dein Aussehen, dein Gesundheitszustand, dein Körpergefühl, deine Fähigkeit, Nähe von anderen Menschen auszuhalten, nein, als befriedigend wahrzunehmen und nicht ständig wegzulaufen ... Mogelst du nicht gewaltig, wenn du das alles auf Platz 2 verweist?

Ich: Himmel! Ich betrachte mich nicht als geheilt. Aber ich laste das nicht der Therapie an, noch fühle ich mich deswegen minderwertig. Ich weiß, daß ich gefährdet bin und gerne auf der Grenze entlangbalanciere. Aber vielleicht komme ich in Zukunft besser damit klar. Mittlerweile habe ich genug Spaß am Leben, um mich nicht freiwillig zu „verdünnisieren".

Überlegung: Im nachhinein kann der von Frau Clara X beklagte Mangel nicht mehr behoben werden, und so muß auch die Frage offen bleiben, ob die Therapie erfolgreicher verlaufen wäre, wenn ... Dieses „wenn" läßt sich mit vielen Konditionalsätzen verknüpfen. Hätte ich sofort aufstehen und mich mit der Patientin zusammen auf den Weg begeben sollen? Und wie hätte der Spaziergang verlaufen müssen, um einen Neubeginn im Sinne der von Frau Clara X ersehnten Spontaneität mit sich zu bringen? Einmal hat mich Frau Clara X unangekündigt zu einem mitgebrachten Frühstück eingeladen und dieses auf dem Besprechungstisch ausgebreitet. Ich war natürlich überrascht, aber nicht irritiert, und ich verhielt mich, jedenfalls nach meiner Selbstwahrnehmung, ganz natürlich. Mein Frühstück hatte ich bereits hinter mir, und so trank ich eine Tasse Kaffee. Frau Clara X nahm Obst und Körner zu sich. Es blieb unklar, was sie sich von ihrem Arrangement erwartete, und im Rückblick war es für Frau Clara X ein verunglücktes Vorhaben. Da nachträgliche Betrachungen darüber, welche wirklichen oder symbolischen Wunscherfüllungen Frau Clara X einen Neubeginn erleichtert hätten, müßig sind, nenne ich einige allgemeine Gesichtspunkte, die mein therapeutisches Handeln leiten:

Kommentar: Es empfiehlt sich, Klagen und Anklagen in umfassendem Sinn ernstzunehmen. Dann kann der therapeutische Spielraum vergrößert werden, ohne daß es zu Grenzüberschreitungen kommt, die ethisch bedenklich und behandlungstechnisch fatal sind. Als Folge der beunruhigenden Experimente von Ferenczi wurden die Grenzen in der klassischen Technik sicher zu eng gezogen. Man sollte aber bei aller Flexibilität darauf achten, daß Klagen und Anklagen über Entbehrungen und Mängel in der Beziehung zum Analytiker eine Funktion haben, die der neurotischen Unzufriedenheit entspringt. Geht man davon aus, daß Defekte und Mängel daraus resultieren, was einem Menschen in der Kindheit und im Laufe seines Lebens angetan wurde, dann bliebe der therapeutische Spielraum gering. Denn strenggenommen gibt es im nachhinein keine Wiedergutmachung. Auf jeden Fall wären den professionellen Mitteln des Psychotherapeuten jeder Provenienz enge Grenzen gezogen. Anna Freud (1976, S. 263) vertritt diesen Standpunkt, nämlich daß das Ich nur verändern könne, was es getan hat, nicht aber was ihm angetan wurde. Diese These berücksichtigt zu wenig, daß das Nicht-tun-Können das neurotische Leiden ausmacht. Die Anschuldigungen, in der Therapie zu kurz gekommen zu sein, dienen auch als Schutzbehauptungen, um das Risiko bei der Übernahme des eigenen Denk- und Handlungspotentials nicht eingehen zu müssen. Ganz offensichtlich ist es mir nicht gelungen, Frau Clara X soweit von den selbstinduzierten Einschränkungen zu befreien, daß die Klagen über Mängel in früheren und gegenwärtigen zwischenmenschlichen Beziehungen geringer werden konnten. Auch wenn Magersüchtige verleugnen, daß sie unter dem selbstinduzierten Hungern leiden, so wird dadurch doch fortgesetzt eine Mangelkrankheit aufrechterhalten und verstärkt. Kafkas *Hungerkünstler* klagte über einen fundamentalen Mangel an Mutterliebe als Ursache seiner Erkrankung zum Tode. Nachdem er verhungert war, läßt ihn Kafka im Käfig durch einen Panther ersetzen. Die Novelle endet damit, daß nun der Panther anstelle des Hungerkünstlers dem Publikum vorgezeigt wird. Es ist nicht leicht, sich mit den eigenen pantherähnlichen Selbstanteilen zu versöhnen.

2.3 Bedeutung der Lebensgeschichte

2.3.1 *Wiederentdeckung des Vaters*

Herr Friedrich Y erkrankte vor 20 Jahren mehrmals phasenhaft an schweren depressiven Verstimmungen, deren konstitutionelle Komponente als so schwer betrachtet wurde, daß seinerzeit keine Psychotherapie in Erwägung gezogen wurde. Nach anfänglicher ambulanter thymoleptischer Therapie wurde eine Dauermedikation mit einem Lithiumpräparat eingeleitet, die bis heute weitergeführt wird. Ausgesprochen manische Phasen waren zwar klinisch damals nicht vorhanden, aber Herr Friedrich Y berichtet von Zuständen der Hochstimmung, aus denen er dann in seine schwarzen Löcher geraten sei.

Den Wunsch nach psychotherapeutischer Behandlung habe er lange vor sich hergeschoben, er könne ihn sich erst jetzt gönnen und sei auch bereit, lange auf einen Therapieplatz zu warten. Er suche therapeutische Hilfe, weil er sich seit Jahren „eingemauert" fühle. Er beschreibt seinen Zustand mit dem Bild, er lebe wie unter einer Betondecke, die er jeden Morgen nach dem Aufwachen erst einmal durchstoßen müsse; er führt diesen Zustand auf die jahrelange Medikation mit einem Lithiumpräparat zurück. Die Indikationsstellung zur Psychoanalyse erfolgte aufgrund der psychodynamisch gut verstehbaren, depressiven Arbeits- und Beziehungsstörungen des Patienten, die mit großer Wahrscheinlichkeit einer neurotischen Konfliktgenese zuzuordnen waren.

Nach 1½jähriger Behandlung verzeichnet der Patient große Fortschritte besonders in seiner Durchsetzungsfähigkeit am Arbeitsplatz; im Gefolge dieser ihn sehr beeindruckenden Veränderungen möchte er den Versuch machen, ohne Prophylaxe durch Lithium auszukommen. Bei dieser Entscheidung war die Frage von somatischen und psychologischen Nebenwirkungen der Medikation zu berücksichtigen. Schou (1986) gibt an, daß Patienten gelegentlich unter Lithium-Therapie eine Veränderung ihrer Persönlichkeit beschreiben. Unter Würdigung des Gesamtverlaufs wurde die Lithiummedikation in gemeinsam getragener Entscheidung durch den behandelnden Psychiater schrittweise reduziert und schließlich abgesetzt.

Die folgende Sequenz schildert eine Phase aus dieser Zeit, bei der auch meine Sorgen und Ängste angesichts nolens volens übernommener Mitverantwortung sichtbar werden.

Nachdem er mir heute wieder seine großen Fortschritte verdeutlicht hat, beschäftigt mich, wie wenig er vom Vater weiß, worüber wir schon verschiedene Male gesprochen hatten. Seine Erinnerungen an den Vater, der gestorben ist, als der Patient 13 Jahre alt war, reichen kaum weiter zurück als bis ins 8. oder 9. Lebensjahr. Die kindliche Entwicklungszeit ist nur verschwommen verfügbar. Zwar weiß er viel aus der Zeit mit der Mutter, aber vom Vater erinnert er nur einige Sonntagsspaziergänge und daß der Vater in seiner Werkstatt gearbeitet habe „wie ein Verrückter". Der Vater, ein schwäbischer Handwerker, hatte seine Werkstatt im Wohnhaus. Dahin zog er sich auch vor der Mutter zurück. Die Mutter beherrschte das obere Stockwerk mit ihrem Ordnungs- und Gehorsamsideal.

Der Junge durfte nur selten in die Werkstatt, blieb dem Vater entfremdet. Um so mehr geriet er unter die Fuchtel der pietistischen Mutter, unter der schon 2 ältere Schwestern zu depressiv-schwermütigen Menschen heranwuchsen. Ihm erging es nicht anders, und seine schweren Verstimmungszustände brachen aus, als er sich mit Beginn des Studiums von zu Hause zu lösen begann.

Diese Vorgeschichte im Kopf, versuche ich ihn auf die Entfremdung zwischen uns aufmerksam zu machen, indem ich sage, daß er aufregende Entwicklungen draußen schildere und ich mit viel Freude zusehen könne, wie er sich entfalte, aber es falle mir auf, daß er die Werkstatt – mit Anspielung auf die Übertragung – kaum wahrnehme. Er stürme in das Zimmer herein, lege sich auf die Couch, nehme die Brille ab und sehe nichts mehr von der gegenwärtigen Situation.

Er bestätigt lachend: Gerade heute sei ihm das aufgefallen, als er die Brille abgenommen habe. Übrigens habe es früher mal eine Zeit gegeben, in der er trainiert habe, unscharf zu sehen, um sich ganz seinen inneren Vorstellungen und Gedanken widmen zu können. Als ich sein „Sichblindstellen" betone, fällt er mir ins Wort.

P.: *Das ist hier wie vor einer Milchglasscheibe – so eine Milchglasscheibe, wie sie auch in der Tür zum Eingang in die Werkstatt des Vaters eingebaut war.*

A.: *Ja, das ist eine auffallende Parallele; auffallend ist auch, daß wir nach über 2 Jahren noch immer sehr wenig über Sie und Ihren Vater wissen, so als ob dieser durch den Tod endgültig ausgelöscht worden sei, und daß wir auch wenig darüber wissen, was Sie hier wahrnehmen.*

P. (nach kurzem Schweigen): *Das stimmt. Die großen Fortschritte, die ich mache, freuen mich ja sehr, aber ich weiß eigentlich nicht genau, wie es zustande kommt, wie es funktioniert, ich weiß es nicht, es ist mir ziemlich nebulös.*

A.: *Es muß wohl auch nebulös gehalten werden, um Auseinandersetzungen mit mir zu vermeiden.*

In einer der folgenden Stunden beschäftigt er sich zunächst länger mit dem Vater und dem merkwürdigen Phänomen, daß er ein so eingeschränktes Bild von ihm hat, der immerhin 10 Jahre als Handwerksmeister im Haus gearbeitet hat. Er sei mit dem Gefühl aufgewachsen, immer draußen vor der Tür stehengeblieben zu sein. Es habe ihn wohl enttäuscht, daß der Vater sich nicht gegen die Mutter habe durchsetzen können. Neben der Mutter taucht heute zum ersten Mal die Mutter des Vaters auf, seine Großmutter also. Diese, eine lebenslustige, offensichtlich ihr Leben als Rentnerin genießende Frau, kam täglich zum Essen und verwöhnte die Kinder mit Schokolade – vom Vater darin unterstützt, von der Mutter kritisiert. Anscheinend nahm der Vater an der Freude der Kinder, an der Verwöhnung teil, und die im Alter milde gewordene Großmutter stellte einen Teil seiner eigenen Wunschwelt dar.

Nach dem Tod des Vaters entwickelte sich ein Tagtraum. Der Sohn sah den Vater bildhaft oben im Himmel sitzen und ihn bei der Masturbation beobachten. Als er diese Vorstellung zum ersten Mal berichtete, schien es, als ob der Vater streng und böse geblickt habe. In der heutigen Stunde versucht er zu differenzieren und meint, es könnte ja sein, daß das strenge, böse Element die Mutter gewesen sei, daß der Vater ihn anders angeschaut habe – so, als ob er sich mit ihm verbunden gefühlt habe in dem, was die Mutter nie akzeptiert hätte.

A.: *Es ist also denkbar, daß dieses Bild des Vaters im Himmel eine Verbindung dargestellt hat, daß etwas lebendig geblieben ist zwischen Ihnen beiden und Sie den Tod so überbrückt haben.*

P.: *Ja, ich konnte überhaupt nicht trauern, ich habe keine Tränen weinen können. Irgendwie war es so, daß ich das gar nicht brauchen konnte. Da stand ich vor der Tür an der Werkstatt und habe mir vorgestellt, daß er sehr weit weg ist.*

Der Patient führt die Vorstellung weiter, daß dieser Tagtraum vielleicht einen Wunsch darstellt, mehr Ermutigung durch den Vater erhalten zu haben; dies könne er jetzt auch damit in Verbindung bringen, daß die Mutter ihm nicht erlaubt habe, den Führerschein mit 18 zu machen und er es erst im Studium allein durchgesetzt hat.

An diesem Punkt weise ich den Patienten darauf hin, daß er sich in der letzten Zeit vermehrt heimlich hier im Zimmer umschaut, aber mich ausspart; dies verbinde ich mit dem Hinweis, daß irgendwann die Behandlung beendet sein würde und er dann wieder in einer Situation wie damals wäre, als es nicht offen zwischen dem Vater und ihm zugegangen sei. Daraufhin ist der Patient sehr beunruhigt.

P.: *Daran möchte ich lieber noch nicht denken; ich muß hier erst noch einiges mitkriegen, bevor ich gehen kann.*

A.: *Damit es nicht so wird, daß Sie nur draußen vor der Werkstattür gestanden haben.*

Darauf fängt er an zu weinen. Ich bin überrascht, wie stark die Gefühle sind, nachdem er früher einmal berichtet hatte, daß er beim Tod des Vaters nicht habe weinen können, und eben erst, daß er nicht habe trauern können. Der Patient gehört zu jenen Menschen, die nur selten weinen; solche Momente der Auflockerung gehen besonders bei zwanghaft-depressiven Persönlichkeiten mit heftigen Erschütterungen einher.

Der Patient sagt, nachdem sich das Weinen etwas beruhigt hat: „Das sind Momente, wo ich das Gefühl habe, die Zeit ist immer viel zu kurz. Denn ich spüre es: Jetzt ist die Zeit auch schon wieder rum."

Obwohl dies zutrifft, habe ich den Eindruck, daß der Patient die Zeitgrenze auch benutzt, um sich einzuschränken und mögliche lustvolle Phantasien der Vereinigung mit mir zu unterbinden. Ich sage deshalb: „Nun, für einen frechen Gedanken, der sich an mich herantrauen würde, wären immer noch 10 Sekunden Zeit übrig."

Darauf lacht er ganz entspannt, setzt sich auf und kann es noch einen Moment genießen sitzenzubleiben, bevor er sich erhebt und das Zimmer verläßt.

Bei der nächsten Sitzung sagt der Patient schon im Hereinkommen: „Heute muß ich Sie beanspruchen."

Es ist 2 Minuten vor Beginn der Stunde. Die Tür war angelehnt, ich sitze an meinem Schreibtisch.

Er möchte sich heute nicht gleich hinlegen, setzt sich auf die Couch, breit aufgestützt. Ich finde es merkwürdig, in meinem Lehnstuhl zu sitzen, während er auf der Couch sitzt, und sage dann, indem ich auf die 2 Sessel deute: „Es ist dann vielleicht doch bequemer, sich dorthin zu setzen." „Ja", sagt er, „ich will Sie heute mal richtig anschauen. Ich habe das Gefühl, ich kenne Sie viel zu wenig. Das ist mir ja kürzlich auch aufgefallen, als wir uns in der Stadt getroffen haben."

Das Thema des Anschauens, des Genauhinsehens setzt sich fort. Er greift es nicht selbst auf, sondern überläßt es mir, zu sagen: „Sie sind da bisher sehr zurückhaltend gewesen." Ja, meint er, er habe sich ja auch noch nie genau überlegt, ob das hier eine Freudsche oder eine Jungsche Analyse sei. Er habe einen Freund, der sei bei einem Jungianer in Therapie gewesen. Jetzt sei die Therapie zu Ende, und jetzt würden die beiden zusammen segeln gehen.

Die Frage, ob so etwas hier auch passieren kann, steht im Raum.

A.: *Und da müßten Sie jetzt genau hinschauen: Ist das so? Wenn ich ein Freudianer wäre, dann würde so etwas wohl nicht stattfinden können, denken Sie dann.*

P.: *Nein, so genau weiß ich darüber gar nicht Bescheid. Im Studium habe ich zwar mal die* „Traumdeutung“ *gelesen, aber seitdem habe ich nichts mehr davon wissen wollen. Mich hat es immer gestört, wenn meine Freunde in persönlichen Krisen zu den Schriften der Theoretiker greifen. Aber immerhin* (P. lacht dabei) – *wahrscheinlich haben Sie doch mal etwas geschrieben, und ich könnte ja auch mal gucken gehen.*

A.: *Das könnten Sie.*

Dann fällt ihm ein, daß er am vergangenen Sonntag in seine Heimatstadt gefahren ist und einen alten Freund des Vaters, der inzwischen 80 Jahre ist, aufgesucht hat, von dem er sich etwas über den Vater hat erzählen lassen. Seit 25 Jahren hat er den Freund des Vaters nicht mehr gesprochen. Er erfährt noch einmal, daß der Vater bei einem Unfall verletzt wurde und mit großen Schmerzen seiner Arbeit nachgegangen ist. Die Schmerzen stammen von einer Krebserkrankung, die auftrat, als der Patient 6–7 Jahre alt war; der Vater verstarb, als der Patient 13 Jahre alt war. Der Patient berichtet weiter, daß mit 6 oder 7 Jahren die sonntäglichen Spaziergänge eingestellt wurden und der Vater nur noch gearbeitet habe, bis in den Sonntag hinein.

Anschließend erinnert er einen Traum von einem Bekannten, mit dem er beruflich zu tun hat; dieser ist vor kurzem von einem Obstbaum gefallen, hat sich einen Wirbel verletzt und ist an einen Rollstuhl gebunden. Im Traum habe er diesen Mann aus dem Rollstuhl geworfen und sich mit ihm auf dem Boden herumgewälzt. Dabei sei ein ganz zärtliches Gefühl in ihm aufgekommen.

Er wundert sich darüber, weil er sich ansonsten mit diesem Bekannten immer streitet und auseinandersetzt. Aber er hat das Gefühl, es hat ihm irgendwie gutgetan, daß er jetzt mal hingelangt hat. Ich verknüpfe dies mit dem Vater und mit dem Gefühl, das er heute hier hereinbrachte, nämlich mich beanspruchen zu dürfen. Er lacht. Es fällt ihm ein, daß er zur Zeit wenig Schlaf braucht, daß er morgens schon um halb sechs wachliegt, aber sich nicht aufzustehen traue, weil seine Frau dann auch aufwachen könne.

A.: *Ja, da sitzt dann die Mutter schon wieder im Raum und wacht darüber, daß Sie den Vater nicht beanspruchen, das heißt, daß Sie nicht morgens schon hinausgehen und einen Waldlauf machen, wenn Sie so früh munter sind.*

Er überlegt sich, ob es damit zu tun habe, daß er das Lithium jetzt schon auf eine Tablette täglich reduziert hat. Zwar brauche er noch immer seinen Mittagsschlaf, eine dreiviertel Stunde tief und fest, aber zur Zeit habe er nachts das Gefühl, daß er weniger Schlaf brauche, er könne Bäume ausreißen.

Eingedenk meiner übernommenen Mitverantwortung beim Absetzen des Lithiumpräparats erkundige ich mich nach den psychiatrischen Konsultationen und nach der Art seiner Hochstimmungen. Im weiteren Nachdenken kann ich diese Sorge auch im Rahmen einer Gegenübertragungsreaktion verstehen; ich spüre auf diesem Weg, wie der Patient beunruhigt ist, ob er im engeren Kontakt zerstörerisch sein könnte, ob sich möglicherweise zu viel Aggressivität entwickelt, er alles umwirft in seiner frohgemuten Entfaltung. Nicht nur seine Frau wäre ein Opfer dieser Expansivität, sondern auch ich. Deshalb deute ich, daß er nach Grenzen und Beschränkungen Ausschau halte.

In der folgenden Stunde beschäftigt Herr Friedrich Y sich gleich damit, daß er am Wochenende sehr zufrieden ein Fest gefeiert hat, bei dem er sich in seiner beruflichen Rolle gut entfalten konnte. In der Nacht darauf hatte er einen Traum, in dem er sich mit dem Vater wandern sah, in einer Jugendherberge mit dem Vater in den Duschraum ging, in dem auch Frauen waren, nackt – das war für ihn eine Überraschung. Es ist noch beim Erzählen deutlich, wie er den Anblick im Traum genossen hat. Ohne direkt zu Traumelementen zu assoziieren, fährt er fort, daß ihn immer wieder beschäftige, daß der Vater ja 2mal verheiratet war, er aber von der 1. Frau fast nichts wisse. Bei der 2. Ehe des Vaters habe er sich nie vorstellen können, daß Vater und Mutter etwas miteinander zu tun gehabt haben. Der Vater sei bei seiner Geburt ja auch schon 40 gewesen. Er lacht dabei und merkt, daß dieses „schon 40" eine merkwürdige Form der vorzeitigen Alterung ausdrückt, obwohl dies in der Sache wohl kaum gerechtfertigt sein dürfte.

Er denkt weiter über den Vater nach, und es fällt ihm nun auch ein, daß er ja vom Vater doch einiges gelernt hat, nämlich Bäume anzuschauen, sie wie Menschen anzusehen. Im Gegensatz dazu habe die Mutter darauf gedrängt, daß die Pflanzen bestimmt werden, daß man bei allen Blumen genau die Einzelheiten wissen muß. Dies sei so die Mutterwelt. Der Vater sei viel lebendiger mit ihm durch die Wälder gegangen. Auch habe der Vater ihm vermittelt, kleine Wasserrädchen aus Rindenstücken und Zweigen zu machen; das könne er heute noch mit großer Begeisterung tun.

Nachdem bislang die „Milchglasscheibe" vor dem Bild des Vaters war, scheint diese sich aufzuhellen, und zwar Hand in Hand mit einer Verlebendigung seines Interesses an meiner Person, mit Direktheit und dem Wiederlebendigwerden von Kindheitserinnerungen, die nun hier auftauchen und ihm zugänglich werden.

Ich runde die Stunde ab mit der Deutung des Traumes, daß er wohl im Traum den Wunsch ausdrücken könne, daß der Vater ihm seine Frauenwelt zugänglich machen solle. Er habe als Bub vielleicht das Gefühl gehabt, der Vater wollte ihn da nicht hinzulassen.

Die folgende Sitzung beginnt der Patient damit, daß er verschiedene Probleme mit einem Mitarbeiter endlich aussprechen kann. Er könne Vorwürfe, Vorbehalte ausdrücken, sich abgrenzen, wobei er allerdings immer wieder die Sorge bei sich bemerke, daß er diesem nicht zu sehr schaden möchte.

Er erinnert sich dann, daß er sich auf dem Weg zur Stunde überlegt hat, wie er seine Biographie, wenn er eine schreiben würde, überschreiben würde. Als erstes Detail fällt ihm ein, daß er als Kind einmal die Handbremse von einem Heuwagen losgemacht hat, der dann auf dem Misthaufen gelandet ist. „Also irgendwann", sagt er, „muß ich so etwas noch eher getan haben können, bis ich dann die Bremse wieder ganz zugemacht habe. Ich hab doch 20 Jahre nur gebremst gelebt."

Dieses Gebremstsein und den vorsichtigen Versuch, die Handbremse jetzt zu lösen, greife ich auf und sage: „Ja, Sie haben in der letzten Zeit verschiedene Versuche gemacht, hier Ihre Bremse zu lösen, hier manches Kritische auch auszudrücken." Dabei beziehe ich mich auf seine verschiedenen Versuche, mich genauer anzusehen, wobei ich sowohl viel Positives als auch hintergründig Kritisches im Auge habe.

Zu meiner Überraschung greift der Patient dies auf.
P.: *Ja, also schon länger habe ich manchmal aus dem Augenwinkel heraus ein Mikrofon beobachtet, das hier so auf dem Stuhl vor Ihnen stand. Ich habe mich gewundert, ob Sie wohl Aufnahmen machen werden oder ob Sie wohl Aufnahmen machen.*

(Bei diesem Patienten wurden keine Tonbandaufzeichnungen gemacht, der Bericht geht auf genaue Nachschriften der Stunden zurück.)
A.: *Wenn auch Ihr Verstand Ihnen sagt, daß ich hier keine Tonbandaufnahmen machen würde, ohne Ihre ausdrückliche Zustimmung zu haben, so scheint es jetzt doch aber eine hintergründige Möglichkeit zu geben, eine lustvolle Idee, daß Sie mich möglicherweise heftig kritisieren könnten, wenn ich hinter Ihrem Rücken so etwas tun würde.*
P.: *Auch wenn ich es Ihnen nicht zutrauen würde, aber das gäbe mir die Möglichkeit, Sie hier mal so richtig anzugreifen.*
A.: *Heftig zu werden.*
P.: *Ja, zur Offensive übergehen. Übrigens hätte ich gar nichts dagegen, wenn sie hier Tonbandaufnahmen machen würden. Ich kann mir vorstellen, daß Sie das interessiert.*

Von diesem kurzen Wortwechsel ausgehend, kommt der Patient zurück zu seinem beruflichen Feld und kann deutlich machen, daß er in der letzten Zeit in gewissen Versammlungen mehr Öffentlichkeit herstellen kann, Sachen, die er sonst nur mit seinem Kollegen, der neben ihm sitzt, heimlich ausgetauscht hat, jetzt im Plenum riskieren kann.
A.: *Ja, Sie suchen die Offensive, Sie möchten die Öffentlichkeit herstellen.*
P.: *Ja, ich habe wohl zu lange vieles für mich behalten. Und selbst wenn ich es meiner Frau erzählt habe, es hat nicht gereicht. Irgend etwas daran ist unvollständig.*

Wir kommen nun zurück zur Behandlungssituation. Der Patient sagt nochmals: „Dieses Umhergucken hier im Raum, dieses Wahrnehmen einzelner Dinge ist doch ein sehr schwieriger Prozeß für mich."

Kommentar: Der Behandlungsverlauf wirft eine Reihe von Fragen auf, die noch kurz gestreift werden sollen. Dem Leser wird aufgefallen sein, daß wir uns vor psychogenetischen Überlegungen zu dem 20 Jahre zurückliegenden Krankheitsbild zurückgehalten haben; trotzdem ist in der Gegenübertragung des Analytikers deutlich zu spüren, daß er von erheblichen Sorgen geplagt ist, ob es durch die zu erwartende Freisetzung expansiver Bestrebungen nach dem Durcharbeiten der eindeutig neurotisch-depressiven Konflikte zu einer Labilisierung jener Persönlichkeitssektoren kommen könnte, die in psychoanalytischen Theorien mit der Genese psychotischer, speziell manischer Zustände in Verbindung gebracht werden (Abraham 1924; M. Klein 1935; Jacobson 1953, 1971). Für ein Verständnis der Dynamik des Falles sind als weitere Komponente die bislang wenig untersuchten Auswirkungen der langfristigen Lithiumeinnahmen auf die Persönlichkeit des Patienten in Rechnung zu stellen (Rüger 1976, 1986; Danckwardt 1978; Schou 1986). Ein psychotrop wirkendes Medikament hat über seine pharmakologische Wirkung hinaus auch unvermeidlich einen psychodynamischen Effekt. Für diesen Patienten wurde das Lithium zum Inbegriff des verbietenden mütterlichen Prinzips. Von typisch adoleszent-hypomanischen, aber für ihn überwältigenden Erfahrungen war er hinabgestürzt, und die medikamentöse Therapie etablierte den Schutzschild, der nicht mehr hinterfragt werden durfte. Behandlungstechnisch war es deshalb wichtig, daß der Analytiker mit dem Patienten primär nicht den Abbau des Lithiums als Ziel ins Auge faßte, sondern zunächst die Bearbeitung der mit der Vaterproblematik verknüpften Arbeitsstörungen in den Mittelpunkt rückte.

2.3.2 ***Bruderneid***

Die psychoanalytische Situation fördert Bedürfnisse des Patienten aus der Phase der Zweisamkeit; sie bildet als stiller Hintergrund eine Mutter-Kind-Folie (Stone 1961), bei der unvermeidlich Dritte - z. B. andere Patienten - irgendwann als Störenfriede und Rivalen erlebt werden.

Bei Frau Käthe X löste eine unerwartete Schwangerschaft verstärkt Gefühle aus, die aus frühen Neid- und Eifersuchtserfahrungen stammen können. Da die Patientin einer Schwangerschaft sehr skeptisch gegenüberstand, führten die ersten Zeichen einer möglichen Schwangerschaft sowohl zu verstärkter Aufmerksamkeit für den eigenen Körper als auch zur Zunahme ihres Interesses für Frauen, die schwanger waren oder gerade entbunden hatten. In der berichteten Analysestunde läßt sich die zu vermutende kindliche Erfahrung, der eine nur konstruierbare singuläre Erinnerung zugrunde liegen mag, mit der erlebten belastenden Situation und einer konflikthaften Konstellation in der therapeutischen Beziehung verbinden.

Am Anfang der Stunde berichtet Frau Käthe X über einen Besuch am Wochenbett einer Arbeitskollegin, die einen Sohn geboren hatte. Während des Besuchs habe bei ihr plötzlich eine leichte Blutung eingesetzt. Es ist ihr aufgefallen: „Ich besuche die im Krankenhaus, dann fängt das an."

Als das Kind gestillt werden sollte, sagte sie zu einem Kollegen, der sie begleitet hatte: „Das schauen wir uns an, das will ich sehen. Ich habe die einfach überrumpelt."

A.: *Genau hingucken, was Sie ja gerne tun.*

Kommentar: Dieser Hinweis richtet sich auf eine Stärke der Patientin, die sie sich im Abwehrkampf gegen Nähe und Verschmelzungswünsche erworben hat: Sie ist ausgesprochen begabt in der distanzierenden Wahrnehmung persönlicher Details.

P.: *Die Kollegin, die ich besucht habe, die ist sonst ziemlich dünn. Jetzt hat sie einen richtigen Busen. Steht ihr aber gut. Ich habe meinen anderen Kollegen davon erzählt. Das Kind sei nett, blaue Augen. Die anderen haben gesagt: „Jetzt sind Sie dran mit dem Kinderkriegen."*

Die Patientin zögert dann, wird unruhig, weshalb ich sage:

A.: *Da wird Ihnen komisch, ganz anders dabei.*

P.: *Ja, ich bin jetzt ganz durcheinander. Daß das jetzt zu bluten anfängt, komisch, wie bei der Menstruation.*

Dann fällt ihr eine Bekannte ein, die einen Abgang im 3. Monat hatte.

Ich stelle fest, daß die Eindrücke des Besuchs sie durcheinandergebracht haben. P.: *Ich war schon öfters im Krankenhaus. Eigentlich war mir das doch vertraut.*

A.: *Diesmal sind Sie in einer anderen Situation, und Sie glauben, schwanger zu sein. Das berührt sie persönlich sehr. Die Blutung würde besagen, daß Sie doch nicht schwanger sind, eine Art Nein-Entscheidung.*

Überlegung: Obwohl ich die Hypothese hatte, daß die Patientin bisher aus seelischen Gründen nicht schwanger wurde, war dieses Thema von ihr selbst nicht aufgebracht worden.

P.: *Könnte ja sein, daß ich mich getäuscht habe. Die Situation im Krankenzimmer, die weihevolle Stimmung. Das ist ein liebes Kind gewesen.* (Pause) *Der Vater war auch nett. Die Mutter war noch etwas blaß. Das ist eigentlich kein Eindruck, der mich abgeschreckt hat.*

Da die Patientin sich affektiv aus der aktuellen Szene zurückzieht, die für mich – den mit der Lebensgeschichte der Patientin vertrauten Analytiker – sehr eindrucksvoll ist, beschließe ich, ihre Vermeidung und affektive Umwertung („weihevolle Stimmung") mit einem aktiven Schritt anzugehen und verknüpfe in der folgenden Frage die aktuelle Situation im Krankenhaus mit der Situation der Patientin, die als 2jährige durch die Geburt des Bruders aus der elterlichen Wohnung verdrängt wurde.

A.: *Bei der Geburt von Karl, Ihrem Bruder, wie war es denn da wohl?*

P.: *Es war bei uns zu Hause. Ich hab's gehört, es war keine schwere Geburt.*

A.: *Was hört ein 2jähriges Kind?* (Die Patientin war damals etwas über 2 Jahre alt.)

P.: *Keine Ahnung. Ich erinnere mich an Karl erst, als er in die Kinderklinik kam, ein paar Monate nach der Geburt. Das ist meine früheste Erinnerung. Ich weiß noch genau, wie mich der Vater auf dem Schlitten zum Krankenhaus gezogen hat. Da war der Karl dann in der Klinik.*

Kommentar: Diese früheste Erinnerung kann als Beziehungsparadigma im Sinne von Mayman u. Faris (1960) gelten, wie sie Stiemerling (1974) für 500 Personen quantitativ untersucht hat. Sie repräsentiert den Verlust der Mutter wie auch die innige Beziehung zum Vater.

A.: *Warum war der Karl in der Klinik?*

P.: *Weiß ich nicht. Hab' mich nicht dafür interessiert.*

A.: *Diesmal haben Sie sich für die Geburt der Kollegin interessiert. Warum jetzt?*

P.: *Ja, ich wollte das Kind anschauen. Ja, warum eigentlich? Ja, ein enger Kontakt besteht zu der Kollegin gar nicht. Mich hat das Kind interessiert und wie die Mutter ausschaut, wie sie sich verändert hat.*

A.: *So wie wir uns hier für die beginnenden Veränderungen Ihres Körpers interessieren in der letzten Zeit.*

P.: *Ja, ja. Wie die ihr Kind auf den Arm nimmt! Die ist sonst so unweiblich.*

A.: *Also wenn die die Veränderung hinkriegt, dann ...*

Die Patientin fällt mir ins Wort und führt die eigenen Gedanken weiter.

P.: *Weiß nicht, was jetzt los ist.* (Nach einer Pause von ca. einer Minute) *Jetzt fällt mir ein, ich habe mich gestern mit Kollegen über Katzen unterhalten. Wir hatten auch mal Katzen. Und zu mir kommt jetzt dauernd eine schwangere Katze. Die wird bestimmt bei uns die Jungen kriegen. Was soll ich da machen? Eine Kollegin hat mal eine junge Katze umgebracht, einfach das Klo runtergespült. Und mir wird jetzt ganz komisch.*

Sie friert, was immer dann auftritt, wenn sie sich mit belastenden Inhalten auseinandersetzen muß, die ihre Abwehr überfordern.

P.: *Mir fällt ein, meine Mutter hat den Ausspruch auch mal gebraucht bei einer Fehlgeburt: das Klo runterspülen.*

A.: *Das ist eine schwer erträgliche Vorstellung.*

P.: *Ja, bei der Mutter kam's zur Fehlgeburt, als der Ehebruch des Vaters durch einen*

Brief unübersehbar war. Als die Mutter mir das erzählte, dachte ich, sie hat das Kind umgebracht.
Kommentar: Zwar steckt in dieser Mitteilung der Patientin auch eine hochambivalente Identifizierung mit der Mutter als Geliebte des Vaters, verwickelte doch der Vater die Patientin in eine parentifizierende, in Andeutungen inzestuöse Beziehung; aber es ist auch die Identifizierung mit dem abgetriebenen Kind, als das sie sich erlebt hat, enthalten, was zugleich den Wunsch verkörpert, der Bruder hätte ruhig abgetrieben werden können.
A.: *Und bei Ihnen bahnt sich jetzt etwas Ähnliches an, als ob durch den Anblick der stillenden Mutter etwas ganz Undenkbares in Ihnen hochgekommen ist. Der Anblick von Karl an der Brust der Mutter, wenn ich den wieder loshaben könnte! Und da paßt Ihre erste Erinnerung dazu: Da ist der Karl wieder weg, und Sie sind zufrieden.*
P. (lachend): *Ja, ja, das war der richtige Platz für ihn.*

Nach einigem Nachdenken kommt sie wieder auf die Fehlgeburt der Mutter zu sprechen.
P.: *Ich hab's bedauert. Ich hätte es gerne gesehen.*
A.: *Da Sie es nicht verhindern konnten, hätten Sie es wenigstens gerne gesehen. Wie sieht der Eindringling aus? Wie sieht die Mutter aus? Das Schauen ist eine Ihrer Stärken geworden.*
P.: *Geworden? Meinen Sie?*
Kommentar: Der Hinweis auf die konfliktbedingte Entwicklung des Schauens berührt die Patientin. Deshalb greife ich in der nächsten Intervention eine von der Patientin vielfach mitgeteilte Eigenart auf. Sie pflegte früher zu kommen, um die Patientin zu sehen, die vor ihr meine Praxis verläßt.
A.: *So, wie Sie sich in meinem Zimmer umschauen, ob noch alles am alten Platz ist oder ob ich wieder etwas verändert habe, etwas weggenommen habe.*
P. (mich korrigierend): *Ja, das tue ich jetzt nicht mehr, das ist nicht mehr so. Heute habe ich nur den Blumenstock angeschaut.*

Der Blumenstock, ein Hibiskus, steht auf einem Szenokasten, den ich nur selten benutze. Im anschließenden längeren Schweigen vermeine ich zu spüren, daß die Patientin ihre Blicke im Behandlungsraum schweifen läßt. Ich stimme der Patientin innerlich zu, daß sie mit ihrer Korrektur etwas sehr Zutreffendes ausgedrückt hat, nämlich daß sie das Zimmer mit seinen Gegenständen nicht mehr mißtrauisch auf Veränderungen inspizieren muß, sondern sich inzwischen behaglich fühlen kann. Die Patientin stellt dann lapidar fest: „Interessant, wozu ein Szenokasten benützt werden kann!" Dann fällt ihr ein Fernsehfilm ein, in dem ein Junge mit einem solchen Spielkasten hauptsächlich 2 Szenen darstellte: Er spülte das Baby das Klo runter oder ließ es vom Krokodil auffressen.

Es schaudert sie bei dem Gedanken daran; sie fand das ganz schlimm, das Baby sei doch arm dran. Ich ziehe es vor, den aggressiven Anteil hervorzuheben: „Es beunruhigt Sie anschauen zu müssen, wie unverhüllt dieser Junge seinen Regungen nachgeben kann. Daß der das störende Geschwister einfach beseitigt". „Die Wut auf die Mutter war dem Jungen ganz bewußt", sagt die Patientin, „eine ganz gewaltige Wut."

Synchron dazu macht sie eine starke gestische Bewegung dergestalt, daß sie ihre Hände zueinander führt und sie gegeneinander reibt.
P.: *Ich hab ja eigentlich nicht mehr so viel Wut auf meine Mutter wie früher, sondern*

ich merke schon fast, was mich richtig wundert, daß ich mit meinem Mann um die Zuwendung meiner Mutter rivalisiere.

Sie sagt das leicht spöttisch, überrascht, weil ihr das früher doch ganz ausgeschlossen schien; zwar konnte sie immer deutlich sehen, daß sie ihren Bruder stets beneidete, wie es ihm gelang, von der Mutter bevorzugt zu werden. Die Mutter schenkte dem Bruder schöne Dinge, während sie selbst nur einen Geldschein erhielt. Bei Karl hat die Mutter immer das getroffen, was er sich gewünscht hatte, aber bei ihr? Sie konnte der Mutter tagelang erzählen, was sie sich wünschte, aber es hat nichts genützt; der Mutter fiel nie was ein. „Es ist klar", sagt sie, „der Josef [ihr Mann] hat die Rolle von Karl übernommen. Ich merke, ich kriege Neidgefühle auf meinen Mann, wie meine Mutter ihn gern hat."

Frau Käthe X faßt nun zusammen, wie Mutter und Ehemann sich darin einig sind, daß sie sehr zufrieden sein könne, so jemanden überhaupt gekriegt zu haben. Die Mutter habe sich halt nicht genügend um sie bemüht.

A.: *Ja, zwischen uns beiden geht es darum, ob sich das gleiche Gefühl immer wieder einstellt, das Gefühl nämlich, daß ein anderer meine volle Unterstützung bekommt, Sie aber nicht und Sie nur mit dem Geldschein abgespeist werden.*

P.: *Ich war ja schon wieder auf dem besten Weg dazu, es hier genauso zu sehen wie bei meiner Mutter, genau das gleiche zu erleben.*

Es scheint ihr von innen her kalt zu werden, und sie beginnt zu zittern.

P.: *Wenn ich mir vorstelle, daß die Frau, die vor mir bei Ihnen ist, immer mit vergnügter Miene hier rausmarschiert, das würde mich sehr stören. Da würde ich denken: das läuft viel besser zwischen Ihnen und der als zwischen uns.*

Frau Käthe X schreibt ihrer Vorgängerin verschiedene Rollen in der Übertragung zu, an denen die Geschwisterrivalität abgehandelt wird.

Die Zuspitzung des Konflikts durch die Identifizierung der anderen Patientin mit dem Bruder beinhaltet auch, daß die Patientin fort muß, sobald es ihr besser geht; dies wird in der folgenden Deutung aufgegriffen. Der Neid auf die andere Patientin, die fortgeschickt werden sollte, träfe auch sie, wenn sie etwas Gutes offen zeigen würde.

A.: *Diese Überzeugung ist für Sie selbst eine große Belastung, Sie dürfen sich hier nicht freuen, dürfen keine Fortschritte machen, oder nur sehr verdeckt; ich darf es nicht merken, daß es Ihnen besser geht.*

P.: *Ja, das trifft zu. Meine Fortschritte, die zeige ich draußen. Da können Sie es nicht sehen, und ich kann mich doch dran freuen.*

A.: *Das ist gefahrlos, es anderen zu zeigen.*

P.: *Aber ich zeige es schon auch hier. Es freut mich ja doch, wenn sich manches verändert. Aber vielleicht etwas vorsichtiger, behutsamer.*

Der *Neid auf den Bruder* soll abschließend noch etwas ausführlicher diskutiert werden.

Wirft man die Frage auf, worum die Patientin den Bruder beneidet, dann stößt man auf eine von ihr als Kleinkind wiederholt erlebte Ausstoßung aus der Primärfamilie im Zusammenhang mit der Geburt des Bruders. Weil sie schon als Säugling viel geschrien und gequengelt habe, sei sie nach der Geburt des Bruders mit 2 Jahren aus der Wohnung der Eltern zu den im gleichen Haus wohnenden Großeltern ausquartiert worden. Die Lebensumstände der Familie lassen vermuten, daß sie ein unerwünschtes Kind war und daß mit der Geburt des Bruders auch ein

Stück weit eine Normalisierung verbunden war. Es liegt also nahe, bei der Patientin statt eines hypothetischen Neides auf die „Brust" eher einen Mangel an erlebter Mütterlichkeit anzunehmen, mit dem sie sich in den folgenden Jahren in der Weise identifizierte, daß sie auch so böse und verstockt wurde, wie es das Verhalten der Mutter rechtfertigte. Tatsächlich gibt es Mangelerfahrungen, die durch nachfolgende Phantasien verstärkt oder auch gemildert werden können. Dieses Spannungsverhältnis betrifft auch die Grundmuster von Neid und Eifersucht, die von M. Klein retrospektiv untersucht und mit der Zwei- oder Dreipersonenbeziehung verknüpft wurden.

> Im Grund genommen richtet sich der Neid auf die Schaffenskraft: das, was die beneidete Brust zu bieten hat, wird unbewußt als Prototyp der Fähigkeit zur Produktion empfunden, weil die Brust und die Milch, die sie gibt, als die Quelle des Lebens angesehen werden (1958, zit. nach 1962, S. 185).

Die Chronologie des Auftretens von Neid und Eifersucht ist aufgrund der Kleinkindforschung heute in einem anderen Sinn umstrittener als zu der Zeit der großen Kontroversen zwischen A. Freud und M. Klein (Steiner 1985). Die mikropsychologischen Untersuchungen der Interaktion zwischen Mutter und Kind machen den Prozeß der Spaltung als Ursache des Neides fragwürdig, der mit der griffigen Metapher von der „guten" und „bösen" Brust verknüpft wurde.

Im Unterschied zu der Annahme, daß es sich bei Spaltungen um sehr frühe intrapsychische Prozesse handelt, sprechen die Befunde von Stern (1985, S. 252) dafür, daß das „splitting" – um den geläufigen englischen Ausdruck zu bemühen – an nachkindliche symbolische Operationen gebunden ist. Sterns Kritik betont die klinische Relevanz der Spaltungsprozesse, löst sie jedoch von der hypothetischen Verankerung in der ganz frühen Kindheit.

Die immer wiederkehrenden Erfahrungen, die die ganze Kinderzeit der Patientin durchziehen, führen zu einer Ausgestaltung des Grundmusters: „Wenn ich lieb und brav bin, werde ich gehalten, wenn ich böse und verstockt bin, werde ich fallengelassen." Im klinischen Bild der Patientin ließen sich solche Spaltungsprozesse – Aufteilungen in Gut und Böse – in großer Zahl nachweisen. Diese sind aber als Ergebnisse einer Entwicklung zu begreifen, in deren Verlauf sich wiederholende Erfahrungen zur Stabilisierung dieser frühen Grunderfahrung geführt haben. Die Veränderung dieses unbewußten Schemas in der Übertragungssituation – als Reaktion der Patientin auf eine in ihren Augen noch bedürftigere Mitpatientin, mit der sie sich unbewußt identifizieren kann – verweist auf die bis dahin in der Analyse bereits erzielten Gewinne an basaler Sicherheit. In seinem letzten Werk hat Rosenfeld (1987, S. 266) betont, daß sich der Neid schrittweise verringere, wenn sich der Patient vom Analytiker akzeptiert fühlt. Rückblickend kritisiert er die typischen Kleinianischen Deutungen des Neides, die in Sackgassen führen. Durch stereotype Deutungen des Neides fühle sich der Patient erniedrigt, so daß sich ein antitherapeutischer Circulus vitiosus bildet. Fühle der Patient hingegen, daß er einen Raum habe, um zu denken und um sich zu entwickeln, nehme der Neid schrittweise ab. Diese späte Sinnesänderung Rosenfelds als eines führenden Repräsentanten der Kleinianischen Richtung dürfte für die gesamte Psychoanalyse beträchtlich sein.

2.4 Übertragung und Identifizierung

2.4.1 Der Analytiker als Objekt und als Subjekt

Die Forderung Freuds, der Kranke dürfe „nicht zur Ähnlichkeit mit uns, sondern zur Befreiung und Vollendung seines Wesens erzogen werden" (Freud 1919a, S. 190), scheint im Widerspruch zur großen, ausschlaggebenden therapeutischen Bedeutung der Identifizierung des Patienten mit dem Analytiker zu stehen. Bei einem Symposion über die Beendigung von Analysen erklärte Hoffer (1950) die Fähigkeit des Patienten, sich mit den Funktionen des Psychoanalytikers identifizieren zu können, zum wesentlichen Bestandteil des therapeutischen Prozesses und dessen Erfolgs. Das aufgeworfene Thema hat also grundlegende Bedeutung für das Verständnis des therapeutischen Prozesses und für ein Spannungsfeld, das durch die folgenden Zitate gekennzeichnet werden kann:

> Wir dienen dem Patienten in verschiedenen Funktionen als Autorität und Elternersatz, als Lehrer und Erzieher ... So sehr es den Analytiker verlocken mag, Lehrer, Vorbild und Ideal für andere zu werden, Menschen nach seinem Vorbild zu schaffen, er darf nicht vergessen, daß dies nicht seine Aufgabe im analytischen Verhältnis ist, ja daß er seiner Aufgabe untreu wird, wenn er sich von seiner Neigung fortreißen läßt (Freud 1940a, im unvollendeten *Abriß der Psychoanalyse*, S. 101 und 107).

Eine Reihe von Fragen tauchen auf:

Womit identifiziert sich der Patient? Welche Konsequenzen ergeben sich aus der psychoanalytischen Theorie der Identifizierung für die Optimierung der Praxis in dem Sinne, daß dem Patienten das Nachvollziehen der Funktionen des Analytikers erleichtert wird? Was vermittelt der Psychoanalytiker, und wie tut er es? Lassen sich für das Erleben des Patienten die Funktionen von der Person als ihrem Träger abgrenzen? Wie verhält sich die Identifizierung zur Forderung, daß am Ende der Analyse die Übertragungsneurose aufgelöst sein sollte?

Identifizierungen mit Personen der Vergangenheit wiederholen sich am Übertragungsobjekt. Aus verschiedenen Gründen ist es zweckmäßig, zwischen Übertragungsobjekten und dem Subjekt des Analytikers zu unterscheiden. Bedeutungsvolle Personen der Vergangenheit sind zu inneren „Objektrepräsentanzen" geworden und haben sich mit „Selbstrepräsentanzen" verbunden. Von diesen inneren Abbildern und ihren Auswirkungen auf das Erleben und Verhalten geht jener Vorgang aus, den Freud (1900a) als Wiederherstellung der „Wahrnehmungsidentität" bezeichnet hat. Dieser affektiv-kognitive Prozeß führt dazu, daß gegenwärtige Situationen mit Mitmenschen im Sinne alter Muster umgestaltet werden. Daraus ergibt sich, daß der Patient aufgrund seiner unbewußten Disposition dem Arzt in typischer Weise Rollen zuschreibt. In der übertragungsneurotischen Konstellation wird dem Analytiker spürbar, wie stark der Druck ist, den der Patient ausübt, um den Analytiker zur Rollenübernahme zu zwingen. Im Sinne des nichtreflexiven Sprachgebrauchs möchte der Patient den Psychoanalytiker benennen können, um sich dann mit ihm z. B. als einem idealisierten Objekt gleichsetzen zu können im Sinne des reflexiven Gebrauchs von „Sichidentifizieren mit ..." Bei diesen unbewußt gesteuerten machtvollen Versuchen, eine Wahrnehmungsidentität wiederherzustellen, bleibt der andere in seiner Subjekthaftigkeit unberücksichtigt; er wird zum „Objekt" gemacht. Indem sich der Psychoanalytiker darauf einläßt, erkennt er die Diskrepanz zwischen dem, was ihm zugeschrieben wird, und dem, was er ist. Er gewinnt daraus jenen Erkenntnisspielraum, der ihm, wie dies besonders F. Morgenthaler (1978) beschrieben hat, Übertragungsdeutungen erleichtert. Durch Übertragungsdeutungen wird die Vergangenheit gegenwärtig, wobei sich neue Möglichkeiten und Perspektiven eröffnen.

Deshalb geht es uns noch nicht weit genug, den Psychoanalytiker als „neues Objekt" (Loewald 1960) zu qualifizieren. Das „Objekt" umfaßt zwar in der psychoanalytischen Theorie und Terminologie das „Subjekt", aber es ist für die Entwicklung einer psychoanalytischen „Personologie", einer Zwei- und Mehrpersonenpsychologie unerläßlich, dem „Subjekt" auch seine sprachliche Eigenständigkeit zurückzugeben. Denn seine therapeutische Funktion erfüllt der Analytiker genuin als Subjekt und nur partiell auch dadurch, daß er sich zum „Gegenstand" machen läßt.

Der Versuch, die direkte Einflußnahme auf den Patienten zu vermeiden, hat im Zusammenhang mit Freuds Spiegelmetapher dazu beigetragen, die Untersuchung der Identifizierungsvorgänge in der Therapie zu vernachlässigen, obwohl diese von größter kurativer Bedeutung sind. Wir wollen ja strukturgewordene, sedimentierte „Objektidentifizierungen" durch neue Erfahrungen verändern. Das Subjekt, das dies anstrebt, nämlich der Analytiker, muß also einerseits für den Patienten akzeptabel sein und aus der „durchschnittlich zu erwartenden Umgebung" im Sinne Hartmanns (1939) nicht herausfallen, um nicht xenophobe Reaktionen beim Patienten auszulösen. Da sich andererseits der Sonderstatus der psychoanalytischen Dyade aber wesentlich von eingefahrener Kommunikation unterscheidet, in der lediglich Klischees sich austauschen – auch eine Art von erstarrtem Sich-im-andern-Spiegeln –, haftet ihr mit der Innovation auch ein Moment von Fremdheit an.

Determiniert der übertragungsneurotische Wiederholungszwang – in starker Abhängigkeit von den situativen Bedingungen, die der Psychoanalytiker schafft – Inhalt und Form beobachtbarer Phänomene, so vermitteln die Identifikationen mit den Funktionen des Psychoanalytikers die Einsicht in bisher unbekannte, unbewußte Zusammenhänge und neue Erfahrungen. Sterba (1929) hat die therapeutische Bedeutung der Identifikation schon sehr früh betont, und zwar in einer Arbeit, die, im Gegensatz zu seiner späteren Veröffentlichung (1934) über die therapeutische Ich-Spaltung, ziemlich unbekannt geblieben ist.

> Der Analytiker kommt dem durch die triebhaften Es-Strebungen bedrängten Ich des Patienten zu Hilfe, indem er ihm die Möglichkeit zu einer Identifizierung bietet, die der Realitätsprüfung des Ich Genüge leistet. Diese Identifizierung der realitätsgerechten Anteile des Ich des Patienten mit dem Analytiker wird ermöglicht durch die unentwegte affektreaktionsfreie Betrachtung und Erklärung der psychologischen Situation von seiten des Analytikers, die wir eben als Deutung bezeichnen. Die Aufforderung zur *Identifizierung* geht vom Analytiker selbst aus. Er spricht schon im Beginne der Behandlung von *gemeinsamer Arbeit*, die im Verlaufe der Kur zu leisten sein wird.
>
> Vom Analytiker häufig gebrauchte Redewendungen wie: „Wir wollen uns doch einmal zusammen anschauen, was Sie da eigentlich gedacht/geträumt/getan haben", enthalten eine solche Aufforderung zur Identifizierung an das Ich des Patienten, ja, in jedem „Wir", das der Analytiker auf den Patienten und sich anwendet, ist sie enthalten. Diese Identifizierung mit dem Analytiker wird, wie bekannt, getragen
> 1. vom Genesungswunsch des Patienten;

2. von der positiven Übertragung ...;
3. sie [die Identifizierung] stützt sich schließlich auf die narzißtische Befriedigung des *Miterlebens der intellektuellen Erkenntnisleistung* in der Analyse (1929, S.463; Hervorhebungen von uns).

In den eben wiedergegebenen Überlegungen kam Sterba der wichtigen Erkenntnis nahe, daß sich die Identifikation nicht nur auf ein Objekt, sondern auch auf die „gemeinsame Arbeit" richten kann: Es geht also auch um die Kommunikationsform selbst, die den Patienten aus der Neurose herausbringt.

Wenn auch eine bestimmte Intensivierung der „Wir-Bildung" nicht unproblematisch ist, weil sie als Verführung wirken oder Widerspruch und Eigenständigkeit erschweren kann, so glauben wir doch, daß das Verständnis psychoanalytischer Behandlungsregeln in der sog. klassischen Technik eher dazu geführt hat, die Identifizierung mit den Funktionen des Psychoanalytikers und die von Sterba geforderte Wir-Bildung zu erschweren. Die primäre Einheit von Person und Funktion bringt Komplikationen mit sich, die im Lauf der Behandlung u.E. lösbar sind, z.B. in der identifikatorischen Übernahme als Selbstreflexion. Hingegen ist der Versuch, das Inkognito auf die Spitze zu treiben und die therapeutischen Funktionen unpersönlich zu vermitteln, aus anthropologischen und aus psychoanalytisch-psychogenetischen Gründen verfehlt.

Daß wir manches in einen anderen Zusammenhang stellen und jenem damit eine neue Bedeutung geben, impliziert immer, daß wir dem Patienten auch unsere Ansichten mitteilen und uns persönlich preisgeben. Da die persönliche Identität sich aus psychoanalytischer Sicht sowohl von innen nach außen als auch von außen nach innen entwickelt, sind der Einflußnahme von außen nicht nur aus praktischen Gründen oft Grenzen gesetzt. Trotz unserer Ablehnung einer rein sozialpsychologischen Ableitung der Identitätsentwicklung („von außen nach innen") ergeben sich aus den Thesen, wie sie beispielsweise Luckmann vertritt, ernste Konsequenzen für das Verständnis der zwischenmenschlichen „Spiegelung".

> Der Mensch erlebt sich *selbst* nicht unvermittelt. Nur die Umwelt kann der Mensch unvermittelt erfahren, nur Umweltliches gibt sich dem Bewußtsein direkt. In sozialen Beziehungen erlebt der Mensch andere. Diese anderen sind ihm unmittelbar gegeben: durch ihren Leib. Der Leib von Mitmenschen (genereller: von anderen) wird als Ausdrucksfeld für ihre Bewußtseinsvorgänge erfaßt. Insofern aber nun die Erfahrungen des anderen auf ihn selbst zurückgerichtet sind, „spiegelt sich der Mensch im Mitmenschen". In sozialen Beziehungen, die in einer gemeinsamen Umwelt stattfinden, erfährt der Mensch sich selbst auf dem Umweg über Mitmenschen. Die Fähigkeit zu wechselseitiger „Spiegelung" ist die Grundvoraussetzung dafür, daß der einzelne Mensch eine persönliche Identität ausbildet (1979, S.299).

Dieses Verständnis von Spiegelung läßt Freuds Spiegelmetapher im Sinne einer vermittelten Selbstreflexion begreifen (s. Grundlagenband 8.4).

Indes erheben sich in bezug auf die veränderte Spiegelmetapher noch einige Fragen, die nicht unerwähnt bleiben dürfen, auch wenn ihre Beantwortung über den Rahmen der nachfolgenden Kasuistik hinausgeht. Durch die „vermittelte Selbstreflexion" - auf die Spiegelmetapher bezogen - wird die therapeutisch hilfreiche, zu Veränderungen führende Kommunikationsform praktisch und theoretisch noch unzureichend auf den Begriff gebracht. Denn es geht nicht nur um die Wahrnehmung bisher unbewußter „Inhalte" und der mit ihnen verbundenen Emotionen, die dem Patienten „vermittelt" werden. Entdeckung oder Wiederentdeckung vollziehen sich im Rahmen einer besonderen Kommunikation, die es ermöglicht, eine neue Beziehung zu sich selbst zu finden. Das Verhältnis, das der Psychoanalytiker in der Beziehung zu unbewußten Inhalten signalisiert – und das *sein* Verhältnis zu sich selbst im Sinne Tugendhats (1979) impliziert –, wird zum Vorbild des Umbildungsprozesses, der auch das Verhältnis des Patienten zu sich selbst verändert.

2.4.2 Die Identifizierung mit den Funktionen des Analytikers

Frau Amalie X hatte sich in Psychoanalyse begeben, weil die schweren Einschränkungen ihres Selbstgefühls in den letzten Jahren einen durchaus depressiven Schweregrad erreicht hatten. Ihre ganze Lebensentwicklung und ihre soziale Stellung als Frau standen seit der Pubertät unter den gravierenden Auswirkungen einer virilen Stigmatisierung, die unkorrigierbar war und mit der Frau Amalie X sich vergeblich abzufinden versucht hatte. Zwar konnte die Stigmatisierung nach außen retuschiert werden, ohne daß diese kosmetischen Hilfen und andere „Techniken zur Korrektur der Wahrnehmbarkeit des Defektes" im Sinne Goffmans (1967) ihr Selbstgefühl und ihre extremen sozialen Unsicherheiten anzuheben vermochten. Durch einen typischen Circulus vitiosus verstärkten sich Stigmatisierung und schon prämorbid vorhandene neurotische Symptome gegenseitig; zwangsneurotische Skrupel und multiforme angstneurotische Symptome erschwerten persönliche Beziehungen und führten v.a. dazu, daß die Patientin keine engen gegengeschlechtlichen Freundschaften schließen konnte.

Ich nahm die beruflich tüchtige, kultivierte, ledige und trotz ihrer virilen Stigmatisierung durchaus feminin wirkende Patientin in Behandlung, weil ich ziemlich sicher und hoffnungsvoll war, daß sich der Bedeutungsgehalt der Stigmatisierung wesentlich würde verändern lassen. Ich ging also, allgemein gesprochen, davon aus, daß nicht nur der Körper unser Schicksal ist, sondern daß es auch schicksalhaft werden kann, welche Einstellung bedeutungsvolle andere Personen und wir selbst zu unserem Körper haben. Freuds Paraphrasierung eines Napoleon-Wortes, die Anatomie sei unser Schicksal (Freud 1910h, S.90), ist aufgrund psychoanalytischer Einblicke in die Psychogenese der sexuellen Identität abzuändern. Die Geschlechtsrolle und die sexuelle Kernidentität („core identity") entstehen auf der Basis der körperlichen Geschlechtszugehörigkeit unter psychosozialen Einflüssen (s. hierzu Lichtenstein 1961; Stoller 1968, 1975).

Unsere klinischen Erfahrungen rechtfertigen folgende Annahmen: Eine virile Stigmatisierung verstärkt Peniswunsch bzw. Penisneid, sie reaktiviert ödipale Konflikte. Ginge der Wunsch, ein Mann zu sein, in Erfüllung, wäre das zwitterhafte Körperschema der Patientin widerspruchsfrei geworden. Die Frage: Bin ich Mann oder Frau? wäre dann beantwortet, die Identitätsunsicherheit, die durch die Stigmatisierung ständig verstärkt wird, wäre beseitigt, Selbstbild und Körperrealität stünden dann im Einklang miteinander. Doch kann die unbewußte Phantasie angesichts der körperlichen Wirklichkeit nicht aufrechterhalten werden: Eine virile Stigmatisierung macht aus einer Frau keinen Mann. Regressive Lösungen, trotz der männlichen Stigmatisierung zur inneren Sicherheit durch Identifizierung mit der Mutter zu kommen, beleben alte Mutter-Tochter-Konflikte und führen zu vielfältigen Abwehrprozessen. Alle affektiven und kognitiven Abläufe sind von tiefer Ambivalenz durchsetzt, so daß die erwähnte Patientin es z. B. schwer hat, sich beim Einkaufen zwischen verschiedenen Farben zu entscheiden, weil sich mit ihnen die Qualität „männlich" oder „weiblich" verbindet.

Bei der Gestaltung der psychoanalytischen Situation ist u. E. bei solchen Problemen noch mehr als bei jedem durchschnittlichen Fall darauf zu achten, daß sich das Gefühl des Andersseins durch die Asymmetrie der Beziehung nicht übermäßig verstärkt. Denn das Thema des Andersseins – also die Frage von Ähnlichkeit und Verschiedenheit, von Identität und Nichtidentität – bilden den allgemeinen Rahmen, innerhalb dessen sich unbewußte Probleme darstellen. Es gelang relativ rasch, eine gute Arbeitsbeziehung aufzubauen. Damit sind Voraussetzungen geschaffen, die Verinnerlichung alter Interaktionsformen mit den primären Beziehungspersonen – Eltern und Lehrer – bei der Entwicklung der Übertragungsneurose zu erkennen. Die erreichte Korrektur ist an den Veränderungen des Selbstgefühls, an der Zunahme der Selbstsicherheit und am Wegfall von Symptomen abzulesen (vgl. Neudert et al. 1987).

Die wiedergegebenen Behandlungsabschnitte sind trotz ihres zeitlichen Abstands dadurch miteinander verbunden, daß es in beiden darum geht, der Patientin durch die Analyse der Übertragung neue Identifizierungen zu ermöglichen. Der „Kopf" des Analytikers wird zum Stellvertreter alter, unbewußter „Objekte", sein Inhalt zum Vertreter neuer Möglichkeiten. Durch die Darstellung am „Objekt", die zugleich Selbstdarstellung ist, wird Distanzierung deshalb möglich, weil der Analytiker seinen Kopf zur Verfügung stellt, ihn aber auch behält. So wird er zum Vorbild von Nähe und Distanz. Dadurch wird klarer, welche therapeutische Wirkung von der Einsicht in die Wahrnehmungs- und Denkzusammenhänge des Analytikers ausgehen kann.

Das kasuistische Beispiel haben wir deshalb ausgewählt, weil es u. E. geeignet ist, unsere Argumentation in verschiedener Hinsicht abzustützen. Zwar nimmt der Kopf durch den unbewußten Verschiebungsvorgang auch eine sexuelle Bedeutung an; diese Verschiebung ändert aber nichts am Primat der gedanklichen Kommunikation zwischen der Patientin und mir darüber, was als Verborgenes im Inneren des Kopfes gesucht wird. Die Suche nach Erkenntnis richtet sich auf die Geschlechtlichkeit. Dieser geheimnisvolle und wohlbehütete (verdrängte) Schatz wird wegen der unbewußten Verschiebung im Kopf (als „Übertragungsobjekt") vermutet. Die Wiederentdeckung der „Verschiebung" fördert deshalb etwas zutage, das für die Patientin „neu" ist.

Meine Überlegungen, die den Hintergrund meiner Deutungen bilden, werden neben dem gekürzten Wortlaut aufgeführt. Diese „Überlegungen" sind nachträglich den Deutungen und den Reaktionen der Patientin hinzugefügt worden. Es ist klar, daß mich nicht nur die wiedergegebenen Überlegungen bei der Entstehung meiner Deutungen geleitet haben. Wie immer Deutungen entstanden sein mögen: soweit sie dem Patienten tatsächlich mitgeteilt werden, haben sie sich, so fordert Arlow (1979), an „kognitiven" Kriterien auszurichten. Ich kommentiere die „kognitiv" und „rational" begründbaren „Endprodukte" – meine Deutungen – und vernachlässige den Entstehungsprozeß und seine irrationalen, im Unbewußten liegenden Komponenten. Es bleibt damit offen, wo mein analytisches Denken jeweils seinen Anfang genommen hat. Geht man davon aus, daß der Wahrnehmungsapparat des Analytikers von seinem theoretischen Wissen, das vorbewußt geworden sein mag, gesteuert wird, ist es sehr schwierig, den Entstehungsprozeß von Deutungen auf seinen „Anfang" hin zurückzuverfolgen. So erleichtert z. B. das theoretische Wissen über die „Verschiebung" auch die vorbewußte Wahrnehmung, es durchdringt die Intuition des Analytikers und vermischt sich mit der Gegenübertragung (im weiteren Sinne).

Die Patientin leidet unter erheblichen Schuldgefühlen, die sich in der Beziehung zu mir aktualisiert haben. Das biblische Talion-Gesetz „Auge um Auge, Zahn um Zahn" verstärkt sich in ihrem Erleben wegen ihrer sexuellen Wünsche. Das lebensgeschichtliche Vorbild und Muster für die Inhalte der Übertragungsneurose ist eine phantasierte inzestuöse Beziehung zu einem Bruder. Die Zunahme der inneren Spannungen bewirkt, daß die Patientin sich mit dem Gedanken trägt, erneut ihr Leben der Kirche in der Mission zu widmen oder sich das Leben zu nehmen. (Als junges Mädchen hatte sie konfessionelle Krankenschwester werden wollen, nach einer Probezeit aber aufgegeben, weil ihr die pietistische Enge unerträglich wurde. Bei ihrem Austritt schaffte sie sich auch eine gewisse Distanz gegenüber den strengen biblischen Geboten.) Nun führt sie ihre „alte" Bibel ins Feld gegen mich, „mit dem sie sich im Kampf bis aufs Messer befinde". Dieser Kampf spielt sich auf verschiedenen Ebenen ab, für die die Patientin eine Reihe von Gleichnissen prägt. Sie hat das Gefühl, daß das „Dogma" des Analytikers, die „Freud-Bibel", mit ihrer christlichen Bibel nicht zu vereinbaren ist. Immerhin teilen beide Bibeln das Verbot der sexuellen Beziehung zum Analytiker.

Die Patientin kämpft für ihre Eigenständigkeit und ihre Bedürfnisse und verteidigt diese gegen beide Bibeln; sie entwickelt eine heftige Abwehr gegen meine Interpretationen, und sie hat das Gefühl, ich wisse schon vorher genau, „wo's lang geht". Sie fühlt sich bei ihren Umwegen und Ablenkungen ertappt und gedemütigt. Sie hat den intensiven Wunsch, mir etwas zu bedeuten und in mir zu leben. Sie überlegt sich, mir eine alte Uhr zu schenken, die - schön und wunderbar - jede Stunde für mich (und für sie) schlagen würde.

In diesem Behandlungsabschnitt erhält ein Thema eine besondere Bedeutung und Intensität: das eben erwähnte Interesse für meinen Kopf. Was war für die Patientin beim Vermessen meines Kopfes herausgekommen? Lange Zeit habe sie gedacht, so sagte einmal Frau Amalie X in einem ähnlichen Zusammenhang, daß ich nach einer Bestätigung dessen suche, was schon da sei - in Büchern, in meinem Denken, in meinem Kopf. Sie wünsche sich, daß etwas ganz Neues herauskomme. Sie suche selbst nach Deutungen und bemühe sich um ein Verständnis meiner Gedanken.

Die Patientin hat sich über ihren strengen Vorgesetzten geäußert, der sie ungerecht kritisiert hat und gegen den sie nicht aufkommt.

A.: *Sie vermuten, daß ich hinter Ihnen sitze und „falsch, falsch" sage.*

<u>Überlegung:</u> Dieser Übertragungsdeutung liegt folgende Annahme zugrunde: Die Patientin schreibt mir „Über-Ich-Funktion" zu. Diese Deutung entlastet sie und gibt ihr Mut, sich aufzulehnen (die Patientin hat längst erkannt, daß ich anders bin und sie nicht kritisiere, aber sie ist sich dessen 1) nicht sicher und 2) darf sie es auch nicht glauben, weil sie noch erhebliche unbewußte Aggressionen gegen alte Objekte hat). Ich vermute sehr viel intensivere Übertragungsgefühle und gehe davon aus, daß sowohl die Patientin als auch ich selbst eine Zunahme der Spannung ertragen können. Ich wiederhole ihre Sorgen, daß ich es nicht ertragen könne, und formuliere schließlich, „ … also ist es schon so ein Kampf bis aufs Messer" (diese

Deutung läßt ja offen, wer das Messer hat). Mit der Anspielung auf die phallische Symbolik habe ich eine Stimulierung der unbewußten Wünsche im Sinn. Zu stark dosiert! Die Patientin reagiert darauf mit einem Rückzug. Annahme: Selbstbestrafung.

P.: *Manchmal hab' ich das Gefühl, ich möchte auf Sie zustürzen, Sie am Hals packen und ganz festhalten. Dann denk' ich, der schafft das gar nicht, fällt plötzlich tot um.*

A.: *... ich's nicht aushalte.*

Dieses Thema wird variiert, wobei die Patientin insgesamt ihre Sorge zum Ausdruck bringt, mich zu überfordern, daß ich den Kampf körperlich nicht aushalten könnte.

A.: *Es ist schon so ein Kampf bis aufs Messer.*

P.: *Wahrscheinlich.*

Sie stellt daraufhin Überlegungen an, daß sie in all den Jahren immer vorzeitig, bevor es überhaupt richtig zum Kampf gekommen sei, aufgegeben und sich zurückgezogen habe.

P.: *Ich habe auch nicht mehr daran gezweifelt, daß es richtig war, mich zurückzuziehen. Nach so langer Zeit drängt es mich danach, jetzt wieder aufzugeben.*

A.: *Statt des Kampfes bis aufs Messer Rückzug und Selbstaufopferung im Dienste der Mission.*

P.: *Exakt, nervenaufreibend.*

Überlegung: Ihre Angst vor Objektverlust ist sehr groß.

A.: *Dann wäre auch gesichert, daß ich erhalten bleibe. Dann hätten Sie meine Prüfung vorzeitig abgebrochen.*

Es geht weiter darum, was ich aushalte, ob ich mich mitreißen lasse in ihren „Wahn". Die Patientin hatte in einem früheren Zusammenhang Vergleiche mit einem Baum angestellt: ob sie etwas und was sie wohl von diesem mitnehmen könne. Ich gehe auf dieses Bild erneut ein und werfe die Frage auf, was sie mitnehmen wolle, indem sie Äste abbreche.

Überlegung: Baum der Erkenntnis – Aggression.

P.: *Es ist Ihr Hals, es ist Ihr Kopf. Mit Ihrem Kopf hab' ich's oft.*

A.: *Bleibt er drauf? Mit meinem Kopf haben Sie's oft?*

P.: *Ja, ja, wahnsinnig oft. Von Anfang an vermeß' ich den in allen Richtungen.*

A.: *Hm, es ist ...*

P.: *Es ist ganz eigenartig, von hinten nach vorn und von unten. Ich glaub', ich treib' 'nen richtigen Kult mit Ihrem Kopf. Es ist zu komisch. Bei anderen Leuten seh' ich eher, was sie anhaben, ganz unwillkürlich, ohne daß ich sie taxieren müßte.*

Überlegung: Gemeinsamkeit herstellen als primäre Identifizierung.

(Das Thema erstreckt sich über einen längeren Zeitraum mit manchen Pausen und „hms" des Analytikers.)

P.: *Ich bin einfach überfordert. Da frag' ich mich manchmal hinterher, warum ich das, einen so einfachen Zusammenhang, nicht gesehen habe. Ihr Kopf interessiert mich unheimlich. Natürlich auch, was drin ist. Nicht nur mitnehmen, nein, eindringen möchte ich in den Kopf, vor allem eindringen.*

Überlegung: Durch den partiellen Entzug des Objekts steigert sich unbewußte phallische Aggressivität.

Die Patientin spricht sehr leise, so daß ich zunächst das „Eindringen" gar nicht verstanden habe und „einbringen" verstand. Die Patientin stellt es richtig und bringt noch ein eigenartiges Bild: „Ja, das sagt sich so schlecht vor 100 Augen."

P.: *Eindringen, ums Eindringen geht es und ums Rausholen.*

Das Eindringen und Rausholen sehe ich im Zusammenhang mit dem Kampfthema. Die Sexualsymbolik aufgrund einer Verschiebung von unten nach oben läßt sich unter Einbeziehung einer Geschichte therapeutisch nutzbar machen, von der die Patientin in einer früheren Stunde erzählt hatte: Eine Frau ließ ihren Freund nicht zum Verkehr kommen und masturbierte ihn, was sie in Kopfjägeranalogie brachte und als „Schrumpfköpfe machen" bezeichnete. Die von Penisneid diktierte unbewußte Kastrationsabsicht bedingte eine tiefe Sexualangst und hatte ihre Parallele in einer allgemeinen und speziellen Deflorationsangst. Im Sinne eines sich selbst verstärkenden und sich perpetuierenden neurotischen Kreisgeschehens führten die Ängste wiederum zu einer Frustration, die sich die Patientin unwillkürlich selbst auferlegte. Die nunmehr innerseelisch ablaufende Zurückweisung ihrer sexuellen und erotischen Wünsche verstärkten die aggressive Komponente intensiven Haben- und Besitzenwollens (Peniswunsch und Penisneid).

A.: *Daß Sie das Messer haben wollen, um konkret eindringen zu können, um noch mehr herauszuholen.*

Nach einigem Hin und Her gebe ich eine erklärende Zusammenfassung und sage, daß es bei der Beschäftigung mit dem Thema Eindringen und Kopf und beim Kampf ums Messer um etwas sehr Konkretes gehe.

A.: *Nicht umsonst hat Ihre Freundin von Schrumpfköpfen gesprochen.*

P.: *Gerade deswegen habe ich ja auch den Gedanken abgebrochen.* (Für etwa 10 Minuten war die Patientin abgewichen auf ein entlegenes Thema.)

Die Patientin weicht wieder aus, nachdem sie eine Einsicht in ihren Widerstand gegen eine Intensivierung der Übertragung geäußert hat. In mehreren Bemerkungen unterbricht sie durch kritische Bemerkungen die Intensivierung.

P.: *Weil das momentan so blöd sein kann, so fernliegend. Ja, es geht um meine Wünsche und Begierden, aber es ist verflixt, ich werde da richtig böse, und wenn jetzt noch ein Kopf und ein Schrumpfkopf kommt ...*

Sie lacht – äußert zugleich ihr Bedauern – und schweigt.

Ich versuche die Patientin zu ermutigen.

A.: *Sie wissen, was in Ihrem Kopf ist.*

P.: *In meinem bin ich überhaupt gar nicht zu Hause im Augenblick. Weiß ich denn, was dann morgen kommt? Ich muß mir überlegen; ich war grad beim Dogma und bei Ihrem Kopf, und wenn Sie nach unten wollen ...* (zum Schrumpfkopf:) *Ich find's wirklich grotesk.*

<u>Überlegung:</u> Ich fing deshalb mit den Schrumpfköpfen an, weil ich davon ausging, daß die Patientin kooperationsfähiger sein würde, wenn der neidvolle Objektbezug einer lustvollen Beziehung weichen würde.

Die Patientin kommt dann auf äußere Dinge zu sprechen. Sie beschreibt, wie sie mich und wie sie sich selbst sieht, unabhängig vom Kopf, der dann zunächst wieder in einem allgemeinen Sinne in den Mittelpunkt rückt.

A.: *Durch Ihre Gedanken über den Kopf versuchen Sie herauszufinden, was Sie sind und was ich bin.*

P.: *Ich vermesse Ihren Kopf manchmal, wie wenn ich Ihr Gehirn biegen wollte.*

Die Patientin beschreibt dann ihre Assoziationen, als sie irgendwann einmal ein Bild von mir abgedruckt sah.

P.: *Ich hab' dabei noch ganz anderes entdeckt. Es war wahnsinnig viel Neid dabei auf Ihren Kopf. Irrsinnig viel. Jetzt komm' ich natürlich auf jeden Fall auf was. Immer, wenn ich wieder an den Dolch denke und an manch schönen Traum.*

Überlegung: Die Patientin hat sich offenbar ertappt gefühlt; sie fühlt sich durch ihren eigenen Einfall erniedrigt, so als hätte sie meine Annahme, worauf sich der Neid beziehen könnte, erraten, wobei ich ihr dann allerdings mit diesem Wissen sozusagen vorausgeeilt wäre.

A.: *Eine Erniedrigung, offenbar in Ihrem Gedanken, als ob ich schon weiß, wo ich das einzuordnen habe, wenn Sie Ihren Neid äußern, also schon weiß, worauf Sie neidisch sind.*

P.: *Das kam halt jetzt gerade, weil Sie vorher auf die Schrumpfköpfe kamen, die ich ja gar nicht gemacht habe. Aber was mich fasziniert hat, ist dieser Kampf bis aufs Messer, um das Harte zu packen ... Ja, das hab' ich befürchtet, daß Sie es nicht aushalten könnten. Das ist eine ganz alte Befürchtung, daß Sie es nicht aushalten. Mein Vater hat ja nie was ausgehalten. Sie glauben gar nicht, wie fad ich meinen Vater finde. Nichts hat er ausgehalten.*

Überlegung: Überraschende Wendung – die Unsicherheit der Patientin, ihre Angst beim Zupacken hat sich „unspezifisch" am Vater gebildet.

A.: *Um so mehr wird es wichtig, ob mein Kopf hart ist. Das steigert die Härte des Zupackens.*

P.: *Ja, man kann härter zupacken ... und kann besser – ich sag' einfach kämpfen.*

Die Patientin macht dann mehrere Bemerkungen dahingehend, wie wichtig es sei, daß ich mich nicht umwerfen lasse, und sie kehrt zu ihrem Neid zurück.

Sie kommt wieder auf ihr Studium und wie sie damals die Köpfe der anderen „vermessen" hat. Sie bringt dann einen neuen Gedanken ein.

P.: *Ich will ein kleines Loch in den Kopf schlagen und in Fortsetzung dieses Themas etwas von meinen Gedanken reintun.*

Überlegung: Ein konkretistisches Bild „geistigen" Austauschs?

Der Gedanke der Patientin über die Gegenseitigkeit des Austauschs veranlaßt mich, dem Kampf noch eine weitere Seite abzugewinnen. Durch ihn würde ja auch zum Ausdruck gebracht, wie wichtig es mir ist, daß sie der Welt (und mir) erhalten bleibt und weder in die masochistische Selbstopferung im missionarischen Dienst noch in den Suizid ausweicht.

P.: *Das kam mir neulich. Ob ich nicht so ein bißchen Ihr Dogma gegen meines austauschen kann. Der Gedanke an dieses Austauschen hat es mir leichter gemacht, das alles über den Kopf zu sagen.*

A.: *Daß Sie weiter hier bleiben, damit Sie mit Ihren Gedanken meinen Kopf weiter füllen können.*

Überlegung: Befruchtung im mehrfachen Sinn – Ausgleich und Anerkennung der Gegenseitigkeit.

P.: *Ach so – und wirklich fruchtbare Gedanken geben.*

Die Patientin kommt auf ihre Gedanken und Phantasien vor der Stunde zurück, wie sehr sie hin- und hergerissen war. Ob sie wohl überhaupt eine Zukunft habe und ob sie sich nicht in der einen oder anderen Weise zurückziehen und Schluß machen solle mit allem.

Die schweren Schuldgefühle in bezug auf ihre Destruktivität versuchte ich schon am Anfang zu entlasten. Ich greife aber nochmals darauf zurück, daß ihre Überlegungen zu meiner Stabilität dem Maß ihrer Aggressivität sozusagen proportional sind. Nur in einer starken, unumstößlichen Stabilität kann die Patientin Sicherheit gewinnen und ihre Destruktivität sich weiter entfalten lassen. In diesen Zusammenhang gehört wahrscheinlich auch das Thema des Dogmatismus, den sie zwar kritisiert – sowohl was ihre eigene Bibel angeht als auch was den mir zugeschriebenen Glauben an die Freud-Bibel betrifft –, der aber andererseits Sicherheit verleiht, weshalb der Dogmatismus gar nicht streng genug eingehalten und ausgeprägt sein kann.

A.: *Sie möchten natürlich kein kleines Loch, Sie möchten auch nicht wenig, sondern viel reinstecken. Sie haben einen schüchternen Versuch gemacht, die Stabilität des Kopfes auszuprobieren mit dem Gedanken an das große oder kleine Loch.*

Die anschließende Deutung, daß die Patientin durch ein größeres Loch auch mehr sehen und dann auch austasten könnte, greift sie auf:

P.: *Ich möchte sogar in Ihrem Kopf spazierengehen können.*

Diesen Gedanken führt sie weiter aus und betont, daß sie auch schon früher, also vor der heutigen Stunde, immer wieder einmal gedacht habe, wie schön es wäre, sich bei mir auszuruhen; geradezu eine Bank in meinem Kopf zu haben, und ganz friedlich erwähnt sie, daß ich beim Sterben und im Rückblick auf mein Leben sagen könnte, einen schönen, ruhigen, friedlichen Arbeitsplatz gehabt zu haben.

Überlegung: Die Ruhe und Friedlichkeit haben deutlich eine regressive Seite, nämlich die des Vermeidens des Lebenskampfes überhaupt.

Die Patientin sieht ihren damaligen Eintritt in ein Mutterhaus nun so, als wäre die Türe weit offen gewesen und als hätte sie sich damals vom Leben abgewandt. Sie zieht nun eine Parallele zum Beginn der Stunde, als die Tür offen war.

P.: *Da mußte ich wirklich nicht reinbohren. Ja, da könnte ich den Kampf draußenlassen, da könnte ich auch Sie draußenlassen, und Sie dürften dann Ihre Dogmen behalten.*

A.: *Hm.*

P.: *Und dann würde ich nicht mit Ihnen kämpfen.*

A.: *Ja, aber Sie würden dann auch nicht mit Ihren Dogmen meine befruchten. In der Ruhe würde dann alles unverändert bleiben, aber durch Ihre Eingriffe in meine Gedanken, in meinen Kopf, wollen Sie ja auch etwas verändern, wollen und können Sie ja auch etwas verändern.*

In der nächsten Sitzung kommt die Patientin nach etwa 5 Minuten auf den Kopf und sein Vermessen zurück und darauf, daß sie es gestört hat, daß ich von den Schrumpfköpfen angefangen hatte.

P.: *Ich hab's Ihnen ja gesagt. Warum wollen Sie denn jetzt einfach vom Kopf runterrutschen.*

Dann beschreibt sie, sie sei kaum zu Hause gewesen, da seien ihr ihre Gedanken eingefallen, die sie bei der Begrüßung gehabt habe, die sie dann aber in der Stunde total vergessen habe.

P.: *Er* (Analytiker) *kommt mir ja vor wie in den besten Jahren, und da dachte ich an das Geschlechtsteil und an die Schrumpfköpfe.*

Diesen Gedanken habe sie aber schnell zur Seite geschoben, und er sei wieder ganz weg.

P.: *Als Sie mit den Schrumpfköpfen anfingen, da dachte ich, wo holt er das wieder her?*

Es geht dann um die Frage meiner Sicherheit und meines Dogmatismus, und es wird deutlich, daß die Patientin eine Bemerkung, die ich einmal ganz undogmatisch gemacht hatte, als es um Freud und Jung ging (ich habe den Inhalt vergessen), dogmatisch erlebt hatte.

Die Patientin denkt dann an ein Leben in vollen Zügen und an den Zeitpunkt, als bei ihr alles aufhörte und sie „asketisch" wurde, und ob dies alles noch einmal aufleben könne. Dann kommt sie wieder auf den Kampf und auf den Kopf zurück.

P.: *Ich hatte wirklich Angst, ihn abreißen zu können, und heute denk' ich, der ist so steif und grad, und ich denke, ich komm' ja in meinen Kopf irgendwie gar nicht richtig rein. Ich bin nicht zu Hause; wie soll ich da in Ihren reinkommen?*

Die Patientin kommt dann auf eine Tante zu sprechen, die manchmal auch sehr hart war, so daß man glaubte, mit einer Mauer zu tun zu haben. Es geht dann weiter, wie hart und wie weich sie den Kopf haben möchte. Ihre Phantasien drehen sich einerseits um Ruhe und Geborgenheit, andererseits aber ist sie beunruhigt, was im Kopf verborgen sein könnte, so daß eine Gefahr bestünde, verschlungen zu werden.

Überlegung: Offensichtlich geht es hier um eine regressive Bewegung. Die Patientin kann keine Ruhe und Entspannung finden, weil sich ihre sexuellen Wünsche mit prägenitalen Phantasien verknüpfen, die in der Gefahr, verschlungen zu werden, projiziert wiederkehren. Diese Komponente findet ihre deutliche Darstellung und in gewisser Weise auch ihren Abschluß anläßlich eines späteren Einfalls - eine Indianergeschichte, bei der Mütter ihren kleinen Söhnen durch Lutschen am Glied Lust verschaffen und es dabei abbeißen.

Bei den Vergleichen der Köpfe und ihrer Inhalte dreht es sich immer wieder um die Frage des Zusammenpassens und des Nichtzusammenpassens.

P.: *Die Frage, wie Sie zu Ihren Gedanken kommen und wie ich zu meinen komme ... Gedanken stehen hier für vieles ...*

A.: *Wie sie sich treffen, wie sie sich aneinander reiben, wie weit sie eindringen, wie freundlich oder unfreundlich sie sind.*

P.: *Ja, genau.*

A.: *Hm, na ja.*

P.: *Das haben Sie aber ein bißchen zu glatt gesagt.*

Die Patientin überlegt sich, was sie alles abschreckt, und sie kommt nochmals auf die Schrumpfköpfe zurück.

P.: *Ich fühlte mich da so auf die Sexualität festgelegt. Das war ein zu großer Sprung.*

Das Thema setzt sich fort in der Frage nach ihrer Geschwindigkeit und nach meiner Rücksichtnahme auf sie und ihr Tempo.

P.: *Aber es stimmt schon, es war natürlich nicht bloß ihr Kopf, sondern das Glied.*

Frau Amalie X ist nun in der Lage, mit einer sich steigernden und dann verschwindenden Angst die Lust der gedanklichen Verbindung von der sexuellen Lust zu unterscheiden: Die Couch wird zum gedanklichen Ort einer sexuellen Vereinigung, das Ausruhen in meinem Kopf zum Symbol prägenitaler Harmonie und schließlich auch zur Lokalisierung gedanklicher Gemeinsamkeit und Einsicht. Diese Seite wird einige Zeit später noch deutlicher:

Das Thema der Sitzungen ist von der Symptomatik her gekennzeichnet durch eine Beschädigungsangst als Reaktion auf eine harmlose Blasenentzündung. Die Patientin leidet unter einem anhaltenden Harndrang, den sie darauf zurückführt, daß sie sich bei der Masturbation beschädigt haben könnte. Frau Amalie X versucht, sich mit Hilfe von Anatomiebüchern ein Bild von ihrer Genitalregion zu machen. Sie lokalisiert ihre Beschwerden in den gesamten Unterleib. Sie stellt sich vor, durch Drücken und Reiben einen Muskel kaputtgemacht zu haben, ähnlich wie bei schweren Geburten der Schließmuskel der Blase beschädigt werden kann. Die Patientin ist durch diese Angst stark beeinträchtigt, sie leidet unter Schlaf- und Arbeitsstörungen. Sie befürchtet, man könne an ihrer Hose einen nassen Fleck erkennen. Bei der Selbstbefriedigung überwogen destruktive Phantasien.

Trotz der Zunahme der Beschwerden hat die Patientin eine vertrauensvolle Einstellung. Sie erwartet eine klare Antwort, ob es anatomisch möglich sei, daß sie sich bei der Masturbation beschädigt habe. Meine Versicherung, daß dies nicht der Fall sei, führt zu einer Angstmilderung und vorübergehend zu einer großen Erleichterung, aber auch zu dem Gefühl, mich erpreßt oder „irgendwie verführt zu haben". Daraus würden „neue Gefahren" entstehen. Erpressen, Bekennen und Verführen vermischen sich. Sie fürchtet, ich würde sie „irgendwohin führen, wo alles erlaubt ist", so als ob es in meinem Weltbild keine Schuld gebe. Die Patientin schwankt zwischen 2 Vorstellungen: sie sieht in mir einmal den Verführer und dann den Sittenrichter. Als Ausweg vor der drohenden Grenzenlosigkeit in ihr selbst, die alles durcheinanderbringen und kaputtmachen würde, scheint der Rückgriff auf ihre pietistische Frömmigkeit, die ihr aber nur noch wenig bedeutet, zumal sie schon vor der Analyse ihre Beziehung zur Kirche deshalb gelockert hatte, weil sie keine Erleichterung ihrer Nöte, sondern immer wieder neue Belastungen aus den Geboten erfahren hatte.

Eine entscheidende Wende im Verhältnis von Übertragung und Beziehung bringt in dieser Phase die Erfahrung, daß ich eine Erklärung für meine Technik gebe. Frau Amalie X empfindet dies als einen Vertrauensbeweis. Diese Mitteilung erleichtert ihr die Identifikation mit der einsichtvermittelnden Funktion des Analytikers. Meine Bereitwilligkeit, sie an meinem Denken als einen besonderen „Schatz" teilnehmen zu lassen, bringt sowohl die Beziehung als auch die Übertragung auf eine neue Ebene. Einblick zu nehmen und Einsicht gewinnen zu dürfen, also weniger ausgeschlossen zu sein, machen das aggressive Eindringen in meinen „Kopf", das Bohren eines Lochs, überflüssig bzw. bringen Annäherung und Teilhabe auf eine freundlich-lustvolle, spielerische Ebene.

Für mich selbst ist dieses Einblickgewähren in mein psychoanalytisches Denken nichts Besonderes, und es ist, aus meiner Sicht, eine ganz banale Situation, die aber für die Patientin zum Anlaß einer neuen Erfahrung wird. In einer Nebenübertragung zu ihrem Vorgesetzten bringt sie einen „ungeheuren Respekt" unter, der sich v. a. auf die Zeitnot des Chefs bezieht, die es nicht erlaube, eine unabgeschlossene kleine Auseinandersetzung in einem weiteren Gespräch zu klären.

Die Patientin erlebt offenbar meine geäußerte Zuversicht als Ausdruck großer Freiheit, so als hätte ich mich von irgendeiner Einschränkung befreit. Es wird dann bearbeitet, daß sie seit langem weiß, was ich zu wesentlichen Themen ihres Erlebens denke und daß sie ja „eindringen und wissen darf".

Die Patientin hat ein Problem mit ihrem Vorgesetzten thematisiert und deutlich gemacht, daß sie sich ihm gegenüber freier fühlt. Sie tritt ihren Erfolg in etwas übertriebener Weise an die Psychoanalyse und an mich ab. Dann geht es um die Frage der Ermutigung, und ich äußere, daß sie durch eine von ihr gewünschte Ermutigung um das Auskosten ihres eigenen Erfolgs gebracht würde. Weiter geht es um den übergroßen Respekt, den sie immer noch habe.

A.: *Das baut sich ein gutes Stück von selbst ab.*

P.: *Ich hab' immer noch eine furchtbare Angst, rausgeschmissen zu werden.*

(Im Sinne eines Minisymptoms verließ die Patientin lange Zeit regelmäßig schon einige Minuten vor Ende der Sitzung das Sprechzimmer. Die vielfache Determinierung dieses Verhaltens hat uns nicht eigens beschäftigt. Es änderte sich Schritt für Schritt von selbst. Unter anderem wollte die Patientin vermeiden, daß durch ein Fortgeschicktwerden die ganze Begegnung „annulliert" werden könnte.)

Die Patientin fragt mich zu meiner Überraschung: „Ist es Ihnen aufgefallen, daß Sie gerade eine Erklärung für Ihre Technik gegeben haben, was Sie ganz selten tun?"

Auf meine Rückfrage erfahre ich, daß die Patientin beeindruckt war von meinem Hinweis, daß sich etwas von selbst abbaut. (Im nachhinein betrachtet: Ich habe also doch eine Ermutigung gegeben, nämlich die, daß vieles von selbst geschieht und nicht alles erkämpft werden muß.)

Die Patientin spricht dann länger darüber, wie unheimlich positiv sie meine Äußerung empfunden habe, und sie sieht sie als Ausdruck meiner Freiheit.

P.: *Gefällt Ihnen die Freiheit nicht, die ich Ihnen da zuschreibe?*

Ich zeige meine Überraschung darüber, daß sie glaubt, nicht in mein Denken eindringen und die Begründung für Äußerungen und Überlegungen erfahren zu dürfen - obwohl sie es seit langem weiß.

P.: *Aber daß ich's aussprechen konnte, das fand ich unheimlich neu.*

A.: *Dann ist es ja fast so, als würde erst mein Aussprechen billigen, daß Sie etwas ganz Selbstverständliches, was Ihnen längst auch bekannt ist, wissen dürfen.*

P.: *Es war noch mehr dabei, nämlich das Image, das sie für mich immer hatten, daß Sie eben Ihren Schatz hüten.*

Sie lacht.

P.: *Ich hab' immer das Gefühl gehabt ... Kopf, Buch und all die Dinge - und wenn Sie selber Ihren Kopf aufmachen, dann muß ich da nicht reinbohren, und das ist einfach etwas völlig anderes. Es ist eben eine Offenheit oder Freiheit, die ausgeht von Ihnen. Irgendein Vertrauensbeweis, find' ich, wenn Sie mal sagen, das tu' ich deshalb und deshalb ... Ich finde es so oder so. Es scheint noch etwas anderes, wenn Sie das sagen, als wenn ich Ihnen das sage.*

Zu dem offenen Buch ist noch nachzutragen, daß die Patientin zwischenzeitlich eine Veröffentlichung von mir und auch eine gemeinsame Publikation von meiner Frau und mir gelesen hat. Irgendwie hatte sie der „Freud-Bibel" Verbote des Wissenserwerbs zugeschrieben, und die Patientin war offenbar erstaunt, daß ich ihre Neugierde als selbstverständlich ansah, ebenso wie einige Nachforschungen über meinen familiären Hintergrund, über den sie, was meine „christliche" Bibel angeht, schon vor der Analyse eine vage Vorstellung über weitläufige schwäbische Beziehungen hatte.

Mit der Zunahme des Vertrauens und der Identifizierung mit meiner einsichtvermittelnden Funktion als Analytiker entwickeln sich neue, intensivere Übertragungsphantasien. Eine kontinuierliche Arbeitsbeziehung ist gewährleistet, sie versinnbildlicht sich im „stabilen, zuverlässigen Gesicht", im „Ich-bin-da-Gesicht" des Psychoanalytikers und in seinen „warmen Händen".

3 Gegenübertragung

Vorbemerkungen

Wie wir im entsprechenden Kapitel des Grundlagenbands (Kap. 3) ausgeführt haben, exemplifiziert die Geschichte der Gegenübertragung die Wiederentdeckung der Komplementarität als Grundprinzip sozialer Interaktion in der Psychoanalyse. Rechnet man Heimann (1950) das Verdienst zu, ausdrücklich die positive Bedeutung der Gegenübertragung begründet zu haben, so darf man als die nächste Station die Einführung des Interaktionsbegriffs in die psychoanalytische Theoriediskussion betrachten:

> Nun ist psychotherapeutische Interaktion jeder Provenienz zweifellos wechselseitige Einwirkung, aber das Tun des einen ist nicht auch das Agieren des anderen; ... insbesondere sind die Reaktionen auf seiten des Therapeuten durch Reflexion, durch Nachdenken über die intendierten, erwünschten, erwarteten und befürchteten Reaktionen, die der Patient auslösen möchte, partiell aufgehoben, 1) weil im Sinne Freuds das Denken, das Nachdenken in der psychotherapeutischen Situation, ein Probehandeln ist, und 2) weil die affektiven Auslöser *unvermeidlich* irgendeine Wirkung auch in der professionellen Beziehung tun. Es gehört gewiß zu den Schwierigkeiten des Psychoanalytikers, hoch sensibel für die von Patienten ausgehenden Reize zu sein, ohne gereizt zu reagieren (Thomä 1974, zit. nach 1981, S. 391).

Von den verschiedenen Interaktionstheorien kann die Psychoanalyse nur jene verwenden, die Verhaltensweisen in der *Intersubjektivität* begründet sehen. Die psychoanalytischen Erkenntnisse über gegenseitige unbewußte Beeinflussungen geben der philosophischen Anthropologie eine empirische Grundlage. Die Phänomene der Gegenübertragung sind in symbolische Interaktionen eingebettet und werfen deshalb viele Fragen auf, zu deren Beantwortung die Kenntnis der Theorien über die Intersubjektivität (Joas 1985) erforderlich ist. Deshalb zitieren wir aus dem Werk Meads den folgenden Abschnitt.

> Wir sehen uns mehr oder weniger unbewußt so, wie andere uns sehen. Wir wenden uns unbewußt so an uns, wie sich andere an uns wenden ... Wir lösen in der anderen Person das gleiche aus wie in uns selbst, so daß wir unbewußt diese Haltungen übernehmen. Wir versetzen uns unbewußt in die Rolle anderer und handeln so wie sie. Ich möchte hier nur den allgemeinen Mechanismus herausarbeiten, weil er für die Entwicklung von Bewußtsein und Identität von äußerst fundamentaler Bedeutung ist. Wir lösen ständig, insbesondere durch vokale Gesten, in uns selbst jene Reaktionen aus, die wir auch in anderen Personen auslösen, und nehmen damit die Haltungen anderer Personen in unser eigenes Verhalten herein. Die kritische Bedeutung der Sprache für die Entwicklung der menschlichen Erfahrung liegt eben in der Tatsache, daß der Reiz so beschaffen ist, daß er sich auf das sprechende Individuum ebenso auswirkt wie auf andere (G. H. Mead 1934; 1968, S. 108).

Die Bereicherung unseres begrifflichen Repertoires durch die Rollentheorie für die Neufassung der Übertragungs-Gegenübertragungs-Prozesse liegt in der Einführung des unauflösbar miteinander verbundenen Begriffspaars von Rolle und Selbst:

> In der Umgangssprache rückt das Rollenspielen in die Nähe des Theaters, und von diesem Verständnis der Rolle her möchten viele unser berufliches Tun in seiner menschlichen Ernsthaftigkeit nicht eingestuft sehen [obwohl das Rollenkonzept von dort entlehnt ist; Einfügung von uns]. Immerhin muß es zu denken geben, daß das Bühnenmodell etwa von Habermas zur Interpretation der psychoanalytischen Situation herangezogen wird. Tatsächlich sprechen wir in der klinischen Situation of ganz naiv davon, welche Rolle wohl der Psychoanalytiker jetzt in der Übertragung des Patienten spiele (Thomä 1974, zit. nach 1981, S.392).

Wir haben das Bühnenmodell unter gebührender Würdigung von Mead im Grundlagenband unter 3.4 erweitert. Zur professionellen Rolle des Psychoanalytikers gehört, daß er sensibel sowohl für die Emotionen des Patienten als auch für die eigenen Affekte ist, ohne sie - und dies ist das Wesentliche bei der sogenannten Kontrolle der Gegenübertragung - in Aktion umzusetzen. Indem der Psychoanalytiker interpretiert, erfüllt er seine berufliche Rolle und läßt sie zugleich hinter sich. Denn in seiner Sprache enthüllt sich sein Denken und damit er selbst auch dann, wenn er nur zu einem winzigen Detailproblem eines Patienten deutend Stellung nimmt und meint, sich selbst völlig zurückgenommen zu haben.

Rolle und Selbst konkretisieren sich demnach in der sozialen Interaktion und sind dort faßbar. Entsprechend konnten Sandler et al. darauf hinweisen, daß sich „die Übertragung nicht auf die illusionäre Apperzeption einer anderen Person ... zu beschränken braucht, sondern daß dazu auch die unbewußten (oft subtilen) Versuche gehören, Situationen mit anderen herbeizuführen oder zu manipulieren, die eine verhüllte Wiederholung früherer Erlebnisse und Beziehungen sind" (1973, S.43).

Im deutschen Sprachraum wurden Phänomene der Symmetrie und Asymmetrie in der Rollenzuweisung der Übertragung-Gegenübertragungs-Konfiguration im diagnostischen Urteilsprozeß systematisch von Beckmann (1974) erhoben, ohne daß diese Untersuchung klinisch rezipiert worden wäre. Er weist auf die Bedeutung des Wiederholungszwangs hin, durch den die Komplementarität zu jener verfestigten Rollenbeziehung wird, die der Analytiker als Mitspieler auf der Bühne der analytischen Situation am eigenen Leibe erlebt. Unbewußte Rollenbeziehungen führen zu „cyclical psychodynamic patterns", wie sie auch Strupp u. Binder (1984, S.72ff.) beschrieben haben. Bei dieser Erklärung wird die Psychodynamik aus sich wiederholenden zwischenmenschlichen Transaktionen verstanden, die sich - in einem Circulus vitiosus - perpetuieren. Dies ist auch das fundierende Moment der psychoanalytischen Interaktionsdiagnostik, zu deren Verwirklichung der Analytiker nach Sandler (1976) die Bereitschaft zur Rollenübernahme mitbringen muß, um diese jeweils induzierte Rolle durch Erkenntnisschritte zu ergänzen.

Das Angebot einer relativ gleichmäßigen Situation in der Behandlung ermöglicht die Aktualisierung erstarrter Schemata, die das Erleben des Patienten geprägt haben. Durch die besondere Aufgabenstellung des Analytikers wird neben der komplementären die konkordante Identifizierung mit dem Patienten begünstigt. Diese beiden Einstellungen laufen im Sinne einer Figur-Grund-Beziehung ab, bei der wir einmal die eine, ein andermal die andere Ebene hervorgehoben sehen.

Übertragungs- und Gegenübertragungsreaktionen können auf diesem Hintergrund als Kommunikations- und Interaktionsprozesse verstanden werden, bei denen sich unbewußte Reaktionsbereitschaften selektierend auf die Wahrnehmung äußerer Auslöser, also auf den Stellenwert situativer Komponenten auswirken. Das bekannte Gleichnis über das Zusammenpassen von Schloß und Schlüssel läßt sich vielfältig variieren. Je eindeutiger ein Patient auf ein bestimmtes Beziehungsmuster festgelegt ist, desto stärker wird der Druck auf den Analytiker sein, eine dazu passende komplementäre oder konkordante Rolle zu übernehmen. Schlüssel und Schloß sind aufeinander angewiesen. Wittgenstein prägte für Freuds „Idee" den Aphorismus: „Das Schloß ist im Wahnsinn nicht zerstört, nur verändert; der alte Schlüssel kann es nicht mehr aufsperren, aber ein anders gebildeter Schlüssel könnte es" (Wittgenstein 1984, S. 496). Anstatt die Metaphorik weiter auszudehnen, ziehen wir das vorliegende Wissen über Steuerungsprozesse der affektiven und kognitiven Mikrointeraktion heran (Krause 1983; U. Moser 1984, Zeppelin 1987; s. auch Grundlagenband 9.3). Dies steht im Einklang mit den Ergebnissen der modernen entwicklungspsychologischen Forschung, die überzeugende Beweise für die Intersubjektivität zwischen Mutter und Kind erbracht hat (Lichtenberg 1983a; s. Grundlagenband 1.8).

In den ersten beiden Abschnitten (3.1 u. 3.2) geben wir Beispiele zur konkordanten und komplementären Gegenübertragung. Wir folgen der Feststellung Rackers, daß die Identifizierung des Analytikers mit dem Objekt, mit dem der Patient ihn identifiziert, der damit verbundene pathologische Vorgang so kurzlebig sein und so maßvoll bleiben müßte, daß sie die analytische Arbeit nicht beeinträchtigen (s. Racker 1978, S. 78).

Dem Thema der Nachträglichkeit und des Zurückphantasierens (3.3) kommt eine grundlegende Bedeutung zu. Der umstrittenen Frage, in welcher Weise der Analytiker seinen Patienten an der Gegenübertragung teilhaben läßt oder wie er sich durch Ironie ganz unwillkürlich zu schützen versucht, diskutieren wir an Hand von Beispielen in gesonderten Abschnitten (3.4 u. 3.5). Das selbstpsychologische Verständnis der Gegenübertragung wird durch eine kritische Stellungnahme zu unserem Beispiel vertieft (3.6). Schließlich gelangen wir zum Thema der projektiven Identifikation (3.7) bei der Erklärung der Gegenübertragung. Für die belastende Seite der Gegenübertragung trifft besonders zu, was Racker so eingängig im Rückgriff auf ein bekanntes Nestroy-Zitat formuliert hat:

> Wir geben also zu, daß wir ihn [den Verstand] manchmal verlieren, allerdings nicht völlig, aber immerhin soweit, daß wir unsre pathologische Gegenübertragung bemerken und diagnostizieren können, um diese Wahrnehmung dann später, wenn wir die Gegenübertragung in der Gewalt haben, für die Analyse der Übertragungsvorgänge beim Patienten zu nutzen (S. 76).

Was immer ein Patient im Analytiker auslöst, es ist dessen Sache und Verpflichtung, den therapeutischen Aufgaben im Interesse des Patienten gerechtzuwerden. Die Rolle im Rahmen dieses „unmöglichen Berufs" in Einklang zu bringen mit dem persönlichen Ich und dem Privatleben, ist nicht leicht. Es ist ein doppeltes, ein vielfältiges Leben, an dem wir teilhaben und das einer der philosophischen Väter des Bühnenmodells, Schopenhauer, im Sinn hatte, wenn er sagt:

> Hier im Gebiet der ruhigen Überlegung erscheint ihm [dem Menschen] kalt, farblos und für den Augenblick fremd, was ihn dort ganz besitzt und heftig bewegt: hier ist er bloßer Zuschauer und Beobachter. In diesem Zurückziehn in die Reflexion gleicht er einem Schauspieler, der seine Szene gespielt hat und, bis er wieder auftreten muß, unter den Zuschauern seinen Platz nimmt, von wo aus er, was immer auch vorgehn möge, und wäre es die Vorbereitung

zu seinem Tode (im Stück), gelassen ansieht, darauf aber wieder hingeht und tut und leidet, wie er muß. Aus diesem doppelten Leben geht jene von der tierischen Gedankenlosigkeit sich so sehr unterscheidende menschliche Gelassenheit hervor, mit welcher einer nach vorhergegangener Überlegung, gefaßtem Entschluß oder erkannter Notwendigkeit das für ihn Wichtigste, oft Schrecklichste kaltblütig über sich ergehn läßt oder vollzieht: Selbstmord, Hinrichtung, Zweikampf, lebensgefährliche Wagstücke jeder Art ... (zit. nach Schopenhauer 1973, Erstes Buch, S. 139).

3.1 Konkordante Gegenübertragung

Im Grundlagenband haben wir unter 3.4 in Anlehnung an Racker (1957) beschrieben, daß bei einer konkordanten Gegenübertragung als Folge einer Identifizierung mit dem Patienten der Analytiker ähnliche Gefühle erlebt wie dieser. Bei einer Klassifikation der miterlebten Emotionen im Rahmen der psychoanalytischen Theorie gibt es nach Racker konkordante Identifikationen, die sich auf die Über-Ich-, Ich- oder Es-Anteile der Persönlichkeit beziehen. Wir berichten nun aus 2 Behandlungsstunden über konkordante Gegenübertragungen.

Herr Ignaz Y befindet sich nach einer Scheidung in einer schwierigen Lebenslage. Fortlaufend gibt es neuen Ärger bei der juristischen Regelung der Schulden, die durch den ihm von seiner geschiedenen Frau aufgezwungenen Lebenstil entstanden sind. Die äußere und innere Notlage hat die Sehnsucht nach einem fürsorglichen Vater und eine entsprechende Übertragung intensiviert. Der in der Schweiz aufgewachsene Patient fühlt sich erneut heimatlos. Er sucht mehr Rückhalt in der Analyse. Mehrfach wurde eine Erhöhung der Frequenz von 3 auf 4 Sitzungen erwogen. Herr Ignaz Y bezahlt das Honorar aus eigenen Mitteln. Krankheitswertige Symptome, die eine Psychotherapie im Rahmen der Krankenversicherung gerechtfertigt hätten, lagen nicht vor. Eine Erhöhung der Frequenz hätte zu weiteren Belastungen geführt, so daß Aufwand und Ertrag sorgfältig abzuwägen waren.

Es sind neue finanzielle Forderungen auf ihn zugekommen, und er muß dringend seinen Rechtsanwalt aufsuchen. Er müsse sich dagegen anstemmen, daß er nicht immer wieder mit neuen finanziellen Forderungen belastet werde, und er sagt wörtlich: „Irgendwo muß doch mal 'ne Grenze sein." Bei dem Wort „Grenze" denke ich an die Belastbarkeit des Patienten. Wie wird er diesen Druck durchstehen? Wird er über die Landesgrenze gehen, um in der Schweiz neu anzufangen?

Tatsächlich spricht der Patient nun von seiner Familie. Seine Schwester hat ihm einen Brief geschickt: „Na, wenigstens ein Lichtblick." Sie habe inzwischen auch – so wie er zu Beginn seines Studiums – den elterlichen Wohnort in der Schweiz verlassen, sei in eine größere Stadt näher zur BRD gezogen und damit für ihn leichter erreichbar.

Mich beschäftigt, daß er bisher von seiner Schwester wenig gesagt hat. Ich weiß, daß sie von den Eltern als legitimes Kind bevorzugt wurde; der Patient ist unehelich geboren. Seine Eltern heirateten erst, als er in die Schule kam.

Ohne daß ich hierzu etwas sage, fährt Herr Ignaz Y fort: Ein Vorgesetzter von ihm, Schweizer wie er selbst, habe ein attraktives Angebot, in einem Entwicklungsprojekt mitzuarbeiten, er würde die rechte Hand eines Ministerialbeamten. Eine Stimmung des Mißmuts und der Mißgunst wird spürbar, die ich mit dem Gefühl begleite: Aha, er strebt zurück in die Heimat. Hieraus entwickle ich eine erste Intervention derart, daß für ihn die Last kein Ende nehme, für andere gestalte sich das Leben günstiger. Er seufzt und geht nochmals auf seine mit dem Hausverkauf verbundenen Probleme ein, die er durch Überstunden zu lösen versucht. Auf der einen Seite ist er auf diesen Nebenverdienst angewiesen, auf der anderen Seite sind seine ausufernden nächtlichen Nebentätigkeiten auch Ausdruck seiner Selbstüberschätzung. Die damit einhergehende Vernachlässigung des beruflichen Alltags rächt sich und bringt Konflikte mit Mitarbeitern und Vorgesetzten am offiziellen Arbeitsplatz mit sich.

Mich überzeugen seine Überlegungen zur Lösung dieser Probleme nicht, da es m. E. auch um ungelöste Konflikte in bezug auf Potenz und Kreativität geht. Bevor mir klar wird, ob ich dieser Überlegung folgen soll, fängt der Patient an, von seinem Vater zu sprechen, der von dem erneuten Debakel um das verkaufte Haus nichts wissen dürfe. Dieser würde sich sonst nur die Hände reiben und sagen: Siehst du, was du doch für einen Mist in der Fremde gebaut hast. Der Patient wird sehr lebhaft und führt mit dem kritisierenden Vater einen heftigen, von Enttäuschungen geprägten fiktiven Wortwechsel.

A.: *Vielleicht tragen Sie sich mit dem Wunsch, nach Hause zurückzukehren, um einen Vater vorzufinden, der all das beiseite schieben würde, was Sie in der Fremde an Mist gebaut haben.*

P.: *Ja, so einen Vater habe ich mir gewünscht, doch nie gehabt.*

Er erinnert sich, daß er in seiner Kindheit und Jugend nie eine enge Beziehung zum Vater gespürt habe, exemplifiziert daran, daß er niemals vom Vater 5 Franken zugesteckt bekommen hätte. Statt dessen habe er sich an seine Mutter gehängt, die ihn mit Geldgeschenken an sich gebunden habe. Er sei dann schließlich von zu Hause weggegangen, weil er dieses Gebundensein, dieses Gefangener-seiner-Mutter-Sein sattgehabt habe. Zum Vater habe er den Weg nicht gefunden. In der letzten Zeit sei ihm nun deutlich geworden, daß sein Vater ein alter Mann und friedlich geworden sei und Sehnsucht habe, seinen Sohn wiederzufinden.

Die Mitteilungen des Patienten runden ein Bild in mir ab: die Sehnsucht, daheim als der verlorene Sohn aufgenommen zu werden. Mir fällt ein, daß Herr Ignaz Y in der Pubertät eine Zeitlang den Wunsch hatte, Priester zu werden. Ich erinnere ihn an die Geschichte des verlorenen Sohnes.

Der Patient, sehr lebendig, freudig, malt sich ein Festmahl aus: „Vielleicht sollte ich wieder mehr in der Bibel lesen."

Zum ersten Mal haben wir in der Stunde eine religiöse Stimmung, ein Vertrauen in die Kraft der alten Bilder. Er hat bisher nie über die Reste seiner Religiosität gesprochen, außer daß er nun eine naturphilosophische Gottesvorstellung habe.

Seine Angespanntheit läßt nach, es wird spürbar harmonischer zwischen uns, der Patient scheint mir immer schwerer auf der Couch zu liegen, und ich werde zunehmend schläfrig. Ich habe dabei das Gefühl einer wohligen Wärme, in die ich mich zurückziehe. Der Patient malt sich weiter die Heimkehrszene aus; als er die Schwester in den Tagtraum hineinkomponiert, ändert sich die Stimmung wieder. Das sei eine Möglichkeit der Heimkehr.

Mir fällt ein Gedicht des israelischen Dichters David Rokeach ein, besonders die Schlußzeile: „... und am Ende aller Wege steht die Heimkehr nach Jerusalem." Ich erlebe meine Schläfrigkeit als eine angenehme Stimmung, als einen Moment der Entspannung, indem ich dem Patienten nichts deute, sondern ihn seinen Heimkehrphantasien überlasse. Beim weiteren Verfolgen meiner Gedanken erinnere ich eine Passage vom Anfang der Behandlung. Der Patient hat mich als strengen Analytiker phantasiert, der ihm niemals erlauben würde aufzustehen und herumzugehen. Daraus entwickle ich nun folgende Deutung: „Sie malen sich eine Heimkehrszene aus, in der Sie die Beziehung zum Vater genauso gestalten, wie Sie es sich immer gewünscht haben. Dabei stehen Sie hier in einer Belastungssituation, bei der Sie sich mehr Hilfestellung wünschen, um den Mangel auszugleichen: der zeitliche Abstand zur letzten Stunde, der Hinweis auf die mangelnde 4. Stunde. Sind das nicht Appelle an einen sorgenden Vater, der Ihnen ein Zuhause bereiten soll, in dem Sie sich wohlfühlen und zu dem Sie heimkehren können, wann immer Sie möchten?"

Der Patient ist berührt. Zweifelnd sagt er: „Das fällt mir schwer, an so etwas überhaupt glauben zu können. So einen Vater habe ich doch nie gehabt, so ein Gefühl, mich zu Hause fühlen zu können."

Dann entsteht ein Schweigen, aus dem mich der Patient holt, indem er mich darauf hinweist, daß die Stunde bereits um einige Minuten überzogen ist. Ohne daß ich es bemerkte, habe ich offenbar den Wunsch des Patienten nach Verlängerung der Stunde in die Tat umgesetzt und agiert.

Die Idee der Heimkehr bleibt in den folgenden Stunden lebendig und verbindet sich bei dem Patienten mit der Vorstellung, wieder mehr Ordnung in sein Leben bringen zu wollen. Er möchte den gegenwärtigen Ort seiner ihn belastenden Lebenssituation wechseln oder zumindest den Ort seiner Schandtaten wieder entsühnen.

Er berichtet dann einen Traum, in dem ein unbestimmt gehaltener Mann eine mit Gerümpel angefüllte Kirche aufräumt. Dabei entdeckt er Spielzeug, das er auf dem Altar niederlegt.

Der Patient hat in seiner Jugend Geborgenheit, die er zu Hause nicht gefunden hatte, eine Zeitlang in der Kirche und in der tröstlichen Vorstellung gesucht, Priester zu werden. Er hat sich des öfteren angeklagt, daß er mein Sprechzimmer mit seiner Unordnung anfülle. Es liegt also nahe, die Kirche als Metapher für die Therapie zu sehen. Wir kommen erneut auf meine Rolle in seinem Leben, die von dem unbestimmt gehaltenen Mann im Traum dargestellt wird. Im ersten Jahr der Therapie benutzte Herr Ignaz Y die Stunden vorwiegend dazu, mit meiner Hilfe sein aus den Fugen geratenes Leben zu ordnen. Zeitweise hatte ich vorwiegend eine haltgebende Funktion. Um nicht im Chaos zu versinken, orientierte sich Herr Ignaz Y häufig mit Hilfe meiner Sicht und Einschätzung über seine Lebenslage. In seiner narzißtischen Selbstüberschätzung war er für viele private und berufliche Bereiche seines Lebens ziemlich blind und fiel aus allen Wolken, wenn er sich scheinbar plötzlich in einer Sackgasse befand. Wir waren tatsächlich beide in verschiedener Weise mit dem Aufräumen befaßt. Hierbei hatten wir für ihn kostbares Spielzeug aus der Kindheit entdeckt, das er auch selbst schon dem Zugriff von außen entzogen hatte. Wie wir unter 7.3 darstellen werden, hat der Patient als Kind eine Privatsprache entwickelt. Hinweise des Patienten zum Traum bringen mich auf den Gedanken, in dem unbestimmt gehaltenen Mann ein Mischgebilde aus uns beiden zu sehen. Über diesen Gedanken verwundert, fällt mir ein, daß ich vor einigen Tagen ein Buch gelesen habe, dessen Titel *The pronouns of power and solidarity* mich anspricht. Es könnte sein, daß ich in der Spannung von Macht und

Solidarität die ambivalente Stimmung des Patienten erspüre, daß er viel gibt und ich es annehme, ohne daß sicher ist, was er dafür bekommt. Bevor ich aus diesen Überlegungen zu einer Deutung gelange, fällt dem Patienten eine Fernsehsendung ein, bei der das Bild der gesuchten Terroristin A. S. gezeigt wurde: „Wenn wir von der befreit würden, das wäre eine Erlösung."

Er hatte sich zeitgleich mit Aufnahme der Behandlung von seiner ihn vollkommen beherrschenden Frau und deren Familie äußerlich befreit, fürchtet aber, noch einmal in eine ähnliche Lage zu geraten. Ich deute deshalb im nächsten Schritt: „Wenn Sie sich endgültig von den Trümmern Ihrer mißglückten Ehe befreit haben ..." Der Patient fällt mir ins Wort: „Dann würde ich für Sie in meinem Heimatdorf in der Wallfahrtskirche ein Bild stiften." Er vergleicht nun die Behandlung mit einem Kreuzweg, einem dornenvollen Weg. Ich weise ihn darauf hin, daß für sein Erleben dieser Vorgang sehr schmerzlich sei, einseitig und voller Unklarheit, was ihn am Ende erwarte. Dem Patienten fällt nun sein Vater ein, der ihm wenig Gutes getan habe; er habe ihn immer spüren lassen, daß er ein Bastard sei und nicht wirklich gewollt. Nur einmal, als er als kleines Kind krank gewesen sei, habe der Vater ihn auf den Armen herumgetragen. Ich schließe diese Passage mit dem Hinweis, daß er sich bei der schwierigen Suche nach einem Behandlungsplatz als Bastard gefühlt haben könne, da einige Therapeuten, die er konsultiert hatte, ihm bedeutet hätten, er solle zuerst sein äußeres Leben in Ordnung bringen, bevor man an eine analytische Behandlung denken könne.

3.2 Komplementäre Gegenübertragung

Aus Abschnitt 3.4 im Grundlagenband übernehmen wir zur Einführung folgende zusammenfassende Beschreibung: Durch den Ausdruck „komplementäre Identifizierung" hat H. Deutsch (1926) eine Identifizierung des Analytikers mit den Übertragungsobjekten des Patienten beschrieben. Der Analytiker fühlt dann wie die Mutter oder wie der Vater, während der Patient Gefühle wiederbelebt, wie er sie früher in der Beziehung zum jeweiligen Elternteil empfunden hat.

Herr Erich Y kommt in aufgeräumter Stimmung in die 249. Sitzung, das Leben sei wieder lebenswert. Seinen angenehmen Traum beschreibt er gefühlvoll:

P.: *Ich war in der Firma und hatte ein sehr gutes Verhältnis mit meinem Chef. Das ist so weit gegangen, daß wir uns beim Telefonieren abgewechselt haben. Ich habe zuerst gesprochen, dann hat er weitergemacht, und dann hat der Abteilungsleiter, und das weiß ich nicht genau, war es ein Eis oder irgend etwas, dann weiter zu sich genommen.*

A.: *In Ihrer Anwesenheit beim Telefonieren, oder wie?*

P.: *Ja, als er das Telefon übernommen hat, hat er den Kaugummi oder was immer zu sich genommen.*

A.: *Ja, hat er Ihren Kaugummi oder Ihr Eis gegessen, so daß ein sehr intimer Austausch zustande kam?*

P.: *Genau.*

Überlegung: Die harmonische und intime Stimmung des Traumes färbt unsere Beziehung. Ich gehe auf diese Stimmung ein, und es ergibt sich wie von selbst, daß ich die Übertragungswünsche des Patienten aufnehme. Es liegt mir daran, der unbewußten Sehnsucht auch sprachlich gerechtzuwerden und die Intimität des Austauschs spürbar zu machen. Darin liegt meine Absicht, die sich auch in späteren oralen Deutungen niederschlägt. Es passierte mir aber unabsichtlich, daß ich den Kaugummi primär dem Patienten zuschrieb, so als hätte er diesen zuerst im Mund gehabt. Ich bemerkte, daß der Patient bei der Beschreibung des intimen Austauschs gezögert hatte, und er kam selbst vom Eis zum Kaugummi. Aber es kam durch mein unbewußt gesteuertes *Verhören*, daß ich ihm den *Kaugummi* in den Mund legte. In welcher Weise meine Gegenübertragung zum Verhören geführt hat, entzieht sich meinem bewußten Zugang. Die Übertragung des Patienten, die sich im Traum darstellt, erlebe ich auf verschiedenen Ebenen. Die Vatersehnsucht drückt sich in einem oralen Beziehungsmodus aus. Unterbrechungen oder Unklarheiten in der Wiedergabe könnten auf einen Widerstand gegen latente phallische Strebungen hinweisen. Mein emotionales Mitschwingen hat den Patienten offenbar ermutigt, seinen Widerstand aufzugeben. Alles ging so selbstverständlich vor sich, daß ich den Lapsus erst beim Lesen des Transkripts bemerkte. Dazu mag beigetragen haben, daß der Patient meine Interpretation der Szenenfolge sofort bestätigend aufnahm, indem er sagte: „Genau".

Nach diesem „Genau" des Patienten folgt meine Ergänzung.

A.: *Er wurde Ihr Kumpan durch diesen intimen Austausch.*

P.: *Es ist eine besondere menschliche Zuneigung. Dann entsteht auch etwas, angezogen zu sein und nicht abgestoßen und auch gleichwertig zu sein. In einer solchen Stimmung stört es mich dann auch gar nicht, wenn unser kleiner Sohn mißlaunig ist, was mir sonst wehtut.*

Der Patient befaßt sich dann mit seinem Stimmungsumschwung. Auch vor der Sitzung hat es eine kurze negative Phase gegeben, als ein Arzt im Wartezimmer auftauchte und der Patient, obwohl er kaum in Sichtweite saß, hin- und hergerissen war, ob er nun grüßen solle oder nicht, ob der Arzt sich ihm freundlich zuwenden würde oder nicht etc. Sofort geriet er in eine Spannung und Verkrampfung, und schon war das Symptom da.

Überlegung: Den Einfällen des Patienten entnehme ich, daß ich sein Suchen nach harmonischer Einheit und Gemeinsamkeit zutreffend erraten hatte. Das Auftauchen eines Arztes beendet beim Patienten deshalb die Harmonie, weil er dann hin- und hergerissen ist, ob er gesehen wird, ob er grüßen soll, ob er aufstehen muß usw. Kurz, er beschreibt die entstehende Spannung, die deshalb zustande kommt, weil nun das Vergleichen einsetzt: groß – klein, bedeutend – unbedeutend. Der hinzugekommene Arzt hat tatsächlich eine eindrucksvolle Figur.

Herr Erich Y beschreibt dann, daß die Spannung wieder nachließ, als er sich gedanklich auf eine gemeinsame menschliche Ebene mit dem hinzugekommenen Arzt begeben hatte – von Mensch zu Mensch. Dann beschreibt er sein Schwanken zwischen extremen Polen.

Überlegung: Es geht mir darum, die unbewußte Sehnsucht an intimen Vorgängen des Austauschs noch deutlicher zu machen. Ich greife deshalb auf genetisch frühe Muster des Austauschs und auf den Traum zurück.

A.: *Ja, da ist der Traum ein Gegenbild. Da sind Sie ja ein Herz und eine Seele. Da gibt es keine Spannung. Der nimmt Ihren, Sie nehmen seinen Kaugummi. Was der im Mund hat, haben Sie im Mund. Das ist wie zwischen Vater und Kind oder wie zwischen Mutter und Kind, nämlich wenn die Mutter etwas in den Mund nimmt und sagt, oh das ist gut, und es dann dem Kind in den Mund schiebt.*

P.: *Selbst im Traum habe ich in diesem Augenblick angehalten und konnte es nicht fassen. Ich bin zurückgetreten und habe nochmals hingeschaut, ob das stimmt, ob das tatsächlich so ist, daß er den Kaugummi weiter benutzt.*

A.: *Ja, und Sie haben auch interessanterweise, wahrscheinlich aus einer Art von Beschämung, erst gesagt, Sie wüßten es nicht mehr genau. Es könnte auch Eis gewesen sein, das zerläuft. Das kann man nicht zweimal in den Mund nehmen. Dann erst sind Sie auf den Kaugummi gekommen, so als hätten Sie erst mir gegenüber sagen müssen, es war doch ganz appetitlich. Mit dem Kaugummi ist das sozusagen intimer. Da nimmt man was in den Mund, was der schon im Mund hatte. Oder wie sehen Sie es?*

P.: *Richtig, genau richtig.*

Der Patient beschreibt nun auch seinen Widerstand, der schon während des Träumens einsetzte. Selbst wenn Herr Erich Y mir nur aus Gefälligkeit entgegenkäme, so sprechen doch seine Einfälle dafür, daß ich seine unbewußten Wünsche erraten habe. In den nächsten Deutungen verstärke ich versuchsweise die orale Objektbeziehung, um den verbalen Austausch zu materialisieren, und stelle Beziehungen zur Oralität stark in den Mittelpunkt, um ihn emotional anzureichern.

Herr Erich Y versucht, seine Sehnsucht zeitweise wieder abzuschwächen:

P.: *Ich hab mir schon wieder gedacht: Oh du liebe Zeit, solche Gefühle, so etwas wird in mir erweckt, was denken Sie wohl darüber.*

A.: *Ja, daß Ihnen das nicht nur widerfährt, sondern daß Sie selbst etwas suchen, was der Abteilungsleiter hat. Sie nehmen ja auch daran teil, wenn wir hier Worte hin- und herwechseln. Das ist ja dann kein Kaugummi, aber es hat mit dem Mund zu tun und mit der Beziehung, mit Worten, die hin- und herfliegen und verbinden. Was fällt Ihnen noch alles dazu ein? Vielleicht gibt es noch mehr Phantasien, wenn Sie sich etwas mehr zutrauen und wenn Sie nicht mehr so erschreckt sind, ja um Gottes Willen.*

P.: *Ich bin etwas abgelenkt worden im Augenblick.*

A.: *Wodurch?*

P.: *Ich bin wieder unruhig geworden.* (Ein Zittern ist aufgetreten.)

A.: *Ja, ich habe mich gerade einbezogen. Wie war die Ablenkung gefühlsmäßig?*

Nun kommt Herr Erich Y auf den Traum zurück, und ich scheine mit dem Abteilungsleiter eine Einheit zu bilden. Er sagt: „Selbst im Traum habe ich in diesem Augenblick angehalten und konnte es nicht fassen. Ich bin zurückgetreten und habe nochmals hingeschaut, ob er tatsächlich den Kaugummi weiter benutzt.“ Mein Hinweis auf seine Beschämung, die zu einer Unterbrechung führte, ermutigt ihn, seiner tiefen Vatersehnsucht mehr Raum zu geben. Mir ist schon länger in den Sinn gekommen, daß der Patient in der Pubertät homosexuell verführt wurde, und ich vermute, daß er vom Trauminhalt in der Übertragung beunruhigt ist. Deshalb weise ich darauf hin, daß der ungewöhnliche und unanständige Austausch im Traum zwischen Kind und Mutter bzw. Vater üblich und natürlich sei und sich diese Natürlichkeit auch in der Sexualität des Erwachsenen fortsetze. Absichtlich beschreibe ich die Oralität recht allgemein.

P.: *Sehen Sie, wenn Sie solche Dinge sagen, werde ich wieder unruhig, als wenn sich etwas dagegen sträubte.*

A.: *Ja, mit diesen Worten scheint es fast schon so zu sein, als ob meine Zunge in Ihren Mund reinkäme und mein Kaugummi, und der ist dann so ein Zwischenglied.*

P.: *Ja, ich glaube, daß Gedanken, die von Ihnen ausgehen, meine eigenen sein könn-*

ten und ich in meiner Schlechtigkeit von Ihnen entdeckt und als pervers hingestellt werde.
A.: *Ja, das ist fast eine Furcht, als wären Sie pervers, wenn Sie Ihre Vatersehnsucht spüren.*
P.: *Ich habe Ihnen ja schon erzählt, daß mir ein Junge damals gezeigt hat, was es alles gibt.*
A.: *Der an Ihrem After rummachte.*
P.: *Ja.*
A.: *Und auch wollte, daß Sie sein Glied in den Mund nehmen, oder was meinen Sie?*

Zu oralen Praktiken war es damals nicht gekommen und auch nicht zur gegenseitigen Onanie, wie der Patient nun ergänzend mitteilt.

Das Zögern des Patienten läßt mich vermuten, daß er verunsichert ist, weil sich Intimität unbewußt mit Perversion verknüpft, weshalb ich auch das Wort ausspreche. Es ist mir wichtig, die Angst, daß seine oralen Sehnsüchte, die im weiteren Verlauf der Stunde noch weiter ausgeschmückt werden, pervers sein könnten, abzuschwächen. Deshalb gebe ich Hinweise auf die Natürlichkeit dieser Wünsche in der Beziehung zwischen Kind und Eltern. Hierbei zeigt sich auch erneut, daß seine Frau wegen ihres tatsächlichen Verhaltens seine triebeinschränkenden Instanzen und seine Schuldgefühle verstärkt.

Von der Erinnerung an seine Nöte während der Pubertät kommt Herr Erich Y nun wieder in die Gegenwart, die den Tagesrest bei der Traumentstehung abgab. Gestern abend war er in einem Fernsehfilm von einer sexuellen Szene gefesselt: Ein Mann beobachtete eine sich ausziehende Frau durch das Schlüsselloch. Seine Frau war irgendwo in der Wohnung, und er hatte Angst, daß sie ihn erwischen könnte.

Überlegung: Wie so häufig steht seine Frau hier als Repräsentantin einschränkender Über-Ich-Figuren. Ihr tatsächliches Verhalten erleichtert diese Zuschreibung. Daraus ergeben sich unvermeidliche Enttäuschungen und reale Konflikte. Ich vermute, daß die Zurückweisung durch seine Frau die Vatersehnsucht verstärkt hat oder, anders gesagt, daß eine Regression von der heterosexuellen auf eine homosexuelle Beziehungsform durch den Tagesrest und die tatsächliche spätere Abweisung seiner Frau eingeleitet wurde, wobei der Mann zugleich eine mütterliche Funktion übernimmt: orale Regression. Auf der latenten Traumebene wird ein oraler Verkehr dargestellt.

Im Sinne meiner Gegenübertragungsgefühle und meiner Überlegung interpretiere ich diesen Zusammenhang, indem ich sage: „Ja, das könnte schon sein. Sie haben ja nicht genauer hinschauen dürfen und haben sich im Traum dann getröstet.“

Kommentar: Wir möchten darauf aufmerksam machen, daß diese Sitzung nicht nur eine *komplementäre Gegenübertragung* illustriert, sondern auch wegen des Mitsprechens des körperlichen Symptoms aufschlußreich ist. Solche Beobachtungen der Aktualgenese ermöglichen einen Einblick in psychodynamische Zusammenhänge. Der Analytiker versucht den körperlichen Bedürfnissen möglichst nahezukommen, indem er Analogien zwischen dem verbalen und dem materiellen Austausch herstellt. So kommt man zwar nicht dem Körper als Gegenstand der naturwissenschaftlichen Medizin nahe, wohl aber dem Körperbild, also dem körpergebundenen Erleben eines Menschen.

3.3 Nachträglichkeit und Zurückphantasieren

Das nachfolgende Beispiel aus der Behandlung von Herrn Erich Y gehört zu einem umfassenden Thema, das in der Überschrift dieses Abschnitts benannt wird. Selbstverständlich können wir durch eine kurze kasuistische Mitteilung den Leser nicht mit allen Problemen vertraut machen, die im Titel enthalten sind. Um aber den Austausch zwischen Herrn Erich Y und seinem Analytiker nachvollziehen zu können, ist es erforderlich, einige Aspekte der Theorie zu kennen, in deren Kontext *Zurückphantasieren* und *Nachträglichkeit* gehören. Um den Leser über die kaum zu überschätzende Bedeutung der Nachträglichkeit im Vokabular Freuds zu unterichten, begeben wir uns am Ende dieses Sitzungsberichts auf einen Exkurs.

Die 254. Behandlungsstunde von Herrn Erich Y begann außerhalb des Sprechzimmers auf dem Parkplatz. Wir waren zusammen angekommen und hatten unsere Autos in einiger Distanz voneinander geparkt. Er touchierte die Stoßstange eines bereits dastehenden Autos, was ich aus der Ferne beobachtete.

Der Vorfall wird von Herrn Erich Y zunächst übergangen. Er beginnt die Sitzung mit einem Traumbericht, in dessen Mittelpunkt eine defekte Wasserleitung mit den dazugehörigen Folgen stand. Nachdem die Leitung abgestellt war, ergab sich bei der Besichtigung des Schadens, daß das Rohr in der Wand in einer Länge von etwa 20 cm an- oder abgesägt war. Das umgebende Mauerwerk hatte den Defekt so lange verdeckt.

Der Patient betont, daß er den Schaden im Traum nüchtern und sachgemäß beurteilt habe - es sei ja auch nicht sein Haus gewesen, in diesem Fall hätte er das Kleine ganz groß gemacht und dem Schaden eine ungeheure Bedeutung gegeben.

Sofort sehe ich im Traum eine Selbstdarstellung: In Wirklichkeit ist der Patient zur Zeit intensiv mit dem Umbau seines Hauses befaßt. Er hat neue Rohre verlegt und auch Reparaturen am Leitungssystem durchgeführt. Ich phantasiere über das Körperbild des Patienten und sehe in der Wasserleitung eine Darstellung des Urogenitalsystems und dessen Beschädigung, die sich in den Dysmorphophobien des Patienten, also in seinen Vorstellungen, ein zu kleines Kinn etc. zu haben, manifestiert. Zunächst bleibe ich auf der Ebene, die der Patient anbietet, und gehe darauf ein, daß von ihm kleine Beschädigungen immer noch (wegen des Selbstbezugs und der unbewußten Begleitphantasien) in gewaltiger Vergrößerung erlebt werden.

Ich beschränke mich auf eine dramatisierende Wiederholung der erlebten Größe des Schadens: „Von altersher geht es bei Kränkungen und Verletzungen gleich um Sein oder Nichtsein und auch um Ihre körperliche Ganzheit, krumme Nase, kleines Glied und Angriffe, Beschädigung, Verletzung."

Herr Erich Y erweitert meine Anspielungen durch Analogien, die ihn schließlich auf den Vorfall beim Einparken bringen: „Mit meiner Stoßstange habe ich den Gummipuffer des anderen berührt, nur so angebumst. Da war nur der Staub weg. Das sah ich schon beim Aussteigen, weshalb ich nicht näher hingegangen bin. Da kommt mir der Gedanke, ob Sie das auch gesehen haben, und die Andeutung eines schlechten Gewissens, weil ich weggegangen bin."

Unter meinen Augen hat sich der Schaden in seinem Erleben vergrößert. Es ist anzunehmen, daß für den Patienten unbewußt auch solche harmlosen Berührungen schwerwiegende Kollisionen signalisieren, weil er unter einem hohen Aggressionspotential steht. Deshalb fühlt er sich auch sofort beobachtet und bestraft.

Wir sprechen über seine eigene Urteilsfähigkeit und darüber, daß er trotzdem noch den Segen brauche und hören wolle, daß alles in Ordnung sei. Der große Schaden im Traum mit seinem unbewußten Hintergrund wird in Beziehung gesetzt zu dem harmlosen Verhalten und zu seinem schlechten Gewissen.

Herr Erich Y erweitert das Thema, indem er lange seine Abhängigkeit von Bestätigungen beschreibt. Aber da gibt es noch eine andere Seite, seine Eigenwilligkeit und sein Perfektionismus bei der Durchführung von Arbeiten, an deren Planung und Verwirklichung er niemand teilnehmen lasse. Er weiht auch seine Frau nicht ein.

Überlegung: Sein Perfektionsdrang ist als eine fortgesetzte Wiedergutmachung entstandenen Schadens anzusehen, sei es des Schadens, den er als Opfer am eigenen Körper erlebt, sei es des Schadens, den er selbst zufügt. Auch wenn unbewußte Absichten ihr Ziel nicht erreichen, weil Abwehrvorgänge hemmend eingreifen, so genügen doch auch Gedanken und unbewußte Phantasien, um ein schlechtes Gewissen zu machen und Wiedergutmachungen zu fordern. Die vielen Reaktionsbildungen des Patienten sind – wie auch gelegentliche Ausbrüche von Wut – ein Anzeichen dafür, daß bei ihm ein hohes Aggressionspotential in Schach gehalten werden muß.

In der nächsten Deutung rücke ich das Wort „Kratzer" in den Mittelpunkt und stelle eine Beziehung zum Körpergefühl des Patienten her (s. 5.2).

A.: *Wenn da irgendwo ein Kratzer ist, dann ist es so, als wäre er Ihnen zugefügt worden; Sie sind das Opfer, und Sie können nichts dagegen machen. Je größer der Schaden ist, den Sie an sich selbst erleben, desto größer ist dann auch wieder die Wut. Das schaukelt sich gegenseitig hoch, wie damals, als ich Ihnen einen Kratzer zufügte durch die Forderung eines Eigenanteils am Honorar ... Was da alles passiert ist in den Träumen ... Dann muß alles wieder gutgemacht werden.*

P.: *Ja, diese Perfektion. Den gleichen Gedanken hatte ich heute morgen auch schon. Aber warum sind diese äußeren Beschädigungen oder wenn was passiert sofort auf mich und meinen Körper bezogen, mit den so tiefgreifenden Wirkungen, ohne daß ich es zunächst wahrnehmen und spüren kann?*

A.: *Ja, schauen Sie diesen Schaden im Traum an. Die körperliche Wasserleitung ist das Wasserlassen, und da ist man sehr empfindlich, wenn man da getroffen wird. Das hat alles mit der Wasserleitung zu tun, mit dem Haus, das man selber ist, und da hat jemand böswillig dran gesägt, im Traum durchgesägt.*

P.: *Es war schon beschädigt eingesetzt.*

A.: *Schon beschädigt eingesetzt, aha.*

Überlegung: Zwischen der Mitteilung des Patienten, daß das Rohr schon beschädigt eingesetzt war, und meiner verstärkenden Wiederholung seines Gedankens hatte ich eine theoretisch gesteuerte Idee: Also lebt der Patient mit der unbewußten Phantasie, als wäre er schon in utero beschädigt worden, daß schon bei seiner Herstellung irgendetwas schiefgegangen sein könnte. Ich bin nicht wenig überrascht, daß der Patient nun eine Erinnerung bringt, die durch Wiederholungen seiner Mutter *nachträglich* lebendiggehalten wurde, nämlich daß sein Kopf bei der Geburt deformiert wurde. Bis an den Beginn des Lebens wird also von ihm die Körperbildstörung, insbesondere die Deformierung seines Kopfes, zurückphantasiert. Diese regressive Phantasie sehe ich als einen Versuch an, einen Status quo ante herzustellen, im Sinne Balints den vortraumatischen Zustand wiederzuerlangen. Es ist ein Neubeginn in der Phantasie. Tatsächlich bringt der Patient weitere Einfälle, die ausdrücklich auf die erste Beschädigung Bezug nehmen.

Der Patient greift meine Wiederholung „schon beschädigt eingesetzt" auf und ergänzt:

P.: *Wie gesagt, da war bereits bei der Erstellung der Fehler mit eingebaut, es liegt tiefer, und da kommt ganz einfach der Vergleich zur Geburt. Ich werde daran erinnert, meine Mutter sagte mir, es sei eine sehr schwere Geburt gewesen. Man mußte mich mit der Zange holen, und das war so schwerwiegend, daß sich mein Kopf verformt hat.*

A.: *Das heißt, da wurde schon was deformiert geschaffen und hergestellt.*

P.: *Im Entstehen* (lange Pause) *Das ist ganz komisch, als wenn ich so weit zurückliege im Bauch meiner Mutter, in dieser Höhle. Aber das ist alles so sauber, rein, so gleichmäßig. Und jetzt kommt sofort der Sprung ein paar Jahre weiter, im Kindergarten, bevor der Krieg ausgebrochen ist. Da kommt die erste Beschädigung. Ich weiß nicht, ob ich das schon einmal erzählt habe. Mein Bruder und ich, wir spielten hinterm Haus, wir spielten auf dem Bauernhof. Da war eine abschüssige Wiese. Da standen auch Fahrzeuge herum. Ich habe die Bremsen eines Leiterwagens losgemacht. Er kam ins Rollen, überfuhr meinen Bruder, der aber zum Glück in einem großen Hühnerloch spielte, so daß der Wagen über ihn wegfuhr, ohne ihn zu treffen.*

A.: *Hm, wurde nur gekratzt. Der Wagen …*

Der Patient beschreibt dann weiter, wie der Wagen den Abhang hinunterraste und in einem Schuppen zum Halten kam, wo der Zusammenstoß ziemlichen Schaden anrichtete.

Die lebhafte Schilderung des Patienten belebt in mir ziemlich analoge Erinnerungen an meine Kindheit. Die Intensität meines Zurückphantasierens ist so stark, daß ich mich nicht an den vom Patienten erwähnten Sachschaden und den von ihm ausgelösten Aufruhr halte. Ich gebe eine gegenübertragungsbedingte Deutung, die unmittelbar anschließt an die Beschreibung des Patienten.

A.: *Weil Sie beinahe den Bruder umgebracht hätten. Da wären Sie der Brudermörder gewesen, Kain und Abel.*

Nach einer längeren Pause entdeckt der Patient im Rückblick noch eine andere Seite.

P.: *Ich war auch so etwas wie der kleine Held, der mit 3 oder 4 Jahren schon so etwas zuwege bringt.*

A.: *Ja, was Sie alles in Gang setzen können. Und dann ist man auch selig und glücklich, wenn alles gutgegangen ist und gesagt wird, es ist nicht so schlimm. Und so war es auch heute morgen, wo Sie mich auch gerne herangezogen hätten als Zeugen dafür, daß kein Schaden entstanden ist, daß nichts passiert ist, daß der entstandene Schaden wieder gutgemacht wird – der selbst verursachte, aber auch der Schaden, den man gar nicht tatsächlich begangen hat, obwohl man meint, ihn als Täter auf dem Gewissen zu haben.*

Seiner Beschreibung, daß er wohl auch als kleiner Held dastand, entnehme ich, daß ich dem Patienten mit meiner gegenübertragungsbedingten Kain-Abel-Deutung zu viel zugemutet habe. Offenbar hatte der Patient hinsichtlich der affektiven Intensität genug für heute, denn den Rest der Sitzung widmet er oberflächlicheren Schadensfällen aus dem Erwachsenenleben.

Rückblick (unmittelbar nach der Sitzung diktiert): Meine Phantasie über die Entstehung des „eingebildeten" Schadens begegnete seiner durch die Mutter lebendig erhaltenen Vorstellung, daß die Beschädigung seines Kopfes auf die Geburt zurückgehe. Zum Glück sagte ich nichts. Meine Überraschung war groß, daß der Patient nicht länger von seiner schweren Zangengeburt sprach, sondern sich der Beschreibung der harmonischen Situation im Mutterleib hingab. Wir haben also in dieser Stunde die Möglichkeit, Verschiedenes zu sehen, den Neubeginn und die Zurückverlegung des harmonischen Zustands vor das erste Trauma, das der Patient als Geburtstrauma beschreibt. Sein Erlebnis und meine Überraschung fallen zusammen. Die Frage ist, wer hat hier mit dem Phantasieren angefangen, der Patient oder ich? Ganz wesentlich ist auch die Auslösung seiner Einfälle durch das rezente Ereignis vor der Sitzung auf dem Parkplatz. Schließlich habe ich mich in den Patienten und die mir bereits bekannte Rivalität mit seinem Bruder hineinversetzt und im Zurückphantasieren eigene Erinnerungen belebt, die mich zu einer gegenübertragungsbedingten Kain-Abel-Interpretation motiviert haben.
Kommentar: Der behandelnde Analytiker hat durch einen Stundenrückblick, den er unmittelbar nach der Sitzung diktiert hat, ebenso wie in den später geschriebenen Begleitkommentaren deutlich gemacht, daß er sich in eine konkordante Gegenübertragung eingelassen hat. Er hat am Zurückphantasieren des Patienten partizipiert und analoge Kindheitserlebnisse erinnert. Eindrucksvoll ist aber auch, daß diese gegenseitige Induktion von Ideen geprägt wird, die zur psychoanalytischen Heuristik gehören und die somit als Suchbilder nicht nur der gemütvollen Empathie des Analytikers, sondern durchaus auch seinem Kopf entsprungen sind.

Anmerkungen zur Nachträglichkeit: Der Ausdruck „nachträglich" und die substantivische Form „Nachträglichkeit" werden von Freud in Verbindung mit seiner Konzeption der Zeitlichkeit und der psychischen Kausalität häufig verwendet. Schon in einem Brief an Fließ vom 06.12.1896 schreibt Freud: „Ich arbeite mit der Annahme, daß unser psychischer Mechanismus durch Aufeinanderschichtung entstanden ist, indem von Zeit zu Zeit das vorhandene Material von Erinnerungsspuren eine Umordnung nach neuen Beziehungen, eine Umschrift erfährt" (1950a, S. 185). Laplanche u. Pontalis erwägen die Ansicht, „daß alle Phänomene, denen man in der Psychoanalyse begegnet, das Zeichen rückwirkender Aktivität, sogar rückwirkender Illusion trügen. So spricht Jung vom Zurückphantasieren: nach ihm reinterpretiert der Erwachsene seine Vergangenheit in seinen Phantasien, die ihrerseits ebensooft symbolischer Ausdruck seiner aktuellen Probleme sind. Nach dieser Auffassung ist die Reinterpretation für das Subjekt ein Mittel, vor den ‚Forderungen der Realität' in eine imaginäre Vergangenheit zu fliehen" (Laplanche u. Pontalis 1972, S. 314). Ohne diese Ansicht zu verwerfen, betonen Laplanche u. Pontalis, daß Freuds Konzeption der Nachträglichkeit viel genauer sei: Nicht das Erlebte werde insgesamt nachträglich umgearbeitet, sondern selektiv das, was in dem Augenblick, in dem es erlebt worden sei, nicht vollständig in einen *Bedeutungszusammenhang* integriert werden konnte. Das Vorbild für ein solches Erleben sei das *traumatisierende Ereignis*. Freud hat sich den Gedanken des Zurückphantasierens zu eigen gemacht. Der Ausdruck erscheint im Kontext der Nachträglichkeit an mehreren Stellen:

Ich gebe zu, daß diese Frage die heikelste der ganzen analytischen Lehre ist. Ich habe nicht der Mitteilungen von Adler oder Jung bedurft, um mich mit der Möglichkeit kritisch zu beschäftigen, daß die von der Analyse behaupteten, vergessenen Kindererlebnisse – in unwahrscheinlich früher Kindheit erlebt! – viel mehr auf *Phantasien* beruhen, die bei späteren Anlässen geschaffen werden ... kein Zweifel hat mich mehr in Anspruch genommen, keine andere Unsicherheit entschiedener von Publikationen zurückgehalten. Sowohl die Rolle der Phantasien für die Symptombildung als auch das *Zurückphantasieren* von späteren Anregungen her in die Kindheit und das nachträgliche Sexualisieren derselben habe ich als erster kennen gelehrt, worauf keiner der Gegner hingewiesen hat (Freud 1918b, S. 137).

Wir gehen davon aus, daß diese Wiedergabe ausreicht und einen tiefen Eindruck auf den Leser machen wird. Wir können jedenfalls die Begeisterung des behandelnden Analytikers beim Zurückphantasieren und bei der Wiederentdeckung der Nachträglichkeit als eine der großartigsten Leitideen Freuds nachvollziehen. Deshalb war es sicher folgenreich, daß Strachey diesen Ausdruck mit „deferred action" übersetzte. Mit Hinweis auf unsere Ausführungen unter 1.4 des Grundlagenbands wollen wir im Sinne der inzwischen veröffentlichten Argumentation von Wilson (1987) betonen, daß Strachey Freud nicht erfunden hat und die gegenwärtige Lage der Psychoanalyse nicht darauf zurückgeführt werden kann, daß in der *Standard Edition* das Werk Freuds in der angloamerikanischen Wissenschaftssprache Stracheys umgestaltet wurde. Daß Strachey Nachträglichkeit als „deferred action" übersetzte, ist mehr als einer der vielen Fehler, die nun allenthalben nachgewiesen werden. Denn die Freudsche Konzeption von „nachträglich" kann nicht auf den Begriff der aufgeschobenen Handlung reduziert werden. Lassen wir dahingestellt, welche Auswirkungen diese sinnentstellende Übersetzung für das Verständnis des Werkes im angloamerikanischen Sprachraum haben mag. Auch dort, wo das Original erhalten blieb, führte der Weg unaufhaltsam vom *Zurückphantasieren* zum *Zurückdatieren* der Entstehungsbedingungen seelischer und psychosomatischer Erkrankungen bis zur ersten Stunde und davor. Der Begriff der Nachträglichkeit verbietet es, die Geschichte des Subjekts auf einen linearen Determinismus, der lediglich den Einfluß der Vergangenheit auf die Gegenwart beachtet, zu reduzieren. Die Tendenz, die Ursachen seelischer Erkrankungen immer weiter zurückzudatieren, ist im Laufe der Jahrzehnte stärker geworden, so als würde das Schicksal des Menschen schon in den ersten Lebensmonaten, ja bereits intrauterin entschieden – wohlgemerkt nicht aufgrund des erbgenetischen Codes, nicht aufgrund der Erbanlage, sondern wegen angenommener Umwelteinflüsse. Hierbei handelt es sich um eine universale, also sprach- und übersetzungsunabhängige Entwicklung, die auch dort zu finden ist, wo die Bedeutung der Nachträglichkeit voll rezipiert wurde, wie beispielsweise durch Lacan, der Freuds Idee mit Heideggers Philosophie der Zeitlichkeit verbunden hat. Das Zurückphantasieren bis zum Beginn der eigenen Lebenszeit und darüber hinaus im Spiegel der Selbstbegegnung ist ein faszinierendes Thema der Märchen und Mythen, die in uns leben.

Dieser Exkurs zeigt, daß das schlichte konkordante Zurückphantasieren einen bedeutungsvollen Kontext hat. Der Erkenntnisprozeß des Psychoanalytikers wird von vielen Voraussetzungen getragen, auch wenn ihm diese in der Sitzung selbst nicht gegenwärtig sind. So wird es wohl auch in der oben zusammengefaßten Sitzung gewesen sein, die recht gefühlvoll und keineswegs kopflastig verlief.

3.4 Teilhabe des Patienten an der Gegenübertragung

Angeborene biologische Grundmuster bringen es mit sich, daß lebhafte erotische oder aggressive Szenen insbesondere dann, wenn der Analytiker in der Übertragung einbezogen wird, eine unwillkürliche psychophysiologische Resonanz finden. Die Einfühlung in die vom Patienten beschriebenen Szenen versetzt den Analytiker in Stimmungen, deren Qualität auf einem breiten Spektrum liegt. Scheler hat schon 1913 in seinem Werk *Zur Phänomenologie und Theorie der Sympathiegefühle und von Liebe und Haß* auf die primäre Objektbezogenheit und die bipersonale Natur dieser tief ins Körperliche reichenden Vorgänge aufmerksam gemacht (s. hierzu Scheidt 1986). Unter psychoanalytischen Gesichtspunkten richtet sich der Blick auf die unbewußten Vorformen dieser Phänomene. Man benötigt keine physiologischen Meßdaten, um in der Gegenübertragung zu spüren, daß die partielle Identifikation mit dem Erleben des Patienten eine animierende Wirkung hat. Diese ist zum einen abhängig von der Art der Szenen und zum anderen von der allgemeinen Reaktionsbereitschaft oder der speziellen Resonanzfähigkeit des Analytikers. Es kommt also im Analytiker im Grunde zu all jenen affektiven Reaktionen, die zur Natur des Homo sapiens gehören und die Darwin, Freud, Cannon und Lorenz in ihren Affekt- und Triebtheorien zu erklären versuchen.

Die beruflichen Aufgaben und Verpflichtungen bringen mit sich, daß Sympathiegefühle, daß Liebe und Haß in der Gegenübertragung in abgeschwächter Form auftreten. Der Analytiker steht sozusagen nur mit einem Bein in der jeweiligen Szene, mit seinem Standbein und v. a. mit seinem Kopf bleibt er, nach den oben zitierten Worten Schopenhauers, „im Gebiet der ruhigen Überlegung", um kenntnis- und hilfreich einspringen zu können. Auch wenn hier keine Diskussion über die menschliche Triebnatur geführt werden kann – ein unerschöpfliches interdisziplinäres Thema zwischen Psychoanalyse und philosophischer Anthropologie, wie die Schrift von Marquardt (1987) erneut zeigt –, so wird doch von keiner Seite bezweifelt, daß dieser Natur auch Psychoanalytiker unterworfen sind. Deren Empfänglichkeit für sexuelle oder aggressive Phantasien ist sogar erhöht, weil sie sich dafür schulen, die feinsten, dem Patienten als Sender noch gänzlich unbewußten Mikrosignale wahrzunehmen.

Unausgesprochen wissen selbstverständlich alle Patienten, daß auch ihr Analytiker biologischen Gegebenheiten unterworfen ist. Die behandlungstechnischen Probleme beginnen bei der Frage, in welcher Weise anerkannt wird, daß der Analytiker von den sexuellen oder aggressiven Phantasien seiner Patienten in ähnlicher Weise berührt wird wie alle anderen Menschen. Ohne eine solche Anerkennung der Bipersonalität von Emotionen verwirrt man den Patienten. Dessen gesunder Menschenverstand orientierte sich bisher an Erfahrungen, die er nun in Frage gestellt sieht: Sofern überhaupt eine Beziehung zwischen 2 Menschen besteht, lassen die Emotionen des einen den anderen nicht kalt. Der Patient spürt zumindest in vager Weise etwas von den Gegenübertragungen seines Analytikers, und er benötigt dessen emotionale Resonanz ebenso wie dessen klaren Kopf. Die darin liegende Spannung anzuerkennen, bewahrt vor jenen zahlreichen Sackgassen, die mit dem Stillstand oder dem Abbruch von Behandlungen enden. Wir führen das Scheitern nicht weniger Behandlungen darauf zurück, daß der Patient, insgeheim von der Unglaubwürdigkeit seines scheinbar unberührten Analytikers überzeugt, vielfache Proben aufs Exempel wiederholt und bis zum Beweis intensiviert. Die Variationsbreite dessen, was bei diesen Überführungsversuchen als Beweis gilt, ist groß. Spontane Reaktionen averbaler Art oder auch Deutungen, die Rückschlüsse auf die persönliche Neugierde des Analytikers erlauben, dienen dem Patienten als Indizien dafür, daß der Analytiker aggressiv oder sexuell gereizt wurde. Nun ist der Beweis erbracht, und der Analytiker hat sich unglaubwürdig gemacht. Die Intensivierung aggressiver und erotisch-sexueller Übertragungsphantasien stammt also partiell aus der Verleugnung des Analytikers. Es ist nicht leicht, aus dieser Sackgasse wieder den Weg ins Freie zu finden. Deshalb ist es ratsam, von Anfang an die eigene Emotionalität anzuerkennen und die beruflichen Aufgaben zu klarifizieren, die dem Analytiker abgemilderte affektive Reaktionsweisen ermöglichen. Gewährt man dem Patienten Einblicke in das ihn betreffende analytische Nachdenken, also beispielsweise in den Begründungszusammenhang von Deutungen, läßt die persönliche Neugierde nach. Dann fällt es unserer Erfahrung nach Patienten nicht schwer, das Privatleben des Analytikers zu respektieren und die Neugierde für die persönlichen und privaten Seiten seiner Stimmungen oder Gedanken einzuschränken. Es ist für Patienten eine ungeheure Entlastung, daß der Analytiker nicht Gleiches mit Gleichem vergilt und ähnlich intensiv reagiert wie die Menschen, mit denen sich der Patient im emotionalen Clinch befunden hat oder noch befindet. Die aufgrund des beruflichen Wissens abgemilderten Gegenreaktionen des Analytikers ermöglichen es dem Patienten, neue Erfahrungen zu machen. Dann hat der Analytiker die Probe aufs Exempel in therapeutischer Weise bestanden, anstatt durch eine falsch verstandene und widernatürliche Abstinenz und Anonymität unglaubwürdig zu sein und den vorhin skizzierten Teufelskreis auszulösen.

Betrachten wir nun einige Einzelheiten. Was heißt es, wenn Ferenczi (1919) die Bewältigung der Gegenübertragung in der fortwährenden Oszillation zwischen freiem Spiel der Phantasie und kritischer Prüfung sieht? Was meinen Analytiker, wenn sie von ihrem Umgang mit der Gegenübertragung sprechen? Zweifellos ist es etwas anderes, ob man nachträglich über dieses oder jenes Gefühl spricht, das in der therapeutischen Sitzung als Reaktion entstanden ist, oder ob man sich dem Patienten gegenüber befindet. Freilich geht es genau darum, wie der Analytiker damit umgeht, daß er einer Fülle von Reizen ausgesetzt ist. Der Beruf des Analytikers wäre tatsächlich unmöglich, wenn alle sexuellen und aggressiven Wünsche ungebrochen ihr Ziel erreichten und den Analytiker von der einen Höhe in die andere Tiefe rissen. So dicht das emotionale Engagement und der Austausch auch sein mögen, so bringt es die reflektierende Nachdenklichkeit des Analytikers doch auch mit sich, daß ihn die Emotionen des Patienten nur in abgeschwächter Form erreichen. Gewiß ist er das Ziel der sexuellen Sehnsucht, der verzweifelten Hilferufe oder der Entwertung des Patienten - und er ist gemeint und berührt. Die Intensität seines Erlebens ist aber aus verschiedenen Gründen abgeschwächt. Das Wissen über die Prozesse der Übertragung bringt einen gewissen Schutz. Liebe, Haß, Verzweiflung, Ohnmacht waren ursprünglich auf mehrere Personen verteilt. Indem der Analytiker sich in den Patienten einfühlt, ist er schon nicht mehr das passive Opfer von dessen zynischer Kritik; vielmehr kann er am lustvollen Sadismus des Patienten partizipieren und eine geistige Befriedigung aus der Aufklärung solcher Verhaltensweisen ziehen. Die ruhige Nachdenklichkeit, die mit einem hohen intellektuellen Vergnügen beim Herausfinden der Rollenzuschreibungen einhergehen kann, schafft eine ganz natürliche Distanz zur Nähe des Augenblicks.

Der Leser wird vielleicht überrascht sein, daß wir darin einen natürlichen Vorgang sehen, der nichts von einer Spaltung an sich hat, aber auch keine fortlaufende Sublimierung erzwingt. Daß sich die Gegenübertragungsprobleme über den von uns kurz skizzierten Weg, nicht aber über Sublimierungen lösen lassen, bedarf keines weiteren Beweises. Analytiker wären nach kurzer Arbeitszeit erschöpft und berufsunfähig, wenn sie ihre Kraft für eine Ich-Spaltung oder Sublimierung aufwenden müßten.

Aus unserer Auffassung ergibt sich, warum es die natürlichste Sache der Welt ist, daß der Patient in bestimmten Situationen erfahren darf – ja wissen muß –, welche Gegenübertragungen er im Analytiker ausgelöst hat. Nicht mit schlechtem Gewissen hat der Analytiker etwas zu bekennen, und schon gar nicht kann es darum gehen, den Patienten mit eigenen Konflikten zu belasten oder Geschichten aus dem eigenen Leben als Beispiele mitzuteilen. Häufig nehmen freundschaftliche Beratungsgespräche aus den verschiedensten Gründen eine solche Wendung, so daß schließlich beide ihr Herz ausschütten. Auch viele Ärzte glauben, in der Sprechstunde Trost spenden zu können, indem sie Beispiele eigener Krankheits- und Lebensbewältigung geben. So wesentlich Identifikationen oder das Lernen am Modell in jeder Form von Psychotherapie sind, so entscheidend ist es andererseits, dem Patienten dazu zu verhelfen, daß er die ihm selbst möglichen und gemäßen Problemlösungen findet. Verleugnet ein Patient sein genuines Wissen, daß auch Analytiker dem Schicksal unterworfen sind, so gibt es hilfreichere Wege der Aufklärung als die von Bekenntnissen, die eher schaden als nützen, auch wenn sie mit guten Absichten abgelegt werden.

Es ist ein Charakteristikum allen Leidens – und besonders aller seelisch bedingten oder mitverursachten Erkrankungen –, daß zumindest im Bereich von Symptomen eine Hilflosigkeit eingetreten ist. Der Patient (der „Leidende") klagt über Beschwerden, gegen die er machtlos ist und die sich seelisch aufdrängen oder ihm von seinem Körper bereitet werden. Oft werden Klagen zu indirekten Anklagen. Besonders bei allen seelischen und psychosomatischen Erkrankungen werden die Klagen bald zu Anklagen, die sich gegen Eltern und Angehörige richten. Um nicht mißverstanden zu werden betonen wir, daß Klagen und Anklagen darüber, was einem Menschen widerfahren ist und angetan wurde, ernstzunehmen sind. Die langjährige Abhängigkeit des Kindes geht mit einer eindeutigen Verteilung von Macht und Ohnmacht einher. Im Überlebenskampf findet auch das ohnmächtige Opfer noch Mittel und Wege, um sich zu behaupten. Die psychoanalytische Theorie bietet eine Fülle von Erklärungsmustern an, die das therapeutische Verstehen besonders an jenen Punkten erleichtern, die dem Patienten selbst unbewußt sind. Der gemeinsame Nenner, der diese Punkte miteinander verbindet, liegt in den unbewußten Einflußnahmen, die der Patient, so viel ihm auch immer angetan wurde, selbst ausübt.

Unsere Ausführungen begründen die Notwendigkeit, den Patienten unter bestimmten Umständen an der Gegenübertragung teilhaben zu lassen. Die Notwendigkeit dieser Teilhabe ergibt sich theoretisch aus der Fortentwicklung der Objektbeziehungstheorie in eine Zweipersonenpsychologie. Die große therapeutische Bedeutung der Teilhabe an der Gegenübertragung ergibt sich überall dort, wo Patienten blind dafür bleiben, wie sich ihre verbalen und averbalen Mitteilungen, ihre Affekte und Handlungen auf ihre Mitmenschen und auf den Analytiker auswirken. Wahrscheinlich ist es sogar so, daß manche Übertragungsdeutungen, mit denen eine gewisse Distanz geschaffen wird, den Patienten dazu stimulieren, das Objekt endlich zu vermenschlichen und hierbei die Grenzen der eigenen Macht zu erproben. Indem wir mit Bedacht von der Teilhabe des Patienten an der Gegenübertragung des *Analytikers* sprechen, bringen wir zum Ausdruck, daß diese nur partiell dem Funktions- und Gestaltkreis des Patienten zugehört. Gerade weil der Analytiker nicht voll mitmacht, sondern in allem Ernst in der oben beschriebenen Weise mitspielt, entdeckt der Patient die unbewußten Aspekte seiner Intentionen. Intuitive Psychoanalytiker, die noch dazu den Mut hatten, mit ihren Erfahrungen vor die Öffentlichkeit zu treten, haben schon immer gewußt, daß diese Art der Teilhabe nichts mit Bekenntnissen aus dem Privatleben zu tun hat. Es ist überhaupt unangemessen, im Zusammenhang mit der Gegenübertragung von Bekenntnissen oder Eingeständnissen zu sprechen. Diese Bezeichnungen belasten den natürlichen Umgang mit der Gegenübertragung. Denn der Analytiker legt weder in der Berufsgemeinschaft eine Beichte ab, noch geht es um Bekenntnisse persönlicher Art dem Patienten gegenüber. Darauf haben wir schon im Grundlagenband unter 3.5 hingewiesen. Den Patienten ggf. an der Gegenübertragung teilhaben zu lassen, halten wir für die angemessene Beschreibung eines eminent bedeutungsvollen Vorgangs, der neue therapeutische Möglichkeiten eröffnet, aber auch die Erkenntnis vertieft.

Unsere Ausführungen tragen vielleicht dazu bei, den Schock abzuschwächen, der noch immer von der Offenheit ausgeht, mit der Winnicott (1949), Little (1951) und Searles (1965) über ihre Gegenübertragung schrieben. Unmißverständlich heißt es:

> In bestimmten Phasen mancher Analysen wird der Haß des Analytikers vom Patienten tatsächlich gesucht, und es ist dann nötig, diesen Haß zu objektivieren. Wenn der Patient wirklichen und gerechtfertigten Haß sucht, muß er auch fähig sein, diesen zu erreichen, sonst kann er auch nicht spüren, daß er auch wirkliche Liebe finden kann (Winnicott, S. 199).

Wir geben nun 2 Beispiele, die deutlich machen, daß das Partizipieren des Patienten an der Gegenübertragung eine heilsame Wirkung haben kann.

3.4.1 Erotische Gegenübertragung

Gegen Ende ihrer mehrjährigen Analyse überraschte mich die Patientin Rose X nach längerem Zögern mit einer direkten Frage nach meiner Reaktion auf ihre Sexualität. Sexuelle Phantasien und Erlebnisse hatten immer eine große Rolle gespielt. „Übertragung auf den ersten Blick“, eine starke Erotisierung und damit verbundene Hemmungen und Vermeidungen hatten die Analyse über lange Zeit geprägt. Die zum Vorschein kommenden Enttäuschungen, Trennungsängste und aggressiven Spannungen bildeten ein oft schwer in seine Bestandteile auflösbares Geflecht mit sexuellen Wünschen.

Starke angstneurotische und anorektische Phasen bestanden seit dem 11. Lebensjahr. Mit sexuellen Gefühlen und Vorstellungen hatte sie sich schon als Mädchen, besonders in Pubertät und Adoleszenz, allein gefühlt. Meine Zurückhaltung und die analytische Situation förderten in der Behandlung diese Gefühle von Alleingelassenwerden v.a. in Aspekten der Beziehung zum Vater. Dieser war mit dem kleinen Mädchen lange sehr zärtlich gewesen, hatte sich aber mit Beginn der Pubertät zurückgezogen und war ihren Fragen nach dem „Sinn des Lebens" ausgewichen. Seine Verhaltensänderung war ihr einerseits unverständlich, andererseits bezog sie seine Abwendung auf ihre geschlechtliche Entwicklung.

Die „Übertragung" und die realistischen Aspekte der analytischen Beziehung waren auf diesem Hintergrund besonders spannungsreich. Frau Rose X war häufig zu Fragen nach meinen persönlichen Reaktions- und Erlebnisweisen veranlaßt - Fragen, die jedoch vorwiegend indirekt zum Ausdruck gebracht wurden. Zu diesem Vermeiden hatte ich, wie sich nun im Rückblick aus der späten Phase der Analyse erkennen ließ, unbeabsichtigt beigetragen. Denn ich war gerade wegen der starken positiven, oft erotisierten Übertragung in dem Sinne entlastet, daß sich die Patientin an den gesetzten Rahmen hielt und Grenzen respektierte, die letztlich im Inzesttabu ihre psychosoziale Begründung haben. Meine retrospektiven Übertragungsdeutungen bezogen sich dementsprechend auf ihre ödipalen und präödipalen Enttäuschungen und deren Neuauflage durch den Rückzug des Vaters, der allerlei Fragen über das Leben auswich und diese nicht von Mensch zu Mensch beantwortete. Diese Verhaltensänderung bildete einen unbegreiflichen Kontrast zu den Verwöhnungen, ja Intimitäten, die der Vater bis zur Präpubertät mit dem hübschen Mädchen ausgetauscht hatte. Sie war als Einzelkind den Besonderheiten der Eltern verstärkt ausgesetzt. Die Fürsorge des Vaters nahm sie als Kind eher passiv auf. In vieler Hinsicht übernahm der Vater auch eine mütterliche Rolle und sorgte für einen Ausgleich der Traumatisierungen, die sie durch mehrere schwere Erkrankungen während ihrer Kindheit erlitten hatte. Die angsthysterische und abergläubische Mutter blieb zeitlebens vom Großvater innerlich abhängig, was die eigene Ehe und auch die Fürsorglichkeit dem Kind gegenüber komplizierte. Die Enttäuschungen, die Frau Rose X durch die Mutter erlebte, verstärkten ihre Zwiespältigkeit und das damit verbundene Spannungsfeld von unbewußt gewordener Aggressivität und manifesten, aber in der Herkunft dunklen Schuldgefühlen. In der Symptomatik setzte sich z.T. die ambivalente Beziehung zur Mutter in typischer Weise fort.

Aus dieser psychodynamischen Zusammenfassung läßt sich leicht ableiten, daß retrospektive Übertragungsdeutungen an rezenten Enttäuschungen bei einer Unterbrechung der Analyse oder bei imaginierten Trennungen ihren Ausgang nehmen konnten und persönliche, konkrete Fragen lange Zeit nur am Rande anklangen. Diese wurden wohl auch vermieden, um die Beziehung nicht zu belasten. Zwischen Tür und Angel warf Frau Rose X oft einen eindringlichen Blick auf meine Mimik und mein Ausdrucksverhalten, gelegentlich machte sie Anspielungen, die z.B. ihre Besorgnis über mein „ernstes" Gesicht betrafen. Wir zerbrachen uns dann den Kopf über die Entstehung ihrer Angst- und Schuldgefühle.

Die ins Auge gefaßte Beendigung der Behandlung stand nun bevor. In dieser Phase kamen neben aggressiven vermehrt sexuelle Vorstellungen auf, größtenteils auch als Rückblicke auf Phantasien (z.B. aus Träumen und Tagträumen), von denen die Patientin früher nicht hatte sprechen können.

Nach einer Kritik an meiner beruflichen Rolle als „unpersönlicher analytischer Apparat“ fragte mich Frau Rose X nun direkt, wie ich mit ihren 021015rten sexuellen Phantasien und Andeutungen umgehe, ob ich nicht doch auch erregt sei oder mir sekundenweise etwas Ähnliches vorgestellt habe. Dies bezog sie besonders auf sexuelle Wünsche und Erlebnisse, die sie selbst als lustvoll empfand – Szenen, in denen sie durch eigene Exhibition den Mann zu aggressiver Sexualität stimulierte. Nun wollte die Patientin wissen, was ich mir wünsche oder vorstelle und ob ich ähnliches empfände wie andere Männer.

Wenn früher sexuelle Gedanken angeklungen waren, besonders mit einer Implikation für mich, so hatte ich diese zwar nicht zurückgewiesen, aber als konkret bezogene Gedanken entweder übergangen oder um Erläuterungen gebeten und schließlich retrospektive Übertragungsdeutungen oder Deutungen des latent aggressiven, aktuellen Gehalts gegeben. Zum Zeitpunkt der Endphase dieser Behandlung war ich aufgrund früherer Erfahrungen zu der Auffassung gelangt, daß es möglich und sinnvoll ist, Patienten an der Gegenübertragung teilhaben zu lassen, ohne in Verwicklungen und Vermischungen der beruflichen mit der persönlichen Rolle hineinzugeraten. Im Gegenteil, dieses Teilhabenlassen trägt zur Klarifizierung und zur Entlastung bei. Denn zunächst hatte ich mich ja real tatsächlich zurückhaltend wie der leibliche Vater verhalten, der unpersönlich geworden war und eine Grenze gezogen hatte, wo durchaus noch persönlicher Spielraum gewesen wäre. Oder anders gesagt: Aus der eigenen Furcht vor Grenzüberschreitungen hatte möglicherweise der Vater der Patientin abrupt auf Anonymität umgeschaltet, ebenso wie ich selbst eine unpersönliche Haltung bereits im gedanklichen Vorfeld möglicher sexueller Handlungen eingenommen hatte. In der Behandlungsbeziehung mußten in diesem Fall für die Patientin die reale Erfahrung mit mir und die „traumatische“ mit dem Vater so zusammenfallen, daß in ihrem Erleben der Charakter einer „Übertragung“ von der Realerfahrung nicht mehr zu differenzieren war.

Mit solchen Überlegungen im Hintergrund gab ich also etwa folgende Antwort, die Teil eines längeren Gedankenaustauschs zwischen uns wurde. Ich sagte wahrheitsgemäß, daß mich ihre Gedanken und Phantasien, die sie selbst als aufreizend, erregend usw. bezeichnet hatte, nicht kalt ließen; im übrigen spreche schon ihre eigene Lebenserfahrung dafür, daß ich mich nicht wesentlich von anderen Männern unterscheide. Ein gewisses Mitschwingen und gefühlsmäßiges Reagieren sei auch nötig, sonst könne ich mich ja nicht in ihre seelische Situation so weit hineinversetzen, daß ich daraus meine Folgerungen ziehen und Deutungen formulieren könne. Eine gewisse Distanzierung von meinen eigenen Wünschen und Phantasien sei für die Therapie notwendig. Freude und Genuß zöge ich daraus, daß ich bei mir entstandene Phantasien nicht in Wünsche oder Handlungen umsetze, sondern gute, möglichst hilfreiche Deutungen daraus mache, die ihr, hoffentlich, wieder zugute kommen und schließlich eine Behandlung dann zu einem guten Abschluß bringen können. Das Wesentliche aber war die Mitteilung, daß ich etwas fühle, auch gewisse sexuelle Vorstellungen als Reaktion auf ihre Phantasien entwickle. Ich ergänzte, daß wir so im Augenblick entdeckt hätten, was wir beide während einer langen Phase der Therapie zwar wahrgenommen, jedoch in dem Sinne nie ausgesprochen hätten: daß wir uns gegenseitig anregen und gelegentlich auch ich von ihrer erotischen Anziehungskraft angesprochen sei.

Frau Rose X war über diese Antwort überrascht und erleichtert. Sofort brachte sie einen Nachtrag zu einem am Anfang der Stunde berichteten Traum - einer von vielen mit sexuellen und aggressiven Inhalten, in dem es um die Begegnung mit einem dem Vater ähnlichen Mann und einer fremden Frau, aber auch um die Gefahr ihrer Vergiftung ging. Assoziationen über die böse Stiefmutter und die Vergiftung im Märchen von Schneewittchen waren die ersten Einfälle gewesen. Nach ihrer Teilhabe an meiner Gegenübertragung folgten weitere Assoziationen und auch Deutungen der Patientin selbst. Sie sei kolossal entlastet und könne bisher verschwiegene sexuelle Inhalte offener aussprechen - mit der Folge, daß weniger Spannung und mehr Deutungsarbeit möglich war. Der Traum konnte in seiner Bedeutung als Symbolisierung der traumatisch empfundenen Einzelkindsituation mit dem erotisch verführerischen, zugleich aber sehr zurückhaltenden Vater und der in diesem Dreieck mit Angst und Schuldgefühlen belegten Mutter verstanden werden. Von der Mutter hatte sich die Patientin emotional sehr abhängig gefühlt und sich in Kindheit und Jugend oft mit deren Innenleben beschäftigt. Die Mutter war im Verlauf der Analyse, etwa 1½ Jahre vor Beendigung, an einer Krebserkrankung verstorben.

Diese Deutung, die in ihrem vergangenheitsbezogenen Anteil durchaus nicht neu war - sie bezog sowohl Aspekte der Beziehung zum Vater als auch zur Mutter ein, war v.a. aber eine Anerkennung ihres konkreten Anliegens, einen gewissen Einblick in die Gefühls- und Vorstellungswelt des anderen zu bekommen -, leuchtete der Patientin zum ersten Male wirklich ein, weil sie vor dem Hintergrund einer neuen Erfahrung stattfand: etwas über mein Inneres, über meine Verarbeitungsmöglichkeiten zu erfahren. Aus meiner Mitteilung konnte die Patientin eine *Anerkennung* ihrer eigenen Sexualität, Sinnlichkeit und Körperlichkeit ziehen. Ihre Zweifel, was ihre erregenden Phantasien in mir auslösen könnten, wurden gegenstandslos. Meine Deutungen, daß menschliche Empfindungen zugrunde liegen, befreiten die Patientin von dem Gefühl, ohnmächtig und ausgeschlossen zu sein oder sich schuldig gemacht zu haben. Im Verlauf der folgenden Stunden entspannte sich das Arbeitsklima deutlich. Die traumatischen Affekte in der Übertragung konnten offener in der Beziehung besprochen und aufgelöst werden, so daß die Analyse ein gutes Ende fand.

3.4.2 Aggressive Gegenübertragung

Wir geben zunächst eine Zusammenfassung der besonderen Probleme von Frau Linda X und schildern im Anschluß daran die Zuspitzung der Übertragungs-Gegenübertragungs-Konstellation in einer Sitzung, die vor einer längeren Unterbrechung lag.

Außergewöhnlich war schon die Anmeldung durch den Betriebsarzt einer Firma, in der die seinerzeit 23jährige Frau Linda X eine Ausbildung als pharmazeutisch-technische Assistentin absolvierte. Allein hätte Frau Linda X den Sprung nicht geschafft, weshalb der besorgte Kollege nicht nur die Anmeldung übernahm, sondern auch insistierte, die Patientin in die Sprechstunde zu bringen.

Frau Linda X legte größten Wert darauf, einen Termin bei dem Analytiker zu erhalten, dessen Vortrag sie vor einiger Zeit gehört hatte. Schüchtern, ängstlich und depressiv erwartete Frau Linda X, wie sie sofort nach der Begrüßung äußerte, schon nach wenigen Gesprächen fortgeschickt zu werden. Im Verhalten und in ihren Äußerungen drückte sich eine depressiv-ängstliche Haltung aus, die sich seit etwa 10 Jahren verfestigt hatte. Als Jüngste in einem Elternhaus mit prüder Sexualmoral aufgewachsen, erkrankte sie an einer Pubertätsmagersucht, die durch kränkende Bemerkungen ausgelöst wurde. Die ärztliche Ankündigung, der gefährliche Gewichtsverlust müsse durch Sondenfütterung ausgeglichen werden, führte dazu, daß die Patientin seinerzeit rasch wieder durch übermäßiges Essen von 36 kg auf 80 kg zunahm. Im 17. Lebensjahr unterdrückte sie ihre Freßsucht mit Appetitzüglern. Diese wurden durch Psychopharmaka abgelöst, von denen Frau Linda X seit Jahren abhängig ist. Im Wechsel nimmt sie verschiedene Benzodiazepinderivate und andere Tranquilizer ein, ohne die sie von Ängsten paralysiert wird.

Um vor ihrer Einsamkeit davonzulaufen und ihre Kontaktangst zu überwinden, stillt Frau Linda X ihre große Sehnsucht nach Zärtlichkeit durch kurzfristige, ziemlich wahllose und entsprechend gefährliche sexuelle Abenteuer. Außer einer momentanen Überwindung ihrer Einsamkeit und einem dumpfen Gefühl, für irgendwelche Versäumnisse der Eltern auf diese Weise Rache zu nehmen, bringen ihr die häufig wechselnden Beziehungen nichts. Ihre innere Leere und Verzweiflung hat in den letzten Jahren zugenommen und eine chronische Suizidalität hervorgebracht.

Trotz der schweren Symptomatik ist es Frau Linda X aufgrund ihrer Intelligenz gelungen, einen guten Schulabschluß zu erreichen und einen Ausbildungsplatz zu erkämpfen. Ihre Leistungen in den Kursen führen zu Anerkennung und Befriedigung.

Aus dieser kurzen Beschreibung einer ziemlich schwierigen Lebenssituation ergeben sich verschiedene Fragen bezüglich der von uns vertretenen adaptiven Indikationsstellung zur Psychoanalyse. Hierbei befindet man sich schon deshalb auf unsicherem Boden, weil beispielsweise die Schwere der Gewöhnung und Abhängigkeit von Benzodiazepinderivaten und der daraus entstehende Teufelskreis am Anfang noch gar nicht abgeschätzt werden kann. Es ist also nicht auszuschließen, daß sich die Ängste der Patientin auch ohne diskrete Entziehungserscheinungen steigern, so daß sie dann gezwungen ist, immer mehr Tranquilizer zu nehmen. Trotz zumindest psychischer Abhängigkeit von Benzodiazepinpräparaten und einer chronischen Suizidalität wurde ein ambulanter Behandlungsversuch vorgeschlagen. Eine langfristige stationäre Behandlung hätte ihre Ausbildung unterbrochen und zusätzliche Belastungen mit sich gebracht. Tatsächlich befürchtete die Patientin, eingewiesen zu werden und damit den Anschluß an ihren Kurs zu verlieren. Das Absinken ihres Selbstwertgefühls aufgrund des Wegfallens der Anerkennung, die sie aus ihrer Tüchtigkeit zog, hätte während eines stationären Aufenthalts kaum ausgeglichen werden können. Die Kontrollmöglichkeiten des Medikamentenabusus und der Schutz gegen Selbstmordversuche sind im übrigen auch in stationären Einrichtungen beschränkt.

Bezüglich der Verschreibung von Psychopharmaka wurde die Vereinbarung getroffen, daß diese vom Analytiker übernommen wird. Der eingeschlagene Weg hat sich in diesem Fall voll bewährt. Die entstehenden Verwicklungen in Übertragung und Gegenübertragung ließen sich konstruktiv lösen. Es gelang, von den situativen Verschlimmerungen ausgehend, in die Tiefe ihrer Ängste vorzudringen, wobei die nachdenkliche Patientin Schritt für Schritt sicheren Boden unter den Füßen gewinnen konnte.

Wie schon vor Beginn der Behandlung traten auch im Verlauf der mehrjährigen Therapie immer dann wieder suizidale Krisen auf, wenn sie Kränkungen durch die Eltern oder Freunde hinnehmen mußte, die meist mit Trennungen verbunden waren. Ferienbedingte Unterbrechungen der Behandlung gingen entsprechend mit Krisen einher und führten zu verschiedenen Notmaßnahmen wie vorübergehende stationäre Unterbringung in einem Reha-Heim oder später zu Ersatzterminen bei einem Kollegen.

Anläßlich einer relativ langen Unterbrechung der Behandlung, die frühzeitig angekündigt wurde, geriet die Patientin erneut in einen Zustand chronischer Suizidalität, für den sie indirekt den Analytiker verantwortlich machte. Die Weigerung der Patientin, die bis dahin zur Verfügung stehende Zeit so gut wie möglich zu nutzen oder Überbrückungshilfen während meiner Abwesenheit anzunehmen, machte mich zunehmend hilflos: meine Ohnmacht war von aggressiven Gefühlen gegen den Negativismus der Patientin begleitet. Meine interpretativen Versuche, bei denen die üblichen Register des Verständnisses narzißtischer Wut (Henseler 1981) gezogen wurden, scheiterten. Die Patientin hielt daran fest, daß alle Welt sie verlassen habe und sie sich deshalb nun endgültig umbringen werde.

Zu einer der letzten Stunden vor der Unterbrechung bringt sie einen Abschiedsbrief mit, den ich lesen soll. Da die Patientin sich daraufhin in ein Schweigen hüllt, bleibt viel Zeit zum Nachdenken. Der Brief liegt auf dem Tisch. Dabei fällt mir ihre schwarze Kleidung auf, und ich denke an Trauer und Tod.

A: *Wenn ich diesen Brief jetzt lesen würde, dann würde ich Ihren Abschied annehmen. Sie hassen mich, weil ich fortgehe.*

Das reaktionslose Schweigen der Patientin lastet auf mir. Es scheint ihr gar nicht klar zu sein, wie sehr mich ihre in der Selbstmorddrohung enthaltene Aggressivität trifft. Auch in ihren Beziehungen nimmt sie oft kaum wahr, daß sie ihr freundlich gesinnte Mitmenschen erheblich kränkt und verletzt. Verschiedene Möglichkeiten gehen mir durch den Kopf: Soll ich die Patientin zu ihrem Schutz und zu meiner Absicherung einweisen, oder soll ich, an Winnicotts Empfehlung (s. dazu 3.4) denkend, sie an meiner Gegenübertragung teilhaben lassen? Ich entschließe mich zu letzterem, weil ich außerdem befürchte, daß sie sonst mein Nichtlesen des Briefes als Gleichgültigkeit verstehen könnte. Darüber hinaus ist mir wichtig, ihr gegenüber die Kontinuität der Beziehung über die Unterbrechung hinaus zu vertreten. So kommt es zu einer relativ langen Deutung, in der ich meine Besorgnis auch dadurch zum Ausdruck bringe, daß ich der Patientin sage, ich befinde mich in einem solchen Dilemma, daß ich wütend auf sie sei.

A.: *Tatsächlich bin ich davon betroffen, daß Sie mit ihrer Drohung das Fortgehen erschweren und das Wiederkommen belasten wollen. Ich werde wiederkommen, und unsere Arbeit wird weitergehen. Deshalb lese ich Ihren Abschiedsbrief nicht.*

Damit wollte ich zum Ausdruck bringen, daß ich den Suizid als Abschied nicht akzeptierte. Nach einem sehr langen Schweigen fahre ich fort:

A.: *Sie schieben mir die Verantwortung über ihr Leben oder Sterben zu und muten mir damit sehr viel zu, zuviel, mehr als ich ertragen kann. Ich teile nicht Ihre Sicht, daß Sie Ihre Macht in so indirekter Weise im Selbstmord unterbringen sollten. Sie erproben dabei, welche Macht Sie über mich über den Tod hinaus haben.*

Ich mache die Patientin auf die in der Selbstdestruktion steckende, aber sehr verdeckte Lust aufmerksam. Obwohl die Patientin noch schweigt, wird spürbar, daß sie sehr berührt ist. Deshalb erinnere ich sie daran, daß die Therapie durch ihren Wunsch, gerade zu mir zu kommen, von Anfang an eine persönliche Note bekam. Um sie zu entlasten, bezeichne ich es auch als einen Fortschritt, daß sie nun ihre Suiziddrohung nicht mehr mit Vorgängen draußen in Verbindung bringt, sondern mich direkt damit konfrontiert. Als ich von Fortschritt spreche, schaut die Patientin auf und erwacht aus ihrer Starre; sie schaut mich ungläubig an. Ich fasse für sie zusammen, wo ich überall Fortschritte sehe.

A.: *Vielleicht können wir doch noch herausfinden, was dieser Vorwurf alles von Ihren Wünschen und Bedürfnissen beinhaltet, damit Sie auch genauer wissen, was in der anderen Waagschale ist.*

P.: *Ja, das ist es, weil Sie weit weggehen können, weil Sie Erfolg haben und man sie anderswo haben will, das regt mich ungeheuer auf. Ich habe keine Hoffnung, keine Aussicht darauf, jemals richtig arbeiten zu können, so selbständig wie Sie, ich werde immer nur ein lästiges Anhängsel sein, das man materiell versorgen muß, obwohl man das Geld anderweitig viel besser verwenden könnte. Mit meiner Freundschaft ist das auch so eine Sache, das wissen Sie; mein Freund duldet mich nur und stößt mich zurück, wenn ich bei ihm Unterstützung suche, er will mich anders haben, und zwar selbstsicher, selbständig, schön und viel fraulicher, er mag mich so nicht, und Sie mögen mich so auch nicht, Sie schleppen mich auch nur durch. Meine Eltern wollen ihren Lebensabend genießen und sich nicht ständig um mich Sorgen machen müssen, wie mir mein Vater einmal sagte, und dann fügte er hinzu, „der Herr Analytiker kann ja nicht dauernd bei Dir sein".*

A.: *Ja, und nun geht der Analytiker auf Reisen, weit fort, er packt sozusagen sein Wohnmobil* (eine Anspielung auf ihre Eltern, die in diesem Sommer eine sehr lange Europareise machen werden). *Der Vater behält recht: Die, die's haben, die Sicherheit und das Geld, die packen ihre Sachen, und das steht zwischen uns, weil Sie inzwischen selbst diese Wünsche in sich gespürt haben. Das ist der Unterschied zu früher. Wissen Sie noch, am Anfang sagten Sie hier: Ich werde meine Eltern niemals loslassen, die sollen nicht meinen, daß sie schon genug an mir getan haben. Jetzt wären Sie selbst gerne eine reiselustige Frau wie Ihre Kollegin aus der Firma, wie der reiselustige Analytiker, der einmal weit weg fährt und kein schlechtes Gewissen hat, was die machen, die zurückbleiben.*

Diese Deutung ihres Neides, dem sie eine selbstdestruktive Wendung gegeben hatte, entlastet die Patientin, wie die nachfolgende Reaktion zeigt:

P.: *Ja, bei uns reicht es in diesem Sommer nur zu 14 Tagen Ferien in einem Häuschen, das seinen Eltern* (des Partners) *gehört, und die mäkeln dann wieder rum, wenn das so das ganze Leben weitergeht, das mache ich nicht mit, ich finde mich mit meiner Mittelmäßigkeit so nicht ab, und die ganzen Jahre der Krankheit haben mir auch alle Chancen versaut, wirklich was Gescheites zu studieren, und da stehe ich nun.*

A.: *Da ist der endgültige Abschied wenigstens noch was Besonderes, nichts Mittelmäßiges, das bricht dem Analytiker wenigstens einen Stein aus der Krone, ja das täte es wirklich, da haben Sie sich einen archimedischen Punkt ausgesucht.*

Die Anerkennung ihres Wunsches, etwas Besonderes zu sein und zu leisten – und sei es auch über die selbstzerstörerische Tat –, tut ihr gut; denn in der Tat hat die frühzeitig einsetzende schwere Störung ihrer Entwicklung auch vieles zerstört, was nicht aufzuholen ist. Das in der Kindheit durch Abhängigkeit an die Eltern

verdeckte instabile Selbstgefühl hat ihr seit Beginn der Pubertät den Zugang zu vielen altersspezifischen Erfahrungen verbaut; statt dessen hat sie eine Fülle herabsetzender Körpererfahrungen und ihr Selbstgefühl beschädigende zwischenmenschliche Erfahrungen gemacht, die nur allmählich durch neues Erleben ausgeglichen werden können. Mit einer lebhaften Stimme kann sie nun fragen:
P.: *Wären Sie zurückgekommen zu meiner Beerdigung?*
A.: *Nein, denn Sie hätten unsere Beziehung schon zerstört, aber ich werde gerne zurückkommen, um mit Ihnen weiterarbeiten zu können. Vielleicht ist das auch eine Macht und Kraft, die Sie haben, daß ich gerne zurückkommen werde; ich weiß, wieviel Mühe es Ihnen bereitet, Ihre vielfältigen Schwierigkeiten zu überwinden.*

Mit der Überwindung dieser kritischen Zuspitzung konnten wir gemeinsam über Mittel und Wege nachdenken, die ihr zur Verfügung stehen könnten, sollte sie während meiner Abwesenheit Überbrückungshilfen benötigen. Der weitere Verlauf der Behandlung brachte zwar immer wieder auch Rückfälle, aber die Patientin konnte aus der hier geschilderten Situation die Erfahrung ziehen, daß wir ihre Konflikte durchstehen und überleben konnten. Aus der nun 4jährigen Katamnese können wir berichten, daß die Patientin ihre Partnerschaft stabilisieren und sich auch beruflich weiter qualifizieren konnte.

3.5 Ironie

So willkommen es uns aus therapeutischen Gründen sein muß, wenn unterwürfige, masochistische oder depressive Patienten zu natürlicher Selbstbehauptung und Kritikfähigkeit gelangen, so schwierig ist es oft, ein Übermaß an Entwertung zu ertragen, das den Umschlag von Unterwerfung zum erhofften und erwünschten Aufbegehrens kennzeichnet. Es entstehen affektive Belastungen, die teilweise durch das analytische Wissen aufgefangen werden können. Einen weiteren Schutz bietet die Ironie (Stein 1985).

Von seinen besonders geliebten ethologischen Studienobjekten soll Konrad Lorenz einmal gesagt haben: „Gänse sind auch nur Menschen." Freilich genügt es u. E. gerade nicht, sich darauf zu berufen, daß Psychoanalytiker auch nur Menschen sind und es deshalb zu ihrer natürlichen Ausstattung gehört, auf Angriff mit Flucht, Totstellreflex oder Gegenangriff zu reagieren. Diese und ähnliche spontane Reaktionsweisen können durch das psychoanalytische Wissen gefiltert und gemildert werden. Der Analytiker ist trotzdem nicht immun gegen die Kritik seines Patienten. Er sollte aber dadurch nicht so stark getroffen sein, daß er therapeutisch handlungsunfähig wird oder es dem Patienten auf die eine oder andere Weise heimzahlt; dann wäre die Wiederherstellung einer fruchtbaren Zusammenarbeit sehr erschwert oder unmöglich. In dem Motto, „häufig betroffen, aber möglichst nicht nachhaltig so getroffen zu sein", daß die Gegenübertragung nicht mehr interpretativ fruchtbar gemacht werden kann, sehen wir eine gute Lösung eines Grundproblems der psychoanalytischen Behandlungstechnik.

Negative Gegenübertragungen äußern sich oft indirekt. Aus der Behandlung von Herrn Arthur Y wird über eine solche Entwicklung anhand eines zusammenfassenden Protokolls des behandelnden Analytikers berichtet.

Besonders wegen meiner langatmigen Deutungen war eine Sitzung total mißglückt. Ich hatte u.a. versucht, eine weit zurückliegende Äußerung, die Herr Arthur Y vergessen hatte, begreiflich zu machen, denn erneut hatte er sich nach seinen Besserungs- und Heilungschancen erkundigt. Dieses Thema war schon oft auf allen möglichen Ebenen besprochen worden.

Besonders schwierig ist es, wenn sich die erwünschte Kritik eines Patienten mit einem destruktiven Zweifel vermischt, der sich nicht frei entfaltet. In einer früheren dramatischen Sitzung hatte Herr Arthur Y seinen Phantasien mit meiner Unterstützung freieren Lauf lassen können und eingeräumt, daß er mir doch nicht glauben würde, es sei denn, ich würde ihm die Namen anderer, erfolgreich behandelter Patienten preisgeben, was ich aus Gründen der Diskretion nicht könne – also eine ausweglose Lage.

Seine ausgeprägte Ambivalenz mit dazugehörigen Spaltungsprozessen führte dazu, daß der Patient mich – in Umkehrung eines Schicksals, das ihn selbst fast ereilt hatte – zum Bankrotteur machen wollte. Auf der anderen Seite setzte er seine ganze Hoffnung darauf, daß ich seiner Destruktivität standhalten, den Glauben an ihn, an mich selbst und an die Psychoanalyse nicht verlieren würde. Trotz meines Wissens um die ungünstige Wirkung von Ironie führte mein Affekt zu einer ironischen Deutung, die der Patient verständlicherweise total vergessen hatte und die mich Monate später in der erwähnten Sitzung zu verunglückten langatmigen Erklärungen veranlaßte. Damals hatte ich dem Patienten auf seine penetrierende Neugierde in bezug auf meine Erfolge gesagt, meine längste Behandlung hätte 100 000 Stunden gedauert und sei erfolglos verlaufen.

Verständlicherweise war diese Deutung so beunruhigend gewesen, daß er sie vollständig verdrängt hatte. Meine nachträglichen Erläuterungen führten nicht weiter, sie ließen den Patienten in seiner Verwirrung. Es gelang mir nicht, ihm seine omnipotente Aggressivität, die als Annahme meiner damaligen Deutung zugrunde gelegen hatte, näherzubringen. Wahrscheinlich hängt dies damit zusammen, daß sich im Patienten sofort Gegenkräfte regten. Mit meiner Erfolglosigkeit wäre seine Omnipotenz, aber auch seine Hoffnungslosigkeit besiegelt. Er möchte mich also nicht so total entwerten, daß ich kein hilfespendendes Objekt-Subjekt mehr sein kann. Bemerkenswert ist, daß dem Patienten der Zugang zu diesem Problem immer noch schwerfällt, obwohl er erst vor wenigen Tagen phantasiert hat, wie er mich in der Öffentlichkeit bestrafen und durch seinen Suizid als Pfuscher bloßstellen möchte. In der Hand halte er alle Rechnungen, um mich als den anzuprangern, der an seinem Suizid schuld sei. Auch hatte er Phantasien, daß ich ihn nach Ablehnung durch die Krankenkasse erst einmal weitere 300 Stunden ohne Bezahlung behandeln müsse und er dann am Ende entscheide, ob und was er mir bezahle – eine Phantasie, die mit Hilfe einer Deutung noch dahingehend verschärft wurde, daß er ja darüber hinaus durch Reklamation die bisherige Bezahlung zurückfordern könne, weil die geleistete Arbeit schlecht gewesen sei. Längst habe er sich diese Rückforderung insgeheim ausgemalt.

Diese Stunde endet mit seiner Erinnerung, daß er sich vorkomme wie im Mathematikunterricht. Der Lehrer stehe vorn, schreibe kluge Formeln auf, und er verstehe nichts. Der Patient fügt hinzu, daß ihm alles heute von mir Gesagte als Quatsch vorkomme. Er wirft, durch die Kritik beunruhigt, die Frage auf, was er wohl tun könne und wie wohl der heutige Tag weitergehe. Die Deutung lautet dem Sinn nach: Viel hänge davon ab, ob er sich nun gleich wieder für seine Äußerung „Quatsch" bestrafe oder ob er es fertigbringe, sich zu behaupten gegen den Lehrer, ohne daß das Wort „Quatsch" die Beziehung zerstöre, und nicht alles kaputtgehe, wenn er sich wehre.

Ich war mit meiner Leistung in dieser Stunde sehr unzufrieden und mit mir selbst und dem Patienten im unreinen. Ich ärgerte mich, daß ich mich hatte in die Ecke treiben lassen, wobei die langen Deutungen zugleich eine Art von Wiedergutmachung für meine stimulierte Aggressivität darstellten. Es fiel mir auf, daß ich die bohrenden Fragen des Patienten eher unwirsch kommentierte, was der eigenen Entlastung diente. Dafür spricht ein weiteres Indiz: Ich überlegte mir nämlich nach der Stunde, daß ich einen Weg finden müßte, die Verschreibung von Valium loszuwerden. Ungünstig hatte es sich ausgewirkt, daß ich dem Patienten vor den Sommerferien kein Rezept ausgestellt hatte. Er hatte dies damals als Mißtrauen aufgenommen, aber auch sich selbst anschließend dafür bestraft, indem er wochenlang nichts einnahm trotz zunehmender Verschlechterung, die mit der weggeschobenen Wut gegen mich zu tun hatte. Inzwischen hatte der Patient einen Arzt gefunden, der ihm bei einer Konsultation in anderer Sache mit leichter Hand 50 Tabletten Valium verschrieben hatte. Von diesen 50 hatte der Patient die meisten noch in der Packung, aber da nun eine Unterbrechung bevorstand und er schon angekündigt hatte, daß er diese 14 Tage wirklich anders und angstfreier erleben möchte als die Sommerferien, erwartete ich wieder einen Zweikampf vor der Unterbrechung. Ich befand mich also nach dieser Sitzung in einer negativen Gegenübertragungsstimmung. Die nächste Sitzung verlief entspannter und fruchtbarer.

Gut und Böse waren nun aufgeteilt, und zwar so, daß ich der Repräsentant des Bösen und der rezeptierende Arzt, den der Patient den „obskuren" nennt, zum Vertreter der unbeschwerten Lebenslust geworden war. Lebhaft beschreibt Herr Arthur Y, wie dieser andere Arzt das Verschreiben von Valium leichtnehme und ihm das Gefühl gebe, daß er von Abhängigkeit noch weit entfernt sei.

Herr Arthur Y bringt den Sündenfall und den Genuß des Apfels in Zusammenhang mit dem Verschreiben des Valiums. Das Rezept sei mit „erhobenem Zeigefinger" ausgestellt worden, den Genuß hätte ich ihm auf diese Art und Weise vermiest, meine drohende Gebärde habe ihm Angst gemacht. Herr Arthur Y betont, daß die Verschreibung und die Geste des erhobenen Zeigefingers ihm mehr Probleme geschaffen als gelöst hätten. An meine Stelle setzt Herr Arthur Y nun einen anderen Arzt, der in der Phantasie beispielsweise K. heißt, zu dem er geht und der ihm ein Mittel verschreibt mit der beruhigenden Bemerkung: „Kommen Sie in 4 Monaten wieder, dann ist alles vorbei, und dann reduzieren wir die Medikation." Er sucht also in dieser Phantasie den absolut zuständigen und voll die Verantwortung tragenden Arzt, der ihm versichert, daß alles gut werde. Obwohl ich dem Patienten schon vor einiger Zeit auf seinen unbegründeten Vorwurf gesagt hatte, daß ich ja Teilverantwortung für ihn schon allein dadurch übernommen und zum Ausdruck gebracht hätte, daß ich ihm eine Verschreibung ausgestellt hatte, wird nun erneut deutlich, daß die geteilte Verantwortung nicht ausreicht. Was er sucht, ist die totale Verantwortung und auch die absolut gültige Feststellung, was bis zu einem bestimmten Zeitpunkt erreicht sei. Ich hingegen hatte es ja ihm überlassen, bei Bedarf ein Valium zu nehmen, somit lagen Dosierung und also auch eine eventuelle Abhängigkeit in seiner eigenen Verantwortung.

Nun kommt die andere Seite ins Spiel. Nachdem er mir diese Vorwürfe gemacht hat, erwartet er, daß ich die Behandlung beende und ihn hinauswerfe. Er vergleicht mich mit seinen früheren Therapeuten, insbesondere mit Dr. X., der abweisend gewesen sei, wenn der Patient eine Andeutung machte wegen einer Verschreibung und jeder anderen Form von Hilfe als Psychoanalyse usw. Ich hätte mich also als ungemein großzügig erwiesen, hätte ihm etwas verschrieben, und nun sei er so undankbar, wo ich weit über alles hinausgegangen sei, was er je von Psychotherapeuten erlebt habe. Die Undankbarkeit, die er fühlt und deren Konsequenzen er befürchtet, wird unterstrichen durch die Beschreibung des überaus großzügigen Arztes, der ihm ohne viel Federlesens wiederum 50 Tabletten Valium verschrieben habe. Der habe nur gelacht, dieser Arzt, als er wegen der Gefahr der Abhängigkeit weitere Fragen gestellt habe.

Nach diesem Bericht denkt der Patient an den weiteren Ablauf des Tages und kommt wieder auf die Frage, was er noch tun könne und ob er sich besser fühle, weil er nun all dies gesagt habe. Ich mache ihn darauf aufmerksam, daß sein Befinden wahrscheinlich auch wie nach der gestrigen Stunde davon abhänge, ob nun eine Selbstbestrafung erfolge oder nicht. Es geht dem Patienten erneut um die Frage, was er tun könne, um von der hier gewonnenen Einsicht mehr umzusetzen.

Die Deutungsarbeit hat zu einer so wesentlichen Entlastung geführt, daß kein Rückfall eintrat und Herr Arthur Y von dem verschriebenen Mittel kaum Gebrauch machte.

3.6 Narzißtische Spiegelung und Selbstobjekt

Der Narzissus-Mythos erschöpft sich nicht an der spiegelnden Oberfläche eines Teiches, in der sich der Jüngling selbstverloren und ob der ihm fremden Schönheit entzückt und entrückt ein anderes Selbst entdeckte. Heutzutage sind nicht nur stets Spiegel bei der Hand, in denen wir uns unseres Aussehens versichern können; die Selbstauslöser an Fotoapparaten haben es uns ermöglicht, Selbstportraits anzufertigen und Vergleiche zwischen dem Realselbst und dem Idealselbst auf der Ebene des konkreten Körperbildes anzustellen. Rehberg (1985) hat in Anlehnung an McDougall (1928) gezeigt, daß die Konsolidierung der Körperwahrnehmung durch das eigene Spiegelbild unterstützt wird.

Dem folgenden kasuistischen Beispiel lassen wir einige Bemerkungen über die Spiegelmetapher folgen. Der behandelnde Analytiker ist mit der Theorie Kohuts vertraut, ohne dessen behandlungstechnischen Empfehlungen im einzelnen zu folgen. Die Begründungen hierfür wurden im Grundlagenband gegeben. Freilich unterstreichen wir die Bedeutung des Selbsterlebens und die lebenslängliche Abhängigkeit des Menschen von der Anerkennung durch bedeutungsvolle Andere, auch wenn wir diese nicht in den Rahmen der Kohutschen Selbstobjekte stellen. Wir freuen uns, dem Leser eine ausführliche selbstpsychologische Diskussionsbemerkung vorlegen zu können, die an unseren Bericht anschließt.

Herr Arthur Y hat einen ungewöhnlichen Weg beschritten, um sich seines Körperbildes durch konkreten Augenschein zu vergewissern. Die Handlung des Patienten und seine Phantasien haben im Analytiker Gegenübertragungsreaktionen der verschiedensten Art hervorgerufen. Eine Frage des Patienten rief vorübergehend eine Unsicherheit hervor, die von einer auch therapeutisch fruchtbaren Erkenntnis abgelöst wurde.

Herr Arthur Y hat sich zur Verwirklichung eines Vorhabens durchgerungen, das er schon lange im Sinn hatte. Er hat sich durchgekämpft, hier darüber zu sprechen, ohne zu fordern, daß das Tonband abgestellt wird. Endlich habe er getan, was er längst vorhatte, nämlich sein Genitale mit der schon lange hierfür bereitliegenden Kamera aufzunehmen. Von den Aufnahmen sei eine sehr gut geworden. Eine spätere Wiederholung habe keine bessere Abbildung gebracht.

Mich überraschte und erfreute die Entschiedenheit, mit der Herr Arthur Y einen lange gehegten Plan endlich realisierte, ohne sich von mir und vom Tonband einschränken zu lassen. Der Patient gab einen ziemlich nüchternen Bericht gleich am Anfang der Sitzung, der alles offenließ. Weder beschrieb der Patient, wodurch sich die besonders gute Aufnahme auszeichnete, noch ließ er seine Motive und das Ergebnis, das er im Aktfoto suchte, erkennen. Ich blieb absolut zurückhaltend, weil ich das Gefühl hatte, seine narzißtische Befriedigung durch nichts stören zu dürfen, obwohl es mich reizte zu erfahren, was bei dieser Objektivierung für ihn herausgekommen ist. Meine Vermutung war, daß er sein Glied in erigiertem Zustand und bei der Selbstbefriedigung fotografiert hat, aber ich unterdrückte meine Neugierde. Ich dachte darüber nach, daß es einen Unterschied macht, ob man an sich selbst hinunterschaut und das eigene Genitale immer nur unvollständig und in einer anderen Perspektive sieht als das Geschlechtsteil anderer Männer. Die dabei entstehende kognitive Differenz, so dachte ich, könnte eine Rolle bei den Vergleichen spielen, die insbesondere in der Pubertät und bei selbstunsicheren Männern eine so große Rolle spielen.

Meine Phantasien führten mich zu eigenen Vergleichen und endeten schließlich bei dem Gedanken an die Verborgenheit des weiblichen Geschlechtsteils, dessen Lage es Frauen ohne Spiegel nicht erlaubt, ihr Genitale zu betrachten. Schlußendlich bin ich in Sekundenschnelle bei der Theorie der *Aphanisis* von Jones (1928), die mich immer besonders fasziniert hat: das *Verschwinden* als Auslösung urtümlicher Ängste.

Es überraschte mich nicht, daß Herr Arthur Y seit dem Fotografieren, wie er im weiteren berichtete, unter einer erheblichen Symptomverschlechterung litt. Diese Verschlechterung ist wohl mit Sicherheit auf die Selbstbestrafung für die Aktfotos zurückzuführen, aber auch darauf, daß er sich als Verschwender und als Zerstörer seiner Familie vorkam, weil er mit einem Kunden in ein teures Lokal ging und dort für ein Abendessen einen mir relativ gering erscheinenden Betrag ausgab. Herr Arthur Y suchte geradezu verzweifelt nach weiteren Anlässen, sich selbst zu quälen und herabzusetzen. So genügte es in der Sitzung, daß ich das Wort „Selbstbestrafung" benützte, um die entsprechenden Tendenzen in ihm zu verstärken. Weiterhin kritisierte er sich dafür, daß der Anblick eines jungen und hübsch gekleideten Mädchens ihm eine richtige Augenweide gewesen sei. Das geschah nach den Aktfotos. Deshalb stellte ich eine Beziehung von einem Betrachten zum anderen und der gemeinsamen Lust in der Verbindung zwischen beiden ebenso her wie den Kontext der Selbstbestrafung. Diese finde ihren Höhepunkt in seiner Furcht, daß er doch noch in der vollkommenen Isolation ende und ein Symptom so quälend werde, daß er kein einziges Wort mehr sprechen könne. Dem Patienten leuchtete ein, daß er offenbar für seine lustvollen Aktionen einen teuren Preis habe bezahlen müssen.

Mit ziemlichem Nachdruck forderte der Patient wieder eine Hilfestellung bei der Umwandlung seiner hier gewonnenen Einsichten im Handeln draußen - was er tun könne, um sich auch draußen im Leben anders zu verhalten. Ich erklärte ihm, warum ich keine Handlungsanweisungen gebe, und er akzeptierte meine Erklärung widerwillig. Er fügte hinzu, daß er wohl verstanden habe, warum ich ihm eine Antwort verweigere. Offensichtlich suchte der Patient mein Verbot.

In der folgenden Sitzung bestätigte sich eine Vermutung, die mir zum Aktfoto durch den Sinn gegangen war. Der Patient hatte zwischen den beiden Sitzungen seinen Selbstanschauungsunterricht fortgesetzt und sein Glied in erigiertem Zustand aufgenommen. Bei der anschließenden Selbstbefriedigung beobachtete er erneut und mit großer Angst den Austritt von Sekret aus der Harnröhre vor der Ejakulation. Dem Patienten war nicht bekannt, daß es sich dabei um Sekret aus der Prostata, aus der Vorsteherdrüse, handelt. Er wollte sich wegen seiner von jeher bestehenden Angst, ob in diesem Tröpfchen Flüssigkeit doch schon Samen enthalten sein könne und eine Schwängerung seiner Frau dadurch möglich sei, bei einem Fachmann erkundigen. Zunächst entsprach ich ein Stück weit seinem Informationsbedürfnis und teilte ihm auf seine Frage mit, daß für diese Frage die Dermatologie zuständig sei, in der es die Subspezialität Andrologie gäbe. In diesem Augenblick war es schon vorauszusehen, daß er mich um die Empfehlung eines kompetenten Spezialisten bitten würde, und ich hatte also etwas Zeit, mir Gedanken zu machen.

Dem Patienten war aufgrund seiner Lebenserfahrung längst geläufig, daß einem bei solchen heiklen Fragen bezüglich der Risikowahrscheinlichkeit von Ärzten so gut wie nie eine hundertprozentige Sicherheit testiert wird. Nachdem er sich dieses Wissen erneut vergegenwärtigt und über sein Ansinnen gelacht hatte, auch über die letzte unsichere Dezimalstelle in zwangsneurotischer Weise noch eine weitere Sicherheit zu erhalten, entschloß ich mich, seine Frage selbst zu beantworten: „Ich glaube kaum, daß ein Androloge Ihnen eine andere Auskunft geben würde als ich. Es ist höchst unwahrscheinlich, daß in dem Vorsekret Samen enthalten und dadurch eine Befruchtung möglich ist."

Nun kam seine Angst zur Sprache, abnorm oder geschlechtskrank zu sein. Die Auskunft, daß bei allen Männern das Prostatasekret im Vorstadium der Ejakulation austritt, beruhigte ihn. Es gab eine schwierige Situation, weil ich unsicher wurde, ob es mit der analytischen Neutralität zu vereinbaren sei, die Frage des Patienten, ob diese Ausscheidung auch bei mir auftrete, zu beantworten.

Persönlich war ich von Herrn Arthur Ys Frage nicht irritiert, eher von dem Mangel an Logik überrascht, und darauf machte ich den Patienten aufmerksam. Sofern ich nämlich zur Klasse der Männer gehöre, trete auch bei mir das Prostatasekret auf.

Der entstehenden gemeinsamen Heiterkeit schreibe ich im nachhinein eine tiefere Bedeutung zu. Hätte Herr Arthur Y nicht unbewußte Zweifel an seiner (und meiner) Geschlechtsrolle, hätte er sich von der Logik leiten lassen, und die Frage wäre ihm nicht in den Sinn gekommen oder er hätte sie sofort verworfen. Der Mangel an Selbstvertrauen geht stets mit Unsicherheiten den Mitmenschen gegenüber einher. Mit der Angst vor den eigenen körperlichen Produkten sind viele bange Fragen verbunden, die der Patient während seiner Kindheit nicht zu stellen wagte.

Was war nun auf der unbewußten Ebene geschehen? Es hatte sich eine Gemeinsamkeit hergestellt. Aus der philosphischen Warte Gadamers (1965, S. 349) ergibt sich bei jedem gelingenden Gespräch eine Verwandlung ins Gemeinsame hin, in der man nicht bleibt, was man war. Es ist neben anderem die Entdeckung vitaler Gemeinsamkeiten, die im psychoanalytischen Gespräch für Verwandlungen sorgt. So liegt die Annahme nahe, daß Herr Arthur Y durch seine Vorstellung über den biologischen Ablauf des Samenergusses bei mir sich selbst als Mann erlebte und sein Selbstvertrauen zunehmen konnte. Das Prostatasekret verwandelte sich dabei vom beunruhigenden Zeichen zum verbindenden gemeinsamen Nenner männlicher Lust. Nun hatte der Patient soviel Sicherheit gewonnen, daß weitere unbewußte Ursachen seiner Ängste und Zweifel zur Sprache kommen konnten.

Es ist therapeutisch entscheidend, daß die *Gleichartigkeit* der menschlichen Natur in diesem Augenblick von Mann zu Mann gespürt wurde. Diese besteht „in Triebregungen, die elementarer Natur, bei allen Menschen gleichartig sind und auf die *Befriedigung* gewisser ursprünglicher *Bedürfnisse* zielen“ (Freud 1915b, S. 331-332; Hervorhebungen von uns). Freilich wird die mit der Sexualfunktion verbundene Lust, die bei Bühler als Funktionslust eine umfassende Bedeutung erhalten hat, persönlich erlebt, so daß mit der Gemeinsamkeit auch die Verschiedenheit entdeckt wird, mit der Gleichheit auch die Ungleichheit. Deshalb taucht innerhalb und außerhalb von Analysen auch die Frage auf, ob die ungleichen Geschlechter sich wegen ihrer verschiedenen körperlichen Erfahrungsbasis überhaupt verstehen können. „Alle Menschen sind gleich, aber wir sind gleicher miteinander als mit den anderen.“ Dieser häufig zitierte Spruch reimt sich auf verschiedene Inhalte bei der Komparation.

Kehren wir zum therapeutischen Gespräch über die Sexualfunktion zurück, bei dem viele Ebenen der Übertragung und Gegenübertragung berührt werden. Man sollte nicht unterschätzen, daß bei der Aufklärung Wissen in persönlicher Form vermittelt wird. Darum ging es auch in diesem Gespräch, das zur Minderung von Ängsten und zur Zunahme von Sicherheit führte. Unter diesem Schutz konnte der Patient seiner lustvollen Neugier mehr Raum geben und neue Gegenden erkunden.

Was war bezüglich meiner Neutralität anläßlich der Entdeckung von Gemeinsamkeiten auf biologischer Ebene geschehen? Mit meiner Antwort hatte ich nichts Persönliches preisgegeben. Ich war sozusagen nur einer in einer anonymen Gruppe mit gleichen biologischen Funktionen. Aber es war offenbar wesentlich, daß der Patient zunächst einmal eine Gemeinsamkeit mit mir als einem Geschlechtsgenossen hatte herstellen müssen, um zu seiner durch die Ängste blockierten Lebenslust gelangen zu können.

Dieses Thema bildete den Hintergrund für das Betrachten seines Geschlechtsteils anhand eines Aktfotos. Er kam den unbewußten Gründen seiner Ängste bezüglich des Sekrets näher. Alle seine Produkte, so wurde nun deutlich, hatten unbewußt eine anale Komponente. Um seine Frau nicht zu beschmutzen, zettelte er oft abends einen Streit an, um den Verkehr verhindern zu können, wodurch er seine Frau häufig zurückwies und erheblich kränkte. Überraschend fiel ihm ein Traum ein, der ihm bis zu diesem Augenblick fremd geblieben war und dessen Bedeutung ihm nun schlagartig klar schien: Er hatte ein weitläufiges Kanalsystem in einer Landschaft besichtigt, die er als Urlaubsgegend bevorzugt und in der er sich sehr wohl fühlt. Wie Schuppen fiel es ihm im Zusammenhang mit der Selbstinspektion und seinen Beschmutzungsängsten von den Augen, daß er da unten etwas suchte, das ihn lustvoll anzog, aber ihm wegen seiner Bestrafungsangst unheimlich und fremd geblieben war. Seine Assoziationen führten zu einigen wichtigen lebensgeschichtlichen Entstehungsbedingungen dieser Ängste.

Anmerkungen zu Spiegelbild und Selbstobjekt

Das Spiegelbild reflektiert eine Faszination, die das Thema des Zaubers ebenso berührt wie das des Doppelgängers (Rank 1914; Roheim 1917–19; Freud 1919h).

Auf die im Narzissus-Mythos, dem Pfandl (1935, S.279–310) eine weithin vergessene frühe psychoanalytische Interpretation gewidmet hat, enthaltene Frage nach Art und Hintergrund des Spiegelbildes, gibt es 2 unterschiedliche Gruppen von Antworten. In der einen Gruppe werden der Objektbezug und auch der Mitmensch narzißtisch konstituiert. Die andere Gruppe von Antworten wird von der Vorstellung bestimmt, daß sich im Spiegelbild der Dialog mit dem anderen nicht nur im Sinne des Vergleichs mit sich selbst fortsetzt. Beide psychoanalytischen Denktraditionen lassen sich auf Freud zurückführen, der zweifellos der Ableitung aus dem primären Narzißmus den Vorzug gab. Einflußreiche Vertreter des 1. Erklärungstyps sind bei aller Verschiedenheit im einzelnen Kohut und Lacan. Der letztere insofern, als er in seiner originellen anthropologischen Konzeption der Spiegelstufe den primären Narzißmus betont, „... mit dem die Doktrin die libidinöse Besetzung, die diesem Augenblick eignet, bezeichnet" (Lacan 1975, S.68).

Kohut hat ab 1977 zwar die Triebtheorie und den Narzißmus aufgegeben, aber seine Beschreibungen der Selbstobjekte sind allesamt nach dem Muster des primären Narzißmus konstruiert, der die Beschreibungen der Selbstobjekte färbt. Nach unserer Ansicht hat Kohut (1959) viel zu wenig beachtet, in welch hohem Maße die empathisch-introspektive Methode von der Theorie gesteuert wird. Sein Versuch, Empathie und Introspektion zu unabhängigen Erkenntnismitteln zu machen, war nicht nur von vornherein zum Scheitern verurteilt, sondern hat darüber hinaus wissenschaftliche Probleme verniedlicht. Die Selbstobjekte sind also narzißtisch im Sinne der ursprünglichen Theorie konstruiert. Auf der anderen Seite befinden sich Winnicott und Erikson sowie alle Analytiker, die von der Sozialpsychologie und vom symbolischen Interaktionismus beeinflußt sind, der durch den schönen Vers Cooleys charakterisiert werden kann: „Each to each a looking glass, reflects the other that does path."

Die dialogische Natur präverbaler Spiegelungen hat Freud bei seinem etwa 1½jährigen Enkel entdeckt:

> Als eines Tages die Mutter über viele Stunden abwesend war, wurde sie beim Wiederkommen mit der Mitteilung begrüßt: Bebi o-o-o-o!, die zunächst unverständlich blieb. Es ergab sich aber bald, daß das Kind während dieses langen Alleinseins ein Mittel gefunden hatte, sich selbst verschwinden zu lassen. Es hatte sein Bild in dem fast zu Boden reichenden Standspiegel entdeckt und sich dann niedergekauert, so daß das Spiegelbild „fort" war (1920g, S.12–13).

Die Entdeckung des Spiegelbildes vollzieht sich hier durch Imitation einer motorischen Aktion eines anderen, der Mutter. Über die Identifikation wird die Interaktion fortgesetzt, wodurch der Abwesende durch Imagination anwesend bleibt. Zugleich ist es ein Akt der Selbstentdeckung zumindest im Sinne der Selbstwahrnehmung einer Bewegungsgestalt. Seither ist eine Fülle von Beobachtungen veröffentlicht worden, die anhand von Reaktionen auf das Spiegelbild unsere Kenntnis der Entwicklung von Selbstwahrnehmung und Selbstbewußtsein vertiefen. Amsterdam u. Levitt (1980) haben aufschlußreiche experimentelle Untersuchungen vorgelegt und bei ihren Interpretationen auch phänomenologische Studien von Merleau-Ponty (1965) und Straus (1949) bezüglich der Bedeutung des aufrechten Ganges und der Scham berücksichtigt. Es ist vorauszusehen, daß diese und andere Untersuchungsergebnisse erhebliche Auswirkungen auf das behandlungstechnische Verständnis von Selbstgefühlsstörungen haben werden, die bisher in der Metaphorik des Spiegelns beschrieben wurden.

Die *Spiegelstufe* ist nach Lacan zu verstehen als die „... Konstituierungsphase des menschlichen Subjekts, die zwischen den ersten 6–18 Monaten liegt; das Kind, das sich noch in einem Zustand der Ohnmacht und der unkoordinierten Motorik befindet, antizipiert imaginär das Ergreifen und die Beherrschung der Einheit seines Körpers ... durch Identifizierung mit dem Bild des Ähnlichen als einer totalen Gestalt" (Laplanche u. Pontalis 1972, S. 474).

Lacan spricht von diesem Augenblick der jubilierenden Aufnahme des Spiegelbildes als von einer exemplarischen Situation, die die symbolische Matrix darstellt, an der das Ich (je) in einer ursprünglichen Form sich niederschlägt. „Diese Form könnte man als Ideal-Ich bezeichnen und sie so in ein bereits bekanntes Begriffsregister zurückholen" (1975, S. 64).

Aber die Erfahrung der antizipierten Einheit ist bedroht durch den ständigen Einbruch der Phantasien des zerstückelten Körpers. Aus dieser Perspektive spricht Lacan von der Spiegelstufe als einem Drama, das zu immer neuen Wiederholungen drängt (1975, S. 67).

Weil für den im Original schwer zugänglichen Lacan die Orientierung an Bekanntem besonders wichtig ist, seien nochmals Laplanche u. Pontalis zitiert, die auch den klinischen Aspekt berücksichtigen. Sie vergleichen Lacans Konzeption der Spiegelstufe mit den Freudschen Ansichten über den Übergang vom Autoerotismus – der vor der Konstituierung eines Ich liegt – zum eigentlichen Narzißmus. Lacans „Phantasie des zerstückelten Körpers" entspräche dabei dem 1. Abschnitt und die Spiegelstufe dem Auftreten des primären Narzißmus. Aber von dieser wichtigen Nuance abgesehen: Für Lacan ist es die Spiegelstufe, die rückwirkend die Phantasie des zerstückelten Körpers auftauchen läßt. Eine solche dialektische Beziehung läßt sich in der psychoanalytischen Behandlung beobachten: „... mitunter erscheint die Zerstückelungsangst, wenn die narzißtische Identifizierung verlorengeht, und umgekehrt" (Laplanche u. Pontalis 1972, S. 475–476).

Kohut hat die Spiegelübertragung auf die Bedürfnisse zurückgeführt, die sich auf „Selbstobjekte" richten (s. Grundlagenband 2.5 und 9.3). Selbstobjekte sind Objekte, die wir als Teil unseres Selbst erleben. Es gibt 2 Arten von Selbstobjekten: diejenigen, die auf das dem Kinde angeborene Gefühl von Lebenskraft, Größe und Vollkommenheit reagieren und es bestätigen, und diejenigen, zu denen das Kind aufblickend und mit deren phantasierter Ruhe, Unfehlbarkeit und Allmacht es verschmelzen kann. Die erste Art wird als spiegelndes Selbstobjekt bezeichnet, die zweite als idealisierte Elternimago. Mangelhafte Wechselbeziehungen zwischen dem Kind und seinen Selbstobjekten führen zu einem schadhaften Selbst. Wenn ein Patient, dessen Selbst einen Schaden erlitten hat, in psychoanalytische Behandlung kommt, reaktiviert er die Bedürfnisse, die wegen der mangelhaften Wechselbeziehung zwischen dem entstehenden Selbst und den Selbstobjekten des früheren Lebens unbefriedigt geblieben waren – es entsteht eine Selbstobjektübertragung.

Behandlungstechnisch wesentlich ist es, daß den Selbstobjekten und der entsprechenden Übertragung eine bestätigende Funktion zugeschrieben wird. Sieht man von allem Beiwerk ab, werden Anerkennung und Bestätigung durch den anderen zum gemeinsamen Nenner, der verschiedene psychoanalytische Richtungen miteinander verbindet.

Die Objektbeziehungspsychologien außerhalb der Kleinianischen Schule haben Übereinstimmung und Zustimmung als therapeutische Faktoren von ihrer Bindung an die Triebbefriedigung oder an die plumpe Suggestion aus guten Gründen gelöst. Damit sind Korrekturen erfolgt, die das Verständnis dessen, was der Patient beim Analytiker sucht, vertieft haben. Auch auf die Entwicklung regressiver Abhängigkeiten wird ein neues Licht geworfen. Wenn der Austausch unter dem Gesichtspunkt von Triebabfuhr und Triebbefriedigung gesehen wird, wird man auf der Versagung bestehen oder halbherzig Konzessionen gewähren, die aus prinzipiellen, ethischen oder aus behandlungstechnischen Gründen bedenklich sein können. Sieht man hingegen die Abhängigkeit als ein interaktionelles Phänomen, das nicht eng an ödipale oder präödipale Befriedigungen gebunden ist, sind genuine Anerkennungen möglich, die nicht ins Dilemma von Versuchung und Versagung triebhafter Bedürfnisse führen. Im Sinne der Wechselseitigkeit kann man sogar sagen: Gerade weil bei triebtheoretischen Interpretationslinien die anerkennende Antwort im Sinne Winnicotts häufig zu kurz kommt, verstärken sich die Triebbedürfnisse, weil durch diese ersatzweise jene Selbstbestätigung gesucht wird, die der Analytiker zu geben unterlassen hat. Kohuts Deutung des Wunsches nach anerkennender Spiegelung erfüllt zwar das Gebot der Abstinenz, verbleibt aber innerhalb des narzißtischen Kreises – auch wenn dieser nun scheinbar mit Hilfe des Selbstobjekts verlassen wird – und vermeidet die in bestimmten Fällen notwendige tatsächliche Anerkennung.

Nach Winnicotts Beobachtung wirkt das Gesicht der Mutter gerade nicht als Spiegel: Der affektive Zustand des Kindes teilt sich in unbewußter Kommunikation der Mutter mit, die ihrerseits in eigenständiger Weise antwortet. Wesentlich ist, daß sich dabei im günstigsten Fall, also bei positiver Antwort, eine Bestätigung des Selbstgefühls des Kindes durch die Mutter ereignet. Dieser kontinuierliche Prozeß wird von Winnicott in der Sprache der Objektbeziehungspsychologie beschrieben, wobei die Mutter qua Person, also als *Subjekt* und nicht als unbelebtes Objekt wie ein Spiegel reflektiert. Schließlich hat die Spiegelmetapher bei Loewald (1960) eine zukunftweisende Funktion erhalten. Er gab der Spiegelung eine prospektive Dimension, indem er betonte, daß der Analytiker das reflektiere, was der Patient als unbewußtes Bild seiner selbst *suche*. Dieses Suchen ist an einen Dialogstil gebunden, der Zurückhaltung erforderlich macht, um zu verhindern, daß der Patient mit fremden Bildern überlastet wird. Der Sinn der Metapher des spiegelnden Analytikers liegt darin, dem Patienten eine möglichst störungsfreie Selbstdarstellung zu ermöglichen. Es soll ihm ein idealer, d.h. ein grenzenloser Gedankenspielraum zur Verfügung gestellt werden, um die Selbsterkenntnis nicht von außen einzuschränken. In dieser können wir freilich mit Habermas (1981) nicht das Ergebnis von Selbstbeobachtungen sehen, bei der ein Teil der Person als Objekt dem anderen, dem beobachteten Teil gegenübertritt. Vielmehr ist die Selbsterkenntnis als ein kommunikativer Prozeß zu verstehen, der es ermöglicht, im anderen Ich, im Mitmenschen, im Alter ego sich selbst zu entdecken oder - analytisch gesagt - unbewußte Selbstanteile wiederzufinden oder auch neu zu erschaffen. Die Anerkennung durch einen bedeutungsvollen Anderen in der Gestalt des Analytikers ist u.E. grundlegend (s. hierzu 9.4.3).

Nun können wir Gegenübertragungen unter dem Gesichtspunkt der Theorie der Selbstobjekte betrachten. Es erleichtert das Verständnis, wenn wir eine Beschreibung aufgreifen, die Wolf (1983) gegeben hat. Er versteht Selbstobjekte als Funktionen, die das sich entwickelnde Selbst, das heranwachsende Kind den Objekten zuweist. Besonders von den mütterlichen Pflegepersonen erwartet das Kleinkind jene Anerkennungen, die Kohut in dem schönen Bild vom Glanz im Auge der Mutter zum Ausdruck gebracht hat. Die Selbstobjekte stehen für Funktionen, die „bedeutungsvolle Andere" von Anfang an und zeitlebens erfüllen müssen, um das narzißtische Gleichgewicht, das Kohut von der triebökonomischen Homöostase unterscheidet, aufzubauen und zu erhalten. Wir sprechen mit Absicht vom „bedeutungsvollen Anderen", um durch den von Mead stammenden Begriff anzudeuten, daß man sich bei diesem Verständnis der Selbstobjekte auf einer allgemeinen sozialpsychologischen Ebene bewegt.

Die Bezeichnung „Selbstobjekt" ist ein unglücklicher Neologismus, der in sich eine fragmentarische interpersonale Theorie enthält. Die Entwicklung der Identität in einem umfassenden Sinn geht mit der Integration einer Vielzahl von sozialen Rollen einher. Das Selbstgefühl ist u.a. in hohem Maße von Bestätigungen beim Erlernen von Ich-Kompetenzen (White 1963) abhängig. Kohut hat die Bedeutung dieser Anerkennung zu Recht betont und damit dem Narzißmus die abwertende Note genommen. Auf der anderen Seite werden die vielfältigen psychosozialen Prozesse bei der Selbstentwicklung auf die Metapher der Spiegelung reduziert. Diese Metaphorik wird der Vielfältigkeit des „bedeutungsvollen Anderen" in der menschlichen Entwicklung in keiner Weise gerecht. Es ist also konsequent, daß Köhler (1982) bei der Darstellung verschiedener Selbstobjektgegenübertragungen von der Intersubjektivität und Wechselseitigkeit ausgeht, wie sie auch durch die Erforschung der Mutter-Kind-Beziehung während des letzten Jahrzehnts in vielen Detailstudien bestätigt wurde (Stern 1985). Köhler hat Gegenübertragungen in Anlehnung an die von Kohut beschriebenen Selbstobjektübertragungen beschrieben. Diese Typologie orientiert sich an den unbewußten Erwartungen des Analytikers, die er an den Patienten heranträgt und die im Sinne der Theorie Kohuts betrachtet werden. Es liegt auf der Hand, daß die Betonung der Empathie durch Kohut dazu führt, der Gegenübertragung eine reziproke oder komplementäre Funktion zu geben (Wolf 1983; Köhler 1985).

Die therapeutische Funktion, die der Analytiker in dieser Sitzung erfüllt hat, läßt sich in verschiedenen Sprachen beschreiben. Obwohl der Analytiker das Foto weder gesehen noch bewundert hat, so hat doch seine indirekte Partizipation dem

Patienten eine Bestätigung gegeben, die es ihm ermöglichte, tiefere Ängste zu meistern und an Sicherheit zu gewinnen.

Stellungnahme aus selbstpsychologischer Sicht

Es ist lehrreich, was dieser Text hergibt bzw. vermissen läßt, wenn spezielle selbstpsychologische Maßstäbe angelegt werden.

Je nachdem, ob man die vorliegende Vignette unter dem Gesichtspunkt des Motivationsprimats der Triebe oder des Motivationsprimats des Selbsterlebens betrachtet, wird man zu einem unterschiedlichen Verständnis des Ablaufs des dargestellten Analyseabschnitts kommen und sich auch technisch anders verhalten. Eine Stellungnahme, die nur auf Kenntnis der beiden dargestellten Stunden beruht, d.h. eines verkürzten Ausschnitts aus einem langen Prozeß, ist, in Unkenntnis der Lebens- und Analysegeschichte, nur begrenzt aussagefähig. Überdies entwickelt jedes Analytiker-Patienten-Paar eine durch die spezifischen Persönlichkeiten der beiden bestimmte Gestalt und Dynamik; daher leiden Vergleiche mit einer anderen Vorgehensweise immer unter dem Mangel an Beweisbarkeit. Im folgenden soll nur dargelegt werden, inwiefern man, bei anderer theoretischer Sichtweise, andere Akzente setzen kann.

Legt man den Schwerpunkt auf das Motivationsprimat des Selbsterlebens, wird man angesichts der Tatsache, daß der Patient sein Genitale fotografiert hat, fragen, ob dies nicht ein Hinweis auf die fehlende lebendige und freudige Spiegelung durch Früh- bzw. Selbstobjekte ist. Das Foto vermag auf die Frage „Wie sehe ich aus?" eine gewisse Antwort zu geben, bedeutsam ist aber, daß die Frage „Wie sehe ich aus?" überhaupt auftaucht und an die Kamera gestellt wird.

Warum der Patient sein Genitale gerade jetzt fotografiert, wird nicht gesagt, so daß man auf Vermutungen, die wiederum theorieabhängig sind, angewiesen ist. Vielleicht handelt es sich um eine perverse Handlung - die Befriedigung voyeuristischer und exhibitionistischer Impulse - angesichts einer drohenden Fragmentierung des Selbst. Dagegen spricht aber die offenbar gute Übertragung-Gegenübertragungs-Beziehung (der Patient kann über den Vorgang sprechen, der Analytiker ist überrascht und erfreut), so daß man eher den Wunsch nach Selbstvergewisserung bei bestehender Selbstunsicherheit, besonders im geschlechtlichen Bereich, annehmen möchte.

Bei der Schilderung der Stunde ist bemerkenswert, daß der Patient „sich durchringen" mußte zu erzählen, daß er eine lang gehegte Absicht, nämlich seinen Penis zu fotografieren, verwirklicht hat, ohne zu verlangen, das mitlaufende Tonband abzuschalten. Offenbar mußte er sich einen Ruck geben. In gewisser Weise tritt er aus sich selbst heraus und macht sich auch in der Stunde zum Wahrnehmungsobjekt. Es verwundert daher nicht, daß sein Bericht „ziemlich" nüchtern ist.

Der Analytiker reagiert innerlich mit vielen Gefühlen und Einfällen. Die Entschiedenheit, mit der sich der Patient zu diesem Schritt durchgerungen hat, erfreut und überrascht ihn. Wir fragen: warum? - Weil sein Patient einen Schritt vorwärts wagt, aktiv wird, phallisch wird? Dem liegt möglicherweise, wie später zu erläutern sein wird, eine spezifische Gegenübertragung, nämlich eine Spiegelgegenübertragung zugrunde. Des weiteren reagiert der Analytiker mit Neugierde, er wüßte gern mehr. Dann identifiziert er sich mit dem Patienten. Er stellt sich vor, daß es anders ist, wenn man sein Glied an sich herunterschauend sieht, als wenn man es mit dem anderer Männer vergleicht, wobei solche Vergleiche „insbesondere in der Pubertät und bei selbstunsicheren Männern eine große Rolle spielen".

Es folgen weitere Einfälle des Analytikers. Er denkt nun nicht mehr an das männliche, sondern an das weibliche Geschlechtsteil, d.h. er vollzieht Vergleiche zwischen den Geschlechtern. Dann aber führen ihn seine Assoziationen in „Sekundenschnelle" zur Theorie der Aphanisis von Jones (1928) und zur Kastrationsangst. Auf diese Weise hat der Analytiker den Vorfall in einen theoretischen Bezugsrahmen gespannt. Schützt er sich damit vielleicht selbst? Er gebraucht überdies angesichts dieser emotional hochgeladenen Situation (der Patient berichtet eine perverse Handlung!) ein versachlichendes Wort in der Beschreibung, nämlich „Aktfoto". Er bleibt zurückhaltend, obwohl ihn reizte zu erfahren, was bei dieser Objektivierung für ihn (den Patienten) herausgekommen ist.

Die Objektivierung ist aber gerade das, was aus der Sicht einer Theorie des Selbsterlebens und seiner Störungen als das eigentlich Pathologische angesehen werden muß. Das Pathologische ist, daß der Patient mit objektiven Methoden, über die er nüchtern in einer per Tonband objektivierten Stunde berichtet, eine Spiegelung sucht. Aus selbstpsychologischer Sicht wäre man wohl zunächst auf den Übertragungsaspekt eingegangen: Was bedeutet es für den Patienten, diese peinliche Geschichte zu erzählen? Man hätte wohl auch die nüchterne Darstellungsweise des Patienten aufgegriffen und wäre auf die Abwehr der involvierten Gefühle gekommen, auf die Überwindung, die es den Patienten kostete, zu berichten, was er Ungewöhnliches getan hat. *Hier* liegt nämlich der Wunsch des Patienten nach Spiegelung an der Oberfläche: Wie wird der Analytiker auf das reagieren, was er da Fürchterliches erzählt. Hat der Patient vielleicht aus Angst vor einer unerwünschten Reaktion des Objekts zum mechanischen Mittel der Fotografie für seine Selbstdarstellung gegriffen und wartet nun voller Anspannung auf die Reaktion seines Analytikers? Dieser war, wie die offene Darstellung seiner Gegenübertragungseinfälle zeigt, innerlich sehr beteiligt, blieb aber „absolut zurückhaltend", weil er die narzißtische Befriedigung nicht stören wollte. Hier zeigt sich die unterschiedliche Auffassung. Aus selbstpsychologischer Sicht steht weniger die narzißtische Befriedigung im Vordergrund, sondern die Angst und Erwartung vor der Reaktion des Analytikers in der Übertragungssituation, die ja eine Wiederholung früherer Erlebnisse darstellt. Aufzugreifen, was dem Patienten das Erzählen bedeutet, welche Gefühle, speziell Schamgefühle, damit verbunden sind, wäre keine Verletzung der gebotenen wertfreien und abstinenten Haltung gewesen, hätte dem Patienten erleichtert, seinen abgewehrten Gefühlen, z.B. Selbstunsicherheit, Angst und Scham näherzukommen.

Vordergründig geht es um Schuld. Der Patient berichtet über seine Symptomverschlechterung, die für den Analytiker „mit Sicherheit auf Selbstbestrafung zurückzuführen" ist. Bestärkt wird er in dieser Auffassung durch weitere Einfälle des Patienten, in denen dieser sich anklagt, er sei verschwenderisch und zerstöre seine Familie. Der Analytiker läßt das Wort Selbstbestrafung fallen, und der Patient – für diese Äußerung dankbar, denn nun hat der Analytiker seine Zurückhaltung aufgegeben und etwas gesagt – kritisiert sich weiter, weil ihm der Anblick eines hübsch gekleideten Mädchens eine Augenweide war. Der Analytiker stellt nun eine Beziehung her: Sowohl das Aktfoto wie das Mädchen machen *Lust*, und deswegen muß er sich bestrafen. Wieder werden die Schuldgefühle angesprochen. Aber dienen die Selbstanklagen dem Patienten nicht möglicherweise dazu, die viel heikleren Schamgefühle abzuwehren, die in ihm als Folge fehlender Spiegelung seiner vital-männlichen Lustregungen durch seine Primärobjekte entstanden sind?

Man könnte nämlich sowohl in dem Aktfoto wie in dem Mädchen Freude an etwas Lebendigem sehen, aber dafür erhält der Patient keine Spiegelung, so daß es nicht verwundert, wenn er fürchtet, in „völliger Isolation zu enden". Dieser Patient ist aber angesichts seiner großen Selbstunsicherheit auf den Analytiker angewiesen. Der frustrierte und nicht analysierte Spiegelungswunsch macht nun einer von Analytiker und Patient geteilten Sichtweise der Schuldgefühle des letzteren Platz. Dem Patienten „leuchtet ein, daß er für seine Lust einen teuren Preis habe zahlen müssen". Eine Gemeinsamkeit ist hergestellt, aber auf einem sekundären Gleis. Auf diesem führt der Patient auch das Sekundäre fort. Primär hat er keine Reaktion erhalten. Nun will er Ratschläge haben. (Es ist zu vermuten, daß er in der Kindheit zwar keine emotionale Spiegelung bekam, wohl aber Ratschläge, wie er vorwärts kommt.) Der Analytiker verweigert die Ratschläge, und der Patient erfährt noch einmal, daß ihm ein Anliegen versagt wird, jetzt im Sinne seiner Bestätigung. Nun hat er sowohl eine Zurückweisung als auch eine narzißtische Befriedigung. Er hat es ja gewußt.

In der nächsten Sitzung kommt er erneut auf die Fotos zurück. Diesmal mit Angst und nicht mehr nüchtern. Er hat Angst wegen seines Prostatasekrets. Nun, da es um Angst und nicht etwa um narzißtische Befriedigung geht, gibt der Analytiker eine Antwort und verweist auf die Dermatologie. Jetzt gehen die Erwägungen dahin, ob der Tropfen aus der Prostata schwängern kann oder nicht. Wieder geht die Diskussion mehr auf die Realität als auf die Unsicherheit des Patienten ein: „Bin ich normal, bin ich gefährlich, bin ich wie alle anderen oder bin ich anders?" Die zu erwartende Frage: „Wie ist es bei dir, Analytiker?" taucht auf. Dieser antwortet mit der Bemerkung, sofern er zur Klasse der Männer gehöre, trete auch bei ihm das Prostatasekret aus. Die entstandene Spannung löst sich in Heiterkeit auf, die etwas von der unbewußten Erleichterung eines Witzes hat. Unbewußt wissen beide: sie sind gleich, sie sind beide Männer. Nun ist eine Gemeinsamkeit auch im zentralen Bereich hergestellt. Der Patient ist entlastet, weil er hört, daß er so ist wie alle Männer.

Abschließend könnte man sich fragen, warum der Patient bezüglich dessen, was er produziert (Prostatasekret), solche Zweifel hat, warum er zur Selbstvergewisserung ein Aktfoto benötigt; vermutlich weil die Selbstobjekte der Kindheit, Mutter *und* Vater, ihn nicht lebendig spiegelten. Möglicherweise spiegelte die Mutter positiv oder aversiv die Analität des Patienten, denn ein Traum führt ihn schließlich zu lebensgeschichtlichen Entwicklungsbedingungen seiner Ängste.

Die diesen selbstpsychologischen Überlegungen zugrundeliegende Theorie eines Motivationsprimats des Selbst, im Gegensatz zum Motivationsprimat der Triebe, verlangt gewisse theoretische Klärungen.

Ein Patient mit einem beschädigten Selbst, mit einer narzißtischen Persönlichkeitsstörung wird in der regressiven Übertragung seine reaktivierten Selbstobjektbedürfnisse auf den Analytiker richten, während nach der triebtheoretischen Auffassung der Analytiker zum Objekt der Triebwünsche des Patienten wird. Es entsteht eine Selbstobjektübertragung, eine Spiegel- oder eine idealisierende Übertragung. Bei Vorliegen dieser Übertragungsformen erwartet der Patient wie selbstverständlich, daß der Analytiker für ihn jene Funktionen übernimmt, die er selbst nicht übernehmen kann, weil die Umgebung seiner Kindheit bei der phasenadäquaten Ausübung dieser Funktionen versagte. Daher steht im technischen Umgang mit solchen Übertragungen für den Analytiker die Frage im Vordergrund: „Was *bin* ich jetzt für den Patienten, wozu braucht er mich?" (während er bei einer Übertragung von Triebbedürfnissen fragt, was der Patient jetzt mit ihm *macht*). Er wird versuchen, sich in den Patienten einzufühlen und durch entsprechende Äußerungen sein *Verstehen* auszudrücken suchen. Dieses Verstehen ist eine optimale Frustration, weil die etwa bestehenden Spiegelungs- oder Idealisierungswünsche nicht befriedigt werden. Der Analytiker vermittelt dem Patienten lediglich, wie er dessen inneres Fühlen und Erleben erfaßt hat. In gewisser Weise mag dieser empathische Schritt dem Verhalten einer Mutter ähneln, die die Befindlichkeit ihres Kindes erfaßt. Sander (1962) sprach von „shared awareness", Stern (1985) von „affect-attunement", Loewald (1980) von „recognizing validation", ohne die psychische Entwicklung angehalten oder beeinträchtigt wird. In der Analyse schließt sich dem 1. Schritt, dem des Verstehens, der 2. Schritt der *Erklärung*, der Deutung an, die Übertragung und Genese rekonstruktiv miteinander vereinigt.

Die im Grundlagenband vertretene Auffassung, wonach der Patient nicht allein betrachtet werden darf, sondern die Mitwirkung des Analytikers einbezogen werden muß, wenn man den analytischen Prozeß untersucht, steht in voller Übereinstimmung mit dem Konzept der Selbst-Selbstobjekt-Einheit („self-selfobject unit"), die durch Patient und Analytiker konstituiert wird. Allerdings gilt es, die auch spezifischen Gegenübertragungen zu beachten, die in diesem Kontext auftreten können.

Selbstobjektübertragungen können beim Analytiker Gegenübertragungen hervorrufen, weil es oft nicht leicht erträglich ist, vom Patienten nicht als „Zentrum eigener Initiative", sondern als Teil von dessen Selbst erlebt zu werden. Kohut (1971) hat beschrieben, in welcher Weise ein Analytiker auf solche Anfechtungen, wenn sie ihm nicht bewußt sind, reagieren und damit den Übertragungsverlauf stören oder zerstören kann. Es kann aber, darauf hat Wolf (1979) hingewiesen, *Selbstobjektgegenübertragungen* geben. Durch sie kann der Analytiker etwa den Patienten als Teil seines Selbst erleben und ihm (im Sinne einer projektiven Identifikation) das deuten, was *ihm* wichtig erscheint, ohne den Patienten dabei richtig zu erfassen. Auch können im Analytiker auf den Patienten gerichtete Selbstobjektbedürfnisse mobilisiert werden, die ihm unbewußt bleiben (Köhler 1985, 1988). Diese Selbstobjektgegenübertragungen stellen eine Parallele zu jenen Gegenübertragungen dar, in denen der Analytiker sich in seine Patienten verliebt oder mit ihnen rivalisiert. Bei einer Spiegelgegenübertragung etwa würde der Analytiker vom Patienten eine spiegelnde Bestätigung seines Selbstgefühls benötigen, und zwar dadurch, daß der Patient sich bessert und dem Analytiker damit bezeugt, daß er ein guter Analytiker ist. Der Analytiker gerät in die Lage von Eltern, die gute Eltern sein wollen und sehen möchten, daß ihr Kind gedeiht. Eine unbewußte Erwartungshaltung des Analytikers, daß der Patient sich bessern solle, kann eine wichtige Ursache der chronischen negativen therapeutischen Reaktion sein, denn eine Besserung wäre für den Patienten eine Wiederholung früherer Anpassungsmuster an elterliche Erwartungen, nicht aber die durch die Analyse zu bewirkende Befreiung.

Die Gegenübertragung im vorliegenden Fall lag nicht in einem Widerstand des Analytikers dagegen, daß der Patient ihn als Selbstobjekt benötigte: Er reagierte mit Neugierde und Interesse auf die Schilderungen des Patienten und nicht etwa mit angeödeter Langeweile. Wohl aber mag eine Spiegelgegenübertragung im Spiel gewesen sein, denn der Analytiker sagt: „Mich überraschte und erfreute die Entschiedenheit, mit der Herr Arthur Y einen lange gehegten Plan realisierte, ohne sich von mir ... einschränken zu lassen.“ Hat der Patient damit vielleicht Erwartungen des Analytikers und damit eine Selbstobjektfunktion erfüllt? Der Patient seinerseits hatte eine Spiegelübertragung. Der Analytiker hat die Selbstobjektfunktion durch Partizipation und Bestätigen der gemeinsamen Geschlechtsrolle erfüllt. Unter dem Gesichtspunkt der hier vertretenen Theorie der Selbstpsychologie wurde vielleicht trotz der neutralen Haltung des Analytikers in der Übertragung mehr agiert als durch Deutung analysiert.

3.7 Projektive Identifikation

Bei der Auflösung von Symptomen wird der innere Dialog, den ein Patient bisher mit sich selbst geführt hat, durch den zu Hilfe gekommenen Analytiker in eine Zwiesprache verwandelt. Besonders bei narzißtischen Persönlichkeitsstrukturen kommt es zu erheblichen Belastungen der Gegenübertragung. Die Perversion, an der der nachfolgend beschriebene Patient litt, brachte es mit sich, daß der therapeutische Spielraum zunächst sehr eingeengt war. Die Gegenübertragungen, die dieser Patient auslöste, sind eng mit seiner Symptomatik verknüpft, die sich auch in der Art und Weise seiner Übertragung äußerte. Er wollte das Heft der Therapie ganz in der Hand behalten und als Regisseur den Analytiker wie eine Marionette an seiner Schnur tanzen lassen. Diese Kontrolle ist ein wesentlicher Teil der Theorie der projektiven Identifikation, die wir deshalb im Anschluß diskutieren. Die Zusammenfassung und der kasuistische Bericht machen deutlich, daß dem behandelnden Analytiker einige allgemeine Aspekte dieser Theorie der projektiven Identifikation hilfreich waren, ohne daß die Deutungstechnik selbst den Annahmen Melanie Kleins folgte.

Aus didaktischen Gründen wäre es reizvoll, schulspezifische Dialoge zu simulieren. Hierbei sind verschiedene Variationen denkbar, durch die auf einer fiktiven Ebene Deutungsaktionen wie in einem behandlungstechnischen Seminar durchgespielt werden könnten. Die Abwesenheit des Patienten setzt dem Wirklichkeitsgehalt solcher Gedankenexperimente Grenzen. Auch in den üblichen klinischen Diskussionen werden Sandkastenspiele dieser Art in Abwesenheit des Patienten notwendigerweise einseitig inszeniert, wenn die Diskussionsteilnehmer bestimmte Situationen alternativ deuten. Man könnte die Inszenierung vervollständigen, indem man die *Erwartungen* des interpretierenden Analytikers bezüglich der Reaktionen des Patienten einbezieht.

Theoretische Überlegungen haben eine hervorragende heuristische Funktion. Deshalb könnte es hilfreich sein, wenn der Leser zuerst den nachfolgenden Abschnitt über die projektive Identifikation liest, um dann die beiden Falldarstellungen auf die Anwendungsmöglichkeiten hin zu untersuchen.

Beispiel A

Herr Johann Y übergibt dem Analytiker zu Beginn der 1. Sitzung ein Notizbuch, in dem eine Beschreibung seines ihn sehr beschämenden Symptoms enthalten ist; er wünsche aber darüber noch nicht zu sprechen. Aus den Aufzeichnungen geht hervor, daß er unter einer Perversion leidet: Als 7jähriger stahl er eine Gummihose, die die Mutter für die 2jährige Schwester zurechtgelegt hatte; er nahm sie mit auf die Toilette, zog sie an und defäzierte hinein. Mit Beginn der Pubertät fing er an, sich selbst Gummihosen aus Plastiktüten zu fertigen. Seine große soziale Isolierung ging mit erheblichen Kränkungen einher, die mehrere Suizidversuche auslösten. In der Frühadoleszenz begannen seine Fesselrituale, mit denen er Zustände extremer Ohnmachten autoplastisch überwinden und Spannungen kontrollieren konnte. Der Zusammenhang mit der Selbstbefriedigung konnte vom Patienten erst in einer fortgeschrittenen Behandlungsphase mitgeteilt werden. Er suchte um Behandlung nach, als sich die Gefährdung durch seine Fesselungen mit dem Anlegen eines Stromkabels erheblich vergrößerte; einmal führte eine vorübergehende Lähmung zu einer Panik, als er über Stunden befürchten mußte, sich nicht mehr selbst befreien zu können.

Der Patient bezieht seine Erkrankung selbst auf weit in die frühe Kindheit zurückreichende Ängste vor Verlassenheit und Auflösung, die besonders seit der Pubertät u. a. auch durch eine psychotische Erkrankung einer jüngeren Schwester erheblich verstärkt wurden.

Trotz der mit dem Fesseln verbundenen Gefährdung wollte der Patient eine analytische Behandlung nur aufnehmen, wenn es ihm gestattet würde, Bedingungen wie Frequenz und Rahmen (Liegen oder Sitzen) selbst in der Hand zu behalten; ein früherer Behandlungsversuch war daran gescheitert, daß der Analytiker auf der Einhaltung der Standardtechnik insistierte.

Der Analytiker, der sich mit solchen Patienten auf „flexible" Regelungen einläßt, begibt sich in eine besondere Lage. Er hat sich nach den Wünschen des Patienten gerichtet und weicht von Regeln ab, die für die psychoanalytische Technik charakteristisch sind. Nach unserer Meinung ist es wesentlich, welche Bedeutung eine solche Abweichung für den Analytiker hat, wenn er die Rahmensetzung den Forderungen eines Patienten anpaßt. Handelt es sich um eine Erpressung? Nein, man wird sich nicht erpreßt fühlen, wenn man einem schwerkranken Patienten das Recht einräumt, die für ihn noch tolerierbaren Bedingungen seiner Therapie selbst festzulegen. Sofern der abgewandelte Rahmen psychoanalytische Erkenntnisse ermöglicht und therapeutische Einflußnahmen zuläßt, handelt es sich um keinen einseitigen Akt, oder richtiger: die Zustimmung des Analytikers beinhaltet, daß er innerhalb des gesetzten Rahmens arbeiten kann, auch wenn eine therapeutische Wir-Bildung im Sinne Sterbas noch ganz minimal sein mag. Wenigstens ist eine Vereinbarung zustande gekommen, die beiden Beteiligten genügt.

Natürlich taucht sofort die Frage auf, warum ein Patient seine Autonomie so betont vertreten muß, daß er auf jede ihm nicht passende Intervention entweder mit Stundenabbruch oder chronischen Vorwürfen und Ermahnungen reagiert. Dem Analytiker vorzuschreiben, wann er etwas sagen dürfe und wann er besser den Mund halten solle, löst in diesem in der Gegenübertragung Ohnmacht und das Gefühl des „Gefesseltseins" aus. Der Analytiker ist unübersehbar nicht mehr

Herr im eigenen Haus, sondern läßt sich auf eine manipulative Beziehung ein, aus der er mit Hilfe seiner Deutungen im Laufe der Zeit wieder herauszukommen hofft.

Die „Fesselung" durch die „Diktatur" des Patienten führt unvermeidlich zu affektiven Problemen, die entsprechend der starren Beziehungsregulation des Patienten immer Gefahr laufen, zu einer analogen starren „projektiven Gegenidentifikation" im Sinne Grinbergs (1962, 1979) zu geraten. Wir verweisen auch auf einen Fallbericht von McDougall u. Lebovici: Der 9jährige Sammy sprach über lange Zeit nur dann, wenn seine Analytikerin jedes Wort mitschrieb: „Nun schreib, was ich diktiere, ich bin dein Diktator", pflegte er zu brüllen (1969, S. 1, Übers. von uns).

Das affektive Problem besteht darin, in der aufgezwungenen Passivität, ja Ohnmacht, nicht wütend oder teilnahmslos zu werden. Bei Patienten mit sehr geringem Änderungspotential ist es besonders wichtig, daß der Analytiker sein Interesse durch Einblicke in psychodynamische Zusammenhänge, also durch Erkenntnisgewinn aufrechterhalten kann. Daraus ziehen wir in schwierigen Psychoanalysen eine Befriedigung, ohne die Durststrecken kaum auszuhalten wären. Unseres Erachtens ist es für jeden Analytiker wichtig herauszufinden, wie er in schwierigen Lagen eine positive Einstellung aufrechterhalten und trotz erheblicher Belastungen wenigstens ein Minimum an Befriedigung finden kann.

Die folgende Sitzung findet am Ende des 3. Behandlungsjahres statt:

Der sonst pünktliche Patient kommt zu spät, er geht gleich auf den Sessel zu mit der Bemerkung, er verstehe seine Verspätung als Ausdruck seiner Zwiespältigkeit, er habe heute keinen Plan gehabt, keine Marschroute, wie er vorgehen solle. Er stelle fest, daß seine bisherige Art, mit mir zu arbeiten, nicht mehr so recht funktioniere.

Herr Johann Y benutzt zur Verdeutlichung seiner Position ausdrucksstarke, gleichnishafte Beschreibungen, die er als haltgebende Orientierungen begreift und die in ihrem metaphorischen Gehalt von mir nicht hinterfragt werden dürfen.

P.: *Ich glaube, ich muß Ihnen meine Überlegungen mitteilen, die ich mir gemacht habe, wie ich glaube, daß die Therapie und übrigens auch mein Leben funktionieren. Es gibt 2 Prozesse: einen* Kompensationsprozeß *und einen* Entwicklungsprozeß. *Aufgrund der vielen mich belastenden Erlebnisse in der Kindheit ist mein Entwicklungsprozeß zum Stillstand gekommen, und ich habe mich auf Kompensationsprozesse eingelassen, dabei spielen Frauen eine besondere Rolle. Ich habe in der letzten Nacht ein Bild vor Augen gehabt, vielleicht war es ein Traum oder eine Vision, das ist mir unklar geblieben.*

Diese Beschreibung ist charakteristisch für seine Schwierigkeit, Außen- und Innengrenzen stabil zu halten. Er kann innere Bilder nur schwer als solche identifizieren.

P.: *Im Tal der Erinnerung habe ich 4 Frauen getroffen, die haben mir vorgeworfen, ich hätte sie bestohlen, und sie wollten das Gestohlene von mir zurück. Ich konnte es ihnen nicht mehr geben, es war eben aufgebraucht. Das war das Bild, ich glaube, die 4 Frauen sind die ersten 4 Mädchen vor Maria.*

Der Patient hatte noch keine engere heterosexuelle Beziehung gehabt, aber er fand immer wieder Frauen, denen er sich als platonischer Freund anbot, ohne jemals eine Berührung zuzulassen. Meist waren es Frauen, die Konflikte in einer anderen Partnerschaft erlebten und in Gesprächen mit dem Patienten Trost und Hilfe fanden. Der Patient zog aus diesen Beziehungen jeweils verdeckt phantasierte Befriedigungen, um regelmäßig die Enttäuschung zu erleben, daß er wieder zugunsten des „richtigen Freundes" verlassen wurde. Die Bekanntschaft mit Maria unterscheidet sich von den bisherigen Beziehungen zu Frauen im wesentlichen dadurch, daß sie nun schon einige Jahre Bestand hat; der Umstand, daß sie nicht seinem alltäglichen Lebensraum zugehört, spielt dabei eine große Rolle. Sie wohnt Hunderte von Kilometern entfernt, und so sind nur sporadische Besuche bei ihr möglich. Über diese Distanz konnte er aber eine stabile Beziehung zu ihr aufbauen, in der Maria als externalisiertes Ich-Ideal fungiert.

P.: *Ich glaube, mit Maria ist eine neue Ära eingeleitet worden, deshalb kann ich das Tal der Erinnerung noch nicht durchschreiten, sondern muß es noch genauer erkunden; aber im Moment bin ich wieder in der Wüste.*

Seine Mitteilungen dienen primär der Bewältigung innerer Spannungen; vordergründig handelt es sich um typische Intellektualisierungen. Doch hält er so sein Gleichgewicht aufrecht. Schon auf der manifesten Ebene habe ich oft Mühe zu begreifen, an welchen Ort seines verzweigten Denkens der Patient mich führen möchte. Der Patient hat die Phase vor dem „Tal der Erinnerung" als den „Gang durch die Wüste" bezeichnet. Deshalb versuche ich zunächst, an seine Entscheidung anzuknüpfen, sich nicht auf die Couch zu legen, sondern den sicheren Platz im Sessel zu suchen.

A.: *Vermutlich ist es deshalb sicher und zugleich vernünftig, daß Sie sich nicht auf die Couch legen, denn Sie befinden sich weiter in der Wüste, und ohne Marschroute geht man nicht in die Wüste.*

Ich passe mich der Sprachform des Patienten an, wohl wissend, daß damit auch die durch diese Sprache geschaffene Distanz aufrechterhalten wird.

P.: *Wo stehe ich, in welcher Prozeßdimension? Ich denke, ich bin in der Kompensationswelt, aber das Tal der Erinnerung würde die Welt der Entwicklung wieder eröffnen. Ich wünsche mir, daß Sie mir auf diesem Weg vorangehen, daß ich aus großem Abstand dabei zuschauen kann.*

A.: *Unsere bisherigen Ausflüge ins Tal der Erinnerungen hatten immer auch die Seite, daß sehr viele schmerzliche Erinnerungen Sie belasten, und wenn ich derjenige bin, der vorausgeht, dann bestimme ich das Tempo und nicht Sie – da sehe ich das Risiko.*

Der Patient kann dem zustimmen; er müsse jetzt lernen, mit mir zusammen das Tempo zu bestimmen. Dies sei sicherlich zutreffend, und es würde ihm zugleich die Sicherheit geben, daß er die Arbeit regulieren könne. (Am Anfang der Analyse war ich dem Patienten oft vorausgeeilt mit verschiedenen Versuchen, ihn in seiner schizoiden Einsamkeit zu erreichen.)

In der nächsten Stunde bringt er mir ein Schreiben mit und verlangt, daß ich dieses zunächst zur Kenntnis nehme. Dieses Schreiben *nicht* zu lesen, sondern den Patienten zu bitten, mir den Inhalt direkt zu übermitteln, würde nach meinen bisherigen Erfahrungen mit ihm zum sofortigen Abbruch der Stunde führen. Ich lese also seine Aufzeichnungen:

> In der vergangenen Stunde sind wir bei der Klärung der Frage, was ich bei Ihnen erreichen will, einen entscheidenden Schritt weitergekommen. Ich traue mir jetzt zu, Ihnen eine Darstellung zu geben, mit der Sie etwas anfangen können:

Es geht um „Nägel ohne Köpfe". Zur Erläuterung: Nägel ohne Köpfe sind analytische (d.h. im theoretischen Sinne zergliedernde) Ansätze zur Problemlösung ohne konkrete Umsetzung. (Der Kopf wäre die im jeweiligen Moment mögliche Form der Realisierung oder Weiterentwicklung des Ansatzes.)

Meine Absicht ist es, dieses Verhaltensmuster bei mir zu ändern. Dazu gibt es prinzipiell folgende Zielbeschreibungen:

a) Ich mache „Nägel mit Köpfen" allein und rede nicht unbedingt darüber.
b) Sie machen „Nägel mit Köpfen", dann sind dies Ihre Nägel, und ich kann sie nicht gebrauchen.
c) Sie unterstützen mich, hier „Nägel" zu finden und überlassen die Herstellung des „Kopfes" mir allein.

Nach der Lektüre seiner Mitteilungen gebe ich keine Interpretation des formalen Ablaufs, sondern greife das angebotene Bild auf.

A.: *Die Aufgabe, die Sie uns beiden stellen, ist nicht leicht, aber wahrscheinlich sehr wichtig: daß Sie die Möglichkeit haben, hier „Nägel" - das sind die Anregungen, die ich Ihnen geben kann - mitzunehmen und daß Sie sich dann wiederum auch sicher fühlen, daß die Verwirklichung, die Umsetzung, wirklich allein Ihre Sache ist.*

Der Patient ist zunächst zufrieden und berichtet nun von vielfältigen Aktivitäten, wo er sich in den letzten Monaten überall Felder geschaffen habe, in denen er sich relativ sicher bewegen könne.

P.: *Ich glaube, ich suche eine Freiheit der Selbstbestimmung, Freiheit, wie ich sie meine. Ihr großer Fehler im vorigen Jahr ist gewesen, daß Sie mich bei meiner positiven, aktiven Entwicklung zu sehr begleitet haben, das Tempo noch forciert haben. Deshalb habe ich ja auch die Stunden reduziert. Jetzt begleiten Sie mich nur.*

Der Patient bezieht sich auf eine Episode, in der ich seine Festlegungen vermehrt interpretativ zu durchbrechen versuchte, mit dem Ergebnis, daß er in eine suizidale Stimmung geriet und sich für einige Tage in die Obhut einer psychiatrischen Klinik begab. Mein situativ angewachsenes Gefühl, von ihm „gefesselt" - nicht im Sinne von fasziniert, sondern von beschränkt und festgehalten - zu sein, hatte mich zu der Deutung geführt, er lasse mich nicht so an seiner Entfaltung teilnehmen, wie ich es mir wünschen würde. Dieser Versuch, ihm durch die Deutung der Interaktion eine Perspektive seiner Art und Weise der Handhabung unserer Beziehung zu geben, reaktivierte vermutlich eine Erfahrung der Einmischung durch seine Mutter.

Lebensgeschichtlich läßt sich der schizoide Anteil der Störung auf traumatische Erfahrungen als Kleinkind zurückführen. In der Erinnerung sieht sich der Patient als stundenlang schreiender Säugling, den die Mutter vernachlässigte. Als er als 5jähriger nach der Geburt der Schwester zunehmend schwierig wurde und die Mutter ihn nicht mit dem Schwesterchen alleinlassen wollte, wurde er von ihr im Nebenzimmer mit dem Vorhang gefesselt. Der Patient kann sich noch heute daran erinnern, wie beschämend es war, als er, der schon früh sauber war, im zeitlichen Kontext zu der Geburt wieder einkotete.

Meine Deutungsstrategie richtete sich vorwiegend auf aktualgenetische Zusammenhänge von Zurückweisungen, Kränkungen und ihm angstmachenden Verführungsangeboten durch Frauen, die jeweils den narzißtischen Rückzug in die Perversion in Gang setzten; die zunehmend bessere Bewältigung dieser Situationen führte entsprechend zu einem deutlichen Rückgang der Frequenz der perversen Handlungen.

Nach 3jähriger Behandlung kann der Patient folgende Gedanken zu der Funktion des Fesselns aufschreiben:

> Mir ist die Bedeutung des Fesselns klargeworden. Es ist eine elementar wichtige Selbsterfahrung für mich. Hier gilt, daß ich nur dann loskomme, wenn ich mich darauf konzentriere und andere Aspekte wie Schmerzen oder Angstgefühle beiseiteschiebe. Wenn die Angstgefühle überwiegen, habe ich fast keine Chance. Genau das entspricht meiner realen Situation; wenn die Angstgefühle bestimmend werden, wenn ich keinen Spielraum zum „freien" Denken und Verhalten mehr habe, dann wird meine Krankheit akut. Dabei entspricht die Gefährlichkeit des Fesselns eben meiner Gefährdung in der jeweiligen Situation. Einfaches Fesseln ohne Zusätze läßt mir viel Zeit, nämlich solange „bis ich verdurste", also ungefähr 3 Tage. Ich habe noch nie länger als eine gute Stunde bei diesen Voraussetzungen gebraucht. Wenn Strom oder Luftmangel, vielleicht auch Wärmestau eine Rolle spielen, verkürzt sich die Frist entsprechend, im gleichen Maße muß dann meine Konzentration steigen, der Wert der „Selbsterfahrung" wird dadurch vergrößert. Bei entsprechenden Kombinationen habe ich bis zu 3 Stunden maximal gebraucht, bin aber auch bei „glücklichen Umständen" schon nach 2 Minuten losgewesen. Die Bedeutung des Fesselns ist damit die Verhinderung des akuten Krankheitszustands, denn es nimmt den Platz einer in einem bestimmten Zeitraum notwendigen Selbst- bzw. Identitätserfahrung ein, die anders nicht garantiert werden kann.

Was der Patient als „akute Krankheit" beschreibt, sind massive Ängste, die bei zu direkter Interaktion auftreten. Im Akt der Fesselung meistert er die phantasierten Bedrohungen, indem er die ihm zugefügten Erniedrigungen an sich selbst vollzieht und damit auch seine Destruktivität kontrolliert. Der angstvolle Kontrollverlust des Einkotens von damals ist im perversen Akt als beabsichtigte und willentliche Stuhlentleerung irgendwie auch mit Selbstbefriedigung verbunden. Damit endet der lustvolle Triumph über die Mutter und alle Frauen, die ihn in deren Nachfolge beunruhigen und kränken. Die Herabsetzung von Frauen – in der auch ein Aspekt der Identifizierung mit dem Vater enthalten ist, der erklärtermaßen von der Mutter wenig hielt – findet sich, neben dem dazugehörenden Umschlag in Wiedergutmachung, Bewunderung und Idealisierung, auch außerhalb der Perversion. Zugleich ist der Patient zur Distanz gezwungen, um Frauen vor seinen Angriffen zu bewahren und sich die phantasierte Liebe der Mutter zu erhalten, wie dies auch Stoller hervorhebt:

> Perversion, die erotische Form des Hasses, ist eine Phantasie, in der Regel ausagiert, manchmal beschränkt auf die Form eines Tagtraumes. Es ist eine habituelle, bevorzugte Abweichung, für die eigene Befriedigung notwendig, die primär durch Feindseligkeit motiviert ist ... Die Feindseligkeit in der Perversion gewinnt Form in einer Phantasie der Rache, versteckt in den perversen Handlungen, mit dem Zweck, das Trauma des Kindes zu einem Triumph des Erwachsenen zu verkehren (1986, S. 4).

Im unbewußten Rollentausch ist der Patient selbst die Mutter, ja noch mächtiger als diese, und kann alles kontrollieren. Eine oberflächlichere Motivation seines Kontrollierens – als anale Autonomie bestimmbar – verbindet der Patient mit vielen Umzügen, die ihn nie ein Gefühl entwickeln lassen konnten, sich irgendwo sicher und heimisch zu fühlen.

Beispiel B

In dem nachfolgenden Beispiel werden die wahrgenommenen Phänomene auf erschlossene Prozesse zurückgeführt, deren Diagnostik in einem Verständnis der Gegenübertragung gründete, wie es durch die Theorie der projektiven Identifikation ermöglicht wird. Aufgrund seiner Ausbildung steht der behandelnde Analytiker in der Tradition der Kleinianischen Schule. Er ist also nicht nur mit der Theorie vertraut, sondern auch in der behandlungstechnischen Anwendung geschult. Selbstverständlich ist es für die Beurteilung einer Behandlung unwesentlich, ob diese durch irgendeine Autorität als schulspezifisch deklariert wird. Eine Übereinstimmung über die Erfüllung bestimmter Kriterien herzustellen, wird allerdings bei Therapievergleichen zwischen verschiedenen Schulen oder Richtungen erforderlich. Darum geht es uns bei diesem Beispiel nicht, wiewohl wir in unseren Kommentaren vergleichende Betrachtungen anstellen. Diese dienen der Erläuterung von Problemen, wobei die Frage unterschiedlicher Wirksamkeit nur gestreift wird. Die oben erwähnte Eigenständigkeit der metaphorischen Therapiesprache legt uns in dieser Hinsicht Zurückhaltung auf.

In ihrem 25. Lebensjahr begann Frau Veronika X wegen eines Torticollis spasticus eine Psychoanalyse. Der Schiefhals trat anfallsweise nur bei emotionalen Belastungen und besonders bei Prüfungen während der beruflichen Ausbildung auf. Die psychogenen Auslöser der ticartigen unwillkürlichen Kopfdrehung bzw. die symptomverstärkenden Einflüsse von Emotionen auf die neurologische Erkrankung ließen sich bei sorgfältiger Beobachtung sichern und waren der Patientin selbst schon aufgefallen. Es entstand ein Teufelskreis, den wir unter 5.2 und 5.5 bei einem anderen Fall von Schiefhals als typisch für viele Erkrankungen beschrieben haben, ob diese nun mehr im Seelischen oder mehr im Körperlichen ihre primären Ursachen haben mögen.

In der Therapie von Frau Veronika X trat das neurologische Syndrom gegenüber einer schwerwiegenden Grenzfallstruktur in den Hintergrund. Eine heftige Erotisierung der Übertragung unterhöhlte ständig das Arbeitsbündnis, so daß die Gegenübertragung in vielen Sitzungen erheblich belastet war.

Im 1. Jahr der Behandlung war die Patientin selten fähig, die ganze Stunde auf der Couch liegen zu bleiben. Am häufigsten kam es vor, daß sie verängstigt durch das Zimmer ging, wobei sie mir von Zeit zu Zeit wütende und böse Blicke zuwarf und gleichzeitig eine tiefe Hilflosigkeit ausdrückte. Oftmals saß Frau Veronika X zusammengekauert vor meinen Füßen, während ich in meinem Sessel saß. Das Dulden dieser Verhaltensweisen wurde von Versuchen begleitet, die Gefühle der Patientin zu deuten und ihre Ängste vor weiterem Kontrollverlust zu interpretieren. Einmal wurde es notwendig, eine klare Grenzlinie zu ziehen. Als die Patientin nicht duldete, daß ich während der Sitzung ein paar Notizen machte, und sie von der Couch aufsprang, um mir den Kugelschreiber aus der Hand zu reißen, reagierte ich sehr bestimmt: „Wenn Sie mir nicht augenblicklich den Kugelschreiber zurückgeben, zwingen Sie mich, die Behandlung zu beenden.“

Kommentar: Es wurde also die Notbremse gezogen, um weitere Übergriffe zu verhindern, die für den Analytiker belastend sind und für den Patienten hochgradig traumatisierend sein können. Denn der Kontrollverlust steigert tiefe Ängste und führt zur Beschämung. Im Wutanfall suchen Kinder Halt beim Erwachsenen.

Trotz allem war Frau Veronika X zu fruchtbarer therapeutischer Arbeit fähig. Sie berichtete Träume, die trotz einer starken Fragmentierung und des Vorherrschens einer Welt von Teilobjekten und Körpersprache die analytische Arbeit zuließen. Dadurch wurde auf beiden Seiten die Hoffnung aufrechterhalten, daß sich die Behandlung lohnen würde, was sich auch durch Fortschritte in ihrem alltäglichen Leben und Abnehmen der seelischen Symptomatik bestätigte. Meine Fähigkeit, Ruhe und Übersicht zu bewahren und Zusammenhänge zu erkennen, erweckte in der Patientin große Bewunderung. Oft brachte sie zum Ausdruck, daß sie keine Schwierigkeiten mehr habe, wenn sie so denken könne wie ich; diese Bewunderung löste Fragen darüber aus, wie ich zu diesem oder jenem Verständnis gelangt sei, wobei sie oft mit heftiger Wut auf Antworten reagierte. Sie blieb bei ihrer Meinung, daß die Antworten ausweichend und unvollständig oder von dem Wunsch getragen seien, die „Quelle“ des Wissens nicht zu vermitteln.

Kommentar: Wie wir im Grundlagenband unter 7.4 ausgeführt haben, ist es gerade bei Grenzfällen wichtig, realistische Anworten zu geben. Darüber hinaus ist es in allen Psychoanalysen hilfreich, den Patienten am Kontext des Wissens des Analytikers teilhaben zu lassen, wie wir dies unter 2.2 beschrieben haben. Damit werden Klagen oder Anklagen, von der „Quelle“ ausgeschlossen zu sein, nicht aus der Welt geschafft, aber oft so gemildert, daß sich das Spannungsverhältnis zwischen Macht und Ohnmacht etwas zugunsten des Patienten ausgleicht. Wir geben diesen Kommentar aus didaktischen Gründen und ohne wissen zu können, ob der behandelnde Analytiker überhaupt noch mehr Informationen über den Hintergrund seiner Deutungen hätte geben können.

Die negativen therapeutischen Reaktionen wurden im Laufe der Analyse häufiger, wobei eine Komponente des Neides allmählich immer deutlicher sichtbar wurde. Jedesmal wenn die Patientin den Eindruck hatte, daß ich trotz aller Schwierigkeiten, die ihr vollkommen bewußt waren, fähig blieb, meine Arbeit fortzusetzen und ihre extreme Hilfsbedürftigkeit zu erkennenn, reagierte sie sehr ambivalent mit einer Mischung von Wutausbrüchen und der Anerkennung, die Therapie sei für sie wirklich von Nutzen.

Im 3. Jahr der Analyse und am Anfang der 2. Sitzung in der Woche schaute Frau Veronika X, ehe sie sich auf die Couch legte, mir mit einem langen und starren, ja penetranten Blick in die Augen, der eine große Wirkung in der Gegenübertragung erzeugte, deren Herkunft ich nicht recht verstehen konnte. Es folgte ein langes Schweigen, und auf die Frage, woran sie denke, sagte sie, was sie schon viele Male geäußert hatte: an ihren sexuellen Wunsch nach mir. Diesmal hatte die direkte sexuelle Äußerung im Gegensatz zu früheren Anlässen die Wirkung, in mir sexuelle Phantasien zu wecken. Ich begann, mir ganz konkret eine sexuelle Beziehung mit der Patientin vorzustellen, was mich sehr verunsicherte. Meine erste Reaktion war, daß ich mich provoziert fühlte, aber nicht durch die direkte sexuelle Äußerung, sondern in schwer definierbarer Weise. Während eines langen Schweigens kämpfte ich darum zu verstehen, was diesmal geschehen war und mich dazu gebracht hatte, mich gefühlsmäßig so stark zu engagieren. Ich fragte Frau Veronika X nochmals, was sie in diesem Augenblick beschäftige. Sie antwortete, sie erinnere sich an etwas, was sie vor einigen Jahren in Spanien erlebt habe. In einer Burg aus dem Mittelalter war sie an einem sehr heißen Tag mit einer Gruppe von Touristen in eine Krypta hinuntergegangen. Dort war es kühl und es herrschte eine sehr angenehme Atmosphäre. In der Krypta war ein steinerner Sarkophag mit einer schönen liegenden Figur, die einen Prinzen darstellte. Sie fühlte eine Faszination für die schöne Figur und im selben Augenblick eine große Sehnsucht, sie zu besitzen, verbunden mit Wut darüber, daß diese den vielen dummen Touristen zur Verfügung stand. Auf diese Assoziation und aufgrund der sexuellen Phantasien (in denen sich die Patientin mir näherte und mich streichelte) kam ich zu folgender Deutung.

A.: *Ich glaube, Sie möchten meinen Körper und meinen Geist, die für Sie ein und dieselbe Sache sind, ganz für sich allein haben. Nur für sich allein, ohne mich mit den anderen dummen Patienten teilen zu müssen. Mich für sich haben und mich irgendwie erforschen, untersuchen, abtasten, ganz genau kennenlernen, meine Gedanken lesen, um endlich zu erfahren, was in mir steckt.*

Ergänzend und in ihrer Reaktion die Deutung bestätigend, fügte die Patientin hinzu, daß sie in ihrer Phantasie damals in den Sarkophag eingedrungen sei. Im Innern des Sarkophags fühlte sie sich sehr wohl und hatte die Illusion, daß der Prinz ihr allein gehöre.

A.: *Ja, für Sie allein, aber in einen Leichnam verwandelt. Sie haben die Vorstellung, daß Sie mich nur ganz besitzen können, wenn Sie mit mir schlafen. Es soll meine Initiative sein, mein Wunsch, Ihren Körper zu besitzen. Gleichzeitig ist Ihnen jedoch klar, daß ich mich in dem Augenblick, in dem es Ihnen gelingt, mich bis zu einer sexuellen Beziehung zu reizen, in einen toten Analytiker verwandle, als Analytiker sterbe.*

Nach dieser Deutung spürte ich in dramatischer Weise, daß die Erregung verschwand. Im Laufe der Sitzung ergänzte ich die Deutung.

A.: *Ich glaube, daß Sie den starken Wunsch nach einer totalen Beziehung sehr schwer ertragen können und daß die einzige Möglichkeit, diesen Zustand erträglicher zu machen, darin besteht, daß Sie versuchen, mir die gleichen Gefühle zu vermitteln, nämlich den Wunsch, der Sie gelähmt und gefesselt an die Couch hält wie die liegende Figur auf dem Sarkophag. Nur dadurch können Sie mir dieses starke Gefühl vermitteln.*

Zu Beginn der folgenden Sitzung sagte die Patientin, daß die Deutung am vorangegangenen Tag sie „gelb vor Wut" gemacht habe. Ich erwiderte, daß der richtige Ausdruck „gelb vor Neid" sei, daß die Farbe der Wut rot sei. Nach ein paar Minuten des Schweigens erzählte Frau Veronika X einen Traum der letzten Nacht: Sie war ein ganz kleines Kind und kauerte zu Füßen eines älteren Mannes, der sehr gut Märchen erzählen konnte. Sie war von den Erzählungen begeistert, gleichzeitig machte es sie wütend, daß der alte Mann diese Fähigkeit besaß. Dann begann sie, an seinem Körper hochzuklettern bis zu seinen Augen und versuchte, seine Augäpfel zu zerquetschen, indem sie ihre Finger hineinsteckte. Der alte Mann wich jedoch, ohne daß er sie offen zurückwies, ihren Versuchen sehr geschickt aus, und so gelang es ihr nicht, ihn zu blenden.

Durch den Traum war es mir möglich, die negativen therapeutischen Reaktionen der Patientin und ihren Gebrauch der projektiven Identifikation zu verstehen. Wie sie sich an meiner Fähigkeit begeisterte, ihr Geschichten über ihre eigene seelische Realität zu erzählen, wie aber diese Begeisterung in ihr große Gier und Neid erweckte, verbunden mit dem Gefühl, sehr klein und hilflos zu sein. Durch dieses Gefühl der Hilflosigkeit wuchs in ihr das Bedürfnis, diesen gefährlichen

Unterschied zu beseitigen, indem sie seine Quelle, d.h. meine Fähigkeit, in die Patientin hineinzusehen, zerstörte. Gegen diesen Unterschied wehrte sich die Patientin wiederum durch den Versuch, in mich sexuelle Wünsche, die mich verwirren konnten, „hineinzustecken". Als Frau Veronika X merkte, daß ich trotz ihrer Versuche meine Einsichtsfähigkeit behielt, fühlte sie sich einerseits erleichtert, andererseits verstärkte sich aber der Teufelskreis. Die Tatsache, daß die Patientin diesmal keine negative therapeutische Reaktion zeigte, sondern ganz im Gegenteil in der Lage war, einen Traum mitzubringen, der die früheren negativen therapeutischen Reaktionen erklärte, ist wahrscheinlich ein Zeichen dafür, daß der Teufelskreis in dieser Episode unterbrochen war, was sich im späteren Verlauf der Behandlung bestätigte. Frau Veronika X vertraut jetzt darauf, daß ihre Aggressivität, die sie selbst am meisten fürchtet, einschließlich ihrer neidischen Angriffe vom Arbeitsbündnis getragen werden können. Sie weiß aus Erfahrung, daß ich in der Lage bin, stärkere Emotionen zu ertragen und mit ihr in die Tiefen einer Krypta hinabzusteigen, ohne damit meine Einsichtsfähigkeit zu verlieren.
Kommentar: Vielleicht hat sich der Teufelskreis zunächst verstärkt, weil der Analytiker etwas Neues bei ihr gesehen hat. Deshalb will sie ihn blenden. Warum kann sie sich nicht mit der Lust des Sehens und Gesehenwerdens identifizieren? Und was kann getan werden, um den Teufelskreis zu unterbrechen? Die Unerschütterlichkeit des Analytikers ist in einem Maße unnatürlich, daß davon ein ungeheurer Reiz ausgeht, eine Verwirrung und Verirrung zu erreichen. Das Hineinstecken dient dem Ausgleich zwischen Oben und Unten, zwischen Rechts und Links, zwischen Besitzenden und Besitzlosen etc.

Anmerkungen zur projektiven Identifikation

Wie wir im Grundlagenband unter 3.2 ausgeführt haben, dient in der Schule M. Kleins die Theorie der projektiven (und introjektiven) Identifikation zur Erklärung und Begründung der ganzheitlichen Auffassung der Gegenübertragung. Ursprünglich basiert das Konzept der projektiven (und introjektiven) Identifikation auf Annahmen „zur Bedeutung früher paranoider und schizoider Ängste und Mechanismen", die M. Klein als Behauptungen, als „Hypothesen" kennzeichnet, die durch „Deduktion vom Material" abgeleitet sind, das sie in den Analysen von Kindern und Erwachsenen gewonnen habe (1961, S. 101). Es mag dahingestellt bleiben, in welche Richtung dabei die Deduktionen stärker liefen - vom Material zur Theorie oder umgekehrt. Das letztere ist wahrscheinlich, denn Melanie Klein gehört, wie man ihrer Falldarstellung über den kleinen Richard entnehmen kann (s. 1.3), zu jenen Analytikern, deren Deutungstechnik in höchstem Maße von der Theorie gesteuert wird. Wie dem auch sein mag, die Theorie der projektiven und introjektiven Identifikation bezieht sich auf frühe und primitive Phantasien. In die Mutter einzudringen und in das Innere ihres Körpers abgespaltene Teile von sich selbst „hineinzustecken" bzw. rückläufig selbst wieder durchdrungen zu werden, ist der Kern dieses erschlossenen interaktionellen Phantasiesystems. M. Klein betrachtete dies zunächst als Prototyp einer *aggressiven Objektbeziehung.* Später haben Bion (1959) und Rosenfeld (1971) eine besondere Form der *projektiven Identifikation im Dienste der Kommunikation* beschrieben, bei der das „Hineinstecken" von Gefühlen in die Mutter (den Analytiker) den Zweck hätte, bei ihr (ihm) ein bestimmtes Gefühl auszulösen, um damit einen nicht zu verbalisierenden seelischen Zustand anzuzeigen und evtl. die Mutter (den Analytiker) in irgendeine Richtung „in Gang zu setzen".

Ließe sich die Einfühlungsfähigkeit des Analytikers und überhaupt der wesentliche Teil des Austauschs zwischen Patient und Analytiker nach dem Muster der projektiven und introjektiven Identifikation verstehen und erklären, dann hätte die Psychoanalyse eine eigene und originelle Kommunikationstheorie. Diese stünde weitgehend außerhalb der kritischen Prüfung durch andere Wissenschaften, weil im Zweifelsfall stets darauf zurückgegriffen werden könnte, daß es sich hier um unbewußte Prozesse handelt, die im frühen präverbalen Entwicklungsalter ihren Ursprung haben. Mit diesem Argument können die Ergebnisse der direkten Mutter-Kind-Beobachtung scheinbar beiseite geschoben werden. Selbst gut begründete wissenschaftliche Kritik kommt bei vielen Analytikern wohl deshalb nicht an, weil die Praxissprache, die sich an diese Theorie anlehnt, eine starke Resonanz beim Patienten finden kann. Die Metaphern, die benützt werden, um dem gedanklichen Austausch Farbe zu geben, gehen auf körperliches Erleben zurück. Um nur einige Beispiele zu nennen: „Es geht mir unter die Haut", „Ich steck' dir was". Ein bevorzugtes Verb der Kleinschen Therapiesprache ist „hineinstecken". Damit werden sowohl orale als auch phallische Konnotationen geweckt. Die Therapiesprache, die sich mit der projektiven Identifikation verbindet, ist also eine akzentuierte „action language" mit Betonung der Aggressivität (s. hierzu Thomä 1981, S. 105).

Das Schlagwort des „Hineinsteckens" geht vermutlich auf Metaphern zurück, mit deren Hilfe M. Klein den Vorgang der Projektion zu beschreiben versuchte:

> Die Beschreibung dieser primitiven Vorgänge ist sehr erschwert, weil diese Phantasien zu einer Zeit entstehen, da der Säugling noch nicht in Worten zu denken begonnen hat. In diesem Zusammenhang verwende ich zum Beispiel den Ausdruck „in eine andere Person projizieren", weil das mir als der einzige Weg erscheint, den unbewußten Vorgang zu vermitteln, den ich zu beschreiben versuche (1961, S. 108).

Aus den genannten Gründen können also Analytiker sehr viel mit dem Konzept der projektiven Identifikation anfangen, und zwar gerade deshalb, weil es besonders vage definiert ist und zu den besonders ungenügend verstandenen Konzeptualisierungen der Psychoanalyse gehört, wie einer der Proponenten, Ogden (1979), feststellt.

Wir kommen nun auf den Unterschied zwischen *Projektion* und *projektiver Identifikation*, der darin gesehen wird, ob und wie die projizierende Person mit den projizierten Inhalten auf welcher Bewußtseinsstufe verbunden bleibt. Es ist indes zweifelhaft, ob es möglich ist, den Unterschied zwischen Projektion und projektiver Identifizierung daran festzumachen, ob der Projizierende unbewußt mit dem ausgestoßenen und verleugneten Selbstanteil verbunden bleibt oder nicht. Denn solche Verbindungen kennzeichnen nach Freud (1937d, S. 55) auch die durch Projektion entstandenen und dann zirkulär aufrechterhaltenen paranoiden Systeme. Nachdrücklich ist darauf aufmerksam zu machen, daß der Vorgang der Projektion, bei dem sich unbewußte Identifizierungen abspielen, mit vielen Inhalten verknüpft sein kann. Es ist also irreführend, bei paranoiden Entwicklungen nur an die Projektion homosexueller Inhalte zu denken, wie sie Freud beim Eifersuchtswahn beschrieben hat. Da sich Freud besonders mit der Projektion homosexueller Wünsche befaßt hat, wurde weithin übersehen, daß sich die Theorie der Projektion auf *formale* Prozesse bezieht, die sich mit vielen unbewußten *Inhalten* verknüpfen können. Nur bei einer verkürzten Wiedergabe der Theorie der Projektion scheinen sich wesentliche Unterschiede zwischen dieser und der projektiven Identifizierung herstellen zu lassen.

Das Wissen um die Projektion ist uralt. Nach der Bibel (Lukas 6.42) sieht man den *Splitter* im Auge des anderen, nicht aber den *Balken* im eigenen. Dazu paßt Freuds Erklärung paranoider Systeme. Diese werden dadurch aufrechterhalten, daß der „Balkenträger" überall kleine Splitter sucht und auch findet, die ihm bestätigen, wie böse die Mitmenschen zu ihm sind. So bewahrt er sich davor, den eigenen „Balken" als Grundlage seiner erhöhten Sensibilität für das Böse im anderen und was er diesem antut zu erkennen. In dieser Beschreibung kommt die Verankerung projektiver Prozesse in der Intersubjektivität zum Ausdruck.

Kernberg (1965) beschreibt den Prozeß folgendermaßen:

> Ich betrachte die projektive Identifizierung als eine frühe Form der Projektion. Von den strukturellen Aspekten des Ich her gesehen unterscheidet sich die projektive Identifizierung von der Projektion insofern, als der auf ein äußeres Objekt projizierte Impuls hier nicht vom Ich distanziert und als ich-fremd erlebt wird, und zwar deshalb nicht, weil der Bezug des Selbst zu diesem projizierten Impuls erhalten bleibt, indem das Selbst *empathisch* mit dem Objekt in Verbindung bleibt. Aus der Angst, die die Projektion des Impulses auf ein äußeres Objekt bedingte, wird jetzt eine Furcht vor diesem Objekt, daher das Bedürfnis, dieses Objekt zu beherrschen und unter Kontrolle zu halten, damit es nicht unter dem Einfluß des (projizierten aggressiven) Impulses das Selbst angreift. Als Folge oder auch parallel zu der projektiven Identifizierung kommt es zu einem Verschwimmen der Grenzen zwischen Selbst und Objekt (mit anderen Worten zu einem Verlust der Ich-Grenzen), da der projizierte Impuls immer noch teilweise als dem Ich zugehörig erlebt wird und somit Selbst und Objekt in diesem Bereich ziemlich chaotisch zusammenfließen (zit. nach 1978, S. 75, Hervorhebung von uns).

Wir haben den empathischen Kontakt hervorgehoben, weil diese Feststellung sich mit der Behauptung beißt, daß „Selbst und Objekt in diesem Bereich ziemlich chaotisch zusammenfließen". Es scheint so zu sein, daß die Mikropsychologie dieser Vorgänge bislang weitgehend metaphorisch geblieben ist.

Die projektive Identifizierung ist wie andere unbewußte Mechanismen nicht direkt beobachtbar, sondern muß erschlossen werden. Es sind Annahmen über Phantasien, nicht diese selbst. Bei Schlußfolgerungen dieser Art ist die Plausibilität der theoretischen Annahmen, auf die sich die Interpretationen stützen, besonders sorgfältig zu prüfen. Im Falle der projektiven Identifizierung und ihres Zwillings, der introjektiven Identifizierung, ist also zu klären, wieweit diese angenommenen Prozesse und Positionen vom hypothetischen psychotischen Kern im Säuglingsalter abhängig sind. Wahrscheinlich setzen viele Analytiker bei ihren Deutungen die Gültigkeit der paranoid-schizoiden und der depressiven Position voraus, so daß kein Zweifel darüber aufkommt, ob der psychotische Kern als universale Durchgangsphase mit fast zeitloser Auswirkung wirklich besteht.

Im Grundlagenband haben wir unter 1.8 von den verschiedenen Mythologien über das Kleinkind gesprochen. Der Mythos des psychotischen Kerns macht jede *gesunde* Entwicklung erklärungsbedürftig. Viele Prämissen, die den typischen Kleinianschen Interpretationen als Grundlage dienten, können heute nicht mehr aufrechterhalten werden (siehe z. B. Lichtenberg 1983 a). Klinische Interpretationen, soweit sich diese von der Annahme eines psychotischen Kerns etc. ableiten, waren und sind also falsch. Schulisch fest gebundene Analytiker lassen sich davon wenig beeindrucken. Es wird auf die klinische Evidenz verwiesen, derzufolge sich die Ideen Melanie Kleins als therapeutisch ungemein fruchtbar bewährt hätten. Kann man trotz falscher Prämissen richtig handeln? Was logisch unmöglich ist, scheint praktisch deshalb zu funktionieren, weil das therapeutische Handeln eine eigenständige Begründung finden kann und sich also gar nicht nach den falschen theoretischen Prämissen richtet. In dieser Hinsicht besteht zwischen den verschiedenen psychoanalytischen Schulen kein prinzipieller Unterschied.

Löst man den Begriff der projektiven Identifikation von den unhaltbaren Prämissen ab, gewinnt man eine neue Perspektive. Ganz abgesehen davon, daß M. Klein als Frau in der psychoanalytischen Bewegung eine Gegenposition zu Freud aufbaute und damit eine historisch bedeutungsvolle Funktion erfüllte, sind ihre Ideen als Vorläufer der sozialpsychologischen Fundierung der Psychoanalyse aufzufassen. Bei der projektiven und introjektiven Identifikation handelt es sich um die Beschreibung von Austauschprozessen der zwischenmenschlichen Beeinflussung.

Austauschprozesse bestimmen das menschliche Leben von Geburt an. Es ist zu erwarten, daß die projektive Identifikation und andere psychoanalytische Begriffe in eine wissenschaftlich begründete Theorie und Praxis der Intersubjektivität integriert werden. Die bilderreiche Therapiesprache ist von dieser Transformation indirekt betroffen. Bei der Verwendung von Metaphern tauchen einige Probleme auf. Da die projektive Identifikation als unbewußte Phantasie definiert wird, läßt sich diese auch dann interpretieren, wenn der Analytiker keine Gegenübertragung empfindet, die mit dieser bestimmten Phantasie des Patienten in Zusammenhang gebracht werden könnte. Beispielsweise kann der Patient einen Traum berichten, aufgrund dessen der Analytiker Schlußfolgerungen auf eine projektive Identifikation zieht. Hier besteht das Problem darin, die Inhalte unbewußter Phantasien in einen kausalen Zusammenhang mit dem Erleben oder Verhalten des Patienten zu bringen, und zwar bezüglich ihrer *speziellen Intentionalität*, d. h. beispielsweise des Wunsches, etwas in den Körper des anderen hineinzustecken. Es genügt nicht, von der *prinzipiellen Intentionalität*, also der primären Objektbezogenheit aller Wünsche und Phantasien auszugehen.

Zunächst muß ein bestimmtes Erlebnis in der Gegenübertragung als tatsächlich vom Patienten ausgehend erkannt werden. Dann muß man zu der angenommenen Phantasie des Patienten Zugang finden und diese mit den Mitteln (Ausdrücke, Gesten, Verhaltensweisen usw.) in Verbindung bringen, die er in der Interaktion benutzt, um das entsprechende Erlebnis im Analytiker auszulösen. Schließlich muß der Analytiker klären, ob die Projektion das Ziel hat, die Bindung zum Analytiker anzugreifen und damit sein Denkvermögen zu lähmen, oder ob sie den Zweck verfolgt, einen averbalen inneren Zustand zu vermitteln. In dieser Hinsicht ist das Schicksal einer bestimmten projektiven Identifikation letztlich *dyadischer Natur*. Das bedeutet, daß der Charakter einer bestimmten projektiven Identifikation nicht nur durch eine beim Patienten angenommene „Absicht" festgelegt wird, sondern von der Fähigkeit des Analytikers abhängt, die Gegenübertragungsgefühle zu verstehen und auf diese Weise zu „verdauen", d. h. zu dekodieren und irgendwie durch Deutungen zurückzugeben. Diesen Prozeß hat Bion mit dem Begriff der „Fähigkeit zur *rêverie*" bezeichnet. Nach seiner Auffassung wird der Analytiker, wenn er in seiner Fähigkeit zum Tagträumen versagt, von dem ausgelösten Gefühl „überflutet", kann nicht mehr denken und fühlt sich verwirrt. Die Kommunikation mit dem Patienten wird unterbrochen, und der Analytiker neigt zu der Annahme, daß der Patient seine eigene Verwirrung in ihn „hineingesteckt" hat.

Ein anderer Analytiker gerät vielleicht in der gleichen Situation durch dieselbe projektive Identifikation nicht in Verwirrung und ist in der Lage, die übermittelte Botschaft zu verstehen, so daß die Deutung den Inhalt der unbewußten Phantasie erreichen kann. Die beiden Situationen gestalten sich also entgegengesetzt. Im ersten Fall wird vielleicht die durchs Zerstören erreichte Befriedigung gedeutet, im zweiten Fall das libidinöse Bedürfnis, die Bindung zu erhalten. Daraus ergibt sich, daß die projektive Identifikation bezüglich ihrer Funktion interpretativ ausgehandelt wird.

Obwohl sich aus der ursprünglichen Beschreibung durch M. Klein (1946) nicht zwingend ergibt, daß nur negative Selbstrepräsentanzen auf diese Weise einer anderen Person (der Mutter) zugeschoben werden können, werden in der klinischen Anwendung, wie Hamilton (1986, S. 493) am Beispiel Bions aufzeigt, vorwiegend die destruktiven Aspekte der projektiven Identifikation in psychotischen Patienten hervorgehoben. Er plädiert u. E. deshalb zu Recht dafür, den Nutzen auch einer „positiven projektiven Identifikation" klinisch in Betracht zu ziehen, bei der „good and loving self-representations" projiziert werden; durch die empathische Verbindung mit dem Empfänger kann dann der Aufbau positiver Objektbeziehungen durch Reintrojizierung gefördert werden (s. dazu auch unsere Diskussion der Kohutschen Selbstobjekte unter 3.6).

Wir kommen nun zurück zu einer zusammenfassenden Evaluierung des Konzepts der projektiven Identifikation, indem wir uns ein Argument von Meissner zu eigen machen. Er stellt fest, daß die Annahme eines „basically psychotic mechanism" eine Voraussetzung dafür ist, dem Konzept klinische Validität zu verleihen (1980, S. 55). Die Diffusion der Ich-Grenzen ist dann gleichbedeutend mit dem Verlust der Selbst-Objekt-Differenzierung. Besonders Bion (1967) hat in seiner späteren Erweiterung des Konzepts auf die Metapher des Containers zu einer Veränderung beigetragen, was Meissner in deutlich kritischer Absicht folgendermaßen auf den Begriff bringt:

> In Bions Terminologie stellt die projektive Identifikation eine Art symbiotischer Beziehung dar, die in wechselseitig begünstigender Weise zwischen zwei Personen stattfindet, nämlich zwischen einem Behälter („container") und einem darin Aufgehobenen („contained"). Hieraus folgt, daß die projektive Identifikation eine Metapher wird, die nur noch lose in die Begriffe des Containers übersetzt ist und die auf fast jede Form von Beziehungsphänomenen angewendet werden kann, die Aspekte des Bezogenseins, des Aufbewahrens oder des Umfassens beinhalten (1980, S. 58).

Die nichtpsychotische Form der „projektiven Identifikation" und entsprechend auch die der „projektiven Gegenidentifikation" (Grinberg 1979) kann vermutlich besser und sparsamer mit Konzepten der wechselseitigen Rolleninduktion aus dem Repertoire des „signalling behavior" verstanden werden. Wir stimmen Grey u. Fiscalini zu, daß die Rede „vom Hineinstecken" subjektive Erfahrungen anschaulich beschreibt:

> Vielleicht kann man „etwas hineinstecken“ als ein Signalverhalten verstehen, welches von einem Teilnehmer (einer Kommunikation) ausgesandt wird, um eine reziproke Antwort durch den anderen auszulösen; falls das so ist, „steckt“ der Initiierende in die Situation eine Aufforderung zu einer defensiven Interaktion, wie es in jeder Übertragungsaktivität geschieht. Andernfalls kann eine solche *metaphorische Evokation seelischer Prozesse* nur irreführend sein (1987, S. 134; Hervorhebung von uns).

Unsere Falldarstellungen erlauben eine Interpretation, die sich gut mit der folgenden Feststellung von Porder verträgt:

> Ich glaube, daß projektive Identifikation am besten als eine Kompromißbildung verstanden werden kann, deren wesentliche Komponente eine „Identifikation mit dem Aggressor“ oder eine „Wendung vom passiv nach aktiv“ beinhaltet, in der der Patient unbewußt in der Übertragung die Rolle des traumatisierenden Elternteils oder beider Eltern ausagiert, und auf dem Wege dieser Inszenierung im Analytiker jene Gefühle induziert, die der Patient als Kind erleben mußte. Ich behaupte, daß die Re-Inszenierung dieses Dramas mit verkehrten Rollen die entscheidende Übertragung-Gegenübertragung Interaktion darstellt, die bei den Patienten beobachtet werden kann, die die sogenannte projektive Identifikation aufweisen (1987, S. 432).

In ähnlicher Weise hatte auch Heimann die Rollenumkehr in den Mittelpunkt des Konzepts gerückt:

> „Projektive Identifikation“ tritt als Gegenübertragungsreaktion dann auf, wenn der Analytiker in seinem Wahrnehmungsprozeß scheitert; anstatt rechtzeitig die Übertragung wahrzunehmen, introjiziert er unbewußt den Patienten, der in diesem Moment aus einer Identifikation mit seiner zurückweisenden und überwältigenden Mutter heraus agiert, was letztlich zu einer Wiederinszenierung seiner eigenen Erfahrungen in einem Rollentausch hinausläuft (1966, S. 257).

Die projektive Identifikation wird u. E. bezüglich ihrer Funktion interpretativ ausgehandelt. Hierbei geht es v. a. darum, daß der Patient die dem Analytiker zugeschriebenen eigenen positiven und negativen Selbstanteile erkennt. Eine Analyse dieser Vorgänge sollte mit der Untersuchung des realen Interaktionsgeschehens beginnen. Mit seinem Verhalten erzwingt der Patient eine Interaktion, die der Analytiker nur verstehen kann, wenn er sie ein gutes Stück weit mit sich geschehen läßt. Der von vielen Autoren betonte „empathische Kontakt“ mit den projizierten Selbstanteilen entspringt dem unbewußten Wissen um die Partitur dieses interpersonellen Geschehens. Auf dem Umweg über den in die Interaktion verwickelten Analytiker kann der Patient mit Hilfe von dessen Deutungen seine verlagerten Selbstanteile erkennen; diese Selbsterkenntnis steht vor deren Reintegration. Denn solange ein Mensch von seinen Selbstanteilen entfremdet ist, können diese auch nicht an- und aufgenommen werden.

4 Widerstand

Vorbemerkungen

Nach der Klassifikation verschiedener Widerstandsformen im Grundlagenband stellen wir nun unter behandlungstechnischen Gesichtspunkten die *beziehungsregulierende Funktion des Widerstands* in den Mittelpunkt.

Es liegt auf der Hand, daß die Erweiterung der Theorie der Übertragung, die wir im Grundlagenband unter 2.5 beschrieben haben, erhebliche Auswirkungen auf die der Übertragung zugeordnete Theorie des Widerstands hat. Obwohl die Auffassungen namhafter heutiger Analytiker dem Wortlaut nach an die Kontroversen zwischen A. Freud, Fenichel, M. Klein und Reich in den 30er Jahren erinnern, gibt es doch zahlreiche Anzeichen dafür, daß die Phänomene des Widerstands mehr und mehr unter dem Gesichtspunkt der Beziehung betrachtet werden. Diese Veränderungen wurden beim Madrider Psychoanalytischen Kongreß 1983 anläßlich einer Diskussion zwischen Sandler und Rangell deutlich. Das folgende Zitat enthält Sandlers wichtigste Gesichtspunkte:

> Es scheint klar zu sein, daß die Einführung und Beschreibung dieser objektbezogenen Prozesse, insbesondere der *objektgerichteten Abwehrprozesse*, eine wesentlich *neue Dimension* der analytischen Arbeit und des Übertragungsbegriffs erkennen lassen. Die Analyse des Hier und Jetzt der analytischen Interaktion hat hinsichtlich des Zeitpunkts von Deutungen gegenüber der Rekonstruktion der infantilen Vergangenheit den Vorrang erhalten. Wenn der Patient in der analytischen Situation Abwehrprozesse zeigte, die sowohl ihn selbst wie den Analytiker betrafen, wurde dies als Übertragung betrachtet und rückte mehr und mehr in den Mittelpunkt der Aufmerksamkeit des Analytikers. Die Frage: „Was geht jetzt vor sich?" wurde vorrangig gestellt, und dann erst wurde die Frage aufgeworfen: „Was zeigt das Material des Patienten über seine Vergangenheit auf?" Mit anderen Worten: die analytische Arbeit wurde, zumindest in England, mehr und mehr darauf fokussiert, wie der Patient in seinen unbewußten Wunschphantasien und Gedanken den Analytiker im Hier und Jetzt benützt, d. h. in der Übertragung, wie sie ausgesprochen oder unausgesprochen von den meisten Analytikern verstanden wird – trotz der eingeengten offiziellen Definition des Begriffs (1983, S. 41; Hervorhebungen von uns).

Rangell hat diese Auffassung mit der kritischen Frage kommentiert, ob Widerstand und Abwehr, wie bei Freud, A. Freud, Fenichel und vielen anderen noch immer in der Deutungstechnik *vor* der Übertragung komme oder ob wir uns in die von vielen propagierte Richtung bewegen: zuerst die Übertragung oder sogar nur noch die Übertragung? Alles scheine auf eine neue Polarisierung hinauszulaufen: Die Bevorzugung des Hier und Jetzt im Vergleich zu Rekonstruktion und Einsicht sei unter Psychoanalytikern weit verbreitet. Rangell fordert zu einer Entscheidung auf:

> Schlußendlich müssen wir uns wohl zwischen dem intrapsychischen und dem interaktionellen oder transaktionellen Übertragungsbegriff entscheiden. Die gleiche Wahl müssen wir auch zwischen dem intrapsychischen und dem interaktionellen Modell des therapeutischen Prozesses treffen (1984, S. 133; Übers. von uns).

Auf längere Sicht werden die von Sandler und Rangell aufgeworfenen Fragen im einzelnen durch die psychoanalytische Verlaufs- und Ergebnisforschung entschieden werden. Neue Polarisierungen sind u. E. nicht zu erwarten. Denn die Hierarchie im Verhältnis von Widerstands- und Übertragungsdeutungen läßt sich nicht so festlegen, wie dies in den beiden extremen Positionen von Reich und M. Klein vertreten wurde. Reich hat die Abwehrtheorie behandlungstechnisch in der konsequenten Widerstandsanalyse systematisiert, die schließlich in die strikte *Charakteranalyse* einmündete.

Die Regel, von der Oberfläche auszugehen, wurde zum Grundsatz erhoben und rigide angewendet: *„Keine Sinndeutung, wenn eine Widerstandsdeutung notwendig ist"* (Reich 1933, S. 43; Hervorhebung im Original). Indem Reich den Übertragungswiderstand besonders an Verhaltensweisen, Haltungen und an der Art und Weise, wie Patienten der Grundregel folgen, beschrieben hat, wurde eine nützliche Unterscheidung zwischen Form und Inhalt eingeführt. Entsprechend heißt es:

> Der Charakterwiderstand äußert sich nicht inhaltlich, sondern formal in typischer, gleichbleibender Weise im allgemeinen Gehabe, in Sprechart, Gang, Mimik und besonderen Verhaltensweisen (Lächeln, Höhnen, geordnet oder verworren Sprechen, *Art* der Höflichkeit, *Art* der Aggressivität usw.) (Reich 1933, S. 65; Hervorhebungen im Original).

Die neurotischen Charakterzüge, so verschiedenartig sie auch sein mögen, erhielten die Bezeichnung „Panzer" oder auch „Charakterpanzer", womit der kompakte Schutzmechanismus bestimmter Verhaltensweisen bei der Regulation der Triebökonomie zwischen Innen und Außen beschrieben wurde.

Die Empfehlungen Reichs laufen darauf hinaus, sich bei der Deutung zunächst auf den Widerstand *gegen* die Übertragung zu beschränken und inhaltliche Deutungen, insbesondere alle tiefergehenden genetischen Interpretationen, zu vermeiden. So formuliert Reich als allgemeine Regel, *„daß man in der Analyse der Widerstände nicht früh genug eingreifen, in der Deutung des Unbewußten, von den Widerständen abgesehen, nicht zurückhaltend genug sein kann"* (Reich 1933, S. 55; Hervorhebung im Original).

Die forcierte Widerstandsanalyse wurde von Reich im Hier und Jetzt aktualisiert. Er stellte schon in den ersten Stunden einen Zusammenhang zwischen Widerstand und Übertragung her, indem er Patienten bei einer sich anbietenden Gelegenheit sagte, dieser habe etwas gegen ihn, wage es aber nicht auszusprechen (1933, S. 72). Auch Ferenczi (1926) hat eine ähnliche Anregung Ranks aufgenommen und empfohlen, jeden Traum, jede Geste, jede Fehlhandlung, jede Verschlimmerung oder Verbesserung v. a. als Ausdruck des Übertragungs- und Widerstandsverhältnisses aufzufassen. Die Priorität bezüglich dieses Prinzips gebühre nach Ferenczi Groddeck, der bei jeder Verschlimmerung im Zustand eines Kranken mit der stereotypen Frage gekommen sei: „Was haben Sie gegen mich? Was habe ich Ihnen getan?" So verschieden die Charakter- und Widerstandsanalyse Reichs von Ferenczis Technik auch gewesen ist, so ähnlich sind sich beide in der Betonung des Hier und Jetzt als Reaktion auf die Phase der Technik, die Ferenczi u. Rank

(1924) als *Deutungsfanatismus* kritisiert haben. Darunter wurden rekonstruierende Deutungen verstanden, die den Patienten ohne therapeutischen Gewinn zum intellektualisierenden Experten über die Entstehung seiner Erkrankung machten.

Es ist also nichts Neues, die Aktualität von Widerstand und Übertragung zu betonen. In ganz verschiedenartigen psychoanalytischen Techniken wurde und wird vom Hier und Jetzt ausgegangen, das entsprechend unterschiedlich konzipiert wird. Ferenczis Verständnis eines Widerstands gegen die Übertragung war vermutlich von demjenigen Reichs ganz verschieden, auch wenn beide der gleichen Regel folgten und in ihren Deutungen von der jeweiligen Oberfläche ausgegangen sein mögen.

Die Diskussion zwischen Sandler und Rangell kann als später Ausläufer der Diskussion über oberflächliche und tiefe Deutungen betrachtet werden, die den Kontroversen zwischen der Ich-psychologischen Richtung und der Kleinschen Schule zugrunde lagen. Fenichels lange zurückliegende diesbezügliche Stellungnahme ist immer noch lehrreich:

> Es hat keinen Sinn, „Tiefendeutungen" zu geben (mögen sie auch an sich inhaltlich richtig sein), solange oberflächliche Dinge vorgelagert sind. Man kann also nicht, wie Melanie Klein will, „sich mit dem Unbewußten des Patienten direkt in Verbindung setzen", denn Analysieren heißt ja eben, sich mit dem *Ich* des Patienten auseinandersetzen, das Ich des Patienten zwingen, seine eigenen Konflikte anzusehen ... Die Abwehrhaltung des Ichs ist *immer* oberflächlicher als die Triebhaltung des Es. Bevor man einem Patienten an den Kopf wirft, welche Triebe er hat, muß man ihm deshalb deuten, daß und warum er sich vor seinen Trieben fürchtet und sie abwehrt (1935, S. 80; Hervorhebungen im Original).

Es hat den Anschein, daß sich Sandler mit der Betonung der *objektgerichteten Abwehrprozesse* zwischen der traditionellen Ich-psychologischen Widerstandsanalyse und der Deutungstechnik in der Kleinianischen Schule bewegt. Auch wir gehen von der Intentionalität des Menschen aus, die mit sich bringt, daß alle unbewußten Phantasien *objektbezogen* sind, weshalb die menschlichen Grundängste an den intersubjektiven Berührungspunkten auftreten. Unter 2.5 im Grundlagenband haben wir positiv hervorgehoben, daß durch M. Klein Bewegung in die erstarrte Front der Widerstandsanalyse gebracht wurde. Dann kam es zu neuen Polarisierungen und Einseitigkeiten. Der Zusammenhang zwischen unbewußten Phantasien, Angst und Abwehr rückte in den Mittelpunkt der typischen Kleinianischen Übertragungsdeutungen. Die Projektion ersetzte die Verdrängung als den bisherigen Prototyp der Abwehrmechanismen. Entsprechend verlor der Verdrängungswiderstand seine Position. Behandlungstechnisch wird kleinianisch sozusagen hinter dem Rücken des Widerstands operiert, weil über die Ängste ein *direkter* Zugang zu angenommenen unbewußten Phantasien möglich erscheint. Aus theoretischen und behandlungstechnischen Gründen konnte die Bezeichnung „Widerstand" in der Terminologie der Kleinschen Schule verschwinden. Dementsprechend fehlt das Stichwort „Widerstand" im Sachregister repräsentativer Bücher kleinianischer Autoren entweder ganz (M. Klein et al. 1952; M. Klein 1962; Segal 1964; Etchegoyen 1986), oder man findet unter dieser Rubrik nur einen Hinweis z. B. auf die negative therapeutische Reaktion wie bei Rosenfeld (1987).

Die Zeitlosigkeit des Unbewußten scheint das Hier und Jetzt mit der Vergangenheit eins werden zu lassen. Das Kleinianische Verständnis der Beziehung in der aktuellen analytischen Situation ist also vollkommen von demjenigen Gills verschieden, obwohl gleichermaßen von der Bedeutung der Übertragung gesprochen wird. Geht man von ahistorischen Wiederholungen aus, die sich als objektgerichtete Wünsche und Ängste in der Übertragung äußern, spielt sich zwar alles Wesentliche in der gegenwärtigen therapeutischen Beziehung ab, aber deren Realität, also die realistischen Aspekte der Beziehung zum Analytiker, werden vernachlässigt. Unter dem Gesichtspunkt, daß sich unbewußte Phantasien und Ängste nahezu zeitlos in der Übertragung durchsetzen, scheint es unerheblich zu sein, was man als Analytiker zum Widerstand des Patienten beiträgt. Im Unterschied zur Kleinianischen Schule betont Kohut (1979) die *Abhängigkeit* des Widerstands vom gegenwärtigen *Verhalten* des Analytikers und insbesondere von seinem Mangel an Empathie. Daß wir seiner Auffassung in dieser Hinsicht voll zustimmen, liegt auf der Hand.

Es ist an der Zeit, die beziehungsregulierende Funktion des Widerstands im Zusammenhang mit dem Sicherheitsprinzip in den Mittelpunkt zu rücken. Hierbei ist mit Mißverständnissen zu rechnen. Denn von Groddeck, Ferenczi, Rank und Reich wurde der Beitrag des Analytikers zu Widerstand und Übertragung in jenen forcierten Verknüpfungen gesehen, die wir oben exemplarisch wiedergegeben haben. Im deutschsprachigen psychoanalytischen Jargon lebt diese Tradition weithin unbemerkt als sog. *Ansprechen* von Widerstand (und Übertragung) weiter. Im angloamerikanischen Sprachraum scheint sich dieser Interventionsstil in den Fragen zu äußern „What about me?“ bzw. „Aren't you really talking about me?“ Jedenfalls hat Reed (1987) am Beispiel eines Erstinterviews eines Kandidaten gezeigt, wie dieser die Beschreibung einer traumatisierenden Mandeloperation durch die Patientin direkt in Beziehung zu sich selbst setzte, indem er nahelegte, daß sie doch in Wirklichkeit über ihn spreche. Obwohl es in der Analyse darum geht, Ähnlichkeiten zu entdecken, so ist dies nur möglich, wenn auch Unähnlichkeiten gesehen werden. Das erzwungene Herstellen von Übertragungen beim Ansprechen derselben bzw. bei den eben zitierten Redewendungen verhindert geradezu das Erkennen des Einflusses des Analytikers auf den Widerstand des Patienten gegen das Erleben der Übertragung im Sinne von Gill. Daß die Betonung des Hier und Jetzt, also der Aktualgenese, als Ansprechen mißverstanden wird, hängt wohl mit der weiten Verbreitung dieses Vorgehens zusammen, das Aufbau und Analyse der Übertragung erschwert und gelegentlich aus verschiedenen Gründen sogar unmöglich macht. In der Einleitungsphase wirken solche Bemerkungen abschrekkend und können dazu führen, daß der Patient an der Normalität des Analytikers zweifelt und die Behandlung erst gar nicht beginnt. In späteren Phasen erschwert dieser Deutungstyp, die verschiedenen Ebenen der Beziehung und der Übertragung voneinander zu unterscheiden.

In Abgrenzung zum Ansprechen und dessen anderssprachlichen Äquivalenten empfehlen wir mit Gill, den Beitrag des Analytikers zu Übertragung und Widerstand an den *realistischen* Anknüpfungspunkten, die beispielsweise im Assoziationswiderstand enthalten sind, behutsam nachzugehen, also die Aktualgenese des Widerstands zu untersuchen. Hier sehen wir den gemeinsamen Nenner, der uns in dieser Hinsicht mit den Auffassungen von Gill, Klauber, Kohut und Sandler verbindet.

Es geht darum, den Patienten allmählich dafür zu gewinnen, in einer neuen Beziehung *keine* Wiederholung seiner bislang gescheiterten Versuche befürchten zu müssen. Dann können habituelle Selbstverteidigungen aufgegeben werden, wie Weiss u. Sampson (1986) überzeugend aufgewiesen haben. Dieses Verständnis ist besonders für den Umgang mit dem Über-Ich-Widerstand hilfreich. An der Leitschnur der anzustrebenden Vergrößerung des Sicherheitsgefühls des Patienten können vielfältige Interventionen erprobt werden, die den vollen Spielraum des therapeutisch hilfreichen Dialogs nutzen können.

Um die beziehungsregulierende Funktion des Widerstands zu erläutern, entnehmen wir den behandlungstechnischen Überlegungen zum „Umgang mit Patienten, die nicht frei assoziieren können" von Cremerius (1975) folgenden Abschnitt:

> Der Therapeut braucht nur daran zu denken, welche Mühen und Kämpfe es seinen Patienten einmal in der Kindheit gekostet hat, das Kunststück fertigzubringen, seine Triebnatur zu sozialisieren und dabei Teile von ihr zu bewahren, um sein Verhalten in der therapeutischen Situation richtig verstehen zu können ... Und wenn ihm dieser Aspekt deutlich wird, dann versteht er auch, daß der Patient jetzt nicht einfach wieder etwas zulassen kann, was einmal vielleicht lebensrettend war, es zu verdrängen. Er versteht, daß sein Patient sich mittlerweile damit eingerichtet hat, daß er sich daran gewöhnt hat, so zu leben, und so wird er mitfühlen können, was es heißt, sich einem Prozeß auszusetzen, der die Wiederkehr des Verdrängten zum Ziel hat (zit. nach Cremerius 1984, S.79).

Wegen der Ubiquität von Widerstandsphänomenen findet der Leser Beispiele hierfür in allen Kapiteln dieses Bandes. Hervorheben möchten wir die Illustrationen des Widerstands gegen die Übertragung, dessen rechtzeitiges Erkennen therapeutisch besonders wichtig ist. Dem Thema des Identitätswiderstands und seiner Beziehung zum Sicherheitsprinzip widmen wir ein Unterkapitel, weil mit diesem Widerstand besondere behandlungstechnische Schwierigkeiten zusammenhängen.

Generell läßt sich feststellen, daß die Phase einer überstarken Fokussierung auf die Widerstandsanalyse und die damit zusammenhängenden Polarisierungen als überwunden gelten können. Unser dialogisches Verständnis des Widerstands basiert darauf, die hypothetischen Abwehrprozesse als Austauschprozesse zu betrachten. In diesem Sinne vertreten wir die idealistische Utopie, daß widerstandsbedingte Einengungen des Erlebens und Verhaltens prinzipiell therapeutisch zugänglich sind. In der „widerständigen" Wirklichkeit geht es darum, die Gründe des Scheiterns zum Ausgangspunkt selbstkritischer Überlegungen oder sogar von Entdeckungen zu machen, die sich Freud von der Analyse schwieriger Fälle versprach. Wir empfehlen deshalb, die nachfolgenden kasuistischen Beispiele unter dem leitenden Gesichtspunkt dieses Lehrbuchs zu lesen und den Austausch daraufhin zu untersuchen, was der Analytiker zum Aufbau und Abbau von Widerständen beiträgt.

4.1 Verleugnung von Affekten

Frau Nora X kommt zur 413. Sitzung verspätet - ein ungewöhnliches Ereignis. In der Wartezeit von etwa 5 min war ich bereits intensiv gedanklich mit der Patientin beschäftigt. Einerseits machte ich mir Sorgen, andererseits bemerkte ich eine zunehmende innere Spannung, die eine aggressive Färbung hatte. Die Besorgnis hatte ihre Begründung darin, daß die Patientin zu selbstschädigendem Verhalten neigte, z. B. zu riskanter Achtlosigkeit im Straßenverkehr. Als die Patientin schließlich kam, überraschte sie mich durch einen lächelnd-strahlenden Gesichtsausdruck, wobei sie mich beim Eintreten länger als gewöhnlich und fragend ansah. Für mich bildeten ihre Fröhlichkeit und mein Unmut eine spannungsvolle Diskrepanz.

P.: *Jetzt bin ich ganz außer Atem, ich bin ja auch zu spät gekommen* (kleine Pause). *Aber ich merke, daß irgendwie noch etwas los ist. Wobei ich jetzt nicht weiß, ob ich fröhlich bin, weil ich zu spät gekommen bin und Sie habe warten lassen, oder wegen der Situation vorher.*

Sie schildert das Zusammensein mit ihrem Freund. Sie saßen in einem Café und redeten so angeregt, daß die Patientin sich verspätete. Zum Schluß ging es ums Bezahlen, wobei die Patientin feststellte, daß dies auch das Thema der letzten Stunden gewesen war. In dieser Stunde hatte sie sich damit beschäftigt, daß sie die Bezahlungen der Analyserechnungen häufig länger hinausschiebt.

P.: *Ja, was mich, glaube ich, schon beschäftigt, war die letzte Bemerkung, mit der ich gegangen bin, wo es ums Zahlen ging, und das ist ja auch das Thema der letzten Stunde, und ich fand es einfach bezeichnend, daß das jetzt ausgerechnet der Schlußpunkt des Gesprächs mit meinem Freund war, bei dem es erst um was ganz anderes ging.*

Mit ihrem Freund hatte sie über Schwierigkeiten mit ihrem Vorgesetzten gesprochen. Diese Auseinandersetzungen empfindet sie als „Hin und Her wie ein Ballspiel". Das gleiche Hin und Her erlebte sie auch mit dem Freund, als anläßlich der Bezahlung eines Kaffees ein „komisches Spiel um Geben und Nehmen" stattgefunden hatte. Für mich steht der aggressive Aspekt im Vordergrund. Im Hinblick auf die Verspätung und meine Beunruhigung darüber stelle ich eine Analogie zwischen Draußen und Hier her.

P.: *Jetzt heute ... also ich spiel' es da, wo es darum geht, meine Gedanken zu sagen, zurückzubehalten, dann mit den Rechnungen und ... ich überlege, ob das jetzt mit dem Zuspätkommen auch einen Zusammenhang hat.*

A.: *Hmhm, ich denke schon.*

P.: *Sie denken schon. Also ich nehme Zeit weg. Bloß, ich verteile sie ja eigentlich auch anders, und die Zeit war ich mit meinem Freund länger zusammen.*

A.: *Kürzlich haben wir davon gesprochen, daß Sie Ihrem Freund eins überbraten, heute bin ich dran.*

P.: *Ja, das macht mir Spaß.*

A.: *Deshalb haben Sie mich beim Hereinkommen auch so angestrahlt.*

Ich stelle der Patientin meine Wahrnehmung zur Verfügung, damit ihr deutlich wird, wieviel Freude sie im Zusammenhang mit der Verspätung zeigte und wie lustvoll sie das Austragen aggressiver Impulse erlebt.

P. (lachend): *Das macht mir ehrlich gesagt - daher kommt wohl auch der Ausdruck - diebisches Vergnügen.*

Affekt und Verhalten sind als „diebisches Vergnügen" miteinander verknüpft, wobei die Lust und das beziehungsschädigende Verhalten gemeinsam die abgewehrte Aggressivität der Patientin zum Ausdruck bringen.

A.: *Ja klar, und Sie gönnen sich dieses Vergnügen auch. Ich weiß aber nicht so genau, ob Sie auch die Konsequenzen dieses Vergnügens sehen.*

P.: *Ja also, die Frage nach dem „Was hab' ich davon", die hab' ich mir bisher noch*

nicht gestellt. Aber wenn ich sie mir jetzt stelle, dann denk' ich schon, daß ich auch eine Aufmerksamkeit von Ihnen damit erreiche, weil Sie ja denken könnten „Wo bleibt die jetzt" oder irgendwie so etwas, und da fällt mir dann halt auch ein, wie ich reagiere, wenn jemand nicht pünktlich ist. Das ärgert mich eigentlich ganz schön.
A.: *Hmhm, das wissen Sie genau.*
P.: *Daß mich's ärgert. Aber daß es den anderen ärgert, das will ich nicht so genau wissen.*
A.: *Das ist doch Ihr Vergnügen daran, daß Sie auf eine ganz unschuldig scheinende Weise viel Ärger unterbringen.*

Hier wäre eine Möglichkeit, die Notwendigkeit der Affektabwehr mit Schuldgefühlen der Patientin zu begründen, jedoch erscheint mir dieser Schritt noch nicht angezeigt, und die Patientin bleibt auch beim Thema Ärger.
P.: *Also mir fällt dazu ein, daß mein Freund mich am Wochenende 3mal hat warten lassen. Und beim ersten Mal, da hab' ich noch nichts gesagt, obwohl er das Thema angesprochen hat. Beim zweiten Mal hab' ich auch noch nichts gesagt, erst beim dritten Mal. Da hab' ich ja gerade erst erlebt, wie das ist. Ja allerdings, wie ich es auch vorhin gesagt habe, neulich hab' ich ihm eins übergebraten mit ... was war denn das eigentlich?*

Hier vergißt die Patientin im Augenblick des Sprechens, auf welche Weise sie sich innerlich von ihrem Freund abgewandt hat. Obwohl dieses momentane Vergessen (s. Luborsky 1967) des Distanzierungsschritts der Patientin ein interessantes Detail war, habe ich in der nächsten Deutung den gesamten Ablauf zum Thema Verspätung rekonstruiert, um ihre Wendung von der Passivität (als Opfer der Verspätung anderer) zur Aktivität (indem sie sich verspätet) zu deuten.
A.: *Am Wochenende waren Sie diejenige, die warten mußte, und Sie haben sich geärgert, d.h. Sie waren passiv und waren das Opfer. Nun machten Sie eben etwas, was wir schon verschiedentlich gesehen haben, nämlich Sie drehen den Spieß um und lassen mich warten, also Sie sagen sich: „Ich will nicht, daß mir etwas angetan wird, und deshalb tue ich es anderen an" – das ist Ihr Weg, mit solchen Störungen oder Verletzungen umzugehen. Und so geht es bei der Verspätung um Ärgern und Geärgertwerden.*
P.: *Hmhm* (kleine Pause), *ja vielleicht geht's darum zu ärgern und geärgert zu werden.*

In der nun folgenden Passage macht die Patientin deutlich, daß sie wohl mit ihrem Freund über dessen Verspätung gesprochen hat, es jedoch lange dauert, bis sie innere Hemmnisse überwinden kann, um ihren Gefühlen Ausdruck zu verleihen. Nachdem ihr anhand der Interaktion mit dem Freund deutlich geworden ist, wie sie mit aggressiven Impulsen umgeht und auf welche Weise sie diese in Handlungen umsetzt, lenke ich jetzt die Aufmerksamkeit der Patientin auf ihr Verhalten in der Analyse.
A.: *Sie haben vom Geben und Nehmen gesprochen, und eigentlich geht es ums Ärgern und Geärgertwerden. Und das hat natürlich eine enge Verbindung, weil Sie wissen, Sie ärgern sich, wenn Sie nicht bekommen, was Sie erwarten – sei es Pünktlichkeit, sei es Geld. Und Sie gehen davon aus, daß ich genauso reagiere und denke und fühle; nämlich, daß ich mich ärgere, wenn ich nicht bekomme, was ich erwarte. Und diese Lust zu ärgern schlägt sich in Ihren Handlungen nieder, und was für ein diebisches Vergnügen Ihnen das bereitet, mich zu ärgern, verrät Ihr Lachen und Ihre*

strahlende Miene, und Sie können sich so daran freuen, weil Sie gleichzeitig diesen Ärger nicht richtig wahrnehmen, so wie Sie es auch bei Ihrem Freund machen.

Die Patientin reagiert auf diese Deutung, indem sie noch einmal die Interaktion zwischen sich und ihrem Freund beschreibt und dabei stärker als bisher den aggressiven Charakter des Hin und Her betont. Dabei steigert sich auch ihre Heiterkeit und ihr Lachen.

P. (zitiert lachend ihren Freund): *„Also bevor du's jetzt nochmal sagst, kriegst du es"* (und fügt kraftvoll hinzu) *batsch.*

A.: *Das klingt doch, wie wenn Sie sich gegenseitig ohrfeigen. Der eine macht batsch, und dann macht der andere batsch* (Patientin bestätigt verhalten), *und ich habe meinen Batsch auch abgekriegt* (Patientin lacht), *und Sie freuen sich darüber.*

P.: *Ja, sehr sogar. Irgendwie will ich mir diese Freude jetzt auch nicht nehmen. Es ist so ein Gefühl, als ob es jetzt mal endlich offen da ist und hier raus kann.*

Nachdem nun die bisher vorbewußte (oder unbewußte?) Lust am aggressiven Handeln in der wichtigsten gegenwärtigen Außenbeziehung und in der Übertragung bewußt geworden ist, kann als nächster Schritt die Beziehung zu der Hauptsymptomatik der Patientin (dem Beziehungsabbruch) hergestellt werden:

A.: *Ja, Ihr Vergnügen ist es nämlich, den einen dazu zu benutzen, dem anderen eins zu verpassen. Heute haben Sie das Gespräch mit Ihrem Freund dazu benutzt, mir eins draufzugeben. Es fällt Ihnen schwer, bei einem zu bleiben und gegenüber einer Person das auszudrücken, was Sie bewegt, sondern Sie suchen sich einen zweiten, und der kriegt dann durch den anderen etwas übergebraten. Und das charakterisiert Ihre Beziehungen, nämlich statt sich auf einen Menschen zu konzentrieren, machen Sie sich mit wichtigen Gefühlen auf zum nächsten.*

P. (leise): *Weil es Vergnügen bereitet.*

A.: *Ja, es bereitet auch Vergnügen, aber es macht Sie auch unglücklich.*

P.: *Ich habe das Gefühl, ich habe das Vergnügen ja noch nie gesehen. Darum habe ich auch gesagt: „Das ist auch wichtig, daß ich jetzt mal das Lachen da herauslasse", denn das versteck' ich sonst ja. Da seh' ich nicht mein Vergnügen und meine Lust daran, sondern häng' immer nur in der Traurigkeit, und die steht immer als erstes da, aber sie bringt mich nicht weiter.*

A.: *Beides ist wichtig, der Schmerz ist eine Sache, der liegt Ihnen näher, und Ihr diebisches Vergnügen an dieser Form von Rache oder Wut oder Ärger lag bisher nicht im Blickfeld.*

Ich nehme im folgenden Bezug auf frühere Freundschaften, in deren Ablauf der Patientin ihre eigene Aggressivität nicht bewußt wurde, sondern ihr nur im Spiegel des Verhaltens anderer entgegenkam.

A.: *Und wie lustvoll das für Sie ist, ganz einfach gesagt, Männer schlecht zu behandeln, sehen wir jetzt. Denn Sie behandeln mich schlecht, wenn Sie mich genüßlich warten lassen, und Sie schütten sich aus vor Lachen, wenn das deutlich wird.*

P.: *Ja, aber das ist erst in letzter Zeit so. Früher bin ich dann immer in meine Traurigkeit gefallen, und dann war's erst mal aus.*

In der folgenden Sequenz gebe ich der Patientin eine längere zusammenfassende Deutung, in der ich die Entwicklung vom Wunsch über die Enttäuschung und die Wendung von der Passivität zur Aktivität als Abwehr befürchteter Traumatisierung und die daraus resultierende Aggressivität in Zusammenhang bringe. Die einzelnen Glieder dieser Kette sind, soweit sie nicht in dieser Stunde besprochen wurden, Ergebnis der früheren Arbeit. Ich schließe diese zusammenfassende Deutung mit dem Übertragungsaspekt des Verhaltens ab:

A.: *Und um dieser Enttäuschung, um diesem erwarteten Schmerz vorzubeugen, drehen Sie die ganze Geschichte um und geben mir etwas nicht, wovon Sie meinen, daß ich es erwarte. Und damit haben Sie mir dann etwas zugefügt, was Sie als Schmerz für sich befürchten.*

P.: *Komisch, mir kommt jetzt das Stundenende in den Sinn. Mein Ärger darüber, daß Sie sagen: „Jetzt ist die Zeit um."*

A.: *Ja, damit tu' ich Ihnen weh, und jetzt schreiten Sie zum Gegenangriff. Aber was dabei herauskommt, ist nicht etwa, daß die Situation besser wird, sondern das Gefühl des Ärgers verkürzt die Stunde noch mehr, und das ist das Fatale an diesem ganzen Muster – Ihre Situation wird nämlich nicht besser durch Ihre Reaktion, sondern schlechter.*

P.: *Ich ergreife innerlich noch mehr Maßnahmen, die mir die Zeit verkürzen, weil ich nämlich schon dann, wenn ich anfange zu ahnen, es könnte jetzt auf das Ende der Stunde gehen, denke: Wann sagen Sie's jetzt, wann sagen Sie's jetzt, und neulich war's ja auch so, daß ich festgestellt habe, daß ich mit meinen Gedanken schon woanders bin. So als wollte ich diesen Schmerz eben übergehen. Und dann habe ich mir jetzt gerade auch noch gedacht, ich bring dann wenigstens ein Stückchen Lust von mir unter, nämlich im Weggehen mit meinen Gedanken, und dann ist es nicht mehr gar so schmerzvoll.*

A.: *Sie werden selber aktiv, was einerseits zu dem schönen Gefühl führt, daß Sie es selbst in der Hand haben, aber es hat den Nachteil, daß Sie dadurch noch weniger kriegen.*

P.: *Ich bin dann eben auch nicht konzentriert und nicht intensiv bei der Sache, und einerseits ist es schon ein Lustgewinn, das Weggehen, andererseits ist es aber auch ein Verlust, weil es ja an Intensität verliert.*

A.: *Richtig, und das, was wir hier im kleinen sehen, ist ein Muster Ihrer Beziehungsgestaltung, denn immer dann, wenn es in Ihren Freundschaften hätte intensiv werden können, haben Sie diese aktiv vorzeitig beendet – aus denselben Gründen, aus denen Sie hier unsere Stunde innerlich vorzeitig beenden; nämlich aus Angst vor dem Schmerz, den ein anderer Ihnen zufügen könnte, der sagt: „Jetzt ist es aus", und möglicherweise führen Sie damit aktiv etwas mit herbei, was vielleicht irgendwann einmal kommt.*

P.: *Ja hier schon, hier weiß ich, daß es kommt. Und in einer Beziehung würde ich das immer befürchten.*

A.: *Und das ist Ihr Problem, daß es Ihnen schwerfällt, für den einen oder den anderen Ausgang offen zu sein, sondern daß Sie immer wieder die Trennung herbeiführen, wenn es intensiv wird.*

P.: *Vorhin habe ich bei Trennung eigentlich nicht so sehr an die Trennung von meinem Vater gedacht, sondern daran, wie meine Mutter und ich miteinander umgegangen sind.*

Die Patientin führt dies bis zum Ende der Stunde noch näher aus und nimmt Bezug auf typische Verhaltensweisen der Mutter.

Ausgelöst durch eine Verspätung der Patientin kann ihre masochistische Reaktionsbereitschaft in bezug auf Zurückweisung und Trennung verdeutlicht und in der Übertragung erarbeitet werden. Der Ablauf in der Stunde führt vom Wunsch über die Enttäuschung zur Wendung von der Passivität zur Aktivität und schließlich zu defensiver Aggressivität. Diese Themenfolge läßt sich lebensgeschichtlich auf die Beziehung zur Mutter zurückführen.

Wenn wir nach Klauber (1966) die Leitlinie der Stunde in bezug auf Angst, Abwehr und Inszenierung formulieren, können wir wie folgt zusammenfassen: Die Hauptangst der Patientin liegt darin, Affekte könnten übermächtig werden. Diese müssen deshalb verleugnet werden. Geben und Nehmen ist dabei ein lustvolles, aber auch angstbesetztes Spiel, das für die Patientin notwendig schmerzvoll endet, weil sie die Erwartung internalisiert hat, daß ihre Wünsche (z. B. nach Beachtung) nicht erfüllt werden. Ihre Hauptabwehr ist das Verleugnen von Affekten und das Agieren aggressiver Impulse. Sie inszeniert damit eine vorweggenommene Enttäuschung, die sie unbewußt aktiv herbeiführt.

4.2 Pseudoautonomie

In der Analyse wünschen wir uns zwar einen selbständigen Patienten, aber fürchten auch jenen Typus, der alles allein zu machen gedenkt.

> Unter dem Gesichtspunkt von Heilung herrscht in ausgesprochener Weise die Tendenz vor, Unabhängigkeit als eindeutig positiv, Abhängigkeit als eindeutig negativ zu beurteilen. So überdeckt die positive Seite der Unabhängigkeit die negative, wodurch sie tauglich wird, neurotische Zwecke zu tarnen. Ebenso verdeckt auch die negative Seite der Abhängigkeit die positive, weshalb die an der Abhängigkeit geübte Kritik auch in den Dienst pathologischer Tendenzen oder Abwehrmaßnahmen gestellt werden kann (Racker 1978, S. 209).

Das Thema der Unabhängigkeit findet seinen Niederschlag auch in der Handhabung des analytischen Gesprächs. Die phänomenologisch-klinische Beschreibung der Widerstandsformen hat schon früh die graduellen Abweichungen von einem wie auch immer zu bestimmenden idealen Dialog im Sinne von zuviel und zuwenig unter die Kategorie des Widerstands subsumiert. Zu Recht hebt Cremerius hervor, daß wir die Kriterien angeben müssen, nach denen wir beurteilen, wann ein Patient zuviel spricht:

> Die Antwort lautet, daß dieses Zuviel nicht etwas Quantitatives meint, sondern etwas Qualitatives, nämlich dies, daß hier Sprechen – und zwar Zuviel-Sprechen – in den Dienst der Abwehr und des Widerstands gestellt wird (1975, S. 58).

Am folgenden Beispiel möchten wir einen gelassenen Umgang mit dem Vielsprechen illustrieren, der dem Patienten Zeit läßt, „sich in den ihm unbekannten Widerstand zu vertiefen, ihn durchzuarbeiten, ihn zu überwinden ...“ (Freud 1914g, S. 135).

Es handelt sich um eine Stunde aus einer fortgeschrittenen Analyse des 35jährigen Herrn Gustav Y, dessen Arbeitsstörungen sich lange in hartnäckigem Schweigen (s. auch Moser 1962) als Übertragungswiderstand manifestierten. Nach Bearbeitung abgewehrter aggressiver Regungen entwickelte der Patient die im folgenden zu beschreibende Pseudounabhängigkeit, die sich in nachdenklichen, aber doch recht monologischen Reden niederschlug.

Der Patient teilt mir zunächst als Frage verkleidet mit, die Stunde „etwas früher“ zu beenden, um seine Kinder rechtzeitig abholen zu können. Er begründet dies mit der Verkehrssituation und einer gefährlichen Situation auf der Herfahrt.

P.: *Ich hab' auf der Herfahrt eine ziemlich brenzlige Situation erlebt, und zwar ist einer hinter mir gefahren, hat also überholt und fuhr rechts ... und da kam mir auch noch einer entgegen auf der anderen Fahrbahn, ein breiter Laster, und ich hätte also keine Möglichkeit mehr gehabt, irgendwie auszuweichen. Zu bremsen wäre auch schlecht gewesen, weil es da zwischendurch immer so Wasserlachen auf der Straße ... und es ging also wirklich um Zentimeter, ist er so vor mir reingeschlüpft und naja, ich möchte also nicht sehr gern irgendwas riskieren, denn es ist ganz klar, wenn ich dann fahre und denke, es wird knapp, dann fährt man halt doch etwas - etwas schneller als vielleicht sinnvoll wäre.*

Kommentar: Der Patient muß eine Fahrstrecke von 35-40 Minuten mit dem Auto zurücklegen. Die Bitte um eine vorzeitige Beendigung bezieht sich auf 5 Minuten.

P. (nach einer Pause): *Ja, wobei dann noch dazu kommt, daß ich, kurz bevor ich weggefahren bin, in der Zeitung gelesen habe, das war gestern ... ich weiß nicht, war das ... eben ein ... B 30 kurz vor der ... vor der Auffahrt auf diese ... die ausgebaute Strecke da hinter ... daß da gestern ein schwerer Unfall passierte, wo also eine Frau im Krankenhaus gestorben ist und 3 oder 4 Schwerverletzte ... hm ... da kam also dazu, daß ich mir gedacht habe, naja, das bringen heute die Straßen, die waren eben auch ... zum großen Teil trocken, so daß ich irgendwie gedacht habe, jetzt kannst du auch wieder normal fahren und bin eigentlich, obwohl ich Zeit genug gehabt hätte, ziemlich schnell gefahren ... ich meine auf diesem Stück nachher, da darf man dann auch 120 fahren, ich meine, ich weiß, daß der Tacho nachläuft, also 130, aber gerade bevor ich ... als ich wußte, wo das jetzt sein muß und hab' auch geschaut, hab' aber nichts gesehen, und dann fiel mir dann ... es ist mir so durch den Kopf gegangen, was das eben ... was das für ein Gefühl sein muß, nicht, und da stand drin, dieser ... dieser Wagen, der den Unfall ausgelöst hat, der ist aus Heilbronn, der ist mit einer ... in der Kurve ins Schleudern gekommen, hat sich gedreht und stand quer auf der Straße, und der andere ist von der Seite in ihn reingefahren und die ... eben die Schwiegermutter dieses Fahrers, die ist so schwer verletzt worden, daß sie nachher ... daß sie nachher gestorben ist. Und da hab' ich mir also noch, als ich da vorbeifuhr, so überlegt, was das für ein Gefühl sein muß, wenn man einen Unfall hat und jemand, der mitfährt, der wird tödlich verletzt, oder auch wenn ich selber diesen Unfall auslöse und andere Leute dann, wie gesagt, von einem anderen Fahrzeug dabei ums Leben kommen, ja.*

In gleicher Weise setzt der Patient seine „freie Assoziation" noch eine ganze Weile fort. Er erinnert, daß er auf der gestrigen Fahrt zur Stunde plötzlich so müde wurde, daß er eine Pause einlegen mußte.

P.: *Ich meine, daß das eben auch ... ich meine, daß ja eigentlich ... auch hier bei unserem Gespräch eben diese ... die Frage ja auch eine Rolle gespielt hat, nicht, die ... daß eben durch die Straßenverhältnisse eine Gefahr auftritt und ich eigentlich hier auch nicht darüber gesprochen habe.*

A.: *Hm.*

Kommentar: Die mit seinem Fahren zur Behandlung verbundenen Risiken werden durch weitere Einfälle gestützt; der Patient findet dann eine Verknüpfung mit der vorigen Stunde, in der diese indirekte Gefährdung durch die Behandlung, d.h. durch den Analytiker, schon thematisiert worden war.

P.: *Eben vielleicht auch, weil ich dann irgendwie sofort dieses ... irgendwie mich in diese Rolle zurückziehe und irgendwas ... was soll's oder ... ich meine, ich ... oder in*

dem Sinne diese ... die Belastung oder so, die muß ich ja ... muß ich eben doch selber auf mich nehmen, ja.
A.: *Was vermeiden Sie wohl dadurch, daß Sie es allein tragen?*
P. (nach einer Pause): *Ja, vielleicht ist es irgendwie doch die Kehrseite dieser unangenehmen und ... und ... und belastenden ... und bestimmt auch einer gewissen angenehmen Seite der Behandlung, daß ich nämlich dabei das Gefühl habe, hm, eben wirklich hier selber entscheiden zu können, was ich mache und ob ich was mache, d.h. daß ich ... äh ... vielleicht auch ... äh ... obwohl das nicht so ganz richtig ist, nicht so ganz klar ist, eben auch vermeiden möchte, jetzt irgendwie ... sagen wir mal ... das jetzt ... etwas pathetisch ausgedrückt ... äh ... irgendwie jetzt, irgendwie wie Mitgefühl oder sowas zu ... beispielsweise daß Sie jetzt da irgendwie Verständnis dafür ausdrücken, daß es eben eine schwierige Situation ist oder gefährlich ist oder so.*
A.: *Hm.*
Kommentar: Der Patient kann dem Hinweis des Analytikers auf das Wozu seines Verhaltens etwas abgewinnen, nämlich daß er vermeiden möchte – was in der vorigen Stunde anklang –, daß sein Analytiker ihm zu nahekommt, wenn er den Aspekt der Gefährdung thematisiert.
P.: *Und das ist irgendwie ... und irgendwie ist da ... ich meine, wobei ich ... wobei mir eben nicht ... noch nicht so ganz klar ist, was das ... äh ... Primäre dabei ist, ob ich ... äh ... ob ich das wirklich nicht will, ob ich das eben ... ob ich das wirklich allein tun möchte oder ob das eben auch diese ... diese Scheu vor irgendeiner ... ja ... irgendeiner persönlichen Nähe oder so ist, die sich da irgendwie ausdrücken würde. Das ist ... äh ... das ist mir eben nicht ... selber nicht so ... nicht so ganz klar, und ich meine, was bei mir* (räuspert sich) *jetzt von diesem anderen Aspekt her gesehen, was eben bei mir so als Vorstellung da ist, daß ich das selber ... daß ich das eben selber entscheiden möchte, und zwar natürlich auch die andere Möglichkeit, sagen wir, daß ich mich jetzt nicht entscheiden würde, jetzt eben sagen würde, nee, das tu' ich nicht, das ist mir zu riskant oder so, ja, und dieses ... und irgendwo möchte ich dann diese Entscheidung auch ... hm ... alleine treffen können, ohne jetzt ... beispielsweise jetzt ohne irgendwie hier die ... äh ... Erlaubnis zu holen. Ja, das ist ... das steckt auch da mit drin.*
A.: *Ja, folglich ist die Selbständigkeit dabei für Sie etwas sehr Wichtiges, und Sie werfen selber die Frage auf: „Ist das eigentlich primär oder könnte es sein, daß diese Selbständigkeit das Ergebnis ist?"; vielleicht haben Sie sich zurückgezogen von Erwartungen, und dieser Rückzug wird dann zu einem Gewinn an Selbständigkeit. Sie sind jetzt unabhängig von mir, ob ich nun dazu etwas Hilfreiches, Verständnisvolles sage oder nicht. Sie sind – und das ist ja ein Bild, was wir schon lange im Auge haben – jetzt der Held, der seinen gefahrvollen Weg alleine meistert.*

Einer seiner bevorzugten Tagträume in dieser Behandlungsphase handelt von einem Wildwesthelden, der Witwen und Waisen zu Hilfe kommt, um am Ende das Angebot der geretteten Frau auszuschlagen und weiterzuziehen.
P.: *Ja, das ist mir eigentlich ... das ist mir vorhin auch ... sagen wir ... so durch den Kopf gegangen, gerade auch jetzt die ... die Art und Weise, wie ich ... hm ... wie ich im Augenblick mit meiner Frau umgehe, daß ich mich so weit zurückziehe und nur eine gewisse Verbindlichkeit aufrechterhalte.*

Er schildert dann, wie seine Frau diese Versagung ihrer Wünsche nach Nähe und Intimität beklagt: „Aber von mir aus gesehen ist es wirklich so, daß ich kein

Bedürfnis danach habe, daß ich also auch jetzt sexuell nichts – eigentlich nichts versäume oder gar keine Bedürfnisse habe."

Herr Gustav Y formuliert den Wunsch, daß er nur dann mit seiner Frau schlafen möchte, wenn diese daraus keine Ansprüche an seine Autarkie ableiten würde.

P.: *Nicht, aber das ist tatsächlich so, daß ich im Augenblick also besonders stark ... hm ... ja ... wie soll ich sagen ... einfach meine Ruhe haben will, nicht. Man soll mich wirklich nicht mit irgendwelchen Dingen behelligen. Und das ist tatsächlich so, ich hab mich vielleicht auch so eingerichtet, daß ich mich in der ... hm ... in der Situation irgendwo auch ganz wohl fühle, zumindest eben ... oder vielleicht diese anderen ... anderen Wünsche oder Bedürfnisse tatsächlich ... äh ... weitgehend verdrängt habe.*

A.: *Hm.*

Kommentar: Die Konkretisierung des Heldentraums im Alltag bestätigt, daß der Patient lieber seine sexuellen Wünsche verdrängt, um nicht in eine ihn beunruhigende Nähe zu seiner Frau zu geraten. Da seine Kindheit von einer langen Abwesenheit des Vaters (Kriegsgefangenschaft bis der Patient 10 Jahre alt war) überschattet war, wurde er, „der einzig überlebende Mann in der Familie", verwöhnt und eingeengt von einer dominierenden weiblichen Umwelt. Verständlicherweise war er in der Kindheit ständig von besorgten Vorwürfen umgeben, es möge ihm ja nichts passieren. Genau dies möchte er nicht vom Analytiker hören; dessen Verständnis für die Bedrohung auf der Straße, für die Gefahren der lustvollen Phallizität können ja nur Vorwürfe verdecken.

P.: *Nicht, und es ist natürlich jetzt auch so, wenn ... nicht, wenn ich ... wenn meine Frau mir dann irgendwie ... die ... die Vorwürfe macht und ... und mir sagt, daß sie mich haßt oder was, wirklich, dann ist meine Reaktion „ja, also bitte, ja, was willst du dann überhaupt, das Beste wäre, äh, wir reduzieren unsere Kontakte auf das Praktische und sonst kann jeder machen was er will".*

A.: *Der entscheidende Punkt liegt doch in dem Gefühl „was soll's", daß Sie da mit den Schultern zucken und denken, was soll ich darüber reden, was soll's eigentlich. Da erleben Sie lebensgefährliche Dinge auf der Fahrt hierher. Fast so, als ob Sie sich selber da hineinbringen, indem Sie vorher diese Phantasien hatten, was da am Tag zuvor passiert ist und dann aufs Gas drücken und hier – was passiert denn nun hier – was ist in diesem „was soll's" eigentlich enthalten? Sie bringen sich schier um. Durch einen anderen natürlich, denn es könnte doch sein, daß Sie vielleicht auch nur Sekunden – äh – den anderen hätten früher sehen können und die Gefahr dadurch etwas geringer gewesen wäre.*

P. (nach einer Pause): *Ja, wobei ... ja, sicherlich, im Gesamtzusammenhang schon, wobei ich ... wobei ich das nicht ... wobei nicht ganz deutlich geworden ist, ich meine, das, was ich jetzt geschildert habe von gestern. Ich sagte, das war auf der Fahrt hierher passiert, natürlich ... aber insofern kann es ja nicht ... hm ... sagen wir mal ... direkt eine Reaktion auf das gewesen sein, was wir besprochen haben.*

Kommentar: Das Deutungsangebot beunruhigt den Patienten sofort, und er muß deshalb zunächst einmal eine Verneinung anbringen; im Vergleich zu früheren Phasen dieser Analyse kann er sich im Anschluß daran einen fruchtbaren Einfall gestatten.

P.: *Ja. Ja, aber ... das ... jetzt fällt mir noch was ein, was das noch deutlicher macht, daß eben dann auch solche Phantasien aufkommen, wenn man das eben so dosieren könnte, nicht, daß ich mich jetzt bei so einem leichten Unfall aus dem Verkehr ziehen könnte, wobei natürlich sicherlich auch die Belastung im Geschäft eine Rolle spielt, nicht, sich vielleicht eben mit irgendeiner Verletzung oder so ins Krankenhaus zu legen und da erst mal irgendwie zur Ruhe zu kommen und zu sich selbst zu kommen. Nicht, das ist also auch ... ich meine, das ... das deutet ja auch darauf hin, daß da irgendein ... äh ... irgendein Wunsch oder so eine Rolle gespielt hat.*

Kommentar: Immerhin hat der Patient im Laufe der Behandlung die regressive Idee von einer schweren Tuberkulose, die ihn jahrelang in ein Zauberberg-Klima verbannen würde, soweit abmildern können, daß er es bei einem „leichten Unfall" belassen kann, mit dem er sich „aus dem Verkehr" ziehen könnte.

Der Patient schildert dann eine wichtige Selbstbeobachtung, wie er einen ihm übertragenen Auftrag geradezu lässig „mit erheblich weniger Nervenkraft als früher" erledigt hat und selbst über seine Großzügigkeit erschrocken ist. Die kritische Instanz ist im inneren Zwiegespräch des Patienten mit anderen immer schon mitenthalten: „Mein Gott, wenn das jemand liest, was müssen die denken, was für ein Planer du bist." Aber er kann sich teilweise diesen Erwartungen entziehen.

P.: *Ich hab mir gesagt, warum hängst du dir noch so eine Arbeit auf oder so, es ist ja doch egal, nicht, wenn es eben nicht stimmt, dann ist ja noch jemand da, der das nochmal korrigiert, und mit einer ähnlichen Einstellung gehe ich auch zur Zeit ins Geschäft. Ich bereite mich noch weniger vor als normal, aber ohne mich nachher so fürchterlich selbst zu bestrafen.*

A.: *Sie entziehen sich gewissen Erwartungen, die Sie an sich selbst gerichtet haben, damit vereinfachen Sie eine Situation für sich.*

P.: *Naja, ich meine, daß das natürlich auch widersprüchlich ist. Denn wenn ich das wirklich relativiere und mich ein bißchen auf den Wurstigkeitsstandpunkt zurückziehe, paßt auf der anderen Seite natürlich nicht dieser Wunsch, dem Ganzen erst mal zu entgehen. Zumindest sehe ich selbst da irgendwie im Augenblick noch einen gewissen Widerspruch, aber ich meine, es kann natürlich auch sein, daß mir im Grunde nicht gleich eingefallen ist, daß vielleicht sogar noch mehr diese häuslichen Probleme mit eine Rolle spielen, denen ich da ja auch enthoben wäre, nicht.*

A.: *Es ist nur so, als Sie zum ersten Mal über die zusätzlichen Aufgaben sprachen, da war ganz deutlich im Raum eine Frage. „Warum hat* mir *der Chef die nur gegeben, warum grad' mir?", und da war eine kleine Andeutung, ob er das wirklich auch aussprechen würde. Da war vielleicht schon eine Erwartung von Ihnen, gelobt zu werden. Und dieses „was soll's" könnte eine Reaktion sein auf die Enttäuschung, ein Rückzug in eine Wurstigkeit, und analog könnte dann hier das „was soll's" auch eine Reaktion auf eine Enttäuschung sein. „Es kümmert den ja doch nicht, wenn ich mir den Schädel einrenne." Und mit dem – durch das „was soll's" machen Sie sich unabhängig.*

Kommentar: In der Schlußdeutung versucht der Analytiker, dem Patienten einen Grund für seine Pseudoautonomie zu vermitteln. Der Patient vermeidet die Enttäuschung des Wunsches, daß er nämlich eine Anerkennung sucht und statt dessen nur Besorgnis erntet. Gute Schulnoten waren zu Hause selbstverständlich, denn die Mutter sorgte sich nur um ihn, förderte ihn aber nicht in seiner motorischen Entfaltung. In der Adoleszenz zog er als Langstreckenläufer von niemandem gesehen seine Runden; seine Tagträume aber handelten von 100-m-Kurzstrecken-Erfolgen, die vor der Haupttribüne stattfinden würden.

In der Übertragungsbeziehung geht es um die Vermeidung des Wunsches nach

Anerkennung seiner gefährlichen „Lebens“reise; im nachhinein scheint jedoch dieser Aspekt nicht so deutlich geworden zu sein. Die Interventionen des Analytikers sind auf den Widerstand gerichtet, der die Abhängigkeitswünsche verdeckt.

4.3 Unlust als Es-Widerstand

Zum besseren Verständnis dieses Abschnitts empfehlen wir zuvor die Lektüre von Abschnitt 9.3. Dort berichten wir zusammenfassend über die Krankengeschichte von Herrn Christian Y und über den äußeren und zeitlichen Rahmen seiner Analyse. Nach Überwindung seiner Trennungsängste, für die wir unter 9.3.1 ein Beispiel aus der 203. Sitzung geben, konnte der Patient von der 320. Sitzung an ambulant behandelt werden. Zum Zeitpunkt der 503. Sitzung hatten seine Unlust und Unfähigkeit einen Tiefpunkt erreicht. Er ist endlich und gerade noch in der Lage, zu Fuß in meine Praxis zu kommen. Einige phantasievolle Aktivitäten bringen keinerlei Befriedigung oder einen Zuwachs an Selbstvertrauen.

Seine Symptomatik besteht in dieser Behandlungsphase in einer extremen Lustlosigkeit, die sich als Arbeitsunfähigkeit und Faulheit äußert. Lange Zeit war die ihn nun sehr quälende Faulheit durch schwere Angstanfälle überdeckt gewesen, die ihn am aktiven Handeln und Arbeiten gehindert hatten.

Unter deskriptiven Gesichtspunkten geben wir der alles durchdringenden Unlust eines Patienten die Qualität eines Es-Widerstands, den wir freilich nicht auf die „Trägheit“ oder „Schwerbeweglichkeit“ der Libido (Freud 1918b, S. 151; 1940a, S. 108) zurückführen (s. Grundlagenband 4.4). Tatsächlich scheint sich in den beiden wiedergegebenen Sitzungen, die für einen längeren Behandlungsabschnitt exemplarisch sind, nichts zu bewegen. Der behandelnde Analytiker bemüht sich geradezu verzweifelt darum, in den monotonen Klagen des Patienten über seine absolute Unfähigkeit einen Sinn zu entdecken. In der Unlust, die als fast unüberwindbarer Widerstand in Erscheinung tritt, werden verdeckte und gänzlich unbewußte Befriedigungen des analen Trotzes und der dazugehörigen regressiven Selbstbehauptung gesehen. Der Patient freilich ist weit davon entfernt, die Macht, die in der Passivität liegt, zu erkennen oder den Triumph zu genießen. Die Stimmungen des Patienten pendeln zwischen Extremen hin und her, wobei das Angstsignal in uniformer Weise und unabhängig davon aufleuchtet, ob Herr Christian Y seine Wut offen zum Ausdruck bringt oder diese hinter der Passivität oder Selbstdestruktivität zurücktritt. Die Angst schützt ihn aber auch dagegen, die Behandlung abzubrechen und sich umzubringen. Insgeheim entwickelt Herr Christian Y in Vorbereitung auf seinen zukünftigen Beruf Schaltpläne und Programme, mit denen er seinen Vater in den Schatten stellt. Die realistische Betrachtung seiner Leistung nimmt dann wiederum seinen Omnipotenzvorstellungen allen Wind aus den Segeln. Je mehr er Schritt für Schritt im Leben erreicht, desto augenfälliger wird die Diskrepanz zu der subjektiven Selbsteinschätzung als zentrales Problem der Therapie.

Wie der folgende Ausschnitt aus der 503. Stunde zeigt, insistiert Herr Christian Y auf der Vorstellung, er könne nur fleißig werden, wenn der Analytiker ihn fleißig mache. Er erwartet Lust oder Aktivität durch die Einwirkung des Analytikers.

P.: *Ich habe ja immer Angst, jemandem auf die Nerven zu fallen oder zu frech zu sein. Wenn ich hierherkomme, bin ich meist schon nervös, so daß ich mir zusätzliche, auch nur ganz geringfügige Belastungen nicht leisten kann. Ich kann ja gerade anfangen, womit ich auch will, Sie lenken mich immer auf den Trotz. Was wollen Sie denn damit anfangen? Mich langweilt das, über Trotz zu reden, weil mich jetzt interessiert, wie ich fleißig werde, und ich finde keinen Zusammenhang zwischen Trotz und Faulheit, und ich finde es auch unnötig, über den Trotz zu reden, weil Wut drinsteckt, und mit der Wut ist das so eine eigene Sache, die geht ja immer noch nicht weg. Wenn Sie immer auf den Trotz zurückkommen, muß es doch damit eine Bewandtnis haben. Was ist los, warum sagen Sie nichts?*

A. (nach einer Pause): *Eine wichtige Seite daran ist, das direkte Vergnügen zu blokkieren und den anderen unfähig zu machen, das war ja etwas, was Sie gestern nachvollziehen konnten.*

P.: *Nein, mir leuchtet gar nichts ein, das Vergnügen am Trotz ist doch uninteressant, denn ich will wirklich nicht bremsen. Ich versuche ja, über etwas zu reden. Es ist völlig uninteressant, daß ich mich an den Stellen, an denen Sie nichts sagen, darüber freue, so als ob ich dann die Oberhand gewonnen hätte. Wichtig ist die Erkenntnis, daß ich daraus nämlich nicht die Meinung ziehe, Sie könnten mir nicht helfen. Sonst ist da nichts dran. Ich finde, daß wieder Zeit vertan worden ist, das ärgert mich, ich will ja weiterkommen, z. B. fleißiger werden. Warum ist damit gar nichts, wirklich nichts? Ich will mich nicht anstrengen, ich habe Angst, was Dummes anzustellen. Warum helfen Sie mir an den Stellen nicht weiter? Ich kann nichts Eigenes denken, keine eigene Meinung haben, ich bin immer abhängig von anderer Leute Meinung, warum habe ich Angst vor Kritik? Meiner Meinung nach mache ich bloß Scheiße. Ich rede, denke, tue – Scheiße, nichts anderes. Ich frage mich, warum mir Ihre Zustimmung nicht genügen würde. Aber die ist mir nicht wichtiger als die Zustimmung anderer Leute, und außerdem will ich nicht was tun, um dafür Ihre Zustimmung zu erhalten, weil ich ja gerade davon unabhängig sein will. Wenn Sie mir so einen Generalkonsens geben, fange ich damit überhaupt nichts an, das ist ja zu wäßrig. Ich kann das nicht als Hilfestellung begreifen, ich behalte die Angst, das ist alles Scheiße, was ich mache, wie ich geh' und steh', was ich anfasse, was ich denke, irgendwie mache ich nun tatsächlich Mist. Ich habe entsetzlich Angst, etwas falsch zu machen. Angst vor dem Ausgelachtwerden, Angst vor der Wut. Ich werde immer wieder was falsch machen, und es wird nie vollkommen sein, was ich tue, also muß ich immer mit ungünstigen Erscheinungen rechnen. Etwas anderes ist, daß ich mich nie mit irgend jemandem auseinandersetzen kann, das ärgert mich immer so. Ich kann nur nachgeben, beipflichten, und das will ich nicht. Wenn Sie mir nicht helfen, das in Ordnung zu bringen, dann bleibt es halt wie es ist.*

A.: *Sie fürchten also, wenn von mir nichts kommt, keine Hilfe, daß Sie dann selbst nichts machen können.*

Überlegung: Es ist ein Versuch, dem Patienten zu zeigen, daß er auch unabhängig ist, obwohl dies nur allzu vorsichtig impliziert ist. Diese Vorsicht hängt z. T. damit zusammen, daß fast alles „falsch" ist, was ich sagen, vorschlagen oder machen könnte. Auf der anderen Seite kann Herr Christian Y erfahrungsgemäß längeres Schweigen nicht ertragen. Er benötigt meine Antwort als Rückversicherung. Diese Beunruhigung ist auch in dem letzten Satz seiner Eröffnung der Stunde zu spüren, „Was ist los, warum sagen Sie nichts?" Die Beunruhigung würde unerträglich, wenn ich schwiege. Zugleich setze ich mich, was den Inhalt angeht, seiner scharfen Kritik aus. Eine Zeitlang hat der Patient meine Äußerungen auswendiggelernt, und ich hatte nicht begriffen, daß er daraus einen Halt für sich zog.

P.: *Ja, so ist es doch. Ich befürchte es nicht, es ist so. Können Sie mir eine andere Lesart verraten? Wenn gar nichts von Ihnen käme, wenn ich wegbliebe, was wäre dann mit meiner Angst? Was soll das, ich verstehe Sie nicht. Hören Sie, wie kriege ich die Angst los bei allem, was ich anfasse? Ich komme mit der Angst her, ich kriege nichts von Ihnen dazu und bin dann unglücklich, daß ich wieder nichts dazugewonnen habe. Zum Beispiel freue ich mich jetzt wahnsinnig auf die Ferien, weil ich dann nicht jeden Tag die Angst haben muß, jetzt komm' ich wieder umsonst hierher.*

A.: *Ja, Sie freuen sich wahnsinnig, daß Sie mal eine Zeitlang nicht zu kommen brauchen.*

P.: *Nur von der einen Seite her gesehen.*

A.: *So eine richtige Freude.*

P.: *Aber das ist ja auch wieder so eine Art Trotz. Da wend' ich mich wütend von Ihnen ab und nehme den Nachteil in Kauf.*

A.: *Worin liegt eigentlich die Voraussetzung der Idee, daß wenn von mir nichts kommt, auch bei Ihnen nichts sein kann. Da wird doch anscheinend mein Schweigen zu der Erfahrung, daß bei mir nichts ist, aber warum ist dann auch bei Ihnen nichts?*

<u>Überlegung:</u> Diese Frage drückt vermutlich Ratlosigkeit aus. Indirekte Ermutigungen reichen nicht aus, und es bleibt nur übrig zu ertragen, daß ich es falsch mache.

P.: *Dann probier' ich's mal mit einer Gegenfrage: Was würden Sie denn sagen, was die heutige Stunde mir für einen Gewinn gebracht hat oder was die gestrige gebracht hat, können Sie mir das sagen?*

A.: *Ja, es ist wirklich eine Frage, was ein Gewinn ist.*

P.: *Ein Gewinn ist, wenn ich ein Problem besser lösen kann, ein Gewinn ist, wenn ich weniger Angst habe.*

A.: *Also wäre es ein Gewinn der heutigen Stunde, wenn Sie daraus gelernt hätten, daß bei Ihnen etwas ist, ohne daß von mir etwas dazukommt.*

P.: *Bei mir ist nichts, sondern Angst, zuviel Angst.*

A.: *Es gibt also einen Zusammenhang zwischen meinem Schweigen und Ihrer Angst.*

P.: *Sie haben doch die ganze Stunde praktisch nichts gesagt, was zu irgendeiner meiner Ängste einen Zusammenhang hat. Wenn ich weiterhin Angst habe, Blödsinn zu machen, ist wirklich nichts gewonnen.*

A.: *Was sich hier abspielt, ist ein Beispiel Ihrer Arbeitsstörung. Wenn ich hier nicht sofort etwas von dem aufgreife, was Sie sagen oder es indirekt bestätige, dann ziehen Sie blitzartig den Schluß, daß das alles hier Scheiße war, daß es nichts wert ist, und daß es erst was wird, wenn ich daraus etwas mache, wenn ich, wie man so sagt, meinen Senf dazugebe.*

<u>Überlegung:</u> Herr Christian Y ist in höchstem Maße von Anerkennungen abhängig. Aus der grenzenlosen Verwöhnung und Liebe seiner Mutter ist, wie er in anderem Zusammenhang sagte, eine Mangelkrankheit entstanden, die darin besteht, daß er auch heute nicht so sein kann wie er selbst sein möchte. Trotzdem glaubte ich, ihm Eigeninitiative zutrauen zu können. Es ist ein höchst eigenartiger Mangel: Zuviel des Guten hat dazu geführt. Oder anders gesagt: Das Gute wuchs dem falschen Selbst zu. Was der Patient sein möchte, bleibt als dunkle Ahnung versteckt.

P.: *Ja ja.*
A.: *Wenn also der Senf dazugemischt wird, mein Senf. Es ist ja ein Problem Ihrer Arbeitsstörung, daß Sie rasch entmutigt sind, wenn Sie etwas in die Hand nehmen und das eine und das andere probieren.*
P.: *Ich bin immer noch nicht damit einverstanden, ich habe ja nichts weiter getan, ich habe irgendwelche Ängste geschildert, ich habe nicht versucht, irgend etwas zu lösen, weil ich das nicht kann und weil ich schon gar keinen Einfall dazu hatte, und ich glaube nicht, daß man das so simpel übersetzen kann. Ich habe Fragen gestellt und in der Hauptsache keine Antwort darauf gefunden, und das ist ein enttäuschendes Erlebnis, weil von der Beantwortung der Fragen für mich abhängt, ob ich weiter soviel Angst habe oder ob's weniger wird. Ich habe recht, und es wäre eine Selbsttäuschung, so zu tun, als hätte ich keine Angst, wenn ich doch Angst habe. Wenn ich so vor mich hinrede, kann das nicht wertvoll sein. Ich sehe halt nicht ein, daß ich aus der heutigen Stunde einen Gewinn gezogen habe. Zu der Angst, die ich habe, haben Sie nichts gesagt, und an der einen Stelle, wo Sie sagen, Sie hätten was gesagt, ist es eine Täuschung.*
A.: *Wenn ich also nichts sage, dann kriegen Sie Angst?*
P.: *Die Angst hab' ich schon vorher.*
A.: *Ich weiß wohl, aber aktuell ist es, vereinfacht gesagt, so, daß die Angst da ist, wenn ich nichts sage.*
P.: *Zunächst ärgere ich mich, und vielleicht krieg' ich dann Angst.*
A.: *Dann kommt also aus dem Ärger eine Angstverstärkung?*
P.: *Es vergeht Zeit, ich versteh' das nicht, was Sie damit wollen.*
A.: *Wenn ich nichts mache, dann meinen Sie, auch nichts machen zu können.*
P.: *So ist es doch, natürlich ist nicht nichts, aber viel zu wenig.*
A.: *Also wenn bei mir kein Senf ist, ist bei Ihnen auch keiner.*
P.: *Ja, so ist es doch, ich finde das ist so, weil mir's ja so schlecht wird.*
A.: *Ja ja.*
P.: *Und solang mir's schlecht wird, ist bei mir kein Senf.*
A.: *Es ist sehr ernstzunehmen. So eng ist die Verbindung, daß bei Ihnen nur was gut ist, wenn es der gleiche Senf ist, wenn der Senf ein gemischter Senf ist. Wenn Sie also allein was machen, dann ist es – wie soll ich sagen – solange Scheiße, solange nicht mein Senf dazugekommen ist und dann gemeinsam im Topf gerührt werden kann.*
P.: *Jetzt hab' ich aber nichts gefunden, also bleibt's für mein Erlebnis Scheiße. Also ich finde, ich habe recht, und wenn ich stur erscheine, vielleicht bin ich auch bloß zu dumm, um das zu begreifen, ich verstehe Sie nicht. Ich kann auch das Problem anders lösen, indem ich nichts mehr bei Ihnen suche, aber dann habe ich natürlich im Endeffekt nichts gelöst. Wo denk' ich denn falsch im Moment, wo sitzt der Haken? Ich will mich ja nicht sperren, wenn Sie mir das bessere Wissen zu vermitteln haben.*
A.: *Das Problem ist, daß man, um etwas selbst machen zu können, auch Gemeinsamkeit benötigt.*
P.: *Ja und wenn Sie nichts sagen?*
A.: *Jetzt sehen wir gerade, daß also offenbar immer noch eine große Angst da ist, wenn nicht aus einem gemeinsamen Topf geschöpft wird, wenn Sie etwas selbst produzieren. Deshalb sagte ich vorhin, es sei eine richtige Freude für Sie, nun eine Zeitlang nichts mit mir zu tun zu haben. Es steckt zwar Trotz drin und Zurückweisung, aber es ist auch eine Demonstration Ihrer Unabhängigkeit …*

Überlegung: Wie könnte Herr Christian Y aus dem Dilemma herauskommen, daß ihm Abhängigkeit zuwider ist und er sich zugleich Unabhängigkeit nicht zutraut? Die Selbstentwertung des Patienten ist so schwer zu ertragen, daß ich hier vermutlich einen Versuch machte, sein unabhängiges Können hervorzuheben.

In der folgenden Sitzung geht es unverändert weiter.

P.: *Ich kriege Schiß, wenn ich an die Anzeichen von Müdigkeit denke, damit bin ich wieder bei der Faulheit. Wissen Sie, ich werde nie gesund. Ich habe zur Arbeit überhaupt keine Beziehung. Irgendwas zu tun ist mir völlig fremd, aber wirklich völlig fremd, es ist nichts zu machen. Ich bin am letzten Freitag auch wieder so verzweifelt gewesen, wenn ich mir die Woche angeschaut habe, war doch nichts dabei, aber wirklich nichts, was irgendwie in mir die Lust an der Arbeit wecken könnte, nichts, und ich weise das Arbeiten völlig von mir. Ich will auch nicht arbeiten, es lohnt sich nicht, sich anzustrengen. Ist alles lustlos, das Leben ist überhaupt lustlos, leer und langweilig, und es wird nie besser, da bin ich felsenfest überzeugt. Warum soll ich dann so eine fade, graue Zukunft auf mich nehmen, absurd ...*

A.: *Also dort, wo es darum ginge, daß Sie selbst etwas tun, trage ich besonders wenig bei, nichts oder so gut wie nichts.*

P.: *Das ist das Thema.*

A.: *Wo Sie was tun und ich nichts tue, wo es darum geht, daß Sie eine größere Aktivität entwickeln ohne mich. Es wäre also Ihr Ziel, ohne mich mehr zu machen?*

P.: *Ja, aber ich kann es nicht, weil ich faul bin zum Beispiel.*

A.: *Was wird denn erreicht durch die Faulheit? Was möchten Sie erreichen, indem ich einspringe?*

P.: *Das weiß ich nicht, wieso sollten Sie einspringen? Ich will's doch selber machen, habe einige Ängste drumrum, die ich Ihnen dauernd erzähle, die Sie aber links liegen lassen. Ich habe Angst, irgend etwas zu tun. Ich habe Angst vor Prüfungssituationen. Heute nacht hab' ich wieder von irgend sowas geträumt, da mußte ich eine Prüfung machen und bin dann dagesessen und habe nichts gekonnt und habe furchtbar Schiß gekriegt und bin dann noch von irgend jemandem bestraft worden. Ich habe Schiß. Da können wir mal anfangen, was will ich von Ihnen? Nichts! Ich will nichts Persönliches, es gefällt mir, unpersönlich zu leben, ich will kühl sein und distanziert, das ist schöner.*

Kommentar: Hier werden die gegensätzlichen Strebungen in einem Atemzug genannt. In dem Augenblick, in dem der Patient selbst etwas machen möchte, tritt sofort eine lähmende Angst auf, die ihn paralysiert. Ganz abgesehen davon, daß der Analytiker mit der konkreten Anerkennung zu zurückhaltend war, ist es für den Patienten auch beschämend, abhängig zu sein; so fällt es ihm schwer, Hilfe anzunehmen. Sein unzufriedenes Schimpfen über den Mangel an Hilfe ist nicht nur schwer zu ertragen, sondern führt beim Analytiker zur Besorgnis, daß die daraus entstehenden Schuldgefühle sich angststeigernd auswirken.

A.: *Ja, das meine ich ja. Sie wollen etwas alleine machen, ganz sachbezogen, und das ist das Problem, warum geht das eigentlich nicht, warum?*

P.: *Zum Beispiel weil ich Angst habe, daß ich was mache, das von irgend jemand anderem unter die Lupe genommen wird, z. B. weil ich mir keine eigene Meinung leisten kann, weil ich mich mit niemandem auseinandersetzen kann, was weiß ich. Ich bin so ungenau, ich bin so unkonzentriert hastig, wenn ich was tue, habe Angst vor irgendwelcher Zurückweisung. Es ist schrecklich, wenn ich was falsch gemacht habe.*

A.: *Ja, und solange ich Ihnen etwas abnehme, für Sie denke, mit einspringe, solange sind Sie der Gefahr entzogen, daß Sie etwas selbst machen und ich in die Rolle des Kritikers rutsche.*
P.: *Das verstehe ich nicht.*
A.: *Solange ein anderer Ihnen alles abnimmt, solang Sie ganz passiv sein dürfen und der andere für Sie einspringt, der andere Ihre Meinung vertritt, der andere Sie vertritt, solange fühlen Sie sich sicher.*
Kommentar: Die Unlust des Patienten wird vom Analytiker in diesen Stunden vorwiegend als analer Trotz aufgefaßt. Demgemäß wird die verdeckte Lust in der passiven Aggressivität, in der trotzigen Selbstbehauptung gesucht. In der hier geschilderten Stunde wird besonders die interaktionelle Seite des Trotzes in den Mittelpunkt der Deutungsstrategie gestellt, und das unbewußte Schema der Analität wird - wenn auch in Analogie - besprochen. Der Analytiker versucht, den Patienten für ein Verständnis der (Übertragungs)beziehung zu gewinnen, in der der Patient den Analytiker offen mit in die Scheiße (Senf) ziehen kann. Der Patient bezeichnet sich selbst ausdrücklich als „Scheißkerl".

Nach wie vor läßt sich in den Klagen des Patienten über seine körperliche Unfähigkeit auch eine Kastrationsangstkomponente identifizieren, deren Wurzeln aber, wie gerade in diesen Auszügen festzustellen ist, in tiefere Schichten reichen.

Die Idee des Patienten, daß seine „Substanzdefekte" nur durch materielle Zufuhr geheilt werden können, ergibt ein behandlungstechnisch sehr schwieriges Problem. Dieses wird dadurch verstärkt, daß der Patient jedes Angebot einer konkreten Vermischung zugleich als schwere Erniedrigung erlebt. Daraus resultiert seine immer wiederkehrende Stimmung der Hoffnungslosigkeit, die mit Abbruchs- und Suiziddrohungen einhergeht.

4.4 Stagnation und Therapeutenwechsel

Eine selten diskutierte Frage gilt der realistischen Einschätzung einer unter den Augen des Analytikers eintretenden Stagnation in der Behandlung, für die sich meist plausible Gründe in der Psychodynamik der Patienten finden lassen. Es liegt nahe, an eine negative therapeutische Reaktion (Freud 1923b) zu denken, deren unbewußte Motivierung wir im Grundlagenband unter 4.4.1 diskutiert haben.

Diese Sichtweise vernachlässigt aber den Beitrag des Analytikers beim Zustandekommen einer Stagnation. Es ist wahrscheinlich, daß die persönliche Gleichung und die Technik auch einen Anteil daran haben, wenn therapeutische Veränderungen ausbleiben. Ergebnisse der Therapieforschung unterstreichen nämlich, daß eine vorausgehende ungünstige Therapieerfahrung keinen negativen Prädiktor für einen weiteren Therapieversuch darstellen muß, was als statistisches Ergebnis gängigen klinischen Auffassungen widersprechen dürfte (s. dazu Kächele u. Fiedler 1985).

Wegen eines sich lange hinziehenden Stillstands konsultierte die Patientin Frau Maria X im Einvernehmen mit ihrer Therapeutin einen anderen Analytiker. Die Vergeblichkeit des therapeutischen Bemühens wurde von beiden Seiten erlebt, führte jedoch zu unterschiedlichen Schlüssen. Die Patientin wollte keineswegs aufhören, die Therapeutin hingegen empfahl eine Pause und stellte einen späteren

Wechsel zu einem männlichen Therapeuten anheim. Zu dieser resignierenden Sichtweise hatte geführt, daß alle Bemühungen, der diffus-ängstlichen Patientin mit einer depressiven Grundstimmung etwas Gutes zu vermitteln, anscheinend scheiterten. Die chronische Unzufriedenheit mit sich und ihren Lebensumständen, die von einem Grundgefühl des Mangels bestimmt war, blieb über fast 2 Jahre unzugänglich. Da die Patientin jede Einsicht in unbewußte Konflikte mit einer Verschlechterung beantwortete, wurde eine negative therapeutische Reaktion diagnostiziert.

Bei mißlingenden Therapien stellt sich der Analytiker kritischen Fragen, und solche Situationen setzen ihn selbst auf eine Anklagebank, wie Wurmser hervorhebt:

> Eine Abwehrtaktik, die bei Depressiven besonders beliebt, wenn nicht für sie typisch ist, besteht darin, daß man *den anderen so schuldig und demütig zu machen* versucht, wie man sich selbst fühlt. Wie wird das zustande gebracht? Durch offenes und verhülltes Anschuldigen. Es ist eine Art des Spießumdrehens, das die Abwehrformen der Projektion und der Wendung vom Passiven ins Aktive umfaßt sowie einen Übergang von der Identifizierung mit dem Opfer zur Identifizierung mit dem Ankläger bedeutet. Dies kann auch zu einer gewaltig starken Art des Übertragungswiderstandes werden. Ich glaube, daß ein guter Teil der *negativen therapeutischen Reaktion* eben dieser *Spießumdrehung der Anklage* zuzuschreiben ist (1987, S. 149; Hervorhebungen im Original).

Gewiß gibt es verschiedene Wege, sich mit dieser Anklage auseinanderzusetzen. Wurmser beschreibt in eindrucksvoller Weise, wie er den Kampf mit diesen für jeden Analytiker belastenden, scheinbar unbehandelbaren Patienten über viele Jahre zu führen versteht. Nicht zuletzt hebt er auch die Flexibilität im Umgang hervor, die unter gewissen Umständen einen Wechsel des Therapeuten einschließen können.

Bei der Konsultation beklagt die 37jährige Frau in verbitterter Weise, daß sie in der nun schon fast 2 Jahre dauernden Behandlung immer angestrengt mitgemacht habe. Nach all der Zeit müsse sie feststellen, daß sich noch nichts an dem grundsätzlichen Problem ihrer Unzufriedenheit mit sich selbst und ihrem Versagensgefühl geändert habe. Ich erkundige mich nach der Gestalt der therapeutischen Beziehung aus der Sicht der Patientin und stelle fest, daß es eine große Zahl von Fragen gibt, die die Patientin nicht zu stellen gewagt hatte, insbesondere solche, die die Person der Therapeutin betreffen. Mein zusammenfassender Eindruck ist, daß die Patientin nicht genügend ermutigt wurde, die aus der Mutterbeziehung stammende negative Übertragung auszutragen.

Die Diagnose einer negativen therapeutischen Reaktion schiebt u. E. alle Verantwortung für den bisherigen Fehlschlag zu einseitig der Patientin zu; statt dessen sollte herausgefunden werden, welche interaktionelle Verfestigung dazu geführt hat, daß die vermutlich real bestehenden Schwierigkeiten der Patientin nicht mehr günstig beeinflußt werden konnten. Das Ziel eines erneuten Behandlungsversuchs muß es in diesem Falle sein, den Negativismus der Patientin in eine offene negative Übertragung zu transformieren. Die ursprünglich angestrebten Behandlungsziele und die Behandlungsrealität wurden u. E. in dieser ersten Behandlung nicht genügend zur Deckung gebracht.

Das Vorgehen, der Patientin zunächst eine fokale Therapie anzubieten, bei der die bisher nicht bearbeiteten negativen Aspekte der Beziehung zur Therapeutin in den Mittelpunkt rücken sollten, trägt in einer Hinsicht der Skepsis der Vorbehandlerin Rechnung; in anderer Hinsicht ist die Therapieplanung darauf abgestellt, als umgrenztes Ziel zunächst das zutreffend beschriebene Problem der negativen Mutterübertragung anzugehen.

Frau Maria X wurde ursprünglich zur Abklärung eines Bluthochdrucks unklarer Genese, der seit 11 Jahren bestand, an eine Abteilung für Innere Medizin überwiesen. Die somatischen Untersuchungen ergaben, daß die Hypertonie auf eine Nierenarterienstenose zurückzuführen ist, von deren operativer Korrektur abgeraten wurde. Seit 11 Jahren besteht auch die „Unzufriedenheit", wie die Patientin ihr Symptom selbst beschreibt. Darüber hinaus leidet sie seit der Pubertät an Angstzuständen, die v. a. in Streßsituationen oder bei Auseinandersetzungen mit Autoritätspersonen auftreten. Eine psychosomatisch orientierte Hypertonieberatung führte zur Einleitung der regulären Psychotherapie, da sich als Reaktion auf die körperliche Erkrankung die erwähnten Angst- und Minderwertigkeitsgefühle verstärkt hatten. Die Patientin befürchtete ungünstige Auswirkungen auf ihre Partnerschaft.

Im Kassenantrag wird bezüglich der Psychodynamik des Konflikts das Spannungsverhältnis zwischen enger Bindung an die Mutter und ungenügender Trennung von ihr mit entsprechenden Wut- und Enttäuschungsreaktionen hervorgehoben. Versuche der Trennung führen zu äußerlich inadäquaten Reaktionen, die wiederum mit heftigen Schuldgefühlen verbunden sind. Vorgesehen wurde eine zeitlich nicht begrenzte analytische Therapie. „Die zugrundeliegende Ablösungsproblematik und der hiermit verbundene massive Aggressionskonflikt lassen erhebliche Widerstände erwarten, die im Rahmen der Übertragungsentwicklung bearbeitet werden sollen."

Nach dieser einleitenden Skizzierung der Problemlage geben wir nun einige Passagen wieder, in denen sich das von der jüngeren Kollegin geschilderte Verhalten der Patientin erneut zeigt, und versuchen, einen therapeutisch günstigen Umgang aufzuweisen.

Nach der Vereinbarung einer Fortsetzung der Therapie bei mir gebe ich ihr das Antragsformular für die Verlängerung der Kassenleistung. In dem Moment, in dem die Patientin das Formular in die Hand nimmt, seufzt sie - nicht laut, doch vernehmlich. Ich weise sie auf diese Äußerung des Unbehagens hin, und sie sagt widerwillig, sie habe keine Lust, solches Zeug auszufüllen.

Mich beeindruckt diese erste Demonstration des Verhaltens, das die überweisende Kollegin mir auch berichtet hat; auf der Linie meines Verständnisses deute ich folgendes:

A.: *Für Ihr Erleben ist das schon zuviel, ein Fragebogen, den Sie kennen und der Ihr Interesse verkörpert - es dauert keine 2 Minuten, ihn auszufüllen, und ist doch 6000 Mark wert: Da besteht doch ein Mißverhältnis zwischen realer Leistung und dem, was es für Ihr Erleben bedeutet? Im Seufzen ist vielleicht der Wunsch enthalten, im Paradies bleiben zu können, wo Milch und Honig fließen.*

Meine Stimmung der Patientin gegenüber war keineswegs unfreundlich, sondern eher erstaunt über diese paraverbale Weise, ihren Unmut und die Lustlosigkeit auf den kleinsten möglichen Nenner zu bringen. Deshalb ist die Bemerkung auch von einer gewissen Sympathie für die Patientin getragen.

P.: *Na ja, solche Fragebögen habe ich schon bei den Voruntersuchungen an der Uni-*

klinik sehr viele ausfüllen müssen; damals hab' ich nicht widersprochen, obwohl ich das gekonnt hätte.
A.: *Hier geht es um Ihren Vorteil, und Sie seufzen.*

Ich überlege mir dabei, daß das Seufzen eine chronifizierte Reaktion auf Überforderung darstellen könnte und eine Verschiebung des Protests auf paraverbale Äußerungen. Das Seufzen paßte dann auch zu einem ausgeprägten Gefühl, das die Patientin mir vermittelt, daß sie sich geschmackvoll kleiden und geben kann und doch ihr Gesicht trotz aller Kosmetik eine düstere Stimmung ausdrückt.
P.: *Ja, immer wenn es um meinen Vorteil geht, komme ich ins Schleudern. In den letzten Tagen haben meine Ängste wieder zugenommen, ich muß im Betrieb eine neue Gruppe übernehmen, die ich schulen soll.*

Von der Bemerkung ausgehend, daß die Ängste durch einen höheren Anspruch an ihr Wissen und ihre Kompetenz als betriebsinterne Weiterbildungsbeauftragte stimuliert werden, schließe ich auf eine hintergründig selbstkritische Einschätzung der Patientin.
A.: *Ihre Ängste werden vielleicht verständlich, wenn wir uns mit der Frage befassen, was Sie sich zutrauen und was von Ihnen gefordert wird.*

Die Patientin schildert dann ihre für sie enttäuschende Schulkarriere; sie sei 2mal durchgefallen und dann vom Gymnasium weg – warum sie durchfiel, bleibt unklar. Das Abitur hat sie über den 2. Bildungsweg nachgeholt, als sie feststellte, daß ihr die einfache Tätigkeit nicht genügte.

In der folgenden Stunde gibt sie mir mit einem Seufzer den ausgefüllten Antrag zurück. Ich greife den Seufzer erneut auf: „Alles ist zuviel". Das findet die Patientin auch, schaut mich etwas verdutzt an, daß ich ihre Stimmung so direkt aufgreife, grinst etwas, aber sie bleibt in der miesen Stimmung.
P.: *Mir ist schon das Gefühl zuviel, zur Therapie kommen zu müssen, hier reden zu müssen.*
A.: *Das würde ich gerne genauer verstehen wollen, was heißt* alles, *gibt es Beispiele dafür, wie alles sich vom Spaß zu einem Muß verwandelt?*
P.: *Ja, zum Beispiel muß ich Tennis spielen, wenn das Wetter schön ist, oder ich muß dann spazierengehen, alles was ich mir wünsche, verwandelt sich in ein „du mußt das machen". Wenn ich mir heute vornehme, aus Spaß morgen an einer Veranstaltung der Volkshochschule teilzunehmen, dann fällt mir bestimmt morgen auf dem Weg zur VH schon wieder ein, daß das jetzt auch wieder ein Muß ist.*

Ich denke bei ihrer gequälten Schilderung an einen Säugling, der mal Hü und mal Hott sagen möchte, der noch keine Verpflichtung eingehen möchte und muß. Also verbalisiere ich etwas von dieser Idee:
A.: *Ein Wunsch wird in dem Moment zum Muß, zum Zwang, wenn Sie das Gefühl haben, er hat sich verselbständigt, Sie müssen Ihrem eigenen Wunsch folgen; Sie möchten in jedem Moment mal Hü und mal Hott sagen können, ohne Konsequenzen befürchten zu müssen.*

Wir kommen auf die Mutter zu sprechen, die viel arbeiten mußte und dabei laut mit sich selbst redete: Ich muß das noch tun, ich muß noch jenes tun. Der Vater habe vergeblich versucht, der Mutter zu sagen: Jetzt mußt Du mal nichts tun!

Ich deute, daß sie die Mutter in sich trage und mit sich selbst so umspringe, wie die Mutter mit sich selbst umgesprungen sei. Es gebe also 2 Seiten bei ihr: eine Wunschseite und diese sehr starke Gewissensseite.

Bei dieser ausführlich gegebenen Deutung, die ich der Patientin emotional nahezubringen versuche, fängt sie zu weinen an. Es gelingt ihr bald, sich zu fangen. Mir wird deutlich, daß sie immer wieder überrascht wird von den sonst gut kontrollierten Sehnsüchten nach Verwöhnung und Wunscherfüllung. Im Ausmalen ihrer Phantasie und im Hinblick darauf, daß sie ja bereits eine längere Therapie durchgestanden hat, teile ich ihr mit, daß diese weiche, weinende Seite am liebsten auf die Couch gepackt sein möchte, mit einer Decke darüber. Dies aber würde ihre andere Seite nicht erlauben.

P.: *Das kann ich mir überhaupt nicht vorstellen, daß ich hier liege und nichts sagen muß. Das kann auch gar nicht gutgehen, für mich käme das nicht in Frage. Da käme ich mir noch hilfloser vor, noch mehr wie ein Patient, Ihnen unterlegen.*

A.: *Schon die Vorstellung ist für Sie beunruhigend, da ist es besser, Sie verharren in der Mitte, wie Buridans Esel - kennen Sie den, der stand genau zwischen 2 Heubündeln und verhungerte. Sie bleiben in der Mitte, in der Stagnation, die Sie ja in der Therapie bei Frau B.* (frühere Therapeutin) *haben feststellen können. Ich glaube, es geht zunächst darum, ob Sie sich überhaupt gedanklich an solche Vorstellungen annähern können, daß Sie auf dem Weg zur Therapiestunde, wenn Sie das Gefühl haben, Sie müssen da jetzt hin, auch umkehren könnten.*

Nach einer betriebsbedingten Unterbrechung, bei der die Patientin einige freie Tage hatte, kommt sie wütend darüber, daß sie sich auch in diesen freien Tagen nicht von dem Gefühl befreien konnte, sie müßte irgend etwas machen, auch das Erholen wird zum Muß, zur lästigen Pflicht. Die Patientin berichtet ein Beispiel, wie es eigentlich sein sollte: Sie habe sich mit Grippe ins Bett gelegt und den Nachmittag vor sich hingedöst, das Verpflichtungsgefühl, abends noch Freunde besuchen zu müssen, sei ganz von ihr abgefallen, so müsse es gehen. Ich unterstreiche die Kongruenz von Denken, Gefühl und Handeln: „Nur wenn der große Zeh sich soweit bewegt, wie er sich selbst bewegen will, gibt es das Gefühl der Verpflichtung nicht."

Frau Maria X spricht nun explizit von einer Stimme in ihr, die sie dauernd lenke und leite; wenn sie ein Buch lese, sage ihr die Stimme, sie müsse es auch zu Ende lesen, und dann sei schon wieder die ganze Freude verpfuscht. Diese Stimme ist nicht wahnhafter Art, es ist eine unerbittlich eingeprägte Gewissensstimme, die sie sofort mit dem Ton der Mutter in Verbindung bringt, die sie dauernd angehalten habe. Am Beginn der Schulferien hätte es bei der Mutter nur geheißen: „Gut daß ihr da seid, jetzt könnt ihr dies oder jenes erledigen." Die Einfälle der Patientin klären, warum sie dies „ins Bett legen" so befriedigend erfahren hat. Sie konnte alles stehenund liegenlassen, die Kleider irgendwohin werfen und vor sich hindösen.

A.: *Das waren ein paar Stunden Urlaub von dem strengen, bösen Gewissen.*

Daß der Analytiker diese Verinnerlichung verkörpern wird, zeigt sich bald. Der Beginn der Stunden wird für die Patientin regelmäßig zur Qual. Die Möglichkeit, hier über das sprechen zu können, was sie bewegt, wird zur Forderung, zum Muß. Die Andeutung der Möglichkeit, daß sie auch nicht sprechen könne, wenn das ihrer Stimmung entspräche, beantwortet sie mit aggressivem Zweifel.

P.: *Das ist nur eine Frage der Zeit, bis es Ihnen dann genauso geht wie Frau B, die ja auch im Verlauf des 2. Jahres die Frage aufwarf, ob ich die Stunden würde wirklich nutzen können.*

Das Dilemma der Patientin besteht darin, daß ihr zielgerichtetes eigenes Tun unbewußt immer auch den Vorstellungen der Mutter entsprechen muß; in diesem Sinne wird die analytische Situation zwangsläufig zu einer Wiederholung, der sie mit feindseliger Lustlosigkeit begegnet. Ihr Sprechen in der Therapie dient primär der Befriedigung des Analytikers. Dem entspricht die Anklage der Patientin, sie habe in der früheren Therapie hart gearbeitet, d. h. den Forderungen der Mutter entsprochen. Bei der Mutter hatte sie immerhin durch Leistung Anerkennung erhalten. *Ohne* Leistung anerkannt zu werden, lautet freilich der tiefere unbewußte Wunsch. Dieser ist wiederum überbaut durch eine ausgeprägte Rivalität mit dem 4 Jahre älteren Bruder, der als Steuerberater „gutes Geld" verdient; die Auswirkungen zeigen sich in der Partnerschaft, in der die Patientin sich immer wieder an der Selbstzufriedenheit des Freundes reibt, der sogar ohne viel Geld zu verdienen mit sich zufrieden zu sein scheint.

Die psychogenetische Fundierung des mangelnden Selbstwertgefühls wird durch die körperliche Erkrankung schwerwiegend verstärkt; nun ist sie real bedroht, mit einem zwar medikamentös beherrschbaren, aber nicht wirklich behebbaren Mangel leben zu müssen.

Der hartnäckige Widerstand kann allmählich aufgeweicht werden, indem ich die Kampfsituation zu umgehen suche. Ein längeres Warten meinerseits führt mit großer Sicherheit zu einer Wiederbelebung der Enttäuschung, erste Anregungen von mir, die sich meist auf eine aktuell sichtbare Stimmung der Patientin beziehen, helfen ihr, ihre Schwierigkeiten zu verbalisieren.

Als ein Leitmotiv stellt sich heraus, daß sie selbst so viele Wünsche hat, die sie alle gleichzeitig realisieren möchte. Im Arbeitsbereich will sie sich weiter qualifizieren, privat viele Bücher lesen. Wenn sie gerade so richtig vertieft sei, dann bekomme sie eine Panik, sie springe auf und müsse in eine Kneipe gehen. „Ich will so vieles machen und habe dafür keine Zeit."

In der Folge fand sie Zugang zu dem Verlustgefühl in der Pubertät, die Anerkennung des Vaters durch mangelnde Leistungen endgültig verloren zu haben. Vielfältige Schichtungen des Schuld- und Schamgefühls waren noch zu bearbeiten, bis sich jene Anklage verringerte, mit der die Patientin *erfolgreich* einen ersten Therapieversuch verhindert hatte.

4.5 Nähe und Homosexualität

Herr Arthur Y geht gerne, aber mit erheblichen Hemmungen ins Schwimmbad. Besonders das Nacktbaden bereitet ihm ein lustvolles Körpergefühl. Er schämt sich für diese Empfindungen. Im Hin und Her über dieses Thema ist ihm in der letzten Stunde spürbar geworden, daß auch ich gerne schwimme, was zutrifft, ohne daß dies ausdrücklich bestätigt wurde. Der Patient hat aber so getan, als müsse er sich für die besondere Empfindung des Kontakts von Körper und Wasser, von Haut und Wasser, schämen. Ich mache ihn darauf aufmerksam, daß er etwas von meiner positiven Einstellung bezüglich baden, schwimmen und Wasser bemerkt habe. Darüber ist Herr Arthur Y tief erschrocken:

P.: *Hoffentlich wird jetzt nicht erkennbar, daß Sie auch gerne ohne Badehose schwimmen, denn das hab' ich mir gedacht, und lange hab' ich mir überlegt, nach-*

dem es mir spontan eingefallen war, ob ich mich überhaupt getrauen darf, das hier zu sagen. Also bitte, jetzt sag' ich's eben: Dann sind Sie ja die gleiche Sau wie ich.
A.: *Wenn Sie und ich im Wasser schwimmen, dann sind wir verbunden, Seckel mit Seckel. Die Beunruhigung hat also wahrscheinlich etwas mit Berührung zu tun.*

Ich moduliere diese Bezeichnung „Sau", der sowohl eine lustvolle wie auch eine verurteilende Qualität zukommt, mit einer Bemerkung - dies sei für die nichtschwäbischen Leser hier eingefügt -, die eine volkstümliche Bezeichnung für das männliche Genitale darstellt: „Ja, zwei Seckel" (im Dialekt für Sack), mit der Absicht, das lustvolle Erleben näher an die unbewußte homosexuelle Komponente heranzuführen.
P.: *Daß dann keine Distanz mehr zwischen Ihnen und mir besteht, und damit knüpfe ich wieder an die Frage an, warum ich so vorsichtig anklopfe.*

Der Patient kommt auf das Berühren zurück und auf die Gemeinsamkeit, die sich herstellt, wenn man im gleichen Wasser schwimmt.
A.: *Die Distanz ist nicht ganz aufgehoben, denn jeder hat ja seine eigene Haut, seine eigene Grenze.*
P.: *Unser Gespräch ist mir ausgesprochen unsympathisch. Das läuft auf eine Verwischung der Distanz hinaus.*

Herr Arthur Y erwähnt, daß er in früheren Therapien durch Distanzierung ein Stück Sicherheit gefunden hat:
P.: *Ganz einfach deshalb, weil ich mir gesagt habe, je größer die Distanz, desto größer ist die Überlegenheit dieser Ärzte und ihr Fachwissen und um so mehr wächst meine Chance, gesund zu werden.*
A.: *Um so unterlegener sind Sie dann auch. Es bleibt die Hoffnung, je mehr Sie bewundern, desto eher haben Sie die Chance, etwas zu bekommen.*
P.: *Die haben sich aber auch nicht angestrengt, diesen Zustand zu ändern, aber vielleicht tue ich ihnen* (den früheren Therapeuten) *auch unrecht.*
A.: Es ist auch entlastend, das vertraute Gleichgewicht bei sich selbst zu bewahren, obwohl damit viel Leid verbunden ist.

Diese Intervention bezieht sich auf den Beginn dieser Stunde, wo der Patient sich damit beschäftigte, daß es ihm nicht leichtfalle, aus Verhaltensmustern auszubrechen oder diese zu ändern, die sich in Jahrzehnten gebildet haben. Das Ziel der „Seckel"-Bemerkung kann auch so beschrieben werden, daß der Konflikt auf eine genetisch höhere Stufe gehoben werden sollte, von der (analen) Sau zum (phallischen) Seckel.

Einige Zeit später wird das Thema in einem anderen Kontext wieder aufgenommen.

Eine bevorstehende Besprechung mit dem Chef, bei der es um eine Neuverteilung der Arbeitsgebiete geht, hat eine völlig irrationale Beunruhigung und Symptomverschlimmerung ausgelöst. Herr Arthur Y ist sich des Respekts und des Wohlwollens seines Chefs sicher. Seinen Konkurrenten ist er überlegen, und seine Umsätze liegen an der Spitze.
P.: *Stimmungsmäßig erlebe ich es aber so, daß ich mein Gebiet verlieren werde oder erhebliche Einschränkungen hinnehmen muß. Ich weiß, daß der Chef auf meine Meinung Wert legt und daß er mich als Partner akzeptiert. Trotzdem habe ich das Gefühl, hilflos ausgeliefert zu sein - ein Spielball fremder Mächte.*

Der Patient befürchtet sogar, daß ihn sein Chef entlassen könnte, wenn er irgendwelche Einwendungen vorbringt. Alle Zwangssymptome und Ängste haben sich verstärkt.

P.: *Ich habe einfach das Gefühl, kein Subjekt, sondern Objekt zu sein.*

Nach ausführlicher Beschreibung der sachlichen Probleme, die bei der vorgesehenen neuen Arbeitsaufteilung anfallen, wird klar, daß das Rivalisieren zwischen ihm und den anderen Mitarbeitern zunehmen wird, weil er seine Erfolge ausbauen möchte. Er möchte für sich Kapital schlagen aus der Mehrbelastung, die er auf sich zukommen sieht. Sein vorzeitiges morgendliches Aufwachen ist in den letzten Tagen zur Qual geworden. Schwitzend liegt er im Bett und fürchtet sich vor dem Tag.

P.: *Da ist die Angst vor dem Versagen, die Angst vor diesen Phantasien, vor diesen Zwangsvorstellungen, die könnten so mächtig werden, daß ich mich nicht mehr normal bewegen kann und man mir von außen ansieht, daß etwas mit mir nicht stimmt ... Ich hab' einfach, obwohl ich seit 25 Jahren immer wieder den Gegenbeweis erbracht habe, die Angst, nichts zu sein, ein Häufchen Elend. Das ist zum Kotzen. Ich habe z. B. versucht, meine Unruhe selbst zu analysieren, um aus der Geschichte rauszukommen. Da kam mir wieder der Lehrer im Internat in den Sinn, der mich beinahe vergewaltigt hat, und ich habe mein Entsetzen bemerkt, das ich hatte, als er mir so nahe rückte mit seinem Gesicht, seinem widerwärtigen Mund und seinen vorstehenden häßlichen Schneidezähnen. Es ging mir so durch den Sinn, es muß ja seine Gründe haben, daß mir die Gedanken an Blut und das Schlachten von Tieren immer wieder in den Sinn kommen und ich mich so auf Schweine eingeschossen habe. Da fiel mir dieser Mann ein, der wahrscheinlich ein unglückliches Schwein war, aber in meinem Erleben war er eine abstoßende Gestalt. Wenn ich die Macht gehabt hätte, vielleicht hätte ich diesen Mann buchstäblich wie ein Schwein im Schlachthof geschlachtet.*

Ein Angstinhalt des Patienten ist, daß er als Sexualverbrecher enden könnte. Diese Angst wurde durch einen Kriminalfilm ausgelöst und ist mit der Rolle eines Schauspielers verknüpft geblieben (s. Kap. 9). Der Patient gelangt in seinen Einfällen vom Lehrer zum Schauspieler bzw. zu einigen Szenen des Filmes. Ich werfe die Frage der Ähnlichkeit zwischen Lehrer und Schauspieler auf, um eine Übertragungsdeutung vorzubereiten. Der Patient bestätigt die Vermutung.

P.: *Ja, das ist mir schon beim Nachdenken aufgefallen, und das hat mich eigentlich dann wieder so beruhigt, daß ich eingeschlafen bin, und ich habe mir vorgesagt, daß das Erleben mit diesem Mann eigentlich gar nicht so schlimm war. Ich habe Schulkameraden, die sagten, das ist nicht so schlimm. Der meint es ja nur gut, der will uns nur trösten. Aber ich habe mich doch sehr vor diesem Menschen gefürchtet und hab irgendwo diese Furcht verdrängt und in den letzten Jahren nicht mehr so richtig herausgelassen.*

A.: *Es gibt einen wichtigen gegenwärtigen Auslöser. Sie haben sich mir hier anvertraut. Im Zusammenhang mit Ihrer Lust am Schwimmen und am Nacktbaden fiel Ihnen ja zu mir ein: Die Sau badet vielleicht auch nackt und verführt mich zur körperlichen Lust.*

P.: *Ach so, ja* (lacht).

A.: *Sie vertrauen sich mir hier an. Die Beziehung könnte mißbraucht werden und sich in eine zu nahe, homoerotische ... verwandeln ... zwei Säue.*

P.: *Ja, ja, das stimmt. Ich glaube, daß ich Sie manchmal wie diesen Lehrer erlebe.*

Das wird mir im Augenblick sehr deutlich, und es ist mir sehr unangenehm, darüber zu sprechen.

A.: *Das Thema ist ja, ob Sie Gutes erfahren, ohne daß Grenzen überschritten werden, nur Gutes, ohne Mißbrauch.*

P.: *Ich habe schon oft gemeint, wie mit dem Lehrer Benignus auf einer bestimmten Fährte zu sein, die dazu beitragen könnte, meine Ängste in den Griff zu bekommen und aufzulösen. Und solche Hinweise, daß ich Sie gefühlsmäßig auch so erlebe, irritieren mich dann. Die machen mich unsicher, die jagen mir Angst ein. Denn sollte sich wirklich herausstellen, daß Sie so sind wie der, dann wäre ich wie damals hilflos ausgeliefert. Es wäre dann eigentlich dem Zufall überlassen, was aus mir wird.*

A.: *Das wären Sie nicht, denn Sie sind nicht genauso abhängig von mir, wie Sie es damals von dem Lehrer waren. Sie sind in einer anderen Lebenslage. Es klingt noch etwas von dem nach, als wären Sie so abhängig und als dürften Sie mir die Zähne nicht einschlagen und mich als Sau bloßstellen und dem Schlachthof überführen.*

Herr Arthur Y beschreibt daraufhin sehr eindringlich und ausdrucksstark das unrasierte Gesicht des Lehrers, das ihn gekratzt habe. Erstmals entwickelt er Phantasien, wie er in den fetten Hals mit einem Messer hineinstechen könnte, um die Luft abzulassen. Im zeitlichen und thematischen Zusammenhang mit diesen Erlebnissen steht, wie der Patient am Ende dieser Sitzung mitteilt, das erste Auftreten neurotischer Ängste.

P.: *Als ich ungefähr 12 oder 13 Jahre alt war und in einem Kriminalroman las, daß ein Mann durch einen Messerstich in den Rücken getötet wurde, hatte ich die ungeheure Angst, es könnte mir genauso gehen. Ich habe dieses Buch zerrissen, ins Klo geworfen und hinuntergespült. Es muß um diese Zeit gewesen sein, als ich auch die Probleme mit diesem Lehrer hatte. Das ist dann wieder verschwunden, diese Angst. Vielleicht habe ich mich selbst als Sau empfunden, und vielleicht hatte ich auch einen Impuls, mich diesem Mann, ja, wie soll ich sagen, mich irgendwie hinzugeben, wenn auch nicht auf diese Art. Aber das ist alles viele Jahre her und sollte mir doch nicht mehr so zu schaffen machen wie in den letzten Tagen. Also, das Gefühl war ganz entsetzlich.*

A.: *Ja, es ist viele Jahre her. Das Thema ist aktualisiert worden durch die Therapie, durch Ihr Hierherkommen, nämlich das Thema, ja, wie werden Sie mit einem anderen Mann fertig. Sind Sie noch der kleine Abhängige, der sich nicht wehren darf? Werden Sie nur dann geliebt, wenn Sie sich unterwerfen, oder dürfen Sie einen Verdacht äußern, eine Unzufriedenheit, etwas fordern?*

Kommentar: Wie der Wortlaut der Deutung erkennen läßt, betont der Analytiker die Aktualisierung alter Probleme in der Übertragung. Die aufgeworfenen Fragen enthalten die indirekte Ermutigung zur kritischen Prüfung der damaligen und der heutigen Verhältnisse. Dem Patienten werden Antworten nahegelegt, die ihm eine Distanz und damit auch eine neue Erfahrung in der gegenwärtigen zwischenmenschlichen Beziehung zum Analytiker ermöglichen. Im Sinne solcher Anregungen haben viele Deutungen eine suggestive Komponente, die freilich weit von jenem plumpen Zureden entfernt ist, das der Suggestion einen schlechten Ruf verschafft. Anregungen, die in psychoanalytischen Deutungen enthalten sind, liegen auf einer von der Persuasion verschiedenen Ebene. Wie wir im Grundlagenband ausgeführt haben, wird der Patient ermutigt, sein gegenwärtiges Erleben zum Ausgangspunkt kritischen Nachdenkens zu machen.

4.6 Widerstand und Sicherheitsprinzip

Unter 4.6 im Grundlagenband haben wir dem Identitätswiderstand und dem Sicherheitsprinzip eine umfassende, die Definition von Erikson überschreitende Funktion zugewiesen. Auf der deskriptiven Ebene bestehen Ähnlichkeiten zur narzißtischen Abwehr. Dieser Begriff ist jedoch in die unhaltbar gewordene triebökonomische Theorie eingebettet. Demgegenüber gehört der Identitätswiderstand in einen umfassenden theoretischen Rahmen, der moderne sozialpsychologische Erkenntnisse der Entwicklung des Ich- und Selbstgefühls berücksichtigt, ohne die Bedeutung der Triebbefriedigung für die persönliche Identität zu vernachlässigen. Im Gegensatz zu Eriksons integrativer Theorie läßt Kohut die Selbst- und die Triebentwicklung nebeneinander herlaufen, was trotz der späteren Variation seiner Selbstpsychologie zu widerspruchsvollen Ungereimtheiten innerhalb des Systems führte und der menschlichen Wirklichkeit nicht gerecht wird. Sicherheit und Selbstgefühl entwickeln sich anläßlich der Befriedigung vielfältiger Bedürfnisse und im günstigen Falle im Wechselverhältnis zueinander. Eine ganzheitliche Erfahrung im eben gemeinten Sinn kann durchaus in umschriebener Weise im Augenblick der Befriedigung eines bestimmten Bedürfnisses erfolgen, sofern mit dieser das Gefühl von Anerkennung und Bestätigung verbunden ist. Darauf hat Kohut zu Recht nachdrücklich aufmerksam gemacht und damit eine Revision der Theorie von den Teilobjekten und eine Korrektur der psychoanalytischen Behandlungstechnik eingeleitet.

Ein starker Identitätswiderstand ist bei all jenen Menschen zu beobachten, die keine Krankheitseinsicht haben. Entsprechend fehlt auch ein Behandlungswunsch. Wir haben umgekehrte Verhältnisse vor uns: Die Umgebung leidet, und die Angehörigen versuchen, das uneinsichtige Familienmitglied zu überzeugen, daß etwas geschehen müsse. Doch wie soll man jemanden, der anscheinend mit sich selbst zufrieden ist, ja, sich selbst für gesund, wohl aber die Umwelt für krank und für verrückt ansieht, zu einer Therapie bewegen, die aus der Sicht des Betroffenen höchstens zu einer unerwünschten Veränderung führen würde?

Im Identitätswiderstand triumphiert die menschliche Fähigkeit zur Selbstbehauptung um jeden Preis, sogar unter Ausschaltung des Prinzips der biologischen Selbsterhaltung. Vielleicht geschah es eher beiläufig, daß Freud (1940a) nicht nur wie früher dem Ich die Aufgabe der *Selbsterhaltung*, sondern die der *Selbstbehauptung* zuschrieb. (In der *Standard Edition* wird der Unterschied verwischt, indem Strachey Selbstbehauptung mit „self-preservation" anstatt mit „self-assertion" übersetzt.) Diese Fähigkeit ist auch die Voraussetzung dafür, die Selbstbehauptung bei der Verwirklichung von Idealen über die Erhaltung des eigenen Lebens zu stellen und sich für eine gute Sache zu opfern, und zwar aufgrund von Entscheidungsprozessen, die in der Freiheit der Person ihren Ursprung haben. Anders ist es bei jenen Formen von Selbstbehauptung, die wir im Identitätswiderstand vorfinden. Hier haben wir gute Gründe zur Annahme von Unfreiheit, auch wenn der Betroffene es von sich weist, krank, unfrei und hilfsbedürftig zu sein.

Der Identitätswiderstand und das Sicherheitsprinzip werfen nicht nur schwierige behandlungstechnische Fragen, sondern auch viele ethische und philosophische Probleme auf. Wer gibt uns das Recht, eine Therapie bei einem Menschen zu versuchen, der sich selbst höchstens halbherzig als Patient fühlt? Es entsteht ein

Dilemma: Noch weniger als sonst ist es beispielsweise möglich, eine Magersüchtige absichtslos zu analysieren und sich aktiver Interventionen zu enthalten, wenn die Selbsterhaltung an ihre Grenze stößt und der Tod droht. Besonders in der Therapie der Anorexia nervosa wird man also vor existentielle Probleme gestellt, die ausweglos erscheinen. Es ist eine alles lähmende Zwiespältigkeit, die Kierkegaard in philosophisch-religiöser Interpretation als „Krankheit zum Tode“ bezeichnet hat. In psychoanalytischer Sicht läßt sich die Verzweiflung als Krankheit zum Tode durchaus im Selbst lokalisieren. Damit geben wir den beiden Sätzen von Kierkegaard eine tiefenpsychologische Wendung: „Verzweifelt nicht man selbst sein wollen; verzweifelt man selbst sein wollen“ (zit. nach 1957, S. 8). Kierkegaards Gegenüberstellung kennzeichnet ein Dilemma, dem viele Menschen unterworfen sind. Chronisch Magersüchtige beeindrucken ihre Umgebung ganz besonders durch die Entschiedenheit, mit der sie an ihrem höchst eigenwilligen Selbst festhalten. Der Therapeut wird zum Verführer, der diesen Kranken ein Selbstbild nahezubringen versucht, das deren Gegenwillen hervorruft. Die Verzweiflung spielt sich nicht zwischen den beiden Selbstbildern ab, sondern zwischen den Kranken und ihrer Umgebung. Wie können wir also mit psychoanalytischen Mitteln in ein Dilemma eingreifen und einen Kampf mit Patientinnen führen, die ihr kachektisches Körperbild jahrelang zur zweiten Natur gemacht haben und die den Analytiker als Störenfried sehen? Im wörtlichen Sinn ist hier ein Identitätswiderstand mit einem Gleichgewicht verknüpft, das nach jahre- oder jahrzehntelanger Konstanz ein eigenes Beharrungsvermögen hat: Diese Identität ist zur zweiten Natur geworden.

Zur 427. Sitzung bringt Frau Clara X die von ihr angefertigte Kopie eines Bildes von Rosetti – „Mariä Verkündigung“ – mit, das sie schon lange beeindruckt hat. Maria ist fast kachektisch. Daß es sich bei der Kopie um eine Art von Selbstbildnis handelt, geht aus dem Zusatz zur Signatur hervor: Maria als „Anorexe“. Frau Clara X beschreibt die Wegkreuzung, an der sie sich befinde: Sie sitze immer noch da (wie die Maria) und sei unentschieden.

Ihre Gedanken kreisen erneut um das Bild einer Fee, die an der Wegkreuzung sitzt, um sie auf den rechten Weg zu weisen.

A.: *Geben Sie der Fee eine Chance, den Feen, die an dieser Stelle sitzen – und auch sich selbst.*

P.: *Neulich sah ich abends die Fee dasitzen und mich selbst immer noch mit den gleichen Gewohnheiten behaftet. Die Fee lächelte halb lustig, halb befremdet – warum machst du das? Ich muß mich bewegen, damit ich müde werde, um schlafend bei der Fee bleiben zu können. Auf dem Weg ist ein richtiger Breiberg, meinte die Fee, wie um das Schlaraffenland herum. Da müsse ich mich durchfressen.*

Frau Clara X äußert alle Zeichen des Ekels.

Ich betrachte das Bild als Ausdruck des Kampfes, den wir an der jetzigen Wegkreuzung führen.

In meiner Anspielung auf den Kampf sieht Frau Clara X ein Kontra, ohne dieses genauer zu beschreiben.

Das Thema des Kampfes spielte von Anfang an eine große Rolle. Frau Clara X hat sich darüber geärgert, daß ich schon beim 1. Gespräch voraussagte, es werde wohl einen harten Kampf geben. Der Kampf hat sich in den letzten Wochen und Monaten intensiviert. Er hat sich im Sinnbild der Wegkreuzung, das die

Patientin geprägt hat, verdichtet. Zu dieser Metapher gehört eine gute Fee als mütterliche Übertragungsgestalt, in deren Schoß die Patientin bleiben möchte, die aber zugleich auch die Funktion hat, sie von der Anorexie, die zu ihrer zweiten Natur geworden ist, wegzuführen.

Mein Interesse für ihre Selbstdarstellung betraf also den Kampf um das Aufrechterhalten der bisherigen Identität und jetzt, an der Wegkreuzung, den Versuch eines Neubeginns. Die Aktualität wird daran deutlich, daß die Patientin auf meine Wiederholung des Satzes „nun das wird ...", zunächst mit einem „hmhm" unterbrach und nach Vervollständigung „... ein harter Kampf werden" fortfuhr:

P.: *Ja, das ist mir heute früh auch wieder eingefallen. Ich möchte mal wissen, wer da gegen wen oder was ...*

A.: *Hmhm.*

P.: *Und eigentlich möchte ich gar nicht gegen mich selber kämpfen müssen. Halt gegen irgendwelche Teile von mir selber. Das ist zur Zeit komisch. Ich habe mich mit dem Gedanken befreundet, daß ich tagsüber mehr zu essen versuche, und ich tu's. Meistens läuft es darauf hinaus, daß ich Appetit auf Kuchen oder so habe. Ich kauf' mir was im Bäckerladen. Dann hab' ich aber schon das Gefühl, das ist nicht ganz das Richtige. Ein Kuchen ist nicht gerade die gesündeste Ernährung. Und ich fühle mich mit diesem Appetit auch nicht wohl. Bisher hatte ich das Problem dadurch gelöst, daß ich mich mit dem Essen tagsüber in Gedanken so gut wie gar nicht mehr auseinandergesetzt habe. Ich hatte den Kopf frei für andere Sachen. Das wird ja auch oft beschrieben in der Literatur über Magersucht, die ich immer mit gemischten Gefühlen lese ... mit großem Interesse. Daß die Gedanken – wie bei vielen Magersüchtigen – ständig um das Essen kreisen, was ich als ziemlich entwürdigend empfinde, war ich los.*

Kommentar: Tatsächlich verändert sich bei den schweren und chronischen Fällen der Hunger, so daß jener Zustand erreicht werden kann, den die Patientin eben beschrieben hat mit den Worten, daß ihr Kopf frei sei für andere Dinge. Sie hatte es geschafft, die Befriedigung ihres Hungers zeitlich und örtlich einzugrenzen und vorwiegend auf nächtliches Keksessen zu beschränken.

Es liegt nahe, nun Frau Clara X auf die Schwierigkeit aufmerksam zu machen, die beim Versuch ihrer Verhaltensänderung auftritt: Sie erlebt es ja als entwürdigend, daß sie sich nun wieder mehr mit dem Essen und was damit zusammenhängt befaßt.

P.: *Da bin ich gleich schnell an dem Punkt, daß ich zu viel über Haushalt und Einkaufen nachdenke. Quatsch. Es gibt auch noch andere Sachen, die mich mehr interessieren, mich mehr befriedigen. Ja, im Moment ist es so, daß ich mich damit auseinandersetze, hm, nimmst du dir was von zu Hause mit zum Frühstück, oder kaufst du dir was, oder was ißt du, und was gibst du der Franziska mit* (ihrer Tochter). *Da kann ich Entscheidungsprobleme daraus machen und auf diesem kleinen Gebiet meine entschlußlose Qual zwischen Ja und Nein und Gut und Böse ausleben. Dann hab' ich's schon wieder satt, aber warum sollte ich eigentlich nicht versuchen, mit Appetit zu essen und zu genießen. Gestern früh war ich schon an einem Punkt, daß ich gedacht hab', hm ... dann war's wieder weg.*

A.: *Ja, die innere Not ist groß bei dieser Umstellung. Sie wissen, daß sich Hunger und Appetit verändern, und jetzt kriegen Sie mit dem Essen Appetit. Früher hatten Sie scheinbar eine große Freiheit, die ich allerdings im Unterschied zu Ihnen als*

Scheinfreiheit ansehe. Aber da war viel hervorragend aus der Welt geschafft. Es ist sehr schwierig, sich da auf den Weg zu machen.
P.: Ja, Scheinfreiheit. Ich frag' mich wirklich, ob ich mir angewöhnen kann, zu bestimmten Zeiten einfach zu essen. Schon bei dem Gedanken daran fühle ich mich nicht wohl. Ich hab' mich also zumindest bemüht, tagsüber was zu essen. Deshalb war ich wirklich etwas verblüfft, etwas abgenommen zu haben. Ist das die Angst vor der Gier oder wie oder was? Auf der anderen Seite habe ich ja wirklich ein sehr positives Lebensgefühl und auch wieder Lust, was zu machen, Lust, morgens aufzustehen. Der Zustand vom letzten Jahr, an den Sie sich sicher auch noch erinnern, als ich alles um mich ringsherum öde und langweilig fand, ist vorbei.

Die Patientin beschreibt dann ihren hektischen Tagesablauf als Hausfrau und Mutter und ihre große Unzufriedenheit mit diesen Aufgaben. „Jetzt heim ins Gefängnis, Essen machen, Kind ins Bett, und dann fühl' ich mich richtig eingesperrt." Die ausführliche Beschreibung endet damit, daß die Patientin von ihrer unerhörten Hektik spricht, von der sie getrieben wird und die sie unfreundlich und ungeduldig macht.

Dann gibt sie einen wunderbaren Tagtraum wieder, der vielleicht als Anzeichen gewertet werden kann, daß sie mit Hilfe einer guten Fee, die sie selbst erfunden hat, auf einen neuen Weg zu einer veränderten Identität gelangen könnte. Im Mittelpunkt der Geschichte steht ihre Mutter, die sehr viel Zeit hat und auf die nach Hause kommenden Kinder wartet, mit denen sie harmonisch und innig verbunden ist. Märchenhaft beschreibt sie einen Tag mit der Mutter. Frau Clara X bezweifelt, ob ich diese Stimmung eines fast zeitlosen Glückes als Mann verstehen könne. Sie selbst empört sich über Pünktlichkeit und Regelmäßigkeit und über den Rhythmus, den sie in ihrem Haushalt einhalten muß.

P.: *Bum, bum, bum, wie es mein Mann in der Fabrik hat, so möchte er auch alles zu Hause geregelt haben. Diese Anforderungen lösen die allertiefste Abneigung und Angst aus. Ich kann's nicht begreiflich machen, und ich glaube, Sie verstehen das nicht. Das ist verheerend.*

A.: *Ich glaube schon, daß ich es auch verstehen kann, allerdings liegt es nahe, daß Sie das bezweifeln, denn ich lebe ja hier nahe am bum bum. Stundenplan, Zeit. In meiner Einteilung ist die Stunde rum, und dann ist es auch so, das paßt nicht zum Tagtraum, das ist eine Störung. Diese Art von Pünktlichkeit, die mir vom Äußeren her auferlegt ist, ist störend, wenn wir es auf dem Hintergrund dieses beglückenden Bildes sehen.*

P.: *Ja meinen Sie denn, daß meine Phantasievorstellung nur was mit Stundenanfang und Stundenende hier oben zu tun hat? Das ist mir also ...*

A.: *Ja, das war auch ein bißchen hopplahopp. Ich habe jetzt nicht nur an Anfang und Ende gedacht, dazwischen gibt es ja vieles zu gestalten. Nein, ich hatte dieses eine Hopplahopp im Auge, wenn's aufs Ende zugeht. Ich habe zu einem einzigen winzigen Punkt eine Parallele gezogen, zur Unterbrechung am Ende der Stunde. Ob's stimmt, ist eine andere Sache.*

Wie schwierig es für Frau Clara X ist, zu einem anderen Bild von sich selbst zu gelangen, zeigen einige Ausschnitte aus späteren Sitzungen. Es ist mir nicht möglich, so absichtslos zu sein, wie es Frau Clara X möchte. Jedenfalls führt ein Vergleich zwischen einem anderen, einem schönen Bild, das die Patientin gemalt hat, mit ihrer Wirklichkeit zu einer erheblichen Kränkung.

In ihrem Selbstgefühl sind ihr Körper und ihr Aussehen ideal. Sie fühlt sich wohl in ihrer Haut. Sie fürchtet sich davor, wie eine gemästete Gans zu sein und dann nicht mehr „durch die Gitterstäbe ihres Gefängnisses" durchzukommen.

Ich werfe die Frage auf, warum sich das abstoßende Gegenbild von der gemästeten Gans gebildet hat. Die Patientin betont, daß der wunde Punkt das Gefängnis sei. Sie bezweifelt, ob ein Mann wirklich verstehen könne, daß eine Frau die Hausfrauenrolle als Gefängnis erlebe.

A.: *Sie bringen also Ihren Widerwillen gegen die Ehe zum Ausdruck, indem sie so mager bleiben. Hierbei kämpfen Sie allerdings auch gegen Ihre Schokoladenseite an.*

Kommentar: Diese doppeldeutige Bezeichnung war von der Patientin früher eingeführt worden, und sie diente seither zur Beschreibung ihrer süßen Seite im wörtlichen und übertragenen Sinn des Wortes. Frau Clara X macht die äußeren Umstände dafür verantwortlich, daß sie ihre Schokoladenseite, d.h. ihre süße und zärtliche Sehnsucht, nicht verwirklichen kann und um so mehr an die nächtlichen Orgien gebunden bleibt. Beim Essen großer Mengen von Süßigkeiten während der Nacht und im Halbschlaf befriedigt die Patientin den tagsüber unterdrückten Hunger, so daß ihr erheblich reduziertes Körpergewicht wenigstens konstant bleibt. Es handelt sich um typische, von Stunkard (1986) beschriebene „night eating binches", die auch der Ersatzbefriedigung dienen. Tatsächlich macht die Patientin ihren Mann für das Weiterbestehen der Erkrankung mitverantwortlich, weil er die im Knochenmann enthaltene zärtliche und weibliche Seite nicht sehe.

Die reale Komponente ihrer Schwierigkeiten wird von mir ausdrücklich anerkannt. Als Knochenmann abgewiesen und gekränkt zu werden, habe aber offenbar auch dazu geführt, daß sie den Zustand als Kampfmittel einsetze. Sie habe so eine besondere Form der *Selbstbehauptung* gefunden, an der sie nun sehr hänge. Jede Veränderung würde dazu führen, daß sie mehr Gefallen erregen würde und kein Knochenmann mehr sei. Sie würde ihre seit Jahrzehnten aufgebaute Identität verlieren und sich dabei auch selbst besser gefallen. Sie wäre dann das Dornröschen ohne die Dornen, schön anzusehen. Denn sie habe das Bild ja gemalt. „Wenn Sie mir erlauben zu sagen, mir gefällt das Dornröschen auch."

Überlegung: Ich spiele auf ein sehr eindrucksvolles Aquarell an, das die Patientin mir vor einiger Zeit geschenkt hat. In dem kreisförmigen Bild sind Mädchen in ein Rosengeflecht verwoben, deren Brüste durch die Farbgestaltung hervorgehoben sind. Die vorsichtige Ausdrucksweise wirkt vielleicht übertrieben. Behutsamkeit ist aber am Platz. Der weitere Verlauf der Sitzung und was die Patientin davon aufgenommen und behalten hat, zeigt ihre Empfindlichkeit. Ich habe mich dazu verleiten lassen, das von Frau Clara X geprägte abstoßende Bild des Knochenmannes der Rosenfrau gegenüberzustellen, ohne in diesem Augenblick zu bedenken, daß es einen Unterschied ausmacht, ob sich ein Patient mit einem negativen Selbstbild tituliert oder ob der Analytiker dieselbe Beschreibung verwendet. Wenn zwei das gleiche tun, ist es doch nicht dasselbe.

Die bildlichen und plastischen Darstellungen von Frau Clara X begleiten die ganze Therapie. Sie beziehen sich häufig auf besprochene Themen, eröffnen aber auch häufig Einblicke in unbekannte Seiten ihres Erlebens. Als Selbstdarstellungen bringen sie den inneren Zustand von Frau Clara X anschaulich zum Ausdruck. Aus dem folgenden Abschnitt geht hervor, daß ihr Malen und die Übergabe von Bildern natürlich auch eine kommunikative Funktion haben. Über diese wirke ich auf das Innenleben und auf das bildhafte Gestalten ein. Damit sind wir wieder bei der entscheidenden therapeutischen Frage angelangt: Was kann der Analytiker tun, um Veränderungen zu erleichtern?

P.: *Ich will noch nicht einmal, daß mein Mann dieses Bild sieht. Ich hab' es gemalt, so daß er es nicht sehen konnte, und hab' es eingerollt. Ich habe nämlich das Empfinden, daß dies in seinen Augen schon etwas Anstößiges sein könnte.*

A.: *Vielleicht haben Sie aber auch gefürchtet, daß er dann eine Bemerkung macht. Vielleicht hätte er Vergleiche gezogen.*

P.: *Er hätte möglicherweise gesagt, spinnst du jetzt ganz, jetzt malst du schon nackte Weiber.*

Ich gehe mitfühlend auf die befürchteten Kränkungen ein. Vielleicht habe sie deshalb erneut den Gedanken gehabt, eine Analytikerin verstehe sie besser - von Frau zu Frau, von Dornröschen zu Dornröschen.

Die nächste Sitzung beginnt die Patientin mit der Feststellung, sie sei verstimmt gewesen: „Sie haben mich als Knochenmann oder Knochenfrau mit meinem eigenen Bild verglichen, mit der Rosenfrau.“ Vergleiche möge sie nicht - eine typische Erziehungsmaßnahme. „Die Eltern sagen, in deinem Alter konnte ich schon dieses und jenes. Es tut doch weh, verglichen zu werden.“

A.: *Was tut nun weh? Daß Sie auch die Rosenfrau sind?*

P.: *Daß Ihnen die Rosenfrau besser gefällt.*

A.: *Ja ja, durch den Vergleich sind Sie an den Mangel, an das Defizit erinnert worden.*

P.: *Nein, der Punkt ist, daß Bedingungen gestellt werden. Da hab' ich einen Wunsch verspürt, eine Bitte oder Frage, was mir aber sehr unfein vorkommt. Könnten Sie mir das Bild noch einmal mitbringen, damit ich mir eine Kopie davon machen kann? Ich hab' keine. Ich hab's Ihnen geschenkt. Dieses Zurückfordern finde ich eigentlich nicht recht. Es ist ein bißchen Trotz dabei. Es ist doch noch mein Bild.*

Die Patientin betont dies nochmals:

P.: *Es ist ein Stück Trotz mit drin: Es ist mein Bild. Es ist eine gewisse Stachelschweinigkeit da drin zu sagen: Wenn der Olle das Bild so benutzt, dann will ich wenigstens auch was davon haben.*

A.: *Wunderbar, hmhm. Damit wird es auch nicht mehr gegen Sie benützt. Sie erleben es so, daß ich es gegen Sie benützt habe, und nun ist es vielleicht so: Wenn Sie eine Kopie haben, dann können Sie's auch für sich benützen, und es ist nicht mehr so einseitig. Ich habe die Übergabe auch nicht als eine geschenkhafte Abtretung erlebt. Ich sehe es als ein Bild zwischen Ihnen und mir, nicht als meinen Besitz. Ich sehe es als Ihr Bild von sich und auch als ein Wunschbild von sich.*

P.: *Es ist beides drin enthalten, aber in dem Moment, in dem ich's Ihnen übergeben habe - es tut mir ja gut, wenn Sie's annehmen - war es als Geschenk gedacht* (nach längerer Pause). *Im Moment hab' ich nicht das Gefühl, als ob das Bild für mich ein Ideal sein könnte.*

A.: *Es ist ja auch im Moment das Gefühl so stark wirksam, daß Sie so wie Sie sind nicht gerngehabt werden, und es ist schlimm, wenn Bedingungen gestellt werden. Aber es ist keine Ablehnung, wenn Sie anders besser gefallen würden. Allerdings gehe auch ich davon aus, daß Ihnen die Schokoladenseite besser gefällt als der Asket, der Sie auch sind. Was Sie über sich selbst gesagt haben, bringe ich auch noch in eine Beziehung zu mir. Aber ich bin machtlos.*

P.: *Das stimmt ja nicht, daß Sie nichts machen können. Sie tun so, als ob alle Ihre Worte auf unfruchtbaren Boden fallen würden.*

A.: *Ja, ich kann nichts machen, es sei denn, daß Sie etwas annehmen. Und das hängt sicher auch davon ab, ob ich's Ihnen mundgerecht mache. Aber schon wenn ich's Ihnen zu mundgerecht mache, wird's schwierig. Das ist schon ein schwerer Kampf, wobei ich zugleich finde, daß Sie ein enorm fruchtbarer Boden sind, und Sie könnten noch fruchtbarer sein. Was wäre, wenn Sie etwas von der Macht aufgäben und dabei entdeckten, daß es nicht Machtverlust, sondern Machtgewinn anderer Art wäre? Denn daß in Ihrem Bild auch Macht steckt, in dem Dornröschen, das werden Sie sicher spüren. Freilich ist man dann auch empfindlicher und empfindsamer, Bedürfnisse zu haben und zu zeigen, die dann nicht gesehen, nicht erkannt werden, befriedigt werden. Das ist schlimm.*

Überlegung: In diesem Augenblick lasse ich die Patientin an meiner Gegenübertragung teilhaben (s. hierzu 3.4). Die Mitteilung einer durch das Verhalten eines Patienten ausgelösten Stimmung hat auch eine therapeutische Funktion, was an der Reaktion von Frau Clara X abgelesen werden kann. Insofern wirkt sich die Teilhabe des Patienten an der Gegenübertragung auch als therapeutischer Rettungsanker für beide aus: Ich weiß und spüre irgendwie, daß gerade das offene und ehrliche Bekenntnis von Machtlosigkeit im Patienten eine andere Seite mobilisiert. Auch Frau Clara X sucht im Grunde nicht den ohnmächtigen, kastrierten Mann, sonst bliebe sie ja selbst unfruchtbar. Das therapeutische Problem besteht darin, das *Fruchtbare* so mundgerecht zu machen, daß Wort und Tat nicht mit dem *Furchtbaren,* letztlich mit dem Tod, sondern mit Leben gleichgesetzt werden. Das destruktive Nein in ein konstruktives Ja zum Leben zu verwandeln, bedeutet, Triebhaftigkeit und damit auch Zeitlichkeit anzuerkennen. Nun gehört das Neinsagenkönnen zwar zur menschlichen Konstitution; kein Sterblicher ist aber als destruktiver Neinsager, als „Geist, der stets verneint", vom Himmel gefallen. Soviel also Philosophen und Theologen zur konstruktiven Bedeutung der Verneinung auch zu sagen haben, es bedarf mühevoller psychoanalytischer Untersuchungen, um die Entwicklung des pathologischen Negativismus verstehen und erklären zu können. In ihm hat die eigene Aggressivität eine selbstdestruktive Form gefunden. Zugleich wird verleugnet, daß das „Objekt" getroffen wird. So können Magersüchtige wie andere pathologische Neinsager die Todesgefahr verleugnen. Die Wahrnehmung der Gefahr ist in der Übertragung neu zu finden.

P. (nach langer Pause): *Das klingt in meinen Ohren einleuchtend. Aber ich kann es mir wirklich nicht vorstellen.*

A.: *Es ist schön, daß es erst einmal einleuchtend ist. In dem Augenblick ist ja zwischen Ihnen und mir kein Machtgefälle. Zwar hab' ich etwas aufgebracht, aber indem Sie es einleuchtend gefunden haben, haben Sie es sich auch angeeignet, haben es aufgenommen. Dann sind wir für einen Augenblick guter Dinge und einer Meinung. Natürlich kann man es gleich wieder runtersetzen. Man kann sagen, es gibt noch Schöneres.*

P.: *Daran habe ich gerade nicht gedacht. Es ist so ein schönes Gefühl, daß ich's gar nicht glaube. Es kann ja gar nicht wahr sein. Hinter der nächsten Ecke lauern 3 Abers und 5 Wenns und 5 weitere Bedingungen, die zwar im Moment nicht ausgesprochen werden, die aber da sind.*

Sie greift auf einen früheren Vergleich mit Stacheltieren zurück.

A.: *In dem Gefühl der Übereinstimmung war ein Stachel enthalten, so als ob ich nicht zufrieden wäre mit der Übereinstimmung selbst, daß ich gleich einen Erfolg haben möchte.*
P.: *Ich kann mir nicht vorstellen, daß Sie mit einer momentanen Übereinstimmung zufrieden sind.*
A.: *Ja, ich glaube, daß niemand damit ganz zufrieden ist. Auch Sie möchten mehr haben, wagen aber nicht, den Augenblicken größere Dauer zu geben. Ihre Unzufriedenheit kommt Ihnen dann von außen entgegen: Ich möchte mehr, nicht Sie.*
Kommentar: Der Analytiker bemüht sich zu sehr darum, eine Veränderung zu erreichen. Wie im Sprichwort hat diese Absicht eine verstimmende Wirkung. Frau Clara X kritisiert seine „pädagogischen" Ziele, die darauf hindeuten, daß er dem anderen Selbst der Patientin vermutlich doch nicht allzuviel zutraut. Sonst würde er ihr nicht so gut zureden - wenn auch durch die Blume. Auch das Bekennen der Machtlosigkeit wird offenbar noch mit der therapeutischen Absicht eingeführt, Frau Clara X zum Nachdenken über ihre Stärke zu motivieren und einen gewissen Verzicht zu erleichtern. Kurz: Ein Identitätswiderstand, der in 20 Jahren gewachsen ist, hat's in sich.

5 Traumdeutung

Vorbemerkungen

Die Bedeutung des Traumes in der psychoanalytischen Behandlungstechnik entspricht derjenigen von Übertragung und Gegenübertragung. Der Traumdeutung als „Via regia zum Unbewußten" begegnet der Leser dieses Buches auf Schritt und Tritt. Er hat den königlichen Weg zumindest als Träumer schon beschritten. Der Traum ist nicht mit dem Unbewußten gleichzusetzen, sondern im Sinne von Freuds Diktum die Via regia dorthin, die sich dann irgendwo in der Tiefe verliert. Durch die Traumdeutung ist es möglich, den unbewußten Phantasien nahezukommen. Die Interpretationen führen zu den latenten, zu den unbewußten Hintergründen des Traumes. Deshalb ist, genauer gesagt, nicht der Traum, sondern dessen Deutung die Via regia zum Unbewußten.

Die nachfolgend wiedergegebene Traumserie ist in einen Behandlungsprozeß eingebettet, der eine wesentliche Phase in der Lebens- und Krankheitsgeschichte eines Patienten bildet. Die Kenntnis des lebensgeschichtlichen Hintergrunds und des Krankheitsbilds mit seinen Auswirkungen auf das Selbstgefühl ist unerläßlich, um Traumdeutungen kritisch nachvollziehen zu können. Die diesbezüglichen Informationen und Diskussionen dienen mehreren Zwecken. Die neurotische und körperliche Erkrankung des Patienten drückt sich auch in der eigenen Darstellung seiner Träume aus. Es liegt deshalb nahe, an diesem Fall allgemeine Probleme der Psychoanalyse und der psychosomatischen Medizin, die über die Traumdeutung weit hinausgehen, zu diskutieren.

Eine Neurosenanalyse in Träumen ist der Titel einer Monographie, in der Rank (1924) eine Behandlung als reine Traumanalyse dargestellt hat. Bei der Deutung einer großen Zahl von Träumen während einer nach 150 Sitzungen erfolgreich abgeschlossenen Behandlung wird von ihm nicht zwischen den abstrakten Interpretationen und den einzelnen behandlungstechnischen Deutungen unterschieden. Diese typische Veröffentlichung der 20er Jahre erwähnen wir, weil sich im Vergleich damit der Fortschritt der Behandlungstechnik demonstrieren läßt. Wir halten es für wesentlich, den Leser mit den einzelnen Schritten der Deutungsarbeit im Dialog mit dem Patienten vertraut zu machen.

5.1 Selbstdarstellung im Traum

In Abschnitt 5.2 des Grundlagenbands wurde auf das verwickelte Verhältnis von Wort und Bild in Freuds Theorie aufmerksam gemacht. Dieses Verhältnis ist durch mehrere Transformationen gekennzeichnet, die einerseits zur Unterscheidung des latenten vom manifesten Trauminhalt geführt haben und andererseits mit der therapeutischen Übersetzungsaufgabe zusammenhängen, bei der Bilder in Worte und Gedanken übersetzt werden. Nur wenn man vom latenten Trauminhalt als dem der Traumarbeit zugrundeliegenden *Traumgedanken* ausgeht, wird die plastische Darstellung des manifesten Trauminhalts zu einem vergleichsweise oberflächlichen Ereignis der Traumentstehung. In diesem Sinne spricht Freud vom manifesten Trauminhalt als einer konkreten Verbildlichung, „die ihren *Ausgang* vom *Wortlaute* nimmt". Zugleich heißt es im widerspruchsvollen Kontext aber auch, daß wir beim Wort längst vergessen haben, „aus welchem konkreten *Bild* es hervorgegangen ist, und erkennen es darum in seiner Ersetzung durch das Bild nicht wieder" (Freud 1916/17, S. 119f.; Hervorhebungen von uns). Inzwischen hat Bucci (1985) unter Verwendung der „dual code theory" (Paivio 1971) die widerspruchsvolle und stark vom unhaltbar gewordenen ökonomischen Prinzip (s. Grundlagenband 1.3) abhängige „Zickzacktheorie" Freuds bezüglich des Verhältnisses von Wort und Bild ersetzt. Damit verschiebt sich die Unterscheidung zwischen dem manifesten Traumbild und dem latenten Traumgedanken in der *Traumentstehung* zugunsten von Stufen der *Traumdeutung.* Die bildhafte Darstellung erhält die Bedeutung zurück, die sie im *Symbol* auch in Freuds Theorie stets hatte. In Eriksons (1955) Konfigurationsanalyse des Traumes ist eine Deutungstechnik vorbereitet worden, die dem Primat der plastischen Darstellung schon weitgehend gerecht wurde.

Durch diese einleitenden Bemerkungen möchten wir den Leser darauf vorbereiten, daß die Selbstdarstellungen in der nachfolgenden Serie von Träumen Variationen des bedeutungsvollen Themas des *Körperbilds* sind (s. hierzu 9.2.1). Die Bilder, die wir von uns selbst haben und die sich unsere Umgebung von uns macht, beziehen sich nicht nur auf persönliche Eigenschaften und Verhaltensweisen oder auf den Charakter, sondern stets auch auf die leibliche Existenz. Selbst- und Fremdbilder umfassen wie die persönliche Identität das Körperbild, das keineswegs einschichtig ist, sondern - in sich spannungsreich - die erlebte Selbstsicherheit wesentlich mitbedingt. Über diese allgemeinen Gesichtspunkte hinaus bringt es die Art der Symptomatik des Patienten, aus dessen Behandlung wir eine Traumserie berichten, mit sich, daß das Körperbild in der Deutungspraxis eine besondere Rolle spielt.

Freud gab den behandlungstechnischen Ratschlag, das Ich des Träumers in der Person zu vermuten, die im Traum einem Affekt unterliege. Bei Patienten, die schon in ihrem bewußten Erleben unter eingebildeten körperlichen Defekten leiden, ist es wahrscheinlich, daß diese in szenischer Abfolge und damit auch bezüglich ihres Entstehungszusammenhangs auf mehrere Personen verteilt sind. Doch bevor wir uns mit Hilfe des Traumes auf den „königlichen Weg zum Unbewußten" begeben und zu den Inszenierungen und Problemlösungen des träumenden Ich gelangen können, ist es zweckmäßig, von den allgemeinen und speziellen Problemen auszugehen, die dieser Patient als typischer Fall aufwirft.

5.1.1 Dysmorphophobie und Torticollis spasticus

Herr Erich Y leidet seit der Adoleszenz, also seit etwa 25 Jahren, an einer Dysmorphophobie. Etwa 3 Jahre vor Behandlungsbeginn trat ein *Torticollis spasticus* hinzu, der gelegentlich auch mit dem gleichbedeutenden Adjektiv *spasmodicus* beschrieben wird. Dieser *Schiefhals* verunsicherte den Patienten so sehr, daß eine depressive Verstimmung ausgelöst wurde.

Die Definition der Dysmorphophobie entnehmen wir der Monographie zur Angst von Strian:

> Die „Dysmorphophobie“ ist die unbegründete Befürchtung einer umschriebenen körperlichen Deformität. Die phobischen Vorstellungen beziehen sich auf Körperpartien, denen besondere ästhetische oder kommunikative Funktion zugemessen wird. ... Die Befürchtungen eines unästhetischen, häßlichen oder abschreckenden Aussehens sind fast ausschließlich auf umschriebene Körperpartien und nur ausnahmsweise auf die Gesamterscheinung gerichtet. Am häufigsten beziehen sich die Befürchtungen auf Gesichtspartien oder geschlechtsspezifische Merkmale (1983, S. 197, 198).

Der „Mißgestaltsfurcht“ wird von Küchenhoff (1984) nach Darstellung der Begriffsgeschichte ein eigenständiger Platz in der psychiatrischen Terminologie und Nosologie zwischen hypochondrischen Syndromen und dem „Beachtungswahn“ zugewiesen. Küchenhoffs Literaturübersicht ist zu entnehmen, daß frühe psychoanalytische Fallberichte von dysmorphophoben Patienten handeln, ohne sie so zu nennen (z. B. Freuds Wolfsmann).

In der psychoanalytischen Literatur wurde die Psychodynamik des Körperbilds in der Beziehung zur Triebentwicklung viel zu einseitig betrachtet, um der Vielfalt der eingebildeten Defekte oder Deformitäten genetisch und therapeutisch gerechtwerden zu können. Die frühere Reduzierung auf den Kastrationskomplex ist durch die Betonung des Narzißmus ersetzt worden. Schließlich wird der Symptomatik eine Schutzfunktion gegen psychotische Desintegration zugeschrieben, ähnlich wie bei chronischer Hypochondrie (Philippopoulos 1979; Rosenfeld 1981). Wir glauben, daß eine interaktionelle Betrachtung der Entstehung des Körperbilds viele der bisherigen Rätsel aufklären kann.

Nach unserer Erfahrung gewinnt die Dysmorphophobie an Bedeutung, weil nicht wenige Patienten, die den plastischen Chirurgen z. B. wegen einer Rhinoplastik oder Mammaplastik aufsuchen, sich eine Deformität einbilden. Ihre Meinung über ihr vermeintliches unästhetisches Aussehen bleibt auch nach einer eventuellen Operation entsprechend wenig verändert (Mester 1982).

Oft tritt die Angstkomponente bei der Vorstellung, eine partielle „Mißgestalt“ zu haben, im Laufe der Zeit gegenüber einer angstarmen hypochondrischen oder zwanghaften Beschäftigung mit dem Mangel und seiner Korrektur zurück. Nach verspäteter Rezeption des Werkes von Schilder wird die Theorie des Körperbilds seit Fisher u. Clevelands Veröffentlichung (1968) mit Gewinn auf das Verständnis und die Therapie der Dysmorphophobie angewandt. Selbstverständlich tragen auch die Identitäts- und Selbsttheorien Eriksons und Kohuts zum Verständnis jener Verunsicherung bei, die für diese Kranken wie für viele andere eine zentrale Stelle einnimmt (Cheshire u. Thomä 1987). Freilich steht bei diesen Theorien der Körper nicht so im Mittelpunkt wie beim „Körperbild“, dessen interaktionelle Entstehung Schilder (1933) so glänzend beschrieben hat (s. 9.2.1).

Herr Erich Y litt seit der Pubertät an einer erheblichen Dysmorphophobie, also an der unbegründeten, eher hypochondrisch als phobisch verarbeiteten Vorstellung, ein fliehendes Kinn, eine krumme Nase und überhaupt einen mißgebildeten Kopf zu haben. Durch zwanghafte Haarpflege und andere Maßnahmen wie Vorschieben des Kinns versuchte er, die vermeintlichen Mängel auszugleichen. Seine Selbstsicherheit war mit entsprechenden Folgen für seine Kontaktfähigkeit zumal deshalb eingeschränkt, weil er zusätzlich unter der Vorstellung litt, sein Glied sei zu klein. Diese Vorstellung wird in der Reihenfolge der Symptome nur deshalb an letzter Stelle genannt, weil dieser Patient wie die meisten seiner Leidensgenossen davon zunächst nicht sprach, was nicht nur auf die für Phobien typische Verschiebung auf andere (Körper)teile zurückzuführen ist. Vielmehr ist die Schamangst oft so groß, daß Patienten erst im Laufe einer Therapie auf den vorbewußten Ausgangspunkt ihrer vermeintlichen Defekte kommen.

Es liegt auf der Hand, daß das labile Selbstgefühl von Herrn Erich Y schwer erschüttert wurde, als ein Symptom hinzukam, das er sich keineswegs nur einbildete: ein typischer *Torticollis* mit Kopfdrehung nach rechts. Seiner Erinnerung nach trat es erstmals bei einer Meditationsübung auf, also in einer Situation, in der er Entspannung suchte. Er gab der Erkrankung sogleich einen Sinn und sah einen Zusammenhang mit einer Krise in seiner Ehe. Vor allem beobachtete er, daß die automatische Kopfbewegung bevorzugt dann auftrat oder sich verstärkte, wenn er angeschaut wurde oder sich in irgendeiner Weise präsentieren sollte. Eine ohnehin vorhandene Beschämungsangst nahm einen erheblichen Umfang an. Deshalb stand Herr Erich Y unter einem starken Leidensdruck, und die depressive Reaktion auf das Symptom, also die Art der Bewältigung, vergrößerte das Leiden.

Etwa 2 Jahre nach Abschluß einer erfolgreichen Psychoanalyse wurde der Patient während einer neuerlichen Ehekrise impotent. In diesem Zusammenhang kam es zu einem Rezidiv der Schiefhalssymptomatik und zur Wiederaufnahme einer niederfrequenten Analyse mit Behebung der seelisch bedingten Impotenz und wesentlicher Besserung der Schiefhalsbeschwerden. Um deutlich zu machen, daß die Ursache des Torticollis auf einer anderen Ebene liegt als die der Dysmorphophobie, geben wir nun eine kurze Beschreibung dieses Krankheitsbilds.

Beim *Torticollis* handelt es sich um eine abnorme, willentlich nicht unterdrückbare Kopfdrehung oder -neigung, häufig tremorartig überlagert, die auf eine vorwiegend einseitige spontane Daueraktivität der Kopfwende- und Nackenmuskeln zurückzuführen ist. Die langsam einsetzenden und nur nach vielen Sekunden träge wieder erschlaffenden Tonussteigerungen der einzelnen Muskeln, die zähflüssig ablaufenden Bewegungen wie auch die Stereotypie in Ablauf und Lokalisation sind als dystone Hyperkinesien im Rahmen einer extrapyramidalen Erkrankung aufzufassen. Diese Bewegungen werden weder reflektorisch durch passive Dehnung ausgelöst noch handelt es sich um eine Tonuserhöhung im Sinne einer Spastik bei einer zentralmotorischen Störung.

Willküranspannung der antagonistisch wirkenden Muskeln oder auch passiver Gegendruck durch einen Außenstehenden oder den Patienten selbst können die dystone Bewegung des Torticollis nicht unterdrücken. Im Schlaf und unter Narkose läßt sie nach. Vorwiegend durch Bewegungsintentionen, aber auch durch *affektive Erregung*, Zuwendung der *Aufmerksamkeit* und durch *Exposition* in der Öffentlichkeit verstärkt sich das Symptom. Mit bestimmten Hilfsgriffen, bei denen keine Kraft gebraucht wird, sondern z. B. nur eine Fingerspitze leicht an die kontralaterale Wange oder Gesichtsseite gelegt wird, kann die abnorme Bewegung abgeschwächt oder unterdrückt werden (Magneteffekt).

Die Abhängigkeit der *Aktualgenese* des Symptoms von Umwelteinflüssen ist eine gesicherte klinische Beobachtung, die besonders eindrucksvoll von Bräutigam (1956) beschrieben wurde. In der Einsamkeit der Natur sind viele Patienten symptomfrei. Die unwillkürliche Kopfdrehung tritt bevorzugt dann auf, wenn beunruhigende Blickkontakte aufgenommen werden.

Wesentlich ist nun, welchen Stellenwert man diesen Auslösungen zuschreibt, wobei zwischen der Zuschreibung durch den Patienten und der Interpretation des Fachmanns aufgrund von Befunden zu unterscheiden ist. Daß Personen, die an einem so auffälligen Symptom leiden, verunsichert werden und sich beim Beobachtetwerden der Kopf erst recht und mit äußerster Kraft dreht und neigt und auch ein leichtes Zittern auftreten kann, ist erwiesen. Es bilden sich Erwartungsängste aus, die das Auftreten des Symptoms in die Wege leiten. Aus ärztlicher Sicht kann diese Teilursache verschieden interpretiert werden. Unseres Erachtens sind schwerwiegende Mißverständnisse in der Diskussion *psychogen* versus *somatogen* v. a. dadurch entstanden, daß man wegen der Umweltabhängigkeit dieser und anderer körperlicher Erkrankungen den Torticollis als „hysterisch" fehldiagnostiziert hat. Darauf hat Bräutigam aufmerksam gemacht: „Die Abhängigkeit von den situativen Bedingungen ist sicher einer der wesentlichen Gründe für die lange Verkennung extrapyramidaler Symptome als hysterische" (1956, S. 97).

Es war von vornherein verfehlt, *psychogene* Anteile an der Symptomentstehung und am Krankheitsverlauf auf das Modell der Entstehung *hysterischer* Symptome einzuschränken. Bei extrapyramidalen Bewegungsstörungen, die hirnorganisch determiniert sind, muß man wie bei anderen körperlichen Erkrankungen bezüglich des psychogenen Anteils zunächst mit der Feststellung von Korrelationen beginnen (Alexander 1935; Fahrenberg 1979; Meyer 1987). Zusammenfassend ist zu sagen, daß das Auftreten der Schiefhalsbewegung im Zusammenhang mit Belastungen nicht den Schluß erlaubt, daß hier eine Ausdrucksbewegung vorliegt, sei es im Sinne einer Gemütsbewegung oder einer sinnvollen Leistung.

Die Hypothesen über den psychogenen Anteil an Ätiologie und Pathogenese müssen mit den körperlichen Befunden zu vereinbaren sein, um aus dem entweder-oder, aus der Dichotomie somatogen-psychogen herauszukommen. Dann kann, so glauben wir, auch der Neurologe der großen Bedeutung der *seelischen* Disposition der auf Umwelteinflüsse, also auf situative Auslöser reagierenden Kranken gerecht werden.

Der Analytiker kann seine behandlungstechnischen Mittel überall dort einsetzen, wo durch einen Circulus vitiosus bestimmte Reaktionsbereitschaften – beispielsweise eine übergroße Beschämungsangst – verstärkt in Erscheinung treten. Denn hier besteht eine Änderungschance, weil Reaktionsweisen nicht absolut festgelegt sind. Schon in den ersten diagnostischen Gesprächen hängt viel davon ab, ob es gelingt, die vorhin beispielhaft beschriebenen Einflüsse des Erlebens auf die Verlaufsgestalt des Symptoms mit dem Patienten zusammen zu entdecken bzw. dessen Beobachtungen zum Ausgangspunkt gemeinsamen Nachdenkens zu machen. In abgekürzter Fachterminologie ausgedrückt könnte man die vielleicht etwas gewagte Aussage machen, daß bei keinem Mann der Ödipuskomplex jemals ganz untergeht, er „schwindet“ nur und „erfordert immer wieder ... irgendwelche Arten der Meisterung im Laufe des Lebens“ (Loewald 1980, S.39). Viele klinische und experimentelle Befunde, die Greenberg u. Fisher (1983) gesichtet haben, sprechen dafür, daß Männer bezüglich ihrer körperlichen Integrität unsicherer sind als Frauen. Verjährte Ängste und überwundene Unsicherheiten können anläßlich neuer Belastungen aktualisiert und beim Auftreten körperlicher Erkrankungen durch realistische Befürchtungen verstärkt werden, so daß die Krankheitsbewältigung erschwert wird. Dieser prinzipielle Gesichtspunkt gilt gleichermaßen für Frauen und Männer, so unterschiedlich auch die körperbezogenen Ängste zwischen den Geschlechtern sein mögen. Es liegt allerdings auf der Hand, daß die unbegründete Befürchtung, eine körperliche Deformität zu haben, bei Frauen einen anderen bewußten und unbewußten Hintergrund hat als bei Männern. Die Entstehung eingebildeter Defekte des Selbstbilds im umfassenden Sinn des Wortes folgt der Typologie psychosozialer Entwicklungsphasen. Alle Faktoren, die eine Unsicherheit des Identitätsgefühls verursachen, können sich auch auf das Körperbild auswirken. Warum die beklagten Mängel in einem Fall auf der Ebene des Selbstbewußtseins bleiben und im anderen Fall das körperliche Aussehen betreffen, lassen wir als schwierige Frage hier auf sich beruhen.

5.2 Eine Traumserie

Selbstdarstellungen im Traum eröffnen u.a. deshalb eine Tiefendimension, weil die „Traumsprache“ szenischen Charakter hat. Deformierungen des Körperbilds treten im interaktionellen Kontext auf. Im Vergleich mit der Traumsprache sind die Beschreibungen der eingebildeten Mißgestalt, so bunt die hypochondrischen Klagen auch sein mögen, eindimensional. Der als defekt erlebte Körper - beispielsweise das kleine Kinn, die krumme Nase, der deformierte Hinterkopf, die zu enge Scheide, das beschädigte Herz - und die davon abhängige Minderung des Selbstgefühls werden beschrieben, ohne daß die Entstehungsprozesse dieser oft abstrusen Körperbildvorstellungen sichtbar oder für den Patienten selbst erlebbar werden. Hingegen weisen Selbstdarstellungen im Traum latente Dimensionen auf, von denen sich im bewußten Erleben und in der Symptombeschreibung nur noch das fixierte eingebildete Endprodukt manifestiert. Der szenische Kontext des Traumes erlaubt also Einblicke in die Entstehung und in den Sinn von Beschädigungen, die sich im bewußten Erleben als psychopathologische Phänomene darstellen, als „beschädigtes Körperbild“, wie wir abgekürzt sagen.

Die Lektüre der nachfolgenden Traumserie ermöglicht einen Einblick in die Deutungsarbeit des behandelnden Analytikers. Der Analytiker gab Anmerkungen zu seinem Fühlen und Denken entweder unmittelbar nach der Sitzung oder bald danach aufgrund der Lektüre des Transkripts ab.

5.2.1 Traum von der Injektion (37. Sitzung)

Herr Erich Y erzählt zu Beginn der 37. Sitzung erfreut über die Entdeckung von Gemeinsamkeiten zwischen ihm und seinem Chef, mit dem er früher – „verblendet durch unseren Ehrgeiz“ – viele Auseinandersetzungen hatte. Spontan und ohne ersichtlichen Übergang berichtet der Patient über einen Traum der letzten Nacht: „Ich war in einem Krankenhaus bei einem jüngeren Arzt. Ich habe über meine Krankheit berichtet, und er hat mir Hoffnung gemacht. Er wüßte ein Mittel dagegen. Er machte Versuche, indem er mir Spritzen in den Rücken gab, und während er mir die Spritzen gab – das hat sehr lange gedauert –, da bin ich vor ihm zurückgewichen, weil es weh getan hat.“

Herr Erich Y kommt in vager Weise auf wohltuende Erlebnisse, vielleicht auch mit seiner Frau, zu sprechen. Am Vortage ist ihm Gutes in der Familie widerfahren. Es ist ihm deutlich geworden, wie wichtig die gegenseitige Bestätigung ist. Dem längeren Bericht folgt eine Pause, die ich mit dem Hinweis unterbreche, daß der Patient im Traum etwas Gutes erhalten habe, daß ihm aber auch ein Schmerz zugefügt wurde. Die Ambivalenz des Patienten gegenüber der Therapie wird thematisiert. Vor einigen Sitzungen war der Patient ziemlich ratlos, was er neugierigen Fragern antworten könne, die sich danach erkundigen, was er in der Analyse denn bekomme. Die Erfahrung, häufiger keine konkrete Hilfestellung von mir zu erhalten, könnte dazu geführt haben, daß der Patient sich im Traum an einen jungen Arzt wandte, der, wie ich einflechte, ein besonders gutes Mittel wußte.

P.: *Ja, es hat sehr lange gedauert.*
A.: *Was Ihnen da eingeflößt wurde.*
P.: *Ja, da bin ich unruhig geworden. Ich wollte das schon hinter mir haben.*
A.: *Hm.*
P.: *Es hat mir zu lange gedauert. Und dann kam gleich wieder dieser Gedanke auf, ob das Mittel schon wirkt.*
A.: *Ja.*
P.: *Während er mich noch gespritzt hat, habe ich schon versucht, wieder den Kopf zu bewegen.*
A.: *Hmhm.*
P.: *Also hat's gleich angesprochen.*
A.: *Ja, und da kommt wohl die Behandlungssituation ins Spiel mit der sorgenvollen Erwartung: Ja, hilft's? Es dauert hier ziemlich lange.*

Überlegung: Die Erwartung nach rascher Hilfe wird enttäuscht; zugleich bemüht sich der Patient um Geduld, sucht aber eine konkrete und unmittelbar auf das Symptom bezogene Hilfe, die in ihrem unbewußten Deutungsgehalt ebenfalls körperbezogen sein könnte.

P.: *Hmhm.*
A.: *Ich sitze hinter Ihnen. Im Traum wird ja an Ihnen etwas gemacht, nicht? Hinten.*
P.: *Hmhm.* (lange Pause)

Der Patient prägt das Bild eines Granitfelsens, an dem er selbst oder jemand anderes herummeißelt. Im Kontrast dazu stehen schwache Eindrücke, die an ihm vorbeiziehen, ohne daß er sie beschreiben kann. Auf mich wirkt der Patient etwas unglücklich, und der entsprechende Hinweis wird von ihm bestätigt. In der Mitteilung des Patienten, daß er nichts festhalten kann und daß er sich vorkommt wie vor einer Drehscheibe, sehe ich den Ausdruck eines Widerstands. Daraufhin kommt der Patient auf den Traum zurück und nennt einige Stichwörter: das plötzliche Aufhören, das Weggehen, das er dann zusammenfaßt.

P.: *Das wechselt heute wieder so sehr. Lauter schwache Eindrücke.*

A.: *Sie sagen das etwas unglücklich. Als würden Sie zuviel wechseln, oder? Da gibt es irgendeine Stelle, wo Sie das Gefühl hatten, daß Sie da nicht so gerne weitergedacht oder phantasiert hätten, z.B. als ich drauf hinwies, daß Sie hier mehr suchen. Im Traum wird Ihnen ein besonders gutes Mittel eingeflößt. Das ging sehr lange, und da hatten Sie das Gefühl, daß Sie sich nicht gerne weiter damit befassen wollen.*

P.: *Da kommt mir jetzt der Gedanke, auch wieder im Zusammenhang mit der Ungeduld und eventuell mit dem Traum: lange genug dabeizubleiben, nicht frühzeitig aufzugeben, so daß dann nachher eine halbe Sache zurückbleibt.*

Überlegung: Die Enttäuschung löst Unzufriedenheit aus, die aber eher unterdrückt wird. Dieses Thema wird in den nächsten Deutungen aufgegriffen.

A.: *Hmhm. Ja, das ist dann eine Seite, die Enttäuschung, aber der Wunsch ist ja da, der Wunsch, der dahintersteht, ist ja, möglichst schnell möglichst viel zu kriegen, nicht?*

P.: *Ja, ja, ja, ja.*

A.: *Im Traum ist dies vermutlich einer der Wünsche, die Sie haben.*

P.: *Richtig.*

A.: *Und möglichst schnell möglichst viel und etwas ganz besonders Gutes ...*

P.: *Hmhm.*

A.: *... in sich aufnehmen zu können.*

P.: *Wirksam.* (kurze Pause)

A.: *Es ist ein junger Arzt, der Ihnen da etwas gibt und Ihnen einflößt, jünger als ich.*

P.: *Ja, es scheint so.*

A.: *Hm.*

Kommentar: Der Patient greift das übertragungsrelevante Angebot nicht auf, was der Analytiker schweigend zur Kenntnis nimmt.

P.: *Dieses Ungeduldige, das trifft zu, daß ich ungeduldig werde. Es muß sich schnell etwas zeigen. Es muß etwas Wirksames vorhanden sein, etwas Greifbares. Ja, und wenn das nicht der Fall ist, dann werde ich ungeduldig und möchte schon am liebsten das Ganze wieder hinwerfen. Wenn ich das alles richtig abschließe, dann hab' ich viel mehr davon.*

A.: *Dann ist es so, daß Sie sich hier fast Gewalt antun, indem Sie sich in Geduld fassen, nicht? Sie unterdrücken ein natürliches Streben und bemühen sich, ja nicht ungeduldig zu sein.*

Kommentar: Indem hervorgehoben wird, daß die Ungeduld etwas Natürliches ist, wird der Patient entlastet und ermutigt, die in der Ungeduld verpackte, viel stärkere Aggressivität bewußter zu erleben.

P.: *Ja, ja, ja. Ich möchte das aber nicht wahrhaben.*

A.: *Hmhm, hmhm, hm.*

P.: *Also, wenn ich da dran denke, dann kommt mir das Gefühl ...*

A.: *Hmhm.*

P.: *... hoffentlich werde ich nicht von Ihnen fallengelassen.*

A.: *Hmhm. Ja, vielleicht bemühen Sie sich wegen dieser Sorge sehr, ja nicht ungeduldig zu sein, so als würden Sie, wenn Sie mal Ungeduld zeigen, fallengelassen.*

Kommentar: Eine typische Formulierung im Sinne einer indirekten Ermutigung: Sie werden nicht fallengelassen, wenn Sie ungeduldig werden. Erst die spätere unmißverständliche Zusicherung ermöglichte dem Patienten, stärker aus sich herauszugehen. Wir möchten diesen Ablauf dahingehend kommentieren, daß konjunktivische Als-ob-Formulierungen häufig keine ausreichende Sicherheit bei der Entfaltung der Übertragung erreichen. Diesem häufigen Deutungstyp liegt die Annahme zugrunde, der Patient wisse schon, daß seine Angst unberechtigt sei. Durch diese grammatikalische Form wird einerseits eine Offenheit hergestellt, die zum Nachdenken anregt. Auf der anderen Seite wird der Patient auch im unklaren gelassen. Durch Zusicherungen können unbewußte Erwartungen nicht außer Kraft gesetzt werden. So zutreffend diese Beobachtungen auch sind, so sollte doch nicht übersehen werden, daß durch stereotype Als-ob-Deutungen die Selbstsicherheit untergraben werden kann. Wir haben den Eindruck, daß diese Deutungsstereotypien sich häufig bei ungünstigen Behandlungsverläufen finden.

P.: *Öfters hatte ich schon den Gedankengang, dies dürfte meine Chance sein, die ich wahrscheinlich nie mehr in meinem Leben haben werde, so etwas wahrzunehmen, und danach habe ich das Gefühl, noch mehr draus zu machen, noch mehr …*

A.: *Hmhm.*

P.: *… herauszunehmen und zu schöpfen.*

A.: *Hmhm. Ja, und vielleicht hat der Traum auch einen Bezug dazu, daß Sie gerade heute möglichst viel mitnehmen möchten, weil eine Unterbrechung bevorsteht.*

Kommentar: Der Bezug zu den möglichen situativen Auslösern des Traums wird hergestellt: Unterbrechung und Entfernung.

P.: *Hmhm, kann sein, ja.*

A.: *Um möglichst noch viel aufnehmen zu können.*

P.: *Hmhm.*

A.: *Das Entfernungsthema ist ja auch da, im Blick auf die heutige Stunde wegen der Unterbrechung.*

P.: *Hmhm.*

A.: *Allerdings bewegen Sie sich weg, von der Spritze weg.*

P.: *Hmhm.*

A.: *Vielleicht ist in einer sinnbildlichen Weise auch ein kleiner Schmerz, ein Schmerz dargestellt, ja, es tut auch irgendwo weh, daß jetzt eine Unterbrechung, eine Distanz da ist.* (kurze Pause)

P.: *Ja, ich komme auf einen Gedankengang. Meine Frau hat schon ein paar Mal erwähnt: Was machst du, wenn du nicht mehr zu deinem Arzt gehen kannst, wenn du wieder alleine dastehst?*

Überlegung: Eine Bestätigung der in den Deutungen enthaltenen Annahmen?

A.: *Hmhm, hmhm.*

P. (atmet tief durch): *Und ich habe gesagt, ich habe mir eigentlich noch keine Gedanken darüber gemacht und möchte es auch nicht.*

A.: *Ja, ja, erst einmal sind Sie ja noch da, und ich auch.*

P.: *Ja.*

A.: *Ja, hmm, hm.* (längere Pause)

P.: *Ich fühle mich auf einmal so geborgen und denke da an Marionettenpuppen, die laufengelassen werden, aber die gebunden sind, also nicht frei sind. Ich habe schon einen Spielraum, aber es steht jemand – es ist jemand da, der mich führt.*

Überlegung: Mein beruhigender Hinweis, „erst einmal sind Sie ja noch da, und ich auch", hat eine aufschlußreiche Phantasie ermöglicht und eine Regression eingeleitet. Nun geht es vielleicht nicht mehr darum, durch die Spritze ein Mittel (welches?) zu erhalten, sondern an die väterliche (oder mütterliche) Hand genommen zu werden.

P.: *Ich frage mich gerade innerlich, ja Spielraum, Spielraum, und - ohne überheblich zu sein - daß ich eigentlich alles wagen kann, alles tun kann, weil ich weiß, da ist jemand.* (sehr lange Pause) *Mir kommt immer wieder dieser Traum von heute nacht in den Sinn, der Arzt steht da, und ich bewege mich.*

A.: *Hmhm, hmhm.*

P.: *Ich bin in einem gewissen Umkreis und taste überall rum.*

A.: *Hmhm, hmhm.*

P.: *Und da kommt dieses und jenes.*

A.: *Hmhm.*

P.: *Und er steht da und beobachtet, beobachtet mich* (atmet tief durch).

A.: *Vorhin hatten Sie Gedanken an Puppen, die sich bewegen, ja an die Hand genommen und bewegt werden, also nicht nur beobachtet werden.*

P.: *Hmhm.*

A.: *Daß Sie tasten können und sich bewegen können und drehen und wenden können, nicht?*

P.: *Ja, ja.*

A.: *Hmhm. Ja.*

P.: *Auf einmal habe ich eine Hilfe. Ich habe jemanden, der da ist. Aus meiner Unsicherheit heraus wußte ich gar nicht, ist es richtig, oder ist es falsch.* (lange Pause)

A.: *Ja, ich muß Schluß machen für heute. Dann geht es also weiter am Montag, den 25.*

P.: *Herr Doktor, ich wünsche Ihnen eine schöne Zeit.*

A.: *Danke. Ich wünsche Ihnen auch eine gute Zeit. Wiedersehen.*

P.: *Wiedersehen.*

Rückblick (sofort nach der Sitzung diktiert): Es fällt mir schwer, diese inhaltsreiche Stunde nach Hauptthemen zusammenzufassen. Ein gefühlvoller Abschied in den letzten Minuten. Auch von meiner Seite spüre ich eine besonders enge Beziehung zu dem Patienten als Antwort auf seine harmoniesuchenden Bestrebungen. Ich denke an das Marionettentheater, das mich immer sehr beeindruckt hat, das Kleistsche Marionettentheater, dann an eine Mutter, die ihr Kind an die Hand nimmt. In den letzten Minuten gebe ich eine Deutung, um die Beobachtungsdistanz, die der Patient benannt hat, zu verringern und um das Gefühl auszugleichen, als würde er alleingelassen und nur von außen beobachtet. Diese Stimmung ist im Zusammenhang mit dem Traum zu sehen, der den Mittelpunkt der Stunde ausmacht und den der Patient früh berichtet hat. Ich habe den Eindruck, daß er einen Widerstand hatte, dort weiterzumachen, wo er mehr von mir möchte. Er meinte, er würde zuviel Verschiedenes aufgreifen, was ich auch glaube (aus Widerstand gegen passiv-rezeptive, homosexuelle Übertragungswünsche?). Wichtig ist seine Sorge, daß er zurückgewiesen wird, wenn er ungeduldig fordert, weshalb er sich sehr zur Geduld zwingt. Ich denke an seine oralen und anderen Wünsche, möglichst schnell möglichst viel zu erhalten, und dann an seine Angst, daß er zu kurz kommt, weil er wegen solcher Forderungen vermutlich öfter zurückgewiesen wurde. Ich formuliere seine Angst. Das 3. Thema ist die Unterbrechung. Tatsächlich bringt er auf meine Anregung hin, daß er in der letzten Stunde auch möglichst viel mitnehmen möchte, Bemerkungen seiner Frau: Was machst du einmal, wenn du nicht mehr zum Arzt kannst? Ich bestätige die Kontinuität, indem ich ihm versichere, daß er nicht abgewiesen wird, wenn er ungeduldig wird.

5.2.2 *Traum vom Kran (85. Sitzung)*

Herr Erich Y eröffnet die Stunde mit dem Bericht eines Traumes, der ihn offenbar besonders beeindruckt hat und den er mit kleinen Pausen erzählt:

Bei der Montage eines Kranes war ein Nachbar beteiligt, mit dem es gelegentlich Spannungen gab und der viel redet. Der Patient fügt sofort hinzu, daß er den Nachbarn nicht abwerten will. Dann verspricht er sich, indem er statt von „Traum" von „Kampf" spricht. Herr Erich Y war im Traum interessierter Beobachter ohne Funktion. Zur Montage fehlte ein wichtiger Teil, der Ausleger.
P.: *Ich habe mich richtig festgekeilt im Traum; wie könnte der Ausleger aussehen, wie paßt er da rein? Meine Gedankengänge habe ich nicht mehr weggebracht von diesem fehlenden Teil, wie das wohl in der Konstruktion, in der Beschaffenheit aussieht. Mir kam es so vor, als wenn das die ganze Nacht über gegangen ist. Meine Gedankengänge konzentrierten sich darauf, die Vollendung des Krans zu suchen. Ich weiß heute morgen nicht, was die Bedeutung sein könnte, ich sehe keinen großen Sinn.*

Der Patient hat keine Einfälle. Um die Deutungsarbeit in Gang zu bringen, erinnere ich – an den Kastrationskomplex denkend – daran, daß er verzweifelt nach dem fehlenden Teil gesucht hat. Der Patient wiederholt, daß es ihn bis zum Morgen gequält hat: „Warum und weshalb fehlt da etwas?" In der nun folgenden Beschreibung seiner Stimmung fällt ein Stichwort, das die später auftauchenden Erinnerungen an die Traumata bei Kriegsende ankündigt.
P.: *Das Schlimme ist, daß ich so gefesselt bin, als wenn ich irgendwo drinstecke, als wenn ich gefangen wäre. Ich komme nicht mehr raus, es gibt kein Ausweichen. Als Techniker müßte ich dieses Problem doch lösen können. Ich müßte doch die Fähigkeit dazu haben.*

Auf Fragen zum fehlenden Teil beschreibt der Patient die genaue Form und Funktion des Auslegers am Kran. Der Ausleger sei ein wichtiges Verbindungsglied, ohne den das Ganze nicht funktioniere. Er empört sich über die Gleichgültigkeit des Montagepersonals, zugleich irritiert es ihn, daß er sich ärgert, obwohl er doch bloß als Beobachter dabei sei. Er steigere sich hinein, und das zuständige Personal bleibe gleichgültig.
Überlegung: Sein Affekt ist ein deutliches Anzeichen dafür, daß er keineswegs nur der Beobachter, sondern in hohem Maße der Betroffene ist, wie ich selbst auch! Die Erzählung des Patienten hat mich an eigenes verzweifeltes Suchen nach verlegten Gegenständen und an übertriebene Verlustängste erinnert.
A.: *Sie sind nicht nur der Beobachter, Sie sind offenbar deshalb so betroffen, weil Ihnen etwas fehlen könnte. Dann wird auch der intensive Versuch verständlich, mit allen Mitteln das fehlende Teil zu finden.*
P.: *Dann stehe ich aber nicht mehr neben der Sache.*
Überlegung: Er hat sich das Ideal gebildet, neben der Sache zu stehen. Deshalb

weise ich auf den Zusammenhang zwischen Betroffensein und Beunruhigung sowie der Reaktionsbildung der Distanzierung hin.

Nochmals betont Herr Erich Y, wie ärgerlich es sei, von diesem eng begrenzten Gebiet, das keine Ausweichmöglichkeit gestatte, nicht wegzukommen. Nach einer kleinen Pause erwähnt er, daß es ihm manchmal gutgeht. Diese Feststellung helfe ihm aber nicht weiter.

Dann bringt er überraschend Kindheitserinnerungen aus dem 4. oder 5. Lebensjahr: „Gefangene wurden durch das Dorf getrieben, erst die Russen durch die Deutschen, dann die Deutschen durch die Russen." Elend und Hilflosigkeit beleben sich in seiner Erinnerung. Tieffliegerangriffe auf den Bauernhof erscheinen am gegenwärtigen Gedankenhorizont. Noch ohne Angst, fasziniert und neugierig, verließen die Kinder den sicheren Keller. Unter Beschuß brach eine Panik aus; die Tiere rissen sich los und wurden verwundet.

Ich thematisiere „Verletzung" und „Verlust", wobei ich absichtlich zunächst seine lebenslange Bemühung hervorhebe, den Verlust von Hab und Gut auszugleichen. Diese Bestätigung der erfolgreichen Wiederherstellung des verlorengegangenen Besitzes wird das Trauma beim Wiedererleben mildern und seine Bewältigung erleichtern.

Dann beschreibt der Patient Szenen der Angst. Angst vor den Russen und Angst um die Mutter. Er stellt eine Beziehung her zu seinem späteren Konflikt im Dreieck von Mutter, Frau und ihm selbst.

P.: *Ich kann mich doch nicht so für meine Frau entscheiden, wie sie es will. Ich kann doch meine Mutter nicht beschimpfen, die Zusammengehörigkeit mit der Mutter ist doch vorhanden.*

Seine Frau habe schon als Kleinkind ihre Mutter verloren. Sie erwarte vielleicht deshalb von ihm, daß er ihr ganz gehöre. Er klagt nun über den Verlust seines Vaters.

P.: *Warum mußten wir ausgerechnet den Vater verlieren, mit ihm hätten wir doch mehr Sicherheit gehabt.*

Der Großvater ist mit großer Güte eingesprungen. Seine Wertvorstellungen haben das Über-Ich des Patienten wesentlich geformt.

Wir betrachten nun, durch mich initiiert, die Funktion des Vaters, der die Verbindung zur Welt hätte erleichtern können. Ich bleibe bei der allgemeinen Bedeutung des Verlusts und versuche, dem Patienten die Selbstdarstellung im Kran näherzubringen, indem ich das „Hinausragen des Kranes in die Landschaft" als Wunsch darstelle, die vielen Erniedrigungen, die er mit Mutter und Geschwistern auf der Flucht erleben mußte, zu kompensieren. Diese leidvollen Erfahrungen bilden den Inhalt seiner weiteren Einfälle. „Wir wurden wie Aussätzige behandelt." Seine Minderwertigkeitsgefühle und sein Bestreben, etwas aus sich zu machen, führt er auf diese Demütigungen zurück.

Unter dem Eindruck weiterer Einfälle des Patienten verstärkt sich meine Annahme, daß seine Defekte im Körperbild als Abkömmlinge des Kastrationskomplexes aufzufassen sind.

Ich gebe eine zusammenfassende Deutung, wobei ich mich absichtlich einer *traumnahen Bildersprache* bediene, um die körperlichen Empfindungen zu beleben.

A.: *Sie möchten den Kopf freier tragen und den Kran mit seinem Ausleger munter in der Landschaft herumschwenken, hochragend. Dann kommt aber diese verzweifelte Unsicherheit, da fehlt ja alles mögliche. Es ist nicht nur das Symptom, das Sie als solches behindert. Sie können nicht zeigen, was Sie eigentlich sind. In solchen Augenblicken fallen Ihnen alle möglichen Verluste ein. Was Sie vorzeigen, sind Beschädigungen, Folgen von Beschädigungen. So sind Ihnen heute Bedrohungen, Beschießungen eingefallen. Wenn man den Kopf rausstreckt aus dem Loch, dann kriegt man eins drauf.*

Der Patient beklagt daraufhin erneut seinen Mangel an Sicherheit, daß er immer noch 2 Schritte zurückweiche, wenn er einen nach vorne gemacht habe. Werde er in einer Diskussion gefordert oder gar angegriffen und reagiere er dann nicht optimal, sei er eben ein „Versager".

An dieser Reaktion des Patienten wird einmal mehr deutlich, daß die Benennung traumatischer Ereignisse nur ein vorbereitender Schritt zu deren Bewältigung ist, durch die dann Sicherheit wiedergefunden werden kann.

Selbstkritisch bemerke ich aus meiner heutigen Sicht, daß ich in meiner Begeisterung für die psychodynamischen Zusammenhänge die aktuelle Beschädigung durch den zu viel redenden Nachbarn (den Analytiker) übersehen und möglicherweise kurative Übertragungsdeutungen verpaßt habe.

Die nachfolgende psychodynamische *Zusammenfassung* wurde erstellt, um dem Leser den theoretischen Hintergrund aufzuzeigen, von dem ich irgendwie, mehr oder weniger bewußt, offensichtlich beeinflußt wurde. Die Wünsche, den Kopf weit herauszustrecken und groß und stark zu sein, scheitern an der unbewußt ausgelösten Angst des Patienten, sich nur als Beschädigter zeigen zu können. Seine neurotisch bedingten Defekte, seine Vorstellungen, ein zu kleines Glied, ein zu kurzes Kinn, eine unansehnliche Nase etc. zu haben, sind durch die neurologische Erkrankung des Schiefhalses verstärkt worden. Ein tatsächlicher Defekt ist für jedermann sichtbar geworden. Ein echter Teufelskreis, ein Circulus vitiosus hat sich gebildet, wobei sich weit zurückliegende Traumatisierungen mit den beschämenden Blicken der Mitmenschen auf ihn als einen „Krüppel" verknüpfen. Die früher nur eingebildete Schädigung ist zur Realität geworden - einerseits dadurch, daß eine körperliche Erkrankung eingetreten ist, und zum anderen deshalb, weil sich innerhalb des beschriebenen Kreisgeschehens auch die Körperbildstörung realistisch ausnimmt.

Ich habe u.a. den Kastrationskomplex als Ausdruck der Triebnatur des Menschen mit einem Mangel und einer defekten Selbstdarstellung verbunden. Diese Aussage enthält mehrere interpretative Zwischenschritte. Es ist ja kein menschlicher Torso dargestellt, dem der Phallus fehlt, sondern ein Kran ohne Ausleger. Es wird also mit einer Gleichsetzung operiert, wobei vom Primat des anthropomorphen Wahrnehmens und Denkens ausgegangen wird. Die vom Menschen gemachten Maschinen sind Extensionen des eigenen Körpers und werden vom Träumer wie im animistischen Denken gesteuert. So dient der Kran der Selbstdarstellung, zu der wir freilich über den interpretativen Schritt der Gleichsetzung gelangen. Auf diesem Weg sind dann verschiedene Fragen zu lösen. Warum hat sich der Patient nicht als menschlicher Torso ohne Phallus dargestellt, und wenn schon als Kran, warum hat der Träumer keinen riesengroßen Ausleger hinzugefügt, sondern ein verzweifeltes Suchen nach einem fehlenden Teil inszeniert? An dieser Stelle hat sich jedenfalls kein omnipotenter phallischer Wunsch durchgesetzt. Wir begegnen statt dessen Reparationswünschen. Ein Mangel wird dargestellt, Ersatz wird gesucht. Das Trauma scheint im Traum wirklich geschehen zu sein; Hilfe wird gesucht. Wir benötigen die Hypothese, daß der Schmerz der Trennung von einem lebensnotwendigen und lustspendenden Körperteil so groß ist, daß der Träumer zu einer indirekten Darstellung greift, die sich ja durchaus mit der Möglichkeit verträgt, selbst noch „ganz" zu sein. So eröffnet sich auch der Spielraum, die befürchtete Traumatisierung, die aber bereits als Defekt imponiert, doch noch überwinden und wiedergutmachen zu können. Insoweit besteht eine Analogie zwischen Traumdarstellung und Dysmorphophobie. Wir betonen nachdrücklich, daß der Schiefhals bezüglich der Ätiologie auf einer anderen Ebene liegt.

Aus dieser Beschreibung ist abzuleiten, wie das Kreisgeschehen therapeutisch unterbrochen werden kann, so daß auch die situativen Auslöser, z. B. Angeschautwerden, für das Auftreten einer primär neurologisch bedingten Bewegungsstörung, wie sie der Schiefhals darstellt, keinen Schwellenwert mehr erreichen. Nun geht es darum, die klinisch gut begründete Theorie der situativen Auslösung und des eben beschriebenen Zusammenhangs in angemessener Weise in die Behandlungstechnik zu transformieren.

5.2.3 Traum von der Autoreparatur (153. Sitzung)

In den Begleitkommentar habe ich solche Gedanken aufgenommen, die jeweils meine interpretierende Einflußnahme begründen. Meine Überlegungen gründen sich auf Gefühle, die durch die besprochenen Themen in mir ausgelöst wurden.

Im 1. Teil der Stunde ging es um einen Streit mit seiner Frau. Der Patient faßt konstruktive Lösungen ins Auge und schließt damit diesen Teil der Sitzung ab.

P.: *Ich habe versucht, mit ihr zu sprechen. Sag' mir, was du auf dem Herzen hast. Jetzt laß' uns mal darüber sprechen. Ich merke, wenn sie sich so aussprechen kann, daß ihre Aggressionen dann nachlassen. Ich muß noch fester mit mir selbst werden und nach Möglichkeit mich nicht immer wieder angegriffen fühlen, sondern sehen, was sie auf mich alles abladen möchte, weil ich ja ihrer Meinung nach dafür verantwortlich bin, daß sie so geworden ist.*

Es ist ein positives Ergebnis der bisherigen Therapie, daß er auf seine Frau besser eingehen kann.

Nach einer Pause berichtet der Patient einen Traum, den er als eigenartig erlebte.

P.: *Heute nacht hatte ich wieder einen Traum, ganz eigenartig. Ich war mal wieder in einer Autowerkstatt und hatte Probleme mit meinem Auspuff, der war kaputt. Es gab Schwierigkeiten, da wollte so recht keiner ran, man hat angefangen, einen neuen Auspuff zu machen. Es war der Auspufftopf, und es sind immer mehr Leute geworden, die sich daran beteiligt haben, diesen Topf zu machen. Zum Schluß war die ganze Werkstatt an dieser Auspuffanlage zu Gange. Im Nu war es dann fertig. Das Auto stand wieder zur Verfügung, und ich konnte es gar nicht fassen, daß sich so viele daran beteiligt haben, mir zu helfen. Dann sollte ich etwas ausgeben dafür. Ich sagte, das ist doch ganz selbstverständlich.*

Überlegung: Der Traum läßt einen analen Hintergrund seiner hypochondrischen Körperbildstörung vermuten, die sich durch die neurologische Erkrankung verstärkt hat.

Der Patient befaßt sich mit den vielen helfenden Händen.
P.: *Heute morgen habe ich im Gebet daran gedacht. Es ist mir sofort der Gedanke gekommen, das sind die Glaubensbrüder, die mir so viel gegeben haben, als ich sonst nirgendwo mehr Hilfe fand. Dort wurde ich noch aufgenommen, dort hat man mich noch in allem wahrgenommen* (dies ist eine bevorzugte Redewendung des Patienten: sich selbst anders und stärker wahrnehmen und auch wahrgenommen werden), *und da sind Sie auch mit drunter, und ich wollte schon das letzte Mal sagen, je mehr ich von den Belastungen befreit werde, desto tiefer komme ich in den Glauben hinein, und ich erkenne darin so vieles, so viel Geborgenheit.*
A.: *Ja, im Traum wird ja auch wiederhergestellt, es wird heil gemacht, was kaputt war.*
Überlegung: Zunächst hat mich die Einreihung in die Gruppe seiner Glaubensbrüder, mit denen er im Gebet geistig verbunden ist, irritiert. Dann fühlte ich, daß der Patient offenbar diese Harmonie benötigt und mich einbeziehen muß, um seine Sicherheit zu stärken. Der Traum mit seiner analen Symbolik begeistert mich. Es ist der erste Traum mit einem solchen Inhalt in der bisherigen Analyse. Ich dachte darüber nach, daß bei manchen extrapyramidalen Störungen als Begleitsymptom eine Koprolalie auftritt. Solche Patienten müssen zwanghaft obszöne Worte, insbesondere aus dem analen Vokabular, aussprechen.

Ich gehe auf die Selbstdarstellung im Traum und auf die von mir angenommene latente anale Bedeutung ein und erwähne direkt anale Inhalte - Luft ablassen, knallen, Spaß machen, Gas geben und stinken. Im weiteren benütze ich auch die Wörter furzen, Scheiße und nehme den Topf wörtlich. Ich vermute, daß diese anale Seite auf Ablehnung stoße, und daß seine Sehnsucht, auch als „Stinker" geliebt zu werden, groß sei.
P.: *Komischerweise komme ich jetzt auf den Gedanken, in dieser Autowerkstatt war auch eine ledige Frau, die mich sofort fasziniert hat, ich war Junggeselle. Das war überhaupt nicht in Einklang zu bringen mit dem Auspuff.*
Überlegung: Dieser Nachtrag wurde vermutlich durch meine Deutung seiner Sehnsucht ausgelöst, trotzdem geliebt zu werden: Die Frau paßt nicht in die anale Männer- bzw. Bubenwelt.

Der Patient erinnert in längeren Ausführungen sexuelle Spielereien aus der Kindheit, die in einigen Details neu sind.
A.: *Im Gebet mit Ihren Glaubensbrüdern fühlen Sie sich aufgehoben. Sie sind dann kein Bösewicht und kein Stinker und kein Furzer.*
P.: *Zu den geschlechtlichen Dingen habe ich eine andere Einstellung, aber meine Frau verurteilt mich immer noch, z. B. wenn ich sie massiere, über den Po, über die Brust und übers Geschlechtsteil streiche.*
A.: *Was ich da über Auspuff, Stuhlgang und Stinken gesagt habe, ist Ihnen offenbar eher fremd, das hat Ihnen nicht recht eingeleuchtet, habe ich den Eindruck.*
P.: *Nicht ganz.*
Überlegung: Meine forcierten Deutungsversuche gingen zu weit. Der Patient ist darauf nicht eingegangen. Deshalb versuche ich, ihm eine Brücke zu bauen, indem ich nochmals darauf zurückkomme und meine Zudringlichkeit selbst in Frage stelle. Ich war mir meiner Sache bezüglich der unbewußten Inhalte zwar sicher, hatte aber Zweifel an der Richtigkeit von Zeitpunkt und Intensität der Deutung bekommen. Ich versuche deshalb, den Patienten an Beobachtungen, die er auf dem hei-

matlichen Bauernhof gemacht hat, zu erinnern. Hierzu bringt der Patient dann viele Details.

P.: *Und da gab es einen Gemeindebullen, wo die Kühe hingeführt wurden zum Dekken, und jetzt kommt mir ein Gedanke, ein Erlebnis, das war in der Lehre. Ein Geselle hat mich aufgefordert, mich auszuziehen und mit dem Geschlechtsteil am Po rumzumachen und umgekehrt.*

Ich bin überrascht, daß eine vergessene Erinnerung, die thematisch eindeutig ist, bewußt wird.

Es bleibt unklar, wie weit die Verführung ging, und ich wollte nicht zudringlich werden. Bis zum Ende der Sitzung spricht der Patient über dieses Erlebnis, über seine Angst, erwischt und bestraft zu werden, über seine Unterwerfung, über seine Angst, daß etwas dabei kaputtgehen könne, aber auch über seine lustvolle Neugierde.

5.2.4 Traum vom Agenten (216. Sitzung)

Der folgende Agententraum passe ganz in den Rahmen seiner Probleme, bemerkt Herr Erich Y einleitend zu diesem „typischen Traum".

P.: *Ein Agent wurde gesucht. Man hatte mich im Verdacht. Um mich der Entdekkung zu entziehen, habe ich mich wie ein Krüppel bewegt.*

Meine abwartende Haltung ermöglicht dem Patienten, die knappe Traumschilderung anzureichern: Ein Beobachter war ihm stets auf den Fersen, wohin er auch ging. Er wurde begleitet und überwacht bei Reisen, auf dem Bahnhof, auf der Toilette.

P.: *Ich mußte mir Gewalt antun, ich durfte mich nicht strecken, mich nicht aufrichten, um ja nicht erkannt und entdeckt zu werden.*

Unklar bleibt, weshalb er im Traum verfolgt wurde und welche Taten ihm angelastet wurden – er wurde eben als Agent gesucht, und im Mittelpunkt des Erlebens steht sein Verstecken.

Die einprägsame Schilderung seiner gebückten Haltung und seines angstvollen Vermeidens, sich zu strecken, weil er dann erkannt und festgenommen würde, veranlaßt mich zu einer Anspielung auf das Abwürgen seiner Ausdrucksbewegungen. Ich weise darauf hin, daß viele seiner Handlungen mit Schuldgefühlen verbunden sind. Als Agent tue er Dinge heimlich, im Verborgenen.

Eine Übertragungsdeutung wird vorsichtig eingeleitet durch den Hinweis auf die Mehrdeutigkeit, die er meiner Rolle zuschreibt: Für sein bewußtes Erleben sei ich derjenige, der ihm Hilfe anbiete. Unbewußt fürchte er sich davor, was noch alles aufgedeckt und sichtbar werden könne.

A.: *Das ist ja immer so eine Sorge bei Ihnen. Wie können Sie die aggressiven Phantasien geheimhalten, ihre Agentenphantasien, wie können Sie die verstecken? Denn Sie dürfen nicht böse sein und dürfen sich nicht in vollem Sinne zu erkennen geben.*

P.: *Ja, das ist richtig. Es gibt viele Punkte, die ich dann abwürge, nur damit ich den anderen, damit ich dem keinen Anhaltspunkt gebe.*

A.: *Daß Sie sich also auch dort geduckt, als Duckmäuser verhalten, wo es gar nicht nötig ist – also auch hier bei mir.*

<u>Kommentar:</u> Der Leser wird sich vielleicht über diese Vorsicht wundern, weil der

Patient weiß, daß der Analytiker weder Polizist noch Geheimdienstler noch Staatsanwalt ist. Trotzdem ist es klärend, die spannungsvolle Ambiguität beim Namen zu nennen. Viele Analytiker verzichten darauf, weil sie davon ausgehen, daß derart simple Klarifizierungen dessen, was der Patient ja genau weiß, überflüssig sind oder bei irgendeinem aktuellen Anlaß erfolgen können. Wir glauben, daß der Hinweis auf die Doppelfunktion in der gegebenen Übertragungsdeutung einerseits beruhigt, aber andererseits auch gerade dadurch das ganze Ausmaß der unbewußten Geheimaktionen zur Entfaltung bringen kann.

Ich habe meine Deutung dahingehend abgerundet, daß ich den Patienten dazu anregte, sich beim Anschauen von Kriminal- und Agentenfilmen in die von ihm bevorzugten Rollen zu vertiefen, um mehr von sich wahrzunehmen.

Daraufhin sucht der Patient nach den Ursachen, „daß ich immer mehr in diese gebeugte, gedrückte Haltung komme, um unerkannt zu bleiben". Er beschuldigt sich als feige, und wie aus heiterem Himmel fällt ihm dann ein: „Vater werden ist nicht schwer, Vater sein dagegen sehr."

Wir sind beide von diesem Gedankensprung überrascht, und ohne viel Umschweife greife ich den Einfall des Patienten in einer Deutung auf: „Vater ist man schnell, wenn man den Schwanz nicht einzieht. Den Schwanz mußten Sie immer einziehen, daß nichts passiert."

Der Patient geht auf die Metaphorik dieser volkstümlichen Redeweise ein und bringt hierfür viele Beispiele. Noch immer fürchtet er, hinausgeworfen zu werden, wenn er sich seinen aggressiven Phantasien überläßt. Er stellt sich als gefangener Vogel dar, der entkommen möchte oder, flügge geworden, das Nest verläßt, aber da kommen sofort Bestrafungs- und Beschädigungsängste auf: „Ja, mir wurden die Flügel genommen."

Ich biete nun in einer Deutung verschiedene mögliche Ursachen an, nach denen der Patient vorher ratlos gesucht hatte. Um das Spektrum aufzuzeigen und die Perspektive möglichst weit zu öffnen, spreche ich allgemein von Bewegungslust. Ich beschreibe Hände, die da und dort nicht hinfassen dürfen, Agentenhände. Eingestreut in den Dialog findet man die direkte Aussage: „Sie sind ein Agent. Sie sehen sehr viel mehr, auch hier im Sprechzimmer, wenn Sie sich umschauen. Dann glauben Sie schon, etwas Verbotenes zu tun."

Nun macht der Patient, durch meinen direkten Hinweis ermutigt, die hilfreiche Entdeckung, daß er sich selbst die Flügel festbindet, während er bisher immer angenommen hatte, daß ihm diese Einschränkungen von anderen zugefügt werden.

Überlegung: Durch diese Entdeckung wird gewiß nicht aus der Welt geschafft, daß Herr Erich Y im Sinne von Freuds Angsttheorie Realgefahren ausgesetzt war und im Kampf Federn verloren hat. Es bleibt aber die therapeutisch wesentliche Frage, warum der Patient sich heute noch im Sinne seiner Entdeckung wie ein Duckmäuser verhält und den Kopf einzieht. Auf dieses Thema bezieht sich auch die folgende Deutung.

P.: *Ich selbst halte mich in dieser Lage. Ich binde mir die Flügel fest.*

A.: *Eine Bestrafungsangst wird immer wieder neu belebt, daß noch mehr weggeschnitten wird, wenn Sie sich nicht festbinden.*

P.: *Hmhm.*

A.: *Wie war es in dem anderen Traum, als irgendeine Operation an Ihnen gemacht wurde?*

P.: *Ja, hmhm, am Kopf, das Gehirn wurde beschnitten.*
A.: *Sie schützen sich im Traum, damit nicht noch mehr passiert, noch mehr Beschädigungen.*
P.: *Ja, das Eigenartige ist, daß ich meinen Körper und alles, was mir zur Verfügung steht, daß ich mich so weit drücken lasse, daß ich krumm und als Krüppel laufe, mich nicht dagegen auflehne, dagegen angehe. Weshalb und warum?*

Am Ende der Stunde wird das Verhältnis von Verfolgtem und Verfolger thematisiert. Der Patient greift diesen Gedanken auf, indem er aufzählt, wie es wäre, wenn er den Spieß herumdrehen würde und alle Erniedrigungen und Beschämungen heimzahlen würde. In drastischer Weise wird diese Umkehrung im nachfolgenden Amputationstraum dargestellt.

5.2.5 Traum von der Amputation (223. Sitzung)

Herr Erich Y erwähnt wie zufällig im letzten Drittel der Stunde einen sehr drastischen Traum: In einem bestimmten Kontext erinnert ihn das Wort *Fuß* daran, einen grausamen Traum gehabt zu haben.

Dem Bericht des Traumes geht ein Thema voraus, das den Patienten sehr beschäftigt und das als Tagesrest wirksam wurde. Er ist in Sorge wegen der weiteren Kostenübernahme durch die Krankenkasse und möchte die Stundenfrequenz reduzieren. Der Patient trägt einen kleinen Anteil der Behandlungskosten selbst, pro Sitzung etwa 10 DM. Als freiwillig versichertes Mitglied einer Ersatzkasse wird Herr Erich Y als Privatpatient behandelt. Dieser Auslöser ist deshalb vorweg zu erwähnen, weil der Patient - kleine Ursachen haben große Wirkung - doch sehr nachhaltig durch diesen Eigenbeitrag berührt wird; er erlebt diesen Betrag unbewußt als schweren Substanzverlust.

Zunächst geht es also um Finanzierungsfragen, Sparen und Geiz. Unterschiedliche Einstellungen führen zu Spannungen zwischen den Eheleuten. Durch geringfügige Schulden nach einem Hausbau ist Herr EY übermäßig beunruhigt. Nach längeren Erwägungen über die rationalen und irrationalen Seiten dieser Angelegenheit fällt ein Stichwort, das ihn an einen Traum erinnert.
P.: *Ich will wieder auf freien Fuß kommen. Zu dem Wort Fuß fällt mir ein grausamer Traum der letzten Nacht ein. Ich war bei Ihnen, Sie sind gehumpelt, haben sich hingesetzt. „Was haben Sie denn?" fragte ich. „Den letzten Fuß, den hat man mir abgenommen." „Was, den letzten Fuß?" „Ja, das eine Bein, das ist schon ein Holzbein, und jetzt habe ich auch den anderen Fuß verloren." Ich konnte das überhaupt nicht fassen und begreifen. Ich habe zuvor gar nicht wahrgenommen, daß Sie schon einen Holzfuß hatten und jetzt den zweiten. Sie haben's ziemlich mit Fassung getragen. Ich bin nicht drüber hinweggekommen. Das ist doch eigenartig, welche Denkkombinationen da ablaufen und im Traum in Erscheinung treten.*
A.: *Ja, Sie möchten mich unversehrt und unverletzt haben und sicher sein, daß mir ja nichts passiert, das bedeutet, daß Sie hier aufpassen müssen und vorsichtig sind, daß Sie mich nicht kränken. Es ging ja da in der letzten Stunde um Verfolgung und Opfer sein, passiv sein gegenüber aggressiv sein, verletzen gegenüber angreifen.*

Assoziationen und Deutungen gehen vom Tagesrest aus. Der Patient hat meiner Forderung nach Selbstbeteiligung eine existenzbedrohliche Bedeutung zugeschrieben. Er ist über die großen gefühlsmäßigen Auswirkungen meiner Erwartung verwundert, ja erschüttert.

In meinen Deutungen stelle ich in den Mittelpunkt, daß der Patient durch Unterwürfigkeit Frieden und Harmonie zu sichern versucht und daß er sich zugleich als Opfer erlebt. Durch geiziges Festhalten und Bewahren seines Besitzes habe er einen Ausgleich gefunden und die Schäden wiederhergestellt.

A.: *Meine Forderung ist also ein Eingriff in Ihre Substanz. Auge um Auge, Zahn um Zahn. Wie du mir, so ich dir.*

P.: *Ich kann mir gut vorstellen, wenn ich die Stunden bei Ihnen ganz selbst bezahlen müßte, dann würde bei mir ein Druck entstehen in der Weise, daß ich möglichst bald und viel entwickeln könnte, um wieder herauszukommen, um wieder eine Entlastung zu finden.*

Kommentar: Ohne die Selbstbeteiligung, die eine natürlich auch dem Analytiker willkommene geringe Erhöhung des Honorars von ca. 80 DM auf 90 DM mit sich bringt, hätten die unbewußten Wünsche und Erwartungen des Patienten eine andere plausible Anknüpfung an eine realistische Wahrnehmung gefunden. Die Selbstbeteiligung stellt also kein absichtlich eingeführtes Mittel dar, um die Übertragung in eine bestimmte Richtung zu lenken. Plausible realistische Wahrnehmungen, die sich als Kränkungen auswirken können, brauchen nicht künstlich hergestellt zu werden. Wie nützlich die geringe und gut tragbare Selbstbeteiligung in diesem Fall ist, wird durch den Gedankengang des Patienten untermauert.

A.: *Ja, Sie würden so unter Druck sein, und Sie würden es dann etwas leichter haben, wütend zu sein, denn ich wäre der, der Ihnen tief in den Geldbeutel greift und – Ihnen die Beine wegnimmt, auf denen Sie stehen. Wenn Sie alles selbst zahlen müßten, das wäre wirklich eine gewaltige Belastung. Die erleben Sie schon mit 10 Mark. Dann kann man es wieder bagatellisieren, daß es so schlimm doch nicht ist, obwohl es erlebnismäßig sehr schlimm ist für Sie. Das zeigt auch der Traum. Ich greife Sie mit meiner Forderung an, Auge um Auge, Zahn um Zahn. Es ist ein Glück, daß Ihnen das einfiel und daß Sie das überhaupt träumen konnten und daß Sie es dann auch mitgeteilt haben. Ganz plötzlich fiel Ihnen der Traum ein.*

P.: *Hmhm, ja, mir ist der Traum auch übers Wochenende ein paar Mal eingefallen. Da habe ich mir immer wieder überlegt, wieso und weshalb.*

Kommentar: Nicht nur wegen der beunruhigenden Stärke der unbewußten Dynamik, sondern aus prinzipiellen Gründen ist es empfehlenswert, bei der Deutungsarbeit den Sicherheitsaspekt in den Vordergrund zu stellen und bei der Sehnsucht nach Ganzheit, bei den Reaktionsbildungen und bei den Wiedergutmachungsbemühungen zu beginnen. Dieser Deutungsregel folgt der Analytiker in dieser Behandlung. Er geht davon aus, daß der Patient ihn unverletzt haben möchte bzw. den Wunsch hat, daß nichts geschieht oder eventueller Schaden wieder behoben werden kann. Sonst bestünde ja auch für ihn selbst als Krüppel keine Chance.

Dieser Übertragungstraum ermöglicht einen Einblick in die Entstehung von Defekten im Körperbild, denn die Beschädigung wird in ihre interaktionelle Entstehungsgeschichte zurückübersetzt.

In dem im folgenden geschilderten Dekapitationstraum setzt sich das Thema fort.

5.2.6 Traum von der Dekapitation (230. Sitzung)

Herr Erich Y berichtet zunächst über die Verschlechterung der Symptome im Zusammenhang mit einem Ehestreit.

Ich überlege mir hierzu folgendes: Auf die Pedanterie der Ehefrau reagiert der Patient gelegentlich mit dem Versuch, ja alles recht zu machen – was er verständlicherweise nicht durchzuhalten vermag. Angesichts dieser ehelichen Probleme bin auch ich ratlos, weil das Verhalten der Ehefrau die seelischen Abläufe im Sinne einer Über-Ich-Verstärkung beim Patienten beeinflußt. Sie hat sich aber bisher geweigert, selbst eine Beratung zu suchen, obwohl sie dem Patienten zugleich vorwirft, daß nur *er* die Gelegenheit hat, sich auszusprechen und Entlastung zu finden.

Nach kurzer Pause wechselt die Stimmung, und der Patient erzählt betroffen den „grausamen Traum" der letzten Nacht.

P.: *Wir waren in einer mir unbekannten kleinen Firma. Zwei Männer haben sich erst so rumgebalgt. Dann wurde es ernst, ein Kampf. Der eine hat dem anderen den Kopf abgerissen und hat mit dem Kopf geworfen, und plötzlich war der Mann, dem der Kopf abgerissen wurde, verschwunden; obwohl ich dabei war, habe ich gefragt, ja, wo ist denn der hin? Der sei weg, den hat man beiseite geschafft, spurlos weg, so sei das auch mit einem Mädchen, von dem mir aufgefallen war, daß sie seit längerer Zeit fehlte. Die sei auch auf ähnliche Weise verschwunden. Nicht ohne Kopf, aber sie sei halt weg.* (kurze Pause) *Eigenartig, so grausame Träume.*

A.: *Ja, das ist eine Fortsetzung dieses Beinverlusttraums. Jetzt ist die Intensität des Kampfes und des Kämpfens, des Durchsetzens deutlicher.*

Überlegung: Durch diesen Hinweis möchte ich die Kontinuität des Kastrationsthemas in der Übertragung betonen.

P.: *In dem Traum ist es so weitergegangen, daß ich versucht habe, alle Spuren zu verwischen, um Nachforschungen unmöglich zu machen. Es ist um einen Ofen und was weiß ich alles gegangen und um den Inhalt, alles vernichtet und weggeschafft, damit man ja keinen Anhaltspunkt hatte, obwohl ich Zuschauer war bei dem Geschehen.* (längere Pause)

A.: *Sie mußten immer beschwichtigen bzw. zudecken, verstecken, sich verstecken, ja nicht aggressiv sein, nicht einen Wettkampf, ein Duell zu Ende bringen. Auch aus Angst. Dann waren Sie der Unterlegene, Sie waren der Kleine, der Flüchtlingsbub, der den Schwanz einziehen mußte, in der Beobachtung eines Zweikampfs um Leben und Tod, zwischen 2 Männern. Sie sind zwar nur der Zuschauer im Traum, aber als Zuschauer intensiv beteiligt beim Vertuschen.*

Überlegung: Das tödliche, das grausame Duell begreife ich als Darstellung der Übertragung und auch als mehrfache Selbstdarstellung des Patienten, der die Folgen früherer Zweikämpfe auf der unbewußten Ebene so verarbeitet hat, daß er derjenige ist, der mit deformiertem Kopf herumläuft. Gleichzeitig hat sich aber eine Distanzierung ergeben oder, wenn man will, eine Abspaltung, so daß er nur noch der unbeteiligte Beobachter ist. Die Abwehrseite des Traumes ist mir zunächst wichtig.

P.: *Aber daß das so grauenhaft ist.*

A.: *Es geht nicht zufällig um den Kopf. Am Kopf spielt sich ja vieles ab. Ihre Kleinheitsvorstellung kommt z. T. davon, daß da was ab ist, obwohl natürlich nie was ab*

war, aber auf der Bildebene, der Phantasieebene und der unbewußten Ebene setzen sich Wünsche in Taten um, z. B. wenn man einem sagt, es geht um Kopf und Kragen.
P.: *Hm.*
A.: *Hm. Sie haben sich ja auch gewundert, daß Sie mich beschädigt dargestellt haben.*
Überlegung: Ich stelle eine Beziehung zu dem Traum dar, in dem mich der Patient als amputiert gesehen hat, und ich mache ihn darauf aufmerksam, daß sich nun eine Wendung vollzieht: Er ist nicht nur das Opfer auf der Traumebene, sondern auch der Täter. Die Wendung vom passiven Erleiden zum aktiven Handeln ist nicht nur unter allgemeinen therapeutischen Gesichtspunkten wesentlich. In mir bilden sich immer wieder Vorstellungen darüber, daß sich bei den automatisierten Bewegungsabläufen Handlungspotentiale durchsetzen könnten wie bei Leerlaufreaktionen im Sinne von Lorenz (1968).
P.: *Hm.*
A.: *Sie haben sich über lange Zeit selbst als beschädigt, als das Opfer dargestellt.*
P.: *Hm.*
A.: *Weil Sie viel Angst haben vor sich selbst, waren sie eher das Opfer als der Täter. Sie sind auch sonst bemüht, die Spuren zu verwischen, daß man Ihnen nichts anmerkt und niemand weiß, daß Sie da und dort beteiligt sind. Wie jeder andere sind Sie ein Mensch, der konkurriert, der sich in heftigen Auseinandersetzungen, in Rivalitäten bis hin zu Mord und Totschlag befindet, zwar nicht in Wirklichkeit, aber auf der Phantasieebene laufen solche Regungen ab.*

Durch die Verallgemeinerung, daß er wie jeder andere Mensch stark rivalisiere, versuche ich, seine Angst vor tödlichen Aggressionen so weit zu mildern, daß er diesen unbewußten Seiten mehr Raum geben kann. Aus demselben Grund betone ich die Phantasieebene, nachdem ich vorher zu dick aufgetragen hatte durch die Worte Mord und Totschlag, die den Patienten stark erschrocken hatten. Beim nachträglichen Lesen kommt mir in den Sinn, wie weit der Patient auch Vorbehalte dergestalt hat, daß ich ja mit seinen Gedanken etwas anfange, wobei er unbewußt nicht sicher ist, ob ich seine Gedanken zu seinem Besten verwende.
P.: *Diese Empfindsamkeit, die ist's. Gestern im Geschäft. Wir haben zur Zeit einen Mann bei uns, der bei einer Zweigfirma Karriere machen soll. Der informiert sich bei uns und wird bei uns eingeschult, und der ist zu mir gekommen und hat mich dies und jenes gefragt. Ich habe ihm Auskunft gegeben, ihn mit Unterlagen versorgt und habe von dem Monatsbericht eine Kopie gemacht, damit er weiß, was an die Geschäftsleitung gemeldet wird. Im nachhinein sagte mein Kollege, der wird mit den besten Unterlagen ausgestattet und ausgerüstet. Er hat gemeint, man sollte ihm keine Starthilfe geben.*
Überlegung: Die übergroße Hilfsbereitschaft des Patienten hat auch eine unechte Seite. Das Rivalisieren und Konkurrieren kommt auf der Ebene des Ideenwettbewerbs als Tagesrest herein. Der Patient hatte, wie sich in den folgenden Einfällen zeigt, eine gute Idee, die ihm ein anderer weggenommen hat. Es geht also darum, daß ihm etwas, was in seinem Kopf entstanden ist, weggenommen wird.

Die folgenden Einfälle zeigen, daß der Patient eine sehr gute Idee hatte, die einen betrieblichen Ablauf wesentlich erleichtert. In verbittertem Schweigen nahm Herr Erich Y hin, daß sich der Abteilungsleiter die Sache zu eigen machte und so tat, als stamme die Idee von ihm.

P.: *Es hat mir sehr wehgetan, aber ich habe es hingenommen.*

A.: *Sehen Sie, der hat Ihnen das, was in Ihrem Kopf war, weggenommen. Der hat Ihren Kopf weggenommen, in der Traumsprache. Das ist eine kleine Rivalitätssituation. Sie haben den Schwanz eingezogen, nicht, also …*

Meine Deutung entspringt den implizierten theoretischen Überlegungen. Der Tagesrest hat als kleine Ursache eine große Wirkung!

P.: *Hm.*

A.: *Sie sehen bei den anderen, daß die eher neidisch sind oder ihrem Neid freien Lauf lassen.*

P.: *Aber wenn ich mich ins Licht setze* (Patient stöhnt), *da komme ich mir vor, als wenn ich mich herausstellen möchte.*

A.: *Ja.*

P.: *Trotzdem tut mir das weh. Eigentlich müßte ich doch zufrieden sein, daß ich die Idee hatte, daß es gelungen ist. Dann okay, das bringt Vorteile, ob das jetzt der oberste Chef weiß, daß alles von mir gekommen ist oder von einem anderen.*

A.: *Sie sehen, wieviel Rivalität da ausgetragen wird. Sie führen Ihre Zweikämpfe. Wenn Sie sich selbst am Kopf berühren, dann kommt es offenbar dazu, daß der Zweikampf, den Sie im Traum führen, zum Kampf zwischen Ihrem Kopf und Ihrer Hand wird.*

Mit dieser Deutung versuche ich, die Verinnerlichung eines Zweikampfs ins Auge zu fassen. Herr Erich Y ist immer wieder betroffen davon, wie er mit seiner Hand im Kampf mit den unwillkürlichen Kopfdrehbewegungen liegt. Je größer seine Wut wird, je mehr Kraft er mit der Hand anwendet, desto stärker werden die Gegenkräfte, die den Kopf nach rechts drehen und wenden. Seine Beobachtungen sind bemerkenswert. Neben dem beschriebenen Zweikampf bringen Berührungen, z. B. beim Rasieren oder auch beim Streicheln der Wangen, mit sich, daß der Kopf sich unwillkürlich dreht. Die gegebene Deutung geht auf die Annahme zurück, daß sich in dieser Symptomgenese ein innerer Zweikampf darstellt, den ich nun in meinen Deutungen auf die zwischenmenschliche Ebene einschließlich der *Übertragungsbeziehung* zurückzuverlegen versuche.

A.: *Die Hand ist ja zwar die eigene. Die gehört genauso Ihnen wie Ihr Kopf, aber wenn Sie sich berühren, den Kopf berühren, dann wird die Hand offenbar zum Fremdkörper …*

P.: *Hm, hm.*

A.: *… zum Angreifer.*

P.: *Hm.* (längere Pause)

A.: *Wenn ich Geld fordere, auch wenn es eine ganz kleine Summe ist, es ist ein Betrag, der zur Substanz wird. Als wär's ein Stück von Ihnen. Es wird unbewußt ein ungeheures Verlustgefühl berührt, das die Wut auslöst, die dazu geführt hat, daß Sie mir das Bein abgehackt haben.*

Es ist mir wichtig, den Zweikampf in der Übertragung auf der Ebene aufzuzeigen, die für den Patienten konkret ist. Dort sitzen auch die Affekte.

P.: *Daß dieses Gefühl, dieses Spannungsverhältnis, wie's im Traum ausgedrückt wird, so ungeheuer ist, also gleich das Letzte, wie im Traum, der Kopf ab …*

A.: *Ja, ja.* (längere Pause)

P.: *… als wenn es keine anderen Wege und Möglichkeiten gäbe.*

A.: *Hm. Ja, nicht umsonst gibt es Kopfjäger.*

P.: *Hm.*

A.: *Außerdem ist der Kopf etwas Magisches, Kopf haben, Kraft haben. So wie Geschlechtsteile abschneiden und Kraft daraus ziehen, auf einer Ebene.* (längere Pause) *Auch die Kannibalen verzehren Menschenfleisch, um die Kraft des Gegners in sich aufzunehmen.*

Mit diesen Deutungen möchte ich die magische Komponente auf verschiedenen Ebenen beleben, um den Patienten für seine eigenen unbewußten Motive offener zu stimmen. Sogleich habe ich das Gefühl, zu weit gegangen zu sein, weshalb ich in der nächsten Bemerkung auf die Symptomebene und den dadurch stimulierten Neid auf die gesunden Köpfe seiner Mitmenschen zurückgehe.

P.: *Hm.*

A.: *Vieles wird durch Ihre Beschwerden ausgelöst. Könnte ich doch einen anderen Kopf, könnte ich doch dessen Kopf haben. Könnten Sie meinen Kopf haben, also jetzt persönlich bezogen. Erinnern Sie sich: Ich hatte den Schaltplan Ihres Kopfes aufgezeichnet und somit Ihre Ideen übernommen wie der Abteilungsleiter.*

Überlegung: Ich erinnere mich an einen früheren Traum des Patienten, den ich nun aufgreife, um ihm noch deutlicher zu machen, weshalb es ihm in der Traumsprache darum geht, auch meinen Kopf zu haben und sich meine Ideen ganz substantiell anzueignen.

P.: *Jaja, jaja, jaja. Aber das sind doch Gedanken – neandertalerhaft, die ja so weit zurückgehen.*

Der Patient ist ungemein lebhaft geworden. Bei der Wiederholung der bestätigenden Jas ist seine Stimme voller Begeisterung. Dann kommt die leichte Einschränkung wegen der Primitivität seiner Gedanken.

A.: *Ja, die sind in jedem von uns lebendig.*

P.: *Sicherlich trägt die ein jeder im Rucksack mit sich herum im Unterbewußtsein. Aber daß ich nicht die Herrschaft darüber besitze, und wenn ich alles beherrsche, dann kommen diese Verdrängungen. Aber dieses Besitzenwollen und diese Gewalt, das kann doch nicht in Erscheinung treten, ist ja nicht durchführbar. Wenn da jeder nach diesem Prinzip handeln würde, dann gäb's nur Mord und Totschlag.* (lange Pause) *Ich denke da jetzt an menschliche Beziehungen, an Reklamationsbesprechungen. Da merkt man ja manchmal, wie der Kunde versucht herauszubekommen, was da alles passiert ist. Ich sehe es so, daß der sich nicht in der Gewalt hat, über die Ziele hinausschießt und daß die Verhältnismäßigkeit überhaupt nicht mehr gewahrt ist. Menschen, die so vorgehen, auch im Alltag, die verabscheue ich.*

Überlegung: Der Patient bemüht sich verständlicherweise darum, die Intensität des Konkurrierens und Rivalisierens halbwegs in humane Bahnen zu lenken, und alle weiteren Tagesreste beziehen sich darauf. Es ist mir wichtig, auch noch die Übertragungskomponente deutlicher zu machen, und zwar im Zusammenhang mit der Selbstbeteiligung von ungefähr 10 DM, die er als Substanzverlust erlebt.

P.: *Sicherlich gibt es Fähigkeiten, Möglichkeiten, Gedanken, die geweckt werden, ohne brutal zu werden. Ja, nützt es mir was, wenn ich meinem Kollegen sage, meinst du, daß das richtig war, mir die Idee wegzunehmen? Aber nützt es mir jetzt noch was? Er weiß es ja, daß es nicht richtig ist. Ich sollte mich doch so in der Hand haben, daß ich nicht erst dann die Befriedigung habe, wenn ich ihm meine Meinung sage. Hm. Ja, ich möchte natürlich auch gut dastehen vor den anderen.*

Dieses Thema und das der Konkurrenzsituation füllen den Rest der Stunde.

P.: *Es ist natürlich ein wichtiger Punkt, das Verletztsein, das Gefühl, übergangen zu werden. Wie Sie sagen, es wird mir etwas weggenommen, ich werde dadurch kürzer gemacht, eingeschränkt, und das ist aber für mich so ein kleinkariertes Denken.*
A.: *Ja, das sieht, glaube ich, nur so aus. Es ist deshalb nicht kleinkariert, weil die Wirkungen im Erleben ungeheuer sind. Es ist fast eher großkariert. Großkariert nämlich in dem Sinne, daß die erlebten Auswirkungen ganz gewaltig sind, und weil das zugleich vertuscht wird, wie sehr Sie das trifft. Da erleben Sie sich zugleich als kleinkariert, weil es vom Bewußten her bei weitem keine so furchtbare Sache ist.*
P.: *Hm.*
A.: *Es ist einerseits ein lächerliches Ereignis, und zugleich doch ein ungeheures Erlebnis.*
P.: *Ja, gefühlsmäßig.*
A.: *Wenn ich Ihnen 10 Mark abnehme, dann geht es um Ihre Substanz, um Sein und Nichtsein.*
P.: *Ja.*
A.: *Oder wenn ich Ihren Schaltplan im Kopf habe, dann möchten Sie meinen Kopf haben, um ihn frei spazierenzutragen wie ich, nicht eingezogen wie der Agent. Sie möchten rein in meinen Kopf, ja, das alles haben, was da drin ist, was ich weiß, dann würden Sie ja auch selbst alles haben. Das ist doch menschlich. Dann wären Sie frei und …*
P.: *Hmhm.*
A.: *… hätten Stärke und Potenz und was Sie meinem Kopf alles zuschreiben. Man sagt ja auch: die Großkopfeten.*
P.: *Hmhm.*
A.: *Die Großkopfeten sind ja auch die, die viel, viel Geld haben, die reich sind und die Macht haben, die mächtigen Väter, nach denen Sie sich besonders sehnen nach dem frühen Verlust des Vaters und der Flucht, der Heimat- und Besitzlosigkeit.* (Pause)
P.: *Vielleicht mache ich mir immer etwas vor, daß der andere, der groß ist, der alles viel besser im Griff hat, sofort erkennt, daß ich das ausspielen möchte.*
A.: *Hmhm. Aber vertuschen ist auch nicht die beste Lösung, nicht wahr? Wir müssen Schluß machen.*

Das wechselseitige „Auf Wiedersehen" begleitet der Patient mit guten Wünschen zum Wochenende, die von mir erwidert werden.

Kommentar: Es ist nicht nebensächlich, wie Sitzungen beendet werden, mit welchen Worten angekündigt wird, daß die Zeit um ist. Beide Beteiligten sind in unterschiedlicher Weise der Zeit unterworfen. Durch die „Wir-Bildung" wird die Gemeinsamkeit betont, die nicht suggeriert werden sollte. Denn dem Patienten gehören nur 45 oder 50 Minuten, und es ist der Analytiker, der Schluß machen muß, wenn er seinen Stundenplan einhalten will. Um den Patienten daran zu erinnern, raten wir zu entsprechender Formulierung in der Ich-Form im Wechsel mit der Wir-Form, wenn diese der Stimmung entspricht.

5.3 Ein Traum vom Symptom (268. Sitzung)

Es ist nicht weiter verwunderlich, daß Symptome auch im Traum auftreten. Wenn es nach der Wunschtheorie ginge, müßte es sogar häufig vorkommen, daß Kranke sich im Traum über ihre Symptome hinwegsetzen und sich als gesund darstellen. Im nachfolgenden Traum litt Herr Erich Y unter dem Auftreten einer Schiefhalsbewegung. Diese Beobachtung wäre nicht mitteilungswürdig ohne den Kontext, den der Patient und ich als Analytiker diesem Ereignis gegeben haben. Die Einfälle des Patienten und meine Deutungen zeigen, daß die Kopfdrehungen im Traum als Suchbewegungen verstanden wurden, die denjenigen des Säuglings an der Brust analog sein könnten.

Herr Erich Y berichtet, daß er in einem Traum ängstlich und ziellos unterwegs war. Seine Firma war weiträumig angelegt. Die Kantine war im Freien, das Werk ganz in die Landschaft einbezogen.

P.: *Ich kam mir klein und verloren vor, dann traf ich eine Sekretärin und einen Assistenten, die sich unterhielten. Mir kam es so vor, als ob ich abseits stünde. Dann sind wir ein Stück gegangen, mein Kopf hat sich zur Seite gedreht. Ich habe ihn nicht unter Kontrolle gebracht, trotz aller Gewalt, es gelang nicht. Gerade in dem Augenblick, wo es drauf ankam, ihn in der Mitte zu haben, da drehte er sich zur Seite.*

Überlegung: Die Verlorenheit im Traum und die große Unsicherheit veranlassen mich, an kindliche Situationen zu denken, bei denen Hilflosigkeit und motorische Ungeschicklichkeit besonders augenfällig sind.

A.: *Ja, und was fällt Ihnen so alles ein zur Stimmung des Traumes? Könnte es sein, daß Sie da etwas darstellen, in der großen weiten Welt sind Sie den Blicken ausgesetzt?*

Der Patient verneint ausdrücklich, daß er sich Blicken ausgesetzt fühlte, um dann fortzufahren:

P.: *Ich habe mich nicht wohlgefühlt. Ich stand ganz alleine da. Ich habe keinen Kontakt gehabt. Die von der Geschäftsführung haben sich miteinander unterhalten. Ich fühlte mich abseits. Das war für mich eine andere Welt, etwas ...* (lange Pause) *Das hat mit „Kind" was zu tun, aber ich kann das nicht richtig sagen, das ist so ganz weit weg.*

A.: *Im großen Raum, ausgeliefert und ausgesetzt und ohne Halt und ohne Hand.*

P.: *Ja, ich war überflüssig, vielleicht weil ich da stumm nebenhergelaufen bin, daß ich durch mein Auftreten oder durch meine Zurückhaltung dem entsagt habe. Ich wollte vielleicht dabei sein, mitmachen, aber aufgrund meiner Einstellung und Haltung, wie ich mich bewegt habe, war das gar nicht möglich. Da kommt das irgendwie durch, daß ich die anderen nicht auf mich zukommen lassen kann, obwohl ich das manchmal gern hätte. Das ist ganz komisch, daß ich jetzt an eine Frauenbrust denken muß.*

A.: *Wie, jetzt in Gedanken gerade?*

P.: *In Gedanken, wie das Kind, das die Brust der Mutter sucht, um sich zu stärken – also ohne Ironie gesagt.*

A.: *Ja, ja, Sie hatten die Sorge, daß ich* ironisch *reagiere.*

P.: *Ich hatte keine sexuellen Gefühle dabei.*

Überlegung: Es liegt mir so fern, das Suchen und Wiederfinden des primären Objekts von der geschlechtlichen Lust im engeren Sinne abzuleiten, daß ich die Sorge des Patienten, seine prägenitale Sinnlichkeit könnte auf ironischen Spott stoßen, nicht auf mich beziehen kann. Seit langer Zeit achte ich darauf, qualitative Unterschiede der Sinnlichkeit nicht libidotheoretisch zu verwischen.

A.: *Ah ja, so als würde ich nur denken, daß Sie sexuelle Lust und nicht eine andere Lust suchen, da wenden die Kinder ja auch den Kopf.*

P.: *Ich komme im Moment nicht weg davon.*

A.: *Ja, warum sollten Sie auch weg von der Brust. Das meinen Sie, ja?*

P.: *Hmhm.*

A.: *Wo Sie gerade dabei sind, sie erst einmal im Traum zu suchen, in dem großen Raum.*

P.: *Das ist schon wieder die Angst, an die Brust zu gehen und daraus was zu ziehen, daß der andere mich falsch einschätzen könnte, daß ich was Falsches tue, immer bei der Äußerung von Gefühlen - die Hemmung - die anderen.* (Pause) *Das ist in meiner Vorstellung immer so, das ist genau wie in diesem Traum. Die Sekretärin und der Assistent, die kamen mir so groß vor, weil ich sie so vergrößert sehe.*

A.: *Na ja, so wie auch die Brust da irgendwie wahrscheinlich groß ist, sehr groß, im Vergleich zum Mund. Der Mund, der da nach etwas greift, oder das Auge - wenn es nah dran ist an der Brust, ist sie sehr groß. Wenn man nur einen Teil sieht, dann ist der Teil sehr groß.*

P.: *Und da kommt das Gefühl auf, als wenn ich zu meiner Mutter viel mehr Empfindungen habe, als ich das wahrhaben will, als ich das zeige, und daß ich da immer wieder auch als Kind die Liebe gesucht habe, die Zuneigung, daß ich aber immer schon als Kind verschlossen war, nichts über meine Gefühle gesagt habe. Und dann kann es sein, wenn ich solche Zeiten habe oder Stunden, daß ich mich beim Anschmiegen teilweise wie ein Kind gegenüber meiner Frau benehme und sie umarmen und festhalten und liebkosen möchte, daß sie da sagt, ja sag' mal, du übertreibst, das ist nicht natürlich. Und parallel jetzt, das war immer so, das habe ich auch gesucht in der Liebe. Liebe, Liebe, Zuneigung.*

Herr Erich Y spricht hier über Liebe im umfassenden Sinn und sichert sich gedanklich gegen seine Frau ab, die seine zärtlich-sinnlichen Gefühle wegen ihrer schlußendlich sexuellen Zielrichtung mißdeutet und ihm schon bei „harmlosen" Berührungen Vorhaltungen macht. Das Suchen von Nähe und Zärtlichkeit wird auf diese Weise in seiner Eigenständigkeit im Keim erstickt. Das Verhältnis von Zärtlichkeit und Sexualität beim männlichen und beim weiblichen Geschlecht führt in der Beziehung zwischen den Geschlechtern zu häufigen und folgenreichen Mißverständnissen. Es ist also kein Zufall, daß Freud 2 Theorien über die Zärtlichkeit aufgestellt hat, die besonders von Balint (1935) gründlich untersucht wurden.

5.4 Überlegungen zur Psychogenese

Die Einschränkung seines Selbstgefühls aufgrund eingebildeter körperlicher Defekte stand von Anfang an im Mittelpunkt der Therapie. Schon in der 5. Sitzung sah sich der Patient im Traum als beschädigtes Opfer eines Verkehrsunfalls. In der 35. Sitzung wurde von ihm im Zusammenhang mit der Steuerung von Bewegungen und Handlungen die „Marionette" als Thema eingeführt, das viele Variationen annahm. Defekte Selbstdarstellungen kamen nicht nur in anderen Träumen, sondern auch sonst im Dialog zwischen Patient und Psychoanalytiker häufig vor. Die ausgewählten Träume kennzeichnen thematische Höhepunkte, die eine Tendenz von der Wahl unbelebter Objekte hin zur Selbstdarstellung durch Personen erkennen lassen. Hierbei handelt es sich aber um keine einfache lineare Progression. Der Frage, welche Veränderungen durch die Untersuchung von Traumserien festgestellt werden können (Geist u. Kächele 1979) und welche diagnostischen und prognostischen Schlüsse aus dem Initialtraum gezogen werden können, wurde in früheren Veröffentlichungen aus unserem Kreis nachgegangen (Schultz 1973). Da wir den Behandlungsprozeß als fortgesetzte Fokaltherapie mit sich veränderndem Fokus konzeptualisieren (s. Grundlagenband, Kap. 9), benützen wir eine Traumserie zur Demonstration bearbeiteter Probleme. Da es uns darum ging, Selbstdefekte im Traum und ihre therapeutische Bearbeitung in den Mittelpunkt zu rücken, wurden andere Dimensionen des therapeutischen Prozesses, die für eine Synopsis von Verlaufs- und Ergebnisforschung relevant sind, hier vernachlässigt.

Wir glauben, daß die Entstehung der Dysmorphophobie anhand dieser Traumserie ein gutes Stück aufgeklärt werden konnte. Dieses Symptom liegt mit dem Traum auf dem gleichen Niveau, wenn man von der strukturellen Ähnlichkeit der Kompromißbildungen ausgeht. In der psychoanalytischen Psychopathologie des Konflikts sind Symptom und Traum durch die Idee der Kompromißbildung zwischen den verdrängenden und den verdrängten Kräften und Vorstellungen miteinander verbunden (Freud 1896b, S. 387). Wir wenden die Idee des Kompromisses auf die Symptomentstehung ebenso an wie auf die Traumdeutung und auf die Gesamtheit der Produktionen des Unbewußten. Freud betont, daß die neurotischen Symptome

> ... der Erfolg eines Konfliktes sind ... Die beiden Kräfte, die sich entzweit haben, treffen im Symptom wieder zusammen, versöhnen sich gleichsam durch den Kompromiß der Symptombildung. Darum ist das Symptom auch so widerstandsfähig; es wird von beiden Seiten her gehalten (Freud 1916/17, S. 373).

Doch wie steht es mit dem *Schiefhals*? Nach den einleitenden diagnostischen Unterscheidungen handelt es sich hierbei um eine neurologische Erkrankung, die durch seelische Konflikte ausgelöst und in ihrem Verlauf mitbestimmt werden kann. In den therapeutischen Gesprächen verwischen sich gelegentlich die Unterschiede zwischen den rein *neurotischen* Symptomen der Dysmorphophobie und der *körperlich verursachten* Schiefhalsbewegung: Die neurologisch bedingte Bewegungsstörung wird im Agententraum ebenso wie im Bild der Suchbewegung nach der Mutterbrust in den Kontext von Ausdrucks- und Gemütsbewegungen gerückt. Das *ganzheitliche* menschliche Erleben bringt mit sich, daß Patienten oft keine Unterscheidung treffen, ob ihre körperlichen Einschränkungen seelisch oder körperlich bedingt sind. Der Analytiker hat demgegenüber eine mehrfache Aufgabe, zu der u. a. gehört, die Gründe für die Vorstellungen des Patienten über seine Erkrankung zu prüfen. Die Zuschreibungen des Patienten, der seine körperlichen Beschwerden beispielsweise als Bestrafung erlebt, sind ein wichtiger Aspekt. Auch eine wissenschaftlich falsche subjektive Theorie über die Entstehung der eigenen Erkrankung ist ein Teil der Krankheitsbewältigung. Beobachtungen und Mutmaßungen von Patienten über ihre Erkrankung eröffnen einen Zugang zu möglichen seelischen Faktoren in Entstehung und Verlauf. Der Analytiker hat die Aufgabe, diagnostische Unterscheidungen zu treffen und den Anteil körperlicher und seelischer Faktoren in Entstehung und Verlauf zu klären. Auf der anderen Seite ist es wesentlich, die persönliche Krankheitstheorie ernstzunehmen, weil man sonst am Patienten vorbeiredet.

Herr Erich Y ist in seinem Wohlbefinden in hohem Maße davon abhängig, ob er sich aufrichten darf oder aus Sozial- und Über-Ich-Angst als Duckmäuser mit eingezogenem Kopf herumschleichen muß, um nicht erkannt und - im Traum als Agent - erwischt zu werden. Die auffällige Schiefhalsbewegung, die sich der willkürlichen Kontrolle entzieht, hat den Patienten zusätzlich verunsichert, so daß sich ein typischer Teufelskreis gebildet hat, der sich in wechselseitiger Verstärkung vom körperlichen auf das seelische und vom seelischen auf das körperliche Befinden auswirkt. Schon wegen der neurotischen Vorstellungen über seinen mißgestalteten Kopf und anderer Einengungen, die Reich vielleicht als „Charakterpanzer" beschrieben hätte (s. hierzu Kap. 4), konnte sich Herr Erich Y jahrzehntelang nicht frei und ungezwungen bewegen. Seine spannungsreiche Ehe trug dazu bei, daß seine Selbstsicherheit sehr labil blieb. In diesem Zusammenhang ist die existentielle Bedeutung der aufrechten Haltung und des Sichaufrichtens für das menschliche Selbstgefühl und Selbstvertrauen hervorzuheben. Die Fähigkeit, sich aufzurichten und sich aufrecht zu halten, gehört zu den grundlegenden menschlichen Erfahrungen, die zum Ausgangspunkt einer Fülle von Metaphern geworden sind. Phänomenologische und psychoanalytische Beschreibungen (Freud 1930a; Erikson 1950; Straus 1949) sind in den letzten Jahrzehnten durch systematische Untersuchungen der Entwicklung des aufrechten Ganges im Kleinkindalter ergänzt worden (Mahler et al. 1975; Amsterdam u. Levitt 1980). Es liegt auf der Hand, daß eine körperliche Erkrankung, die sich subjektiv als Unfähigkeit auswirkt, Bewegungen zu kontrollieren oder zu koordinieren, latente und lebensgeschichtlich weit zurückliegende Unsicherheiten wiederbelebt. Unter welchen Bedingungen der Verlust von Autonomie mit Beschämung einhergeht und Selbstbewußtsein in Befangenheit umschlägt und wie dieser Umschlag therapeutisch rückgängig gemacht werden kann, spielte in dieser Behandlung eine besonders große Rolle. Neurotische Symptome dieser Art sind gut beeinflußbar.

In seinem Erleben hat Herr Erich Y das körperliche Symptom des Schiefhalses in einen Sinnzusammenhang von Schuld, Angst und Scham gestellt. Der behandelnde Analytiker folgte dieser persönlichen Theorie des Patienten, um sekundäre Neurotisierungen abbauen zu können. Daß sich die Befreiung von neurotischem Leiden auch auf das körperliche Symptom des Schiefhalses auswirken kann, ist eine plausible Annahme, weil dann Erwartungsängste und die mit ihnen einhergehenden Steigerungen des allgemeinen und speziellen Erregungspotentials wegfallen.

Nachdem wir die allgemeinen Prinzipien der Prüfung von Hypothesen in der Therapieforschung in Kap. 1 diskutiert haben, beschränken wir uns hier auf eine weitere Klärung, indem wir die Suchbewegung nach der Brust bezüglich deren Analogisierung mit der (pathologischen) Kopfdrehung untersuchen. Wir erinnern daran, daß Herr Erich Y in seinen Einfällen zu einem Traum an eine Frauenbrust dachte, die zur stillenden Mutterbrust wurde. In der Übertragung befürchtete der Patient eine Abweisung, gegen die er sich sicherte, indem er betonte, daß er nichts Sexuelles suche. Abweisungen durch die Ehefrau bildeten den aktuellen Anlaß für seine Befürchtung, auch vom Analytiker wegen seiner Sehnsucht nach Nähe und Zärtlichkeit mißverstanden zu werden. Ohne Zweifel hat diese Szene hohe therapeutische Bedeutung. Doch wie steht es mit der vorhin aufgeworfenen Analogisierung zwischen Suchbewegung und pathologischer Kopfdrehung? Könnte es sein, daß im Torticollis, in der Drehbewegung des Kopfes, ein unbewußtes, reflektorisches Suchen zum Ausdruck kommt, ein Suchen des oralen Objekts?

Die aufgeworfenen Fragen betreffen das Problem des psychogenen Anteils in der Entstehung und im Verlauf des Schiefhalses als einer körperlichen Erkrankung. Die Kenntnis des Behandlungsverlaufs rechtfertigt die in der Einleitung begründete Auffassung, daß seelische Faktoren das situative Auftreten des Symptoms und seine Exazerbation mitbestimmen. Nun möchte man wissen, ob in dieser Einzelfallstudie Beobachtungen gemacht werden konnten, die ein Licht auf die seelischen Auslöser und auf psychogene Bedingungen als Teilursachen im Sinne von Freuds „Ergänzungsreihe" werfen.

Um dem Leser die Orientierung zu erleichtern, nehmen wir das Ergebnis der nachfolgenden Diskussion vorweg, indem wir eine Gewichtung innerhalb der Ergänzungsreihe vornehmen, die sich aus der von uns vertretenen Theorie der Unspezifität der Pathogenese psychosomatischer Erkrankungen ergibt: Die körperliche Disposition im weitesten Sinne des Wortes determiniert, welche Erkrankung auftritt. Die jeweilige Symptomatik folgt also biologisch vorgegebenen Mustern, die im Sinne von Freuds Ergänzungsreihe in der körperlichen Konstitution liegen und die im Schema Alexanders als „Organvulnerabilität" bezeichnet werden (s. 9.7). Zu Veränderungen der körperlichen Reaktionsweisen, also zu Resistenzvermehrung und -verminderung, tragen akzidentelle Momente bei, die in den verschiedenen Dimensionen des seelischen Erlebens zu suchen sind. Bezüglich der nachfolgend wiedergegebenen Spekulationen kann schon vorweg die kritische Frage gestellt werden, warum sich eine angenommene frühe Störung als seelische Bedingung einer Erkrankung erst so spät im Leben manifestiert.

Die allgemeine Annahme einer frühen Störung hat Melitta Mitscherlich (1983) auf die Entstehung des Schiefhalses angewandt. Nachdem sie trotz der schon bei der Ticdiskussion zwischen Abraham (1921) und Ferenczi (1921) zutage getretenen Probleme in früheren Arbeiten den Torticollis als (präödipale) Konversionshysterie beschrieben hatte, trug sie nun die Auffassung vor, der Torticollis repräsentiere ein *präverbales Symbol*. Der Patient sei tief regrediert, so daß er nicht mehr imstande sei, seine Affekte sprachlich zu symbolisieren. In diesem Zustand tiefer Regression greife er nun, weil ihm keine anderen Ausdrucksmittel mehr zur Verfügung stehen, auf eine motorische Ausdrucksweise zurück, die ihr Pendant in der Vor-Ich-Stufe des Kleinkindes finde. Die hierbei benutzte motorische Schablone entspreche dem „Rooting", einem Steuerungsschema der Saug- und Fühlbewegungen des Säuglings, das von R. Spitz beschrieben wurde, und markiere auch den Beginn des Neinsagenkönnens. In Anlehnung an die „Allmacht der Gebärden" von Ferenczi (1913) spricht M. Mitscherlich vom magischen Glauben des Torticollispatienten an die „Allmacht der Bewegung". Im motorischen Geschehen selbst stecke die tiefe Ambivalenz mit einer Hinwendung, wie bei einem hungrigen Säugling, oder einer Abwendung, wie bei Sättigung.

Das „Rooting" des Säuglings und analoge Suchbewegungen im Zustand der Regression sind eine Sache, eine andere ist die extrapyramidale Kopfbewegung beim Schiefhals. Wir müssen darauf hinweisen, daß die Torticollisbewegung aufgrund der neurophysiologischen Untersuchungsergebnisse als krankhaft anzusehen ist und keinem natürlichen, frühkindlichen motorischen Bewegungsschema zugeordnet werden kann. Die im Elektromyogramm nachweisbaren Muskelaktivitäten bzw. Hyperkinesen lassen sich neurologisch interpretieren als Desintegration im Entwurf der extrapyramidalen Programme der Bewegungsschemata, die zu einer zentralnervös bedingten Falschaktivierung der beteiligten Muskeln führen. Die Mitinnervation der antagonistisch wirkenden, in Ruheposition bereits angespannten Muskeln bei willkürlichen Kopfdrehbewegungen bilden nach Fasshauer „neben der ohnehin erheblichen Komplexität der Bewegungsanomalie ein Argument gegen eine psychogene Entstehung des Torticollis spasmodicus" (1983, S. 538). Die Bewegungsanomalie des Schiefhalses ist also kein isoliertes psychogenes Symptom im Sinne einer regressiv entstellten Suchbewegung. Um diese Theorie zu begründen, müßten viele Hypothesen geprüft und bestätigt werden. Es müßte also nicht nur gezeigt werden können, welche affektiv-kognitiven Prozesse beim Erwachsenen infantile Suchbewegungen auslösen, sondern es müßte v. a. demonstriert werden, wie diese auf dem Wege der Regression in das Bewegungsschema des Torticollis umgestaltet werden. Der Begriff des Präsymbols ist ebensowenig wie die Annahme einer präödipalen Konversion ein Ersatz für plausible Hypothesen und deren Prüfung. Der Begriff des Präsymbols enthält wie alle anderen Spekulationen über die sog. frühe Entstehung körperlicher Erkrankungen phantasievolle Vermutungen über Spaltungsprozesse. Um nicht mißverstanden zu werden, betonen wir ausdrücklich, daß Freuds u. Breuers Entdeckung der Auswirkung verklemmter Affekte und die Bedeutung von Abreaktion und Katharsis in der Therapie zu den Grundlagen der psychoanalytischen Praxis gehören. Würde der Schiefhalsbewegung aber eine Abspaltung umschriebener triebhafter oder affektiver oraler Objektbeziehungen zugrunde liegen, müßte die Wiederentdeckung im kathartischen Urschrei oder in irgendeiner Körpertherapie möglich sein. Davon ist nichts bekannt, und wie die Dinge liegen, ist weder beim Torticollis noch bei ähnlichen körperlichen Erkrankungen zu erwarten, daß eine Abreaktion kausal wirksam werden kann. Denn das Symptom entsteht nicht aufgrund einer abgespaltenen Affektquantität.

Diese kritischen Anmerkungen zur Psycho(patho)genese somatischer Erkrankungen und des Torticollis im besonderen schränken die Reichweite der psychoanalytischen Therapie zwar ein, geben ihr aber eine wissenschaftlich solide Grundlage. Der vorgelegte Behandlungsbericht zeigt, daß sich seelische Faktoren als psychogene Teilbedingungen auf Krankheitsentstehung und Symptomverlauf auswirken können. Geht man von jenen Faktoren aus, durch die eine Symptomatik aufrechterhalten wird, trifft man auf die typischen Grundängste, die durch die Erkrankung ausgelöst und verstärkt werden und der persönlichen Psychodynamik entsprechend auftreten, so daß sich bestimmte behandlungstechnische Schwerpunkte ergeben. Im Sinne des im Grundlagenband (9.4) skizzierten Ulmer Prozeßmodells haben wir aus der Psychoanalyse von Herrn Erich Y einige Foci als thematische Brennpunkte dargestellt. Diese stehen in der von uns seit Jahren vertretenen Theorie der Entstehung psychosomatischer Erkrankungen in einem *unspezifischen* Zusammenhang mit dem Schiefhals. Wir teilen also die Auffassung von Bräutigam und Christian, „daß bei den meisten psychosomatischen Erkrankungen *die formgebenden, d.h. krankheitsspezifischen Elemente* in der *körperlichen Disposition* bereitliegen" (1986, S.21; Hervorhebung im Original). Auch nach unserer Erfahrung bestimmen seelische und soziale Einflüsse die Krankheitsmanifestation und ihren Verlauf.

Die Vielfalt und Vielgestaltigkeit seelischer Probleme macht es von vornherein unwahrscheinlich, daß für den Schiefhals - und das gleiche gilt für andere körperliche Erkrankungen - spezifische Korrelationen mit bestimmten Belastungen oder seelischen Konflikten gefunden werden können. Trotzdem geht der Eindruck vieler Kliniker, daß sich beispielsweise Schiefhalspatienten irgendwie von anderen Kranken unterscheiden, wahrscheinlich nicht nur auf eine unkritische Verallgemeinerung von Einzelbeobachtungen zurück. Die beobachteten oder vermuteten Ähnlichkeiten kommen dadurch zustande, daß die gleiche Erkrankung ähnliche psychosoziale Probleme mit sich bringt, die ihrerseits den Verlauf beeinflussen und zur Reaktivierung typischer Ängste und Unsicherheiten führen. Hier liegt der Zugang, durch eine Psychoanalyse nicht nur das subjektive Leiden zu lindern, sondern auch den Krankheitsverlauf günstig zu beeinflussen. Es wäre also ein Irrtum, aus der Unspezifität in der Pathogenese eine geringschätzige Einstufung seelischer Faktoren bei Manifestation und Verlauf vorzunehmen. Erfolgt die psychodynamische Diagnostik unter therapeutischen Gesichtspunkten, also zur Bestimmung von thematischen Brennpunkten, begibt man sich mit dem Patienten zusammen auf einen Weg, der Korrekturen zuläßt. Etwas anderes ist es, einen Gruppenvergleich durchzuführen. Es hängt von der Perspektive des Untersuchers ab, welcher Typologie die untersuchten Fälle zugeordnet werden. Die erhobenen Befunde lassen sich wegen des Mangels an prospektiven Untersuchungen und wegen der Vernachlässigung der Auswirkung der Erkrankung auf das Befinden nicht verallgemeinern. Für die Durchführung einer psychoanalytischen Therapie ist die gegen allen Zweifel gesicherte Tatsache, daß es häufig oder regelmäßig zu einer *sekundären Neurotisierung* kommt, als besonders wichtig bzw. als u.E. für eine Indikationsstellung ausreichend anzusehen.

Das Erleben von Hilflosigkeit angesichts einer sozial auffälligen chronischen Erkrankung ist für bereits neurotische Patienten besonders belastend. Bestehende Sozial- und Über-Ich-Ängste verstärken sich häufig bei auffälligen körperlichen Symptomen, so daß es zur Isolierung kommt, um nicht mehr den beschämenden Blicken anderer Menschen ausgesetzt zu sein. Die Verunsicherung führt zu gesteigerter Selbstbeobachtung. Wie die fremden, so richten sich nun auch die eigenen Augen auf sich selbst und bringen das sprichwörtliche Tausendfüßlerphänomen hervor - man stolpert wegen zunehmender Befangenheit über die eigenen Füße. Dementsprechend geht auch die therapeutische Befreiung von erhöhten Fremd- und Selbstbeobachtungen Hand in Hand vor sich, wobei in der Beziehung zum Analytiker beispielhafte Erfahrungen gemacht werden können.

Aus dieser Sicht läßt sich zwanglos die von Bräutigam (1956) beschriebene Abhängigkeit der Symptommanifestation von der Situation, der Stimmung und der räumlichen Lage erklären, z.B. die automatische Symptomverstärkung durch die Beunruhigung vor dem Erblicktwerden. Einen ähnlichen Ansatz verfolgt P.Christian (1986) in der Erklärung des Schreibkrampfes, den er mit der Überlastung durch gleichzeitige Verarbeitung affektiver und kognitiver Anforderungen erklärt. Hierbei mißlingt der flüssige Handlungsvollzug, weil die gleichzeitige Verarbeitung widerstreitender affektiver und kognitiver Anforderungen die Koordinationsfähigkeit des Patienten überlastet. Agonisten und Antagonisten arbeiten im wörtlichen Sinn gegeneinander und nicht harmonisch miteinander. Der Schreibkrampf hat als zielgerichtete Handlung freilich eine instrumentale Seite, während die pathologische Kopfdrehung des Schiefhalses sozusagen ins Leere läuft. Es sind die Berührung des Schreibinstruments und die Schreibhandlung, die den Krampf auslösen. Hierbei kommt ebenfalls häufig der kritische Blick anderer als symptomverstärkender Auslöser hinzu. Oft tritt der Schreibkrampf überhaupt nur in umschriebenen Situationen oder bei bestimmten Aktionen auf, z. B. beim Abgeben der Unterschrift am Bankschalter etc. Daran wird deutlich, daß der Schreibkrampf wie andere verkrampfte, mißlingende Handlungen - beispielsweise beim Spiel eines Musikinstruments - und andere „Tics" *primär* in einem unbewußten Bedeutungszusammenhang stehen, der beim Schiefhals fehlt.

Wir sind angesichts der Ergebnisse der Affektforschung der Meinung, daß diese Vorgänge über weite Bereiche durchaus subliminal ablaufen, also nicht bewußt sind. Da z. B. bei der Kognition „Gefahr" der gleichzeitig entstehende Affekt „Angst" die motorische Handlungsbereitschaft „Lokomotion" - weg vom Objekt - auslöst, dürften auch bei einer unterschwellig ablaufenden, unbewußt entstandenen Angstspannung die Muskeln innerviert werden bzw. die automatisch mitlaufenden Bewegungsentwürfe des extrapyramidal-motorischen Systems die Hyperkinesenaktivität auslösen. Dieser Sachverhalt könnte auf alle habituell gewordenen „Spannungen" zutreffen, die als persönliche Reaktionsbereitschaften in Erscheinung treten. Bei diesen und ihren Beziehungen zu neurotischen oder somatischen Symptomen setzt die psychoanalytische Therapie an.

6 Vom Interview zur Therapie

Vorbemerkungen

In Abweichung vom Grundlagenband stellen wir in diesem Kapitel den alles entscheidenden Weg vom Erstinterview zur Therapie in den Mittelpunkt. Dies kann in besonderer Weise an jenen Patienten gezeigt werden, die bei selektiver Indikationsstellung oft als ungeeignet für eine konfliktaufdeckende Therapie betrachtet werden. Schichtzugehörigkeit, Delinquenz und Adoleszenz (6.2) werfen erfahrungsgemäß besondere Probleme zumindest in der Einleitungsphase auf. Der Umgang mit Angehörigen (6.3) gehört auch zu jenen Bedingungen, die eine Therapie günstig oder ungünstig beeinflussen können.

Der ausführlichen Darstellung der Probleme der Fremdfinanzierung im Grundlagenband stellen wir ein Beispiel eines psychoanalytischen Behandlungsverlaufs an die Seite (6.4). Die Auswirkungen von Gutachten auf die Übertragung heben wir gesondert hervor (6.5).

6.1 Ein Erstinterview

Dem Erstinterview ging ein kurzes Telefongespräch voraus. Nach mehreren diagnostischen Explorationen hatte der überweisende Psychiater eine Psychotherapie empfohlen und dem Patienten Herrn Ludwig Y die Anschriften einiger niedergelassener Psychotherapeuten gegeben. In den darauffolgenden Monaten gelang es diesem nicht, mit einem der empfohlenen Therapeuten einen Termin zu vereinbaren. Mich bewogen verschiedene Gründe, das Erstinterview kurzfristig zu verabreden. Die höfliche Bescheidenheit seiner Anfrage, der jede emotionale Beteiligung zu fehlen schien, führte mich zur Überlegung, ob diese Eigenschaft des Patienten dazu beigetragen haben könnte, daß er abgewiesen bzw. weiterverwiesen wurde. Es bildete sich während des telefonischen Gesprächs in mir die Vermutung, daß die Not des Patienten sehr viel größer war als er zum Ausdruck zu bringen vermochte.

Herr Ludwig Y kommt auf die Minute pünktlich. Der hochgewachsene, sehr schlanke und elend aussehende etwa 30jährige Mann wird seit Monaten wegen vielfältiger psychosomatischer Beschwerden, v. a. wegen einer Herz-Kreislauf- und einer Magen-Darm-Symptomatik ergebnislos untersucht. Trotz seines schlechten Befindens hat er sich als besonders pflichtbewußter Angestellter nicht krank schreiben lassen.

Schon zu Beginn des Erstinterviews fiel mir die Widersprüchlichkeit zwischen seiner zähen und unermüdlichen Suche nach einer Psychotherapie und einer gewissen Unfähigkeit, seine Wünsche dringlich zu machen, auf. Dieser Eindruck, den ich auch schon während der telefonischen Anmeldung gewonnen hatte, rückte in den Mittelpunkt meiner Überlegung: Dem Mann geht es sehr schlecht, er hält sich gerade noch über Wasser. Meine erste Intervention betrifft den Hinweis auf seine Fähigkeit, die ihm trotz seiner Sorgen und seiner Hilflosigkeit geblieben ist. Als ich ihm sage, den Rat, eine Psychotherapie zu machen, habe er ernstgenommen und nicht nachgelassen, herumzutelefonieren und sich zu bemühen, freut er sich. Ja, meint er etwas zurückhaltend, Hartnäckigkeit sei eine Stärke von ihm. Dann wendet er sich mir zu und wiederholt nachdrücklich: „Hartnäckigkeit".

Ich kann heraushören, wie stolz er auf dieses ihn berührende Wort war. Die schnelle Übersetzung meines Hinweises auf sein erstaunliches Durchhaltevermögen hat zwischen ihm und mir etwas reinszeniert. Vater und Sohn hatten sich oft in einer vom Alltag abgehobenen, gewählten Sprache miteinander unterhalten und sich eng verbunden gefühlt, wenn sie auf diese Weise ihre ganz einfachen Lebensverhältnisse hinter sich ließen. Später wurde ein anderer Aspekt seiner Beziehung zum Vater deutlich, der sein Durchhalten beim Suchen eines Psychotherapeuten verständlich machte. Der Vater hatte sich nämlich pedantisch an Empfehlungen, die von oben kamen, gehalten und dient ihm als Vorbild für eine freundliche Art, sich durchzusetzen.

A.: *Was macht Sie so hartnäckig?*

P.: *Meine 2. Ehe droht in die Brüche zu gehen! Es gibt dauernd Krach. Schlimme Worte fallen.*

A.: *Worte, die zwischen Ihnen und Ihrer Frau hin und her gehen?*

P. (schweigt eine Weile): *Streiten kommt für mich fast gar nicht in Frage. Ich kann mich auch nicht ärgern. Über den Psychiater habe ich herausbekommen, alles läge daran, daß ich keine Persönlichkeit habe. Er hat mir - sozusagen - eine Aufgabe gegeben. Ich sollte mir mal überlegen, was ich eigentlich gern habe. Nichts habe ich gern, überhaupt nichts, wovon ich sagen könnte, das mag ich. Wenn ich bei anderen im Zimmer z. B. eine Schallplattensammlung betrachte, kann ich sagen, aha, der liebt Klassiker! Bei mir ist ein Riesenchaos, da geht Jazz und Klassik durcheinander. Und noch was: Wenn mir einer sagt, eine Mozart-Messe erschlüge ihn förmlich oder eine Beethoven-Sonate rühre ihn zu Tränen - nein, sowas kenne ich bei mir nicht.*

A.: *Sie haben sich eben bei mir umgeschaut!*

Meine Bemerkung ermutigt ihn. Er läßt seinen Blick nochmals und nun ganz offen von einer Ecke zur anderen schweifen. Ich begleite seine Neugier mit den Worten: Jetzt fangen Sie von vorne an! (Wir lachen beide.)

P.: *Ja, ich sehe also Blumen. Und auch auf dem Bild sind Blumen. Sie müssen wissen, ich habe eine Schicht um mich rum. Die verhindert, daß irgend etwas tiefer in mich eindringen kann. Wenn nach innen nichts hinein kann, dann gibt's auch nichts, was da drinnen bleiben kann.*

A.: *Und wenn Sie denken, da drinnen bliebe nichts, dann kann sich da auch nichts regen. Sie können sich nicht ärgern. Das hat Ihnen eingebracht, mit anderen Leuten Ihren Frieden zu haben.*

P.: *Ja. Aber* jetzt *habe ich damit entsetzlichen Schiffbruch erlitten. Meine Frau kritisiert, daß ich oft innerlich unbeteiligt sei, ich sei initiativelos. Das macht sie wütend. Dann macht sie Krach. Und dann will sie mich provozieren mit schlimmen Worten.*

Er führt an Beispielen aus, wie seine Frau schimpfe, was sie alles allein machen müsse, weil er nichts anrege und keine Verantwortung übernehme. Dann wechselt er das Thema.

P.: *Ich habe mich ja viel beobachtet in letzter Zeit. In meiner Jugend hatte ich kein Mädchen. Ich habe keine fragen können, weil ich immer Angst hatte, stehengelassen zu werden. So habe ich's gelassen. Bis eine kam, die mich fragte, und die habe ich dann auch gleich, weil* sie *es wollte, geheiratet. Das konnte ja nicht gutgehen. Es gab entsetzliche Szenen, dann die Scheidung. Ich ließ ihr alles, verschuldete mich und flüchtete nach Hause zu meinen Eltern. Ich war damals depressiv. Ich mußte in psychiatrische Behandlung. Man hat mich auf Geisteskrankheit untersucht, die ich nicht hatte. Ich bekam Tabletten.*

Herr Ludwig Y faßt seine Gedanken auffallend kurz zusammen. Er hat offenbar schon viel nachgedacht. Auch achtet er darauf, nicht zu ausführlich in seinen Schilderungen zu werden und bleibt ohne viel Mühe sachlich. Nur hin und wieder werden ihm die Augen feucht, was er schnell unterdrückt, als könne er mich damit belästigen. Auch entschuldigt er sich, wenn er meint, er habe mich unterbrochen oder ich habe etwas sagen wollen. Diese Beobachtung, die mir eine Erklärung gibt für meinen ersten Eindruck, daß er sich herumschicken lasse, fasse ich kurz zusammen.

A.: *Ich habe den Eindruck, daß Sie sich bemühen, Ihre Sorgen kurz und möglichst sachlich zu schildern, auch daß Sie sorgfältig darauf achten, mir jeweils den Vortritt zu lassen und auf mich einzugehen, weil etwas in Ihnen sich mir als ein besonders angenehmer Mensch zeigen will.*

P. (lacht etwas, als ob er davon wüßte): *Aber die gegenteiligen Folgen stellen sich dann um so schlimmer ein.*

Er kommt wieder darauf zurück, wie es ihn bekümmert, daß er nichts für sich selbst festhalten könne. Das habe ihn damals ja auch daran denken lassen, er könnte geisteskrank sein. Etwas sei bei ihm nicht in Ordnung.

Überlegung: Ich hatte dem Patienten mit der Zusammenfassung, mit welcher höflichen Bescheidenheit er sich anpaßt, nichts Neues gesagt. Aber im Sichverstandenfühlen fing er an, das, was *er* als *neu* bei sich entdeckt hatte, dringlicher, gefühlsbeteiligter zu beschreiben. Dabei fällt wieder seine präzise Wahrnehmungs- und Ausdrucksfähigkeit auf, die bestätigt, wieviel er aufnehmen und bei sich behalten kann.

A.: *Es zeigt sich eine Diskrepanz zwischen Ihrem Denken, für sich nichts festhalten zu können, und Ihren differenzierten Beschreibungen, in denen alles enthalten ist, um sich ein Bild über Ihre Schwierigkeiten zu machen.*

P.: *Ja, auf meine Ausdrucksfähigkeit bin ich stolz!*

Unmittelbar nach dieser positiven Aussage des Patienten beende ich das Gespräch mit einem Hinweis auf die Begrenzung auf 50 Minuten. Ein Termin für die Fortführung in 2 Tagen wird verabredet.

Zum nächsten Gespräch bringt Herr Ludwig Y den Überweisungsschein des Hausarztes mit. Er trägt - wie sich am Schluß der Sitzung herausstellt - eine Armbanduhr, deren Piepser auf 50 Minuten eingestellt ist. Er weist mich noch auf einen Fehler in den Personalien des Überweisungsscheins hin, sagt aber nichts über die dort eingetragene Verdachtsdiagnose „Psychose". Ich meine dem Patienten ansehen zu können, daß er mir etwas Wichtiges sagen möchte.

P.: *Mir ist etwas nachgegangen. Manchmal bin ich ein Auflehner, ein Angreifer. Aber das kommt alles aus dem Kopf. Da wühlt es, während ich innerlich eine Leere empfinde. Da sieht's ganz diffus aus.*

A.: *Damit verbindet sich Angst, es könnte was ganz Diffuses aus Ihnen herauskommen.*

Der Patient reagiert darauf nicht und spricht weiter über die innere Leere.

A.: *Ich denke, die Leere, von der Sie sprechen, benutzen Sie als eine Art Phantasiegebilde. Ist's da drinnen leer, ist nichts dahinter, um sich als Auflehner und Angreifer gefährlich vorzukommen.*

P. (strahlt mich erleichtert an): *Ah, ich habe da ein Phantasiegebilde, das ich als* Schutz *benutze? Ja, wenn ich mich so stark schützen muß, wird es ja schlimm in mir aussehen. Was da wohl alles bei mir rauskommen wird?*

A.: *Solche Gedanken kommen einem, wenn man auf dem Weg ist, sich zu einer Psychoanalyse zu entschließen.*

P.: *Also in guter Gesellschaft bin ich, in zahlreicher Gesellschaft.*

A.: *Ja, und manche wagen wegen dieser Angst keine Therapie.*

P.: *Ich bin mir gewiß, daß ich so in meinem Leben nicht weitermachen kann.*

Überlegung: Zum Stundenanfang brachte der Patient eine Reihe Informationen, die u. a. zu dem Anpassungsverhalten der 1. Stunde gehören. Ich wartete auf weiteres Material, um in der relativ kurzen Zeit der Erstgespräche mehr über Angst und Abwehr zu erfahren. Von seiner Angst habe ich wohl zu früh gesprochen. Der Patient überhörte meinen Hinweis jedoch nicht ganz. Er blieb zuerst einmal bei dem ihn beschäftigenden *Leeregefühl.* Und über die Abwehrdeutung des Leeregefühls als ein Phantasiegebilde, das er benötige, fand er von selbst zu dem Wort *Schutz* und zeigte sich entspannt. Ich benutzte die Situation auch, um den Entscheidungsprozeß zur Psychoanalyse voranzubringen. Ich wollte noch einige Daten für den Kassenantrag erfragen. Daß der Patient die Verdachtsdiagnose „Psychose" nicht erwähnte, könnte anzeigen, daß ihn das Gefühl der Leere als ein Verdacht auf etwas Schlimmes beunruhigt.

Nach einer Pause fragt Herr Ludwig Y wie aus heiterem Himmel.

P.: *Gehört meine* Labilität *auch dazu?*

Ich schiebe den Überweisungsschein, der noch auf dem Tisch liegt, ein Stück zu ihm hin.

A.: *Haben Sie die Diagnose gelesen, und beziehen Sie sich jetzt darauf?*

P.: *Gelesen ja, ich weiß nicht, was das heißt.*

A.: *Psychose heißt Geisteskrankheit, wovon das letzte Mal hier die Rede war.*

P.: *So? Nein, das habe ich ja nicht.*

A.: *Sie waren auch nie in einer psychiatrischen Klinik?*

P.: *Nein.* (Ganz rasch fügt er hinzu:) *Auch niemand aus der Familie gewesen.*

A.: *Was denken Sie, welche Diagnose auf Sie zutrifft?*

P.: *Ich kenne mich da nicht aus.*

Der Patient hört sich meine Erklärung des Unterschieds zwischen Psychose und Neurose – anscheinend uninteressiert – an. Er möchte offensichtlich bei seiner Frage nach „Labilität" bleiben.

A.: *Wir sollten vielleicht aufgreifen, was Sie mit Labilität meinen. Sie wollten mir wohl mehr darüber sagen. Ich bin eben abgeschweift.*

P.: *Wenn einer vorangeht, gehe ich immer gleich mit* (lacht etwas). *Also, ich bin ein-*

mal von den Glücksautomaten, wo man Geld hineinsteckt, wie magisch angezogen gewesen. Ich geniere mich dafür. Ich bin da in schlechte Gesellschaft hineingeraten. Saufbrüder! (Dabei lacht mich der Patient lauthals an und nickt dazu.) *Alle gaben da Parolen von sich. Das war in der Zeit, als ich mich von meiner ersten Frau trennte.*

A.: *Mit Hilfe von Alkohol kam damals zutage, was sich sonst nur da drinnen, innerlich, abspielt.*

P.: *Säufer und Kinder sagen die Wahrheit. Na, dann sieht's ja schlimm aus in mir. Da wird's mir ganz ängstlich zumute.*

Überlegung: Ich vermutete, daß er nicht zu denen gehörte, die unter Alkohol große Sprüche machen und nahm an, daß er an der partiellen Enthemmung der anderen in der Phantasie partizipierte. Daraus ergab sich meine nächste Intervention.

A.: *Sie haben hauptsächlich* beobachtet *und versucht, sich selbst über die anderen zu erforschen.*

P.: *Das mache ich für mein Leben gern.* (Er schildert – jetzt ganz lebendig – wie er z. B. auf Bahnhöfen Menschen beobachtet, dann z. B. seiner Frau ganz lange Geschichten über seine Beobachtungen erzählt.) *Natürlich ist das alles meine Geschichte. Das weiß ich!*

Gegen Ende der Stunde fragt er sich und mich:

P.: *Ob ich das schaffe, etwas zu erarbeiten?*

A.: *Die Art, wie Sie heute auf das, was ich gesagt habe, eingegangen sind und weiter ausgeführt haben, was ich Ihnen zeigte, nämlich was sich bei Ihnen tut, um der Angst nicht ausgesetzt zu sein, wofür Sie das Wort „Schutz" benutzten, zeigt, daß es möglich sein wird, daran weiterzumachen.*

Der Piepser kündigt das Stundenende an. Natürlich müssen er und ich prompt lachen. Wir sind uns einig, daß er mir Arbeit abnimmt, es mir leichter machen möchte. Die „Lachmomente" spielen später in der Behandlung eine wichtige Rolle.

Überlegung: Während der Überweisungsscheindiskussion ging dem Patienten mein Bedürfnis, von ihm mehr Information zu bekommen und ihm Information zu geben, auf der bewußten Ebene gegen den Strich. Ich entschuldigte mich quasi mit den Worten „Ich bin abgeschweift" und führte das Gespräch zurück zur „Labilität". Der Patient kam aber im folgenden Material zurück zur Angst vor dem Verrücktwerden, wenn er auch den Ausdruck nicht benutzte. Seine Frage, ob ich glaubte, er könne etwas mit mir erarbeiten, brachte ich nicht wieder zurück auf den Punkt geisteskrank bzw. verrückt, sondern faßte die Verständigung zwischen ihm und mir in den beiden Gesprächen zusammen. Wegen seiner eher passiven Teilnahme an den Saufgelagen hatte er gefürchtet, als Alkoholiker zu gelten. Die Bezeichnung „Labilität" diente ihm als umfassende Selbstdiagnose. Durch meine Intervention, daß er dort durch Beobachter sich selbst sucht, fühlte er sich verstanden.

Zum 3. Gespräch bringt Herr Ludwig Y die Piepseruhr nicht mit.

P.: *Ich habe die Uhr bei meinem Vater gestern liegengelassen! Aber ich muß Ihnen erst sagen: Es hat sich etwas verändert. Heute morgen habe ich beim Aufwachen durch die Ritzen des Rolladens wahrgenommen, was draußen vor sich geht. Ich habe die Vögel gehört. Ich dachte, es hat sich nach dem letzten Gespräch in mir da drin et-*

was geöffnet, so wie die Ritzen beim Rolladen. Ein bißchen kann ich von meinem Inneren wahrnehmen, ich habe etwas verstanden. Ich sehe, daß meine innere Empfindungslosigkeit mit meinen Ängsten zu tun hat. Was für Ängste habe ich wohl?

A.: *Ja, da geht's weiter.*

P.: *Ich bin ja schon ein großes Stück vorangekommen.*

Er spricht etwas darüber, welche Erleichterung er fühle, sich mehr zutrauen zu können. Die restliche Zeit verwenden wir dann, um einige Daten für den Antrag auf Kostenübernahme bei der Kasse zu ergänzen.

Der Patient hat mir in den ersten Sätzen die wiedergewonnene Hoffnung nahebringen wollen. Wieviel Zeit er braucht und wie sich die Geschwindigkeit zwischen uns reguliert, war ein Thema, das Sorge bei ihm auslöste. Da mehrmals auf seine Ängste Bezug genommen worden war, beschäftigt es Herrn Ludwig Y, wie rasch er tieferen Ängsten ausgesetzt sein würde und wie er diese mit meiner Hilfe bewältigen könnte. Es wurde also von ihm - wie häufig in Erstgesprächen - die Abstimmung des Tempos getestet. In der Frage, wieviel er sich selbst zutrauen kann, war enthalten, ob er mir trauen kann - eine Thematik, die selbstverständlich später häufig aufkam.

Zusammenfassung: Die 3 Gespräche führen nahtlos in eine Analyse über. Es ist gelungen, sowohl wesentliche Konflikte zu erkennen als auch erste Schritte zur Problemlösung zu vollziehen. Der erhebliche innere Druck, unter dem er stand, läßt nach Angstabwehrdeutungen entscheidend nach. Er schildert seine Einsichten und seine Hoffnung und beginnt, alte Beobachtungen und neu Wahrgenommenes zu ordnen. In seiner Angst vor dem Verrücktwerden kumulieren viele verschiedenartige Angstinhalte, deren Äquivalente in psychosomatischen Beschwerden zum Ausdruck kommen und zum Teil regressiv in eine depressive Reaktion einmünden. Gelingt es, die *psychotophoben* Vorstellungen mit einzelnen Inhalten zu verknüpfen, die sich aufaddiert haben, nimmt erfahrungsgemäß diese Angst vor dem Verrücktwerden ab. Hierfür gibt es in den 3 Gesprächen bereits erste Hinweise. Die Abklärung dieser Ängste war vorrangig, um eine entspanntere Beziehungsebene zu erreichen. Es zeichnete sich bereits in der 1. Begegnung ab, wie er einen Beziehungskonflikt mit dem Vater gelöst hat. Die Reinszenierung in der Übertragung ist wie ein roter Faden in 3 Gesprächen zu verfolgen. Er findet mit seiner philosophischen Betrachtungsweise, seinen treffenden Ausdrücken mein Gefallen, lacht über sich und die Welt mit mir wie mit seinem Vater.

6.2 Spezielle Probleme

Den speziellen Problemen beim Übergang von Erstinterview und diagnostischen Gesprächen zur Therapie geben wir aus gutem Grund viel Raum. Es ist keine Kunst, mit einem gebildeten Patienten aus der oberen Mittelschicht, der unter erheblichem Leidensdruck steht und für eine Psychotherapie hoch motiviert ist, eine Analyse zu beginnen. Wir haben mehrere Beispiele des nahtlosen Übergangs vom Interview zur Therapie unter 2.1 wiedergegeben. Auch das im letzten Abschnitt zusammengefaßte Erstinterview (6.1) stellte keinen hohen Anspruch an die flexible Anwendung der psychoanalytischen Methode. Die Fähigkeit des Analytikers zur *adaptiven* Indikationsstellung wird hingegen auf die Probe gestellt, wenn es darum geht, Patienten für eine Analyse zu gewinnen, die aus den verschiedensten Gründen nicht leicht zu erreichen sind. Sieht man von Psychosen, Suchtkranken und Grenzfällen ab, die häufig zunächst einer stationären Behandlung bedürfen, so sind es 3 Gruppen, die spezielle Probleme aufwerfen: Schichtzugehörigkeit (6.2.1), Delinquenz (6.2.2) und Adoleszenz (6.2.3) bringen zumindest in der Initialphase, also am Übergang vom Interview zur Therapie, besondere Schwierigkeiten mit sich, so unterschiedlich diese im Gruppenvergleich und im einzelnen Fall auch sein mögen. Es liegt uns daran, die *adaptive* Indikationsstellung an Fällen zu erproben, die bei *selektiver* Indikationsstellung den Auswahlkriterien nicht genügen und abgewiesen werden, weil sie sich für die psychoanalytische Standardtechnik nicht eignen. Paßt man sich in der Gesprächsführung an die Erwartungen des jeweiligen Patienten an, schmilzt die Gruppe der unzugänglichen Patienten auf besondere Problemfälle zusammen. Bei adaptiver Indikationsstellung erspart man also vielen Kranken das deprimierende Los, überall durch die Maschen zu fallen und von einer Stelle zur anderen hin- und hergeschoben zu werden. Ohne Zweifel ist es oft sehr schwierig, einen nicht motivierten Kranken davon zu überzeugen, daß eine Psychotherapie sinnvoll wäre. Deshalb sind Patienten, die zwar über zahlreiche Beschwerden klagen, aber zunächst keinen Zusammenhang mit ihrem Erleben für wahrscheinlich halten, bei Vertretern aller psychotherapeutischen Richtungen gleichermaßen unbeliebt. Zu Absagen kommt es nicht selten schon am Telefon. Freilich ist es ein günstiges Zeichen, wenn sich ein Patient nicht entmutigen läßt und sich um einen Behandlungsplatz bemüht. Insofern gehören die Patienten, über die wir berichten können, weil sie den Weg in unsere Sprechstunde gefunden haben, bereits einer Untergruppe an.

6.2.1 Schichtzugehörigkeit

Wiewohl wir in diesem Abschnitt kasuistisch einige Probleme diskutieren, die bevorzugt bei Patienten aus der unteren sozialen Schicht auftreten, geben wir dem Abschnitt einen umfassenderen Titel. Wir wollen damit im Sinne der Untersuchung von Cremerius et al. (1979) zum Ausdruck bringen, daß die Schichtzugehörigkeit typische behandlungstechnische Probleme aufwerfen kann. Es ist kein Zufall, daß seit der Kostenübernahme durch die Pflicht- und Ersatzkrankenkassen etwa ⅔ der analytisch oder tiefenpsychologisch behandelten Patienten der Mittelschicht angehören und nur ⅓ aus der Bevölkerungsgruppe stammt, die bei der allgemeinen Ortskrankenkasse versichert ist. Auf der anderen Seite finden auch die „Reichen und die Mächtigen" relativ selten den Weg zum Analytiker, wie der erwähnten Studie von Cremerius zu entnehmen ist.

Wir beschränken uns auf behandlungstechnische Anfangsschwierigkeiten bei Patienten, die aus der Unterschicht kommen. Bezüglich der Klasseneinteilung folgen wir den allgemein gebräuchlichen Kriterien von Hollingshead u. Redlich (1958), wie sie von Menne u. Schröter übernommen wurden. Diese Autoren haben als Kriterien für Schichtzugehörigkeit die berufliche Stellung und die Schulbildung verwendet.

Als Unterschichtpatienten galten Arbeiter (einschließlich Facharbeiter und unselbständige Handwerker), vorwiegend manuell tätige einfache Angestellte und Kleinstbauern, soweit sie keine Mittlere Reife als Schulabschluß und keinen Abschluß einer Fach- oder Handelsschule hatten und Beruf und Bildungsstand der Väter - näherungsweise auch der Mütter - unter diese Kategorie fielen. Bei verheirateten Frauen mußten auch Beruf und Bildungsstand des Ehemannes diesen Kategorien entsprechen, da der soziale Status und die sozio-ökonomische Situation einer Familie wesentlich auch durch Berufsstatus und Einkommen des Mannes bestimmt sind (Menne u. Schröter 1980, S.16).

Zumindest für die Anfangsphase der psychoanalytischen Therapie von Unterschichtpatienten sind folgende Punkte zu beachten: Der Analytiker sollte diesen Patienten besonders viel aufklärende Informationen geben. Noch mehr als sonst sind körperliche Beschwerden in ihrer erlebten Eigenständigkeit ernstzunehmen. Denn das „Mitsprechen" von Symptomen ist in der Regel eine spätere Entdekkung. Zu frühe tiefe Interpretationen führen zu Mißtrauen und verstärken die Distanz. Kann sich der Analytiker nicht in die Arbeits- und Lebensbedingungen von Angehörigen anderer sozialer Schichten versetzen, fehlen die Voraussetzungen des verstehenden Nachvollziehens. In der Anfangsphase wirkt sich eine sehr passive Gesprächsführung abstoßend aus. Der typische Unterschichtpatient fühlt sich noch mehr als sein vorgebildeter und höhergestellter Mitpatient durch abstinentes Verhalten eines Analytikers, der glaubt, keine Fragen beantworten zu dürfen, vor den Kopf gestoßen. Folgt man den Regeln der Alltagskommunikation, die auch Freud ganz spontan beherzigte, als er mit Katharina eine „Bauernsprechstunde" abhielt, läßt sich ein psychoanalytischer Dialog Schritt für Schritt aufbauen. Andernfalls kommt es zu jenen Reaktionen, die Schröter (1979) beschrieben hat. Der sog. Unterschichtpatient erlebt das Gespräch (und den Analytiker) als „unnormal", ist beunruhigt und lehnt ab, was ihm fremd und unverständlich bleiben muß. Schröter hat die formalen Aspekte des psychoanalytischen Dialogs so beschrieben, als wäre es eine Sünde, zunächst alltägliche Kommunikationsformen einzuhalten. Werden Deutungen hingegen in einen Dialog eingebettet, der im wesentlichen den Bedürfnissen und Erwartungen eines Patienten entspricht und inhaltlich auf dessen Erleben abgestimmt ist, kommt es nach unserer Erfahrung auch nicht zu jenen Reaktionen, die den Unterschichtpatienten zugeschrieben werden. Die Beobachtung, daß Unterschichtpatienten Deutungen häufig als Vorwürfe, Kränkungen und Entwertungen erleben, ist also ein Ergebnis der unempathischen Anwendung der psychoanalytischen Methode.

Einige Erfahrungen, die in einer gruppentherapeutischen Vergleichsuntersuchung (Heising et al. 1982) gewonnen wurden, lassen sich auf die Einzeltherapie anwenden. Aus verschiedenen Gründen ist Unterschichtpatienten daran gelegen, Distanz aufrechtzuerhalten. Weil eine bessere Welt gesucht und das Gespräch mit dem Analytiker ganz real zu einer neuen und ungewohnten Erfahrung wird, stoßen bestimmte positive wie negative Übertragungsdeutungen auf Unverständnis. Konflikte werden eher mit Ersatzfiguren ausgetragen. Erst später läßt sich die darin liegende Aufteilung von Gut und Böse überbrücken und in der Übertragung bearbeiten. Diese Nebenübertragungen sind für den analytischen Prozeß fruchtbar. In der Distanz bildet sich eine gewisse idealisierende Übertragung aus, die von unbewußtem Neid und Klassenhaß durchströmt wird. Aber das interpretative Vorgehen, durch das der Analytiker sich als Übertragungsobjekt anbietet, muß modifiziert werden. Heising et al. (1982) sprechen von einer Kränkung, die der

Analytiker bei Unterschichtpatienten erlebe, weil die spezielle Befriedigung, die man als Objekt der Übertragung zumal dann erlebt, wenn diese deutbar wird, bei dieser Patientengruppe eingeschränkt ist. Die Autoren werfen die Frage auf, ob damit nicht die Mißerfolge, die in der Literatur über die analytische Arbeit mit Unterschichtpatienten beschrieben werden, sowie die Auffassung, diese seien nicht analytisch behandelbar, zusammenhängen könnten.

Bei Unterschichtpatienten ist eine längere Vorbereitungszeit zu empfehlen. Diese Patienten benötigen aufklärende Informationen über den Sinn der Behandlung. Es hat sich bewährt, einen umfassenden Lernprozeß gruppentherapeutisch einzuleiten (Junker 1972; Reiter 1973). Aus ähnlichen Gründen wie bei körperlich Kranken ist es wesentlich, daß der Analytiker auf Fragen zunächst ganz konkret eingeht und diese realistisch beantwortet. Hält man sich an diese einfachen Regeln, die durch den gesunden Menschenverstand nahegelegt werden, verflüchtigen sich viele angebliche Eigenschaften, die den Unterschichtpatienten (und den psychosomatisch Kranken, s. 9.9) zugeschrieben werden und an denen die Unbehandelbarkeit festgemacht wird, wie Phantasiearmut, rigides Über-Ich und Autoritätsangst. Auch die Unfähigkeit, innere Konflikte als bedeutsam anzusehen, und die Tendenz, statt dessen äußere Ursachen für die Erkrankung verantwortlich zu machen, sind häufig ein Kunstprodukt. Dieses entspringt der ungeduldigen Erwartung, daß der Patient Einsicht in seine inneren Konflikte bereits mitbringt.

Unterschichtpatienten haben nach dieser falschen Einschätzung typischer Merkmale eine beträchtliche Ähnlichkeit mit Kranken aus dem Kreis wohlhabender Privatpatienten, die jahrelang erfolglos wegen einer „psychosomatischen Struktur" behandelt werden (s. hierzu 9.9). Alles spricht dafür, daß beide diagnostischen Einstufungen Kunstprodukte sind. Fühlt man sich in die Welt eines Arbeiters ein und bemüht man sich um eine adaptive Indikationsstellung, treten die initialen Schwierigkeiten in den Hintergrund, und das Interesse des Analytikers am Leben eines Kranken aus einer anderen Bildungsschicht als der eigenen wird oft reich belohnt.

Leodolter (1975) und Wodak-Leodolter (1979) haben aufgezeigt, daß die Kommunikation zwischen einem Angehörigen der Unterschicht und einem Arzt aus der Mittelschicht keineswegs zureichend nach der Codetheorie von Bernstein (1975) beschrieben werden kann. Bernstein hat aufgrund der von ihm entwickelten Codetheorie die Möglichkeit des Gelingens eines therapeutischen Gesprächs zwischen einem Unterschichtpatienten und einem – meist aus der Mittelschicht stammenden – Arzt bestritten. Da dem Patienten wegen seines restringierten Codes das erforderliche Verbalisierungsvermögen fehle, finde der Arzt auch keinen Zugang zur Welt des Unterschichtpatienten. Offenbar ist Bernstein ebenso wie Schröter von festgelegten Regeln der psychoanalytischen Standardtechnik ausgegangen, die dann tatsächlich einen Dialog, wie ihn der gesunde Menschenverstand erwartet, nicht erlauben würden. Befreit man sich von solchen Festlegungen, erweisen sich viele Beobachtungen als Produkte einer geradezu mißbräuchlichen Anwendung der psychoanalytischen Methode. Jedenfalls verlangt die Untersuchung des verbalen und des averbalen Austauschs die Anerkennung, daß der Problemkreis sehr viel komplexer ist als ihn Bernstein umrissen hat. Wodak-Leodolter wirft beispielsweise folgende Fragen auf:

1) Fehlt dem Unterschichtpatienten tatsächlich das „Verbalisierungsvermögen"? 2) In welcher Weise unterscheiden sich US- und MS-Sozialisation; [US = Unterschicht, MS = Mittelschicht] welche Kommunikationsstörungen liegen jeweils vor; was ist daher die jeweils geeignete Therapieform? 3) Was bedeutet Heilung für den US-Patienten: Die Kritik, Psychotherapie würde „Anpassung" bedeuten an MS-Normen, an Systemzwänge, muß zumindest diskutiert werden (1979, S. 187).

Auch ist es u. E. nicht sinnvoll, das „Verbalisierungsvermögen" als globales Merkmal zu betrachten, anstatt es aufzugliedern und damit auch den besonderen Qualitäten des Ausdrucksvermögens einfacher Menschen gerecht zu werden.

Beispiel 1

Die knapp 40jährige berufslose Frau Susanne X stammte aus dörflichem Milieu und war mit einem Arbeiter verheiratet. Die Patientin kam in meine Sprechstunde, weil sie häufig in ausweglose Situationen geriet, in denen schließlich ein Erregungszustand auftrat. In häufigen psychogenen Dämmerzuständen wußte sie nicht mehr, was sie sagte und tat. Ziellos rannte sie davon. Voraus gingen heftige Streitereien mit dem Ehemann. Der Anlaß sei geringfügig, das Geschrei furchtbar. Frühestens am nächsten Tag, manchmal erst nach 3 Tagen würde sich die Spannung wieder lösen. Jahrelange medikamentöse Behandlung brachte keine Veränderung. Hausarzt wie Psychiater vermittelten ihr auf Fragen nach Psychotherapie sinngemäß immer wieder, daß es ihr für eine solche Behandlung an Geld und auch an Intelligenz fehle. In armen Verhältnissen großgeworden, wurde sie schon als Kind zur Arbeit verdingt. Damit weniger Esser am Tisch waren, mußte sie nach Abschluß der Volksschule sofort Geld verdienen.

Die bisherige Ablehnung einer Therapie hatte ihre Erwartung bestätigt, zu arm und zu dumm zu sein. Frau Susanne X ließ sich aber in ihrem Bildungshunger nicht entmutigen. Mit Hilfe der Medien (Zeitschriften, Bücher, Radio und Fernsehen) hatte sie sich vielfältig über Psychotherapie und Psychoanalyse informiert und sich schließlich an einen Psychiater gewandt, der sie an eine Analytikerin überwies in der Annahme, daß man der ungebildeten Frau ihre unrealistischen Ideen gründlich ausreden werde. Sie sollte ihren Psychotherapiewunsch endgültig begraben. Bei meiner Rückfrage ergab sich, daß dieser Kollege bei Überweisungen von Unterschichtpatienten mehrmals die Erfahrung gemacht hatte, daß von Analytikern keine Behandlungsindikation gestellt wurde.

In einer Mischung von Trotz, Angst und Mißtrauen hatte sich Frau Susanne X autodidaktisch weiterzubilden versucht. Sie fand sich in verschiedenen Buchtiteln wieder. Richters (1976) *Flüchten oder Standhalten* war Anlaß, sich um eine Analyse zu bemühen. Nach ca. 100 Stunden brachte sie mir etwa 10 ihrer Lieblingsbücher mit. Nachdem noch mehr Zeit verstrichen war, fragte sie mich, warum ich ihr die Lektüre dieser Bücher nicht untersage. Mein ausgesprochenes Zutrauen zu ihrer Bildungsfähigkeit ermutigte sie.

Bei der Durchsicht der ersten 10 Stunden einer 3jährigen niederfrequenten Analyse fällt mir auf, daß die Patientin versuchte, mich in fast jeder dieser Stunden zum Abbrechen, zum Aufgeben zu provozieren, als könnte sie nicht genug abgewiesen werden: sie gehöre zu den „Unteren".

Als ich mich ihr in den ersten Gesprächen während ihrer Schilderung, wieviel Armut, Elend und v.a. körperliche Züchtigung sie in ihrer Kindheit und Jugend erlebt habe, aufmerksam und mitfühlend zuwandte, kam unvermutet immer wieder der Satz dazwischen: „Bin ich überhaupt richtig bei Ihnen?“ Sie gab mir in dieser Form immer wieder „Hiebe“. Inhaltlich zeigte ich ihr, daß sie das, was sie vom Vater an Schlägen bekommen habe, hier erwarte und (durch Identifikation mit dem Aggressor) aktiv umgestalte. Sie beschrieb, was für ein grober Mann ihr Vater gewesen sei, er schrie und schlug, es sei ihm nur ums Geld gegangen. Ihren Mann habe sie geheiratet, weil er genau das Gegenteil sei, nämlich gutmütig. Aber das sei es nun, was sie ihm in den Streitereien vorwerfe, er habe mit allem und jedem einen zu langen Atem. Das versetze sie dann in einen Zustand hilfloser Wut und Angst. Sie sagte als letzten Satz im 1. Gespräch: „Wer das Böse erlebt hat, den zieht es dahin, selbst auch immer wieder das Böse zu tun!“

Ich bemühte mich, auf die „Bin-ich-hier-richtig?“-Fragen ausreichende Informationen zu geben. Die Patientin hatte mitgeteilt, daß sie viel gelesen habe. Meine Auskünfte beschränkten sich mehr darauf, daß ich versuchen wollte, sie zu verstehen, daß ich sie kennenlernen wollte und sie mich kennenlernen sollte, bevor wir weitere Pläne machten. Alles ungewohnt Neue war für sie, die mit mir am liebsten sofort gestritten hätte, beunruhigend.

Die 2. Stunde fing sie mit einem herausfordernden Blick auf mich gerichtet an: „Hat das hier überhaupt einen Sinn?“ Mein Hinweis, daß ich ihr zuerst einmal weiter zuhören wollte, was sie mir noch zu erzählen habe, brachte sie auf 2 Themen, die sie ausführlich abhandelte. Sie höre gerade eine Radiosendung „Reden und Redenlassen“. Daß sie eigentlich anhand der Sendung ausführlich beschrieb, was sie am 1. Gespräch bei mir fasziniert hatte, wurde weder von ihr noch von mir verbalisiert. Wir waren uns einfach einig, daß diese Art zu reden etwas Gutes sein könne. Sie schwenkte auf ihr 2. Thema um und beschrieb ein befreundetes Ehepaar, das vornherum „schöntun“ und hintenherum böse über sie klatschen würde. Sie sei eben mit dem Bösen aufgewachsen, sie wisse Bescheid.

Bei ihrer Schwester sei alles ähnlich gewesen. Deren Mann habe sich das Leben genommen. Wenn alles so weitergehe, bliebe auch ihr nur der Selbstmord. Sie habe alles vorbereitet. Ich erkundigte mich genau nach ihren Vorbereitungen und sagte ihr, daß sie gerade dann, wenn ihr ein Mensch mit Freundlichkeit begegne – ein Gefühl, das sie von meiner Seite spüre –, alles durch eine böse Tat, durch Selbstmord, beenden wolle. Bereitwillig räumte sie daraufhin die zurechtgelegten suizidalen Mittel weg, um sofort eine andere Möglichkeit, sich das Leben zu nehmen, zu erwägen. Ein Machtkampf um Leben oder Tod setzte ein.

Vor der 3. Stunde traf ich Frau Susanne X auf dem Gang vor dem Wartezimmer und sagte: „Komme gleich.“ Als ich 5 Minuten später die Sprechzimmertür öffnete, stand sie direkt an der Tür. Meine Mitteilung hatte sie ganz wörtlich genommen, und sie begründete ihren Beobachtungsposten damit, daß sie hörend verfolgen wollte, was ich tue. Sie schimpfte, daß ich niemanden im Sprechzimmer gehabt habe und sie sofort hätte hereinkommen können. Ich sei ja da, also! Sie handelte dieses Thema sofort wieder an dem befreundeten Ehepaar ab, das immer schöntut, aber sich eigentlich nur um den eigenen Vorteil kümmert; wie schäbig die sich anderen Menschen gegenüber verhielten. Zwei Menschen, meinte sie, hätten sich aufgehängt, einer in diesen Tagen. Dreimal wiederholte sie in dieser Stunde: „Jetzt werde ich mit denen abrechnen, am Samstag werde ich hingehen!" Dann fiel ihr ein, der Mann sei wie ihr Onkel, der auch wie der Vater nur schreien und schlagen könne und hinterm Geld her sei. Sie kam darauf, daß das Zurredestellen nichts außer Streit brächte, sie müsse das wohl mit sich selbst ausmachen. Sie habe schon etwas von mir gelernt; ihr Mann habe sich gestern im Betrieb wieder zum Trottel machen lassen, habe viel zu lange gearbeitet, weil alle noch etwas von ihm wollten, und sei dann übermüdet nach Hause gekommen. Sie habe ihn nur angehört und weiter nichts. Früher habe sie ihm gezeigt, was er für ein Trottel sei.

Ich hätte recht, meinte sie, sie würde zuschlagen mit Worten, im „Bäffen" und „Goschen" sei sie sicher. Miteinander reden hätte sie als Kind nicht gelernt. Sie erinnerte, die Mutter habe immer nur 2 Sätze gesprochen: „Du sollst nicht stehlen, und du sollst immer gehorchen!" In der 4. Stunde berichtete sie, am Vortag Bäume fotografiert zu haben, sie wolle Bäume während der 4 Jahreszeiten festhalten. Bis jetzt bestanden Bäume für sie nur aus Blättern, die man wegkehren müsse. Sie stellte fest, sogar die Bäume seien nur etwas Böses für sie. Die Patientin zeigte die ihr eigene psychologische Begabung, die ich ihr nicht erläuterte, in dem Sinne, daß sie ihre eigenen Veränderungs- und Entwicklungsmöglichkeiten jetzt erkannte. Sie arbeitete mit, sie veränderte sich, ließ z.B. ihren Mann ausreden. Daß sie damit die Interaktion mit mir imitierte, war klar. Hätte ich sie auf diese Übertragungsaspekte hingewiesen, hätte sie mich zurückstoßen müssen. Denn: was hätte denn das mit dem zu tun, was eine Frau Doktor macht? Mit der da oben hatte sie vorerst noch gar nichts zu tun, bewußt lehnte sie solche Zusammenhänge ab. Sie sagte mir auch wiederholt, daß sie zu den Unteren gehöre und ich zu den Oberen. Würde ich dieses Thema in Beziehung zu mir gesetzt haben, hätte sie mit Angstabwehr reagiert. Sie wäre ins Schimpfen gekommen darüber, daß das, was sie tue, überhaupt nichts mit dem zu tun habe, was ich tue, hätte mich auf Schöntuerei hingewiesen, was sie im Moment besser an ihren Freunden abhandeln konnte.

Behandlungstechnisch kann nutzbar gemacht werden, daß die Adjektive, mit denen Menschen aus der Ursprungsfamilie beschrieben werden, ziemlich unverändert in der Beschreibung anderer Personen wiederkehren und sich ein direkter Bezug leichter und schneller herstellen läßt, als es bei recht mißtrauischen Patienten sonst möglich wäre.

So benutzte die Patientin für mich erst einmal überraschend die gleichen Ausdrücke für den Freund wie für Vater und Onkel: geldgierig, herrschsüchtig, unmenschlich.

Daß die Patientin Beschimpfungen des Vaters identifikatorisch übernommen hatte, gab häufig Anlaß zu Konflikten mit ihrem Mann. Sie übernahm vom Vater hingeworfene Beschimpfungen, indem sie ihren Mann als armen Kerl, als Nichtsnutz bezeichnete und behandelte: „Wer kein Geld hat, ist nichts." Es festigte sich in den folgenden Stunden immer mehr die ödipal verführende Seite in bezug auf den Vater. Leider deutete ich viel zu früh, daß sie in dieser Weise den Vater verführe. Daraufhin schaute sie mich fassungslos an, lehnte, wie so oft beschrieben, eine Deutung ihres inneren Konflikts als etwas Groteskes ab und hielt mich für unglaubwürdig und seltsam. Warum Triebkonflikte nicht oder erst viel später gedeutet werden können, ist m.E. noch nicht genügend geklärt. Viele Menschen leben in Polarisierungen und nach einem Alles-oder-nichts-Gesetz, das besonders bei Angehörigen der Unterschicht mit speziellen Inhalten erfüllt ist. Statische Beschreibungen, daß rigide Über-Ich- oder schwache Ich-Funktionen vorliegen, sind aber völlig unzureichend, um diese komplizierten Prozesse zu erfassen.

Vorsichtiger geworden, achtete ich nun darauf, keine neue Angstabwehr in Gang zu setzen. Frau Susanne X ging rascher als man erwarten konnte dazu über, sich meiner zu versichern, daß ich sie nicht fortschicken möge. „Sie müssen aufpassen, daß ich keinen falschen Weg gehe!" Sie sprach mehr von ihrer Mutter. In der nächsten Stunde kam sie in knallroter Jacke und lachte, ob ich wisse, was das bedeute. Sie käme als Rotkäppchen, das von der Mutter fortgeschickt wurde. Fortgeschickt fühlte sie sich, weil ich ihr nicht ausdrücklich ihren Wunsch bestätigt hatte, auf sie aufzupassen - ihre Aufforderung war offengeblieben. Aus ihrer Sicht hätte ich ihr sagen sollen: „Ja, ich übernehme diese Funktionen der Mutter jetzt!" Das sei jetzt meine ärztliche Pflicht. Solche Enttäuschungen wandelte sie in der Folgezeit rasch um und entwertete die ärztliche Funktion. Dieses Thema fand viel später, in der *Endphase* der Behandlung, seinen Höhepunkt, als die Entmachtung auf verschiedenen Ebenen von ihr durchgespielt wurde. Nachdem die herkunftsbedingten Schwierigkeiten in der Einleitungsphase in der oben beschriebenen Weise geringer wurden, konnte der Patientin in den besonders hilfreichen Abschnitten der Analyse gezeigt werden, welche unbewußten ödipalen und präödipalen Neidinhalte am realen Bildungsmangel abgehandelt wurden. Auch wurde deutlich, daß sich damit in einem Teufelskreis der Mangel sowohl erlebnismäßig als auch tatsächlich verstärkte. Als die Patientin erkannte, welche Bedürfnisse sie zusätzlich zu befriedigen versuchte, lernte sie zwischen verschiedenen bewußten und unbewußten Absichten und Zielen zu unterscheiden. Aufschlußreich war, wie sich die zunächst als fremd erlebten, verinnerlichten Gebote und Verbote, also ihre Über-Ich-Instanz, umbildeten. Sie ersetzte fremde tyrannische Formeln durch eigene Worte. Diese Aneignung führte zu einer partiellen Umstrukturierung. 1½ Jahre nach Beendigung der Analyse rief Frau Susanne X an, um zu sagen, daß es ihr gutginge. Immer noch kämpfe sie innerlich darum, die Trennung von mir nicht als ein Verstoßenwerden zu empfinden. Ihr Vertrauen zu sich selbst - in Identifizierung mit dem, was sie bei mir in der Analyse für ihr Leben gewonnen hatte - bewähre sich über die Zeit hinweg. Allerdings meldeten sich immer wieder Zweifel, ob sie nicht doch ihrer Herkunft wegen auch in der Analyse zu kurz gekommen sei.

Beispiel 2

Im folgenden Fallbeispiel soll gezeigt werden, daß wir berufsspezifische Ich-Fähigkeiten zu Hilfe nehmen können, um soziale Unterschiede und die damit zusammenhängenden Minderwertigkeitsgefühle auszugleichen.

Der 37jährige Herr Viktor Y kommt wegen Schlafstörungen und körperlichen Beschwerden, unter denen er nach seiner „Niederlage", bei einer Prüfung durchgefallen zu sein, leidet. Seit seinem 18. Lebensjahr ist er als Monteur tätig. Aufgrund seiner Fähigkeiten habe er sich sicher genug gefühlt, eine Aufstiegsprüfung zu versuchen, aber sein Konflikt mit Autoritäten mache ihm einen Strich durch die Rechnung. Der Patient lebt in einer zufriedenen, kinderreichen Familie.

Zwischen telefonischer Anmeldung und dem Beginn einer 7monatigen Therapie liegen einige Wochen. Bezugnehmend auf diese von *ihm* eingelegte Pause erläutert er mir seine Technik, durch Distanzieren Autoritätskonflikte zu bewältigen. Allerdings handele er sich damit auch Nachteile ein. Ein scheinbares Desinteresse habe er auch mir vermittelt, sage ich daraufhin. Ja, aber es sei schon klar, daß er eine Therapie wolle.

Es folgt eine genaue Schilderung der für ihn so unglücklich ausgegangenen Prüfung. Noch ausführlicher wird er bei seiner Beschreibung der Umgangsformen zwischen Vorgesetzten und Untergebenen, wird leidenschaftlich in der Darstellung von beispielhaften Erfahrungen und läßt es an Situationskomik nicht fehlen. Überraschend schaut er mich an, unterbricht sich, er habe mich beinahe fragen wollen: „Haben Sie auch unten angefangen?" Er möchte, daß ich ihn verstehe. Alles habe er hineingesteckt, um in den mittleren Dienst zu gelangen. „Und jetzt!" Plötzlich weint er. Er verliere jetzt auch seine Freunde. Nur über Autos könne man mit den anderen reden. Er möchte da raus. Verwandte und Freunde draußen stichelten nun auch noch an ihm herum, er mache sich's ja nur leicht mit seinem Job. Er fühle sich verkannt. Mit dem Einschlafen sei's weiterhin schlimm. Es gehe ihm so viel durch den Kopf. Er sei aber kein Freund von Tabletten. „Aber jetzt", sagt er plötzlich, „Sie müssen den Sprung entschuldigen, meine Eltern! Die waren zu Besuch da. Und da fiel mir auf, so wie die will ich nicht werden. Meine Mutter konsumiert nur und hält den Vater unter Kuratel. Früher war der Vater die Autorität, er war Feldwebel, und jeder mußte ihm dienen." Er spricht dann davon, daß er - wie seine Mutter - Krankheiten übertreibe. Kaum habe er irgendwo Schmerzen, erzähle er es der ganzen Welt. Seine Frau könne tagelang Kopf- oder Kreuzschmerzen haben und sage nichts. Ich solle ihn recht verstehen, er schreie nicht herum, sondern muffle vor sich hin. Das sei möglicherweise viel schlimmer. Was er noch habe, daß er leidenschaftlich zu Hause aufräume, z. B. in der Küche, was seiner Frau gar keine Hilfe sei. Dann müsse er immer auf *seinem* Stuhl sitzen. Er beschreibt noch einige andere zwanghafte und abergläubische Verhaltensweisen.

Herr Viktor Y ist Elternsprecher in der Klasse eines seiner Kinder. Vor dem Elternabend drücke es ihn auf der Brust, und er zeigt auf sein Herz. Er lasse dann erst einmal einen anderen reden, hole sich Informationen, dann gehe es mit dem Sprechen leichter. Ich sage, wenn *er* anfange, fürchte er, angegriffen zu werden. So sei's, das umgehe er, indem er immer erst die anderen reden lasse. Nun müsse er wieder einen Sprung machen, er werde rot im Gesicht bis hinter die Ohren, wenn z. B. der Vorgesetzte käme; und es sei doch gar nichts, überhaupt nichts. Allerdings bereite er vor dem Einschlafen lange Reden vor, die er am nächsten Tag halten möchte. Er rede dann aber nicht das, was er vorbereitet habe, sondern aus dem Stegreif. Ich antworte, wenn er so aus dem Stegreif reden könne, besitze er doch Selbstsicherheit. Nein, er könne nämlich plötzlich losschimpfen, andere angreifen, und dann mache er sich Schuldgefühle über Schuldgefühle. Er sollte besser überhaupt nichts sagen. Er beschreibt, daß sein Nachbar das gleiche mache und mit allen Krach bekäme.

In der nächsten Stunde ist er still. Er erwarte meinen Befehl „Jetzt reden!" Er beschäftige sich zwischendurch mit seiner Gedankenarbeit, erst dann lasse er was raus. Er brauche die Behandlung nicht. Dann stellt er Betrachtungen an, wie mies es ihm gehe. „So," sage er sich, „tu was dagegen!"

Nun fängt er an, alles mögliche zu erzählen, immer in Rede und Gegenrede, sich selbst mit dem Vornamen ansprechend. Auf diese Weise kann es gar nicht dazu kommen, daß ich dazu etwas sage. Er gibt mir offenbar ein Bild von dem, wie er vor dem Einschlafen in der Nacht mit sich selbst spricht, und da sei ihm jetzt was passiert im Nachtdienst. „Grad Schluß, klingelt's Telefon! Herr Z., der kam mir gerade recht. Warum vor seiner Werkstatt noch Schnee sei. Weil Schnee gefallen sei. Warum der Schnee noch nicht weggeschippt sei. Weil der Schneeräumer noch nicht dagewesen sei.“ *Da* habe er sich wohlgefühlt. Da sei so einer, der gleich hochgehe. Mit dem könne er streiten, der sei so dumm im Fragen. Er errötet dabei. Als er dann unter der Dusche stand, wußte er schon, er hätte alles anders machen sollen: Erstmal anhören, dann „ja“ sagen, dann „da ist was schiefgelaufen“, dann „wird gemacht“. Wäre das abends gewesen, hätte er die ganze Nacht nicht geschlafen. „Der, der muß auf alles aufpassen, darin sieht er seine Aufgabe.“ So 'nen Job möchte er auch haben, das könne er auch. Meine Bemerkung, daß er am falschen Platz laut sage, wie ihm innerlich zumute sei, aber sich gleichzeitig ins Unrecht setze, bestätigt er mit „ja“. Es fallen ihm einige Beispiele ein, wie andere ihre Aggressionen bewältigen.

In den nächsten Tagen geht es ihm schlecht, er läuft verstockt und bockig herum und macht nur „Dienst nach Vorschrift“.

Dieser Patient, der in den ersten 2 Stunden in verschiedenen Versionen seinen Autoritätskonflikt beschreibt, hat mir in der ersten Viertelstunde mit seiner Beinahefrage „Haben Sie auch eine technische Lehre gemacht?“ gezeigt, daß ich als Ärztin natürlich einen anderen Werdegang hatte und nur *er* bezüglich seiner beruflichen Situation kompetent sein konnte. Ich höre den langen Aufklärungen, die er mir gibt, aufmerksam zu und weiß, daß er seine Kompetenz auf diese Weise genießen kann. So werden Ich-Fähigkeiten erkennbar, die dieser Über-Ich-diktierte Patient mit zwanghaften Zügen vor der Autorität Arzt sonst nicht so natürlich, sicher und angstfrei hätte schildern können. Dann beschreibt er, wie kompetent und verantwortungsvoll er in seinem Beruf zu entscheiden hat, sich dabei jedoch sehr rasch beschimpft fühlt. Als ich ihm sage, daß er da, wo er real Autorität besitze, sich ihrer nicht sicher fühle, geht er plötzlich zu einer Schilderung seines Betriebsarztes über. Das sei ein Mann, der bei aller Zuständigkeit nichts mit seiner ärztlichen Qualifikation ausrichte. Er habe ihm eine Kur verschrieben, die sehr schön gewesen sei, aber nichts geholfen habe, ebensowenig wie die verordneten Medikamente. Der nicht sprachgewandte Patient beschreibt in den nächsten 3 Sätzen, wie *er* die Entwicklung seiner Schwierigkeiten sieht. Wenn der Vater etwas sagte, bedeutete es, dem ehemaligen Feldwebel dienen zu müssen. Sagte die Mutter etwas, wurde man unter Kuratel gestellt, entmündigt. Er fürchtet, so ähnlich zu sein, und sagt sich gleichzeitig, so möchte er nicht werden.

Mit den an wichtigen Stellen eingeschalteten Zwiesprachen mit sich selbst zeigt er mir nicht nur sein Symptom, sein Grübeln, das ihn nicht einschlafen läßt, sondern zugleich auch, wie er der Übertragung aus dem Wege geht. Manchmal übernimmt dieser Patient ganz bewußt die Regie einer Stunde. Indem ich *nicht* deute, er müsse mir jetzt wegen der bei mir befürchteten Omnipotenz den Machtkampf ansagen, gehen der Dialog und die Zusammenarbeit weiter.

Auch nach Befreiung von neurotischen Einschränkungen durch Bearbeitung seiner unbewußten (ödipalen) Aggressivität verhindern gewisse intellektuelle Begrenzungen seinen Aufstieg, aber er braucht diesen nun auch nicht mehr, um das Rivalisieren mit seinem Vater (und Ersatzpersonen) zu einem guten Ende zu bringen.

In der letzten Stunde der Behandlung wirft Herr Viktor Y bei der Beschreibung eines Vorfalls im Nachtdienst mit technischen Fachausdrücken nur so um sich. Meine Feststellung, daß ich mangels Sachkenntnis dazu wenig sagen könne, läßt ihn triumphierend auflachen. Dann freut er sich über meine Bemerkung, daß er in einer schwierigen Situation entschieden und flexibel durchgegriffen und nicht eine Reparatur vor sich hergeschoben habe. Ja, er fände sich menschlicher. Er sei da nicht mehr der ewige Nörgler gewesen, wofür er bekannt war. Ja, die erkennen ihn da draußen gar nicht mehr wieder. Mit dem plötzlichen Satz: „Haben Sie bloß keine Angst, daß ich jetzt ausflippe!" bringt er mich nochmals zum Lachen. Er zählt auf, was sich verändert hat, kommt nochmals auf die nichtbestandene Prüfung. Halb lachend sagt er: „Ich finde mich damit ab, Elektriker zu bleiben, anstatt gleich zur Fachschule zugelassen zu werden." Ich fasse daraufhin die anfangs geklagten Schwierigkeiten kurz zusammen, die er damit hinter sich ließe, wie Dagegentoben, Wütendwerden im falschen Moment, im rechten Augenblick nicht die richtigen Worte zu finden usw. Nein, diesen Zirkus mache er jetzt nicht mehr mit. Unterbrochen von nachdenklichen Pausen sagt er, seine Kräfte, die er vielleicht habe, müsse er durchleben, erleben, und dann auch produzieren, wenn er auch nicht immer die nötige Nervenstärke haben werde. Ich sage, das sei ein gutes Schlußwort. Er steht auf und sagt „ja". Er werde auch seinem Doktor berichten. Herr Viktor Y gibt mir die Hand. „Danke. Ich komme nicht wieder." Das übliche „Auf Wiedersehen" hat er damit verschmitzt umgangen.

6.2.2 Delinquenz

Bei adaptiver Indikationsstellung, wie sie im Grundlagenband vertreten und begründet wurde, ist es durchaus möglich, Personen, die an einem dissozialen Syndrom leiden, erfolgreich psychoanalytisch zu behandeln. Dann zeigt sich auch rasch, daß die Bezeichnung trügt: Es ist keineswegs so, daß unter den dissozialen und delinquenten Verhaltensweisen nur die Umgebung und die Gesellschaft dieses recht uneinheitlichen Personenkreises leidet. Eine große Anzahl dieser aufgegebenen und scheinbar hoffnungslosen Fälle leidet durchaus unter sich selbst und ihren unkontrollierbaren Verhaltensweisen. Aufgrund etwa 30jähriger Erfahrungen, die v.a. in den niederländischen forensisch-psychiatrischen Einrichtungen gesammelt wurden, ist ein vorsichtiger Optimismus bezüglich der psychotherapeutischen Behandelbarkeit gerechtfertigt (Goudsmit 1986, 1987). Bei entsprechender Modifikation der psychoanalytischen Methode ist ihre Anwendung weit weniger heroisch als beim Menninger-Projekt. Seinerzeit war es nach Wallerstein (1986), der sich auf Ticho bezieht, ein „heroisches" Unternehmen, an der Standardtechnik auch bei Fällen festzuhalten, die eine größere Flexibilität in der Kombination therapeutischer Mittel erforderlich gemacht hätten - wie man im Rückblick weiß.

Die Modifikationen, die sich inzwischen überall bewährt haben, richten sich auf den Aufbau einer therapeutischen Beziehung. Viele Dissoziale haben in ihrer Kindheit und Jugend keine zuverlässigen familiären Bindungen erlebt.

Hat sich mit einem Dissozialen eine therapeutische Beziehung angebahnt, ist besondere Behutsamkeit am Platze, weil untergründig eine Beunruhigung entsteht. Zu oft hat er erfahren, daß es eine Weile mit einem Menschen gut auszuhalten war – bis zum überraschenden Abbruch: Aus der Sicht des Patienten so gut wie immer durch die Schuld des anderen. Die Projektion in die Außenwelt ist bekanntlich der bevorzugte Abwehrmechanismus dieser Patienten. Die damit einhergehende Erwartungsangst vor dem Abbruch bringt es mit sich, daß manche Patienten in diesem Moment den unbewußt gesteuerten Versuch unternehmen, die Beendigung antizipierend selbst herbeizuführen. Bei stationärer Behandlung bestehen dann Fluchtneigungen, bei ambulanter Behandlung kommt es zu beschwichtigenden Scheinheilungen. Es ist wichtig, auf solche Selbsttäuschungsversuche nicht einzugehen, die verführerisch sind. Denn man kann auf diese Weise im Guten auseinandergehen, wiewohl der Rückfall von beiden Beteiligten insgeheim vorausgesehen wird. Eine nüchterne Einschätzung der notwendigen Dauer der Therapie kann deren Kontinuität sichern. So liegt es auch im Interesse des Patienten, daß sich der Analytiker trotz seiner Einfühlung in die augenblickliche Lage in freundlicher Distanz hält und sich nicht so vor den Karren des Patienten spannen läßt, wie dieser es momentan im Sinne kurzfristiger Befriedigung haben möchte.

Oft ist es erforderlich, sich zunächst auf die therapeutischen Vorstellungen des Patienten einzulassen, um dessen Vertrauen zu gewinnen und ihn nicht auf Regeln zu verpflichten, gegen die er, weil sie für sein Erleben von oben kommen, wieder rebelliert. Im nachfolgenden Fall wurde auf Wunsch des Patienten einige Male eine Hypnose durchgeführt, und später erfolgte eine Kombination mit Bewegungstherapie. Bei Delinquenten ist die Einbeziehung eines Sozialarbeiters in den Therapieplan in vielen Fällen fast unerläßlich.

Beispiel

Erstinterview und lebensgeschichtliche Daten

Wir folgen den ausführlichen Aufzeichnungen des behandelnden Analytikers, die wir im Einvernehmen mit dem Autor zusammenfassen. Dem ursprünglichen Text glauben wir dadurch gerecht zu werden, daß wir uns zum einen an die vorgegebene Strukturierung halten und zum anderen besonders prägnante Stellen in der persönlichen Rede wiedergeben, die der Autor gewählt hat.

Die Behandlung des Simon Y begann mit einem Telefonat, dem das 1. Gespräch am nächsten Tag folgte. Der dissoziale, vorbestrafte, 37jährige Mann kam als Notfall zum Analytiker, der eine Erste-Hilfe-Leistung anbot. Entscheidend war, daß der Analytiker den mit einer Suiziddrohung verbundenen Wunsch von Simon Y nach einer Hypnotherapie nicht in erster Linie als Erpressung, sondern als Ausdruck einer großen Notlage akzeptiert hat. Andernfalls wäre es bei dem erwähnten Telefongespräch geblieben, das der Patient als eine weitere Abweisung registriert hätte. Die Bereitwilligkeit des Analytikers, das Repertoire therapeutischer Hilfen umfassend zu verstehen und Sandlers Diktum (1983) ernstzunehmen, daß Psychoanalyse das ist, was Psychoanalytiker machen, trug wesentlich zur Vertrauensgrundlage bei. Vieles muß zusammengekommen sein auf beiden Seiten, so daß sich schon im 1. Gespräch eine hilfreiche Beziehung einstellte, die auch eine 3monatige Wartezeit bis zum Beginn der Therapie überdauerte.

Wir vermuten, daß der Patient die Wartezeit deshalb gut überstanden hat, weil er im Angebot des Analytikers seine letzte Chance sah und aus dem langen 1. Gespräch auch die Hoffnung mitnahm, Halt und Sicherheit finden zu können. Der Patient hatte eine Wiederholung seiner früheren Erfahrungen erwartet, die er wörtlich so beschrieb: „Ich fürchte, mit mir ist nichts mehr zu machen, das haben all die anderen Doktoren auch gesagt und mich immer wieder weggeschickt." Nach einer Weile des Weinens fragte er den Analytiker: „Warum verschwenden Sie eigentlich Ihre Zeit mit mir? Solange wie Sie hat noch nie jemand mit mir geredet." In diesem Augenblick konnte der Analytiker dem Patienten glaubhaft versichern, daß er den Beschluß gefaßt habe zu versuchen, ihm bei seinem Kampf um ein anderes Leben beizustehen, ohne zu wissen, ob Hypnose wohl der richtige Weg sei. Wenn er sich jedoch viel davon verspreche, wäre er bereit, es damit zu versuchen.

Einige Anhaltspunkte für den subjektiven Hintergrund der Entscheidung dieses Analytikers, einen Therapieversuch zu machen, ergeben sich aus dessen Gedanken und Gefühlen, die folgenden Wortlaut haben: „Es ist eine Mischung von tiefem Mitleid und Entrüstung über die Art und Weise, wie man ihn behandelt hat, und ein Gefühl der Ohnmacht: Was kann ich da noch machen? Und doch habe ich im Laufe des Erstgesprächs den Eindruck bekommen, daß ich mit dem Patienten arbeiten kann und auch noch niemals ein echter Versuch einer Behandlung mit ihm unternommen worden ist ... Ich muß mit Nachdruck hinzufügen, daß ich dieses Angebot nicht als erzwungen empfunden habe."

Zum Zeitpunkt der positiven Entscheidung waren dem Analytiker Einzelheiten der Krankengeschichte und die Aufzeichnungen von anderen Institutionen noch nicht bekannt. Mit Zustimmung des Patienten wurden diese Berichte angefordert und eingesehen. Es ergab sich bezüglich der äußeren Daten der Art der Dissozialität und Delinquenz Übereinstimmung mit den Angaben des Patienten, die wir kurz zusammenfassen, um den Behandlungsverlauf verständlich machen zu können.

Der unehelich geborene Patient war unerwünscht und wurde Zeit seines Lebens hin- und her- bzw. abgeschoben: Vom Säuglingsheim nach der Geburt kam er zu den bigotten Eltern seiner Mutter, die Gott dafür dankten, daß sein Vater als holländischer Widerstandskämpfer verhaftet und in einem Konzentrationslager umgebracht wurde. In der Volksschule war er isoliert und durch ein sich im Laufe der Jahre verschlimmerndes Stottern behindert. Bereits als Kind hat er viel geweint, ein Symptom, mit dem er später berufsmäßige Hilfskräfte irritierte, die wegen seines Weinens mit ihm nichts anzufangen wußten. Der gutgemeinte Rat eines Schularztes, den 11jährigen und schwächlichen Buben in ein Erziehungsheim im Westen des Landes zu bringen, führte zur erneuten und schweren Traumatisierung. Wegen seines Dialekts blieb er unter den anderen Jugendlichen, die aus der Stadt kamen, ein Außenseiter. Der Abschied von der Mutter auf dem Bahnsteig, die seinem Bitten und Betteln, bleiben zu dürfen, kein Gehör schenkte und - wie er später begriff - wohl auch nicht schenken konnte, blieb als böser Verrat in seiner Erinnerung lebendig. Die beiden Jahre im Heim beschreibt Simon Y als eine grauenhafte Zeit.

Isolation und Wissenslücken entmutigten ihn, so daß er nach Rückkehr in seinen Heimatort 2 Lehren als Kraftfahrzeugmechaniker nach wenigen Tagen abbrach. Nach unregelmäßiger Tätigkeit als ungelernter Arbeiter bestand Simon Y die Fahrprüfung für Personen- und Lastwagen. Wegen Diebstahls wurde er zu 6 Monaten Gefängnis mit Bewährung verurteilt. Während einer langen Untersuchungshaft verweigerte er die Gesellschaft anderer Gefangener ebenso wie die ihm aufgetragene Arbeit. Nach der Entlassung arbeitete er als Fahrer unregelmäßig. Wegen Kopf- und

Rückenschmerzen wurde er oft krankgeschrieben. Das übliche Hin- und Herüberweisen zwischen den sozialen und sozialpsychiatrischen Diensten intensivierte sich. Mit der ihm angebotenen Hilfe konnte er nichts anfangen, so daß er 2 Aufenthalte in einer psychiatrischen Klinik von sich aus abbrach. Wegen eines sehr heftigen Streites wurde Simon Y mit 22 Jahren in ein Zentrum für Krisenintervention eingewiesen. Nun waren ihm seine pädophilen Neigungen, die er noch kaum praktiziert hatte, voll bewußt. Er lebte mit einem jüngeren Freund zusammen und hatte sich von dieser Gemeinsamkeit ein stetigeres Leben erhofft. Als der Freund die Verbindung löste, verfiel er zunächst in verzweifelte Wut und dann in eine depressive Verstimmung mit Suizidgedanken.

Im Netzwerk des sozialpsychiatrischen Dienstes und der konsiliarischen Untersuchungen fiel Simon Y zwischen die Maschen der geteilten Verantwortung und Zuständigkeiten. Bei einer gründlichen testpsychologischen Untersuchung wurde ein IQ von 104 festgestellt. Seine Zeichnungen lagen auf dem Niveau eines 12jährigen. Seine soziale Anpassungsfähigkeit wurde als gering eingeschätzt. Überraschend normal war allerdings der MMPI. Im Laufe der Jahre waren ihm große Mengen von Psychopharmaka verschrieben worden, die er aber schon längere Zeit vor Aufnahme der Psychotherapie nicht mehr eingenommen hatte. Schließlich war das Ergebnis weiterer psychiatrischer ambulanter Untersuchungen, daß man diesem Patienten, der nun erstmals auch von seinen pädophilen Neigungen berichtete und fragte, ob er von seiner Störung nicht mittels Hypnose befreit werden könne, nichts zu bieten habe. Auf diesen Gedanken war Simon Y aufgrund seiner Lektüre über Yoga gekommen. Es erfolgt eine erneute Überweisung in die Abteilung für Sozialarbeit mit der Maßgabe, eine andere Unterbringung für ihn zu finden. Simon Y lebt seit Jahren in einem baufälligen Haus und seit der Trennung von seinem Freund in völliger Isolation mit einem Hund als einzigem „Gesprächspartner".

Simon Y hat viel über den Sinn seines Lebens und seiner Schwierigkeiten nachgedacht und im Glauben an die Reinkarnation Lösungen gesucht. Er fürchtet, aus seiner Isolation nicht mehr herauszukommen und ist unsicher, ob er nun wirklich pädophil veranlagt ist oder nicht. Kurze sexuelle Verhältnisse zu Frauen haben ihn nicht berührt, während ihn Jungen unter 20 begeistern können: „Vielleicht suche ich bei diesen die Liebe, die ich niemals bekommen habe." Daß ihm ein solcher Gedanke durch die vielen vorausgegangenen Gespräche nahegelegt worden sein könnte, ändert wenig daran, daß Simon Y damit seine Lage aus seiner Sicht zutreffend beschreibt.

Der behandelnde Analytiker hat die Therapie in Behandlungsphasen eingeteilt, die sich an äußeren Daten und an thematischen Schwerpunkten orientieren. Wir geben einige prägnante Stellen wörtlich wieder und verkürzen durch Zusammenfassungen. Nach etwa 9monatiger Bemühung war die therapeutische Beziehung soweit konsolidiert, daß eine Überführung in eine analytische Psychotherapie möglich war. Aus didaktischen Gründen geht es uns hier um diese lange Aufbauphase und wie diese vom Analytiker gestaltet wurde. Wir beenden die Wiedergabe am Punkt der beginnenden Transformation.

1. Behandlungsphase

Während der 3monatigen Wartezeit hat sich seine persönliche und soziale Situation nicht verschlechtert. Pünktlich kommt Simon Y zu der verabredeten Zeit. Er macht einen verlegenen und verheulten Eindruck und sagt nur: „Da bin ich." Da eine Pause in diesem Moment schädlich sein könnte, frage ich ihn nochmals, wie er auf den Gedanken der Hypnose gekommen ist und was er sich davon erwartet. Er erzählt von früheren Yogaerfahrungen. Der Yogalehrer hätte ihm erzählt, daß der Mensch ein tiefgehendes unbewußtes Leben habe und man manchmal mit Hypnose hinter die Maske schauen könne. Ich sage dem Patienten, daß diese Mitteilung wahr sei, das Schauen hinter die Maske in vielen Fällen jedoch ungenügend sei, um dasjenige, was hinter der Maske verborgen sei, wirklich innerlich zu verarbeiten. Auch mache ich ihn darauf aufmerksam, daß es durchaus möglich sei, daß man hinter der Maske recht erschreckenden Dingen begegnen könne. Eine hypnotische Sitzung könne mit dem Kassettenrekorder aufgenommen werden, um ihm danach die Möglichkeit zu geben, selber zu hören, was er während der hypnotischen Sitzung gesagt habe. Der Patient antwortet, daß er das etwas gruselig finde. Mein Angebot, sehr belastende Lebensbereiche aus der Hypnose wegzulassen, weist Simon Y zurück, „wenn schon, dann alles" - er könne es schon ertragen.

Um seine Fähigkeit, in Trance zu kommen, zu erproben, beginnen wir mit den Übungen zum autogenen Training. Dieses Vorhaben mißglückt, da der Patient sich nicht konzentrieren kann.

Kommentar: Der behandelnde Analytiker beabsichtigt, die in der Hypnoanalyse gewonnenen Erinnerungen an affektiv stark besetzte, vergessene oder verdrängte Erlebnisse einer intensiveren, bewußten Auseinandersetzung zuzuführen und schlägt deshalb dem Patienten vor, das in der Hypnose geführte Gespräch auf Kassette aufzunehmen. Damit verliert die Hypnose auch ihren geheimnisvollen und magischen Charakter. Sie wird Teil des analytischen Vorgehens und kann sekundär bezüglich der in ihr sich vollziehenden Übertragungs- und Gegenübertragungsprozesse bearbeitet werden. In dieser Hinsicht ermöglicht die Einführung des Tonbands in die therapeutische Situation eine Erweiterung der adaptiven Indikationsstellung. Die voranalytische Behandlung eines Patienten während einer mehr oder weniger langen, flexiblen Einleitungsphase läßt sich dann methodisch korrekt in eine Übertragungs- und Widerstandsanalyse überführen. In Ergänzung zu unseren Ausführungen unter 7.9 kann diese Verwendung des Tonbandgeräts so kommentiert werden, daß nun Analysen nicht trotz, sondern gerade wegen der Verwendung dieses Hilfsmittels möglich werden. Auch Patienten, deren Mißtrauen vor den geheimnisvollen Einflußmöglichkeiten des Analytikers so groß ist, daß sie zunächst mißtrauisch sind und ihr eigenes Gerät mitbringen, können nun in adaptiver Indikationsstellung therapiert werden.

Das 2. Gespräch eine Woche später eröffnet der Patient mit der Mitteilung, daß sich wenig verändert habe. Dann muß er lachen und sagt: „Merkwürdig, man hofft sowas, obwohl mir klar ist, daß das überhaupt nicht sein kann." Er möchte es noch einmal mit den Entspannungsübungen probieren. Auch dieses Mal mißglückt der Versuch. Der Patient fragt, ob es möglich sei, daß ich die Entspannungsübungen auf ein Band spreche, das er dann mitnehmen könne, um zu Hause zu üben, was ihm zugesagt wird. Mit einem kleinen Lächeln beendet er: „Aber mit diesen Gesprächen mache ich weiter. Darauf können Sie sich verlassen."

Wie zu erwarten war, gehen die Übungen mit dem Tonband zu Hause auch nicht. Da die Weihnachtsunterbrechung vor der Tür steht, sprechen wir ausführlich hierüber. Ich biete dem Patienten an, bei ernsten Schwierigkeiten bei mir daheim anzurufen. Nach Weihnachten erzählt Simon Y, daß er sehr schlechte 3 Wochen gehabt hat, er habe sich entsetzlich einsam gefühlt, immer wieder wurde er von den Gedanken überwältigt, daß sein Leben doch sinnlos und alles unnütz sei. Hinzu kamen häufige Kopfschmerzen, die ihn zum Liegen zwangen. Die restliche Zeit hat er sich um seinen Hund gekümmert: „Ohne den Hund und die Aussicht hierherzukommen, hätte ich diese Woche nicht geschafft."

Simon Y hat keine rechte Klarheit darüber, was er im Leben sucht und will und was er nicht will oder was in der Rangordnung seines Wollens einen untergeordneten oder negativen Platz einnimmt. Deshalb rate ich ihm, eine Liste aufzustellen, was er wolle und was er nicht oder weniger gern wolle. Diese Liste bringt er zum nächsten Gespräch mit. Was er nicht wolle – so ergibt es sich aus seiner Aufstellung –, hängt mit Aufträgen zusammen, die ihm von Dritten und v.a. von der Obrigkeit gegeben werden. Die Dinge, die er gern möchte, hängen alle mit der Verbesserung seiner Lebenssituation, seiner körperlichen Beschwerden, seiner eingeschränkten Kontaktmöglichkeiten zusammen. Den größten Raum nehmen auch im Gespräch seine Unsicherheiten im Leben ein. Es zeigt sich, daß er sich auf keinem Gebiet wohlfühlen kann. Nur mit seinem Hund gibt es keinerlei Probleme, von ihm weiß er sich wortlos verstanden.
Kommentar: Indem der Analytiker strukturierende Vorschläge macht, übernimmt er Hilfs-Ich-Funktionen. Der Patient kann sich beim Aufstellen einer Liste über seine eigenen Ziele, die recht vage sind, ein besseres Bild machen. Diese Vergegenständlichung erleichtert auch die Gesprächsführung, weil auf etwas Faßbares zurückgegriffen werden kann.

2. Behandlungsphase

Simon Y spricht ausführlich über seine Minderwertigkeitsgefühle, die schon im Kindergarten anfingen und sich in der Schule verstärkten. Die Lehrerin stellte ihm keine Fragen mehr, weil er doch zu dumm sei. So sei es überall gewesen. Überzeugt sage ich, er habe viele tiefsinnige Gedanken. Außerdem habe auch die psychologische Untersuchung einwandfrei bestätigt, daß er nicht dumm sei. Das Problem sei nur, daß er von all diesen Erlebnissen doch einen Minderwertigkeitskomplex zurückbehalten habe, den es jetzt zu überwinden gelte.

Neben den Konzentrationsstörungen und Minderwertigkeitsgefühlen spricht er über sein Alleinsein und Sichalleinfühlen und über die Pädophilie. Er meint, daß er „den Jungs" etwas bedeuten könne. Beinahe errötend fügt er hinzu: „Ich denke jetzt nicht an Sex." Danach hält er mir eine Lektion, die beinhaltet, daß Pädophilie durch Anlage bestimmt ist und daß man daran nichts ändern könne. Da ich keinen Kommentar gebe, folgt eine Frage: „Oder könnte es sein, daß es mit alldem aus meiner Jugend zusammenhängt?" Meine Antwort lautet schlicht und einfach: „Ich denke schon."
Überlegung: Im Kopf habe ich den deutlichen Identifikationscharakter seiner Liebe zu den Jungen. Es ist noch zu früh, um eine Andeutung hierüber zu machen.

In der nächsten Stunde spricht Simon Y erst über das Gefühl von Unsicherheit, das er in all seinen Beziehungen hat. Wieder fragt er, ob das nicht mit seinen früheren Erfahrungen zusammenhänge. Dann erinnere ich ihn daran, daß wir in dieser Stunde einen hypnotischen Versuch unternehmen wollten. Simon Y antwortet erleichtert: „Ja, natürlich habe ich daran gedacht, aber ich wollte damit nicht anfangen, denn Sie hätten denken können, daß ich unbedingt meinen Kopf durchsetzen möchte." Etwas undeutlich stammelt er hinterher: „Außerdem wollte ich sehen, ob Sie es nicht vergessen haben."

Zur Einleitung des Trancezustands wähle ich die Fixationsmethode, da der Patient zur Genüge gezeigt hat, wie schlecht er sich konzentrieren kann. Es dauert ziemlich lange, bis Simon Y in einen leichten Trancezustand kommt. Sichtlich ist er mit dem Erreichten nicht zufrieden, denn am Ende sagt er: „Ich habe gar nichts gemerkt.“ Spürbar zweifelt er an meinem Können. Als ich ihm sage, daß es oft am Anfang schwierig sei, überzeugt ihn das nicht.

Es wundert mich nicht, daß Simon Y klagend in die nächste Stunde kommt: „Eine schlechte Woche, nichts getan, sehr viel Unlustgefühle und viel Kopfschmerzen.“ Ich sage ihm nicht, daß das von den Enttäuschungen über die letzte Stunde komme, sondern schlage vor, mit der Hypnose weiterzumachen. Dieses Mal kommt er rascher in Trance, und diese ist viel tiefer: Er erinnert sich an den Abschied von seiner Mutter, als er in ein Heim im Westen des Landes gebracht wurde. Sofort fängt er an zu heulen und berichtet zwischendurch mit Schluchzen, wie entsetzlich im Stich gelassen er sich gefühlt habe. Er ist völlig aufgelöst in seinen Schmerzen und fragt immer wieder: „Wie kann eine Mutter sowas einem Kind antun?“ Er erinnert sich, daß er bei der Abfahrt vor Aufregung und Angst auf dem Bahnsteig erbrochen hat, aber seine Mutter war unerbittlich. Er ist so erregt, daß ich ihm die Suggestion gebe, daß er sich nach dem Erwachen wohler und ausgeruht fühlen werde. Es ist dann auffallend, wie gefaßt und ruhig Simon Y nach der Hypnose ist. Er schweigt eine Zeitlang, sagt danach, daß er sich an alles habe erinnern können. Nach einer Pause: „Ich wage eigentlich noch nicht zu glauben, daß ich in dieser Behandlung bin und daß sie weitergeht.“

<u>Überlegung:</u> Ich sage ihm dazu nicht, daß er befürchte, ich könnte ihn wie seine Mutter wegschicken. Eine solche Deutung wäre zu diesem Zeitpunkt zu belastend.

<u>Kommentar:</u> Die Grundangst des Patienten, fortgeschickt und weggeschoben zu werden, also keine Sicherheit, keinen festen Punkt im Leben zu haben, und seine Angst vor einer Wiederholung haben den Analytiker veranlaßt, zunächst die Arbeitsbeziehung zu stärken und keine Deutung zu geben. Unseres Erachtens kommt es ganz darauf an, in welchen Kontext die Deutung der Angst vor einer Wiederholung von Verlusten gestellt wird. Die Regel, man solle die Angst am Punkt ihrer Dringlichkeit interpretieren, wird häufig so verstanden, daß es hierbei um den tiefsten oder stärksten Punkt der Angstentstehung gehe. Orientiert man sich hingegen daran, was ein Patient im Augenblick von seinen Ängsten auch zu meistern vermag, gelangt man zu anderen Punkten der Dringlichkeit und kann sich dann auf einem breiten affektiven Spektrum bewegen. Aus dieser Sicht spricht u. E. nichts dagegen, die Angst des Patienten beim Namen zu nennen und ihm auch gleichzeitig zu versichern, daß die Kontinuität der Therapie nach menschlichem Ermessen für eine gute Weile gesichert ist.

Es ist auffallend, daß er zur nächsten Behandlung in ziemlich guter Stimmung in die Stunde kommt. Es war eine gute Woche, jedenfalls für seine Verhältnisse. Nach seinen einleitenden Sätzen schlage ich vor, mit der hypnotischen Behandlung fortzufahren. Er kann sich nicht konzentrieren und schwitzt. Schließlich kommt er in Trance und erlebt sich im Kindergarten. Irgendwo sind auch andere Kinder - keine genaueren Erinnerungen. Das Kinderfräulein war nett. Simon Y sieht sich im Sandkasten und er fühlt sich wohl. Er wird nicht gehänselt.

Nach dieser Hypnose frage ich ihn, ob es nicht sehr einsam war dort im Sandkasten, während die anderen Kinder zusammen spielten. Simon Y schaut mich verwundert an und sagt: „Haben Sie denn noch nicht begriffen, was für eine Erleichterung es für mich war, daß die anderen Kinder sich nicht mit mir abgaben?

Das war doch grade das Schöne, daß ich in Ruhe gelassen wurde. Und auch das Kinderfräulein war nicht böse."

Er erzählt, daß seine Mutter seinen kleinen Spielzeugbären während der Zeit in dem Erziehungsheim weggetan habe. „Sie hat nicht begriffen, wie wichtig das für mich war." (Ich denke mir hierbei, daß ihm damit ein Übergangsobjekt weggenommen wurde.)

Am Ende der nächsten Stunde gebe ich ihm ein kleines Päckchen mit einem kleinen Spielzeugbären darin und sage dazu: „Es ist ja nicht derselbe wie von früher, aber vielleicht ist er auch lieb." Simon Y strahlt über beide Ohren, als ich ihm das Päckchen gebe. Er macht es nicht auf und geht still nach Hause.

Diese Woche ging sehr gut, seine Kopfschmerzen waren nach einem halben Tage Ruhe vorbei, danach erzählt er, wie sehr er sich über den kleinen Spielzeugbären gefreut hat. „Was für eine nette Geste von Ihnen." Danach machen wir wieder eine Hypnose. Diesmal kommt er sehr schnell in Trance und auch ziemlich tief - ein Geschenk für mich. Er schweigt erst eine Weile, dann wird er in zunehmendem Maße gespannt, schluckt einige Male, schaut ängstlich und sagt, daß er zuvor nicht gewußt habe, daß er damals nach Amsterdam verschickt wurde. Ihm wurde nur gesagt: „Es ist gut für dich, um mal mit anderen Kindern zusammenzusein." Er erzählt jetzt, daß seine Mutter und eine Sozialarbeiterin von der Fürsorgestiftung 1940/1945 für Kriegsopfer, die der Mutter Beistand gab, ihn nach Amsterdam gebracht hätten. Wieder weint er lange. „Wie konnte Mutter mir so etwas antun? Sie hat es ja nicht besser gewußt, aber als Mutter hätte sie mich doch begreifen müssen." Jeder Sträfling im Zuchthaus habe es besser als er es da gehabt habe. Der Sträfling weiß, wofür er sitzt. Er wußte nicht, warum man ihm das angetan hatte. Im Kinderheim hat er gelernt, widerspenstig zu werden.

Nach der Hypnose, in der es zu einer Katharsis kam, frage ich ihn, ob er später einmal mit seiner Mutter über diese für ihn so schreckliche Zeit gesprochen habe. Die Antwort lautet entschieden: „Nein. Das war völlig unmöglich. Mutter wurde böse, wenn ich hierüber etwas sagen wollte." Seitdem hat er es dann auch aufgegeben, mit der Mutter darüber zu reden.

Am Ende dieser Stunde fragt Simon Y, ob ich nicht auch der Meinung sei, daß es inzwischen auch ohne Hypnose gehe, denn so sehr viel Neues käme eigentlich nicht zum Vorschein, und er habe inzwischen gelernt, seine Scheu zu überwinden und mit mir offen über die Dinge zu reden. Ich stimme ihm zu und ergänze, daß, wenn er es gerne wolle, auf seinen Wunsch natürlich auch noch einmal eine Hypnose gemacht werden könne.

<u>Überlegung:</u> Das Geschenk des kleinen Bären ist eine ungewöhnliche Intervention. Selbstverständlich habe ich lange darüber nachgedacht, ob ich das tun könne und ob ich damit nicht die Zuneigung des Patienten „erkaufe". Schließlich habe ich es getan, weil ich meinte, daß es gut sei, daß der Patient ein sichtbares und deutliches Zeichen meiner Anwesenheit und meines Engagements habe, zumal die Behandlung nur einmal pro Woche stattfinden konnte. Der weitere Verlauf der Behandlung hat gezeigt, daß meine Handlungsweise richtig war: Die therapeutische Beziehung ist dadurch sehr viel fester geworden, was auch den therapeutischen Prozeß deutlich beeinflußt hat.

3. Behandlungsphase

Es geht ihm in der letzten Zeit besser, er stellt die Frage, ob das viele Weinen in der Hypnose ein Wiedererleben des früheren Leides oder ein Abreagieren sei. Ich antworte, daß es wohl beides sei.

Nach der Osterunterbrechung erzählt er aufs Neue lange über seine Jugend, dieses Mal v.a. über die Tatsache, daß er keinen Vater hatte, weiter auch über all die Gefühle von Ohnmacht und Erniedrigung. In der nächsten Stunde spricht er über seine pädophile Einstellung. Erwachsene Männer stoßen ihn eher ab; mit Frauen kann er wenig anfangen. Der Vorzug der Jungen von 15-16 Jahren ist, daß ein solches Verhältnis nicht bindend ist. Eine Bindung kann er nicht eingehen. Zugleich bedauert er sehr, daß die Jungen älter werden, dann nicht mehr interessant sind, ihn nicht mehr aufregen und sich meistens auch von ihm abkehren. Das ist eine Art eingebauter Enttäuschung. Danach stellt er wiederum die Frage, was denn überhaupt der Sinn des Lebens „auf diesem einsamen Stern" sei. Ich lasse ihn viel erzählen, gebe keine Kommentare und stelle Fragen, um ihn zum Weitererzählen zu veranlassen. In der nächsten Stunde ist das Thema seine Passivität. Er kann tagelang nichts tun, er langweilt sich schrecklich und ist sehr schnell müde. Er ärgert sich gewaltig über sich selbst, aber kann mit dem Ärger nichts anfangen. Immerhin hat er sich inzwischen als Teilnehmer an einem Sportprojekt in seinem Wohnort angemeldet. Er hat es allerdings so getan, daß daraus nichts werden kann. Ich erzähle ihm von der Möglichkeit einer Bewegungstherapie und frage ihn, was er davon hielte, wenn ich ihn dafür anmelden würde. Unerwartet positiv reagiert er, daß ihm das eine gute Sache zu sein scheine.

Bereits in der nächsten Woche informiert er sich, ob eine Nachricht wegen der Bewegungstherapie vorliege. Er sagt, daß er zur Einsicht gekommen ist, daß er sein Leben doch anders einrichten muß. Daß es so nicht weitergeht und daß er es auch nicht geschenkt bekommt. Ich hatte ihm in einer der ersten Stunden gesagt, daß es gut ist, wenn er sich mehr Bewegung verschafft, auch sein Hund würde das sicher gut finden. Dem Patienten war die schlechte Kondition deutlich anzusehen. Jetzt erzählt er, daß er in den letzten Wochen viel gegangen und geradelt ist, er hat Muskelschmerzen davon. Er ist so vereinsamt, daß er eine permanente Gesellschaft überhaupt nicht vertragen könne. Auch ist er wieder böse, daß sein Leben so sinnlos dahinläuft. Dann kommt ein neuer Faktor: Er hat einen Konflikt mit der Stadtverwaltung. Eine zweite Aufforderung für die Hundesteuer findet er völlig unredlich. Simon Y klagt Stein und Bein über die Ungerechtigkeiten der Behörden. Dann geschieht das Wunder. Ohne daß er damit gerechnet hat, erhält Simon Y einen Brief vom Gemeindeamt, daß er aus besonderem Anlaß von der Bezahlung der Hundesteuer freigestellt ist. Simon Y freut sich über seinen Erfolg, sagt zugleich, daß es ihm eigentlich überhaupt nicht um die Steuer ging, sondern nur um das Durchsetzen.

Meine Annahme, daß dieser gewonnene Streit ihn in seinem Selbstgefühl stärken würde, erweist sich als Illusion. In den nächsten beiden Stunden klagt Simon Y, wie einsam er sich fühle, wie hoffnungslos seine Situation sei und daß alles doch keinen Sinn hat. Er hat die Nachricht bekommen, daß er Anfang Juli eine neue kleine Wohnung beziehen könne. Auch diesem Angebot steht er ambivalent gegenüber: „Hat eigentlich überhaupt keinen Zweck." Er fühlt sich mehr und mehr zu den Jungen hingezogen. „Nichts läuft mehr, nur noch Elend und Verdruß." Obwohl ich kurz zuvor Nachricht erhalten habe, daß Simon Y innerhalb kurzer Zeit mit der Bewegungstherapie anfangen könne, sage ich ihm in dieser Stunde nichts davon.

Überlegung: Ich habe den Eindruck, daß ich ihn damit nur oberflächlich trösten würde, aber ihn letztlich darin stören würde, seinen Konflikt zu lösen. Außerdem stehen wir kurz vor den Sommerferien, und es erscheint mir gut, eine gute Nachricht bis kurz vor der Sommerunterbrechung zurückzuhalten.

In der nächsten Stunde erzähle ich ihm, daß er nach der Sommerpause mit der Bewegungstherapie anfangen könne. Simon Y sagt darauf: „Wenn mir das vor einem Jahr gesagt worden wäre, hätte ich das nicht angenommen. Ich hätte doch nicht dran geglaubt. Heute habe ich die Absicht weiterzumachen." Danach erzählt er von einem Traum: Er war im Gefängnis, er fühlte sich mürrisch und völlig gleichgültig. Simon Y berichtet dann zum ersten Mal ausführlich, wie es damals zu seiner Straftat gekommen sei.

Überlegung: Ich denke daran, daß dieser Traum seine Wirklichkeit wiedergibt, allein, besonders vor dem Urlaub, aber auch jetzt finde ich es noch zu früh, um hier etwas zu deuten, besonders in Anbetracht der nahen Sommerunterbrechung.

Simon Y informiert sich, was ich mit meinem Urlaub anfange: Er hat es sich so vorgestellt: Nepal, Naturparksafari in Afrika oder mindestens Karibische Inseln. Ich sage ihm, daß ich meinen Urlaub in einem einfachen Bergdorf in Südtirol verbringen werde und gebe ihm auch meine Anschrift. Simon Y selbst hat keine Pläne: Wie sollte er auch? Bloß etwas undeutliche Ideen, daß er mit seinem Hund in dem uralten Lieferwagen, den er besitzt, irgendwo ganz weit weg, am liebsten in die afrikanische Wüste fahren würde. Danach sagt er: „Machen Sie sich über mich keine Sorgen, ich komm' über die Zeit schon gut weg."

4. Behandlungsphase

Nach der Sommerunterbrechung kommt der Patient träge in die Stunde. Er hat überhaupt keine Lust, in eine neue Wohnung umzuziehen. Nach einem Schweigen erzählt er, daß er vor etwa 4 Wochen die Bekanntschaft eines 14jährigen Jungen gemacht hat. Dieser Junge besucht eine Schule für Kinder mit Lernschwierigkeiten und Verhaltensstörungen; Simon Y beschreibt ihn als gefühlvoll und anhänglich. Der Junge ist oft den ganzen Tag bei ihm, zu sexuellen Kontakten ist es noch nicht gekommen, obwohl der Junge verführerisch sei. Wir führen ein langes Gespräch über das Für und Wider einer solchen sexuellen Beziehung mit einem minderjährigen Jungen. Simon Y ist überzeugt: „Wenn ein Junge selber so etwas will, dann ist es doch ein Zeichen, daß er es nötig hat, und dann kann es doch nicht schädlich sein." Er nennt selbst die Schwierigkeiten im Zusammenhang mit gesetzlichen Bestimmungen: „Wenn der Junge ein Jahr älter wär, würde die Polizei schon eher ein Auge zudrücken." Nachdem Simon Y dieses Thema berührt hat, frage ich ihn, ob ihn die Risiken einer solchen Beziehung nicht abschrecken. Simon Y antwortet spontan, daß er daran wohl denke, aber Risiken müsse man im Leben in Kauf nehmen, außerdem habe dieser Junge schon mehr Erfahrungen und würde sicher nichts sagen. Ihm selber ginge es nicht so sehr um den sexuellen Kontakt, sondern um die liebevollen Gefühle, die er für diesen Jungen hege.

„Wenn er mich aber so eindeutig zu sexuellen Kontakten verleitet, weiß ich nicht, ob ich dem widerstehen kann“, fügt er hinzu.
Überlegung: Nach diesem Gespräch wird mir deutlich, daß die therapeutische Beziehung jetzt so fest ist, daß er mir diese Dinge ohne jede Furcht erzählen kann. Zugleich stelle ich mir die Frage, die ich nicht ausgesprochen habe, ob das Anknüpfen dieser Beziehung mit dem Jungen nicht eine Folge der Ferienunterbrechung ist.

Einige Stunden später kommt Simon Y sehr erregt in die Praxis: Er wurde in seinem Haus durch eine Gruppe älterer Jungen bedroht. Durch die Hintertür konnte er entkommen, worauf die Jungen weggingen. Bei näherem Fragen wird deutlich, daß Simon Y mit einem dieser Jungen vor einigen Jahren sexuelle Kontakte hatte. Dieser Junge hat jetzt jedoch eine Freundin und ist voller Haß gegen Simon Y. Ausführlich sprechen wir davon, daß dies eines der Risiken des geschlechtlichen Umgangs mit Jüngeren ist, und ich fasse zusammen: „Die Jungen wollen ein Abenteuer und Sex, während du eine Beziehung wünschst, die du mit deinen Altersgenossen noch nicht haben kannst. Dadurch habt ihr eigentlich völlig verschiedene Interessen, weshalb eine solche Beziehung nicht das geben kann, was du davon erwartest. Außerdem kann sie nur eine sehr kurze Zeit dauern.“ Gerade dieses Letzte, sagt Simon Y, sei ihm ja besonders wichtig, vor einer längeren Beziehung scheue er zurück. Außerdem sei Pädophilie anlagemäßig bedingt, so daß er doch nicht anders könne. Ich erwidere hierauf, daß wir später noch weiterreden würden und daß die Dinge nicht so einfach seien, wie er sie sich vorstelle. In den nächsten 2 Jahren wird dieses Thema dann auch immer wieder von verschiedenen Facetten aus besprochen.

Ich habe den Eindruck, daß nach 9monatiger Therapie die Aufbauphase abgeschlossen ist und sich die therapeutische Beziehung konsolidiert hat, so daß langsam die Phase der analytischen Psychotherapie anfangen kann. Beide Abschnitte sind in der Regel, und auch bei diesem Patienten, nicht scharf voneinander zu trennen. Die Hauptsache ist, daß es zu einem einigermaßen stabilen therapeutischen Verhältnis gekommen ist und der Patient zur Mitarbeit bereit und motiviert ist. Wichtig bleibt, daß sich der Übergang zur analytischen Therapie so kontinuierlich wie möglich vollzieht und daß nicht plötzlich für den Patienten völlig Unerwartetes in der Behandlung geschieht. Daß Deutungen immer auf das Erleben und auf das augenblickliche Verständnis und die Einsicht des Patienten gerichtet sind, ist kaum besonders hervorzuheben.

Das Ziel der weiteren Behandlung war gesteckt: dem Patienten die Möglichkeit zu schaffen, Sinn in seinem als unsinnig erfahrenen Leben zu finden. Im Hintergrund steht immer die Frage, inwieweit er wohl pädophil „veranlagt“ ist. Unsere Erfahrung, daß eine effektive Behandlung von ausgeprägten und fixierten psychosexuellen Störungen nur im Rahmen einer umfassenden psychoanalytischen Behandlung möglich ist, wird in diesem Falle bestätigt. Selbstverständlich spielt die Motivation hier eine ganz besondere Rolle.

Zusammenfassung der Behandlung bis Februar 19..

Hier müssen wir 2 Perioden auseinanderhalten: Die erste, vom August 19.. bis Anfang Oktober 19.., und die zweite von Ende Februar 19.. bis zum Abschluß dieses Berichts im Februar 19.. Schon jetzt sei bemerkt, daß die Behandlung noch weitergeht.

Kurz nach Beginn der 1. Phase bringt der Patient ein Schulheft mit persönlichen Aufzeichnungen in die Stunde mit. Er fragt mich, ob ich bereit sei, dieses in der nächsten Woche zu lesen. Schwerpunkt dieser Aufzeichnungen ist die Geschichte der Euthanasie seines Hundes: Dieser war schwer erkrankt und unheilbar. Um ihn nicht leiden zu lassen, hatte Simon Y die Schlafmittel, die er „für den Fall der Fälle" gesammelt hatte, seinem Hund gefüttert. Die Aufzeichnungen zeigen seine tiefen Gefühle, eine normale intellektuelle Begabung und eine Verwahrlosung.

Ein Thema, das die erste Zeit bestimmt, ist das viele Weinen. Nachdem er während einer Bewegungstherapiestunde einen Weinkrampf bekommen hatte, weint er viel in den Sitzungen. Er sieht in dem Weinen einen Ausdruck seines Unvermögens. Zugleich fühlt er in sich starke aggressive Kräfte, vor denen er Angst hat. Noch einmal bittet er um eine Hypnose. Dabei kommt es zu einem sehr starken Weinkrampf, wie er ihn seit den ersten Stunden der Behandlung nicht mehr gehabt hatte. Auffällig ist, daß, nachdem dieser Weinkrampf auf dem Hintergrund der letzten Erfahrungen besprochen ist, der Patient im weiteren fast nicht mehr weint. Weitere Themen, die immer wieder besprochen werden, sind seine Einsamkeit sowie sein Unvermögen, soziale Kontakte zu finden. Dann folgen, zunächst sehr zögernd, kleine, selbständige Schritte, Beziehungen anzuknüpfen: Er hilft bei einem Straßenunfall, er meldet sich als Helfer in einem Tierheim an. Dort wird er jedoch abgewiesen, wobei sein Erstaunen groß ist, daß er diese Abweisung ohne weiteres verträgt und nicht aus seiner Bahn geworfen wird. Das Thema Pädophilie bleibt in dieser Phase im Hintergrund; ab und zu stellt Simon Y sich die Frage, warum ihn denn gerade diese Jungen so interessieren. Es ist jedoch noch nicht an der Zeit, ausführlich über diese Dinge zu sprechen.

Recht überraschend erklärt er im Oktober 19.., daß er mit der Therapie aufhören wolle. Er fühlt sich selbständig genug und gestärkt, es ohne Therapie zu versuchen. Im weiteren erzählt er, daß er Kontakte mit einer Kommune hat, die bereit ist, ihn aufzunehmen. Er ist sehr beeindruckt, daß es außerhalb unserer Gespräche Menschen gibt, die ihn so, wie er ist, akzeptieren; auch seinen Hund darf er mitbringen. Er fragt, ob er noch einmal von sich hören lassen solle. Die Antwort lautet, daß ich mich darüber sehr freuen würde.

Nicht zufällig ruft er einige Monate später genau zur Zeit seiner Stunden an. Er erzählt, daß ein Bekannter sich auf eine äußerst dramatische Weise das Leben genommen habe. Am nächsten Tag kommt er und macht einen ruhigen und unerwartet selbstsicheren Eindruck. Den Selbstmord seines Bekannten findet er sehr traurig. Er kann sich alles so gut vorstellen, weil er sich früher so viele Jahre mit den gleichen Gedanken getragen hatte. Zugleich macht er deutlich, daß solche Gedanken nicht mehr in ihm leben. Dann erzählt er von der Kommune. Er hat dort ab und zu Konflikte, die er aber immer besprechen konnte. Ich bekomme den Eindruck, daß der Leiter der Kommune ein ziemlich autoritärer Mensch ist. Im weiteren fällt auch der Name eines Mädchens, das dort lebt. Nach dem Gespräch kehrt Simon Y zufrieden in die Wohngemeinschaft zurück.

Es ist deutlich, daß die Behandlung nicht beendet ist, um so mehr, als die Wohngemeinschaft ihn mehr zur Abhängigkeit als zur Selbständigkeit beeinflußt. Nach einigen Monaten kommt er zurück. Zunächst ist er depressiv, daß er aus der Kommune ausgeschieden ist; er sieht darin ein Versagen, und erst im Laufe einiger Wochen wird ihm deutlich, daß es kein Versagen, sondern ein Gewinn ist: Er hat sich dem Druck, sich zu unterwerfen, nicht gebeugt. Sein Selbstbewußtsein ist deutlich gestärkt, auch in manchmal trüben Stunden. In der Therapie steht jetzt die Pädophilie ganz im Mittelpunkt. Es ist nun an der Zeit zu deuten, daß er sich selbst in den Jungen sucht, daß es eine Identifizierungsliebe ist, daß er sie bewundert, weil sie - jedenfalls äußerlich - so sind wie er früher hätte sein wollen, nämlich unabhängig, frei und ungebunden und nicht ängstlich. Die jungen Freunde machen ihm deutlich, wie psychosozial gestört sie sind: Er erkennt, daß das Verhalten dieser Jungen beinahe ausschließlich der direkten Triebbefriedigung dient und daß sie in einem Mitmenschen nur ein Objekt der Befriedigung sehen, jedoch zu einer dauerhaften persönlichen Beziehung nicht oder noch nicht imstande sind. Abschließender Kommentar des behandelnden Analytikers: Beim Abschluß dieses Berichts stehen 2 Fragen im Mittelpunkt der Gespräche: Warum ist es für Simon Y so schwer, sich von diesen jugendlichen Freunden innerlich freizumachen, und warum hat er soviel Angst vor Frauen? Homosexuelle Kontakte lehnt er ab. Noch zu erwähnen ist, daß er seit längerer Zeit mit seinen früheren Freunden keine sexuellen Beziehungen mehr unterhält.

In der Behandlung ist sehr viel geschehen. Simon Y ist in vieler Hinsicht auffallend verändert, was ihm seine Bekannten auch verwundert bestätigen. Wir wissen beide, daß die Behandlung noch nicht zu Ende ist. Die Dauer hängt von dem Behandlungsziel ab.

6.2.3 Adoleszenz

In der Adoleszenz auftretende Krisen sind Ausdruck von *Umgestaltungen* und *Neuordnungen* (Freud 1905 d, S. 109), die wir heute unter dem Gesichtspunkt der Identitätsbildung und Identitätsfindung im Sinne Eriksons betrachten. Andere Seiten beschreibt Blos (1962, 1970) als Separations- und Individuationsprozesse, während Laufer (1984) die Integration der Sexualität in den Mittelpunkt stellt. Der Jugendliche macht qualitativ neue Erfahrungen mit sich, seinem Körper, seinen Eltern und nicht zuletzt bei der Suche nach Menschen außerhalb der Familie. Diese Aspekte werden innerhalb der psychoanalytischen Theorie der Adoleszenz noch zu wenig berücksichtigt. Der Jugendliche versucht nicht nur, seine Umwelt aktiv zu beeinflussen, sondern erprobt im Umgang mit seinen Konflikten neue Strategien (vgl. Seiffge-Krenke 1985; Olbrich-Todt 1984). So bezeichnet Lerner (1984) den Jugendlichen als „Produzent seiner eigenen Entwicklung". Diese entwicklungspsychologischen Befunde sind für die Konzeptualisierung des Behandlungsprozesses bei Jugendlichen deshalb bedeutsam, weil Behandlungstechnik und Behandlungsziel in Übereinstimmung mit der Entwicklungsdynamik formuliert werden müssen.

Bei der diagnostischen Einschätzung neurotischer Störungen in der Adoleszenz muß bedacht werden, daß die anstehenden „Umgestaltungen" aus den verschiedensten Gründen vermieden, blockiert, verzerrt oder aufgeschoben werden können. Das Verschwinden von tradierten Initiationsriten in unserer Kultur macht den Adoleszenten einsamer bzw. führt zu Gruppenbildungen neuer Art. Damit treten die altbekannten Zwiespältigkeiten, Stimmungsschwankungen und Polarisierungen besonders stark in Erscheinung. Neben der Entidealisierung der Erwachsenenwelt steht das Suchen nach neuen Vorbildern. Rebellion und Bewunderung lösen sich rasch ab, wobei der Therapeut zumeist sehr kritisch als Handlanger elterlicher und gesellschaftlicher Normen betrachtet wird. Häufig sind es überschießende Autonomiebestrebungen, die es erschweren, Beratung und Hilfe von einem Erwachsenen anzunehmen.

Mit einem gesteigerten Hang zur Selbstbeobachtung – als Bereitschaft zum Nachdenken eigentlich eine erwünschte Voraussetzung der therapeutischen Arbeit – beginnen bereits an diesem Punkt behandlungstechnische Probleme. Muß nicht der Jugendliche, der sich zwar vermehrt selbst beobachtet, zugleich aber auch abkapselt, unserem Angebot, seine Innenwelt gemeinsam mit ihm zu erkunden, Widerstand entgegensetzen – unabhängig von der Natur seiner Störung? Die Skepsis, die der Jugendliche in die Therapie einbringt, darf somit nicht von vornherein als Widerstand im traditionellen Sinne mißverstanden werden, zumal pubertäre Unsicherheit, die früher v.a. mit sexuellen Reifungsprozessen verknüpft war, heute auch andere Inhalte und Ausdrucksformen hat.

Die andere Seite der Beschäftigung des Adoleszenten mit sich selbst ist sein „Erlebnishunger". Der Erlebnishunger dient freilich nicht in erster Linie der Abkehr von der Innenwelt – auch das gehört zu den behandlungstechnischen Fallstricken: den „Erlebnishunger" nicht als Agieren zu diskreditieren –, Ziel ist vielmehr, das noch unfertige Selbstwertgefühl durch Handlungen und Erfahrungen zu erweitern. Selbstbeobachtung und Erlebnishunger bilden dementsprechend die beiden Pole eines umfassenden Wunsches nach Selbst- und Welterfahrung. Insbesondere Erikson (1968) hat die Bedeutung des *Erlebens* für die Lösung von Entwicklungskrisen in der Adoleszenz beschrieben.

Die Kardinalfrage ist, ob und wie die Beziehung zum Analytiker als ein „Mittel zum Zweck" verwendet werden kann, um Veränderungen zu erleichtern, ohne allzusehr in die Verwicklungen sich wiederholender Übertragungen hineinzugeraten. Blos (1983) betrachtet die Übertragung in der Adoleszenz als Vehikel eines blockierten Entwicklungsprozesses und bezeichnet dementsprechend die Übertragungsprozesse in der Therapie Adoleszenter als „janusköpfig". Indem infantile Positionen wiederbelebt, Aspekte der Selbst- und Objektrepräsentanzen auf den Analytiker übertragen werden, werden die alten Versionen via Übertragung aktiv modelliert, um eine neue, revidierte Ausgabe herzustellen. Die Frage ist, wie die Übertragung gedeutet werden soll, wenn regressive Bewegungen vom Jugendlichen aus neurotischen Gründen benutzt werden, den Entwicklungs- und Ablösungsprozeß zu blockieren. Das gleiche gilt auch umgekehrt: Die auf den Therapeuten gerichteten Übertragungswünsche bergen die Gefahr einer Wiederholung traumatischer Erfahrungen und werden deshalb abgewehrt. Es ist deshalb wichtig, daß der Analytiker – anders als bei Erwachsenenanalysen – sich vorerst und manchmal auch langfristig *nicht* ins Zentrum der Übertragung rückt. Der Analytiker würde durch konsequente Deutungen der regressiven Anteile der Übertragung an die Stelle der realen Elternfiguren treten und die Ablösung geradezu verhindern. Zu den Paradoxien der Behandlungssituation gehört das u. U. sehr rasche Einsetzen heftiger emotionaler Reaktionen, die meist die berechtigte intensive Angst vor einer Wiederbelebung infantiler Abhängigkeitspositionen widerspiegeln. Es ist deshalb sehr wichtig, eine „Wir-Bildung" im Sinne Sterbas (1929) zu erreichen, wie sie etwa von Aichhorn (1925) oder Zulliger (1957) angestrebt wurden.

Damit der Jugendliche in der Therapie den blockierten Entwicklungsprozeß wieder aufnehmen kann, bedarf es mehr als Einsicht in Abwehrvorgänge. Sein Wunsch, im Analytiker einen Menschen zu finden, der ihm aus der gegenwärtigen Sackgasse heraushilft, muß als Ausdruck phasenspezifischer Bestrebungen verstanden werden. Sonst bleibt er in infantilen unbewußten Erwartungen verankert. Die Aufgabe des Analytikers ist es, Vergangenes und Gegenwärtiges, Innen- und Außenwelt, Übertragung und reale Beziehung in der analytischen Situation zu differenzieren. Indem die Äußerungen des Patienten nicht nur auf verdrängte Kindheitswünsche hin untersucht werden, sondern den phasenspezifischen Wünschen Raum gelassen wird, werden diese von den infantilen Beimengungen regelrecht befreit (Bürgin 1980).

Von Anfang an geht es darum, die analytische Situation so zu gestalten, daß der Jugendliche sie als einen Raum für Entdeckungen nutzen kann. Es gilt ein Gleichgewicht zwischen *Entdecken* und *Aufdecken* zu finden. Es ist nicht nur die Angst vor Passivität und Regression, die Jugendliche dazu veranlaßt, die analytische Situation z. B. in eine *reale* Situation verwandeln zu wollen. Wenn sie Fragen stellen, Ratschläge haben wollen oder schlicht herausfinden möchten, was der Analytiker denkt oder fühlt, wenn sie ihn zu emotionalen Reaktionen zu provozieren versuchen, dann hat dies auch den Sinn, dem Analytiker eine lebendige Existenz zu verleihen und ihn dadurch gewissermaßen davor zu bewahren, daß er zu einer omnipotenten und anonymen Figur wird. Der Jugendliche will sich nicht in erster Linie mit dem Analytiker identifizieren im Sinne von Ähnlichwerden, sondern sich abgrenzen, unterscheiden und dadurch seine eigene Identität erfahren.

In der Anfangsphase einer Behandlung werden die Voraussetzungen für den weiteren Verlauf geschaffen. In ihr muß eine erste Einsicht für die Besonderheiten der analytischen Situation als einem Raum für Entdeckungen hergestellt werden. Vieles hängt von der Fähigkeit des Therapeuten ab, von Beginn an sowohl ein Verständnis für die vorhandenen Befürchtungen seines jugendlichen Patienten zu entwickeln als auch dessen Wunsch im Auge zu behalten, daß er gekommen ist, um Hilfe zu erhalten. Je jünger der Patient ist, um so mehr steht am Anfang die reale Beziehung, aus der sich erst allmählich eine Übertragung entwickelt - abhängig davon, wie der Analytiker auf seinen Patienten eingeht. Man könnte sagen, der Jugendliche muß erst einmal herausfinden, wie und wozu der Analytiker ihm von Nutzen sein kann.

Beispiel

Der 18jährige Otto Y wurde von seinen Eltern bei uns angemeldet, weil er seit etwa 3 Jahren „alte Schuhe sammelt“. Auf Drängen der Eltern hatte er vor 1½ Jahren an einer Gruppentherapie teilgenommen. Durch diese Therapie, die aus äußeren Gründen nur etwa ein halbes Jahr dauerte, war er kontaktfreudiger geworden und fühlte sich nicht mehr so niedergeschlagen. An seinem „Schuhproblem“ hatte sich aber nichts geändert. Diese Informationen waren mir vor dem Erstinterview bekannt. Otto Y konnte deshalb zu Recht vermuten, daß ich über den Grund seines Kommens Bescheid wußte. Der großgewachsene junge Mann begrüßte mich freundlich und etwas verlegen mit einem Diener. Um seine Verlegenheit nicht zu groß werden zu lassen, sagte ich ihm, daß er wahrscheinlich wisse, daß ich von seinem Schuhproblem bereits erfahren hätte, und bat ihn, mir zu sagen, was er selbst darüber denke. Daraufhin legte er mir sein Problem gewissermaßen auf den Tisch: „Ich bin in Schuhe verliebt.“ Über diese Eröffnung war ich nicht nur verblüfft, ich empfand sie zugleich als ausgesprochen gekonnt. Er hatte die Peinlichkeit der Situation geschickt überbrückt und mich damit zugleich auf die Probe gestellt: Er wollte herausfinden, ob ich ihm wie die Eltern die Schuhe wegnehmen und ihn normalisieren wollte. Ich sagte: „Ich kann mir vorstellen, daß es nicht immer leicht ist, in Schuhe verliebt zu sein.“

Er begann mir nun die Geschichte der Schuhe zu erzählen. Er sammle seit der Kindheit Schuhe, und zwar ausschließlich Schuhe ohne Schnürsenkel. Er wehre sich, wenn die Mutter Schuhe wegwerfen wolle. Vor etwa 3 Jahren intensivierte sich das Sammeln alter Schuhe, die er sich auch im Sperrmüll suchte. Daß das Schuhesammeln auch eine sexuelle Bedeutung für ihn hatte, blieb zunächst im Hintergrund. Er erzählte mir, daß er manchmal glaube, homosexuell zu sein, weil er für Mädchen nichts empfinde. Es wurde hingegen deutlich, daß Schuhe seine innere, aber auch seine äußere Welt sehr einschneidend bestimmten. Beim Schulaufgabenmachen mußte er häufig an Schuhe denken und verlor die Konzentration. Allerdings gab es durchaus Bereiche, in denen er gut funktionierte; so malte er gerne in seiner Freizeit.

Je länger ich ihm zuhörte, um so mehr fiel mir auf, wie brav und bereitwillig er mir seine Anamnese berichtete. Zwar konnte ich etwas von seiner eigenen Beunruhigung ahnen, gerade durch seinen eher flüssig wirkenden Bericht hielt er mich aber auch auf Distanz. Ich sagte ihm daher, daß er mir eine ganze Menge über sich erzählt habe, daß ich jedoch den Eindruck hätte, es gäbe noch etwas, was ihn im Moment mehr beunruhigte als die Probleme, über die er gesprochen habe. Er schwieg einen Moment und erzählte mir dann etwas von seiner früheren Therapie. Rückblickend meine er, diese Therapie habe ihm gewiß gutgetan, denn er sei nicht mehr so depressiv. Am Schuhproblem habe sich aber nichts geändert. Ich konnte ihm nun zeigen, daß er fürchtete, er könne auch bei mir nicht über die Schuhe reden, solange er den Eindruck habe, er komme auch dieses Mal nur der Mutter zuliebe. Ich kam dann auf die Erwartungen der Eltern zu sprechen, von denen ich bei der Anmeldung erfahren hatte, daß sie unbedingt ein Gespräch mit mir führen wollten. Ich vermutete, daß er davon wußte, und sagte ihm deshalb, daß er gewiß bei diesem Gespräch dabei sein wolle, da er wissen möchte, ob ich mich von den Erwartungen der Eltern beeinflussen lasse. Er wolle das Gespräch sicher selbst nutzen, um herauszufinden, welchen Standpunkt ich dem Schuhproblem gegenüber einnehme. Die Verabredung über den Therapiebeginn blieb offen, um ihm die Entscheidung nach weiteren Gesprächen zu überlassen.

Kommentar: Ob es erforderlich ist, mit den Eltern Jugendlicher am Beginn einer analytischen Behandlung zu sprechen, muß im *Einzelfall* entschieden werden. Wenn der Jugendliche sich selbst anmeldet, ist eine Einbeziehung der Eltern in der Regel problematisch, weil ein Vertrauensbruch die Folge sein könnte. Bei älteren Jugendlichen kann ebenfalls auf ein Gespräch mit den Eltern verzichtet werden, sofern ein ausreichendes Maß an äußerer Verselbständigung erreicht ist. Hat man sich dazu entschieden, die Eltern zu sehen, sollte dieses Gespräch in Anwesenheit des jugendlichen Patienten stattfinden. Wir empfehlen in einem solchen Fall, keine Deutungen der von der Familie angebotenen familiendynamischen Zusammenhänge zu geben, sondern sich darauf zu beschränken, etwas über die gegenwärtige und die vergangene Situation der Familie zu erfahren.

Otto Y verhielt sich in dem Familiengespräch weitgehend passiv, beobachtete jedoch das Geschehen aufmerksam. Im Gegensatz zur Mutter, die mit Tränen in den Augen über das „Schuhproblem" berichtete, wirkte der Vater nicht sonderlich irritiert. Die Wurzeln der bis heute engen Bindung zwischen Mutter und Sohn ließen sich bis in die Kindheit zurückverfolgen. Herr Y war nämlich in den ersten Lebensjahren von Otto Y bis zu dessen Einschulung beruflich sehr eingespannt. Eine bedeutsame Information erhielt ich über den Beginn des Schuhesammelns. Damals war die Mutter nämlich sehr besorgt wegen einer schweren Erkrankung der älteren Schwester, die eine lebensgefährliche Operation erforderlich machte. Zweifellos mußte Frau Y sich mit ihren Nöten sehr allein gefühlt haben. Otto Y, ihr jüngerer Sohn, so war zu vermuten, hatte als Tröster eine besondere Bedeutung für sie. Offensichtlich war deshalb die Abgrenzung in der Adoleszenz für beide erschwert. Die gelegentlich heftigen Wortwechsel zwischen Mutter und Sohn waren nicht nur Hinweis auf Schwierigkeiten bei der Abgrenzung; sie schienen darüber hinaus eine versteckte inzestuöse Befriedigung zu bieten, mit der Otto Y insgeheim über den Vater und seine Welt triumphieren konnte. Am Ende des Gesprächs wies ich darauf hin, daß Otto Y mit den Schuhen eine Welt für sich aufgebaut habe, von der sie als Eltern ausgeschlossen seien. Etwas Ähnliches gelte für die Therapie. Wenn Otto Y sich dazu entschließe, die Therapie zu beginnen, werde es für sie als Eltern nicht leicht sein zu akzeptieren, daß sie daran nicht teilhaben können.

Bei dem folgenden Termin behandelte Otto Y das Familiengespräch, als hätte es gar nicht stattgefunden. Er zeigte mir damit, wie er unangenehme Situationen geschickt auszublenden wußte, indem er für sich 2 Welten konstruierte: die Welt der äußeren Ereignisse und seine innere Welt, die er vor dem Zugriff anderer zu schützen versuchte. Auf diese Weise konnte er Konflikte in sich selbst wie im Umgang mit seinen Bezugspersonen vermeiden. Es wurde allerdings klar, daß er sich für die Behandlung bereits entschieden hatte. Dennoch blieb er reserviert und vorsichtig. Sein Ziel war es weiterhin herauszufinden, ob ich mich nicht doch in seine inneren Angelegenheiten einmischen würde. Er wählte dazu ein Thema, das hierzu besonders geeignet war. Er begann mit mir nämlich darüber zu sprechen, daß er bei der Bundeswehr verweigern wolle, aber noch nicht ganz entschlossen sei. Gewissermaßen mit einem Seitenblick auf mich meinte er, er werde sich bei jemandem Rat holen, der ihm dabei helfen solle. Seine Angst klang an, es könnte sich herausstellen, daß er wirklich homosexuell sei. Seine Absicht war leicht zu erkennen. Er wollte wissen, wie ich auf das Thema „Homosexualität" reagieren würde, und erwähnte weitere Details, die mich dazu bringen sollten, durch Nachfragen mein Interesse an homosexuellen Erfahrungen zu bekunden. Vor 2 Jahren hatte er in einem Freizeitlager einen Studenten kennengelernt. Diese Begegnung hatte ihn sehr aufgewühlt. Dem Studenten hatte er erstmals sein „Schuhproblem" gestanden und auch auf seinen Rat die Gruppentherapie gesucht.

Seine Angst vor homosexuellen Übertragungswünschen war unübersehbar. Sie hatte 2 Seiten: Einmal war es für ihn beunruhigend, daß ich ihm die Möglichkeit offen ließ, herauszufinden, ob er homosexuell werden wollte, andererseits hatte er davor Angst, daß ich ihn im Sinne der elterlichen Erwartung „normalisieren" würde. Um die analytische Sprechstunde als Raum für seine eigenen Entdeckungen freizuhalten, sagte ich ihm, er wolle wissen, ob er hier mit mir über alles reden könne, auch über seine Homosexualität, um auf diese Weise zu klären, wer er sei und wie er sich in Zukunft entwickeln wolle. Ich mutete ihm damit gleichwohl eine Frustration zu. Es war nämlich deutlich zu spüren, daß er eine unmittelbare Entscheidungshilfe suchte, sowohl im Hinblick auf die Frage der Wehrdienstverweigerung als auch im Hinblick auf seine mögliche Homosexualität.

Außerdem zeigte er mir damit, wie unsicher er sich noch bei eigenen Entscheidungen fühlte. Es schien, als wollte er überprüfen, ob ich wirklich anders auf seine Ängste reagieren würde als der Vater, von dem er sich im Stich gelassen fühlte, aber auch anders als die Mutter, die sich zu sehr einmischte.

Nun eröffnete Otto Y mir seine eher „normalen" Konflikte. Es gab in der Schule Schwierigkeiten, z. B. mußte er in Mathematik Nachhilfeunterricht nehmen und fühlte sich auch in seinem Lieblingsfach, dem Kunstunterricht, anderen unterlegen. Die Welt der Schuhe bot Zuflucht. Oft dachte er bei den Schularbeiten darüber nach, wie er an das nächste Paar Schuhe herankommen könne. Dabei tauchte die Angst auf, er könne von anderen entdeckt werden, oder die Eltern könnten ihn beobachten, wie er mit einem Paar alter Schuhe an seinem Schreibtisch sitzt. An dieser Stelle war es wichtig, ihm zu zeigen, wie er darunter litt, anders als seine Alterskameraden zu sein. Ich deutete ihm seine Sehnsucht, so wie andere Jugendliche leben zu können, die keine Therapie brauchen, und verknüpfte seine Bindung an die Schuhe mit der Bindung an die Eltern, vor allen Dingen an die Mutter. Er fürchtete nämlich, er könnte die Mutter vor den Kopf stoßen, wenn er sich nicht mehr heimlich, sondern offen zu seiner Schuhleidenschaft bekennen würde. Ich sagte ihm deshalb, daß er sich von mir erhoffe, daß ich beides sehe, sowohl den Teil in ihm, der an den Schuhen und an der Mutter hängt, aber auch den Teil, der nach einem Weg sucht, sich zu lösen und seinen eigenen Weg zu gehen.

Diese Deutung verstärkte zunächst die emotionale Spannung in ihm. Je mehr er sich auf die Therapie einließ, desto schwieriger wurde es für ihn, mit mir zu reden. Seine Angst vor Beschämung rückte in den Vordergrund. Den Eltern gegenüber wurde er jedoch offener. Erstmals wagte er es auszusprechen, daß er auf dem Sperrmüll nach Schuhen sucht. Mir gestand er ein, daß er die alten Schuhe gerne ins Bett nimmt und daß gerade dies seine Eltern anekle. Zugleich verleugnete er jegliche sexuelle Bedeutung seiner Schuhleidenschaft und gab sich unwissend. So hatte er erst vor kurzem das Wort Masturbation gehört und nicht gewußt, was es bedeutet. Das war auch ein Zeichen für mich, nicht zu voreilig die sexuelle Bedeutung zu thematisieren, die die Schuhe für ihn hatten.

Erst viel später erfuhr ich, daß er eine Zeitlang mit den Schuhen versucht hatte zu onanieren, dies aber wieder aufgegeben hatte, weil er aufgrund einer Ejaculatio retardata keinen Orgasmus erreichen konnte.

Ein einsetzendes verstärktes Schweigen weckte in mir die Tendenz, durch neugieriges Nachfragen in ihn zu dringen. Offensichtlich entwickelte er recht intensive Vorstellungen zu meiner Person und einen damit einhergehenden Widerstand. Meine Neugier, den Details seines Fetischismus nachgehen zu wollen, machte mir deutlich, daß er mich nicht nur zu einem Übergriff provozieren wollte, sondern zu erwarten schien, daß ich ihm die schwierige Arbeit an diesem Thema abnehmen würde. Ich war der Fachmann, der sich nicht wie die Eltern anekeln läßt, sondern sich alles anhört. Meine wachsende Neugier machte mir deutlich, daß ich in die Rolle eines heimlichen Fetischisten kommen sollte. Durch sein Andeuten und Zögern versuchte er, mich auf seine Schuhwelt begierig zu machen, und konnte offensichtlich seine eigene Erregung und die Kontrolle über die Situation besser im Griff behalten. Trotzdem war es zu früh, diese regressive Übertragungsdynamik anzusprechen. Viel näher lag es, seine Ambivalenz mir gegenüber zu interpretieren, weil diese einen Schutz vor Regression darstellte. Ich griff deshalb seine Idee auf, ich sei ein Fachmann, der in ihm nur einen ungewöhnlichen „Fall" sehe, und sagte ihm, daß er mit dieser Vorstellung versuche, seine ureigenste Schuhwelt vor mir zu schützen und mich auf Distanz zu halten.

Diese Deutung war aufgrund einer Enttäuschung meinerseits, die ich erst später zu erkennen vermochte, vorwurfsvoll. Obwohl ich wußte, wie empfindlich gerade er gegenüber noch so wohlmeinenden Überlegungen Erwachsener sein mußte, war ich dennoch gekränkt, daß er auf Übertragungsdeutungen mit einem „oh je" antwortete. Immer wenn ich ihm zu zeigen versuchte, wie er die Behandlungssituation erlebte, fühlte er sich „mit diesen Anspielungen über die Situation", wie er sie nannte, in die Ecke gedrängt. „Da weiß ich überhaupt nicht, was ich dazu sagen soll." Dabei entwickelte sich allmählich ein Wechselspiel. Er äußerte die Angst, ich könnte ihn, wenn er mir mehr von sich erzählt, „verreißen", um bei der nächsten Gelegenheit meine Deutungen mit einem gekränkt-vorwurfsvollen „oh je" zu quittieren.

Sein „oh je" wurde als Ausdruck seiner Angst verständlich, ich könnte ihn durch Übertragungsdeutungen auf „meine Sicht" der Dinge einschwören wollen und damit seine ohnehin instabile Selbständigkeit untergraben. Erkennen zu müssen, wie unsicher und unentschieden er war, mußte für ihn noch beschämender sein als für andere Jugendliche. Als ich ihm zeigen konnte, wie er mich mit seinem „oh je" auf die Probe stellte, um herauszufinden, ob ich gekränkt reagiere oder ob ich sein „oh je" als ein Angebot aufzugreifen vermochte, mit dem er mir zu verstehen gab, wie schwer es für ihn war, sich seinen inneren Widersprüchen zu stellen, begann er mehr und mehr darüber zu sprechen, wie kritisch er mit sich selbst umging.

Aufgrund seiner Wertvorstellungen verurteilte er seine Schuhleidenschaft und konnte sie nur aufrechterhalten, indem er sie von seinem Alltagsleben abspaltete. Deshalb wehrte er sich auch gegen meine Deutungen, die miteinander in Beziehung setzte, was er auseinanderzuhalten versuchte.

Otto Y befürchtete, durch die Therapie festgelegt zu werden. Es gab eine Reihe von Beispielen für seine Angst vor Festlegungen. So hatte er zu Beginn der Behandlung von mir ja erwartet, daß ich ihn bei der Entscheidung für oder gegen den Wehrdienst beraten sollte, weil er sich innerlich nicht wirklich festlegen konnte. Ebenso ging es ihm bei der Entscheidung, ob er lieber mit Öl- oder Aquarellfarben malen solle. Ich sagte ihm dazu: „Das hat 2 Seiten. Sie wünschen sich, klar und entschieden zu sein, haben aber auch Angst davor. Es hat ja etwas Großartiges, sich Möglichkeiten offenzulassen und sich nicht festlegen zu müssen. Deshalb wehren Sie sich auch gegen mich, weil Sie sich davor fürchten, daß ich Sie festlegen will und Ihnen damit etwas wegnehme." Er stimmte zu, gab aber zu bedenken, daß er sich andererseits Ratschläge von mir geradezu wünsche und sich im Stich gelassen fühle, wenn ich sie ihm nicht gebe. Der Wunsch nach Ratschlägen hatte das Ziel, eine Auseinandersetzung mit seiner inneren Welt zu verhindern und seine Angst vor Beschämung in Schach zu halten, die immer stärker wurde. Als ich ihm nach einer längeren Schweigepause sagte, er erlebe es jetzt offenbar so, daß ich von ihm verlange, mit Gedanken herauszurücken, für die er sich schäme, wurde er rot. Es mache ihm angst, daß er überhaupt nicht wisse, wohin die Therapie noch führen werde. Das hatte einen konkreten Hintergrund. Ich erfuhr, daß ihn die Stunden so aufwühlten, daß er danach durch die Straßen ging und sich Schuhe anschaute. Neulich hatte er Schuhe gesehen, die ihn sehr fasziniert hatten.

Dies schien mir ein indirekter Hinweis auf meine Schuhe zu sein, und ich überlegte mir, daß er es als beschämend erleben und abwehren müßte, wenn ich diesen Zusammenhang aufdeckte, anstatt ihm den Spielraum zu geben, diese Entdeckung selbst zu machen. Die Gelegenheit bot sich anläßlich einer Stundenverlegung, die ich im folgenden auszugsweise anhand von 2 Stundenprotokollen wiedergeben will, welche im Anschluß an die Stunden aus dem Gedächtnis niedergeschrieben wurden.

Die auf meinen Wunsch vorverlegte Sitzung begann mit einem für Otto Y ungewöhnlich langen 10minütigen Schweigen.

P.: *Ich habe zu Hause eine Liste mit Englischadverbien verlegt und sie verzweifelt gesucht.*

A.: *Vielleicht ist es kein Zufall, daß Sie von dieser Liste sprechen, weil Sie ja auch oft hier ganz verzweifelt nach den richtigen Worten suchen.*

P.: *Oh je, das ist wieder mal überinterpretiert. Das paßt genau in das Klischee des Psychotherapeuten. Ich meine es ganz oberflächlich, und Sie vermuten gleich etwas Tiefes.*

A.: *Sie sind überzeugt, daß ich ständig mehr von Ihrer Schuhleidenschaft erfahren will und gar nicht mitkriege, daß es heute erst einmal um die Stundenverlegung geht, über die Sie sich vielleicht ärgern, weil Sie sich da nach mir haben richten müssen.*

P.: *Da bin ich schon ärgerlich gewesen, hatte das Gefühl, Sie bestimmen da über mich. Aber jetzt ist ja alles entschieden.*

A.: *So daß wir uns mit Ihrem Ärger gar nicht mehr beschäftigen sollen.*

P.: *Zu Hause bin ich manchmal schon ziemlich ärgerlich auf die Eltern, das ist oft nur so innerlich, manchmal bin ich aber auch verzweifelt und heule dann, z. B. wenn die Mutter mir Vorwürfe macht, weil ich was verlegt habe, das passiert nämlich oft, und sie mir dann vorhält, ich sei unzuverlässig.*

A.: *Sie finden es auch hier oft zum Heulen, wenn Sie sich von mir bedrängt fühlen.*

P.: *Ja, manchmal schon. Es geht doch darum, daß Sie nicht nur mein Psychotherapeut sein sollen, sondern sozusagen ein ganz normaler Mensch, also damit ich meine Würde bewahren kann.*

Mir ging die Mehrdeutigkeit des Verlegens der Stunde und des Verlegens der Adverbienliste durch den Kopf. Ich überlegte mir, wie er sich mit seinem „oh je" dagegen wehrte, bei mir in die gleiche Abhängigkeit wie bei der Mutter zu geraten. Deshalb mußte er sich auch gegen Übertragungsdeutungen verwahren, die seine regressiven Wünsche mobilisierten und in Konflikt mit seinem Wunsch nach Abgrenzung standen. Er bot mir folgende Beziehungsfigur an: Er sucht nach einer Adverbienliste, die er verlegt hat, die Mutter verlangt von ihm, daß er ordentlich ist, und macht ihm Vorwürfe, weil er sich durch das Verlegen ihrem Zugriff entziehe. Für die Übertragung bedeutete dies, daß er fürchtete, ich könne die Rolle einer fordernden Mutterfigur übernehmen, die erwartet, daß sie über alles Bescheid weiß und ihn mit Deutungen festlegt und damit seine Eigeninitiative untergräbt. Andererseits konnte er, wenn er mich in diese Rolle brachte, die Auseinandersetzungen mit sich selbst, mit seinen Affekten und Phantasien umgehen, indem er darauf bestand, alles konkret aufzufassen. Allerdings drohte die Gefahr, daß wir uns dann in einen Teufelskreis von Vorwürfen und Gegenvorwürfen verstricken würden. Es war daher nötig, ihm seinen Part in der Übertragung zu verdeutlichen. Indem er darauf rekurrierte, ich solle ein ganz normaler Mensch sein, sprach er über seine Verlegenheit in meiner Gegenwart. Diese Verlegenheit hatte damit zu tun, daß er immer wieder unsicher war, wie viel er von sich preisgeben konnte, ohne sich seinen regressiven Wünschen auszuliefern. Deshalb war es auch wichtig für ihn, den Zeitpunkt bestimmen zu können, an dem er sich mir öffnete. Ich wies daher zum Schluß der Stunde darauf hin, daß das Verlegen der Stunde offensichtlich seine Angst verstärkt hätte, er könnte die Kontrolle über sich, aber auch über mich verlieren. Das mache ihn verlegen, so daß er gar nicht mehr wisse, ob er überhaupt noch wolle, daß ich begreife, was in ihm vorgeht. Er sehe dann in mir einen Psychotherapeuten, der alles überinterpretiert.

Zur nachfolgenden Sitzung kam Otto Y genau eine Stunde zu früh. Da er nie im Wartezimmer wartete, sondern stets auf die Minute genau bei mir anklopfte, konnte er diese Verwechslung nicht bemerkt haben. Nachdem er eine Weile geschwiegen hat, beginne ich die Stunde und frage ihn, ob er gemerkt hat, daß er heute zu früh gekommen ist. Er ist zunächst ganz sicher, daß er nichts verwechselt hat und stutzt dann.

P.: *Oh je, dann muß ich mit der Freitagsstunde ganz durcheinandergekommen sein.*

A.: *„Oh je", das taucht sonst auf, wenn ich Ihnen etwas sage, wogegen Sie sich wehren.*

P.: *Ja.* (längere Pause)

A.: *Bevor Sie da jetzt weiterkommen, müssen wir erst einmal herausfinden, was Sie für eine Idee haben, was ich tun soll, damit Sie sich wieder sicher genug fühlen.*

P. (heftig): *Na ja, das, was ich sage, verschwindet ja alles in Ihrem Hinterkopf, und ich weiß überhaupt nicht, was Sie daraus machen. Zweitens haben wir hier ja kein Ziel, nicht einmal ein Teilziel, und drittens fürchte ich, daß ich den letzten Rest an Würde und Selbstachtung verliere, wenn ich hier bin, obwohl ich möchte, daß Sie mir helfen, die Selbstachtung zu wahren. Aber darüber hatten wir ja letzte Stunde auch schon gesprochen.*

A.: *Offenbar hatten Sie gerade in der letzten Stunde das Gefühl, Sie könnten Ihre Selbstachtung verlieren.*
P. (verwirrt): *Was war da eigentlich, das weiß ich jetzt nicht mehr. Es war so viel dazwischen, ich war zum Geburtstag eingeladen, „Jugend musiziert" fand statt, und ja, jetzt fangen Sie bestimmt an zu überlegen, warum ich mich da nicht mehr dran erinnern kann.*
A.: *Mir wird jetzt klar, wie schwer es für Sie jedes Mal ist, von einer in die andere Welt zu wechseln. Da ist der Alltag, und da ist die Therapie, wo es um die Schuhe geht.* (Der Patient unterbricht mich, bevor ich weitersprechen kann.)
P.: *Und da werde ich immer an Ihre Schuhe erinnert.* (Während er das sagt, lächelt er.)
A.: *Genau, und da taucht der Wunsch auf, die zu besitzen.*
P.: *Letzten Endes ja, also wenn Sie die irgendwann nicht mehr tragen.* (längere Pause)
A.: *Jedenfalls ist deutlich, daß Sie sich dagegen sträuben, daran immer wieder erinnert zu werden.*
P.: *Weil ich fürchte, daß ich dann in meiner Leistungsfähigkeit total nachlasse. Und da gibt es 2 Sachen, die Sie bisher nicht wissen. Seit der Kindheit habe ich das Problem, daß mir die Vorstellung, daß Tiere getötet werden, um an das Leder heranzukommen, zuwider ist. Und ich glaube, deshalb kann ich keine Schuhe wegschmeißen. Außerdem ist es für mich unheimlich schwierig, mit dem Träger von Schuhen zu sprechen, die ich mag. Es entsteht da eine körperliche Anziehung. Gehen die Schuhe aber meinem Geschmack zuwider, ist es noch schwieriger, mit dem Träger ein Gespräch anzuknüpfen. Ihre Schuhe haben etwas, was sehr wichtig, also ganz oben steht, sie haben nämlich keine Schnürsenkel.*
A.: *Ich denke, Sie sprechen nicht allein über die Schuhe, sondern über eine Sehnsucht, die sich mit den Schuhen verknüpft. Es geht darum, jemandem ganz nahe zu sein. Und wenn ich Schuhe trage, die mir und Ihnen gefallen, da komme ich Ihnen so nahe, daß es gerade deshalb schwierig ist, mit mir zu reden.*
P.: *Wo Sie das jetzt gesagt haben, da hatte ich ein unangenehm-angenehmes Gefühl bis in den Körper hinein.* (Beim Verabschieden fügt er noch folgendes hinzu:) *Jedenfalls werde ich die heutige Stunde nicht mehr vergessen.*

Mit dieser Stunde war ein wichtiger Schritt zur Konsolidierung des Arbeitsbündnisses gelungen. Otto Y hatte mich schon seit einiger Zeit insgeheim in seine Schuhwelt einbezogen, ohne darüber sprechen zu können. Er hatte sich gleichsam durch meine Schuhe erregen und zugleich frustrieren lassen. Weil es für ihn zunehmend nur noch meine Schuhe waren, die ihn faszinierten, fühlte er sich mehr und mehr abhängig, und deswegen schämte er sich. Die Stundenverlegung und sein Zufrühkommen waren für ihn ein peinlicher Beweis dafür, wie sehr er auf mich angewiesen war. Mir all das einzugestehen, schien für ihn zu bedeuten, daß es keine Grenze mehr zwischen uns geben würde und ich ihn völlig in der Hand hätte. Meine Frage, daß wir erst einmal herausfinden müßten, was ich jetzt tun könnte, damit er sich wieder sicher fühle, gab ihm die Möglichkeit, mich anzugreifen und sich dadurch von mir abzugrenzen. Indem er feststellte, daß alles in meinem Hinterkopf verschwinde und kein Ziel da sei, das ihn von den Schuhen ablenke, sprach er erneut über seine Angst, er könnte mir völlig ausgeliefert sein und dadurch jede Selbstachtung verlieren. Er kam deshalb auf die letzte Stunde zurück, zeigte mir, wie er auf 2 Ebenen lebte und mich aus seiner Schuhwelt bereits wieder auszuschließen begann. Das bedeutete aber auch, daß er durch das Wechseln von einer Welt in die andere eine Grenze zog. Zwar isolierte er sich dadurch, konnte aber die Befriedigungen, die ihm seine Schuhwelt bot, durch diese Isolierung weiter genießen. Indem ich ihn darauf ansprach, wie beunruhigend es sei, zwischen diesen beiden Welten, der Schuh- und der Alltagswelt, hin- und herzuwechseln, gab ich ihm die Gelegenheit, mich an seiner Schuhwelt unmittelbar teilnehmen zu lassen, sie für einen Moment zu öffnen und dadurch etwas von der abgespaltenen Schuhwelt zu integrieren. Er gestand mir nicht nur etwas, was er bislang zurückgehalten hatte, sondern identifizierte sich partiell mit mir. Indem ich ihm deutlich gemacht hatte, daß ich die besagten Schuhe trage, weil sie *mir* gefallen, war es ihm möglich geworden, sich dem Konflikt zwischen seiner Sehnsucht nach körperlicher Nähe (deshalb wollte er meine Schuhe besitzen) und seinem Wunsch nach Abgrenzung (deshalb sollte ich meine Schuhe nicht hergeben und seinen Wünschen Widerstand leisten) in dieser Stunde zu stellen. Er begann, eine Einsicht in seine unbewußten Konflikte zuzulassen, die eng gekoppelt ist an die Erfahrung, die er mit sich und mit mir in der Stunde gemacht hat. In diesem Sinne läßt sich diese Stunde als ein erster Wendepunkt der Therapie betrachten. Er begann zu erkennen, daß es nicht um die konkreten Schuhe, sondern um das geht, was die Schuhe bedeuten, z. B. seinen Wunsch nach Nähe und seine Angst, sich dem anderen in dieser Nähe auszuliefern. Im weiteren Verlauf trat an die Stelle des „oh je" ein „mh" als Reaktion auf Deutungen, durch die er sich berührt fühlte. Mit dem „mh" hielt er sich die Möglichkeit offen, mir entweder zu sagen, wie und warum er die Dinge anders sieht als ich, oder mit dem zu arbeiten zu beginnen, was er von mir gehört hatte. Er erlebte meine Deutungen nicht mehr als Übergriff, gegen den er sich wehren mußte, sondern als Werkzeug, mit dem er selbst arbeiten konnte.

Kommentar: Um herauszufinden, unter welchen Bedingungen bei Otto Y eine Fixierung auf den Fetisch erfolgt ist, muß die Faszination durch die „Schuhwelt" zurückverwandelt werden in die konflikthafte Geschichte seiner unbewußten Phantasien und lustvollen Wünsche, die ursprünglich seinen Bezugspersonen gegolten haben und die er nun in der Gegenwart zu verwirklichen sucht. Auszugehen ist dabei von der lebensgeschichtlichen Tatsache, daß dieser Patient etwa seit seinem 3. Lebensjahr in 2 Welten lebt, nämlich im und mit dem faszinierenden Fetisch als Symbol, das zum Inhalt aller Phantasien, Imaginationen und Illusionen werden kann und das wahrscheinlich aus verschiedenen Übergangsobjekten hervorgegangen ist. Gerade unbelebte Objekte, die durch keine Eigenaktivität stören, eignen sich wegen ihrer fast grenzenlosen Verfügbarkeit als Projektionsschirm aller nur denkbaren bewußten und unbewußten Phantasien. Von der Lebensentwicklung und von den zwischenmenschlichen Beziehungen losgelöst wird der Fetisch schließlich auch zum Sexualobjekt im engeren Sinne des Wortes. An der Faszination, die von bestimmten Schuhen ausgehen kann, zeigt sich die Großartigkeit der menschlichen Imagination. Freilich kann sich diese nicht darüber hinwegsetzen, daß es schöne und häßliche, anziehende und abstoßende Schuhe gibt. Bemerkenswerterweise leidet der Patient unter dem Wissen, daß seine Liebe sich auf einen Gegenstand richtet, der ihm nur deshalb zur Verfügung steht, weil ein Tier getötet wurde. Das Leder erinnert ihn immer wieder an die Vernichtung von Leben, also an Aggressivität und Destruktivität. Es ist aufschlußreich, daß die Faszination nur von solchen Schuhen ausgeht, die geschlossen sind, während alle Schuhe mit Ösen in eine negativ bewertete Gruppe fallen, von denen sogar eine Beunruhigung ausgeht. Möglicherweise erlebt der Patient unbewußt in den Ösen eine Unvollkommenheit, die im Sinne der Verschiebung der Wahrnehmung auf das kleinste Detail an jede Art von Beschädigung und Zerstörung erinnert. Die geschlossenen Schuhe stellen die Vollkommenheit wieder her, die allerdings auch mit Schuld, nämlich dem Töten von Tieren, belastet ist.

Zur Psychodynamik ist weiterhin anzumerken, daß die Befürchtung des Patienten, homosexuell werden zu können – ausgelöst durch seine enge Freundschaft zu einem Studenten, dem er sich anvertraute –, ein weiterer Ausdruck seiner entwicklungshemmenden Bindung an den Fetisch ist. Diese Bindung hat offensichtlich seinen heterosexuellen Spielraum vollständig eingeengt und zu einem ihn selbst und andere beunruhigenden Ausbleiben des Pubertätsschubs geführt.

Die gegebene und absichtlich sehr allgemeine psychodynamische Beschreibung integriert viele wesentliche Gesichtspunkte der psychoanalytischen Theorie des Fetischismus und läßt zugleich alle Einzelheiten offen, die sich erst im Laufe der Therapie dieses Patienten ergeben können. Die Symptombildung vermag sowohl Konflikte der ödipalen als auch der präödipalen Entwicklungsphase abzuwehren.

Sucht man die Ansichten der verschiedensten Autoren zur Psychodynamik des Fetischismus auf einen Nenner zu bringen, so konzentrieren sich die Überlegungen auf die prägenitale und androgyne Befriedigung einerseits und auf die Thematik des Kontrollierens und der Machtausübung andererseits. Häufig geht der später sexualisierte Fetisch aus einem Übergangsobjekt hervor, womit auch die intensive Befriedigung und Sicherheit zusammenhängt, die der Fetisch vermittelt. Die Therapie führt dementsprechend zu einer Beunruhigung, weil der Patient Angst hat, daß ihm das Objekt weggenommen wird, an dem seine ganze Seligkeit und Sicherheit hängt. Obwohl der behandelnde Analytiker sich des Problems bewußt ist und sich darum bemüht, den Patienten nicht als verlängerter Arm der Eltern und quasi in deren Auftrag zu normalisieren und ihm den Fetisch wegzunehmen, gerät er in eine Zwickmühle. Diese Zwickmühle ist eng verknüpft mit der Entwicklung der Übertragung. Besonders bei einer solchen Symptomatik sind tiefe Beschämungen mit der Enthüllung perverser Praktiken verbunden. Der Patient vermag sich trotz großer innerer Schwierigkeiten Schritt für Schritt zu öffnen. Allerdings zeigt sich an einigen Stellen, daß der Analytiker die Abgrenzungsstrategien des Patienten vorwurfsvoll interpretiert, obwohl er das Gegenteil beabsichtigt. So muß der Patient es als einen stillschweigenden Vorwurf empfunden haben, als der Analytiker ihm deutete, daß er sich nicht festlegen und Möglichkeiten offenlassen möchte und sich deshalb gegen den Analytiker wehre, weil dieser ihm etwas wegnehmen könne. Dieser Deutungstyp ist sehr häufig zu finden und wird von Analytikern mit der guten Absicht gegeben, die Patienten verstünden von selbst, daß ihnen selbstverständlich nichts weggenommen werden soll, sondern daß sie die unbegründete Angst haben, es könnte dieses oder jenes geschehen. Anstatt dem Patienten nahezubringen, seinen Widerstand gegen die Übertragung als unbegründet aufzugeben, empfehlen wir, mit dem Patienten zusammen die Aktualgenese, also die Entstehung des Widerstands im Hier und Jetzt zu untersuchen und hierbei davon auszugehen, daß der Patient gute Gründe für seine Beunruhigung hat. Ein gutes Beispiel findet sich in der Therapie dieses Patienten in dem Behandlungsabschnitt, als sich seine Verwirrung legt. Nachdem der Analytiker den Patienten nach dessen Meinung gefragt hatte, was geschehen könnte, damit er sich wieder sicher genug fühle, nennt dieser 3 Punkte, die in jeder Analyse Schritt für Schritt eingelöst werden müssen, um ein gutes Ende, also therapeutische Veränderungen zu erreichen. Jeder Patient ist davon abhängig, was der Analytiker über ihn denkt und wo es hingeht, und nicht zuletzt reguliert sich die Selbstachtung in der Beziehung zum Analytiker. Dessen unterstützende Bemerkung, wie schwer es für den Patienten sei, von einer in die andere Welt zu wechseln, ist ausreichend, um endlich eine Übertragungsphantasie über die Schuhe des Analytikers zur Mitteilung zu bringen. Diese unvergeßliche Stunde hat den Fetisch in der Übertragungsneurose manifest werden lassen. Hierbei hat der Analytiker ausreichend hilfreich mitgewirkt, so daß sich das Arbeitsbündnis konsolidieren konnte. Freilich ist erst einmal eine Gemeinsamkeit, eine Ähnlichkeit bezüglich des Geschmacks von Schuhen hergestellt. Nun wird es darum gehen, mit dem Patienten auf anderen Ebenen Positionen aufzubauen, die aus der Fetischwelt herausführen. Man kann aus dieser Art von „Schuh" nur heraus, wenn man mit einem Fuß drin ist und mit dem anderen Bein woanders steht.

6.3 Angehörige

Wie wir im Grundlagenband unter 6.5 ausgeführt haben, ist das Verhalten des Analytikers Angehörigen gegenüber dem Grundsatz der ärztlichen Ethik und damit der Schweigepflicht unterzuordnen. Weniger rigoros klingt es, wenn wir mit der gleichen Zielrichtung sagen, daß der Analytiker verpflichtet ist, dem Wohl des Patienten zu dienen. Jede psychoanalytische Behandlung hat das Ziel, die Autonomie des Patienten zu fördern. Damit werden eingegangene Bindungen berührt, weshalb Psychoanalysen stets auch große Auswirkungen auf den Partner und das Paar haben (Freud 1912e). In Ausnahmesituationen, also dann, wenn eine psychotische Erkrankung vorliegt oder eine ernsthafte Selbstmordgefahr droht, ist es auch unter juristischen Gesichtspunkten unproblematisch und ärztlich gesehen notwendig, Angehörige zu informieren und möglichst eine von allen Seiten getragene Entscheidung zu erreichen. Aber es gibt für den Patienten und den Analytiker indirekte Formen, abwesende Dritte in die Therapie einzubeziehen oder auszuschließen.

Bevor wir uns einigen typischen Problemen zuwenden, möchten wir uns mit solchen Behandlungen befassen, die zur allseitigen Zufriedenheit verlaufen. Diesen Ausgangspunkt wählen wir aus verschiedenen Gründen. Zum einen wird in den letzten Jahrzehnten viel zu wenig zur Kenntnis genommen, daß die Besserung oder Heilung einer neurotischen oder psychosomatischen Erkrankung ein Prozeß ist, der insgesamt für alle Beteiligten und Betroffenen viel mehr erfreuliche als belastende Momente einschließt. Betrachten wir unsere diesbezüglichen Erfahrungen seit der Veröffentlichung von Thomä u. Thomä (1968), so zeichnen sich diese für die Angehörigen weitgehend komplikationslosen Therapien dadurch aus, daß die sich vollziehenden Veränderungen des Patienten den *gemeinsamen Lebensrah-*

men erweitern und das Zusammenleben bereichern. Eine wichtige Voraussetzung hierfür ist, daß eine tragfähige Basis besteht, die vorwiegend durch eine neurotische Symptomatik des einen Partners belastet ist. Liegen andere Verhältnisse vor, beispielsweise daß eine Partnerschaft bereits durch gegenseitige neurotische Verstrickungen zustande gekommen ist bzw. aufrechterhalten wird, führt die Veränderung des neurotischen Gleichgewichts zu erheblichen Komplikationen. Diese werden selbstverständlich von dem Partner, der sich nicht in Therapie befindet, negativ registriert. Denn er leidet nun darunter, daß z.B. der bisher abhängige Partner selbständiger wird und sich aus einer neurotischen Abhängigkeit befreit.

Betrachten wir die komplikationsarmen Behandlungen noch etwas genauer, und zwar von einem Standort aus, der u.E. als einziger angemessen ist. Es ist von einer Dreipersonenpsychologie im Sinne Balints auszugehen, die in der realen psychoanalytischen Situation auf eine Dyade verkürzt ist, weshalb wir von einer „Triade minus eins" sprechen. Die reale Abwesenheit und die nur virtuelle Präsenz des Dritten hat tiefgreifende Auswirkungen, und es hängt von allen 3 Beteiligten ab, wie die entstehenden dyadischen und triadischen Konflikte gelöst werden. Das Wohl des Patienten im Auge zu haben, erlaubt es ja durchaus, ein Ohr dem Partner zu leihen, um auf einen treffenden Titel von Neumann (1987) anzuspielen. Diese Metaphern sollten nicht von der Verpflichtung ablenken, die sich aus dem klaren Behandlungsauftrag ergeben. Ein Ohr für den Partner zu haben, heißt für uns vor allem, das psychoanalytische Wissen über triadische (ödipale) und dyadische (Mutter-Kind-)Konflikte so anzuwenden, daß der behandelte einzelne zu einer Autonomie gelangt, die sich mit einer glücklichen Bindung verträgt. Das Ziel, eine postödipale heterosexuelle Beziehung zu erreichen, ist eine wegweisende utopische Phantasie. In dieser Utopie spiegelt sich wahrscheinlich eine tiefe menschliche Sehnsucht, die sich scheinbar im psychoanalytischen Paar darstellt. Darauf richten sich Neid und Eifersucht von außen. Auf der anderen Seite benötigt der Analytiker gerade bei der Entfaltung der Übertragung auch die Stimmen von außen, wiewohl er diese i.allg. nur indirekt aus dem Munde des Patienten hört. Deshalb gehen Angehörige auch häufig davon aus, daß sich Analytiker kein zutreffendes Bild darüber machen können, wie der Patient in Wirklichkeit sei und wie er sich tatsächlich verhalte. Hieraus entstehen Spannungen, die gemildert bzw. verschärft werden können. Zur Milderung oder Verschärfung von Spannungen kann jeder der 3 Beteiligten beitragen, so daß die Typologie der Komplikationen von der Einstellung und vom Verhalten jedes einzelnen und von den wechselseitigen Interaktionen abhängig ist. Da wir bereits im Grundlagenband (6.5) die vorkommenden typischen Konstellationen beschrieben haben, beschränken wir uns hier auf ein Beispiel der Einbeziehung eines Ehepartners. Insgesamt hat unsere Offenheit gegenüber den Auswirkungen einer Analyse auf den Partner dazu geführt, daß wir beispielsweise besonders darauf achten, ob Patienten ihre Partner zur negativen Übertragung benützen. Achtet man auf die Aufteilung von Übertragungen, verlaufen Analysen komplikationsloser, und der Wunsch von Angehörigen, mit dem Analytiker zu sprechen, kommt weit seltener auf. Aus therapeutischen Gründen ziehen wir es allerdings vor, wenn der Patient selbst seinem Partner so viel Informationen gibt, daß es diesem leichtfällt, auf seinen Wunsch, mit dem Analytiker zu sprechen, zu verzichten. Bedenklich ist es, wenn Patienten ihren Partner nicht an ihrem Erleben teilhaben lassen. Deshalb raten wir davon ab, in die Mitteilung der Grundregel die Empfehlung aufzunehmen, außerhalb nicht über die Analyse zu sprechen. Eine solche Empfehlung, die früher häufig sogar als Gebot vertreten wurde, führt nur zu unnötigen Belastungen und wird ohnedies nur selektiv befolgt. Um so wichtiger ist es, darauf zu achten, was Patienten außerhalb von dem mitteilen, was sie innerhalb der Analyse erleben, und welche Meinungen ihres Analytikers sie draußen wiedergeben. Auch wegen der masochistischen Komponente in vielen neurotischen Störungen mit ihrer Tendenz zur unbewußt motivierten Selbstschädigung ist es wesentlich, darauf zu achten, in welcher Weise dem Partner die Partizipation verwehrt oder ermöglicht wird.

Beispiel: Suizidalität

In der Analyse des unter Zwangssymptomen leidenden Herrn Martin Y hatte sich die vorliegende Suizidgefährdung situativ eingegrenzt auf eheliche Konflikte, die fast ausschließlich unterschwellig verliefen. Das in der Ehe eingetretene Gleichgewicht hatte dazu geführt, daß gegenseitiges emotionales Engagement vermieden wurde. In typischer Wendung von Affektäußerungen gegen die eigene Person nahmen Suizidgedanken des Patienten, die er seiner Frau gegenüber verheimlichte, zu. In der Analyse der Übertragung gelang es nicht, diesen Ablauf zu unterbrechen. Es wiederholten sich in der seit 5 Jahren bestehenden Ehe Beziehungsmuster, die sich beim Patienten seit der Kindheit eingespielt hatten. Die Ehefrau war partiell an die Stelle der Mutter getreten. Wie früher zog sich der Patient in eine trotzige Passivität zurück, und seine Frau hatte keine Ahnung davon, daß ihr beruhigendes, nicht auf Klärung bestehendes Verhalten symptomverstärkende Wirkung hatte. Mit einer gewissen Sorge sah ich einer Ferienpause entgegen. Es war zu befürchten, daß sich ohne Therapie die unausgesprochenen Spannungen zwischen den Ehepartnern und damit auch die Suizidalität verstärken würden. In dieser Situation machte ich den Vorschlag, ein Gespräch zu dritt zu führen. Der Patient war entlastet. Es stellte sich heraus, daß die Ehefrau sich wegen der Isolierung ihres Mannes bereits an die Analytikerin wenden wollte, aber glaubte, die Analyse nicht stören zu dürfen.

Um die symptomverstärkenden Partnerkonflikte bzw. das später dargestellte Beratungsgespräch besser verstehen zu können, werden zunächst einige besonders gravierende Persönlichkeitsmerkmale des Patienten, die seine Symptomatik und sein Verhalten im privaten und beruflichen Leben bestimmen, beschrieben. Seit der Schulzeit bemüht sich Herr Martin Y, möglichst gefühllos zu funktionieren, weshalb er glaubt, kalt, arrogant und komisch zu wirken. Er lebe eingeengt und zurückgezogen wie in einem Käfig. Er erinnert, als Junge oft gesagt zu haben: „Das ist doch kein Leben!" Merkwürdigerweise werde erst über die Aufregung anderer Leute etwas in ihm lebendig. Das betreffe meist Situationen, die mit Lebensgefahr, mit Tod zusammenhingen. Er möchte am liebsten ausbrechen, fortlaufen, seinen Rucksack nehmen und in ein fremdes Land auswandern, um sich einer Lebensgefahr auszusetzen. Seine Frau bringe ihn mit Hilfe von abschreckenden Beispielen von solchen Plänen ab. Dann denke er über andere Wege nach, die ihm ein Ausbrechen ermöglichen könnten. Im Betrieb, wo er als Vorbild für Ordnungssinn und Gewissenhaftigkeit gelte, mache er absichtlich grobe Fehler, um seinen Arbeitsplatz aufs Spiel zu setzen. Er wolle rausgeschmissen werden.

In den ersten Monaten der Therapie kommt es zu einem selbstverschuldeten Autounfall. Er versäumt Analysestunden oder kommt zu spät. Fühlt er, daß ich mir Sorgen mache, lebt er förmlich auf. Er schildert, wie abgeschirmt von jeglicher Gefühlsäußerung er aufgewachsen sei. Nach dem Tod der jüngeren Schwester hätten sich seine Eltern zurückgezogen. Über viele Jahre hinweg habe er sich beschuldigt gefühlt, den Tod verursacht zu haben. Es habe keine Möglichkeit gegeben, im Gespräch mit den Eltern etwas abzuklären. So verfestigte sich in ihm der Gedanke, er, der einmal den Kinderwagen mit der Schwester umgestoßen hatte, sei der Schuldige. Viel später hat er erfahren, die Schwester sei an einem angeborenen Leiden gestorben. Am Beerdigungstag sei er einem von ihm geliebten Onkel, der von weit her angereist kam, freudestrahlend entgegengelaufen. Dafür habe ihn der Vater körperlich bestraft. Es entwickelte sich für einige Zeit ein Stottern.

Der Patient weint und empfindet es als befreiend, diese Erinnerungen aus seiner Kindheit hochkommen zu lassen und darüber zu sprechen. Wie nahe er seiner verdrängten Aggressivität kommt, verdeutlichen Sätze wie: „Ich möchte hier nur einatmen, weil ich fürchte, daß mit dem Ausatmen etwas Böses aus mir herauskommen könnte." Der Patient kann jetzt einen seiner schrecklichsten Gedanken äußern: daß er seit langem keinen sexuellen Verkehr mit seiner Frau haben könne, hänge mit seiner Befürchtung zusammen, er könne sie dabei lebensgefährlich verletzen. Seine Frau tröste ihn über vieles hinweg. Er beschreibt ihre unendliche Geduld, alles würde sich eines Tages zum Guten wenden.

Das Auftreten zwanghafter Vorstellungen, Befürchtungen und Impulse ist rückläufig. Die Besserung kann einer beginnenden Klärung der Geschichte seiner unbewußten Schuldgefühle zugeschrieben werden. Mit der Geburt der schwer behinderten Schwester und mit deren Tod waren aggressive Triebregungen der Verdrängung verfallen. Ausgesprochene und phantasierte Schuldzuschreibungen, abgetrennt von dem Erlebnis mit seiner Schwester, hatten zu einer Straferwartung geführt, die immer wieder in seinem Leben auftrat, ihn quälte und rätselhaft geblieben war. Hierbei handelt es sich um Auswirkungen unbewußter Schuldgefühle, wie sie von Freud (1916d) bei einigen Charaktertypen beschrieben wurden.

An einem Sonntag, kurz vor einer längeren Ferienunterbrechung, blieb der Patient den ganzen Tag im Bett. Seine Frau war verreist. Er habe gedöst. Langsam stellt sich heraus, daß er Selbstmordpläne ausgebrütet hat. Dabei sei er mit folgendem Gedankengang immer wieder in eine Sackgasse geraten: Er hätte sich nicht entscheiden können, ob er sich erst scheiden lassen und sich dann das Leben nehmen oder ob er sich „vorher" etwas antun sollte. Die am Abend zurückgekehrte Ehefrau erschrak über seinen Zustand, fing sich offenbar rasch, konnte ihn ablenken und aufmuntern. Notdürftig sei dies wieder alles zugedeckt worden. Wieder sei es nach solchen qualvollen Stunden nicht zur Klärung und Auseinandersetzung gekommen.

Nach diesem Ereignis erfolgt nach allseitigem Einvernehmen das Beratungsgespräch.

Die Ehefrau beschreibt, daß ihr Mann immer stiller geworden sei. Oft sei sie ratlos. Wenn sie ihn frage, antworte er ihr nicht. Er lasse sie „auflaufen". Daß er im Dienst das Handtuch werfen wolle und dabei noch einen glücklichen Eindruck mache, sei ihr völlig unverständlich. Er sei – wie sie selbst – ein ganz gewissenhafter Mensch.

Ich sage, daß es jetzt ums Abklären solcher für beide unverständliche Situationen gehe, wie es zu diesem Hin und Her komme zwischen einerseits „das Handtuch werfen wollen" bzw. „sich wünschen rausgeschmissen zu werden" und andererseits wieder „alles besonders perfekt machen müssen". Der bis dahin schweigsame Patient wird überraschend lebhaft. Ja ja, man müsse eine neue Lösung finden. Alles würde sich klären, wenn er aus seinem Beruf rausginge und mal was anderes machte. Sofort versucht die Ehefrau, ihn aus dieser hoffnungsvollen Erleichterung zurückzuholen. So könne man nichts klären. Sie denke nur an die verschiedenen ausgeflippten Freunde, welch katastrophale Schwierigkeiten sich da entwickelten. Er solle doch endlich mit denen mal reden, sich erkundigen. Aber nein, das mache er nicht. Darüber sei sie ganz verzweifelt. Er rede nie. Sie fängt an zu weinen.

Der Patient sitzt mit abgewandtem, unbeweglichem Gesichtsausdruck versunken in seinem Stuhl. Er finde es lächerlich, wenn sie so rede und über ihn bestimme, kommt nach einer Weile. Sie sage, wo's lang ginge, sie sage, was er zu reden, zu tun habe. Manchmal gebe sie ihm zur weiteren Ermunterung noch einen Fußtritt unter dem Tisch.

Durch diese kühle Art der Anklage wohl zusätzlich verzweifelt, holt die Ehefrau zu weiteren Vorwürfen aus. Zu Hause bei seinen Eltern laufe das genauso ab. Da rede er auch nicht. Vor allem bleibe er auf Fragen der Mutter einfach stumm. Dann spreche *sie* für ihn, weil die Mutter ihr so leid tue. Der Patient empört sich erneut, wenn sie einen solchen Start mache, sei ihm überhaupt nichts möglich. Genauso sei's, wenn sie einen Ausflug machten und sie ihm laufend sage: „Guck', siehst du denn nicht ... da ... dort ... wie schön!" Er habe selber Augen im Kopf. Jetzt fangen beide an zu lachen.

In dieser entspannteren Pause fasse ich zusammen, daß das Gespräch heute in ähnlicher Weise verlaufen sei. *Sie* spreche, *sie* antworte, zeige als erste ein Gefühl, müsse weinen. Es sehe so aus, als müsse *sie* für *ihn* sprechen, antworten, fühlen, weinen. Die Ehefrau unterbricht mit einer gewissen Heftigkeit, nein, das sei gar nicht ihre Art. Aber sie habe sich mit der Zeit so in ihn „hineingelebt". Sie wolle gar nicht so sein. Sie könne nicht so sein, denn sie wisse ja manchmal überhaupt nicht, was in ihm vorgehe. Vor allem wenn ihr Mann mit ganz schrecklichen Worten herausplatze. Ich sage, das müsse sie ängstigen, v.a. wenn er sich wie in diesen Tagen darüber äußere, sich das Leben nehmen zu wollen. Wie schnell sie dann gegenreagiere und mit all ihrer Kraft ihn beruhige und ablenke, sei verständlich. Na ja, sagt sie, oft sei es ihr lieber, er spräche, als gar nicht. Natürlich sei's besser, wenn er mehr aus sich herausgehe. Neulich habe er ihr richtig gefallen. Er weckte sie am Morgen mit: „Los, los! Wir dürfen nicht zu spät kommen!" Er war so entschieden, er übernahm endlich mal die Initiative, es sei richtig schön für sie gewesen. Sie wolle nicht immer das Zugpferd sein, ihn bevormunden, ihm alles sagen müssen bis hin dazu, was er morgens anzuziehen habe. Erregt fährt der Patient dazwischen, er wisse selbst, was er anzuziehen habe. Nun unterbricht *sie* ihn, er sei wie seine Mutter. Wenn man ihr sage, „Zieh' das neue Kleid an, das steht dir so gut!", fange sie mit lauter „Abers" an. Dies und jenes komme dann und überhaupt, sie hätte ein ganz anderes Kleid kaufen sollen, zu warm, zu teuer usw. Der Vater bestärke sie dann auch nicht, wie schön er das Kleid an ihr finde. Es würde nichts entschieden. Ähnlich sei's mit dem Essen. Jeder wisse beim Auswählen doch genau, was er gerne essen würde, aber man mache ewig rum. Nie äußere man sich klar, worauf man jetzt Appetit habe. Der Patient ärgert sich, das sei typisch! In allem sei seine Frau schnell mit einer Entscheidung dabei. Es ginge jetzt drum, nicht über andere hinwegzugehen, auf Unentschiedenheiten einzugehen. Könne man denn nicht mal versuchen zu verstehen, was dahinter stecke. Dieses Thema wird an anderen Alltagsbeispielen erörtert.

Seit langer Zeit können die Ehepartner in dieser Weise erstmals offen miteinander reden und über ihre Enttäuschungen nachdenken. Beide nehmen sich vor, in den Ferien zu versuchen, diesen Teufelskreis – Schweigen, dem anderen seine Rolle überlassen, dann sich wütend unverstanden zurückziehen – zu durchbrechen.

Nach den Ferien stellt sich heraus, daß das Gespräch zu dritt zunehmende Konfliktbereitschaft bei den Ehepartnern ermöglicht hat. Ein weiteres Ergebnis war, daß ich dem Erleben des Patienten zufolge für seine Frau Partei ergriffen, nämlich zu viel Verständnis für ihre Ängste gezeigt hätte, anstatt ihm zu helfen, *seine* Ängste abzuklären. Ich hatte in der Übertragung die behinderte Schwester in Schutz genommen. Die negative Mutterübertragung kam nun in die therapeutische Arbeit herein. Wie oft hatten sich Mutter und Schwester gegen ihn verbündet. Jetzt konnte der Patient sich empören und seine Aggressivität spüren. In der Folgezeit kam es weniger zu Isolierung und Suizidgefährdung. Die eheliche Beziehung konnte vom Agieren des Patienten partiell befreit werden.

6.4 Fremdfinanzierung

Im Grundlagenband (6.6) haben wir unter dem umfassenden Titel der Fremdfinanzierung die Grundsätze der Kostenübernahme der analytischen Psychotherapie durch die Pflichtversicherungen dargestellt. Inzwischen sind ähnliche Richtlinien auch von den privaten Krankenversicherungen und bei der Gewährung von Beihilfen für Beamte in Kraft gesetzt worden. Der behandelnde Analytiker muß also nun praktisch für alle seine Patienten Anträge zur Kostenübernahme bzw. -beteiligung an die jeweilige Krankenversicherung bzw. an die Beihilfestellen der Länder und des Bundes stellen, die durch Sachverständige bezüglich der Indikationsstellung zur tiefenpsychologisch fundierten bzw. analytischen Psychotherapie begutachtet werden. Bezüglich der Dauer der Behandlung gelten nach den Richtlinien vom 01.10.87 und bei den Beihilferichtlinien nicht die gleichen Gesichtspunkte. Auch die Bestimmungen der einzelnen privaten Versicherungen sind unterschiedlich.

Unserer Übersicht im Grundlagenband ist zu entnehmen, daß vom antragstellenden Analytiker eine Begründung seines therapeutischen Handelns nach den Prinzipien der ätiologischen Theorie der Psychoanalyse erwartet wird. Der Therapeut muß also dem begutachtenden Analytiker gegenüber plausibel machen können, daß die vorgesehene Behandlung zur Linderung, Besserung oder Heilung der vorliegenden neurotischen oder psychosomatischen Erkrankung führen kann oder der Rehabilitation dient. Die Veränderungsmöglichkeiten, also die Prognose, muß eingeschätzt werden. In den Anträgen an begutachtende Psychoanalytiker, die ggf. eine *Empfehlung* zur Genehmigung bzw. Fortführung der analytischen Psychotherapie durch die Krankenkasse aussprechen, geht es wie in behandlungstechnischen Seminaren darum, einerseits die psychodynamischen Einschätzungen mit den behandlungstechnischen Schritten in Einklang zu bringen. Andererseits ist am Verlauf zu zeigen, wie der Patient auf die Therapie reagiert, d.h. also die Veränderung der Symptomatik im Zusammenhang von Übertragung und Widerstand zu begründen. Ausdrücklich wird in den Richtlinien daran festgehalten, daß Regressionen bezüglich ihres therapeutischen Nutzens zu beurteilen sind. Die entsprechende Stelle in den seit dem 01.10. 1987 gültigen Richtlinien lautet:

> Die analytische Psychotherapie umfaßt jene Therapieformen, die zusammen mit der neurotischen Symptomatik den neurotischen Konfliktstoff und die zugrundeliegende neurotische Struktur des Patienten behandeln und dabei das therapeutische Geschehen mit Hilfe der Übertragungs-, Gegenübertragungs- und Widerstandsanalayse unter Nutzung regressiver Prozesse in Gang setzen und fördern.

Dieser Wortlaut läßt erkennen, daß den Richtlinien eine Ich-psychologische Theorie der Therapie zugrunde liegt. Soweit eine „Regression im Dienste des Ich" notwendig ist, um seelische Konflikte in einer symptomverändernden Weise zu meistern, gibt es bei Fortführungsanträgen keine Probleme. Wohl aber ist es für viele Antragsteller schwierig, Ergänzungsanträge, insbesondere solche, die über die Regelzeiten hinausgehen, so zu begründen, wie dies Freud (1918b, S.36) bei der Durchführung der besonders tiefen Analyse gefordert hat. Er verknüpft hier ätiologische mit therapeutischen Überlegungen und begründet die unterschiedliche Behandlungsdauer damit, daß manche Probleme und Symptome sich als lebensgeschichtlich spätere „Gestaltungen" erst dann therapeutisch auflösen lassen, wenn man ihre Ursachen in den tiefsten Schichten der seelischen Entwicklung gefunden hat. Im gleichen Sinne fordern die Richtlinien bei der Kostenübernahme der analytischen Psychotherapie eine kausale Begründung. Regressionen um ihrer selbst willen passen weder zu den ätiologischen noch zu den therapeutischen Zielsetzungen Freuds. Baranger et al. (1983) sprechen in dieser Hinsicht von einem weitverbreiteten Vorurteil, dem Freuds wesentlicher Gesichtspunkt der Nachträglichkeit zum Opfer gefallen sei (s. hierzu 3.3). Erhält eine Ursache erst nachträglich und unter dem Eindruck späterer Ereignisse eine determinierende Kraft, werden besonders solche Theorien fragwürdig, die eine Verursachung späterer seelischer und psychosomatischer Symptome in die früheste Entwicklungsphase verlegen. Dementsprechend kritisieren Baranger et al. besonders die Theorie M. Kleins. Mit der Vernachlässigung der kausalen Bedeutung nachträglicher Ereignisse verbindet sich die weitverbreitete Tendenz, in der Regression um ihrer selbst willen den entscheidenden therapeutischen Faktor zu sehen. Diese Idee führt zu der therapeutischen Einstellung, in der analytischen Situation immer tiefere Formen der Regression herbeizuführen und den Patienten zu ermutigen, frühere und früheste traumatische Erfahrungen wieder zu erleben. Baranger et al. sprechen von der immer wieder durch die Erfahrung widerlegte Illusion, daß das Erreichen archaischer Situationen – sei es durch Drogen oder durch systematisch begünstigte analytische Regression – genüge, um einen Fortschritt zu erzielen. Als Beispiele für solche Erfahrungen werden von Baranger et al. das Wiederauftreten der initialen Symbiose mit der Mutter, das Geburtstrauma, die primitive Beziehung mit dem Vater, die schizoid-paranoide und depressive Positionen des Säuglings und das

Herauswachsen aus den sog. psychotischen Kernen genannt. Baranger et al. betonen ausdrücklich,

> ... daß das Nacherleben eines Traumas nutzlos sei, wenn es nicht durch das Durcharbeiten ergänzt werde oder wenn das Trauma nicht in die Lebensgeschichte reintegriert werde oder wenn die ursprünglichen traumatischen Situationen nicht von dem historischen Mythos ihres Ursprungs unterschieden werden (1983, S.6).

Die ärztliche und die wissenschaftliche Verantwortung gebieten es, regressive Bewegungen im Spannungsfeld von Widerstand und Übertragung unter dem Gesichtspunkt der *Meisterung* von Konflikten zu betrachten, dem u.E. der Begriff des Durcharbeitens unterzuordnen ist. Andernfalls werden illusionäre Hoffnungen geweckt und Abhängigkeiten bis hin zu malignen Regressionen unter Umständen iatrogen hergestellt. Nach unserer Erfahrung als Gutachter ist ein häufiges Indiz für solche Verläufe die beunruhigende Feststellung in Fortführungsanträgen über die 160. oder über die 240. Sitzung hinaus, daß ein Rückfall oder gar ein Suizid drohe, wenn die Therapie nun beendet würde. Ohne in Abrede stellen zu wollen, daß es zu solchen Situationen auch bei einer regelrecht durchgeführten Analyse kommen kann, möchten wir unsere Erfahrungen als behandelnde Analytiker und als Gutachter in einigen Überlegungen zusammenfassen. Es ist therapeutisch entscheidend, *maligne* Regressionen nach Möglichkeit zu verhindern. Aus dem Ich-psychologischen Verständnis der Regression leitet sich u.E. ab, in der analytischen Sprechstunde die bestmöglichen Bedingungen dafür zu schaffen, daß der Patient in die Lage versetzt wird, seine Konflikte zu meistern. Hierzu gehört es auch, zu einer realistischen Einschätzung der eigenen Lebenslage zu gelangen. Um maligne Regressionen einzuschränken, ist zu empfehlen, bei der Analyse von Übertragung und Widerstand die ökonomischen Gegebenheiten und damit eine wesentliche Seite des Realitätsbezugs nicht aus dem Auge zu verlieren. Insofern können die dem Patienten bekannten Leistungsbegrenzungen auch zur Verhütung maligner Regressionen beitragen. Andererseits gibt es auch Schwerkranke, die aus subjektiven Gründen wegen der Begrenzung unter einen so erheblichen Druck geraten, daß neurotische Ängste ansteigen. Die hierbei entstehenden Probleme konnten in unserer Praxis bisher stets zufriedenstellend gelöst werden. Als Gutachter haben wir indessen häufig den Eindruck einer Diskrepanz zwischen der beunruhigenden Feststellung, was alles passieren könnte, wenn die Therapie innerhalb der durch die Richtlinien umschriebenen Zeiträume beendet würde, und der psychodynamischen Begründung dieses Zustands mit nachvollziehbaren kausalen bzw. prognostischen Kriterien.

Antragsverfahren

Wir haben das folgende Beispiel aus einer Reihe von Gründen ausgewählt. Der „Bericht" des Psychotherapie ausführenden Arztes an den Gutachter zum Antrag auf Feststellung der Leistungspflicht für Psychotherapie sowie die Fortführungsanträge wurden verfaßt, bevor wir beabsichtigten, ein Lehrbuch zu schreiben bzw. in Bd. 2 ein mustergültiges Antragsverfahren über die Regelgrenze hinaus wiederzugeben. Die Anträge wurden also nicht für diesen Zweck extra fabriziert. Ihr

Umfang ist übrigens nicht repräsentativ. Der antragstellende Analytiker hat auf Aufzeichnungen zu einem behandlungstechnischen Seminar zurückgegriffen, so daß sein Fortführungsantrag zu ausführlich geraten ist. Die unübliche Länge kommt uns hier zugute, weil der Leser sich eingehend über den Verlauf orientieren kann.

In diesem Fall konnte begründet werden, daß die Behandlung über die übliche Begrenzung des Leistungsumfangs hinaus ätiologisch und im Sinne von Zweckmäßigkeit, Wirtschaftlichkeit und Notwendigkeit gerechtfertigt war. Schließlich können wir die Auswirkungen des Gutachterverfahrens auf den analytischen Prozeß, d.h. auf Übertragung und Widerstand, besonders gut demonstrieren. Wir widmen diesem wichtigsten Problem einen eigenen Abschnitt (6.5). Es kommt hinzu, daß wir durch die Wahl dieses Beispiels Raum sparen und Wiederholungen vermeiden. Denn die chiffrierte Anamnese, die unter Punkt 4 des Antragsformulars ausführlich dargestellt wird, findet der Leser unter 8.2.1. Wir können auch darauf verzichten, die Frage nach den Spontanangaben des Patienten hier zu beantworten. Denn der Leser findet die symptombezogenen Klagen von Herrn Arthur Y in mehreren Beispielen, die mit Hilfe des Patientenregisters leicht zugänglich sind. Die möglichst wörtliche Wiedergabe der Spontanangaben des Patienten ist übrigens besonders wichtig, weil der Gutachter an den Klagen des Patienten auch dessen Leiden einschätzen und zu den übrigen Punkten, insbesondere zur psychodynamischen Erklärung der Erkrankung, in Beziehung setzen kann.

Die Modalitäten der Fremdfinanzierung haben wir im Grundlagenband ausführlich beschrieben. Der pflichtversicherte Patient bezahlt das Honorar nicht selbst und erhält keine Rechnung. Dem Analytiker wird das Honorar über die kassenärztliche Vereinigung aufgrund bestimmter Vorlagen überwiesen. Die Höhe des Honorars pro Sitzung ist festgelegt. In der kassenärztlichen Versorgung können also keine freien Honorare verabredet werden. Anders ist es bei einer relativ kleinen Gruppe von Patienten, die freiwillig in einer Ersatzkasse versichert sind und an den Arzt den Wunsch herantragen, privat behandelt zu werden. Dann wird die Behandlung frei vereinbart, und die Höhe des Honorars kann individuell verabredet werden. Der Patient wendet sich dann wegen einer Kostenerstattung an seine Ersatzkasse. Der Analytiker tritt also nicht in ein Vertragsverhältnis mit der Krankenkasse via kassenärztliche Versorgung ein. Auch in diesem Fall ist ein Antragsverfahren notwendig, um Indikationsstellung und Krankheitswert im Rahmen der generellen Richtlinien für die Kostenübernahme festzustellen.

Herr Arthur Y war freiwillig in einer Ersatzkasse versichert und hatte eine Zusatzversicherung zur Abdeckung eventueller Differenzbeträge abgeschlossen. Er wurde als Privatpatient mit freier Honorarvereinbarung behandelt. Als Honorar war der Betrag von 138 DM pro Sitzung abgesprochen worden, der voll von den beiden Versicherungen abgedeckt wurde. Die Behandlung wurde so lang von den beiden Versicherungen gemeinsam finanziert, bis die Krankheitswertigkeit der Symptomatik nicht mehr sicher belegt werden konnte. Nach Beendigung der Kostenübernahme durch die Krankenkasse finanzierte Herr Arthur Y noch weitere 120 Sitzungen aus eigenen Mitteln, und zwar mit einem Stundenhonorar von 90 DM. Die Analyse diente nun vorwiegend der Persönlichkeitsentfaltung und der Bereicherung seines persönlichen Lebens. Wiewohl es fließende Übergänge von Lebensschwierigkeiten zu Symptomen von Krankheitswert gibt, sind Abgrenzungen möglich. Vor allem ist es aber auch unter analytischen Gesichtspunkten wesentlich, daß ein Patient im Laufe einer Therapie seine Beteiligung an der Lebensgestaltung und seinen Einfluß auf die Symptomatik erkennt.

Wie bereits erwähnt, wurde die Analyse von Herrn Arthur Y auf Kosten der Krankenkasse über die 300. Sitzung hinaus fortgesetzt. Wir können den Leser also mit Argumenten vertraut machen, die wir im Grundlagenband unter 6.6 allgemein begründet haben und die wir nun kasuistisch erläutern. Darüber hinaus will es der Zufall, daß Herr Arthur Y zu jener kleinen Gruppe von Patienten gehört, die Wert darauf legen, die Stellungnahme des Analytikers zu lesen. Wir haben im Grundlagenband unter 6.6.2 empfohlen, Anträge so abzufassen, daß der Patient diese auf Wunsch lesen und verstehen kann. Bei psychiatrischen Patienten kann zwar die Einsichtnahme in Krankengeschichten oder gutachterliche Stellungnahmen unter bestimmten Umständen verweigert werden (Tölle 1983; Pribilla 1980). Es dürfte aber zu ganz außerordentlichen Belastungen führen, in der Analyse Patienten die Einsicht in abgegebene Stellungnahmen zu verweigern. Denn diese fallen ja auch rechtlich nicht unter die persönlichen Aufzeichnungen des Analytikers, die bezüglich der Gegenübertragung privaten Charakter haben. Wie dem auch sein mag, wir erneuern unsere Empfehlung, zu der wir ein Beispiel geben. Herr Arthur Y hat auf seinen Wunsch hin den 2. Verlängerungsantrag nachträglich eingesehen. Zum Zeitpunkt der Abfassung hatte der behandelnde Analytiker übrigens weder im allgemeinen noch bezüglich des speziellen Falles mit einer solchen Möglichkeit gerechnet. Es ist erstaunlich, daß nur wenige Patienten in die sie betreffenden Stellungnahmen Einblick nehmen möchten. Herr Arthur Y hat den 2. Verlängerungsantrag eine ganze Zeit, nachdem die Fortführung auf Kassenkosten bereits genehmigt war, im Wartezimmer gelesen. Er wollte herausfinden, ob sein Analytiker hinter seinem Rücken und über seinen Kopf hinweg mit dem Gutachter irgend etwas aushandelt, was sich seinem Zugang entzieht. Es stärkte die therapeutische Beziehung, daß der Patient im Fortsetzungsantrag ihm vertraute Erfahrungen beschrieben fand. Auch die psychodynamischen Begründungen für die Fortführung leuchteten ihm ein und entsprachen unseren gemeinsamen Überlegungen. Besonders beruhigend war es für Herrn Arthur Y, daß ich mich zu einer Fortsetzung der Analyse nach Auslaufen der Kostenübernahme durch die Krankenkasse zu einem ihm *zumutbaren* Honorar verpflichtete.

Im Bericht des Arztes an den Gutachter nach dem Formblatt PT 3a/E kommt dem Punkt 6, der Beschreibung der *Psychodynamik der neurotischen Erkrankung*, besondere Bedeutung zu. Aus dieser ergeben sich die Begründungen der Diagnose, des Behandlungsplans und der Prognose der Psychotherapie, die im Formblatt unter den Punkten 7, 8 und 9 abzuhandeln sind.

Der antragstellende Analytiker wird auf die Bedeutung von Punkt 6 – Psychodynamik der neurotischen Erkrankung – besonders aufmerksam gemacht. Denn es heißt dort: „Ohne ausreichende Beantwortung dieser Frage kann der Antrag durch den Gutachter nicht bearbeitet werden!“ Welche leitenden Gesichtspunkte sind zu berücksichtigen? Was wird vom behandelnden Analytiker erwartet? Er soll die bedingenden Faktoren darstellen, die bei der Entstehung neurotischer oder psychosomatischer Symptome wirksam waren bzw. als fortlaufende auslösende Ursachen die Symptomatik aufrecht erhalten. Im Zentrum steht hierbei die Darstellung der seelischen Konflikte, insbesondere bezüglich ihres unbewußten

Anteils mit den daraus folgenden neurotischen Kompromiß- und Symptombildungen.

Außerdem sind der Zeitpunkt des Auftretens der Symptome und die auslösenden Faktoren im Zusammenhang mit der weiter zurückreichenden Psychogenese zu beschreiben. Wir beschränken uns bei der Wiedergabe der Beschreibung des Behandlungsverlaufs, wie er sich im Antragsverfahren niederschlägt, im wesentlichen auf diesen Punkt. Zum besseren Verständnis entnehmen wir der Beschreibung des psychischen Befunds (5a) die folgende Stelle:

In meiner Notfallsprechstunde ist Herr Arthur Y angstgetrieben und anlehnungsbedürftig. Es entwickelt sich eine positive Übertragung, die ich bewußt förderte, um dem Patienten über die Weihnachtsfeiertage hinweg eine Brücke zu bauen. Ich rezeptiere ein Benzodiazepinpräparat.

Kommentar: Die Verschreibung hat das Vertrauen des Patienten in den Analytiker geweckt. Es ist sogar aufgrund der Kenntnis der Vorgeschichte und des späteren Verhaltens des Patienten wahrscheinlich, daß es ohne die Verschreibung gar nicht zum Beginn einer Analyse gekommen wäre. Die damit zusammenhängenden allgemeinen Probleme diskutieren wir unter 9.10.

Um nicht abhängig zu werden, nahm der Patient bis zur Antragstellung, also etwa in 4 Wochen, nur etwa 4 Tabletten. Die verzweifelt depressive Stimmung ist als Reaktion auf die Zwangssymptome aufzufassen. Gewisse Schwankungen der Beschwerden während der letzten 10 Jahre sind situativ verstehbar und nach ihrer Verlaufsgestalt mit Sicherheit nicht auf eine phasische Depression zurückzuführen.

Im Erstantrag befindet sich folgende psychodynamische Zusammenfassung:

Der Patient sieht zu Recht in der Krebserkrankung seines jüngeren Bruders die auslösende Situation für die Verschlechterung einer schon seit vielen Jahren bestehenden Zwangs- und Angstsymptomatik. Anläßlich dieser tödlichen Erkrankung in der Familie wurden alte Ambivalenzen aktiviert, die bezüglich ihrer Intensität unbewußt geblieben sind und in zahlreichen Symptomen aus der Verdrängung wiederkehren. Der Patient ist am Ende seiner Integrationsfähigkeit und fürchtet, verrückt zu werden wie seine Mutter. Um sich und andere vor Schlimmerem zu bewahren, denkt er daran, sich selbst umzubringen.

Es handelt sich um eine Störung, bei der stark passiv-feminine Tendenzen abgewehrt werden. Überhaupt ist der Charakter des Patienten durch eine hochgradige Ambivalenz zum Vater geprägt. Gewisse anale Fixierungen und Konflikte sind nicht zu übersehen. Inwieweit die depressive Struktur der Mutter eine Bedeutung hat, ist noch nicht zu beurteilen. In der ödipalen Phase, in der der Patient phallisch-narzißtische Bestätigung gebraucht hätte, wurde diese ihm durch die übersteigerten Forderungen seiner Eltern vorenthalten. Eine starke narzißtische Kränkbarkeit ist die Folge. Die Einziehung des Vaters zum Militär brachte zunächst eine ödipale Wunscherfüllung. Der Konflikt des Patienten besteht hauptsächlich darin, daß er das harte, fordernde Ich-Ideal seines Vaters übernommen hat und von daher seine passiven Anlehnungswünsche sehr stark bekämpfen muß. Ich vermute, daß seine bewußte Angst vor einer ihm unheimlichen „Perversion" mehr eine Abwehr seiner eigenen passiven Tendenzen ist. Zum Beispiel wenn er seinem Sohn über den Kopf streicht – er also zärtlich ist und in der Identifikation der Gestreichelte –, verwandeln sich beide in „Teufel" – aus Streicheln wird „Umbringen". In seinen vielfältigen, zwanghaft auftretenden Ängsten ist omnipotente Lust enthalten: „Wäre ich frei von Ängsten, wäre ich ungeheuer überheblich."

Zur *Prognose* (Frage 9) wird im Erstantrag ausgeführt:

Trotz langer Dauer zumindest hinsichtlich der Verschlimmerung günstig. Eine wesentliche Besserung ist zu erwarten, so daß Arbeitsfähigkeit erhalten bleiben könnte. Der bisherige Einblick in die Psychogenese, insbesondere auch in den Verlauf früherer Psychotherapien, läßt sogar annehmen, daß eine grundlegende Besserung oder gar Heilung möglich ist, denn der Patient ist flexibel, kein eingetrockneter Zwangsneurotiker, und in den früheren Psychotherapien wurden die narzißtischen Größenvorstellungen und die negative Übertragung offenbar eher vernachlässigt, so daß ihre motivierende Kraft für die Symptombildung erhalten blieb.

Begründung des Fortsetzungsantrags für die 80.–160. Stunde

Für alle Anträge auf Fortführung der Psychotherapie sind besonders die Fragen 4, 5, 6, 7 und 8 wichtig, die auch zusammenfassend beantwortet werden können. Der behandelnde Analytiker hat Auskunft zu geben über die bisher gewonnenen Erkenntnisse über die Psychodynamik der neurotischen Erkrankung (Frage 4) sowie über die damit zusammenhängende Ergänzung zur Diagnose (5). Besonders wichtig ist die Zusammenfassung des bisherigen Therapieverlaufs und die Einschätzung der Prognose mit Beurteilung der Fähigkeit zur Regression, dem Ausmaß der Fixierung, der Flexibilität und der Entwicklungsmöglichkeit des Patienten.

Dem 1. Fortführungsantrag entnehmen wir die folgende Zusammenfassung: Lebensgeschichtliche und psychogenetische Zusammenhänge bzw. Vorläufer für die Zwangsneurose sind: sadomasochistische Erfahrungen in der Kindheit – harte Bestrafungen in der Waschküche, wo auch geschlachtet wurde, wegen seines Einkotens (jetzt: zwangsneurotische Angst vor der Farbe rot und Blut mit Abwehrritualen). Im Internat erstmaliges Auftreten eines Zwangsgedankens: brutaler Erzieher auf der einen, homosexueller Verführer auf der anderen Seite. Als Bub brachte er seine Größenideen in der Identifikation mit Hitler unter, seine Ohnmacht, sein Ausgestoßensein stellte sich in Identifikation mit dem dreckigen „Juden" dar. (Als Judenbub fühlte er sich, weil er dem Wunschbild seiner Eltern und der Umgebung nicht entsprach.) Daß der Vater, ohne sich mit ihm versöhnt zu haben, im Krieg blieb, ließ Ambivalenz und Idealisierung unbewältigt. Die Beziehung zur depressiven Mutter bestimmte sein ganzes Leben. Wenn er sich zufrieden hinsetzen möchte, wird er so, wie die Mutter gewesen ist: antriebslos und depressiv. Schuldgefühle wegen seines unbewußten Hasses auf die hilflose Mutter haben seine Identifikation mit ihr verstärkt. Er durfte sich seines Erfolgs nicht freuen. Erst vor kurzem tauchte eine Erinnerung an eine positive Seite der Mutter auf: Sie hatte einen Emmaladen, in dem sie Freude und Erfolg hatte. Aber der paßte nicht zum Prestigedenken der väterlichen Linie.

Die *Übertragungs-* und *Arbeitsbeziehung* hat sich folgendermaßen entwickelt: Es wurde bald deutlich, daß er sklavisch der Grundregel folgte, aber meine tatsächlichen oder vermeintlichen Empfindlichkeiten vermied. Aus der ersten Konsultation vor mehr als 15 Jahren war ihm eine einzige Erinnerung verblieben: „Kommen Sie in akademisches Krankenhaus", hätte ich seinerzeit mit tschechischem Akzent gesagt. Der Professor und kommissarische Leiter der Heidelberger Psychosomatischen Klinik, ein sudetendeutscher Flüchtling! Verachtung und Hochachtung in einem! Die Angst, kränken zu können, und zwar dadurch, daß tatsächliche Empfindlichkeiten entdeckt oder persönliche Eigenarten beobachtet werden, ist sehr viel größer als die Angst vor den allmächtigen oder ohnmächtigen Phantasien, die sich durch Rückzug vor diesen persönlichen Auseinandersetzungen über Jahrzehnte aufbauen.

Ich gehe davon aus, daß die Zunahme seines positiven Selbstgefühls so zur Bedrohung werden kann – in der Identifizierung mit Hitler auf dem Obersalzberg –, daß er alles nach außen verlagert, d.h. von sich abspaltet und als fremd erlebt, fremd in der Darstellung der zwangsneurotischen Wahrnehmung von Zischlauten. Zischlaute sind verbunden mit dem Zischen eines Messers, das aus der Scheide gezogen wird und mit dem in der „auslösenden Situation" ein Schaf geschächtet wurde. Danach verbanden sich die Zischlaute mit dem Ziehen eines Messers, schließlich also mit Ermordung und Tötungsphantasien. Der Patient greift meine Äußerung über die Projektion seiner Allmacht/Ohnmacht auf Zischlaute und Opferlamm positiv auf und betont, daß ihm diese Überlegungen ja die Möglichkeit gäben, zunächst einmal die Fremdartigkeit dieser Gedanken zu überwinden und sie, wenn auch widerwillig, als Teil seiner selbst sehen zu lernen.

Herr Arthur Y greift auf sein Gleichnis zurück, ob die alte Eiche allem Gift standhalte, das er in Form von Zweifeln verspritzen könnte. Er äußert in Ausschmückung des Bildes weiter, daß er sich natürlich auch nicht den Ast absägen wolle, auf dem er sitze. Es geht dann um seine Überlegung, daß ich erkranken und sterben und ihn nicht zu Ende oder weiterbehandeln könnte. Für ihn bedeutet dies, wieder allein zu sein, alleingelassen zu werden. Mein Gedanke ist ihm neu, daß er nicht vollständig *abhängig* sei, also nicht wie ein einen Tag altes Kind auf dem Ast sitze und herunterfalle. Demgemäß ist er überrascht, als ich ihn darauf aufmerksam mache, daß er sich ja schon einige Autonomie erworben habe und also durchaus Muskeln habe, um sich auch noch an einem anderen Ast zu halten. Überraschend ist für ihn, daß ich als Problem formuliere, wie weit er sich dann im Alleinsein Vorwürfe mache, mich übermäßig belastet zu haben. Ich ziehe eine Parallele zur Erkrankung seiner Schwester und v.a. auch zur jahrelangen Krankheit der Mutter, die es ihm erschwert hat, offen zu sein und zu kritisieren. Er macht sich für den Suizid der Mutter verantwortlich, so als habe er sie durch seine Bestimmtheit, die er eines Tages zeigte, in den Tod getrieben.

Herr Arthur Y hatte gehofft, nach 20–30 Sitzungen gesund zu werden. Tatsächlich bemerke er, wie viel Arbeit noch geleistet werden müsse. Einige Zwangshandlungen führe er nicht mehr aus. Werde er aber diesmal nicht gesund, bleibe ihm nur noch der Selbstmord. Es klingt an, daß ich ihm die „Schuld" dafür zuschiebe. Also greife ich meine früheren Erklärungen zur Therapie auf und betone mein *Mitgefühl* und meine *Mitverantwortung*. Ich deute seine Idee, daß ich *unberührt* bleibe wie ein Arzt auf der Intensivstation, den das Sterben nicht berühren dürfe, als seinen Wunsch, mich gleichzeitig als Objekt zeitlos und unsterblich zu machen. Daß ihm die Schuld zugeschoben werde, müsse ihn untergründig wütend machen.

Sadomasochistische Inhalte verbinden sich symptomatisch besonders mit dem Kruzifix und mit der Opferung Isaaks durch Abraham. Daß in diesen Gottesbildern seine Sehnsucht nach Liebe und seine Angst vor Homosexualität abgewehrt wird, ist auch in der Übertragung deutlich geworden. Wir konnten erarbeiten, daß es um seine Vatersehnsucht geht, die er aus Ambivalenz abwehrt.

Fortsetzungsantrag für die 160.-240. Stunde

Nach meinen ausführlichen Beschreibungen der Anamnese beschränke ich mich in diesem Fortführungsantrag auf die Darstellung des Verlaufs, indem ich einige wesentliche Punkte zusammenfasse.

Es hat sich therapeutisch sehr günstig ausgewirkt, daß ich besonders wegen der Vorerfahrungen des Patienten meine ganze Aufmerksamkeit auf die Analyse der Psychodynamik im Hier und Jetzt gerichtet habe. Die analytische Bearbeitung der Symptomschwankung im Zusammenhang mit den Übertragungsprozessen und ihrer Bearbeitung sind in folgender Hinsicht aufschlußreich: Sie sind zu verstehen als negative therapeutische Reaktionen. Sie dienen der Selbstbestrafung immer besonders dann, wenn der Patient sich wieder ein Stück aus der Unterwerfung und aus dem Masochismus befreit hat oder befreien möchte. Dann gibt es einen Umschlag in den Sadismus, in die Auflehnung, wobei für Herrn Arthur Y schon jeder Erfolg, jede Aktivität unbewußt verbunden ist mit einer großen Angst vor Aggressivität und ihren Folgen. Dieses Problem geht zurück auf die Beziehung zu seiner depressiven Mutter, die seine Expansivität einschränkte. Er hat sich vorwiegend mit den einschränkenden Über-Ich-Verboten von Mutter und Großmutter identifiziert. Es ist für den Patienten und für mich eine große Überraschung gewesen zu bemerken, daß er meine Interpretationen, die Worte wie „Lust", „Befriedigung" etc. enthielten, mit Verwunderung, ja mit Erschrecken aufnahm. Zugleich ergab sich Schritt für Schritt eine Identifikation mit der von mir verbal vermittelten Lust im Sinne der mutativen Deutung von Strachey. Natürlich werden bei dieser Gelegenheit erneut die Ängste vor Nähe, vor Sexualität einschließlich der homosexuellen Komponente, die der Patient traumatisch in einer Beziehung mit einem Lehrer erlebt hatte, sichtbar. Überhaupt sind diese beiden Gestalten, ein sadistischer und ein homosexueller Lehrer, die Zentralfiguren, an denen einiges abgehandelt werden kann und die in der Übertragung auftauchen. Bei der Übertragungskonstellation sind selbstverständlich die Settingvariablen besonders als Aufhänger geeignet. Mit zunehmender Befreiung kommen auch sexuelle Probleme, die er mit seiner Frau aufgrund seiner analen Regression und der Vermischung der Lust mit Schmutz hat, zur Sprache. In seinen früheren Therapien hat er alle Deutungen mit sexuellen Inhalten als Erniedrigung erlebt. Offenbar standen in diesen Therapien die Inhaltsdeutungen so im Mittelpunkt, daß die Selbstbestrafungsseite zu kurz kam.

Ein weiterer wichtiger Bereich gehört zur Bemühung des Patienten, durch Verwöhnung seiner Kinder via Identifikation selbst einiges nachzuholen. Diese Prozesse haben dazu geführt, daß er ungemein eingeengt war und seinen eigenen Spielraum einschränkte bzw. schon ein schlechtes Gewissen hatte, wenn er einmal etwas später nach Hause kam.

Der günstige Verlauf dieser Therapie läßt sich nicht nur an der guten Bearbeitung der eben skizzierten und anderer Probleme erkennen, sondern auch an wesentlichen Symptombesserungen. Hier ist hervorzuheben, daß Herr Arthur Y ohne spezielle therapeutische Bearbeitung seine Abhängigkeit vom abendlichen und recht beträchtlichen Alkoholgenuß aufgeben konnte. Er hat 15 kg an Gewicht abgenommen und ist richtig sportlich geworden. Vom Alkohol war er jahre-, ja jahrzehntelang deshalb abhängig, weil er glaubte, nur durch diese Beruhigung den Tag und die folgenden Tage aushalten zu können. Er konnte sich nicht hinsetzen, ohne etwas zu trinken. Diese Abhängigkeit hat ihn nicht nur sehr bedrückt, sie ist psychogenetisch u.a. darauf zurückzuführen, daß ruhiges Sitzen ihn an die Depression seiner Mutter erinnerte, die viele Jahre passiv, gelegentlich stuporös war. Seine größere Freiheit kommt auch darin zum Ausdruck, daß bei Behandlungsunterbrechungen in diesem gesamten Zeitraum so gut wie keine Trennungsprobleme auftraten und der Patient während meiner Abwesenheit so gut wie keine Beruhigungsmittel einnahm.

Ergänzungsantrag für die 240.-300. Stunde

Diesen Antrag hat Herr Arthur Y nachträglich gelesen. Er war überrascht, daß er den Text verstehen konnte. Es beruhigte ihn, daß die Fortsetzung der Therapie im Sinne unserer Absprache dem Gutachter mitgeteilt wurde.

Wegen der Intensität des therapeutischen Prozesses und um dem Patienten die Möglichkeit zu geben, die unbewußten Hintergründe seiner Symptome durcharbeiten zu können, wurde auf Wunsch des Patienten die Frequenz der Therapie von 3 auf 4 Stunden erhöht. Diese Erhöhung der Frequenz hat sich therapeutisch günstig ausgewirkt, denn nun können ad hoc auftretende und mit der Übertragung zusammenhängende Symptomschwankungen sofort bearbeitet werden.

Die Ankündigung meiner Sommerferien bzw. die anstehende Unterbrechung beendete eine positive Entwicklung. Während der Sommerferien kam es zu einem Wiederauftreten der Zwangssymptome in ihren verschiedenen Ausgestaltungen (Angst, dem Sohn oder anderen Familienmitgliedern etwas antun zu können, im Sohn einen Teufel zu sehen, auf die Zischlaute der eigenen Sprache zwanghaft achten zu müssen und darunter zu leiden). Leider konnte der psychodynamische Zusammenhang erst im nachhinein voll erkannt und vor allem bearbeitet werden: Wann immer der Patient aggressive Impulse verspüre, erlebe er sich selbst unbewußt als Teufel und beseitige diesen in Gestalt seines Sohnes auf dem Umweg der Symptombildung. Diese wurden in der Übertragung zu Stichwörtern, an denen sich auch die thematische Arbeit zeigen läßt: Die wegen der Urlaubsunterbrechung erlebte Rücksichtslosigkeit des Analytikers enthält seine eigene Rücksichtslosigkeit. Rücksichtslosigkeit und Willkür als eigene Macht- und Omnipotenzphantasien wurden dem Patienten mehr und mehr bewußt, und in dem Maße traten auch die Symptome wieder in den Hintergrund. Natürlich gehören dazu die früheren zwangsneurotischen Kontrollmaßnahmen, mit denen er wiederum ein gewisses Gleichgewicht erreichen konnte. Über das Stichwort „Teufeleien", das in der Sprache zwischen uns einen bevorzugten Platz einnahm, wurden dem Patienten seine unbewußten Tricks, seine anale Hinterfotzigkeit und seine Lust am Intrigieren bewußt. Natürlich sah er diese Regungen durch ein Vergrößerungsglas, und dementsprechend groß wurden seine Bestrafungs- und Selbstbestrafungsmaßnahmen. Je mehr seine Lebenslust zunahm, desto größer wurde vorübergehend der Masochismus. Es zeigte sich, daß es früher nur *eine* Zeit gab, in der er sich wohlfühlte: während des Urlaubs, wenn dieser nach intensiven Vorarbeiten gut gelang. Die Urlaubszeit war sozusagen die einzige, in der er aus „Gesundheitsgründen" auch Lust haben durfte. Um so gravierender wurde es, daß er einmal meinte, wegen der angeblichen Leichtfertigkeit seiner Frau, die das Konto überzogen hatte, keinen Urlaub machen zu können. Hingegen wurde ich zum wohlhabenden, ja ungemein reichen „King", der sich alles erlauben kann. Bei diesem Vorgang hatte der Patient sich in entschiedener Weise klein gemacht, die Leichtfertigkeit seiner Frau übertrieben und seine geheimen finanziellen Reserven unberücksichtigt gelassen. Nun kamen Geiz und Neid in die Analyse. Die sofortige Symptombesserung nach einer sehr stark affektiv erlebten Einsicht ist bei diesem Patienten besonders eindrucksvoll. Er selbst schöpft daraus Hoffnung, und obwohl er scheinbar bei dem Wiederauftreten von Symptomen im Augenblick völlig am Boden zerstört ist, ist eine spiralförmige Bewegung unverkennbar.

Trotz der Schwere der Symptomatik ist die *Prognose* günstig, weil der Patient in der Lage ist, sich Schritt für Schritt durchzuarbeiten und sich zu befreien.

Ergänzungsantrag für die 300.–360. Stunde

Dieser außerhalb der Richtlinien liegende Antrag über die 300. Behandlungsstunde hinaus gab dem Gutachter die Möglichkeit, zu einer positiven Empfehlung zu gelangen. Es gehört auch zu den Aufgaben des Gutachters, die Richtlinien so auszulegen, daß die Regeln an dem besonderen Fall zur Anwendung kommen.

Der Antragsteller schreibt:

Die Ausnahme ist darin zu sehen, daß es sich 1) um eine sehr schwere Symptomatik handelt, die 2) durch die bisherige Therapie günstig beeinflußt werden konnte, und 3) bei einer Fortführung der Analyse zu erwarten ist, daß eine weitere Besserung, ja schließlich eine Heilung erreicht werden kann. Dieser Optimismus ist gerechtfertigt, weil die nachfolgenden psychodynamischen Begründungen nicht nur für die noch bestehende Symptomatik eine zureichende Erklärung liefern, sondern auch deutlich machen, daß der Patient intensiv bemüht ist, seine Widerstände zu überwinden. Die Zusammenarbeit bei der Integration bisher abgespaltener Persönlichkeitsanteile ist gut. Meine Prognose beruht auch auf der Verabredung mit dem Patienten, daß er nach Aussteuerung durch die Krankenkasse bereit ist, die Therapie aus eigenen Mitteln fortzusetzen, wie auch ich andererseits die Behandlung bei erheblich reduziertem Honorar fortsetzen werde. Entsprechende Absprachen sind mit dem Patienten getroffen. Ich halte unter sozialem Gesichtspunkt eine nochmalige Verlängerung für gerechtfertigt, denn der Patient wird sicher noch eine längere Zeit benötigen, um zu einer Integration der unbewußten Ich-Anteile zu gelangen, die sich wegen ihrer Abspaltung in den noch bestehenden Symptomen auswirken.

Ich greife den zentralen Gesichtspunkt auf, der in dieser Behandlungsperiode erarbeitet wurde.

Hatte der Patient am Anfang der Therapie betont, daß die Sexualität das einzige Gebiet sei, auf dem er keine Probleme habe, so kam er nun zu einer wesentlichen Einsicht, deren verändernde Wirkung nicht gering ist. Ich füge hier ein, daß ich die Auffassung des Patienten zwar nie geteilt hatte, aber von mir aus sehr zurückhaltend war. Meine Annahme lautete, daß wegen der Verbindung von Analität mit Sexualität jede aktive Bemühung in dieser Richtung zu einer Erniedrigung des Patienten hätte führen müssen und nur eine Wiederholung dessen gewesen wäre, was er bereits kannte, nämlich daß er mit der Nase in die eigenen Fäzes gestoßen wurde. Sexualität würde dadurch mit Bestrafung und Erniedrigung assoziiert. Nachdem er sich ein ausreichendes Selbstgefühl in vielen Übertragungskämpfen mit mir gesichert hatte, wagte der Patient einen Durchbruch gegen die Selbstbestrafung und gegen die Exekutoren, mit denen er sich bisher gegen Lebenslust und Lebensfreude identifiziert hatte. Er entdeckte, daß er, indem er sich einer sadistischen Figur seiner Kindheit unterwarf, in all seinen Angst- und Zwangssymptomen jede Lust, alle Sinnlichkeit zu beseitigen versuchte. Also Mord und Zerstörung in Unterwerfung unter einen omnipotenten Gott und seine Vertreter auf Erden (Hitler, Priester, SS-Schergen usw.), denen er sich zugleich als Liebesobjekt anbot.

Die tiefen Dimensionen dieser Identifikation lassen sich auch an harmloseren Ängsten und Symptomen ablesen, die verschwanden, nachdem er sich mit mir als einer freundlichen Vaterfigur identifiziert hatte.

Daß der Patient zugleich tiefe Ängste wegen der in ihm liegenden Aggressionen, die sich auch gegen die Figuren der Macht richteten, hat, braucht kaum erwähnt zu werden. Die Umstrukturierung ermöglichte dem Patienten, sowohl allen seinen libidinösen als auch seinen aggressiven Impulsen mit sehr viel größerer Toleranz gegenüberzutreten. Ein Symptom hält sich noch sehr hartnäckig, nämlich eine Überempfindlichkeit gegen Zischlaute immer dann, wenn sein Angstpegel aufgrund unbewußter Prozesse ansteigt.

Ich beantrage aufgrund dieser psychodynamischen Begründung noch 60 Behandlungsstunden im Sinne einer Ausnahmegenehmigung.

Nach Auslaufen der Kostenübernahme wurde die Therapie bei Reduzierung von Honorar und Frequenz fortgesetzt. Zwischen dem Patienten und mir bestand das Einvernehmen, daß die Analyse nun in erster Linie der Behebung von Lebensschwierigkeiten diente, deren Krankheitswertigkeit immer fragwürdiger wurde. Die niederfrequente und erfolgreiche Fortsetzung der Analyse, die Herr Arthur Y aus eigenen Mitteln mit 90 DM pro Sitzung finanzierte, diente der Stabilisierung seines Selbstwertgefühls. Die Erfolgsbeurteilung stützt sich auf verschiedene Kriterien. Entscheidend ist u. E., daß die Symptomheilung auf einen psychoanalytischen Prozeß bezogen werden kann, der den Schluß auf tiefgreifende strukturelle Veränderungen zuläßt. Wir empfehlen dem Leser, diesen Prozeß anhand der in diesem Lehrbuch dargestellten Abschnitte aus der Analyse von Herrn Arthur Y nachzuvollziehen (s. Patientenregister).

6.5 Gutachten und Übertragung

Alle Handlungen des Analytikers sind bezüglich ihrer Auswirkungen auf Beziehung und Übertragung zu untersuchen. Ob ein Rezept ausgestellt wird oder nicht, ob eine Bescheinigung ausgefüllt wird oder nicht - alles beeinflußt die Beziehung zwischen Patient und Analytiker.

Im Kontext einer erheblichen Symptomverschlechterung bei Herrn Arthur Y wurde die Handhabung einer Bescheinigung durch den Analytiker zur Drehscheibe der Durcharbeitung der negativen Übertragung. Die Bearbeitung dieses Themas zog sich über mehrere Stunden hin. Ähnliche Situationen wiederholten sich im Gang der Analyse mehrmals.

Herr Arthur Y ist freiwillig in einer Ersatzkasse versichert und wird als Privatpatient behandelt. Zur vollen Kostendeckung hat er vor Jahren eine Zusatzversicherung abgeschlossen. Diese Versicherung hat ihm nun mitgeteilt, daß Leistungen für eine ambulante Psychotherapie vertraglich nicht abgedeckt seien. Auf dem Wege der Kulanz wurde eine Kostenbeteiligung in Aussicht gestellt, wenn eine Krankheit vorliege, deren psychoanalytische Therapie unter den Gesichtspunkten von Notwendigkeit, Wirtschaftlichkeit und Zweckmäßigkeit vom behandelnden Arzt in einer ausführlichen Stellungnahme befürwortet werde.

Es folgen nun Ausschnitte aus 2 Stunden zu dem diskutierten Thema.

P.: *Ja, Sie kamen immer wieder mal auf die Sache mit der Versicherung und auf die Bescheinigung, die ich von Ihnen brauche. Ich hatte das Gefühl, Sie meinten, ich solle nicht alles Ihnen überlassen und Realitäten beachten.*

A.: *Nein, ich dachte nicht an festgelegte Realitäten, sondern an Enttäuschungen. Sie warten vielleicht schon 8 Tage auf die Bescheinigung.*

P.: *Ich habe so das Gefühl, Sie halten diese absichtlich zurück, weil ich noch nicht genug dazu gesagt habe.*

A.: *Nein, aber Sie sehen, daß dies offenbar ein ganz wichtiger Punkt ist.*

P.: *Ich wundere mich eigentlich, daß Sie die Sache mit der Krankenkasse für wichtiger halten als ich selbst, obwohl Sie mich ungeheuer tangiert. Ich finde es unverschämt, wenn die Versicherung mir etwas verweigert, auf das ich einen rechtlichen Anspruch habe.*

A.: *Und nun ist Ihnen eingefallen, daß ich Ihnen auch etwas verweigere, um Sie zu ärgern.*

P.: *Ja und nein.*

A.: *Hm.*

P.: *Um mich zu veranlassen, dazu mehr zu sagen.*

A.: *Sie haben doch das Gefühl, daß Sie selbst nichts mehr tun können, und ich habe von der Sehnsucht gesprochen, wie schön es ist, wenn einer alles in die Hand nimmt und gut regelt.*

P.: *Ein Mensch.*

A.: *Und möglichst einer, der stark ist. Es wäre komisch, wenn diese Sehnsucht nicht da wäre.*

P.: *Ja.*

A.: *Ob diese Sehnsucht jetzt bei Ihnen da ist?*

P.: *Natürlich.*

A.: *Eine solche Sehnsucht kann dazu führen, daß man das eigene Können nicht ganz ausreizt. Darauf habe ich sie aufmerksam gemacht, vielleicht haben Sie daraus den Schluß gezogen, daß ich diese Bescheinigung zurückgestellt habe, oder vielleicht hatten Sie auch den Gedanken, daß ich nicht so viel für Sie tun möchte. Sehnsucht, Enttäuschung oder Zurückweisung?*

P.: *Ja, wenn man so dran ist wie ich, da hat man doch den ungeheuren Wunsch, es möge jemand kommen und alles in Ordnung bringen.*

A.: *Ja, ja, nicht nur die Sache mit der Kasse jetzt, sondern auch die Ängste und alles, freilich.*

P.: *Daß da eine gewisse Gefahr besteht, die eigenen Kräfte nicht auszureizen, das ist mir schon klar.*

A.: *Damit ist wahrscheinlich verbunden, daß Sie vorsichtig sind und nicht sagen, was ist das für eine Gemeinheit, daß ich so lange die Bescheinigung nicht kriege.*

P.: *Ja, ich hatte eigentlich das Gefühl, Sie werden mir diese so lange vorenthalten, bis ich in irgendeiner Weise massiv werde.*
A.: *Sie haben also einerseits eine Zurückweisung erlebt, sind aber nicht gegen mich oder die Kasse massiver geworden. Nicht Sie sind massiver geworden, sondern die Ängste und die Gedanken.*
P.: *Sicher, wenn ich mir das so überlege, es ist naheliegend zu fragen, ob die Bescheinigung fertig ist, ob ich sie jetzt mitnehmen kann. Ganz klar.*

Eine längere Schweigepause beendet der Patient, indem er mitteilt, daß seine Gedanken nun abgeglitten seien auf den Konflikt mit seinem Chef.

Mein Abwarten, die Bescheinigung sofort zu übergeben, hat zu einer Verlagerung geführt. Doch der Patient kommt auf das Thema zurück.

P.: *Sie sind mir die Antwort schuldig geblieben.*
A.: *Ja, ich habe noch nachgedacht, was ich jetzt sagen könnte, und es ist mir nichts weiter eingefallen. Aber die Sache ist nicht abgeschlossen. Sie möchten hören, ob Sie die Bescheinigung jetzt kriegen.*
P.: *Ja, genau.*
A.: *Und Sie sind noch zu einem anderen Punkt gekommen, der auch noch offen ist.*
P.: *Sie haben mir immer noch keine Antwort gegeben, ob ich die Bescheinigung kriege. Jetzt, ja, wenn schon, dann frage ich nochmals.*
A.: *Da müßte sie entweder geschrieben sein oder im Augenblick geschrieben werden* (während der Stunde), *also schon vorher ins Diktat gegeben worden sein.*
P.: *Dann nehm' ich sie halt das nächste Mal mit.*

Ich werfe die Frage auf, ob der Patient überlege, sie überhaupt nicht zu erhalten, was er verneint. Dann entfaltet sich doch das unterschwellige Gefühl, daß ihm die Bescheinigung verweigert werden könnte.

P.: *Jetzt kommen wir doch noch irgendwo drauf. Sie könnten sagen, ich habe meine eigenen Kräfte noch nicht ausgereizt, und solange ich das nicht getan habe ... da kann ich aber 10 Jahre warten, wenn Sie das sagen, ich hätte meine Kräfte noch nicht ausgereizt. Jetzt habe ich den Impuls zu sagen, Scheißbescheinigung da.*

Er erinnert sich, daß die Absage der Krankenkasse nach Rückkehr aus dem Urlaub (wie die Verzögerung der Ausstellung der Bescheinigung) zu einer Symptomverschlechterung geführt habe, und seither sei wieder alles labiler.

Am Ende der Stunde fasse ich zusammen, was sich ereignet hat: Unter dem Eindruck, einer Schikane ausgesetzt zu sein, hat sich eine Wut angesammelt, die sich in der Verschiebung als Symptomverschlechterung durchsetzte.

Kommentar: Der Analytiker hat einige Tage benötigt, um den Text zu entwerfen, der nun im Sekretariat bereitliegt. In dieser Zeit haben sich beim Patienten Ungewißheit und Verärgerung weitgehend unbemerkt erhöht und sich symptomatisch, durch Wiederkehr des Verdrängten, ausgedrückt. Um diesen Ablauf rekonstruieren zu können, hat der Analytiker den Patienten absichtlich in dieser Sitzung zappeln lassen. Obwohl es sich fruchtbar ausgewirkt hat, die Angelegenheit zunächst offenzulassen, ist dieses Vorgehen nicht unbedenklich. Denn es ist riskant, sich an das Sprichwort zu halten, daß der Zweck die Mittel heilige.

Der Analytiker gibt dem Patienten eine noch nicht unterschriebene Bescheinigung, in der darauf aufmerksam gemacht wird, daß die aufgeführten Punkte bereits durch die Kostenübernahmeerklärung der Ersatzkasse geklärt seien. Ein ausführliches Gutachten werde, wenn noch für erforderlich gehalten, nur zu Händen eines für die Beurteilung psychotherapeutischer Sachverhalte kompetenten Arztes ausgestellt.

In der folgenden Stunde wird deutlich, daß sich Herr Arthur Y intensiv mit der Bescheinigung befaßt hat.

P.: *Ich hätte mich an Ihrer Stelle mehr dem Ansinnen der Kasse gebeugt … Ich hätte es mehr mit Unterwürfigkeit probiert. Vielleicht hätte ich das gleiche erreicht. Hätte dann die Kasse den Rest bezahlt, hätte sich meine These bestätigt – ist man unterwürfig, kommt man zum Ziel. Sie sehen das anders, und ich bin mir noch nicht ganz im klaren, wie ich mein eigenes Schreiben formuliere, ob ich nun eine Bitte äußern oder auf meinem Recht bestehen soll. Ich bin der Meinung, Anspruch auf Ausgleichszahlung zu haben.*

Der Patient bringt noch weitere Formulierungsmöglichkeiten für den Text, den er in eigener Sache an die Krankenkasse schreiben muß. Er ist beeindruckt von meiner klaren und kurzen Stellungnahme und sieht darin eine vorbildliche, mutige Haltung einer Institution gegenüber.

A.: *Hmhm. Das sind ja zwei Welten, wobei die Furcht besteht, es könnte bei der Versicherung eine Trotzreaktion geben, wenn Sie etwas fordern.*

P.: *Wenn ich die unterwürfige Formulierung gebrauche, haben die Mitleid mit mir und sagen: Ach, das arme Schwein. Wobei mal wieder das Schwein dran wäre. Dem armen Schwein helfen wir mal, wir, die große, mächtige Versicherung. Was sollen die paar Mark. Wirf sie ihm hin, dann kann er sie fressen. Ja, das ist ungeheuer mühsam, diese Geschichte hier.*

A.: *Sie wissen, ich habe die Bescheinigung noch nicht unterschrieben.*

P.: *Ja, ich will die Bescheinigung wie von Ihnen entworfen.*

A.: *Sie können sie dann selbst einschicken, mit Ihrem Begleitschreiben.*

P.: *Ich will sie wie entworfen, ich finde es richtig, ich finde es absolut in Ordnung.*

Ich gebe nun, besonders auch im Hinblick auf das ganze Antragsverfahren einige Erklärungen zu den Bezeichnungen Notwendigkeit, Wirtschaftlichkeit und Zweckmäßigkeit sowie zum Krankheitsbegriff, den die Krankenkassen bei der Anerkennung der Leistungspflicht zugrunde legen bzw. an den sich die ärztlichen Gutachter bei ihren Stellungnahmen für die Krankenkassen halten. Auf die Schweigepflicht und die Anonymisierung der Anträge wird aufmerksam gemacht.

Der Patient schließt dann das Thema ab:

P.: *Ich bin mir noch nicht über meine Formulierung im klaren. Ich kann ja vielleicht beides hineinbringen. Nun, irgendwie wird mir da schon etwas einfallen. Ich wundere mich nur, daß mich solche Dinge stimmungsmäßig noch so erschüttern können, daß ich beinahe vernichtet bin. Wie wäre es wohl erst, wenn ich in eine echte Krise käme, arbeitslos würde, meine Stellung verlöre, mit meiner Frau Schwierigkeiten hätte?*

A.: *Manchmal ist es leichter, Kämpfe mit einem realen und tatsächlichen Gegner zu bestehen, als einen Kampf mit einem Gegner zu führen, der so schwer greifbar ist, vor dem man auf der Hut sein muß.*

P.: *Sie kommen heute immer wieder auf Ihre Person zurück. Gut, wenn ich Sie gefühlsmäßig so erlebe wie diesen Lehrer, wenn das so ist, was kann ich daraus für Folgerungen ziehen aus dieser Erkenntnis? Da fehlt es noch bei mir, und das macht mich unsicher.*

Herr Arthur Y rückt das Thema der Abhängigkeit nochmals in den Mittelpunkt und betrachtet seine Bemühungen, mein Wohlwollen zu erhalten.

Er erwähnt das Tonbandgerät. „Mit dem habe ich mich auch noch nicht so recht arrangiert. Da komme ich mir hilflos, wehrlos und vergewaltigt vor [s. auch 7.5]. Vielleicht kommt es daher, daß ich gewisse Parallelen befürchte. Ich wäre wohl ein Stück weiter, wenn ich mir voll eingestehen dürfte, daß dieses Erlebnis damals wirklich schlecht für mich war, anstatt es immer wieder wegzuwischen. So als wäre es nicht so gewesen, so als würde ich mich da nur wichtigmachen wollen." (Herr Arthur Y bezieht sich auf Erlebnisse mit einem homosexuellen Lehrer im Internat.)

A.: *Es ist schlimm, eine solche unerfüllte Sehnsucht zu haben, und zu erleben, daß diese mißbraucht wird, ohne daß man sich wehren kann und man einfach hilflos ist.*

P.: *Und daß man da auch eine ungeheure Wut bekommt, ist doch verständlich.*

A.: *Und es ist auch verständlich, daß Sie es lieber bagatellisieren.*

P.: *Und jetzt würde ich Sie gerne fragen, ob Sie meinen, daß diese Erlebnisse mit dem Lehrer wesentlich zu den Ängsten beigetragen haben, die ich später hatte.*

A.: *Ja.*

P.: *Diese Antwort ist hilfreich für mich - eine klare Auskunft ... Dieser ganze Matsch. Mir fällt das so ein. Mir fällt ein Vergleich ein. Ich laufe irgendwo bis zur Gürtellinie im Matsch und sinke immer wieder ein und kriege auch immer mal irgendwo zufällig Boden unter die Füße, aber das ist für mich mehr oder weniger noch Zufall. Beim nächsten Schritt weiß ich noch nicht, ob ich wieder ins Leere trete ... Nun habe ich aber doch eine gewiße Orientierung, unter diesem Matsch in einer bestimmten Richtung weiterzugehen ... Es ist alles sehr schwer. Bei den Worten Hingabe und Vertrauen sehe ich überall die Gefahr der Gefühlsduselei.*

Die Stunde endet mit der Thematisierung der Vatersehnsucht, nachdem der Patient noch das erste Auftreten der neurotischen Angstsymptomatik in der Präpubertät erwähnt hatte.

7 Regeln

Vorbemerkungen

Die mehrfache Funktion psychoanalytischer Regeln, so haben wir im Grundlagenband unter 7.1 ausgeführt, ist von den Aufgaben und Zielen des psychoanalytischen *Dialogs* her bestimmt. Deshalb haben wir bei der Diskussion im entsprechenden Kapitel des Grundlagenbands die These in den Mittelpunkt gestellt, daß sich alle Regeln immer wieder und bei jedem einzelnen Patienten zu bewähren haben. Diese Bewährungsproben ergeben sich, wenn man der Frage nachgeht, ob das Regelsystem für den jeweiligen Patienten die bestmöglichen Bedingungen für therapeutische Veränderungen schafft. Orientiert man sich an der Zweckmäßigkeit von Regeln, hat man einen guten Ausgangspunkt, um zu einer flexiblen, dem jeweiligen Patienten angemessenen Anwendung zu gelangen und den Dialog unter therapeutischen Zielsetzungen zu führen. Da die Regeln dem Dialog untergeordnet sind, geben wir diesem einen bevorzugten Platz in diesem Kapitel (7.1).

Für die freie Assoziation (7.2) findet der Leser viele Beispiele auch in anderen Kapiteln, so daß wir uns hier auf Ausschnitte aus Einleitungsphasen beschränken. Das gleiche gilt für die gleichschwebende Aufmerksamkeit (7.3). Diese beschreiben wir bezüglich ihrer Schwankungen aus dem Rückblick nach der Sitzung.

Löst man die in jeder Therapie aufkommenden Fragen des Patienten nicht durch eine stereotype Gegenfrageregel, was wir im Grundlagenband kritisiert haben, ergibt sich auch bezüglich dieser Regel eine Flexibilität innerhalb des Regelsystems und dessen Überprüfung am therapeutischen Prozeß (7.4).

Die Untersuchung von Metaphern und ihrer Veränderung im psychoanalytischen Prozeß ist besonders fruchtbar. Ihre Bedeutung in der Praxissprache ist kaum zu überschätzen. Deshalb widmen wir den psychoanalytischen Aspekten von Metaphern einen eigenen Abschnitt (7.5.1). Die sprachwissenschaftliche Untersuchung eines psychoanalytischen Dialogs unter besonderer Berücksichtigung von Metaphern (7.5.2) zeigt u. E. eindrucksvoll, daß Wissenschaftler aus anderen Gebieten, die sich als unabhängige Dritte mit analytischen Texten befassen, die Perspektive wesentlich zu erweitern vermögen. Es werden Einblicke in den Gesprächsstil möglich, zu denen der behandelnde Analytiker i. allg. keinen Zugang hat.

Die beiden Abschnitte über Wertfreiheit und Neutralität (7.6) sowie Anonymität und Natürlichkeit (7.7) gelten miteinander verwandten Problemen, die im Grundlagenband zu kurz kamen. Die kasuistischen Beispiele zeigen, daß die Lösung der hier diskutierten Probleme von größter therapeutischer Relevanz ist.

Viele unserer Beispiele stützen sich auf Transkripte tonbandaufgezeichneter

Analysen. Wir haben in diesem Kapitel eine größere Zahl von Beispielen untergebracht, die den Einfluß von Tonbandaufnahmen auf Übertragung und Widerstand zeigen. Nach der allgemeinen Diskussion dieses Themas unter 1.4 plazieren wir aufschlußreiche Beispiele aus gutem Grund gerade im Regelkapitel. Es soll zum Ausdruck gebracht werden, daß die psychoanalytische Situation in vielfältiger Weise beeinflußt wird. Die Einführung eines technischen Hilfsmittels ist neben der Auswirkung von Regeln auf den Dialog besonders kritisch zu untersuchen. Deshalb nimmt dieses Thema einschließlich der Diskussion von Gegenargumenten einen größeren Raum ein (7.8).

Ohne diese Innovation wäre der vorliegende Band nicht entstanden. Die gewonnenen, außerordentlich lehrreichen Erfahrungen haben uns davon überzeugt, daß der Einfluß dieses Hilfsmittels auf die Beziehung zwischen Patient und Analytiker ebenso kritisch reflektiert und in diesem Sinne analysiert werden kann wie alle anderen Einflußgrößen. Die abgekürzte Redeweise, dieses oder jenes sei analysiert worden, verweist auf die genuine Qualität der psychoanalytischen Methode, die darin besteht, daß der Einfluß des Analytikers und des gesamten Kontextes zum Gegenstand gemeinsamen Nachdenkens zwischen den beiden Beteiligten gemacht wird.

7.1 Dialog

Das psychoanalytische Gespräch wird oft mit klassischen Dialogen verglichen. Es ist deshalb naheliegend, einmal die Herkunft des Wortes zu betrachten. Dialog hat wie Dialektik im griechischen *dialegesthai* seine Wurzel: sich etwas im Gespräch auseinanderlegen, überlegen, sich besprechen; in transitiver Verwendung: etwas mit anderen besprechen. Dialektik charakterisiert ursprünglich den Dialog in der Funktion der Beratung. Dialegesthai, das ist: ... zusammenkommen und gemeinsam beraten ... Dialektiker ist nach Platon derjenige, der zu fragen und zu antworten weiß. Wo ferner die Beratung im Dialog Regeln unterworfen wird, dient das Wort dialektisch „der Kennzeichnung des Gebrauchs derartiger Regeln bzw. einer institutionell gefaßten dialogischen Praxis" (Mittelstraß 1984, S. 14). Nicht selten wird der sokratische Dialogstil, der im berühmten „Ich weiß, daß ich nichts weiß" sein Ziel hatte, als Vorbild herangezogen. Unter der Überlegenheit des ironischen Sokrates hatten seine Schüler zu leiden. Beispielsweise soll Alkibiades ausgerufen haben: „Was habe ich schon wieder von diesem Menschen auszustehen! Überall will er mir seine Überlegenheit zeigen" (Platon o.J., S. 726). Sokrates hat seine Aufgabe als *Mäeutik* bezeichnet. Sein Vergleich mit der *Hebammenkunst*, dem Beruf seiner Mutter, scheint manche Psychotherapeuten zu ermutigen, ihre Gespräche an die Seite sokratischer Mäeutik zu stellen. Da die Veränderung ein wichtiges Kriterium gelungener Selbsterkenntnis ist und diese - als Therapie - *neue* Möglichkeiten, einen Neubeginn, eröffnen soll, wird gelegentlich metaphorisch von psychotherapeutischer Hebammenkunst gesprochen. Unsere Freude an Metaphern wird durch das Wissen um Unähnlichkeiten eingeschränkt, die uns veranlassen, die Eigenständigkeit der psychoanalytischen Methode hervorzuheben.

Der von Platon überlieferte Dialogstil zeigt Sokrates als einen Geburtshelfer, der genau wußte, wo er die Zange anzusetzen hatte, und der auch stets antizipierte, wes Geistes Kind da zur Welt gebracht werden soll: Unausweichlich bestimmte die Art und Weise seiner Fragen die Antworten der Schüler. Sokrates erzeugte sein philosophisches Kind. Er hat sich nicht gescheut, in seine Dialektik sophistische Kniffe einzubauen. Würde ein Psychoanalytiker im Stile von Sokrates Fragen stellen und durch seinen Dialogstil die Antworten des Patienten steuern, würde er der Manipulation bezichtigt werden. In der psychoanalytischen Mäeutik bestimmt der Patient den Gang des Geschehens. Er hat die Initiative und sowohl das erste wie auch das letzte Wort, wie wesentlich auch immer der Beitrag des Psychoanalytikers beim Suchen befreiender Problemlösungen sein mag. Vom Anfang bis zum Ende einer Therapie geht es darum, die bestmöglichen Bedingungen für Veränderungen im Patienten zu schaffen.

Es ist zweifelhaft, ob sich beispielsweise Alkibiades als Patient nach dem Eingeständnis seiner völligen Unwissenheit und der Zerstörung seiner Selbstsicherheit rasch wieder gefaßt hätte. Bei allen Unterwerfungen wird nämlich viel Aggressivität provoziert, deren Wendung gegen die eigene Person zu depressiven Selbsterniedrigungen führen kann. In *psychoanalytischen* Dialogen geht es darum, die bestmöglichen Bedingungen für die Spontaneität des Patienten zu schaffen und ihm ein Probehandeln zu ermöglichen, das die von ihm gesuchte Veränderung ankündigt. Diesem Ziel ist die Rolle des Analytikers unterzuordnen.

Durch Nachdenken und -fühlen zu (Selbst)erkenntnis und zu vernünftigem Handeln zu gelangen, bildet das Ideal des psychoanalytischen Dialogs, das tief in der abendländischen Geistesgeschichte verwurzelt ist. So ist es nicht zu hoch gegriffen, in Platons Idee der Wiedererinnerung, der Anamnesis, einen Vorläufer von Freuds Betonung des Erinnerns als Teil der psychoanalytischen Selbsterkenntnis und Einsicht zu sehen. Freud hat die psychoanalytische Behandlung als eine besondere Form dialogischer Praxis gekennzeichnet:

> In der analytischen Behandlung geht nichts anderes vor als ein Austausch von Worten zwischen dem Analysierten und dem Arzt. Der Patient spricht, erzählt von vergangenen Erlebnissen und gegenwärtigen Eindrücken, klagt, bekennt seine Wünsche und Gefühlsregungen. Der Arzt hört zu, sucht die Gedankengänge des Patienten zu dirigieren, mahnt, drängt seine Aufmerksamkeit nach gewissen Richtungen, gibt ihm Aufklärungen und beobachtet die Reaktionen von Verständnis oder von Ablehnung, welche er so beim Kranken hervorruft. Die ungebildeten Angehörigen unserer Kranken – denen nur Sichtbares und Greifbares imponiert, am liebsten Handlungen, wie man sie im Kinotheater sieht – versäumen es auch nie, ihre Zweifel zu äußern, wie man „durch bloße Reden etwas gegen die Krankheit ausrichten kann". Das ist natürlich ebenso kurzsinnig wie inkonsequent gedacht. Es sind ja dieselben Leute, die so sicher wissen, daß sich die Kranken ihre Symptome „bloß einbilden". Worte waren ursprünglich Zauber und das Wort hat noch heute viel von seiner alten Zauberkraft bewahrt. Durch Worte kann ein Mensch den anderen selig machen oder zur Verzweiflung treiben, durch Worte überträgt der Lehrer sein Wissen auf die Schüler, durch Worte reißt der Redner die Versammlung der Zuhörer mit sich fort und bestimmt ihre Urteile und Entscheidungen. Worte rufen Affekte hervor und sind das allgemeine Mittel zur Beeinflussung der Menschen untereinander. Wir werden also die Verwendung der Worte in der Psychotherapie nicht geringschätzen und werden zufrieden sein, wenn wir Zuhörer der Worte sein können, die zwischen dem Analytiker und seinem Patienten gewechselt werden ... Die Mitteilungen, deren die Analyse bedarf, macht er nur unter der Bedingung einer besonderen Gefühlsbindung an den Arzt; er würde verstummen, sobald er einen einzigen, ihm indifferenten Zeugen bemerkte. Denn diese Mitteilungen betreffen das Intimste seines Seelenlebens, alles was er als sozial selbständige Person vor anderen verbergen muß, und im weiteren alles, was er als einheitliche Persönlichkeit sich selbst nicht eingestehen will. Sie [die Hörer seiner Vorlesung] können also eine psychoanalytische Behandlung nicht mitanhören. Sie können nur von ihr hören und wer-

den die Psychoanalyse im strengsten Sinne des Wortes nur vom Hörensagen kennen lernen (Freud 1916/17, S. 9 f.).

Auf die Frage eines fiktiven unparteiischen Gesprächspartners, was denn der Psychoanalytiker mit dem Patienten mache, antwortet Freud (1926e, S. 213) 20 Jahre später ganz ähnlich: „Es geht nichts anderes zwischen ihnen vor, als daß sie miteinander reden. Der Analytiker verwendet weder Instrumente, nicht einmal zur Untersuchung, noch verschreibt er Medikamente ... Der Analytiker bestellt den Patienten zu einer bestimmten Stunde des Tages, läßt ihn reden, hört ihn an, spricht dann zu ihm und läßt ihn zuhören." Freud deutet die vermutete skeptische Einstellung in der Miene des fiktiven Zuhörers: „Es ist, als ob er denken würde: Weiter nichts als das? Worte, Worte und wiederum Worte, wie Prinz Hamlet sagt" (1926e, S. 213). Solche Reaktionen sind in Gesprächen über die Psychoanalyse auch heutzutage üblich und auch zunächst bei Patienten zu erwarten, bis sich diese von der Macht ihrer Gedanken und der Wirkung von Worten überzeugt haben.

Obwohl Freud die Macht des Wortes beschworen hat und dabei von Gefühlsregungen wie auch von Affekten die Rede ist, hat der Satz, daß in der analytischen Behandlung *nichts anderes vorgehe als ein Austausch von Worten*, die therapeutische Reichweite und das diagnostische Verständnis der Psychoanalyse unnötig eingeschränkt. Tatsächlich war für Freud „am Anfang" nicht „das Wort", und in seiner Entwicklungstheorie nimmt das Ich im Körper-Ich seinen Ursprung. Es waren *körperliche* Beschwerden von hysterischen Patienten, die der „talking cure" zugänglich waren. Die Vorstellungen dieser Kranken über Entstehung und Bedeutung ihrer körperlichen Symptome fügten sich nicht in die dem Neurologen geläufigen sensomotorischen Störungen ein. Indem Freud auf die Körpersprache, auf das „Mitsprechen" der körperlichen Symptome achtete und sich von dem leiten ließ, was wir heute die persönliche Theorie eines Patienten über seine Erkrankung nennen, wurde aus einem Neurologen der erste Psychoanalytiker. Wir machen auf diesen Ursprung aufmerksam, um die Behauptung abzuschwächen, in der analytischen Behandlung gehe nichts anderes vor sich als ein Austausch von Worten.

In der Beziehung zwischen Patient und Analytiker vollzieht sich sehr vieles auf der unbewußten Ebene von Gefühlen und Affekten, die sekundär nur unvollkommen beim Namen genannt, voneinander abgegrenzt und im Erleben befestigt werden können (s. hierzu Bucci 1985). Bewußtseinsunfähige und vorsprachliche Absichten können nur annäherungsweise zur Sprache gebracht werden. Tatsächlich geht also zwischen Patient und Analytiker sehr viel mehr vor sich als ein Austausch von Worten. Freuds „nichts anderes als" ist als eine Aufforderung zu verstehen, der Patient möge seine Gedanken und Gefühle möglichst vollständig zur Sprache bringen. Dem Analytiker wird nahegelegt, in den Dialog durch Deutungen, also mit sprachlichen Mitteln einzugreifen. Freilich macht es einen großen Unterschied aus, ob der Analytiker einen Dialog führt, der stets eine zweiseitige Beziehung meint, oder ob den quasi monologischen freien Assoziationen des Patienten interpretativ latente Bedeutungsgehalte hinzugefügt werden. Auch die nichtsprachlichen Interaktionen, die dem Spracherwerb vorausgehen, hat bereits Spitz (1976) als Dialog bezeichnet (s. Grundlagenband 7.4.3). Bevor das Kind zu sprechen anfängt, lernt es, kommunikativ zu handeln. Es tritt erstaunlich früh in komplexe soziale Beziehungen zur Mutter, die durch Wechselseitigkeit gekennzeichnet sind (s. Grundlagenband 1.8). Im Körper-Ich, in den vorbewußten und unbewußten Dimensionen des psychoanalytischen Dialogs, ist eine Fülle präverbaler Kommunikationsweisen enthalten, die in einer dunklen Beziehung zum erlebenden Ich stehen, gleichwohl aber die Qualität der Beziehung zwischen Patient und Therapeut mitbestimmen. Wie wesentlich es ist, sowohl die Vorstellungen, die ein Patient über sein Körperbild hat, als auch den naturwissenschaftlichen Körperbegriff in psychoanalytischen Behandlungen ernstzunehmen und die damit zusammenhängende Spannung auszuhalten, ist besonders in Kap. 5 und unter 9.10 besprochen.

Inzwischen hat die Erforschung des Dialogs zwischen Mutter und Kind eine Fülle neuer Erkenntnisse darüber erbracht, welche Bedeutung die Affektivität für den Spracherwerb des Kindes hat (s. dazu Klann-Delius 1979) - Erkenntnisse, die tiefgreifende Auswirkungen auf die analytische Technik haben werden. Nicht zuletzt durch die Untersuchungen von Stern (1977, 1985) erhalten die philosophischen Vorstellungen von Buber über *Das dialogische Prinzip* und über die Bedeutung des „Zwischenmenschlichen" eine entwicklungspsychologische Grundlage. Bubers Ideen sind für das Verständnis des psychoanalytischen Dialogs fruchtbar zu machen. Wir stützen uns auf eine wegweisende Studie von E. Ticho:

> Wenn die [therapeutische] Beziehung ausschließlich als Übertragung und Gegenübertragung verstanden wird, besteht die Gefahr, daß die analytische Situation zum Monolog wird. Wird ein Dialog aufrechterhalten, befähigt uns eine sorgfältige Beobachtung von Übertragungs- und Gegenübertragungsmanifestationen, die vergangene Umwelt des Patienten zu rekonstruieren. Wegen der Vielfalt einflußreicher Faktoren in der Kindheit mag dies manchmal sehr schwierig sein, aber Analytiker möchten manchmal ihre schmerzliche Verwicklung mit einem Patienten vermeiden, weil eine solche ihrem Bedürfnis, unabhängig zu bleiben, zuwiderläuft. In solchen Situationen monologisiert der Analytiker, und der Konflikt zwischen Abhängigkeit und Unabhängigkeit wiederholt sich in der analytischen Situation (1974, S. 252, unsere Übersetzung).

Tichos origineller Vergleich der Theorien von Winnicott und Buber ist in vieler Hinsicht behandlungstechnisch fruchtbar zu machen. Das „dialogische Prinzip" im psychoanalytischen Austausch nähert sich der sokratischen Gesprächsführung dann, wenn man darunter versteht, daß sich der Gesprächspartner durch Einsicht der Ratio unterwirft.

Den meisten Analytikern schwebt ein Bild des idealtypischen Dialogs vor. Da die Regeln, die Psychoanalytiker bei der Gesprächsführung anwenden, ihre Bewährungsproben stets von Fall zu Fall zu bestehen haben, ist es freilich bedenklich, wenn man sich durch irgendwelche Vorschriften den Gesprächsstil aufoktroyieren läßt. In der gegenwärtigen Entwicklungsphase der psychoanalytischen Technik sind genaue Protokollierungen und empirische Untersuchungen auch interdisziplinärer Art darüber, wie und was Analytiker mit ihren Patienten besprechen, wesentlicher als die Festschreibung dessen, wie sich der psychoanalytische Diskurs in seiner reinsten Form vollziehen sollte. Die Betonung des Unterschieds zwischen therapeutischem Gespräch und alltäglicher Konversation hat sich zwar eingebürgert (Leavy 1980), vor einer allzu naiven Abgrenzung muß jedoch gewarnt werden, da Alltagsdialoge oft

> ... durch nur scheinbares Verstehen, durch nur scheinbare Kooperation, scheinbare Symmetrie in den Dialogpositionen und Strategien der Gesprächsführung charakterisiert sind, daß in

der Realität Intersubjektivität oft Anspruch bleibt und dies trotzdem nicht zu wesentlichen Veränderungen, zu dramatischen Konflikten, zu einem Bewußtsein von uneigentlichem Verständigtsein führen muß ... In Alltagsdialogen wird etwas agiert und stillschweigend verhandelt, was in therapeutischen Dialogen durch deren besonderes Setting und deren besondere Struktur systematisch zur Sprache gebracht wird (Klann 1979, S. 128).

In welchem Verhältnis Gemeinsamkeit und Verschiedenheit im Zwiegespräch zwischen dem Patienten und dem Analytiker zueinander stehen, kann nicht generell festgelegt werden. Unter therapeutischen Gesichtspunkten ist es nachteilig, wenn von der Verschiedenheit ausgegangen und der Dialog extrem asymmetrisch angelegt wird. Denn empirische Untersuchungen bestätigen das Naheliegende, nämlich daß sich hilfreiche Beziehungen („helping alliance", Luborsky 1984) besonders dann bilden, wenn Übereinstimmungen zwischen den Ansichten des Analytikers und jenen des Patienten entstehen und anerkannt werden. Hierbei kann es sich auch um scheinbar ganz banale Sachverhalte handeln, die dem Patienten nicht bewußt zu sein brauchen. Eine tragfähige Beziehung kann sich eher entfalten, wenn da und dort ähnliche Einstellungen bestehen und diese vom Patienten irgendwie gespürt werden. „Gleich und gleich gesellt sich gern" findet zwar auch seinen Gegenpart in dem Sprichwort „Gegensätze ziehen sich an". Aber das Andersartige oder gar das total Fremde ist für die meisten Menschen und zumal für ängstliche Patienten eher unheimlich. Es liegt deshalb nahe, bei der Gestaltung therapeutischer Gespräche vom Vertrauten zum Unvertrauten voranzuschreiten. Gewiß kann der gesunde Menschenverstand ein trügerischer Begleiter sein. Aber man sollte die Urteilsprozesse, die sich durch ihn abspielen, nicht in den Wind schlagen!

Schließlich leben Analytiker und Patient in der gleichen soziokulturellen Realität, auch wenn sie zu dieser eine unterschiedliche Einstellung haben mögen, was dem Patienten nicht verborgen bleibt. Vor allem aber sind beide den gleichen biologischen Gesetzmäßigkeiten unterworfen, die den Lebenszyklus zwischen Geburt und Tod bestimmen. Von vornherein spürt jeder Patient, daß sich sein Therapeut den Rhythmen der Natur nicht entziehen kann und somit auch mit all jenen vitalen Bedürfnissen vertraut ist, die ihn selbst lustvoll oder schmerzlich betreffen. Diese Gemeinsamkeiten verstehen sich von selbst. Daß wir uns auf Gemeinplätzen bewegen, geschieht freilich nicht ohne tieferen Grund. Denn es hat erhebliche Auswirkungen, in welcher Weise der Patient erfährt, daß der Analytiker weder vom Altern noch von Krankheiten verschont wird.

Beim Aufbau einer hilfreichen Beziehung durch den Analytiker wird stets auch etwas Allgemeines vermittelt, das über die spezielle, professionelle Rolle hinausgeht, die durch die therapeutischen Aufgaben festgelegt wird. Hieraus ergibt sich ein mehrfaches Wechselverhältnis und ein reichhaltiges Spannungsfeld, von dessen Gestaltung Erfolg oder Mißerfolg einer Therapie ganz wesentlich abhängen. Obwohl diese Feststellung banal klingt, ist es nicht gleichgültig, daß die Bedeutung des Wechselverhältnisses von Rolle und Person und von Intervention und Beziehung durch die Ergebnisse empirischer Psychotherapieforschung, die in der 3. Auflage des Handbuchs von Garfield u. Bergin (1986) zusammengetragen wurden, abgesichert ist. In Ergänzung zu unseren Ausführungen in Kap. 2 des Grundlagenbands ergibt sich daraus die Frage, ob das psychoanalytische Arbeitsbündnis, das zu einer bestimmten Rollendefinition gehört, auch jene Bestandteile enthält, die nach Luborsky die hilfreiche, also therapeutisch wirksame Beziehung ausmachen. Nicht nur der Aufbau der menschlichen Gesellschaft, wie Freud (1933b, S.23) im Briefwechsel mit Einstein festgehalten hat, sondern auch die therapeutische Beziehung beruht zum großen Teil darauf, daß sich „bedeutsame Gemeinsamkeiten, Gemeingefühle und Identifizierungen" bilden.

Dialoge illustrieren, daß sich wesentliche Prozesse im Medium des Gesprächs abspielen. Diesem Verständnis droht Einseitigkeit, wenn man die „Psychoanalyse als Gespräch" (Flader et al. 1982) für hinreichend beschrieben hält. Sprechen und Schweigen als aufeinander bezogene Gesprächselemente verknüpfen die Handlung - das Schweigen als Nichtsprechen und als Fürsichsein - mit der Sprechhandlung, die in der Regel andere Handlungen storniert. In diesem Wechsel der Positionen findet der für beide Teilnehmer am analytischen Gespräch entscheidende Austauschprozeß statt.

Wir haben im Grundlagenband unter 8.5 bereits einige Aspekte beleuchtet, die den speziellen psychoanalytischen Gesprächsstil in seiner manchmal extremen Polarisierung zur einen oder anderen Seite hin kennzeichnen. Im folgenden geben wir ein Beispiel, das klinisch sehr vertraute, häufig zu beobachtende Bedeutungen von Sprechen und Schweigen im analytischen Prozeß kennzeichnet.

Beispiel

Herr Arthur Y berichtet, daß es ihm sehr gutgeht und er also auf dem richtigen Weg ist. Er wisse nicht so recht, wo er einsteigen solle. Geschäftliche Probleme und die Auseinandersetzung mit Konkurrenten werden nebenbei erwähnt. Ein wesentlicher Unterschied zu früher liegt darin, wie sich die heutige Stunde gestaltet. Der Patient schweigt sehr viel. Am liebsten möchte er einschlafen.

A.: *Früher standen Sie unter dem Druck, daß Sie bei Schweigen an das verschwendete Geld - pro Minute so und so viel - dachten.*

Herr Arthur Y freut sich über seine größere Gelassenheit.

P.: *Ja, ich kontrolliere mich heute weit weniger, die Basis ist sehr viel breiter geworden. Allerdings habe ich auch nicht mehr so viele Schulden wie früher.*

A.: *Früher haben Sie bei Ihren finanziellen Überlegungen immer Ihre Guthaben übersehen.*

P.: *Ja, diese Gelassenheit, die ich heute mitgebracht habe, daß die Welt nicht zusammenbricht, wenn ich mich etwas gehenlasse, die gefällt mir sehr. Daß ich das kann, ohne gleich Angst zu haben, daß alles durcheinandergerät, nach dem Motto: Wo komm' ich da hin, laß' ich die Stunde hier sausen? und: Hängt meine wirtschaftliche Existenz daran?*

Kommentar: Unseres Erachtens handelt es sich hier um ein produktives Schweigen, weil der Patient die Erfahrung zulassen kann, seine Gelassenheit und damit ein Stück Passivität ohne Schuldgefühle zu erleben. Seine Selbstsicherheit ist größer geworden, und er besteht die Probe aufs Exempel: Er kann es sich leisten, mit seiner Zeit großzügig umzugehen und Verarmungsängste sowie die Reaktionsbildung des Geizes zu überwinden.

7.2 Freie Assoziation

Bei der Einleitung der Behandlung gilt es, den Patienten mit der Grundregel vertraut zu machen. Welche Informationen über die mehrfache Funktion der Regeln erforderlich sind, ist im Einzelfall zu entscheiden (s. Grundlagenband 7.2). Seitdem Teile der psychoanalytischen Theorie und Technik, wenn auch oft in karikierter Form, zum Allgemeinwissen gehören, kommen nicht wenige Patienten mit mehr oder weniger zutreffenden Vorerwartungen.

Beispiel 1

Frau Franziska X berichtet in der 1. Sitzung zunächst über ihre Recherchen bei der Krankenkasse; sie erkundigt sich über das Gutachten, das ich für sie schreiben soll. Nach meiner Erläuterung fragt sie, wie lange die Therapie dauern wird. Sie äußert Besorgnis. Ihr Bruder, der etwas davon verstehe, habe gemeint, unter einem Jahr käme sie nicht weg. Nach kurzem Nachdenken sage ich, daß eine genaue Zeitangabe nicht möglich ist, es hänge davon ab, wie wir vorankommen würden.

Dann informiere ich Frau Franziska X über die Äußerlichkeiten der Behandlung. Es sei günstig, wenn sie auf der Couch liege, ich würde hinter ihr sitzen. Sie solle versuchen, alles mitzuteilen, was ihr in den Sinn komme. Nachdem ich mich erkundigt habe, ob sie noch weitere Fragen habe, und sie dies verneint, schlage ich vor, gleich zu beginnen.

P.: *Kann ich gleich erzählen, was mir in den Kopf kommt?*

A.: *Hm.*

P.: *Muß ich gleich an das Abendlied denken „Sieben Englein um mich stehen"* (lacht verlegen), *weil Sie hinter mir sitzen, am Kopfende. Heute nacht hab' ich schon davon geträumt, ich wollte hierher kommen. Ich hab' weder Sie noch das richtige Zimmer gefunden. Träume werde ich bestimmt viele erzählen können. Ich träume fast jede Nacht. Wenn ich aufwache, erinnere ich mich meist noch. Gestern hab' ich mich furchtbar geärgert. Ich war nämlich übers Wochenende in X., wo ich studiert hab'. Da hat es mir so wahnsinnig gut gefallen, und ich krieg' immer die Wut, wenn ich wieder nach Ulm muß. In Ulm ist alles so häßlich, keine hübschen Mädchen.*

A.: *Sind die Ihnen wichtig?*

P.: *Männer interessieren mich sowieso nicht. Ulm ist immer wie mit der Wolke zugezogen.*

Kommentar: Es ist unschwer zu sehen, daß wir es mit einer braven Patientin zu tun haben, die prompt der gegebenen Instruktion gefolgt ist. Ihr 1. Einfall zur Situation - sie auf der Couch, ich hinter ihr - erinnert an eine Kinderszene, wo die Engel zur Hilfe gerufen werden, damit das Kind in der Nacht gut beschützt wird. Eine Ängstlichkeit, die die Patientin mit dem kindlichen Alleingelassensein in Zusammenhang bringt, wird ausgelöst und durch ein verlegenes Lachen abgemildert. Der folgende (2.) Einfall setzt das Thema der Unsicherheit fort. Frau Franziska X sucht im Traum das Sprechzimmer und findet es ebensowenig wie den Analytiker. Der 3. Einfall besänftigt die Spannung durch die Versicherung, daß sie zur Mitarbeit bereit sei und durch Träumen dem Interesse ihres Analytikers entgegenkommen könne. Der 4. Gedanke bezieht sich indirekt auf eine erhebliche Angstsymptomatik, die mit der beruflichen Tätigkeit in Ulm eingesetzt hat. Sie sehnt sich in die Studentenzeit zurück.

Es folgen weitere Einfälle zur Studienzeit in X., zu den Kneipenbesuchen abends, wo sie lange mit Freunden sitzenblieb. Ihr Mann war schon zu Zeiten ihrer Freundschaft darüber böse, er wurde müde und ging allein heim.

Dann wirft sich die Patientin vor, daß sie nie nein sagen könne, und wechselt das Thema. Sie fragt nach, was beim psychologischen Test herausgekommen sei. Sie sei bestimmt im Intellektuellen ungenügend gewesen, dabei wolle sie doch noch den Doktor machen, das sei ihr in den letzten Tagen klar geworden. Ihr besagter Bruder, den sie auch bei der Behandlung um Rat gefragt habe, habe eben seine Arbeit beendet.

Nach einer Schweigepause erwägt Frau Franziska X, ob nicht alles schlimmer werde, wenn sie zuviel nachdenke. Ihre Eltern hätten an so etwas keinen Gedanken verschwendet. Darüber mit ihnen zu diskutieren, sei völlig sinnlos. Wieder tritt eine Pause ein, in der keine Antwort von mir kommt. Sie habe Angst, Schulden zu machen, sie brauche immer ein Pölsterchen auf der Bank, das sei ihre einzige Sorge bei der Analyse.

In der nun folgenden Pause bemerke ich, daß die Patientin das Zimmer mustert und ihr Blick auf dem altertümlichen Ofen ruht.

P.: *Die Psychotherapie kommt aber schlecht weg in Ulm* (lacht).

A.: *Wegen des alten Ofens?*

P.: *Nicht nur das, auch das andere Haus, in dem ich mein erstes Gespräch mit Dr. A. hatte, fällt ja schier zusammen. Als ich bei ihm war, hatte ich Angst, daß er mich wieder wegschickt wegen solcher Kinkerlitzchen, die ich habe.*

A.: *So wie Sie im Traum das Zimmer nicht finden konnten.*

P.: *Aber es sind doch nur Kinkerlitzchen. Das wird bestimmt ein Abenteuer. Ich bin gespannt, was da rauskommt.*

Kommentar: Die Einfälle sind als Mitteilungen der Patientin an den Therapeuten zu betrachten. Es ist keine einfache Geschichte, bei der der rote Faden sofort erkennbar wäre, sondern es wird eine Collage aufgebaut, deren Einzelteile einen Beitrag zu einem übergeordneten, oft nicht leicht erkennbaren Leitmotiv beisteuern.

Der Gedanke „alles ist häßlich" umfaßt das Sprechzimmer und den Analytiker, der den Hinweis „keine hübschen Mädchen hier" auf das negative Selbstgefühl der Patientin beziehen kann, ohne mit dieser Anspielung auf eine der Patientin bereits bewußte Intention rechnen zu dürfen.

Beim Erlernen der freien Assoziation, die sich ohne formelle Übungsphase vollzieht, haben die Mitteilungen des Analytikers deshalb eine bedeutungsvolle Funktion, weil sie dem Patienten zu verstehen geben, daß es ein Gegenstück zu der dem Patienten empfohlenen Tätigkeit gibt: eine Antwort auf seine Gedankensprünge. Unvermeidlich lenken Interventionen den weiteren Fortgang, denn sie unterbrechen den tendenziell destabilisierenden Prozeß im Patienten, für den „keine Antwort" oft genug auch eine Antwort darstellt. Der mit der analytischen Situation noch nicht vertraute Patient wird erwarten, daß sich das Gespräch mit dem Analytiker nach den Regeln der alltäglichen Kommunikation vollzieht (s. Grundlagenband 7.2).

Beispiel 2

Gesprächsanalytische Untersuchungen von Koerfer u. Neumann (1982) an Fallbeispielen der Ulmer Textbank belegen, daß Patienten zu Therapiebeginn einerseits ein Privileg genießen, „indem sie mehr oder weniger ‚monologisierend' erzählen und damit der ‚Grundregel' folgen. Die Zuhörerrolle des Analytikers wird dann durchaus positiv beurteilt" (S. 110).

Dies wird an dem kurzen Beispiel aus einer Anfangsstunde der Patientin Amalie X deutlich:

P.: *Das, was ich empfinde, ist positiv, daß es da wirklich einen Menschen gibt, dem ich alles erzählen kann oder der wohl oder übel zuhören muß und der nicht schimpfen darf, wenn ich irgendwas Dummes erzähle.*

Gleichzeitig gelangt ein Patient zu eigenen Vorstellungen über den zuhörenden Analytiker, dessen Beteiligung am Gespräch doch meist anders ist, als der Patient es sich wünscht.

P.: *Ich weiß natürlich langsam, daß Sie mehr oder weniger nicht antworten, sondern höchstens präzisieren, und ich überlege mir, warum Sie das tun. Weil eben so eine Art Gespräch nie was wird. Ich will einfach wissen, was das für Gründe hat. Ich frage mich eben auch wirklich, also ich finde das eine ganz andere Art von Gespräch als ich das gewohnt bin* (aus der 2. Stunde).

In der 11. Stunde wiederholt die Patientin die Andersartigkeit und beklagt schon ausdrücklicher die für ihr Erleben mangelnde Responsivität.

P.: *Also ich finde das eine ganz andere Art von Gespräch als ich das gewohnt bin. Was mich im Moment am meisten stört, sind die Lücken zwischen dem Gesprochenen, weil ich nicht weiß, ob Sie warten, daß ich noch was sag', oder ich warte, daß Sie noch was sagen. Immer die Pausen zwischen dem, was ich und was Sie sagen. Das ist ziemlich unangenehm. Und wenn ich was sage, dann geht das vielleicht per Rohrpost zu Ihnen. Aber dann bin ich nicht da, und ich kann nie wissen, und ich kann nie erfahren, was Sie in dem Moment denken, wenn ich Ihnen was sage. Ich krieg' nicht mal eine Antwort auf meine Rohrpost.*

Dieser Ausschnitt zeigt den belastenden Effekt der Grundregel. Die behandlungstechnischen Probleme, die sich am Beginn stellen, müssen um die Frage zentriert sein, wie wir dem Patienten den Übergang in den speziellen Diskurstyp erleichtern können, ohne ihm jede Belastung ersparen zu können – jedoch auch ohne unnötigen iatrogenen Schaden, der später in mühseliger Kleinarbeit wieder abgebaut werden muß. Im Regelkapitel des Grundlagenbands haben wir für eine Flexibilität plädiert, die förderliche Bedingungen in Anpassung an die Gegebenheiten des Patienten schafft.

Am Ende der Behandlung kommt die Patientin nochmals auf die anfänglichen Schwierigkeiten zurück:

P.: *Mir scheint's im Rückblick außerdem manchmal seltsam, daß ... ach, ich sag's in einem kurzen Satz, manchmal dachte ich, warum hat er mir das nicht gleich gesagt, wie er das will* (lacht ein bißchen), *und eine Gebrauchsanweisung vor mich hingelegt, das weiß ich noch ganz genau. Ich fragte voller Entsetzen: „Muß ich auf die Couch?", was ich entsetzlich fand. Ich sagte dann: „Was muß ich denn tun?", und Sie sagten etwa: „Mehr das sagen, was Ihnen einfällt". Solche Worte waren es. Es ist vielleicht anders formuliert gewesen. Auf jeden Fall, das Wörtchen „mehr" kam drin vor.*

A.: *Mehr sagen als im Sitzen.*
P.: *Ja, haben Sie gesagt, und das war alles. Das war die ganze Regel, Gebrauchsanleitung, wie man's will, und dann hab' ich gedacht, Mensch, der überschätzt dich, warum sagt er nicht mehr, dann muß ich mich nicht selber so abstrampeln. Das hab' ich oft gedacht. Der sieht doch einen ganz anderen Menschen vor sich. Der kennt mich nicht. Der probiert jetzt aus, wie das läuft. Der geht von Voraussetzungen aus, die weit weg von mir liegen, die in ihm selber liegen, die erst allmählich dann meine wurden. Das hat ein gutes halbes Jahr gedauert, dieses Warmwerden mit der Couch. Auch wenn man das theoretisch einsieht, nutzt einem das lange gar nichts, alles, was man drüber liest, nutzt einem da nichts. Und doch hätte ich nie gewagt, wenn ich gesessen hätte, Sie richtig anzuschauen. Das auszukosten hätte ich, glaube ich, nie, nie geschafft.*
Kommentar: Der Beginn dieser Analyse liegt viele Jahre zurück. Aus unserer heutigen Sicht empfehlen wir, in der Einleitungsphase mehr aufklärende und interpretierende Antworten zu geben, um beispielsweise die traumatisierende Wirkung von Pausen so abzuschwächen, daß der Patient diese produktiver gestalten und meistern kann. Im Mittelpunkt sollte der Aufbau einer hilfreichen Beziehung stehen, und hierbei ist eine dem jeweiligen Patienten angepaßte Flexibilität notwendig. Unter 2.1.1 und 2.1.2 haben wir einige Beispiele aus neuerer Zeit zur Einleitung der Therapie gegeben.

Frau Amalie X hat wesentlich zu unserer Revision der Behandlungstechnik beigetragen, indem sie uns auf die Bedeutung der Teilhabe an Hintergrund und Kontext des psychoanalytischen Denkens und Handelns des Psychoanalytikers aufmerksam gemacht hat (s. auch 2.4.2). Wir sind davon überzeugt, daß dieses Teilhaben in vielen psychoanalytischen Behandlungen vernachlässigt wird, woraus sich nicht nur in der Einleitungsphase unnötige Traumatisierungen mit antitherapeutischen Effekten ergeben. Es ist wesentlich, das Gespräch dialogisch zu gestalten und die Asymmetrie besonders in der Initialphase zu verringern.

Beispiel 3

In der Einleitungsphase der Behandlung begegnen wir oft der Frage von Patienten, was sie tun sollen, wenn ihnen nichts einfällt. Das folgende Beispiel aus der Behandlung von Herrn Christian Y soll eine Möglichkeit des Umgangs mit dieser Schwierigkeit aufzeigen, die sowohl der Förderung der Arbeitsbeziehung dient als auch erste deutende Schritte aufzeigt.
P.: *Was soll ich in einem solchen Fall jetzt machen, wenn mir überhaupt nichts einfällt, was ich erzählen könnte, wenn mich kein Gedanke von Bedeutung beschäftigt?*
A.: *Ja, zunächst hat Sie doch etwas beschäftigt, Sie sagten, keine Gedanken von Bedeutung.*
P.: *Ja.*
A.: *Dann sagen Sie die, die Sie haben, auch wenn sie Ihnen unbedeutend vorkommen.*
P.: *Auch meinetwegen die Feststellung, daß Sie viel englische Literatur haben?*
A.: *Ja, eben, das ist doch ein Gedanke, den Sie gehabt haben.*
P.: *Oder die Geräusche draußen? Ich sehe keinen Bezug zur Behandlung.*

A.: *Nun, das wissen wir nicht. Jedenfalls ist es Ihnen eingefallen.*
P.: *Ja?*
A.: *Hm.*
P.: *Falle ich da nun in den Fehler, eine falsche Wertung anzustellen?*
A.: *Erstmal schon, sofern Sie davon ausgehen und sagen, das gehört nicht hierher, die englische Literatur zum Beispiel, die Sie hier sehen, die fällt Ihnen auf, und die gehört hierher, und die Säge draußen, die hören Sie ja, und es fällt Ihnen auf, und das gehört auch hierher.*
P.: *Ich hätte das für abschweifend gehalten.*
A.: *Nun, vielleicht sind Sie von der englischen Literatur auf die Säge gekommen, weil Sie schon gedacht haben, daß der Gedanke mit der Literatur zu persönlich ist, und sind deshalb ganz schnell zur Säge gewandert. Denn es ist ja ein Wandern der Gedanken von den Büchern im Zimmer, die zu mir gehören, nach außen, also weg von hier, insofern könnte es schon ein Abschweifen sein.*
P.: *Ich frage mich nur, warum?*
A.: *Vielleicht deshalb, weil ein rotes Licht, bildlich gesprochen, aufleuchtete, das keine weiteren Gedanken mehr zum Raum oder zur englischen Literatur erlaubt.*
P.: *Hm, ja.* (Pause)
A.: *Das hat Sie auch gestern schon beschäftigt, daß Sie keine weiteren Gedanken zur englischen Literatur haben dürfen, keine weiteren Löcher mir in den Bauch fragen dürfen.*
P.: *Hm.* (Pause)
A.: *Sie haben weitere Gedanken?*
P.: *Nein, ich habe eigentlich nur nachgedacht, wie gut Sie sich vieles merken können, so ein paar einzelne Worte oder auch Zusammenhänge; ihre Konzentration, wie Sie das fertigbringen.* (Pause)
A.: *Ja, und da kommt herein – die englische Literatur, viele Bücher – die Frage des Wissens, was weiß der, weiß er viel, verfügt der über eine gute Konzentration und gutes Gedächtnis, und Sie empfinden vielleicht Neid?*
P.: *Hm, nicht nur Neid, sondern auch Interesse, weil ich wissen möchte, wie man das macht. Ich bin ja nicht der einzige Patient, den Sie haben. Sie können sich nicht lediglich auf mich einstellen, sondern es sind auch noch andere, die Sie in gleicher Weise bedienen müssen, nicht wahr.*

Kommentar: Am Abschweifen, das selbstverständlich ein wesentlicher Teil des Assoziierens ist, kann ein momentaner Assoziationswiderstand deutlich gemacht werden. Der Analytiker hat hierfür das Bild des aufleuchtenden roten Lichtes benützt. Das Abschweifen scheint eingesetzt zu haben, als der Patient herauszufinden versuchte, ob und wie der Analytiker seine Konzentration aufrechterhält. Im weiteren geht es um den Erwerb von Wissen und um die damit zusammenhängenden Vergleiche, bei denen der Patient schlecht wegkommt, weil er unter einer schweren Arbeits- und Konzentrationsstörung leidet. Jeder Patient interessiert sich dafür, wie es Analytiker schaffen, so viele Daten über eine große Anzahl von Menschen und ihre Lebensgeschichte im Gedächtnis zu speichern und jeweils parat zu haben. Durch angemessene Vergleiche kann man Patienten an der Gedächtnisleistung partiell teilhaben lassen. Die damit einhergehende Entidealisierung eröffnet auch den Zugang zu den eigenen kognitiven Prozessen.

Es wäre gewiß verfehlt, die geschulte Fähigkeit des Analytikers herabzusetzen, auch scheinbar nebensächliche Details und Daten zu erinnern, weil diese gemäß ihrer thematischen Zugehörigkeit zu Kategorien oder Kontexten im Gedächtnis festgehalten und bei situativen Auslösern leicht evoziert werden können. Besonders Kohut hat erkannt, wie lebenserhaltend Idealisierungen sind. Je mehr freilich ein Patient hinter seinem Ideal zurückbleibt und je weiter dieses in unerreichbare Ferne gerückt ist, desto größer wird auch der Neid mit seinen destruktiven Folgen.

Kommentar: Es war falsch, den Neid zu interpretieren, anstatt zunächst beim Interesse des Patienten für den Analytiker und dessen englische Literatur zu bleiben.

Die durch die Idealisierung verdeckten neidvollen Impulse auf den Besitz des Analytikers, seine Bücher, sein Wissen, seine Fähigkeiten, seine Potenz etc. wirken sich zerstörerisch auf die Vorstellungswelt aus, und sie lähmen das eigene Denken und Handeln. Um diese autodestruktive Auswirkung des Neides mildern zu können, sind viele therapeutische Schritte notwendig, die damit beginnen, daß der unbewußte Neid zur Sprache gebracht wird. Obwohl der Patient die Interpretation nicht ablehnte, war es zu früh, bereits in der Einleitungsphase den Neid zu erwähnen. Es wäre besser gewesen, das Thema seines identifikatorischen Interesses: „Wie macht der das, und wie kann ich es machen?" zu erweitern, um eine hilfreiche Beziehung aufzubauen.

7.3 Gleichschwebende Aufmerksamkeit

Freuds Empfehlung, sich bei der gleichschwebenden Aufmerksamkeit „seiner eigenen unbewußten Geistestätigkeit zu überlassen", präzisiert die Art der teilnehmenden Beobachung, die der Wahrnehmung unbewußter emotional-kognitiver Austauschprozesse förderlich ist. Die Vielfältigkeit der Einfälle des Analytikers, die sich im Zustand der gleichschwebenden Aufmerksamkeit einstellen können, ist anhand des genauen Studiums von freien Rückblicken auf analytische Sitzungen, wie sie von Meyer, Thomä und Kächele in einem gemeinsamen Forschungsprojekt untersucht wurden (Meyer 1981), gut zu erkennen. Die Einfälle des Analytikers lassen sich u.a. nach der Quelle und nach dem Ziel in verschiedene Klassen einteilen (Meyer 1988). Sie gehören verschiedenen Schichten an, von denen einige vermutlich schon während der Sitzung dem Analytiker deutlich werden, während andere sich erst im nachhinein als eigenständige Fortsetzungen der affektiven und kognitiven Prozesse ergeben.

Nachträgliches lautes Denken

Die Behandlung von Herrn Ignaz Y wurde im Rahmen eines Forschungsprojekts zu Entstehung und Ziel von Interventionen aufgezeichnet. Hierbei wurden freie und teilstrukturierte Rückblicke vom Analytiker unmittelbar nach der Sitzung diktiert (Kächele 1985).

P.: *Das ist ja ein komisches Mikrophon, ein 3teiliges.* (Pause) *Bin heute morgen so müde, hab' gestern abend 2 Viertel Wein getrunken.* (lange Pause)

A.: *Gibt es weitere Gedanken zum komischen Mikrophon?*

P.: *Bin etwas erschrocken, dachte an ein Abhörmikrophon.*

Der Patient beschäftigt sich dann damit, wo die Tonbandaufzeichnungen hingelangen; er hat lange Zeit geglaubt, daß ich „seinen Mist" doch nicht aufnehme, jetzt macht er sich Sorgen wegen seines beruflichen Weiterkommens, wenn das in die falschen Hände gerät.

P.: *Mir wird langsam unheimlich, was ich alles hier so rede ... vielleicht ist es das Bedürfnis, vor meinem eigenen Mist davonzulaufen ... Ich habe eigentlich noch nie von meinen dummen Sprüchen erzählt, da habe ich mich bis jetzt immer saumäßig geschämt ... Vielleicht verstehen Sie es ... Dies fällt mir gerade ein, aber ich bin behaftet damit, daß mir Worte einfallen und ich Namen und Begriffe völlig verhunze.*

Der Patient beschreibt, wie er Namen verdreht, die Namen seiner Kinder, seiner Freunde, und daß für ihn diese Wörter mit einem besonderen Gefühl besetzt sind, so eine Art Geheimsprache darstellen. In der Pubertät hat er ganze Passagen von Silbensequenzen erfunden und sich amüsiert, daß er König war in diesem Reich. Es fällt ihm auf, daß ihm diese Namensverdrehungen nur zu Menschen einfallen, mit denen er sich positiv verbunden fühlt.

A: *Das könnte also ein Mist sein, der nur nach außen als Mist erscheint, für Sie persönlich aber etwas sehr Wertvolles ist.*

P.: *Ja, so ist es, obwohl das verdammt kindisch ist, aber ich amüsiere mich königlich mit diesen Lauten, als wär's ein Spielzeug ... Ich mache die anderen ein bißchen zu meinem Spielzeug ... So reduziere ich meine Angst, auch bei meinen Kindern, wenn ich so manchmal die Angst habe, die fressen mich auf.*

Im weiteren Verlauf der Stunde wird deutlich, daß die erste Namensverdrehung die wichtigste Bezugsperson seiner Kinderjahre betrifft, seine Tante, eine 7 Jahre ältere Halbschwester, die er mit dem Namen Laila belegte. Mit diesem Kosenamen konnte er sich trösten, die Verlassenheit seiner frühen Jahre füllen. Nachdem er gegen Ende der Stunde die Verhunzung meines Namens preisgibt, kann er auch die Sorge äußern, daß er die Analyse als einen bedrohlichen Saugapparat erlebt, der diese innere Welt aus ihm herauszieht und festhält.

Im Sitzungsrückblick, der unmittelbar im Anschluß an die Stunde diktiert wurde, finden wir folgenden „freien Bericht", der nur geringfügig stilistisch überarbeitet wurde:

„Eine ganz herrliche Stunde, ich bin wirklich überrascht, was da so zutage kommt, ich hoffte schon vor Beginn der Stunde, daß er sich weiter mit den Tonbandaufzeichnungen beschäftigt, weil ich dann nur das Gefühl hatte, ich kann nochmal überprüfen, ob die Vereinbarungen, die wir getroffen haben hinsichtlich der Aufzeichnungen, auch weiterhin zu vertreten sind, das würde meine Beunruhigung und Sorgen mindern; gut fand ich, daß die Idee des Mistes sich so weiterentwickelt hat, daß der Patient über seine Beziehungen spricht, daß Ängste aufkommen, daß er deswegen bestraft wird, auch daß er sich eine Welt der Übergangsobjekte aufbaut, die bisher noch überhaupt nicht erwähnt wurde.

Ich hatte schon das Gefühl, daß mit der Thematisierung des Mistes auch die zauberhafte magisch-animistische Stufe zum Ausdruck kommt. Auf seine Frage nach meinem Kontrollanalytiker [es handelt sich nicht um einen Ausbildungsfall] am Anfang der Stunde habe ich nichts zu sagen gewußt, ich dachte, er muß die Vorstellung haben, daß auch ich kontrolliert werde und damit Angstbewältigung verbunden sein könnte, die Angst vor Indiskretion ist sehr groß ... Von der Stunde bleibt für mich wichtig, daß das Thema ‚Laila', diese wichtige Person aus der Kindheit, jetzt wieder mal aufgekommen ist, nachdem es das ganze letzte Jahr ja dominierend war ... Ich empfand schon diese Mitteilung, daß er diese spielerischen Wortneubildungen benutzt, als ein großes Geschenk, ich erinnerte mich an eine Patientin mit einer Hautkrankheit, die mir auch erst vor kurzem solche Spiele mitgeteilt hat, ganz private Dinge, die sehr viel intimer sind und auch beschämender als alle möglichen objektbezogenen Handlungen, dieses Wortgebabbel, dieses

Stammeln, die Lautmalerei, und deswegen war es dann für mich sehr rund und schlüssig, wie plötzlich die Idee aufkam, daß die Mutter in der Wahrnehmung des kleinen Kindes nur aus einem Laila, aus einem lieben Laila besteht und daß er diese Wortbildung so lebendig gehalten hat, ich habe ja auch nie verstanden, woher der Namen Laila kam, noch weiß ich eigentlich im Moment genau, wer ist die Laila nun eigentlich, ist sie eine Stiefschwester, ist sie ein anderes uneheliches Kind der Mutter, ich weiß nichts darüber, sie ist einfach die Verborgene und die Anwesende, die, die die Mutter ersetzt hat, das war eigentlich das Bild, daß Laila überhaupt nur eine Erfindung des Patienten war und doch eine unglaublich wichtige Erfindung gewesen ist, ich habe die Laila ja immer verglichen mit einem Film von Agnes Varda, das Glück [gemeint ist der Film „Le Bonheur"], diese leuchtenden Farben, diese übergemalte, scheinbar überhaupt nicht tangierte Glückswelt, die Namensverzauberung führt mich über den Gedanken an Carlos Castaneda und Schrebers Ursprache zu der Idee, daß er sich also hier eine Welt geschaffen hat, die Autonomie ermöglicht.

Sein Ausdruck von der privaten Lautverschiebung hat mir auch gut gefallen als Wort, mir kommt die Idee, daß er depressive Stimmungen vermeiden kann. Er hat sich ja auch offensichtlich bei der Lektüre des Buches von A. Miller über depressive Konstellationen verstanden gefühlt. Die depressiven Stimmungen konnte er durch die Erfindung eines Kinderzoos mit Hilfe einer Zauberfee überbrücken.

Ich finde dann, daß er etwas schnell Abschied nimmt, die Trauer ist zwar echt, die er mir vermittelt, aber ich glaube nicht, daß das schon überwunden sein wird.

Die Deutung, daß die Neologismen kreative Leistungen waren, entlastet ihn sehr, beruhigt ihn auch, nimmt ihm die doch immer wieder aufkommende Angst, schizophren zu sein. Wahrscheinlich wird er mir deswegen am Schluß ganz bestimmte Verhunzungen meines Namens und den seines 2. Chefs in seinem Heimatdialekt mitgeteilt haben. Ich hätte es fast nicht mehr erwartet, er hat ihn in seinen schweizerischen Heimatdialekt transformiert.

Das Thema der Rückkehr in die Schweiz und seine Äußerungen hierzu lösen bei mir viele Gedanken aus: Sucht er die Vater- und die Muttersprache? Warum verhunzt er meinen Namen? Er tut dies, wenn er liebevolle und zärtliche Beziehungen hat. Den Namen des blöden Verwaltungschefs braucht er nicht zu verhunzen, weil die Enttäuschung ihn da nicht so berührt, die Frustration zärtlicher, verschmelzender Impulse führt offensichtlich zu dem Bedürfnis, die Zauberfee lebendig werden zu lassen. Ich glaube, der Patient hat hier einen großen Schritt gemacht, weil er seine Clownerien, seine Kasperlesachen selber in diese Perspektive bringen kann, ohne daß ich eigentlich viel dazutun mußte, ja, ich habe das Gefühl, daß meine Sitzungsberichte noch nicht sehr frei assoziiert sind, aber vielleicht ist das auch eine Frage der Zeit, sich da wirklich größeren Raum zu geben."

Kommentar: Die Aufgabe, über eine eben abgelaufene Stunde frei zu assoziieren, kann nicht einfach als eine ununterbrochene Fortsetzung der „unbewußten Geistestätigkeit" während der analytischen Stunde begriffen werden. Eine wichtige Erfahrung der Studie war die Auswirkung der Trennung vom Patienten auf den Rückblick. Der Übergang von der therapeutischen Situation, in der parallel eine dyadische Kommunikationsebene und eine monologische - teils verbalisierte, teils nicht verbalisierte - Ebene bestehen, die sich gegenseitig bedingen und sich fördern und hemmen, in die äußerlich monologische Position, in der über eine nur noch in der Erinnerung vorhandene, dyadische Situation assoziierend reflektiert werden soll, führt zu einer raschen Umorganisation der seelischen Situation des reflektierenden Analytikers. Dies läßt sich an dem wiedergegebenen Rückblick zeigen.

Ganz unmittelbar gibt der Analytiker seiner Freude Ausdruck, indem er die ihn berührenden Mitteilungen selbst als Geschenk begreift. Schon im sprachlichen Duktus ist eine Identifikation mit dem Spiel des Patienten zu spüren, über die er den Gewinn des Patienten nachvollziehen kann. Der unausgesprochene Einfall zum Film von A. Varda ist ein Rückgriff auf seine persönliche Erfahrungswelt, in der der hypomanisch-defensive Charakter des selbst erfundenen Glückes für ihn überzeugend dargestellt wurde. Der Hinweis auf das Motiv der Ursprache verdeutlicht den Charakter dieses Sprachspiels, dem ja nicht nur eine kindliche Welt zugrunde liegt, sondern in dem eine in der Gegenwart des Patienten aktuelle Abwehrformation zum Vorschein kommt. Im weiteren Verlauf seiner Phantasien gewinnt der Analytiker wieder Abstand und reflektiert die Bilanz der Stunde. Dann verabschiedet er sich vom imaginären Zuhörer (der als Forscher eine durchaus reale Größe darstellt) mit einer kritischen Distanzierung, die weniger durch den faktischen Gehalt seiner Mitteilungen berechtigt erscheint als durch den emotionalen Gehalt der Sitzung. Da bei der Frage nach der Auswahl eines Beispiels für den Zweck dieser Mitteilung dem Analytiker sofort diese Stunde einfiel - die ja inzwischen viele Jahre zurückliegt - , erscheint eine solche Vermutung naheliegend.

7.4 Fragen und Antworten

Dieses Thema haben wir im Zusammenhang mit der *Gegenfrageregel* im Grundlagenband (unter 7.4) ausführlich diskutiert. Das stereotype Zurückspielen von Fragen des Patienten mit der Formel: „Was fällt Ihnen zu Ihrer Frage ein?" oder: „Was kommt Ihnen in den Sinn, wenn Sie darüber nachdenken, warum Sie mir diese Frage stellen wollen?" wird heute von den meisten Analytikern abgelehnt, weil sich dies häufig - und nicht nur bei Schwerkranken - antitherapeutisch auswirkt.

Beispiel

Nach einem Todesfall ist es zu Erbauseinandersetzungen zwischen den Verwandten gekommen. Selbst scheinbar ratlos, fragt Herr Arthur Y: „Jetzt bitte ich Sie wirklich um Ihre private, nicht um Ihre psychotherapeutische Meinung." Der Patient unterstreicht die Dringlichkeit durch den Hinweis auf sein zunehmendes Mißbehagen und eine Symptomverschlechterung. Mein Nachdenken über den Unterschied zwischen privater und beruflicher Meinung ist zunächst mit einer verlegenen Unsicherheit verbunden.
A.: *Da meine private Meinung jener des sog. gesunden Menschenverstands entsprechen dürfte, werden wahrscheinlich unsere Meinungen in dieser Sache ziemlich übereinstimmen, aber ich habe die berufliche Aufgabe, dazu beizutragen, daß Sie die Angelegenheit in Ihrem Sinne lösen. Ich überlege mir, warum Sie wollen, daß ich Sie darin bestärke, was Sie selbst schon wissen.*
Überlegung: Obwohl gegenüber dem gesunden Menschenverstand auch Zweifel angezeigt sind, was später zur Sprache kam, gab ich diesen Hinweis auf unsere wahrscheinliche Übereinstimmung nach reiflichem Nachdenken und nicht aus Verlegenheit. Es war klar, daß der Konflikt zwischen den erbberechtigten Familienangehörigen sich in Abhängigkeit vom Verhalten des Patienten verschärfen oder abschwächen würde. Solche einfachen Grundmuster sind dem gesunden Menschenverstand geläufig. Der Patient war freilich zwiespältig, nach welcher Richtung er sich bewegen sollte, und dazu wollte er meinen Rat, den ich ihm nicht

geben konnte. Hingegen bestärkte ich ihn in seinem antizipatorischen Wissen, welche Konsequenzen das eine oder das andere Verhalten vermutlich hätte.

P.: *Das ist doch eine ganz normale menschliche Regung, daß mir Ihre Meinung wichtig ist.*

A.: *Sicher.*

P.: *Bei meinen früheren Therapeuten hatte ich immer so das Gefühl: Kommen Sie mir ja nicht zu nahe. Besonders bei Dr. X. hatte ich den Eindruck, ich würde mit solchen Fragen eine bestimmte Grenze überschreiten, um ein kumpelhaftes Verhältnis aufzubauen. Vielleicht formuliere ich deshalb alles so ungeschickt oder umständlich.*

Wir sprechen darüber, daß es wohltuend ist, eine Übereinstimmung zu erreichen und eine Auffassung zu teilen, also auch Kumpelhaftigkeit herzustellen. Dann wird ein Aspekt von Kumpelhaftigkeit deutlich, der dem Patienten in einer früheren Behandlung gegen den Strich ging.

Es geht um die verschiedenen Möglichkeiten, den familiären Konflikt zu verschärfen oder ihn beizulegen. Dem Patienten wird deutlich, daß eine Aktion dazu führen müßte, den familiären Krieg weiterzuführen. Herr Arthur Y würde etwas korrigieren und korrekt handeln, aber damit die Leute erst auf den Krach in der Familie aufmerksam machen.

P.: *Da fällt mir ein Schiller-Wort ein, das ich auf Sie münze: Vom sicheren Hort läßt sich gemächlich raten.*

A.: *Ja, ja.*

P.: *Aber wenn ich Ruhe haben will, darf ich nicht weiter feuern. Ich darf mich aber auch nicht erschießen lassen.*

A.: *Sie sind auch nicht erschossen worden.*

P.: *Ich bin gekränkt worden, ich bin beleidigt worden.*

A.: *Sie sind schwer beleidigt worden, weil Sie sich als so ohnmächtig erlebten.*

P.: *Ja sicher. Mein Schwager hat das anders erlebt. Der hat sich gar nicht weiter aufgeregt. Mein Selbstwertgefühl sinkt auf Null ab. Ich habe dann überhaupt keinen Boden mehr unter den Füßen. Ich könnte ins Uferlose fallen.*

A.: *Und deshalb wurde die Frage so wichtig, daß ich Sie in Ihrem gesunden Menschenverstand bestärke, sonst wären Sie nicht auf die Idee gekommen, nach meiner privaten Meinung zu fragen, die Sie ja irgendwie kennen.*

P.: *Ja, ich kenne sie eigentlich schon.*

A.: *Nun, man kann nicht immer davon ausgehen, daß der andere einen gesunden Menschenverstand hat.*

Der Patient erwähnt nun, offensichtlich ermutigt durch meinen Hinweis, sektiererisches Denken in der Psychoanalyse. Er wird sofort ängstlich, daß er mich durch seine Überlegungen über sektiererisches Denken gekränkt haben könnte. „Hoffentlich greife ich hier nicht jemand an, der mir viel bedeutet, und mache ihn dadurch zum Feind.“

Überlegung: Damit nimmt die Sitzung eine Wendung mit Intensivierung der Übertragung, die ich dem Patienten durch meinen Hinweis erleichtert hatte. Viel zu oft hatte er sich schon in seinem Leben unterworfen und die Meinung anderer scheinbar übernommen, aber in seinem Inneren blieb der Zweifel erhalten und nahm über die Jahre hin zu. In der Frage nach meiner privaten Meinung sucht der Patient einen Zugang zu seinen eigenen ungeschminkten Bedürfnissen, die sich bei der Erbauseinandersetzung belebten und vor denen er Angst hat.

Die Frage nach einem Buch

Frau Erna X interessiert sich für psychoanalytische Literatur. Von einer Freundin wurde sie auf das Buch *Schattenmund* von Marie Cardinale aufmerksam gemacht. Deren Hinweis, ob sie wohl ihren Analytiker nach dem Buch zu fragen wage, überraschte und verwunderte sie. Je näher die Sitzung rückte, desto unbehaglicher wurde es ihr. Sofort kommt Frau Erna X auf dieses Thema, das zunächst 2 Aspekte enthüllte. Ich könnte die Frage, ob ich das Buch, das nach Auskunft ihrer Freundin vergriffen sei, besitze und ihr ausleihen würde, als Anmaßung empfinden. Nach längerer Erörterung der Intensität der erlebten Anmaßung beantworte ich ihre Frage realistisch und betone zugleich, daß ich ihre Frage angesichts der vielen Bücher in den Regalen, unter denen sich allerdings der *Schattenmund* nicht befinde, als naheliegend und keineswegs als anmaßend empfinde. Dann kommt die Patientin auf den 2. Aspekt zu sprechen. Würde der Analytiker ihr ein Buch ausleihen, und wäre damit die Erwartung verbunden, daß sie es gründlich lese? Frau Erna X befürchtet, in diesem Fall auf die Probe gestellt und bezüglich des erworbenen Wissens geprüft zu werden.

P.: *Ich rechne dann mit Kontrolle.*

A.: *Also müßten Sie so gründlich lesen, daß Sie allen Fragen gewachsen wären.*

P.: *Ja, und ich weiß nicht, ob ich es überhaupt so gründlich lesen möchte.*

Ich betone, daß ich diese Erwartung nicht habe und daß es ganz in ihrer Hand läge, was sie lese.

Kommentar: Diese Gedanken der Patientin zeigen, welche einschränkenden Verpflichtungen davon ausgingen, wenn der Analytiker ihr das Buch tatsächlich hätte geben können. Solche Auswirkungen beim Ausleihen eines Buches, zu denen es aus äußeren Gründen nicht kam, hätten sicher interpretativ aufgearbeitet werden können. Abweisung oder Entgegenkommen wirken sich unterschiedlich auf die Beziehung und deren Interpretation aus.

Es gibt verschiedene Möglichkeiten, dem Interesse des Patienten für psychoanalytische Veröffentlichungen oder für aufklärende Bücher entgegenzukommen. Für falsch halten wir es, Patienten abzuraten oder ihnen gar zu verbieten, sich über die Psychoanalyse anhand von Büchern zu informieren. So eindrucksvoll es aus therapeutischen und wissenschaftlichen Gründen auch ist, wenn sich ein noch gänzlich naiver Mensch in Analyse begibt und diese Naivität auch aufrechterhält, so antitherapeutisch wäre es, aufkommende Interessen zu mindern. Die damit gelegentlich verbundenen Probleme des Rationalisierens und Intellektualisierens bringen gewiß Schwierigkeiten mit sich, die aber nicht mit der Auswirkung von Leseverboten verglichen werden können. Freud scheint anfänglich Patienten eher abgeraten zu haben, sich mit psychoanalytischen Veröffentlichen zu befassen. Später hat er, zumindest von Lehranalysanden oder von gebildeten Patienten, sogar erwartet, daß diese sich durch Lektüre informieren (Doolittle 1956).

Nun wird von Frau Erna X das Typische an dieser Geschichte herausgestellt.

P.: *Es war klar, daß ich Sie frage, bis ich im Wartezimmer saß. Dann kam ein Zweifel nach dem anderen. So ist es auch bei anderen Dingen. Der Zweifel kommt, dieses oder jenes könnte unangenehm werden. So ist es auch bei der Frage meines beruflichen Aufstiegs. Dann laß' ich alles bleiben.*

A.: *Es ist also wieder das Thema der Anmaßung, daß Sie sich etwas herausnehmen,*

wenn Sie aufsteigen wollen, wenn Sie in meine Bibliothek eindringen oder bei der Analyse etwas von meinem Denken erfahren. Marie Cardinale beschreibt ja ihre eigene Behandlung.
P.: *Also in meinem Inneren wußte ich, daß Sie mir nicht böse sind, wenn ich nach dem Buch frage. Woher kommt wohl meine Angst, daß ich anmaßend sein könnte?*
A.: *Wegen der erlebten früheren Einschränkungen hat sich wahrscheinlich sehr viel Neugierde angesammelt. So viel Interesse ist in Ihnen, so viel ist in Ihnen angewachsen, daß Sie befürchten, übermäßige Wünsche zu haben. Der Wunsch nach einem Buch wird dann zu einem Beispiel anmaßender und verbotener Wünsche.*
P.: *Ja, das ist richtig. Mein Buchwunsch könnte als zu persönlich aufgefaßt werden. Ich hätte keine Bedenken, eine Freundin nach einem Buch zu fragen. Sie sind der Herr Doktor, etwas Besonderes, zu dem ich aufblicke, da kann ich mir dieses oder jenes nicht erlauben.*
A.: *Es würde sich dann eine gemeinsame Ebene herstellen. Sie würden teilhaben an dem, was mir gehört.*
P.: *Ich möchte um keinen Preis aufdringlich sein. Sie müßten es suchen, das wäre Ihnen vielleicht lästig. Es ist aber kein Weg, der weiterführt, wenn man sowas denkt. Hätte ich nicht gefragt, wäre ich sehr unzufrieden weggegangen.*

Dann spricht Frau Erna X über ihre gegenwärtigen Belastungen, über die Erkrankung ihrer Mutter.
P.: *Meine Verpflichtungen nehmen zu. Ich benötige mehr Zeit zur Betreuung. Deshalb brauche ich die Kinderfrau häufiger. Mein Mann hat vorgeschlagen, die Therapie einzuschränken. Dazu träumte ich: Ich war zu Hause, Sie fuhren mit dem Auto vor und besuchten mich. Sie entschuldigten sich, daß Sie die Behandlung wegen Überlastung unterbrechen müßten. Ich fühlte mich geehrt, daß Sie mich besucht haben, und akzeptierte den Vorschlag. Ich begleitete Sie zum Auto und sah dort 2 junge, hübsche Studentinnen sitzen. Es ist mir ein Rätsel, daß ich den Vorschlag meines Mannes so aufgreife und* Sie *im Traum die Behandlung unterbrechen.*
A.: *Es ist ja eine Umkehrung. Um auf das Thema zurückzukommen: Es ist wohl ein Ausdruck Ihrer Sorge, anmaßend zu sein, wenn Sie mehr wollen und Ihre Wünsche auf meine Ablehnung stoßen. Mir ist anderes wichtiger als Sie, da gibt es ja im Traum auch gewisse Hinweise. Sind es vielleicht die 2 hübschen Studentinnen, die mir wichtiger sind?*
P.: *Ja, vermutlich. Ich stand am Schluß ganz blöd da, abgewiesen, verlassen, mit langem Gesicht. Ich überlege mir etwas anderes, das Abweisen. Sie waren freundlich, keineswegs abweisend, nicht barsch wie mein Mann, „laß' mich in Ruhe", sondern so, wie Sie immer sind. Sie haben mir etwas erklärt. Ich hab's begriffen und eingesehen, obwohl es mir nicht recht war.*
A.: *Sie haben's hingenommen. Sie haben sich beachtet gefühlt, daß ich extra zu Ihnen kam, um Ihnen die Absage zu überbringen.*
P.: *Träume sind wirklich oft wahnsinnig verblüffend. Es ist unglaublich, was sich da im Traum alles abspielt. Man vergißt viel. Wollte ich eigentlich mitfahren? Die Verabschiedung war so abrupt.*
A.: *Sie wollten mitfahren, und Sie sind in gewisser Weise auch mitgefahren, allerdings in indirekter Darstellung, in Gestalt der Studentinnen. Es war schlimm, daß Sie den Kürzeren zogen und abgewiesen wurden, aber Sie sind indirekt dabei. Die Abweisung hat wahrscheinlich etwas mit den hübschen Studentinnen zu tun, die teil-*

haben an dem, was hier an der Universität passiert. Deshalb sind Sie so sehr erschrocken. Es wäre eine Anmaßung, wenn Sie ein Buch haben wollen.
P.: *Ja, das dachte ich schon, ob es wohl eine Anmaßung wäre, wenn ich Psychologie studieren und zu Ihnen in die Vorlesung gehen würde. Ich bin traurig darüber, daß der Zug abgefahren ist. Mit Wut denke ich zurück, damals den einfachen und sicheren Weg gewählt zu haben.*
A.: *Ja, manche Züge sind abgefahren, aber andere sind nicht abgefahren, z. B. Ihre beruflichen Möglichkeiten.*
Kommentar: Es ist hervorzuheben, daß der Analytiker am Ende der Sitzung auf die positiven Möglichkeiten hinweist und damit Hoffnungen weckt, die auch eine Übertragungskomponente haben. Realistisch ist es, daß die Patientin ihre Zukunftschancen im Ausbau des erlernten Berufes wahrnimmt.

7.5 Metaphern

7.5.1 Psychoanalytische Aspekte

Im Grundlagenband sind wir auf die Bedeutung der Metaphorik im Zusammenhang mit der Kontroverse über Stracheys Übersetzung eingegangen und haben die Rolle von Metaphern in der Theoriesprache diskutiert (1.4). In Anlehnung an Arlows (1979) Hinweis, daß in der Übertragung das metaphorische Denken überwiegt, haben wir der Klärung von Ähnlichkeiten und Unähnlichkeiten bei der Realitätsprüfung anläßlich von Übertragungsdeutungen einen hervorragenden Platz gegeben (8.4).

In Freuds Stil haben Gleichnisse, Metaphern und Vergleiche einen hervorragenden Platz, was sich auch im Umfang des entsprechenden Abschnitts im Registerband zu den gesammelten Werken niederschlägt. Dort sind solche kürzeren Zitate oder Spracheigentümlichkeiten bibliographisch erfaßt, die zu psychoanalytischen Begriffen eine direkte Beziehung haben. Diesem Sonderregister kann insbesondere entnommen werden, daß Freud die psychoanalytische Theorie häufig durch Gleichnisse veranschaulicht.

Die Sprachfigur der Metapher ist der Rhetorik entsprungen und hat sich nach Adoption durch viele Eltern schließlich als *Metaphorologie* verselbständigt (Blumenberg 1960). Originelle Metaphern tragen in besonderem Maße dazu bei, daß neue Ideen an Anschaulichkeit gewinnen (Lewin, 1971). In allen Wissenschaften haben Metaphern insbesondere bei Entdeckungen eine hervorragende Funktion, weil sie Bekanntes und Vertrautes mit noch Unbekanntem und Fremdem verbinden. Sie sind geeignete Mittel, zu jener Ausgewogenheit zu führen, die in Kants Aphorismus impliziert ist, daß Begriffe ohne Anschauung leer, Anschauung ohne Begrifflichkeit aber blind sind.

Seit der bahnbrechenden Untersuchung von Richards (1936) hat das Problem der Metapher viele Wissenschaftler angezogen. Sprachwissenschaftliche und multidisziplinäre Studien oder Symposien, die beispielsweise von Ortony (1979), Miall (1982), Sacks (1979) und Weinrich (1968, 1976) dokumentiert wurden, zeigen, daß die Metapher offensichtlich in vielen Disziplinen der Humanwissenschaften von größtem Interesse ist. In der psychoanalytischen Literatur besteht allerdings nach wie vor ein bereits von Rubinstein (1972) beklagter Mangel an Veröffentlichungen, die sich ausdrücklich mit der Bedeutung von Metaphern in der Theorie- und Praxissprache befassen. In multidisziplinären Studien fehlen psychoanalytische Beiträge fast ganz. Zwar veröffentlichte Rogers (1978) die Ergebnisse einer interdisziplinären Arbeitsgruppe über psychoanalytische Aspekte der Metapher. Diese Untersuchung folgte aber dem Spannungs- und Abfuhrmodell kognitiver Prozesse und zog entsprechende Kritik auf sich (Teller 1981). Göbel (1980, 1986) erörterte die Beziehung von Metapher und Symbol anhand der Unterscheidung von Jones und unter Einbeziehung neuerer philosophischer und linguistischer Veröffentlichungen.

Um der Bedeutung von Metaphern im psychoanalytischen Dialog näherzukommen, gehen wir nun auf die Herkunft der Bezeichnung ein, die es auch verständlich macht, daß man als Psychoanalytiker an den Prozeß der Verschiebung denkt. Das aus dem Griechischen stammende Wort bezog sich ursprünglich auf eine konkrete Handlung, nämlich auf das Hinübertragen eines Gegenstands von einem Ort zum anderen. Aristoteles bezeichnet die Metapher als „das richtige Übertragen" (eu metapherein), als das Vermögen, das Ähnliche zu schauen. Erst später beschreibt das Wort eine Stil- und Sprachfigur. Das Hinübertragen wird zur Metapher, wenn es nicht mehr *wörtlich*, sondern *bildlich* genommen wird. Metaphern nehmen eine Art von Zwischenstellung auf dem Weg zur vollen Symbolisierung ein. Sie sind in der anthropomorphen Bilderwelt und in der körperlichen Erfahrung des Menschen verankert.

Charakteristisch für die Metapher ist die Vermischung. In der Literaturwissenschaft werden die Begriffe Bild, Gleichnis, Vergleich und Metapher häufig synonym verwendet (s. hierzu Köller 1986). Auch innerhalb der Linguistik ist die Abgrenzung zwischen den einzelnen Begriffen nicht übereinstimmend festgelegt. „Bild" dient oft als Oberbegriff für Metapher, Gleichnis und Vergleich. Beim Vergleich handelt es sich um eine bildhafte Wendung, die meist mit den Partikeln „als ob", „wie", „gleichsam" konstruiert wird. Es gibt aber auch die Möglichkeit, einen Vergleich ohne Vergleichspartikel zu konstruieren.

Die Spannung zwischen Ähnlichkeit und Unähnlichkeit bei der Übertragung vom ursprünglichen Gegenstand zum neuen Bedeutungsgehalt ist für das Verständnis der Metapher zentral. Im Unterschied zum Gleichnis und Vergleich gilt für die Metapher, daß anstelle der Sache das Bild tritt, während im Gleichnis und Vergleich beides nebeneinander bestehen bleibt. Es ist deshalb anzunehmen, daß in bestimmten Kontexten des Dialogs Formulierungen wie die folgende: „Ich fühle mich *wie* eine verwelkende Primel" eine größere Distanziertheit des Sprechers beinhalten, als wenn er von sich sagt: „Ich *bin* eine verwelkende Primel." „Ich *bin* eine Qualle, die am Strand vertrocknet." „Ich *bin* eine Wüste." „Ich *bin* ein Stachelschwein." „Ich *bin* ein Scheißhaufen."

Ihrer Zwischenstellung verdanken die Metaphern ihre hervorragende Rolle im psychoanalytischen Dialog, in dem es auch fortlaufend um die Klärung von Ähnlichkeiten und Unterschieden geht (Carveth 1984). Deshalb hat Richards schon vor 50 Jahren als Nichtpsychoanalytiker unter sprachwissenschaftlichen und philosophischen Gesichtspunkten die Phänomene der Übertragung einer Metaphorologie zugeordnet, die er durch neue Begriffe bereicherte. Black (1962) hat diese in der sog. Interaktionstheorie der Metapher zusammengefaßt.

Bedenkt man, daß das Hinübertragen ursprünglich wörtlich verstanden wurde, ist es auch naheliegend, daß viele Metaphern durch Analogie zum menschlichen Körper entstanden sind und zu ihm zurückführen. Deshalb ist es unter therapeutischen Gesichtspunkten wesentlich, in der Bildersprache den unbewußten körperlichen Ausgangspunkt wiederzuentdecken und zu benennen. Freilich ist nicht zu erwarten, daß alle Metaphern auf bestimmte körperliche Erfahrungen zurückgeführt werden können. Eine solche generelle Reduzierung, die Sharpe (1940) in einer originellen Veröffentlichung vertreten und kasuistisch erläutert hat, wird der Vielfalt der metaphorischen Sprache nicht gerecht. Wir teilen Wurmsers Auffassung, „daß sie [die Metapher] zur unbewußten Bedeutung hinführt - ähnlich wie Träume, Fehlleistungen oder Symptome“ (1977, zit. nach 1983, S.679).

Der Leser begegnet Metaphern und Gleichnissen in den analytischen Dialogen dieses Bandes auf Schritt und Tritt, weshalb wir uns - neben der gründlichen sprachwissenschaftlichen Untersuchung im nächsten Abschnitt - hier auf 3 Beispiele beschränken. Von der Bilderwelt geht eine große Faszination aus. Metaphern eignen sich auch als beschönigende Darstellungen konkreter körperlicher Bedürfnisse und der mit ihnen verbundenen Beschämung. Nicht nur Theorien und Begriffe können als Rationalisierung in den Dienst des Widerstands treten. Das gleiche gilt auch für Metaphern. Es ist deshalb ratsam, nach Entfaltung einer den Emotionen nahen Bildersprache den körperlichen und sinnlichen Ursprung von Wahrnehmungen, die sich in Metaphern ausdrücken, aufzusuchen und beim Namen zu nennen. Die Sorge, daß hierbei sinnträchtige Bilder oder gar der schöpferische Urgrund des Phantasierens zerstört werden könnte, ist unbegründet. Unsere Erfahrung spricht für das Gegenteil. Die Bilderwelt wird durch die Verknüpfung mit dem Ausgangspunkt des Hinübertragens sogar lebendiger und ursprünglicher. Freilich ist es wegen der Zwischenstellung der Metapher kein Zufall, daß sich an ihr der Kampf zwischen Ikonodulen und Ikonoklasten erläutern läßt. Grassi (1979) hat gezeigt, daß es hierbei um die Anerkennung der Macht der Phantasie geht. Deshalb sind Analytiker stets auf der Seite der Ikonodulen, also jener, die Bilder verehren, und nicht auf der Seite der Ikonoklasten, die die Zerstörung betreiben. Unter psychoanalytischen Gesichtspunkten sollten Metaphern bezüglich ihrer Funktion im Seelenleben untersucht werden. So findet man z.B. in Therapien oft negative metaphorische Selbstdarstellungen, weshalb sich die von Patienten gefundenen Gleichnisse als Indikatoren für die veränderte Selbsteinschätzung eignen.

Der Analytiker als Bewässerungsingenieur

Herr Gustav Y, der seine Welt am Anfang der Behandlung als eine Wüste beschreibt, in der nur karge, resistente Pflanzen überleben, vergleicht die Auswirkung seiner Analyse mit dem Einfluß einer Bewässerungsanlage auf den kargen Wüstenboden, auf dem sich nun eine reiche Vegetation entwickeln könne. Besonders der unmerkliche Entwicklungsaspekt seelischer Vorgänge läßt sich gut durch pflanzliche Metaphern darstellen (Kächele 1982). Man kann sich nicht damit zufriedengeben, daß die Wüste lebt, so erfreulich die Veränderungen sind, die eine neue Metapher hervorgebracht haben. Für diesen Patienten war es ebenso überra-

schend wie wesentlich, daß er vom Analytiker gefragt wurde, warum und wozu er seine Welt als Wüste gestalte. Hierbei wurde kontrafaktisch angenommen, daß dies nicht so sein müsse - eine Annahme, die bei neurotischen Patienten wegen des funktionellen Charakters ihrer Hemmungen stets gerechtfertigt ist - und warum er den Analytiker zum Bewässerungsingenieur gemacht habe. Diese Zuschreibung diente der angstvollen Abwehr eigener lustvoller ödipaler und präödipaler Befruchtungsphantasien. Wie sich im Verlauf weiter zeigen ließ, war die Symptom- und Charakterbildung eine Folge der Verdrängung triebhafter Wünsche aus verschiedenen Quellen - eine Metapher, die Freud (1905d) zur Darstellung der Triebtheorie benutzte.
Kommentar: Ohne daß in der Analyse selbst spezielle urophile und uropolemische Erinnerungen zur Sprache kamen, ist es für den Analytiker in diesem Zusammenhang hilfreich, die entsprechenden Theorien von Christoffel (1944) zu kennen. Wie alles Menschliche, ist auch das körperliche Erleben, das mit dem Wasserlassen verbunden ist, längst dichterisch ausgemalt worden. In der bildhaften Sprache der Dichter kommen, psychoanalytisch ausgedrückt, jene unbewußten Phantasien zum Ausdruck, die Freud in der Theorie der *Psychosexualität* erfaßt hat. Der Schritt von der schriftstellerischen Darstellung zur wissenschaftlichen Entdeckung führt gesetzmäßige Zusammenhänge in die menschliche Natur ein. So hat beispielsweise Rabelais in der Gestalt des Gargantua die omnipotente und uropolemische Phantasie beschrieben, ganz Paris mit seinem Harnstrahl unter Wasser setzen zu können. Christoffel hat solche urophilen Phantasien in die Theorie der Psychosexualität eingeordnet. Sich selbst und seine Umwelt als vertrocknete Wüste zu erleben, geht partiell auf die Verdrängung der Triebregungen zurück, die dann beim Analytiker als Bewässerungsingenieur gesucht werden.

Die Quelle

Frau Erna X hat sich früher bei Enttäuschungen und Spannungen wortlos zurückgezogen und allein und verzweifelt vor sich hin geweint. Nun werden von ihr Konflikte offener ausgetragen, aber trotzdem ist sie ratlos, wie alles weitergehen soll.

Schließlich kommt sie auf ihre Reserven zu sprechen. Diesen Gedanken greife ich auf, indem ich ihre Reserven mit einer Quelle vergleiche, aus der sie schöpfen könne. Frau Erna X macht daraus eine Quelle, die sprudelt. Das Sprudeln wird zum Gleichnis. Frau Erna X lacht. „Das ist ein Bild", meint sie, „da können einem viele Gedanken kommen im Vergleich zu einem stehenden Gewässer. Ich sehe mich eher als stehendes Wasser denn als sprudelnde Quelle. Sprudeln ist für mich unmöglich - es wurde abgedreht." Die Sitzung endet mit dem Ausdruck der Genugtuung darüber, daß sie zur Quelle zurückfindet und mit Hilfe der Therapie auch weniger Fehler in der Erziehung ihrer Kinder macht.

Um so überraschter war ich, als Frau Erna X die folgende Sitzung mit der Mitteilung beginnt, daß sie nicht kommen wollte. Sie befinde sich im luftleeren Raum. Meine Frage, ob die letzte Stunde unergiebig gewesen sei, beantwortet Frau Erna X mit einem klaren Nein. Sie habe die Sache mit dem Sprudeln mitgenommen. Solche bildhaften Vergleiche würden sie sehr ansprechen. Sie dachte im Wartezimmer noch über das Sprudeln nach. Sie beschreibt die Lebendigkeit ihrer Tochter, die wirklich sprudele vor Übermut. Das Kind habe eine große Lebensfreude, das Vergnügen blitze in ihren Augen. Sie strahle Zufriedenheit aus und tobe wild. Sprudeln sei also eine Normalerscheinung bei Kindern. Frau Erna X schaut zurück auf ihre eigene Kindheit und die Einschränkungen, die ihr auferlegt wurden.

Ich äußere die Vermutung, daß sie deshalb wohl heute ungern gekommen sei oder überhaupt wegbleiben wollte, weil sie ja eher so erzogen worden sei, mit klaren, programmatischen Vorhaben hierherkommen zu müssen, nur wenn sie sicher sei, daß sie etwas zu bieten habe. Wenn es um spontane Äußerungen gehe, wachse die Beunruhigung. Ich erinnere Frau Erna X daran, daß ihr einmal der Wunsch, die Hand des Analytikers anfassen zu wollen, Angst gemacht hat. Zur Entlastung erwähne ich, daß alle Ideen und Phantasien nach außen gerichtet sind, also auch Mitmenschen einbeziehen.

Kommentar: Wir möchten besonders auf diesen entlastenden Hinweis aufmerksam machen, der die Übertragung auf den Analytiker ins Allgemeine wendet. Durch solche Wendungen wird die Übertragung verdünnt, was nachteilige Folgen haben kann, wenn der Patient die Verallgemeinerung als Abweisung erlebt. Bei Frau Erna X hat die Verallgemeinerung eher bewirkt, daß sie nun eine weit geringere Scheu hatte, ihren Analytiker in ihre Wunsch- und Phantasiewelt einzubeziehen.

P.: *Ich habe vielleicht hier angefangen zu blubbern, aber der große Schwall könnte noch kommen, das Sprudeln. Es ist wie bei einem Wasserhahn, der so zugedreht wurde, daß es äußerst schwierig ist, ihn Millimeter um Millimeter wieder zu öffnen. Es könnte mir nichts mehr einfallen, obwohl ich ja die gegenteilige Erfahrung gemacht habe.*

Ich interpretiere daraufhin, daß ihr Gedanke an das Aufhören motiviert sein könnte durch die Sorge, ihr könnte zu *viel*, nicht zu *wenig* einfallen.

P.: *Der Hahn wurde zugedreht. Das ist ebenso einfach wie ungeheuer schwierig, weil ich beim Öffnen zugleich versuche, die Millimeter zurückzudrehen. Ich versuche, mir vorzusagen: Sei zufrieden mit dem, was du hast und komme mit dem zurecht. Ich sehe keine andere Möglichkeit.*

Nach längerer Pause stellt Frau Erna X eine für mich überraschende Frage:

P.: *Haben Sie schon einmal einen Patienten weggeschickt und gesagt, es hat keinen Wert mit Ihnen, Sie brauchen nicht mehr zu kommen?*

In der nachfolgenden Pause spüre ich, daß die Patientin dringend auf eine Antwort wartet.

A.: *Ich denke darüber nach.*

P.: *Was mich zu meiner Frage gebracht hat? Das kann ich Ihnen sagen. Die Behandlung einer Bekannten durch einen anderen Analytiker nahm ein Ende mit der Begründung, es habe keinen Sinn mehr. Unterschwellig ist wahrscheinlich bei mir die Angst da, daß es keinen Sinn mehr hat.*

A.: *Sie haben die Angst, es könnte zu viel aus Ihnen heraussprudeln, und fürchten, weggeschickt zu werden. Nicht, weil sie zu wenig, sondern weil sie zu viel zu bieten haben.*

P.: *Wenn ich zu wenig sprudle, schicken Sie mich weg, und wenn ich daheim zu viel sprudle, dann schickt mich mein Mann weg. Ich bin spontaner als früher, also auch unüberlegt. Ich fühle mich so dazwischen.*

Ich stimme Frau Erna X zu, daß es sich um eine echte Schwierigkeit handelt, die behoben wäre, wenn sie nicht mehr käme. Es ginge dann in bisherigen Bahnen weiter. Ich erläutere, daß selbstverständlich die Frage, wie sinnvoll es sei, noch weiterzukommen, sowohl von Patienten als auch von Analytikern gelegentlich gestellt werde.

P.: *Wenn Sie mich fragen, ob ich noch weiter kommen wolle oder nicht, könnte ich dies ja auch nicht spontan beantworten: Ja, ich will, oder ich will nicht.*

Sie beschreibt ihre Zwiespältigkeit am Beispiel ihres Kinderwunsches einerseits und der Ablehnung einer Schwangerschaft andererseits.

P.: *Wenn ich weiter komme, was wird daraus? Das ist verdammt schwierig.*

A.: *Vor welchem Sprudeln haben Sie Angst? Aus welchem Blubbern könnte ein Sprudeln werden?*

P.: *Daß ich mit den augenblicklichen Gegebenheiten nicht mehr leben kann ... Ich habe da einen Fehler gemacht, den ich ändern muß. Zugleich ist es absolut unmöglich, eine Änderung zu vollziehen.*

A.: *Schätzen Sie Ihre Einflußmöglichkeiten auf Ihren Mann und den Spielraum Ihres Mannes so gering ein? Haben Sie Ihre verschiedenen Möglichkeiten, Ihren Mann zu beeinflussen, schon ausprobiert?*

Die Patientin verneint.

A.: *Sie haben ja vieles noch nicht ins Gespräch gebracht, und Ihr Mann ermutigt Sie nicht. Vieles ist also überkontrolliert geblieben, so daß verschwunden ist, was in Wirklichkeit irgendwo da ist, Ihre Wünsche, Ihre Phantasien, und zwar vermutlich bei Ihnen beiden.*

P.: *Es widerstrebt mir, daß ich alles in die Hand nehmen muß. Es wäre mir sehr viel lieber, wenn ich einen Mann hätte, der aktiv ist.*

A.: *Es ist eine natürliche Erwartung, mehr Anregung zu bekommen, aber wahrscheinlich gibt es auch die Seite, daß es sich nicht gehört, daß Sie etwas aufbringen, z. B. das Thema der Sexualität.*

P.: *Ja, die Sexualität ist etwas, das von den Männern übernommen werden sollte. Es ist ein Abgrund, spring' ich rein in das Wasser oder nicht. Und damit habe ich gerade zu kämpfen. Ich suche Auswege, laß es lieber ruhen. Wenn ich etwas mehr Zeit gehabt hätte, dann hätte ich etwas gelesen. Dann wäre ich vorbereitet in die Sitzung gekommen. Aber auch dann hat man die Stunde nicht so im Griff, daß es nicht doch irgendwo zum Blubbern kommt. Wenn ich selbst anfange, dann könnte ich ja zu viel von mir preisgeben. Im Abwarten ist eher ein Abtasten möglich. Meine Wünsche und Bedürfnisse müssen vollständig abgewürgt worden sein. Nicht nur Wünsche und Bedürfnisse, auch Fähigkeiten. Ich würde nie wagen zu sagen, daß ich irgendwas kann.* (längere Pause) *Der bildliche Vergleich läßt mich nicht mehr los. Ich denke gerade an einen Teich, an eine Quelle, die hervorschießt und sprudelt. So will ich nicht sein. Ich will nicht dastehen und gesehen werden, allein und im Vordergrund stehen. Ich würde mich da unten im Wasser aufhalten und vorsichtig heraufschauen, aber lieber da unten bleiben, eingebettet ins warme Wasser. Das liegt mir viel eher.*

A.: *Es hängt ja wahrscheinlich damit zusammen, daß die vergleichende Bildersprache eine starke Beziehung hat zum ganzen Menschen, zum Körper, wenn von Sprudeln und Zeigen und Raussprudeln die Rede ist. Deshalb sind auch die Brunnenfiguren so dargestellt, daß das Wasser aus dem Mund herauskommt, und Nixen sind da, und auch das Wasserlassen. Da ist man selbst eine Quelle, wenn man Wasser läßt*

und uriniert. Deshalb gibt es auch die bekannte Brunnenfigur in Brüssel, das Männeken-Piß. Da kommt das Wasser aus dem Glied heraus. So etwas klingt an in diesen Bildern.
P. (lacht): *Ich kenn' das. Vor Jahren, ich war vielleicht 10 oder 12, war mein Vater in Brüssel und hat eine Bilderserie mitgebracht, da war auch das Männeken-Piß abgebildet. Ich habe es damals angeschaut und kein Wort darüber verloren. Ich dachte, so etwas wäre ohne Bedeutung, aber wahrscheinlich hatte ich damals auch Fragen, die weggefegt wurden.*
Kommentar: Diese Idee des Analytikers scheint weit hergeholt zu sein, wenn man den Anthropomorphismus, der in allen Metaphern enthalten ist, außer acht läßt. Metaphern und Gleichnisse gehen von körperlichen und sinnlichen Erfahrungen aus, die unbewußt stets mitschwingen. Nicht zuletzt deshalb sind Metaphern auch so faszinierend. Trotzdem hat der Analytiker hier einen beachtlichen Sprung gemacht. War das Risiko des Sprunges groß? Nein, denn beim anthropomorphen Denken liegen Wasser und Wasserlassen nahe beieinander.

Stacheltiere und -pflanzen als Metaphern

Von einem Ferienaufenthalt in den Bergen, der durch den Klimawechsel günstigen Einfluß auf die chronische Erkrankung ihrer Tochter ausüben sollte, kommt Frau Clara X in guter Stimmung zurück. Bei der Begrüßung strahlt sie mich freudig an, was zu einer besonders freundlichen Erwiderung ihres Grußes führt. Frau Clara X beginnt die Stunde mit einem Laut, in dem ich ein wohliges Grunzen vermute und unwillkürlich mit einem ähnlichen Laut erwidere. Dieses Echo verhallt im Leeren.

Nach einigem Schweigen gehe ich auf die beiden Laute ein. Die freundliche Begrüßung zu Beginn und die Lautmalerei haben eine intime Stimmung geschaffen, in der Nähe und Wärme spürbar werden – so glaube ich. Ich denke an das Gleichnis von den Stachelschweinen, das Schopenhauer gebildet hat, um daran das Thema der Distanzregulierung zu erläutern. Das Stachelschwein war von Frau Clara X schon häufig als metaphorische Selbstdarstellung verwendet und mehrfach variiert worden.

In verkürzter Fassung lautet die Parabel, die in der Selbstdarstellung dem Sinn nach wiederkehrt, ohne daß Frau Clara X den Ursprung kennt, wie folgt:

> §396 Eine Gesellschaft Stachelschweine drängte sich an einem kalten Wintertag recht nahe zusammen, um durch die gegenseitige Wärme sich vor dem Erfrieren zu schützen. Jedoch bald empfanden sie die gegenseitigen Stacheln; welches sie dann wieder von einander entfernte. Wann nun das Bedürfnis der Erwärmung sie wieder näher zusammenbrachte, wiederholte sich jenes zweite Übel; so daß sie zwischen beiden Leiden hin- und hergeworfen wurden, bis sie eine mäßige Entfernung von einander herausgefunden hatten, in der sie es am besten aushalten konnten ... So treibt das Bedürfnis der Gesellschaft ... die Menschen zueinander; aber ihre vielen widerwärtigen Eigenschaften und unerträglichen Fehler stoßen sie wieder von einander ab ... Wer jedoch viel eigene innere Wärme hat, bleibt lieber aus der Gesellschaft weg, um keine Beschwerde zu geben noch zu empfangen (Schopenhauer, zit. nach 1974, S. 765).

Unter dem Eindruck, daß Frau Clara X mir etwas näher gerückt ist, äußere ich die Vermutung, daß sich mit dem Grunzen Schritte vom Stachelschwein zum Schwein vollzögen. Frau Clara X hat das Grunzen aber eher als den Warnruf einer Sau, die ihre Ferkel warnt, verstanden. Sie habe ihren Laut nicht als Ausdruck von Wohlgefühl erlebt, wenn sie sich auch ausgeglichen fühle. Es stelle sich ihr erneut die Frage der Fortsetzung und des erreichbaren Zieles der Behandlung. Sie könne sich nicht recht vorstellen, viel weiterzukommen. Seit langem bewege sie sich auf der Stelle. Sie lebe zweifellos mehr in Eintracht mit sich, aber sowohl sie selbst als auch ihre Beziehungen zu anderen Menschen seien noch voller Zwiespältigkeiten, Ecken und Kanten. Damit müsse sie sich wohl abfinden. Ob der Analytiker denn glaube, daß sie es schaffe, an ihrem äußeren Verhalten etwas ändern zu können?

Zunächst teile ich den Zweifel der Patientin, indem ich die Schwierigkeiten betone, die einer Veränderung entgegenstehen. Erneut wird das von der Patientin in einer früheren Stunde in die Therapiesprache eingebrachte Bild der Heckenrose verwendet: Was stehe wohl dem Erblühen im Wege? Vor längerer Zeit hat Frau Clara X ihre Abweisung des sich nähernden Knaben – aus dem Lied „Sah ein Knab' ein Röslein stehn" – in einer abweisenden Phantasie dargestellt: Sie ließ dem Knaben von einer Möwe einen ätzenden Fäkalienstrahl ins Gesicht spritzen.
Kommentar: Bei Annäherungen werden offensichtlich erhebliche Abwehrprozesse ausgelöst. Die Möwe dient der Darstellung analer Aggressivität.

Sich selbst als Frau mehr zu gefallen und Gefallen zu erregen, ist geradezu mit einer tödlichen Bedrohung verknüpft, die sich in den weiteren Einfällen der Patientin zeigt. Sie greift auf eine frühere Äußerung von mir zurück. Ich hatte damals unumwunden betont, daß sie mir besser gefalle, wenn sie sich als Frau wohler fühle und dieses Wohlgefühl, von innen kommend, sich in der Veränderung ihrer Figur, also im Äußeren ausdrücke. Damit wurde die Überzeugung bekundet, sie selbst werde sich dann auch besser gefallen, dann könnte sich eine größere Harmonie in den zwischenmenschlichen Beziehungen einstellen. Frau Clara X äußerte jedoch unter Berufung auf die autobiographischen Darstellungen von Magersüchtigen Zweifel daran, ob es jemals gelingen könnte, daß sich wirklich grundlegende Änderungen von innen nach außen und von außen nach innen vollziehen können, so daß aus einem magersüchtigen Mädchen eine mit ihrem Los versöhnte, ja glückliche Frau werde. Ungläubig hatte sie früher meine positiven Erfahrungen mit Magersüchtigen hingenommen. Ihre Zweifel würde sie erst verlieren, wenn sie eine solche geheilte Magersüchtige selbst kennenlernen und dann vielleicht zu ihrem Vorbild machen könne. Wohl wissend, daß sich dieser Wunsch nicht leicht würde erfüllen lassen, bleibt die Suche nach einem Vorbild weiter in der Schwebe.

Frau Clara X räumt nun ein, daß es gelegentlich Sekunden eines umfassenden Glücksgefühls gebe. Also gehe es wohl darum, so ergänze ich ihre Einfälle, wie diese Augenblicke nach Dauer, Intensität und Häufigkeit ausgedehnt werden könnten. Diese Augenblicke beschreibt die Patientin ausdrücklich in oraler Thematik, indem sie von Stillung spricht.

Die Patientin erklärt, daß ihr Vertrauen und Geborgenheit gefallen könnten. Jetzt stellt sich heraus, daß sich für die Patientin das Wort „gefallen" mit einer tödlichen Gefahr, nämlich mit „fallen" verbindet. Deshalb ist sie auch so irritiert, wenn das Wort gebraucht wird. Frau Clara X illustriert die Gefahr, in die sie geraten könnte, mit einer Geschichte, die sie als Witz ankündigt: Ein Mann versucht eine Frau davon zu überzeugen, daß sie aus dem 10. Stockwerk eines Hauses springen könne, ohne dabei Schaden zu nehmen. Er fange sie unten auf. Auf ihre ungläubigen Rückfragen versichert dieser Mann, daß er erst kürzlich sogar eine

Frau aufgefangen habe, die den Sturz vom 20. Stockwerk wagte. Nun kommen der Frau noch mehr Bedenken bezüglich der Verletzungen, die der Mann beim Auffangen erleiden müsse bzw. erlitten haben müßte. Nichts dergleichen passiere ihm dabei, denn er habe die Frau (wie einen Ball) erst einmal „aufdoppen" lassen.

Das schreckliche Ende der Geschichte wird durch die Anspielung auf einen hochspringenden Ball ins Lächerliche gewendet, und der Patientin gelingt der salopp-ironische Tonfall hervorragend.

Sofort ist uns beiden deutlich, in welche Gefahren Frau Clara X geriete, wenn sie sich auf mich verließe: Was ihr passieren könnte, wenn sie sich ihren spontanen Bedürfnissen einschließlich jener des Gefallenwollens hingäbe, hat sie in ihrer Geschichte zum Ausdruck gebracht.

Kommentar: Sich vertrauensvoll an jemanden zu wenden, heißt Intimität. Schon der Gedanke daran ist der Patientin zuwider. In solchen Momenten könnte eine beglückende Stillung eintreten, nämlich die für sie so gefährliche Erfüllung. Die Befriedigung kann für sie nicht zu einer glücklichen Erfahrung werden. Jedes Ende einer Stillung ist für sie ein Entzug. Um diesem zu entgehen, hat sie sich in die Autarkie, in eine fast vollständig unabhängige Position gebracht. Daß hierbei ihre Sehnsucht ins Unermeßliche gewachsen ist, läßt sich an der vernichtenden Gewalt ablesen, die sie ihrem Hunger im weitesten und tiefsten Sinn des Wortes zuschreibt: Würde sie nämlich ihrer Lebenslust und ihrem gierigen Hunger vollen Spielraum lassen, würde der Gegenstand, der die Welt bedeutet, vernichtet. Durch ihre radikale Enthaltsamkeit versucht die Patientin, das Objekt und - so paradox es klingen mag - auch sich selbst zu erhalten. Die Verschmelzung, die Vereinigung, kann unbewußt als zerstörerische Ich-Auflösung erlebt werden, wenn aggressive Triebkräfte überwiegen. Das primär aus anderen, oft recht oberflächlichen Gründen - Figur etc. - begonnene Hungern führt sekundär zu einem Teufelskreis. Die mit großer Anstrengung erzwungene Frustration des Nahrungstriebs führt nicht nur zu einer Entdifferenzierung der Oralität bei Triebdurchbrüchen, sondern auch zu einer fortwährenden Stimulierung von Aggression. Bei jeder Form von Hingabe wird statt des Erlebens eines lustvollen „ozeanischen Gefühls", der grenzenlosen Verbundenheit mit dem All, Objekt- und Selbstzerstörung befürchtet. Kein Wunder also, daß sich Frau Clara X und ihr Analytiker sehr schwer tun, die in der Erkrankung erreichte „Selbsterhaltung" zu verändern.

Einige Zeit später macht Frau Clara X die *Stachelhäuter* zu ihrem Sinnbild.

P.: *Ich muß ja ein Außenskelett aufrechterhalten. Es ist ja so, wenn man von einem Stachelhäuter das Außenskelett entfernt, dann fließt er auseinander wie eine Molluske. Dann ist nichts mehr da. Dann löst sich alles auf.*

A.: *Da wird es verständlich, warum Sie sich eine Stachelhaut angelegt haben.*

P.: *Ja, es ist so gefährlich, wenn man eben keine Stachelhaut hat, dann hat man gar nichts, dann ...*

A.: *... kommt die Angst, wenn ...*

P.: *... wenn man da das Außenskelett entfernt, dann fallen sie in sich zusammen. Weichtiere.*

Der Analytiker greift auf das Stachelschwein zurück.

A.: *Ah, die* Stachelschweine *haben ja ein Skelett in sich.*

P.: *Ich habe eben dann nichts mehr.*

Kommentar: Wir möchten darauf aufmerksam machen, daß die Sätze nahtlos ineinander übergehen. Die Patientin vollendet den Gedankengang des Analytikers und umgekehrt. Der letztere verwechselt die neue Metapher – die *Stachelhäuter* – mit dem alten Gleichnis, den *Stachelschweinen*.

Der Analytiker fährt mit einer Frage fort.

A.: *Woher kommt die Idee, daß Sie zerfließen könnten, wenn Sie keine Stachelhaut mehr zeigen?*

P.: *Das sind reale Erlebnisse. Ich kann in Heulen ausbrechen und über den Anlaß hinaus in einen Zustand der schieren Hilflosigkeit geraten. Da kann ich nicht mehr sagen, warum ich außer mich geraten bin. Vielleicht ist es der Wunsch, daß ich verstanden werde und meine Schwäche akzeptiert wird und ich nicht groß und tapfer sein muß. Es ist der Wunsch, sich fallenzulassen und zu sagen, ich kann jetzt nicht mehr, mach' du mal weiter. Ich will jetzt auch gar nicht mehr können. Aber von außen kommt dann nichts weiter als Befremden, peinliches Berührtsein, Verlegenheit, „oh Gott, oh Gott, was ist denn jetzt los?" Das ist ja schrecklich. Der Zustand selbst ist schon schrecklich. Aber durch die anderen wird der Zustand noch schrecklicher. Da denk ich natürlich, siehst du, jetzt wirst du zur Strafe alleingelassen, weil du so kindisch bist. Es war der Zustand, den ich als Kind sehr oft gehabt habe.*

A.: *Dann kommt also das Gefühl auf zu zerfließen, von dem unermeßlichen Strom da drinnen.*

P.: *Ja, genauso ist es, in Tränen zerfließen. In Tränen sich auflösen. Da kommt das also her. Das ist ja auch ein Teil von einem selbst. Oder den Boden unter den Füßen verlieren. Nur eine Reaktion der anderen macht den Zustand erträglich, nämlich wenn man mich dann heulen läßt, und wenn etwas akzeptiert ist, dann brauch' ich's nicht mehr. Dann heul' ich grad so viel als nötig, und dann geht's. Aber die meisten reagieren anders. Betulich, befremdet, erschrocken, die ganze Reihe durch, und dann setzt genau das ein, was ich eigentlich nicht will. Dann wird's zum Krampf. Neulich hab' ich sogar meinem Mann etwas vorgeheult. Da waren wir beide überhaupt nicht betroffen. Da konnte er es auch nicht mißverstehen, und da war es möglich, daß ich vor ihm geheult habe, ohne seine üblichen Reaktionen auszulösen. Es gibt bei mir Zustände, wo ich so ins Weinen hineinkomme, daß ich eigentlich kaum mehr herausfinde. Ich denke jetzt gerade, daß Sie damit auch nichts anfangen können, und auch, weil Sie ein Mann sind und das Kapitel Weinen als Bub mit 4 Jahren abgeschlossen haben.*

A.: *Immerhin habe ich das Bild beigetragen: in Tränen zerfließen.*

P.: *Nun ja, das ist über den Kopf gegangen. Aber so stand auch mein Vater immer außerhalb der Sache oder jedenfalls, ja, irgendwie da drüber.*

A.: *Es ist ja nicht nur negativ, wenn jemand in diesen Augenblicken etwas drüber steht.*

P.: *Aber ich habe dann nicht das Gefühl gehabt, verstanden zu werden. An dem Punkt ganz und gar nicht, zu Hause nicht.*

Überlegung: Da ich mich sehr engagiert um die Patientin bemühe, trifft mich ihre Kritik hart. Gewiß handelt es sich auch um eine übertragene Enttäuschung, wie der Hinweis auf den Vater erkennen läßt. Ein tröstlicher Gedanke fällt mir ein. Es scheint unvermeidlich zu sein, daß zwischen dem Weinenden und seiner Umgebung eine gewisse Distanz bleibt. Die Tränen des anderen, bedeutungsvollen Mitmenschen sind nicht die eigenen fremde Tränen. Empathie scheint dem Sich-eins-Fühlen nahezukommen, ohne daß sich *eine* Identität aus 2 Individuen bildet.

7.5.2 Linguistische Interpretationen

In der gegenwärtigen Entwicklungsphase der psychoanalytischen Technik sind genaue Protokollierungen und empirische Untersuchungen auch interdisziplinärer Art darüber, wie und worüber Analytiker mit ihren Patienten sprechen, wichtig. Schon 1941 hat Bernfeld einem Abschnitt einer unbekannt gebliebenen Veröffentlichung die Überschrift gegeben: „Conversation, the model of psychoanalytic technics" (S. 290 ff.). In einem Zwischenstadium der Entwicklung trat die dialogische Orientierung in den Hintergrund. Die Study Group for Linguistics am New Yorker Psychoanalytischen Institut unter der Federführung von Rosen (1969) befaßte sich mit der Sprache besonders unter dem Gesichtspunkt der Ich-Funktionen. Seitdem therapeutische Gespräche aufgenommen und transkribiert werden, ist die Untersuchung von Dialogen in eine neue Phase eingetreten.

Gerade bei der interdisziplinären Zusammenarbeit ist es wesentlich, daß sich die daran Beteiligten an das Sprichwort erinnern: „Schuster, bleib bei deinem Leisten!" Sonst besteht die Gefahr, daß beispielsweise bei linguistischen Diskursanalysen Erwägungen darüber angestellt werden, wie psychoanalytische Gespräche vermutlich verlaufen, wenn sich der Analytiker an die Grundregel hält. Tatsache ist, „daß der Charakter der psychoanalytischen Behandlung als eine besondere Art von Gespräch (im Sinne einer geregelten Ausführung diskursiver Aktivitäten) innerhalb der psychoanalytischen Literatur als ein besonderer Untersuchungsgegenstand noch kaum ‚entdeckt', geschweige denn detailliert erforscht worden ist" (Flader 1982, S. 19). Zu einem ähnlichen Ergebnis kamen Mahony u. Singh (1975, 1979) bei einer kritischen Diskussion der Bemühungen Edelsons (1972, 1975), Chomskys Sprachtheorie für die Revision der Traumlehre nutzbar zu machen.

In der Linguistik gibt es verschiedene Theorierichtungen: Theorien, die die Metapher als Einheit der „langue" (nach dem Schweizer Linguisten F. de Saussure „Sprache" als Zeichensystem) betrachten und Theorien, die sie als Einheit der „parole" (die realisierte, „gesprochene" Struktur der Sprache) ansehen. Im Rahmen der „Langue-Theorien" wird davon ausgegangen, daß die Metaphorik eine Eigenschaft von Ausdrücken oder Sätzen in einem abstrakten sprachlichen System ist. Angeknüpft wird an die Aristotelische Bestimmung von Metapher, nach der die Metapher als ein um die Partikel „wie" verkürzter Vergleich gilt. Das „eigentliche" Wort wird durch ein fremdes ersetzt. Zwischen dem eigentlichen Wort und dem fremden Wort besteht Ähnlichkeit oder Analogie.

„Parole-Theorien" setzen voraus, daß Metaphern im Akt der Verwendung entstehen. Eine Richtung wird hier durch die Interaktionstheorie vertreten, die davon ausgeht, daß es für einen metaphorischen Ausdruck keinen eigentlichen Ausdruck gibt. Weinrich geht davon aus, daß die Bedeutung einer Metapher sich aus der Interaktion zwischen der jeweiligen Metapher und ihrem Kontext ergibt. „Die metaphorische Bedeutung ist daher mehr ein Akt als ein Resultat, eine konstruktive Bedeutungserzeugung, die sich irgendwie durch eine dominante Bedeutung vollzieht, eine Bewegung von ... zu ... " (Kurz 1982, S. 18).

Keller-Bauer unterscheidet zwischen 2 grundlegenden Verstehensweisen von Metaphern: „Metaphorische Verwendung von X, die nur über die wörtliche Verwendung von X verstanden werden können", und „metaphorische Verwendung von X, die auch über frühere metaphorische Verwendungen von X, über Präzedenzen, verstanden werden können" (1984, S. 90). Beide Verstehensmöglichkeiten haben eine gemeinsame Grundlage. Während die wörtliche Kommunikation aber auf konventionelles Wissen angewiesen ist, beruht die nichtwörtliche Kommunikation auf nichtkonventionellem Wissen. Beim metaphorischen Verstehen werden gerade die nicht konventionalisierten Gedanken aktualisiert und die Kenntnis solcher „Gedanken" ist notwendig zum Verstehen. „Mit solchen assoziierten Implikationen verstehen wir eine Metapher" (Keller-Bauer 1984, S. 90).

In der gemeinsamen Interpretation der Bedeutung von Metaphern im Dialog zwischen Therapeut und Patient spielen die „assoziierten Implikationen" eine bedeutende Rolle, die über die Symbolbildung laufen.

Kurz (1982) sieht nur einen graduellen Unterschied zwischen Metapher und Symbol: Bei der Metapher ist die Aufmerksamkeit auf Wörter gerichtet, auf die semantischen Verträglichkeiten und Unverträglichkeiten. Hier wird das Sprachbewußtsein aktualisiert. Beim Symbol dagegen wird die wörtliche Bedeutung gewahrt, und die Referenz, das Gegenstandsbewußtsein, wird aktualisiert.

Die Frage ist, wie wir verfahren, wenn wir ein Textelement symbolisch verstehen. Um dieses Verfahren des symbolischen Verstehens zu klären, unterscheidet Kurz zwischen pragmatischem und symbolischem Verstehen. Pragmatisches Verstehen wird als das elementare Verstehen betrachtet. In der Alltagssprache wird z. B. nach Gründen und Motiven, also nach instrumentellen Mittel-Zweck-Relationen und damit nach empirischen Gegebenheiten gefragt.

Im symbolischen Verstehen geht es um das Verstehen der Bedeutung „darüber hinaus", also darum, daß ein Messer eben auch Symbol der Aggressivität sein kann. Das Symbolisierte ist dabei kein pragmatisch empirisches Element, sondern stets eine „lebensweltliche, psychische und moralische Bedeutsamkeit" (Kurz 1982, S. 75).

Beim Gleichnis handelt es sich um einen ausgebauten Vergleich: „Während der bloße Vergleich 2 Einzelvorstellungen einander zuordnet, erweitert das Gleichnis das Vergleichsmoment zu einem selbständigen Zusammenhang, wie das oft für die Gleichnisse der Epik, insbesondere die Homers, charakteristisch ist. Anders als bei der Metapher setzt das Gleichnis das Bild nicht an die Stelle der Sache, sondern stellt beides, durch eine ausdrückliche Vergleichspartikel verbunden miteinander" (*Der Große Brockhaus* 1954, S. 699).

Interpretationen von Metaphern und die Verknüpfung verschiedener Verweis- und Vorstellungsräume als Elemente eines psychoanalytischen Dialogs

Im folgenden wird eine sprachwissenschaftliche Untersuchung eines psychoanalytischen Dialogs vorgestellt, die aufzeigt, welche sprachlichen Aktivitäten für den Dialog zwischen Therapeut und Patient bestimmend sein können. Dabei geht es darum, die sprachlichen Aktivitäten zu beschreiben; Vermutungen darüber, wie der psychoanalytische Dialog regelhaft ablaufen oder gedeutet werden sollte, werden nicht angestellt.

Vorbemerkung des behandelnden Analytikers: Durch diese linguistische Untersuchung ist mir viel klarer geworden, was im Dialog geschehen ist. Die aufgefundenen räumlichen und zeitlichen Verknüpfungen, die sich erlebnisnaher Metaphern bedienen, enthalten wesentliche kurative Faktoren von allgemeiner Bedeutung. Indem sich der Patient aus verschiedenen Perspektiven und zu unterschiedlichen Zeitpunkten seiner Lebensgeschichte selbst betrachtet, gewinnt er eine neue Einstellung zur Gegenwart.

Herr Arthur Y spricht über die Spannung zwischen Bestätigung und Abwertung. In der folgenden Problemdarstellung konstatiert er zunächst sein Problem, die Zweifel, die er bei der Bestätigung von außen hat.

P.: *Wenn etwas von außen bestätigt wird, was für mich positiv ist, was ich auch selbst weiß, aber doch irgendwo, in irgend einem Winkel meines Inneren eben gar nicht für möglich halte.*

Danach geht der Patient auf seine Selbstzweifel ein.

P.: *Irgendwo steckt noch viel in mir drin, das mir die ganze Zeit einredet: Wie immer du dich gibst, und was du auch immer tust, das ist ganz egal. Das ändert gar nichts daran, daß du letzten Endes für die anderen, die Umwelt, für alle, die dich sehen, doch dieser Scheißhaufen bist, der da liegt und stinkt und raucht und von mir aus dampft. Es wird dir überhaupt nicht gelingen, diese Realität, nämlich diese Scheiße, diesen Scheißhaufen auf Dauer vor den anderen zu verbergen. Und das wird dir auch nicht gelingen durch Kunststücke oder dadurch, daß du dich versteckst hinter einem liebenswürdigen Benehmen oder hinter beruflichen Erfolgen. Also praktisch, du kannst machen, was du willst.*

Er läßt dieses Etwas auch in der direkten Rede sprechen. Außerdem spricht er zunächst so, als ob die Identität mit dem Scheißhaufen nur in den Augen der anderen bestünde, für ihn selbst aber nicht: „daß du letzten Endes für die anderen, für die Umwelt, für alle, die dich sehen, doch dieser Scheißhaufen bist."

Der Patient formuliert aber im folgenden, daß er nicht mehr nur aus der Sicht der anderen, sondern von sich aus spricht: „Irgendwann kommt jeder, der mit mir zu tun hat, dahinter, daß da eben nichts da ist als ein Scheißhaufen." Danach kommt der Patient auf das Bild der Qualle, „die im Wasser ganz ansehnlich aussieht, wenn man sie aber herausnimmt und in den Sand schmeißt, dann liegt da halt noch ein Haufen Schleim". Darauf beendet der Patient seine Problemdarstellung und macht eine längere Pause. Er setzt dann zu einem neuen Sprecherbeitrag an, zieht aber sofort zurück, als der Analytiker mit seiner Deutung einsetzt.

Im Alltagsgespräch sind nach einer solchen Problemdarstellung Nachfragen oder kommentierende Äußerungen des Hörers zu erwarten (etwa: Das ist ja schrecklich! oder: Das hast du ja gar nicht nötig!). Der Analytiker geht statt dessen auf den Patienten in unüblicher Weise ein, indem er folgende Gedanken äußert: „Ja, und dieses Bild bringt mich auf einen Gedanken, nämlich auf den folgenden Gedanken, daß Sie in diesem Bild zum Ausdruck bringen ..."

Der Analytiker verwendet den Begriff *Bild* hier synonym zur Metapher. Wie wir oben ausgeführt haben, werden in der Literaturwissenschaft die Begriffe Bild, Gleichnis, Vergleich und Metapher häufig synonym verwendet. Auch innerhalb der Linguistik ist die Abgrenzung zwischen den einzelnen Begriffen nicht übereinstimmend festgelegt. So verwendet Weinrich den Begriff Metapher für alle Formen des sprachlichen Bildes. Oft wird Bild auch als Oberbegriff für Metapher, Gleichnis und Vergleich verwendet.

Der Analytiker nimmt also explizit Bezug auf das *Bild* des Patienten, auf die Metapher der Qualle. Er geht auf das Erleben dieser Qualle ein und damit auf das Erleben des Patienten, der sich mit der Qualle identifiziert.

A.: ... *wie der Zustand war, solange Sie noch im Wohlgefühl im Wasser geschwommen sind, im Wohlgefühl sich befunden haben, nämlich in dem Wohlgefühl auf dem Thron. Und ich kann mir vorstellen, daß Sie sich deshalb immer noch so sehr in dieser Erniedrigung erleben, weil Sie diesen Zustand* nicht *mit dem vergleichen, was Sie heute sind und was Sie* ...
P.: *Das ist das Problem, ja.*
A.: ... *geschafft haben, sondern mit dem Zustand der Bewunderung, mit dem Quallenzustand, mit dem Zustand des Sitzens auf dem Thron.*

Der Analytiker hebt des Wohlgefühl des Patienten hervor, solange er (als Qualle) noch im Wasser geschwommen ist oder auf dem Thron saß, also bevor er zum Scheißhaufen wurde. Während der Patient also nur den Aspekt der äußeren „Ansehnlichkeit" hervorhebt, bezieht sich der Analytiker auf das innere Erleben des Patienten. Damit erweitert er die Metapherndeutung des Patienten (Bedeutungs- und Bezugserweiterung), wobei er mit dieser Erweiterung einen Fokuswechsel (Wechsel des Brennpunkts der Aufmerksamkeit) vollzieht. Gleichzeitig stellt er den Bezug zu früheren Erfahrungen des Patienten her.

Mit dieser Deutung vollzieht der Analytiker also mehrere sprachliche Aktivitäten gleichzeitig. Auf eine dieser simultan ausgeführten Aktivitäten soll noch näher eingegangen werden, auf die des sprachlichen Zeigens, die neue Vorstellungsräume beim Patienten eröffnet.

Auf der Grundlage von Bühler (1934) und der Untersuchung von Ehlich (1979) sehen Flader u. Grodzicki den Gebrauch von deiktischen (zeigenden) Ausdrücken „in Verbindung mit bestimmten Verweisräumen, die ein Sprecher jeweils eröffnet, um darin dem Hörer etwas Bestimmtes zu zeigen" (1982, S. 174). Sie unterscheiden 3 Verweisräume: der (für Sprecher und Hörer gemeinsame) *Sprechzeit- und Wahrnehmungsraum* - worauf mit deiktischen Mitteln wie „ich", „du", „das da", „jetzt" etc. Bezug genommen wird; der *Rederaum*, der dadurch eröffnet wird, daß innerhalb der zeitlichen oder lokalen Organisation einer Rede- bzw. Textentwicklung etwas gezeigt wird - mit Mitteln wie „Bevor ich ausführe, wie ... " oder „Weiter unten werde ich entwickeln ... ", u. a.; schließlich der *Vorstellungsraum* (Bühlers „Phantasma"), worauf Ausdrücke wie „damals", „danach", „dort" (an einem vorgestellten Ort) Bezug nehmen (Flader u. Grodzicki 1982, S. 174).

Der Analytiker eröffnet in dem hier ausgewerteten Gespräch den Sprechzeit- und Wahrnehmungsraum durch die Personalpronomina „mich" und „Sie" und durch „dieses Bild", „in diesem Bild". Auf den Rederaum nimmt er Bezug durch „auf den folgenden Gedanken". Er eröffnet gleichzeitig mehrere Vorstellungsräume, um das Erleben heute mit dem Erleben vergangener Zeiten zu verbinden.

Es lassen sich 3 Vorstellungsräume in diesem Gespräch unterscheiden: Vorstellungsraum 1: vormals (vor der Geburt des Geschwisters), Vorstellungsraum 2: dann/damals (nach der Geburt des Geschwisters), Vorstellungsraum 3: heute. Zwischen diesen 3 Vorstellungsräumen stellt der Analytiker eine Verbindung her und zeigt auf, wie sehr das heutige Erleben des Patienten vom „Vormals" und „Damals" bestimmt ist. Sprachlich realisiert wird diese Aktivität des Zeigens u. a. durch die deiktischen Ausdrücke „solange", „immer noch" und „heute".

Dann nimmt der Analytiker im Rahmen seiner Deutung die Metapher „Thron" wieder auf, die schon vorher in diesem therapeutischen Gespräch eine Rolle gespielt hat. Für den Analytiker entspricht das Wohlgefühl im Wasser als

Qualle dem Wohlgefühl des Patienten, solange dieser auf dem „Thron“ gewesen ist, d.h. solange ihm die Bewunderung als Erstgeborener zuteil wurde (erneuter Bezug zur damaligen Erfahrungswelt: Vorstellungswelt 1: Erfahrungen des Erstgeborenen, Zeit der Bewunderung).

„Danach“, d.h. nach der Geburt des Geschwisters und damit nach dem „Sturz vom Thron“ war der Patient nur noch ein „Scheißhaufen“, „danach“ kam die Entwertung anläßlich des beschämenden täglichen Einkotens im Kindergarten. Die temporale Deixis „danach“ verweist auf eine weitere, neue Vorstellungswelt (2). Hier hebt der Analytiker also an der Bedeutung der Metapher „Scheißhaufen“ den Aspekt des damaligen Erlebens von Entwertung hervor (Fokuswechsel).

Mit der Feststellung: „Und ich kann mir vorstellen, daß Sie sich deshalb immer noch so sehr in dieser Erniedrigung erleben, weil Sie diesen Zustand vergleichen nicht mit dem, was Sie heute sind und was Sie ...“ stellt der Analytiker den Bezug zur Erfahrungswelt des Patienten von heute her (Vorstellungswelt 3) und hebt den Aspekt des Erlebens von Erniedrigung hervor.

Auch an dieser Stelle bezieht der Analytiker die Erlebensebene in die Metapherninterpretation von „Scheißhaufen“ ein.

Der Analytiker weist den Patienten darauf hin, daß er heute dieselbe Erniedrigung erlebt wie damals (Verbindung von Vorstellungsraum 2 und 3), weil er die heutige Anerkennung („erarbeitete“ Bewunderung) mit der Bewunderung von damals (Bewunderung, die dem Erstgeborenen zuteil wird, die Bewunderung „für nix“) vergleiche und dadurch die heutige Bestätigung, die er erhalte, entwerte.

Der Therapeut kann hier aufgrund seines Vorwissens so differenziert über das Erleben von Entwertung und Erniedrigung sprechen, da der Patient schon häufiger darüber berichtet hat, daß er als Kind auf die Konflikte, die die Geburt eines Geschwisters in ihm ausgelöst hat, u.a. mit dem Symptom des Einkotens reagierte, wofür er von Mutter und Großmutter verachtet, entwertet und erniedrigt wurde.

Zusammenfassend ist bei der hier analysierten Deutung, in der sich die Metapherninterpretation als Teilaktivität des Handlungsmusters „Deutung“ erweist, folgendes hervorzuheben:

Der Analytiker nimmt mit seiner Metapherndeutung jeweils einen Fokuswechsel vor, indem er auf das Erleben des Patienten abhebt. Gleichzeitig stellt er einen Bezug her zwischen den verschiedenen Erfahrungen des „Damals“ und „Heute“.

In seiner Deutung macht der Analytiker die Kontinuität zwischen vormals, damals und heute deutlich, die der Patient erlebt, und durchbricht diese dann, indem er den Unterschied zwischen damals und heute aufzeigt. Deutlich wird auch das Maß an Arbeit, das der Therapeut leistet, um alle Bilder in einen kohärenten Zusammenhang zu bringen.

Herausarbeiten von symbolhaften und bildhaften Bedeutungen in der Interaktion zwischen Therapeut und Patient

Herr Arthur Y erzählt von seinem Erleben am gestrigen Tag, den er als „erstaunlich, erstaunlich stabil" charakterisiert. Im Gegensatz dazu steht sein Erleben am Abend, an dem ihm das Taschenmesser seines Sohnes und das seiner Tochter auffällt. Der Patient schildert die Beunruhigung und die Angst in der Nacht, die von dem Messer ausgelöst wurde:

P.: *Und da hab' ich gestern abend dieses Messer entdeckt, und dann fing's schon wieder an, die Angst, ich könnte mit diesem Messer irgend jemandem in meiner Familie - die Angst ist immer am größten meinen Kindern gegenüber - an den Hals gehen.*

Seine Versuche, sich gegen diese Bedrohung zu wehren, sie „in den Griff zu bekommen", werden deutlich, indem Herr Arthur Y die Situation und sein Verhalten in einer sehr geordneten Form beschreibt (dann, damals) und sein Erleben benennt (Angst, ängstigt). Der Patient versucht, für sich die Bedeutung des Messers zu ermitteln, und bewegt sich dabei ganz auf der pragmatischen Verstehensebene des Symbols.

Auffällig ist, daß der Patient in seiner Schilderung die Normalität des Sachverhalts betont und eine Reihe von Verfahren anwendet, die Ausdruck dessen sind, daß er bemüht ist, seiner Gefühle Herr zu werden. Beides ist wahrscheinlich für den Patienten eine Möglichkeit, sein Erleben von sich wegzuhalten, um sich nicht darin zu verlieren (Ausdruck der Grenzsituation).

Auch das Gleichnis vom Hamster, das Herr Arthur Y explizit als solches kennzeichnet, dient dieser Distanzierung.

P.: *Und da fiel mir unser Hamster ein, wenn ich den also, wenn wir den holen und auf den Stuhl setzen, dann etwas legen, einen Löffel oder irgendwas, dann packt er das mit Schnauze und Maul und schmeißt es runter. Das ist also zu lustig, das anzusehen* (schnieft), *es stört ihn offensichtlich. So hat mich dieses Messer da drinnen einfach gestört.*

Daß der Patient in dieser Nacht mit seiner Distanzierung erfolgreich war, könnte darauf hinweisen, daß er im folgenden nur noch von „dem Ding" spricht, vor dem er sich eigentlich überhaupt nicht zu fürchten brauche.

Im folgenden stellt Herr Arthur Y einen Bezug her zu einem Knoten, der in einer Therapiesitzung schon einmal Thema war. Es handelt sich wohl um einen Knoten, der real in einem Treppengeländer existiert. Der Knoten hat für den Patienten etwas mit seinen Aggressionen zu tun, die der Analytiker schon öfter beim Namen genannt habe.

P.: *Daß ich mich noch so schwertun würde zu realisieren, daß ich auch Aggressionen habe.*

Wenn er an diesen Punkt komme, dann entstehe in ihm so ein Knäuel von Gefühlen, von Möglichkeiten, u.a. von Ängsten, auch von Chancen. Diese Metapher des Knäuels, die die Assoziation „zu entwirren" hervorruft, baut der Patient dann zu einem Vergleich bzw. einem Gleichnis aus.

P.: *Ich kann's eigentlich gar nicht besser vergleichen, und hätte ich nun den Anfang des Fadens oder das Ende, dann könnte ich versuchen, das Knäuel zu entwirren, aber irgendwo müßte ich mal, das heißt, ich hab' den Anfang ja natürlich, ich müßte mit Hilfe des Anfangs versuchen, jetzt an die Sache heranzugehen.*

Dieses Gleichnis vom Knäuel, das die inneren Wirren des Patienten deutlich macht, wird nicht nur explizit als Gleichnis gekennzeichnet, sondern auch in seiner Güte klassifiziert: „Ich kann's eigentlich gar nicht besser vergleichen." Diese Art der expliziten Kennzeichnung eines Vergleichs bzw. eines Gleichnisses könnte wiederum auf des Patienten Distanzierung von seinem inneren Erleben verweisen.

Daß der Patient die Gefühle der Angst und Bedrohtheit als etwas von außen Kommendes, Fremdes erlebt, darauf könnten die Ausdrücke der Fremdbestimmtheit, hier in Form von unpersönlichen Formulierungen, einen Hinweis geben: „Und dann fing's schon wieder an, und das ist dann aber wieder in den Hintergrund getreten, warum mich dieses Ding da vorn so ängstigt."

Nach einem Themenwechsel kommt Herr Arthur Y auf das Thema des Messers zurück. Er stellt fest, daß er dieses Problem ja eigentlich in der heutigen Stunde untersuchen wollte. Er äußert sich zweifelnd darüber, was diese Stunde gebracht hat, äußert Kritik und nimmt diese Kritik gleichzeitig wieder zurück. Er sagt nicht direkt, „diese Stunde war für die Katz", sondern äußert sich folgendermaßen: „Und jetzt, obwohl ich nicht das Gefühl hab', wenn ich mich jetzt kontrolliere, daß diese Stunde für die Katz war, wahrhaftig nicht, hätte ich vorher gerade eben beinahe gesagt, und jetzt ist wieder nichts daraus geworden."

Die Kritik wird mehrfach zurückgenommen durch:

1) Konzessivsatz: „obwohl"; 2) negiertes Gefühl: „ich nicht das Gefühl hab'"; 3) Bekräftigung: „wahrhaftig nicht"; 4) Irrealis, doppelte Rückdatierung, Ausdruck des Nichtvollzugs: „hätte ich vorher gerade eben beinahe gesagt".

Es folgt eine Pause von 10 Sekunden. Der Analytiker nimmt das vom Patienten angeregte Thema wieder auf, nicht indem er die Kritik thematisiert, sondern indem er direkt an das Thema „Haustier" und „Messer" anknüpft. Er greift die Geschichte vom Hamster, der alles, was ihn stört, mit der Schnauze wegschiebt und runterschmeißt, in ihrer gleichnishaften Bedeutung auf.

A.: *Es ist Ihnen ja der Hamster eingefallen, so, das was ihn stört, nun weg mit der Schnauze, weg ...*

P.: *Ja.*

A.: *... schiebt und runterschmeißt ...*

P.: *Ja.*

A.: *... was stört.*

P.: *So lustig sieht das aus.*

A.: *Hmhm.*

Der Patient überträgt das Gleichnis vom Hamster direkt auf seine persönliche Situation und führt es ad absurdum. Er bewegt sich in seiner Deutung des Symbols des Hamsters ganz auf der pragmatischen Verstehensebene.

P.: *Ja gut, ich könnte das Messer nehmen und könnte es vernichten, aber das ist doch lächerlich. Das ist doch keine Lösung. Denn in Wirklichkeit ist's ja gar nicht das Messer, find' ich, und wenn ich das wegschmeiße, dann sind in der Küche noch welche, dann kann ich die auch gleich mit wegschmeißen* (lachend gesprochen), *da fängt meine Frau an zu suchen und sagt: „Zum Donnerwetter nochmal, wo sind denn die ganzen Messer geblieben?" Da kann ich sagen, die habe ich weggeschmissen, und dann sagt sie „ja, spinnst du", dann kann ich höchstens noch sagen „ja".*

Der Analytiker beschäftigt sich im folgenden mit der symbolischen Bedeutung des Hamsters.

A.: *Ja ja, der Hamster, der eins übergezogen kriegt mit dem Prügel und totgemacht wird …*

P.: *Ja.*

Der Hamster und v.a. das Schlachten von Haustieren - Schwein und Stallhase - haben schon mehrfach eine Rolle in der Therapie gespielt. Diese Tiere stehen für geknechtete, machtlose Wesen, die „eins übergezogen kriegen mit dem Prügel" und „totgemacht werden". Der Analytiker stellt hier also einen Bezug von heute zu früheren Darstellungen (Verbindung mehrerer Vorstellungsräume) des Patienten her. Der Patient stimmt dem Analytiker zu, relativiert aber den Hinweis des Analytikers auf den Einfall „Hamster" als zufällig.

Mit seiner Äußerung „Das ist ja zufällig" weist Herr Arthur Y den Bezug, den der Analytiker hergestellt hat, zurück. Der Analytiker stimmt dann zunächst zu, daß der Einfall zufällig sei, relativiert aber daraufhin seine Zustimmung durch ein „vielleicht" und bekräftigt dann mit seiner einordnenden Feststellung „aber ich reihe das ein", daß der Hamster als Symbol eine Bedeutung hat und der Einfall wohl kein Zufall war. (Der Analytiker besteht auf dem Bezug, den er hergestellt hat.)

A.: *Das ist zufällig, jaja, vielleicht zufällig. Ja, das ist sicher, aber ich reihe das ein.*

Hier wird deutlich, daß der Patient aus der Sicht des Therapeuten etwas von ihm selbst Mitgeteiltes nicht voll verstanden hat. Mit seinem Hinweis, daß der Hamster schon öfter eine Rolle gespielt hat, verläßt der Therapeut die Interaktion auf gleicher Ebene zugunsten der „analytischen" Ebene, um das für den Patienten Unverständliche (Desintegrierte) verständlich zu machen (es zu integrieren). Der Patient versucht mit seiner Zurückweisung die Kooperativität auf gleicher Ebene wiederherzustellen. Der Analytiker aber läßt sich auf diese Ebene nicht ein, sondern beharrt auf seiner Sicht.

Mit seiner Zurückweisung initiiert der Patient eine Erläuterung einer Reihe weiterer Aspekte der symbolischen Bedeutung des Hamsters und des Hasen und des Messers von seiten des Analytikers, denen er dann auch im Laufe der Interaktion zustimmt, d.h. der Patient läßt sich auf die analytische Deutungsebene ein.

A.: *Nämlich, also sofern die Messer stören, weil sie einen bedrohen, und der Prügel, kann man nicht genug Prügel wegräumen, wenn man da als Meerschweinchen sozusagen …*

P.: *Ja so.*

A.: *… Hamster ist, der eins mit diesen Gegenständen …*

P.: *Ah ja.*

A.: *Ich vermenschliche das mal.*

P.: *Ja.*

A.: *… eins übergezogen kriegt und sich streckt, dann kann man nicht genug wegräumen. Wenn's aber drum geht, daß man eben nicht der Hamster ist, sondern der, der Macht hat, und deshalb auch Prügel braucht, um sich zu wehren …*

P.: *Hmhm*

A.: *… ein Messer, dann sind die natürlich nicht wegzuräumen, sondern …*

P.: *Da kann er nicht genug haben.*

A.: *Da kann man nicht genug haben davon.*

Der Analytiker deutet das Symbol des Hamsters hier in einer allgemeinen Form, ohne expliziten Bezug zum Patienten; er spricht im „man" und „einen" und

„man" als Hamster. Der Hamster symbolisiert seine Ohnmacht. Der Analytiker schreibt dem machtlosen Patienten aber Phantasien zu, die er sich unbewußt erhalten hat, nämlich derjenige zu sein, der die Macht hat, die Messer, um sich zu wehren. Der Patient ist nicht nur derjenige, den die Messer bedrohen, sondern auch derjenige, der die Messer braucht, um sich zu wehren.

Der Analytiker versucht deutlich zu machen, daß die Messer zum einen die Bedrohung von außen symbolisieren, zum anderen aber auch die eigene Möglichkeit, sich zu wehren, darin enthalten ist, also die eigene Aggressivität damit symbolisiert wird (die eigene Aggressivität, die andere verletzen kann).

Mit seiner schnell eingeschobenen Bemerkung „Da kann er nicht genug haben", die vom Analytiker aufgenommen und wiederholt wird (simultan gesprochen), bestätigt der Patient die Symboldeutung des Analytikers. Der Patient erinnert sich daran, daß er gedacht hat, daß er ja keine Angst hat. „Du weißt ja, daß du niemandem etwas zuleide tust, warum fürchtest du dich vor diesem Ding dann so?"

Der Analytiker nimmt diesen Gedanken auf, spezifiziert ihn auf den Sohn des Patienten hin. Dann relativiert er die Äußerung des Patienten dahingehend, daß es nicht in dessen Absicht lag, jemandem etwas zuleide zu tun, sondern daß das ein „unvermeidlicher Nebeneffekt" war.

A.: *Sie wissen auch irgendwo, daß Sie nichts zuleide tun wollten, denn daß Sie zuleide tun, das war sozusagen der in gewisser Weise unvermeidlicher Nebeneffekt, aber …*

P.: *Wie meinen Sie das jetzt?*

A.: *Ich mein' das so, daß Sie nicht der Geknechtete, ich meine so, daß Sie, wenn Sie den X zum Teufel geschickt haben …*

P.: *Ja.*

Der Analytiker macht hier deutlich, daß des Patienten heutige Identifikation mit dem Hamster nicht stimmig ist, denn in der heutigen Realität ist er nicht der Geknechtete, sondern er ist derjenige, der den X zum Teufel schickt und der sich mit dem Gedanken trägt, seinem weniger erfolgreichen Kollegen den Arbeitsplatz „wegzurationalisieren".

Mit dem folgenden Teil der Deutung versucht der Therapeut, dem Patienten zu vermitteln, daß er ja auch der Machtvolle ist, der auch anderen wehtun kann und will:

A.: *Worum es geht ist, daß Sie nicht mehr der kleine Geknechtete, Geschlagene sind, sondern daß Sie Macht haben und damit also auch den Spieß rumdrehen. Dann tut's dem weh und Ihnen nicht mehr. Insofern wollen Sie dann schon auch wehtun beim Rumdrehen des Spießes.*

P.: *Ja, das ist jetzt genau das, jetzt sind wir an dem Knoten.*

A.: *Hmhm.*

P.: *Wehtun ja, weh tun, ja gut, mich rächen.*

A.: *Ja, ja, hm.*

P.: *Schön wär's schon, wenn was …*

A.: *Allerdings in dem Augenblick, in dem Sie sich rächen, dann ist auch ein Wehtun dabei, und dann spüren Sie …* (Patient schnieft) *… sofort den Spieß wieder bei sich selbst, das heißt, Sie wissen ja, wie's wehtut, wenn man da mit vollen Hosen dasteht.*

In seiner Deutung stellt der Analytiker den Bezug her zwischen dem Erleben des Patienten als Geknechteter (damals) und der Realität (heute), in der der Patient der Machtvolle ist, der den Spieß herumdrehen kann/wird (können/werden, Vorstellungsraum 4), der aber auch genau in dem Augenblick, in dem er das merkt, den „Spieß" wieder bei sich selbst spürt (heute), denn er weiß ja, wie es ist, wenn man „mit vollen Hosen dasteht" (damals), d.h. wenn die anderen einen verachten und einem damit wehtun. Der Analytiker stellt damit alle vom Patienten eingebrachten Symbole und Metaphern in einen kohärenten Zusammenhang.

Nach einer langen Pause kommt der Patient wieder auf das Symbol des Knotens zurück (hier Knoten als Denkblockade), das vom Analytiker aufgenommen und in ein Gleichnis eingebaut wird:

A.: *Ja, wo würden Sie da weiter - vielleicht trauen Sie sich da nicht weiterzuziehen jetzt an irgendeiner, an dem Ende, an dem Sie gerade sind.*

Dieser Aufforderung des Analytikers an den Patienten folgt eine längere Pause, nach der sich der Patient nur noch kurz mit dem Aspekt seiner eigenen Aggressivität beschäftigt, um sich dann bis zum Ende dieser Therapieeinheit den von ihm erlittenen Demütigungen und Aggressionen und seiner Hilflosigkeit zuzuwenden. Im folgenden steht der machtlose Hamster wieder im Vordergrund.

Der Patient führt also bestimmte empirische Gegebenheiten in das Gespräch ein (hier: Messer, Hamster, Knoten) und versucht, sie in ihrer Bedeutung für ihn selbst zu verstehen (pragmatische Verstehensebene). Der Analytiker benennt ihre Bedeutungsaspekte, die diese empirischen Gegebenheiten darüber hinaus für den Patienten haben könnten. Er deutet ihre symbolischen Bezüge und erweitert diese gleichnishaft. Gleichzeitig zeigt er die Grenzen dieser symbolhaften Bedeutung auf.

Zusammenfassung

Die linguistische Analyse hat aus dem Text folgendes herauskristallisiert: Es handelt sich hier um einen Patienten, der in der Therapie häufig Bilder, Gleichnisse und Symbole verwendet. Im Unterschied zur Alltagskommunikation bleiben Therapeut und Patient nun nicht der manifesten Bedeutung der Bilder verhaftet, sondern suchen nach den latenten Bedeutungsgehalten.

Oder anders gesagt: Der Therapeut arbeitet zusammen mit dem Patienten die lebensgeschichtliche Bedeutung von Wörtern, von Metaphern und Bildern heraus, die dem Patienten nur in ihrem eingeschränkten Bedeutungsgehalt bekannt sind.

Der Therapeut hilft dem Patienten, seine eigenen Äußerungen zu verstehen, sie in den Zusammenhang zu stellen, sie aus der Zufälligkeit herauszuholen und stellt die lebensgeschichtliche Kontinuität von „vormals", „damals", „heute" und „morgen" her. Realisiert wird diese durch sprachliche Aktivitäten wie Bedeutungsund Bezugserweiterung, Fokuswechsel, Eröffnen von Verweis- und Vorstellungsräumen und Verknüpfung von Vorstellungsräumen.

Sprachwissenschaftlich läßt sich aufzeigen, daß in diesem Dialog alle Mitteilungen systematisch bezüglich ihrer latenten Bedeutungsgehalte untersucht werden und durch die Verknüpfung verschiedener Mitteilungen des Patienten eine lebensgeschichtliche Kontinuität hergestellt wird. Diese Untersuchung zeigt auch, wie fruchtbar die interdisziplinäre Zusammenarbeit ist.

7.6 Wertfreiheit und Neutralität

In der psychoanalytischen Therapie spielen Werte eine bedeutende Rolle. Stehen doch für den Patienten eine große Zahl wertorientierter Fragen offen, die z. B. die günstigste Konfliktlösung, die Frage nach dem Glück oder nach der Berechtigung bestimmter Wünsche betreffen. Damit ist allerdings noch nicht festgelegt, daß der Therapeut sich an dem Diskurs mit eigener Wertung beteiligt.

Die Wertfreiheit der Psychoanalyse wurde von Freud seinerzeit auf den wissenschaftlichen und nicht auf den therapeutischen Bereich bezogen.

> Es ist ferner durchaus unwissenschaftlich, die Psychoanalyse danach zu beurteilen, ob sie geeignet ist, Religion, Autorität und Sittlichkeit zu untergraben, da sie wie alle Wissenschaft durchaus tendenzfrei ist und nur die Absicht kennt, ein Stück Realität widerspruchsfrei zu erfassen (1923 a, S. 228).

Freud ging es in diesem Abschnitt um eine Verteidigung der Wissenschaftlichkeit von Psychoanalyse nach außen und nach innen. Diese Wissenschaftlichkeit sah er v. a. durch die Gegenübertragung bedroht (s. Grundlagenband 3.1). In seinen Warnungen vor Gegenübertragungsreaktionen gebrauchte er 1914 erstmals den Begriff der „Indifferenz", der von Strachey mit „neutrality" übersetzt wurde. Freud folgte damit zugleich einem Wissenschaftsverständnis, wie es für den Empirismus des 19. Jahrhunderts prägend war: Der Erkenntnisprozeß muß nach dieser Auffassung von subjektiven Faktoren freigehalten werden, damit die Aussagen mit der „äußeren Realität" übereinstimmen. Die Indifferenz bzw. die „neutrality" bei Strachey sollte also nicht zuletzt die Objektivität der analytischen Untersuchung sicherstellen. Dieser Anspruch kann ebensowenig aufrechterhalten werden wie die Aufforderung an den Analytiker, zu Zwecken der Objektivität „indifferent" zu bleiben. Kaplan (1982) hat gezeigt, daß Freud selbst seinem Ideal nicht folgte und häufig zu wertenden Aussagen gelangte.

Trotz der Wertgebundenheit der psychoanalytischen Therapie taucht in der Diskussion die Utopie einer wertfreien Wissenschaft immer wieder auf, v. a. wenn es um Fragen der analytischen Neutralität geht. Dies hat seinen Grund in tief verwurzelten Vorstellungen von Objektivität. Werten haftet häufig der Charakter des Subjektiven an, so daß man sie rational nicht begründen kann. Da es keine begründbaren intersubjektiven Vorschriften zur Anwendung von Werten gibt, steht auf der einen Seite die Freiheit des Individuums, seine Wertentscheidungen in seinem Rahmen zu treffen, auf der anderen Seite der offene oder manipulative Zwang zu bestimmten Lebensformen. Wenn nun zur psychoanalytischen Therapie gehört, daß dem Patienten bestimmte Wertüberzeugungen vermittelt werden, gerät dann nicht die Psychoanalyse in Konflikt mit der Überzeugung, daß jeder nach seiner Fasson glücklich werden dürfe? Wird hier das Ansehen einer medizinischen Institution benützt, um hilfsbedürftigen Menschen eine Ideologie aufzunötigen? Oder kann man sich darauf berufen, daß die psychoanalytische Therapie keine Wertungen vermittelt, sondern den Menschen ausschließlich zur Selbsterkenntnis verhelfen soll? Es wird gern argumentiert, daß Psychoanalyse nicht im Dienste von Wertüberzeugungen, sondern nur im Dienste der Selbstbestimmung von Individuen stehe, so daß z. B. Symptome lediglich als Einschränkung der Selbstbestimmung kritisiert und durch die Vermittlung von Selbsterkenntnis aufgehoben werden. Der ideale Analytiker beschränkt sich nach dieser Auffassung darauf, den Patienten zu verstehen und das Verstandene mitzuteilen.

Wir sind der Meinung, daß die Alternative zwischen der Auffassung von Psychoanalyse als wertgebundener Manipulation oder als wertfreier Aufklärung falsch gestellt ist. Ihre therapeutische und aufklärerische Funktion kann die Psychoanalyse nur im Rahmen wertender Stellungnahmen von Therapeuten erfüllen.

Zwei Thesen zur Wertneutralität sollen deshalb noch einmal einander gegenüberstellt werden. Die erste steht für die Wertfreiheit der psychoanalytischen Therapie, die zweite für ihre Wertgebundenheit.

Die 1. These behauptet, daß die Therapie ausschließlich als Prozeß der Aufklärung zu begreifen sei. Das wichtigste therapeutische Movens sind deshalb Interpretationen. Diese sind Feststellungen über unbewußte Verhaltensdeterminanten von Patienten. Zwar beziehen sich diese Interpretationen häufig auf Wertungen, aber zwischen der Beschreibung von Wertentscheidungen des Patienten und der wertenden Stellungnahme bezüglich dieser Entscheidungen ist ein Unterschied zu machen. Genau um diesen Unterschied zwischen empirischen Tatsachen und einer davon unabhängigen Bewertung von Tatsachen ging es im übrigen Max Weber (1904), dessen Position später von Albert (1971) im „Werturteilsstreit in der Soziologie" ausgebaut wurde. Nach der Wertfreiheitsthese sollen Analytiker nicht empfehlen, wie Konflikte zu lösen sind, sondern sie sollen Patienten darauf aufmerksam machen, was die zu lösenden Konflikte beinhalten und welche Ursachen sie haben.

Die Gegenthese besagt, daß die Vorstellung von Therapie als wertfreies Unternehmen ein Widerspruch in sich selbst ist. Denn Therapie impliziere eine negativ bewertete Ausgangskonstellation, die z. B. durch die Symptomatik charakterisiert ist. Darüber hinaus gibt es positiv zu bewertende Zielvorstellungen und schließlich Mittel, diese Zielvorstellungen zu realisieren. Es ist nach dieser These nicht möglich, in einem Atemzug zu behaupten, daß Psychoanalyse wertfrei sei und gleichzeitig die Maxime aufzustellen, daß Unbewußtes bewußt gemacht werden solle. In dieser Forderung allein steckt die Wertung, daß unbewußte Konfliktlösungsstrategien in bestimmten Bereichen als ungünstiger anzusehen sind als bewußte, z. B. weil sie Folgen für die Symptomatik haben. Mit gleichem Recht muß man darauf verweisen, daß auch die Autonomie von Personen ein Wert ist, der im Widerspruch zum Ideal der Wertfreiheit in der Psychoanalyse steht.

Nun wird auch ein Anhänger der Wertfreiheit zugestehen, daß seinem Versuch, Patienten zur Selbsterkenntnis zu verhelfen, eine Wertung zugrunde liegt. Dies sei eine Ausgangsbedingung der Therapie, die ihre Rechtfertigung in der wertfreien Überzeugung habe, daß Symptome durch unbewußte Prozesse verursacht werden. In diesem Zusammenhang wird darauf verwiesen, daß es einen kategorialen Unterschied gibt zwischen der inhaltlichen Auszeichnung bestimmter Ziele und der formalen Weise, wie und ob Personen imstande sind, sich für Ziele zu entscheiden. Autonomie ist deshalb nicht im selben Sinn ein Wert wie etwa Hedonismus oder Askese, denn er betrifft die Art und Weise, wie Personen ihr Wollen bestimmen können. Symptomatisches Verhalten wird z. B. nicht durch den Inhalt der Ziele als psychisch krank definiert, sondern dadurch, daß Personen nicht die Wahl haben, sich gegen das Symptom zu entscheiden. Tugendhat (1984) spricht davon, daß symptombedingtes Verhalten die Funktionsfähigkeit des Wollens beeinträchtige. Meissner (1983) hat eine Reihe von Werthaltungen ausformuliert, die er für die Psychoanalyse für essentiell hält: Das Selbstverstehen, die Authentizität des Selbst, Wahrhaftigkeit sowie die Bereitschaft, an Werten festzuhalten. Auch er verweist darauf, daß diese Werte auf einem abstrakteren Niveau angesiedelt sind als konkrete Wertentscheidungen des täglichen Lebens. Die Forderung nach Wertfreiheit muß dann zumindest auf die konkreteren Wertsetzungen beschränkt sein und muß die Wertgebundenheit bezüglich übergeordneter Werthaltungen berücksichtigen.

Das Ideal der Wertfreiheit wird v.a. strapaziert, wenn es um die Rolle des Verstehens bzw. der Empathie in der Psychoanalyse geht. Gerade hier meinen wir allerdings, daß sowohl wertfreies Verhalten wie auch wertfreies Verstehen für den Analytiker unmöglich ist, wenn man einen weiteren Begriff von Wertung zugrunde legt. Die Entscheidung, sich in zwischenmenschlichen Beziehungen nicht wertend zu verhalten, steht uns nicht offen. Selbst wenn man sich einem anderen Menschen gegenüber auf einen reinen Beobachterstandpunkt stellt, ist dieser Standpunkt das Ergebnis einer Wertentscheidung, zu der es bessere oder schlechtere Alternativen gibt. Man kann einem Beobachter durchaus die sinnvolle Frage stellen, ob es in der konkreten Situation richtig ist, sich bloß beobachtend zu verhalten oder nicht. Eine nichtwertende Beziehung wäre nur dann denkbar, wenn der Analytiker sich aus einer Beziehung zu Patienten schlicht fortstehlen könnte. Ansonsten wird er sich der Frage stellen müssen, ob sein konkretes Verhalten der Situation angemessen ist oder nicht.

Festzuhalten bleibt somit, daß die Forderung nach analytischer Neutralität sich nicht aus dem Ideal einer Wertfreiheit begründen läßt und daß auch die strikteste Neutralität in der Psychoanalyse noch keine Wertfreiheit schafft. Das sog. Neutralitätsgebot muß im Gegenteil als Ausdruck einer bestimmten Werthaltung der therapeutischen Arbeit betrachtet werden. Dieser Werthaltung entspricht es z.B., daß Indoktrination des Patienten ausgeschlossen ist. Diese Werthaltung ist, wie wahrscheinlich andere Werthaltungen auch, nicht nur persönlichkeitsspezifisch, sondern auch situationsspezifisch. In der Psychoanalyse sind sie geknüpft an die Tatsache, daß das Verstehen des unbewußten Konflikts Vorrang vor anderen Interessen hat. Wenn Analytiker und Patient sich darauf einigen, diese Aufgabe und die daran geknüpften Wertvorstellungen vorrangig zu verfolgen, dann treten andere Wertvorstellungen und andere Bewertungsunterschiede in ihrer Bedeutung zurück. Natürlich ergibt sich dadurch keine Wertfreiheit im philosophischen Sinn; aber es entsteht etwas, das man einen offenen Raum nennen kann, der gekennzeichnet ist durch den Pluralismus konkreter Wertvorstellungen. Die Etablierung eines solchen Raumes ohne Abwertung erscheint uns für das Vertrauensverhältnis zwischen Therapeut und Patient von eminent wichtiger Bedeutung. Sie gibt dem Patienten die Sicherheit, sich Regungen und Gedanken zu stellen, derer er sich schämt bzw. für die er sich schuldig fühlt.

Wenn das Wertsystem und die Beurteilungskriterien des Patienten ebenso zum Gegenstand der Analyse gemacht werden kann wie seine Sicht der Realität – wer liefert dann die Maßstäbe, an denen Wert und Realitätskontrolle gemessen werden können? Der Rückgriff auf die analytische Neutralität sollte hier das Argument entkräften, daß Patienten durch die Analyse indoktriniert werden, indem die Maßstäbe des Analytikers für verbindlich erklärt werden. Neutralität sollte andererseits verhindern, daß Beurteilungskriterien, die durch die Außenwelt des Patienten diktiert sind oder die lediglich seine Es- bzw. Über-Ich-Aspekte repräsentieren, vom Analytiker unreflektiert übernommen werden. Hier drängte sich die Empfehlung von A. Freud nach einer gleichmäßigen Distanz geradezu auf.

> Es ist die Aufgabe des Analytikers, Unbewußtes bewußt zu machen, gleichgültig welcher Instanz dieses Unbewußte angehört. Der Analytiker richtet seine Aufmerksamkeit gleichmäßig und objektiv auf alle 3 Instanzen, soweit sie unbewußte Anteile enthalten; er verrichtet seine Aufklärungsarbeit, wie man mit einem anderen Ausdruck sagen könnte, von einem Standpunkt aus, der von Es, Ich, und Überich gleichmäßig distanziert ist (1936, S. 34).

Die Objektivität des Analytikers sollte dazu beitragen, daß Parteilichkeit in der Wahl des Standpunkts vermieden wird.

Ein ähnliches Problem ergab sich bezüglich des Übertragungskonzepts: Wenn die Beziehung zwischen Analytiker und Patient im Sinne einer Zweipersonenpsychologie zum Gegenstand der Analyse gemacht wird und Übertragung nicht nur die biographisch erklärbare Verzerrung von Beziehungsmustern bezeichnet, dann fehlt ein sicherer Standpunkt, von dem aus diese Beziehung betrachtet werden kann, weil beide Interaktanden in stets wechselndem Maße die „Realität" dieser Beziehung beeinflussen. Freud und später auch Hartmann haben sich noch relativ einfach auf eine nicht weiter hinterfragte „Common-sense-Realität" als Maßstab für Normalität bzw. für Verzerrung festlegen können. Seitdem die Relativität unserer Realität ins Blickfeld der Psychoanalyse gerückt ist (Gould 1970; Wallerstein 1973), läßt sich Realität nicht mehr unabhängig von den jeweiligen sozialen Normen und Konventionen denken. Auch hier wurde die analytische Neutralität zu einem wichtigen Konzept, das verhindern sollte, daß der Analytiker seine eigenen theoretischen und persönlichen Vorannahmen zum Maßstab der Übertragungsbeurteilung macht oder daß er sich im Bemühen um empathisches Verstehen von den Vorannahmen des Patienten gefangennehmen läßt (s. dazu Shapiro 1984).

Hier allerdings setzt die immunisierende und damit ideologische Funktion ein, die das Konzept der analytischen Neutralität mehr und mehr übernommen hat. Denn das Dilemma, psychische Inhalte von verschiedenen Standpunkten aus zu bewerten und damit ganz unterschiedlich betrachten zu können, bleibt bestehen. Es ist sicher empfehlenswert, sich mit A. Freud nicht blind den Forderungen des Es oder des Über-Ich zu unterwerfen, aber daß gleichmäßige Distanz zu allen Instanzen bereits die Richtigkeit und die Angemessenheit des Standpunkts sichert, kann nicht behauptet werden. Im Konfliktfall liegt die „Wahrheit" eben nicht immer in der Mitte, sondern sie kann je nach konkreter Situation anders aussehen. Wir müssen wohl oder übel zur Kenntnis nehmen, daß wir in dem Augenblick, wo wir einen bestimmten Standpunkt beziehen, andere psychische Mechanismen einschließlich ihrer unbewußten Implikationen nicht mehr sehen und daß wir sogar ganz entscheidende Mechanismen übersehen, wenn wir das Problem durch Vermeiden eines Standpunkts lösen wollen. Unsere Arbeit am Unbewußten ist unausweichlich mit Einseitigkeiten behaftet. Dennoch erwecken erstaunlich viele Publikationen den Eindruck, als wäre alle Einseitigkeit vermeidbar, wenn die Analytiker nur *noch* mehr Neutralität an den Tag legten und *noch* besser analysiert wären. Die Zurückhaltung in der Bewertung, die die klinische Arbeit kennzeichnet, hat ihre Kehrseite in einer ungebremsten Idealisierung der psychoanalytischen Methode. Die ideologische Grundtendenz dieser Apologetik zeigt sich bis in die Sprachregelung hinein: Man achte einmal darauf, wie häufig in psychoanalytischen Publikationen Sätze vorkommen, in denen festgelegt wird, was „der Analytiker" zu tun hat bzw. was die Psychoanalyse ist. Wer immer sich den genannten Merkmalszuschreibungen (z. B. „Neutralsein") entzieht, ist kein wirklicher Analytiker, bzw. er handelt unanalytisch. Die psychoanalytische Methode bleibt damit von jedem Zweifel verschont. Solche Festlegungen sind es, die den Dialog der Psychoanalytiker mit anderen Fachrichtungen erschweren und die der Psychoanalyse den Ruf orthodoxer Besserwisserei eingetragen haben. Sie haben darüber hinaus verhindert, daß der subjektive und damit menschliche Einfluß des Analytikers auf den therapeutischen Prozeß genügend beobachtet und empirisch untersucht wurde.

Das Finden eines adäquaten Standorts für die Bewertungen in der Psychoanalyse bzw. für die Realitätskontrolle kann also durch eine neutrale Haltung des Analytikers ein wenig erleichtert werden, aber keine Neutralität und keine Objektivität schafft eine verbindliche Lösung dieses Problems. Die Realität wird situationsspezifisch durch Konsens der Beteiligten ermittelt. Trotz Widerstand und trotz aller Gegenübertragungsprobleme müssen Analytiker und Patient also bereit sein, sich überzeugen zu lassen, damit ein Konsens hergestellt werden kann (s. dazu Grundlagenband 8.4). Dafür, daß sich aus diesem Konsens keine Folie à deux entwickelt, sorgt der soziale Bezug beider Beteiligten, also die Konfrontation mit der sozialen Umgebung des Patienten einerseits und mit dem Urteil der Fachkollegen andererseits. Der gefundene Konsens beider am Prozeß Beteiligten muß sich hier bewähren, selbst wenn er evtl. abweichende Beurteilungen nicht zu ändern vermag. Wenn der Patient sich in seiner Analyse vom sozialen Leben zurückzieht bzw. am Konsens mit seiner sozialen Umgebung nicht mehr interessiert ist, dann vergrößert sich die Gefahr einer eingeschränkten Realitätssicht. Das gleiche gilt, wenn der Analytiker sich dem Urteil der Fachkollegen nicht mehr stellt oder wenn seine Fachgesellschaft sich der wissenschaftlichen Diskussion entzieht. In letzterem Fall wird die Folie à deux lediglich durch eine unangemessene Einseitigkeit von vielen abgelöst. Die große Bedeutung, die die Falldarstellung seit Beginn der Psychoanalyse behalten hat, beruht u. E. auf der Notwendigkeit, eine Folie à deux durch intersubjektiven Konsens zu überwinden.

Für die Behandlungstechnik hat sich ungünstig ausgewirkt, daß das Problem der Neutralität vermischt wurde mit der Abstinenzregel. Die Abstinenzregel fußt, wie wir im Grundlagenband unter 7.1 ausführten, auf triebdynamischen Konzepten: Sie soll Übertragungsbefriedigung verhindern und ist belastet mit allen ungünstigen Implikationen eines Vermeidungsverhaltens. Wie zuvor ausgeführt, dient dagegen das sog. Neutralitätsgebot der wohlverstandenen Autonomie des Patienten und der Herstellung eines wertoffenen Raumes. Diese Haltung ist mit der Bezeichnung „Neutralität" nicht viel besser getroffen als mit Freuds ursprünglicher Bezeichnung „Indifferenz". Wir schlagen deshalb vor, die Bezeichnung „Neutralität" zu ersetzen durch die Begriffe *Wertoffenheit* bzw. *Bedachtsamkeit*.

Diese Wertoffenheit ist in der Therapie von verschiedenen Seiten bedroht. Sie kann sich nicht entwickeln, wenn der Patient darauf besteht, bestimmte Wertvorstellungen offensiv und argumentativ gegen den Analytiker durchzusetzen. Das ist z. B. bei religiös oder auch bei ideologisch sehr fest gebundenen Patienten der Fall. Der Versuch zur Wertoffenheit muß in diesem Fall immer als ein „Nein" zur

Werthierarchie des Patienten erlebt werden. Nicht selten ist ein längerer Abstimmungsprozeß nötig, bis eine Einigung erreicht ist – in manchen Fällen scheitert die Therapie auch an der mangelnden Einigung. Das gilt natürlich erst recht, wenn der Analytiker seine idiosynkratischen Wertvorstellungen gegen den Patienten durchzusetzen versucht.

Die Grenzen der Wertoffenheit werden auch sichtbar, wenn der Patient innerhalb oder außerhalb der therapeutischen Situation so handelt, daß die Betrachtung nicht mehr auf seelische Konflikte beschränkt werden kann. Spätestens dann, wenn Patienten brutal oder grob rücksichtslos gegen sich selbst oder gegen Menschen ihrer sozialen Umgebung handeln, ist Neutralität nicht mehr zu verantworten, hier müssen dann vom Therapeuten Grenzen gesetzt werden, bis der Patient von sich aus in der Lage ist, die Verzerrung seiner Wertsysteme zu erkennen und zu korrigieren. Heigl und Heigl-Evers (1984) haben hier die Bedeutung der „Wertprüfung" im analytischen Prozeß betont und auf die Grenzen der Neutralität hingewiesen.

Will man an einer richtig verstandenen Wertoffenheit als einem behandlungstechnischen Ideal festhalten, dann bedarf es der Spezifizierung, in welcher Hinsicht und unter welcher konkreter Zielsetzung der Analytiker sich neutral bzw. wertoffen verhält. Übertriebene Abstinenz läßt sich mit einem solchen Behandlungsideal ebensowenig vereinbaren wie eine zu geringe Distanz zu den Konflikten des Patienten. Wie so häufig bei Idealen, gibt es keine einfach festzulegenden Kriterien, sondern die Neutralität bezeichnet situationsabhängig eine Position, die durch die Integration polarer Gegensätze gekennzeichnet ist. Diese Polarisierungen können in verschiedenen Dimensionen näher beschrieben werden:

1) Offenheit in der gedanklichen Strukturierung – weder voreingenommen noch uninformiert

Der 1. Schritt, der vom Objektivitätsideal wegführt, wird bereits getan, wenn der Analytiker anfängt, sich ein Bild vom Patienten zu machen. Hier werden unweigerlich manche Informationen als wichtig eingestuft, andere als unwichtig beiseite gelassen, und es werden vorgeformte Erwartungs- und Erfahrungsmuster aktiviert. Diese Muster entstammen zum einen der praktischen Lebenserfahrung des Analytikers, zum anderen entsprechen sie psychoanalytischen Arbeitsmodellen des Patienten (s. dazu Grundlagenband 9.3). Wenn dieses Bild allzu bestimmend für die weitere Informationsverarbeitung wird, kann es den Prozeß stören und zu Voreingenommenheit führen, wie Peterfreund (1983) aufgezeigt hat. Es ist deshalb durchaus sinnvoll, das Bild des Patienten „unfertig" zu lassen und nicht schon im Vorgriff bereits alles zu wissen, was der Patient wohl später sagen und erleben wird.

Wenn das Ideal der Unvoreingenommenheit zur Ideologie wird, werden vom Analytiker wichtige Informationen nicht aufgenommen und wichtige Schlußfolgerungen nicht gezogen, um ja nicht voreingenommen zu sein. Ein eklatantes Beispiel dafür ist die vielerorts geübte Praxis, vor dem Erstinterview mit dem Patienten jede Vorinformation strikt zu vermeiden mit der Begründung, man sei damit „kontaminiert". Erreicht wird, daß der Patient auf einen Analytiker trifft, der bezüglich wichtiger Vorinformationen auf eine für den Patienten ganz unverständliche Weise uninformiert ist. Hier werden Kommunikationsstörungen geradezu herbeigeführt, weil der Patient diese Verweigerung von Informationen beispielsweise als Desinteresse auslegt. Behindert wird darüber hinaus die Chance, ein umfassendes Bild vom Patienten zu bekommen. Selbst wenn man mit Hoffer (1985) der Bearbeitung intrapsychischer Vorgänge eine Priorität einräumt, macht es einen großen Unterschied, ob diese Priorität im Kontext des Wissens um die soziale Realität des Patienten steht oder ob sie schlicht mit Unwissenheit über den sozialen Bezugsrahmen des Patienten verknüpft ist. In einer wohlverstandenen Neutralität ist also eine Balance zwischen Voreingenommenheit und Uninformiertheit zu halten.

2) Bedachtsamkeit im Fühlen – weder verführbar noch unerreichbar

Die Bedachtsamkeit im Fühlen fällt weitgehend mit dem Problem der Handhabung von Gegenübertragung zusammen (s. Kap. 3). Es sei hier lediglich das Problem der Grenzziehung erläutert. Zurückhaltung beim Eingehen bzw. beim Bekennen der Gegenübertragung ist geboten, weil hier die Gefahr besteht, daß der Analytiker den Patienten verführt bzw. von ihm verführt wird. Auf der anderen Seite verleitet eine extrem souverän-sachliche Handhabung der Gegenübertragung zu dem Eindruck, daß der Analytiker niemals erreichbar und niemals verletzlich oder kränkbar ist. Diese Erfahrung kann den Patienten schließlich so entmutigen, daß er sein Bemühen um den Analytiker aufgibt – nicht etwa aus Einsicht, sondern aus Resignation.

Für einen Strukturwandel des Patienten ist es nötig, daß der Analytiker sich als „verführbar“ bzw. „verletzlich“ erweist, daß er aber nicht irreversibel verführt und zerstört werden kann. Hier muß wiederum im therapeutischen Prozeß ein Gleichgewicht Stunde für Stunde hergestellt werden.

3) Offenheit in den Wertvorstellungen – weder parteiisch noch gesichtlos

Die Warnungen Freuds gelten der Gefahr, daß den Patienten fremde Wertvorstellungen aufgedrängt werden. Diese Gefahr erscheint gering, wenn Analytiker und Patient die gleichen soziokulturellen Werte teilen. Wir wissen aber, daß die Erfolgsaussichten einer Analyse sinken, je weiter die Wertsysteme voneinander abweichen. Die Diskrepanz ist nur zu überwinden, wenn der Therapeut sich zumindest vorübergehend mit dem Wertsystem des Patienten zu identifizieren vermag, weil er sich sonst der Möglichkeit begibt, den Patienten adäquat zu verstehen und ihm im Rahmen seines Weltbilds weiterzuhelfen. Je nach Flexibilität des Analytikers wird irgendwann eine Grenze erreicht, in der diese Identifizierung nicht mehr geleistet werden kann, so daß das Neutralitätsideal verlassen werden muß (Gedo 1983). In der Großzügigkeit, in der manche Analytiker Patienten ablehnen, weil sie mit ihnen „nicht können“, liegt also einerseits eine weise Voraussicht, andererseits zeigt das Spektrum der noch behandelbaren Patienten sehr deutlich an, wie rigide bzw. flexibel der Analytiker mit seinem eigenen Wertsystem verfährt.

In der praktischen analytischen Arbeit stößt die Neutralität bezüglich des Wertsystems rasch an ihre Grenzen: Es ist unvermeidlich, daß der Analytiker angesichts der Bewertungen des Patienten seine eigene Einstellung zumindest in Ansätzen zu erkennen gibt. Jedes „hm“ an der entsprechenden Stelle einer Darstellung wird vom Patienten als Bestätigung seiner Weltauffassung interpretiert und deshalb durch entsprechende Appelle eingefordert. Jedes Auslassen eines „hm", wo es vom Duktus der Erzählung her zu erwarten wäre, wird umgekehrt als Zeichen von Skepsis und von versteckter Zurückweisung interpretiert. Man kann diese Interpretationen des Patienten in Frage stellen, aber es ist sehr schwer, ihn davon zu überzeugen, daß er etwas falsch wahrgenommen hat, zumal Patienten mit ihren Interpretationen intuitiv häufig richtig liegen. Je lebendiger und natürlicher der Umgang des Analytikers mit seinen Patienten ist, desto mehr indirekte Parteinahmen sind in der konkreten Interaktion enthalten.

Greenson (1967) hat in einer Vignette ein typisches Beispiel geliefert, wie durch paraverbale Äußerungen die politische Einstellung des Analytikers sichtbar wurde, so daß der Patient sich unter Druck gesetzt fühlte. Auch Lichtenberg (1983) zeigt an einem Fallbeispiel, wie sich in der Aktivität des Analytikers bestimmte Wertvorstellungen äußern, die für den Patienten sichtbar sind und ihn offensichtlich beeinflussen.

Ein scheinbarer Ausweg aus diesem Dilemma besteht darin, daß der Analytiker sich grundsätzlich mit Bestätigungen auf ein Minimum beschränkt, so daß dem Patienten die Wahrnehmung erschwert wird, wo der Analytiker insgeheim zustimmt und wo er zweifelt bzw. hinterfragt. Damit ist die Gefahr indirekter Parteinahme besser in der Kontrolle, aber der Analytiker wird als gesichtslos erlebt und kann seine Funktion als Objekt von Identifikationen nicht mehr erfüllen (s. dazu 2.4). Wieviel Lebendigkeit für einen ungestörten therapeutischen Prozeß notwendig ist, hängt von den Persönlichkeitseigenschaften des Analytikers wie von denen des Patienten ab, wobei nicht etwa nur das Ausmaß der Störung, sondern v.a. die Art der primären Sozialisation beider Beteiligter von ausschlaggebender Bedeutung sein dürfte.

4) Offenheit bezüglich der Richtung der Veränderung – weder bevormundend noch interesselos

Besonders diffizil ist die Relation der analytischen Neutralität zu den Behandlungszielen des Analytikers. Behandlungsziele sind zwangsläufig verknüpft mit Wertsystemen, und mit Hilfe solcher Ziele lassen sich Wertvorstellungen des Analytikers am leichtesten durchsetzen. Daß Freud durchaus eine Vorstellung von konkreten Veränderungszielen hatte, zeigt die Tatsache, daß er dem Analytiker durchaus die Funktion einräumte, den Patienten „zu bessern und zu erziehen" (1933a, S. 101). Im gleichen Atemzug allerdings warnte er davor, diese Funktion zu mißbrauchen und den Patienten nach seinem Vorbild zu schaffen. Die klinische Erfahrung lehrt, daß Analytiker dieser Gefahr gerade dort am ehesten erliegen, wo sie sich dem Patienten nahe wissen und ihm in Sympathie verbunden sind. Bevormundungen korrespondieren dann in aller Regel mit der Bereitschaft des Patienten, dem Analytiker zu gefallen; sie nehmen deshalb sehr sublime Formen an.

Ein fragwürdiger Ausweg liegt darin, auf die Festlegung und Verfolgung von Veränderungszielen zu verzichten oder die Ziele in so weitgefaßten Formulierungen unterzubringen, daß sie nichtssagend werden. Hier feiert die „tendenzlose Psychoanalyse" ihre Auferstehung in neuem Gewand: Als einziges Ziel bleibt dann bestehen, „Spuren und Verbiegungen, die das Heranwachsen in unserer Kultur hinterlassen hat, aufzudecken" (Parin u. Parin-Matthey 1983), oder es bleibt beim allgemeinen Ziel, die endliche in die unendliche Analyse zu überführen, wobei der psychoanalytische Prozeß zum Selbstzweck wird (Blarer u. Brogle 1983). Auch hier sind Idealisierung und Immunisierung im Spiel: Nur in wenigen Fällen - und auch dort nur in besonders befriedigenden Phasen der Analyse - ist es sinnvoll, ausschließlich die Selbstanalyse des Patienten im Auge zu behalten und ihre Konsequenzen allein dem Patienten zu überlassen. Selbstanalyse ist kein unantastbarer Wert, dessen Mißbrauch ausgeschlossen und deren Unabhängigkeit vom sozialen Kontext sichergestellt wäre. Mit dem Ideal der Selbstanalyse verbinden wir stillschweigend die Vorstellung, daß sie sich im jeweiligen situativen Kontext bewährt. Und was Bewährung konkret heißt, das hängt von den Maßstäben ab, die Analytiker wie Patient an die jeweilige Lebenssituation legen. Die Bewährung des psychoanalytischen Prozesses wird und bleibt in aller Regel in Frage gestellt durch die neurotischen Probleme des Patienten, und wenn einem Analytiker die Konsequenzen des analytischen Prozesses gleichgültig bleiben, selbst wenn sie dem wohlverstandenen Interesse des Patienten zuwiderlaufen, dann muß er schon ein gehöriges Maß an Interesselosigkeit aufbringen.

Auch Hoffer, den wir zuvor zitierten, unterliegt der Gefahr, dieses mitmenschliche Interesse zu verleugnen, wenn er die Neutralität mit einem Kompaß vergleicht, der uns keine Vorschriften mache, welchen Weg wir gehen sollten, sondern nur zu sehen helfe, welchen Weg wir gerade gehen und welchen wir zurückgelegt haben (1985, S. 791). In dieser Metapher dient die Neutralität der Verleugnung des Interesses und damit des Einflusses, den der Analytiker auf seinen Patienten hat. Die Metapher des Kompasses erinnert im übrigen an die Metapher vom Analytiker als Bergführer, die Freud geschätzt hat. Es bedarf in der Tat eines gehörigen Maßes an Wissen, um die Gefährlichkeit von Wegen und die Fähigkeit eines Patienten zur Problemlösung richtig einzuschätzen, so daß schwerwiegende Komplikationen vermieden werden können. Wertoffenheit als Behandlungsideal kann nicht darin bestehen, dem Patienten durch Verhaltensregeln die Bewährungsprobe zu ersparen bzw. ihn bevormundend zu gängeln; Neutralität kann aber auch nicht darin bestehen, ihn mit seiner Selbstanalyse allein zu lassen, wenn die konkrete Bewährung scheitert.

5) Bedachtsamkeit bezüglich der Machtausübung – weder intrusiv noch unempathisch

Der Einfluß der Macht auf den psychoanalytischen Prozeß wird selten reflektiert. Kritiker der Psychoanalyse haben sich dazu häufig polemisch geäußert. Mit dieser Polemik korrespondiert aber die Tendenz, sich unter Rückgriff auf die analytische Technik rasch aus der Affäre zu ziehen: Die Argumentation, daß der Analytiker wegen der Beschränkung auf Deutung und auf abstinentes Verhalten andererseits keine Macht ausübe, wird den Problemen der Macht in der Psychoanalyse in keiner Weise gerecht. In Wahrheit kann jede Aktivität des Analytikers zur Ausübung von Macht eingesetzt und damit auch mißbraucht werden. Der Einsatz von Deutungen als Kampfmittel, z. B. um bestimmte Settingbedingungen durchzusetzen, ist allgemein bekannt. Besonders die sog. tiefen Deutungen sind vom Patienten kaum zu entkräften und bergen die Gefahr, mißbraucht zu werden.

Natürlich ist auch das Schweigen des Analytikers jederzeit als Machtinstrument zu gebrauchen. Es hat seine wichtigste Funktion dort, wo der Patient tiefer regressive Zustände erreicht hat oder erreichen könnte. Diese Zustände werden nicht zuletzt dadurch erreicht, daß die fehlende Rückmeldung die emotionale Bedeutung des Analytikers erhöht: Je schweigsamer ein Analytiker sich verhält, desto mächtiger wird er in den Augen des Patienten, desto stärker werden infantile Erlebensmuster reaktiviert (s. dazu Grundlagenband 8.5). Für schweigsame Analytiker mag es eine angenehme Selbsttäuschung sein, daß sie sich besonders neutral verhalten, weil sie niemals wertende Äußerungen machen. Verleugnet wird dabei die Tatsache, daß ein Patient, der sehnlichst auf irgendeine Form von emotionaler Antwort wartet, die geringste Äußerung oder Regung dankbar aufgreifen wird. Bereits die Tatsache, daß der Analytiker an bestimmten Stellen den Mund öffnet, wird dem Patienten den Weg zu nicht ausgesprochenen Intentionen seines Analytikers weisen. Auf diese Weise läßt sich der Widerstand des Patienten durchaus manipulieren, aber nicht im analytischen Sinne auflösen. Die Undurchschaubarkeit des Analytikers ist eine Fiktion, hinter der sich Machtmißbrauch versteckt. Wirklich undurchschaubar für den Patienten wäre nur der unempathische Analytiker, der in seinen Reaktionen unberechenbar und inkonsistent ist.

Der Machtmißbrauch durch gezieltes Schweigen oder durch forciertes Deuten ist besonders von der analytischen Selbstpsychologie angeprangert worden (s. dazu Wolf 1983). Allerdings liefert auch das Konzept der Empathie kein Alibi gegenüber dem Einsatz von Macht in der Psychoanalyse. Eines der wichtigsten Instrumente zur Durchsetzung sozialer Normen ist die Verweigerung von Empathie. Nichtverstehen treibt den Patienten ein kleines Stück in die soziale Isolierung, und Psychoanalytiker müssen in ihrer therapeutischen Arbeit „nicht verstehen", wenn sie sich wundern, aufmerksam werden und analysieren wollen. Damit bekommen sie zwangsläufig ein Machtinstrument in ihre Hände, zumal es in ihrem Dafürhalten liegt, an welcher Stelle sie sich wundern und mit ihrer Analyse einsetzen. Wenn also Neutralität als behandlungstechnisches Ideal verwirklicht werden soll, kann sie weder in Abstinenz noch in Schweigen noch in forcierten Deutungen bestehen. Die ideale Position liegt in der Mitte, wobei der Patient zu einem wichtigen Teil den Lauf der Dinge mitbestimmt, ohne daß er ihn vollständig unter seiner Kontrolle hätte. Die Gefahr des Machtmißbrauchs wird dann erheblich eingeschränkt, wenn der Analytiker seine technischen Schritte durchschaubar macht und die in ihnen liegende Machtentfaltung mit dem Patienten gemeinsam reflektiert. Die Übereinstimmung bei der Delegation von Macht schafft einen freien Raum, in dem die analytische Situation sich entfalten kann.

Beispiel

Die verschiedenen Dimensionen von Neutralität sollen an einem Beispiel verdeutlicht werden, das der Psychoanalyse eines 30jährigen Angestellten entstammt. Er hatte wegen körperbezogener Ängste Hilfe gesucht, die in Verbindung standen mit Problemen im Bereich der Partnerbeziehungen.

In einer Sitzung um die 200. Stunde äußerte Herr Norbert Y sich zunächst besorgt über die neuen Terroristenaktivitäten. Einerseits hatte er Angst, selbst von

Terroraktionen betroffen zu werden, zugleich dachte er ingrimmig, daß es den Menschen auch recht geschähe, wenn die Terroristen sich zur Wehr setzten. Die Rücksichtslosigkeit in jeder Form habe so überhandgenommen, daß das Leben schwer erträglich sei. Gerade bei der Umweltverschmutzung sei das Maß des Zumutbaren längst überschritten. In dieser Phase hörte ich dem Patienten überwiegend zu und begleitete seine Ausführungen lediglich mit klärenden Fragen oder Bemerkungen.

Als nächstes beschrieb der Patient aus seiner Erinnerung eine Situation mit rücksichtslosen Autofahrern, die sich um Fußgänger überhaupt nicht kümmerten. Er habe es manchmal richtig genossen, wenn er mit einem Handwagen unterwegs war, den Wagen so zu lenken, daß er die Straße versperrte, so daß die Autofahrer im Schrittempo hinter ihm herfahren mußten. Auch während dieser Schilderung hörte ich dem Patienten überwiegend zu. Es folgte dann der Bericht über einen Streit mit seiner Freundin, gegen deren Versuche, über ihn zu bestimmen, er sich zur Zeit energisch hinwegzusetzen versuchte. Der Patient beschrieb eine vergleichsweise harmlose Situation, auf die er sehr heftig reagierte. Er hatte die Freundin massiv attackiert und sie als unattraktiven und egozentrischen Dragoner bezeichnet; sie besitze nicht eine Spur von Fingerspitzengefühl. Emotional spürbar war ein Gefühl des Triumphes, weil der Patient sich so erfolgreich gewehrt hatte, verbunden mit Rechtfertigungen, weil er ihren Rücksichtslosigkeiten so häufig ausgesetzt sei.

Mich hatte dieser Bericht betroffen gemacht, und deshalb schwieg ich an dieser Stelle, obwohl der Patient ganz offensichtlich auf irgendeine zustimmende Äußerung von mir wartete. Der Patient beklagte sich daraufhin, daß ich offensichtlich in diesem Punkt nicht hinter ihm stünde, sondern für seine Freundin Partei ergreife. Sich zunehmend in Zorn hineinsteigernd, weitete er die Anklagen aus und stellte fest, daß ich überhaupt viel häufiger für seine Freundin Partei ergreife als für ihn. Dabei habe er gelesen, daß Analytiker hinter ihren Patienten zu stehen hätten, wenn sie ihnen wirklich helfen wollten. Er fühle sich dagegen von mir bezüglich seiner Freundin im Stich gelassen. Aber vielleicht sei ich auch kein Analytiker, dem das Interesse der Patienten am Herzen liege, und vielleicht therapiere ich nur nach irgendwelchem Buchwissen.

Ich sagte dem Patienten, offenbar habe er wahrgenommen, daß sein Bericht über den Streit mich irritiert habe, und jetzt sei es wohl kränkend für ihn, daß ich seine Position so wenig unterstütze. In diesem Augenblick sei ich wohl austauschbar mit seiner Freundin, an der er ja im Streit ebenfalls kein gutes Haar mehr entdecken konnte. Ich würde auch austauschbar mit rücksichtslosen Umweltverschmutzern und Autofahrern.

Der Patient stutzte hier und sagte nach einer Pause: „Erst habe ich gedacht, daß Sie mich jetzt hinausschmeißen, und dann bekam ich plötzlich Angst, daß Sie mich ganz gewaltig in die Mangel nehmen werden."

Dieses „In-die-Mangel-Nehmen" als Angstinhalt hat mich aufmerksam gemacht, und ich habe den Patienten danach gefragt. Er hatte Vorstellungen, daß ich ihn zunächst gründlich aushorchen würde, um ihm dann zu zeigen, wie verkorkst, dumm und unbeholfen seine Gedanken seien. Diese vom Patienten durchaus als unsinnig erlebten und deshalb für ihn auch beschämenden Gedanken ließen sich jetzt gut mit einem Teil der Beziehung zur Mutter in Verbindung bringen: Nach seiner Erinnerung hatte sie ihn einerseits verwöhnt, hatte ihn dann aber ganz gezielt und v.a. im Beisein von Verwandten und Bekannten spüren lassen, daß er ein dummer und unbeholfener Junge war. Daß er in solchen Situationen vor Wut zu weinen begann, machte die ganze Sache noch schlimmer. Diese Einzelaspekte seiner Biographie hatte ich schon vor dieser Stunde gekannt, aber erst jetzt konnte ich nachvollziehen, wie groß die Beschämung und die Hilflosigkeit waren - um so größer war das Bedürfnis, sich gleichsam mit Rundumschlägen von dieser Hilflosigkeit zu befreien. Der Streit mit der Freundin hatte offensichtlich diese Tendenz eines präventiven Rundumschlags wieder reaktiviert. Als wir diesen Mechanismus verstanden hatten, stellte der Patient auch wieder eine ganz normale Distanz zu mir und zu seiner Freundin her, deren Rechthaberei ihn zwar ärgerte, aber nicht mehr so wütend machte.

Dieses Beispiel demonstriert, daß ich mich zu den politischen Meinungen des Patienten nicht zu äußern brauchte und daß ihn das auch bei seinen späteren kritischen Äußerungen an mir nicht störte. In der Analyse haben die seelischen Probleme Vorrang, die politischen Wertsetzungen treten in der analytischen Situation in den Hintergrund. Mich hat in dieser Anfangsphase v.a. der Affekt des Patienten interessiert, und es war nicht schwer, in seinen Äußerungen Aggressivität zu entdecken, deren Herkunft noch unklar blieb.

Der Bericht über die rücksichtslosen Autofahrer und seine Rache an ihnen unterscheidet sich von der vorausgegangenen Episode dadurch, daß der Patient hier eigenes Verhalten zur Diskussion stellt. Dieses Verhalten kollidiert mit dem Ideal der Selbstverantwortung: Der Patient zieht aus einer Opfersituation die Rechtfertigung für eigene Rücksichtslosigkeit.

Der Bericht über den Streit mit der Freundin stellt gleichsam eine Steigerung der vorangegangenen Episoden dar. Wiederum geht es um den Vorwurf der Rücksichtslosigkeit, wiederum um Aggressivität, die sich diesmal laut Bericht in einer sehr massiven Entwertung der Freundin entlud. Auch hier hatte der Patient sich offensichtlich überwiegend als Opfer erlebt und erwartet, daß ich seinem Erleben folge. Die Diskrepanz zum Ideal der Selbstverantwortlichkeit war aber jetzt so groß, daß ich betroffen reagierte und dem Patienten offensichtlich nicht mehr emotional folgte - ich habe ihm an dieser Stelle das von ihm appellativ erwartete Zeichen von Verständnis, und sei es nur in Form eines „hm", verweigert. Damit habe ich die Grenzen des vom Patienten erwarteten Verhaltens verlassen. Man könnte einwenden, daß ich mich doch an dieser Stelle einer expliziten Wertung enthalten und Parteinahme für den Patienten oder für die Freundin vermieden habe. Für den Patienten war das ausdrückliche Vermeiden von Parteinahme aber nicht neutral, nachdem ich ihm in der Stunde bisher verständnisvoll gefolgt war. Deshalb mußte er zu Recht darauf schließen, daß ich insgeheim seine Aktivität kritisch bewertete. Es war deshalb folgerichtig, daß ich die Plausibilität seiner Wahrnehmungen im Sinne von Gill (1982) bestätigte.

Dieser Wechsel in der analytischen Haltung machte mich zu einem rücksichtslosen Objekt, das prompt vom Patienten angegriffen und entwertet wurde. Hier mußte ich mich auf dem schmalen Grat zwischen unerwünschter Verletzbarkeit auf der einen Seite und ebenso unerwünschter Unerreichbarkeit auf der anderen Seite bewegen.

Die Interventionen in dieser Stunde waren so gehalten, daß sie Interesse an seiner emotionalen Reaktion signalisierten. Die Tatsache, daß seine Äußerungen *auch* verletzend waren, blieb dagegen im Hintergrund. Glücklicherweise griff der Patient dieses Angebot auf; er nahm nicht rasch alle Äußerungen zurück oder verstärkte sie defensiv, sondern er berichtete seinerseits über eine neue Emotion, nämlich über die Angst vor mir. Erst auf dieser Basis, daß das Verständnisinteresse Vorrang vor der Verurteilung von Handlungen hat, konnten wir seine Angst verstehen und seine überschießende Reaktion als präventiven Rundumschlag begreifen, der zu vergangenen traumatischen Erfahrungen paßte.

7.7 Anonymität und Natürlichkeit

Wir stellen dem namenlosen, dem unpersönlichen Analytiker dessen Natürlichkeit gegenüber, weil in dieser ohne Zweifel die persönliche Note zum Ausdruck kommt. Durch unsere Überlegungen wollen wir zu Lösungen innerhalb eines Spannungsverhältnisses gelangen, das tatsächlich besteht und das nicht durch die berechtigte Kritik an übertriebenen Rollenstereotypien aus der Welt zu schaffen ist. Der Psychoanalytiker ist im Sprechzimmer in einer anderen Rolle als außerhalb, und das gleiche gilt für den Patienten. Deshalb fordert das Thema dazu auf, die sensiblen Berührungspunkte an den Überschneidungen aufzusuchen. Begegnungen außerhalb des Sprechzimmers, denen wir besondere Aufmerksamkeit widmen, sind im Lichte der analytischen Situation zu betrachten - und umgekehrt. Die verschiedenen Rollendefinitionen sind aufeinander bezogen. Die Probleme, die Patienten und Analytiker haben, wenn sie sich außerhalb des Sprechzimmers treffen, geben dem Thema der Natürlichkeit im Sprechzimmer eine weitere Perspektive.

„Im Zweifelsfall verhalte dich natürlich" - diese Empfehlung spricht sich leicht aus, solange man sich im Zustand sozialwissenschaftlicher Naivität befindet. Denn die Frage nach der Natürlichkeit entspringt aus der *zweiten* Natur des Menschen, also aus seiner Sozialisierung. So lehrt die Erfahrung, daß es Analytikern und Patienten schwerfällt, bei einem Zusammentreffen außerhalb des Sprechzimmers einen ungezwungenen Ton zu finden. Vermutlich hängt dies mit dem Kontrast zusammen, der zwischen der analytischen Sprechstunde und anderen sozialen Situationen besteht. Es wäre unangemessen, wenn der Patient sich in einer Gesellschaft seinen freien Assoziationen überließe, und der Analytiker würde sich auffällig verhalten, wenn er sich dem Gespräch über das Wetter oder die Ferien entzöge und statt dessen schwiege oder interpretierend Stellung bezöge. Der erlebte Kontrast wird durch die Ungleichheit verstärkt. Der Patient ist verunsichert, weil er befürchtet, daß der Analytiker sein Wissen aus der Behandlung parat hat. Schamgefühle treten auf. Auf der anderen Seite ist der Analytiker in seiner Spontaneität eingeschränkt, weil er an deren Auswirkung auf die Analyse denkt.

Die Intensität des Kontrasts zwischen drinnen und draußen und dessen inhaltliche Variationen sind vielgestaltig und in ihrer Ausprägung von zahlreichen Bedingungen abhängig. Deshalb ist es unmöglich, das Thema durch eine Addition von Beispielen erschöpfend darzustellen. Die entscheidende Voraussetzung zur situationsadäquaten Lösung des Problems ist zunächst dessen Anerkennung. Anerkennt der Analytiker, daß auch er von diesem Kontrast betroffen ist, kann der Patient leichter die angemessenen Rollen finden und diese eigenständig so übernehmen, daß sich auch die Ziele und Aufgaben der Behandlung erfüllen lassen. Die Funktionen des Analytikers im Sprechzimmer lassen sich rollentheoretisch beschreiben und mit anderen Rollen, die der gleiche Analytiker als Vorsitzender einer Diskussionsrunde, als politisch engagierter Bürger oder sonstwie spielt, vergleichen.

Die Anerkennung der Rollenvielfalt impliziert Kontraste. Diese bemessen sich am Vergleich mit den Erfahrungen, die Patient und Analytiker miteinander im Sprechzimmer gesammelt haben. Nehmen wir ein Beispiel, die Natürlichkeit betreffend: Erst am Ende ihrer beruflichen Laufbahn hat Heimann (1978) entdeckt, daß es für den Analytiker notwendig sei, zu seinem Patienten natürlich zu sein. Ohne jede Ironie sprechen wir deshalb von einer Entdeckung, weil Heimann, mit der Natürlichkeit als Analytikerin insgeheim und intuitiv wohl immer schon auf gutem Fuß, sich erst in dieser späten Veröffentlichung durchgerungen hat, die Natürlichkeit als therapeutisch notwendig gegenüber Neutralität und Anonymität zu rechtfertigen. Kaum zufällig hat die Veröffentlichung den verzwickten Titel: „Über die Notwendigkeit für den Analytiker, mit seinen Patienten natürlich zu sein." Der übrigens nur deutsch erschienene Text ist ziemlich unbekannt geblieben.

Eine Rollenvorschrift, die Spontaneität ausschließt und festlegt, erst nachzudenken und dann zu reagieren, fordert Unmögliches. Glaubt der Analytiker, Spontaneität mit seiner beruflichen Rolle nicht vereinbaren zu können, wird er sich im sozialen Raum mit dem Patienten besonders unfrei fühlen. Der Patient wiederum wird erpicht darauf sein, seinen Analytiker endlich einmal in der Analyse selbst zu einer spontanen Handlung oder Äußerung zu bringen oder ihm außerhalb von Mensch zu Mensch zu begegnen.

Vieles spricht dafür, daß die Regel, sich im Zweifelsfall natürlich zu verhalten, weder in noch außerhalb der analytischen Situation mit Gelassenheit befolgt wird. Wir erwähnen einige aufschlußreiche Beobachtungen. Viele Analytiker gehen, wenn es sich nur irgendwie mit den gesellschaftlichen Umgangsformen vereinbaren läßt, ihren Patienten aus dem Weg. Insbesondere sind davon die Ausbildungskandidaten betroffen, die ihrerseits ihren Lehranalytikern ausweichen. Kommt es doch zu einem Zusammentreffen, entsteht eher ein verklemmtes als ein freies Gespräch. Die Unnatürlichkeit ist bei den Lehranalysen, die sich bei den Kandidaten als Muster der reinen und tendenzlosen Analyse tief einprägen, am größten. Die ungünstigen Auswirkungen eines Lehrer-Schüler-Verhältnisses, bei dem sich der Meister sogar der professionellen Begegnung, beispielsweise in behandlungstechnischen Seminaren, entzieht, sind seit längerem bekannt. Glücklicherweise gab es schon immer Korrekturmöglichkeiten. Alle kontrapunktischen Erlebnisse mit dem Lehranalytiker haben eine entidealisierende Funktion und deshalb auch einen hohen Erinnerungswert. Ob man den zu später Stunde erzählten Geschichten im einzelnen Glauben schenken darf, sei dahingestellt. Auf jeden Fall muß man sich die Frage vorlegen, warum eine spontane und für den Außenstehenden oft ganz banale Äußerung eines Analytikers seinem Patienten oder Lehranalysanden gegenüber einen Ehrenplatz im Schatz der Erinnerungen einnimmt, während viele tiefsinnige Deutungen der Vergessenheit anheimfallen. Alles Außergewöhnliche nimmt im Gedächtnis einen hervorragenden Platz ein. So wird beispielsweise die *eine,* einzige, direkte Anerkennung, die ein Patient oder Lehranalysand in oder außerhalb des Sprechzimmers erhalten hat, zum einzigartigen Ereignis.

Die *Spontaneität* des Analytikers ist für den Patienten nach Klauber (1987) notwendig, um die *Traumatisierungen*, die in der Übertragung entstehen, abzumildern oder auszugleichen. Wenn die Natürlichkeit des Analytikers, die wir mit seiner Spontaneität gleichsetzen, eine ausgleichende Funktion hat, ist auch die Stärke der Traumatisierung eine partiell von ihm und seinem Regelverständnis abhängige Größe. Die Probleme, die sich bei Begegnungen außerhalb des Sprechzimmers ergeben, wachsen im Maße des Vermeidens von Natürlichkeit im Sprechzimmer.

Die Anerkennung der Rollenvielfalt, die Patient und Analytiker im öffentlichen und privaten Leben innehaben, kann die Toleranz für Kontraste erhöhen. Es ist also wesentlich, daß angehende Analytiker während ihrer Ausbildung ein ungezwungenes Verhältnis zu den verschiedenen Rollen gewinnen, die innerhalb und außerhalb des Berufs auf sie zukommen. Die Natürlichkeit in und außerhalb des Sprechzimmers, die ein Lehranalysand bei seinem Analytiker erlebt, ist ein aufschlußreiches Maß für die Toleranz bezüglich der Rollenvielfalt. Wir haben unter diesem Gesichtspunkt die Veränderungen des psychoanalytischen Ausbildungssystems untersucht und sind zu einem beunruhigenden Ergebnis gelangt. Offenbar war es bis in die 40er Jahre sehr häufig, daß Analytiker und Analysand wechselweise, gleichzeitig oder hintereinander und füreinander verschiedene Rollen übernahmen. Die Geschichte von Freuds berühmtestem Patienten, dem Wolfsmann, ist, wie man der zusammenfassenden Darstellung von Mahony (1984) entnehmen kann, voll von Verwicklungen, in die Freud und viele seiner Schüler einbezogen waren. Nicht geringer ist die Rollenvermischung, die M. Klein praktizierte, wie man der Biographie von Großkurth (1986) entnehmen kann. Bis in die 40er Jahre und besonders bei Schulenbildungen scheinen Rollendiffusionen überall eine große Rolle gespielt zu haben. Viele Lehranalysen der damaligen Zeit waren in ein heilloses Durcheinander persönlicher, beruflicher und institutioneller Verwicklungen eingebettet. Im Rückblick ist es verständlich, daß es zu Reaktionsbildungen gekommen ist, die nach der Erfahrung von allzuviel Allzumenschlichem ins andere Extrem ausschlugen. Dieser Seite der Entwicklung der psychoanalytischen Technik haben wir im Grundlagenband in den einschlägigen Abschnitten (1.6, Kap. 7 sowie 8.9.2) zu wenig Beachtung geschenkt. Die schmerzvollen Erfahrungen vieler Analytiker haben zum Umschlag von Rollendiffusion zur Rollenstereotypie beigetragen. Ist es erst einmal zur Schulenbildung gekommen, verhalten sich die Schüler stets päpstlicher als der Papst. Indem man sich reaktiv an das geschriebene Wort hält, lassen sich Idealisierungen hervorragend mit machtpolitischen Interessen der jeweiligen Gruppe verbinden.

In der Rollenstereotypie des unpersönlichen Analytikers ging die Natürlichkeit verloren. Auf diese Weise wurden zwar viele Verwirrungen vermieden, aber die Vorstellung, endlich zu einer Analyse der reinen und unbeeinflußten Übertragung gelangen zu können, erwies sich als utopisch. An die Stelle der Belastung durch *Rollenvermischung* trat die *Traumatisierung* durch *Rollenstereotypie*.

Unsere Gegenüberstellung fordert als Lösung einen 3. Weg, den wir im Grundlagenband an vielen Stellen und insbesondere bei der Diskussion einer Erweiterung der Übertragungstheorie beschrieben haben. Von der Rollentheorie her gesehen, bringen die Aufgaben des Analytikers Definitionen mit sich, die in der

Therapie praktisch wirksam werden und mit denen sich der Patient vertraut macht. Im Sprechzimmer enthüllt der Patient seine Welt, welche Rollen er spielt und welche ihm mehr oder weniger auf den Leib geschrieben sind, wo er echt und wann er unecht ist und wie er zu seinem wahren Wesen finden könnte. Die Faszination, die von der Selbstverwirklichung und noch mehr von der Suche nach dem wahren Selbst ausgeht, hängt damit zusammen, daß sich gerade das letztere im Raum unbegrenzter Möglichkeiten bewegt oder in den noch unbewußten Vorformen eigener Lebensmöglichkeiten zu liegen scheint. Im Drehbuch des Träumers finden sich fremde, ergänzende und erwünschte Selbstdarstellungen. Gerade die noch ungeborenen, die unbewußten Möglichkeiten werden im Sprechzimmer des Analytikers zum Leben erweckt. Der Patient weiß natürlich aufgrund seiner Lebenserfahrung, daß auch der Analytiker in vielen Rollen zu Hause und in der Lage ist, auf bestimmte Rollenangebote im Sinne der Induktion einzugehen. Um die Fähigkeit des Analytikers zur Einfühlung auszuprobieren, ziehen Patienten alle Register. Käme es nicht zu natürlichen Reaktionen, würden Übertragungen im Keim ersticken oder absterben. Diese einzigartige Bühne, die wir schlicht Sprechstunde nennen, erlaubt ein *gefahrloses Probehandeln.* Voraussetzung hierfür ist, daß auch Anerkennung gewährt wird und bei allen Rollenzuschreibungen die unbewußten Angebote in das Szenarium des Patienten eingegliedert werden. Die beruflichen Einschränkungen der Beziehung zwischen Patient und Analytiker werden zum Sinnbild von *Grenzen,* die gerade als solche *Sicherheit* gewähren. Der begrenzte Raum der Sprechstunde wird uns zum Gleichnis beschützter Natürlichkeit.

Das Wiederfinden von Spontaneität und Natürlichkeit heißt, daß der Patient von und über seinen Analytiker mehr erfahren darf, als er ohnedies anhand von Deutungen über dessen Fühlen und Denken weiß. Der Patient lernt gerade durch Deutungen sich selbst aus der Sicht des Analytikers kennen, weshalb es u. E. äußerst wichtig ist, daß dem Patienten auch der größere Zusammenhang bekannt wird, innerhalb dessen einzelne Bemerkungen, Äußerungen oder Deutungen des Analytikers stehen. *Den Patienten am Kontext teilhaben zu lassen und den Deutungshintergrund offenzulegen und zu begründen, ist therapeutisch wesentlich.* Davon ist die Teilhabe des Patienten an der Gegenübertragung des Analytikers zu unterscheiden. Je weniger der Patient vom Kontext erfährt, desto größer wird seine Neugierde für den Analytiker als Person. Wir sind leider erst spät auf diese arg vernachlässigten und leicht lösbaren Probleme der psychoanalytischen Technik durch Patienten aufmerksam gemacht worden (s. auch 2.4). Von hier aus ergibt sich eine ziemlich einfache Antwort auf die Frage, was der Patient über den Analytiker als Person im Sprechzimmers erfahren und wissen darf: Alles, was seiner Selbsterkenntnis dient und diese nicht behindert. Über die Natürlichkeit des Analytikers erfährt der Patient entsprechendes über sich selbst. Auch der Mangel kann zum Ausgangspunkt von Entdeckungen werden, denn es wäre ein Widerspruch in sich selbst, irgendwelche konventionelle Erwartungen zu erfüllen bzw. diese mit natürlichen Reaktionsweisen gleichzusetzen. Ganz offensichtlich kann sich die spontane Natürlichkeit des Analytikers sowohl innerhalb des sozial üblichen Verhaltenskodex bewegen als auch von diesem abweichen. Das letztere scheint besonders dann der Fall zu sein, wenn eine spezielle Gegenübertragung ausgelöst wird. Die Empfehlung, sich im Zweifelsfall natürlich zu verhalten, orientiert sich an den

Regeln sozialer Gepflogenheiten, die sich im gesunden Menschenverstand vereinigen.

Unsere Überlegungen zeigen, daß sich der Analytiker im Sprechzimmer und beim zufälligen Zusammentreffen außerhalb dann natürlich verhält, wenn er die jeweiligen Rollenerwartungen in einer persönlichen Weise gestaltet. Dabei bleibt viel Raum für Spontaneität in Abhängigkeit von den besonderen Gegebenheiten des jeweiligen Patienten. Würde man sich in ein anonymes Rollenstereotyp verwandeln, würde eine reiche Quelle psychoanalytischer Erkenntnis versiegen.

Durch 2 Beispiele wollen wir unsere Ausführungen erläutern. Zunächst beschreiben wir die Übergabe eines Blumenstraußes einer Patientin an ihren Analytiker. Keineswegs möchten wir der Regel, prinzipiell keine Geschenke anzunehmen, die entgegengesetzte Empfehlung gegenüberstellen. Wir sind aber aufgrund vielfacher Erfahrung davon überzeugt, daß die Abweisung von Geschenken oft verhindert, den Bedeutungsgehalt zu erkennen. Abweisungen oder Verurteilungen können schwer korrigierbare Nachwirkungen haben (s. hierzu v. Damm 1987; Hohage 1986). Selbstverständlich hat die Annahme eines Blumenstraußes ebenfalls Auswirkungen auf den analytischen Prozeß. So läuft alles auf die Fragestellung hinaus, welches Verhalten sich in einem gegebenen Fall günstiger auswirkt und welche Kriterien für den Entscheidungsprozeß herangezogen werden können.

Im 2. Beispiel beschreiben wir ein Zusammentreffen außerhalb der Sprechstunde im Institutsgebäude. Die Zahl der Beispiele ließe sich leicht vergrößern. Auch in Großstädten gehören viele Analysanden zur gleichen Subgruppe und zum beruflichen Umfeld des Analytikers. Deshalb sind Begegnungen zwischen Analytikern und Patienten bei kulturellen Veranstaltungen und Vorträgen nicht nur in kleineren Städten häufig. Unseres Erachtens ist es ganz natürlich, daß bei einem solchen Zusammentreffen Unsicherheiten spürbar werden.

Beispiel 1: Ein Blumenstrauß

Frau Amalie X begrüßt mich mit einem Blumenstrauß in der Hand.

P.: *Das ist zwar nicht sehr originell, aber es ist eine Idee von mir!*

Ich nehme den Strauß entgegen, bemerke, daß die Blumen wohl gleich Wasser brauchen, und stelle sie in eine Vase. Papiergeraschel, Hantieren, kurze Wortwechsel, wie sie sich halt so ergeben, bis das Papier entfernt und geklärt ist, ob die Blumen in die Vase passen.

P.: *Das geht sicher, ich hab' sie extra gut gebunden.*

A.: *Schöner Strauß.*

Die Patientin erklärt, daß ihr die Idee am Abend vorher gekommen sei. Kurz vor der Stunde erhielt sie selbst Blumen, da kam ihr der Gedanke wieder.

P.: *Dann überlegte ich, ob es wohl feiner sei, die Ihnen nach Hause schicken zu lassen.*

Sie stellt bei sich selbst fest, daß diese Überlegungen doch wohl nur eine Ausrede seien und ...

A.: *Es waren andere, wesentlichere Gründe.*

P.: *Ich dachte, dann müßte ich hier weniger Amok laufen.* (Sie lacht auf und verbessert sich.) *Nein, wie sagt man, nein, Spießrutenlaufen* (lacht wieder auf) *ja, nicht*

Amok, Spießrutenlaufen, wenn ich sie Ihnen nach Haus schicken lasse, einfach dezenter wäre das und äh, ich weiß nicht, vielleicht wollte ich nicht so dezent sein ...

Sie findet für sich heraus, daß der Strauß „bloß so ein Zusammenhalt von vielen Dingen ist, die am Wochenende zusammenkamen, so daß ich selber noch nicht so recht weiß, wo er seinen Platz hat".

Frau Amalie X spricht über die Zusammenhänge, denen sie ihren Blumenstrauß, der kurz vor der Stunde ins Haus geschickt wurde, verdankt. Sie erzählt von dem Besuch eines Bekannten, der mich als Student kennt.

P.: *Und dabei sprach er von Ihnen aus der Sicht der Studenten, und irgendwie hat mich das wahnsinnig gestört, daß ich da plötzlich was von Ihnen wußte, wenig, aber immerhin ... habe ich bisher trotz heller Neugierde nie viel von Ihnen gehört, Sie haben da nie Ihren Platz verlassen, und irgendwie sind die Blumen dann vielleicht auch sowas wie, na ja, kann es schlecht einordnen ...*

Überlegung: Frau Amalie X hat den Faden verloren, und es ist spürbar, daß sie sich aus einem spannungsreichen Feld herausbewegt hat. Ich nehme an, daß ein Widerstand aufgetreten ist, weil sie vermutlich etwas Kritisches über mich gehört hat. Ich mache die Patientin darauf aufmerksam, daß sie den Bericht des Studenten sehr abgekürzt wiedergegeben hat.

Es stellt sich heraus, daß der junge Mann sie gefragt hat, ob sie mit mir klarkäme, er könne mit mir nicht klarkommen, meine Art sei ihm zu umständlich.

P.: *Und da hatte ich das Gefühl, heute bei den Blumen, es ist irgendwie so 'ne Art Wiedergutmachung, aber das Wort stört mich, es ist keine Wiedergutmachung, als mein Bekannter das gesagt hat, hat es mich nicht gestört, weil ich das oft auch empfunden habe, Ihre Sätze sind manchmal ohne Ende. Wir sprachen ja erst vor 2 Stunden darüber, aber manchmal hab' ich gedacht, warum will er mir absichtlich beibringen, daß ich nicht denken kann, und insofern war das jetzt ein Ausgleich für diese Jahre ... Ich hab' lange gedacht, Sie beweisen mir damit, wie winkelig und vielseitig Sie denken können und überlassen mir, ob ich's nachvollziehen kann oder nicht. Und in dem Moment, wo der Student sagte, daß er das auch sieht und es umständlich zu nennen wagt, war's für mich natürlich eine Erleichterung, hm, und gleichzeitig dachte ich, dem bösen Buben muß man den Mund stopfen* (lacht beim Sprechen).

Die Patientin spricht nun über ihre Erfahrungen mit verschiedenen Bekanntschaften, die sie über eine Annonce gemacht hat, und wie verwirrt sie all das macht.

P.: *Okay, irgendwie klappt das alles, was ich tue, und um das wahrscheinlich festzuhalten und irgendwie an Sie zu knüpfen als Garant, hab' ich dann die Blumen gekauft* (lacht etwas). *Irgendwie scheint das doch reinzuspielen. Ja, ich glaub' schon, so einen abergläubischen Talismann, Sie sehen, wofür Sie alles herhalten müssen, auch jetzt.*

A.: *Wie Sie vorhin gesagt haben, soll dieser Blumenstrauß hier eine Verwirrung zu Ende bringen.*

Die Patientin berichtet dann eine weitere, sie verwirrende Episode, wo ein anderer Mann Blumen hätte von ihr bekommen sollen.

P.: *Ich wollte natürlich dem S. die Blumen geben, aber die Entfernung war mir zu groß in jeder Beziehung, und dann mußten Sie wieder herhalten. Es ist eigentlich schlimm.* (kleine Pause) *Tut Ihnen das weh?* (kleine Pause) *Ah ja, ich krieg' natürlich keine Antwort.*

A.: *Und wie könnte mir das weh tun, daß Ihnen eine Entfernung zu groß ist oder daß ich herhalten muß?*

P.: *Das letztere könnte* Ihnen *wehtun.* Mir *tut's weh, daß die Entfernung* (zu S.) *zu groß ist.* (längere Pause)

A.: *Und über die hier stehenden Blumen wird die Entfernung zu mir verkürzt.*

P.: *Sie haben manchmal eine Art, Dinge, ah, mir aus dem Mund zu nehmen und zugleich zu neutralisieren, daß äh, es löst immer so Verschiedenes, eigentlich immer zweierlei Gefühle in mir aus. Einerseits nehme ich Ihnen das wahnsinnig übel, und dann fasziniert es mich.*

A.: *Ja, weil Sie es selbst auch neutralisiert haben über die Blumen.* (kleine Pause)

P.: *Wen oder was?*

A.: *Amok* (Patientin lacht).

Kommentar: Mit diesem Hinweis nimmt der Dialog eine überraschende Wendung. Die Patientin befand sich nicht nur vor der Übergabe des Blumenstraußes in einer inneren Spannung, die das Versprechen auslöste. Die Angst, verurteilt zu werden, kommt im Gedanken des Spießrutenlaufens zum Ausdruck, aber sie wehrt sich gegen diese Unterwerfung und landet beim Amok. Es ist also sehr viel in den Strauß eingebunden worden, und zwar schon lange vor der Stunde. Hätte der Analytiker den Strauß nicht freundlich angenommen, wäre es kaum zu diesem aufschlußreichen Dialog gekommen.

P.: *Ich muß jetzt erstmal lachen, weil ich glaube, ich hab' mich hier kaum versprochen, ich glaub', den Gefallen habe ich Ihnen selten getan, ich glaub' keine 2 Hände voll, aber was ist das schon bei 4 Jahren … Daß es nicht sehr leicht ist mit dem Strauß, ist ja wohl klar, obwohl es geht. Ich sagte mir im Wartezimmer, na ja, ich bring' den Strauß der Sekretärin. Ich hatte das Gefühl, Sie sind böse, drum mußte ich auch sagen, das sei nicht sehr originell, mich quasi entschuldigen … ich hatte das Gefühl, ich hätte Ihnen indiskret, äh, da etwas gezeigt, ich hätt's ins Haus bringen lassen sollen, so mit Karte und Handschuh* (lacht und stöhnt zugleich).

A.: *Wieso der Gedanke, daß es nicht originell sei?*

P.: *Also ich muß was sagen: Am liebsten hätte ich einfach nur Sie angestrahlt* (lacht). *Jetzt sag ich's ja wenigstens.*

A.: *Also durch die Blumen gesagt, mir Ihre strahlende Direktheit anzuzeigen, nämlich daß Sie sich durchgerungen haben, Briefe auf die Annoncen zu schreiben.*

P.: *Ja, es steht schon dafür, weil ich immer wieder erfahren hab' in den letzten Tagen vor allem, auch in den letzten Jahren, daß die Dinge, vor denen ich wahnsinnige Angst hatte – und ich sie dann doch getan hab' –, daß die mich immer ein Stück weitergebracht haben … und ich viele Dinge ohne hier zu sein wirklich nicht getan hätte.*

A.: *Ja, ich freue mich darüber und danke Ihnen, daß Sie's zum Ausdruck bringen und ich etwas dazu beitragen konnte, daß Sie Dinge so tun können, wie Sie sie gerne tun wollen.*

Kommentar: Am Ende der Stunde bedankt sich der behandelnde Analytiker, wobei dieser Dank in eine Ermutigung einbezogen und mit Anerkennung verbunden wird. Damit findet eine Deutungsarbeit ihren vorläufigen Abschluß.

Beispiel 2: Ein Zusammentreffen außerhalb des Sprechzimmers

Bei Begegnungen zwischen Patient und Analytiker außerhalb des Sprechzimmers ist es für beide Beteiligten nicht leicht, eine der Situation entsprechende Natürlichkeit zu zeigen und einen ungezwungenen Ton im Gespräch zu finden. Zu intensiv und andersartig ist der Austausch im Sprechzimmer, um einen leichten Übergang in andere soziale Rollen zu finden. Wir empfehlen, diese Schwierigkeiten anzuerkennen, und haben die Erfahrung gemacht, daß davon eine befreiende Wirkung sowohl auf den Patienten als auch auf den Analytiker ausgehen kann.

Frau Erna X ging im Institutsgebäude an mir vorbei, als ich mich in einer Gruppe von Männern befand. Im ersten Augenblick dachte sie, von der blauen Farbe meines Anzugs beeindruckt: „Das ist der Hausmeister." Ob dieses Gedankens erschrak sie, und ihre Unsicherheit, wie sie wohl an den Männern vorbeikomme, wurde fast unerträglich groß. Die wichtigsten Einfälle lauteten zusammengefaßt:

Herr Z., der Hausmeister sei freundlich, im Gegensatz zu vielen anderen, denen man hier im Haus begegne. Es sei sehr selten, daß jemand grüße. Vielleicht glaube das Personal, die Patienten nicht anschauen zu dürfen. Die Damen und Herren, die hier oben ihr Zimmer haben, gingen an einem vorbei, seien unfreundlich, verträumt, gedanklich abwesend - Bücher unter dem Arm. Die Freundlichkeit des Hausmeisters bilde einen deutlichen Kontrast. „Vielleicht bringe ich Sie deshalb in Verbindung mit dem Hausmeister, weil er der einzige freundliche Mensch im Haus ist."

Es geht dann um ihre Doppelrolle, als Frau *und* als Patientin begrüßt und beachtet zu werden: als Patientin den Arzt zu grüßen oder als Frau zuerst gegrüßt zu werden. Meine Deutung bezieht sich auf ihre Rollenunsicherheit. „Sind Sie die Patientin, die demütig grüßt, oder die Frau, die erwartet wird und sich freut, daß sie beachtet wird? Eine Beachtung, die dadurch im Alltag zum Ausdruck gebracht wird, daß Frauen von Männern gegrüßt werden." Die Patientin bringt Erinnerungen an ihre Kindheit, an die Grußpflicht, die ihr als Kind auferlegt worden war. „Meiner Großmutter war es sehr wichtig, daß ich als freundliches Kind galt." Es wird der Ärger darüber interpretiert, daß sie sich so unterwürfig verhalte, was wiederum ihre Unsicherheit steigere. Im weiteren wird die Vermutung geäußert, daß sie vielleicht deshalb rasch grüße, um eine Situation zu vermeiden, zuerst gegrüßt zu werden. Dann gebe sie dem Arzt als Mann also keine Chance, sie zu beachten und damit ihren Wunsch zu erfüllen. Ja, sie vermeide solche peinlichen Situationen, sie nehme selbst den Mantel und lasse sich nicht helfen, um nicht in Verlegenheit zu kommen.

Erinnerungen an die Pubertätszeit tauchen auf. Es war ihr peinlich, daß Vater oder Onkel ihr beim Anziehen des Mantels behilflich waren. „Man fühlt sich dann beobachtet. Er hält den Mantel, und ich komme nicht rein. Wenn Sie mir den Mantel hinhielten, würde ich aufgeregt sein und sicher alles verwursteln. Es ist eine Zuwendung, die irritiert." Sie ließ den Mantel oft lieber im Auto, um das Problem von Aus- und Anziehen nicht zu haben. Heute hätte sie eher einen Umweg gewählt, wenn sie davon gewußt hätte, daß sie an mir würde vorbeigehen müssen. Der frühere Rollenkonflikt wird mit dem augenblicklichen Konflikt durch die folgende Deutung in Verbindung gebracht.

A.: *Es durfte also nicht sein, daß sie als heranwachsende Frau angesehen wurden. Dann hätten Sie ja Wünsche gehabt. Wünsche, die im weiteren Sinn etwas mit Aus- und Anziehen zu tun haben, mit Gesehenwerden, mit Beachtetwerden, mit Bewundertwerden.*

P.: *Ich fühle mich immer noch wie ein kleines Mädchen.*

Das An- und Ausziehen hat die Patientin schon in der letzten Woche beschäftigt, und sie bringt nun eine Erinnerung. Genau in der Zeit des Mantelhinhaltens hatte sie nächtelang über folgende Szene nachgedacht: Onkel und Tante waren oft zu Besuch. Sie ging früh ins Bett. Zweimal passierte es, daß der Onkel, ohne anzuklopfen, ins Zimmer kam. Sie war schon ausgezogen, fast nackt. Um die Patientin zunächst zu entlasten, weise ich auf die Rolle des Onkels hin.

A.: *Vielleicht war er neugierig. Es war wahrscheinlich kein reiner Zufall, oder?*

P.: *Es war wahnsinnig gemein von ihm, er hatte etwas getrunken. Alles war sehr beunruhigend. Und ich durfte nichts sagen, denn ich war das kleine Mädchen, dem das nichts auszumachen hatte.*

A.: *Wenn Sie sich beklagt hätten, dann hätten Sie ja bekundet, daß Sie sich nicht mehr als kleines Mädchen erleben, sondern als heranwachsende Frau, die ihre erotische Ausstrahlung spürt. Das hätten Sie ja bekundet, wenn Sie sich beklagt hätten.*

P.: *Der hätte ja gleich gesagt, was willst du denn. Die Eltern hätten gesagt, was denkst du denn? Was hast du für schmutzige Gedanken? Dieser Onkel erzählte auch immer Witze, und ich durfte nicht lachen. Wenn ich gelacht habe, dann wurde gesagt, was lachst du da, das verstehst du ja doch gar nicht. So verging mir das Lachen. Diese 2 Erlebnisse stecken mir noch heute in den Knochen.*

Sie erfand alle möglichen Tricks, um zu verhindern, daß der Onkel ins Zimmer kam.

Vor einer späteren Stunde kam es zu einer vergleichbaren Szene außerhalb des Sprechzimmers: Ich hatte die Patientin durch die Eingangstür kommen sehen und ging vor ihr die Treppe hinauf. Um den langen gemeinsamen Weg über mehrere Stockwerke zu vermeiden, wich ich in das Arbeitszimmer eines Kollegen aus, mit dem ich ohnedies etwas hatte bereden wollen. Diese Reaktion erfolgte ebenso reflexartig wie zielstrebig und mit der vorbewußten Absicht, Komplikationen, die beim langen Nebeneinanderhergehen aufzutreten pflegen, zu umgehen. Die frühere Szene hatte ich vergessen.

Die Patientin glaubte, daß ich aus Fürsorglichkeit und um ihr die Peinlichkeit zu ersparen, rasch zu einem Kollegen ins Zimmer gegangen sei. Im Laufe des Hin und Her sagte ich, daß ich keine Erinnerung an diese lange zurückliegende „Hausmeisterszene" mehr gehabt hätte. Ich hätte tatsächlich noch etwas mit einem Kollegen zu besprechen gehabt. Es sei allerdings auch für mich nicht leicht, die Probleme, die bei Begegnungen außerhalb des Sprechzimmers auftreten, zu lösen. Es entstünde auch in mir eine gewisse Verlegenheit, und es wären Peinlichkeiten zu überbrücken. Denn Small-talk zu machen, würde sehr verschieden sein vom analytischen Gespräch. Aber zu schweigen wäre andererseits recht ungewöhnlich.

Diese Mitteilung führt zu einer großen Entlastung bei der Patientin. Es sei also objektiv, wie sie sich ausdrückt, nicht leicht - auch nicht für mich, den Analytiker - dieses Problem zu lösen: Schweigend nebeneinander herzugehen, widerspräche den sozialen Gepflogenheiten. Unmittelbar nach der Begrüßung sei es eher üblich, einige weitere Worte zu wechseln. „Das gilt auch für mein Empfinden", füge ich hinzu, „allerdings braucht man sich daran ja nicht zu halten, warum sollten wir z. B. nicht schweigend nebeneinander hergehen.“

7.8 Tonbandaufzeichnungen

Anstatt wie Eissler (1953) ein Ideal des psychoanalytischen Prozesses zu konstruieren, um dann am grünen Tisch über mehr oder weniger akzeptable Kompromisse zu streiten, ist es u. E. sinnvoller, den Einfluß einwirkender Bedingungen zu untersuchen. Tonbandaufzeichnungen gehören zu jenen Randbedingungen, die wir gründlich untersucht haben (Ruberg 1981; Kächele et al. 1988). Auch unsere Ergebnisse sprechen dafür, daß die Bedeutung dieser Einflußgröße in ihrer jeweiligen Ausprägung erkannt und in therapeutisch fruchtbarer Weise bearbeitet werden kann. Oft werden bestimmte Probleme sogar rascher aktualisiert, so daß die Projektion von Bedeutungsinhalten auf das Tonband zum Ausgangspunkt hilfreicher Gespräche werden kann.

Erfahrungsgemäß gewöhnen sich beide Beteiligten an die Vorstellung, daß sich möglicherweise Dritte mit ihrem Gespräch befassen. Die Tonbandaufnahme wird dann Teil des stillen Hintergrunds, der - wie alle Äußerlichkeiten der psychoanalytischen Situation - jederzeit dynamisch wirksam werden kann. Auch das unsichtbare und lautlos laufende Gerät sowie das unauffällig angebrachte Mikrophon erinnern durch ihre faktische Präsenz daran, daß der Liegende und der Sitzende nicht allein auf der Welt sind. Die Anonymisierung und Chiffrierung kann ebenfalls zum Thema gemeinsamen Nachdenkens werden, auch wenn die zugesicherte Vertraulichkeit und die Tilgung der Namen eine der Voraussetzungen bei der Einführung dieses Hilfsmittels ist. Dieser Schutz gilt freilich nur für den Patienten. Trotz Tilgung des Namens des behandelnden Analytikers spricht sich in der Berufsgemeinschaft herum, wer diese oder jene im Detail wiedergegebene Behandlung durchgeführt hat. Der persönliche Sprachstil und das analytische Denken und Handeln sind in den Dialogen, die wir veröffentlichen, für Fachkollegen erkennbar.

Es kann u. E. in vieler Hinsicht nützlich sein, wenn Patienten in den Therapien den Zweck der Tonbandaufnahme erfahren, nämlich daß der Analytiker bereit ist, sich mit seinen Kollegen zu beraten. Es gibt allerdings unter Analytikern einen Diskussionsstil, der es nur zu verständlich macht, daß die Majorität noch zögert, sich dieses Hilfsmittels zu bedienen, obwohl es wie kein anderes durch kritische Reflexion (über verschriftete Dialoge) das therapeutische Handeln verbessern könnte.

Selbstverständlich hat der Analytiker nicht nur ein Recht auf persönliche Freiheit, die so schlicht in der englischen Bezeichnung „privacy“ zum Ausdruck gebracht wird, sondern auch darauf, sich innerhalb des Wertsystems der Berufsgemeinschaft seinen professionellen Raum nach eigenem Gutdünken zu gestalten. Wahrscheinlich erleichtert es eine Mischung verschiedener Charaktereigenschaften, die sich mit wissenschaftlicher Neugierde und Fortschrittsglauben paaren müssen, sich weitgehend ungeschützter professioneller Selbstenthüllung auszusetzen. Wir haben jedenfalls aus der Not eine Tugend gemacht, und wir schreiben der Einführung von Tonbandaufnahmen sogar eine kurative Funktion in mehrfacher Hinsicht zu: für den einzelnen Analytiker, dessen Narzißmus harten Proben ausgesetzt wird, für die Berufsgemeinschaft, die bei wissenschaftlichen Diskussionen nicht mehr ausschließlich von Erzählungen, sondern von authentischen Dialogen ausgehen kann, und dem Patienten, dem das Ganze indirekt zugute kommen kann. Es liegt im Zuge der Zeit, daß manche Patienten sogar ihr eigenes Tonbandgerät mitbringen. Mit solchen Überraschungen zu rechnen, ist ratsam. Da es ohne Zweifel nützlich sein kann, wenn sich ein Patient erneut mit dem Dialog befaßt, ist dieses Interesse besonders ernstzunehmen, auch wenn eine solche Aktion von der unbewußten Absicht motiviert sein sollte, im Falle eines Kunstfehlerprozesses gut gewappnet zu sein. Erschütternd ist ein von Sartre (1969) kommentierter Dialog, den ein ehemaliger Patient seinem Analytiker aufgezwungen und aufgenommen hat, wobei sich die Rollen verkehrten. Der Patient traktierte nun seinen Analytiker mit genau den Kastrationsdeutungen, die dieser ihm angeblich jahrelang an den Kopf geworfen hatte.

Für die psychoanalytische Berufsgemeinschaft dürfte es jedenfalls keineswegs von Schaden sein, wenn anhand von Originalaufnahmen oder Transkripten genauer untersucht wird, was Psychoanalytiker in Sitzungen tun und sagen und von welchen Theorien sie sich bei ihrem therapeutischen Handeln leiten lassen. Mit dem eigenen therapeutischen Verhalten konfrontiert zu werden, könnte eine heilsame Wirkung auf narzißtische Überheblichkeiten haben. Um auf das bekannte Wort Nietzsches anzuspielen: Im Kampf zwischen Stolz, Tat und Gedächtnis bringen sich die auf dem Tonband festgehaltenen Stimmen so in Erinnerung, daß es der Stolz schwer hat, unerbittlich zu bleiben und über das Gedächtnis zu triumphieren.

7.8.1 Beispiele

Die Einführung von Tonbandaufnahmen beunruhigt die Berufsgemeinschaft der Psychoanalytiker offensichtlich stärker als die Patienten selbst. Bei dem Versuch, einige der Bedenken auf einen Nenner zu bringen, stößt man erneut auf Eisslers (1953) normative Idealtechnik und auf die zu ihr gehörenden sog. Parameter, die wir im Grundlagenband unter 8.3.3 ausführlich diskutiert haben und durch die mehr Probleme geschaffen als gelöst wurden.

Wir haben bisher nicht erlebt, daß Widerstände, die durch die Anwesenheit eines Tonbandgeräts ausgelöst oder verstärkt werden, interpretativ unzugänglich sind. Dies werden wir im folgenden anhand praktischer Erfahrungen mit der Verwendung des Tonbands illustrieren, wobei wir besonderen Wert auf den interpretativen Umgang mit den Reaktionen des Patienten legen.

Ein Superzensor

Die Patientin Amalie X berichtet in der 38. Stunde über ihre Therapieerfahrung während des Studiums; der damalige Therapeut hat ihr Tagebuch nicht zurückgegeben; die Patientin fühlte sich entmündigt. Ich biete den Vergleich an: Die Wegnahme des Tagebuchs entspreche der Wegnahme der Gedanken durch das Tonband. Die Patientin sagt, daß sie über die Verwendung der Aufnahmen nichts wisse, bemerkt aber abschließend: „Ich muß auch sagen, es beschäftigt meine Phantasie nicht groß." In der folgenden Stunde kreist das Gespräch um das Thema *Geben und Nehmen*, und ich biete erneut die Vorstellung an, das Tonband nehme Gedanken weg.

P.: *Das stört mich wahrscheinlich weniger; es ist ein so entferntes Medium.*

Diese Antwort verdeutlicht zunächst einmal, daß es dieser Patientin in der Anfangszeit der Behandlung gelingt, nach der Bearbeitung einer störenden Erfahrung in ihrer früheren Therapie zum gegenwärtigen Zeitpunkt sich klare Rechenschaft darüber abzulegen, wie sie den Sachverhalt sieht.

Spezielle Diskretionswünsche führen manchmal zu der Bitte, das Tonband vorübergehend auszuschalten. So berichtet diese Patientin über eine Kollegin, die auch in Therapie sei, den Namen deren Therapeuten könne sie nur sagen, wenn das Gerät ausgeschaltet würde (85. Stunde). Ich kann einem solchen Wunsch entsprechen, oder ich kann den Widerstandsaspekt hervorheben, Vorstellungen explorieren, ob die Patientin glaubt, der Kollegin einen Schaden zufügen zu können. Das Phänomen, andere Menschen durch Diskretion schützen und die Grundregel deshalb für eine spezielle Information außer Kraft setzen zu wollen, tritt übrigens auch in jeder Analyse ohne Tonbandaufzeichnung auf.

Immer wieder kann im Umgang mit Patienten durch die Tatsache, daß ein Aufzeichnungsgerät mitläuft, beobachtet werden, daß sich der Gedanke an das Tonband im Fluß der Einfälle plötzlich nach vorne drängt, wie dies aus folgendem Beispiel ersichtlich ist:

Frau Amalie X spricht in der 101. Stunde mit viel innerer Entschlossenheit von ihren sexuellen Schwierigkeiten und kann sich relativ weit vorwagen; in der Mitte der Stunde ist sie zunehmend entsetzt über die Intensität ihres Verlangens; ich deute ihr die Angst „daß Sie sich selbst und Ihre Phantasien dann eben doch als Sucht oder pervers sehen, irgendwo ich auch bzw. ich tu' nur so, als würde ich es nicht für pervers halten oder suchtartig". Die Patientin kommt selbst zu einer differenzierten Bewertung: „Wenn ich darüber nachdenke, weiß ich, daß Sie nicht so denken", aber sie selbst sieht sich so und befürchtet, daß andere sagen, ja die alte X oder so. In diesem Moment fällt ihr ein: „Läuft's Tonband noch?" Der Gedanke verbindet sich mit der Vorstellung, daß eine ältere Sekretärin von mir diese Protokolle tippt, weitere Einfälle führen zum Beichtvater etc. Es ist deutlich, daß das Tonband hier als Träger eines verbietenden, normativen Einspruchs wirksam wird.

In der 202. Sitzung versteht Frau Amalie X meine Äußerung als Erklärung meiner therapeutischen Technik. Dies findet sie „unheimlich positiv" und knüpft hieran die unzutreffende Vermutung, das Tonband sei abgeschaltet, weshalb ich mich freier und ungezwungener verhalten könne. Die Patientin stellt sich die Anwesenheit des Tonbandgeräts als für mich genauso einschränkend, als „Superzensor", vor wie für sich selbst die Anwesenheit ihres Dienststellenleiters im Büro: „Wenn ich hier die schwarze Strippe mal nicht seh', dann fühlen Sie sich frei, dann können Sie auch mal sagen, was Sie denken."

In der 242. Stunde vermißt die Patientin das Mikrophonkabel an der Wand; sie spekuliert, das vermeintliche Verschwinden des Tonbands bzw. des Mikrophons deute das Ende der Behandlung an. Sie fürchte sich vor der Abnabelung. Ihre frühere Vorstellung, meine Kollegen hörten sich die Aufnahmen lachend an, sei verschwunden.

Übrigens können wir für diese Patientin angeben, daß aufgrund unserer eingangs erwähnten empirischen Studie bei einer Stichprobe von ⅓ aller Behandlungsstunden (n = 113 Std.) in 2,7% der Stunden das Tonband von der Patientin thematisiert und bearbeitet wurde (Ruberg 1981).

Attrappe

Eine positive Einstellung zum Tonband bringt Frau Franziska X am Anfang der Behandlung mit, weil ihr Bruder als Sozialwissenschaftler tätig ist und ihr die Verwendung des Tonbands als Selbsthilfe vor der Analyse schon empfohlen hat. Die Patientin gerät sehr rasch in eine Übertragungsverliebtheit und zeigt entsprechende Schwierigkeiten (s. dazu 2.2); sie äußert in der 3. Stunde, am liebsten würde sie alle Erwartungen und Phantasien, Wünsche, alles was die emotionale Beteiligung zum Therapeuten ausmache, ausschalten.

P.: *Ja, wenn man das machen könnte, das würde mir doch viel leichter fallen, irgendwie unbefangen zu schildern, wenn Sie mir nicht im Kopf schwirren würden, wenn ich Sie ganz abschalten könnte, wenn ich nur allein im Zimmer läge und auf ein Tonband sprechen müßte.*

Hier fungiert das Tonband als künstlicher Psychoanalytiker, der keine Angst vor Distanzverlust auslöst.

In der folgenden Stunde fragt Frau Franziska X, ob das Tonbandgerät nicht eingeschaltet sei, da die Haube zugeklappt sei. Dann erzählt sie, sie habe gestern abend viel (einige Viertel Wein) getrunken. Ich verbinde die beiden Mitteilungen in der Frage, ob es ein Wunsch der Patientin sei, daß das Gerät nicht laufen soll. Die Patientin geht aber darauf nur über die Verneinung ein und betont eher: „Nein, das glaube ich nicht, das hat mich noch nie gestört ... [fast etwas ironisch] vielleicht habe ich Sorge, daß meine wertvollen Äußerungen keine Aufnahme finden ... und vielleicht läuft's ja auch." Im ironischen Ton war die Angst vor der Wertlosigkeit enthalten, wie sich im weiteren Verlauf zeigen sollte.

Die Reaktionen auf das Tonband verändern sich entsprechend den dynamischen Veränderungen. In der 87. Stunde reflektiert Frau Franziska X ihre Lust und Unlust an der Behandlung.

P.: *Manchmal stell' ich mir vor, was wir bisher geschafft haben in der Analyse, und dann kommt mir das immer vor, als würd' ich am liebsten die ganzen Bänder nehmen und ins Feuer schmeißen und neu anfangen ... Die Bänder hab' ich mit bla-bla vollgeredet. Ich stell' mir vor, daß in einer Stunde ein guter Satz aufkommt, und für diesen Satz müssen Sie nun 50 Minuten sitzen und zuhören in der Hoffnung, daß einer kommt, und manchmal kommt gar keiner, und deshalb glaub' ich, daß Sie dann unbefriedigt sind und deshalb mir schon wieder böse.*

A.: *Daß ich soviel aufwende, soviel Bänder für Sie aufwende, und so wenig dafür bekomme.*

P.: *Ja, ich komme mir vor wie eine Nachhilfeschülerin, ich würde gerne eine gute Schülerin sein, damit Sie zufrieden sein können mit mir.*

In der folgenden Stunde fällt Frau Franziska X zunächst nicht viel ein; sie erklärt dann, wenn sie das Gefühl habe, jemand gut leiden zu können, würde sie „furchtbar viel sprechen, manchmal zuviel ... und wenn ich nur das Gefühl habe, daß Sie kalt sind, dann geht das nicht so richtig." Ich verknüpfe dies mit den Einfällen zum Tonband: „Letzte Stunde hatten Sie das Gefühl, daß Sie nur wertloses Zeug von sich geben; wenigstens ein guter Wurm muß drin sein für mich.“ Frau Franziska X bestätigt nochmals, sie habe das Gefühl, immer was Besonderes einbringen zu müssen, um Anerkennung zu erhalten.

Auditorium

Herr Kurt Y, ein Naturwissenschaftler, wegen Impotenz und Arbeitsstörungen in Analyse, schaut im Vorbeigehen in der 4. Stunde kurz auf das Mikrophon, legt sich dann hin und fängt nach kurzer Pause an zu berichten. Er knüpft dabei an die in der Vorstunde bereits belebten Erfahrungen aus der Jugendzeit. Im allgemeinen war er ein stiller, braver Junge, nur im Fußballverein konnte er sich austoben. Allerdings macht er die Einschränkung, daß er immer dann, wenn Zuschauer dabei waren, besonders schlecht spielte.

A.: *So, als ob Sie die Aufmerksamkeit fürchten.*

P.: *Ja, da war dann schon immer alles vorbei, wenn ich die Erwartung fühlte, ein Können produzieren zu müssen.*

A.: *Sie haben beim Hereinkommen kurz auf das Mikrophon geschaut, ist damit wohl auch eine solche Erwartung verbunden?*

P.: *Na, heute beschäftigt es mich nicht besonders, aber gestern ist es mir aufgefallen. Ich habe da sehr das Gefühl gehabt, das Band füllen zu müssen, da darf doch keine Leere entstehen, da muß doch was drauf.*

A.: *Diese Erwartungen, die Sie am Tonband festmachen, die stellen meine Erwartung an Sie dar.*

In der 54. Stunde spricht Herr Kurt Y von sich aus gleich am Anfang über das Tonband. Er habe das Gefühl, einen Vortrag halten zu müssen, so als ob ein Auditorium da sei, und damit verbinde sich die Vorstellung, daß das, was er zu sagen hat, noch nicht fertig genug sei, noch nicht genügend ausgearbeitet sei. Es sei wie in seinem Arbeitsbuch, wo er sich Aufzeichnungen von den Experimenten mache, die würde er auch erst sehr spät jemandem zugänglich machen.

Herr Kurt Y verbleibt dann lange bei diesen Gedanken an das Tonband, so daß ich nach einiger Zeit einen Widerstand vermute und ihm sage, es sei heute wohl leichter für ihn, über das Tonband zu sprechen als über anderes.

Darauf beginnt der Patient, sehr verklausuliert über sexuelle Erfahrungen mit seiner Verlobten zu sprechen, die er am vergangenen Wochenende gemacht hat.

In der folgenden Stunde bezieht sich Herr Kurt Y gleich am Beginn wieder auf das Tonband; heute sei es schon viel freundlicher, es sei etwa wie eine dritte Person im Raum, die er sich etwa als einen jungen Arzt vorstellen könne. Er würde es schließlich ertragen, daß da jemand zuhöre. Vermutlich dienen die Aufnahmen dem Unterricht.

Die bedrohliche, faszinierende Phantasie des großen Auditoriums hat sich also gemildert, ist realistischer und zugleich erträglicher geworden. Damit verknüpft ist eine Wiederaufnahme des Berichts über den sexuellen Verkehr mit seiner Verlobten mit spürbarem Engagement. Wegen einer Krankheit der Frau hatte für einige Zeit kein Verkehr stattfinden können. Das durch die Krankheit bewirkte Verbot hatte ihm das Gefühl gegeben, daß die Mauer, die er da zu überspringen habe, doch nicht ganz so hoch sei. Als nun das Wochenende mit seiner Verlobten auf ihn zugekommen sei, konnte er genau registrieren, wie seine Erwartungsangst ständig gestiegen sei. Prompt habe er „es" am Abend auch nicht fertiggebracht, habe in seiner hilflosen Art die Erregung nicht fertiggebracht.

Ich deute, daß er sich vermutlich dort nicht fallenlassen konnte, so wie er hier auch im Bericht nicht loslassen könne. Ich füge noch die Vermutung hinzu, daß er sich beobachtet fühle, sich selber mit anderen Männern vergleiche, was in seiner Schilderung zwar nicht vorkam, sondern von mir ergänzt wird.

Er habe dann einen schwarzen, traumlosen Schlaf gehabt und bemüht sich, mir die Farbe „schwarz" des Traumes nahezubringen, was mir merkwürdig vorkommt. Am Morgen sei es dann zu einer leichten Erregung gekommen, und er habe, die Gunst der Stunde ausnützend, die Mauer übersprungen.

Es war wohl eine Schallmauer für ihn, dachte ich, und auch hier hat er zum ersten Mal die Schallmauer der konkreten Mitteilung über einen sexuellen Verkehr übersprungen. Dies teile ich ihm mit, und er ist sehr erstaunt: Zustimmend fällt ihm auf, daß er tatsächlich hier noch nie darüber gesprochen habe, obwohl er oft schon das Bedürfnis dazu gehabt habe.

Mir ist deutlich, daß die Arbeit an der Bedeutung des Tonbands, besonders die damit verbundenen Übertragungsdeutungen, ihn erreicht haben und er deswegen die Schallmauer der Intimität in der Stunde überspringen konnte.

In der 57. Stunde teile ich Herrn Kurt Y meine Ferienpläne mit, die eine längere Abwesenheit auch aus beruflichen Gründen miteinschließen. In seinen Vorstellungen über die beruflichen Gründe, die mich zu dieser Reise veranlassen könnten, kommt der Patient auf den naheliegenden Gedanken, daß es sich wohl um eine Vortragsreise handeln könne. In diesem Zusammenhang taucht das Tonband wieder auf. Diesmal wird es zum Indikator für Wissenschaftlichkeit, Laborversuche, selbst ein Meerschweinchen zu sein, ein Ausdruck für die Kälte des Therapeuten. Im weiteren Bearbeiten dieser Erlebnisweisen kippt dann die Stimmung des Patienten.

P.: *Etwas Gutes hat das Tonband doch auch, immerhin bleiben die Bänder ja wohl hier, und damit bleibt etwas von unserer Beziehung als Unterpfand im Lande.*

Ich deute die Zusammenhänge von Ferien, Abwesenheit und seiner Reaktion darauf als einen Ausdruck der zugrundeliegenden Frage, wieviel er mir wert sei und wie beständig ich für ihn dasein werde.

Kontrolle

Bei Herrn Heinrich Y ließ bereits der recht schwierige Versuch, ihn für eine Behandlung zu motivieren, Probleme ahnen, die sein generelles Mißtrauen Therapeuten gegenüber auch im Hinblick auf die Tonbandaufzeichnung mobilisieren würden.

In der 16. Stunde überrascht mich der Patient mit einem Kassettenrecorder, den er - während er mich fragt, ob er ihn benutzen dürfe - bereits in Aufnahmebereitschaft versetzt. Ich weise auf die Gleichzeitigkeit beider Aktionen - das Fragen um Zustimmung und die Umsetzung der vorweggenommenen Zustimmung - hin und füge hinzu, daß ihm die Aufzeichnung des Gesprächs wohl sehr wichtig sein müsse. Da ich meinerseits seine Zustimmung zu Tonbandaufzeichnungen erbeten hätte, sei es wohl angemessen, daß ich ihm dies auch gestatten würde. Daraufhin lacht der Patient, spürbar erleichtert. Zu diesem Zeitpunkt stelle ich keine weiteren Fragen nach dem Zweck und Grund seines Tuns.

Herr Heinrich Y fängt dann an, wie so häufig in diesem frühen Stadium der Behandlung, heftig zu klagen, daß nichts passiere, daß die Behandlung bislang wenig Erfolg zeige und seine depressiven Verstimmungen ihn wieder stärker ausfüllten. Er sei am vergangenen Wochenende auf einer Tagung über Zen-Buddhismus gewesen, wo er hoffte, sich zusätzliche Anregungen zur Lebenshilfe holen zu können.

A.: *Zusätzliche Anregungen? - Das heißt auch, daß unsere Stunden nicht genügend hergeben.*

P.: *Genau das, die Stunden sind so schnell herum, und ich kann dann hinterher nie genau festhalten, was nun eigentlich war.*

A.: *Da wären Tonbandaufzeichnungen ein probates Mittel, um sich in Ruhe nochmal alles anzuhören.*

P.: *Ja, ich erhoff' mir, daß ich die Stunden genau nacharbeiten kann und damit mehr aus den Stunden herausholen kann. Die spiel' ich dann meiner Freundin Rita vor - die hat ja auch Erfahrung mit der Psychotherapie -, und die kann mir dann sagen, ob das hier richtig läuft.*

A.: *Ja, in dieser Anfangszeit, wo Sie sich überhaupt nur zögernd entschließen konnten, eine solche Behandlung aufzugreifen, erscheint das naheliegend, sich bei jemandem Rat zu holen. Immerhin ist die schwere Depression ausgelöst worden, als Rita* (die Freundin) *glaubte schwanger zu sein. Kann es nicht sein, daß Sie mit dem Tonband auch eine Kontrolle über das einbringen, was Sie hier mit mir besprechen könnten?*

P.: *Die Rita soll ja ruhig wissen, wie schlecht es mir geht und welchen Anteil sie daran hat.*

A.: *So daß dies auch ein indirekter Weg ist, Rita einiges mitzuteilen, was Sie ihr direkt so nicht sagen wollen oder können.*

P.: *Ha, Sachen, die ich hier sage, da kann ich darauf hinweisen, daß das in der Therapie ja dazugehört.*

A.: *Daß die Verantwortung dafür bei mir liegt und Sie dafür nicht zur Rechenschaft gezogen werden können.*

An dieser Stelle lacht der Patient verschmitzt und unterstreicht, daß ich doch hinter die geheimsten Gedanken käme. Vielleicht sei es doch besser, das Gerät abzustellen und der Rita zu sagen, es habe nicht funktioniert.

A.: *Jedenfalls wäre der Raum, den wir zwei hier teilen, davor geschützt, von jemandem zensiert zu werden, und damit wäre doch auch ein Stück Freiheit gegeben.*

Mit dieser Bearbeitung ist jedoch der andere Aspekt der vom Patienten gesuchten Konservierung der Stunden nicht abgetan. Ich unterstreiche deshalb nochmals, daß diese Beobachtung sehr wichtig ist und wir gemeinsam nach Mitteln und Wegen suchen müssen, wie er das Durcharbeiten der Stunden für sich fruchtbar gestalten könne.

Abschalten

In einer Stunde bittet Herr Arthur Y darum, das Tonband abzuschalten. Danach bringt er das Thema zur Sprache, das nicht auf Band aufgenommen werden sollte. Es geht um einen Konflikt, der durch die unentschiedene Berufswahl seiner Tochter ausgelöst wurde. Diese war unschlüssig geworden, ob sie die begonnene Ausbildung an einer Fachhochschule fortsetzen oder nicht doch lieber an einer Universität studieren solle. Bei der Immatrikulation müsse aber von seiner Tochter angegeben werden, daß kein anderes Ausbildungsverhältnis bestehe. Auf der anderen Seite wolle seine Tochter erst einmal eine Probezeit an einer Universität durchlaufen, bevor sie die andere Ausbildung endgültig aufgebe. Herr Arthur Y befürchtet nun, daß die Angaben nachgeprüft werden. Seine Überbesorgnis wird interpretiert im Kontext der alten Ängste, daß er einen Schaden zufügen könne, etwa in ähnlicher Weise, wie ihm Schädigungen zugefügt wurden, d.h. es geht erneut um das Thema von Subjekt und Objekt, von Vertauschen der sadomasochistischen Identifizierungen. Durch das Ausschalten des Tonbands wollte der Patient nicht nur die praktisch gar nicht bestehende Gefahr abwenden, daß irgend etwas offenkundig werden könnte. Es geht erneut um einen apotropäischen Zauber, nämlich um das Ungeschehenmachen eines denkbaren Schadens aufgrund der Magie seiner Gedanken. Die Bearbeitung dieses Themas nimmt den Rest der Stunde in Anspruch; das Tonband wird nicht mehr eingeschaltet.

Seit langer Zeit hat der Patient erstmals überhaupt wieder das Tonband erwähnt. Ich hatte ihn vor dem Abschalten daran erinnert, daß er in einer lange zurückliegenden Stunde sogar darum gebeten hatte, ein Gespräch möchte unter allen Umständen erhalten bleiben. Er wollte für alle Zeiten einen Zugang zu der Erkenntnis haben, daß er selbst sich einen Augenblick lang als brutaler SS-Offizier gefühlt hatte. Damit war für ihn die Einsicht in seine Bestrafungsängste und in den Umschlag von Größen- zu Kleinheitswahn, von Sadismus zu Masochismus verbunden. Übrigens hatte der Patient auch einmal den Wunsch, das Transkript einer Stunde zu lesen. Es wurde verabredet, daß er vor der nächsten Sitzung ein Stundenprotokoll im Wartezimmer lesen könnte. Die entsprechende Zeit wurde von ihm eingeplant. Der Text sagte ihm nichts Neues. Wesentlich war, daß der Patient die Chiffrierung ausreichend fand.

Blamage

Nach deutlicher Besserung schwerer Symptome und erheblicher Zunahme seiner Lebensfreude überlegt sich Herr Rudolf Y zu Beginn einer Sitzung, wann er wohl mit der Behandlung aufhören könne. Er schwärmt von seinen Freundschaften und seiner wachsenden Kontaktfähigkeit. Dann kommt das Thema auf, welchen Anteil er und welchen Beitrag der Analytiker zum therapeutischen Fortschritt geleistet habe.

P.: *Ja, das ist es, daß ich Ihnen die Freude nicht gönne, daß Sie auf meine Kosten einen Wissenszuwachs haben, eine Bestätigung gefunden haben, wie gut Sie sind, und so viel von mir wissen.*

A.: *Es ist also keine Freude über Sie, die Ihnen auch wieder zugute käme.*

P.: *Ja, ich bin ein Mittel zum Zweck.* (sehr lange Pause) *Das Band, das umsonst läuft, nichts ist drauf* (lacht).
A.: *Für neugierige Zuhörer, der Therapeut hat nichts vorzuweisen.* (Patient lacht laut)
A.: *Ich, der ich etwas vorführen will, der ich zeigen will, wie gut ich bin, kann nichts vorführen.*
P.: *Ja, das stimmt.*
A.: *Das gesammelte Schweigen kann vorgeführt werden.* (beide lachen schallend) *Meine Machtlosigkeit ist dokumentiert.*
P.: *Ja, das Schweigen.*
A.: *Also, da wird ein Ausgleich geschaffen. Heute ist in dem langen Schweigen auf dem Band der Ausgleich für die Unterwürfigkeit, mit der Sie zugestimmt haben, daß ich soviel wissen darf über Sie. Heute bin ich der Blamierte, der Machtlose, der Gegenstand des Gelächters. Sie haben sich gefreut bei dem Gedanken, daß meine Kollegen über mich lachen werden.*
P.: *Ja, ich schwanke noch immer zwischen diesen Extremen, entweder totale Unterwürfigkeit gegenüber Chefs oder diese für Arschlöcher zu halten.*
Kommentar: In das Schwanken zwischen den Extremen und in die Polarisierung von Macht und Ohnmacht ist auch die Tonbandaufnahme einbezogen. Das beiderseitige und gemeinsame Lachen begleitet eine Einsicht in diese Aufteilung, die durch die Zuschreibung des Patienten vergrößert und aufrechterhalten wird. Die Tonbandaufnahmen bilden einen willkommenen Anlaß, uns ein Thema der Übertragung beispielhaft zu erläutern. Herr Rudolf Y begreift offenbar, daß sein Schweigen den Analytiker blamieren könnte. Neben der Katharsis werden in der Übertragung alte Rechnungen beglichen.

7.8.2 Gegenargumente

Gerade wegen unserer positiven Einschätzung der Verwendung der vollständigen Originaltexte für die klinische Diskussion und die wissenschaftliche Auswertung nehmen wir Gegenargumente besonders ernst. Frick (1985) hat beispielsweise die Behauptung zu stützen versucht, daß durch Tonbandaufnahmen der therapeutische Prozeß verzerrt würde. Sie berichtet, daß trotz der Zustimmung eines Patienten, Tonbandaufzeichnungen zu machen, seine Assoziationen dafür gesprochen hätten, daß der Patient sich latent ausgebeutet und verführt gefühlt habe. Nachdem die Therapeutin auf eigene Initiative das Tonbandgerät abgestellt hatte, veränderte sich der Patient in mehreren Lebensbereichen positiv.

Die Autorin sieht sich somit in ihrer Auffassung bestärkt, daß am idealen therapeutischen Rahmen im Sinne Langs festgehalten werden müsse, um den „heiligen Raum" („sanctity") der therapeutischen Beziehung zu bewahren. Angeblich war keine Interpretation in der Lage, die negativen und destruktiven Auswirkungen der Tonbandaufnahmen zu „entgiften".

Wäre diese Feststellung über den Einzelfall hinaus für eine größere Gruppe von Patienten zutreffend, müßten die Vorteile und Nachteile dieses Hilfsmittels erneut gründlich gegeneinander abgewogen werden. Tatsächlich scheint in diesem *einen* Fall vieles schiefgelaufen zu sein, was nun Frick den Tonbandaufnahmen anlastet. Der Patient wurde in einer Poliklinik hintereinander von 2 Assistentinnen, also vermutlich von psychotherapeutischen Ausbildungskandidaten, behandelt. Die 1. Therapeutin zog sich nach 4wöchiger Therapie in die Privatpraxis zurück, die 2. Therapie war auf einer Basis von 2 Sitzungen pro Woche auf 9 Monate befristet. Im letzten Viertel des Erstgesprächs informierte die Therapeutin den Patienten über die Grundregel und bat ihn um Zustimmung zur Tonbandaufnahme aller zukünftigen Sitzungen. Daß die Assistentin supervidiert würde, war impliziert, wurde aber nicht mit dem Patienten diskutiert.

Es kann vermutet werden, daß die Autorin als Supervisor tätig war; jedenfalls stammen von Frick aufschlußreiche Kommentare zu wörtlich wiedergegebenen langen Ausführungen des Patienten. Es bleibt aber völlig offen, ob und welche Deutungen gegeben wurden, um die Probleme, die der Patient möglicherweise am Tonband darstellte, zur Klärung und Lösung zu bringen. Ohne Wiedergabe einer größeren Zahl von Deutungssequenzen kann weder die Einflußnahme des Tonbands geklärt werden noch kann behauptet werden, der Prozeß wäre verzerrt worden. In *einer* Deutung wird eine Analogie zwischen einer Situation mit einer Freundin und der Übertragung bezüglich Nehmen und Geben, Ausgenützt- und Benütztwerden etc. hergestellt. Solche Analogiebildungen können u. E. höchstens die Aufmerksamkeit eines Patienten auf einen möglichen Zusammenhang richten, ohne selbst schon hilfreich zu sein; ohne tiefere Aufklärung wirken solche Anspielungen eher vergiftend als entgiftend. Sie erhöhen sogar die paranoide Umwertung des Tonbands.

Dieses Beispiel stützt die negative Folgerung der Autorin in keiner Weise und eignet sich höchstens dafür, erneut zu zeigen, daß Verbatimprotokolle die klinische Diskussion auf eine verläßliche Basis stellen können (s. hierzu Gill 1985).

Insgesamt kann bei dem gegenwärtigen Erkenntnisstand über den Einfluß von Tonbandaufnahmen auf die psychoanalytische Situation, also auf Patient und Analytiker, ein positives Resümee gezogen werden. Selbstverständlich sind beide Beteiligten davon betroffen, daß sich Dritte mit ihnen befassen.

Wie müßte ein Mensch beschaffen sein, so könnte man abschließend fragen, der sich in seiner Spontaneität und Freiheit nicht mehr von dem Wissen berühren und einschränken läßt, daß sich auch unbekannte Dritte mit seinen anonym gewordenen Gedanken befassen? Diese Frage ist nicht sehr weit von einem anderen Problem entfernt: In welchem Stadium des psychoanalytischen Prozesses wird es für den Patienten nebensächlicher, was der Analytiker über ihn denkt? Irgendwann verblassen die „Interessiertheiten", um mit Nietzsche aus der *Morgenröte* zu sprechen.

> Warum kommt mir dieser Gedanke immer wieder ... daß man stets *voraussetzte*, von der *Einsicht in den Ursprung der Dinge* müsse des Menschen Heil abhängen. Daß wir jetzt hingegen, je weiter wir dem Ursprung nachgehen, um so weniger mit unseren Interessiertheiten beteiligt sind; ja, daß alle unsere Wertschätzungen und „Interessiertheiten", die wir in die Dinge gelegt haben, anfangen, ihren Sinn zu verlieren, je mehr wir mit unserer Erkenntnis zurück und an die Dinge selbst herangelangen. Mit der Einsicht in den Ursprung nimmt die Bedeutungslosigkeit des Ursprungs zu, während das nächste, das um uns und in uns allmählich Farben und Schönheiten und Rätsel und Reichtümer und Bedeutung aufzuzeigen beginnt, ... (Nietzsche, zit. nach 1973, Bd. 1, S. 1044; Hervorhebungen im Original).

8 Mittel, Wege, Ziele

Vorbemerkungen

Wichtige Themen - Stundenverabredung, Behalten und Bewahren sowie Jahrestagsreaktionen erläutern wir kasuistisch unter dem Gesichtspunkt von Zeit und Raum (8.1).

Der Rekonstruktion historischer und politischer Einflüsse auf die persönliche Lebensgeschichte widmen wir wegen der besonderen Bedeutung dieses Themas einen eigenen Abschnitt (8.2).

Über das Agieren (8.4) gelangen wir zu Beispielen für das Durcharbeiten (8.5).

Unterbrechungen der Analyse (8.6) bringen besondere Probleme mit sich bis schließlich der Abschied naht, dessen Bedeutung wir im Zusammenhang mit der Beendigung im 9. Kapitel illustrieren. Mit welchen unspezifischen und spezifischen Mitteln Patient und Analytiker ihren Weg finden, erfährt der Leser in allen Kapiteln dieses Bandes. Die psychoanalytische Heuristik läßt sich also im Praxisband nicht auf das 7. Kapitel beschränken.

Der Rekonstruktion historischer und politischer Einflüsse auf die persönliche Lebensgeschichte widmen wir wegen der besonderen Bedeutung dieses Themas einen eigenen Abschnitt (8.2).

Die Untersuchung von Deutungsaktionen bildet seit langem einen Schwerpunkt unseres Interesses, weshalb wir auf ein Beispiel zurückgreifen, das vor vielen Jahren verfaßt wurde (8.3).

8.1 Zeit und Raum

8.1.1 Stundenverabredung

Für den Analytiker ist es am angenehmsten, wenn er seine Praxis so organisieren kann, daß die Mehrzahl seiner Patienten regelmäßig zu langfristig festgelegten Zeiten kommen und gehen. Ohne Flexibilität können freilich nur solche Patienten angenommen werden, deren Lebenslage es ihnen ermöglicht, mehrmals wöchentlich einen Termin einzuhalten und ausgefallene Stunden zu bezahlen. Um eine Einengung ihrer Praxis auf eine umschriebene Klientel zu vermeiden, sind heutzutage viele Analytiker bereit, in ihrem Stundenplan Ausweichtermine bereitzuhalten, die ggf. auch Notfällen zugute kommen können (s. hierzu Wurmser 1987).

Jede Lösung hat ihre Vor- und Nachteile, die unterschiedlich auf die beiden Beteiligten verteilt sein können. Wenn der Analytiker die Voraussetzung nicht schaffen kann, daß ein Patient ohne schwerwiegende Einschränkungen oder Einbußen in seinem persönlichen oder beruflichen Leben häufig und lange genug zur Behandlung kommen kann, erübrigen sich alle weiteren Überlegungen. Deshalb plädieren wir für eine gewisse Flexibilität, die natürlich ihre eigenen Probleme mit sich bringt. Beispielsweise kommt es nach unseren Erfahrungen vorwiegend im flexiblen Bereich des Stundenplans zu Fehlleistungen des Analytikers, zum Versehen als Doppelbestellung, Vergessen einer Verabredung oder zu anderen Versäumnissen.

Wegen der Zeitknappheit und wegen des Zwanges zur Pünktlichkeit stehen Psychoanalytiker unter einem erhöhten Druck, der sich als berufsspezifische Gegenübertragung insbesondere gegenüber unpünktlichen Patienten auswirken kann. Man sollte also einerseits beachten, daß der Patient der Souverän der von ihm bzw. von seiner Krankenkasse bezahlten Zeit ist. Andererseits geht durch Zuspätkommen, Ausfallen von Stunden etc. kostbare Zeit verloren. Der eventuelle finanzielle Ausgleich ändert nichts daran, daß der Analytiker dann höchstens über den Patienten nachdenken, aber nichts für ihn tun kann. Wird der zeitliche Rahmen fortgesetzt verletzt, sinken die Einflußmöglichkeiten auf Null ab. Machtlos geworden, kann der Analytiker nur noch über die Motive seines abwesenden Patienten nachdenken und über seinen eigenen Beitrag hierzu.

Die Verpflichtung, die von den beiden Beteiligten eingegangen wurde, soll *zu etwas* und nicht zu Freiheiten *von etwas* führen. Behält man die psychoanalytischen Zielsetzungen im Auge, verringert sich die Gefahr, daß das Gespräch über Termine, ausgefallene Stunden oder die Verlegung von Sitzungen zu einem Feilschen ausartet.

Wir geben im folgenden ein Beispiel zum Thema *Pünktlichkeit* und *Perfektionismus*

Herr Arthur Y kommt außer Atem in das Sprechzimmer.

P.: *Ich bin zu spät dran, ich habe mich vertan.*

A.: *Eine Minute, oder?*

P.: *Ja, aber Ihre Uhr geht auch eine Minute vor.*

A.: *So?*

P.: *Ich glaube schon.*

A.: *Dann sind Sie ja pünktlich.*

P.: *Eine Minute zu spät. Aber damit sind wir eigentlich wieder mitten im Thema.*

A.: *Man kann auch Kaiser sein wollen, nicht nur König.*

P.: *Ja, oder Papst.*

A. (lacht): *Ja, also der Alleroberste.*

P.: *Da gibt es ein schönes Märchen „Der Fischer und seine Frau". Es lautet abgekürzt: Der Fischer fängt einen Fisch, und der Fisch sagt: „Laß mich doch wieder los, und ich erfülle dir auch einen Wunsch." Der Fischer wünscht sich anstatt seiner alten Fischerhütte ein normales Haus, und als er heimkommt und dies seiner Frau erzählt, macht diese ihm Vorwürfe: „Du hättest dir noch sehr viel mehr wünschen können." Am nächsten Tag geht ihm der Fisch wieder an den Haken. Und so geht es weiter. Er wünscht sich immer mehr. Zum Schluß ist er Papst. Dann will er aber der liebe Gott werden, und schließlich sitzt er wieder in seiner alten Hütte.*

A.: *Ah ja.*

P.: *Ja, ich hab' mir das Wort Perfektionismus mal aufgeschrieben, um darüber nach-*

zudenken. Wenn ich also im Wettlauf mit der Zeit bin, so wie jetzt, kriege ich Angst und verhalte mich unvernünftig. Ich fahr' dann viel zu schnell, weit über der Geschwindigkeitsgrenze. Also, wenn ich mir das so recht überlege, steht es in gar keinem Verhältnis zu der Minute oder zu den 2 Minuten hier. (Die Mitteilungen des Patienten werden jeweils durch ein ermutigendes „hm" oder „ja" des Analytikers unterbrochen.) *Wenn ich dann in eine Radarkontrolle hineingerate, kann es schon happig werden.*

A.: *Und die innere Anspannung nimmt immer mehr zu, so daß Sie gelähmt und blokkiert sind und an nichts anderes mehr denken können. Durch das Märchen wird ja dem Perfektionismus ein tieferer Sinn gegeben.*

P.: *Oh ja.*

A.: *Nämlich der Beste zu sein im Hinblick auf Pünktlichkeit. Aber verbunden mit der Sorge, daß irgendwann die Bestrafung kommt. Das ist ja sehr ausgeprägt bei Ihnen, der Bestrafungsgedanke. Also das ist das Äußerste, der liebe Gott sein zu wollen, und wenn man das werden will, der Allergrößte, dann ist der Hochmut vollkommen, der vor dem Fall kommt.*

Herr Arthur Y geht nun auf eine Terminschwierigkeit über, die für eine der nächsten Sitzungen besteht. Der Analytiker macht einige Vorschläge und nennt eine Abendstunde um 19.00 Uhr als die von ihm bevorzugte Zeit. Der Patient ist mit diesem Vorschlag einverstanden und fügt hinzu:

P.: *Da haben Sie aber einen langen Arbeitstag, obwohl das geht mich ... Ja, ja. Die Bemerkung ist mir schon wieder zu burschikos.*

A.: *Hm.*

P.: *Es geht mich ja eigentlich auch nichts an.*

A.: *Das geht Sie sogar sehr viel an. Ja, zum Beispiel, nach einem langen Arbeitstag – kann der dann noch um 19 Uhr?*

P.: *Hm, ja genau das habe ich im Augenblick gedacht.*

A.: *Ja, das geht Sie sehr viel an.*

P.: *Nun also, wir waren bei dem Märchen „Der Fischer und seine Frau". Ich liebe dieses Märchen, weil es so tiefsinnig ist, weil da viel Lebensweisheit drinsteckt, sich mit irgend etwas zu bescheiden. Perfektionismus ist etwas, was mich beruflich immer sehr beschäftigt. Ich freue mich, ich bin schon gern der Größte, und ich bin es auch in einem Bereich. Aber ich manövriere mich mit meinem Perfektionismus in eine Sackgasse ... Man sollte halt auch mal lässig sein können und sagen, dann komm' ich halt mal 2 Minuten zu spät, was soll's. Das Schlimmste, was mir passieren kann ist, daß mir die 2 Minuten eben kaputt sind. Das sind dann 3 Mark, und die machen mich auch nicht gerade arm. Aber um das geht's eigentlich nicht. Ich meine, Sie stehen dann hier, schauen auf die Uhr, runzeln die Stirn, so wie ich's vielleicht täte, und werden ärgerlicher und saurer, weil es eben 9 Uhr 9 oder 8 Uhr 8 ist, und da gibt es nichts zu drehen und nichts zu deuteln. Also Perfektionismus, nicht liberal, sondern stur.*

Kommentar: Der Patient deutet mit seiner Bemerkung über die „Tiefsinnigkeit" und „Lebensweisheit" die verschiedenen Lesarten und Interpretationsmöglichkeiten des Märchens an. Dem gegenüber ist das Thema des Perfektionismus eingeschränkt.

A.: *Der Perfektionismus ist die Perle. Und warum ist das dann so furchtbar ...*

P.: *... wenn die Perle aus der Krone fällt.*

A.: *Eine so kostbare Perle, daß Ihr Eigenwert davon abhängt.*
P.: *Ja, ja.*
A.: *Das ist also nicht nur Sturheit, und Sie schreiben mir ja auch zu, daß ich das zum höchsten Wert mache und die Stirn runzle.*
P.: *Ja, das übertrag' ich dann auf meine Umwelt, und ich meine, wenn ich so bin, sind die anderen auch so.*
A.: *Ich muß also auch so sein, denn wenn ich nicht so wäre, wäre es mir egal, ob Sie kommen oder nicht. Kommt das mit herein, wäre es mir dann egal?*
P.: *Das glaube ich eigentlich nicht. Zumindest habe ich nicht daran gedacht.*
A.: *Warum ist es so, warum kriegt es so einen ungeheuren Wert?*
P.: *Nun, weil es das Gegenteil dessen ist, was mir als Kind so zu schaffen gemacht hat. Wenn ich z.B. auf die Minute pünktlich bin, oder wenn ich den doppelten Umsatz mache, oder wenn ich aufgrund der Überlegenheit meiner Firma über die Konkurrenten die Macht habe, und das ist wirklich eine Macht, meine Konkurrenten, die kleineren Betriebe an den Rand der Existenz zu bringen, dann bin ich einmal pünktlich und zweitens der Beste und drittens der Mächtigste. Also, es ist das genaue Gegenteil dessen, was ich früher war.*
A.: *Das ist also schön, daß Sie das genaue Gegenteil dessen sein können, was Sie früher waren. Und wenn Sie mich dazu bringen, daß auch ich aus der Pünktlichkeit den höchsten Wert mache, dann ist der Beweis erbracht, daß Sie anders sind als früher.*
P.: *Ja, mir fällt an meiner Formulierung auch auf, daß ich das genaue Gegenteil dessen sein muß, was ich früher einmal war.*
A.: *Deshalb ist auch das Märchen so faszinierend, daß der arme Fischer sich verwandelt hat.*
P.: *Ja, und dann gab es doch wieder den Umschlag, und ich habe die Angst, daß alles zusammenbricht und ich schließlich doch noch im Irrenhaus oder im Gefängnis lande* (einer der vielen Zwangsgedanken und zwanghaften Befürchtungen, die der Patient hat).
A.: *Und wenn Sie eine Minute zu spät kommen, dann bin ich total unzufrieden mit Ihnen und ohne Interesse.*
P.: *Ja, das ist eigenartig, daß von dieser einen Minute das Werturteil über mich abhängt.*
<u>Kommentar:</u> Der Dialog dreht sich um den Daseins- und Konkurrenzkampf und den Umschlag von Papst in Teufel – und umgekehrt –, über Polarisierungen und Antipoden, der Größte im Guten und der Größte im Bösen. Der Analytiker bestärkt den Patienten, indem er auf die unbewußten Seiten des Daseinskampfes des Patienten aufmerksam macht. Wenn man der größtmögliche Machthaber ist, dann kann einem nichts passieren.
P.: *Ja, ich habe Sie schon verstanden. Was ich hier erarbeitet habe, ja sogar diese Formulierung macht mir Probleme, weil mir spontan in den Sinn kommt, wenn ich sage, was ich erarbeitet habe, könnten Sie am Wort „ich" Anstoß nehmen. Daß Sie mich rügen: „Sie können bestenfalls ‚wir' sagen."*

Eine momentane Unterbrechung des Gedankengangs tritt ein.
P.: *Ich weiß, daß es so nicht ist. Also gut, wie auch immer. Ja weg, schade, es ist weg, was ich sagen wollte.*

Herr Arthur Y hat den Faden verloren.

A.: *Vielleicht hat Sie der Gedanke blockiert, daß Sie bestenfalls „wir" sagen dürfen. Es hat Ihnen vermutlich aber mißfallen, daß Sie sich so zurückgesetzt haben.*
P.: *Ja, vielleicht kann ich den Faden wieder aufnehmen. Ich ging davon aus, daß ich hier etwas erarbeitet habe.*
A.: *Dann war der Gedankengang unterbrochen. Wenn Sie „ich" sagen, dann kriegen Sie eins drauf.*
P.: *Hmhm.*
A.: *Dann ist das „ich" weg. Dann ist man klein, bis man sich erholt hat von dem Schlag.*
Kommentar: Wir empfehlen dem Leser, dieses „momentane Vergessen", das Abreißen und Wiederfinden des Gedankenfadens besonders zu beachten. Es gehört zu einer großen Gruppe von Phänomenen, die einen Einblick in unbewußte Abwehrprozesse erlauben. Tritt eine Fehlleistung oder ein seelisches oder psychosomatisches Symptom während der Sitzung auf, so kann oft die Aktualgenese aufgeklärt werden. Darüber hinaus ist es sehr aufschlußreich, was der Analytiker dazu beiträgt, daß sich die Verdrängung abschwächt und der Faden wiedergefunden werden kann, also das Mikrosymptom verschwindet. Das „momentane Vergessen" wurde von Luborsky (1967) als Prototyp für die hypothesenprüfende Forschung in der psychoanalytischen Situation entdeckt und anhand von Transkripten systematisch untersucht.
P.: *Ja, ja. Jetzt hab ich's. Es ist die Selbständigkeit, die Freiheit, die ich mir genommen habe, als ich heute nicht im Wartezimmer gewartet habe, bis Sie kommen. Aber wo ist die Grenze? Eine Minute, 2 Minuten, 5 Minuten, 10 Minuten? Vielleicht denke ich mir eines Tages, ha, ich komme überhaupt nicht.*

Danach bringt Herr Arthur Y eine Geschichte über die Durchsetzung seiner Interessen. Er macht deutlich, daß er im Falle des Zuspätkommens eines Gesprächspartners eine freundlich-vorwurfsvolle Formulierung wählen würde, wie: „Das ist nicht so schlimm. Das nächste Mal werden Sie schon wieder pünktlich sein."
P.: *Und ich käme mir wunder wie liberal dabei vor.*

Herr Arthur Y hat an einer anderen Stelle ängstlich gefragt, ob er zu viel von sich spreche, und er ließ anklingen, daß es mir zu viel werden könne.
A.: *Sie würden zu persönlich werden, wenn Sie sagen, da haben Sie aber einen langen Arbeitstag. Warum haben Sie diese Sorge? Vielleicht auch deshalb, weil die Frage im Raum ist, ob ich Ihnen noch gerecht werden kann nach einem langen Arbeitstag, ob ich noch was Gutes leiste.*
P.: *Eines stand für mich im Vordergrund, nämlich durch die persönliche Bemerkung eine Grenze zu überschreiten.*
Kommentar: Die Angst des Patienten, die Grenze zu überschreiten, ist, wie sich bei genauerer Kenntnis seiner Psychodynamik und Symptomatik erschließen ließ, u.a. durch unbewußte anal-sadistische Impulse motiviert, die im Masochismus des Patienten verpackt sind. Zugleich ist der Patient mit dem Opfer, nämlich dem am Abend ausgelaugten Analytiker, identifiziert. Über diesen Modus läuft auch vermutlich sein Mitgefühl, auf das ihn der Analytiker hinweist. Schließlich macht dieser den Patienten darauf aufmerksam, daß er ja den Vorschlag einer Sitzung am Abend ausdrücklich mit der Versicherung verknüpfte, dieser Termin sei für ihn besonders günstig. Um so wahrscheinlicher sei also die irrationale, unbewußte Herkunft seiner Sorge.

8.1.2 *Behalten und Bewahren*

Durch einen ungewöhnlichen Titel möchten wir auf ein bedeutungsvolles Thema aufmerksam machen. Es geht um die Frage des Anknüpfens und des Erinnerns an die vorausgegangene Stunde. Wer behält und wie und wo wird etwas von all dem aufbewahrt, was Patient und Analytiker gefühlt, gedacht und gesagt haben? Wie steht es mit dem Vergessen? Das „Vergißmeinnicht" der Poesiealben des Jugendstils spricht aus, wie wesentlich es ist, daß Erinnerungen erhalten und über die Zeit hinweg bewahrt werden. In der psychoanalytischen Theorie ist die Entwicklung der Objektkonstanz an die Kontinuität einer sicheren zwischenmenschlichen Beziehung gebunden. Wer sorgt bei den unvermeidlichen Unterbrechungen im Leben und in der Therapie für das Überdauern, und was können Patient und Analytiker tun, damit der rote Faden den Zerreißproben widersteht und haltbarer wird? Solche Fragen klingen an, wenn ein Patient seinen Faden nicht mehr findet und vom Analytiker wissen möchte, was dieser aus der letzten Stunde noch behalten hat. Von diesem umgangssprachlichen Verb aus hätten wir zu einem Titel gelangen können, den wir jedoch absichtlich nicht gewählt haben. Die Metapher „Behälter" wurde bekanntlich als „Container" von Bion eingeführt und dient zur formelhaften Wiedergabe einer umfassenden Kommunikations- und Interaktionstheorie. Diese Metapher steht also für eine Theorie und ist entsprechend beladen und belastet. Selbstverständlich bewegt man sich mit der Zweipersonenpsychologie Balints auch nicht in einem theoriefreien Raum. Es ist uns aber wichtig, eine möglichst große Offenheit den zu diskutierenden Phänomenen gegenüber zu haben, weshalb wir einen umgangssprachlichen Titel gewählt haben, der von der Praxissprache ausgeht.

Nach mehrminütigem Schweigen beginnt Frau Clara X mit den Worten:

P.: *Ich habe versucht, daran zu denken, was in der letzten Stunde war. Ich kann mich nicht erinnern. Haben Sie noch was behalten?*

A.: *Ja, ich weiß noch einiges, aber ich nehme an, daß Sie auch Anknüpfungspunkte haben.*

P.: *Ich weiß nur noch, daß ich geweint habe. Vielleicht können Sie mir ein Stichwort geben.*

A. (nach längerem Schweigen): *Es kann sein, daß Sie mein Stichwort brauchen, trotzdem zögere ich, weil es sein könnte, daß es sinnvoller ist zu warten, bis Sie eine Anknüpfung gefunden haben. Sie werden bestimmt noch irgend etwas wissen, irgendwo wird es erhalten geblieben sein. Aber vielleicht fällt Ihnen nichts ein, weil es so wesentlich ist, ob ich die Zeit überbrückt habe, ob ich Sie in meinen Gedanken behalten habe, so daß Sie es vergessen können. Wenn Sie oder etwas von Ihnen bei mir gut aufgehoben ist, könnten Sie es vergessen.*

P.: *Ja, das wäre ein schönes Gefühl.*

A.: *Das wäre ja auch furchtbar, wenn mir nichts gegenwärtig geblieben wäre. Tatsächlich war dies ja auch eines der Themen der letzten Stunde. Es ging um die ausgefallene Stunde. Ich hatte es ja Ihnen überlassen, evtl. eine zusätzliche Stunde mit mir zu verabreden. Am Anfang der letzten Stunde ging es darum, daß der Grund Ihres Wegrennens die bittere Enttäuschung über mich war. Ich hatte nicht verstanden, welche Bedeutung es hat, ob ich an Sie denke oder nicht, ob ich Sie vermisse.*

P.: *Aber ich weiß immer noch nicht, warum ich so geweint habe.*

Ich unterbreche das darauffolgende mehrminütige Schweigen.
A.: *Habe ich nun die Probe bestanden? Nein, ich habe ja noch nichts gesagt zu Ihren Tränen, zum Grund Ihres Weinens. Also habe ich die Probe noch nicht bestanden, soweit ich diese überhaupt bestehen kann.*
Kommentar: Es ist spürbar, wie der Analytiker darum ringt, das Bestmögliche aus dem Vergessen der Patientin zu machen, aber er ist unschlüssig. Er zieht sogar in Zweifel, ob er die Probe überhaupt bestehen kann, wobei offenbleibt, worauf es ankäme. Damit erhält das Eingeständnis einer gewissen Ratlosigkeit eine therapeutische Funktion, indem das Problem in die Beziehung eingebracht wird.
P.: *Ja, ich glaube schon, daß es ein wesentlicher Punkt ist für mich, wie das auf Sie wirkt, ob Sie das abstößt, ob Sie es ungehörig finden, ob Sie verletzt sind, ob Sie es am liebsten ignorieren wollen oder - wie man das in der Verhaltenstherapie macht - durch Nichtbeachten löschen, wobei durch Nichtbeachten gerade das Gegenteil eintreten könnte, gerade noch mehr, oder ob Sie am liebsten gesagt hätten, wie meine frühere Therapeutin, schreien Sie doch nicht so, wobei sich das Schreien auf lautes Reden oder Weinen bezog. Also, Sie haben es überlebt, so schlimm wird es nicht gewesen sein.*
A.: *Vieles war schlimm. Es war nichts mehr da. Sie haben es vergessen. Sie haben es mir zur Bewahrung überlassen. Sie haben nicht an die Stunde oder an mich gedacht.*
P.: *An Sie habe ich schon gedacht, aber ohne Beziehung zur letzten Stunde. Wenn ich meine Freßanfälle nicht in den Griff kriege, dann bringe ich mich um. Ich wollte mich in der Nähe Ihrer Praxis umbringen und mein Tagebuch zurücklassen, an Sie adressiert. Ein ziemlich gehässiger Gedanke, Ihnen die Schuld zuzuschieben, ein schlechtes Gewissen zu machen, wofür Sie direkt nichts können. Soll der mal sehen, wie der mit dem Dreck fertig wird, der übrigbleibt. Doch diese Gedanken bringe ich nicht mit der letzten Stunde in Zusammenhang, sondern mit meiner fortwährenden Hilflosigkeit mir selbst gegenüber.*
A.: *Bei den nächtlichen Freßanfällen erleben Sie Ihre Hilflosigkeit.*
P.: *Ja, daß sich alles im Kreis dreht, daß ich es nicht lassen kann. Ich habe so starke Magenkrämpfe nach dem Fressen. Jede Nacht ist es das gleiche. Ich könnte die Nacht über vom Körper her ohne das Vielessen auskommen. Es ist eine richtige Zwangshandlung, ein richtiges Fehlverhalten. Es ist zum Kotzen.*
A.: *Ja, nachts werden Sie eingeholt. Es ist zur Gewohnheit geworden, von der Sie nicht loskommen, die Ihnen lästig ist und die Ihnen widerwärtig wird, weil Sie dann einen vollen Bauch haben, aber dorthin haben Sie alles verlagert, was sich endlich breitmachen möchte, so im Halbschlaf, ohne daß Sie sich dann schämen. Da macht sich's breit, daß Sie abhängig sind von Bedürfnissen. Ihre Sehnsucht läßt sich nicht mehr unterdrücken. Während des Tages wird es kaum mehr erlebbar, so sehr haben Sie sich gezügelt. Ihre Scham, glaube ich, hat mit der Abhängigkeit zu tun. In Ihren Selbstmordgedanken bringen Sie ja zum Ausdruck, daß ich Ihnen nicht geholfen habe und Sie sich bisher nicht damit versöhnen konnten, daß Sie abhängig sind wie der Hungerkünstler.*
P.: *Ich wäre ja froh, wenn ich noch der richtige Hungerkünstler wäre. Gut, das war meine beste Zeit. Aber ich bin auf der Kippe zur Ochsenhungerkrankheit. Ich fürchte das Vielessen mehr als die Magersucht.*
A.: *Ja, in der Magersucht waren Sie unabhängig. Da gab es keine Scham mehr. Es könnte sein, daß Sie vorübergehend maßlos wären. Das würde sich regulieren.*

Die Patientin erwähnt ihre Angst vor der Suchtkrankheit.

P.: *Ich suche verzweifelt nach Sicherheit, nach einer eigenen Identität. Sonst habe ich das Gefühl des Zerfließens, der Anpassung, alles allen rechtmachen zu müssen, damit ich überleben kann. Dabei habe ich das Gefühl, nichts zu sein, eine Unperson zu sein wie eine auseinandergeflossene Qualle im Sand. Auf mir kann jeder 'rumtreten und mir die Form geben, die er will. Da ist es schon besser, auch wenn es Ihnen nicht gefällt, ein Knochenmann zu sein. Das bin ich, dazu stehe ich. Dabei habe ich das Gefühl der Identität.*

Kommentar: Wenn zwei das gleiche sagen, ist es nicht dasselbe: Obwohl sich Frau Clara X selbst als „Anorexe" oder als Knochenmann bezeichnet und sich damit auch herabsetzt, indem sie sich in gewisser Weise mit den Aggressoren identifiziert, macht es einen Unterschied aus, ob sie sich selbst so benennt oder ob diese Bezeichnungen von außen, aus einem anderen Mund kommen und dann stark herabsetzend wirken.

A.: *Entschuldigen Sie, wenn ich Sie an dieser Stelle unterbreche. Es scheint mir klar, daß Sie sich auf diese Weise schützen. Andernfalls würde ich ja auf Ihnen herumtreten, und Sie könnten dem Druck gar nicht mehr standhalten. Was da von außen auf Sie zukommt, hängt wohl damit zusammen, ist Ihre eigene Aktivität und Spontaneität, die Sie den anderen Personen um Sie herum zuschreiben, die Einfluß nehmen auf Sie, die Ihnen etwas geben wollen. Deshalb hängen Sie so sehr an der festgelegten Identität, mit der Sie sich gegen sich selbst sichern.*

P.: *Das nehme ich nicht so an, auch wenn Ihnen dies alles klar und natürlich erscheint.*

Die Patientin beklagt sich über das Gefälle zwischen ihr und mir.

P.: *Ein ungeheures Gefälle, eine schreiende Diskrepanz, die mich gerade auf die Palme bringt.* (Ihre Empörung steigert sich.) *Es ist klar, es ist natürlich, meinem Vater war auch alles klar und natürlich. Beim Vater gab's kein gefühlsmäßiges Verstehen.*

Überlegung: Es ist deutlich genug, daß mich meine Gegenübertragung in einen Zweikampf hineinmanövriert hat. Deshalb mache ich das Ganze zu einem gemeinsamen Problem, indem ich auch meine Ratlosigkeit eingestehe.

A.: *Ja, ich habe dick aufgetragen, wohl auch deshalb, weil Sie eine starke Position bezogen haben. Ich habe also eine ähnlich starre Position vertreten wie Sie selbst, und Sie haben einen guten Grund, mir einen Vorwurf zu machen. Da gibt es keinen Kompromiß, kein Aufeinandereingehen, obwohl Sie sich dies zutiefst wünschen. Eben ist hier etwas Ähnliches passiert. Harte Positionen stehen sich gegenüber.*

Die Patientin fragt nun, welchen Kompromiß ich anzubieten habe.

A.: *Ja, ich frage mich auch, was ich tun könnte, um Ihnen alles schmackhafter zu machen, anstatt rigoros zu werden und damit Ihre Position zu verstärken.*

P.: *Sie könnten das Wörtchen „klar" vermeiden. Wenn ich einen Erkenntnisprozeß ausspreche und Sie benützen das Wort „klar", dann fühle ich es so. Aha, da komm' ich mir als kleines Würstchen vor, und meine schon vorhandene Bockigkeit verstärkt sich.*

Ich teile die Auffassung der Patientin und gebe ihr recht.

Die folgende Sitzung beginnt die Patientin mit der Idee, sie könne sich ja auch unter die Couch legen.

P.: *Als meine Tochter klein war, hatte ich auch einmal den Gedanken, mich unter dem Bett der kleinen Tochter zu verkriechen und nicht mehr vorzukommen.*

A.: *Sie haben ja auch in der letzten Stunde darüber gesprochen, was ich dazu beitrage, daß Sie sich verstecken oder nicht hervorkommen. Sie haben zu wenig Spielraum. Ich habe sie eingeschränkt durch den übermäßigen Gebrauch des Wortes „klar". Durch meine Äußerungen wurde Ihre Opposition verstärkt.*

P.: *Ich glaube, wir haben am Ende der Stunde gerade noch die Kurve gekriegt.*

A.: *Ja, es gab noch eine Verständigung. Es ging gerade noch gut aus, ohne Explosion. Ich glaube wirklich, daß Sie von mir und auch von Ihrem Mann anders gesehen werden möchten. Sie möchten nicht als Knochenmann oder als Anorexe beleidigt und gekränkt werden.*

Auf das schon verschiedentlich erwähnte (s. Kap. 2 und Kap. 4) Bild von Rosetti „Mariä Verkündigung", das von der Patientin abgemalt wurde, anspielend, sage ich:

A.: *Ich rede mit Engelszungen über Veränderungen Ihres Körpers.*

P.: *Ja, ich bin immer noch viel lieber der Knochenmann, da habe ich meine Identität als äußerlich normale und innerlich verzichtende Ehefrau.*

A.: *Die brave und innerlich verzichtende Ehefrau?*

P.: *Wenn ich mich an die Rolle der Frau hielte, wie sie mein Mann sich vorstellt, dann müßte ich auf das meiste verzichten. Seelisch würde ich versauern, auch wenn ich völlig normal wäre. Es gibt keinen Schritt zur Selbständigkeit und zum eigenen Leben, der von meinem Mann ermutigt worden wäre. Manchmal akzeptiert er etwas, aber früher oder später kommt doch noch eine ablehnende Reaktion. Ich werde untergebügelt.*

A.: *Ja, diese Erfahrungen haben Sie. Ihr Mann macht es Ihnen nicht leicht, den Zustand zu ändern. Sie haben noch wenig probiert, wie es wäre, wenn Sie da und dort etwas anders machten, wenn Sie anders wären, vielleicht würden Sie dann nicht mehr mit Ihrem Mann leben, vielleicht würden Sie einen Freund finden oder sonstwie anders leben. Ja, ich glaube schon, daß die meisten Menschen Sie so sehen, wie Sie eben beschrieben werden – als Knochenmann. Obwohl Sie sich damit abgefunden haben, bleibt es doch eine verletzende und kränkende Bemerkung, die Ihre Haltung verstärkt. Die Umgebung und auch ich tragen so dazu bei, daß der Zustand aufrechterhalten wird, z. B. wenn ich sage: „Es ist doch klar", wenn ich Sie überfahre und damit jene Kraft verstärke, die ohnedies in Ihnen mächtig ist, nämlich das Beharren, Ihre besondere Selbstbehauptung, Ihre besonderen Triumphe bei all den Erniedrigungen und Kränkungen, die Sie erdulden. Es ist doch entsetzlich für Sie zu spüren, daß Sie in einigen wesentlichen Bereichen den meisten Menschen nicht gefallen, obwohl Sie zugleich so viel Charme und Mutterwitz haben.*

P.: *Was sind wesentliche Bereiche?*

A.: *Ja, die möchte ich Ihnen zur Ausschmückung überlassen.*

P.: *Es ist wirklich die Frage, ob ich das noch will.*

A.: *Nichts geht gegen Ihren Willen, nichts geht, Sie können es dosieren. Ich kann da nichts machen. Vielleicht wissen Sie gar nicht, wie mächtig Sie sind. Vielleicht fühlen Sie sich bedroht und beunruhigt durch mich und durch die Therapie. Vielleicht wissen Sie nicht, in welch sicherer Position Sie sind.*

P.: *Ich fühle mich eingeschränkt und gemaßregelt. Aber wie ich es anders machen soll, hab' ich bisher noch nicht herausgefunden.*

A.: *Sie spüren große Gefahren, wenn ich Ihnen etwas schmackhafter zu machen versuche.*

P.: *Warum heißt es nie, so ist es gut, wie es ist?*
A.: *Nun, es ist gut so, wie es ist. Ich kann mir allerdings vorstellen, daß es noch schöner sein könnte, daß Sie auch schöner sein könnten als Sie sind, das kann ich nicht verbergen, auch wenn es gut so ist, wie es ist. Ich kann mir auch vorstellen, daß Sie sich wohler fühlen, wenn Sie sich nicht mehr verstecken müssen. Sie verstecken sich, ob Sie nun unter oder auf der Couch liegen, Sie haben viel Ungelebtes und Verstecktes in sich. Im Hinblick darauf wäre ich traurig, wenn Sie so von hier weggingen. Trotzdem, es ist auch gut so, wie es ist, relativ gesehen.* (längere Pause) *Sie haben viele Schwierigkeiten damals und heute bestmöglich gelöst. Es ist nicht leicht, Lösungen zu finden, die Ihnen mehr Freude und Lust bringen. Sie haben mich einmal gefragt, wie es für mich wäre, wenn Sie aufhörten.*
P.: *Ja, und?*
A.: *Ich glaube, Sie haben mich gefragt, ob ich traurig oder betrübt wäre.*
P.: *Ja, warum kommen Sie jetzt darauf?*
A.: *Ja, es geht um Zufriedenheit. Ob Sie zufrieden gehen und ich zufrieden zurückbleibe, wenn Sie eines Tages gehen. Zu Ihrer Frage, ob ich Sie vermisse, kommt mir ein eigenartiger Gedanke in den Sinn. Ich würde Sie mehr vermissen, wenn Sie mit einem großen Defizit weggingen, mit anderen Worten gesagt, wenn ich das Gefühl hätte, daß da noch vieles offengeblieben ist, wo ich Ihnen hätte etwas mitgeben können.*

In der mehrminütigen Schweigepause sind tiefe Seufzer zu hören – ein beredtes Schweigen. Von mir kommt ein „hm hm".

Kommentar: Im Schweigen setzt sich die Zwiesprache wortlos fort. Wie tief muß das Einverständnis, das Sich-eins-Fühlen, reichen, um der Patientin mehr Sicherheit zu geben – das ist die Frage, die sich nicht durch eine Gegenüberstellung von verbalem und averbalem Dialog lösen läßt.

P.: *Als ich mich gerade so auf die Seite gedreht hatte, dachte ich, mit Worten kommen wir nicht über einen bestimmten Punkt hinaus. Das ganze Hin und Her ist wie ein Wiederkäuen. Ganz unten drin sitzt etwas, das sieht verdammt nach Verzweiflung aus. Knochenmann und Knochenweib – Gefallen und Nichtgefallen, Wohlerfühlen oder nicht, das geht drüber hinweg.*
A.: *Ja, Sie sind an sich selbst und an mir verzweifelt, und Verzweiflung hat etwas mit Zweifel zu tun, wie Sie sind und was Sie sind. Um dem Hin- und Hergerissensein zu entgehen, halten Sie an dem fest, was Sie haben, als dem einzig Gewissen.*

Erneutes Schweigen und Stöhnen.

A.: *Da reichen Worte nicht hin, trotzdem möchte ich am Schluß fragen, ob Sie noch etwas sagen möchten?*

Die Patientin äußert den Wunsch, die nächste Sitzung auf den Vormittag zu verlegen, weil sie übers Wochenende verreisen möchte. Eine passende Zeit läßt sich finden.

8.1.3 Jahrestagsreaktionen

In ihren Selbstzweifeln und Selbstvorwürfen bleiben Depressive der Vergangenheit verhaftet. Ihre erlebte Zeit scheint stillzustehen. Je mehr der Depressive von der Vergangenheit und seinen Schuldgefühlen überwältigt ist, desto mehr ist ihm die Zukunft verschlossen. Die Phänomenologie und Psychopathologie des Zeiterlebens, die wir im Grundlagenband unter 8.1 kurz diskutiert haben, erlaubt eine Unterscheidung des Schweregrads der Depression. Je schwerer die affektive Störung ist, desto grauer sieht der Kranke die Zukunft vor sich. Die Einschränkung der Aktivität äußert sich bei der psychotischen Depression als vitale Hemmung. Unter psychoanalytischen Gesichtspunkten ist der Frage nachzugehen, inwieweit die affektive Störung durch unbewußte *seelische Prozesse* zustande kommt, die sich symptomatisch auch als Verlust eines positiven Zeitgefühls äußern. Bei Depressiven dürfen wir annehmen, daß die von v. Gebsattel (1954, S. 141) beschriebene „basale Werdenshemmung" als Störung des vitalen Grundgeschehens psychoanalytisch auf unbewußte Abwehrvorgänge zurückgeführt werden kann. Ohne Zweifel ist das Zeiterleben eng mit dem Rhythmus von Triebbefriedigungen verknüpft. Deren Ausbleiben müßte also auch zu einem Verlust führen, der sich als Zukunfts- und Hoffnungslosigkeit äußert. Thomä (1961) hat diese Probleme bei chronisch Magersüchtigen beschrieben.

In der Interaktion zwischen Analytiker und Patient wird die verinnerlichte Zeitstruktur in die gegenwärtig fließende, erlebte Zeit transformiert (s. Grundlagenband 8.1). Wenn Kafka (1977) vom Analytiker als einem Kondensator bzw. Erweiterer der Zeit spricht, meint er die Verknüpfung von weit auseinanderliegenden Mitteilungen mit der Annahme bedeutungsvoller Zusammenhänge. Das folgende Beispiel soll verdeutlichen, wie sich unbewußte Zeitmarkierungen im Sinne von Jahrestagsreaktionen darstellen.

Die etwa 40jährige Patientin Frau Ursula X befindet sich wegen einer chronisch depressiven Neurose in Analyse. Die depressiven Beschwerden der Patientin begannen nach dem Suizid ihres jüngeren Bruders vor 12 Jahren. Dieser Bruder war der 1. Sohn nach 3 Mädchen in der Familie und wurde von allen, insbesondere jedoch von der Mutter bewundert und vorgezogen. Es ergab sich, daß die 1. Analysestunde mit dem Todestag des Bruders zusammenfiel. Dies wurde von der Patientin zunächst nicht erwähnt. Erst im Laufe der Behandlung sollte es sich zeigen, daß sowohl der Geburtstag des Bruders als auch der Todestag die depressive Symptomatik der Patientin verschlechterte, so daß von einer „anniversary reaction" gesprochen werden kann. Die der Patientin unbewußt gebliebenen Konflikte schienen mit einer Zeitmarkierung versehen zu sein, die es mir in besonderem Maße erlaubten, die Beziehungen zwischen der Patientin und dem Bruder und zwischen der Patientin und mir in der Übertragung zu betrachten.

Im 1. Analysejahr wurde die enge Bindung zwischen den beiden Geschwistern in der Kindheit deutlich, die bei der Patientin erhalten geblieben war. In ihrem Bruder suchte sie Wärme und Geborgenheit, die sie von der Mutter nicht bekommen hatte. Gleichzeitig fühlte sie sich verpflichtet, für ihn in besonderem Maße dazusein und den Auftrag der Eltern an sie als älteste Tochter in diesem Sinne zu erfüllen. Am 13. Todestag des Bruders, also nach einem Jahr Analyse, zeigte sich der innere Konflikt der Patientin besonders deutlich. In ihren schwerwiegenden depressiven Selbstzweifeln und Selbstvorwürfen versuchte sie sich vorzustellen, was im Bruder vorging, bevor er von einem Zug überrollt wurde. Ihr intensiver Wunsch, sich in ihn hineinzudenken und ihn zu verstehen, demonstrierte ihren eigenen Kampf mit Todesgedanken und Todeswünschen. Tot sein bedeutete für sie, mit ihrem Bruder vereinigt zu sein und die langersehnte Einheit zu finden. Zugleich jährte sich am Todestag des Bruders der Beginn der Analyse, mit dem die Patientin einen neuen Anfang zu machen versuchte. Durch die Analyse dokumentierte sie, daß sie leben wollte, an einem Tag, an dem sie eigentlich über den Tod des Bruders hätte trauern müssen. Jeder Schritt in die Selbständigkeit und heraus aus dem depressiven Rückzug war mit schweren Schuldgefühlen verbunden, ihren Bruder tot zurückzulassen. Ihre eigenen Todesgedanken trugen dazu bei, die Unabhängigkeit vom Bruder zu verleugnen.

Im 2. Analysejahr konstellierte sich zwischen der Patientin und mir eine unbewußte Übertragungsphantasie, in der ich – bezüglich der Altersdifferenz durchaus passend – die Stelle des Bruders einnahm. Als Analytiker erfüllte ich in der phantasierten Ausschließlichkeit unserer Beziehung ihre Sehnsüchte nach Geborgenheit und Wärme, gleichzeitig bewunderte sie mich. Ihre Neidgefühle traten stärker in Erscheinung.

In der letzten Stunde vor einer Ferienunterbrechung (250. Stunde) kommt die Patientin voller Zweifel, ob sie eine geplante Flugreise antreten solle. Es ist ihre 1. Reise, die sie ganz allein macht, und sie sagt: „Ich habe ziemliche Gewissensbisse, weil ich jetzt meine Tochter, meine Eltern und auch Sie zurücklassen muß!" Dann macht sie mir den ernsthaften Vorschlag, daß ich für sie die Flugreise antreten solle. Sie hat bereits in den Reisebestimmungen nachgeschaut und erklärt mir, was sie alles unternehmen möchte, um mir die Reise zu ermöglichen. Ich sage: „Wir können ja diesen Gedanken durchspielen, was es bedeuten würde, wenn ich Sie vertreten würde!" Spürbar enttäuscht erzählt sie, wie sie sich vorgestellt hat, daß ich ihr nach meiner Rückkehr von der Reise berichten werde. Sie weiß, daß sie es sich in gewisser Weise dadurch leicht macht. Sie braucht sich selbst nicht von der Tochter, den Eltern und von mir zu trennen und kann nachher an meiner Freude partizipieren.

Nach längerem Schweigen fällt ihr ein, daß heute ja der Geburtstag ihres Bruders ist. Sie hatte bislang nicht daran gedacht. In ihren Einfällen geht es darum, daß der Bruder stellvertretend für sie und die Mutter viele Reisen unternahm, von denen er sehr lebendig erzählen konnte. Sie fühlte sich mit ihm daher eng verbunden. Sie hatte das Gefühl, mit ihm auf der Reise gewesen zu sein, so daß sie trotz der äußeren Trennung von ihm sich innerlich mit ihm vereinigt fühlte. Nach kurzen Überlegungen, daß es ihr wahrscheinlich deshalb in diesen Tagen wieder wesentlich schlechter gehen würde als zuvor, deute ich der Patientin: „Wenn ich für Sie reisen würde, dann wären Sie in Gedanken mit mir verbunden, obwohl zugleich getrennt von mir. Wenn Sie sich jedoch von mir durch die Reise trennen würden, sind Sie sich nicht sicher, ob Sie mit mir verbunden bleiben." Dann fällt ihr ein, daß sie den Bruder stets bat, nach der Rückkehr von der Reise ihr allein zu berichten. Sie erzählt beschämt, wie sie ihn für sich allein hatte. Es beschämt sie jetzt auch die Vorstellung, daß sie mich für sich allein haben möchte, wenn ich von der Reise zurückkehre. Ich sage: „Ich würde also dann die Reise für Sie machen, Sie wären in Gedanken mit mir verbunden, aber Sie würden mich dadurch auch binden!" Darauf antwortet sie mit verstärkten Selbstzweifeln, aber sie versteht jetzt genauer, daß sie die Trennung vom Analytiker vermeiden möchte, um die Eigenverantwortlichkeit zu vermeiden und an ihrer Sehnsucht nach Vereinigung festzuhalten. Nach einer Pause fällt ihr ein, daß offensichtlich ein Teil ihrer unangemessenen Schuldgefühle am Suizid ihres Bruders davon herrühren könnte, daß sie ihn stellvertretend „nach draußen in die Welt" geschickt hat. Damit mußte sie ihren Platz an der Seite der Mutter nicht aufgeben und konnte trotzdem, durch die Identifizierung mit dem Bruder, an diesem und auch an der Mutter festhalten. Zum Schluß der Stunde seufzt sie traurig: „Es wäre mir doch recht gewesen, wenn Sie statt meiner geflogen wären!" In ihrer Ambivalenz fällt es ihr noch schwer, ihre ganz persönliche Freude ohne den Umweg der altruistischen Abtretung zu genießen.

Der weitere analytische Prozeß, der sich auf das Durcharbeiten der Trennungstraumata und deren Wiederholungen in der analytischen Situation konzentrierte, führte dazu, daß die Patientin in ihrem 4. Analysejahr zum ersten Mal den Geburtstag ihres Bruders vergaß.

<u>Kommentar:</u> Hilgard (1960) sowie Hilgard et al. (1960) haben wahrscheinlich als erste den Begriff der „anniversary reaction" geprägt und in empirischen Untersuchungen psychische Vorbedingungen für deren Manifestation herausgearbeitet. Sie konnten statistisch nachweisen, daß die Jahrestagsreaktionen signifikant mit traumatischen Verlusterfahrungen in der frühen Kindheit zusammenhängen, die im späteren Leben zu erheblichen Trennungsschwierigkeiten führen. Mintz (1971) unterscheidet klinisch 2 Typen von Jahrestagsreaktionen. Diese beiden Typen lassen sich danach unterscheiden, ob ein Ereignis oder ein bestimmtes Datum bewußt ist oder ob es unbewußt bleibt. Im 1. Fall kann ein Datum, das dem Patienten bewußt ist, also z. B. ein Geburtstag oder der 1. Ferientag, einen aktuellen Konflikt hervorrufen, der mit einem früheren Konflikt assoziiert und dadurch verstärkt wird. Die Jahrestagsreaktion kommt durch eine spezifische Antwort auf diesen ungelösten Konflikt zustande. Charakteristisch ist also die jährlich wiederkehrende Antwort auf diesen Konflikt an einem bewußt erlebten Datum. Beim 2. Typ der Jahrestagsreaktionen bleibt die Zeitmarkierung, die mit einem seelischen Konflikt zusammenhängt, unbewußt. Das Datum der Scheidung vom früheren Ehemann, der Geburts- oder Todestag eines nahestehenden Familienmitglieds sind unbewußt bleibende Engramme. Diese führen beim Betroffenen zu rätselhaften Stimmungsschwankungen oder auch zu Symptomverschlechterungen, weil ungelöste frühere Konflikte an diesen Tagen aktualisiert werden, jedoch nicht ins Bewußtsein rücken.

Ähnlich wie Pollock (1971) betont Mintz den Zusammenhang der unbewußten Zeitmarkierungen v. a. mit seelischen Konflikten in bezug auf den Tod. Engel (1975) hat für diesen 2. Typus der „anniversary reactions" in seiner Selbstanalyse viele Traumbeispiele berichtet, die unbewußt gebliebene Zeitmarkierungen, z. B. den Todestag seines Zwillingsbruders, erkennen lassen.

Unser Beispiel ist eher dem 1. Typus zuzurechnen. Der Auslöser ist vorbewußt und der Patientin leicht zugänglich. Die Natur der „anniversary reaction", die verstärkte depressive Verstimmung, veranschaulicht ihren inneren Konflikt. Die verstärkte Vereinigungssehnsucht am Todes- oder Geburtstag des Bruders führt zu einer erheblichen Verstärkung der eigenen Todesängste. Der Zusammenhang zwischen der Jahrestagsreaktion und der pathologischen Trauer, wie er jüngst von Charlier (1987) dargestellt wurde, ist eindrucksvoll. Da der Todestag des Bruders mit dem „Geburtstag" der Analyse zusammenfällt, werden unbewußte Schuldgefühle aktiviert: ein freies Leben brächte die endgültige Trennung vom Bruder mit sich. Die „basale Werdenshemmung" wird durch diesen Konflikt verständlich.

Die Ambivalenz gegenüber dem geliebten und zugleich beneideten Bruder löste die Patientin mit Hilfe einer Identifizierung, so daß die Beziehung mit dem verlorenen Objekt aufrechterhalten und die heftigen Gefühle im Zusammenhang mit der Trennung kontrolliert werden konnten. Die Anniversaryphänomene sind also „zeit-, lebensalter- und datumsbezogene Manifestationen und Reaktionen, komplexe und ambivalente Identifizierungen und Introjektionen" (Haesler 1985, S. 221).

Wir sind der Meinung, daß das Anniversaryphänomen dieser Patientin zum Kontext ambivalenter Identifizierungen gehört. Solange die damit verbundenen Konflikte mit dem Ehemann agiert werden konnten, war die Patientin symptomfrei. Erst die Scheidung löste eine reaktive Depression aus, weil die Patientin sich nicht befreit fühlen durfte. Der Partner hatte als Übertragungsfigur eine wichtige Funktion. Die Patientin hatte ihn unbewußt mit dem Bruder verknüpft. Diese unbewußte Verknüpfung belebte nach der Trennung die alten Schuldgefühle, so daß sich die reaktive Depression chronifizierte.

8.2 Lebens-, Krankheits- und Zeitgeschichte: eine Rekonstruktion

Die Überschrift kennzeichnet Verflechtungen und Verwicklungen. Unser Zeitalter wird von Ideologien beherrscht (Bracher 1982). Der Narzißmus ist zur kollektiven Metapher geworden (Lasch 1979). Psychoanalytisch gesehen haben Ideologien und Narzißmus gemeinsame Wurzeln. Nach der Definition von Grunberger u. Chasseguet-Smirgel (1979, S. 9) liegt es im Wesen von Ideologien, daß sie als alles umfassende Denksysteme und politische Bewegungen das Ziel haben, Illusionen zu realisieren. Aufgrund seiner an die Symbolisierungsfähigkeit gebundenen Destruktivität ist der Mensch, wie wir im Grundlagenband unter 4.4.2 begründet haben, für Ideologien anfällig. Diese können wahnähnliche Formen annehmen.

Unter psychoanalytischen Gesichtspunkten ist hervorzuheben, daß die persönlichen Phantasieinhalte des heranwachsenden Kindes v. a. durch familiäre Einflüsse mit der Zeitgeschichte verbunden sind. Die ideologisch begründeten, intoleranten Aufteilungen der Welt in gute und böse Menschen und der Aufbau von Wertesystemen mit sich gegenseitig ausschließenden Inhalten werden zunächst in der Familie und dann in der Schule vermittelt. Viele Menschen nehmen so Schaden an ihrer Seele, können sich aber, was manchmal wie ein Wunder erscheint, von den ungünstigsten Einflüssen befreien. Andere übernehmen die in einer Familie vorherrschenden Anschauungen und setzen durch Rollenübernahme die unbewußt verankerten Vorurteile ihrer Eltern fort. Wieder andere erkranken an der Unvereinbarkeit von Gegensätzen (Eckstaedt 1986; Eickhoff 1986). Polaritäten sind v. a. in zwangsneurotischen Symptomen enthalten, deren Inhalte durch ein Schwanken zwischen Extremen und der damit zusammenhängenden Unfähigkeit zur Toleranz sich selbst und Andersdenkenden gegenüber gekennzeichnet sind.

Historisch und transkulturell wechseln die psychopathologischen *Inhalte* des Zwanges, aber die *Formen* bleiben gleich. Diese Feststellung relativiert die kausale Rolle ganz bestimmter psychosozialer Einflüsse in der Entstehung seelischer und psychosomatischer Erkrankungen.

Beispiel

Ohne Zweifel hat die nationalsozialistische Weltanschauung Kindheit, Jugend und die Lebens- und Krankheitsgeschichte von Herrn Arthur Y wesentlich beeinflußt. Es wäre jedoch irreführend, den entscheidenden Unterschied zu übersehen, der zwischen dem tatsächlich betroffenen jüdischen Opfer der rassistischen Ideologie, dem verfolgenden Täter als Vollzieher des Vernichtungswillens Adolf Hitlers und einem Zwangsneurotiker besteht. Die sich gegenseitig aufhebenden bewußten und unbewußten Identifikationen mit dem jüdischen Opfer und dem exekutierenden SS-Offizier bewahren und schützen den Patienten und seine Umwelt vor der Verwirklichung der einen oder anderen Tendenz. Insoweit hat Herr Arthur Y eine ähnliche Struktur wie der Rattenmann oder der Wolfsmann, an denen Freud unbewußte Mechanismen zwangsneurotischer Symptome beschrieben hat. Diese Gesichtspunkte sind bei der Fragestellung zu berücksichtigen, wie Ideologien von einer Generation zur anderen weitergegeben werden. Es ist zu klären, zu welcher Gruppe Väter oder Eltern gehörten – zur Gruppe der Täter, der aktiven Anhänger, der Mitläufer, der schweigenden Mehrheit also, die sich den jeweiligen Machtverhältnissen anpaßt, oder der Opfer.

In der Therapie ging es um eine Entwirrung der persönlichen, familiären und zeitgeschichtlichen, zutiefst unheilvollen Verwicklungen. Wie immer bleibt es eine müßige Frage, ob der Patient auch krank geworden wäre, wenn dieses oder jenes nicht eingetreten wäre, wenn es bis zur Adoleszenz und danach nicht zu vielen Traumatisierungen gekommen wäre etc.

Die Erkrankung hatte schon fast 30 Jahre bestanden, als Herr Arthur Y sich zu einer letzten Therapie entschloß, die erfolgreich verlief.

Als behandelnder Analytiker bin ich in diesem Fall nicht nur ein naher Zeitgenosse des Patienten, ich konnte in seiner 4. Therapie auch ein Stück Geschichte der psychoanalytischen Technik, wie sie sich in der Erfahrung dieses Patienten widerspiegelt, rekonstruieren. Um aus der Anonymität herauszutreten, in der ich in diesem Fall weder bleiben kann noch möchte, stelle ich im Rückblick fest: Ich habe eigene Entwicklungen in der Behandlungstechnik der namhaften vorbehandelnden Kollegen wiedergefunden. Die kritische Aufarbeitung meiner beruflichen Vergangenheit hat zu Veränderungen meiner Technik beigetragen, die systematische Fehler weniger wahrscheinlich als früher macht.

Die therapeutische Bearbeitung einiger der Themen, die in der nachfolgenden Krankengeschichte skizziert werden, sind unter der entsprechenden Patientenchiffre aufzufinden. Die ausführliche Darstellung dieser Krankengeschichte soll es dem Leser erleichtern, die Fragmente eines Verlaufs, nämlich die wiedergegebenen Dialoge, auf ein größeres Ganzes beziehen zu können, in das auch der behandelnde Analytiker verwickelt ist. Eine Nebenrolle spielte ich schon früher insoweit, als der Patient mich erstmals schon vor mehr als 20 Jahren konsultiert hatte.

Wesentlicher ist, daß mich viele der Erzählungen des Patienten an meine eigene Jugend erinnert haben. In der Therapie dieses Patienten wurden viele Erlebnisse und Ereignisse meiner Kindheit lebendig. Das Verhältnis von Täter und Opfer hat viele Gesichter.

Familiärer Hintergrund

In der Familie des 1935 geborenen Mannes wurden, wie in vielen anderen deutschen Familien zwischen 1933 und 1945, typische nationalsozialistische Ideen vermittelt. Die rassistische Aufteilung der Menschen in Arier und Nichtarier, in Deutsche und Juden bildete den Hintergrund für Idealisierungen und Entwertungen, die innerhalb der Familie und dem Leben in einem kleinen Dorf in spezieller Weise mit dem Familienroman verbunden wurden.

Beide Elternteile waren begeisterte Anhänger Hitlers, der auch das Ideal des Patienten bis in die Spätadoleszenz, also bis in die frühen 50er Jahre blieb. Der Vater des Patienten war ein wohlhabender Mühlenbesitzer und neben dem Gutsherrn der 2. Mann in einem süddeutschen Dorf, das keine jüdischen Einwohner hatte. Er diente ab 1939 in der Armee und blieb im Krieg vermißt. Nach vielen Jahren des Wartens wurde der Vater für tot erklärt. Die Mutter, die 4 Kinder „dem Führer und dem Volk" schenkte und von ihrem Ältesten, dem Patienten, besonders viel erwartete, verlor nach dem Zusammenbruch ihren Halt und war den großen Aufgaben des Mühlenbetriebs nicht gewachsen. Sie verfiel in eine chronische Depression, die im Suizid endete.

Nach dem Ältesten wurden 3 jüngere Geschwister, 1 Bruder 1939, 2 Schwestern 1940 und 1942 geboren. Der Vater war ab 1939, also dem Geburtsjahr des Bruders, Soldat.

Der familiäre Hintergrund wirkte sich u.a. auf die Ich-Idealbildung und darauf aus, daß der Erstgeborene den Erwartungen seiner Eltern überhaupt nicht entsprach. Daß die Mutter auf ihren ältesten Sohn auch stolz war, hält der Patient nur für entfernt denkbar, eher für unwahrscheinlich. Seine Erinnerungen führen ihn aber nicht so weit zurück, daß in ihm ein Glücksgefühl bei der Erinnerung entstand, einmal bewundert worden zu sein. Er entwickelte sich ganz anders, als ein deutscher Junge in den 30er Jahren hätte sein sollen. Bis weit in die gegenwärtige Analyse hinein sah der Patient sich selbst und die Welt, so beschrieb er seine Entdeckung, durch die Augen seiner Mutter. Nach der Geburt des 2. Sohnes behandelte diese ihn als den Hosenscheißer, der er im Kindergarten tagaus, tagein auch tatsächlich war. Denn auf die Geburt eines Bruders reagierte der Patient mit täglichem Einkoten. Er durfte nicht zu Hause bleiben, so daß der Gang zum Kindergarten und besonders auch der Rückweg zur qualvollen Erniedrigung wurde. In der Waschküche, wo auch Schlachtungen stattfanden, wurde er durch Abspritzen gereinigt. Die kumulative Traumatisierung löschte alles aus, was vielleicht an positivem Lebensgefühl dagewesen sein mag. Ist es doch unwahrscheinlich, daß das Auge einer Mutter im Blick auf den Erstgeborenen nicht wenigstens gelegentlich glänzt - um mit Kohuts Metapher zu sprechen.

Zur fortgesetzten Traumatisierung beim Einkoten gehört die Entwertung, ein Schwächling und alles andere zu sein als „zäh wie Leder, hart wie Kruppstahl und flink wie die Windhunde" - ein Leitspruch dieser Zeit. Groß, stark und gut aussehend waren die Buben, zu denen er nicht gehörte und vor denen er sich schon im Kindergarten und auch später noch fürchtete.

Die Vernichtungsängste, die zeitlebens erhalten blieben, waren und sind jeweils so extrem, daß es sehr lange dauerte, bis der Patient überhaupt in der Lage war, es für möglich zu halten, daß er eigene Aggressionen habe bzw. diese nach außen projiziert haben könnte. Angstfrei war er hingegen bei dem Gedanken, durch einen kurzen, schmerzlosen Tod vom Leben erlöst zu werden.

Die religiösen Inhalte seiner Zwangsgedanken bezog der atheistisch erzogene Patient aus seinen Internatsjahren, in denen sein Gottesbild gleichzeitig durch einen sadistischen und einen homosexuellen Lehrer geprägt wurde. Der letztere betreute besonders die kranken Kinder. Wiewohl der Patient sich weder dem einen noch dem anderen unterwarf und nicht bis „zum letzten", was das auch heißen mag, benützt und mißbraucht wurde, wuchs seine Beunruhigung wegen seiner unstillbaren Vatersehnsucht. Die Mischung von Homosexualität und Sadomasochismus war für ihn so konfliktreich, daß er nach der Lektüre eines Kriminalromans erstmals eine Zwangsidee hatte: das Delikt dieser Geschichte - einen Giftmord - selbst zu begehen. In Panik warf er den Krimi ins Klosett. Mit der Beseitigung des Corpus delicti, das ihn auf seine Idee gebracht hatte, verschwand dieser Angstinhalt.

Aus der Internatsschule wurde der Junge dann von der Mutter nach Hause genommen, um in der eigenen Mühle eine Lehre zu machen. Während des Wartens auf den Vater war ein Onkel als Müller eingesprungen. Der Betrieb war konkurrenzunfähig, Mutter und Großmutter mütterlicherseits lebten in Illusionen und in der Hoffnung, den Betrieb bis zur Rückkehr des Vaters, an dessen Tod man nicht glaubte, retten zu können. Der Onkel, mit dem die Mutter ein Verhältnis hatte, und ein Geschäftsführer wirtschafteten in die eigene Tasche. Nach ihrem Ausscheiden versuchte der Patient jahrelang, den Betrieb über Wasser zu halten, bis er ihn kurz vor dem Konkurs stillegte, wobei erhebliche Schulden durch den Verkauf von Grundbesitz abgedeckt werden konnten. Seither arbeitet Herr Arthur Y in einer verwandten Branche und hat sich als Vertreter mit großen Anstrengungen hochgearbeitet. Die beruflichen Erfolge in den letzten beiden Jahrzehnten sind aber ebensowenig in der Lage, sein Selbstgefühl zu stärken, wie die Tatsache, daß er selbst eine Familie gegründet hat und stolz darauf sein könnte, daß es ihm gelungen ist, eine Frau für sich zu gewinnen, die - klug und hübsch - ihm besonders gut gefallen hat und noch immer gefällt, und 3 heranwachsende Kinder sich gut entwickeln.

Zur Symptomatik

Zeitlebens hat der Patient verzweifelt versucht, unversöhnliche Zwiespältigkeiten in sich zu überwinden. Trotz schwerer Ängste, einen Mord begehen zu können, trotz diverser Zwangsgedanken und Zwangshandlungen als Abwehrriten war der Patient beruflich erfolgreich. Seine Abhängigkeit vom Alkohol, auf dessen beruhigende Wirkung am Abend er täglich hinlebte, konnte er gerade noch kontrollieren.

Eine tiefgehende therapeutische Einsicht ist zu erwähnen, die der Patient zu meiner großen Überraschung eines Tages ohne meine interpretative Hilfe erreichte: Würde die Erfüllung aller Befehle, die vom absoluten Herrscher – in welcher Gestalt auch immer – stammen könnten und denen der Patient den gemeinsamen Nenner gab, daß sie sich gegen Lust und gegen Sexualität richten würden, dazu führen, daß er der einzige und geliebte Sohn wäre und bliebe? Diese Projektionen von Macht und Ohnmacht und der Partizipation an ihnen über gleichzeitige bzw. rasch wechselnde Identifikationen gehen weit zurück und über die pathologische Lösung ödipaler Konflikte hinaus.

Wir wissen, daß sich Idealisierungen und Entwertungen mit verschiedenen Inhalten verbinden können. Stets sind masochistische Selbsteinschätzungen – ich bin „ein Haufen Scheiße" – mit mehr oder weniger unbewußten anal-sadistischen Größenvorstellungen verknüpft, so daß man diagnostisch vom einen auf das andere schließen kann. Zwanghafte Formeln, die zu einer vorübergehenden Angstberuhigung führen, treten in vielfältiger Form auf.

Die Inhalte von Wertesystemen und absolutistischen Einteilungen von Gut und Böse erhalten in den Objektbeziehungstheorien, also unter dem Gesichtspunkt der Wechselseitigkeit von Innen und Außen, jenes Gewicht, das Freud (1923b) bei der Objektidentifizierung beschrieben hat.

> Nehmen diese [die Objektidentifizierungen des Ich] überhand, werden allzu zahlreich und überstark und miteinander unverträglich, so liegt ein pathologisches Ergebnis nahe. Es kann zu einer Aufsplitterung des Ichs kommen, in dem sich die einzelnen Identifizierungen durch Widerstände gegeneinander abschließen, und vielleicht ist es das Geheimnis der Fälle von sogenannter multipler Persönlichkeit, daß die einzelnen Identifizierungen alternierend das Bewußtsein an sich reißen. Auch wenn es nicht so weit kommt, ergibt sich das Thema der Konflikte zwischen den verschiedenen Identifizierungen, in die das Ich auseinanderfährt ... (S. 258/259).

Psychogenese

Bei der *Rekonstruktion* einiger psychogenetischer Linien der Symptome des Patienten sind miteinander unverträgliche Identifizierungen in den Mittelpunkt zu stellen. Diese beziehen sich auf Einstellungen der Eltern, die, abgekürzt gesagt, verinnerlicht werden. Genauer betrachtet müssen wir uns mit Loewald (1980, S. 48) Identifizierungen mit Inhalten und Ideen so vorstellen, daß hierbei Interaktionen verinnerlicht werden. Wenn also die Mutter des Patienten schon vor ihrer Erkrankung, also in der Kindheit des Patienten, die Meinung vertrat, daß geistig Behinderte getötet werden sollten – „Kopf ab" –, dann wird das Objekt, der geistig Behinderte und dessen Kopf, im Handlungskontext internalisiert. Sieht man in der Unverträglichkeit verschiedener Identifizierungen miteinander den gemeinsamen Nenner, läßt sich unschwer eine Reihe bilden, die von frühen Ambivalenzen zu späteren Spaltungen reicht. Der Prozeß, der die einzelnen Identifizierungen gegeneinander abschottet, ist also u. U. ein lebenslanges, sich selbst verstärkendes Kreisgeschehen. So widerfuhr diesem Patienten das Unglück, daß er nach dem 10. Lebensjahr und nachdem das bewunderte Adolf-Hitler-Ideal tot war, einer Erziehung ausgesetzt war, die ihn, der bisher atheistisch in der Vergöttlichung des Führers und der Verteufelung der Juden aufgewachsen war, mit einem strafenden Gott konfrontierte, dessen irdische Vertreter die Konflikte des Patienten verstärkten. Diesen Prozeß werden wir nun aufgrund der Erkenntnisse, die in einer analytischen Behandlung gewonnen werden konnten, rekonstruieren, wobei wir uns von den Kategorien leiten lassen, die Freud in dem zitierten Abschnitt aufgestellt hat. Es handelt sich 1) um eine Aufsplitterung des Ich in verschiedene Identifizierungen, die alternierend die Herrschaft an sich reißen und gegeneinander abgeschottet sind, so daß 2) die späteren Identifizierungen auf solche im frühesten Alter zurückgehen, wobei besonders wichtig erscheint, daß Freud in einer Fußnote die Entstehung des Ideals auf die erste und bedeutsamste Identifizierung mit den *Eltern* zurückführt.

Es ist erstaunlich, daß Herr Arthur Y sein Leiden vor seiner Umwelt verbergen konnte und auch seine nächsten Angehörigen nicht wissen, daß er unter einer Fülle von Ängsten und Zwangsgedanken leidet. Er fürchtet, wie die Mutter zu enden, für deren Suizid er sich verantwortlich fühlt, weil er schließlich ihr Jammern nicht mehr hatte ertragen können und einen Tag vor ihrem Tod einmal heftig geworden war. Mit dem eigenen Suizid würde er aber noch viel Schlimmerem zuvorkommen, nämlich der Isolation in Gefängnis oder Irrenhaus nach einem Sexualverbrechen. Derartige Zwangsgedanken waren erstmals im 21. Lebensjahr aufgetreten, als er hoffen konnte, daß seine spätere Frau seine Zuneigung erwidern würde. Herr Arthur Y begab sich daraufhin heimlich in stationäre psychiatrische Behandlung, die nichts fruchtete. Im Laufe von 2 langen analytischen Psychotherapien gewann er einige Einsichten, die sich später während einer klassischen Psychoanalyse von etwa 700 Stunden vertieften.

Mit erheblichen Schwankungen der Angst- und Zwangssymptome, deren Inhalte variierten, blieb der Patient danach ohne Behandlung arbeitsfähig. Fachliche Tüchtigkeit und ein hervorragendes Einfühlungsvermögen in seine Kunden ermöglichten ihm, im rechten Augenblick präsent zu sein, obwohl er nur selten von zwanghaften Begleitgedanken frei war. Schon der Anblick einer aufdringlichen Farbe, ein zischendes Geräusch und das Aussprechen oder Hören bestimmter Vokale konnten schwere Ängste und Vermeidungszwänge auslösen.

Eine tödliche Erkrankung des jüngeren Bruders führte zur Verschlimmerung seiner Symptome und zum Entschluß, in meine Sprechstunde zu kommen. Schon vor langer Zeit hatte er mich einmal aufgesucht. Von dieser Konsultation, Mitte der 60er Jahre, war ihm nur mein Akzent in Erinnerung geblieben. Seinerzeit überwies ich den Patienten zur erwähnten Psychoanalyse an einen in der Heidelberger Region ansässigen Kollegen, da ich selbst mit einer Ortsveränderung rechnete. Nach Abschluß dieser Behandlung fand der Patient eine günstige berufliche Position im oberschwäbischen Raum, so daß es für ihn nun 20 Jahre später nahelag, mich in Ulm erneut zu konsultieren.

Der berufliche Erfolg und die Stabilität seiner Familie änderten nichts am Gefühl seiner negativen Selbsteinschätzung und seiner Ohnmacht den ihn überwältigenden Zwängen gegenüber. Nur abstrakt kann er sich vorstellen, sich noch ein Stück eigenen Willens und Könnens bewahrt zu haben. Doch als ich ihn ziemlich am Beginn der Analyse fragte, wie es denn für ihn wäre, einmal ohne Ängste zu sein, sagte er prompt: „Dann wäre ich unerträglich arrogant." In der Aufspaltung hatte er sich mehr bewahrt als unbewußte Arroganz. Nebeneinander und unvereinbar waren die Identifizierungen mit dem Opfer und mit dem Täter. Im Lauf der Jahre summierten sich die Inhalte dieser Identifizierung – die Objekte in Freuds Terminus „Objektidentifizierung". Als Opfer identifizierte er sich mit den verachteten und zur Ausrottung bestimmten Juden, und sadistisch identifizierte er sich unbewußt mit den ordensgeschmückten Helden. Freud verdankte einem zwangsneurotischen Patienten die Entdeckung der Allmacht der Gedanken. Herr Arthur Y stellte das Unheimliche in den Bedeutungsbereich der *Willkür*. Zwischen dem Opfer und dem Täter eine Verbindung herzustellen, ein Verbindungsglied zu finden, kommt beinahe der Quadratur des Kreises gleich. Zum Glück konnte und wollte der Patient ja beides gerade *nicht* sein. Aber wo immer es in seinem späteren Leben bis zum heutigen Tag bei entsprechender Stimmungslage die Möglichkeit gibt, in Wort und Bild auf etwas Grausames und Unheimliches zu stoßen, vollziehen sich gedankliche Wiederholungen.

Diese sehen wir aus theoretischen und therapeutischen Gründen im Sinne der alternativen Hypothese Freuds zum Wiederholungszwang als Problemlösungsversuche an, die zum Scheitern verurteilt waren, weil die unbewußten Identifizierungen abgespalten nebeneinanderliegen. Bei der Erklärung sich wiederholender Angstträume hat Freud die problemlösende Funktion im Sinne der nachträglichen Bewältigung oder Meisterung traumatischer Situationen ins Auge gefaßt, die im Traum gesucht wird. Schreibt man dem Ich eine „synthetische Funktion" (Nunberg 1930) zu, liegt es nahe, Wiederholungen auch außerhalb von Angstträumen unter dem Gesichtspunkt der versuchten Meisterung und Problemlösung zu sehen. Oder anders ausgedrückt: der Frage nachzugehen, warum es dem Patienten bisher auch mit psychoanalytischer Hilfe nicht gelungen war, von den Wiederholungen seiner Ängste und Zwänge loszukommen.

Offensichtlich genügt es nicht, lediglich festzustellen, daß bei dem Patienten unbewußte Identifizierungen vorliegen, die miteinander unverträglich sind und die im Wechsel sein Denken so an sich reißen, daß das jeweilige Ich-Gefühl von einer Minute zur anderen vollkommen von einem depressiven Affekt erfüllt würde. Uns bewegt die Frage, wie und warum es zu solchen Aufsplitterungen kommt. In der Rekonstruktion kommen wir ein Stück weiter, wenn wir die kumulativen Traumata betrachten, die die Integrationsfähigkeit des Patienten in allen Lebensphasen bis in die Spätadoleszenz überfordert haben.

Die beschriebenen Erlebnisse in der Adoleszenz bestimmten nicht nur den Inhalt zentraler Ängste und Zwangsgedanken. Die in ihm bereits angelegte Polarisierung seiner Innenwelt und die Aufspaltung gemäß der in der Familie vermittelten Ideologie wurden in der Schule durch 2 Lehrer als Exponenten von Haß und Liebe verstärkt. In den beiden Lehrern erfüllten sich homosexuelle und sadomasochistische Erwartungen und Befürchtungen in einer Weise, die keine Umgestaltung erlaubte, wie sie gerade in der Adoleszenz möglich ist. Das Gegenteil ereignete sich. Es kam in diesen Jahren, die ein hohes Potential für Neuordnungen haben (Freud 1905 d), zu einer Stabilisierung bisheriger Strukturen.

In den Annäherungsversuchen und im Miterleben der Züchtigungen erlebte der Patient eigene beunruhigende Wünsche im Spannungsfeld von Lust und Unlust. Hierzu ist eine Szene aus der Analyse einzublenden: Lange dauerte es, bis der Patient es sich auf der Couch bequem machte und sich sicher genug fühlte, die bereitliegende Decke benutzen zu können, ohne damit schon homosexuell zu werden oder mich durch die verknitterte Decke, die er am Schluß nicht zusammenlegte, anal zu beschmuddeln, so daß ich von ihm genug hätte und die Behandlung beenden würde. Ich brauche kaum zu erwähnen, daß der Patient sich selbst und auch mich mit dieser Beendigung vor noch Schlimmerem zu bewahren versuchte.

Bei jedem neu erreichten Gleichgewicht versuchte der Patient, seinen Identitätswiderstand (s. hierzu 4.6), um in Eriksons Terminologie zu sprechen, aufrechtzuerhalten. Erikson hat den Identitätswiderstand folgendermaßen beschrieben:

> Aus Angst vor den verändernden Einflüssen des Psychoanalytikers, die zur Zerstörung der eigenen schwachen Identität oder des eigenen Wertsystems führen könnten, wird an der positiv oder negativ erlebten Identität festgehalten. Die Veränderungen des Identitätsgefühls bringen ja notwendigerweise mit sich, bisherige Identifizierungen aufzugeben (1970 a, S. 222).

So wurde der Patient auch mutiger, wiewohl er noch lange die Lust an der eigenen Macht in masochistischer und selbstdestruktiver Verkehrung und unbewußter Teilhabe am sadistischen Täter zum Ausdruck brachte.

Die Konstellation beim Ausbruch der Erkrankung, in dem Augenblick, in dem er geliebt wurde und einen ungeahnten Erfolg errungen hatte, gehört im weiteren Sinn zur Typologie derer, die am Erfolg scheitern (Freud 1916 d). Seither lebte der Patient in rastloser Bemühung um narzißtische Perfektion, sei es im beruflichen, sei es im familiären Bereich. Aus der altruistischen Abtretung zog er sowohl sein Glück als auch seine enorme Kränkbarkeit, die fortlaufend unbewußte sadomasochistische Identifikationen aktivierte.

Obwohl sich der Patient längst von der nationalsozialistischen Ideologie befreit hat, ist das ihm vermittelte polarisierende Wertesystem für seine Selbsteinschätzung maßgebend geblieben.

Seine Opferbereitschaft in der Familie ist fast grenzenlos. Bei Kränkungen kommt es regelmäßig zur Wendung der Aggression gegen die eigene Person. Auch im beruflichen Bereich erringt er seine Erfolge eher durch Einfühlsamkeit, man könnte allerdings auch sagen: durch Identifikation mit dem Opfer, dem er seine gute Ware zu verkaufen hat.

Abschließend wenden wir uns dem vorhin angesprochenen Thema zu: Es geht um das Problem der Entstehung alternierender Objektidentifizierungen und deren Aufsplitterung, um in Freuds Sprache zu sprechen. Im weiteren Sinn geht es um das Verhältnis zwischen *Inhalten* und ihren psychopathologischen *Formen*. Es ist offensichtlich, daß neben den Einflüssen der nationalsozialistischen Ideologie auf die Identifikationsprozesse des Patienten auch noch andere Inhalte, die schwer miteinander verträglich sind, einwirkten. Ebenso klar ist, daß die primären Identifizierungen, die präödipalen und die ödipalen Konflikte ihr eigenes Gewicht haben. Multiple Persönlichkeiten und das Thema des Doppelgängers und des Alter ego gab es, lange bevor dieser Patient in Hitler sein Ich-Ideal suchte. Wir können die verzweifelten und ergebnislosen Versuche des Patienten, seinen innerseelischen Konflikt zwischen den Repräsentanten seiner Identifizierungen zu überwinden, ohne Schwierigkeiten nach Stevensons (1886) Geschichte von Dr. Jekyll und Mr. Hyde buchstabieren (s. hierzu A. Rothstein 1983, S. 45). Bei einer solchen Argumentation wird jedoch die Bedeutung der *Summation* miteinander unverträglicher Identifizierungsinhalte auf den pathologischen Ausgang, also auch auf die pathologischen Formen, unterschätzt. Auf der anderen Seite würde man diesen Inhalten auch nicht gerecht, wenn man nur frühe Abwehrprozesse wie die projektive und introjektive Identifikation annehmen würde, ohne die ganze Reihe jahrelanger Traumatisierungen zu berücksichtigen. Deshalb haben wir eingangs darauf aufmerksam gemacht, daß es sich bei der Verinnerlichung, bei der Bildung der sog. inneren Objekte, um *Identifikationen mit interaktiven Prozessen* handelt.

Der Patient konnte von sich nicht wie Faust sagen: „Zwei Seelen wohnen, ach, in meiner Brust“, denn die eine Seele, die Identifikation mit dem Aggressor, war tief unbewußt, und seine Identifikation mit dem Opfer erfüllte ihn mit panischen Ängsten. Es gelang Herrn Arthur Y während seiner Analyse, voneinander abgespaltene Ich-Anteile zu integrieren, deren Verlauf wir anhand der Anträge für die Gutachter der Krankenkasse des Patienten beschreiben (6.4 und 6.5).

Wer so unter sich leidet, hat Mitgefühl und Mitleid für seine Mitmenschen und ist weit von der Tat entfernt.

8.3 Deutungsaktionen

Der nachfolgende Behandlungsbericht enthält ausgewählte Deutungsaktionen (s. dazu 1.3) aus der Psychoanalyse einer angsthysterischen Patientin. Es handelt sich um themenbezogene Darstellungen aus einer schon länger zurückliegenden Behandlung (Thomä 1967), also nicht um wortgetreue Wiedergaben von Sitzungen. Damals und heute dient die Auswahl didaktischen Zwecken: Die Auflösung einer hysterischen Symptomatik soll dem Leser in praxisnaher Weise vorgestellt werden.

Während der Behandlung von Frau Beatrice X sind Schwangerschafts- und Geburtsängste an die Stelle bisheriger angsthysterischer Symptome anderer Art getreten, die wir unter 9.2 beschreiben. Dort wird über die Symptomatik und die 1. Behandlungsphase berichtet. Die Patientin kann den eigenen und den Kinderwunsch ihres Mannes nicht verwirklichen, weil ihre neurotische Angst, was ihr alles in der Schwangerschaft und bei der Geburt zustoßen könnte, eine strikte Schwangerschaftsverhütung erzwingt. Die fortschreitende Gesundung der Patientin hat mit den Wünschen nach einem Kind auch verjährte ödipale Angstbedingungen aktualisiert.

Da wir Kommentare zu einer Behandlung geben, die vor 25 Jahren durchgeführt wurde, erläutern wir zunächst, wie sich unsere Sichtweise aufgrund der *Revision der Theorie der weiblichen Entwicklung* verändert hat.

Freud sah die Entwicklung des Mädchens durch den Wechsel von der Liebe zur Mutter zu der zum Vater kompliziert. Dieser sog. Objektwechsel wurde in den 30er Jahren durch die Beiträge von Psychoanalytikerinnen in seiner Bedeutung erheblich relativiert. Geht man von der primären Mutterbindung und Mutteridentifizierung der Frau aus, die Freud (1931 b, 1933 a) in die Theorie der Entwicklung des weiblichen Geschlechts aufgenommen hat, fallen auch jene Komplikationen weg, die fälschlicherweise dem zunächst angenommenen Objektwechsel zugeschrieben werden. Macht man Ernst mit der lebensgeschichtlichen Bedeutung dieser Identifizierung, dann wird über die unbewußte Einfühlung und die imitatorische Übernahme weiblicher Verhaltensweisen die Mutterrolle vom Mädchen sozusagen spielerisch vorbereitet, um später realisiert zu werden. Die normale Frau finde, so sagte Lampl-de Groot freilich erst 1953, schließlich ihre Objektbeziehungen durch die Identifikation mit der Mutter.

Auf der Grundlage eines sich bildenden weiblichen Selbstgefühls können ödipale Konflikte ohne wesentliche Verunsicherungen verlaufen. Es ist also wahrscheinlich, daß beispielsweise die Dreiheit äquivalenter weiblicher Ängste, die

H. Deutsch (1930) beschrieben hat, nämlich Kastration, Vergewaltigung und Entbindung, nur bei Frauen auftritt, deren grundlegende Identifizierung mit der Mutter gestört ist. Darauf hat Thomä (1967) anläßlich einer kasuistischen Darstellung über die Kastrationsangst bei Mädchen hingewiesen.

Wahrscheinlich ist die Revision der Theorie über die Entwicklung der weiblichen Identität und Geschlechtsrolle von allen bisher notwendig gewordenen Veränderungen psychoanalytischer Annahmen am tiefgreifendsten (Roiphe u. Galenson 1981; Bergman 1987). Die *psychosoziale* Geschlechtsbestimmung, die sich tief im Kern der Persönlichkeit als das Gefühl verankert: „Ich bin eine Frau", „Ich bin ein Mann", beginnt unmittelbar nach der Geburt. In der Pflege des Säuglings vermitteln Mutter und Vater durch Gesten, Worte und die Art und Weise, wie sie mit dem Baby körperlich umgehen, wie sie dessen Geschlecht erleben. Wir machen besonders auf das Werk von Stoller (1976) aufmerksam, der den Begriff der „core gender identity" eingeführt hat und von primärer Weiblichkeit spricht. Hand in Hand mit der tiefreichenden Revision, die durch eine Fülle von Veröffentlichungen die Bedeutung der primären Identifizierung des Mädchens mit der Mutter belegt, hat sich auch das psychoanalytische Verständnis der weiblichen Sexualität im engeren Sinn verändert (s. hierzu Chasseguet-Smirgel 1974). Falsche Vorstellungen über die Psychophysiologie des weiblichen Orgasmus haben jahrzehntelang zu iatrogenen Belastungen der behandelten Frauen geführt. Beispielsweise unterzog sich Freuds bedeutende Schülerin Marie Bonaparte, wie Bertin (1982) berichtet, einer Klitorisplastik zur Korrektur einer Frigidität. Freuds unzutreffende Annahmen über die Entstehung der Frigidität als Überleitungsstörung vom klitorialen zum vaginalen Orgasmus und andere falsche Vorstellungen über die Psychophysiologie der weiblichen Sexualität haben die Therapie frigider Frauen viele Jahre lang behindert.

Die Bedeutung der primären Identifizierung bei der Entstehung von Abweichungen, die bis zum Transsexualismus gehen können, sollte freilich nicht zu der irrtümlichen Schlußfolgerung führen, daß „Weiblichkeit" oder „Männlichkeit" schon im 1. Lebensjahr festgelegt werden. Unter günstigen Bedingungen kann durch Freundschaften im Kindergarten und in der Schule, in der Begegnung mit Ersatzmüttern und Lehrern, besonders während der Adoleszenz vieles ergänzt werden. Es gibt über die ödipale Konfliktphase hinaus immer wieder die Chance zu neuen und ergänzenden Identifikationen, die tiefer reichen als Nachahmungen, aber bei diesen ihren Ausgang nehmen können. Das Suchen und Finden von Vorbildern fördert Selbstheilungsprozesse.

Oft sind die von Freud entdeckten unbewußten Abwehrvorgänge stärker als die Kräfte der Natur. Dann bleiben, wie im Falle von Frau Beatrice X, hysterische Ängste auf dem Hintergrund ödipaler Konflikte bestehen. Welche lebensgeschichtlichen Bedingungen im einzelnen Fall die unbewußt wirksamen Verdrängungen und andere Abwehrmechanismen in Gang gesetzt haben mögen – wo neurotische Schwangerschafts- und Geburtsängste vorliegen –, wird man neben grundlegenden Identifikationsproblemen auch ödipale Konflikte finden.

Frau Beatrice X holte in dem Behandlungsabschnitt, in dem ihre ödipalen Konflikte im Zusammenhang mit den Schwangerschafts- und Geburtsängsten zur Sprache kamen und überwunden werden konnten, Gefühlsbindungen und Identifizierungen mit Frauen nach. Freundschaften intensivierten sich, und sie suchte, einer tiefen Sehnsucht nachgebend, auch ihre alte Kinderschwester auf, mit der zusammen sie viele Jahre der Evakuierung ohne die Mutter verbracht hatte.

Neben homoerotischen Träumen träumte Frau Beatrice X in der 258. Stunde von meiner Frau, bei der sie sich als Patientin erlebte. Sofort versicherte sie, wie zufrieden sie mit mir sei. Groß war nach wie vor ihre Sorge, die Liebe des Vaters in der Übertragung zu verlieren, wenn sie sich der Mutter zuwandte. Es war naheliegend, daß sie sich bei schwangeren Freundinnen und Müttern, die gerade entbunden hatten, Informationen holte.

Kommentar aus heutiger Sicht: Ganz abgesehen von der Versagung ihrer ödipalen Wünsche in der Übertragung hatte Frau Beatrice X auch guten Grund, mit dem behandelnden Analytiker unzufrieden zu sein und sich im Traum an seine Frau zu wenden. In einem widerspruchsvollen und zwiespältigen Hin und Her entzog der Analytiker sich der Zusage, ihr den Titel aufklärender Bücher zu nennen. Daraus ist in diesem Fall kein größerer Schaden entstanden. Wenn man wegen der Abstinenzregel eine Aufklärung unterläßt, verspielt man eine Chance, die hilfreiche Beziehung zu stärken und – in der Mutterübertragung – Identifikationen zu ermöglichen. Die Zurückweisung des naheliegenden Wunsches, vom Fachmann eine Auskunft zu erhalten, verhindert zwar indirekte ödipale Befriedigungen, schädigt aber auch die Identifizierung. Der Analytiker ließ sich offensichtlich von der Vorstellung leiten, daß jede indirekte Befriedigung dem Analysieren zuwiderlaufe. Heute wissen wir, daß die Frustrationstheorie der Therapie, die eine rigorose Anwendung der Abstinenzregel zu unterstützen schien, falsch ist. Sie war von Anfang an schlecht begründet, weshalb es nicht überrascht, daß Weiss u. Sampson (1986) die Frustrationshypothese der Therapie widerlegten. Ihre Untersuchung beweist ebenso wie die klinische Erfahrung die Überlegenheit von Freuds alternativer Hypothese, die davon ausgeht, daß der Patient in der analytischen Situation versucht, mit Hilfe des Analytikers Traumatisierungen zu überwinden und bisher unlösbare Konflikte zu meistern. Im vorliegenden Fall hat die Versagung des Wunsches, den Titel eines Aufklärungsbuchs vom Analytiker zu erfahren, keineswegs irgendwelche unbewußten sexuellen Begleitphantasien hervorgebracht, sondern eine partielle Abwendung vom Analytiker und Zuwendung zu Frauen als geeigneteren Vorbildern für die gesuchte Aufklärung. Hätte sich der männliche Analytiker anders verhalten und eine mütterliche Übertragung ermöglicht, hätte die Patientin u. E. auch bei ihm Identifikationsmöglichkeiten finden können.

Wir geben nun einige bezüglich der ödipalen Ängste aufschlußreiche Sitzungen wieder, die dem Leser darüber hinaus einen Einblick in das Protokollierungsschema geben, das wir unter 1.3 erwähnt haben.

261. Stunde

Frau Beatrice X berichtet, sie habe sich auf die Stunde gefreut, wenn sie aber hier sei und warte, werde sie unruhig und wolle am liebsten wegrennen.

Es gehe ihr besonders gut, sie sei auch mit ihrem Mann sehr glücklich, habe aber Bedenken wegen eines bevorstehenden Richtfestes. Natürlich sollte sie dabei sein, sie habe jedoch eine zwiespältige Einstellung: Freude und Angst. Sie betont, wie sehr sie sich für ihren Mann freue, ohne ihm seinen Erfolg als Architekt zu neiden.

Traum: Sie kam in einen Raum, Scheinwerfer und Filmapparate wurden von einem Mann vorbereitet, der für sie keine Zeit hatte. Sie war enttäuscht.

Die Patientin berichtet im Anschluß an die Traumerzählung nochmals über ihre Stimmung im Hinblick auf das Richtfest.

Überlegung: Die Stunde begann mit einer Verzögerung von 5 Minuten. Ich möchte die Patientin auf ihre – vermutete – Enttäuschung bringen und stelle deshalb eine hinweisende Frage.

A.: *Der Mann hatte zu wenig Zeit für Sie?*

Reaktion: Die Patientin geht darauf nicht ein, sie bringt statt dessen ihre Wünsche vor: wie schön es wäre, beim Richtfest im Mittelpunkt zu stehen. Dann gibt sie genaue Details über die letzten Tage, insbesondere über ihr Sexualleben. Sie habe wohl deshalb früher keinen Orgasmus gehabt, weil sie sich zurückgehalten habe und bei Steigerung der Erregung nicht mehr aktiv mitgemacht habe. Dann habe irgendwie die Angst eingesetzt, durch intensives Mitmachen beschädigt werden zu können.

Es sei auch nicht richtig, daß ihr Mann – und die Patientin denkt dabei auch an den Mann im Traum – für sie zu wenig Zeit habe. Es läge an ihr, denn sie tue abends noch irgend etwas Nebensächliches, anstatt das Gespräch und die Ruhe mit ihrem Mann zu suchen und zu genießen.

Überlegung: Unbewußt möchte sich die Patientin exhibieren, im Mittelpunkt stehen und einen besonders befriedigenden Orgasmus haben. Sie hat Angst vor Beschädigung. Damit es nicht zur Exhibition kommt, stellt sie es im Traum so dar, als hätte der Mann keine Zeit. Dann ist es der Mann, der sie enttäuscht, und sie kann ihn anklagen. Dadurch wird die Verdrängung der sexuellen Wünsche aufrechterhalten.

Deutung: Im Sinne meiner Überlegungen sage ich der Patientin unter Rückgriff auf einen früheren Traum, in dem sie von einer tanzenden, sich exhibierenden Frau träumte, daß sie sich in sexueller Erregung zeigen möchte, aus Angst vor zu viel Intensität aber die Enttäuschung einbaue. Sie klage dann mich an, zu wenig Zeit zu haben.

Reaktion: Das sei hundertprozentig richtig, und es käme auch kein *Aber*. Sie denke nun an einen Traum und an ihre Geburtsangst.

Traum: Sie sah ein blasses Kind vor sich, das Baby einer Schulfreundin, die immer sehr schlecht ausgesehen hatte. (Im Traum war es klar, daß die Frau während der Schwangerschaft zu viel Verkehr gehabt hatte und das Kind deshalb beschädigt wurde.) Ein Mann setzte einen kleinen Jungen zwischen Elefantenohren, und sie hatte große Angst um das Kind.

Einfälle: Sie wisse, daß man einige Wochen vor der Entbindung keinen Verkehr haben sollte. Bei den Elefantenohren habe sie sofort an die Schamlippen gedacht. In ihrer Angst vor Schwangerschaft und Geburt stecke drin: etwas zu verlieren.

Überlegung: Das bekannte Thema der Schädigung und des Verlusts kehrt wieder. Ich denke an die Vorstellung der Patientin bei der Defloration und an ihre Befürchtung, der Scheideneingang reiße immer weiter. Im Kind erlebt sie nicht das Neue. Es kommt für ihr Erleben nichts hinzu, sondern sie denkt in erster Linie daran, daß etwas herunterfällt (der Junge zwischen den Ohren/Schamlippen). Ich rätsele an der Gleichsetzung von Kind und Penis herum. Das Kind ist kein *hinzukommendes* Glied, es fällt ab. Warum?

<u>Deutung:</u> Es komme ihr also so vor, daß sie bei der Geburt beschädigt werde und etwas verliere. Der kleine Junge sei dort, wo beim Elefanten der Rüssel sei, es sei also so, als würde der Junge Rüssel Glied abfallen. Sie hätte die Vorstellung gehabt, bei ihr sei im Vergleich zum Bruder etwas verloren, nämlich das Glied, und sie fürchte, die Schädigung gehe bei der Geburt weiter.
<u>Reaktion:</u> Sie könne sich an eine solche Vorstellung im Vergleich zu ihrem Bruder nicht erinnern, aber es sei ihr deutlich, wie sehr sie von dem Gedanken beherrscht werde, bei der Entbindung beschädigt zu werden, etwas zu verlieren. Sie sei beunruhigt, noch immer solche Gedanken und Träume zu haben, obwohl sie es doch nun besser wisse.

Die Verlustangst klärt sich in einer späteren Sitzung fast ohne mein Zutun weiter auf.

264. Stunde

Obwohl sie sich eigentlich mit der Eröffnung des Büros, die in wenigen Tagen stattfinde, beschäftigen sollte, dränge sich ein anderes Thema auf, das vor wenigen Stunden hier besprochen wurde. Es gehe um das Verlieren, um das Fallenlassen. Darüber habe sie einen ganz grausigen Traum gehabt.
<u>Traum:</u> Aus ihrer Scheide kamen miteinander verbundene Leberstücke heraus. Sie war voller Entsetzen, Verzweiflung und Angst und begab sich in Hockstellung, um mit der Hand nachzutasten und die aneinandergereihten Teile einer Leber aus sich herauszuziehen. Dann träumte sie noch von einer Frau, die ihrer Mutter ein solches Leberstück geben wollte, ihre Mutter lehnte dies aber ab.
<u>Einfälle:</u> Die Patientin wiederholt die Beschreibung des Grauens und Ekels. Dann folgen Erörterungen darüber, daß sie Angst habe, bei einer Schwangerschaft das Kind zu verlieren. Sie denkt über ihre merkwürdige Hockstellung zur Angstüberwindung nach. Tatsächlich hat die Patientin über einen sehr langen Zeitraum ihre Angst dadurch gemildert, daß sie sich häufig in Hockstellung begeben hatte. Sie saß nicht ganz auf dem Boden, sondern halbwegs auf den Zehenspitzen, das Gesäß auf den Fersen ruhend. So überwand sie ihre Angst in ähnlicher Weise wie durch Berührung der Schamgegend. Vom Traum her schließt die Patientin, daß sie also offenbar im Stehen die Angst habe, die Kontrolle unten zu verlieren. „Ja, es stimme, sie habe immer Angst gehabt, bei der Periode zu verbluten."

Nebenbei erwähnt die Patientin, daß sie erstmals seit Jahren fähig war, mit ihrem Mann zusammen am Tisch zu essen - eine positive Veränderung, die im Zusammenhang mit der Durcharbeitung verschiedener Ängste steht.

265. Stunde

Sie war nach der gestrigen Stunde sehr froh, ihr Mann hatte durch Fleurop Blumen geschickt, ohne etwas dazu zu schreiben. Nun sei sie aber beunruhigt, weil sie seit heute morgen einen ganz blödsinnigen Gedanken habe. Sie dachte daran, ein Paar Schuhe, die sie gestern gekauft hatte, umzutauschen. Es kam ihr in den Sinn, wie schön es wäre, mit einem Patienten, den sie auf der Station kennengelernt und der ein Auto habe, zum Bahnhof zu fahren. Sie sei von diesem Gedanken nun in Unruhe versetzt worden und habe Schuldgefühle ihrem Mann gegenüber.
<u>Überlegung und Deutung:</u> In meiner Deutung berücksichtige ich, daß sich die Pa-

tientin vor der Stunde auf der Station aufhält. Der genannte Patient hat sich, wie ich im Vorbeigehen bemerkte, seit einiger Zeit für sie interessiert. Ich mache Frau Beatrice X darauf aufmerksam, daß sie so tue, als trüge sie nichts zum Werben dieses Mannes bei.

Reaktion: Sie müsse mir recht geben, so sei es.

Ich ergänze, indem ich sie darauf hinweise, daß sie bei einer Zugfahrt aus dem gleichen Grund vermeide, einem Mann gegenüberzusitzen. Sie gesteht sich dann ein, wie wohl es ihr tue, daß der Mann sich für sie interessiere.

Überlegung: Es dürfte sich um eine Verschiebung der Übertragung handeln. Es ist ein älterer Patient, von dem die Patientin annimmt, daß er schon viele Frauen gehabt habe. Früher habe sie sich manchmal darüber beklagt, daß ihr Mann so jungenhaft sei, wenig väterlich, ohne Erfahrung. Auf den verheirateten Patienten sind Inzestwünsche übertragen.

Deutung: Durch ein Verhältnis mit einem älteren, erfahrenen, väterlichen Mann, durch eine sexuelle Beziehung mit mir, suche sie jene Bestätigung, die sie seinerzeit nicht bekommen habe, weil ihr Vater, wie sie geträumt habe, nur mit der Mutter Verkehr hatte. Sie habe nun Schuldgefühle für diese Wünsche, die sie deshalb wegschiebe.

Reaktion: Das sei hundertprozentig richtig, im übrigen sei ihr Mann doch manchmal väterlich.

Überlegung: Da die Patientin aus Inzestangst ihre Wünsche nicht in die Beziehung zu ihrem Mann bringen kann und nur abgespalten zum Ausdruck bringt, ist die eheliche Beziehung verarmt, d.h. sie hält ihren Mann unbewußt auf der Stufe des Bruders.

Entsprechende *Deutung*, die von der Patientin in der *Reaktion* dahingehend ergänzt wird, daß sie also deshalb zu ihrem Mann über lange Zeit überhaupt keine sexuelle Beziehung haben konnte.

275. Stunde

Die Patientin vermutet (zu Recht), eben im Gang der Klinik meiner Frau begegnet zu sein. Sie sei in große Unruhe geraten und wäre am liebsten weggegangen. Eigentlich stehe es ihr nicht zu, jetzt hier zu sein und über so persönliche Dinge zu reden. Auf meine Frage berichtet die Patientin weiterhin, daß sie sich im Vergleich mit meiner Frau nicht nur leer, sondern auch klein vorgekommen sei. Sie wird häufig als unverheiratetes 17jähriges Mädchen eingeschätzt.

Überlegung: Das zufällige Zusammentreffen hat die Patientin ödipal erlebt. Sie hat Schuldgefühle für ihre inzestuösen Wünsche und wehrt diese Schuldgefühle einerseits in der Symptomatik ab, andererseits dadurch, daß sie von sich sagt, ich bin viel zu klein. Sie errichtet damit einen Schutz gegen ihre Inzestwünsche.

Deutung: Sie habe ja auch neulich von einer Frau geträumt, die schwanger sei und sich bei mir im Zimmer aufhalte. Sie glaube, sich ausschließen zu müssen, und sage sozusagen ihrer Mutter: Ich habe mit dem Bruder/Analytiker keine verbotene Beziehung.

Die Patientin greift diese Gedanken auf. Es wird über eine andere Verhaltensweise gesprochen, durch die sie ihre Wünsche verberge. Der Analytiker solle der Verführer sein und z.B. in der Festlegung der Stunden über sie bestimmen. Es geht nochmals um den Besuch bei ihrer Mutter. In diesen Tagen, so sage ich ihr, komme sie nicht hierher, um sich bei der Mutter auszuruhen und diese wissen zu lassen: Ich bin klein und hilflos und fahre nicht zu dem Mann (der Arzt als Vater).

Sie greift diese Ansicht auf und sagt „ja". Zugleich könne sie sich nichts Schöneres vorstellen, als mit einem Kind zu ihrer Mutter zu kommen. Diese Phantasie habe sie auch mir gegenüber: mit Mann und Wunschkind, das sie eines Tages zu gebären hoffe, hier einen Besuch zu machen.

Rückblick: Die sich langsam bildende positive Identifizierung mit ihrem Geschlecht hat die Ängste vor Schwangerschaft und Geburt abklingen lassen und mit hoher Wahrscheinlichkeit auch erleichtert, daß es zu einer Konzeption kam. Katamnestisch kann festgehalten werden, daß Frau Beatrice X seit etwa 20 Jahren gesund und Mutter mehrerer Kinder ist. Alle für eine Erfolgsbeurteilung wichtigen Daten sind positiv einzuschätzen. Frau Beatrice X blieb angstfrei und lebt zufrieden und glücklich mit ihrer Familie.

8.4 Agieren

Wie wir im Grundlagenband unter 8.6 ausgeführt haben, hat sich das traditionelle Verständnis des Agierens in den letzten Jahrzehnten unter dem Einfluß der Objektbeziehungstheorien wesentlich verändert. Sowohl die Phänomene selbst, die diesem Begriff zugeordnet werden, als auch deren Entstehung erhalten in der gegenwärtigen Theorie der Technik einen anderen Stellenwert. Besonders am Agieren mit seinen beiden Formen, dem Acting-out und dem Acting-in, lassen sich die Auswirkungen der Polarisierung zwischen der klassischen Einsichtstherapie mit ihrer Betonung der Deutung und der Therapie der emotionalen Erfahrung aufweisen. Diese Polarisierung geht, wie wir im Grundlagenband unter 8.3 gezeigt haben, darauf zurück, daß das Erleben in der psychoanalytischen Sprechstunde seit der Kontroverse zwischen Freud und Ferenczi nicht genügend berücksichtigt wurde. Indem Cremerius (1979) die Frage aufwarf: „Gibt es *zwei* psychoanalytische Techniken?", hat er zur Überwindung der Polarisierung aufgerufen. Diese Integration auseinanderlaufender und einseitiger Richtungen läßt sich an der Einstellung zu den Phänomenen erproben, die herkömmlicherweise als Agieren etikettiert werden.

Die Phänomenologie des Agierens ist reichhaltig. Sobald man aber psychoanalytisch über eine deskriptive Phänomenologie hinausgeht, stellt sich die Frage der funktionalen Wertigkeit des jeweiligen Handelns. Diese hat individuelle und dyadische Aspekte. Deshalb muß das Agieren sowohl außerhalb als auch innerhalb der Sprechstunde im Kontext aktueller Übertragungs- und Gegenübertragungsprozesse untersucht werden. Es kann eine benigne oder eine maligne Bedeutung haben. Eine Patientin, die auf der Suche nach einer weiblichen Identifikationsfigur als Fleurop-Botin die Frau des Analytikers einmal in Augenschein nahm, bewies Einfallsreichtum, um einen phantasierten Mangel zu beheben; jene Patientin, die wir unter 2.2.4 beschrieben haben, zerstörte durch ihr fortlaufendes Eindringen in das Privatleben des Analytikers die Behandlungsbasis. Die teilweise Abhängigkeit dieses Verhaltens von der besonderen Lebenssituation des Analytikers und der Gestaltung der Therapie haben wir dort diskutiert. Auch an anderen Stellen in diesem Band findet der Leser Beispiele, die herkömmlicherweise unter „Agieren" eingeordnet werden. Wir werden uns deshalb in diesem Abschnitt auf 2 Beispiele für das sog. Acting-in beschränken, das seine festgelegte negative Wertigkeit spätestens seit Balints Beschreibung des Neubeginns verloren hat.

Beispiel 1

Nach der 3wöchigen Weihnachtsunterbrechung kommt Frau Ingrid X in die Stunde und beginnt mit der Feststellung, sie möchte mir etwas zeigen. Ohne meine Antwort abzuwarten, geht sie zur Couch, kniet nieder und beginnt ein Tarotspiel auszubreiten. Sie fordert mich auf, auf dem Hocker daneben Platz zu nehmen, nachdem ich zunächst etwas verdutzt danebenstand. Die Karten werden in der Weise angeordnet, wie sie am Silversterabend lagen. Frau Ingrid X meint, sie habe unser bisheriges Verständnis ihrer Lebensgeschichte in diesem Tarotspiel wiedergefunden.

Mit vielen Hinweisen auf Details betrachten wir die einzelnen Karten, und sie erläutert an den Figuren, welche Vorstellungen sie sich dazu gebildet hat. Im Mittelpunkt stehen Pokale, die entweder gefüllt sind und für sie Leben bedeuten, oder umgestoßen sind und ungelebtes Leben symbolisieren. Besonders getroffen hat sie eine Gestalt, in der sie sich als einsamen Eremiten abgebildet sieht.

Im Mittelpunkt ihrer Selbstinterpretation steht die Mutter, die ihr einen verschlossenen Pokal nicht reicht, ihr etwas nicht zu gönnen scheint.

Nachdem die Patientin diese Einzelheiten erläutert hat, spüre ich, daß sie von mir auch den einen oder anderen ergänzenden Hinweis erwartet hat. Ich soll bei dieser Zusammenfassung dessen, was wir bisher erarbeitet haben, mitwirken. Dann räumt sie zufrieden die Karten zusammen und legt sich auf die Couch.

Wenn es einen Katalog ungewöhnlicher Situationen im Berufsleben des einzelnen Psychoanalytikers gibt, dann gehört diese Erfahrung für mich dazu. Ungewöhnlich war für mich besonders die Selbstverständlichkeit, mit der sich alles vollzog. Sich dem Angebot unter Hinweis auf eine Regel zu entziehen, wäre mehr als kränkend gewesen.

Die Patientin berichtet nun einen inhaltsreichen Traum, dessen erstes Bild auf das Behandlungszimmer verweist. Es folgen weitere Szenen, die u. a. auf eine kürzlich abgeschlossene Liebesbeziehung anspielen. Die Patientin kommentiert beim Traumerzählen, sie versuche im Traum den Nachlaß zu ordnen.

Ohne eine Verbindung zwischen dem Traum und unserer Beziehung herzustellen, fährt Frau Ingrid X fort und schildert, wie sie Weihnachten mit ihrem Mann verbracht hat; dabei waren bekannte Probleme durchzustehen. Das Bedürfnis der Patientin, den Bericht über die Ferienzeit möglichst vollständig auszugestalten und mir nahezubringen, läßt mich abwarten. Die Fülle des Mitgeteilten veranlaßt mich nach ca. einer halben Stunde, die Patientin darauf hinzuweisen, daß sie mir ihr Erleben mitbringen möchte und sie mit einem ungewöhnlichen Mitbringsel auch die Stunde eröffnet habe. Dieser Hinweis fördert das Nachdenken.

P.: *Ja, es ist mir wichtig, Ihnen mitzubringen, Ihnen alles zu erzählen. Übrigens tue ich das auch in Ihrer Abwesenheit, spreche mit Ihnen und lasse sie teilnehmen, an dem, was mich so beschäftigt.*

Sie schildert nun, daß sie ca. 14 Tage lang innerlich den Dialog mit mir fortsetzen konnte. Dann aber scheint diese innere Beziehung abgerissen zu sein, aber nicht ohne Stolz berichtet sie, daß es ihr gelungen sei, mit anderen - Freundinnen, Bekannten - diese Art des Sichmitteilens fortzusetzen.

Mir drängt sich in diesem Zusammenhang die Frage auf, die ich der Patientin auch vorlege, ob es einen zeitlichen Zusammenhang zwischen dem Verlust der inneren Beziehung zu mir und dem Tarotlegen gibt. Dies bestätigt sich und ist für uns beide ein überraschender Gewinn an Einsicht. Wir können festhalten, daß der Verlust der inneren Beziehung durch einen Rückzug auf eine magische Ebene kompensiert wurde; statt des nicht verfügbaren Analytikers wurde die verfügbare Welt des Tarotspiels herangezogen, mit der zum Jahreswechsel sowohl unsere gemeinsame Vergangenheit wie auch die vor uns liegende Zukunft bewältigt werden konnte. Unsere Verständigung darüber, mich an dem Ergebnis dieses Kartenlegens teilhaben zu lassen, verknüpft die vor der Ferienunterbrechung liegende Zeit mit der jetzt vor uns liegenden. Frau Ingrid X erinnert sich an die emotional sehr wichtige Beziehung zu ihrer Geigenlehrerin, der sie immer alles mögliche mitbringen durfte. Wenn sie ausreichend geübt hatte, blieb immer noch Zeit übrig, um der Lehrerin interessante Bücher oder ihre neuesten Rollschuhe etc. zu zeigen. Die Verlebendigung dieser trostspendenden Erfahrung führt uns zu der schmerzlichen Erinnerung, daß die beruflich sehr engagierte Mutter nicht ausreichend verfügbar war. Aus vielen Gründen war die Patientin jedoch in der Lage, sich wenigstens teilweise befriedigende Ersatzmöglichkeiten für diese chronisch enttäuschende Mutterbeziehung zu schaffen.

Das Verständnis des Acting-in auf dem lebensgeschichtlichen Hintergrund führt zu der Formulierung, daß wir uns in einer Art Geigenlehrerinbeziehung befinden. Als Reaktion auf die längere Trennung wird der Analytiker zur enttäuschenden, nicht verfügbaren Mutter und muß ihr dann in der Position der Geigenlehrerin ein spielerisches Mitbringen ermöglichen. Er muß besonders auch ihre Möglichkeiten würdigen können, Ersatzlösungen zu finden, auf die die Patientin zu Recht stolz ist. Diese können allerdings auch scheitern, wenn die Enttäuschung zu stark wird. Als Beispiel dafür berichtet sie nun, daß der Schwiegervater sich nicht die Mühe gemacht habe, ein sie persönlich ansprechendes Weihnachtsgeschenk auszusuchen, sondern ihr einen Kunstband überlassen habe, den er von irgendeiner Firma als Weihnachtspräsent erhalten hatte. An dem letzten Beispiel kann die Patientin ihre Sehnsucht nach persönlicher Zuwendung spüren, die sich hinter ihren bisherigen Bewältigungsmöglichkeiten verbirgt.

Das Tarotspiel kann als situativ erfolgreicher Versuch angesehen werden, den Verlust des inneren Objekts „Analytiker" durch Rekurs auf eine überpersönliche Bühne zu ersetzen, auf der sie unsere bisherige Arbeit zusammengefaßt sehen konnte. Durch die Unterbrechung wurde eine negative Mutterübertragung mobilisiert: Wer oder was wird der gefüllte Pokal sein, den die Mutter (Analytiker) ihr nicht zu gönnen scheint? Zur Abwehr der damit verbundenen Affekte konnte die Patientin eine idealisierende Mutterübertragung in Form des Acting-in für sich nutzbar machen, um ihre Einsamkeitsgefühle („der einsame Eremit") mitzuteilen.

Beispiel 2

Herr Theodor Y ist trotz beruflicher Erfolge und vieler Interessen, die ihn zu einem gesuchten Gesprächspartner in einem großen Freundeskreis machen, einsam und selbstunsicher geblieben. Sein äußeres Erscheinungsbild steht in einem Mißverhältnis zu seiner negativen Selbsteinschätzung: Er hält sich selbst für gänzlich unattraktiv.

Der Vater war im Krieg gefallen; die Mutter mußte schwer arbeiten, um mehreren Kindern eine langjährige Ausbildung zu ermöglichen. Neben der materiellen Notlage belastete die Depressivität der Mutter die Kindheit und Jugend des Patienten, der sich in der Nachpubertät seiner homoerotischen Neigungen richtig bewußt wurde. Nachdem ihn seine Homosexualität unter dem Einfluß von Alkohol in eine soziale Krise gebracht hatte, suchte er um Behandlung nach.

In der 350. Stunde erinnerte er sich beklommen an ein Erlebnis, das etwa 15 Jahre zurücklag, in dessen Folge er verstärkt homosexuelle Kontakte gesucht hatte: Seit einigen Monaten war er mit einer Frau befreundet gewesen, mit der er eine gute sexuelle Beziehung hatte. Er hatte mit einem Freund eine Reise vor, und seine Freundin war enttäuscht und wütend gewesen, daß Herr Theodor Y sie nicht mitnehmen wollte. Auf dieser Reise erfuhr er zu seiner Bestürzung, daß die beiden (Freund und Freundin) heiraten würden. Der Patient hat die Reise mit seinem Freund aber so fortgesetzt, als wäre nichts geschehen. Diese Schilderung hatte mich so erstaunt, daß ich spontan sagte: „Sie haben sich damals gar nicht mit Ihrem Freund auseinandergesetzt." In meiner Gegenübertragung hatte ich mich an seine Stelle versetzt und eine eifersüchtige Reaktion erwartet, ohne zu bedenken, daß das Dreiecksverhältnis vielfache Befriedigungen ermöglichte, die ein Ausbleiben normaler Eifersucht verständlich machen.

In die folgende Stunde kommt er viel früher als sonst. Aufgebracht über den Geruch nach verbrauchter Luft im Zimmer stürmt er ans Fenster. Es entsteht ein kurzes verbal-averbales Gerangel, bei dem er das Fenster aufreißt. Wir stehen eine Weile dicht beieinander. Da es draußen sehr kalt ist, sage ich trotz seiner zutreffenden Einschätzung der Luftqualität nach kurzer Zeit: „Jetzt reicht's schon, jetzt können wir's wieder zumachen", und schließe das Fenster.

Herr Theodor Y kommt gleich auf das Thema der gestrigen Stunde zu sprechen. Beim Zuhören merke ich, daß ich noch mit der Anfangsszene beschäftigt bin, die er nicht mehr erwähnt, und erwäge eine Verbindung mit dem vom Patienten angeschnittenen Thema.

A. (nach einer Weile): *Ich glaube, ich habe Sie verletzt, sowohl in der letzten Stunde wie auch jetzt eben.*

P. (heftig): *Nein, nein, schließlich brauche ich frische Luft.*

A.: *Aus dem, was sich jetzt abgespielt hat, komme ich auf die Idee, daß Sie sich wegen der Sache mit dem Freund kritisiert gefühlt haben.*

Der Patient ist auch bei meinem 2. Versuch nicht für diese Möglichkeit zu gewinnen, sondern dreht zunächst einmal den Spieß herum.

P.: *Ich glaube eher, Sie sind wohl jetzt gekränkt und böse, weil ich Ihnen die verbrauchte Luft vorhalte.*

Er spricht dann lange Zeit über Aggression und Bösesein schlechthin, bis er wieder auf die aktuelle Situation eingeht.

P.: *Jetzt widerspreche ich Ihnen auch noch und muß jetzt ganz beklommen sein, weil ich fürchte, daß Sie jetzt ganz böse sind. Spüren tu ich hier, daß Sie der Schlaue sind ... Beklommen bin ich jetzt, Angst habe ich vor Ihrer Aggression ... Oder vor meiner? ... Wenn Sie nun nicht so vollkommen sind? ... Sie sagten gestern: „Hochinteressant!" Der Herr Analytiker, interessiert sich der für mich, oder ... ja, was interessiert Sie eigentlich jetzt, ist das „psychologisch" hochinteressant?*

Es folgt ein längerer Monolog, dann hält er inne.

P.: *Quassle ich es jetzt tot?*

A.: *Es kommt mir tatsächlich so vor, als hätten Sie meinen Part mitübernommen, insofern haben Sie mich rausgequasselt.*

P.: *Ja, irgendwie habe ich wohl Angst.* (Pause)

A.: *Ich wollte ja zum Ausdruck bringen, daß ich die Vermutung habe, gestern einen Fehler gemacht zu haben, und habe deshalb Ihren heutigen Auftritt – so heftig sind Sie noch nie hereingekommen – aufgegriffen.*

Herr Theodor Y lehnt erneut eine Verbindung zwischen den beiden Ausgangspunkten meiner Konstruktion ab und verliert sich wieder in allgemeinem philosophischen Nachdenken. Gegen Ende der Stunde versuche ich noch einmal, eine Überlegung einzubringen.

A.: *Ich will es Ihnen jetzt doch noch einmal zumuten: Es kann sein, daß Sie ganz anderer Meinung sind. Ich glaube, daß ich etwas sehe, was Sie im Moment gar nicht sehen können. Vielleicht bezieht sich das Gefühl der Kränkung auch auf die Bemerkung „hochinteressant". Manchmal gibt es verschiedene Meinungen, das zerstört weder Sie noch mich.*

Diese Feststellung wirkt augenscheinlich beruhigend auf den Patienten, auch wenn er sich mit einem zweifelnden Blick verabschiedet.

Mich beschäftigt nach der Stunde noch weiter, welche Bedeutung dem Geruch zukommen könnte, der ihn zum Fensteraufreißen veranlaßt hatte. „Stinkt" es ihm, daß ich mich „nur psychologisch" für ihn interessiere?

Die nächste Stunde beginnt Herr Theodor Y mit einem versöhnlichen Angebot.

P.: *Wenn Sie das schaffen, mir zu vermitteln, was Sie gestern empfunden und gemerkt haben, das mit dem Fenster ... dann hätte ich was gelernt. Mir erscheint das typisch. Und weil Sie gesagt haben, es sei bedeutsam. Und weil ich es nicht merkte.*

A.: *Sind Sie jetzt neugierig, wenn Sie mich so fragen, oder steht noch die Störung von gestern im Raum, und Sie möchten sich eher anpassen?*

P.: *Nein, ich glaube nicht. Ich habe gedacht, Sie warten jetzt was passiert ... also was können Sie mir zeigen? ... Ein Idiot bin ich. Ich kriege es nicht 'raus. Dennoch, es stimmt schon, die Angst, die ist jetzt geringer geworden ... Ich reiße das Fenster auf, und Sie machen es dann zu, das vermittelt etwas ... Das gibt ein großes Durcheinander, eine Unsicherheit, die Szene war beunruhigend.*

A.: *Darüber haben Sie so gestern nicht gesprochen.*

Diese Deutung gebe ich in der guten Absicht, das Positive in der Entwicklung seiner Gedanken von gestern zu heute, vom Agieren zum Betrachten und Reflektieren hervorzuheben.

P.: *Ja, ich konnte ja gestern nicht alles wissen, merken und gleich sagen.*

Herr Theodor Y reagiert damit prompt auf einen hintergründigen, kritischen Aspekt meiner Deutung.

A.: *Da haben Sie recht.*

P.: *Also, ein Idiot bin ich.*

Ich überlege mir, ob er nun meine latente Kritik übernimmt. Ich beschließe, mich zu dem gestrigen Vorfall nochmals klärend zu äußern.
A.: *Ich habe jetzt gemerkt, daß Sie das viel mehr verunsichert hat, als ich dachte oder vielleicht wissen konnte.*
P.: *Es ging ja in der Dienstagstunde um meinen Freund. Daß Sie mich kritisiert haben, daß ich mich nicht mit ihm auseinandergesetzt habe, in der Situation, da habe ich mich gefühlt wie ein Idiot.*

Herr Theodor Y erwähnt jetzt eine ihn gestern hintergründig belastende Angst und die mit ihr verbundene Verwirrung. Ich denke an Faßbinders Filmtitel: „Angst essen Seele auf".
A.: *Man hat dann nicht nur Angst, sondern sie zerstört auch, sie macht, daß man nicht auf der Höhe seiner Möglichkeiten ist. Bis in das Sprechen hinein. Angst essen Seele auf.*
P.: *Gut ... Gestern vormittag, im Betrieb, schon vor der Stunde, das war das gleiche: Die Sekretärin ließ mich abfahren. Das war schrecklich. Alle sind blöd ... Und ich bin der kleine Junge, der nicht durchblickt. Der Chef auch, der blöde. Und ich der kleine Junge, der nicht auf der Höhe seiner Möglichkeiten ist ... Das ist wirklich ein deutliches Wort, wie die Seele aufgefressen wird. Da ist eine große Ähnlichkeit zwischen der Szene bei der Arbeit und der Szene am Fenster, die gleiche Angst. Herr Gott ... Sie haben recht. Wenn Sie mich bei der Arbeit gesehen hätten. Meine kleine hilflose Knabenseele im Spinnennetz, nackt und bloß und jämmerlich. Vor Mitleid müßten Sie zerfließen. Der Arme ...*
A.: *Ich vor Mitleid, Sie vor Schamgefühl.*
P. (verdutzt): *Schamgefühl? ... Vielleicht schaffe ich es über einen Umweg: Wer bin ich? Mein Analytiker hat gegen mich das Gefühl, das ich der Frau Z.* (der Sekretärin) *gegenüber hatte: Sie war sehr geängstigt, bemitleidenswert, als ich endlich lospoltern konnte. Ich denke dann, ich will das und das und ihr haltet gefälligst die Fresse ... Dann kommt die alte Offiziershaltung zum Vorschein, mit Wut, hartem Auftreten usw., aber es nützt nichts.*

In meinen Überlegungen verbinden sich die Hingabewünsche an den Freund und die Freundin mit der aktuellen Übertragungssituation; beide haben ihn stehengelassen. Er konnte nicht rivalisieren oder streiten, weil der Verrat ihn so tief getroffen hatte, daß er gelähmt war. Meine Bemerkung, er habe sich nicht mit dem Freund auseinandergesetzt, trifft dann in die gleiche Kerbe. Indem ich ihn kritisiert habe, habe ich ihn „kastriert".
A.: *Vielleicht könnte man so sagen, weil Sie sich kritisiert gefühlt haben, deshalb ist das gestern alles passiert. Das wäre jetzt eine Antwort auf Ihre Frage am Anfang der Stunde, was ich Ihnen heute dazu sagen kann.*
P.: *Ja.* (längere Pause) *Wenn ich mich nicht auseinandersetze, dann ist es ein Mangel an Männlichkeit. Das haut hin. Das trifft mich an der Stelle, die mich dann zum Agieren bringt. Wie Sie's beobachtet haben, und wie ich's gestern in der Stunde mit dem Fenster und mit dem Früherkommen und am Vormittag im Sekretariat in meinem Betrieb veranstaltet habe. Die Leute werden nervös, wenn man ihnen die Wahrheit sagt. Die Empfindlichkeit, das trifft. Aber was ist die Wahrheit?*

Herr Theodor Y beginnt einen in der Folge immer unklarer werdenden intellektuellen Exkurs über die Frage der Wahrheit; nach einiger Zeit deute ich ihm, daß er wohl mehr die *gefühlsmäßige* Wahrheit suche.

P.: *Wahr ist, daß meine Gefühle unklar sind, zutreffend ist meine Sensibilität, meine Verletzbarkeit. Das ist wahr. Und daß ich kein Mann bin ... Und die Verbindung zwischen den Gefühlen ist das Entscheidende. Es muß sich reimen. Das ist Heilen. Daß es sich reimt, das ist die Wiederherstellung eines Ganzen. Da könnten Sie eine Rolle spielen.* (längere Pause) *Daß ich dies nicht sehen konnte? Jetzt schaue ich das mal mit Ihren Augen an, was da gewesen ist am Fenster.*

Herr Theodor Y läßt die Szene am Fenster nochmals Revue passieren.

P.: *Am Fenster fühlte ich mich tatsächlich entmannt. Weil Sie mir da eine Grenze gesetzt haben. Ich hab' mich so aufgespielt, gestern hab' ich's nicht gemerkt ... Aber deshalb brauchen Sie mir das Fenster nicht vor der Nase zuzumachen. Es stimmt alles. Mein aufgeblasenes Mannsein, die Aggression. Kennen Sie „Albissers Grund"? Der Albisser schießt den Zerutt über den Haufen. Ich täte es, um mich als Mann zu beweisen. Ich will mich durchsetzen bis zum Mord ... Jetzt wird's mir nicht besser ... Ich spür's jetzt im Solarplexus. Gestern hatte ich richtige Schmerzen und war ganz durcheinander ... Dann sagen Sie wieder, ich sei ein Hypochonder.*

Eine für den Patienten typische, halb ironische, halb ernste Äußerung. Er denkt immer, der Andere würde den Ernst durch seine Verschleierung hindurch verstehen, obwohl er sich selbst ja gerade davor schützt.

A.: *Ich glaube, hier sollte ich versuchen, Ihnen zu helfen.*

P.: *Können Sie das?*

Dies war wieder ironisch gesagt, dahinter fühle ich ungläubiges Staunen.

A.: *Ein Hypochonder wären Sie, wenn man's nicht versteht, warum Sie sich entmannt fühlen. Kein Hypochonder sind Sie, wenn ich verstehe, daß es Ihre Not ist, die Ihnen solche Gedanken macht, wie Albisser. Besser ist es, wenn Sie sich in dieser Not anerkannt fühlen, daß Sie sich so klein fühlen, kastriert oder was eben das richtige Wort dafür ist. Dies anzuerkennen wäre die Hilfe. Dann kommen Sie nicht so in den Keller, bis zum Mord oder Selbstmord.*

Der Patient kann nun die Fähigkeit des Analytikers, ihn auszuhalten und selbst seine Grenzen zu vertreten, in Einfälle aufnehmen, die ihn sehr bewegen, und sich damit der inneren Arbeit zuwenden (Bilger 1986).

8.5 Durcharbeiten

8.5.1 Wiederholung der Traumatisierung

Die Polarität von Katharsis und Durcharbeiten hat sich in den Auseinandersetzungen über das Verhältnis von Erleben und Einsicht fortgesetzt. Die damit zusammenhängende Polemik erübrigt sich u. E., wenn man davon ausgeht, daß es zur Kunst des Analytikers gehört, die Gegenwart in affektiv bedeutungsvoller Weise mit der Vergangenheit zu verknüpfen. In solchen Augenblicken kann es zur Wiederholung von Traumatisierungen unter neuen, günstigeren Bedingungen kommen. Dann wird aktiv gemeistert, wo bisher passive Einstellungen vorherrschten, und zwar im Sinne der folgenden generalisierenden Feststellung Freuds:

> Das Ich, welches das Trauma passiv erlebt hat, wiederholt nun aktiv eine abgeschwächte Reproduktion desselben [auch in der Übertragung], in der Hoffnung, deren Ablauf selbständig leiten zu können. Wir wissen, das Kind benimmt sich ebenso gegen alle ihm peinlichen Ein-

drücke, indem es sie im Spiel reproduziert; durch diese Art, von der Passivität zur Aktivität überzugehen, sucht es seine Lebenseindrücke psychisch zu bewältigen (1926d, S. 200).

Einem von Jiménez (1988) umfangreich dokumentierten Behandlungsverlauf entnehmen wir einige Abschnitte, die wir aus unserer Sicht kommentieren. Es soll gezeigt werden, wie sich die Traumatisierung in der Übertragung wiederholte und welche Rolle die Katharsis und das Durcharbeiten dabei spielten. Der behandelnde Analytiker erleichterte dem Patienten ein kathartisches Erinnern der Traumatisierung mit anschließendem Durcharbeiten dadurch, daß er die homosexuellen Verführungen durch den Vater als solche beim Namen nannte, was eine realistische und distanzierende Einstellung in der therapeutischen Beziehung mit sich brachte. Von diesem Wendepunkt an wuchs die Fähigkeit des Patienten, zwischen dem Erlebnis in der Vergangenheit mit dem Vater und der neuen Erfahrung mit dem Analytiker zu unterscheiden (Strachey 1934).

Behandlungsbericht

Der 40jährige gebildete Herr Peter Y suchte mich auf Rat eines Priesters wegen seiner sexuellen und affektiven Schwierigkeiten mit seiner Frau auf. In den ersten Gesprächen sprach er viel über seine allgemeine Unzufriedenheit mit dem Leben. Traumatische Erfahrungen hatte er mit seinem trunksüchtigen Vater, der seinen Sohn zwischen dem 12. und 14. Lebensjahr mehrmals homosexuell verführte, indem er oralen Verkehr (Fellatio) an ihm ausübte. Da sein Vater aus beruflichen Gründen fast immer von zu Hause abwesend war und sich die Verführungen während des genannten Zeitraums regelmäßig bei seiner Rückkehr ereigneten, war die Vater-Sohn-Beziehung auf perverse Höhepunkte eingeschränkt. Über diese Episoden sprach der Patient im Erstinterview erstaunlich sachlich und fügte sofort hinzu, daß er kein Homosexueller sei, sondern an einer Ejaculatio praecox leide, die seine Ehe gefährde. In den Mittelpunkt seiner Lebensgeschichte stellte er seine Hemmungen gegenüber Frauen, die zu seinen reichen Phantasien kontrastierten. Er befand sich beinahe ständig in einem Zustand der sexuellen Erregung, der ihn quälte und von dem er sich nur vorübergehend durch Masturbation befreien konnte.

Trotz der tiefgreifenden Störung gab es keine psychopathologischen Anhaltspunkte, die auf einen Borderlinefall hätten schließen lassen. Vielmehr gelangte ich zu der Auffassung, daß es sich wahrscheinlich um eine schwere Charakterneurose handelte.

Es ist zweckmäßig, hier einige Überlegungen zur Diagnostik in der Psychoanalyse anzustellen. Wir sind mit Kernberg (1977) der Meinung, daß ein Patient nicht allein aufgrund von Phantasien archaischen Inhalts als Borderlinefall bezeichnet werden kann. Ebensowenig erlauben perverse Phantasien die Diagnose einer Perversion. Stets sind deskriptive psychopathologische und strukturelle Aspekte zu berücksichtigen. Wenn man nur den Inhalt unbewußter Phantasien betrachtet, wären viele Menschen als schwerkrank einzustufen. Dann verlöre die Diagnose ihre wichtigste Funktion, nämlich die der Unterscheidung. Die formalen Aspekte unbewußter Phantasien, also die Struktur von Inhalten zu berücksichtigen, bedeutet, diese in Zusammenhang mit der Gesamtpersönlichkeit zu beurteilen. Dabei gilt es, ihre Auswirkungen auf das Verhalten im allgemeinen und auf die Gestaltung der therapeutischen Beziehung im besonderen zu beachten.

In den ersten Sitzungen wurde deutlich, was den Patienten motiviert hatte, gerade jetzt analytische Hilfe zu suchen. Er hatte Angst, an seinem Sohn die eigene traumatische Erfahrung mit dem Vater zu wiederholen, also nun seinerseits am Sohn Fellatio machen zu können.

Die Reinszenierung des Traumas in der Übertragung

Nach etwa halbjähriger Analyse, die wir hier nicht zusammenfassen, nahm die Spannung in den Sitzungen allmählich ab. Herr Peter Y war ein guter Träumer. Seine Träume und Assoziationen erleichterten das Verständnis der Übertragung und die Rekonstruktion seiner unbewußten Lebensgeschichte. Das Material erlaubte Einblicke in verschiedene Stufen der Identifizierung mit seiner Mutter und seinem Vater.

Die sexuelle Beziehung zwischen Vater und Sohn variierte in vielen Träumen, so daß auch Einblicke in tiefere genetische Schichten möglich wurden. In einem Traum zeigte ihm seine Mutter in sehr provokativer Weise ihre Brust. Er sah seine Freundin und seine Mutter wie Huren angemalt auf einem Bett liegen und wandte sich von beiden ab. Er sah sich mit großer Würde wie ein Bischof weggehen - auf dem Weg ins Kloster -, ohne auf die flehentlichen Bitten der beiden Frauen einzugehen, seinen Entschluß rückgängig zu machen. In der 192. Sitzung berichtete Herr Peter Y einen Traum mit mehrfachen Abwandlungen der Traumatisierung: „Ich war beim Geschlechtsverkehr mit meiner Frau, aber in einer ganz merkwürdigen Art: Ich masturbierte in ihre Vagina hinein. Gleichzeitig küßten wir uns, und das war die wirklich wichtige Beziehung. Wir erreichten beide einen Orgasmus und ejakulierten mit dem Mund jeweils in den Mund des anderen."

Die Erinnerungen des Patienten sprachen für seine heroischen Versuche, seinen beunruhigenden ödipalen und prägenitalen, auf Vater und Mutter bezogenen sexuellen Wünschen zu entkommen und im Kloster seine Ruhe zu finden. Doch dort kam der neue Angstinhalt hinzu, von anderen Novizen oder von den Patres verführt zu werden.

Herr Peter Y erlebte auf einer tieferen Ebene wegen seiner Fixierung alle zwischenmenschlichen Beziehungen als beunruhigende, gegenseitige, sexuelle Provokationen. Durch die perversen Handlungen und die oral-phallischen Befriedigungen während der Pubertät verstärkte sich die unbewußte primäre Beziehung zur mütterlichen Brust. Dementsprechend spielte ich in der Übertragung für das unbewußte Erleben des Patienten ein verführerisches Elternpaar, wobei die mir zugeschriebene väterliche oder mütterliche Rolle rasch wechselte. Die Konfusion des Körperbilds in den Selbst- und Objektrepräsentanzen erleichtert den raschen Wechsel symbolischer Interaktionen.

Die Zärtlichkeit, das Küssen, ist in dem erwähnten Traum die wirklich wichtige Beziehung. Freilich ist diese in der Übertragung auch eine Wiederholung einschließlich aller Kompromißbildungen. Auf der Symptomebene ist die Ejaculatio praecox eine solche Kompromißbildung. In der Übertragung regte der Patient mich zu Interpretationen an, indem er mir aufregende Träume brachte und Ideen in den Mund legte, wie er in den Mund des Vaters ejakuliert hatte.

Was immer sich Herr Peter Y unbewußt noch alles gewünscht haben mag, so ist davon auszugehen, daß er durch das Verhalten des Vaters im höchsten Maße verwirrt und gedemütigt wurde. Langsam konnte erkannt werden, daß der Patient in der Regression meine Deutungen als Eindringen erlebte, das ihm seine Autonomie nahm und ihn in eine weibliche Position drängte. Er war in einen intensiven und sexualisierten verbalen Austausch im Sinne einer narzißtischen Befriedigung zu zweit anhand bedeutungsvoller Träume verwickelt, die mit „brillanten" Deutungen von mir erwidert wurden.

Neben diesen Phantasien zeigte Herr Peter Y andere Übertragungen. Die Rivalität mit mir drückte sich in Träumen mit politischem und aggressiven Inhalt über Machtkämpfe usw. und in einem Agieren in der Übertragung aus. Es war mir klar, daß der Patient durch die vielen Träume, die er brachte, eine ins Detail gehende Deutungsarbeit unmöglich machte. Ich wies ihn oft auf diese Tatsache hin und deutete sie als Ambivalenz. Außerdem antwortete er, wenn ich die Deutung eines bestimmten Aspekts eines Traumes für angebracht hielt, zu schnell mit einem „Ja, natürlich" oder einem „Ja, stimmt", um unbeeindruckt im Thema fortzufahren. Mich irritierte, daß er auf das, was ich sagte, nicht einging und das „Ja, natürlich" mehr ein Zeichen von Gefälligkeit oder gar Unterwerfung war. Dieses passiv-aggressive Verhalten entsprach seinen Charakterzügen. So konnte er den Ablauf der Sitzungen kontrollieren. Später zeigte sich, daß der Patient tatsächlich zugehört und die von mir gegebenen Deutungen aufgenommen hatte. So träumte er – nach einer Sitzung, in der er, wie er später sagte, das Gefühl hatte, daß ich ihm eine Grenze gesetzt hatte –, daß er mit einer schweren, spitzen Stahlstange versuchte, ein Loch in die Erde zu bohren. Da kam ein General, beanspruchte die Stange als sein Eigentum und steckte sie ihm in den Mund, was der Patient im Traum als ein religiöses Ritual empfand. Schon im Traum geriet der Patient in große Panik, weil er sich gegen die Macht aufgelehnt hatte, und gleichzeitig empfand er eine Wut über die Demütigung, die „Stange" im Mund dulden zu müssen. Noch im Halbschlaf wurde die „Stange" zum „Penis".

Kommentar: Nachdem der behandelnde Analytiker und sein Patient schon entdeckt haben, daß sowohl der Akt der Deutung selbst als auch die Inhalte eine traumatisierende Nebenwirkung haben, liegt es nahe, im General den zudringlichen Vater (Analytiker) zu sehen, zumal der Patient selbst schon eine interpretative Gleichsetzung beim Aufwachen vollzogen hat. Es wiederholt sich also eine Hilflosigkeit in der Übertragung, und der Patient glaubt sich ebensowenig gegen den General zur Wehr setzen zu dürfen wie seinerzeit gegen den Vater. Oder ist es zutreffender zu sagen, daß er sich weder damals noch heute wirklich zur Wehr setzen *wollte*? Denn im perversen Akt werden kompromißhaft eine ganze Reihe von Wünschen und Phantasien auf einmal befriedigt. Um einige Aspekte zu nennen: Die Sehnsucht nach dem lange abwesenden Vater findet eine Erfüllung, bei der sich dieser ganz von seinem Sohn abhängig macht. Bei der Ejakulation ist der Patient selbst der General gewesen, der auf der unbewußten Ebene den Mund als vieldeutige Öffnung und Höhle benützt und sich auch mit dem Saugenden identifiziert hat. Schließlich ist nicht zu übersehen, daß die Lust an der Macht mit der Wut über ihren Mißbrauch verbunden ist. Die Abhängigkeit vom Vater (und auf einer tieferen Schicht von der Mutter) und von der Triebbefriedigung ist bei diesem Patienten mit Machtmißbrauch verbunden.

Im Unterschied zu dieser Übertragungskonstellation und nach intensivem Durcharbeiten seiner Schwierigkeiten brachte er Träume, in denen eine realistischere positive Übertragung zum Ausdruck kam, wobei ich als ein geduldig seine Schüler unterrichtender Lehrer dargestellt wurde. Vorherrschend war jedoch eine homosexuelle Übertragung mit raschem Wechsel der weiblichen und männlichen Position.

In Gegensatz zu den Problemen in der therapeutischen Beziehung berichtete der Patient über seine zunehmende Zufriedenheit im täglichen Leben. Seine ausgeglichenere Stimmung erhöhte seine Arbeitsfähigkeit, und er setzte sich erfolgreich gegen seinen Chef durch. Er bemerkte eine Abnahme seiner Hemmungen gegenüber Frauen. Die Störung der Potenz besserte sich.

In der Folge stellte sich jedoch ein sexuelles Agieren ein, das sich längere Zeit fortsetzte und allmählich eine Übertragungsbedeutung annahm. Er begann eine erotische Beziehung mit einem Mädchen, das einige Male in der Woche zum Putzen ins Haus kam; eine heimliche Beziehung, die sich auf ausgedehnte Zärtlichkeiten beschränkte, die in der Regel in einer Ejakulation ohne Immissio endeten. Dieses Agieren hatte neben anderen unbewußten Bedeutungen den Zweck, die homosexuelle Übertragung mit mir zu entlasten. Stieg diese an, ließ der Patient eine Sitzung ausfallen mit der nachträglichen Entschuldigung, daß er in dieser Stunde mit dem Mädchen allein zu Hause habe sein können.

Die homosexuelle Übertragung trat in dieser Periode immer auf als etwas, das den Patienten verfolgte und gegen das er sich zur Wehr setzte. Die Wiederholung dieser Phantasien sowie ihre Intensität ließen auf eine starke Fixierung in der negativen Phase des Ödipuskomplexes schließen, die sich wegen der pubertären Traumatisierung nicht zu einer positiven Identifikation mit dem Vater hatte entwickeln können.

Um den Patienten bei der Überwindung seiner Identitätskonfusion stärker zu unterstützen, änderte ich meine Deutungsstrategie, indem ich die gegenwärtigen, realistischen Seiten unserer Beziehung mit den prägenitalen positiven und aggressiven Wiederholungen kontrastierte. Es ging darum, die Erotisierung, die der Patient suchte, zu überwinden. Nun wurde erkannt, daß sich häufig gerade bei solchen Deutungen, die ihn besonders berührten, eine homosexuelle Phantasie erfüllte. Nach Unterbrechungen erwartete der Patient unbewußt die Augenblicke, in denen ihn sein Vater nach der Rückkehr (er war durchschnittlich nur etwa 3–4 Monate im Jahr zu Hause) verführte. Allzulange hatten wir uns in einem Teufelskreis bewegt. Wir bildeten ein analytisches Paar, bei dem der Patient durch seine Träume und Assoziationen meine Deutungsarbeit anregte, durch die er sich befriedigt, aber auch vergewaltigt fühlte – ein sadomasochistischer Kreis. Was immer ich sagte, war für ihn eine Bestätigung meines homosexuellen Interesses an ihm. Als mir dies klar wurde, hielt ich mich zurück und versuchte durch häufigeres Schweigen, den Teufelskreis zu unterbrechen.

Nachdem wir uns wiederholt mit diesem Problem beschäftigt hatten, brachte der Patient in der 385. Sitzung den folgenden Traum: „Ich will in einem Büro ein wichtiges Schriftstück abholen oder vielleicht ein Untersuchungsergebnis in einer Arztpraxis. Zu meiner Überraschung ist es eine Anwaltskanzlei, und es handelt sich um ein Schriftstück vom Gericht. Aufs neue bin ich überrascht, weil es in Wirklichkeit das Hauptquartier der Polizei ist. Der Chef unterzieht mich einem sehr strengen Verhör, während er mich gleichzeitig ganz zart streichelt. Ich renne hinaus und nehme einen Bus, um nach Hause zu fliehen, bemerke aber, daß ich beim raschen Einsteigen durch die hintere Türe den falschen Bus genommen habe und in eine verkehrte Richtung fahre."

Die Assoziationen sowie meine Überlegungen ermöglichten mir, dem Patienten zu deuten, daß er in der Analyse einen Rechtsanwalt zu seiner Verteidigung gesucht habe, der ihn vor seinem verführerischen Vater und seiner Mutter, die ihn beunruhigten, schützen sollte. Im Laufe der Analyse habe es immer größere Schwierigkeiten gegeben, zwischen der neuen Erfahrung mit mir und der kindlichen Beziehung zu seinen Eltern zu unterscheiden. Dies beruhe darauf, daß sich ganz verborgen in der jetzigen Beziehung etwas wiederhole, was ihm eine starke Befriedigung gebe. Zum ersten Mal in der Analyse bezeichnete ich seinen Vater als Homosexuellen und Alkoholiker. Diese Deutung beunruhigte ihn sehr und brachte ihm einen Traum in Erinnerung, den er vor kurzem gehabt hatte. Er sah eine Tür mit vielen verrosteten Vorhängeschlössern, die sicher sehr lange nicht mehr geöffnet worden war. Er assoziierte einen Raum, in dem Gasflaschen aufbewahrt werden. Ich wies ihn darauf hin, daß er mir damit gesagt habe, daß es ihm schwerfalle, die Tür seines Gedächtnisses zu öffnen und mir auf diese Weise „offen" mitzuteilen, was ihm mit seinem Vater passiert war, aus Angst vor einem sehr explosiven Inhalt. Er sprach daraufhin von seiner ungeheuren Scham und seiner Angst, mir seine homosexuellen Wünsche und Phantasien zu zeigen. Die Analyse ging in die falsche Richtung, weil die „hintere" mit der „vorderen" Tür und ich mit seinem Vater *verwechselt* wurde.

Kommentar: Wir haben im Bericht des behandelnden Analytikers das Wort „verwechseln" hervorgehoben, weil es den Wendepunkt markiert, der in der nachfolgenden Zusammenfassung der Behandlung noch genauer beschrieben wird. Indem sich der Analytiker vom perversen Vater bzw. vom verführerischen Elternpaar distanzierte, hat er sich selbst durch einen Urteilsakt abgegrenzt. Diese Abgrenzung korrigierte vermutlich eine Konfusion, die durch die Traumatisierung entstanden und durch die Deutung der fortwährenden homosexuellen Übertragung anscheinend nicht geringer geworden war. Der Patient nahm die Deutungen allzu wörtlich als bare Münze und zog daraus vermutlich nicht nur mannigfache Befriedigungen, sondern erwartete und befürchtete wohl auch, daß es schließlich mit dem Analytiker so enden würde wie mit dem Vater. Offenbar hatte der Analytiker aber seine Bewährungsproben bestanden und schließlich eine überzeugende Abgrenzung zum Ausdruck gebracht. Man sollte solche klärenden Zusicherungen nicht unterschätzen. Um aus der Verwechslung herauszukommen, bedarf es eines Standorts außerhalb von Wiederholungen. Im Hinblick auf das *Verwechseln* empfehlen wir dem Leser die Lektüre von 9.3.2. Dort geben wir die Kritik eines Patienten an einer Deutungstechnik wieder, bei der versäumt wurde, die neuen Erfahrungen mit dem Analytiker in ein ausgewogenes Verhältnis zur Wiederholung zu bringen und diese damit zu unterbrechen.

Der tatsächliche Mißbrauch von Kindern zu inzestuöser, homosexueller Verführung ist eine schwerwiegende Traumatisierung, weil hierbei Grenzen überschritten werden, die der Sicherung der Autonomie dienen. Die Entwicklung des menschlichen Wunsch- und Phantasielebens benötigt einen sicheren Raum, um innerhalb einer vielgestaltigen sozialen Realität zwischen innen und außen unterscheiden zu können. Der sexuelle Mißbrauch von Kindern durch die eigenen Eltern oder andere Erwachsene zerstört diesen Raum, der aus guten Gründen tabuisiert ist. Ödipale und inzestuöse Wünsche und Phantasien erhalten ihre tiefe anthropologische Bedeutung gerade aus dem Tabu, also daraus, daß es nicht zum realen Inzest kommt. Andernfalls entstünde eine heillose Vermischung zwischen den Generationen, die katastrophale Auswirkungen auf die Identitätsbildung des heranwachsenden Kindes und Jugendlichen haben würde. Wie diese Krankengeschichte zeigt: nach homosexuellen Verführungen oder nach Vater-Tochter- oder Mutter-Sohn-Inzest scheint eine tiefe Unsicherheit zurückzubleiben. Von nun an scheint alles möglich zu sein. Reale inzestuöse Verführungen untergraben in fundamentaler Weise das Vertrauen.

Überlegung: Die Dynamik der vor dem Kommentar wiedergegebenen Sitzung verdient hervorgehoben zu werden, weil ich unter diesem Eindruck meine Behandlungstechnik änderte. Im nachhinein glaube ich, daß diese Änderung nicht nur das Ergebnis meines Nachdenkens war, sondern auch ein Ergebnis eines echten Durcharbeitens des Patienten, das sich gleichzeitig mit der zuvor beschriebenen homosexuellen Übertragung entwickelte. Die Deutung, daß Herr Peter Y mich in der Übertragung mit seinem Vater verwechsle, betont den Aspekt der Wiederholung oder - in anderen Worten - die Verzerrung, die die Übertragung durch ihre Wurzeln in der Vergangenheit bewirkt. Ich hatte allerdings das Gefühl, daß ich irgendwie zur Entwicklung dieser Übertragungskonstellation beigetragen hatte. Der 2. Teil der Deutung betont nicht die Verzerrung, sondern die Plausibilität der Wahrnehmung des Patienten im Sinne von Gill u. Hoffman (1982).

Rückblickend glaube ich, daß ich deutlicher oder schon früher hätte zum Ausdruck bringen können, wie diese Wiederholung in der Übertragung zustande gekommen war. Jedenfalls bewirkte meine Betonung des Unterschieds, daß von diesem Augenblick an die gesunden Anteile des Patienten in der Überwindung des Traumas eine vorherrschende Rolle spielten. Die Tatsache, daß ich mich als reale, vom homosexuellen Vater verschiedene Person zeigte, bildete einen Versuch, die zirkuläre projektive und introjektive Identifizierung zu unterbrechen.

Kommentar: Es geht hier um das grundlegende Problem, wie ein Psychoanalytiker seine Funktionen erfüllt, um dem Patienten Veränderungen zu ermöglichen und Traumatisierungen zu überwinden. Die Wiederholung in der Übertragung ist eine Seite der Münze, die mit dem Stichwort „Ähnlichkeit" versehen ist. Es ist in diesem Sinne durchaus plausibel, zutreffend und realistisch, wenn dieser Patient die Einflußnahmen des Analytikers als zudringlich oder als verführerisch erlebt. Auf der anderen Seite der Münze ist das Stichwort „Unterschiede" mit großen Buchstaben eingraviert. Nicht die Entdeckung von *Ähnlichkeiten* führt aus der Wiederholung heraus, sondern die Erfahrung von *Unterschieden*. Wie wir anläßlich des Verwechselns diskutiert haben, ist dieses Problem umfassend und nicht auf eine psychoanalytische Schule beschränkt. In der Kleinianischen Schule wurde die Frage der Veränderung durch neue Erfahrungen, also die Unterbrechung der zirkulären Prozesse der projektiven und introjektiven Identifikation, lange Zeit vernachlässigt. Die therapeutische Wirksamkeit einer Psychoanalyse liegt selbstverständlich nicht darin, Traumatisierungen zu wiederholen und in der Übertragung ein Kreisgeschehen herzustellen, sondern aus diesem herauszukommen.

Die Katharsis

Während einer kurzen Periode von 4 Sitzungen (341–344) sprudelte es nur so aus Herrn Peter Y heraus, als er sich ganz aufgewühlt in die sexuellen Episoden mit seinem Vater vertiefte. Er sprach erstmals von seiner großen Sehnsucht während der Abwesenheit des Vaters und wie er sich auf dessen Ankunft gefreut habe. Wie der Vater zu trinken begann und lustig wurde, wie die Zärtlichkeiten begannen und sich die Erregung steigerte, die damit endete, daß der Vater kniend an seinem Penis lutschte bis zur Ejakulation in den Mund. Er berichtete über seine widersprüchlichen Gefühle: die sexuelle Lust, aber auch die Angst, die Scham, das starke Triumphgefühl beim Ejakulieren in den Mund des Vaters, die spätere Empfindung von Schuld, das Gefühl, seinen Vater zu beherrschen. Sein Bericht war, im Gegensatz zum obsessiven Stil der ersten Gespräche, nun sehr gefühlvoll. Nach dieser Katharsis wurde mir klar, daß die bewußten Erinnerungen an diese Episoden, die er früher mitgeteilt hatte, von jeglichen Gefühlen isoliert gewesen waren. Er erzählte, wie er diese Geschichten in stillschweigendem Übereinkommen mit dem Vater vor der Mutter geheimgehalten habe und er nach 2 Jahren beschlossen habe, diese Beziehung zu beenden, weil sein Unbehagen immer größer wurde. Darin war er von seinem Beichtvater unterstützt worden. Es wurde sodann klar, daß das Bild eines aggressiven und aktiv verführerischen Vaters ergänzungsbedürftig war. Der Patient sah nun einen schwachen und alkoholsüchtigen Vater vor sich, mit dem er eine heimliche Beziehung zur gegenseitigen Befriedigung hergestellt hatte.

Auf dem Weg zur Überwindung der Traumatisierung

Die Katharsis ging mit einer Distanzierung zum Vater einher, die sich auch an der veränderten Übertragung ablesen ließ. Besonders eindrucksvoll war, daß Herr Peter Y eine angstfreie Beziehung zu seinem Sohn aufbauen konnte. Die neuen Erfahrungen in der therapeutischen Beziehung erleichterten es ihm, väterliche Aufgaben zu übernehmen, wobei er sich in seinen Sohn einfühlte. Er suchte herauszufinden, wie er sich selbst seinen Vater gewünscht hätte. Die Erotisierung wurde geringer, und seine Fähigkeit zum Nachdenken im Sinne einer Selbstanalyse nahm zu. Der Patient anerkannte meine Arbeit und akzeptierte das, was er in der Analyse gelernt hatte, als etwas Neues. Die Sitzungen verliefen ruhiger, und der Patient brachte weniger Träume. Es ergab sich ganz von selbst, daß ich mehr schwieg und weniger deutete. Die homosexuelle Sehnsucht nach dem Vater, die noch über lange Zeit sehr stark war, wurde vom Patienten nun anerkannt, aber auch als Ersatzbefriedigung und als Ausgleich für den Mangel an Gemeinsamkeit zwischen Vater und Sohn mit den dazugehörigen depressiven Reaktionen verstanden.

Aus dieser Periode stammt der folgende Traum: „Ich gehe auf einer Straße. Ein älterer Herr kommt mir entgegen, so daß ich den Gehweg verlassen muß, weil er den ganzen Platz einnimmt. Ich habe eine riesige, sehr lange Rolle Geschenkpapier unter dem Arm. Ich gehe weiter und bemerke, daß jemand sie mir von hinten wegnehmen will, und es wird für mich immer schwieriger, sie festzuhalten: Es ist der Herr, der mich von hinten belästigt. Ich gehe in ein Haus hinein, mache die Papierrolle auf, und ein riesiger Weihnachtsbaum mit allem möglichen Schmuck und Lichtern kommt zum Vorschein. Er sieht schön und sehr beeindruckend aus. Das Zimmer, in dem ich mich aufhalte, hat ein kleines Fenster zu einem Nebenraum. Mein Blick durchs Fenster fällt auf eine Couch, auf der anscheinend ein toter Mann liegt. Ich habe Angst. Ich sehe ihn genauer an und merke, daß er nicht tot ist, aber sehr krank, er atmet kaum. Das beruhigt mich. Ich gehe noch näher hin und merke, daß ich selbst es bin. Im hinteren Teil des Zimmers ist ein Priester, der an einem überladenen Barockaltar die Messe liest. Er trägt einen reich geschmückten Talar. Über der Couch an der Wand hängt eine riesige Uhr, die die Zeit zeigt. Es ist eine Art Kuckucksuhr, aus der von Zeit zu Zeit Figuren wie Marionetten - Gliederpuppen aus Holz wie Pinocchio - Bischöfe, Generale, wichtige Leute herauskommen, die lächerliche Gesten der Unterwerfung, Verbeugungen und Reverenzen machen. Ich finde sie widerlich."

Durch die Analyse dieses Traumes war es uns möglich, an den lebendigen inneren Kern des Patienten heranzukommen, der, obwohl er beinahe tot war und durch übernommene Rollen eingeengt wurde, immer noch atmete. Die Assoziationen zu diesem Teil des Traumes gehören allesamt zum Thema des „falschen Selbst" im Sinne Winnicotts, das dem Patienten zur zweiten Natur geworden war. Er hatte sich auch dem Analytiker unterworfen. Meiner Meinung nach ist dieser Traum von hohem, rekonstruktiven Wert. Besonders interessant erscheint mir aber seine Bedeutung als Indikator des psychoanalytischen Prozesses. In den Schichten des Traumes ist die Geschichte der psychoanalytischen Behandlung eingeschrieben. Wir können den Traum in 3 Abschnitte einteilen: Im 1. Abschnitt wird die Periode der Analyse dargestellt, in der der Patient sich durch die Deutungen belästigt fühlte, die seinem Gefühl zufolge versuchten, seinen Phallus von hinten zu zerstören. Im 2. Abschnitt entfaltet er auf einer tieferen Ebene (im Inneren des Hauses) seinen triumphierenden Narzißmus. Dies entspricht wahrscheinlich der bereits beschriebenen Periode der Befriedigung in der Übertragung, gleichzeitig aber auch der Periode, in der er das kleine Fenster entdeckt, das die Analyse für ihn bedeutet und das ihm den Zugang zu einem Teil seines Selbst ermöglicht. Dieser Teil war verdrängt und enthält eine „innere Welt" von aufgepfropften Identifikationen, religiösen Idealisierungen, gleichzeitig aber „wohnen" dort seine lebendigeren Anteile. Besonders interessant ist, daß in dem diesem Teil entsprechenden 3. Traumabschnitt, in dem noch tiefere innere Aspekte zum Ausdruck kommen, der Analytiker durch eine Kuckucksuhr dargestellt wird, die die Zeit zeigt und nacheinander die verschiedenen Rollen ausdrückt, die der Patient im Verlauf der Behandlung gespielt hat.

Herr Peter Y berichtete ein Abnehmen der ständigen sexuellen Erregung, die ihn früher gequält hatte. Auch die Häufigkeit seiner zwanghaften Masturbation nahm ab und beschränkte sich auf Wochenend- und sonstige Unterbrechungen.

Kommentar: Die Versuche des Patienten, die Traumatisierung zu bewältigen und von der Passivität zur Aktivität überzugehen, sind im Laufe der Therapie immer besser gelungen. Freuds Auffassung zu diesem wesentlichen Bestandteil der Wirksamkeit der Analyse, die wir eingangs zitiert haben, läßt sich auch in der Theorie der projektiven und introjektiven Identifizierung zum Ausdruck bringen, wenn diese als Kommunikation und Interaktion verstanden wird. Der beschriebene Wendepunkt war allerdings durch die gemeinsame Entdeckung gekennzeichnet, daß sowohl die Deutungsinhalte wie auch der Akt des Deutens als solcher eine unbemerkte und ungünstige Nebenwirkung hatten. Die Behandlungstechnik förderte die Verwechslung, wobei der Patient die therapeutische Beziehung aus der Perspektive der traumatisierenden Erfahrungen mit seinem Vater erlebte. Nach der Klärung dieser „Verwechslung" konnte der Patient neue Erfahrungen machen. Nach 2 Jahren gegenseitigen Verführens und Sichverführenlassens war der Analytiker in der Lage, den Sinn der Wiederholung des Traumas in der analytischen Beziehung zu verstehen. Immerhin wurde in dieser Zeit neben der indirekten Befriedigung durch eine partielle Wiederholung in der Übertragung auch der Boden für eine Katharsis und für ein Durcharbeiten geebnet.

8.5.2 Verleugnung der Kastrationsangst

Nach 2jährigem Zögern hatte sich Herr Arthur Y entschlossen, als Vertreter in ein Gebiet zu expandieren, das von einem Kollegen seit langer Zeit vernachlässigt wurde. Die ungenügende Betreuung der Kunden hatte dazu geführt, daß der Verkauf in diesem Gebiet weit unter dem Durchschnitt lag. Herr Arthur Y war davon überzeugt, daß es ohne größere Mühen gelingen könnte, den Verkauf zu vervielfachen. Trotz allseitiger Unzufriedenheit über den bequemen, ja faulen und dem Alkohol verfallenen Kollegen, der eher zu einer Belastung für die Firma geworden ist, hatte Herr Arthur Y lange die eigene Expansivität zurückgestellt. Mitleid und Skrupel hatten ihn nicht nur daran gehindert, aktiv zu werden, sondern auch sein Nachdenken darüber blockiert, welche Lösungen gefunden werden könnten, ohne den Kollegen schwer zu schädigen oder ihn gar beruflich zu ruinieren. Die unbewußte Gleichsetzung von Expansion mit sadistischer Zerstörung und der sofortige Umschlag in die masochistische Identifizierung mit dem Opfer hatten sich lange die Waage gehalten. Deshalb konnte der Patient weder sein Tätigkeitsfeld ausdehnen noch seinen Erfolg vergrößern. Aus dem gleichen Grund hatte der lebenskluge Mann bisher keine für ihn akzeptable Lösung finden können, die dem Motto von Leben und Lebenlassen entsprochen hätte.

Die interpretativen Hilfestellungen, die sich auf die unbewußte Gleichsetzung von Expansion und Zerstörung richteten, hatten es Herrn Arthur Y ermöglicht, erfolgreicher zu werden und sein Revier lustvoll auszudehnen, ohne seinen Kollegen erheblich zu schädigen. Der Patient hatte einen guten Kompromiß gefunden.

P.: *Ich habe eigentlich keine Angst mehr, an die Sache heranzugehen. Das hat mit meiner Potenz im weitesten Sinne des Wortes zu tun. Da habe ich den Verdacht, man kann ja Potenz auf verschiedene Art und Weise zeigen. Es ist doch eine Art von Potenz, wenn man in einem Gebiet, in dem ein anderer versagt hat, Erfolge aufweist. Ob ich da nicht eine gewisse Verlagerung vornehme? Da kann ich mich sexuell noch mehr von meiner Frau zurückziehen. Es kann mir ja kein Mensch böse sein. Ich tu's ja eigentlich in erster Linie als treusorgender Familienvater für meine Familie.*

A.: *Es entlastet Sie, daß alles wieder der Familie zugute kommt. Ob Sie nicht mehr Lust aus der sexuellen Beziehung ziehen könnten, als Sie es tun? Es könnte ja sein, daß Sie aus inneren Gründen noch eingeschränkt sind in der Lustentfaltung durch die Reinlichkeitsvorstellungen, durch die Schamgrenzen, die automatisch spürbar werden.*

P.: *Das ist das Problem, daß ich eigentlich ganz zufrieden bin, so wie es ist. Es geht mir ja ganz ordentlich, daß es sich gar nicht lohnt, diese Sache anzugehen. Wer weiß, hab' ich das Gefühl, was da so alles aufbricht und mir zu schaffen machen könnte. Es ist mir lieber, es ist mir tausendmal lieber, meine innere seelische Ruhe zu haben. Ich lebe glücklich und zufrieden mit Freude am Erfolg, vielleicht weniger Freude als theoretisch möglich wäre an der Sexualität, als nun wieder - und da hab' ich einfach gewisse Bedenken - daß es wieder losgehen könnte. Ich möchte mich nicht der Gefahr aussetzen, daß ich seelisch wieder so abrutsche wie vor einigen Jahren. Wenn ich's mir aussuchen könnte, eine erreichbare Vergrößerung der Lust an der Sexualität, aber wieder in den Zustand der Angst hineinzukommen, dann ist es mir tausendmal lieber so, wie es ist. Ja, ich habe so eine große Scheu, hier einzusteigen.*

A.: *Worauf bezieht sich die Sorge, daß es wieder so werden könnte wie vor einigen Jahren, daß Sie abrutschen könnten, daß eine starke Beunruhigung von der Sexualität ausgehen könnte, mehr Beunruhigung als Lust?*

P.: *Ins Kaufmännische übertragen, daß ich ein schlechtes Geschäft mache, zugunsten einer theoretischen Verbesserung, die von mir gar nicht gewünscht wird, weil es so auch geht. Daß ich ein nicht kalkulierbares Risiko eingehe.*

Der Gedanke an das Risiko hat den Patienten zum Verstummen gebracht. Er schweigt mehrere Minuten bis der Analytiker fortfährt.

A.: *Es ist also deutlich, daß Sie die Beunruhigung befürchten, daß Sie ein schlechtes Geschäft machen könnten. Die Möglichkeit, mehr Freude und mehr Lust zu haben, bleibt Theorie.*

Der Patient zieht einen Vergleich.

P.: *Ich sitze in einem Gasthof und esse gerade ein gutes Menü, und es kommt einer, der sagt, wenn Sie sich bei mir operieren lassen, dann operiere ich Sie an der Zunge und setze die etwas anders ein, dann haben Sie noch viel mehr Spaß am Essen. Diese Operation ist aber mit dem Risiko verbunden, daß die Zunge nicht mehr richtig anwächst. Es könnte ungeheure Komplikationen geben.*

A.: *Da gibt es alle möglichen schrecklichen Folgen, die da ausgedacht werden können, daß die Zunge nicht mehr anwächst, und dieses Bild ist ein sehr tiefgehender Ausdruck der Beunruhigung, wobei ich der Wirt bin.*

P.: *Nein, der Operateur.*

Überlegung: Offensichtlich habe ich wegen einer Reaktivierung eigener Kastrationsängste die ganze Sache verharmlost. Denn die Gefahr droht ja zweifellos vom Operateur und nicht vom Wirt. Obwohl mir dies sofort bewußt wird, habe ich im weiteren Verlauf der Stunde nochmals eine Bedrohung abgeschwächt, als ich den Kannibalismus der Hexe in „Hänsel und Gretel" als Vesper verniedlichte.

A.: *Ah ja, nicht der Wirt, der Operateur. Ich habe an den Wirt gedacht.*

P.: *Nein, der Wirt ist völlig wertneutral, der kocht ein gutes Essen.*

A.: *Also der Operateur. Dann kann man ja verstehen, daß Sie zögern. Das wäre ja dann gut begründet. Der Operateur, der Ihnen etwas in Aussicht stellt.*

P.: *So weit hergeholt ist das gar nicht. Ich habe das ja 'zigmal erlebt, beispielsweise bei Professor Z. Da hatte ich Probleme am Knie, und der hat mir allen Ernstes angetragen, er werde mir wegen einer leichten X-Stellung Knochenteile herausschneiden und die Knochen gerade zusammenwachsen lassen. Dann wäre die X-Stellung beseitigt, und dann wären meine Beschwerden vorbei. Inzwischen bin ich durch ganz Deutschland gewandert - ohne diese Operation. Und der Professor Z. ist ja auch ein kompetenter Mann. Ich wollte damit nur sagen, daß mein Vergleich mit Operation und Zunge nicht so weit hergeholt ist.*

A.: *Ja, der Vergleich ist sehr treffend. Er ist gar nicht weit hergeholt. Der Vergleich liegt sogar noch viel näher, denn er ist mit weiterem verknüpft, mit all den Bedrohungen, die nicht der Zunge galten, obwohl man von der frechen Zunge spricht, sondern bei den Bestrafungen, die am Organ der Lust erfolgen, nämlich am Glied, was passieren könnte, all die Geschichten ... Ängste vor Ansteckungen, Krankheiten, körperliche Schäden nach Selbstbefriedigung und was dergleichen mehr war - durch X und Y* (die Namen einiger Personen seiner Kindheit und Jugend) *und andere vertreten.*
P.: *Ich habe gerade etwas Interessantes bei mir beobachtet. Als Sie diese Aufzählung machten, ging mir durch den Kopf, daß dies bei mir als Kind nicht der Fall war, was manche Eltern zu ihrem Sohn sagen, wenn du da hinfaßt, dann wird das ganz groß, und dann wird es abgeschnitten. Dieses Beispiel fiel mir ein, und als ich darüber nachdachte, hat es sich in meiner Erinnerung geändert. Ich bin nun ganz sicher, daß meine Großmutter mir so etwas gesagt hat. Es ist also in meiner Erinnerung wieder aufgetaucht.*
A.: *Ihr augenblickliches Erleben hat vielleicht damit zu tun, daß Sie sich erst einmal ein Stück Distanz geschaffen haben, indem Sie sich gesagt haben, nein, bei mir gab es das nicht. Sie haben erst etwas verneint. Sie haben zunächst Distanz geschaffen, und jetzt sind Sie viel näher dran.*
Kommentar: Es ist aufschlußreich, daß Herr Arthur Y mit Hilfe einer Distanzierung, also einer Abschwächung seiner Angst, die vergessene Beunruhigung und Bedrohung erinnern kann. Möglicherweise hat er sich bei dieser Taktik unbemerkt den Analytiker zum Vorbild genommen, der wegen einer Gegenübertragung die Gefahren zunächst abgeschwächt hat, um sie dann anerkennen zu können.
P.: *Die Drohung wird von Eltern gebraucht, um ihren Kindern Angst zu machen. Wird es auch heute noch gebraucht?*

Der Analytiker bestätigt dies.

P.: *Ja, es ist unsinnig. Das bringt ein Kind in eine ausweglose Situation, wenn es alles ernstnimmt. Ich bin gerade auf der Autobahn hinter einem Viehtransporter gefahren. Der Lastwagen war mit Schweinen beladen. Ein Schwein hat den Rüssel herausgestreckt. Ich dachte, du arme Sau, du hast keine Chance zu entrinnen. Der Unterschied zu Menschen ist, daß die arme Sau keine Ahnung hat. Die hat vielleicht Angst, aber sie weiß nicht, wohin sie gefahren wird. Eine Sau hat wohl auch ein anderes Seelenleben als ein Mensch. Die Ausweglosigkeit der Sau hat mich an bestimmte Situationen meines Lebens erinnert, wo ich mich so gefühlt habe. Ich war schlechter dran als die Sau, denn die weiß ja nicht, was ihr bevorsteht.*
A.: *Sie waren schlechter dran, aber Sie hatten auch eine zusätzliche Möglichkeit, indem Sie gerade gesagt haben, es werden zwar solche Geschichten erzählt, aber ich war niemals der Betroffene. Sie haben etwas Beunruhigendes zunächst verneint, um Ihren Rüssel bzw. Ihren Schwanz, Ihr Glied zu retten: Ich bin nicht der Betroffene. Und dann, nachdem Sie sich ein Stück Sicherheit verschafft haben, wurde es möglich, glaube ich, daß Sie es für denkbar oder für wahrscheinlich halten, es könnte auch Ihnen passiert sein. Die Verneinung hat die Angst verringert, ebenso wie das Wissen, daß Ihr Glied noch dran ist. Das ist ja ein Teil der Erinnerung, daß es groß wird, und es ist die Lust, für die man bestraft wird.*
Kommentar: Dieser Gedankenaustausch ist sowohl unter behandlungstechnischen Gründen als auch bezüglich der Theorie der Angstentstehung und Angstüberwindung exemplarisch. Die Angst des Menschen ist mit Vorstellungen ver-

bunden, weshalb alle neurotischen Ängste schon vorweg, als Erwartungen entstehen. Zugleich eröffnet sich hier ein Spielraum für Schutz und Abwehrmechanismen. Darauf bezieht sich die Interpretation des Analytikers, die von der gewonnenen Sicherheit ausgeht. Von einem sicheren Standort kann die Angst heute gemeistert werden im Wissen darum, das Glied doch gerettet zu haben.
P.: *Ja, wenn man als Kind dann ein steifes Glied bekommt, dann kann man es ja nicht verbergen, wenn sich die Vergrößerung abzeichnet im Schlafanzug oder wenn man halbnackt dasteht.*
A.: *Oder bei der morgendlichen Versteifung, die eintritt, weil es zum natürlichen Ablauf gehört, die sogenannte Wassersteife, die mit Harndrang verbunden ist.*
P.: *Mir fällt noch etwas anderes ein, da bin ich in meiner Erinnerung ganz sicher. Ich hatte als Bub, ich mag vielleicht 4 oder 5 Jahre alt gewesen sein, da hatte ich die Gewohnheit – da trug ich Kniehosen –, mir ins Hosenbein zu fassen, da reinzulangen. Es gibt ein Bild von mir, einen Schnappschuß, da war ich mit einem kleinen Mädchen im Sandkasten, da hatte ich meine Hand da drin. Dieses Bild wurde vergrößert ins Zimmer gehängt. Ich höre meine Großmutter heute noch sagen, da schau, so machst du das. Das mußt du bleiben lassen, denn ... Die Erinnerung, ob sie das auch gesagt hat, ist mir nicht so sicher wie die Erinnerung an die Angewohnheit und an das Foto, das da hing. Ich weiß auch nicht, ob es richtig gewesen ist, das Bild zu vergrößern und aufzuhängen. Es ist längst verschollen, aber ich sehe es immer noch hängen. Und mit dem Bild, mit der Erinnerung an die Großmutter, da ist viel an Gefühlen verknüpft. Es wäre besser, darüber gar nicht sprechen zu müssen, denn diese Jahre möchte ich nicht nochmals erleben.*
A.: *Diese schlimmen Erinnerungen sind ja so eng verbunden mit der Lust. Sie können sich nicht vorstellen, daß sich die Lust von den Einschränkungen und von den Ängsten lösen könnte. Es werden zunächst eher die Ängste lebendig, die mit dem Hinfassen verbunden sind, als die Lust. Wenn Ihre Frau mehr von Ihnen will, wenn Ihre Frau Lust hat, dann ist es so eng verbunden mit Beunruhigung und Bedrohung, dann erleben Sie Ihre Frau auch als das kleine Mädchen, aber auch als Großmutter, die zur Hexe wird. Wenn das Glied groß wird, dann wird es abgeschnitten. Bei Hänsel und Gretel ist es ja auch so, da geht es um den Finger, wenn der Finger dick ist.*
P.: *Ja, ich weiß, man versucht in diese Märchen viel hineinzudeuten. Warum kann man das nicht so stehen lassen, wie es im Märchen heißt?*
A.: *Ja, sicher.*
<u>Kommentar:</u> Der Analytiker folgt dem Patienten, der wahrscheinlich gerade deshalb die weitere Verharmlosung nicht mitmacht.
P. (nach längerem Schweigen): *Das ist doch ganz logisch. Hänsel ist im Käfig eingesperrt und kriegt viel zu fressen und wird fetter, was man auch am Finger fühlen kann. Ausgesprochen dicke Leute haben Wurstfinger. Das kann man doch so lassen. Womit wir wieder am Anfang wären. Man kann alles so lassen, wie es ist.*
A.: *Ja. Alles so lassen, wie es ist, um nicht der Bedrohung ausgesetzt zu sein, wie es im Märchen drastisch ausgedrückt wird, nämlich der Gefahr ausgesetzt zu sein, von der Hexe gevespert zu werden.*
P.: *Ja. Vespern macht's zu gemütlich.*
A.: *Ja, ich habe es gerade verharmlost. Das ist sicher eine ganz unangemessene Verharmlosung, aber die hat doch mit sich gebracht, daß Sie deutlich machen konnten wie entsetzlich es ist. Sie haben betont, daß alles so gelassen werden sollte. Nun ist*

aber darin auch enthalten, daß Hänsel und Gretel die Hexe getäuscht haben. Das Wachstum wurde versteckt.

P.: *Ja, indem ein dünner Stecken herausgestreckt wurde.*

A.: *Ja, es war bedrohlich. Und Sie haben Ihr Glied versteckt. Möglicherweise setzt sich dieses Verstecken fort, indem Sie sich vor Ihrer Frau verstecken und auch vor sich selbst, dann ist ja auch weniger Lust da, tatsächlich. Es kommt zu einer automatischen Einschränkung.*

Die nächste Sitzung beginnt Herr Arthur Y mit Schweigen.

P.: *Es hat etwas gedauert, den Übergang zu finden. Es ist doch eine andere Welt hier. Vor einigen Tagen habe ich in einer Zeitung einen Artikel gelesen. Ganz zufällig fiel mein Blick auf einen Fuchs in der Falle, die Pfote eingeklemmt. Der Artikel befaßte sich mit der Grausamkeit der Fallenstellerei. Viele Tiere verenden jämmerlich, und die Jäger beschreiben diese Grausamkeit mit dem verharmlosenden Wort „Brandtenfang".* (Er wiederholt das verharmlosende Wort.) *Dieses Wort wird mir zu schaffen machen, dachte ich schon beim Lesen. Die Gefühle klingen wieder an, die ich schon überwunden zu haben glaubte. Nun geht es mir um Welten besser, und schon lange wollte ich fragen, wieweit ich gegen Rückfälle - das Wort gefällt mir nicht - gefeit, gesichert bin. Bei diesem Wort kommt das ganze Elend zurück, das ich in meiner Erinnerung, in meinem Erleben, immer verharmlost habe. Die Verzweiflung kommt schlagartig ins Gefühl.*

A.: *Es ist nicht zufällig, daß Sie fragen, glaube ich. Es kommt Ihnen wieder in den Sinn, wie erbärmlich es war, der Gefangene zu sein, wie dieser Fuchs, der das Opfer ist. Ich glaube, es hängt mit dem Thema der letzten Stunde zusammen, daß Sie beunruhigt sind. Denn Sie haben die Sorge, daß ich der Fallensteller bin, der Sie in Gefahr bringt, wenn Sie sich mehr mit der Sexualität einlassen. Sie haben eine entsetzliche Gefahr ins Bild gebracht mit der Zunge, die operiert wird, abgeschnitten, und die nicht mehr richtig anwächst.*

Der Patient hat die ganze Szene „vergessen" und fragt: „War das ein Traum? Nein." Der Analytiker erinnert ihn an seine Phantasie über die Zunge, die operiert und falsch angenäht wird oder überhaupt nicht mehr anwächst. An den „Operateur" kann sich der Patient nun erinnern, aber das Objekt, der Körperteil, der plastisch operiert werden soll, ist wie ausgelöscht.

A.: *Da ist also eine entsetzliche Gefahr, und ich glaube, das Thema setzt sich fort im Fallensteller, der Sie aus dem Versteck herauslockt.*

Der Patient erinnert den Analytiker daran, daß dieser die Gefahr verharmlost habe, die dem Hänsel im Märchen drohte.

Kommentar: Wir machen den Leser auf unbewußte Abwehrprozesse aufmerksam, die aufgrund von Auslassungen und Verschiebungen erschlossen werden können: Zunächst wird das Organ, das Geschlechtsteil bzw. sein Ersatz, die Zunge, weggelassen. Es bleibt also dunkel, was der Operateur beabsichtigt. Damit ist die Aktion unterbrochen. Dann kann der Patient die Verharmlosung, zu der er selbst gelangte, am Analytiker erkennen und durch diese Vergegenständlichung auch bewältigen.

Nun wird vom Analytiker das Zuschnappen der Falle als Symbolisierung seiner Kastrationsangst interpretiert. Die Szenen aus der letzten Sitzung, insbesondere auch seine Verneinung, und die Funktion der Distanzierung von seinen Ängsten werden wiederholt. Der Patient bringt erneut das Foto zur Sprache, das wohl dazu gedient habe, ihm ständig zu zeigen, was man nicht tun dürfe.

P.: *Ja, das ist so bei dieser Befreiung von Ängsten und Zwängen. Gestern war ich in meinem neuen Gebiet, das landschaftlich schöne Stellen hat. Ein Hotel gefiel mir besonders gut, das ich als Quartier bei eventuellen Geschäftsreisen ins Auge faßte. Früher wäre ich niemals auf den Gedanken gekommen, ein solches Haus zu betreten. Doch die Sexualität würde ich am liebsten aussparen. Ich würde am liebsten so tun, als ob es die nicht gäbe. Ich gehe auch meiner Frau aus dem Weg, wenn ich die feinen Nuancen ihrer Annäherung spüre.*

A.: *Ich vermute, daß Sie einiges vermeiden und dann auch nicht zu der Lust kommen, die vielleicht möglich wäre.*

P.: *Ja, ich würde gerne auf die Lust verzichten.*

A.: *Es ist kein neuer Verzicht, den Sie sich auferlegen. Es ist eher so wie bei einem Salamander, von dem man sagt, daß er in der Gefahr den Schwanz abstößt. Es ist eine Sicherheit entstanden wie bei dem Salamander, der die Gefahr hinter sich hat. Sie bringen Ihre Besorgnis zum Ausdruck, es könnte doch mehr Lust vorhanden sein. Ich sehe in Ihrer Sorge, daß wieder Symptome kommen könnten, wenn Sie mehr Lust haben, einen Hinweis dafür, daß da wirklich noch einiges in Ihnen schlummert.*

P.: *Ja, das ist auch der Grund, daß ich doch auf die Sexualität komme. Sonst würde ich die Einschränkungen in Kauf nehmen.*

A.: *Durch Ihre Frau werden Sie also erinnert. Woran werden Sie erinnert? An beunruhigende Verführung?*

P.: *Nein, an eine Forderung, der ich nicht ganz gewachsen bin. Ich empfinde es als eine Zumutung, als ...* (langes Schweigen) *Am wenigsten Hemmungen habe ich, wenn ich etwas Alkohol getrunken habe.*

Nun kommt der Patient auf die Nähe der Geschlechtsteile zu den Ausscheidungsorganen zu sprechen. So erkläre sich auch seine Scheu.

A.: *Sie werden also eher an die beschämenden und erniedrigenden Situationen erinnert, an das tägliche Einkoten im Kindergarten, nicht an entlastendes Ausscheiden, sondern an die Erniedrigungen.*

Der Patient kommt dann auf den Gedanken, daß eigentlich die Reinigung schon vorweg vorgenommen werden müsse und die spontane Lust unterbinde. „Absolute Lustlosigkeit wäre der größte Schutz gegen jedes sexuelle Engagement und die davon ausgehende Beunruhigung.“ Gerade in der ehelichen Beziehung, die keine Einschränkung, Komplikationen oder Konflikte mit sich bringt und in der Sexualität quasi legalisiert ist, leuchten bei ihm die inneren Warnsignale besonders stark auf. Diese Beobachtung überzeugt den Patienten davon, daß sich Konflikte und Ängste seiner Kindheit verinnerlicht haben und nun gegen sein besseres Wissen und Wollen wirksam werden: In seiner sonst glücklichen Ehe ist der Verkehr beunruhigend und der vorzeitige Samenerguß oder die Angst vor Impotenz häufig, obwohl er von seiner lebensfrohen Frau ermutigt wird und auch selbst keine bewußten Skrupel hat. Gegen Ekel und Scham kommt er aber nicht an. „Wer sich in Gefahr begibt, kommt darin um“, so faßt der Patient seine Besorgnis zusammen.

8.5.3 Aufteilung der Übertragung

Die Aufteilung der Übertragung dient häufig dem Ziel, geeignete Objekte für ersehnte Identifizierungen zu finden. Gleichzeitig kann eine defensive Absicht damit verfolgt werden, nämlich durch rasches Hin- und Herwechseln sich nirgendwo lange genug aufzuhalten und damit Identifikationen bzw. deren Stabilisierung zu verhindern.

Vor kurzem hat Frau Clara X eine Geschichte über einen Einsiedlermönch erfunden, der auf einem Berg haust und seit Jahren von einer Frau versorgt wird, die im Tal lebt. Zur Entlastung hat diese Frau nun häufiger ein jüngeres Mädchen zum Mönch geschickt. In diesem „begehrlichen" Geschöpf hat sich die Patientin selbst dargestellt.

Über diese Mönchsgeschichte sprach die Patientin mit einer Freundin, mit der sie den Abend verbrachte. Die beiden verabschiedeten sich mit guten Wünschen für einen schönen Traum. Lachend sagt sie, sie habe tatsächlich etwas Schönes geträumt. Der Traum sei ihr nicht sofort am Morgen eingefallen. Nach und nach entwickelt die Patientin folgendes Traumbild:

P.: *Es war eine ganze Familienversammlung, Sie kamen darin vor, und ganz sicher auch meine frühere Therapeutin, Frau Z. Es waren noch mehrere Personen dabei, mit denen ich vertraut bin und die ich irgendwie als meine geistige Familie empfunden habe. Auch mein leiblicher Bruder war dabei. Wir wollten alle im Hubschrauber in meine Heimatstadt fliegen, wo meine leiblichen Eltern lebten. Wir haben ziemlich lang auf den Hubschrauber gewartet, ohne daß wir unter Zeitdruck standen, so daß ich mich in Ruhe unterhalten konnte. Wir waren gemeinsam auf der Reise, und die Zeit zum Unterhalten ergab sich zwanglos. Auch mit Ihnen habe ich gesprochen, wir standen beide am Fenster und haben nach draußen geschaut. Sie standen links von mir, der Charakter des Gesprächs war anders als hier. Ein bißchen ironischer, ein bißchen spielerischer, mit vielen Andeutungen. Mein Vater hätte gesagt: frotzelnd. Sie sind etwas nähergerückt und haben mich an meiner Schulter gestupst. Eine Berührung, wie sie von meinem Vater hätte kommen können. Ein freundschaftliches Anmachen, aber vielleicht auch ein Drängeln, wie es Kinder tun, wenn sie im Spiel den anderen in den Straßengraben zu drängen versuchen.*

Der Traumbericht wird nach Rückfragen von der Patientin ergänzt, und zwar besonders bezüglich des Bedeutungsgehalts des Wortes „anmachen". Die Patientin betont den freundschaftlichen Charakter dieser Berührung, die allerdings auch einen Beiklang von Aggressivität hat. Die Patientin kennt den umgangssprachlichen Beigeschmack des Wortes, aber die Sache war ihr im Traum nicht unangenehm. Sie erinnert sich an ihren pubertären Umgang mit Jungen, die ihr auch im Rückblick weder abstoßend noch unanständig oder unangenehm erscheinen, und wörtlich sagt sie: „Das ist eine mir mögliche und zugängliche Ebene, so die Art wie früher, wenn ich mich aufgerafft habe, Kontakte zu suchen mit gleichaltrigen Jünglingen. Ich habe denen keine schönen Augen machen können, und ich konnte nicht flirten. Wenn sich's irgendwie machen ließ, versuchte ich, in burschikoser Weise Körperkontakt herzustellen, indem ich zu einer kleinen Händelei anregte." Dann kommt sie auf ihre Beziehung zu ihrem Mann zu sprechen. „Ich bin immer auf der Suche nach irgendwelchen Wunderwaffen, um meinen Mann aus der Reserve zu locken."

Ich stelle eine Beziehung zwischen der Vergangenheit und der Gegenwart her, indem ich darauf aufmerksam machte, daß die alte und die neue Familie einschließlich der Analytikerfamilie zusammengebracht werden und ein Besuch der Heimatstadt erfolgt. Frau Clara X sagt witzig, da könne man mal sehen, wie familiär sie veranlagt sei.

P.: *Es gefällt mir gut, so mittendrin zu sitzen. Das ist ein Gefühl, das ich in meiner jetzigen Familie, also mit Mann und Kind, nicht habe, daß ich mich geborgen und aufgehoben fühle. Ich empfinde eine starke Zentrifugalkraft, aber dann auch den Zwang, eine Nötigung, doch gefälligst dazubleiben. Es ist ein ungeheures Spannungsfeld zwischen den beiden Kräften. Im Traum hab' ich mich am rechten Platz gefühlt. Andererseits ist mir in den letzten Tagen die Fortsetzung dieser komischen Mönchsgeschichte eingefallen. Das begehrliche Mädchen geht also auf den Mönch los, umarmt ihn, schaut ihn an und sagt: „Was machen wir jetzt?" Darauf steht der Mönch auf und bittet um Entschuldigung. „Ich verstehe Dich schon, ich kann Dir aber leider nicht helfen im Moment. Mir ist gerade aufgegangen, daß ich in den 20 Jahren viel versäumt habe." Dann begibt er sich von seinem Berg runter und zieht in die Hütte der alten Frau. Das junge Mädchen macht auf dem Absatz kehrt, geht nach Hause und sucht sich sofort einen jungen Liebhaber aus der Nachbarschaft, mit dem sie die Nacht verbringt. Am nächsten Morgen geht sie auf den Berg und brennt die Hütte des Mönchs nieder, wozu man eigentlich nur sagen kann, daß er die ja auch nicht mehr braucht.*

Ich greife besonders die Kränkung auf, die das junge Mädchen erfahren hat, worauf die Patientin erwidert, deswegen suche sie sich ja auch schleunigst einen Ersatz. Aber mit dem Ersatz ist sie nicht zufrieden. Es ist halt nur ein Ersatz. Darauf deute ich die Übertragungsaspekte der Geschichte.

A.: *Es liegt nahe, zu vermuten, daß Sie mich im Mönch darstellen und in der älteren Frau, die den Mönch jahrelang auf dem Berg versorgt hat, ihre frühere Therapeutin sehen, die ja auch auf dem Berg ihre Praxis hatte.*

Bei dieser Deutung hatte ich nicht bedacht, daß die Patientin in ihrer früheren Therapeutin keineswegs eine ältere Frau gesehen, sondern sich mit ihr identifiziert und einen günstigen Ausgang des ödipalen Rivalisierens durch Identifizierung phantasiert hatte. Es könnte ja auch sein, so meinte ihre Freundin, daß der Mönch das Angebot des jungen Mädchens annimmt und daß sie in seine Hütte einzieht.

P.: *Und was macht jetzt wohl die Alte? fragte meine Freundin. Da lachte ich, und ohne weitere Überlegung sagte ich prompt, die kriegt Rheumatismus. Es war mir ganz gewiß, daß die ältere Frau danach gerade an dieser chronischen Erkrankung leiden würde, und erst im nachhinein erinnerte ich, daß meine Mutter jahrelang tatsächlich an Rheumatismus gelitten hat. Im Moment war es mir ganz klar, daß die ältere Frau meine Mutter ist, so wie ich sie gesehen habe oder wie sie sich mir gegenüber dargestellt hat. Ich opfere 20 Jahre meines Lebens und stelle meinen eigenen Ziele und Wünsche zurück, und dann droht die Tochter, mit dem Mann fremdzugehen, den ich betreut habe, mit dem Mönch. Meine Mutter hätte sich aber auch niemals aggressiv durchsetzen können.*

Ich bringe daraufhin das Thema des aggressiven Rivalisierens noch mehr zu Sprache, insbesondere bezüglich ihrer eigenen Hemmung, die sich aus dem Mitgefühl für die Mutter entwickelt habe, so daß sie ihre eigene Mädchenhaftigkeit nur sehr verdeckt zum Ausdruck bringen konnte. Tatsächlich fühlt sich die Patientin ihrer eigenen Tochter gegenüber unterlegen. Sie faßt ihre Situation sehr berührt und bewegt zusammen.

P.: *Ja, in der Geschichte bin ich abwechselnd beides, die alte Frau und das junge Mädchen, und ich weiß bis heute nicht eindeutig, wer ich eigentlich bin.*

A.: *Sie haben eine Lösung gesucht, die Sie aus dem Dilemma herausführen könnte, nämlich keines von beiden zu sein, sondern burschikos oder stachelig, oder mit einem Panzer umgeben wie eine Schildkröte.*

P.: *Ja, ich habe mich entschieden, keine Frau zu werden. Ich sah es als die glücklichste Lösung für die ganze Familie an, wenn ich mein Licht unter den Scheffel stelle und dort auch bleibe.*

Ich mache Frau Clara X darauf aufmerksam, daß ihre Freundin sie zu einem schönen und aufregenden Traum ermutigt hat und ihr noch den Rat gab, vor dem Einschlafen etwas zu genießen. „Ja, sie hat meinen Konsum von Süßigkeiten gebilligt." Es geht dann im weiteren um die Tischsitten bei ihrer Freundin und bei ihr selbst, insbesondere auch um die Schwierigkeiten, am Tisch die Bedürfnisse der Kinder mit denen der Erwachsenen abzustimmen. (Ein Symptom der Patientin ist, daß sie nachts insgeheim Süßigkeiten zu sich nimmt und dorthin, wie sie selbst meint, ihre Bedürfnisbefriedigung verschoben hat.)

Im Zusammenhang mit dem Traum wendet sich das Gespräch dahin, wie schwierig es ist, eine gedeihliche, gemütliche und wohltuende Atmosphäre am Familientisch herzustellen und diese Schwierigkeit nicht der Frau und Mutter zu überlassen. Die Patientin beklagt sich nun über ihren Mann, der auf ihre Bitten, auch einmal ohne Kind zu essen oder auszugehen, nicht eingegangen sei. Am ehesten könne sie noch mit ihren Freundinnen – außer der Verschiebung auf die Nacht – noch etwas genießen. Mit einer Entschuldigung für das Modewort „Frust" beklagt die Patientin, daß die größte Verzweiflung nicht in den Entbehrungen liege, sondern in dem hinzukommenden Schuldvorwurf ihres Mannes oder der Männer überhaupt. Heftig klagt sie über die Verständnislosigkeit ihres Mannes, der ihre „Macke" für alles verantwortlich mache, aber nichts dazu beitrage, die auseinanderstrebenden Interessen wieder unter einen Hut zu bringen.

Unter Anerkennung der tatsächlichen Schwierigkeiten weise ich nun darauf hin, daß sie selbst ja auch nur langsam zu einem Eingeständnis ihrer Bedürfnisse gelangt sei und es vielleicht noch viele Wege gebe, ihren Mann, ebenso wie den Mönch, für andere Lösungen zu gewinnen. Verzagt bleibt die Patientin am Ende der Stunde dabei, alles sei vergebliche Liebesmühe. Der Mann sehe in ihr eben ein Monstrum, einen widernatürlichen Fall. Frau Clara X möchte sich wenigstens davon befreien, sich dauernd schuldig zu fühlen und sich für ihr eigenes Versagen zu schämen.

Es ist offensichtlich, daß sich durch die gegenseitigen Vorwürfe die Fronten versteifen und die Entfremdung zwischen beiden zunimmt. Ebenso deutlich ist, daß sich die Patientin entlastet, indem sie ihren Mann angreift, der seinerseits sie um so mehr zum Monstrum stempelt. In einer abschließenden Übertragungsdeutung betone ich, daß die Größe des Spielraums innerhalb der Primärfamilie ebenso wie in der geistigen Familie (der Analytikerfamilie, also ihrer Beziehung zum weiblichen und männlichen Therapeuten) von allen Beteiligten geschaffen werde. So habe sie ja auch in der Geschichte des Mönches entdeckt, daß dieser sich dem Werben nicht verschlossen habe.

Die Patientin knüpft in der nächsten Stunde an den Traum an.
P.: *Sie haben in der letzten Stunde noch etwas gesagt, das sehr wichtig war. Ich meine mein Mitleid mit der alten Frau. Ich hatte ja gesagt, die Frau kriegt Rheumatismus. Ich habe sie aber so erlebt wie meine Mutter, die sich 20 Jahre für die Familie aufgeopfert hat und ihre eigenen Wünsche und Sehnsüchte hintanstellte. Zugleich fühle ich mich als Tochter so verbunden mit ihr, daß ich nicht gegen sie ankämpfen wollte. Oder wie soll ich sagen, daß ich das unfair und gemein gefunden hätte, mich aufzuplustern und sie aus dem Nest zu drängen. Sie hatten dann gesagt, so in der Richtung, daß mir deshalb auch die Konkurrenzsituationen mit meiner Tochter besonders schwerfallen. Ich möchte nachfragen, ob Sie das wirklich so meinen, daß das tatsächlich eine Konkurrenzsituation ist. Ich nehme es nämlich ganz deutlich so wahr, aber zugleich denke ich, das ist absoluter Blödsinn. Aber doch gerate ich immer wieder da hinein.*

Frau Clara X bringt hierfür ein - wie sie sagt - lächerliches und banales Beispiel ihres Ärgers darüber, daß ihre Tochter stolz war, sie beim Anziehen zu übertreffen und schneller fertig zu sein als sie selbst.

Ich erinnere die Patientin nun daran, welche Lösung des Konflikts sie aus dem Mitgefühl gefunden hat: ihren Kompromiß, weder die eine noch die andere zu sein, sondern den 3. Weg gefunden zu haben, den unweiblichen, den burschikosen.
P.: *Das ist richtig, aber das ist ein Schritt zu schnell. Mir ist es wirklich unheimlich wichtig, wenn das mal jemand versteht. Das würde mir schon helfen, diesen blödsinnigen Kampf, den ich jeden Tag mit meiner Tochter vollführe, milder zu handhaben. Wieweit macht sie's unschuldig, und wieweit macht sie's mit Absicht? Mir fällt es unheimlich schwer, die Realität und was ich notorisch falschmache auseinanderzuhalten. Ist es eigentlich immer so?*
A.: *Sie meinen die Rivalität zwischen Müttern und Töchtern, oder?*
P.: *Ja, das ist brutal. Am schlimmsten ist der fest eingefahrene Glaube, daß das um Gottes Willen nicht sein darf. Überm Tisch geht es ganz harmonisch zu, und unterm Tisch wird fleißig gegen die Schienbeine getreten.*
A.: *Ja, offen darf nicht konkurriert und rivalisiert werden. Da geht es ja um Haben und Besitz, um Neid, um Futterneid. Der Futterneid ist eine Seite des Rivalisierens. Eine andere Seite ist, wer sich schneller schönmachen kann.*
P.: *Ja, als Erwachsene habe ich doch sehr viel mehr Möglichkeiten, sehr viel mehr Spielraum. Aber andererseits nehme ich alles so wahr, als ob ich die wesentlich schlechtere Startposition habe und ihr* (ihrer Tochter) *einen ganz gewaltigen Hieb versetzen müßte, und dann tut's mir schon leid, aber das hängt wohl damit zusammen, daß ich als Kind tatsächlich trainiert habe, mein Licht unter den Scheffel zu stellen und mich bewußt einzuschränken. Mit dieser Lösung bin ich zu Hause gut gefahren, weder das eine noch das andere, mich eben nicht gegen die Mutter zu stellen, sondern ein Schrittchen dahinter zu bleiben, mich burschikos zu gebärden. Ich hab' auf diese Weise eine ganze Menge Anerkennung auch von meinem Vater bekommen. So ein halbwilder Sohn, ein Halbsohn, war ihm auch recht. Irgendwie auf eine versteckte Art und Weise hab' ich so seine Anerkennung gefunden oder seine Anteilnahme geerntet. Mit einer eitlen, hübschen kleinen Tochter hätte er wahrscheinlich viel weniger anfangen können, und deswegen war das für mich eine phantastische Lösung, deshalb hab' ich das sehr gut gelernt. Da wundert es mich nicht, wenn ich da nicht weiterkomme.*

Angeregt durch einen Brief ihres Bruders befaßt die Patientin sich dann mit der Frage weiblicher Kreativität, die ihr Bruder aufgeworfen hat, der wie nebenbei schrieb, daß er schon häufiger die Phantasie hatte, wie es wäre, eine Frau zu sein. Das sei wohl wie der umgekehrte Wunsch von Frauen, die gerne einmal in der männlichen Geschlechtsrolle sein möchten, ganz natürlich. Doch was steckt da an gemeinsamer Familiengeschichte drin?

P.: *Ich habe die Vermutung, daß er so was Ähnliches wahrgenommen hat wie auch ich, aus der Sicht des Sohnes. Also hat auch mein Bruder drunter gelitten, daß meine Mutter sich nur als Opfer erlebt hat, so als ob es keine Freude gebe. Als hätte sie nichts anderes tun können als jahrzehntelang Mönche zu füttern.*

Die Patientin stöhnt und bemerkt dann fragend, daß ich mich in der letzten Stunde mit Frau Z. (der früheren Analytikerin) in Zusammenhang gebracht habe.

A.: *Die waren doch beide im Traum dargestellt. Ja, Frau Z. hat doch jahrelang hier auf dem Berg gelebt. Natürlich ist es offen, um welchen Zusammenhang es geht, um den über oder um den unter dem Tisch.*

P.: *Für mich stellt es sich nämlich anders dar. Ich sehe Frau Z. nicht als ältere Frau, sondern als junge, unabhängige Frau in jeder Hinsicht. Sie war hier und hat sich dann selbständig gemacht. Sie ist nicht den opfervollen Weg gegangen wie die alte Frau, nein, im Gegenteil, sie ist lebensfroh, frech wie Rotz sozusagen.*

Frau Clara X identifiziert sich mit ihrer früheren Analytikerin, die sich auf ihren eigenen Weg gemacht hat, und erzählt Einzelheiten aus einer Korrespondenz mit ihr. Es geht um ein Bild eines Präraffaeliten, der die Verkündigung Mariä Empfängnis gemalt hat (s. 2.4.7). Das Bild war in einem Buch über „das verrückte Geschlecht“ abgedruckt. Die jungfräuliche Empfängnis ist ein heißes Thema für Leute, die wie die Patientin die Sexualität umgehen wollen.

P.: *Ich dachte, das kann doch nicht wahr sein. Maria, von der ganzen Gestalt und von den Gesichtszügen her ein magersüchtiges junges Mädchen, das ganz erschrokken in die ihr auferlegte Zukunft starrt. Hilfe, ich soll Mutter werden. Das will ich doch gar nicht. Angst, Angst. Als ich Frau Z. schrieb, ich wolle dieses Bild abzeichnen, schrieb sie mir zurück, warum ich es nicht anders gestalte, als eine Frau, die im Bett sitzt und selbstbewußt in die Zukunft schaut. Da hab' ich von der Zeichnerei erst einmal wieder Abstand genommen.*

A.: *Ja, Sie könnten ja Ihre Zukunft und Ihr Bild in Ihrem Sinne gestalten. Das muß ja nicht zwangsläufig ewig so weitergehen.*

P.: *Mein Mann sitzt noch arg in der Resignation.*

Die Patientin beschreibt ihre Annäherungsversuche und wie stark sie doch von einer unterschwelligen Aggressivität beherrscht ist. Die Stunde endet mit einer Geschichte über die Annäherung eines Paares, das sich gefühlsmäßig aufeinander abzustimmen versucht. Damit hat sich die Übertragung doch noch zentralisiert.

8.5.4 Mutterbindung

Der 35jährige Patient Heinrich Y litt seit der Spätadoleszenz an depressiven Verstimmungen mit erheblichen Arbeitsstörungen, die bereits während des Studiums zu einer 4jährigen stützenden Psychotherapie geführt hatten. Aufs engste an seine Mutter gebunden, lebt Herr Heinrich Y als Junggeselle im Haus seiner Eltern; ein positives Vaterbild wird von ihm weitgehend verleugnet. Zwar war er zur Ausbildung für einige Jahre in einer anderen Stadt, aber nur bei der Mutter fand er die beanspruchte und erfüllte Verwöhnung.

Als 4. Kind in einer Geschwisterreihe von 5 Kindern war er seiner Selbsteinschätzung nach zugleich stets der Benachteiligte gewesen. Ausgeprägte Minderwertigkeitsgefühle überschatteten schon seine Kindheit und Pubertät. Aus seinen rückblickenden Bemerkungen zu der früheren Therapie läßt sich schließen, daß er bei der religiös gebundenen älteren Psychotherapeutin Sicherheit und Lebenshilfen aus der direktiven Technik ziehen konnte. Seine Ambivalenz blieb, wie auch im vorliegenden Bericht zu erkennen, unterdrückt.

Nun lebt er wieder bei seiner bigotten Mutter, die ihn bewundert, versorgt und auch kontrolliert, indem sie hilft, seine diversen Verabredungen mit Frauen zu planen. Seine immer wieder ausbrechenden Depressionen erträgt sie geduldig. Der stabile Charakter dieses neurotischen Lebensarrangements wird auch daran erkenntlich, daß der Patient schon vor einigen Jahren durch einen Kollegen nachdrücklich auf die Notwendigkeit einer Psychotherapie aufmerksam gemacht worden war. Das Angebot einer Analyse vor einigen Jahren scheiterte an seiner Zwiespältigkeit. Statt dessen wurden seine passiven Erwartungen bei einigen Hypnosen ebenso befriedigt wie bei homöopathischen Kuren, die jeweils kurzfristige Wirkungen erzielten.

Das Auf und Ab seiner Stimmungen hängt eng mit Bewunderung und Anerkennung zusammen; fehlen diese, so droht der Umschlag in depressive Verstimmungen. Im „Bindungsverhalten" an die Mutter findet er Sicherheit; ihre Zuwendung und Versorgung kann er stets erreichen. Seine bewußten Beweggründe für das Verbleiben im Elternhaus sind sowohl die Bequemlichkeit als auch die Möglichkeit, seine chronischen Vorwürfe an den Vater austragen zu können. Wegen seiner ausgeprägten Hypochondrie zwingt der Patient seine Mutter, den täglichen Speiseplan an der jeweiligen Farbe seines morgendlichen Stuhlgangs auszurichten.

Seine außerfamiliären Beziehungen sind eingeschränkt und auf Personen verteilt, die jeweils bestimmte Wünsche zu erfüllen haben. Es sind vorwiegend Frauen, mit denen er Freizeitaktivitäten genießt, aber weitergehende Ansprüche der Partnerinnen an sich ablehnt. Gleichzeitig sucht er die „Frau seines Lebens", die alle bisher verteilten wünschenswerten Eigenschaften in sich vereint. Zu Männern hält er berufliche Kontakte, er scheut jedoch davor zurück, sich auf engere Freundschaften einzulassen.

Die zur Behandlung führende Krise wurde durch die Befürchtung ausgelöst, Herr Heinrich Y könnte eine Freundin geschwängert haben und zur Verantwortung gezogen werden.

Nachdem zunächst die Grundhaltung des Patienten von großer Unsicherheit und erheblichem Mißtrauen geprägt war - was so weit ging, daß er sich weigerte, für die Behandlung zu bezahlen- , konnten seine Zweifel in einigen Monaten soweit beseitigt werden, daß die äußeren Gegebenheiten einer Analyse hergestellt werden konnten.

Einige Monate nach Beginn der Behandlung (86. Stunde) spricht Herr Heinrich Y von den Faktoren, die sein Leben in der letzten Zeit einschneidend verändert hätten. Er nennt u.a. die Beziehung zum Analytiker. Seitdem er mich kenne, habe er zum ersten Mal das Gefühl, daß jemand für ihn da sei, daß er willkommen sei, daß er sprechen könne. Hintergründig taucht in dieser Lobrede eine Angst auf, seine warmherzigen Gefühle könnten etwas mit Homosexualität zu tun haben. Sexuell dürfe es nicht werden.

Ich weise zunächst beruhigend darauf hin, daß Vertrauen und Homosexualität zwei verschiedene Dinge seien. Hierbei ging es mir darum, Unterschiede zu betonen, um unbewußte Gleichsetzungen um so stärker ans Licht zu bringen. Diese Annahme erfüllt sich:

Er habe Angst habe, es könne weitergehen. „Ich kann Ihnen doch nicht um den Hals fallen", was er heute am Anfang der Stunde am liebsten getan hätte. Er datiert diese Entwicklung auf Ostern (die Stunde fand im Mai statt) zurück, wo er aus dem Urlaub mit dem Gefühl zur Sitzung kam, als ob er zu einer Geliebten gehe.

Ich hatte den Anstieg positiver Gefühle in den vergangenen Wochen bemerkt, aber nicht interpretiert. Nun rege ich ihn an, seine Ängste genauer zu beschreiben.
P.: *Ich mißtraue mir, ob es rein zärtliche Gefühle sind: Manchmal verliebe ich mich in Jungens* (Lehrlinge, mit denen er beruflich zu tun hat), *so aus der Distanz, besonders in solche, die so aussehen, wie ich als Junge ausgesehen habe; besonders blonde haben es mir angetan.*

An dieser Stelle bricht er ab und schweigt längere Zeit. Ich erkundige mich, ob ihm jetzt etwas besonders Peinliches eingefallen sei.
P.: *Na ja, da war so ein Gedanke, den ich schon öfters gehabt habe, den ich aber immer gleich wieder weggeschoben habe. Wenn ich mal so einen richtigen Arsch ficken könnte, das wäre doch eine tolle Geschichte.*
A.: *Ja, was wäre da toll?*
P.: *Natürlich wäre ich der Aktive, und als Partner könnte ein Mann oder eine Frau in Frage kommen, jedenfalls will ich das Vorderteil gar nicht sehen, weder vom Mann, noch von der Frau. Nur die Bewegung wäre mir wichtig, nur dieses Rein und Raus. Endlich wäre dann mal ein Ringmuskel da, der mein Glied fest umspannen würde.*

Im weiteren wertet er zum Schutz gegen seine Kastrationsangst Frauen wegen ihrer „erschlafften Löcher", in denen er zu versinken fürchtet, ab. Deswegen habe die andere Vorstellung, die der umspannenden Enge, eine unglaubliche Faszination für ihn. Aber er habe diesen Gedanken immer schnell vom Tisch gewischt, wenn er aufgekommen sei, denn darüber könne man ja doch mit niemandem reden.
A.: *Als Sie am Anfang der Stunde das Sie bewegende Gefühl mitgeteilt haben, hier etwas Neues gefunden zu haben, nämlich jemand, der für Sie da ist und Ihnen zuhört, war wohl mit enthalten, daß solche Vorstellungen hier geäußert werden können, ohne daß es zu einer Abweisung kommt.*

Der Patient fühlt sich nun sicher genug, mir erstmals seine Masturbationspraktiken mitzuteilen, die er dem Verkehr mit Frauen deshalb vorzieht, weil er sich genau dort erregen könne, wo es für ihn besonders lustvoll sei. Die Eichel sei eher zu überempfindlich, während er sich gerne am Schaft des Gliedes reize. Die Vorstellung, mit seiner Hand den Ringmuskel des Afters zu imitieren, errege ihn besonders.

Bei meinen Überlegungen zum weiteren Vorgehen ist wichtig, daß ich ihm die aktive Rolle lasse und keine tieferen Deutungen gebe, wie z. B. daß hinter den „erschlafften Löchern" eine angsterregende Phantasie der ihn verschlingenden (kastrierenden) Frau stehen könnte. Deshalb betone ich am Ende der Sitzung lediglich, daß er bislang solche Vorstellungen für sich behalten habe, weil er unsicher sei, ob er sonst abgelehnt werde.

Die folgende Stunde beginnt der Patient mit einem Traum vom Skikurs, den er nach der letzten Stunde geträumt habe.

P.: *Beim Skifahren waren wir in einer Gruppe und wurden von einer Frau gelenkt, die uns erklärte, wir seien unheilbar krank. Sie erwartete von uns, daß wir uns in einem See ertränken. Ich bekam Angst vor dem Tod und sagte, ich will nicht sterben. Ich habe mich auf die Seite gemogelt. Die anderen haben dem Befehl Folge geleistet und sich ertränkt. Ich habe noch ihre Köpfe im Wasser gesehen und rief den Ertrinkenden zu: Ich werde sicher jemand finden, der mich heilen kann. Mögt ihr sterben, ich will leben. Dann habe ich mich ans andere Ufer geflüchtet.*

Die Frau erinnert ihn an „Emma", wie er seine frühere Therapeutin herabsetzend zu nennen pflegt. Diese habe ihm mal mitgeteilt, sie habe einen Patienten gehabt, der sich nach 4jähriger Behandlung bei ihr umgebracht habe; wohl um ihn davon abzuhalten, ihr etwas ähnliches anzutun. Damals habe er gedacht: „Ich bring' mich um, um der Hündin zu zeigen, daß sie nichts taugt." Die Lust sich umzubringen sei damals stark gewesen, heute aber möchte er leben und nicht mehr sterben. Irgendwie sei er auf mich auch böse, daß ich nach der Vorbesprechung nicht sofort mit der Behandlung begonnen habe. Dann distanziert er sich vom starken Affekt des Vorwurfs gegen mich. Mein damaliges Verhalten hätte schon seine Richtigkeit gehabt, aber gefühlsmäßig könne er das noch immer nicht akzeptieren. Er sei noch immer wütend auf mich. Mit Entschiedenheit weist er auf seine Suizidgedanken hin, die er damals zwischen Vorgespräch und Behandlungsbeginn gehabt habe. Immer wieder steigert er sich in eine Anklage gegen mich hinein, indem er mir die Verantwortung für sein damaliges Befinden auferlegt. Beim Vorgespräch hätte mehr Hoffnung geweckt werden sollen, mehr Zuckerstückchen hätte er sich gewünscht, obwohl er selbst gewußt habe, daß so etwas bei ihm höchstens ein paar Tage vorhalten würde.

An dieser Stelle kann ich seine Aufmerksamkeit auf seine Heilserwartung im Traum zurücklenken. Herr Heinrich Y greift den Hinweis sofort auf, ja, einen Erlöser, einen Retter suche er. Ihm fällt ein, daß die Stelle: „Ihr mögt sterben, aber ich will leben" aus einem Psalm stammt, den er täglich 3- bis 5mal bete. Die frühere Therapeutin hätte er wegen deren christlicher Orientierung aufgesucht, fühlte sich dann aber von ihr unter erheblichen moralischen Druck gesetzt. Zwar habe sie ihm über schlimme Zeiten während seines Studiums hinweggeholfen – wie eine mahnende Mutter –, zugleich habe sie ihn jedoch moralisch erpreßt: Wenn er nicht von seinen schmutzigen Phantasien lasse, dann würde er ein schlimmes Ende nehmen, wie jener andere Patient von ihr.

Jetzt fällt Herrn Heinrich Y ein, daß er gestern mit einem Mädchen zusammen war und sie beide in der Öffentlichkeit zärtlich miteinander waren. Vor lauter Erregung habe sich eine mächtige Schwellung im Oberarm gebildet. Er könne Bäume ausreißen, und Mädchen seien doch viel zu schwach dazu.

Im Hinblick auf die sich entwickelnde homosexuelle Übertragungsthematik gebe ich die Deutung: Er hoffe, daß ich stark genug sei, den Boxkampf mit ihm auszuhalten, der seiner gespeicherten Kraft doch folgen könne. Der Patient lacht kräftig und befreit. Bei der Verabschiedung sind deutlich Spuren von Tränen in seinen Augen zu sehen.

Mit meiner Deutung habe ich die Passivität des Träumers, der auf der Suche nach einem Erlöser ist, in die aktive Position dessen gebracht, der sich via Kräftemessen mit dem Vater den eigenen Platz in dieser Welt erobern kann. Die Deutung folgt der Überlegung, daß der herabsetzenden, oft clownesken Selbstdarstellung des Patienten eine Abwehr heftiger Rivalitätsgefühle zugrunde liegt, um in der Position des hilflosen, der kastrierenden Mutter ausgesetzten Buben eine stärkende, eine männliche Identifikation mit dem Vater zu finden. Die Analogie vom Boxkampf sollte dies ausdrücken, ein Kräftemessen auf der Grenze des Spielerisch-Realen, begrenzt vom Boxring. Die in der Vorstunde ausgeführte Phantasie über die bevorzugte Masturbationsform - eine kräftige, ringförmige Klammer am Penisschaft - enthält ebenfalls eine homosexuelle, lustvoll körperbezogene Auseinandersetzung.

In den folgenden Stunden wird deutlich, daß Herr Heinrich Y mich in seinem inneren Dialog mit meinem Vornamen anspricht, den er in einer Form benutzt, wie er für kleine Buben gebraucht wird. Er vergleicht seine mächtige sportliche Gestalt mit meiner Figur und glaubt nicht, daß ich einer körperlichen Auseinandersetzung mit ihm gewachsen wäre. Er benutzt den tatsächlichen Größenunterschied, um - nun selbst der Große - den Vater haßerfüllt abzuwerten. Von diesem vermittelt er in der ersten Behandlungsphase das Bild eines kraft- und saftlosen Nichtsnutzes, der nach dem Krieg, als der Patient 6 Jahre alt war, in seinem Beruf nicht wieder Fuß fassen konnte. Die Familie hatte er mit Gelegenheitsarbeiten nur unzureichend versorgen können.

Behandlungstechnisch ging es darum, „das andere Ufer" aufzuzeigen, das der Patient sucht, um sich aus der machtvollen, versorgenden und zugleich verschlingenden Umarmung der Mutter loslösen zu können. Im weiteren Verlauf der Behandlung wird dieses Thema erneut bearbeitet. Es wird deutlich, wie konkretistisch Situationen des umhüllenden Raumes für den Patienten die prägenitale Mutter repräsentieren, mit der er verbunden bleiben muß und die in Gestalt austauschbarer, idealisierter Frauen auch sein soziales Leben bestimmt. Wieder wird dies an einem Traum dargestellt, der von einer Lebensgefahr handelt. Aktuell auslösend für diese Angst war, daß der Patient als Ergebnis der 1½jährigen Arbeit beschlossen hat, zu Hause auszuziehen und eine Wohnung zu suchen; darüber hinaus entwickelt er konkrete Pläne, ein eigenes Haus zu bauen.

Der Patient kommentiert als erstes, daß ich die Vorhänge des Zimmers zugezogen habe (um den Raum besser vor der Sonne zu schützen): „Wenn ich erst mal im eigenen Haus die Vorhänge zumachen könnte, das wäre schön." Dann berichtet er von der Wohnungssuche, die sich schwierig gestaltet. Er reagiere zu Hause zunehmend auf vieles allergisch, wolle aber nicht im Groll gehen, sondern sich einfach selbständig machen. Er habe in letzter Zeit 2 ganz komische Träume gehabt, die von einer Lebensgefahr handelten. Er erzählt den folgenden Traum.

P.: *Ich gehe mit einem Rucksack durch eine Unterführung, eine Frau, eine Italienerin, muß mich begleiten. Sie sagt mir: „Da ist ein Pack, die überfallen Sie sonst." Nach der Unterführung ist die Frau verschwunden, und tatsächlich kommen dann 2 Kerle. Der eine reißt mir den Rucksack weg, wirft ihn dem anderen zu, ich kann mich nicht wehren. Es ist furchtbar, in solchen Träumen bin ich immer dem Gegner unterlegen.*

Sein erster Einfall gilt der Italienerin. Der Patient hat mir schon oft geschildert, daß seine Traumfrau eine schwarzhaarige, glutäugige Schönheit sei, so eine wie auf einem Bild, das zu Hause im Wohnzimmer der Eltern an der Wand hängt.
P.: *Woher kommt das? Das kommt so oft vor in der letzten Zeit, ich hab' mir den Traum genau eingeprägt. Solange die Frau dabei ist, tut mir keiner was. Keiner der bösen Buben tut mir was. Gestern war ich mit einer neuen Bekanntschaft wandern. Mir fiel dabei ein, bei jeder Prüfung war eine Frau dabei. Nur mit einer Frau kann ich offensichtlich das Leben bewältigen. Was bedeutet der Rucksack? Andere nehmen mir meine Sachen wieder weg.* (Er kommt auf seine phantasierte zukünftige Frau zu sprechen:) *Ich glaube, ich muß Gütertrennung machen, oder noch besser, die Frau müßte mir Miete bezahlen. Vielleicht sind die anderen beiden bösen Buben auch die Mieter.*

Ich frage ihn nach der Unterführung.
P.: *Ach, da kommt nur so unsinniges Zeugs. Doch, die Unterführung, ich glaube, ich erinnere mich an die Pflichten, das kommende Jahr wird hart werden. Die vielen Leute sind vielleicht die Entscheidungen, die ich treffen muß mit dem Hausbauen, im Dienst, die Aufgaben. Von Kindheit an war es für mich ja eine wichtige Aufgabe, Gedanken abzuwehren, weil sie unkeusch sein können. In Gedanken sehe ich die Gefahr der ewigen Verdammnis. Schon im Bruchteil einer Sekunde kann man einen unkeuschen Gedanken denken, der eine Todsünde darstellt. Wenn man dann tot umfällt, dann wär' man für ewig verdammt. Das ist besonders schlimm. Hier ist das nun wirklich schlimm, weil ich ja alles sagen muß bzw. sagen darf. Abends fällt mir oft ein, Mensch, da hast du heute im Dienst aber wieder Sachen gesagt, wer wird dir denn da einen Strick drehen.*
A.: *Ihre Einfälle zur Unterführung könnten unsinnig oder unkeusch sein.*
P. (lacht): *Ja, da muß ich sofort sagen, da fällt mir dazu ein, führ' ihn ein oder die Fotze, in ein tiefes Loch reingehen, wo viele Gefahren lauern. Die Frau sagt mir im Traum, hab' keine Angst. Vielleicht wenn ich mal die richtige Frau haben werde, hab' ich dann keine Angst mehr und kann ohne Sorge in das Loch reingehen.*
A.: *Vielleicht hat der Rucksack auch eine unkeusche Seite.*
P. (lachend): *Nun, jene jungen Buben, die waren ungefähr so 14 Jahre alt, vielleicht sind die ganz jungen Kerle so ein Symbol, vielleicht nehmen die mir mein Säckchen weg.* (Nach längerer Pause:) *Ich zweifle die Arbeit heute wieder an. Es kostet so viel, mein Geld fließt weg. 77 DM für Sie und 30 DM von meiner eigenen Arbeitszeit, das sind 107 DM. Ich glaube, ich suche Argumente gegen die Arbeit hier, um zu reduzieren. Wenn die Tage wieder länger werden, werde ich doch die Freitagsstunde streichen müssen. Vielleicht heißt die Unterführung auch, ich sehe kein Licht in der Analyse. Vielleicht sind Sie die Frau und die Unterführung meint, daß ich mich unterordnen muß. Ich glaube, das ist hier so wie woanders, ich würde immer noch lieber mich unterordnen, um wirklich sicher zu gehen, daß es richtig läuft.*
A.: *Das heißt, daß ich Sie vor bösen Buben, vor Ihren bösen Gedanken schützen soll.*
P.: *Ja, die unkeuschen Gedanken weghalten, das wäre schon sehr richtig. Das einzig Gefährliche hier, das ist wirklich das einzig Böse. Ich glaube, ich bin jetzt stolz auf mich, hab' aus dem Traum noch einiges rausgekriegt. Bin schon sehr überwältigt.*
A.: *Als Sie ein böser Bube mit unkeuschen Gedanken waren, wie alt waren Sie da?*
P.: *Och, das hab' ich früher alles radikal abgewehrt. Nein, es stimmt doch nicht ganz, natürlich, ich hab' auch heimlich gelesen, z. B. über die künstliche Befruchtung der*

Frau. Da hab' ich dabei immer einen Hammer gekriegt. Einmal hab' ich auch einen nackten Busen gesehen. Mit 18 hab' ich ein Buch gelesen, da stand nur, daß 2 miteinander geschlafen haben. Mensch, hat mich das aufgeregt. Ich hab's natürlich dann gebeichtet. So ein Wahnsinn, ich war so ein Arschloch, hab' mir das Leben so versaut. 35 Jahre bin ich jetzt und hab' noch nie gelebt. Gott sei Dank, es ist vielleicht doch noch alles drin.

A.: *Ist wirklich noch alles drin in dem Sack?*

P.: *Ach, ich komme mir so impotent vor, wie wenn man mir den Sack gestohlen hätte. Ich bin allgemein unfähig. Ich bewältige natürlich das Leben, aber nicht im Sinne meiner Vorstellungen, da bin ich impotent. Ich hatte mir so viel vorgestellt.* (Pause) *Mir geht einiges durch den Kopf, ich glaube, ich streiche die Weibergeschichten, ich will Ihnen nichts sagen, ich schäme mich so. Meine neue Freundin beglückwünscht mich dazu, daß ich die Rita nicht geheiratet hab', die kennt sie nämlich. Ich glaube, ich schäme mich vor Ihnen. Sie schimpfen mich jetzt sicher aus. Am Samstag hab' ich mit einer in A., die hab' ich richtig in mich verliebt gemacht, die, das war die Berta, und am Sonntag dann mit der Claudia. Ich glaub', die Vielweiberei macht mir doch zu schaffen, ist doch manchmal eine richtige Arbeit, die auseinanderzuhalten.*

A.: *Die Vielweiberei gibt Ihnen das Gefühl, daß im Rucksack noch was drin ist.*

P.: *Ja, das ist so wie eine Art Schutz für mich. Sobald es mehr wird, geht es los, und da werden die scharf auf meinen Rucksack. Deswegen würde ich auch nie im Winter heiraten, ich glaub', das würde mir jegliche Energie nehmen, und Skifahren ist noch immer meine größte Liebe gewesen. Dann hätt' ich einfach keine Kraft mehr im Energiespeicher.* (Pause)

A.: *Sie schämen sich, weil Sie auch Angst haben, daß ich Sie hier verurteile.*

P.: *Ja, vorher hab' ich das sehr stark gehabt, jetzt ist es weniger da, aber es kommen halt doch immer wieder Gedanken, die ich nicht gleich sagen kann. Zum Beispiel seh' ich jetzt eine Vagina im Schnitt vor mir. Das ist eine Vorstellung, die sich immer wieder aufdrängt, die sich richtig festbeißt bei mir, und je mehr ich dagegen tue, desto deutlicher sehe ich das Bild. Da erinnere ich mich, ein Lehrer hat mal Hefte zur Aufklärung ausgeteilt. Da war auch ein Bild drin, wo die Genitalien vereinigt waren. Ich hab' das Heftchen in einem Schrank, den ich selten sehe, manchmal komm' ich dran, dann hole ich es raus und schaue es mir an. So was möcht' ich mal sehen, wirklich dabei sein, wie der hin- und herfährt. Ich stehe deswegen so gern vor dem Spiegel und reiß mir einen runter, weil ich das Gefühl hab', ich kann es wirklich genau sehen. Es ist halt wichtig, daß er nicht einfach weg ist. Das ist das dauernde Gefühl mit den Weibern, das Gefühl, er geht mir dann aus den Augen. Ich hab' der Rita mal gesagt, sie soll es doch lieber mit der Hand machen, das wär mir sehr viel lieber, weil ich es dann genau sehen könnte. Das Zusehen ist wirklich wichtig. Da bin ich gespalten. In der Phantasie würde ich mal wieder gern so richtig ficken, so richtig rein und raus, aber in Wirklichkeit kann ich ihn doch nicht aus den Augen lassen.*

A.: *Sie kriegen Angst, daß der Sichtkontakt abreißt.*

P.: *Ja, wenn ich etwas nicht sehe, dann verlier' ich es aus dem Griff. Da hab' ich einen Hammer, den die Claudia bewundert hat, aber sobald der einen Einsatz fliegen soll, ist er weg, ich glaub', der kriegt es wirklich mit der Angst zu tun. Wenn ich dem Mädchen nur trauen könnte. Vielleicht, wenn ich mal richtig eine Frau hab', der ich vertraue, daß es dann geht. Es ist sicherlich nicht nur wegen der Angst vor einem Kind, das glaub' ich also inzwischen.*

A.: *Sie sind der Frau gegenüber doch sehr zwiespältig, einerseits ist da diese Angst, auf der anderen Seite ist sie im Traum die Schutzgebende.*
P.: *Ja, es ist wirklich komisch, auf der einen Seite möchte ich eine haben und kann mich ihr doch nicht anvertrauen. Ich glaube, ich habe ein großes Bedürfnis nach Erfolg. Als Maßstab für die Behandlung hier sehe ich die Zunahme der Energie. Ich hab nur Kraft im Oberkörper, zu wenig Kraft im Kopf und auch zu wenig Kraft unterhalb der Gürtellinie. Es fehlt mir einfach der Saft. Da fällt mir ein, sobald mein Haus fertig ist, baue ich mir einen Sandsack und fange an zu boxen.*
Kommentar: Betrachten wir den Auftakt der Sitzung aus dem Blickwinkel des Patienten, so läßt sich vermuten, daß er das Sprechzimmer einengend erlebt und daß sich unter Einbeziehung des Traumes eine Gleichsetzung der Unterführung mit dem Behandlungsraum anbietet. Er benötigt den Blickkontakt zum Analytiker, um mögliche aggressive Akte zu kontrollieren. Dementsprechend führt die Unterbrechung der visuellen Kontrolle zur Aktivierung verschiedener Gefahren, die in der Übertragung in die Angst, finanziell ausgeplündert zu werden, einmünden. Allerdings schützt seine Unterordnung ihn auch vor der vielfältig determinierten Verlustangst. Die im Teilobjekt Glied, bei dem er Sichtkontrolle ausüben kann, lokalisierte Angst wird in der analytischen Situation in der Beziehung zum Analytiker erlebt, und dort muß das Thema der Trennung in der Übertragung in seinen vielfältigen Nuancierungen entfaltet und durchgearbeitet werden.

8.5.5 Alltägliche Fehler

Behandlungstechnische Fehler sind unvermeidlich. Sie haben eine wichtige Funktion bei dem Vorgang, den A. Freud (1954a, S. 618) als die Reduzierung des Psychoanalytikers auf seinen „true status", was wir frei mit seinem „tatsächlichen Maß" übersetzen wollen, bezeichnet hat. Räumt man Fehler ein, wird der Abbau von Idealisierungen erleichtert.

Als behandlungstechnische Fehler bezeichnen wir alle Abweichungen des Analytikers von einer mittleren Linie, die sich in der jeweiligen *Dyade* gebildet hat und die sich von Stunde zu Stunde idealiter ohne erhebliche Ausschläge fortsetzt. Wesentlich ist, daß wir die Mittellinie dyadisch definieren. Im jeweiligen Patienten bildet sich aufgrund seiner besonderen Erfahrung mit diesem Analytiker ein gewisses Gefühl für die durchschnittlich zu erwartende *Atmosphäre* in den Sitzungen aus. Da das Verhalten des Analytikers durch Regeln geleitet wird, spürt der Patient nach einiger Zeit, welche Einstellungen sein Analytiker zu diesem oder jenem Thema hat.

Im psychoanalytischen Dialog vollzieht sich ein Meinungsaustausch, bei dem immer wieder Mißverständnisse entstehen, die geklärt und rückgängig gemacht werden können. Demgegenüber sind Fehler, die der Analytiker macht, Tatsachen, die nicht korrigiert werden können, sondern anerkannt werden müssen, wobei deren *Auswirkungen* möglichst gedeutet werden sollten. Besonders anläßlich von Fehlern wird offenbar, daß der Analytiker aufgrund seiner Persönlichkeit und seiner lückenhaften Kenntnisse einen beschränkten Verstehenshorizont hat. Hierbei wird also etwas von dem tatsächlichen Maß, vom „true status" des Analytikers sichtbar. Kunstfehler sind im Gegensatz hierzu alle Abweichungen der Behandlungstechnik, die zu einem nachhaltigen und unkorrigierbaren Schaden führen.

Bei der Einschätzung von Fehlern ist das Verhältnis von *Arbeitsbündnis* und *Übertragung* zu beachten. Es besteht Übereinstimmung darüber, daß trotz aller Schwankungen und heftigen Ausschläge, insbesondere während der Beendigungsphase, das Arbeitsbündnis am Schluß eine so ausreichende Stabilität erreicht haben sollte, daß realistische Betrachtungsweisen überwiegen.

Im psychoanalytischen Dialog wird das Wechselspiel von Übertragung und Gegenübertragung durch wechselseitige ausgesprochene bzw. unausgesprochene Reflexionen über emotionale und kognitive Prozesse fundiert, die partiell der Selbstwahrnehmung zugänglich werden. Nun müssen wir überlegen, was der Psychoanalytiker dazu beiträgt, daß der Patient ihn im Laufe der Zeit in seinem „true status" zu sehen lernt. Freud hat, wie man den Erinnerungen von Lampl-de Groot (1976) an ihre eigene Analyse entnehmen kann, diesen Prozeß dadurch ermöglicht und erleichtert, daß das Wechselspiel von übertragungsneurotischer und „normaler" Beziehung an seinem unterschiedlichen Verhalten erkennbar wurde. Ähnlich auffällige Unterschiede werden heutzutage wohl von den wenigsten Psychoanalytikern offeriert. Um so wesentlicher ist es also, andere Wege ins Auge zu fassen, die zum Abbau von Idealisierungen führen können.

Ebensowenig wie sich die Übertragungsneurose nach Form und Inhalt ohne das spezielle Dazutun des Psychoanalytikers formiert, so ist auch nicht zu erwarten, daß sich die realitätsgerechtere Betrachtungsweise von selbst einstellt und als Phönix aus der Asche des Feuers der sich selbst verzehrenden Übertragungsneurose entspringt. Das Überwiegen des therapeutischen Bündnisses in den späteren Phasen der Behandlung im Sinne der Annahme von Greenson (1967) ist insofern prozeßabhängig, als sich diese Verschiebung v.a. dann einstellt, wenn bei entsprechenden Behandlungsthemen vorbereitende Schritte auf die Beendigung hin ins Auge gefaßt wurden. Besonders geeignet sind in diesem Zusammenhang Unterbrechungen anläßlich von Ferien, weil diese in nuce alles enthalten können, was mit Trennung und ihrer Verarbeitung zu tun hat.

Wir möchten nun 2 behandlungstechnische Situationen beschreiben, die geeignet sind, die Auswirkungen von Fehlern deutlich zu machen. Dabei können sich Verschiebungen zwischen Übertragungsneurose und Arbeitsbündnis ergeben, die schließlich die Durcharbeitung der Trennung bei Behandlungsbeendigung erleichtern.

Zunächst geht es um die letzte Behandlungsstunde vor einer Ferienunterbrechung und um die 1. Sitzung nach den Ferien. Diese Unterbrechung lag in einer Phase der Behandlung, in der von der Patientin immer wieder das Thema der *Beendigung* zur Sprache gebracht wurde. Die Übertragungsneurose schien noch nicht so weit aufgearbeitet zu sein, daß ich von mir aus die Beendigung ins Auge fassen wollte. Meines Erachtens kam es Frau Dorothea X bei ihren Erwägungen eher darauf an, sich überhaupt mit dem Thema der Trennung zu befassen. In der letzten Stunde vor der Ferienunterbrechung ging es um das Abwägen, ob die Patientin noch davon abhängig sein würde, mich während der Unterbrechung gedanklich lokalisieren zu können, d.h. also, mich virtuell oder schriftlich im Notfall am Ferienort erreichen zu können. Ich war mir unschlüssig, und die Patientin spürte meine Unschlüssigkeit, die ihren Ausdruck darin fand, daß ich ihr zwar den Ort nicht nannte, aber nach einigem Zögern – „für den Notfall" – hinzufügte, daß ich über mein Sekretariat erreichbar sei und an einem bestimmten Tag, etwa in der

Mitte der Ferien, einmal in meine Praxis kommen würde. Ich schätzte die Situation gegenüber früheren schweren depressiv-angstneurotischen Zuständen so ein, daß die Patientin mich kaum benötigen würde, war aber doch etwas unschlüssig, und diese Unschlüssigkeit führte zu dem kompromißhaften Angebot. Von ihm machte Frau Dorothea X während der relativ langen Unterbrechung keinen Gebrauch. Sie kam gut erholt und beschwerdefrei in die 1. Behandlungsstunde. In den Begrüßungsminuten ging ich auf eine verdeckte Anspielung der Patientin über meinen Urlaub spontan ein, indem ich ihren Hinweis auf das schöne Wetter aufgriff und auf den Urlaub erweiterte. Ich war momentan unreflektiert, meine Spontaneität förderte bei der Patientin vergleichende Überlegungen zur letzten Stunde vor den Ferien. Das damalige nachdenkliche Zögern und meine kompromißhafte Lösung wurde von ihr mit meiner jetzigen Spontaneität verglichen. Die Patientin gelangte beim Vergleich zwischen Zögern und Spontaneität zu Vermutungen darüber, für wie krank bzw. für wie gesund ich sie hielte. Als ich über dieses Problem weiter nachdachte, länger schwieg und auch ihren weiterführenden Gedanken nicht aufmerksam folgte, spürte die Patientin meine gedankliche Abwesenheit. Sie interpretierte mein abgelenktes Schweigen als einen Rückzug, den sie selbst hervorgerufen zu haben befürchtete, dadurch daß ich ihre Bemerkungen zur Stunde vor den Ferien als Kritik verstanden haben könnte.

Ich gab Frau Dorothea X eine Erklärung über den Hintergrund meines Nachdenkens und meiner Ablenkung, indem ich deutlich machte, daß ich in der Tat bei Unterbrechungen besonders sorgfältig abzuwägen versuche, ob es nötig oder therapeutisch nützlich sein würde, meine Ferienadresse mitzuteilen. Die Patientin brachte nun eine Reihe von zusätzlichen Beobachtungen, die allesamt darauf hinausliefen, wie wesentlich es für sie sei, an meiner Einschätzung ihres Könnens zu partizipieren, weil sie aus meinem Vertrauen in ihre Belastbarkeit an Selbstvertrauen gewinne. Indem ich mich spontan und natürlich verhielt, veränderte sich *ihr* Bild von mir als einem überbesorgten Psychoanalytiker in eine zutreffendere Vorstellung: meine Spontaneität machte sie gesünder. Je mehr ich ihr zutraue, indem ich „natürlich" reagiere, desto mehr könne sie auch Vertrauen zu sich gewinnen.

Bei der Beendigung von Behandlungen erhalten viele Themen ein besonderes Gewicht. Frau Dorothea X bemerkte mit großer, spürbarer Enttäuschung, daß sie mich zunehmend realistischer sehe, obwohl sie sich dagegen zugleich heftig wehre. Einige andere Fehler und ein Ereignis, bei dem es aus ihrer Sicht zu einem „echten Patzer" gekommen sei, erleichterten diesen Normalisierungsprozeß. Der „Patzer" lag darin, daß ich anläßlich einer ebenso stark erwünschten wie befürchteten Schwangerschaft, die auszutragen sich die Witwe und Mutter erwachsener Kinder nicht vorstellen konnte - auch wegen des Risikos für das Kind bei einer Schwangerschaft in ihrem Lebensalter -, den Rat zu einer baldigen Untersuchung gegeben hatte. Nach den Vermutungen der Patientin hätte eine Konzeption bereits vor mehreren Monaten erfolgen können, und bei einer evtl. erforderlichen Unterbrechung schien die Zeit kostbar zu werden. Bei dieser eingebildeten Schwangerschaft, als welche sich die aufgetretenen typischen körperlichen Veränderungen herausstellten, hatte ich die Wunschseite und das geradezu hypomanische Glück, das die Patientin auch bei der Beschreibung ihres Zustands ausstrahlte, zwar nicht übersehen. Mein Hinweis auf die Dringlichkeit einer klärenden Untersuchung hatte die Patientin unbewußt als eine Art von Vorbereitung zur Abtreibung des gemeinsamen (Übertragungs)wunschkindes erlebt. Mein Patzer war nicht wieder gutzumachen. Ihr selbst wurde allerdings klar, daß die eingebildete Schwangerschaft ein verfehlter Versuch einer unmöglichen Wiedergutmachung eines früheren Aborts war. Ihre Sehnsucht richtete sich nun auf eine harmonische Beziehung, die sich insofern auch erfüllte, als ihr Freund eine Schwangerschaft, fiele sie in eine andere Lebensphase, begrüßt hätte. Daß diese Lebensphase unwiederbringlich hinter ihr lag, wurde ihr schmerzlich bewußt. Mein Fehler trug also andererseits zu einer realistischen Lebenseinschätzung bei.

Wegen des Nichtverstehens eines tief unbewußten Wunsches war eine Perle aus meiner Krone gefallen. Es gab noch einige andere Situationen, die zur Entidealisierung des Analytikers beitrugen.

Hierzu gehört ein Thema, das in der Beendigungsphase aufkam und einen Bezug zu einer früheren Behandlungssituation hatte. Offenbar hatte die Patientin mich bei einem damaligen Durchspielen der Beendigung der Therapie nach der Rolle der Aggression gefragt. Sie hatte meine Antwort so verstanden, daß bei der Beendigung erneut aggressive Themen aufkommen könnten. Ich erinnerte mich nicht mehr an diese Aussage, hatte aber offenbar ein Mißverständnis hervorgerufen, das - unkorrigiert - als mein „Fehler" wirksam geblieben war. Denn eine solche Mitteilung muß einem Patienten, der gerade in der Angst lebt, zu verletzen oder zu kränken, und dauernd bemüht ist wiedergutzumachen, die Beendigung eher erschweren und Aggressivität tabuisieren. Tatsächlich hatte die Patientin aus meinem Fehler für sich die Konsequenz gezogen, gerade nicht aggressiv sein zu dürfen, weil sie dann ja in die Beendigungsphase eintrete und nicht mehr in der Lage sei, den entsprechenden Schaden wiedergutzumachen.

In diesem Zusammenhang trat ein eigenartiger Widerstand auf, der sich so auswirkte, daß die Patientin bewußt andere Themen zur Sprache brachte, deren Durcharbeitung einen hohen therapeutischen Wert hatte, die aber gleichzeitig von ihr vorgeschoben wurden, um aggressive Übertragungen vermeiden oder hinausschieben zu können. Sie beschrieb „typisch weibliche Falschheiten" und gab viele Beispiele dafür, wie ihr von Scheinheiligkeit begleiteter Neid bei Frauen gegen den Strich ging. Gleichzeitig entwickelte sich eine tiefe Sehnsucht nach Harmonie und Gemeinsamkeit mit einer Frau. Der Patientin war ihre Ambivalenz in bezug auf ihre Mutter und die mit ihr verbundene neurotische Wiederholung inzwischen bewußt geworden, ohne daß sie sich die Sehnsucht in ihrem ganzen Ausmaß einzugestehen vermochte. Ihr Ausruf in einer Stunde: „Wäre ich doch nur ein bißchen lesbisch!" ließ die noch wirksame Abwehr erkennen, die sich veränderte, nachdem ich ohne Umschweife gesagt hatte: „In diesem Sinne sind alle ein bißchen lesbisch."

Die Aggressivität in der Übertragung wurde vermieden und in Beziehungen zu Frauen untergebracht. Man kann auch sagen, daß die Patientin ihre Mutterübertragung dislozierte und diese in ihrer Beziehung zu ihrem weiblichen Bekannten- und Freundinnenkreis agierte oder dort entdeckte.

Schließlich ergab die Durcharbeitung ihrer ambivalenten Mutterbeziehung die Grundlage dafür, daß sie auch in der Übertragung aggressiver werden konnte, wie an der folgenden Episode deutlich wird:

Betroffen und unter großem inneren Leiden erlebte die Patientin, daß sie im geschickten Manipulieren, besonders beim Einkaufen, sehr viel mehr die Tochter ihres Vaters sei, als sie es wahrhaben wollte. Sein kleinliches Rechnen, das ihr zuwider war, unbewußt übernommen zu haben, quälte sie. Um durch Selbsthilfe von dieser Verhaltensweise loszukommen und nicht so zu sein wie der Vater, hatte sie übrigens immer Wert darauf gelegt, einen Teil der Behandlungskosten selbst zu tragen. Eine Versicherung, die die Gesamtkosten übernommen hätte, nahm sie deshalb von sich aus nicht in Anspruch. Sie begnügte sich mit der Inanspruchnahme einer partiellen Kostenübernahme durch eine andere Versicherung, so daß sie sich selbst mit etwa 40 DM am Honorar beteiligen mußte. Diese Eigenbeteiligung führte zu einer tragbaren finanziellen Belastung, ohne daß wesentliche Einschränkungen für sie und ihre Familie notwendig geworden wären. Ihre Eigenbeteiligung wurde von ihr selbst als Ausdruck ihrer Eigenständigkeit erlebt, nicht nur dem Vater gegenüber, sondern auch in der Beziehung zu mir. Die Spannung zwischen ihrer Absicht, ein freies, großzügiges Verhältnis zum Geld zu haben, und dem väterlichen Über-Ich-Gebot der Sparsamkeit und des kleinlich-geizigen Rechnens wurde anhand einer Verzögerung der Rechnungsausstellung deutlich, die evtl. dazu hätte führen können, daß die Versicherung den Anteil für diese Rechnung reduziert hätte. Diese Mehrbelastung hätte sie aus inneren Gründen nicht mehr ertragen können, und der „Vater" in ihr hätte gegen ihre Autonomie gesiegt.

Ihre Beobachtung, wie ich auf ihre Hinweise auf meine Fehler reagierte, brachte weitere Erkenntnisse. Sie bemerkte, daß ich mich sehr darum bemühe, möglichst keine Fehler zu machen, wobei ich selbstverständlich einräumte, daß Mißverständnisse entstehen, die auf mein Konto gingen. Offenbar war aber mein verbales Eingeständnis von Fehlern vom Ideal der Fehlerlosigkeit begleitet. Frau Dorothea X wünschte sich einen menschlich souveränen Psychoanalytiker, der ihr auch averbal signalisieren sollte, daß Fehler zum Handwerk und zum Leben gehörten. Tatsächlich hatte die Patientin mir die Augen dafür geöffnet, daß mir mein Ehrgeiz im Wege stand, Fehler als alltägliche Vorkommnisse zu akzeptieren und großzügiger damit umzugehen. Denn für Großzügigkeit suchte Frau Dorothea X ein Vorbild, um selbst eine neue, d. h. großzügigere Einstellung gewinnen zu können.

8.6 Unterbrechungen

Unter diagnostischen Gesichtspunkten liegt es nahe, bei Unterbrechungen die Auslösung typischer Trennungsreaktionen, seien sie mehr ängstlicher oder mehr depressiver Art, zu berücksichtigen. Unter therapeutischen Gesichtspunkten ist es entscheidend, solche Hilfestellungen zu geben, die zu einer schrittweisen Meisterung solcher Reaktionen beitragen. Deshalb empfehlen wir, bei Unterbrechungen auch an Überbrückungen zu denken.

Beispiel

Frau Clara X beginnt die letzte Sitzung vor Weihnachten.

P.: *In der letzten Stunde gibt's entweder gar nichts zu sagen oder ... oder man hat etwas Wichtiges im Sinn, was einem dann doch nicht einfällt.* (Schweigen) *Ich möch-*

te einfach nicht ran an das Thema Trennung. Ich habe den Eindruck, daß ich mich da immer herumgedrückt habe. Manchmal auch durch Erkrankungen. Das hängt bestimmt mit meiner Angst vor Gefühlen zusammen.

A.: *Aus Angst vor unbeherrschbaren Gefühlen ... vermeiden Sie manches Schmerzliche, aber auch anderes. Je weniger sich erfüllt von den Gefühlen, desto intensiver ist dann der Trennungsschmerz. Und das Vermeiden der Gefühle führt dazu, daß Trennungen schmerzlicher sind als sie sein müßten, es führt zu einem Mangelgefühl, über das wir in der letzten Stunde sprachen. Es geht um die Wegzehrung.*

Überlegung: In dieser Deutung sind verschiedene Ideen vereinigt. Ich vermute, daß sich Frau Clara X wegen der Eßstörung in einem chronischen und allumfassenden Mangelzustand befindet. Angesichts von befristeten Unterbrechungen oder gar endgültigen Trennungen wächst die Sehnsucht nach einem Ausgleich des Defizits. Gleichzeitig kommt es auf irgend einer Ebene des Bewußtseins auch zu einer Bilanzierung. Obwohl sich Magersüchtige selbst zu täuschen versuchen, indem sie vor sich selbst und vor anderen bedürfnislos erscheinen, wissen diese Kranken in irgendeinem Winkel ihrer Seele von ihrer großen Sehnsucht nach Stillung ihres Hungers im umfassenden Sinn. Die Einschränkung von Bedürfnissen bis zu den extremen Formen der Enthaltsamkeit ist ein Versuch, alle Enttäuschungen zu vermeiden, die mit dem Anwachsen der unbewußten Sehnsüchte und Begierden tatsächlich auch häufig eintreten. Meiner Deutung liegt also die Annahme zugrunde, daß es leichter ist, sich vom Analytiker zu trennen, wenn vitale Bedürfnisse befriedigt sind. Der Trennungsschmerz könnte dann allerdings auch größer werden: „Alle Lust will Ewigkeit, will tiefe, tiefe Ewigkeit" (Nietzsche, *Also sprach Zarathustra*). Da ist die Metapher der Wegzehrung trotz des großen Bedeutungshofs ein armseliges Angebot der Überbrückung.

Frau Clara X macht mich darauf aufmerksam, daß ich vor Unterbrechungen schon häufiger von Wegzehrung gesprochen hätte, was mir nicht bewußt gewesen war.

A.: *Meine Lieblingsworte können die Wegzehrung nicht herbeischaffen.*

Ob sie das jemals erlebt habe außerhalb der Therapie, daß eine Wegzehrung über die Trennung hinweghelfe, überlegt die Patientin. Langes Schweigen, Seufzen. Nach ca. 3 Minuten thematisiert sie, was man tun könne, um mit Trennungen fertig zu werden. Ein Weg sei, daß man ans Wiedersehen denke. „Fällt Ihnen dazu etwas ein?", lautet die Frage der Patientin.

A.: *Zum Wiedersehen? Sie denken an das Wiedersehen, an die Überbrückung und an das Weitermachen, an das Neuanfangen als Brückenschlag. Das Wiedersehen gibt eine Perspektive.*

P.: *Ich finde leider keine Perspektive. 12. Januar - die nächste Stunde. Bis dahin sind die guten Vorsätze des neuen Jahres schon wieder vergessen. Ich hoffe jedenfalls, daß Sie nicht mit dem Gipsfuß hier erscheinen.* (Die Patientin weiß, daß ich zum Skilaufen gehe.) *Außerdem hoffe ich, daß Sie von Ihrem Urlaub etwas haben werden. Vielleicht werden Sie sogar braun.* (Dann wird die Frage direkt gestellt:) *Fahren Sie mit Ihrer Frau zusammen weg oder allein zum ungestörten Nachdenken?*

A.: *Hm, was ist Ihnen denn lieber?*

P. (lacht laut): *Sie werden Ihren Urlaub nicht danach einrichten, was mir lieber ist.*

A.: *Es ist wichtig, was Ihnen lieber ist. Es ist wahrscheinlich zwiespältig und deshalb auch gar nicht so einfach zu beantworten. In Ruhe Nachdenken und Schreiben würde*

dann wohl leichter möglich sein ohne Ablenkung durch meine Frau. Unter diesem Gesichtspunkt würden Sie mich dann wohl lieber allein in den Urlaub schicken.
P.: *Vielleicht denk' ich umgekehrt, in erster Linie an Ihre Frau. Vielleicht wäre es Ihrer Frau langweilig, wenn Sie von Ihren Gedanken in Beschlag genommen werden, dann wäre es für Ihre Frau eintönig. Dann wäre es besser, hier zu bleiben und zu arbeiten. Also sagen wir so, meine Tendenz anstelle Ihrer Frau wäre, eine Woche mitzufahren nach den Feiertagen, zur Erholung und zum Skilaufen, und Sie dann eine weitere Woche alleinzulassen und in der Zeit, was weiß ich, irgendwohin zu fahren. Wenn man etwas Sinnvolles zu tun hat, für sich etwas zu tun, Freunde zu besuchen.*
A.: *Das ist doch eine ganz weise Lösung, in dieser Weise an meine Frau zu denken und es so gut zu meinen mit ihr und mit mir und mit sich selbst. Denn da ist ja mit enthalten, daß ich 8 Tage intensiv dem Nachdenken über Sie widmen kann.*
P.: *Ich habe nicht angenommen, daß Sie über mich nachdenken, ich hab' angenommen, daß Sie allgemein über Ihre Patienten nachdenken.*
A.: *Wenn ich über Patienten nachdenke, sind Sie ja auch mit dabei. Daß Sie nicht in erster Linie an sich gedacht haben, hängt damit zusammen, daß Sie, wie haben Sie einmal gesagt, Angst haben vor Ihren unbeherrschbaren Gefühlen und Wünschen.*
P.: *Da bin ich gar nicht so sicher. Das ist nämlich so eine Sache. Wenn Sie in meiner oder Ihrer Abwesenheit nachdenken ist das ein Punkt, den ich eigentlich eher als unbehaglich empfinde.* (2 Minuten Pause) *Vielleicht befürchte ich, daß Sie zu einem abschließenden Urteil kommen und ich dazu nichts sagen kann.*
A.: *Aha, vielleicht weil Sie ausgeschlossen sind.*
P.: *Eltern denken über die Erziehung ihrer Kinder nach, wenn sie nicht dabei sind, und treffen Entscheidungen.*
A.: *Deshalb sagte ich auch, daß es wesentlich ist, ob es Ihnen zugute kommt.*
P.: *Schon die Tatsache, daß es so geschieht, ist eine Entmündigung, selbst wenn es mir zugute käme.* (Ironisch fährt sie fort:) *Das ist ja immer so, das geschieht alles zum Wohle des Kindes, und trotzdem ist es ein unbehaglicher Gedanke.*
A.: *Der Gedanke behagt Ihnen nicht, aber Sie haben auch oft einiges im Kopf, was mich betrifft, zwischen den Stunden, da bin ich ja auch nicht dabei.*
P.: *Das ist eigentlich etwas, das ich vermeide.*
A.: *Weil Sie dann in Besitz nehmen, ohne daß ich mich äußern kann. Das ist Ihnen also unheimlich, Sie erleben es sehr stark, daß ich Sie in meinen Gedanken in Besitz nehme und verfüge und entmündige, das ist offenbar ein wichtiger Grund, daß Sie vermeiden, an mich zu denken oder an etwas, was zu mir direkt oder indirekt gehört.*
Kommentar: Der Analytiker vermutet, daß die Patientin so intensive Besitzansprüche hat, festzuhalten, zu klammern, in Besitz zu nehmen, zu entmündigen, daß sie über den Weg der projektiven Identifikation die Befürchtung hat, daß der Analytiker auch über sie verfüge. Das heißt in der Sprache der Patientin, daß sie entmündigt wird. Es geht also um die Kontrolle oraler Triebregungen, die nicht so vollständig sein kann, daß keine Beunruhigung mehr spürbar wird. Im Gegenteil, je mehr Selbstanteile verleugnet werden und in der Projektion wiederkehren, desto größer wird auch die Angst, von außen, also vom Analytiker, oral überwältigt zu werden (introjektive Identifikation; s. hierzu Abschnitt 3.7).
P.: *Die andere Sache, die mir da unheimlich ist, ist ... ist, daß dieses Nachdenken, ich kenn's von meiner Mutter, in Richtung des selbstquälerischen Zweifels darüber geht, was sie alles falsch gemacht haben könnte, es geht in die Richtung von Schuld-*

gefühlen und Pessimismus, Trübsal und so, das mag ich nicht. Ich sprech' jetzt einen unverschämten Satz aus. Eine Mutter soll an ihre Kinder glauben und damit auch an sich selbst. Das heißt nicht, daß nicht irgendwelche Fehler gemacht werden dürfen, darum geht's gar nicht. Diese Angst, diese Zweifel, was da wird, womit sie sich selbst im Grunde am meisten fertig macht. Das fällt mir halt zum Nachdenken auch ein, daß es diese Richtung nehmen könnte, und so will ich nicht bedacht werden. Ich könnte mir denken, daß da auf Ihrer Seite vorwiegend negative Dinge herauskommen, wenn ich mir das so vorstelle. Sie denken in erster Linie, mit ihren Erbsünden hört sie doch nicht auf, mit dem Rauchen aufzuhören schafft sie sowieso nicht, mit dem Essen schafft sie's auch nicht, also bleibt alles beim alten, und ansonsten schwätzt sie mal von der guten Fee am Kreuzweg, und dann ist sie drauf und dran, sich auf den Weg zu machen, schleppt ein Frühstück hier hoch und will ein Kind, und ein paar Wochen später, nein lieber doch nicht. Und dann lungert sie wieder eine Weile rum, man blickt nicht recht durch bei ihr. Das ist alles sehr unausgegoren, und ansonsten hat man einfach das Gefühl, ja was denn überhaupt.
A.: *Und nun hat unser Nachdenken einen sehr befriedigenden Ausgang genommen.*
P. (lacht laut): *Das find' ich nun gar nicht im Moment.*
A.: *Also für mich jedenfalls, nämlich den Ausgang, daß ich verstanden habe, warum Sie nicht möchten, daß ich nachdenke über Sie, und warum Sie vermeiden, an mich zu denken, weil Sie sich so sehr fürchten, in Besitz zu nehmen, zu entmündigen, sich gar nicht zu kümmern um das, was ich will, was ich denke, sondern daß Sie in Besitz nehmen wollen, unbeherrscht. Nun hab' ich auch begriffen, warum es so schwer fällt, das Rauchen aufzugeben, weil Sie sich da was abgewöhnen, aus gesundheitlichen Gründen, was ganz sinnvoll wäre, aber aus seelischen ist es naheliegend, daß Sie sich das nicht so leicht abgewöhnen können, denn Sie bringen ja da Ihre ganze Lust unter.*
P.: *Mit der Besitznahme ist sicher was dran, ich fürchte das auch. Dominierend und besitzergreifend, ich fürchte es. Wie weit bin ich's wirklich und wie weit fürchte ich's?*
A.: *Beides, Sie sind's und Sie fürchten, noch viel tyrannischer zu sein als Sie es wirklich sind, weil alles so verschlossen im Keller bleibt, wo die Kartoffeln treiben und geile Triebe machen. Bei Licht besehen würden sie grün werden.*
Kommentar: Der unterstützenden und ermutigenden Seite dieser Deutung scheint die Auffassung zugrundezuliegen, daß die im Dunkeln wuchernden Triebkräfte unheimliche Gestalten annehmen und dann auch tatsächlich und nicht nur für die vorbewußten Ahnungen eines Menschen gefährlich werden können. Daraus ergibt sich, daß das Böse und die Destruktivität entwicklungsbedingte, also von unbewußten Abwehrprozessen abhängige Größen sind, wie wir dies im Grundlagenband unter 4.4.2 ausgeführt haben. Freud war der Meinung, „daß die Triebrepräsentanz [nämlich Vorstellungen und Affekte] sich ungestörter und reichhaltiger entwickelt, wenn sie durch die Verdrängung dem bewußten Einfluß entzogen ist. Sie wuchert dann sozusagen *im Dunkeln und findet extreme Ausdrucksformen*" (Freud 1915d, S. 251; Hervorhebung von uns).
P.: *Wenn ich aber in den Keller steige, dann erfaßt mich ein ungeheures Entsetzen, da mach' ich den Keller lieber wieder zu. Die Dinger kann man ja wirklich nicht anschauen. Ab und zu guck ich da schon hin, also Ihnen gegenüber kann ich das nicht empfinden, da hab' ich eine Blockade, in der Familie merk' ich das schon gelegentlich. Ich kann's wirklich nicht einschätzen, wie weit ich's mache und wie weit es immer wieder mein Wunsch ist, weil ich da eigentlich sehr gern bestimmen würde und alles*

sehr fest in die Hand nehmen würde. Die Mutter von der Kompanie. So wie ich sage, so wird's gemacht. Und daß es mich fürchterlich aus der Bahn wirft, wenn ich mit meinem Willen nicht durchkomme. Wenn ich da genauer hingucke, da kommt alles auf einmal wieder durcheinander. Erst werd' ich wütend, und dann zieh' ich mich zurück, und meistens zieh' ich mich schon zurück, bevor ich wütend werde, aus Angst, daß ich wütend werden könnte. Aber wozu muß ich da rauchen, wenn ich besitzergreifend bin?

Überlegung: Ich erinnere mich an meine eigenen Empfindungen beim Rauchen und beim Entwöhnen.

A.: *Da haben Sie doch was in der Hand, da nehmen Sie was in sich rein, Sie inhalieren, nehmen auf. Endlich an dieser Stelle, da können Sie gierig sein und lustvoll in sich aufnehmen und die Blockade aufgeben.*

Danach entsteht ein entspanntes Schweigen von etwa 5 Minuten. Bei der Verabschiedung sagt die Patientin: „Schöne Weihnachten." Ich erwidere die guten Wünsche.

Kommentar: Wahrscheinlich hat doch die letzte Deutung zu einer Entlastung und Entspannung geführt, denn der Analytiker hat die Patientin zu oraler Befriedigung ermutigt, wenn diese auch auf der Ebene der Ersatzbefriedigung angesiedelt ist. Solche Ersatzbefriedigungen sind aber bei Schwerkranken lebenserhaltend und tragen zur Milderung von Trennungsreaktionen bei. Übergangsobjekte erleichtern Überbrückungen.

9 Behandlungsverläufe und Ergebnisse

Vorbemerkungen

Die in diesem Kapitel dargestellten Behandlungsverläufe gehen z.T. noch auf die unter 1.3 erwähnte systematische Krankengeschichte zurück. Nicht aus Nostalgie greifen wir auf längst abgeschlossene Behandlungen zurück, sondern weil die damit verbundenen langen Katamnesen eine hervorragende Grundlage für die Diskussion von *Behandlungsergebnissen* abgeben. Aus den Erfahrungen mit systematischen Krankengeschichten (Thomä 1978) und aus der Untersuchung von Deutungsaktionen (s. 8.3) ist die in Ulm begonnene Verlaufs- und Ergebnisforschung hervorgegangen, die uns zu einem neuen Verständnis des psychoanalytischen Prozesses hinführte (s. Grundlagenband Kap. 9). Von der Prozeßforschung wird mehr gefordert als wir an dieser Stelle einlösen werden. Aus didaktischen Gründen muß sich ein Lehrbuch auf eine breite klinische Basis stützen und eine große Zahl verschiedener Fälle einbeziehen. Die von uns und anderen geforderte kombinierte Verlaufs- und Ergebnisforschung an Einzelfällen steht erst am Beginn (Grawe 1988). Würden wir die von uns untersuchten Fälle in der dann geforderten Ausführlichkeit darstellen, würde dieses Lehrbuch nur aus einem Fall bestehen können.

Neben den in diesem Kapitel zusammenfassend dargestellten Behandlungsverläufen kann der Leser ohne große Mühe anhand des Patientenregisters wesentliche therapeutische Entwicklungen nachvollziehen, wenn er die aufgeführten Beispiele kontinuierlich liest. Darüber hinaus sind unter 5.1–5.3 typische Abschnitte einer Analyse anhand einer Traumserie dargestellt. Unter 6.3.1 wird eine Analyse anhand des Antragsverfahrens für die Kostenübernahme durch die Krankenkasse wiedergegeben.

Das Kapitel wird durch den Abschnitt „Angst und Neurose" (9.1) eingeleitet. Wir wüßten keinen besseren Platz für dieses zentrale Thema. Der Leser kann sich einen Überblick über die psychoanalytische Angsttheorie (9.2) verschaffen, bevor er sich den Krankengeschichten zuwendet, bei denen die Angst im Mittelpunkt steht (9.3–9.5). Da neurotische Ängste in allen Behandlungen – also auch dort, wo sich solche nicht in der primären Symptomatik offen manifestieren – eine wesentliche Rolle spielen, ist das Kriterium der Angst ein wichtiger allgemeiner Indikator bei der Erfolgsbeurteilung. Im übrigen hat es sich als notwendig erwiesen, daß wir in diesem Band einige zentrale Konzepte der allgemeinen und speziellen Neurosenlehre abhandeln. So werden in diesem Kapitel im Anschluß an die Darstellung eines Falles von Neurodermitis (9.6) die Themen der Unspezifität (9.7), der Regression (9.8), der Alexithymie (9.9) und der Bedeutung des Körpers in der psychoanalytischen Methode (9.10) diskutiert. Am Schluß laden wir den Leser ein, sich mit den Problemen einer systematischen psychoanalytischen Katamnestik (9.11) zu befassen.

9.1 Angst und Neurose

Bevor wir uns einigen speziellen Angstformen zuwenden, geben wir einen kurzen Überblick über die psychoanalytische Angsttheorie. Im Grundlagenband (4.2) haben wir für eine differenzierte Betrachtungsweise von Affekten plädiert. Da viele Affekte eine Angstkomponente haben, ist es berechtigt, in diesem Abschnitt die Angst in den Mittelpunkt zu stellen. „Die Angst ist das Grundproblem aller Neurosen", wie Freud (1926d, S. 175) in einem lapidaren Satz feststellte.

Bei diagnostischen Erwägungen ist von der Art der Manifestation von Ängsten auszugehen. Ein wichtiges Unterscheidungskriterium stellt die mehr oder weniger umschriebene situative Bindung neurotischer Ängste dar. Die Angstneurose ist durch die frei flottierende Angst gekennzeichnet, die scheinbar ohne erkennbaren Grund auftritt und dadurch als unvermeidbar, unkontrollierbar und als Todesdrohung erlebt wird. Der Begriff der Angstneurose und die erste vollständige, auch heute noch gültige Beschreibung der Symptomatik stammen von Freud, der das Syndrom Angstneurose von der Neurasthenie diagnostisch unterschieden hat. Auch Strian (1983, S. 120) stützt sich auf diese klinische Deskription Freuds, der den Symptomenkomplex Angstneurose nannte, „weil dessen sämtliche Bestandteile sich um das Hauptsymptom der Angst gruppieren lassen" (Freud 1895b, S. 316). In der Liste der im Angstanfall auftretenden körperlichen Störungen führt Freud u.a. auf: Störungen der Herztätigkeit, Herzklopfen mit kurzer Arrhythmie, Tachykardie, Störungen der Atmung, nervöse Dyspnoe, Schweißausbrüche, Zittern und Schütteln, anfallsweise auftretende Diarrhöen, lokomotorischer Schwindel. Zur Angstneurose gehören ihr attackenförmiges Auftreten und eine hypochondrische Erwartungshaltung.

Häufig nimmt eine Komponente des Syndroms im Erleben des Patienten eine zentrale Rolle ein, und nicht selten wird die Angst vorwiegend an ein Symptom, an die Tachykardie, die nervöse Dyspnoe, an das Schwitzen, an den Stuhldrang usw. gebunden: Das Syndrom der Angstneurose mit seinen vielgestaltigen Komponenten ist entsprechend auf eine große Zahl unserer Patienten aufgeteilt: Frau Beatrice X (9.2) leidet besonders unter einer angsthysterischen Atemstörung. Bei Herrn Christian Y (9.3) stehen Arrhythmien und Schwitzen im Mittelpunkt, Herr Rudolf Y (7.8) bekommt vor Angst in Panikattacken Durchfälle – die Angst ist ohne Zweifel das Grundproblem aller Neurosen und auch des seelischen Anteils in Entstehung und Verlauf vieler körperlicher Erkrankungen.

Es ist lehrreich, am Symptomenkomplex der Angstneurose zu demonstrieren, was sich in 100 Jahren verändert hat. Das Wissen über die somatischen Korrelate der Angst, über die Physiologie, die Neuroendokrinologie und Neurophysiologie der Angst hat in den letzten Jahren erheblich zugenommen. So haben die Ergebnisse epidemiologischer, neurochemischer und therapeutischer Studien auf dem Gebiet der Angsterkrankungen dazu geführt, daß in der neuen amerikanischen Klassifikation (*Diagnostic and Statistical Manual of Mental Disorder*, 3rd ed., 1980,

American Psychiatric Association, DSM-III) eine Reihe von psychischen Störungen, wie Panikstörung mit und ohne Agoraphobie, soziale und einfache Phobie, Zwangsstörung und posttraumatische Belastungsreaktion unter der Bezeichnung „Angststörungen" zusammengefaßt wurden. In diesem Klassifikationssystem wird den Panikanfällen als gesonderter Untergruppe eine dominierende Rolle auch für das Verständnis anderer Angststörungen eingeräumt. So wird in der neuesten Revision dieses Klassifikationssystems (DSM-III-R, 1987) die Agoraphobie nicht mehr als eine Unterform der Phobien, sondern in erster Linie als eine Folge vorausgegangener Panikattacken angesehen, die zu phobischem Vermeidungsverhalten geführt haben. Interessant ist dabei für den Psychoanalytiker, daß die für die neu definierte Untergruppe „Panikstörung" erarbeiteten diagnostischen Kriterien sich weitgehend mit dem Symptomkomplex decken, den Freud 1895 für den Angstanfall beschrieben hatte, wobei auch Freud schon in seiner ersten Beschreibung der Angstneurose die Agoraphobie als eine Folge des Angstanfalls angesehen hatte. Auf der anderen Seite wurde das physiologische Angstkonzept, das Freud (1895b) einst der Angstneurose einschließlich der Panikattacken zugrundegelegt hatte, in der Psychoanalyse längst revidiert. Denn es wurde entdeckt, daß die frei flottierende Angst nur scheinbar ohne Grund auftritt. Wegen einer lebensgeschichtlich entstandenen erhöhten Angstbereitschaft können nämlich bei der Angstneurose eine Fülle unspezifischer und unbewußt wahrgenommener Gefahrsignale einen Angstanfall auslösen. Diese Entdeckungen führten zur Revision der psychoanalytischen Angsttheorie in Freuds epochalem Werk *Hemmung, Symptom und Angst.* Eine zentrale Aussage lautet:

> Realgefahr ist eine Gefahr, die wir kennen, Realangst die Angst vor einer solchen bekannten Gefahr. Die neurotische Angst ist Angst vor einer Gefahr, die wir nicht kennen. Die neurotische Gefahr muß also erst gesucht werden; die Analyse hat uns gelehrt, sie ist eine Triebgefahr. Indem wir diese dem Ich unbekannte Gefahr zum Bewußtsein bringen, verwischen wir den Unterschied zwischen Realangst und neurotischer Angst, können wir die letztere wie die erstere behandeln. In der Realgefahr entwickeln wir zwei Reaktionen, die affektive, den Angstausbruch, und die Schutzhandlung. Voraussichtlich wird bei der Triebgefahr dasselbe geschehen (Freud 1926d, S. 198).

Der Fortschritt des Freudschen Erklärungsmodells besteht in der Rückführung der Angstreaktion auf eine Situation der Gefahr.

> Was ist der Kern, die Bedeutung der Gefahrsituation? Offenbar die Einschätzung unserer Stärke im Vergleich zu ihrer Größe, das Zugeständnis unserer Hilflosigkeit gegen sie, der *materiellen Hilflosigkeit* im Falle der Realgefahr, der *psychischen Hilflosigkeit* im Falle der Triebgefahr. Heißen wir eine solche erlebte Situation von *Hilflosigkeit* eine *traumatische*; wir haben dann guten Grund, die traumatische Situation von der *Gefahrsituation* zu trennen (Freud 1926d, S. 199; Hervorhebungen von uns).

Nun führt Freud in seine Funktionsanalyse einen „teleologischen" Steuerungsmechanismus ein, nämlich eine antizipierende Ich-Funktion.

> Es ist nun ein wichtiger Fortschritt in unserer Selbstwahrung, wenn eine solche traumatische Situation von Hilflosigkeit nicht abgewartet, sondern vorhergesehen, erwartet wird. Die Situation, in der die Bedingung für solche Erwartung enthalten ist, heiße die Gefahrsituation, in ihr wird das Angstsignal gegeben. Dies will besagen: Ich erwarte, daß sich eine Situation von Hilflosigkeit ergeben wird, oder die gegenwärtige Situation erinnert mich an eines der früher erfahrenen traumatischen Erlebnisse. Daher antizipiere ich dieses Trauma, will mich benehmen, als ob es schon da wäre, so lange noch Zeit ist, es abzuwenden. Die Angst ist also einer-

> seits die Erwartung des Traumas, andererseits eine gemilderte Wiederholung desselben. Die beiden Charaktere, die uns an der Angst aufgefallen sind, haben also verschiedenen Ursprung. Ihre Beziehung zur Erwartung gehört zur Gefahrsituation, ihre Unbestimmtheit und Objektlosigkeit zur traumatischen Situation der Hilflosigkeit, die in der Gefahrsituation antizipiert wird (S. 199).

Die Angst als Grundphänomen und Hauptproblem der Neurose (1926d, S. 175) erweist ihre zentrale Stellung bei der psychogenetischen und psychodynamischen Erklärung von Symptomen. Diese entstehen, um spezielle Gefahrsituationen und die damit verbundene Hilflosigkeit (Trauma) zu vermeiden, die durch die Angstentwicklung signalisiert werden (S. 159).

Waelder (1963) kritisiert, daß die Bezeichnung „Angstsignal" den Ablauf des innerseelischen Geschehens nicht genau wiedergebe. Er stellt fest, daß Furcht oder Angst kein unentbehrliches Element in der Sequenz „Wahrnehmung der Gefahr–adaptive Reaktion" sei. Biologisch notwendig sei allerdings ein „Gefahrsignal", um bestimmte Reaktionen auszulösen. Dieses Signal brauche aber nicht aus einer Angstempfindung zu bestehen. Waelder schlägt vor, von einem Gefahrsignal statt von einem Angstsignal zu sprechen, weil in dieser Sequenz im Signal selbst die Angstempfindung nicht oder noch nicht enthalten sei. Daß die Empfindung der seelischen und körperlichen Sensationen der Angst in dem Maße zunimmt, in dem die reale oder eingebildete Gefahrensituation nicht abgewendet werden kann, werfe ein Licht gerade auf chronische neurotische Angstzustände. Denn bei ihnen bestehe ja aus inneren Gründen eine Dauersignalisierung von Gefahr mit der gleichzeitig bestehenden Unfähigkeit der aktiven Bewältigung.

Verhaltenstheoretisch ausgedrückt ruft die Gefahr (Bedrohung) eine „Notfallreaktion" (Cannon 1920) hervor. Die Bewertung der Gefahr führt zu den Verhaltenstendenzen „Flucht" oder „Angriff", je nach antizipiertem Kräfteverhältnis von Bedrohung und Bedrohtem. Angst und Wut (Ärger) sind die emotionalen Korrelate von Flucht und Angriff; sie haben ihrerseits über Feedbackschleifen motivierende Funktion. So kann aus einem Gefahrsignal ein Angstsignal oder ein Ärgersignal werden.

Bei den Angstanfällen verwischt sich der Unterschied von *realer* (= materieller) und *psychischer* Hilflosigkeit, so daß es zu einer fortgesetzten Traumatisierung mit kumulativer Wirkung kommt. Das gelähmte und blockierte Handlungspotential bleibt sozusagen im Stadium des unbewußten Entwurfs stecken. Hierbei entdifferenziert sich die zielgerichtete Aktion. Die Wiederholung von Niederlagen stimuliert zugleich die blockierte unbewußte Aggressivität, die nun als Triebgefahr im Sinne Freuds die Angst sogar noch erhöht. Es ist also kein Zufall, daß sich Angst und Aggression affektphysiologisch gesehen recht ähnlich sind.

Geht man von der Phänomenologie der von Patienten beschriebenen Ängste aus, scheinen die Gefahren klar zu sein. Im Falle der Angst vor dem Verrücktwerden ist es ein Zustand, dessen vielfältige Beschreibung eben all jene Teilbereiche des Fühlens und Verhaltens enthält, die der Kranke selbst als „verrückten" Kontrollverlust bis hin zum Zerfall oder zur Vernichtung der bisherigen Identität oder des Selbstgefühls erlebt. Es scheint also klar zu sein, wovor sich der Angstneurotiker letztlich fürchtet: Vor der Vernichtung seiner Existenz, die im Erleben entweder mehr als soziales Ich repräsentiert sein kann oder mehr als Körper-Ich, als Körperbild.

Nun gibt es bereits in der Phänomenologie des Erlebens dieser großen Patientengruppe und in den Beschreibungen Ungereimtheiten und Diskrepanzen, bei denen die psychoanalytische Methode ansetzt. Zum einen ist hervorzuheben, daß das jeweils befürchtete Ereignis sich dadurch auszeichnet, daß es gerade *nicht* eintritt. Wer sich fürchtet, eines Tages verrückt werden oder an einem Herzinfarkt sterben zu können, wird von einem solchen Schicksal nicht häufiger betroffen als es dem statistischen Mittel entspricht. Ja, die beschriebenen Ängste scheinen eher gegen das tatsächliche Auftreten einer Psychose oder eines Herzinfarkts zu sprechen. Solche statistischen Daten haben aber für die betroffenen Patienten selbst keine Überzeugungskraft oder wirken nur kurzfristig beruhigend. Die folgende Beobachtung ist wesentlich: Angstneurotische Patienten sind gut in der Lage, reale Gefahren zu ertragen, sie haben keine größere Angst um ihr Leben außerhalb der eingebildeten Ängste als gesunde Menschen. Es ist also durchaus nicht so, daß Angstneurotiker, um es salopp auszudrücken, sich über die Maßen wichtig nehmen oder sich wegen eines ausgeprägten allgemeinen Narzißmus nicht mit dem Gedanken vertraut machen können, daß das Leben endlich und der Tod gewiß ist. Nun sind das eigene Sterben und der eigene Tod nicht als persönliche Erfahrungen, sondern höchstens als Vorstellungen und durch Analogieschlüsse zu vergegenwärtigen. Gerade weil der eigene Tod nicht als persönliche Erfahrung erlebt werden kann, zieht das Lebensende als Geheimnis viele Vorstellungen und Phantasien des Menschen auf sich. In diesem Sinne ergibt sich bei jeder genaueren Untersuchung eines Angstneurotikers, daß die erlebte *Todes- oder Vernichtungsangst* eine verhüllte *Lebensangst* zum Ausdruck bringt. Damit eröffnet sich der psychoanalytische Zugang zur Entstehung von Hilflosigkeiten im Sinne von Freuds Angsttheorie und zu deren therapeutischer Überwindung. Die Angst vor dem Tod oder die Angst vor dem Verlust der körperlichen oder seelischen Existenz – als Angst vor dem Herzstillstand oder vor psychotischem Kontrollverlust – verwandeln sich in der Therapie in lebensgeschichtliche Situationen von Gefahr- und Hilflosigkeit, die seinerzeit nicht gemeistert werden konnten und die nun unter günstigeren Bedingungen überwunden werden können. Regelmäßig ergibt sich ein Behandlungsverlauf, der auch Rückschlüsse auf die Entstehung neurotischer Ängste erlaubt: Die neurotischen Todesängste, die in ihren vielfältigen Ausformungen zum Sinnbild von Verlassenheit, Verlust und Zerstörung geworden sind, denen der Kranke sich in beunruhigender Passivität unterworfen hat, lassen sich in lebensgeschichtliche Elemente zergliedern und neu zusammenfügen. Hierbei kommt es i. allg. nicht zu einer linearen Abnahme der neurotischen Ängste und deren Transformation in die abgemilderten Realgefahren, die in der therapeutischen Beziehung erlebt und überwunden werden können. In der Übertragung kann die Intensität von Ängsten, die sich zu Symptomen potenziert haben, hohe Grade erreichen. Es gehört zur therapeutischen Kunst, die behandlungstechnischen Regeln so anzuwenden, daß die Transformation symptomgebundener in interaktionelle Ängste dem Wohle und der Heilung des Patienten entgegenkommt. Zur Orientierung möge die folgende allgemeine Regel gelten: Je schwerer eine Angstkrankheit ist, je länger diese das Selbstvertrauen unterhöhlt hat und zur alles durchdringenden Existenzangst geworden ist, desto größer ist auch das in der therapeutischen Beziehung aktualisierte Potential interaktioneller Ängste. In Übereinstimmung mit Mentzos (1985) stellen wir fest, daß die vom Angstneurotiker erlebte Todesangst aufgrund von Verschiebungen und anderen unbewußten Abwehrprozessen zustande kommt, die in der Therapie in umgekehrter Richtung zurückverfolgt werden kann.

Zusammenfassend ist hervorzuheben, daß die Angst als Affekt in Beziehung zur Hilflosigkeit gesetzt wird, die in typischen Gefahrsituationen auftreten kann. In Freuds Theorie nehmen die Angst vor dem Verlust des Objekts oder die Angst vor dem Verlust der Liebe des Objekts als Trennungsangst eine zentrale Stellung ein, der die Kastrationsangst als ein besonderer Inhalt von Trennung untergeordnet ist. Bei Objektverlust überwiegt oft die *depressive* Reaktion (s. hierzu 9.3). Der gemeinsame Nenner zwischen Angst und Depression ist die Hilflosigkeit gegenüber tatsächlichen oder seelisch erlebten Verlusten. Häfner beschreibt diese Beobachtungen, die psychoanalytisch erklärt werden können, mit folgenden Worten:

> Geht man von ausgesprochenen Angstkrankheiten, etwa den Panikattacken, den generalisierten Angstsyndromen oder den Agoraphobien (Platzangst) aus, dann kommt man ebenfalls, abhängig von der Schwere des Angstsyndroms, zu 40–90% Kranker, die bereits einmal eine depressive Episode durchgemacht haben oder gleichzeitig an depressiven Symptomen leiden (Häfner u. Veiel 1986). Der Zusammenhang ist wahrscheinlich zu einem Teil konstitutiver Natur: Angst hat, wie ich schon deutlich zu machen versuchte, etwas mit der Bedrohung durch Gefahren zu tun. Depression kann etwas mit Verlusten, Verlassenheit, oder mit umfassenderen Bedrohungen der eigenen Existenz und dessen, was ihr wert ist, zu tun haben. In diesen, Angst und Depression gemeinsamen, aber graduell unterschiedlichen Elementen von Bedrohung der Existenz liegt wahrscheinlich einer der Gründe für ihr häufiges gemeinsames Vorkommen. Der Zusammenhang zwischen beiden kann ein konsekutiver sein: Der Übergang schwerer Panikzustände in generalisierte Hilflosigkeit und Depression ist Beispiel eines rasch ablaufenden Prozesses. Ein langsamer Übergang von Angstzuständen in Depression, wobei sich die Ängste über mehrere Lebensbereiche ausbreiten, Aktivität und Selbstsicherheit blokkieren und zu einem wachsenden Maß erlebter Hilflosigkeit führen können, ist im Verlauf schwerer Angstkrankheiten häufig anzutreffen (1987, S. 198).

Unter therapeutischen Gesichtspunkten ist es wesentlich, nicht nur die Gefahrsituationen zu erkennen, die mit einer speziellen Hilflosigkeit korrespondieren, sondern Wege der Meisterung zu finden, die aus der Hilflosigkeit herausführen und den Handlungsspielraum erweitern. Für den im dunkeln Tappenden kann es schon eine Hilfe sein, laut zu sprechen, um sich damit seiner selbst zu vergewissern.

Die psychoanalytische Angsttheorie erklärt u. E. nicht nur eine vielfältige Phänomenologie, die von der scheinbar leeren, existentiellen Angst bis zu psychotischen Ängsten reicht. Diese Theorie macht auch verständlich, wo verschiedene Therapien ansetzen. Um so erstaunlicher ist es, daß – um mit Hoffmann zu sprechen – eine „überhastete Biologisierung der menschlichen Angst" (1987, S. 528) die Konzeption einer biologisch begründeten Angstkrankheit mit sich brachte, bei der die Erkenntnisse, die seit nunmehr fast 100 Jahren über die sog. „frei flottierende Angst" in der Psychoanalyse und psychosomatischen Medizin gewonnen wurden, nicht rezipiert werden. Margraf et al. (1986) erwähnen, daß bis vor kurzem Freuds vollständiger klinischer Beschreibung von Angstanfällen keine besondere Bedeutung zugeschrieben wurde. D. F. Klein (1981) und Sheehan u. Sheehan (1983) haben biologische Modelle für den Angstanfall entworfen, wobei die biologischen Argumente im Begriff der „Panikattacke" zusammenfließen. Das scheinbar *spontane* Auftreten unterscheidet nach diesen Autoren den Angstanfall qualitativ von der antizipatorischen Angst, wie man sie bei den Phobien findet. Als weiteres Abgrenzungskriterium gilt diesen Autoren die unterschiedliche Ansprechbarkeit auf Psychopharmaka. Die trizyklischen Antidepressiva und MAO-Hemmer (Monoaminooxydasehemmer) scheinen günstiger auf die Panikattacken zu wirken, während die Benzodiazepinabkömmlinge bei den antizipatorischen Ängsten eine symptomatische Besserung herbeiführen. Die genannten Autoren legen nun ein biologisches Modell endogener Angst- und Panikattacken vor, ohne zur Kenntnis zu nehmen, daß diese Ängste als Reaktionen auf *unbewußt* gefürchtete, dem Kranken damit unzugängliche Auslöser zurückzuführen und erfolgreich analytisch zu behandeln sind. Auch aus verhaltenstherapeutischer Sicht wird - wie die Kontroverse zwischen Klein et al. (1987), Klein (1987) und Lelliott und Marks (1987) zeigt - eine medikamentöse Angsttherapie, die sich auf die körperlichen Symptome beschränkt und die Behebung der seelischen Ursachen hierbei aus dem Auge verliert, scharf kritisiert.

Der zu erwartende Einfluß des weltweit in Verbreitung befindlichen DSM-III-Systems ist in diesem Zusammenhang bedenklich. In der heutigen Psychiatrieforschung werden gerade für die Entstehung von Panikattacken überwiegend biologische Hypothesen diskutiert. Auch in der Therapie der Angststörungen resultiert hieraus eine Vorrangstellung der Psychopharmakotherapie gegenüber der Psychoanalyse, aber auch der Verhaltenstherapie. Die psychodynamischen Auslösesituationen und die psychologischen Faktoren von Angstanfällen werden vernachlässigt. Eine sehr große Zahl von Patienten wird also einseitig pharmakologisch und damit unzureichend behandelt, auch wenn bei ihnen eine seelische Auslösung der Angstanfälle nachgewiesen werden kann. Dabei gehören Angsterkrankungen mit einer mehr oder weniger vollständigen Ausprägung des von Freud beschriebenen Erscheinungsbilds neben dem Alkoholismus und den Depressionen zu den häufigsten psychischen Erkrankungen. Im Angstanfall wird ein biologisches Grundmuster aufgrund einer persönlichen Reaktionsbereitschaft manifest, wenn situative Auslöser hinzukommen. Es ist medizingeschichtlich gesehen eine bemerkenswerte Tatsache, daß die zentrale Bedeutung von Freuds Beschreibung der Angstneurose als pathophysiologisches Syndrom für die gesamte Heilkunde wiederentdeckt wurde, die seelischen Entstehungs- und Verlaufsbedingungen aber vernachlässigt werden, wenn sich die Behandlung überwiegend auf die Gabe von Tranquilizern beschränkt. Auch die Betarezeptorenblocker mindern lediglich die körperliche Symptomatik als einem wesentlichen Teil der unangenehmen Begleiterscheinung der Angst, beispielsweise das Herzklopfen. Mit Häfner heben wir hervor, daß die seelischen Prozesse, die zu Angstzuständen führen, durch eine medikamentöse Therapie in der Regel nicht beseitigt werden.

> Allenfalls kann die Blockade schwerer Ängste den Betroffenen wieder in die Lage versetzen, seine eigenen Fähigkeiten zur Bewältigung von Angst erfolgreich zu nutzen. Längerfristig bestehende Angstzustände, v.a. Angstneurosen, bedürfen der Psychotherapie (1987, S.203).

Welches Übergewicht die Tranquilizer in der Behandlung psychischer Störungen haben, sehen wir z.B. daran, daß Tranquilizer nach Erhebungen aus den USA von etwa 10% der Bevölkerung eingenommen werden, daß sie an der 3. Stelle aller verordneten Medikamente stehen und daß der Jahresumsatz in der BRD bei 240 Mio. DM liegt.

Gerade bei neurotischen Störungen mit ängstlich-depressiven Beschwerden ist im übrigen der Nachweis einer statistisch signifikanten, symptomatischen Wirksamkeit von Tranquilizern noch nicht einmal überzeugend gelungen, da bei den in Vergleichsstudien mit Placebo behandelten Patienten v.a. im längeren Behandlungsverlauf ebenfalls deutliche Effekte erkennbar sind. Hier stoßen wir auf die Bedeutung allgemeiner Wirkfaktoren, die durch die Arzt-Patient-Beziehung und die psychologisch-psychotherapeutisch orientierten Einstellungen von Therapeuten in die Behandlung einfließen (Kächele 1988).

Die Disposition zu Angstreaktionen, die im angloamerikanischen Schrifttum als „trait" bezeichnet wird, kann durch eine Vielzahl von Gefahrensignalen in einen akuten Angstzustand („state") transformiert werden (s. hierzu Spielberger 1980). In extremen Fällen kann fast jeder Reiz einen Angstanfall auslösen und die frei flottierende Angst, wenn unbehandelt, zum Dauerzustand werden lassen. Am anderen Ende des Spektrums befinden sich die Phobien, bei denen es zur Angstauslösung durch einen umschriebenen Reiz bzw. eine spezifische Situation kommt, die der Patient vermeiden kann. Eine scharfe Trennlinie ist freilich nicht zu ziehen. Greenson (1959) hat beschrieben, daß am Anfang vieler Phobien angstneurotisch anmutende diffuse Angstzustände auftreten, wobei sekundär eine Verknüpfung durch kausale Zuschreibung zwischen dem aufgetretenen Angstanfall und der damit assoziierten Situation vollzogen wird. Sofern das Vermeiden des phobischen Objekts - der Spinne, der Schlange, der Maus, des freien Platzes, der Brücke, des Flugzeugs usw. - möglich ist, besteht Angstfreiheit.

Die umgangssprachliche Unterscheidung zwischen diffuser, gegenstandsloser und ungerichteter Angst gegenüber der Furcht, die sich auf eine konkrete Gefahr bezieht, hat auch, wie Mentzos hervorhebt,

> ... im allgemeinen Sprachgebrauch an Bedeutung verloren, weil man das Wort Angst auch in bezug auf konkrete Gefahr benutzt. Dennoch erscheint mir eine Differenzierung zwischen mehr diffusen, wenig organisierten, ungerichteten, körpernahen Angstreaktionen einerseits und mehr strukturierten, organisierten entsomatisierten und eindeutiger gerichteten Reaktionsformen andererseits sinnvoll, auch wenn eine scharfe Unterscheidung zwischen Angst und Furcht in der Praxis oft nicht ohne weiteres durchführbar oder auch gut ist: Man wird nur in den wenigsten Fällen von einem eindeutigen Entweder-Oder ausgehen können. Vielmehr gibt es unzählige Nuancierungen im Kontinuum von der diffusen Angst bis zur konkreten, gerichteten Furcht (1984, S. 14).

Die in einer bestimmten Situation erstmals aufgetretene Angst kann später durch andere - ähnliche - Situationen ausgelöst werden. Diese Reizgeneralisierung findet in dem Maß statt, in dem aufgrund von negativer Verstärkung Vermeidungsverhalten zunimmt. Vermeidung wiederum steigert die Angst vor einer Gefahrsituation, was ein zusätzlicher Grund für die Disproportionalität von beobachtbarem Auslöser und Heftigkeit der Panikattacke sein kann.

Disproportionalität heißt, daß der Patient psychosomatisch so reagiert, als befände er sich in der größten Realgefahr. Nimmt man die bewußten und die unbewußten Bedrohungsvorstellungen angstneurotischer Patienten ernst, dann gibt es gute Gründe für das Auftreten von Ängsten, die - nur scheinbar gegenstandslos - „frei flottieren". Die Bedrohungen, die der Angstneurotiker erlebt, sind deshalb so überwältigend, weil die angstauslösenden Bedingungen nicht vermieden werden können: Vernichtung ist allgegenwärtig. Aus der Sicht des gesunden Menschenverstands bildet sich der Angstkranke Gefahren ein, die in Wirklichkeit entweder nicht bestehen oder weit übertrieben wahrgenommen werden. Zu diesen fehlerhaften Zuschreibungen trägt die moderne klinische Diagnostik insofern bei, als hierbei häufig minimale Abweichungen gefunden werden, die als Äquivalente oder Korrelate der Angst aufzufassen sind, aber fälschlicherweise als deren Ursache oder Teil der Angstneurose verstanden werden. Arzt und Patient glauben, einen Grund dingfest gemacht zu haben, was zu einer vorübergehenden Entlastung zumal dann führen kann, wenn auch therapeutische Maßnahmen eingeleitet werden. Um so größer ist die Enttäuschung, wenn die Entfernung des Knotens in der Schilddrüse oder irgendeine andere Behandlung nichts gebracht haben. Kaum ein Krankheitsbild wird in der modernen Medizin so häufig fehldiagnostiziert wie das vielgestaltige Bild der Angstneurose.

Eine Unzahl von *Verdachtsdiagnosen* aufgrund von Symptomen wie Augenflimmern, Schwitzen, Zittern etc. hält die Beunruhigung aufrecht und verstärkt die Angst. Diagnostisch ist es oft schwierig, die (seelischen) Auslöser der körperlichen Angstäquivalente zu finden. Dementsprechend können auch die Patienten selbst die angstauslösenden Situationen nicht vermeiden, was dem Phobiker zur Entlastung weitgehend möglich ist. Da der Herzneurotiker oder der Herzphobiker sich gerade nicht von seinem Herzen wie von einer Spinne distanzieren kann, gehört dieses Syndrom zu den Angstneurosen am Übergang zu den Hypochondrien. Die Bezeichnung Herzphobie ist also phänomenologisch und psychodynamisch unzutreffend. Auch Bowlby (1976) hat innerhalb der Gruppe der Phobien eine klinisch überzeugende Differenzierung vorgeschlagen, auf die kürzlich von Hoffmann (1986) zu Recht erneut aufmerksam gemacht wurde: Der Agoraphobiker fürchtet nicht den Marktplatz, sondern er vermißt in dieser Situation die sichernde Person als „steuerndes Objekt“ (König 1981). Ebenfalls zu einer Differenzierung gelangen Richter u. Beckmann (1969) bei der Herzneurose. Sie haben 2 Typen beschrieben, die sich bezüglich ihrer Reaktion auf Trennungsängste unterscheiden. Dementsprechend bestehen bei den Angstkrankheiten und ihren Unterformen beachtliche Unterschiede bezüglich der behandlungstechnischen Schwierigkeiten.

Mehr noch als die somatische Therapie wendet sich die Psychoanalyse an die funktionsfähigen Anteile der Persönlichkeit. Je schwerer eine Angstkrankheit ist, desto enger ist der Spielraum geworden, von dem aus der Patient mit Hilfe des Analytikers die einerseits verjährten, aber andererseits in der Gegenwart aktualisierten Angstbedingungen zu meistern vermag. Bei extremer Unsicherheit des Patienten ist es wesentlich, durch unterstützende Maßnahmen den Standort des Patienten soweit zu befestigen, daß überhaupt über die Lage nachgedacht und Probehandlungen entworfen werden können. In akuten Angst- und Erregungszuständen genügen verbale Beruhigungen oft nicht, so daß Tranquilizer, Antidepressiva oder Beta-Rezeptorenblocker gegen die körperlichen Begleitsymptome eingesetzt werden müssen. Es ist wesentlich, daß diese unterstützenden Medikationen in den *psychoanalytischen* Behandlungsplan einbezogen und diesem untergeordnet werden (vgl. hierzu Benkert u. Hippius 1986; Strian 1983; Wurmser 1987).

Je diffuser, je freier flottierend die Angst ist, desto weniger kann sie gemeistert werden und desto wichtiger ist es deshalb, mit dem Patienten herauszufinden, wo die Angst in objektbezogene Furcht übergeführt und damit auch ein Handlungsspielraum zur Überwindung der Hilflosigkeit gewonnen werden kann. Dieser psychodynamische Prozeß geht Hand in Hand mit einer phänomenologischen Differenzierung von Angst und Furcht. Je mehr es gelingt, die Angst zu vergegenständlichen und zu erkennen, wovor sich der Patient fürchtet, desto größer werden auch die Möglichkeiten, mit der Tücke des Objekts - und v.a. der eigenen - fertigzuwerden.

Diese Differenzierung hat in der psychoanalytischen Entwicklungstheorie großes Gewicht erhalten, weil Reifung u.a. durch den Wandel von der diffusen Angst zur konkreten Furcht definiert wird. So vertritt Mentzos trotz seiner Bedenken gegen eine scharfe Unterscheidung zwischen Angst und Furcht den Standpunkt,

> ... daß man entwicklungspsychologisch von einer Reifungstendenz ausgehen und somit z.B. diffuse, körpernah erlebte und grundlos erscheinende Angstzustände beim Erwachsenen als eine regressive Reaktivierung ontogenetisch früherer Angstmodi begreifen oder zumindest eine Desintegration des späteren, des reiferen Angstmusters vermuten [kann] (1984, S. 15).

Wie Mentzos sehen auch wir in der Fähigkeit zur Kontrolle der Angst einen Indikator für die Ich-Reife. Erkenntnisse über die prototypischen Grundängste des Kindes erleichtern die Diagnostik neurotischer Ängste des Erwachsenen.

Abschließend wollen wir noch einige behandlungstechnische Prinzipien nennen, die sich uns in der psychoanalytischen Therapie von Angstkrankheiten aller Schweregrade bewährt haben. Es ist wesentlich, die Integrationsfähigkeit des Patienten gegenüber angstauslösenden Reizen zu fördern. Die Feststellung, daß gerade die schwerkranken Angstneurotiker unter einer Ich-Schwäche leiden, besagt nichts anderes, als daß die Toleranzgrenze für Emotionen herabgesetzt ist und scheinbar banale Wünsche als „Triebangst" ein Gefahrsignal auslösen und in Angst einmünden. Diese Beschreibung hat die behandlungstechnische Konsequenz, die Hilfs-Ich-Funktion des Analytikers voll einzusetzen. Chronische Ängste führen zu einem Verlust an Vertrauen und Selbstsicherheit. In seiner Hilfs-Ich-Funktion kann der Analytiker dazu beitragen, daß der Patient durch Anerkennung dessen, was er gerade noch kann, ermutigt wird, seinen Spielraum auszudehnen. Diese direkte und indirekte Unterstützung ist durch die speziellen psychoanalytischen Mittel der Interpretation zu untermauern. Selbstsicherheit und Selbstvertrauen wachsen beispielsweise in dem Maße, wie sog. „oberflächliche" Ängste, die von Freud als Sozial- und Über-Ich-Ängste bezeichnet wurden, abgebaut werden können. In der Behandlungstechnik von der Oberfläche in die Tiefe zu gehen, ist ein bewährtes Rezept, das wir in den Vorbemerkungen zu Kap. 4 diskutiert haben. Es bringt freilich wenig, dieser Regel zu folgen, wenn gleichzeitig begleitende Ermutigungen aus mißverstandener Neutralitäts- bzw. Abstinenzregel peinlich vermieden werden. Die Bewältigung neurotischer Ängste wird erleichtert, wenn alle Möglichkeiten der von uns vertretenen Meisterungstheorie der Therapie ausgeschöpft werden.

Bei chronischen schweren Angstneurosen mit Panikanfällen haben fortlaufende kränkende Niederlagen das *unbewußte* Aggressionspotential so erhöht, daß es kaum mehr harmlose Wünsche gibt. So ist die Angst, an einem Herzschlag sterben zu können, unbewußt häufig mit Aggressionen gerade gegen die Menschen verknüpft, auf deren Schutz der Kranke angewiesen ist. Das daraus resultierende Dilemma würde selbstverständlich nur antitherapeutisch verstärkt, wenn man aufgrund des eben genannten Zusammenhangs zur Deutung von Wut schreiten würde. Hilfreiche Deutungen orientieren sich an der Integrationsfähigkeit des Patienten in bezug auf Affekte. Das Selbstvertrauen wächst in der Beziehung zum Analytiker, wenn dieser seine Anregungen aus der Position des Hilfs-Ich gibt. Ambivalenzen wirken stets angststeigernd und sollten deshalb dort beim Namen genannt werden, wo sie dem Patienten zugänglich sind. Damit wächst die Unterscheidungsfähigkeit des Patienten für unbewußte Phantasien, die bei Licht besehen weniger unheimlich sind als im Dunkel der Nacht.

Der Angst als Grundproblem aller Neurosen und ihrer schrittweisen Überwindung begegnen wir in vielen Beispielen dieses Bandes. Angstneurosen mittelschwerer Ausprägung - also alle Kranken, die an dem von Freud beschriebenen Syndrom, zu dem auch die Herzneurosen gehören, leiden - sind für die psychoanalytische Therapie bei der von uns vertretenen adaptiven Indikationsstellung besonders gut zugänglich. Langfristige Katamnesen bezeugen die erfolgreiche psychoanalytische Therapie auch schwerer Angstneurosen (Thomä 1978).

9.2 Angsthysterie

Ängste und hypochondrische Körpervorstellungen sind eine häufige, zumindest passagere Begleiterscheinung der von Charcot und Freud beschriebenen Hysterien gewesen. Die Angstinhalte ermöglichen einen sicheren Zugang zum Erleben des Patienten, und sie erklären auch Funktionsabweichungen als Äquivalente von Affekten. Hierbei muß man den Vorstellungen des Patienten und seiner *privaten Theorie* über seine Erkrankung besondere Aufmerksamkeit zuwenden, sonst bleibt unerkannt, daß beispielsweise ein nervöses Atmungssyndrom das körperliche Äquivalent einer Angstneurose ist.

Hysterische Symptome als ursprünglich sinnvolle Leistungen, als fragmentarische Handlungen, sind v.a. dann zu erwarten, wenn unbewußte Anteile des *Körperbilds* miteinander unverträglich sind oder in Gegensatz zu den *physiologischen Regulationen* treten. Wesentlich am Prozeß der *Konversion* ist, daß unverträgliche Vorstellungen innerhalb des Körperbilds verschoben werden. Mit dem Begriff der *Verschiebung* wird ein Mechanismus bezeichnet, der sowohl in der Theorie der Traumbildung wie in der Neurosenlehre bezüglich der Entstehung hysterischer und phobischer Symptome einen wichtigen Platz einnimmt. Durch die Verschiebung werden im Traum und bei der Symptomentstehung Kompromißbildungen erreicht, bei deren therapeutischer Auflösung sich die Psychoanalyse als Psychopathologie des Konflikts klinisch bewährt. Wir betonen die Verschiebung auch deshalb, weil dieser Prozeß für das Verständnis sowohl der unbewußten Körperbildvorstellungen der nachfolgend beschriebenen Kranken als auch ihrer Traum- und Symptomproduktion hilfreich ist. Die angenommene Umwandlung von Energie, die Freud mit der Theorie der Konversion verbunden hat, ist als Hypothese entbehrlich. Lesern, die sich zuerst über die Theorie der Konversion und des Körperbilds informieren wollen, empfehlen wir die Lektüre von 9.2.1.

Symptomatik

Die bei Behandlungsbeginn 24jährige, seit 2 Jahren kinderlos verheiratete Frau Beatrice X leidet seit etwa 8 Jahren an krampfartigem Atmen verbunden mit Engegefühl und starker Beunruhigung. Die Symptomatik war erstmals im Todesjahr des Vaters aufgetreten, der an den Folgen eines mit Atemnot einhergehenden chronischen Herzleidens gestorben war. Seit etwa 2 Jahren hatten ihre Beschwerden, die internistisch als nervöses Atmungssyndrom diagnostiziert wurden, zugenommen. Frau Beatrice X fürchtet, ersticken zu müssen. Sie hustet und räuspert sich während des Tages fast unaufhörlich in ticartiger Weise (Tussis nervosa). Auf der Hochzeitsreise nahm die Angst beim Essen in Gesellschaft ihres Mannes und dann auch in Anwesenheit anderer Menschen so zu, daß die Patientin seither die Mahlzeiten allein einnehmen muß. Mit den Beschwerden gehen abstruse Körpervorstellungen einher: furchtbare Leereerlebnisse; sie habe nur einen leeren Brustkorb, in den keine Luft hereingehe; sie sei zu schwach zum Atmen, die Luft entweiche wie aus einem beschädigten Gummiballon. Dann wieder komme sie sich vor wie ein starres Rohr. Wegen eines Vaginismus ist der Koitus unmöglich.

Häufig nimmt Frau Beatrice X eine hockende Stellung ein. Am Boden kauernd fühlt sie sich irgendwie sicherer. Es ist ihr unerträglich, vor sich eine Leere zu haben oder „vorne leer zu sein". Deshalb hält sie sich beim Autofahren krampfhaft fest. Zahllose „Verlegenheitsakte" verraten ihre große innere Unruhe. Sie gewinnt Halt, wenn sie an irgendwelchen Gegenständen herumspielt. Sie kontrolliert sich und ihre Umgebung.

Bezüglich der *Krankheitsvorgeschichte* sind folgende Daten hervorzuheben, die schon am Anfang der Analyse von der Patientin berichtet werden konnten:

Vom 3. bis zum 16. Lebensjahr pflegte die Patientin durch hüpfende Rutschbewegungen, die von der Mutter als „Hoppeln" bezeichnet wurden, zu masturbieren. Durch Verbote der Mutter wurde das Hoppeln etwas Böses, und in der späteren Symptomatik kehrte ihre alte Angst, sich beschädigt zu haben, wieder.

Bei der Selbstbefriedigung fehlten objektbezogene Begleitphantasien. Sie vermied, auf den Knien des Vaters zu reiten (zu „hoppeln"). Das Wiederaufleben von Inzestwünschen brachte in der Pubertät Stereotypträume hervor. In diesen Träumen passierte jeweils etwas Furchtbares zwischen ihr und ihrem Vater, und sie erwachte an einem Orgasmus. Während eines langen Zeitraums kehrte ein beglükkender Tagtraum immer wieder: Sie hatte eine Blase am Unterarm, die von einem Arzt geöffnet werden mußte. Dieser häufig phantasierte Vorgang ging mit großer Lustbefriedigung einher.

Die ödipalen Inzestwünsche wurden in Spielereien mit dem Bruder praktiziert. Er wünschte, von ihr am Glied gestreichelt zu werden, wobei er sich um größte Selbstbeherrschung bemühte. Daß er „keinen Muckser" machte, wurde für die Patientin zum Vorbild nachahmenswerter männlicher Selbstbeherrschung und zu einem Beispiel von „Kontrolle". Die Patientin ging nach diesen kontrollierten Befriedigungen jeweils ins Bad, um dort Wechselduschen zu nehmen bzw. andere Abkühlungen zu finden. Irgendeine Ahnung bewog die Mutter dann dazu, die Geschwister zu trennen. Da auch die Eltern getrennt schliefen, glaubt die Patientin später, Vater und Mutter hätten keinen Verkehr miteinander.

Rückblickend datiert die Patientin den Beginn der Atembeschwerden auf das

16. Lebensjahr, als sie das Hoppeln, also die Selbstbefriedigung erfolgreich unterdrückte. Der erste schwere Angstanfall überfiel die Patientin während der Freundschaft zu ihrem zukünftigen Mann, die etwa 1 Jahr vor der Verheiratung inniger wurde. Aus Angst schreckte die Patientin vor dem Verkehr mit ihm zurück. Intensiver als mit dem Bruder wurde die gegenseitige Reizung und Teilbefriedigung mit ihrem Freund wieder aufgenommen. Nach dem 1. Angstanfall und insbesondere nach der Hochzeitsreise verstärkten sich die hysterischen körperlichen Beschwerden. Frau Beatrice X leidet an Symptomen, die insgesamt zum Syndrom der Angstneurose gehören. Die vorwiegend sexuell-ödipalen Inhalte der Angst begründen den Zusatz *Angsthysterie*. Wegen der abschätzigen Bedeutung des Wortes ist es ratsam, das Wort „hysterisch" weder in Arztbriefen noch in Gesprächen mit Patienten oder deren Angehörigen zu verwenden. In der wissenschaftlichen Diskussion käme der Verzicht auf den althergebrachten Sprachgebrauch einer Verschleierung gleich. Hysterische Mechanismen und Inhalte sind bei Angstneurosen nach wie vor häufig pathogen wirksam.

In diesem vor mehr als 20 Jahren entworfenen Behandlungsbericht sind die behandlungstechnischen Brennpunkte bestimmten Annahmen über psychogenetische Zusammenhänge zugeordnet.

Die systematische Darstellung dieser Behandlung umfaßt mehr als hundert zum größeren Teil engzeilig beschriebene Seiten. Die erfolgreich abgeschlossene Psychoanalyse dauerte etwa 350 Sitzungen. Aus äußeren Gründen mußte die Patientin 2mal längere Zeit stationär aufgenommen werden. Während dieser beiden Perioden fanden 6 Sitzungen wöchentlich statt. Im Intervall und nach der 2. Entlassung kam die Patientin durchschnittlich 2mal wöchentlich ambulant bis zur nachhaltigen Heilung, die katamnestisch seit 20 Jahren gesichert ist. Frau Beatrice X ist im wesentlichen beschwerdefrei geblieben, führt ein harmonisches Familienleben und hat mehrere Kinder. Mit den Belastungen des Lebens ist sie gut fertiggeworden.

Um das Verständnis der aus späteren Sitzungen stammenden Sequenzen zu erleichtern, weisen wir darauf hin, daß sich schon während der 1. stationären Behandlungsphase eine vielgestaltige Übertragungsneurose gebildet hatte. Die bilderreiche Traumsprache der Patientin ermöglichte einen raschen Zugang zu ihren infantil gebliebenen Sexualtheorien und den mit ihnen verbundenen hysterischen Körperbildstörungen und Ängsten. Die Metaphorik der Träume stand in einem ungewöhnlich engen Zusammenhang mit dem unbewußten Körperbild und seinen verschiedenen Schichten. Verschiebungen rückgängig zu machen, d.h. das Hinübertragen (griech. „metapherein") beim Namen zu nennen, trug wesentlich dazu bei, das unbewußt gesteuerte Ausdrucksgeschehen umzugestalten.

Die Analyse der Imitation führt zu Einzelfragen der Psychogenese, z.B. der Bedeutung des unbewußten Schuldgefühls, das dadurch befriedigt wird, daß Frau Beatrice X sich durch die gleichen Symptome bestraft, an denen der Vater litt. Alltägliche Aufregungen und die Beobachtung von Unfällen bringen die Patientin in heftigste Erregung, weil sie an Tod, an Krankheit und Sterben des Vaters erinnern. Nach seinem Tod setzte die Patientin in ihren Beschwerden, in Atemnot und Angst die Krankheit des Vaters fort, der jahrelang herzkrank und kurzatmig gewesen war. Über ihre Beschwerden ist sie mit dem Vater verbunden geblieben.

Gewisse Ähnlichkeiten der Symptomatik bezüglich des gemeinsamen Merkmals Atemnot waren schon dem Hausarzt aufgefallen, dessen Andeutung die Patientin aber überhört hatte. Es bedarf oft einer längeren Vorarbeit, um Einsichten in solche Imitationen, denen unbewußte Identifikationen zugrundeliegen, *therapeutisch* fruchtbar zu machen. Das Bewußtmachen unbewußter Gleichsetzungen, die ihre symbolische Darstellung in hysterischen Symptomen finden können, wird freilich erleichtert, wenn Patienten durch das Nachahmen irgendwelcher Eigenarten die hergestellte Gemeinsamkeit quasi am eigenen Leib vollziehen.

Nach längerer Vorarbeit war der Boden für das Verständnis einer Imitation in der 123. Sitzung geebnet. Ihre Sehnsucht, mit dem Vater verbunden zu sein, zeigte sich nun in bewußten Phantasien. Schmerz und Trauer, die mit der Trennung vom Vater verbunden waren, werden wiederbelebt. Daß man über die Zeit hinweg und trotz endgültiger Trennung durch Beschwerden eine Beziehung aufrechterhalten kann, wurde der Patientin anhand einer *Übertragungsphantasie* zur Gewißheit. Mit vielen Entschuldigungen und einem ihr selbst verdächtigen schlechten Gewissen spricht die Patientin von ihrer scharfen Beobachtungsgabe. Nach mehreren Rückversicherungen kommt Frau Beatrice X schließlich zu abwertenden Äußerungen über meinen eigenartigen Gang und die arrhythmischen Bewegungen meiner Arme.

Ihre Beobachtungen hatte Frau Beatrice X außerhalb der Sitzung für sich allein pantomimisch dargestellt. Dieser Imitationsversuch wurde zum bedeutungsvollen Ereignis auf dem Weg zur Erkenntnis unbewußt verankerter Identifikationen und der sie begleitenden Affekte. Ihre abwertenden Bemerkungen über den Analytiker trafen in die Kerbe ihrer alten Schuldgefühle dem Vater gegenüber. In derselben Sitzung weinte Frau Beatrice X erstmals heftig.

Folgende spätere Beobachtungen sind daher relevant: Frau Beatrice X kommt im Assoziieren zunächst auf etwas Äußerliches, nämlich darauf, daß ich sie vorhin auf der Station nochmals angesprochen habe, um mich zu vergewissern, daß die Stunde tatsächlich um 17.00 Uhr sei. Ich hätte müde ausgesehen, und Frau Beatrice X wollte mir deshalb nahelegen, heute die Stunde ausfallen zu lassen. Daran schließen sich folgende, für die Symptomentstehung und das Symptomverständnis aufschlußreiche Assoziationsreihen an: Ihr Vater war oft müde und insbesondere in den Jahren seiner Erkrankung kaum mehr in der Lage, seine Mahlzeiten am Tisch einzunehmen. Man forderte ihn auf, und er bemühte sich darum. Ich gebe folgende Deutung: Sie habe offenbar damals Angst gehabt, es könne dem Vater beim Essen etwas passieren, er könne sich, kurzatmig wie er war, gerade bei der Kartoffel den Tod holen, die sie ihm aufgelegt habe. Sie wollte heute verhindern, mich ebenfalls zu übermüden, mich durch die Dinge, die sie mir serviere, zu schwächen oder gar zum Ersticken zu bringen. Da schon einmal in der heutigen Stunde auf einen früheren Igelfleischtraum angespielt worden war, nehme ich diese Anspielung mit in die Deutung herein und sage ihr, sie fürchte sich, daß sie mir doch etwas Schädliches gebe, das Igelfleisch mit dem Stachel, das mir schlecht bekomme. (In diesem früheren Traum hatte sie jemand mit Bedauern Igelfleisch gegeben.)

Das Thema der *Identifizierung mit ihrem kranken Vater* wird weiter aufgelöst: In der Übertragung läßt sich an einem kleinen Detail das Problem zeigen. Frau Beatrice X bittet darum, das Fenster zu schließen, und bezeichnet diesen Wunsch als entsetzlich. Die Deutungsarbeit führt zum kurzatmigen Vater, für den das Fenster aufgerissen werden mußte, und zur Spannung beim Essen, die sich mit Verschlimmerung der Krankheit immer mehr steigerte. Die Patientin hat rückblickend das Gefühl, ihr Vater habe es einfach nicht mehr ausgehalten. Sie habe aber nun die Angst, so wird interpretiert, daß ich es auch nicht mehr aushalte bei geschlossenem Fenster und überlastet sei.

Die andere Linie der Deutung ist ihre Wut auf den Vater, der sich nur um das Geschäft kümmerte. Zu Hause mußte man ihn schonen und Rücksicht nehmen, aber gerade beim Essen gab es Streit. Sie selbst schlichtete, sie war diejenige, die den Streit und die Gespräche der Eltern über Scheidung nicht ertragen konnte. Sie hatte heute nacht einen Traum: Der Betrieb war kaputt, sie ging mit ihrer Mutter durch das zerstörte Gebäude und sagte, alles was der Vater aufgebaut habe, sei kaputtgegangen. In der Übertragung erscheinen ähnliche Gefühle, Besorgnisse um mich und die Kritik, daß ich mich auch nicht um meine Familie kümmere.

Über Verschiebung von unten nach oben

Zu unseren theoretischen Anmerkungen über Körperbild und Verschiebung bringen wir eine klinische Illustration, die ihren Ausgangspunkt bei den Symptomen im Bereich der Atmung hat.

Zwei Träume:

In großer Verzweiflung, in angstvollem Entsetzen sah sich die Patientin von vielen kleinen Männchen, als ob es Gummimännchen wären, umgeben. Diese Gummimännchen platzten, eines nach dem anderen. Die Patientin suchte einen Halt zu finden und hielt sich an einem Tau fest, das irgendwie vom Himmel herunterhing.

Im 2. Traum der gleichen Nacht befand sie sich neben vielen anderen Zuschauern auf einer Brücke. Es fuhr auch ein Leichenwagen vorbei. Das wesentliche Geschehen des Traumes war aber eine Haifischjagd. Man sah von der Brücke aus, daß ein Haifisch, der sich sehr wehrte, in ein kleines Boot gezogen wurde. Obwohl er mit dem Schwanz hin- und herschlug, wurde er erlegt, indem ein Speer in seinen Bauch gestoßen wurde.

Da die Patientin, wie sie sich zu den Träumen erinnerte, schon früher von einem solchen Seil, an dem sie in die Tiefe gelassen wurde, geträumt hatte, wurde zunächst die Beziehung zu diesem früheren manifesten Trauminhalt hergestellt. In der letzten Stunde ging es tatsächlich von einem zum anderen, und ohne Gewinn wurden bekannte Dinge erwogen: Das Platzen der Gummimännchen wurde von mir mit ihrer Angst, bei der Konzeptionsverhütung könnte ein Kondom platzen, in Zusammenhang gebracht. Diese Erwägungen führten dazu, erneut über ihren Kontrollzwang zu sprechen.

Ich vermutete im stillen, daß die Angst vor dem Platzen irgendwie mit der Kastrationsangst verbunden sein könnte. Letzteres um so mehr, als in der Stunde ihre merkwürdigen Körperhaltungen besprochen wurden, die sie auch auf der Couch einnimmt. Sie legt sich immer etwas schief, weil sie in dieser Stellung das Gefühl einer besseren Kontrolle hat.

Mich regten ihre Bemerkungen über ihre Körperhaltung zu der Phantasie an, daß sie ganz offensichtlich ihre Kastrationsangst dadurch überwunden hat, daß sie im Sinne von Lewin (1933) ihren Körper als Phallus benützt. Eigenartig ist, daß sie die Angst hat, in ausgestreckter Lage weniger Luft zu kriegen, als wenn sie den Oberkörper etwas abbeugt. Sie ist sich nun bewußt, daß ihr Spielen mit ihrem Körper der Erregungsabfuhr dient. Es wurde über ihre Onanie als Versuch gesprochen, durch die Berührung das Leeregefühl zu beheben.

Zum Fischtraum wurden Rachetendenzen gegenüber dem Analytiker interpretiert, wobei auch anklang, daß sie am Fisch - Penis, der sich in sie hineinzwängen will wie die Rakete in einem anderen Traum - Rache nimmt. Die Patientin hatte in diesem Zusammenhang einen früheren Traum erinnert, in dem sie in einer zu engen Rinne fuhr. Die Stunde war, wie gesagt, unergiebig geblieben. Die Kastrationsangstthematik ebenso wie der Kastrationswunsch ließen sich nicht mit passenden Erinnerungen oder Übertragungsphantasien verbinden.

Frau Beatrice X hat abends noch über die letzte unproduktive Sitzung (130) nachgedacht und teilt als Ergebnis ihrer Gedankenarbeit mit, daß sie einen wichtigen bewußtseinsfähigen Einfall zu ihren Träumen verschwiegen habe. Nun ergab sich eine aufschlußreiche Deutungsarbeit. Das Platzen der Männchen, so meinte die Patientin, sei ihrem Gefühl nach mit Sicherheit folgendermaßen zu deuten: Sie hatte vor, während und nach der Defloration eine Reihe von Phantasien.

Frau Beatrice X überrascht mich zunächst durch einen genauen Bericht über die Hochzeitsreise, die Hochzeitsnacht und den darauffolgenden Tag. An diesem Tag war die Patientin mit ihrem Mann im Meer schwimmen gewesen, und sie hatte unter dem Eindruck gestanden, nun - wie sie sich ausdrückte - ein Loch zu haben, ohne kontrollieren zu können, was hinein- und was herauskomme. Mit diesen Worten beschrieb sie ihr Körpergefühl nach der Defloration, und ich fügte hinzu: „Als sie ins Meer gingen, hatten sie also die Phantasie, daß nun Wasser, oder im Freien Luft in ihre Scheide eindringen könne.“ Dazu gehöre in der Traumsprache, daß ein Fisch (Glied) in sie hineingeraten könne.

Frau Beatrice X glaubt im Grunde bis heute, daß es nicht bei der einmal vollzogenen Einkerbung bleibe, sondern daß der Scheideneingang weiter aufreiße. Sie kam in diesem Kontext auf einen früheren Traum zurück. Die Einkerbungen in geträumten „Fliegenflügeln“ seien sicherlich auch jene Einrisse, die durch die Defloration entstanden seien.

Nun wird von der Patientin ergänzt, daß seinerzeit - für sie völlig unerklärlich - der Wunsch in ihr entstanden war, nicht mit den anderen Gästen zusammen zu essen. Die Eßstörung begann also kurz nach der Defloration, gleichzeitig nahm die Atemstörung weiter zu. Daß es sich hierbei um eine *Verschiebung nach oben* handelt, leuchtet ihr sofort ein. Sie versuchte nun, Kontrolle dort auszuüben, wo es durch die Willkürmotorik möglich ist, um wenigstens dort „Löcher“ zu schließen.

Die Interpretation des Fischtraums führte noch weiter. Die Patientin spricht über ihren Ekel vor Fischen, einen Ekel, den sie seit der Hochzeitsreise ebenso hat wie eine Abneigung gegen Fischgeruch, aufgrund der ihr nun bewußten Analogie Fisch-Ejakulatgeruch.

Ich gebe zusätzlich eine Interpretation ihrer Aggressionen gegen ihren Mann, indem ich folgendes sage: „Sie hatten Schmerzen, fühlten sich verletzt und nahmen deshalb Rache an ihrem Mann und an seinem Glied. Im Traum haben sie den Haifisch erstechen lassen, in Wirklichkeit machen sie ihren Mann oft klein.“

Das Platzen der Männchen, der Gummiblasen - in einer Assoziation sprach die Patientin davon, daß der ganze Vorgang ungefähr so gewesen sei wie das Platzen von Seifenblasen - hatte in der letzten Stunde zu einer anderen, zunächst unergiebigen Anspielung geführt. Ich hatte den Gedanken, daß im Platzen eine noch unklare Assoziation zu der beschriebenen lustvollen Phantasie lag, in der sie am Unterarm eine Blase hatte, die dann von einem Arzt geöffnet wurde. Die Patientin erinnert nicht, ob sie sich damals vorstellte, daß irgendetwas in dieser Blase drin gewesen ist. Es blieb bei einer Anspielung.

In der 131. Sitzung kommt Frau Beatrice X nicht sofort auf diese „Blase" zurück, sondern erst, nachdem sie - anhand des Fischtraums und Erinnerungen über Fischessen - über ihren Ferienaufenthalt gesprochen hatte. Sie beginnt diese Überlegungen mit folgender Bemerkung: Obwohl sie in einem guten Hotel abgestiegen waren, entdeckte sie im Badezimmer einmal eine Maus, die dann wieder verschwand. Sie hatte die Vorstellung, die Maus könnte sich in der Toilette versteckt haben. In der Nacht nach diesem Erlebnis hatte sie einen höchst ekelhaften Traum.

P.: *Ich hatte Stuhlgang. Im Kot befand sich ein großer Fisch.*

Die Patientin hatte selbst schon die Idee, daß sie ja etwas produziere, um ihre Unabhängigkeit zu demonstrieren. Ich deute der Patientin, daß sie im Traum etwas habe, was sonst nicht aus ihr heraus-, sondern in sie hineinkomme.

Nach dieser Deutung fällt ihr der Traum der letzten Nacht ein.

P.: *Ich hatte an der Nase eine Blase. Es kam ein Mann, der die Blase mit einem Stift öffnete, dabei kam aber heraus, daß ich selbst einen solchen Stift in der Blase verborgen hatte.*

Dieser Traum schien zum analen Penisausscheidungstraum zu passen. Die Assoziationen der Patientin konnten in einer Übertragungsdeutung zusammengefaßt werden. Sie sprach nun davon, daß sie so gerne den Bericht des Analytikers lesen möchte, um endlich zu wissen, was er über sie denke; sie überlege oft, was er wohl nach der Sitzung niederschreibe. Die Deutungsarbeit ging etwa folgendermaßen vor sich: Was sie an Geheimnissen im Bericht vermute, sei wohl gerade das Versteckte - die Annahme, der Analytiker halte von ihr als Frau nichts -, und sie glaube nun, das Versteckte dementsprechend besonders hoch schätzen zu müssen. Ihre geheime Rache wird interpretiert als unbewußter Gedanke, daß der Analytiker - wie ihr Mann - ihre schönen Einfälle, ihren Stuhlgang, ihr Geld und ihre Gedanken dafür verschwende, ein schönes großes Werk daraus zu machen und selbst als Mann, Architekt und Analytiker immer größer zu werden, während sie glaube, alles hergeben zu müssen, und immer leerer werde (Anspielung auf den Stift, mit dem der Analytiker Berichte schreibe, ihr Mann in der Architektur erfolgreich werde und gleichzeitig der Stift als Gliedsymbol).

Der Hustentic ist nun fast verschwunden. In den letzten Wochen konnte sie erstmals seit der Hochzeitsreise mit ihrem Mann ein gemeinsames Mahl einnehmen. Die sexuellen Beziehungen sind befriedigender geworden, und die Schwangerschaftsverhütung wurde gelockert. Dabei hat die Konzeptions- und Entbindungsangst aber zugenommen.

Durch die bisherige Analyse wurde die Verschiebung von unten nach oben zum Teil rückgängig gemacht. Die Angst, schwanger zu werden ist an die Stelle bisheriger Symptome getreten. Die neuen Angstinhalte sind objektbezogen.

Zusammenfassung: Mit der Wiedergabe der beiden Ausschnitte aus der Analyse einer Angsthysterie verfolgten wir das Ziel, den Leser durch eine genaue Protokollierung an einer partiellen Symptomauflösung partizipieren zu lassen. Sowohl die unbewußt verankerte Imitation der Symptome des Vaters wie die Verschiebung von unten nach oben konnten als Teilursache aufgelöst werden, so daß die davon abhängige Symptomatik sich wesentlich besserte. Das Fortbestehen von Symptomen ist ein Hinweis darauf, daß noch weitere Bedingungen wirksam sind. Tatsächlich sind nun andere Angstinhalte in den Mittelpunkt getreten. Entbindungsängste haben die Stelle einiger früherer Symptome eingenommen. Es ist also ein Symptomwechsel eingetreten (s. hierzu 9.5). Bemerkenswert ist die interaktionell-alloplastische Struktur der neuen Ängste im Vergleich zu den bisherigen hypochondrischen Ängsten. Stets ist es ein günstiges Zeichen, wenn die autoplastische Darstellung, also die weitreichende Verinnerlichung von Konflikten gelockert werden kann, was in der auf Ferenczi (1921) zurückgehenden Unterscheidung auto- und alloplastischer Vorgänge impliziert ist.

In 8.3 berichten wir über die Auflösung dieser neurotischen Ängste. Dort wird auch eine *sequentielle Protokollierung* vorgestellt.

9.2.1 Konversion und Körperbild

Hält man sich an Darwins Beschreibung von Gemütsbewegungen, die für moderne Affekttheorien beispielhaft geblieben ist (Grundlagenband 4.2), entfällt das Problem der Konversion, d.h. die Hypothese der Umwandlung von seelischer in körperliche Energie bzw. Erregung. Es genügt für das diagnostische und therapeutische Verständnis vieler funktioneller Symptome, wenn wir in ihnen einen unbewußten Ausdruck von Gemütsbewegungen sehen. Zur Einführung in die psychoanalytische Angsttheorie empfehlen wir die Lektüre von 9.1. Der Ausdrucksgehalt hysterischer Symptome ist *nicht* auf die Sexualität eingeschränkt. Die *Konversion* wurde von Freud dem Darwinschen Prinzip der „Ableitung der Erregung“ (Freud 1895d, S. 147) zugeordnet. So heißt es beispielsweise in der Krankengeschichte Frau Elisabeth von R.: „All diese Sensationen und Innervationen gehören dem Ausdruck der Gemütsbewegungen an, der, wie uns Darwin gelehrt hat, aus ursprünglich sinnvollen und zweckmäßigen Leistungen besteht“ (Freud 1895d, S. 251). Bereits in Freuds Krankengeschichten finden sich viele Beispiele von Symptomen, in denen beispielsweise aggressive Strebungen unbewußt zum Ausdruck gebracht werden.

Ohne auf die Annahme über die Umwandlung von seelischer in körperliche Energie zurückgreifen zu müssen, können wir festhalten: Hysterische Symptome sind nach Freud nichts anderes als zur Darstellung gebrachte unbewußte Phantasien (1895d, S. 194). Die *kausale* Behauptung dieses Satzes bleibt erhalten, wenn man die Bezeichnung „durch Konversion“ (im Sinne einer *Umwandlung* von seelischer Energie in körperliche Innervation) wegläßt. Hysterische Symptome und viele funktionelle Syndrome sind fragmentarische, sensorische oder motorische Akte, die aufgrund von Abwehrprozessen nur noch partiell und pars pro toto zum Ausdruck gebracht werden. Der ideatorische Anteil, also die Vorstellung und die Zielrichtung, ist dem Patienten selbst nicht mehr zugänglich. Daraus ergeben sich eindeutige, kausale und prognostische Kriterien für die Therapie und die klinische Beweisführung im Sinne von Grünbaums (1984) Forderung.

Das empirisch ohnedies nicht lösbare Leib-Seele-Problem kann man hierbei ebenso auf sich beruhen lassen wie den dazugehörigen „rätselhaften Sprung vom Seelischen ins Körperliche“ (Freud 1916/17, S. 265; 1926d, S. 141). Denn hysterische Symptome als rudimentäre und ursprünglich sinnvolle Leistungen sind in ihrer Psychophysiologie nicht rätselhafter als zielgerichtete Handlungen (Rangell 1959). An der Theorie der Konversion als Umwandlung einer Energieform in die andere wird besonders ersichtlich, auf welche Irrwege das ökonomische Prinzip die Psychoanalyse jahrzehntelang gebracht hat (s. Grundlagenband 1.1). Um die Sprache der Hysterie verstehen und Symptombildungen erklären zu können, kommt man vollständig mit der psychoanalytischen Methode auf der Grundlage der tiefenpsychologischen Theorie Freuds aus:

> Indem wir das Unbewußte zum Bewußten fortsetzen, heben wir die Verdrängungen auf, beseitigen wir die Bedingungen für die Symptombildung, verwandeln wir den pathogenen Konflikt in einen normalen, der irgendwie eine Entscheidung finden muß. Nichts anderes als diese rein psychische Veränderung führen wir beim Kranken hervor: So weit diese reicht, so weit trägt unsere Hilfeleistung. Wo keine Verdrängung oder ein ihr analoger psychischer Vorgang rückgängig zu machen ist, da hat auch unsere Therapie nichts zu suchen (1916/17, S. 451).

Bei hysterischen und einer Gruppe von funktionellen Symptomen werden Affekte an ihrer vollen Expressivität gehindert. Ein Teilausdruck steht für das Ganze. Bei solchen pars-pro-toto-Darstellungen fehlt dem Kranken v. a. ein Zugang zu seinen Absichten. Diese werden, um Freuds Worte zu wiederholen, „von der bewußten Verarbeitung abgehalten“. Wesentlich ist, daß die Unterbrechung des Zusammenhangs durch Verdrängung als kausal notwendige Bedingung *interpretativ* rückgängig gemacht werden kann. Anders verhält es sich bei den Symptomen körperlicher Erkrankungen. „Es ist ein methodischer Irrtum“, sagte Alexander bereits 1935, „wenn man ein organisches Symptom psychologisch zu deuten versucht, obwohl es erst das Endergebnis eines physiologischen Zwischenprozesses ist“ (Alexander 1935, S. 192). Diese Auffassung entspricht Freuds klaren methodischen Richtlinien bezüglich symbolisch deutbaren körperlichen Störungen (Freud 1910i, S. 101). Damit kann man Anschluß an moderne Handlungs- und Affekttheorien finden und mit Christian feststellen:

> Die konversionshysterische Symptomatik ist vom handlungstheoretischen Standpunkt aus die Aktualgenese einer Phantasie. Wichtig ist aber auch der Austrag der Phantasie: nämlich eben nicht der Austrag einer natürlichen und normalen Handlung, sondern die Verwirklichung verkürzter Handlungsmöglichkeiten auf bestimmte szenische Vereinfachungen. Vielleicht kann dies folgender Vergleich verdeutlichen: Vollendete szenische körpersprachliche Verwirklichungen sind das Tanztheater, dort werden Szenen körpersprachlich, aber künstlerisch verwirklicht. Die hysterische Inszenierung ist demgegenüber primitiver und unkünstlerisch, sie hat etwas „Theatralisches“, und das ist eben nicht künstlerisch. Diese Reduktion auf eine Primitiv-Phantasie in der Konversionssymptomatik ist auch Freud aufgefallen. ... Die Symptome sind sowohl Ersatz von ansonsten auszutragenden Handlungen (Ersatzhandlungen oder Handlungsfragmente) als auch Ausdrucksweisen und -formen des unbewußten Konflikts (repräsentative Handlungsweise) (1986, S. 81).

Die großen Hysterien und Angsthysterien des letzten Jahrhunderts, deren Symptomatik sich unter der Suggestion Charcots in der Salpetrière reproduzieren und inszenieren ließ, sind zwar nicht zuletzt durch die sexuelle Revolution und durch die

Aufklärung Freuds in unserer Gesellschaft selten geworden. Auf der anderen Seite bestehen aber die gleichen angsthysterischen Symptome in den sog. *funktionellen Syndromen* weiter, deren immer subtilere Diagnostik die moderne Medizin in Zugzwang hält. Der beunruhigte Patient, der nicht wissen kann, daß seine Beschwerden zum Ausdrucksfeld unbewußter Gemütsbewegungen gehören, veranlaßt den Arzt, die Diagnostik zum Ausschluß einer verborgenen, womöglich malignen Erkrankung zu wiederholen. Hierbei ergeben sich häufig irgendwelche harmlosen Abweichungen, die jedoch wegen ihrer Mehrdeutigkeit zur Quelle neuer Beunruhigungen werden können oder Maßnahmen nach sich ziehen, die in keiner Weise geeignet sind, die neurotischen Ängste zu bessern. Die genauere Begründung hierfür ergibt sich aus der Struktur dieser Ängste und der Entwicklung eines Teufelskreises, bei dem sich Hilflosigkeit, Hoffnungslosigkeit und Angst gegenseitig verstärken. Diese Zusammenhänge beschreiben wir im Exkurs über die zentrale Stellung der Angst in der Psychoanalyse unter 9.1. Es gehört zu den grundlegenden Erkenntnissen Freuds, daß sich unbewußte Absichten auf ein äußeres Objekt oder auf dessen Abbild richten, wobei sich das letztere im eigenen Körper (als Selbstbild) einprägen kann. Welche unbewußten Phantasien sich - im tiefen Sinn des Wortes verstanden - „einzubilden" vermögen, variiert von Fall zu Fall. Man ist allerdings gut beraten, bei *allen* Dysmorphophobien - also bei allen Körperbildstörungen, bei denen irgendwelche Deformitäten oder Mißbildungen, die tatsächlich *nicht* vorhanden sind, aber doch als solche erlebt werden - abgewehrte, also unbewußt gewordene aggressive Impulse zu vermuten (5.5). Diese regelmäßige Beobachtung wird verständlich, wenn man zur Kenntnis nimmt, daß bei Identifizierungen der Schatten aufgegebener Objekte auch auf das *Körperbild* fällt, um Freuds bekannte Metapher zu modifizieren. Hierbei wird eine aggressive Auseinandersetzung, bei der dem Kontrahenten (dem „Objekt") ein vermeintlicher oder ein tatsächlicher Schaden zugefügt wurde, am eigenen Körperbild dargestellt, indem man sich partiell an die Stelle des anderen setzt. Dieser Prozeß kann einfachen Imitationen ebenso zugrunde liegen wie der mystischen Partizipation beispielsweise am Leiden Christi bei der Stigmatisierung.

Wegen der grundlegenden Bedeutung von *Körperschema* und *Körperbild* in der Krankheitslehre überhaupt erläutern wir im folgenden Abschnitt diesen Begriff, dem Joraschky (1983) eine umfassende Darstellung gewidmet hat. Das Konzept des Körperschemas wurde in der Neurologie geprägt und diente Pick u. Head als Oberbegriff für bizarre Körperwahrnehmungen bei Patienten mit Gehirnläsionen. Head sprach vom „postural scheme" als Bezugsrahmen für die Körperwahrnehmung bzw. bezüglich der räumlichen Orientierung und Haltung. Das „postural scheme" von Head ist neurophysiologisch definiert: Der Gebrauch der Schemata durch den Menschen ist kein psychischer Vorgang, sondern findet auf der physiologischen Ebene statt (Head 1920, zit. nach Joraschky 1983, S. 35). Auch Schilder (1923) folgte zunächst der Definition von Head. Danach hat aber besonders dieser kreative Autor dazu beigetragen, daß der Begriff auf die subjektive Körpererfahrung, also auch auf das seelische und aus zwischenmenschlichen Interaktionen stammende Raumbild ausgedehnt wurde. Wir vereinfachen uns die Sache, indem wir uns an Schilder orientieren, der konsequent in die Theorie des Körperschemas psychologische und tiefenpsychologische Befunde integrierte, so daß er im späteren Buch *The image and appearance of the human body* vom „body image" sprach (Schilder 1935).

Vom Körperschema zum Körperbild - mit diesem Schlagwort wollen wir Entdeckungen Schilders hervorheben, die sich in der Psychoanalyse und in der psychosomatischen Medizin als ungemein fruchtbar erwiesen haben, wenn auch der Autor selbst, der nach Rapaport (1953, S.7) zu den umfassendsten Denkern in der Geschichte der Psychiatrie gehört, selten zitiert wird. Deshalb wollen wir Schilder ausgiebig zu Wort kommen lassen, indem wir aus der unbekannt gebliebenen Veröffentlichung *Das Körperbild und die Sozialpsychologie* (1933) einige repräsentative Stellen wiedergeben. Wir heben thesenförmig *die* Auffassungen Schilders hervor, die von besonderer behandlungstechnischer Relevanz sind: Körper und Welt sind Korrelatbegriffe.

> Das Bewußtsein der Körperlichkeit, das 3dimensionale Bild unserer selbst, das wir in uns tragen, muß ebenso aufgebaut werden wie die Kenntnis von der Außenwelt. Es wird aus den taktilen, kinästhetischen und optischen Rohmaterialien immer wieder aufgebaut und konstruiert ... Das erlebte Körperbild wird so zur Landkarte der Triebregungen (S.368).

Schilder beschreibt kurz eine Patientin, die ihren Körper in Stücke zerfallen fühlte. Hiermit korrelierten Impulse, andere in Stücke zu zerreißen. Der Wunsch, gesehen zu werden, ist für Schilder ebenso ursprünglich wie der Wunsch zu sehen.

> Eine tiefe Gemeinsamkeit besteht zwischen dem eigenen Körperbild und dem Körperbild der anderen. Wenn wir das eigene Körperbild konstruieren, probieren wir immer wieder aus, was dem eigenen Körper einverleibt werden könnte. Wir sind nicht weniger neugierig in bezug auf den eigenen Körper als in bezug auf den Körper der anderen. Wenn das Auge befriedigt ist, dann wünschen wir die Befriedigung des Tastens. In jede Öffnung des Körpers dringen wir mit den Fingern. Voyeurtum und Exhibitionismus haben die gleiche Wurzel. Das Körperbild ist ein soziales Phänomen. Aber menschliche Körper sind niemals in Ruhe. Sie sind immer in Bewegung. Die Bewegung des Körpers ist entweder Ausdruck oder Handlung, es ist der Körper einer Person mit Leidenschaften und Motiven (S.371).

Nach der Beschreibung eines neurotischen Symptoms gibt Schilder die zusammenfassende Interpretation, daß der Patient in seiner Handlung gleichzeitig die Rollen mehrerer Personen spielte, und er sieht darin ein Beispiel dafür,

> ... daß im eigenen Körperbild die Körperbilder anderer enthalten sind. Aber diese müssen bereits dem Patienten gegeben sein, bevor er sie in das eigene Körperbild verschmelzen kann. Er lebt gleichzeitig in seinem Körper und außerhalb seines Körpers. Das eigene und das fremde Körperbild sind uns gleichzeitig gegeben. Das Körperbild ist nicht das Produkt einer Appersonierung der Körperbilder anderer, obgleich wir Teile derselben in unser Körperbild aufnehmen. Es ist auch nicht ein Produkt der Identifizierung, obgleich solche Identifizierungen unser eigenes Körperbild bereichern mögen (S.373). ... Das Körperbild ist nicht ruhend. Es ändert sich entsprechend der Lebenssituation. Es ist eine schöpferische Konstruktion. Es wird aufgebaut, aufgelöst und wiederum aufgebaut. In diesem ständigen Prozeß von Konstruktion, Rekonstruktion und Auflösung sind die Vorgänge der Identifizierung, Appersonierung und Projektion von besonderer Bedeutung (S.375). ... Aber das Gemeinschaftsleben ruht nicht nur auf Identifizierungen, sondern auch auf Handlungen, welche die andere Person als Person mit eigenem Körper zur Voraussetzung nehmen. Es bestehen zwei einander widerstreitende Tendenzen. Die eine nimmt den Nebenmenschen durch Identifizierung und verwandte Prozesse ins eigene Ich auf, die andere, nicht weniger stark und ursprünglich, setzt und akzeptiert den anderen als eine unabhängige Einheit. Diese soziale Antinomie hat die größte Tragweite (S.375).

Die einprägsame Sprache Schilders hat den Leser gewiß auch an verschiedene Seiten seines eigenen Körperbilds erinnert. Die beständige Wechselwirkung zwischen dem eigenen Körperbild und dem anderer Personen geht selbstverständlich weit über das Vergleichen nach ästhetischen Gesichtspunkten hinaus. Zur erwähnten sozialen Antinomie gehört auch das Verhältnis von Nähe und Distanz. Von klinischen Beobachtungen ausgehend, hat Schilder auf wenigen Seiten einen Überblick gegeben, der die sozialpsychologischen Dimensionen der Körperbildentwicklung hervorhebt. Gemüts- und Ausdrucksbewegungen sowie Handlungsfragmente im Sinne hysterischer Symptome haben also stets eine enge Beziehung zu einem Aspekt des Körperbilds, der mehr oder weniger unbewußt ist.

Hand in Hand mit dem Aufbau des neurophysiologischen Körperschemas formt sich das Körperbild, das eine Fülle von bewußten und unbewußten Vorstellungsrepräsentanten in sich vereinigt. Diese können zueinander passen, miteinander konkurrieren und sich übrigens auch über die körperlichen Funktionen, wie sie physiologisch gebahnt sind, also über das Körperschema hinwegsetzen. Wegen seiner vielen Schichten kann man das Körperbild mit einem Gemälde vergleichen, das mehrmals übermalt wurde, so daß sich auf derselben Leinwand Bilder befinden können, die zueinander passen - oder auch nicht. Bei diesem Gleichnis wäre die Leinwand als der tragende Grund das neurophysiologisch aufgebaute Körperschema oder noch allgemeiner das Körper-Ich Freuds. Im übrigen ist und bleibt die Person als Maler insofern Teil ihres Körperbilds, weil sie lebenslang an das gebunden ist, was da eingezeichnet wurde, und weil zwischen Idee und Abbild eine produktive oder eine destruktive Spannung herrschen kann.

9.3 Angstneurose

Herr Christian Y litt an einer so ungewöhnlich schweren, mit paroxysmalen Tachykardien einhergehenden Angstneurose, daß eine lange stationäre Unterbringung in einer internistischen Abteilung notwendig geworden war. Seine Selbstsicherheit war in den vorausgehenden Jahren stark abgesunken. Irgendwelche banalen Reize, und seien es auch nur geringfügige Veränderungen des Klimas im wörtlichen oder übertragenen Sinn, konnten die Angst zu einem Herzanfall steigern. Arbeitsunfähig ist der Patient an das Krankenhaus gebunden und auf dessen Rückhalt angewiesen.

Der Patient kann während der diagnostischen Gespräche nur mit Mühe seine Haltung bewahren. Er schildert, daß er seit Jahren von Unsicherheit und Ängsten gepeinigt werde. Er habe eine tiefe Existenzangst, sei träge und deprimiert und lebe eigentlich nur aus einem gewissen Verpflichtungsgefühl seinen Eltern gegenüber. Seit langem plane er den Selbstmord. Seine Sicherheit sei reiner Schein. Nur im Krankenhaus oder in dessen nächster Umgebung seien die Ängste und ihre körperlichen Auswirkungen auszuhalten.

Es wurde eine Angstneurose bei narzißtischer Persönlichkeitsstruktur diagnostiziert.

In chronologischer Aufstellung läßt sich die Symptomvorgeschichte folgendermaßen darstellen:

Neben 2 erheblich älteren Stiefgeschwistern aus der 1. Ehe seines Vaters wuchs der Patient als ältester Sohn einer kinderreichen Familie auf. Die überängstliche und verwöhnende Mutter war dem Erstgeborenen besonders zugetan und bestimmte das Klima. Der Vater war als erfolgreicher Physiker während der Kindheit des Patienten mehrere Jahre aus beruflichen Gründen abwesend und auch danach wenig präsent.

Kindheit bis zum Schuleintritt (0-6 Jahre): Zahlreiche starke infantile Ängste. Der Patient wuchs in Abwesenheit des Vaters auf und entwickelte eine sehr enge Bindung an seine Mutter, die sich wegen seiner Ängste im Dunkeln oder beim Alleinsein im Laufe der Jahre verstärkte. Etwa im 4. Lebensjahr Rückkehr des Vaters. Im Zusammenhang mit Träumen, in denen der Patient durch böse Blicke eines Mannes oder durch dessen körperliche Bedrohungen (mit einer Kneifzange) bestraft wurde, verstärkten sich die infantilen Ängste.
6.-12. Lebensjahr: Eine ausgeprägte Schulphobie besserte sich unter der verwöhnenden Fürsorge der Mutter, die ihren Sohn während eines längeren Zeitraums auf dem Schulweg begleitete und ihm die Schulaufgaben abnahm.
12.-22. Lebensjahr: Tod des geliebten Großvaters an Herzversagen; klinische Untersuchung und Behandlung des Patienten wegen „Herz-Kreislauf-Beschwerden". Die von ihm erinnerte Diagnose, „er habe ein schwaches Herz", wurde mit der ärztlichen Empfehlung verbunden, daß der Junge geschont werden müsse. Damit ging eine kurze Phase sportlich-körperlicher Aktivität zu Ende mit Umschlag in Passivität und Abhängigkeit. Vom 12. Lebensjahr an war der Patient bei mehreren Ärzten wegen Angstgefühlen und Herzsensationen in Behandlung.

Die Verwöhnung durch die Mutter war an die Einhaltung ihrer Ideale durch den Patienten gebunden: So entwickelte sich ein überbraver, überangepaßter Junge, der Neugierde und Aktivität extrem einengte, um sich die Liebe der Mutter zu erhalten. Sein Rivalisieren mit 2 jüngeren Brüdern wurde unterdrückt. Seine Leistungen in der Schule blieben weit hinter dem zurück, was er aufgrund seiner guten Intelligenz hätte leisten können. Eine Konzentrations- und Arbeitsstörung war dadurch verdeckt, daß der begabte Junge jeweils mühelos das Klassenziel erreichte; solange er ohne Anstrengungen zum Ziel kam, fühlte er sich wohl. Schon die geringsten Belastungen führten zu Unlust bzw. Angst und erschütterten sein brüchiges Selbstwertgefühl. Obwohl er sich durch seine Wohlerzogenheit überall beliebt machen konnte, erinnert der Patient keine Phase seines Lebens, in der er auf irgendeinem Gebiet mit sich selbst zufrieden war oder Sicherheit aus einer zwischenmenschlichen Beziehung hätte ziehen können.

Während der Pubertät versuchte er, sich mit starkem Willensaufwand von seiner Mutter zu befreien. Er erwies sich als unfähig, einen sportlichen Konkurrenzkampf bis zum Ende durchzustehen. Es gehörte zu einem seiner Verhaltensmuster, daß er kurz vor dem Sieg aufgeben mußte.

In bewußter Entschiedenheit versuchte der Patient, die prüden Ideale seiner Mutter über Bord zu werfen, ohne daß er seiner Erfolge bei Mädchen froh werden konnte. Seine Freundschaften hatten narzißtischen Charakter. Sie brachten ihm ebenso wie die Masturbation mehr Schuldgefühle als Befriedigung ein. Den letzten Rest von Selbstsicherheit verlor der Patient nach einer Zurückweisung durch ein Mädchen. Diese Kränkung führte zur Dekompensation und zu Herzängsten, die als irreparabler körperlicher Schaden erlebt werden.

Herr Christian Y mußte wegen der Symptomatik seine Ausbildung unterbrechen und ist arbeitsunfähig.

Im nachhinein können wir feststellen, daß der behandelnde Analytiker sich bezüglich der Schwere der Erkrankung getäuscht hat. Bei der Gestaltung der Therapie wurde zu wenig berücksichtigt, daß sich Herr Christian Y noch in der spätadoleszenten Entwicklungsphase befand. Da für diese Altersgruppe das Macht-Ohnmacht-Problem besonders heikel ist, hätte die Behandlungstechnik stärker von „partnerschaftlicher Kooperation" durchdrungen sein müssen (Bohleber 1982). Darüber hinaus führte seine damalige Behandlungstechnik - die Analyse wurde vor etwa 20 Jahren begonnen - zu systemimmanenten Fehlern, die sich ungünstig auswirkten. Beispielsweise war es verfrüht, dem Patienten zu empfehlen, Medikamente zu reduzieren oder wegzulassen. Auch hätte eine bessere Kooperation zwischen den behandelnden Ärzten dazu beitragen können, die Sicherheit des Patienten zu erhöhen und die Zahl seiner Niederlagen, die zu einer weiteren Minderung der Selbstsicherheit und der Angstbereitschaft führen, zu verringern. Zum äußeren Ablauf der Therapie sind folgende Stationen und Zeitpunkte hervorzuheben: Die Analyse begann vor 20 Jahren und wurde nach weit über 10jähriger Dauer und insgesamt etwa 1400 Sitzungen abgeschlossen. Wegen des Schweregrads der

Angstneurose mußte Herr Christian Y länger als 1½ Jahre stationär behandelt werden. Von der 320. Sitzung an konnte er die intensive Therapie mit 5 Wochenstunden ambulant von einem Übergangsheim aus fortsetzen. Nach einiger Zeit war er in der Lage, den Weg in eine Praxis zu Fuß zurückzulegen und auf den Schutz eines Taxis, das ihn notfalls rasch ins Krankenhaus hätte bringen können, zu verzichten. Nach etwa 3jähriger Behandlungsdauer konnte Herr Christian Y trotz bestehender Einschränkungen an einem anderen Ort eine berufliche Ausbildung beginnen und nach einigen Jahren erfolgreich abschließen. Vom Beginn der Ausbildung an und nachdem er sich beruflich qualifiziert hatte, wurde die Behandlungsfrequenz Schritt für Schritt reduziert, so daß sich die Anzahl von 600 Sitzungen auf die ersten 3 und die restlichen 700 Stunden auf die niederfrequente Therapie über viele Jahre verteilen. Wir überblicken also auch eine lange Katamnese. Der heute über 40jährige Mann ist beruflich seit Jahren sehr erfolgreich. Er hat eine Familie gegründet und ist mit Frau und Kindern glücklich, obwohl er immer noch Unzufriedenheit bezüglich seines mangelnden Selbstbewußtseins äußert.

Wir entnehmen dieser Analyse 4 Beispiele. Die im nächsten Abschnitt (9.3.1) vorgestellte 203. Sitzung stammt aus der stationären Behandlungsphase. In der 503. Sitzung erreichte die Lustlosigkeit und Arbeitsunfähigkeit einen Tiefpunkt, den wir unter dem Thema „Unlust als Es-Widerstand" unter 4.3 vorgestellt haben. Schließlich geben wir aus der Beendigungsphase der Analyse unter 9.3.2 und 9.3.4 2 Abschnitte wieder, die von Herrn Christian Y aufschlußreich kommentiert wurden.

9.3.1 Trennungsangst

In dem folgenden Ausschnitt wird die Intensität der zugrundeliegenden Trennungsproblematik an einem situativen Auslöser deutlich. Das Beispiel zeigt den Versuch des Analytikers, die gegensätzlichen Bedürfnisse und Wünsche des Patienten herauszuarbeiten.

Im Umfeld der Stunde, die wir wiedergeben, hatte der Patient anläßlich eines Wochenendbesuchs bei den Eltern von seiner Anhänglichkeit an sie erzählt. Dieses Gefühl war ihm bis dahin noch nie so deutlich aufgefallen. Die Eltern fuhren zusammen mit Bekannten für einige Stunden weg; der Patient verspürte den deutlichen Wunsch, sie möchten doch dableiben, für ihn da sein und sich um ihn sorgen. Im Krankenhaus auf der Station kümmern sich 3 Ärzte sehr intensiv um ihn, nicht zuletzt, weil das Ausmaß seiner tachykarden Anfälle mit Beta-Rezeptorenblockern schwer zu beherrschen ist. Der Patient steht inzwischen - wohl als Folge der analytischen Therapie - der medikamentösen Behandlung zwiespältig gegenüber; er scheint sich auch mit der offen geäußerten Ansicht des Analytikers identifiziert zu haben, er solle nach Möglichkeit ohne medikamentöse Behandlung auskommen. Gleichzeitig verkörpert die medizinische Betreuung jene direkte Zuwendung, die er vom Analytiker nicht bekommt.

Der Patient kommt in die Stunde mit akuten Beschwerden.

P.: *Mir ist mulmig wieder, ich hab' so diese - so furchtbare Aufregung, Atemnot - was heißt Atemnot - Atemnot ist übertrieben, aber so wenig Luft und Herzbeschwer-*

den. Ich habe jetzt überhaupt kein Medikament genommen, weil Sie das nicht wollen, aber - ich weiß nicht, was es ist, aber - na, na, wo gibt's denn sowas. (Pause) *Während ich diese Übelkeit hatte, ist mehrfach diese Sehnsucht, Sie bei mir zu haben, aufgetaucht, und dann konnte ich auch feststellen, daß ich dann wütend auf Sie war - wenigstens meinte ich das feststellen zu können, aber ich konnte nicht die Stärke zugeben. Ich bin ja wohl irgendwie wütend auf Sie.* (Pause) *Na komisch, jetzt denke ich plötzlich überhaupt nichts mehr, und die Beschwerden sind auch weg, und übriggeblieben ist der Ärger, daß ich so unbeherrscht war und geklopft habe, und die Ängste, daß ich Sie irgendwie indigniert habe.*
A.: *Aber das ist eine Angst, die offenbar viel geringer ist als das andere. Sind die Beschwerden wirklich weg im Augenblick?*
P.: *Hm, ja.*
A.: *Das zeigt ja, daß ein sehr enger Zusammenhang zwischen einer intensiven Wut und den Beschwerden besteht.*
P.: *Ja, und dann, wenn's mir immer so schlecht ist wie heute mittag, da habe ich den Wunsch, nach irgend jemandem zu schreien. Ich muß mich da immer zusammennehmen, daß ich nicht schreie. Irgendwie nicht alleingelassen zu werden oder so was, fällt mir noch dazu ein.*
A.: *Und das war's ja gerade: verschlossene Tür: „Bitte nicht eintreten"; läßt er mich da heute womöglich auch wieder eine Viertelstunde warten.*
P.: *Na ja, das hätte ich diesmal nicht ausgehalten. Ich hab' vorher den Arzt kommen lassen und ihn gefragt; es war mir so mies. Jetzt hab' ich wieder heftiges Herzklopfen, fest, nicht schnell ... Und diese Stimmungen sind es wohl, die mich begleiten, wenn ich von Ihnen oder von zu Hause weggehe. Allein dieses ganze Ungehaltensein lasse ich dann anscheinend an mir aus. Aber warum lern' ich nicht, daß das Blödsinn ist und zu nichts führt?*
A.: *Ja. Weil Sie nicht in dem Sinn schreien und toben und brüllen gegen mich, der Sie verläßt. Indem Sie das nicht tun, fühlen Sie sich doch sicherer - weil Sie ja meinen, sonst würde ich Sie erst recht verlassen.*
P.: *Vielleicht bin ich auch beruhigt dadurch oder verblüfft, weil Sie kein finsteres Gesicht gezogen haben; ich dachte nicht, daß Sie jemanden im Zimmer haben, sonst hätte ich nicht geklopft.*
A.: *Ja, Sie haben erlebt, daß ich nicht böse bin; das heißt, daß die Wut, die vor dem Anklopfen da war, keine schlimmen Folgen hatte; dann geht auch die Angst ein bißchen zurück; ja, er ist doch nicht indigniert, es ist viel milder gewesen, dann waren die Beschwerden weg, die Wut war weg, es ist nichts wirklich Schlimmes passiert.*
Kommentar: Am Ablauf des Geschehens wird folgendes deutlich: Der Patient kommt schon mit einer Unruhe von der Station und hat sich vorher von dem Stationsarzt die Versicherung geholt, daß nichts passieren könne. Dann kommt er vor das Sprechzimmer, und das Schild ist vorgezogen: „Bitte nicht eintreten". Er erlebt diesen Moment als abruptes Verlassenwerden, auf das sich eine reaktive Wut entwickelt, die, da sie ihr Ziel nicht erreichen darf, in den Beschwerden steckenbleibt.

Entscheidend ist, daß der Analytiker das auslösende Moment „der verschlossenen Tür" selbst einbringt und auch die befürchteten Konsequenzen für den Patienten ausmalt. Er übernimmt stellvertretend die Verbalisierung der aggressiven Phantasie und benennt das Motiv, weshalb der Patient nicht toben und schreien kann. Natürlich ist mit diesem ersten Schritt das Problem nicht gelöst, wenn es auch dem Patienten erstmals ad oculos demonstriert werden kann. Dies läßt sich am weiteren Fortgang der Stunde deutlich machen, in der ein Widerstand gegen die weitere Assimilation der vorwiegend vom Analytiker vorbereiteten Einsicht eintritt.

P.: *Jetzt krieg' ich schon wieder Angst, weil ich nicht weiß, ob ich das eben je begreife, daß da nichts passiert, wenn ich wirklich wütend bin.*

A.: *Na, gerade haben Sie's doch begriffen.*

P.: *Ja aber, hm - anscheinend weiß ich's nur, ohne in allen Winkeln meines Gehirns davon überzeugt zu sein.*

A.: *Ja, Sie möchten gerne von Minute zu Minute abgesichert sein durch meine freundliche Gegenwart.*

P.: *Ja, das habe ich mir drunten* (auf der Station) *auch dauernd vorgesagt, daß nichts passiert, wenn ich wütend bin. Aber das trägt keineswegs zur Milderung bei.*

A.: *Es steigert die Wut, wenn ich nicht da bin, und Sie möchten - was dann auch die Wut steigert - gerne, daß ich es Ihnen versichere, indem ich da bin und durch meine Haltung, durch mein freundliches Gesicht auch zeige, daß es so ist.*

P.: *Ja, auf diese Weise ist ja das Ganze bloß verlagert.*

A.: *Was meinen Sie mit „verlagert"?*

P.: *Na, jetzt ist es nicht mehr die Wut selber, die mir Kopfschmerzen macht, sondern die Frage der Gewißheit, daß wirklich nichts passiert. Sie haben es mir ja schon oft gesagt und gezeigt: Es passiert nichts.*

A.: *Ja, da kommt vielleicht etwas anderes herein: Sie möchten zwar, daß nichts passiert, aber damit werde ich auch zu dem Rechthaber, von dem wir gestern sprachen; es wäre unerträglich, wenn ich niemals aus der Rolle fallen, nie außer Rand und Band geraten und zeigen würde, daß ich auch getroffen bin.*

P.: *Na, da bin ich ja in einer bösen Zwickmühle.*

Da kann man dem Patienten nur zustimmen. Er befindet sich in einem für die Aufrechterhaltung von neurotischen Abläufen grundlegenden Dilemma, das Strupp (1985) den „maldaptive vicious circle" nennt. Die Angst richtet sich darauf, verlassen zu werden, wenn heftige negative Gefühle sich gegen die primäre Bezugsperson wenden. Der daraus resultierende Wunsch, der andere möchte immer freundlich und beständig sein, bestätigt aber bei seiner Erfüllung, daß die Differenz zwischen Kind und Mutter unüberwindbar ist. Diese Kränkung löst neue Aggressionen aus, die dann wiederum durch anklammernde Sehnsüchte beschwichtigt werden müssen. Wie hilft man einem Patienten aus dieser Zwickmühle heraus? Zunächst begründet der Analytiker nochmals das Dilemma.

A.: *Was ich auch mache, es ist falsch. Wäre ich freundlich, wär's schlimm; bin ich ungerührt und nicht so freundlich, ist's auch schlimm.*

Dann folgt ein Vorschlag, für sich zu erkunden, ob er in der Zwickmühle, indem er sich passiv behaupte, eine indirekte Befriedigung empfinde. Der Analytiker hat offenbar die Psychodynamik des sekundären Krankheitsgewinns im Sinn und hält dem Patienten zur eigenen Entlastung einen Machtkampf vor. Diese Deutung ist zwar theoretisch gut begründet, aber viel zu weit vom Erleben des Patienten entfernt, um ihn hilfreich erreichen zu können. Es ist verständlich, daß der Patient darauf in eine mürrische Stimmung verfällt. Lange Pausen treten auf, die nur mühselig und ohne viel Fortschritt in einen stockenden Dialog übergehen.

Der Patient wird zunehmend ärgerlicher und wütender, daß wieder einmal nichts Neues passiert.

Um der Phantasie entgegenzuwirken, daß seine Aggressivität zu Objektverlust und Alleinsein führt, und um die Wochenendunterbrechung zu verkürzen, wird dem Patienten am Ende der Stunde eine zusätzliche Sitzung am Samstag angeboten, die er gerne wahrnimmt.

Nach einer längeren Pause räuspert sich der Analytiker.

A.: *Hm?*

P.: *Nun, es ist mir nichts weiter eingefallen, als was ich schon sagte, daß, solange ich nicht vollständig überzeugt bin, daß Sie noch da sind, daß mir der Zweifel wieder die Angst machen wird. Ich habe ja ...*

A.: *... ein starkes Mittel, mich endlich zu bewegen, mehr für Sie zu tun als dazusitzen und nur etwas zu sagen - gerade am Freitag, wenn das Wochenende kommt, wirklich mehr zu tun.*

P.: *Ja, aber dazu fällt mir auch nur wieder Wut ein. Das ist doch wieder dasselbe wie vorher. Die Wut, daß ich allein bin, immer alleingelassen. Oder ich versteh' nicht, vielleicht wollten Sie mir was anderes zeigen.*

A.: *Nein, es ist nichts Neues, aber das ist ja gerade der Punkt, daß wieder nichts Neues passiert, wieder nur Worte.*

P.: *Da gibt's wohl offensichtlich nichts weiter dazu zu bemerken. Ich bin unnütz, wütend darüber, das ist alles.*

A.: *Unnütz? Das weiß ich nicht. Sie sind wütend.*

P.: *Ja, und ich kann's nicht mal richtig zeigen. Wahrscheinlich bin ich sogar ziemlich wütend; aber ich rede ja so verdächtig gleichgültig.*

Kommentar: Die Durststrecke scheint überwunden, der Affekt in der Stunde kann jetzt vom Analytiker kategorisch festgestellt werden, wobei er eine - u. E. zu schwache - Unterscheidung nahelegt zwischen dem „unnütz" und dem „wütend". Der Wutaffekt ist jetzt direkt auf den Analytiker gerichtet und kann von beiden akzeptiert werden. Wichtiger Wendepunkt in der Stunde ist die Einbeziehung des Umstands, daß es sich um eine Freitagsstunde handelt - angesichts der Tatsache, daß der Patient 5mal pro Woche zur Stunde kommt und das Wochenende allein in der Klinik verbringen wird, ein bemerkenswertes Phänomen. Denn für das unbewußte Erleben des Patienten ist der Analytiker dadurch der ihn Verlassende, auf den wütend zu sein er mehr als berechtigt ist.

A.: *Hm, Sie sind ja auch froh, daß die Angst, mit der Sie reinkamen, fort ist. Es ist ja auch Freitag, und Sie möchten im Guten auseinandergehen heute.*

P.: *Na, wir hatten uns ja darauf geeinigt, daß es nichts Schlimmes ist, wenn ich einen Wutausbruch kriege.*

A.: *Ja.*

P.: *Im Gegenteil, ist ja willkommen!*

A.: *Sie sind davon nicht so ganz überzeugt.*

P.: *Sehen Sie, und darum ging's mir ja. Warum bin ich nicht überzeugt, und wie überzeug' ich mich davon?*

A.: *Ja, das möchten Sie nicht, daß Sie sich selbst davon überzeugen. Ich soll Sie davon überzeugen, das ist der Punkt.*

Kommentar: Mit dieser Übertragungsdeutung benennt der Analytiker ein Motiv für das Festhalten des Patienten an seiner Angst; er verweigert die Autonomie und kämpft dadurch um die dyadische Verwöhnung: Nicht er selbst, sondern der andere soll ihn überzeugen, womit er in einer Position ist, bei der er immer gewinnen kann, weil diese Überzeugungsarbeit wie eine Sisyphusarbeit nie zu Ende gehen wird. Hier gilt es, den Patienten zum Verzicht, zum Aufgeben seiner kindlichen Ansprüche zu bewegen. Diese Position wird nun nochmals bezüglich der Rolle des Stationsarztes im Umfeld der Stunde geprüft:

A.: *Sie haben dann den Stationsarzt gerufen, um zu fragen, ob Sie gehen könnten, ob er meint, Sie könnten's schaffen, oder wie?*

P.: *Nein, ich wußte nicht mehr ein noch aus, nicht, ganz einfach. Ich konnte nicht mal mehr den halben Gang* (auf der Station) *marschieren, da hatte ich schon so viel Angst und Herzbeschwerden.*

A.: *Sie haben trotzdem nichts genommen?*

P.: *Sie sagten ja, ich soll nichts nehmen.*

A.: *Ja. Was ich nicht absolut meinte, das wissen Sie ja.*

P.: *Ja, ja, sicher.*

A.: *Es ist wichtig, daß Sie meinetwegen kein Mittel nahmen. Ich weiß nicht, ob Sie's wirklich aushalten; vielleicht war es auch ein Test, ob Sie mir soviel Glauben schenken können, daß Sie es probieren können?*

Kommentar: Die Idee des Testes bringt die Zwiespältigkeit des Patienten ins Spiel; soll er lieber den Stationsärzten vertrauen, oder soll er dem Analytiker blindlings folgen? Ist es ein Vertrauensbeweis ungerechtfertigter Art, oder prüft er die Reaktion des Analytikers, wenn er den ihn betreuenden Stationsarzt ins Spiel bringt. Hier scheint beim Analytiker zuviel des Glaubens an seine Worte im Spiel zu sein.

P.: *Hm, davor hätte ich zuviel Angst. Vielleicht - aber es kommt mir fremd vor. Na, ich hatte da wirklich die Angst, was zu verpfuschen. Aber jetzt wird's mir wieder schlecht.*

A.: *Ja, es geht auch dem Ende der Stunde zu, so daß wahrscheinlich auch wieder die ...*

P.: *... Angst kommt.*

A.: *Und die Sehnsucht wächst, mehr mitzunehmen heute.*

Kommentar: Herr Christian Y hat zwar eine Gratifikation in Form einer Extrastunde an einem Samstag erhalten, und insofern kann er sogar viel mitnehmen. Nach Rücksprache mit dem behandelnden Analytiker liegt allerdings die Vermutung nahe, daß dieser ihm ein Sonderangebot auch aus dem Gefühl heraus gemacht hat, dem Patienten in dieser Stunde nicht gerecht geworden zu sein. Tatsächlich wurde Herr Christian Y beispielsweise in einen Loyalitätskonflikt zwischen den Ärzten gebracht, und er hat beim Versuch, die Medikamente zu reduzieren, um dem Analytiker einen Gefallen zu tun, eine Niederlage erlitten. Es ist also eine erneute Traumatisierung als Wiederholung von Hilflosigkeit im Sinne der psychoanalytischen Angsttheorie eingetreten. Auch der letzte Satz fördert eher die Hilflosigkeit, als daß er aus ihr herausführt. Denn wenn die Sehnsucht wächst, mehr mitzunehmen, ohne daß ein Patient etwas tun kann, um mehr zu bekommen, erhöht sich das Gefühl der Machtlosigkeit. Einige Aspekte der Trennungsangst werden überzeugend herausgearbeitet, aber es scheint eher eine gewisse Ratlosigkeit auf beiden Seiten darüber zu herrschen, wie der Patient aus dem Dilemma herauskommt.

9.3.2 Beendigungsphase

Nach über 10jähriger Dauer diente die Beendigungsphase dieser Behandlung v.a. der Korrektur von Fehlern, die der Analytiker aufgrund falscher diagnostischer und therapeutischer Vorstellungen gemacht hatte. Obwohl es sich auch um fallspezifische Fehleinschätzungen handelt, geht es uns um die Wiedergabe typischer Probleme, die der behandelnde Analytiker auf sein Verständnis der Technik zurückführt, wie er es vor etwa 20 Jahren hatte. Durch seine Kritik rückte Herr Christian Y also nicht nur einiges zurecht, was in der Behandlung schiefgelaufen war. Er öffnete seinem Analytiker die Augen für systematische Fehler.

Es geht hier nicht um einen Rückblick mit dem Ziel einer historischen Erklärung. Denn in einer noch laufenden Analyse stehen stets der Augenblick und die Aufgabe im Mittelpunkt, durch neue Formen des Austauschs und des Nachsinnens doch noch zu therapeutisch wirksamen Erkenntnissen zu gelangen.

Herr Christian Y äußert den Verdacht, daß ich durch positive Übertragungsdeutungen nicht nur sein Bild, seine Vorstellungen von der Vergangenheit zu ändern versucht, sondern ihn auch noch dazu eingeladen hätte, mich durch phantasievolle Wünsche auszuschmücken und somit zu verwechseln. Ungefähr wörtlich sagte der Patient:

P.: *Ich hatte immer den Verdacht, daß Sie versuchen, unter Benutzung dieser Figur des „Anderen", dem Sie durch diese oder jene Frage Gestalt gegeben haben, die Vergangenheit zu ändern, also die Erinnerung an die Mutter, die überwiegend eine negative ist, umzudrehen, um sie mit positiven Vorzeichen zu versehen. Der Patient ist ja in einer beschissenen Situation. Er ist aufgrund des* Verwechselns, *was Sie wohl* Übertragung *nennen, eben dumm dran. Er bezieht beispielsweise die Liebeserwartung auf Sie, und wenn Sie dann so daherreden, dann weiß ich zwar intellektuell, daß ich von Ihnen nicht geliebt werde, aber ich bin ohnedies in der Gefahr, mir in der Phantasie da was draus zu machen. Ich habe nie behauptet, ich sei nicht geliebt worden oder könne in Zukunft nicht geliebt werden. Das haben Sie offensichtlich mißverstanden. Im Gegenteil, die Mutter hat mich so mit Liebe überschüttet, daß es mir für mehrere Leben reichen würde. Aber es war ausgespart, was für mich wichtig gewesen wäre und was heute für mich wichtig ist. Da habe ich nichts außer der alten Ablehnung. Die von mir gesuchte Bestätigung fehlte bezüglich der Sexualität und der Aggressivität, und deshalb habe ich Angst vor allem, was mir am Herzen liegt.*

Es kommt dann zu einem klärenden Gedankenaustausch, der auf die Feststellung hinausläuft, daß der Patient nicht das ist, was er sein will, sondern eine Art Scheinbild seiner selbst. Aber seine Ängste haben nicht zugelassen, etwas mehr von dem zu wollen und zu sein, was ihn von dem unterscheidet, zu dem ihn die Mutter gemacht habe.

Kommentar: Es liegt nahe, bei diesem Gedankenaustausch an das falsche und an das wahre Selbst von Winnicott zu denken. Hervorzuheben ist, daß der Patient wegen seiner elementaren Ängste kaum eine spontane Bewegung hatte vollziehen können, die er als seine eigene ich- oder selbstbezogene echte Handlung erlebte.

Herr Christian Y kommt dann auf jene Phase der Therapie zu sprechen, die im Sitzen verlief.

P. (rückblickend): *Wenn ich Sie sehe, dann wird oder wurde verhindert, daß mir die Phantasie entgleitet, dann kann es nicht so leicht zum Verwechseln kommen.*

A.: *Nicht nur, daß ich Ihnen entgleite, sondern Sie sich selbst.*
P.: *Was gemeint ist, ist klar.*

Kommentar: Der Analytiker hatte sich in früheren Phasen der Therapie davon leiten lassen, daß die Mutter des Patienten, der als Erstgeborener während der langen Abwesenheit des Vaters ihr Liebling war, seiner Vitalität gegenüber nicht nur eine negative Einstellung gehabt haben dürfte. Nun zeigte es sich freilich, daß Herr Christian Y Deutungen, die mit dieser Zielrichtung gegeben worden waren, als einen Versuch verstanden hat, die Vergangenheit zu verklären, und zwar im Sinne einer korrigierenden retrospektiven Einbildung, also einer Art von Selbsttäuschung. Alle vorsichtigen, konjunktivischen Deutungen, die zum Nachdenken anregen sollten, wie beispielsweise, ob es nicht auch sein könnte, daß seine aggressiven oder libidinösen Impulse hier und da positiv aufgenommen würden, erregten seinen Verdacht. Er könnte ja zum Verwechseln animiert und somit durch Selbsttäuschung, durch Einbildung geheilt werden.

Zur Bedeutung des Conjunctivus irrealis in der psychoanalytischen Praxissprache, dessen Verwendung sich bei vielen anderen Patienten eher günstig auswirkt, sind einige Anmerkungen am Platz. Dieser Modus ermöglicht uns, das zu benennen, was *nicht* ist. Diese eigene Verbform für das lediglich Vorgestellte nennt Arno Schmidt „eine innere Auflehnung gegen die Wirklichkeit" oder „sogar ein linguistisches Mißtrauensvotum gegen Gott: wenn alles unverbesserlich gut wäre, bedürfte es gar keines Konjunktivs". Albrecht Schöne schreibt über die Rolle des Konjunktivs bei Lichtenberg, daß dieser Modus destruktive Potenz mit produktiver Energie verbinde (zit. nach Schneider 1987, S. 296). Kein Wunder also, daß sich in der psychoanalytischen Praxissprache der Conjunctivus irrealis großer Beliebtheit erfreut und daß Ausdrücke wie „was wäre, wenn ..." oder „könnte man nicht ..." oder „ich könnte mir denken, daß ..." oder „wäre es nicht möglich, daß ..." der indikativischen Ausdrucksweise, mit der festgestellt wird, was ist oder sein sollte, vorgezogen werden. Wir benützen den Konjunktiv der Unwirklichkeit (im Unterschied zum Konjunktiv der indirekten Rede) mit der Absicht, die unbewußten Möglichkeitsformen zu beleben.

Gehemmte und durch zwanghafte Über-Ich-Formationen eingeschränkte Menschen ziehen aus vorsichtigen Anregungen eine Ermutigung, die ihnen im übrigen ausreichend Spielraum für die eigene Wahl läßt. Diese Vorsicht ist am Platze, um keinen Trotz zu wecken. Ganz anders ist es bei jener großen Gruppe von Patienten, bei denen die Grenzen leicht verschwimmen und die deshalb verzweifelt nach Sicherheit und auch sprachlichem Halt in klaren Feststellungen suchen. Zu dieser Gruppe gehört auch Herr Christian Y, dessen Analytiker erst von ihm gelernt hat, daß der Irrealis eine destruktive Potenz hat, wenn er keinen starken Widerpart im Indikativ hat. In diesem Zusammenhang ist zu erwähnen, daß der Patient über einen längeren Zeitraum die Feststellungen seines Analytikers auswendig lernte, was als Idealisierung mißverstanden worden war.

Erst langsam stellte es sich heraus, daß dem Patienten wegen der extremen Emotionalisierung durch die Mutter positive Gefühle sehr verdächtig waren. Deshalb suchte er eine nüchterne und klare Sprache und eine Bestätigung seines Denkens und Handelns aus einer gewissen Distanz, um eine partielle Identifikation mit dem Analytiker vollziehen zu können.

Der Patient formuliert nun ärgerlich, daß er oft versucht habe, mich davon zu überzeugen, wie wesentlich die klare und eindeutige Bestätigung und Anerkennung für ihn sei, um den katastrophalen Mangel an Selbstgefühl zu beheben.

Im Laufe weiterer Gespräche bildet sich eine gute Übereinstimmung zwischen den beiden am analytischen Prozeß Beteiligten aus. Der Dialog läuft nicht nach Rede und Gegenrede ab.

P.: *Ihre Sätze waren bewußt so gemacht, daß sie keinen Durchgriff auf Sie erlauben.*

Tatsächlich interessiere er sich ja kaum für meine persönlichen Lebensumstände, wohl aber dafür, was ich über ihn denke und von ihm halte. Herr Christian Y macht darauf aufmerksam, wie wichtig es für ihn ist, den Kontext kennenzulernen, in welchem Interpretationen stehen, um auf diese Weise mein Fühlen und Denken über ihn kennenzulernen.

P.: *Ich habe Ihnen immer vorgeworfen, daß Sie hinter mir sitzen und sehr viel mehr denken als Sie bekanntgeben, und das leitet zu einem weiteren Punkt über. Mich hat ja immer ungleich viel mehr interessiert, was Sie denken, ohne es zu sagen. Was Sie sagen, sind dann irgendwelche Interpretationen, Sie stricken irgendwelche Phantasien von mir fort oder entwickeln eigene, benutzen irgendwelche Bilder. Ich will das nicht, ich hab' das nie gewollt, ich hab' da versucht, Ihnen klar zu machen, daß Ihnen das nicht erlaubt ist. Ich will sozusagen Ihre Randbemerkungen wissen. Die eröffnen eigentlich ein unmittelbares Gespräch über mich. Ich weiß nicht, was verwechseln oder was übertragen ist. Ich bin der Auffassung, daß es sich deutlich unterscheidet von dem, was ein gesunder Mensch normalerweise macht, und ich habe dann Angst, wenn ich Sie verwechsle, daß Sie sich in den Phantasien lebendig machen, indem Sie irgendwelche Phantasien anregen, das ist keine Realität, ich will aber Wirklichkeit. Wenn Sie Bilder verwenden, habe ich auch einen unschönen Verdacht. Ich bilde mir ein, Sie wollten mir da suggerieren, es handle sich um ein Stück gelebtes Leben.*

Ich stimme dem Patienten zu, daß der Einblick in die den Deutungen zugrundeliegenden Zusammenhänge tatsächlich eine kritische Nachprüfung erlaubt, und zwar insbesondere dann, wenn Für und Wider auch im Dialog argumentativ abgewogen werden. Von der präzise diskutierbaren Gedankenwelt interessieren den Patienten besonders meine positiven Auffassungen zu seiner Sexualität und Aggressivität.

Tatsächlich hatten viele Deutungen, die im Laufe dieser Behandlung gegeben worden waren, die theoretische Annahme zum Hintergrund, daß die neurotischen Ängste des Patienten vorwiegend aus der Objektverlust- bzw. Liebesverlustangst stammen. Herr Christian Y kritisiert diese Deutungslinie nun sehr heftig.

P.: *Ich bin wütend, da haben Sie gesagt, ich hätte die Angst, die Liebe der Mutter zu verlieren, und könnte mir dann wegen der Angst auch nicht vorstellen, daß trotz der Wut noch etwas übrigbleibt an Zuneigung und nicht alles verloren ist. Ich habe das als Anreiz verstanden, daß ich eben das Bild der Mutter, das ich in meinem Kopf habe, das alte Denkmal so variieren soll, daß da jetzt eben eine bessere Mutter auftaucht, und ich habe Ihnen ja damals auch immer vorgeworfen, daß ich mir die Vergangenheit nicht ändern lasse, gleichgültig ob jetzt die Mutter tatsächlich so böse war oder ob sie nur wegen meiner eigenen Wut so böse erschienen ist. Für mich steht fest, und das lasse ich mir auch nicht variieren, daß sie dieses und jenes abgelehnt hat.*

A.: *Also, wenn da etwas variiert würde, dann würden Sie sich belügen.*

P.: *Ja, dann würde ich mich belügen, und ich habe Ihnen auch immer wieder vorgeworfen, daß Sie mich zum Selbstbetrug anstacheln.*

A.: *Aber könnte es nicht sein, daß Sie trotz Ihrer Wut noch gerngehabt werden und kein totaler Liebesverlust eintritt? Wenn es auch zuviel verlangt ist, daß Sie in demselben Augenblick, in dem Sie Schmerzen zufügen, vom anderen auch noch Zuneigung empfangen.*

Dem Patienten wird daraufhin dem Sinn nach die Theorie der Objektverlustangst als Folge der unbewußt wirksamen Wut erklärt.

A.: *Sie hatten, so meinte ich, die Angst, daß Ihre Wut so riesig ist, so gewaltig, daß alles kaputtgeht und auch jede Zuwendung aufhört, weil tatsächlich im Leben der Angegriffene i. allg. wieder zurückschlägt und ein Kampf entsteht, bei dem Sie befürchteten kaputtzugehen, kaputt gemacht zu werden, und es auch mir zu viel würde und ich aufgebe und aufhöre.*

P.: *Wissen Sie, ich habe ein vollkommen anderes Konzept, daß ich also nicht so sehr unter dieser oder jener Verschränkung von Angst und Wut etc. leide, sondern daß meine Krankheit eine* Mangelkrankheit *ist. Es ist zwar richtig, die Angst ist weniger geworden, seitdem mir auch meine grenzenlose Wut deutlicher wurde. Es ist mir klargeworden, daß die Wut, die in mir existiert, allein nicht ausreicht, um eine Katastrophe auszulösen, und ich habe hier die Freiheit, im Sinne, sagen wir, einer erweiterten Phantasie über Wut zu reden oder wütend zu sein. Ich weiß, es passiert nichts, aber was ich dabei nicht lerne, ist, mich mit der Wut wohlzufühlen. Inzwischen habe ich die mehr oder minder große Wut abgelegt oder mindestens sehr weit herabgesetzt, und an diese Stelle ist die Trauer getreten und ich habe mir den Ast mit der Trauer abgesägt.*

Herr Christian Y kommt dann auf die Lust zu sprechen und darauf, daß es darum gehe, die Lust mit dem Baum zu verbinden. Ich frage: „Wie kann also der *Mangel*, den Sie gerade nochmals in den Raum gestellt haben, Ihrer Meinung nach ausgeglichen werden?"

Herr Christian Y weist die Frage an mich zurück mit dem Hinweis, das sei doch mein Fach, das wisse er doch nicht. Es sei klar, daß es nicht durch eine Veränderung der Erinnerung gehen könne. Nach einer längeren Schweigepause bekenne ich meine Ratlosigkeit, wie dieser Mangel heute ausgeglichen werden könnte. Ich mache den Patienten dann darauf aufmerksam, daß er, der Patient, etwas korrigiert habe, und zwar das therapeutische Denken und Handeln.

A.: *Könnte meine Anerkennung der Klarheit Ihrer heutigen Kritik zum Ausgleich des Mangels beitragen? Sie haben ja einen Zuwachs an Selbstsicherheit mir gegenüber erlebt und verwirklicht.*

Der Patient schwächt sofort ab.

P.: *Mir geht es immer um das Verhältnis zur Außenwelt.*

A.: *Ja, und v. a. um die Anerkennung, und eine solche habe ich doch gegeben.*

Kommentar: Die Aufarbeitung vergangener Fehler wird in den folgenden Stunden und in der langen Beendigungsphase fortgesetzt. Besonders nachteilig hatte es sich ausgewirkt, daß der Analytiker den intelligenten und an seinem Denken interessierten Patienten entmutigt hatte, auch abstrakte Überlegungen anzustellen und beispielsweise die Bedeutung des Begriffs Ambivalenz durch Diskussion in der Stunde aufzuklären. Daraus hat Herr Christian Y den Schluß gezogen, daß alles, was mit abstrakter Überlegung und mit analytischem Denken zu tun hat, für ihn eben tabu war. Bei seinen Tabuverletzungen hatte er Angst, etwas Unerlaubtes zu tun.

A.: *Es ist also schlicht ein Fehler gewesen, Sie nicht mehr an meinem Denken teilhaben zu lassen.*
P. (auch um mich zu entlasten): *Ja, man überblickt eben oft die Konsequenz nicht.*
A.: *Ja, aber es hatte die Konsequenz, daß Sie in Ihrem Bemühen, meinen Denkfiguren näherzukommen und Zusammenhänge zu begreifen, behindert wurden.*
P.: *Die weitere Folge war, sagen wir, daß ich Sie für unaufrichtig gehalten habe, weil ich annahm, daß Sie zwar sagen, was Sie denken, aber vieles denken, was Sie nicht sagen.*
Kommentar: Hier findet das anhaltende Mißtrauen des Patienten seine Begründung. Warmherzigkeit, Toleranz und Einfühlsamkeit waren dem Patienten verdächtig. Der Patient räumt ein, daß es auch aus praktisch therapeutischen Gründen unerläßlich ist, daß der Analytiker unter einer Reihe von möglichen Gedanken und Äußerungen auswählt. Das Thema der Selbstsicherheit und seines mangelhaften Selbstwertgefühls als Grundlage seiner Ängste rückt erneut in den Mittelpunkt.
P.: *Ich habe ja versucht, Ihnen zu sagen, daß mir Toleranz und dergleichen im Grunde nichts nützt. Sie zu verwechseln, kann nichts Echtes sein. Es ist für mich nur eine Art erweiterter Phantasie, aber nichts Wirkliches. Das Echte wäre, zur Wirklichkeit draußen zu gelangen oder zu dem, was Sie denken, zu dem habe ich ja eine echte Beziehung. Da kann die Gefahr der Verwechslung vermieden bzw. Verwechslungen können aufgeklärt werden. Ja, da bin ich ungeheuer neugierig, das will ich wissen.*
A.: *Ja, meine Anschauungen, meine Auffassungen, mein Denken unterscheidet sich ja von den Denkweisen Ihrer Eltern. Da kommt also das Neue, das andere herein.*

Daraufhin kommt Herr Christian Y erneut auf Schwierigkeiten zu sprechen, die sich aus dem Verwechseln, also aus der Übertragung ergeben haben. Er erinnert lebhaft eine lange zurückliegende Stunde, in der er sehr wütend war und ich in einem gereizten Ton geantwortet hatte.
P.: *Das war dann eine gewaltige Enttäuschung, jetzt war ich mal wütend und habe gewissermaßen dann wieder eins draufgekriegt. Ich habe das bis heute wirklich nicht begriffen, wie etwas, worin ich Sie verwechsle, mit etwas zu tun haben könnte, was von Ihnen kommt, wenn Sie doch gar nicht betroffen sind. Ich sehe nicht die Brücke zwischen dem, was ich hier tue, indem ich Sie verwechsle, und dem, was möglicherweise von Ihnen kommt. Allerdings habe ich Eigenschaften Ihrer Person, von denen Sie hier Gebrauch machen, immer als weit vorgeschobene Brückenköpfe verstanden, von denen aus Sie operieren, auch wenn Sie sich als Person in einer großen Entfernung dahinter befinden und für mich schwer kalkulierbar geblieben sind. Es ist mir im Grunde auch wurst, was ich von Ihnen weiß. Wesentlich ist die Frage des Vertrauens und die Nachvollziehbarkeit.*
A.: *Ja, ja, weil – sagen wir es abgekürzt – ich bin ich und Sie sind Sie, es muß sich nicht decken, was meine Ziele sind und was Ihre Ziele sind.*
P.: *Die Gemeinsamkeit muß woanders gefunden werden. Ich habe mich ja, seit mich diese Frage der Bestätigung beschäftigt, darum bemüht, sagen wir, Sie in eine* exzentrische Position *zu drängen, so daß Sie nicht mehr der Verwechselte sind, daß Sie aber gleichwohl etwas zu dem sagen könnten, was ich mache, woraus ich dann vielleicht eine wie auch immer geartete Stärkung beziehen könnte. Das haben Sie aber aus Gründen, die ich nicht weiß, vermieden. Wenn ich von Wut rede, sind Sie dem, dem ich auf die Zehen trete, immer noch sehr ähnlich. Daß das ein schwer lösbares*

Problem ist, ist mir klar. Würden Sie aber in jener dritten Position etwas sagen, könnte ich vielleicht einen Gewinn daraus ziehen, wenn ich mich mit dem, was ich von Ihnen höre, identifizieren könnte. Das setzt voraus, daß Sie Position beziehen und nicht freischwebend herumreden, wie ich das nenne, und es dem Patienten überlassen, sich vorzustellen, welche Ansicht er hat. Ich behaupte ja auch immer, daß Sie in dem, was Sie sagen, nicht selbst zum Ausdruck kommen, weil es ja immer auf den Horizont des Patienten bezogen ist.

Ich gehe auf die „exzentrische Position" als Erfindung des Patienten anerkennend ein und benenne die Vorteile dieser Position.

A.: *Sie macht es Ihnen und mir leichter, nicht jene großen Ängste zu haben, die beim Verwechseln da wären und ja auch dagewesen sind, wenn Sie befürchtet und erwartet haben, daß ich genauso reagiere wie die Mutter oder der Vater oder ein Lehrer oder irgend jemand. Es haben sich immer wieder in Ihrem Leben Wiederholungen abgespielt, also Verwechslungen.*

P.: *Nur schauen Sie, wenn man diese Angst abstreift, die Strafangst und dergleichen mehr, es bleiben ja die Folgen der Strafen übrig.*

Kommentar: Der Patient meint damit die Auswirkungen der Verinnerlichungen seiner Erfahrungen in anhaltenden Über-Ich- und Sozialängsten und den daraus resultierenden Verhaltensschwierigkeiten mit einer schweren Einbuße der Selbstsicherheit und des Selbstwertgefühls.

Es geht dann darum, ob ihn eine exzentrische Position des Analytikers davor bewahre, beispielsweise Aggressionen und Kränkungen gegenüber empfindlich zu sein. Der Patient hat als sehr scharfer Beobachter zumal in den Zeiten der sitzenden Therapie am Gesicht des Analytikers sehr viel abgelesen, was ihm als Bestätigung der Bösartigkeit seiner Aggressivität diente.

A.: *Die exzentrische Position ermöglichte, daß der Schmerz erträglich und Ihre Aktionen auf diese Weise tolerabel bleiben.*

P.: *Nun schauen Sie, ich habe ja keinen vernünftigen Grund, Ihnen auf die Zehen zu treten oder Sie sonstwie zu treffen.*

A.: *Aber ich habe Ihnen einiges angetan, ich habe vieles versäumt, ich habe manches verpaßt, ich habe Fehler gemacht, Ihre Gesundung verlief nicht optimal, Sie können immer noch nicht ganz zufrieden Ihrer Wege gehen.*

P.: *Nun, es käme auf den Fehlerbegriff an, das hab' ich Ihnen schon früher gesagt, und zweitens können Sie nicht mehr schaden als ich schon als Schaden mitgebracht habe. Ich habe Ihnen auch damals keine Vorwürfe gemacht, es geht nur über die exzentrische Position, ich schwöre Ihnen, daß ich nichts* (ohne rationale Klarheit, meint der Patient) *annehme, das löst sofort eine Vielzahl von Ängsten aus, weil ich das Verwechseln als nichts Echtes ansehe. Es geht darum, daß ein ursprüngliches, gutes Gefühl in Sachen Wut nicht erzeugt werden kann. Angst und Wut lassen sich reduzieren, und durch das gute Gefühl läßt sich die reale Angst eher ertragen. Das ist eine Frage der inneren Bilanz, aber wo ich hinstrebe, ist, ein gutes Gefühl zu erzeugen. Das gute Gefühl, das haben Sie mal erwähnt, aber es taucht viel zu wenig auf in der Behandlung. Seitdem rede immer nur ich davon.*

Der Patient kritisiert den Analytiker, daß er die *exzentrische Position* nicht eindeutig genug einnehme und sich eher als ein Winkelried verhält, der die Speere auf sich vereinigt und so tut, als würde er es tolerieren, was ihm, dem Patienten freilich ermögliche, in den Sitzungen wütend zu sein. [Arnold Winkelried soll in

der Schlacht bei Sempach (1386) ein Bündel feindlicher Langspieße mit den Armen umfaßt, sich in die Brust gedrückt und so den Eidgenossen eine Gasse in das österreichische Ritterheer gebahnt haben.] Statt dessen fordert der Patient klare Aussagen, daß der Analytiker seine Sexualität und seine Aggressivität ausdrücklich gutheiße und es auf dieser Ebene zu einem Konsens komme. Er kommt zu einer zusammenfassenden Folgerung.
P.: *Dann könnte ich mich mit dem, was Sie sagen, identifizieren, aber nicht, weil Sie selbst das Objekt sind, das scheinbar obendrein auch noch gesucht wird. Ich habe dies als eine Unehrlichkeit empfunden.*
A.: *Ich bin also ein Objekt zum Verwechseln geworden. Dadurch, daß ich mich als Scheinobjekt aus einer exzentrischen Position heraus anbiete, konnte ich Ihnen zu wenig zeigen, daß Sie Ihrerseits auch zu diesem Scheinobjekt eine exzentrische Position haben.*
P.: *Ja, man kann es vielleicht so sagen.*
A.: *Wir sind über die exzentrischen Position miteinander verbunden und identifiziert, und das könnte vielleicht zur klareren Erkenntnis im einzelnen bzw. einer größeren inneren Sicherheit und Echtheit führen.*
P.: *Mag sein, ja, sofern streng auseinandergehalten wird, was Verwechslung und was real ist.*
A.: *Mir ist jedenfalls heute etwas klarer geworden, wie wesentlich die exzentrische Position ist, um Distanz zu den Verwirrungen, Wiederholungen und Verwechslungen zu finden und damit zu Anerkennung und Sicherheit.*

Stellungnahme von Herrn Christian Y

Dankenswerterweise hat Herr Christian Y eine ausführliche Stellungnahme zu den unter 9.3.2 und 9.3.3 abgedruckten Berichten gegeben. Zum Zeitpunkt der Lektüre waren die Sitzungsprotokolle selbstverständlich noch unkommentiert, so daß die aufschlußreichen Ausführungen von Herrn Christian Y sich auf die originalen Transkripte stützen, die zum Ausgangspunkt seines kritischen Rückblicks auf seine Analyse wurden. Er schreibt nun, auf einen langen Zeitraum zurückblickend:

> Was ich all die Jahre Verwechslung genannt habe, hatte ich anfangs der Behandlung begrüßt, weil ich es als deren Funktionieren betrachtet hatte. Erst später erhielt sie den negativen Akzent. Neben meiner Unbeholfenheit hing das mit der Art zusammen, wie Sie damit umgegangen sind. Ich hatte damals den Eindruck, die Verwechslung habe sich nicht unbedingt von selbst eingestellt, sondern sei von Ihnen kräftig gefördert worden. Sie redeten seinerzeit von einer „Beziehung". Das lehnte ich stets streng ab, weil ich unter Beziehung etwas Wechselseitiges verstehe und in der Verwechslung beim besten Willen nichts dergleichen mir vorstellen konnte. Wenn Sie sagten, „... das sei schon auch echt", haben Sie mich allenfalls verwirrt. Für mich endete die Verwechslung genau an der Hinterkante der Couch. Sätze wie „... warum nicht denken, daß Sie noch geliebt werden, wenn ...", oder „... Sie können gar nicht glauben, daß Sie noch geliebt werden, wenn ..." und „... vielleicht ist der andere gar nicht so abgegrenzt, wie Sie meinen" etc. habe ich zunächst als bloße Anregungen verstanden, „positiver" zu denken. Nun verhielt es sich so, daß ich meine Zielvorstellungen vom Verstand her nicht als so unwert einschätzte, wie ich es von den früheren Erfahrungen her gezwungen war. Als schlichte Überlegungen waren Ihre Äußerungen, die im Grunde nicht über meine eigenen Gedanken sonderlich hinausgingen, nicht sehr wirksam. Das konnte es also nicht sein. Ich habe dann eine Vergleichsüberlegung entwickelt. Ich stellte mir vor, ein „gesunder" Mensch, auf

der Couch über sich redend, würde Sie wohl „positiv" verwechseln. Ich dachte weiter, die Figur des „Anderen", die konjunktivische oder passivische Syntaxwahl etc. sollten dazu dienen, meine in der Verwechslung negativen Vorstellungen und Erwartungen einfach umzupolen, Sie nunmehr „positiv" zu verwechseln. Bildhaft gesprochen dachte ich also, Sie wollten sich gewissermaßen in der Leinwand, auf die ich Verwechseltes projiziere, bewegen, um Veränderungen zu bewirken. Sie haben hin und wieder früher von Generalproben gesprochen, die ich Ihnen gegenüber unternehme. So kann ich das nicht verstehen. Ich halte Verbalaktionen, mögen sie auch mit allen tragenden und begleitenden Emotionen geäußert werden, lediglich für Abbildungen auf das Bild, das der Patient sich von Ihnen geschaffen hat. Das ist nicht einmal eine Ersatzhandlung. Schon aus diesem Grund war ich stets skeptisch, wenn Sie sich auf meine Unternehmungen Ihnen gegenüber bezogen. So war es mir etwas suspekt, wenn ich wütend war, und Sie mir suggerieren wollten, Sie tolerieren doch meine Wut. Zu eher merkwürdigen Reaktionen neigten Sie, wenn es um übertragende Liebe oder Sexualität ging. Ich will für Echtes eine echte Antwort.

Die exzentrische Position darf freilich nicht an der Peripherie liegen, weil dann der Analytiker niemals jene menschliche Bedeutung annehmen könnte, die unerläßlich dafür ist, daß seine Zustimmung den Einfluß der alten Figuren ausgleichen kann. Es handelt sich also um eine Art von kritischer Distanz, die Neues ermöglicht und die zugleich verhindert, daß es zu einer undurchdringlichen gefühlsmäßigen Konfusion kommt, zu einem Mischmasch ohne Abgrenzung.

9.3.3 Anerkennung und Selbstwertgefühl

In der Behandlung von Herrn Christian Y hatte der behandelnde Analytiker direkte Anerkennungen aus 2 Gründen unterlassen: erstens um den Patienten nicht zu beeinflussen und zweitens aufgrund der Annahme, daß sich seine positive Einstellung zu seiner Sexualität und Aggressivität von selbst verstünde und keiner ausdrücklichen Erwähnung bedürfe. Herr Christian Y wies in überzeugender Weise nach, daß durch konjunktivische Ausdrucksweisen viel offengelassen wurde und er so keinen Halt hatte finden können. Danach berichtet der Patient über seinen beruflichen Aufstieg.

A.: *Natürlich freue ich mich schon immer über Ihre Erfolge, aber ich habe dies nicht so mitgeteilt, daß Sie eindeutige Wahrnehmungen machen konnten.*

P.: *Ja, Sie haben mir deshalb nicht in vollem Umfang helfen können, weil Sie Sachverhalte nur beschrieben haben und davon ausgegangen sind, daß sich das neue Selbstwertgefühl von selbst entwickelt. Aber was nützen mir veränderte Vorstellungen von mir selbst, wenn ich diese nicht irgendwie verankern kann.* (lange Pause) *Sie haben einmal einen Psychiaterwitz erzählt über den Patienten, der glaubt, eine Maus zu sein, und Angst hat vor Katzen. Er einigt sich mit dem Psychiater, daß er sich irrt. Aber: Wenn die Katze nicht weiß, daß ich keine Maus mehr bin, bleibt es ja bei meiner Angst vor der Katze. Der Witz an dem Witz liegt auf der Hand: Was nützt die Übereinstimmung zwischen hier und draußen? Was ich hier als Verwechslung bezeichnet habe* (Herr Christian Y hat für die Übertragung die Bezeichnung „Verwechslung" geprägt), *ist nicht auf Kranke und auf hier beschränkt, sondern ein ganz allgemeines Lebensprinzip. Der Mensch nimmt ja die Umwelt perspektivisch wahr.* (Der Patient erläutert dies an Photographien, die den Schnee in ganz verschiedenen Farben zeigen.) *Schnee ist weiß, aber er ist nicht immer weiß. Die Farbe ist ab-*

hängig von der Beleuchtung. Bei mir ist alles schwarz, was ich erlebe, weil die Eltern miesgemacht haben, was ich sehe. Es fällt mir schwer, ohne äußere Unterstützung Situationen neu zu erleben, weil diese von den alten Bildern her gestaltet werden, die ich nicht einfach austauschen kann.

Herr Christian Y ist sehr aufgeregt - ich mache ihn darauf aufmerksam -, als er die verschiedenen Farben des Schnees beschreibt.

A.: *Waren Sie da der Photograph, der anhand des Bildes dem Betrachter zeigt, daß Sie es besser wissen, also daß Sie auch mir etwas zeigen und daß Sie es genauer und schärfer sehen oder daß jedenfalls Ihre Sicht der Dinge die maßgebliche ist?*

P.: *Nein, ich wurde unsicher, weil ich dachte, es sei ein alberner Vergleich.*

Er führt seine Schwierigkeiten, selbstbewußt zu sein, darauf zurück, daß ihm positive Bilder gefehlt haben.

P.: *Schauen Sie, ich habe Schwierigkeiten, selbstbewußt zu sein, weil mir positive Bilder von mir fehlen. Wer draußen selbstbewußt ist, der hat vorteilhafte Bilder von sich selbst, und er ist naiv. Wenn er einer Situation ausgesetzt ist, in der er schlecht abschneidet, mißt er sich trotzdem eher an dem positiven Bild von sich selbst. Ich kann das aber nicht, das hab' ich früher schon gedacht, aber nicht gesagt. Bei mir ist das ein mühsames Handeln im Kopf, ein Bemühen, die Dinge noch zusammenzuhalten, wenn ich irgendwelchen Schwierigkeiten ausgesetzt bin.* (Pause) *Beispielsweise, wenn ich nicht so recht aggressiv sein kann und über Aggressivität anderer entsetzt bin, dann hab' ich Schwierigkeiten mit einem Kollegen, der sich herausstellt.*

Das letzte Mal erzählte Herr Christian Y, daß er eine weitere berufsbegleitende Ausbildung machen möchte und nun eine Zielvorstellung hat. Zielvorstellungen seien für ihn ungeheuer bedeutungsvoll. Der Patient gibt seiner Freude Ausdruck, daß ich diesen Plan ausdrücklich gutgeheißen habe, gleichzeitig ist er enttäuscht, daß nicht schon früher seine Zielvorstellungen von mir für gut befunden wurden.

P.: *Meistens bleiben Sie neutral, und das hat mich schon früher maßlos geärgert. Ich stelle mir vor, daß Sie aus wissenschaftlichen Überlegungen keine Fixpunkte liefern wollten.*

A. (bestätigend): *Es war mir zwar klar, daß Menschen, insbesondere Kranke, Ziele benötigen, aber ich habe nicht genügend beachtet, daß es nicht nur wichtig ist, dem Patienten Zielsetzungen zu überlassen, sondern daß es ebenso wichtig ist, diese zu bestätigen bzw. durch Ermutigungen eine Verankerung zu ermöglichen. Inzwischen sehe ich die Notwendigkeit. Es ist wesentlich, eine klare Meinung zu äußern, über die Sie sich dann auch hinwegsetzen können.*

P.: *Das sag' ich ja auch immer. Sonst würde Freiheit zu einem Gefühl der Verlorenheit, nur dann könnte man Freiheit auch genießen. Und in Tat und Wahrheit könnte ich kein Bild von mir selbst zeichnen, so wie ich sein möchte, im Gegenteil, die pure Überlegung löst so viel Angst aus, daß ich diese Bemühung sofort fallenlassen muß. Ich jammere zwar die ganzen Jahre hier herum, ich habe Angst vor Sexualität und Aggression oder vor anderen Dingen, Angst vor der Bewegung, aber wie ich sein will, das weiß ich selbst nicht. Der normale Mensch wird ja zu dem, was er ist, nicht aufgrund dessen, was er mitbringt, sondern in der Auseinandersetzung mit der Umwelt, oder nicht?*

A.: *Ja, genau.*

P.: *Wenn Sie sich neutral verhalten, fehlt mir um so mehr ein Stück Umwelt, die ich an den alten Figuren nicht oder nicht in der wünschenswerten Weise gehabt habe.*

A.: *Es fehlt trotz aller Reibungen und trotz aller Aggressionen das Widerlager, anhand dessen Sie sich abgrenzen konnten.*

P.: *Die Erinnerungen an die Zeit, in der ich so aggressiv war hier, sind mir nicht so lieb, es mißfällt mir. Ich will mich durchsetzen, eigentlich will ich draußen wütend sein und sinnvoll aggressiv, was ich von Ihnen erwarte ist - jetzt habe ich den Faden verloren. Ich möchte eine Hilfestellung bekommen, daß ich es konkretisieren kann, wenn ich draußen in einer Situation bin.* (Pause) *Vor einigen Tagen hat jemand über Psychoanalyse geredet und gesagt, daß Neurotiker unter beschränktem Handlungsvermögen leiden, aber mir fehlt es nicht, ich habe viele Reaktionsformen zur Verfügung, sondern worunter ich leide ist, daß mir keine zusagt, die für mich richtig wäre, die ich als für mich passend ansehe. Die erwähnte Beschreibung scheint mehr auf zwanghafte Menschen zuzutreffen.*

Das Gespräch wendet sich nochmals dem Photographieren und dem Abbilden zu.

A.: *Sie sind doch ein leidenschaftlicher und sehr guter Photograph, dann kommt also über das Photographieren die Schärfe hinein. Sie sind ja ein sehr scharfer Beobachter. Es darf aber nicht ganz bewußt werden, es muß eher unterschwellig ablaufen. Sie sind ja in Ihrem Beruf so tüchtig, weil Sie ein kritischer Geist und ein scharfsichtiger Beobachter sind. Da ist auch die Quelle Ihrer Angst, daß man merkt, wie scharf Sie sein können. Deshalb ist es Ihnen im Rückblick so unangenehm, daß Sie auch zu mir sehr scharf und aggressiv waren, Sie möchten nicht so unkontrolliert sein. Es sollte Hand und Fuß haben, eine wohlbegründete Aggressivität sollte es sein. Deshalb ist es auch so ein wichtiger Klärungsprozeß, daß ich Ihnen nun sagen kann und ehrlicherweise auch sagen muß, daß Ihre Kritik Hand und Fuß hat. Es ist also wichtig, daß Ihre Kritik als gültig und zutreffend anerkannt wird, aber es gibt niemand, der nicht auch unkontrolliert reagiert.*

Kommentar: Herr Christian Y machte viele scharfsinnige und scharfsichtige Beobachtungen in bezug auf den Analytiker, besonders in der Zeit, als die Behandlung auf seinen Wunsch hin im Sitzen durchgeführt wurde. Damals hatte er traurige oder gekränkte mimische Ausdrucksweisen beobachtet, die er dann als erneute Zurückweisung verbuchte, als Gegenteil von Ermutigung und Freude an seiner Aggressivität - ein Thema, das spätere Behandlungsphasen ausfüllte. Ohne Zweifel trugen die veränderte Position und die mit ihr einhergehenden Möglichkeiten dazu bei, daß das Selbstwertgefühl des Patienten wuchs.

P.: *Ich habe es als schreckliche Zeit in Erinnerung, damals als ich so aggressiv war, aber dann haben Sie auch dieses traurige Gesicht gemacht. Ich konnte ja als Kind meinem Vater nicht ins Gesicht sehen. Mein Vater war ein Kinderschreck, Kinder haben geheult, wenn sie ihn sahen. Ich hatte auch Angst vor ihm, er hatte ein sehr dunkles Gesicht, dunkle Haare und leuchtende grüne Augen, er war ein Schreckgespenst. Ich konnte Ihnen auch nicht in die Augen schauen. Mit der Zeit ist es gelungen, wenn ich mich verabschiedet habe, da hab' ich aber nur so getan, als ob ich Ihnen ins Gesicht schaue, aber ich habe Sie gar nicht gesehen, weil ich vor Ihrem Gesicht so viel Angst hatte. Das zweite ist, daß ich Ihnen eine gewisse überragende Stellung einräume, damit mich draußen nichts mehr, was in die alte Kerbe schlägt, anfechten kann. Ich kann ja hier nicht mehr alles mit Ihnen bereden, was ich draußen tun will.*

A.: *Wie Sie zu Recht sagen, kann man sich leichter identifizieren, wenn zugleich eine klare Distanz da ist und keine Vermischung.*
P.: *Wenn Sie sagen, Sie freuen sich, ist das mehr, als was ich von Ihnen verlangt habe. Ich habe nie gesagt, ich will irgendetwas Großartiges. Mir reicht eigentlich schon das positive Vorzeichen. Es geht nicht um einen absoluten Betrag, der alle Grenzen übersteigen soll, und wenn ich auf die Distanz zwischen Ihnen und mir hingewiesen habe, dann habe ich nicht gemeint, daß ich Angst vor der Nähe habe. Ich wollte nur keine Vermischung im ursprünglichen Sinn. Ich habe gemeint, wenn's ums Identifizieren geht, das sei auch möglich, wenn Distanz da ist. Das kann man auch aus der Entfernung, da muß nichts besonderes Persönliches vorhanden sein, und wenn Sie sich freuen, ist das nicht dekorativ, sondern schlicht, das berührt mich eben. Ohne daß es mich überwältigt, wenn's um Bestätigung ging, habe ich immer darauf abgehoben, daß die Haltung der Mutter ja eben gerade deshalb für mich so negativ war, weil sie mich in der Sache selbst einengte, nicht bloß vom überwältigenden Gefühl her. Meine Bestätigung darf also ein Gewicht bekommen, ohne zum Übergewicht zu werden. Ich habe vor ein paar Wochen gesagt, ich hätte Angst vor dem, was mir von Ihnen entgegenkommen könnte. Aber das war eben meine Ungewißheit. Wenn Sie sagen, Sie freuen sich, berührt mich das, macht mir aber keine Angst.*
Kommentar: Die gemeinsame Freude geht nicht auf eine latente Homosexualität zurück, die den Patienten in früheren Phasen der Behandlung beunruhigt hatte.

Eine Umstellung ist einfacher, wenn es um Sachfragen und gegenstandsbezogenes Arbeiten geht. Schwieriger ist der Kontakt mit Menschen, da er sich draußen noch häufig unwillkommen fühlt. Herr Christian Y erläutert dies an Problemen des Tennisspielens. Wenn er gewinnt, entschuldigt er sich beinahe beim Gegner. Er spielt dem Gegner zu, spielt verkrampft, weil er Angst hat, mit einer aggressiven Spielweise unwillkommen zu sein. Zu Recht nimmt er an, daß seine Konzentrationsfähigkeit besser wäre, wenn er auch aggressiver sein könnte. Seine Ängste erschweren, daß seine Absichten in zielgerichtete Handlungen einmünden.
A.: *Nun, vielleicht können Sie doch einige Erfolgserlebnisse daraus ziehen, daß Sie mich mit Ihren Argumenten überzeugt und damit auch ein Ziel erreicht haben. Wenn ich's natürlich auch bedaure, daß ich Ihnen Umwege zugemutet und Ihnen manches schwergemacht habe. Wer freut sich schon über Irrtümer!*
P.: *Sie wissen ja, an solche Überlegungen will ich bekanntlich nicht heran. Sie sollen der sein, der sich freut, wenn ich dieses oder jenes kann, aber Sie sollen nicht derjenige sein, an dem ich irgendwo auch ein bißchen teilhabe, weil mich das allzusehr an die Verwechslung erinnert. Ich habe auch zu wenig Überblick, um sagen zu können, das sind Irrtümer von Ihnen, oder da sind Umwege, die Sie mir zugemutet haben. Ich sag' halt, mir paßt dieses oder jenes nicht, und ich wehre mich, ohne sagen zu können, ob ich Recht habe.*

Einige Sitzungen später berichtet Herr Christian Y einen Traum, der treffend seinen Zustand versinnbildlicht. Er befand sich im Flugzeug und in den Lüften. Eine in ihm aufkommende Angst verschwand unter der zunehmenden Gewißheit, daß er sich auf den tragenden Grund verlassen könne. Er hat seinen Traum bereits gedeutet. Sein Vertrauen in den tragenden Grund sei gewachsen. Er faßt seine Identifikationen mit mir zusammen und betont erneut, wie wichtig es ihm sei, daß ich eine positive Einstellung zu seiner Sexualität und Aggressivität genommen hätte. Irgendeine atmosphärische und unausgesprochene Bestätigung genüge nicht.

Er benötige eine klare, anerkennende Aussage. Es geht dann wieder längere Zeit über die Schwierigkeit, draußen Erkenntnisse zu verwirklichen.

Im Laufe der Stunde wird seine Passivität als Versuch interpretiert, sich selbst zu bewahren und gegen die Mutter zu schützen, die einerseits hysterische Bewegungsstürme hatte und andererseits von ihrem Sohn genau abgezirkelte Verhaltensweisen erwartete, also ihm eine Art von „falschem Selbst" aufzwang. Diese Annahme macht verständlich, daß er sich zurückzog und sich an ihre Wertvorstellungen anpaßte. Zugleich fühlte der Patient, daß er im Grunde ganz anders ist und auch stets anders sein wollte als er nach außen zeigen mußte.

Mißtrauisch ist der Patient immer noch hinsichtlich meiner Einstellung zu seiner Sexualität. Wieder einmal kann er nicht weitersprechen, weil er sich schämt; später überwindet er die Scham. Offensichtlich hängt dies mit Erinnerungen an frühere Stunden zusammen.

P.: *Ich will eben, ich kann das jetzt nicht sagen, das ist merkwürdig, ich will halt auf* (Pause), *ich muß umgekehrt, vielleicht komm' ich dann dahin, wo ich will, daß hier, wenn ich von Ihnen fordere, ich will Anerkennung. Das ist ein gewisser Modellfall für etwas, was ich draußen will. Ich will von anderen Leuten etwas, und dieses Habenwollen ist ungeheuer problematisch für mich, weil ich das ... Ich habe gelernt zu Hause, daß man nach Möglichkeit nichts will von anderen, keinen Einfluß nimmt auf andere. Und mir geht's ja eben auch grade draußen drum, bei anderen Anerkennung zu finden und so, und das sind Dinge, die für mich sehr schwierig sind.*

A.: *Ja, dann ist auch klarer, an welchem Punkt die Verwirrung grade eingetreten ist. Das war in dem Augenblick, in dem Sie besonders intensiv gefordert haben, daß ich mich Ihnen in ganz bestimmter Weise zuwende. Ich hab' Ihren Wunsch, Ihre Erwartung, Ihre Sehnsucht, Ihre intensive Forderung erfüllt, indem ich gesagt habe, „ja, darauf kommt's an", daß das dann nicht von mir allgemein gegeben wird, sondern ganz umschrieben. Ich hab' also etwas erfüllt.*

P.: *Das macht Angst, weil ich's ...*

A.: *Waren Sie verwirrt, weil sich's erfüllen könnte, endlich.*

P.: *Es quält mich noch eine andere Vorstellung. Ich möchte das Bild vom Jakob und dem Engel da bemühen, das Sie mal gebraucht haben. Ich bin gewissermaßen zu gering in meiner Vorstellung, um diesen Segen zu bekommen.*

A.: *Hmhm.*

P.: *Nicht wahr?*

A.: *Hmhm.* (Pause) *Ich glaube, daß Sie bei diesem Gedanken sich schützen vor der überwältigenden Befreiung, die darin liegt, gesegnet zu werden.*

P.: *Ja freilich, schon auch.*

A.: *Hmhm.*

P.: *Weil eben die Anerkennung ausblieb und ich den Eindruck gehabt habe, Sie lenken davon ab oder so, hab' ich gewissermaßen den Eindruck gewonnen, das alles sei nichts für mich, und ich müsse eben mit den Einschränkungen zurechtkommen. Ist halt so wie früher, wo man gesagt hat, ich sei zu klein dazu für alles oder was immer.*

A.: *Hmhm.*

P.: *Weiß nicht, ich überblick's im Moment nicht. Sie sind im Besitz dessen, das hab' ich Ihnen immer unterstellt, was ich suche, aber es hat Sie irgendwas gehindert, mir das mitzuteilen.*

Herr Christian Y erinnert, daß er mich in der ersten Stunde nach meiner Einstellung zur Sexualität gefragt habe. Ich hätte damals dem Sinn nach etwa so geantwortet, daß es weniger darum gehe, welche Einstellung *ich* hätte, als vielmehr darum, daß *er* zu seiner eigenen Einstellung komme. Herr Christian Y hat diese Bemerkung als Zurückweisung, als einen Mangel an Anerkennung erlebt.

Meine damalige therapeutische Einstellung war genau so, wie sie der Patient beschrieben hat. Aus Prinzip ausweichende Antworten dieser Art zu geben, gehörte damals zu meinem Behandlungsstil. Erst die verspätete Korrektur meiner analytischen Haltung brachte jene Änderung mit sich, die der Patient nun auch in dem Traum der heutigen Stunde ebenso wie in anderen Stunden der letzten Zeit zum Ausdruck bringt und die ihm doch noch ein erfolgreiches und weithin angstfreies Leben in Familie und Beruf ermöglicht hat. Es ist sehr wahrscheinlich, daß die Analyse einen ganz anderen Verlauf genommen hätte, wenn ich schon in den ersten Stunden eine Identifikation mit meiner *Anerkennung* ermöglicht hätte.

Es wäre übrigens ein Irrtum zu glauben, der Patient sei seinerzeit oder auch später besonders neugierig auf *meine* Sexualität gewesen. Es ging ihm nur am Rande um mein Privatleben, sondern vielmehr um meine Einstellung, soweit diese einer positiven Identifikation mit einem von seiner Mutter unabhängigen Wertesystem dienen konnte. Gleichzeitig wollte er *Distanz*. Diese Vermutung ist als theoretische Annahme durch viele Äußerungen des Patienten zu belegen. Auch in der heutigen Stunde erwähnt er wieder die Beschämung, die sich aus Verwechslungen, also aus Übertragungsphantasien, ergeben habe.

Aus der oben erwähnten Stellungnahme des Patienten entnehmen wir folgenden Abschnitt:

> Ich bin anfangs von einer einfachen Überlegung ausgegangen, die ich im Grunde genommen noch heute vertrete. Sie hatten mir damals dargelegt, wie ich die Einstellungen der alten Figuren übernommen, mich mit ihnen also in schädlicher Weise identifiziert hatte. Zunächst war ich wütend auf mich selbst, so dumm gewesen zu sein. Ich muß nun einfügen, ich bin davon überzeugt, es gibt Menschen mit recht unterschiedlich angelegter Eignung und Neigung zu Identifikation; mich selbst verstehe ich als jemanden, der jedenfalls zunächst eher stärker darauf angewiesen und ausgerichtet ist. Die Stimmung hat bald umgeschlagen und einer – im Grunde bis zuletzt – andauernden Hoffnung Platz gemacht: Diese meine angenommene Eigenschaft habe ich dann als ebenso große Chance verstanden, mich mit geeigneten Vorbildern zu identifizieren und so endgültiges Selbstwertgefühl zu gewinnen. Von Ihnen habe ich entsprechende Reaktionen erwartet, die freilich auf sich warten ließen. Wegen der fehlenden Identifikationsmöglichkeit habe ich meinen Schaden stets als Mangelkrankheit bezeichnet. In solchen Zusammenhängen habe ich sicher meist vom Geliebtwerdenwollen und vom Nichtgeliebtwerden gesprochen; gemeint war natürlich nicht ein aktueller Wunsch, sondern der alte, aus Kindertagen rührende. Nichtgeliebtwerden war doch der Kristallisationspunkt für die Identifikation mit der Mutter. Diese Ausgangsposition habe ich immer wieder neu beschrieben, um Auswege hieraus zu finden. Klar ist, daß ich neuerdings der „Liebe" nicht bedarf. Es ging um die „andere Lösung". Mängel kann man mit ihrer bloßen Beschreibung nicht beheben. Vor allem setzt der Abschied von den alten Figuren, die Befreiung von ihnen, nichts an deren Stelle. Meine lebensmäßigen Ziele draußen sind weit gestreut. Der Gewinn für mich ist ungleich viel größer, wenn diese eigentlichen Ziele mit Ihrer Unterstützung Wert erhalten. Ich sehe nicht ein, weshalb das Gespräch über meine Ziele auch nur einen Hauch weniger aktuell oder die Ihnen dabei zugestandene Bedeutung auch nur eine Spur weniger unmittelbar sein sollte, als „direkte Verbalhandlungen". Nichts an Intensität geht verloren; das Gespräch ist nicht deshalb weniger persönlich. Ihre Möglichkeiten sind nicht begrenzt: Es lassen sich unschwer etwa auch Aggression und Sexualität einbeziehen, ohne daß es irgendwelcher Verbrämungen, künstlicher Deutungen und ungelenker Ausweichschritte bedarf. Läßt sich auf dieser Ebene „Einvernehmen" erzielen, ist stets klar, was und wer gemeint ist. Das Vermitteln einer

allgemeinen positiven Einstellung wirkt nicht schon für sich „mutativ". Erforderlich scheint mir, daß Sie Farbe bekennen und Partei ergreifen. Ganz wenig genügt dabei, ich glaube, lediglich das Aufzeigen einer Tendenz ist schon Hilfe, wenn sie gewissen Bedingungen entsprechen. Warmherzigkeit, Toleranz und positive Einstellung sind lediglich auf das „Da-Sein" von Sexualität, Aggressivität usw. beim Patienten bezogen. Empathie freilich auch auf deren „So-Sein". Tritt zum Verständnis ein Quentchen, eine Minimaldosis von Identifikation des Arztes mit dem Patienten hinzu - die freilich nicht den Arzt ändern soll -, begünstigt das massiv Änderungen beim Patienten. Das Alte fällt ab, das Neue tritt an seine Seite. Bloßes Mitgefühl erbringt für mich wenig, Sie bleiben „erloschen"; ein winziges „Mitleben" hingegen gibt den Ausschlag. Die Befreiung von den alten Figuren ist damit ein im wesentlichen trauerfreier Vorgang, da deren Positionen neu und lustvoller besetzt werden. Auch der Abschied von Ihnen ist infolge Zweckerreichung leicht. Schwierigkeiten liegen freilich anderswo. Zu dem, was man ist, wird man gewiß nicht allein aufgrund seiner Anlagen, sondern auch in Auseinandersetzungen mit der Umwelt. Mich selbst habe ich wegen mangelnder Erfahrungen regelmäßig als „verkrüppelt", „unterentwickelt" oder „verkümmert" erlebt und beschrieben. An geeigneter Auseinandersetzung mit der Umwelt hat es mir gefehlt. Soweit da „blinde Flecken auf meiner Seele" sind, ist es in der Analyse weitaus am schwierigsten, Fortschritte zu erzielen. Das setzte in besonderem Maße gestalterische Interventionen auf seiten des Arztes voraus. Zum traditionellen Verständnis der Behandlung steht das wohl in Widerspruch. Sie von gewissen Notwendigkeiten in dieser Richtung zu überzeugen, ist mir nicht recht gelungen. Indes sehe ich ein, daß ich von weit her komme und mit Ihrer Hilfe sehr wohl manches erreicht habe. Mit dem heute erlangten Stand kann ich leben. Daß ich Ihnen v.a. auch für Ihre flexible Haltung dem recht anspruchsvollen und manchmal sicher unbequemen Patienten gegenüber danke, braucht kaum großer Worte.

Kommentar: Wegen der grundsätzlichen Bedeutung der Stellungnahmen von Herrn Christian Y zu Verbatimprotokollen aus der Beendigungsphase seiner Analyse möchten wir einige Anmerkungen hinzufügen. Äußern wollen wir uns zu den beklagten behandlungstechnischen Fehlern, die sehr lange zurückliegen. Diese konnten immer wieder soweit ausgeglichen werden, daß ein schwerkranker junger Mann, der jahrelang ans Krankenhaus gefesselt bzw. weitgehend geistig und körperlich immobil war, während der Therapie sein privates und berufliches Leben aufbauen konnte. Die Kritik von Herrn Christian Y stammt aus dem letzten Abschnitt, in dem häufig Bilanz gezogen wird. So liegt es nahe, daß gerade ein Patient, der trotz vieler Befriedigungen unter einer Mangelkrankheit - scheinbar paradoxerweise aufgrund eines Überschusses an mütterlicher Liebe - litt, gerade am Schluß noch einmal feststellt, wo er zu kurz gekommen ist. Dieses Argument fordert ein anderes heraus, und wir befänden uns im Nu in einer umfassenden Diskussion, die ausgewogen und begründet nur in einer empirischen Einzelfallstudie als kombinierter Verlaufs- und Ergebnisforschung geführt werden könnte, wie sie von Leuzinger-Bohleber (1988) unternommen wird. So halten wir uns an den behandelnden Analytiker und nehmen ihm ab, daß die behandlungstechnischen Fehler nicht nur auf diagnostische Irrtümer und auf irgendwelche Aspekte seiner persönlichen Gleichung zurückgehen. Lassen wir den Analytiker sprechen:

Ich begann die Analyse von Herrn Christian Y vor 20 Jahren in meinem damaligen Verständnis der psychoanalytischen Technik, also der Theorie und Praxis von Übertragung, Gegenübertragung, Widerstand und Regression. Bezüglich der Themen, die in diesen beiden Abschnitten zur Sprache kamen, habe ich von Herrn Christian Y und von anderen Patienten mit ähnlichen Störungen sehr viel gelernt, dem ich eine prinzipielle Bedeutung für mein jetziges Verständnis der psychoanalytischen Technik zuschreibe. Im Laufe der Zeit habe ich mich davon überzeugt, daß philosophische und sozialpsychologische Theorien über die Rolle der Anerkennung für die Entwicklung des Selbstbewußtseins im intersubjektiven Raum für die psychoanalytische Behandlungstechnik fruchtbar zu machen sind. Düsing (1986) hat das Werk von Fichte, Hegel, Mead und Schütz bezüglich dieser Probleme ausgewertet. Ohne daß von der Autorin selbst Beziehungen zur Theorie der Technik hergestellt werden, ist offensichtlich, daß unterschiedliche psychoanalytische Auffassungen über die Entwicklung des Selbstbewußtseins und die Rolle der Anerkennung tief in der Geistesgeschichte verwurzelt sind. Philosophische Erkenntnisse über den Menschen treffen sich nun mit empirischen Aussagen über die Intersubjektivität zwischen Mutter und Kind von Geburt an. Auf Konvergenzen mit dem interaktionellen Verständnis von Übertragung und Gegenübertragung wurde im Grundlagenband aufmerksam gemacht.

Freilich kann es nicht darum gehen, beispielsweise Hegels berühmte Interpretation über das Verhältnis von Herr und Knecht oder seine philosophische Aussage über tödliches Ringen um Anerkennung zum Thema therapeutischer Interpretationen zu machen. Ebensowenig kann Meads sozialpsychologische Interpretation der Rolle des „bedeutungsvollen Anderen" bei der Konstituierung des Selbstgefühls behandlungstechnisch einfach übernommen werden (s. hierzu Cheshire u. Thomä 1987). Viel zu vielfältig sind die Wege, auf denen Menschen Anerkennung suchen, die ihrerseits einen großen Bedeutungshof hat. So hat Herr Christian Y gerade nicht jene Anerkennung gesucht, die beispielsweise in der narzißtischen Spiegelung nach Kohuts Metapher durch den Glanz im Auge der Mutter (oder des Analytikers) vermittelt wird. Er möchte mit Hilfe einer exzentrischen Position gerade das Gegenteil, nämlich aus der Verwechslung heraus, um zu sich selbst in seinem Anderssein zu kommen. Herr Christian Y sucht wechselseitige Anerkennung, die in der üblichen psychoanalytischen Neutralität vermieden wird und die auch bei jener Form von Empathie aufrechterhalten wird, bei welcher sich der narzißtische Kreis bestätigt. Meine Zustimmung zur Kritik des Patienten in der Beendigungsphase und schon vorher entsprang meiner Überzeugung, der glücklicherweise auch eine therapeutische Funktion zukam. Die hier wiedergegebenen Dialoge sind auch für meine Praxis ungewöhnlich. Es sind Sternstunden, insofern als sie über den Einzelfall hinausweisen und zur Lösung grundlegender Probleme der psychoanalytischen Technik beitragen könnten. Man sollte sich durch die geschliffene Sprache und das Abstraktionsniveau nicht täuschen lassen: Hier stehen emotional und existenziell äußerst bedeutungsvolle Werte auf dem Spiel. Herr Christian Y hat diese auf den Begriff gebracht und mit Hilfe seiner Sprache seine Welt und sich selbst - mit meiner Anerkennung - abgegrenzt. Es hätte wahrscheinlich schon viel früher geschehen können. Doch am Anfang der Therapie wußte ich es noch nicht besser.

9.4 Depression

Eine 50jährige Patientin litt an einer Depression, die mit Angstzuständen einherging und zu jahrelanger erfolgloser Pharmakotherapie geführt hatte. Die Symptomatik war aus einer Trauerreaktion um den nach kurzer Krankheit verstorbenen Ehemann hervorgegangen. Frau Dorothea X entwickelte hypochondrische Ängste, wie ihr Ehemann an einem zu spät entdeckten Karzinom zu leiden. Die unbewußte identifikatorische Vereinigung mit dem idealisierten Verstorbenen und die Fortführung der verinnerlichten ambivalenten Beziehung zu ihm in Form von Selbstanklagen folgten dem typischen Muster depressiver Reaktionen. Frau Dorothea X lebte zurückgezogen und hielt sich im wörtlichen Sinne verborgen: Sie schützte eine Überempfindlichkeit der Augen vor, um das Tragen einer Sonnenbrille zu begründen, hinter der sie sich versteckte. Wegen der chronischen Erkrankung einer Schwiegertochter glaubte sie, eines Tages 2 Enkelkinder betreuen zu müssen, fürchtete aber, dazu wegen ihrer Erkrankung unfähig zu sein. Diese Sorge verstärkte ihr Leiden und verpflichtete sie zugleich, am Leben zu bleiben und ihren Selbstmordgedanken nicht nachzugeben.

Der Psychoanalytiker als Übertragungsobjekt

Die analytische Bearbeitung der depressiven Identifikation mit dem verstorbenen Ehemann hatte zu einer gewissen Besserung der Beschwerden und zur Wiederkehr ihrer Beziehungsfähigkeit zunächst zum Psychoanalytiker, am „Übertragungsobjekt" also, geführt.

In der Übertragung tendierte Frau Dorothea X dazu, mich freundlich zu bemuttern. Zugleich konnte sie mich wegen meiner Ruhe und Gelassenheit idealisieren: „So wollte ich selbst immer sein." Der Wendepunkt, der die bisherige milde positive Übertragung schlagartig veränderte, ereignete sich zufällig: Bei einer ausnahmsweise am Spätnachmittag stattfindenden Sitzung fand Frau Dorothea X einen müden, abgespannten Analytiker vor. Ihre von mir bestätigte Beobachtung von Müdigkeit löste eine von irrationaler Sorge motivierte Unruhe aus: Hinter meiner Abgespanntheit wurde eine ernste Krankheit vermutet, so daß mir weitere Belastungen nicht mehr zugemutet werden könnten. Die bis dahin freundlichen Bemutterungstendenzen nahmen übertriebene Formen an. Zwar trat eine fast vollständige Symptomheilung ein, die jedoch mit der Selbstanklage verbunden war, die Behandlung nie mehr aufgeben zu können, weil sie dann keine Möglichkeit mehr hätte, sich fortlaufend davon zu überzeugen, daß mir nichts Böses widerfahren sei. Zumindest müsse sie stets zur Wiedergutmachung bereit sein. Zugleich warf sie sich vor, mir durch die Fortsetzung der Therapie zur Last zu werden, so daß sie sich während der Aufdeckung alter Schuldgefühle erneut und erst recht schuldig mache.

Die irrationale Sorge um mich als Übertragungsobjekt erleichterte die therapeutische Bearbeitung ihrer unbewußt ambivalenten Beziehungen, die lebensgeschichtlich darauf zurückgingen, die schwere Hypochondrie der Mutter verursacht zu haben: Beinahe tödlich sei der Blutverlust bei ihrer Entbindung gewesen, und hierauf wurden jahrelang alle Beschwerden der Mutter zurückgeführt. Als Leitidee ihrer Kindheit sind auf diesem familiären Hintergrund Todes- und Rettungsphantasien zu verstehen. Im Schutz der positiven Übertragung gelang uns die Klärung der negativen aggressiven Aspekte ihres Denkens und Verhaltens. Mehr und mehr trat dabei der Abwehrcharakter der Idealisierungen zutage. So zeichnete sich ab, daß die Übernahme der Mutterrolle, die sie auch ihrem verstorbenen, von ihr abhängigen Mann gegenüber eingenommen hatte, sich vorzüglich dafür eignete, ihre sexuellen Bedürfnisse zu verdecken und regressiv zu befriedigen. In der Bemutterung ihres Mannes hatte sie übrigens gleichzeitig und gleichsam unter dem Rock „die Hosen angehabt" und daraus zusätzliche Befriedigungen gezogen; sie hatte nicht unbeträchtlich zu seinem beruflichen Erfolg beigetragen.

In meinen Deutungen suchte ich bei passender Gelegenheit die „menschlich-allzumenschliche" Seite des Analytikers in den Blickpunkt zu rücken – ohne Erfolg: Zwar konnte die Patientin rein intellektuell einsehen, daß es wohl auch bei mir schwache Stellen geben müsse, aber sie wollte dieses Wissen nicht wirklich zur Kenntnis nehmen.

Idealisierung und Entwertung standen auch hier in typischer Wechselwirkung. Ein Hinweis, daß ich mein Wissen zu ihrem Besten anwende, wurde einerseits von ihr anerkannt, andererseits entwertete Frau Dorothea X meine Bemerkungen als eigensüchtige Selbstbestätigung. Diesen Gedankengang mußte die Patientin durch eine mich entschuldigende Entlastung abschließen, die darin bestand, daß sie den mir zugeschriebenen Mangel an Zuwendung auf angenommene schlimme Lebenserfahrungen zurückführte. Die latenten Entwertungsgedanken blieben über lange Zeit therapeutisch so wenig einer Deutung zugänglich wie die Idealisierungen.

Die Entidealisierung und die Wahrnehmung der realen Person

Zu einem zweiten entscheidenden Wendepunkt dieser Therapie kam es, nachdem Frau Dorothea X mich im Auto mit hoher Geschwindigkeit hatte vorbeifahren sehen. Ihre Beschreibung der Begleitumstände wie Ort und Zeitpunkt ließen keinen Zweifel daran, daß Frau Dorothea X eine zutreffende Beobachtung gemacht hatte. Sie bemühte sich jedoch darum, ihre Wahrnehmung unterschwellig zu halten, und sie vermied es, sich zu vergewissern, indem sie ihre Gewohnheit fortsetzte, an meinem geparkten Auto mit „geschlossenen Augen" vorbeizusehen. Die hohe PS-Zahl des sportlichen Autos paßte nicht zum Bild des gelassenen, scheinbar adynamischen Psychoanalytikers.

Ihre zutreffende Beobachtung auf der Straße führte zu einer nachhaltigen Erschütterung ihrer Idealisierung. Nach schweren inneren Kämpfen, die sich darauf richteten, ob sie sich nun Gewißheit verschaffen dürfe, d.h. das geparkte Auto anschauen dürfe oder nicht, schloß Frau Dorothea X schließlich jeden Zweifel aus: Auch ihr Analytiker gehöre zu den Männern, die sich in der Wahl ihres Autos von unvernünftigen Gesichtspunkten leiten lassen. Rechtfertigungs- und Entschuldigungsversuche, die sie für mich übrig hatte, führten nur zu vorübergehenden kompromißhaften Entlastungen. Die durch das Auto eingeführte Realität nahm vielfältige Bedeutungsinhalte an: Das Auto repräsentierte und symbolisierte Kraft und Dynamik bis hin zur Rücksichtslosigkeit und Verschwendung. Schließlich wurde das Auto zum Sexualsymbol im engeren Sinn. Die Unruhe der Patientin vergrößerte sich in dem Maße, in dem sie ihre Idealisierung des Übertragungsobjekts erkannte. Sie suchte im Übertragungsobjekt nicht nur die Befriedigung eigener Bedürfnisse, sondern v.a. sich *selbst*, d.h. ihre eigene Dynamik, die in Idealisierung und in Bemutterung auf- bzw. untergegangen war.

Meine Deutungsarbeit hatte v.a. das Ziel, Frau Dorothea X zu zeigen, daß sie wesentliche Bereiche ihres eigenen Lebens an mich und an das „Automobil" abgetreten hatte. Da sie während ihrer langjährigen Ehe ihr Temperament in vielerlei Hinsicht hatte zügeln müssen, war die Wiederkehr ihrer Vitalität zunächst mit großen Beunruhigungen verbunden. Mit fortschreitender Bearbeitung der Abtretungsthematik konnte die Patientin mehr und mehr ihre Energie und Aktivität zurückgewinnen und selbst integrieren. Die Behandlung nahm nun im Durcharbeiten der angedeuteten unbewußten Inhalte einen unkomplizierten Verlauf.

Beide Wendepunkte dieser Therapie wurden ausgelöst durch realistische Beobachtungen, die Frau Dorothea X am Befinden des Analytikers gemacht hatte. Die Bestätigung ihrer Wahrnehmungen gab meinen Deutungen erst Substanz und Überzeugungskraft. In der ersten Episode konnte die übergroße Sorge um meine Müdigkeit auf die aggressiven Anteile der Übertragung zurückgeführt werden. Es ist fraglich, ob eine Deutung der in den Beobachtungen auch enthaltenen unbewußten Phantasien die gleiche Wirkung gehabt hätte: Hätte eine solche Deutung nicht eher dazu beigetragen, die Wahrnehmungsfähigkeit der Patientin in Frage zu stellen - so als sei der Analytiker gar nicht müde und deshalb verletzbar?

In der 2. Episode war es wiederum eine realistische Beobachtung, die Gelegenheit gab, das Wechselspiel von Idealisierung und Entwertung aufzugeben, und die Frau Dorothea X dazu brachte, mir - bis dahin verleugnete - „männliche" Eigenschaften zuzubilligen und projizierte eigene Kräfte in ihr Selbstkonzept zu integrieren.

Epikrise

Etwa 3 Jahre nach Beendigung der Therapie ergänzte Frau Dorothea X einen Fragebogen, der für eine spezielle Fragestellung nach der Auswirkung von Unterbrechungen während der Therapie konstruiert worden war, mit folgenden Worten:

„Nach Eingang des Fragebogens habe ich sofort alle Fragen beantwortet, ein sicheres Zeichen für mich, wie sehr ich mich der Psychotherapie und meinem Psychotherapeuten noch verbunden fühle. Je länger der Abstand zur letzten Therapiestunde wird, um so größeren Nutzen ziehe ich aus der Behandlungszeit. Zum Beispiel verstehe ich erst jetzt viele Denkanstöße des Therapeuten aus jener Zeit und weiß mit ihnen umzugehen. Ich bin dankbar für jede Therapiestunde, in der ich lernte, ein bißchen leichter und glücklicher leben zu können.

Schon einige Zeit vor dem Ende meiner Psychotherapie probte ich mit Lachen und mit Weinen für mich allein die ‚Abschiedsstunde'. Dieses ‚Spiel' wurde für mich so unerträglich, daß ich den Therapeuten bat, die letzte Stunde so schnell wie nur möglich anzusagen; außerdem spürte ich es deutlich, daß der Zeitpunkt dazu nahe war. Danach fühlte ich mich frei - nicht glücklich und auch nicht traurig - nur abwartend. Ich lebte weiter wie bisher und führte gedanklich viele Gespräche mit meinem ehemaligen Therapeuten. An ein Zurück in die Behandlung habe ich nie gedacht: Ein Kreis hatte sich geschlossen. Ich wußte, es war eine gute, ertragreiche Zeit für mich gewesen. In der Therapie und am Therapeuten habe ich freier und besser zu leben studiert und ausprobiert; jetzt hatte ich den festen Willen und ein ziemlich sicheres Gefühl, das Leben ‚draußen' meistern zu können."

9.5 Anorexia nervosa

Rekonstruktion der Entstehung

Dieser Krankengeschichte, die andernorts unter dem Pseudonym Henriette A. bzw. B. vollständig veröffentlicht wurde (Thomä 1961, 1981), entnehmen wir die Rekonstruktion der Entstehung einer Pubertätsmagersucht. Obwohl es nicht nebensächlich ist, daß sich die Rekonstruktion der Psychogenese nach fast 30 Jahren noch sehen lassen kann und die seinerzeit in den Mittelpunkt gestellten Identifizierungs- und Identitätsprobleme bei der Anorexia nervosa inzwischen von allen psychotherapeutischen Richtungen anerkannt werden, kommt es uns hier auf etwas anderes an. Wir wollen den Leser mit der Beendigungsphase einer Psychoanalyse vertraut machen, weil sich im 8. und 9. Behandlungsabschnitt versteckte Hinweise befinden, die sich nachträglich beim Auftreten eines *Symptomwandels* als bedeutungsvoll erwiesen.

Die 19jährige Henriette X erkrankte in ihrem 16. Lebensjahr. Ihr prämorbides Körpergewicht von 50-52 kg fiel auf ca. 40 kg ab. Bei Beginn der Psychoanalyse, 3 Jahre später, wog die 172 cm große Patientin 46,3 kg. Seit Krankheitsbeginn bestanden Amenorrhoe und Obstipation.

Im Verlauf der Psychoanalyse - insgesamt 289 Sitzungen innerhalb von ca. 2 Jahren - nahm die Patientin auf 55 kg zu. Die Periode trat nach fast 4jähriger Pause spontan wieder ein, die Obstipation besserte sich.

Um einen Einblick in einige wichtige psychodynamische Vorgänge dieser Krankengeschichte geben zu können, gehen wir von der auslösenden Situation aus, die engste Beziehungen zur „Pubertätsaskese" hat, wie sie von A. Freud (1936) beschrieben wurde.

Henriette X errötete, wenn Jungen sie betrachteten oder in der Schule ein Thema besprochen wurde, das irgend etwas mit Liebe zu tun hatte. Die sich entwikkelnde Erythrophobie erlebte sie als ein quälendes Symptom. Die Patientin hatte sich bisher als „Herr im eigenen Hause" (Freud 1916/17, S. 295) gefühlt, und nun geschah etwas, was sie nicht beherrschen konnte. Sie entdeckte, daß sie die Errötungsangst zum Verschwinden bringen konnte, indem sie morgens fastete. Das Erröten hörte mit der Abmagerung auf. Im Gange der Psychoanalyse wurde diese Entwicklung rückgängig gemacht. Mit dem Wiederauftreten des Errötens konnten die alten Konflikte, die seinerzeit zur Askese geführt hatten, erkannt und zum größten Teil überwunden werden.

Es zeigte sich, daß Henriette X errötete, weil sie sich genierte, als „Mädchen" angeschaut zu werden. Die dieses unwillkürliche Geschehen begleitende Angst und die Abwehrmaßnahmen des Ich werden in den Mittelpunkt dieser Zusammenfassung gestelllt. Warum, das ist die Frage, hatte die Angst anläßlich eines von außen betrachtet harmlosen Errötens eine solche Intensität, daß eine jahrelange Nahrungseinschränkung und eine generelle Triebabweisung mit Vereinsamung die Folge waren? Im folgenden wird versucht, einen Überblick über die Psychodynamik zu geben.

1) Die Beschreibung, die Patientin habe sich bis zum Erröten als „Herr im eigenen Hause" gefühlt, verweist, topisch-dynamisch ausgedrückt, auf ein besonders geartetes „Ich-Ideal": Sie wollte ein Junge sein und nicht als Mädchen angeschaut werden. Der Wunsch, ein Junge zu sein, wurde durch lebensgeschichtliche Einflüsse besonders stark in ihr verankert. Sie wuchs vaterlos auf und lebte als einziges Kind mit ihrer Mutter zusammen. Die Mutter, alleinstehende Witwe, projizierte das Bild ihres Mannes auf die Tochter und fand in ihr einen intellektuell frühreifen Ratgeber und Partner. Allgemein gesprochen wurde die Patientin so in eine „männliche" Rolle gedrängt. Psychoanalytisch betrachtet kam es nicht zu normalen ödipalen Konflikten in einer Dreieckssituation Vater-Mutter-Kind, sondern zu einer männlichen Identifizierung. Eigenschaften, die als solche nicht „männlich" oder „weiblich" sind, aber in unserer Kultur eher vom männlichen Geschlecht vertreten werden, wurden durch die familiären Gegebenheiten in der

Patientin verstärkt, wie Unabhängigkeit, Härte, Tatkraft. Sie war tonangebend und gewohnt, daß sich die Mutter nach ihr richtete. Dieser Umstand war teilweise dafür verantwortlich zu machen, daß die Patientin besonders stark dem Glauben an eine „Allmacht der Gedanken" (S. Freud) verhaftet blieb. Um so härter traf es sie, wenn sie bei kleinen Übertretungen - beispielsweise bei Verwandten ungeniert etwas zu nehmen - streng bestraft und plötzlich wie ein böses Kind behandelt wurde.

Auch in der jahrelangen Freundschaft mit einem Mädchen war die Patientin der aktive Teil. Solange sie uneingeschränkt eine jungenhafte Rolle spielen konnte, ihr alles mühelos gelang - sie war eine ausgezeichnete Sportlerin und Schülerin, ohne daß sie dafür arbeiten mußte -, blieb das „Ich-Ideal" unangetastet. Das innere Gleichgewicht wurde erst durch die Pubertät gestört.

2) In dem Konflikt, kein Junge sein zu *können* und kein Mädchen sein zu *wollen* (dem inzwischen im Unbewußten verankerten „Ich-Ideal" entsprechend), wurde eine neue Sicherheit durch ein asexuelles Ideal erreicht. Damit war jene unterschiedslose, primitive Feindschaft zwischen „Ich" und „Trieb" eingetreten, von der A. Freud im Zusammenhang mit der Pubertätsaskese spricht. Die Folgen einer generellen Triebabweisung waren an den Verhaltensänderungen im allgemeinen und an der Eßstörung im besonderen zu erkennen. Durch Verleugnung gefährlicher Aspekte der Außenwelt und durch Verdrängung der Triebhaftigkeit wurde Angstfreiheit im „Ich" erzielt.

3) Der Hunger wurde für das Erleben zum Prototyp der Triebhaftigkeit, und die Askese diente der Überwindung der Angst vor der Triebstärke.

4) Bei näherer Betrachtung löst sich für uns die „Angst vor der Triebstärke" in unbewußte Triebkomponenten auf, deren Verdrängung sowohl das Denken als auch das Handeln störte und hemmte. Daraus resultierten a) eine Einschränkung der Fähigkeit der Patientin, zwischenmenschliche Beziehungen aufzunehmen, b) eine Arbeits- und Konzentrationsstörung, c) Funktionsstörungen. Diese Auswirkungen ergeben sich aus den verschiedenen Schicksalen der Affekt- und Vorstellungsrepräsentanzen der Triebregungen. Die Verdrängungen wurden durch „Gegenbesetzungen", durch „Ich-Veränderungen" gesichert. Diese konnten an ihrem Verhalten abgelesen werden.

5) Bei der Anorexie können folgende psychogenetische Vorgänge unterschieden werden:

a) Vermeidung einer realen Triebbefriedigung, Rückzug des Triebes vom Objekt und Wunschbefriedigung in der Phantasie (Tagträume über das Essen). Hierbei handelt es sich bereits um einen Versuch, einer Gefahr auszuweichen, die bei uneingeschränkter wirklicher Triebbefriedigung gegeben wäre.

b) Es zeigte sich, daß die amazonenhafte Haltung der Patientin im allgemeinen und die Anorexie im besonderen eine Folge der abgewehrten Rezeptivität („etwas kommt in mich hinein") darstellten, weil sich mit „Nahrung" unbewußt „Befruchtung" verband. Ekel und Erbrechen standen in Zusammenhang mit einer Sexualabwehr.

c) Orale Befriedigung war unbewußt mit Zerstören und Töten verknüpft. Deshalb wurde das Essen eingeschränkt bzw. schuldhaft erlebt.

6) Die Angst, die Grenzen könnten sich aufheben, verweist auf eine Sehnsucht nach einer alle Gegensätze überwindenden oder umfassenden Beziehung. Da sie

Angst vor ihrer Ambivalenz und vor einem zerstörerischen oralen Totalitätsanspruch hatte, wurde diese Sehnsucht verdrängt und in regressiver Weise befriedigt. Ökonomisch-energetisch betrachtet wurde die Spannung des gebremsten Nahrungsdrangs im Bewegungsdrang abgeführt (exzessive Spaziergänge). Topisch vorgestellt handelt es sich hierbei um eine regressive Besetzung bewußtseinsferner Abläufe, die eine Bewegungslust mit sich brachten, ohne daß diese als triebhaft vom „Ich“ verworfen werden mußte. Im Gegenteil: Bewegungsdrang und andere Betätigungen dienten zugleich der „Entschlackung“ und standen so auch im Dienste der Abwehr.

Biographie

Henriette X wuchs praktisch als Einzelkind und vaterlos auf. Zwei viel ältere Geschwister waren fast schon in Ausbildung, als der Nachkömmling Anfang des Krieges geboren wurde, in dem der Vater ums Leben kam. Hervorzuheben ist, daß sich eine sehr enge Bindung zwischen der einsamen Mutter und dem über alles geliebten Kind entwickelte, das im Ehebett schlief und andernfalls nächtliche Angstzustände entwickelte. Aus der Sicht der Mutter und aller Angehörigen - ein entfernter Onkel mit eigener großer Familie übernahm eine idealisierte Vaterrolle - war Henriette ein durchaus normales, frohes, oft trotziges und lieber draußen als mit Puppen spielendes Kind. Sie zeigte einen wachen Verstand und hatte immer eine lebhafte Phantasie. Von früher Kindheit an war Henriette eng mit Gusti befreundet. Die Einheit Henriette-Gusti erlaubte ein reiches Rollenspielen, wobei Henriette A. nicht nur erfinderischer war, sondern auch häufiger die aktiven, die „männlichen“ Rollen übernahm.

Mühelos gelang der Übergang von der Volksschule ins Gymnasium, das sie zusammen mit ihrer Freundin Gusti in dem zu Fuß zu erreichenden kleinen Städtchen besuchte. Auch im Gymnasium setzte sie sich wie selbstverständlich an die Spitze. Alles schien ihr zuzufliegen. Sie war eine ausgezeichnete Sportlerin, eine gute Klavierspielerin, für Deutsch und Sprachen von Hause aus begabt. In der gemischten Schulklasse war sie unter den bubenhaften Anführern und bestimmte den burschikosen Umgangston. Die Beziehung zu Gusti füllte sie aus und schützte sie davor, in engeren Kontakt zu den Mitschülern und Mitschülerinnen treten zu müssen. Mit den anderen hatte sie fast nur als Konkurrentin im Sportunterricht zu tun. Krampfhaft hielt sie an diesem Zustand fest und verabscheute die Periode, die sie für Tage aus dem Konkurrenzkampf ausschloß.

Mit der Umschichtung der Klasse in der Pubertätszeit verlor sie mehr und mehr ihre Führerrolle und veränderte sich in ihrem Verhalten. Sie wurde still, stimmungslabil, ihre Lust zum Umherstreifen verlor sie. Hatte sie vorher wie Gusti mit Lust gegessen, so reduzierte sie nun die Nahrungsaufnahme, gelegentlich erbrach sie. Ihre sportlichen Leistungen ließen nach, so daß sie sich nicht mehr an Wettkämpfen beteiligen konnte. Mit dem Erreichen der mittleren Reife mußte sie die Schule wechseln und Fahrschülerin werden. Damit war eine Trennung von Gusti verbunden. In der neuen Klasse, die sie noch 2 Jahre bis zum Beginn der Behandlung besuchte, änderte sich die sich im 16. Lebensjahr körperlich und psychopathologisch manifestierende Krankheit nicht.

Aus der Beendigungsphase der Therapie

8. Behandlungsabschnitt, 215.–254. Sitzung

Mit einer gewissen Beunruhigung und zugleich Freude bemerkte Henriette X, daß mit der schon seit langem erfolgten Gewichtszunahme auch eine Veränderung ihres Körpergefühls einherging, und ihre Muskeln wurden weicher. Die Beunruhigung wurde durch Körperempfindungen – ein Druckgefühl des Bauches beim Tragen eines engen Rockes oder Gürtels – verursacht. Eine Reihe weiterer eigenartiger Körpersensationen konnte nur ungenügend verstanden werden, scheint uns aber von Bedeutung für das Verständnis der Beziehung von Funktion und Gestalt – der Störung der Nahrungsfunktion und des Körperbilds – zu sein. Ist es doch eine bemerkenswerte Tatsache, daß viele Magersüchtige ihr Körpergewicht mit ganz minimalen Schwankungen über Jahre hindurch konstant halten. Man muß annehmen, daß die Nahrungszufuhr automatisch durch unbewußt signalisierte Körperwahrnehmungen reguliert wird.

Henriette X war ebensosehr von der Unruhe, die sie zum Essen trieb, wie von der Wahrnehmung ihrer Körperformen betroffen. In ihren Angstzuständen fürchtete sie, sowohl von innen, von unbekannten Triebgefahren, wie auch von außen überwältigt zu werden. Die Vermischung von Innen und Außen, wie sie sich beim Eß- und Geschlechtsakt vollzieht, war Thema der folgenden Träume.

In der 237. Behandlungsstunde erwähnte Henriette X einen Traum, in dem sie zunächst bei ihrer Mutter Schutz gesucht hatte und dann mit ihrem Analytiker im Bett lag. Es kam zu einem Ringkampf, zu einer Verletzung und Blutung. Das in diesem Zusammenhang wesentliche Traumdetail war, daß Henriette X durch dikke Balken der Zimmerdecke, die jedoch im Traum Bahlsen-Kekse waren, erstickt wurde.

In weiteren Träumen (240. Stunde) hatte Henriette X erneut die Empfindung zu ersticken, und gleichzeitig hatte sie im Traum eine Monatsblutung. Schließlich träumte sie in der 245. Stunde davon, die Periode gehabt zu haben, die aber teilweise eine weiße Farbe hatte. Im Traum wurde die Periodenblutung samt den weißen Bestandteilen dem Essen beigemischt und von Henriette X verzehrt. Im weiteren Verlauf des Traumes lag sie unter einem besonders schönen Mädchen und hatte Verkehr mit ihm. Dabei spürte sie kein Glied, fühlte aber den schönen Körper dieses Mädchens und sah dessen wohlgeformte Brüste vor sich.

Nun wurde es klarer, was es bedeutet, „mit dem Essen verheiratet zu sein“ – mit diesen Worten beschrieb Henriette X gelegentlich ihren derzeitigen Zustand. Denn im Traum von dem mit weißen Bestandteilen durchsetzten und dem Essen beigemischten Menstrualblut vollzieht sich ein Geschehen, das sowohl eine Parthenogenesis (orale Selbstbefruchtung) als auch eine partielle Selbstversorgung zum Inhalt hat. Wir haben also diesen Traum auf 2 Schichten interpretiert und – kurz gesagt – die weißen Bestandteile im einen Fall als Samen und im anderen als Milch in den psychischen Zusammenhang eingereiht. Nun konnte auch ein früherer Traum, in dem ein Baby am Genitale der Patientin saugte, besser verstanden werden: Diese Ausscheidung war unbewußt mit Nahrung gleichgesetzt worden. Neben der inhaltlichen Interpretation wurde auf den narzißtischen Kreis des

Traumes verwiesen: „Ich bin autark und kann alles, selbst zeugen und von meiner eigenen Substanz leben."

Die Autarkie verweist einerseits auf eine Angst vor Verlust und Tod (es darf nichts verlorengehen), und sie stellt zugleich einen Versuch der Überwindung dieser Angst dar. Wenn sich dieser Vorgang nicht nur auf der Traumebene abspielt, sondern das Handeln bestimmt, entsteht eine Situation, die wohl für viele Nahrungsverweigerungen charakteristisch ist. Indem eine maximale Abgeschlossenheit durch die Abwehrvorgänge des Ich erzwungen wird, ändert sich nichts mehr, und es wird - mag auch im Extremfall das Leben faktisch erlöschen - in wahnähnlicher Weise am Glauben an die Unsterblichkeit festgehalten. Wir würden also das Dahinsiechen mancher Anorexia-nervosa-Kranken mit Hilfe Ich-psychologischer Vorstellungen zu begreifen versuchen. Formelhaft könnte man dieses Paradoxon so beschreiben: „Ich lebe von meiner eigenen unerschöpflichen Substanz und bin nun nicht mehr all jenen Gefahren eines Austauschs unterworfen, die schließlich zum Tode führen. Ich bin von nichts, also auch nicht vom Tod bedroht." Diese Verleugnung ermöglicht es den Kranken, frei von Todesfurcht zu sein. (Unbewußt ist die eigene Substanz mit der mütterlichen identisch, so daß sich im Tod die unbewußte Symbiose scheinbar verewigt.)

Henriette X lebte glücklicherweise in Wirklichkeit nicht in jener Autarkie, und wir konnten mit Hilfe der anderen Träume auch verstehen, warum sie auf den narzißtischen Kreis zurückgeworfen war. Sie mußte gefährliche Beziehungen - orale Überwältigung durch Bahlsen-Kekse (Verschiebung von unten nach oben) und homosexuelle Beziehungen - und die dazugehörigen Triebregungen abwehren. Der Objektverschiebung des Traumbilds - die Erstickung durch Bahlsen-Kekse - entsprach auch eine eigenartige Körperwahrnehmung während des Assoziierens. Henriette X hatte die Empfindung, als ob ihre Zunge schwelle, und sie reproduzierte das im Traum erlebte Erstickungsgefühl. Die Schwellung der Zunge wurde als Erregungsverschiebung aufgefaßt. Im Zusammenhang damit fürchtete Henriette X, nicht mehr normal sprechen zu können und stottern zu müssen. Diese Befürchtung hörte schlagartig auf, nachdem mit dem Mund als Artikulationsorgan verbundene libidinöse Strebungen gedeutet worden waren. Hierbei wurde auch auf den homosexuellen Traum zurückgegriffen. Sie hätte, sagte Henriette X, in diesem Augenblick die Behandlung bei einer Ärztin abgebrochen, weil es ihr unerträglich sei, mit einer Frau über ihre Zärtlichkeitsbedürfnisse zu sprechen.

Es war erfreulich, wie Henriette X Interpretationen aufzunehmen vermochte und in der Lage war, ihre zunächst unmotiviert scheinenden Angstzustände in den Zusammenhang ihres Erlebens zu stellen und zu integrieren. Besonders quälten sie ihre gegen die Mutter gerichteten Aggressionen, die einerseits der Abwehr ihrer Anlehnungswünsche dienten und andererseits Frustrationsfolge waren. Aus Schuldgefühlen ließ sie es gelegentlich im Straßenverkehr durch Unvorsichtigkeit bis zum Äußersten kommen, wobei zugleich ein Moment des Erprobens ihrer Geschicklichkeit und Fähigkeit, mit dem Fahrrad im letzten Augenblick noch vor einem Auto vorbeizukommen, mit im Spiele waren.

Ihre Schulleistungen besserten sich zu ihrer Überraschung selbst in den naturwissenschaftlichen Fächern, obwohl sie nur mit geringer Ausdauer - dann aber mit großer Intensität - und im Vergleich zu ihren Klassenkameradinnen immer noch viel zu wenig arbeitete. Die Entscheidung bei der Berufswahl führte wieder zu Schwierigkeiten. Henriette X wollte sich auch in dieser Frage alle Möglichkeiten offenlassen und darüber hinaus, wie sie schließlich erkannte, einen Beruf suchen, der ihr alles andere, Ehe und Familie, ersetzen könne. Anläßlich einer Berufsberatung wurde ihr eine überall gleichmäßige und insgesamt überdurchschnittliche Begabung bescheinigt. Einen Mangel an Ausdauer ersetzte sie durch größere Wendigkeit. Sie selbst hatte schon daran gedacht, Dolmetscherin zu werden, und mit dem weiteren Fortschritt ergab sich dieses Studium von selbst.

9. Abschnitt, 255.-289. Sitzung

Henriette X wollte die Weihnachtsferien vor dem Abitur zu intensiver Arbeit nützen, was nicht geschah. Zum ersten Mal hatte sie Spaß bei einer Party, die sie zusammen mit ihrer Freundin Gusti vorbereitet hatte. Sie war entspannt, mochte sich selbst gerne leiden und brauchte sich nicht zu kontrollieren. Sie war erfolgreich, wurde von den Jungen bewundert und in kameradschaftlicher Weise umworben. Mordimpulse quälten sie nicht mehr. Sie wagte aber noch keine weiteren Spaziergänge allein und hatte gelegentlich ein Erstickungsgefühl.

Ihre Beziehung zu ihrer Mutter hatte sich geändert, und Henriette X bedauerte, daß sie einen größeren inneren Abstand von zu Hause bekam. Es war aber unverkennbar, daß sie lebhafte Anlehnungsbedürfnisse nach wie vor abwehrte. Dies wirkte sich in eigentümlicher Weise auch auf ihren Umgang mit Kindern aus. Sie spielte zwar gerne mit ihrer Nichte und ihrem Neffen, litt aber unter dem Eindruck, innerlich nicht frei und ungezwungen zu sein und überhaupt keinen richtigen Kontakt zu Kindern zu haben. „Ich könnte doch", meinte Henriette X, „nachdem ich für meine Mutter nichts mehr fühle, für Kinder etwas empfinden." Natürlich schien ihr nur der Wunsch zu sein, einmal eine Liebesbeziehung zu haben, undenkbar der Gedanke, Kinder zu gebären, zu ernähren und zu erziehen. Ohne die folgenden Fachtermini zu benutzen, wurde die Interpretation gegeben, sie könne für Kinder nichts empfinden, weil sie sich dabei teilweise identifizieren und gerade bei einer Identifikation mit dem eigenen Kind eine infantile Abhängigkeit erleben würde. Diese Deutung konnte am oben erwähnten Traum, der das Thema des Saugens und Leckens zum Inhalt hatte, vertieft werden. Es ist im Grunde das theoretisch nicht leicht zu bewältigende Problem der Verflochtenheit von Objektbeziehung und Identifikation, das in den Worten der Patientin und in meinen Deutungen enthalten ist.

In der Endphase der Behandlung träumte Henriette X, ihren Arzt erwürgt zu haben. Irgendwie war im Traum von Liebe und Gier die Rede. Henriette X erinnerte eine phantastische Geschichte von einem Teufel, der seinen Opfern auflauert, um sie gierig zu verschlingen. Es fiel ihr weiterhin ein, daß der etwa 4jährige Neffe ihr einmal ganz unmotiviert beim Spiel ins Ohr geflüstert hatte: „Ich will dir jetzt was besonders Schönes sagen: ich möchte dich totmachen." Die zerstörerische Gewalt ihres Liebesanspruchs führte zur Abwehr ihrer Anlehnungswünsche. Denn in einem solchen Zustand wäre sie ihren eigenen Impulsen schutzlos ausgeliefert. Man darf im übrigen nicht vergessen, daß die zur Versagung führende Abstinenzregel die reaktive Aggressivität - zumal in der Endphase einer Behandlung - in einem besonders scharfen Lichte zeigt.

Darüber hinaus ist folgendes bemerkenswert: Zwischen der 258. und der 259. Stunde lag ein Wochenende. Henriette X ging tanzen und verliebte sich erstmalig heftig. Eine Schulfreundin bemerkte mit Genugtuung: „Es beruhigt mich, daß du normal wirst."

Das Abitur machte die Patientin ohne jede Angst und Aufregung. Sie ließ sich gleichzeitig keine Gelegenheit entgehen, Fasching zu feiern. Ihre erste heftige Verliebtheit wurde rasch von einer neuen Faszination abgelöst. Während einer Faschingsnacht war sie von einem „existentialistischen" Jungen begeistert, in dem sie in mancher Hinsicht ihr Ebenbild entdeckte. Die halbe Nacht wurde über Gut und Böse diskutiert, dessen Existenz verleugnet wurde. Gleichzeitig entschieden sich beide für hohe asketische Ideale und bezeichneten jede Abhängigkeit vom Körper als menschenunwürdig. Diese Argumente hinderten die beiden jedoch nicht daran, leidenschaftlich Zärtlichkeiten auszutauschen. Während des anschließenden kurzen Schlafes träumte Henriette X, mit einem jungen Mann im Bett zu liegen, den sie vor der ins Zimmer tretenden Mutter unter der Bettdecke versteckte. Danach litt sie an einer Einschlafstörung, die teilweise durch abendliche sexuelle Erregungen bedingt war. Henriette X erinnerte nun, früher sexuelle Erregungen gehabt, aber diese nicht zugelassen und auch nicht onaniert zu haben.

Die Faschingserfahrungen lösten einen Traum aus, der eine wichtige Wurzel ihrer Minderwertigkeitsgefühle als Frau erkennen ließ. Henriette X träumte, aus ihren prallen und gespannten Brüsten komme eine große Zahl kleiner schwarzer Käfer heraus. Die beim Tanzen empfundene sexuelle Erregung ihrer Partner hatte diesen Traum motiviert, und über eine Gleichsetzung von Brust und Penis wurde dieses Geschehen autoplastisch dargestellt. Die schwarzen Käfern symbolisierten Samen, der dadurch zugleich als etwas Ekelhaftes entwertet wurde. Henriette X war praktisch von selbst auf diese Deutung gekommen, zumal nun auch klarer wurde, daß sie sich für unfähig hielt, einmal die Funktion einer Mutter zu erfüllen: Die Brüste sollten zeugen und nicht stillen.

Während der Endphase der Behandlung trat eine Einschlafstörung auf, die die Patientin über die Maßen beunruhigte. Früher hatte sie eine prompt wirksame Einschlafphantasie, die jetzt nicht mehr wirkte: Es war die Vorstellung, in einen tiefen Brunnen zu fallen. Es zeigte sich, daß die Einschlafstörung folgendermaßen zu verstehen war: Das In-den-Schlaf-Fallen wurde einerseits als eine Überwältigung erlebt und andererseits als eine Regression in eine ersehnte Geborgenheit. Es war charakteristisch, daß die Patientin nun Angst hatte, während einer Stunde einzuschlafen. Dieser Gedanke war ihr deshalb so unangenehm, weil sie bewußt gerade nicht bei ihrem Arzt bleiben wollte, sondern eine Trennung anstrebte. Inwieweit ein Sichfallenlassen immer noch aufgrund einer unbewußten Verknüpfung der Hingabe mit einem aggressiv-gefährlichen Akt belastet war, zeigte ein Traum, in dem die Patientin, durch die Giftpistole eines Mannes gelähmt, umfiel. Die Deutungsarbeit erreichte eine wesentliche Besserung dieses Symptoms.

Henriette X konnte nach bestandenem Abitur in gutem Zustand aus der Behandlung entlassen werden. Die Periode war seit Monaten regelmäßig. Das Körpergewicht betrug 55 kg, die Obstipation war wesentlich gebessert. Insgesamt hatte sich eine günstige Entwicklung angebahnt. Hinsichtlich der Symptomatik ist zu bemerken, daß die Patientin eine vollkommene Unbefangenheit beim Essen noch nicht wieder erreicht hatte und sich noch gerne den letzten Bissen aufbewahrte.

Es schien gerechtfertigt zu sein, nun der Vis medicatrix naturae, der Heilkraft der Natur, ihren Anteil zu lassen und die Behandlung zu beenden. Die Patientin wollte auswärts ihrer Ausbildung nachgehen; eine Nachbehandlung während einer kommenden Studienpause wurde ins Auge gefaßt. Diese erfolgte in 15 Sitzungen mehrere Monate später. Die Entwicklung der Patientin hatte insgesamt einen günstigen Fortgang genommen.

Das Problem des Symptomwandels

Fast 30 Jahre sind seit dem Abschluß der Behandlung vergangen. Durch die Psychoanalyse der Patientin Henriette X konnten wesentliche Einblicke in die Pathogenese der Anorexia nervosa gewonnen werden. Aus der Kenntnis der interaktionellen und innerseelischen Bedingungen der Krankheitsgeschichte und ihres Verlaufs lassen sich behandlungstechnische Strategien ableiten, die verallgemeinert werden können. Die Therapie führte zu nachhaltigen, bleibenden Veränderungen. Von einer Heilung kann mit Fug und Recht gesprochen werden, weil Henriette X nach Abschluß der Behandlung ein persönlich und beruflich erfolgreiches, ausgefülltes Leben führte, ohne daß noch Restsymptome der Anorexia nervosa bestanden. Nach Beendigung eines Studiums und einer Berufswahl, die sie ins Ausland führte, heiratete Henriette X ihren langjährigen Freund.

Vor etwa 20 Jahren stellte sich ein beunruhigendes Symptom ein, weshalb die Patientin mich erneut konsultierte: Bei beiderseitigem intensiven Kinderwunsch lehnte die Patientin eine Schwangerschaft wegen ihrer neurotischen Angst ab, ihren hilflosen Kindern würde etwas passieren können, ja, sie könnte ihnen selbst etwas antun. Henriette X, die sich eine lebhafte Erinnerung an mich bewahrt hatte, führte dieses Symptom darauf zurück, daß sie durch die Psychoanalyse zu rasch von ihrer Mutter weggeführt worden sei. Obwohl sie mit ihrem Freund bzw. Mann in jeder Hinsicht glücklich sei, und sie ihre Möglichkeit, überhaupt eine heterosexuelle Beziehung aufzunehmen, wie vieles andere der Psychoanalyse verdanke, kritisiert Henriette X die aus ihrer Sicht „existentielle" Intensität der Behandlung und die tiefgreifenden Veränderungen am Beispiel der zu raschen Lösung ihrer engen Beziehung zur Mutter. Die Patientin klagte nun noch über eine weitere Einschränkung ihres sonst freizügigen Lebens, die sie den Veränderungen durch die Therapie anlastete: Sie konnte nur mit Überwindung einer gewissen Angst allein fliegen. Diese Einschränkung lastete Henriette X mir an, weil ich dazu beigetragen hätte, daß sie ihre Abhängigkeit erkannt und somit die absolute Selbstsicherheit, die sie in der Phase ihrer Erkrankung gehabt hätte, verloren habe.

Indem ich ihren Vorwurf anerkannte und sowohl auf der Ebene der Beziehung wie auf der Ebene der Übertragung thematisierte, ergab sich eine intensive Fokaltherapie, die aus äußeren Gründen in hoher Frequenz während eines kurzen Zeitraums durchgeführt wurde. Die phantasievolle Patientin konnte in der Übertragungsanalyse sehr aggressive Gefühle ihrer Mutter gegenüber durcherleben und kritisch reflektieren. Da diese aggressiven Gefühle innerhalb einer unbewußt als ausgesprochen symbiotisch erlebten Beziehung auftraten, konnte sich die Patientin nicht sicher sein, ob sie in der Mutter und in ihren noch ungeborenen Kindern nicht sich selbst treffen würde. Um ihre noch ungeborenen Kinder hatte sie Angst, weil sich mit ihnen die Probleme der symbiotischen Beziehung wiederholen könnten. Die Angst vor dem Fliegen ohne Begleitung ließ sich unschwer in den Fokus einbeziehen, zumal hierbei der Übertragungsaspekt ganz deutlich war: Sie konnte sich dem „leeren Raum" deshalb nicht angstfrei überlassen, weil eine alte Rechnung mit mir noch nicht ganz beglichen war; großes Vertrauen zu haben, bringt auch ein hohes Maß an Abhängigkeit und entsprechende Enttäuschungen mit sich. Die weiten Räume repräsentierten ein „Übertragungsobjekt", dessen Zuverlässigkeit durch ihre eigenen unbewußten Aggressionen in Frage gestellt wurde.

Die Sehnsucht nach einer allwissenden und allmächtigen Mutter führt unvermeidlich zu Enttäuschungen und damit zu Aggressionen, die dann die gesuchte Sicherheit untergraben. So ist es schlußendlich der unbewußte Prozeß, durch den das Symptom - wie man dies regelmäßig bei solchen Symptomen beobachten kann - die Angst motiviert und durch „äußere" Bestätigung, die als Verstärkung wirkt, perpetuiert wird. Durch die Intensität des Erlebens in der Übertragung und durch die Einsicht besserten sich die Symptome in kurzer Zeit.

Frau Henriette X ist nun Mutter einer Familie mit mehreren Kindern. Sie hat mich brieflich mehrmals über das Ergehen der Familie unterrichtet.

Anläßlich einer katamnestischen Anfrage meinerseits ergaben sich mehrere Gespräche vor etwa 10 Jahren, die es der Patientin erleichterten, mit einer aktuellen Belastung besser fertig zu werden. Frau Henriette X hatte eine besonders enge Beziehung zu ihren Kindern, so daß sie deren Autonomiebestrebungen im Schulalter und während der Pubertät schwer ertragen konnte.

Wegen des oben erwähnten, rund 20 Jahre nach Behandlungsbeendigung aufgetretenen phobischen Symptoms ist das Problem des Symptomwandels zu diskutieren. In dem ausführlichen, bereits veröffentlichten Behandlungsbericht (Thomä 1961, S. 130) stolpert man im nachhinein über einen Hinweis, der thematisch mit dem späteren Symptom in Beziehung stehen könnte. Damals hatte die Patientin überlegt: „Nachdem ich für meine Mutter nichts mehr fühle, könnte ich doch etwas für Kinder empfinden", aber es schien ihr undenkbar, Kinder zu gebären, zu ernähren und zu erziehen. Aus der Kenntnis des weiteren Verlaufs können wir nun sagen, daß sich eine unbewußte Konstellation erhalten hat, die ein thematisch verwandtes Symptom hervorgebracht hat.

Solche Beobachtungen haben zur Theorie des Symptomwandels oder der Symptomverschiebung beigetragen, die Freud (1937c) in seinem Spätwerk *Die endliche und die unendliche Analyse* diskutiert hat. Mit dem Problem des Symptomwechsels hängt eine Kontroverse zwischen den psychodynamischen Psychotherapien und der Verhaltenstherapie zusammen (Perrez u. Otto 1978). Hierzu sind mit Blick auf den Krankheitsverlauf dieser Patientin einige Bemerkungen am Platz. Berücksichtigt man die Wirksamkeit von sog. unspezifischen Faktoren in der Psychotherapie, muß die These einer rein symptomatisch wirksamen Behandlung in Frage gestellt werden. Denn die Motivierungen, die vom Symptom in einer sich selbst verstärkenden Weise ausgehen, bleiben mit den früheren pathogenetischen Bedingungen verbunden, weshalb die letzteren auch bei einer scheinbar nichtkausalen symptomatischen Therapie irgendwie berührt werden können. Die Dimensionen des Verlaufs und des „sekundären Krankheitsgewinns" mit ihren Rückwirkungen auf die primäre Pathogenese wurden in der psychoanalytischen Praxis vernachlässigt. Die Krankheit ist nicht nur im Hinblick auf die Übertragungsneurose „... nichts Abgeschlossenes, Erstarrtes, sondern wächst weiter und setzt ihre Entwicklung fort wie ein lebendes Wesen" (Freud 1916/17, S.461). Aufgrund der psychoanalytischen Theorie ist eine Symptomverschiebung dann zu erwarten, wenn wesentliche Bedingungen der Symptomentstehung durch eine Psychotherapie nicht aufgehoben werden konnten und noch weiter wirken. Im Fall von Frau Henriette X wirkte eine unbewußte Konfiguration noch weiter, die dann situativ ausgelöst und in der Belebung wieder wirksam wurde. Ein latenter Zustand manifestierte sich anläßlich einer thematisch passenden Auslösung.

Da alle neurotischen Symptome überdeterminiert sind, ist es oft ausreichend, die eine oder andere Bedingung zu beseitigen, so daß das Problem des Symptomwechsels auf die Frage hinausläuft, ob es empirisch möglich ist vorauszusagen, unter welchen Bedingungen eine Konfiguration aus der Latenz wieder wirksam wird, oder wann eine Bedingungskette in ihren relevanten Gliedern endgültig unterbrochen ist; es ist offensichtlich, daß solche Vorhersagen nicht leicht gemacht werden können.

Die nicht geringen Schwierigkeiten, die Beziehungen zwischen latenten Dispositionen und den zukünftigen, wahrscheinlichen Bedingungen ihrer Manifestation anzugeben, scheinen dazu beigetragen zu haben, eine utopische Lösung anzustreben, nämlich alle unbewußten, möglicherweise in der Zukunft wirksam werdenden pathogenen Konstellationen aufzuheben. Obwohl Freud (1937c) gezeigt hat, daß hier ein Ziel angestrebt wird, das im Unendlichen liegt, geht von solchen Utopien eine große Anziehungskraft aus. Der Idee Paul Ehrlichs, eines Tages eine Therapia magna sterilisans zu erreichen, d.h. alle Infektionskrankheiten durch eine einmalige große Gabe eines chemotherapeutischen Mittels heilen zu können, entspricht der Utopie, durch eine „unendliche" Analyse die Disposition für psychopathologische Reaktionen aufzulösen.

Wir wenden uns nun der Frage zu, in wieweit die *familiäre Konstellation* ursächlich zur Entstehung der Anorexia nervosa bei Henriette X beigetragen haben könnte. Es geht uns hierbei um eine exemplarische Diskussion aus der Nutzanwendungen allgemeiner Art gezogen werden können.

Einige Besonderheiten in der Familie von Henriette X sind nun zusammenzufassen, die sich auf die Gestaltung der inneren Welt der Patientin ausgewirkt haben. Wir haben davon gesprochen, daß Henriette X in gewisser Weise die Stelle des Vaters an der Seite der Mutter einnahm. Dadurch ergab sich eine sehr enge Bindung zwischen Mutter und Kind: Die Mutter konnte sich in ihrer Einsamkeit mit der Tochter trösten, Henriette X mußte das Gefühl haben, für die Mutter sehr wichtig zu sein. In der familiendynamischen Literatur bezeichnet man die Übernahme bzw. Zuweisung einer elterlichen Rolle an ein Kind als Parentifizierung (Boszormenyi-Nagy 1965). Es handelt sich um eine Form der Rollenumkehr, in der Mutter oder Vater an das Kind Wünsche richten, die in der Beziehung zu den eigenen Eltern oder zum Ehepartner unerfüllt geblieben sind. Derart „parentifizierte" Kinder werden überfordert und zu früh in die Erwachsenenrolle gedrängt, sie werden altklug. Henriette X ersetzte v.a. den vermißten Ehemann. Die Schwierigkeiten in der sexuellen Identitätsfindung, die sich aus diesem Umstand ergaben, haben wir beschrieben.

Als bei der nunmehr verheirateten Henriette X Kinderwunsch aufkam, entwickelte sie eine neurotische Angst, die ihre tieferen Wurzeln in der Symbiose hatte. Tatsächlich spürte sie später, wie die Autonomie der Kinder sie belastete. Die therapeutische Arbeit richtete sich nun darauf, die Parentifizierung ihrer eigenen Kinder aufzulösen. In ihrer engen Beziehung zu ihren Kindern versuchte sie nun, jene „kindlichen" Anlehnungswünsche unterzubringen, die sie selbst bei ihrer Mutter nicht befriedigen konnte. Ihre Autonomiebestrebungen und ihr frühes Erwachsensein hatten dies verhindert.

Als sich Henriette X durch die analytische Arbeit zunehmend mehr von ihrer Mutter löste, ihre Abhängigkeitssehnsüchte erkannte und aus Schuldgefühlen wegen ihrer Aggression im Straßenverkehr unvorsichtig wurde, wandte sich die Mutter an mich. Sie war in Sorge, daß sich ihre Tochter etwas antun könnte. Im familiendynamischen Sinne wurde dem Therapeuten die Rolle des Vaters übertragen. Die Patientin war sichtlich entlastet: Sie konnte ihre Sorge um die Mutter an den Therapeuten abgeben. Gleichzeitig konnte mit der Mutter erarbeitet werden, wie die Patientin unbewußt versuchte, sich der Fürsorge der Mutter zu versichern, um ihre starken Autonomiebestrebungen zu kontrollieren.

Die Berücksichtigung der Familiendynamik ist v.a. dann notwendig, wenn ein Kreisgeschehen nicht durch die Änderung des hauptbeteiligten Patienten unterbrochen werden kann. Wir wenden uns aber dagegen, mit Petzold (1979) die Anorexia nervosa als „Symptom einer Familienneurose" zu deklarieren. Die Annahme, daß es familienpathologische Konstellationen gibt, deren Unterschiede für die „Entstehung" der Anorexia nervosa, anderer psychosomatischer Erkrankungen, der Schizophrenie oder der Zyklothymie spezifisch sein könnten, dürfte sich als ähnlich trügerisch herausstellen wie die Spezifitätsannahme bei den psychosomatischen Erkrankungen (s. 9.7). Wie ungünstig sich eine solche Fehleinschätzung auswirken kann, ist bekannt, seitdem die „schizophrenogene Mutter" erfunden wurde. Im Erleben verbindet sich zudem Schuld im Sinne von „Ursache" leicht mit moralischer Schuld oder zumindest mit Verantwortung. Die Einbeziehung der Familie in die Therapie wird dann erschwert oder gar unmöglich, weil die Familienangehörigen sich unverstanden fühlen oder sich erst recht zurückziehen.

Die Familiendiagnostik steht noch ganz am Anfang. Untersuchungen zur Typologie psychosomatischer, schizopräsenter und manisch-depressiver Familien (Wirsching u. Stierlin 1982; Stierlin 1975; Stierlin et al. 1986) weisen so viele methodische Mängel auf, daß die Behauptung ursächlicher Zusammenhänge fragwürdig ist. Exemplarisch hat Anderson (1986) die methodischen Probleme am Modell „psychotischer Familienspiele", wie es von Palazzoli Selvini (1986) entworfen wurde, diskutiert. Auch aus Gründen der theoretischen Plausibilität ist ein bescheideneres Ziel anzustreben, nämlich die durch jede chronische Erkrankung – hier ist eine Verallgemeinerung am Platz – ausgelöste familiäre Krise zu erfassen und in den Therapieplan einzubeziehen. Auch wenn die Familie von Henriette X durch den Tod des Vaters als inkomplett bezeichnet werden muß, ist die von Minuchin (1977) beschriebene „Verstrickung" zwischen Mutter und Kind deutlich. Damit ist eine extrem enge und intensive Form der Interaktion gekennzeichnet. Andere Beschreibungen von „typischen Magersuchtsfamilien" (Sperling u. Massing 1972) verweisen ebenfalls auf im Querschnitt erhobene strukturelle

Besonderheiten in den Familienbeziehungen. Gemeint sind damit Interaktionsmuster, die nach dem Auftreten der Erkrankung festgestellt werden. Die familientherapeutischen Ansätze ergänzen v.a. dann die Einzeltherapie, wenn sie dem erkrankten Individuum den Freiraum für die Ablösung von zu Hause und die notwendige Autonomie verschaffen (Gurman et al. 1986).

Man kann also nicht so tun, als gäbe es weder eine angeborene Reaktionsbereitschaft noch einen Freiheits- und Entscheidungsspielraum oder eine Beteiligung des Kindes selbst, das trotz seiner Abhängigkeit keineswegs nur passiv auf die Umwelt reagiert, sondern diese auch aktiv gestaltet. In besonderem Maße gilt dies für die höchst eigenwilligen Pubertätsmagersüchtigen.

9.6 Neurodermitis

Bei chronischen Krankheitsverläufen ist in der Regel das somatische Behandlungsrepertoire erschöpft, wenn eine Psychotherapie begonnen wird. Diese Tatsache und der langfristige Verlauf erleichtern durch den *Vergleich des Falles mit sich selbst* die Beurteilung der therapeutischen Wirksamkeit neuer, nun also psychotherapeutischer Mittel. Unter der Voraussetzung, daß alle übrigen Bedingungen, insbesondere die Lebensumstände konstant bleiben und lediglich eine psychoanalytische Therapie neu hinzukommt, haben wir eine brauchbare klinische Versuchsanordnung vor uns. Hierbei wird die klassische Differenzmethode J. S. Mills für die klinische Forschung nutzbar gemacht (s. hierzu Eimer 1987).

Zunächst sind einige Kriterien zu nennen, die bei Einzelfallstudien dieser Art berücksichtigt werden müssen. Der „Vergleich des Falles mit sich selbst" (P. Martini 1953; Schaumburg et al. 1974) ist hier die wichtigste Grundlage der Therapieforschung. Idealiter sollten anhand ätiologischer Annahmen die therapeutischen Eingriffe mit dem Ziel variiert werden, pathogene Faktoren bestmöglich zu eliminieren und die Symptome zu beseitigen. Es kommt also darauf an, den Verlauf über einen langen Zeitraum hin zu beobachten und die therapeutisch bewirkten Veränderungen des Krankheitsbilds zu erfassen.

Im Hinblick auf die Beurteilung der therapeutischen Wirksamkeit der Psychoanalyse bei einem Neurodermitiskranken, den wir nun vorstellen möchten, sind 3 Phasen zu unterscheiden:

a) Die Krankheitsdauer bei Beginn der Psychotherapie betrug ca. 8 Jahre. Während dieser Zeit war der Patient laufend in hautärztlicher Behandlung und oft arbeitsunfähig. Er mußte wegen Verschlimmerung der Hauterkrankung 4mal stationär aufgenommen werden (Krankenhausaufenthaltsdauer insgesamt ca. 6 Monate).
b) Mit Beginn der insgesamt 2 1/2jährigen Analyse und während ihrer Durchführung blieben die äußeren Lebensbedingungen des Patienten unverändert. Die lokale hautärztliche Therapie wurde in der bisherigen Weise fortgesetzt. Die neu eingeführten Mittel bestanden in der besonderen „Beeinflussung", die eine Psychoanalyse mit sich bringt. Die während der Psychoanalyse auftretenden Veränderungen, Besserungen oder Verschlechterungen, konnten als Korrelate seelischer Prozesse erkannt werden. Nicht die äußeren Lebensumstände, wohl aber die Lebenseinstellung des Patienten änderte sich in wesentlichen Berei-

chen. Da also alle übrigen Bedingungen gleichblieben, können die psychotherapeutisch erzielten Änderungen als Ursache für die nachhaltige Besserung und Heilung bezeichnet werden.

c) Diese These wird durch den weiteren Verlauf bestätigt, denn während des fast 30jährigen katamnestischen Zeitraums blieb der Patient gesund. Unmittelbar nach Beendigung der Psychotherapie (1959) war die Haut noch pflegebedürftig, und es traten gelegentlich leichte Effloreszenzen auf, die ohne hautärztliche Behandlung wieder abklangen.

Auszüge aus der Krankengeschichte

Die Hautveränderungen, die von Herrn Bernhard Y als chronisches Ekzem bezeichnet werden, hatten im Verlauf der Jahre verschiedene dermatologische Diagnosen wie seborrhoische Dermatitis, spätexsudatives Ekzematoid und Neurodermitis atopica erhalten. Sein sexuelles Versagen - eine Impotenz - und neurotische Störungen (Zwangsgedanken) hatte der Patient den Ärzten verschwiegen. Auch die krankheitsauslösenden Ereignisse waren in den Krankengeschichten der Hautkliniken unerwähnt geblieben. Erst nach 10jähriger Krankheitsdauer begegnete der Patient einem psychosomatisch orientierten Hautarzt, der eine seelische Mitverursachung vermutete und ihn zur Psychotherapie überwies.

Krankheitsverlauf

Es ist bemerkenswert, daß der Patient zwar seit der Kindheit an rauher und aufgerissener Haut litt und zwischen dem 10. und 17. Lebensjahr einen Ausschlag im Bereich der Mundpartie hatte, aber diese Erscheinungen als Soldat, nach der ersten Trennung vom Elternhaus, verlor. (Eltern und Geschwister sind gesund, Hauterkrankungen oder konstitutionelle Belastungen sind in der Familie nicht bekannt.)

Herr Bernhard Y erkrankte im 20. Lebensjahr an Erbrechen und Appetitlosigkeit. Unmittelbar nach dem Abklingen dieser Beschwerden trat eine juckende Hautentzündung auf. Die Hauterscheinungen dehnten sich auf Arme, Brust und Rücken aus, so daß der Patient arbeitsunfähig wurde und erstmals im September 1948 in eine Universitäts-Hautklinik überwiesen wurde. Dort wurde eine seborrhoische Dermatitis festgestellt und als deren auslösende Ursache durch Tests eine Überempfindlichkeit gegen Palmolive-Seife ermittelt. Lokalbehandlungen und Röntgenbestrahlungen besserten die Symptomatik wenigstens so weit, daß der Patient entlassen werden konnte. Seither leidet Herr Bernhard Y an einer Neurodermitis, die wegen starker Exazerbationen 1950, 1951 und 1956 jeweils über mehrere Wochen in einer städtischen Hautklinik behandelt werden mußte. Im Laufe dieser klinischen Behandlungen wurden auch eingehende allergologische Testuntersuchungen durchgeführt, die eine Überempfindlichkeit auf Ei ergaben. Diese Überempfindlichkeit war schon vom Patienten selbst aufgrund oraler Mißempfindungen festgestellt worden.

Biographie

Herr Bernhard Y wuchs, streng katholisch erzogen, in einer Kleinstadt auf, wo er von 1934–1941 die Volksschule besuchte. Seine Leistungen lagen über dem Durchschnitt. Seinen 1. Berufswunsch – Konditor zu werden – gab er auf, da ihm dieser Beruf zu anstrengend schien. Nach Besuch der Handelsschule bis 1943 trat er in eine kaufmännische Lehre ein und arbeitete bis heute, abgesehen von einer kurzen Unterbrechung während des letzten Kriegsjahres, in derselben Firma. Der Patient war von jeher ein besonders gewissenhafter Mensch, dem seine Mutter einen strengen Moralkodex mitgegeben hatte. Soweit seine Erinnerung reicht und insbesondere seit seiner Pubertät war der Patient ein scheuer, gehemmter und unter schweren Schuldgefühlen leidender Mensch. Seine sich über Jahre hinziehende Freundschaft zu seiner späteren Frau fiel schon vorwiegend in die Zeit seiner Erkrankung, die eine weitere Isolierung mit sich brachte. Unter dem Eindruck der Erziehungsmaxime seiner Mutter, die den erwachsenen Sohn vor den möglichen Folgen intimer Beziehungen warnte, blieb der Patient gegenüber seiner Freundin sowohl im Zärtlichkeitsaustausch als auch allgemein gehemmt und unsicher. Wegen seiner Hauterkrankung verschob er sexuelle Kontakte in die ferne Zukunft bzw. trug sich mit dem Gedanken, überhaupt nie zu heiraten. Er befürchtete auch, seine Hauterkrankung könne sich vererben. Bis zuletzt wehrte sich der Patient gegen die Heirat, und erst als ihm seine Frau versicherte, sie wolle selbst keine Kinder, konnte er sich zur Ehe entschließen.

Obwohl der Patient häufig den Dienst versäumte und wegen seines juckenden Exanthems den Kontakt mit den Kunden und mit den Mitmenschen überhaupt einschränken mußte, war er wegen seiner Zuverlässigkeit ein geschätzter Mitarbeiter.

Auslösende Konfliktsituation

Der neuerlichen Symptombildung ging ein beruflicher Konflikt unmittelbar voraus. Sein damaliger Chef und vormaliger Lehrherr war ein besonders unzugänglicher und strenger Mann, der seine Angestellten im unklaren über etwa zu erwartende Gehaltsaufbesserungen, Tarifänderungen usw. hielt. Eine neue Tarifordnung war herausgekommen, ohne daß der Chef den Patienten von den zu erwartenden Gehaltsaufbesserungen unterrichtete. Eines Tages versuchte der Patient, nach Dienstschluß auf dem Schreibtisch des Chefs die entsprechende Lohntabelle zu finden und Einblick zu nehmen. Dabei wurde er von seinem Chef überrascht, und er erfand rasch eine Ausrede, die eine halbe Wahrheit war: er suche nach einem Brief, um ihn noch zur Post zu bringen. Von diesem Tage an ging der Patient zunächst wegen Erbrechens und Appetitlosigkeit für mehrere Wochen nicht in den Dienst, und später nur mit dem quälenden Zweifel, ob sein Chef wohl jemals wieder Vertrauen zu ihm fassen könne. Schließlich konnte sich der Patient mit seinem Chef aussprechen und ihm die Wahrheit sagen, ohne daß sich das alte Verhältnis wieder herstellen ließ. Als dann die Hauterkrankung nicht ausheilte, sah der Patient darin eine Bestrafung für seine Selbstbefriedigung. War er vor seiner jetzigen Erkrankung trotz schwerer Hemmungen und innerer Unsicherheiten noch zu sozialen Kontakten in der Lage gewesen, so hatte er sich nun – und das ist eine sekundäre Krankheitsfolge – ziemlich isoliert. Der Patient trug sich mit dem Gedanken, vorzeitig Invalidenrente zu beantragen.

Zur Einleitung der Behandlung

Der Patient war ungemein gehemmt und nach 10jähriger Krankheitsdauer und somatischer Vorbehandlung scheinbar zum *Alexithymiker* (s. hierzu 9.9) geworden. Daß die Behandlung nicht von vornherein an dem u. a. von V. von Weizsäcker (1950) beschriebenen initialen Widerstand scheiterte, hing damit zusammen, daß der Patient wegen seiner schwierigen Lebensumstände trotz aller Skepsis Hilfe suchte und auf der anderen Seite sowohl der Institution als auch mir Vertrauen entgegenbrachte – ein günstiges prognostisches Zeichen.

Meine Behandlungstechnik war seinerzeit ausgesprochen nondirektiv. Aktive Interventionen im Sinne von Deutungen waren eher selten; indirekte Ermutigungen förderten Träume und Assoziationen sowie die Selbstreflexion. Der Protokollierungsstil spiegelt die nichtdirektive Technik. In den Stundenprotokollen, die jeweils nach der Sitzung diktiert wurden, sind fast ausschließlich die Gedankengänge des Patienten zusammengefaßt. Meine Gegenübertragungsgefühle, eigene Überlegungen und Deutungen sind nur spärlich vermerkt. Diese Art der Behandlungsführung und ihre Protokollierung erwiesen sich aus klinischen und wissenschaftlichen Gründen als unzureichend. Sie wurden im Laufe der Zeit wesentlich geändert (s. hierzu Thomä 1967, 1976; Kächele et al. 1973). Ohne hier auf die vielfältigen bewußten und unbewußten Gründe eingehen zu können, die meine damalige Behandlungstechnik bestimmten, möchte ich auf einige Punkte hinweisen, die für die Einschätzung der dargestellten Behandlungssegmente wichtig sind. Abgesehen von der eigenen Unsicherheit war es die Sorge, Patienten durch Deutungen allzusehr zu beeinflussen, die zu meiner Zurückhaltung beitrug. Ich befand mich noch in einem Stadium des Mißverständnisses hinsichtlich der Unterschiede der Suggestion im Spektrum psychotherapeutischer und analytischer Techniken (vgl. hierzu Thomä 1977).

Ein langwieriger erster Behandlungsabschnitt diente dem Aufbau einer tragfähigen therapeutischen Beziehung, die der Patient wegen seiner intensiven Ambivalenz und einer tiefen Bestrafungsangst als gefährlich erlebte. Wegen einer Symptomverschlimmerung zog sich der Patient etwa für 2 Monate von der Arbeit zurück und mußte vom Hausarzt krankgeschrieben werden. Er prüfte meine Verläßlichkeit und Toleranz für Kritik und Aggressivität, indem er bei Ärzten und Homöopathen abwertende Stellungnahmen über die von ihm begonnene Psychotherapie einholte. Mit dem Rückzug in die Arbeitsunfähigkeit und nach Hause kam der Patient vom Regen in die Traufe. Er konnte zwar schwere seelische Belastungen am Arbeitsplatz vermeiden, tauschte dies aber gegen eine Zunahme von Spannungen in seiner Ehe ein, denen er sich durch weiteren Rückzug in seine autoerotische und autodestruktive Hautpflege zu entziehen suchte. Die zunächst banal erscheinende auslösende Konfliktsituation erhielt durch die ergänzenden und korrigierenden Mitteilungen des Patienten eine Tiefendimension, durch die auch die Belastungen am Arbeitsplatz verständlicher wurden: Der Patient lebte dort in ständiger Angst, daß seine kleptomane Entwendung von Pfennigbeträgen eines Tages entdeckt würden, eine Befürchtung, die seine neurotische Angst, man könne ihm an der Haut alles mögliche ansehen, in verschobener Weise verstärkte.

Schon im Initialtraum war der Patient für den Verlust eines Schlüssels verantwortlich gemacht worden. Über die Entwendungen hatte er ebenso wie über seine

Impotenz, die er zunächst auch verschwiegen hatte, erst sehr viel später sprechen können. Er hatte keineswegs, wie anfänglich angegeben, wegen seiner Hautkrankheit eine Verheiratung immer wieder hinausgeschoben bzw. sich mit dem Gedanken getragen, gar nicht zu heiraten. Nach langem Zögern sprach er über seine sexuellen Probleme, von denen er noch nie einem Arzt berichtet hatte. Der Patient hatte sich, wie schon gesagt, erst dann zu Ehe entschlossen, als ihm seine Frau versicherte, daß sie selbst keine Kinder wolle, weil sie zu eng gebaut sei und fürchtete, wie ihre beiden Schwestern mit Kaiserschnitt entbunden werden zu müssen. Es wurde gegenseitig vereinbart, eine Art Josefsehe zu führen. Er fürchtete, sich durch Masturbation so geschädigt zu haben, daß er zeugungsunfähig und impotent sei. Da seine Frau bei Immissionsversuchen über Schmerzen klagte, konnte der Verkehr nicht vollzogen werden. Nachdem es dem Patienten möglich wurde, seine Rationalisierungen des Vermeidens von sexuellen Beziehungen zu seiner Frau zu erkennen, konnte er Scheu, Furcht und Ekel vor dem Genitale seiner Frau und andererseits Schuldgefühle und Angst vor seiner eigenen Aggressivität voll erleben.

Insgesamt wurde deutlich, daß der Patient unter schweren hypochondrischen Vorstellungen über körperliche Defekte litt und mit magischen Mitteln (zwanghafte Zahlenspiele) in regressiv-überkompensatorischer Weise versuchte, seine Defekte auszugleichen.

Die initiale Verschlechterung der Symptomatik war auf die beunruhigende Exposition in der analytischen Situation zurückzuführen. Der Patient hatte selbst schon vor der Behandlung festgestellt, daß Besserungen oder Verschlechterungen nicht viel mit der Somatotherapie zu tun hatten, sondern damit, ob er in Ruhe gelassen wurde oder Ruhe finden konnte. Als arbeitsunfähiger Frührentner glaubte er, zu Hause noch am ehesten Ruhe finden zu können, wenn er nur Junggeselle geblieben und damit nicht den Spannungen im Verhältnis zur Ehefrau ausgesetzt gewesen wäre.

Seine schwere Sexualneurose ging mit Tagesphantasien einher, in denen er mit einer viel älteren Frau Verkehr hatte. Seine Einfälle blieben lange zu spärlich, um die ödipalen Wurzeln sowohl der Hemmungen als auch der verschobenen Wünsche sichtbar zu machen. Wenige und nur undeutlich erinnerte Träume zeigten den Patienten z. B. Arm in Arm mit einer fremden Frau auf der Straße. In Wirklichkeit war er auf der Straße, wie sich bei dieser Gelegenheit herausstellte, im wesentlichen mit Zwangsgedanken beschäftigt, einem Zwangszählen insbesondere der vorbeifahrenden Autos oder anderer Fahrzeuge. Der Patient faßte meist morgens, oder wenn er sonst auf die Straße ging, einen Vorsatz, welche Fahrzeuge er heute zählen und wie das Ergebnis ausgewertet würde. Dabei erzielte er durch geschickte Manipulationen fast immer eine günstige Zahl, auch wenn er sich vorher auf andere festgelegt hatte; z. B. wenn eine ungerade Zahl als ungünstig für eine schnelle Heilung der Hauterkrankung angenommen wurde, manipulierte er so lange mit den Zahlen, bis das ungünstige Ergebnis korrigiert werden konnte. Meistens befragte er die Zahl im Hinblick auf rasche Heilung seines Exanthems oder auf finanzielle Vorteile, die Höhe einer eventuellen Rente, überraschende Geldeinnahmen oder ähnliches.

Mit seiner Zahlenmagie erträumte er sich finanzielle Vorteile, um zu Hause ein Rentnerdasein führen und sich von seiner Frau verwöhnen lassen zu können. Solange seine Mutter noch lebte, benützte er den sekundären Krankheitsgewinn insbesondere dazu, sich zu Hause zu schonen, den Brüdern und dem Vater vorgezogen zu werden und ihre Aufmerksamkeit zu gewinnen.

Hautpflege als Regression

Die Beschäftigung mit seiner Haut nahm täglich mehrere Stunden in Anspruch; er wollte bei dieser Prozedur auch nicht durch seine Frau gestört werden. Wenn sie ins Badezimmer kam, sagte er zwar nichts, ärgerte sich aber, und seine Kritik verschob sich auf irgendeine Sache, beispielsweise daß sein Hemd nicht gerichtet sei oder etwas ähnliches.

Auch die Behandlungsstunden waren in recht eintöniger Weise mit sich wiederholenden Schilderungen des Zustands seiner Haut ausgefüllt. Der Patient hatte in dieser Hinsicht ein reiches Vokabular entwickelt, mit dem er die verschiedenen Beschaffenheiten seine Haut beschrieb. Wo für den Fachmann kaum ein Unterschied zu erkennen war, hatte die Haut für den Patienten feine Qualitätsunterschiede, war einmal mehr rissig, einmal mehr rot, gelegentlich schuppte sie mehr. So fand er viele Nuancen, die er detailliert beschrieb.

Er zog sich, wie er selbst sagte, vor seiner Frau auf die Haut zurück; die Symptomatik stand im Dienste seiner zwischenmenschlichen Auseinandersetzungen. Dies zeigte sich in verschiedener Weise und auf verschiedenen Ebenen: Er sprach über einen „ungeheuerlichen Gedanken", seine Frau könne schuld an seiner Erkrankung sein, da er seit der Verheiratung eigentlich nie mehr ohne schwerere Hauterscheinungen war und verschiedentlich, z.B. während eines Urlaubs, beobachtet hatte, daß die Haut fast ganz gut war bis zum Tag der Ankunft seiner Frau. Irgend etwas Giftiges, Pickelerregendes könne von seiner Frau ausgehen - er dachte dabei an das Vaginalsekret. Im übrigen diente die Haut als Objekt aller möglichen Stimmungen, die an der Haut sozusagen ihr Erfolgsorgan fanden. Er kratzte sich im Ärger und pflegte andererseits seine Haut wie ein Liebesobjekt.

Aus dieser Anmerkung ergibt sich, daß die hier beschriebene Regression auf das Körper-Ich-Selbst nach Inhalten und Form von der Ich-Regression abhängig ist. Diese steht mit ihren vielfältigen Aspekten u.E. im Mittelpunkt jeder Psychoanalyse. Wegen der Subjekt-Objekt-Verschränkung und ihrer Bedeutung für die Therapie des Patienten ergab sich seinerzeit eine Konzentration auf dieses Thema wie von selbst. Seine Selbstbeobachtungen machten deutlich, daß der Zustand der Haut - Besserungen und Verschlechterungen - in engstem Zusammenhang mit dem Salben, Jucken und Kratzen stand, das unmerklich, beinahe reflexartig seine stundenlange Hautpflege begleitete. Die Analyse seines Rückzugs ins Badezimmer, zumal abends, stand im Mittelpunkt der ganzen Therapie.

Die Darstellung läßt sich nach den Fragestellungen gliedern, was der Patient aus unbewußten Gründen vermeiden mußte, warum er, impotent geworden, sexuellen Befriedigungen ausweichen mußte und was er im autoerotischen Rückzug suchte. Daß er damit seine Haut schädigte, wurde dem Patienten langsam bewußt, ohne daß es ihm zunächst gelang, den Circulus vitiosus zu unterbrechen.

Sowohl aus theoretischen als auch aus behandlungstechnischen Gründen ist es unzureichend, im Kratzen nur eine Autoaggression zu sehen. Darauf hat v.a. Schur (1974; s. Thomä 1981, S. 421) hingewiesen und gezeigt, daß der Patient dabei an sich selbst unbewußt Objekte sucht, denen er verbunden geblieben ist. Durch das sich selbst verstärkende Kreisgeschehen werden bei Regressionen dieser Art die primären Identifikationen verstärkt und die Subjekt-Objekt-Grenzen geschwächt. Im Laufe der analytischen Durcharbeitung nahm deshalb für diesen Patienten die Haut die verschiedensten Objektqualitäten bzw. deren Repräsentation an (einschließlich der Übertragungsbeziehung). Da diese unbewußten Objektvorstellungen in der bewußten Wahrnehmung extrem angsterregend und unheimlich waren, konnte der Patient im Rückzug Selbstkontrolle gewinnen, d.h. an seinem Körper das Objekt lieben und hassen, aber zugleich einen realen Kontakt, eine tatsächliche, aber äußerst beunruhigende Verschmelzung vermeiden.

Dem Patienten war es durchaus bewußt, daß er sich wegen seiner Sexualangst, die sich symptomatisch in der Impotenz äußerte, besonders abends vor seiner Frau ins Badezimmer zurückzog. Aufgrund der lebensgeschichtlichen Kenntnisse und der Art der Symptomatik lag es nahe, als Barriere, die zur Regression geführt hatte, die ödipale Situation anzunehmen.

Die Analyse bewegte sich zwischen der Bearbeitung der Regression und ihrer ödipalen Auslösung hin und her. Eine erste wesentliche Symptombesserung trat ein, als der Patient nach Abbau seiner ödipalen Schuldgefühle und nach der partiellen Überwindung seiner Kastrationsängste potent wurde, wobei sich seine starke anale Fixierung erneut manifestierte. Seine Schuldgefühle waren ihm bewußt; er führte sie selbst auf die bis zu Behebung seiner Impotenz fortgeführte Selbstbefriedigung zurück. Seine Selbstvorwürfe waren so stark, daß er sich gewünscht hatte, als Soldat den Tod zu finden.

Während der Pubertät beunruhigten ihn mehrmals inzestuöse Phantasien, und er befand sich jahrelang in einem schließlich erfolgreichen Kampf gegen sadistische Impulse. Eine immense Kastrationsangst führte dazu, daß er den Genitalbereich mit einer Schutzkappe versehen hatte. Auch nachdem er potent geworden war, erschrak er zutiefst bei Annäherungen seiner Frau. Er entwickelte Phantasien, wie er den Samenverlust und die damit erlebnismäßig verbundene Schädigung wieder rückgängig machen könnte. Als Beispiel zitiere ich aus dem Protokoll einer Behandlungsstunde:

Der Patient spricht über seine Überempfindlichkeit; er habe trotz allem Bedenken, ob das wirklich alles gut werden könne. Ei ist Leben, männlicher Samen, Strafe für Onanieren; Eier sind die Hoden; eigenartiger Gedanke, daß die Haut gar durch die eigenen Testes gereizt werden könnte; er phantasiert, den eigenen Samen zu schlucken, damit er nicht verlorengehe; damit er nicht entkräftet wird; er hat schon daran gedacht, das auch in Wirklichkeit zu versuchen, aber die Ekelschranke hat es verhindert. Eine andere Phantasie ist, Talgdrüsen auszudrükken und die Haut damit zu behandeln. Jetzt würde er am liebsten sein Genitale zudecken, hat ungeheure Angst, das Genitale zu verlieren; er spüre schon bei Blikken, als würde ein Angriff erfolgen, ein Eingriff; sein Körper dürfe nur ihm gehören.

In einer langen Übergangszeit beschrieb er seine unerträgliche Spannung, wenn er sich nicht zur rechten Zeit waschen und seine Haut pflegen konnte: Wenn er sich nicht zurückziehen konnte, nahm die Unruhe so zu, daß er nicht selten Suizidgedanken hatte.

P.: *Es ist mir zwar möglich, die Hautpflege für einige Zeit hintanzusetzen, vielleicht für 1–2 Stunden, dann wird die Spannung in mir so groß, daß ich mich am liebsten umbringen möchte. Das ist wie eine Sucht, die Haut über die Maßen zu pflegen, meiner Frau könnte ich dann die größten Grobheiten vorwerfen und habe es auch getan.*

Mit der Entbindung der vorher symptomgebunden Emotionen und Phantasien erhielten seine vielfältigen Ängste greifbare und deutbare Inhalte. Seine magischen Gedanken, die analen Zwangsrituale nahmen phallischen Gehalt an. Sein phallischer Narzißmus diente u.a. der Kastrationsangstabwehr, was z.B. an dem folgenden Traum deutlich wurde:

P.: *Ich war beim Sportfest und sowohl am Hochsprung wie am Weitsprung mit 7,80m beteiligt. Uwe Seeler sprach durchs Radio, die Frauen im Stadion waren ganz hingerissen, allein schon von seiner Stimme. Eine Frau neben mir machte Kohabitationsbewegungen; allein durch die Stimme von Uwe Seeler kam sie zu einem Orgasmus.*

Einfälle: Er fände es großartig, wenn es ohne Kohabitation ginge, allein durch Worte. Er möchte ein bedeutender Sportler sein und so weit springen, daß er gar nicht mehr auf den Boden kommt. Ein ungeheures Glied zu haben, das wäre der größte Reichtum, eine männliche Hure sein, Frauen verletzen. In der Jugend hatte er trainiert, um die Sexualität zu unterdrücken, aber auch, um seine Omnipotenzphantasien zu verwirklichen, um wie Uwe Seeler im Traum durch seine Worte Frauen zu faszinieren; dann gerät der Patient in Unruhe und entwickelt eine momentane Vergiftungsangst, die sofort mit der Hautentzündung in Verbindung gebracht wird: vaginales Sekret könnte ihn vergiften.

Übrigens hatte der Patient in einem anderen Behandlungsabschnitt den Wunsch, seine Stimme einmal von dem von mir benutzten Tonband zu hören. Er hatte seine eigene Stimme noch nie gehört. (Heute würde ich diese Behandlung vermutlich bei Einverständnis des Patienten auf Tonband aufnehmen und ihm sicher seinen Wunsch nicht abschlagen.)

Die Einsicht, daß er an der Haut Objekte suche und im Jucken und Kratzen in vielfältigen Nuancierungen objektbezogene Gefühle unterbringen wolle, wurde durch einen Traum erleichtert, der in abgewandelter Form wiederkehrte. In diesem eindrucksvollen Traum waren Subjekt und Objekt vertauscht, Kratzender und Gekratzter, Salbender und Gesalbter. Der Patient war er selbst und dann doch wieder nicht er selbst, wobei die Gestalt des anderen keine klaren Umrisse hatte. In der Übertragungsbeziehung wurde ich in dieses phantasierte Rollenspiel der Vertauschung von Subjekt und Objekt einbezogen. Genetisch erinnerte er sich an homosexuelle Berührungen und Spielereien mit seinen Brüdern. Den größten Raum nahm der phantasierte Austausch ambivalenter und auf die Haut bezogener Aktionen ein. Seine beschädigte, ekzematös veränderte Haut wurde in einem anderen Traum auf eine weibliche Brust transponiert. Diese Transformation verstärkte vorübergehend seine Angst vor giftigen Ausscheidungen seiner Frau. Nach Rücknahme der Projektion seiner eigenen Aggressivität, die das Objekt zum bösen Objekt umgestaltete, nahm seine Angst ab.

Daß Projektionen dieser Art „nur ein Element einer totalen Identifizierung mit dem Objekt" darstellen, hat Marty (1974, S. 421) beschrieben und auf eine anthropologische Grundlage gestellt: „Im Grunde ist diese intensive Bewegung der totalen Identifizierung der Allergiepatienten mit ihrem Objekt nur eine unwandelbare Fixierung, die in jedem von uns in bestimmtem Ausmaße lebendig ist: der andere zu sein" (S. 445). Es ist aber sicher falsch, diesen Prozeß als typisch für Allergiepatienten anzusehen. Ich halte es aber für möglich, daß bei *bestehender* Allergie die spezielle Hautpflege dieses Patienten und sein krankheitsbedingter Rückzug die unbewußte Subjekt-Objekt-Konfusion verstärkt haben und dynamisch wirksam werden ließen. Es handelt sich also um eine rückläufige Belebung jener undifferenzierten Phase, die Freud mit folgenden Worten beschrieben hat:

> Der Gegensatz zwischen Subjektivem und Objektivem besteht nicht von Anfang an. Er stellt sich erst dadurch her, daß das Denken die Fähigkeit besitzt, etwas einmal Wahrgenommenes durch Reproduktion in der Vorstellung wieder gegenwärtig zu machen, während das Objekt draußen nicht mehr vorhanden zu sein braucht (1925h, S. 14).

In diesem Zusammenhang kann die Entwicklung der Eiweißüberempfindlichkeit dargestellt werden. Obzwar eine Allergie bestand, war dem Patienten schon vor der Behandlung aufgefallen, daß die Wirkung des Allergens am Erfolgsorgan ganz wesentlich von anderen Bedingungen abhängig war. (Er selbst stellte das per exclusionem dadurch fest, daß er den Genuß von Eiweiß und Eigelb vermied, wobei er schon geringste Mengen, die aus Versehen in eine Speise geraten waren, durch Geschmackssensationen, durch ein Brennen im Mund nachträglich ausmachen konnte.) Wie schon angedeutet, hatte der Patient seine eigene psychosomatische Theorie über seine Überempfindlichkeit entwickelt, in der irgendwelche Ausscheidungen oder Ausdünstungen seiner Frau eine zentrale Rolle spielten. Die Beunruhigung vor irgendwelchen körperlichen Stoffen hatte sich auf Nahrungsmittel ausgedehnt.

Der Patient beschrieb z. B. seinen Widerwillen, wenn es zu einer körperlichen Annäherung mit seiner Frau kam. Manchmal habe sie einen leichten Mundgeruch, und er schütze dann seine Haut vor, um zu verhindern, daß sie sich näherkämen. Er habe geradezu Angst vor Mundgeruch. Er halte den Atem an, wenn er an einem anderen Menschen vorbeifahre, bleibe entweder ganz zurück oder überhole ihn, um ja nicht den Geruch abzukriegen; die ausgeatmete Luft könne ansteckend sein.

Seine paranoiden Ängste wurden geringer und lösten sich schließlich ganz auf in dem Maße, in dem es gelang, seine Projektionen auf eigene, unbewußte Impulse zurückzuführen. Der erwähnte Subjekt-Objekt-Vertauschungstraum erhielt hierbei eine wegweisende Funktion. Der Patient assoziierte in diesem Zusammenhang: „Leute mit meiner Krankheit infizieren, ja, das möchte ich, ihnen eine Wunde beibringen und sie dann infizieren." Seine Objekt- und Selbstbeschädigungsängste füllten sich mit Inhalten aus den oralen, analen, urethralen und phallischen Entwicklungsphasen. Die verschiedenen Inhalte vermischten sich zunächst im unbewußten Erleben des Patienten, was zu Beunruhigung und auch Symptomverschlechterung führte; dann wurde die Vermischung bewußt, und es wurde ihm möglich, zu differenzieren und sich von seinen Ängsten zu befreien.

Er wollte durch Essen sexuelle Kraft gewinnen, durch ein Trockenpräparat, ein Hodenpräparat oder ein Hormonpräparat; dann hatte er Angst, die Haut könnte darauf reagieren, schlechter werden.

„Ich könnte alle Hühner vernichten, um ja kein Eiweiß mehr in der Nahrung zu haben." Ekel und Haß richteten sich nun auf Eier. Der Patient assoziierte dann weiter über die Angst, seine Hoden könnten verletzt werden. Er geriet in Wut, wenn er nur daran dachte, seine Frau könnte zärtlich zu ihm sein, dann aber plötzlich eine unerwartete Bewegung machen – „mein Geschlechtsteil berühren". „Es ist eine Angst, die sich fast wie ein Schmerz auswirkt."

Übrigens entwickelte sich die Überempfindlichkeit gegen Ei erst 1949, also etwa 2 Jahre nach Krankheitsbeginn, und die brennende Mißempfindung im Mund bei Eigenuß war dem Patienten auch erst später aufgefallen. (Die Allergietests wurden 1950 vorgenommen.)

Welche Bedingungen auch immer in diesem Fall eine latente Disposition manifest werden ließen – aus dem Behandlungsverlauf und aus der Katamnese läßt sich entnehmen, daß diese Überempfindlichkeit bei der Chronifizierung der Neurodermitis nur eine untergeordnete Rolle spielte. Viel gravierender wurden die Bedeutungszuschreibungen, in deren Folge der Patient bestimmten „Objekten", z. B. seiner Frau gegenüber überempfindlich wurde und das so lange blieb, bis es gelungen war, den Ekel auf die darin verborgene indirekte Befriedigung zurückzuführen, ihn als Lust zu erkennen und zu integrieren.

Sein vielseitiger Rückzug konnte zugunsten einer ungezwungenen Beziehung zu seiner Frau und zur Umwelt aufgegeben werden. Exazerbationen seiner Neurodermitis traten im letzten Abschnitt der Behandlung immer seltener auf – im gleichen Maße, wie die Haut ihren Charakter als autoerotisches und autodestruktives Ersatzobjekt verlor.

Epikritische Bemerkungen zur Psychodynamik und zum Verlauf

Die thematische Einengung auf die Regression warf verschiedene Fragen auf. Obwohl entsprechende Erlebnis- und Verhaltensweisen den Alltag des Patienten ausfüllten, gab es gewisse Bereiche, die in der Therapie und in der selektiven Darstellung zu kurz kamen. Ich orientierte mich an den psychodynamischen Prozessen, die einen besonders engen *situativen* Zusammenhang mit der Symptombewegung aufwiesen. Da es nicht darum ging, die speziellen Bedingungen der Regression zu rekonstruieren und auf Fixierungen zurückzuführen, betonte ich die situativen Umstände, die den Krankheitsverlauf täglich bestimmten. Im Wiederholungszwang sind freilich konservierte, also über die Zeit hinweg bestehende Ursachen wirksam, und unter therapeutischen Gesichtspunkten ist der zirkulären Selbstverstärkung mit ihren Auswirkungen auf die primären Bedingungen der Symptomentstehung ganz besondere Beachtung zu schenken. Vielfältige Ängste und (ödipale) Schuldgefühle, die situativ gerade wegen der Hautsymptome jederzeit ausgelöst werden konnten, haben die Regression intensiviert und indirekt zur Symptomverschlechterung beigetragen.

Bestehen regressive Prozesse dieser Art lange genug – und der Patient war ja während eines Zeitraums von 8 Jahren erfolglos dermatologisch vorbehandelt worden –, so können nach außen gerichtete Intentionen unbewußt werden und sich auf das Körpergefühl auswirken. Auf die Gefahr hin, mißverstanden zu werden, läßt sich sehr verkürzt sagen: Das Leben dieses Patienten erschöpfte sich an der Haut. Diese simplifizierende Formulierung macht verständlich, warum verschiedenartige psychoanalytische und psychotherapeutische Thesen über die Neurodermitis oder andere Dermatosen zutreffen und für die Behandlung nützlich sein können. Denn bei Regressionen manifestieren sich jene schwachen Stellen, die – je nach modischer Terminologie und abhängig von den Entwicklungen der Techniken und Theorien – zur Psychodynamik der Neurodermitis gehören und in einer *unspezifischen Korrelation* zu ihr stehen, wie am Beispiel der Aggression gezeigt werden konnte (Thomä 1981): seien es die von Alexander besonders betonten sadomasochistischen und exhibitionistischen Züge, seien es andere averbale unbewußte Strebungen.

Wir haben in der Darstellung eine Regressionsform in den Mittelpunkt gerückt und damit einen Ordnungsgesichtspunkt gewonnen. Ordnungsgesichtspunkte bergen Gefahren in sich, weil sie als spezielle oder gar spezifische pathogenetische Mechanismen des vorliegenden Krankheitsbilds mißverstanden werden können. Eine solche These können wir aufgrund unserer therapeutischen Erfahrungen mit diesem Patienten nicht vertreten. Hierfür sind die folgenden Beobachtungen zum Krankheitsverlauf während der Analyse relevant.

Unter klinischen und wissenschaftlichen Gesichtspunkten richteten wir unsere Aufmerksamkeit, A. Mitscherlichs Arbeitshypothese entsprechend, besonders auf den Symptomverlauf in Korrelation zu den psychodynamischen Abläufen und ihren Veränderungen (vgl. hierzu Thomä 1978). Dem Patienten wurde zunächst wegen seines Rückzugs, wegen seiner Ängste und Schuldgefühle alles zur Belastung, und seine Haut reagierte fast immer mit. Die Isolierung therapeutisch lösbarer Konflikte verringerte Anzahl und Qualität der „Auslöser". Die Reihenfolge dieses Herausarbeitens lösbarer Konflikte folgt anderen Regeln als denen einer Gewichtung nach pathogenetischer Valenz. Wegen dieser Schwierigkeiten und wegen der unzureichenden Art der Protokollierung kann die klinische Korrelation nachträglich nicht genauer ausgewertet werden.

Bei Beendigung der Behandlung waren die Motive, die den Patienten in die Regression getrieben hatten, behoben. Seine hauptsächlichen Symptome waren verschwunden oder wesentlich gebessert. Die Beziehung zur Ehefrau war und blieb für beide Teile befriedigend. Der Patient vertraute erstmals auf seine Fähigkeit, sein Leben sinnvoll gestalten zu können. Die Neurodermitis ist seither während eines katamnestischen Zeitraums von nunmehr fast 30 Jahren nicht mehr aufgetreten. Bemerkenswert ist, daß die Eiüberempfindlichkeit erhalten blieb, ohne daß aber die Haut dadurch affiziert worden wäre.

Epikrise

Die klinische und wissenschaftliche Bedeutung des Vergleichs des Falles mit sich selbst liegt u. E. auf der Hand. Sie bekräftigt die ursächliche Bedeutung der Psychogenese, ohne daß der Anspruch erhoben wird, daß die biographischen Daten und die in der Psychotherapie gewonnenen Einblicke in die bewußten und unbewußten Erlebensweisen dieses Kranken für die Neurodermitis schlechthin typisch sind.

Es wurden einige wesentliche Bedingungen dieser Krankengeschichte dargestellt. Es lag nahe, von der symptomgebundenen Regression auszugehen und die chronifizierten Auswirkungen des Juckens und Kratzens im sich selbst verstärkenden Kreisgeschehen in den Mittelpunkt zu stellen.

Katamnestisch läßt sich zeigen, daß durch die Psychotherapie wesentliche Ursachen der Neurodermitis beseitigt wurden. Der Patient behielt eine rauhe, pflegebedürftige Haut, ohne aber jemals einer hautärztlichen oder anderen Behandlung zu bedürfen.

Hingegen mußte sich der Patient wegen einer rechtsseitigen Cataracta dermatogenis etwa 5 Jahre nach Behandlungsbeendigung einer Staroperation unterziehen (die linke Linse war nicht befallen). Da die Linse wie die Haut aus dem Ektoderm abstammt, spricht das Auftreten eines grauen Stars für die konstitutionelle Grundlage der Neurodermitis. Außerdem wurde wegen eines Verschlusses der rechten Arteria femoralis vor einigen Jahren eine erfolgreiche plastische Operation durchgeführt.

Das familiäre und berufliche Leben des Patienten hat sich günstig und zufriedenstellend entwickelt; das Ehepaar hat einen Sohn, und der Patient selbst machte eine erfolgreiche berufliche Karriere. Die Ausheilung der Neurodermitis und seine positive Lebensentwicklung schreibt der Patient der Analyse zu, die ihn von schweren Schuldgefühlen und einschränkenden Ängsten befreit habe.

9.7 Unspezifität

Die von der Psychoanalyse inspirierte psychosomatische Forschung, die durch Alexanders bahnbrechende Untersuchungen in den 30er Jahren eine methodische Grundlage fand, verschrieb sich der *Spezifitätshypothese.* Das Ergebnis jahrzehntelanger wissenschaftlicher Bemühungen stützt folgende Auffassung: So wichtig auch immer psychosoziale Faktoren für die Entstehung und den Verlauf körperlicher Krankheiten sein mögen, eine spezifische Ursächlichkeit ist eher unwahrscheinlich. Die alternative Hypothese, die Annahme unspezifischer Anteile seelischer Faktoren im multifaktoriellen Bedingungsgefüge von Erkrankungen, ist hingegen mit den vorliegenden Befunden in Einklang zu bringen.

Am Begriff der Spezifität hängt eine Theorie der Kausalität, die in der Infektionslehre ihren Ursprung hat. Dem spezifischen Erreger, dem Diphterie- oder dem Typhuserreger oder dem Tuberkelbazillus, entspricht eine spezifische pathologisch-anatomische Gewebsveränderung. Gegen den Erreger wirksame Heilmittel werden als spezifisch bezeichnet. Wiewohl es also in diesem Sinne spezifische Ursachen geben kann, ist auch schon bei Infektionskrankheiten die Disposition mit zu berücksichtigen, um dem Bedingungsgefüge gerecht werden zu können. Freud hat, wie wir unter 1.1 dargestellt haben, das noch heute im Prinzip in der Medizin gültige Erklärungsschema in die Psychoanalyse übernommen und in der Theorie der Ergänzungsreihe auf die besonderen Verhältnisse seelischen Leidens angepaßt.

Es war aus heutiger Sicht verfehlt, die wissenschaftlichen Bemühungen um eine Abgrenzung zwischen notwendigen und hinreichenden Ursachen mit dem Spezifitätsbegriff zu belasten. Zu kurz kamen hierbei die somatopsychischen Auswirkungen, die ihrerseits wieder ursächliche Rückwirkungen auf das seelische Befinden haben. War es also verfehlt, die klinische Forschung mit der Suche nach einer *spezifischen* Konflikttypologie körperlicher Erkrankungen zu belasten, so ist der methodische Ansatz von historischer Bedeutung, was durch seine ungebrochene Aktualität belegt wird. Der von Alexander vertretene multivariate Ansatz ist für die psychosomatische Medizin trotz aller Verlagerung der Schwerpunkte bezüglich der untersuchten Variablen konstitutiv geblieben. In der Schule Alexanders wurde postuliert, daß Erkrankungen durch 3 Gruppen von Variablen bezüglich Entstehung und Verlauf bestimmt werden. Eine Gruppe von Variablen besteht aus einer psychodynamischen Konfiguration, die sich einschließlich der dazugehörigen Abwehrvorgänge in der Kindheit gebildet hat. Die 2. Variablengruppe betrifft die auslösende Lebenssituation, sei es als Erlebnis oder als eine Reihe von Ereignissen, die dem Krankheitsbeginn unmittelbar vorausgehen, die eine besondere emotionale Bedeutung für den Patienten haben und außerdem geeignet sind, seinen zentralen unbewußten Konflikt dynamisch wirksam werden zu lassen. Schließlich umfaßt die 3. Gruppe von Variablen die gesamten körperlichen Bedingungen, worunter Alexander ein konstitutionell oder dispositionell festgelegtes „somatisches Entgegenkommen" (Freud) bzw. die „Organminderwertigkeit" (Adler) verstand. Die sog. Vulnerabilität des jeweiligen Organs oder Organsystems bleibt freilich durch die Benennung als Faktor X allzusehr im dunkeln, zumal es gerade die pathophysiologischen und morphologischen Prozesse sein dürften, die sich krankheitsbestimmend auswirken.

In ihrer rückblickenden zusammenfassenden Veröffentlichung formulierten Alexander et al. (1968) ihre Arbeitshypothese folgendermaßen: Ein Patient, bei dem eine Vulnerabilität eines spezifischen Organs oder Organsystems ebenso wie eine charakteristische psychodynamische Konfiguration vorliegt, entwickelt eine entsprechende Erkrankung dann, wenn Lebenssituationen geeignet sind, einen früheren, ungelösten, zentralen Konflikt zu mobilisieren, und wenn diese Belastungen zu einem Zusammenbruch der primären Abwehrvorgänge führen. Die aufgrund dieser Arbeitshypothesen durchgeführten Korrelationsuntersuchungen ergaben eine relativ gute Übereinstimmung der Blinddiagnosen mit den Krankheitsbildern allein aufgrund der Kenntnisse der psychodynamischen Variablen. Die Untersuchungen Alexanders und seiner Schule schienen zu bestätigen, daß Erlebens- und Verhaltensweisen, die auf innerseelische Kernkonflikte zurückgeführt werden können, in überzufälliger Häufigkeit und unterschiedlich bei 7 untersuchten Erkrankungen auftreten. Als Untersuchungsparadigmen wurden von Alexander und seiner Schule das Asthma bronchiale, die rheumatische Arthritis, die Colitis ulcerosa, die essentielle Hypertonie, die Hyperthyreose, das Magenulkus und die Neurodermitis ausgewählt. Diese Erkrankungen erhielten als die „Chicagoer Sieben" einen Ehrenplatz in der Geschichte der Psychosomatik und zogen soviel Aufmerksamkeit auf sich, daß viele Ärzte lange Zeit glaubten, die Psychosomatik und auch der Untersuchungsansatz von Alexander beschränkten sich auf die „Chicagoer Sieben".

Seelische Einflüsse sind bei allen menschlichen Erkrankungen denkbar und möglich. Deshalb war die psychosomatische Medizin auch niemals auf die Erforschung der genannten 7 Erkrankungen beschränkt. Nicht zuletzt wegen methodischer und praktischer Einschränkungen wurde aber die „Spezifitätshypothese" zunächst an 7 Krankheiten herangetragen und geprüft. Auch wenn wir heute eher eine „Unspezifität" bzw. eine Variabilität einflußreicher Konfliktkonstellationen bei diesen Krankheiten annehmen, sind sie wesentliche Paradigmen der psychosomatischen Medizin geblieben, jedenfalls soweit sich diese um den Nachweis von Korrelationen als Grundlage aller weiteren Hypothesen- und Theoriebildung bemüht. Im übrigen wurde auch in der Spezifitätshypothese Alexanders immer offengelassen, welcher Seite des 3gliedrigen Modells die spezifisch bestimmende Ursache im pathogenetischen Bedingungsgefüge zugeschrieben werden soll. Im Grunde sind die 3 Gruppen aus einer Vielzahl von einzelnen Merkmalen zusammengesetzt, so daß man von einem multivariaten Modell sprechen und mit einem entsprechenden Untersuchungsansatz arbeiten muß. Nur bei einem praktisch nicht zu erwartenden Grenzfall würde hierbei ein Faktor ein „spezifisches" Gewicht erhalten. In der Postulierung von Variablen bleibt offen, welcher Seite das entscheidende Gewicht bei der „Organwahl" zufällt: es könnte durchaus beim Faktor X, in der speziellen Organvulnerabilität liegen (Pollock 1977).

So unwahrscheinlich es also ist, bei körperlichen Krankheiten die spezifische Ursache in bestimmten Konfliktkonstellationen oder in Laceys Stimulusspezifität (s. hierzu Schonecke u. Herrmann 1986) zu finden, so fruchtbar hat es sich wissenschaftsgeschichtlich ausgewirkt, daß sich die psychosomatische Forschung zunächst auf einige Krankheitsbilder beschränkte. So konnte Weiner (1977) in einer glänzenden Übersicht, die sich auf die seinerzeit in Chicago untersuchten 6 internistischen Erkrankungen (ohne Neurodermitis) bezog, klinische und forschungsstrategisch relevante Probleme der psychosomatischen Medizin der 80er Jahre beispielhaft darstellen. Retrospektiv ist zu sagen, daß es sich bei der von Alexander inaugurierten Forschung im Grunde um einen multivariaten Ansatz handelt, der dem multifaktoriellen ätiologischen Geschehen nur dann gerecht wird, wenn alle wesentlichen Variablen erfaßt werden. Die Verwirklichung des allgemeinen psychosomatischen Ansatzes als Leitidee für ärztliches Handeln bringt methodisch mit sich, die psychosozialen Einflüsse auf Entstehung und Verlauf körperlicher Erkrankungen möglichst genau zu untersuchen und die Patienten speziell im Hinblick auf die Folgen dieser Einflüsse psychotherapeutisch zu behandeln. Der kritischen Übersicht von Weiner (1977) und dem enzyklopädischen Lehrbuch v. Uexkülls (1986) kann man entnehmen, daß die Reichweite psychosozialer Faktoren auf das Krankheitsgeschehen heute bei jenen Erkrankungen, die seinerzeit als Paradigmen dienten, am besten abgeschätzt werden kann. Allen Klagen über den Leib-Seele-Dualismus zum Trotz ist auch die psychosomatische Medizin an eine pluralistische Methodologie gebunden, die häufig durch materialistische und spiritualistische Monismen ontologisiert und zur Weltanschauung erhoben wird. Dann wird der Dualismus zum Übel (Meyer 1987).

Als Beispiele nennen wir den allumfassenden Spiritualismus Groddecks und jenen Materialismus, der neurophysiologische Substrate mit geistig-seelischen Prozessen identifiziert. In Groddecks Spekulationen wurden körperliche Eigengesetzlichkeiten übersehen, während sich in einigen Bereichen der gegenwärtigen Psychosomatik die seelische Phänomenologie und ihre Psychodynamik in der Physiologie aufzulösen scheint. Wie groß die Konfusion sein kann, zeigt sich in der Wirkungsgeschichte des Begriffs der Konversion. So hat Lipowski (1976) in seinem einflußreichen Übersichtsreferat zur Lage der psychosomatischen Medizin die Auffassung vertreten, „daß durch die zunehmende Kenntnis der neuro-physiologischen, endokrinen und immunologischen Prozesse, durch welche *symbolische* Reize schließlich bis zur Zelle vermittelt werden, der rätselhafte Sprung vom Seelischen ins Körperliche" überbrückt werden könne und tatsächlich durch die Forschung auch schon im einzelnen rekonstruiert worden sei. „Ohne eine klare Erkenntnis dieser Überleitungsprozesse", so fährt Lipowski fort, „bliebe uns nichts anderes übrig, als Korrelationen zwischen spezifischen Ereignissen und *psychologischen* Merkmalen der ihnen ausgesetzten Personen auf der einen Seite und gegebenen *körperlichen* Dysfunktionen oder Krankheiten auf der anderen Seite festzustellen" (1976, S. 12; Hervorhebungen von uns).

Jeder psychosomatisch eingestellte Arzt wird gegenüber allen Monisten, die seelische Phänomene mit dem zerebralen Substrat gleichsetzen, die qualitative Eigenständigkeit symbolischer Prozesse betonen. Bezüglich der Reichweite ist denkbar, daß symbolische menschliche Aktivitäten, die an zerebrale Strukturen und Funktionen gebunden sind, alle organismischen Prozesse bis hinunter zur Zelle beeinflussen. Aber es ist ein folgenreicher Irrweg, dem ein Kategorienfehler zugrunde liegt, aus der Erkenntnis physiologischer Überleitungsprozesse zum seelischen Erleben und zur Symbolbildung gelangen zu wollen.

Unter *psychotherapeutischen* Gesichtspunkten haben sich die Untersuchungen Alexanders und seiner Schule als ungemein fruchtbar erwiesen.

Es ist kein Zufall, daß French (1952) als Mitglied der Chicagoer Forschergruppe als erster den Begriff des Fokus in die Theorie der Technik einführte; dort wurde auch die Bedeutung der Hic-et-nunc-Beziehung besonders in den Mittelpunkt gestellt. Es liegt wegen unterschiedlicher krankheitsbedingter Auswirkungen nahe, daß beispielsweise Hautkranke eher eine Neigung haben, über Themen zu sprechen, die mit Exhibitionsproblemen zu tun haben. Ist es doch eine alltägliche klinische Erfahrung, daß sich im Krankheitsverlauf prämorbid latente Reaktionsbereitschaften aktivieren oder manifeste sich verstärken. Dabei sind mit der Haut andere Erlebnisbereiche assoziiert als mit der Oralität oder mit der Motilität und ihrer Einschränkung. Wir betonen den Verlauf und seine zirkulären Auswirkungen im Sinne eines sich selbst verstärkenden Kreisgeschehens deshalb, weil hier fokale psychotherapeutische Bemühungen einsetzen können und müssen. Von den somatopsychischen Auswirkungen aus gelangt man zum Erleben des Patienten, ohne daß besondere Widerstände auftreten, die scheinbar die Annahme spezieller „psychosomatischer Strukturen" (s. 9.9) rechtfertigen. Konfrontiert man körperlich Kranke hingegen primär mit dem Suchen nach seelischen Konflikten, also im weiteren Sinn mit der Psychogenese ihrer Beschwerden, löst man jene verständliche Reaktion aus, die von einem Magengeschwürkranken überliefert wird: „Mir fehlt's im Magen, nicht im Kopf, Herr Doktor." Geht man von den körperlichen Beschwerden aus und nimmt man sowohl den naturwissenschaftlichen Körperbegriff wie die psychoanalytischen Entdeckungen über das Körperbild (s. hierzu v. Uexküll 1985) ernst, gelangt man ganz von selbst zu der Art und Weise, wie Patienten ihre Erkrankung bewältigen. Von hier aus eröffnet sich ein Zugang zu den psychosozialen Einflüssen auf die Entstehung körperlicher Erkrankungen. Stets ist es ratsam, lange beim gegenwärtigen Krankheitsverlauf zu bleiben, wie wir dies beispielhaft in Kap. 5 bezüglich eines Falles von Schiefhals beschrieben haben. Selten scheitern psychotherapeutische Gespräche, wenn der Analytiker sich daran orientiert, daß die jeweiligen körperlichen Beschwerden zumindest zu einer sekundären Komplizierung der ihnen zugeordneten Bedürfnisse führen. Beispielsweise schränkt eine Herzangst die Bewegungsfreiheit ein, und alle Beschwerden im Bereich des Magen-Darm-Trakts führen zu einer Sensibilisierung der Oralität, wie groß oder wie klein deren Rolle in der Entstehung auch gewesen sein mag. Beim Aufbau einer therapeutischen Beziehung zu Patienten, die körperliche Beschwerden haben, ist es entscheidend, das Primat des Körpers anzuerkennen, soweit dies neben der methodischen Einschränkung auf das Körperbild und der Unmöglichkeit, gleichzeitig dem naturwissenschaftlichen Gegenstand „Körper" gerecht zu werden, möglich ist. Freilich ist v. Uexküll zuzustimmen, daß die psychoanalytische Methode, soweit sie sich auch in die unbewußten Sphären des Körper-Ich hineinbewegen mag, stets nur die verschiedenen Spiegelungen oder Repräsentanzen des Körpers erreichen kann und „den Körper in seiner prinzipiell unbewußten, niemals bewußtseinsfähigen Tiefendimension nicht in den Blick" bekommt (1985, S. 100). Damit hängt die therapeutische Reichweite der Psychoanalyse bei körperlichen Erkrankungen zusammen, die sich mit dem Problem zu befassen hat, inwieweit sich die therapeutische Bemühung um das subjektiv erlebte Körperbild auf den objektivierbaren somatischen Befund auswirkt. Zumindest bezüglich des subjektiven Befindens sind psychoanalytische Beobachtungen relevant, die Rangell folgendermaßen zusammengefaßt hat:

> Es gibt keinen ausführlichen psychoanalytischen Fallbericht über einen Ulcuskranken ohne Beobachtungen über die orale Bedeutung gastrischer Kontraktionen oder Spannungen, noch einen Fall von ulcerativer Colitis ohne ausführliche Beschreibung anhaltender analer Konflikte, die auf körperliche Weise ausgedrückt werden, noch einen Fall von Asthma oder Neurodermitis ohne entsprechende Rekonstruktion gestörter Symbolisierung auf den verschiedenen Stufen, die bei der Vielzahl funktioneller und organischer Veränderungen vorhanden sind (1959, S. 647).

Es ist u. E. kein Zufall, daß Rangell nur von solchen Fällen gesprochen hat, die durch ihre Symptomatik in irgendeiner Form mit der leidenden, handelnden, fühlenden und denkenden Person verknüpft werden können. Mit der Haut und mit den Körperöffnungen sind z. B. Erlebnisse verbunden, die mit Funktionen korreliert werden können. Es bleibt die Aufgabe, die Entstehung von Symptomen aus der Korrelation mit Konflikten zu begreifen. So hat Alexander zwar nicht der Organveränderung selbst einen „Sinn" verliehen, aber einen sehr engen „emotionalen Syllogismus" zwischen Funktion und Erleben angenommen. Schon in den ersten Arbeiten (Alexander 1935) über psychosomatische Erkrankungen des Magen-Darm-Trakts wurden jene Konfliktkonfigurationen im Bereich des Vektors „Nehmen" und „Geben" gefunden, die dann als „spezifisch" bezeichnet wurden. Alexander hat beobachtet, daß der ehrgeizige Ulkuskranke seine verdrängte Sehnsucht nach Liebe und Hilfe unbewußt mit dem Bedürfnis nach Nahrung gleichsetzt („emotionaler Syllogismus"). Aufgrund dieser Gleichsetzung wird die Innervation des Magens in Bewegung gesetzt, der so reagiert, als ob Nahrung aufzunehmen wäre oder das Essen kurz bevorstände. Die von Alexander hervorgehobenen Abhängigkeitskonflikte werden verdrängt. Das Ulkus selbst hat aber keinen symbolischen Ausdrucksgehalt. Die Kritik Kubies an der Spezifitätshypothese (1953) hat sich durchgesetzt. Ersetzt man „spezifisch" durch „typisch", wird die Bedeutung von Alexanders Beobachtungen nicht gemindert. Den spezifischen Faktor der Ätiologie im Sinne der Infektionslehre bildeten die typischen Konfliktkonstellationen in Alexanders Schemata von vornherein nicht, weil andere ätiologische Faktoren, z. B. die Organdisposition, ebenfalls „spezifisch" genannt wurden. In der oben erwähnten kritischen Übersicht hat Weiner diese Disposition bei den von Alexander untersuchten Erkrankungen aus heutiger Sicht pathophysiologisch aufgegliedert. Wie fruchtbar der multivariate Ansatz ist, ließ sich besonders überzeugend an der Ätiologie des Magen- bzw. Zwölffingerdarmgeschwürs zeigen (Schüffel u. von Uexküll 1986).

Unter psychotherapeutischen Gesichtspunkten ist es zunächst unerheblich, in welcher Nähe oder Distanz ein Fokus – als Thema des Gesprächs – sich zum körperlichen Krankheitsprozeß befindet. Entscheidend ist vielmehr, daß der Patient zum Gespräch als therapeutisches Mittel Vertrauen faßt. Welche körperlichen Veränderungen überhaupt noch reversibel sind, zu deren Entstehung einmal seelische Faktoren beigetragen haben mögen, ist eine völlig offene Frage. Wer sich psychotherapeutisch darum bemüht, chronische körperliche Symptome rückgängig zu machen, wird mit seiner Theorie auf dem Boden der Realität bleiben.

9.8 Regression

Im Grundlagenband (8.3.4) haben wir die Regression im Zusammenhang mit Balints Neubeginn abgehandelt. Zur Konzeptualisierung der Therapie des an Neurodermitis erkrankten Patienten nahm die Regression einen hervorragenden Platz ein. Gerade deshalb ist es uns wesentlich, darauf aufmerksam zu machen, daß die immer weitere Ausdehnung der Theorie der Regression als Erklärungsmuster seelischer, körperlicher und psychosomatischer Erkrankungen von uns abgelehnt wird.

Schon bei einer kurzen Betrachtung der Vorgänge der Regression zeigt sich, daß es sich hier um eine deskriptive Verallgemeinerung handelt. Der Regressionsbegriff beinhaltet in seinem allgemeinen Sinn eine „Rückkehr von einer höheren zu einer niedrigeren Stufe der Entwicklung, ... auch die Verdrängung [ordnet sich] der Regression unter, denn sie kann auch als Rückkehr zu einer früheren und tieferen Stufe der Entwicklung eines psychischen Aktes beschrieben werden" (Freud 1916/17, S.355). Schon in der *Traumdeutung* (1900a) unterschied Freud an der Regression einen topischen, einen zeitlichen und einen formalen Aspekt. Freud führte die Lehren Jacksons über Evolution und Dissolution zunächst in die Aphasieforschung ein und machte dann Jacksons Auffassung über funktionelle Rückbildung im Regressionsbegriff für die Psychopathologie fruchtbar. Später nahm er an, daß „bestimmte Regressionen für bestimmte Krankheitsformen charakteristisch sind" (1933a, S.106). Über die deskriptive Generalisierung innerhalb der *erklärenden Theorie* der Psychoanalyse hinaus erhält der Regressionsbegriff seine umfassende Bedeutung im Zusammenhang mit den Begriffen des auslösenden Konflikts und der Fixierung. Diese ist u.E. als erworbene Disposition im Sinne einer unbewußt verankerten Reaktionsbereitschaft zu verstehen (Thomä u. Kächele 1973). Festzuhalten ist, daß sich der Begriff der Regression ausschließlich auf die Erklärung *seelischer Abläufe* bezieht.

Buchstabiert man im Gegensatz dazu Fixierung und Regression nach einem fiktiven *psychophysiologischen* Alphabet, scheint die Rückkehr auf eine frühe, unbewußte Stufe in gleicher Weise die Entstehung seelischer und somatischer Erkrankungen erklären zu können. Tatsächlich folgen viele Theorien in der psychosomatischen Medizin seit Groddeck dieser Annahme, auch wenn dies nicht auf den ersten Blick sichtbar wird.

Der Kundige hat es nicht schwer, trotz der eindrucksvollen Buntheit des

Sprachschatzes einige wenige Grundmuster bei dieser grenzenlosen Ausdehnung des Regressionsbegriffs zu erkennen. Der rote Faden, der sie verbindet, stammt von der psychoanalytischen Abwehrtheorie, aus der 2 ätiologische Thesen abgeleitet werden können. Nach der einen Behauptung kommt es zur Entstehung körperlicher Erkrankungen dann, wenn der „Charakterpanzer" Reichs sich verstärkt und sich auch körperlich manifestiert. Mitscherlichs zweiphasige Verdrängung geht auf die Annahme einer vorhandenen Charakterneurose zurück, die sich bei der psychosomatischen Pathogenese sozusagen verstärkt. Thomä (1953, 1953/54) hat hierfür seinerzeit in großer Naivität einen Musterfall veröffentlicht, ohne zu bedenken, daß die Abwehrvorgänge als *Prozeß* zu verstehen sind und Freud schon bezüglich der Verdrängung vom *Nachdrängen* sprach.

Die 2. weitverbreitete Idee, die sich aus der psychoanalytischen Theorie für die Psychosomatik ableitet, orientiert sich an der Regression. Prototypisch hierfür ist die Konzeption Schurs (1974) über den Zusammenhang psychosomatischer Störungen mit Reifungs- und Regressionsvorgängen, wobei die Entwicklung eines gesunden Kindes von ihm als Prozeß der „Desomatisierung" aufgefaßt wird. Aus der undifferenzierten und unentwickelten Struktur des Neugeborenen, in dem Psychisches und Somatisches untrennbar miteinander verbunden seien und das aufgrund seines Entwicklungsstands vorwiegend körperlich und unbewußt reagiere, entwickle sich durch die Reifung eine eher bewußte und seelische Reaktionsweise. Somatische Reaktionsformen treten in den Hintergrund, das Kind lerne, kognitiv-psychisch anstelle von somatisch, d.h. durch körperliche Erregungszustände zu reagieren. Diesen Prozeß der Desomatisierung bringt Schur mit der Ich-Leistung der Neutralisierung von Triebenergien in Zusammenhang. Im Falle einer psychosomatischen Erkrankung können Konfliktsituationen nicht mehr mit frei verfügbaren, neutralisierten Energien durch das Ich bewältigt werden. Durch die damit einhergehende Angst komme es zu einer Regression auf die Ebene früher Verhaltensmuster, also auf die Ebene der somatischen Reaktionsform (psychophysiologische oder psychosomatische Regression). Energien, die vorher durch den Abwehrprozeß der Neutralisierung gebunden waren, werden durch den partikularen Zusammenbruch des Ich freigesetzt und äußern sich entsprechend dem Regressionsstadium undifferenziert somatisch. Die Ausformung der Resomatisierung, d.h. die Organwahl und das Ausmaß der somatischen Reaktionsbreite, wird durch frühkindliche Traumatisierungen und konsekutive Fixierungen an körperliche Funktionsabläufe bestimmt. Schur geht davon aus, daß im Zuge der Ich-Differenzierung während des physiologischen Reifungsprozesses unkoordinierte somatische Prozesse kognitiv-psychisch integriert und damit das somatische Reagieren im Primärprozeß durch gedankliche Handlungen auf sekundärer Prozeßebene ersetzt wird. Die psychosomatische Regression sieht er als Rückschritt auf die ursprünglich innegehabte Ebene der leib-seelischen Reaktionseinheit mit der Tendenz zur somatischen Spannungsabfuhr an.

Die Grundkonzeption dieses prototypischen Erklärungsansatzes, der sich später bei Mitscherlich (1967, 1983) und anderen Autoren wiederfindet, liegt in der Analogie bzw. Gleichsetzung frühkindlicher leib-seelischer Reaktionsweisen mit der psychosomatischen Reaktionsform. Schur entspricht den neurosen-psychologischen Denkansätzen insofern, als er die Regression als den maßgeblichen Modus der Krankheitsentstehung ansieht und zusätzlich körperliche Abläufe einbezieht. Das Regressionsmodell wird einfach über die psychische Ebene hinausgehend auf die physiologische Ebene ausgedehnt. Dem Spezifitätspostulat soll durch die altbekannte Fixierungshypothese entsprochen werden. Es ist typisch für die Theorienbildung mancher Richtungen der psychoanalytischen Psychosomatik, daß die Reichweite des jeweiligen Ansatzes weniger unter methodischen Gesichtspunkten geprüft als vielmehr mit Hilfe des Zurückdatierens der Ursachen in die früheste Kindheit behauptet wird. Läßt man sich nicht vom Erfindungsreichtum bei der Kreation neuer Bezeichnungen täuschen, erkennt man bald das einheitliche Muster in der Behauptung der frühen (präödipalen) Entstehung psychosomatischer Erkrankungen, wobei physiologische Gesetzmäßigkeiten außer acht gelassen werden. Es ist erstaunlich, wie falsche Annahmen ohne oder mit zweifelhaftem Realitätsgehalt durch eifriges gegenseitiges Zitieren am Leben erhalten werden können oder nebensächliche terminologische Modifikationen neue Erkenntnisse vortäuschen. So hat beispielsweise Kutter (1981) die schon in der Ätiologie von Neurosen zweifelhafte *Grundstörung* Balints zum *Basiskonflikt* der Psychosomatosen erhoben und diese den Neurosen gegenübergestellt. Damit werden beispielsweise Patienten, die an einer der oben genannten 7 Erkrankungen leiden, zu schwerkranken Borderlinefällen gemacht, was weder mit den von Alexander erhobenen Befunden noch mit unseren heutigen Erkenntnissen zu vereinbaren ist. Die psychosomatische Krankheitslehre wird von Kutter und vielen anderen auf eine Grundbedingung reduziert, deren ätiologisches Primat auch in der Neurosenlehre unwahrscheinlich ist. Die ätiologische Theorie, die durch Freud im Modell der Ergänzungsreihe entworfen wurde, hat seither wegen der Vielfalt seelischer und körperlicher Prozesse in Entstehung und Verlauf aller Erkrankungen eine komplexe Gestalt angenommen. Es kann keine Rede davon sein, daß die notwendige Bedingung von Neurosen, aus der sich diese dann wie ein Ei nach der Befruchtung mit naturhafter Notwendigkeit entwickelt, in der *Grundstörung* liegt. Daraus ergibt sich auch unsere Kritik an Balints Verständnis des Neubeginns, die wir im Grundlagenband unter 8.3.4 zusammengefaßt haben.

Mit Hilfe der Annahme einer „psychophysiologischen bzw. psychosomatischen Regression" und der zusätzlichen Spekulation, daß frühe Traumata die Einheit Psyche-Soma treffen, scheint jede schwere körperliche oder seelische Erkrankung, vom Krebs bis zur Schizophrenie, von einem Punkte aus erklärt werden zu können. Von der sog. „psychosomatischen Struktur" läßt sich scheinbar alles ableiten. So behauptet Bahnson in seiner *Komplementaritätshypothese*:

> Im somatischen Bereich spielen sich ähnliche Vorgänge ab wie bei der psychischen Regression (bei Neurosen und Psychosen). Wenn Verdrängung anstelle von Projektion die Hauptlast der Abwehrprozesse übernehmen muß, erfolgt die Verschiebung der Triebenergie in den somatischen Bereich. Dann finden wir eine Stufenfolge immer tiefergehender somatischer Regression, beginnend mit Konversionshysterie bis hin zur tiefsten Regression im Bereich der Zellmitosen ... (1986, S. 894).

Am tiefsten Punkt der Regression durch Verdrängung siedelt Bahnson die Entstehung von Malignomen an, am tiefsten Punkt der Regression aufgrund von Projektion komme es - komplementär - zur Psychose.

Es ist erstaunlich, welche Faszination von der Idee der psychophysiologischen Regression ausgeht, die von Margolin (1953) propagiert und als psychosomatische Regression neuerdings besonders von McDougall (1974, 1987) als allumfassendes

Erklärungsprinzip für seelische und körperlicher Erkrankungen vertreten wird. Der Begriff der psychophysiologischen Regression, längst von Mendelson et al. (1956) als unhaltbar kritisiert, scheint seinem Inhalt nach ebenso unsterblich zu sein wie die Hoffnung auf ein ewiges Leben und hat möglicherweise in ihr überhaupt seinen Ursprung. Die Sinnfindung bestimmt das menschliche Leben mehr als wissenschaftliche Wahrheiten. Zu ihr gehört auch das Suchen nach der wechselseitigen Stellvertretung von Leib und Seele, verbunden mit der aus der Psychoanalyse stammenden Idee der unbewußten Verborgenheit. Aufgrund dieser Annahmen gelangt man zum Prinzip der Äquivalenz und der gegenseitigen Vertretbarkeit der organischen und der psychischen Symptomatik V. v. Weizsäkkers, was ebenfalls auf einen Panpsychismus in der These hinausläuft: „Nichts Organisches hat keinen Sinn." Unmißverständlich hat C.F. v. Weizsäcker in einer Diskussion anläßlich der Feier des 100. Geburtstags des Begründers der anthropologischen Medizin ausgesprochen, es gehe nicht, „den somatischen Krankheiten jeweils psychische Interpretationen unterzulegen, die dann im Umgang zwischen Arzt und Kranken wissenschaftlich zum Tragen kommen können" (1987, S. 109). Auf den Panpsychismus der anthropologischen Medizin in den Ideen der Stellvertretung und gegenseitigen Verborgenheit von Körper und Seele hat bei diesem Symposium v. Rad (1987, S. 163) aufmerksam gemacht und vor den damit zusammenhängenden Gefahren gewarnt. Das naturphilosophische Denken V. v. Weizsäckers ist, wie v. Rad durch mehrere Zitate aus dem Werk (z. B. 1950, S. 259; 1951, S. 110) des Begründers der anthropologischen Medizin belegt, tatsächlich von der Idee eines Panpsychismus beherrscht. Die Einführung des Subjekts in die Medizin wurde dadurch von Anfang an belastet. Die Verwirklichung der Idee scheiterte am Mangel an Handlungsanweisungen für die Praxis der psychosomatischen Medizin. Die anthropologische Medizin steht auch in ihrer wissenschaftlichen Methodologie am Anfang. Macht man mit der Bipersonalität therapeutisch und wissenschaftlich ernst, stößt man auf all jene Probleme, die das Paradigma der Psychoanalyse auszeichnen. Seit der „kognitiven Revolution" (Bruner 1986) des Behaviorismus ist auch die klinische Psychologie mit einem Paradigmenwechsel konfrontiert. Zeitgemäße Integrationsversuche, wie sie von Wyss (1982, 1985) vorgelegt wurden, werden dem umfassenden klinischen Wissen der Psychoanalyse, das sich in diesem Jahrhundert angesammelt hat, nicht gerecht.

Die Idee der psychosomatischen Regression in ihren verschiedenen, aber nur scheinbar weit voneinander entfernt liegenden Versionen als umfassende Erklärungsgrundlage für körperliche Erkrankungen führt zu Fehldiagnosen und erschwert die Entwicklung haltbarer Theorien.

Die Analogie frühkindlicher, integrativ ablaufender leib-seelischer Reaktionsweisen mit somatischen Störungen trägt nicht, was wir am Beispiel der Schiefhalsbewegung in Kap. 5 aufgezeigt haben. Die Physiologie eines Säuglings unterscheidet sich, wie Meyer hervorhebt, erheblich von der des Erwachsenen.

Unter der Vielzahl von Unterschieden sei nur ein einziger in Erinnerung gerufen: die weniger funktionierende Homöostase. Säuglinge und Kleinkinder bekommen bei geringsten Infektionen 39 oder 40 Grad Körpertemperatur, sie erbrechen bei leichten Belastungen, sie werden in Stunden exsikkotisch. Allein, wir finden beim Kleinkind nicht regelhaft „asthmoide" oder „colitoide" Auslenkungen, auf die ein Erwachsener regredieren könnte. Umgekehrt finden wir selten psychosomatisches Fieber - die 2 Fälle, die ich in 30 Jahren beobachten konnte, beruhten nicht auf physiologischer Regression, sondern waren Streß-Rezidive von Herpes (1985, S. 54).

Die frühkindliche Spannungsabfuhr erfolgt aufgrund des Mangels an kognitiven Bewältigungsformen auf dem Boden der Leib-Seele-Einheit. In dieser primärprozeßhaften und integrativen Reaktionsform befindet sich das Kleinkind bzw. der Säugling in einer animalischen Reifungsphase. Es ist bemerkenswert, daß bei Tieren eine psychosomatische Erkrankung in der freien Natur nicht vorkommt, sondern erst durch artifiziell gesetzte Reize entsteht. Im Gegensatz zu dem frühkindlichen Entwicklungsstadium läuft bei psychosomatisch Kranken das Geschehen gerade nicht integrativ, d.h. in Form einer leib-seelischen Einheit ab, sondern das Charakteristikum dieser Störungsform liegt in dem Fehlen eines solchen Zusammenhangs. Eine Auffassung der psychosomatischen Dekompensation als Regression, die als Rückgriff auf frühkindliche Formen der somatischen Spannungsabfuhr verstanden wird, kann das destruktive Moment körperlicher Erkrankungen nicht erklären.

Die Neigung vieler Psychoanalytiker, das „Physiologische zu psychologisieren" (P. B. Schneider 1976), ihre komplementäre Neigung, physiologische Gesetzmäßigkeiten bei der Betrachtung psychosomatischer Störungen außer acht zu lassen, hat zu einer fatalen Stagnation geführt. Keine Rede von einer Differenzierung einzelner Erkrankungen, sondern Aufrechterhaltung eines holistisch wirkenden Erklärungsanspruchs für „*die* psychosomatische Erkrankung", keine Rede auch von einer Differenzierung zwischen akuter und chronischer Erkrankung, könnten doch bei chronischen Verlaufsformen viele der beschriebenen psychischen Merkmale, wie z. B. der „Komplex Hilflosigkeit-Hoffnungslosigkeit" von Engel u. Schmale (1969), auch Reaktion des Kranken auf die körperliche Seite seiner Erkrankung sein!

9.9 Alexithymie

Wir haben auf die Alexithymie hingewiesen, als wir bei der Beschreibung des Neurodermitiskranken sagten, er habe sich so verhalten, als wäre er ein Alexithymiker. Der Terminus Alexithymie (*a* = alpha privativum, *lexis* = Wort, *thymos* = Gefühl) beschreibt die Unfähigkeit, Gefühle zu „lesen", wahrzunehmen oder auszudrücken.

Die Freuds methodenbewußtem Denken fremde Idee der psychophysiologischen Regression stand auch Pate bei der Taufe der Alexithymie. Diese Idee verbindet die zahllosen Phantasien, die alles Ach und Weh körperlicher und seelischer Erkrankungen, von der Psychose bis zum Krebs, in die frühe Kindheit verlegen und in einer Zeit beginnen lassen, die vor der Differenzierung in Seele und Körper liegt. Angeblich entwickeln sich dann Menschen mit einer sog. *psychosomatischen Struktur*, die sich durch besondere Phantasielosigkeit auszeichnen und deren Denken mechanisiert sei („pensée opératoire" bzw. Alexithymie).

Die der sog. französischen Schule der Psychosomatik zugerechneten Autoren sind in ihrer Konzeption der „pensée opératoire" keineswegs so homogen wie es der Schulbegriff suggerieren möchte. Dennoch sind Ankerpunkte ihrer theoretischen Überlegungen die Vorgänge der Regression und Fixierung. De M'Uzan

(1977) sieht eine wesentliche Ursache für die von ihm konstatierten Mängel der psychischen Struktur psychosomatisch Kranker in der fehlenden Möglichkeit zu halluzinatorischer Bedürfnisbefriedigung in der Kindheit; Fain (1966) postuliert eine Regression auf ein primitives Abwehrsystem des Ich als Motor der somatischen Symptombildung bei psychosomatischen Erkrankungen; Marty (1968) konzipiert spezifische Regressionsvorgänge (progressive Desorganisation, partielle und globale Regression). Die mit diesen verschiedenen Regressionsformen einhergehende somatische Symptombildung führt der Autor auf Fixierungen zurück, die aus pathologischen, humoralen Interaktionen zwischen Fötus und Mutter, also in der intrauterinen Phase, entstanden sein sollen (Marty 1969). Hieraus leiten die Autoren die von ihnen beschriebenen klinischen Phänomene ab: das operative Denken als „Ausdruck einer Überbesetzung des Handgreiflichsten, Konkretesten und Praktischsten in der Realität" (de M'Uzan 1977), das dem Patienten keinen Zugang zu affektiven oder phantasiebezogenen Ebenen erlaubt, sondern nur Abbilder der Zeit- und Raumbeziehung schaffe und damit eine „blande Beziehung" zum Gesprächspartner entwickle. Dies sei die kennzeichnende Beziehungsform der psychosomatisch Kranken. Als „Reduplikation" arbeiteten die französischen Autoren eine Tendenz des psychosomatisch Kranken heraus, sich mit den Eigenschaften eines Objekts oberflächlich zu identifizieren, der Patient mache aus sich einen unendlich reproduzierbaren Menschen, er begreife den anderen nur von seinem eigenen Modell her und zeige kein Verständnis für dessen persönlichen Charakter.

Gründete Marty seine Vorstellungen zunächst auf die Annahme intrauteriner Fixierungen, so führte er später eine Konzeption ein, bei der die Entstehung der primären Fixiermechanismen, die für die Entwicklung einer psychosomatischen Störung verantwortlich gemacht werden, als Ergebnis des pathologischen Zusammenspiels von Todestrieb und Evolutionsprozeß aufgefaßt werden. In diesem Konzept versucht Marty (1968) die beobachteten Merkmale des operativen Denkens mit der psychophysiologischen Entwicklung des Individuums in Zusammenhang zu bringen. Er sieht die menschliche Entwicklung als Evolution, die sich unter dem Einfluß von Lebens- und Todestrieb vollzieht; die Nähe zu Schurs Konzept der Desomatisierung wird deutlich, wenngleich diese auch in eine differente theoretische Rahmenkonzeption eingebunden wird. Im Verlauf der kindlichen Entwicklung des psychosomatisch Kranken (Evolutionsprozeß, vom Eros beeinflußt) tritt durch antievolutionäre Einflüsse (von Thanatos, dem Todestrieb ausgehend) eine Störung der biologischen Ökonomie ein, deren Überwindung zwar die pathologische Dysfunktionalität beseitigt, jedoch nicht verhindern kann, daß diese Entwicklungsabschnitte als psychosomatische Fixierungspunkte fortbestehen.

Am Beispiel der französischen Autoren läßt sich zeigen, daß Theoriefragmente unvermittelt nebeneinanderstehen und theorieimmanente Widersprüche aufbrechen, ohne daß es zu Versuchen käme, ein halbwegs schlüssiges Theoriemodell zu konzipieren, das durch Untersuchungen nachgeprüft werden könnte. So ordnen die französischen Autoren das operative Denken dem Primärprozeßhaften zu, andererseits diskutieren sie es als eine Modalität des Sekundärvorgangs, wobei Realitätsorientierung, Kausalität, Logik und Kontinuität der Denkvorgänge herausgehoben werden (Marty u. de M'Uzan 1963). Es erhebt sich die Frage, wie auf der

Primärprozeßebene eine so auffällig gute soziale Integration zu leisten ist, wie sie psychosomatisch Kranke in der Regel aufweisen. Auch die Konzeption der „Reduplikation“ ist nicht so herausgearbeitet worden, daß dieser Aspekt des psychosomatisch Kranken in einen Rahmen mit den vielfach geäußerten Beobachtungen der Verhaltensnormalität gebracht werden könnte.

Von einer neuen Spezifitätsannahme waren auch die amerikanischen Autoren geleitet, die den griffigen Alexithymieterminus prägten: Sie postulierten eine spezifische Persönlichkeitsstruktur psychosomatisch Kranker, die - im Unterschied zu der neurotisch Kranker - von dem Merkmal der „Alexithymie“ geprägt sein soll; dies sei die Unfähigkeit, in angemessenen Worten ihre Gefühle zum Ausdruck zu bringen. Sifneos (1973) arbeitete die von ihm als charakteristisch für psychosomatische Patienten aufgefaßten Merkmale zusammenfassend heraus: ein verarmtes Phantasieleben mit einer konsekutiven, funktionalen Art des Denkens, eine Tendenz zum Ausweichen gegenüber Konfliktsituationen durch Agieren, eine Einschränkung in der Erfahrbarkeit von Gefühlen, eine partikulär auftretende Schwierigkeit, angemessene Worte zur Beschreibung der eigenen Gefühle zu finden. Stellten die Autoren (Nemiah u. Sifneos 1970) zunächst eine psychodynamische, eine entwicklungsdefizitäre und eine neurophysiologische Hypothese nebeneinander, so bevorzugten sie später ausdrücklich ein von MacLean (1977) übernommenes neurophysiologisches Konzept. Dieses arbeitet mit der Annahme einer neuronalen Verbindung zwischen dem limbischen System als dem Korrelat der Trieb- und Gefühlsabläufe und dem Neokortex. Erregungen könnten demzufolge direkt über das hypothalamisch-vegetative System in den somatischen Bereich hinein entladen werden.

Die Autoren gaben mit ihren Überlegungen den Anstoß zu einer eifrigen empirisch-quantitativen Forschungstätigkeit, deren Ergebnis jedoch enttäuschen mußte: Bei 17 empirischen Arbeiten zur Erfassung von Alexithymie als Persönlichkeitsmerkmal zeigten sich außer in der Arbeit von Sifneos und in 2 Arbeiten einer weiteren Autorengruppe keine Hinweise für das Vorliegen eines solchen spezifischen Persönlichkeitsmerkmals psychosomatisch Kranker. Im Gegenteil waren die gemessenen Merkmale bei anderen klinischen Gruppen und auch bei gesunden Vergleichspersonen nachweisbar (Ahrens u. Deffner 1985). Das Festhalten an der Idee einer wie auch immer gearteten spezifischen psychosomatischen Persönlichkeitsstruktur verhinderte die weitere wissenschaftliche Entwicklung einer psychoanalytischen Psychosomatik (Ahrens 1987). Die Intention, eine einheitliche Persönlichkeitsstruktur für die Komplexität und Vielfalt psychosomatischer Störungen zu finden, bedeutet eine Einengung, die auch der klinischen Erfahrung widerspricht. Diese legt eher die Annahme heterogener Konfliktkonstellationen schon bei *einem* psychosomatischen Krankheitsbild nahe, was im übrigen in empirischen Untersuchungen nachgewiesen wurde (Overbeck 1977).

Am wahrscheinlichsten ist es, daß alle wesentlichen Merkmale der sog. psychosomatischen Struktur, die dem mechanisierten Denken („pensée opératoire“) bzw. der Alexithymie zugeschrieben werden, situativ entstehen. Eher sind sie das Resultat einer unter bestimmten Annahmen geführten Gesprächsführung, als daß es sich um konstante bzw. ätiologisch relevante Persönlichkeitsmerkmale handelt - ganz zu schweigen von deren mutmaßlicher Entstehung im 1. Lebensjahr. Cremerius (1977) wirft zu Recht die Frage auf, ob bei solchen Patienten, die - wie in den publizierten Beispielen geschehen, um den Befund der Phantasielosigkeit zu belegen - sich unvermittelt und ohne Vorbereitung der psychoanalytischen Gesprächsführung in einem Hörsaal gegenübersehen, schon durch diese Rahmenbedingungen ein Gesprächsverhalten induziert wird, das die Phantasietätigkeit stark einengt. Auch sein Hinweis auf die Nähe dieses Sprachstils zu dem restringierten Code, den Menschen aus niederen sozialen Schichten verwenden, verdient Beachtung. Ahrens (1986a u. b) untersuchte eine von Sifneos u. Nemiah im Jahre 1970 publizierte Sequenz eines Erstinterviews, das von den Autoren als Beispiel für den Befund der Alexithymie bei psychosomatischen Patienten verwendet wurde, mit einem sprachinhaltsanalytischen Verfahren. In dieser Sequenz enthält gut die Hälfte der Sätze, die der Patient spricht, aggressive Konnotationen, die jedoch vom Interviewer nicht erkannt und angesprochen werden, sondern eine verdeckte Resonanz im Gesprächsverlauf finden. Das im Titel der Arbeit angesprochene „Problem of communication" wird in den Patienten hineinverlagert und mit dem Begriff der Alexithymie etikettiert, das Problem von Übertragung und Gegenübertragung bleibt jedoch ausgeklammert. Auch Untersuchungen im Gruppenvergleich neurotisch und somatisch erkrankter Patienten mit einem differenzierten methodischen Ansatz widersprachen der Vorstellung einer spezifischen psychosomatischen Persönlichkeitsstruktur, da sich keine Unterschiede zwischen den einzelnen Patientengruppen finden ließen (Ahrens 1986a u. b). Diese Befunde blieben jedoch weitgehend unberücksichtigt. Die Produktion umfassender ätiologischer Phantasien steht in einem krassen Mißverhältnis zu den Bemühungen, diese durch nachprüfbare Untersuchungen zu untermauern.

Ganz offensichtlich haben sich hier Vorurteile festgesetzt, die durch rationale Mittel wissenschaftlicher Beweisführung kaum gelockert oder gar aufgelöst werden können. Deshalb ist psychoanalytisch zu fragen, welche Motive das Zurückdatieren von Ursachen in eine gemeinsame psychophysische Matrix so faszinierend machen und gegen Realitätsprüfung schützen bzw. diese Form des Zurückphantasierens von vornherein gegen wissenschaftliche Argumente immunisieren.

Die Todestriebhypothese Martys mag hierfür als Beleg gelten: Ein Erklärungsmodell wird auf hypothetischen Konstrukten abgestützt, die einer empirischen Überprüfung - und sei es nur durch die Plausibilität kasuistischer Erfahrung - nicht offenstehen. Deshalb bleiben solche Spekulationen - im Unterschied zu Ideen und Phantasien als Grundlage wissenschaftlichen Suchens und Untersuchens - einerseits bodenlos, andererseits bestimmen sie das therapeutische Handeln, ohne dieses begründen zu können. Viele Psychoanalytiker glauben ihre Spekulationen rechtfertigen zu können, indem sie sich auf Freuds *Triebmythologie* berufen. Freuds berühmte ironisch-philosophische Bemerkung lautet: „Die Triebehre ist sozusagen unsere Mythologie. Die Triebe sind mythische Wesen, großartig in ihrer Unbestimmtheit. Wir können in unserer Arbeit keinen Augenblick von ihnen absehen und sind dabei nie sicher, sie scharf zu sehen" (Freud 1933a, S. 101).

Wir schreiben diesen Sätzen mehrere Bedeutungen zu. Die Triebe sind deshalb nicht scharf zu sehen, weil sie sich im biologischen Unbewußten verlieren. Seelisch werden nach Freud stets nur ihre Abkömmlinge erlebbar, nämlich insoweit diese als Vorstellungs- und Affektrepräsentanten - als triebhafte Wünsche und Bedürfnisse - bewußt werden oder aufgrund von Symptomen in ihren unbewußten Vorstadien erschlossen werden können. Ihre Großartigkeit teilen die Triebe mit mythischen Wesen deshalb, weil von ihnen - wie einst im Mythos von Helden in menschlicher und göttlicher Gestalt - Wirkungen ausgehen. Diese sind aber im Sinne von Freuds Triebtheorie wissenschaftlich zu bestimmen, also bei Kenntnis der Randbedingungen vorauszusagen. Beispielsweise werden unbewußte ödipale Wünsche im Sinne der Trieblehre klinisch indirekt nachweisbar, und zwar wenigstens im Sinne eines relevanten Zusammenhangs (Grünbaum 1984; Kettner 1987). Hier folgte Freud dem wissenschaftstheoretischen Postulat Machs, der die Frage, was der Trieb seinem Wesen nach sei, auf sich beruhen ließ und statt dessen den Nachweis von kausalen Zusammenhängen durch systematische Bedingungs- und Wirkungsanalysen forderte.

Als Theorie wird die Trieblehre wie viele Theorien mythologisch durchdrungen von der - wie Freud ausdrücklich hervorhebt - bis auf die frühen griechischen Denker zurückreichende Naturphilosophie. Diese enthält in den dualistischen Auffassungen über Haß und Liebe tiefe menschliche Weisheiten, die als allgemeine Wahrheiten empirisch falschen Auffassungen über manche Triebschicksale noch einen Sinn geben. Daß Freud, der Aufklärer, ein anderes Ziel verfolgte, als im Gewande falscher kausaler Theorien eine Remythologisierung zu betreiben, dürfte kaum strittig sein. Nicht zuletzt haben Kranke ein Anrecht darauf, auf der Grundlage nachprüfbarer Theorien behandelt zu werden. Die Auffassung, wonach die mythologische Denkweise durch theoretische Erklärung zu ersetzen ist, hat 2 Aspekte. Zum einen ist die Mythologie in den subjektiven Krankheitstheorien der Patienten durch kausale Erklärungen wissenschaftlich aufzuklären. Zum anderen gilt die Befreiung wissenschaftlicher Theorien von mythologischen Komponenten als Fortschritt. Ist die Unterscheidung von Theorie und Mythologie anerkannt, so ist gegen den Rückgriff auf die mythologische Ausdrucksweise wegen der größeren Anschaulichkeit nichts einzuwenden. Freud macht davon ausgiebig Gebrauch. Läßt man hingegen die Unterscheidung von Mythologie und Theorie außer acht und hält man die ontologische Redeweise und den naiven Realismus der Metapsychologie für bare Münze, verkehrt sich Freuds Idee ins Gegenteil. Daß die von Freud als „Hexe“ bezeichnete Metapsychologie, die den allgemeinen Erklärungsrahmen abgeben soll, um Magie, Sagen, Märchen, Mythologien und Religionen in eine wissenschaftliche *Theorie* aufnehmen zu können, ihrerseits dem althergebrachten hexenhaften Wesen treu blieb, ist mehr als bedenklich.

In Freuds Modell kausaler Erklärung geht es freilich gerade nicht um das mythische Wesen des Triebes, sondern um das Aufzeigen von Zusammenhängen zwischen Bedingung und Wirkung - was immer der Trieb sein mag (Kerz 1987). Auf einem anderen Blatt steht freilich, daß in Freuds Triebtheorie naturphilosophische Komponenten enthalten sind, die in Mythologien übergehen können.

Die Deutung körperlicher Erkrankungen kommt der menschlichen Sehnsucht nach Sinnfindung entgegen. Diese Sehnsucht wächst angesichts unheilvoller und tödlicher Erkrankungen: Das Todesproblem ist zum Ausgangspunkt von Welt- und Lebensanschauungen geworden. Im Animismus beseelt der Mensch, wie Freud (1912/13) in *Totem und Tabu* beschrieben hat, die unbelebte Natur, und er schafft sich so auch den Glauben an das Weiterleben nach dem Tod.

Nun gibt es nicht nur die universale Tendenz, sich selbst zum Maß aller Dinge zu machen. Der Narzißmus kann sich so eng mit einer wissenschaftlichen Methode oder mit einer Therapie verbinden, daß diese ohne Grenzen zu sein scheinen. Führt man die Entstehung schwerer oder tödlicher Erkrankungen - die Geisteskrankheiten und den Krebs - auf den Anfang des Lebens zurück, folgt man dem Denksystem des Animismus: „... er gibt nicht nur die Klärung eines einzelnen Phänomens, sondern gestattet es, das Ganze der Welt als einen einzigen Zusammenhang, aus einem Punkte zu begreifen" (Freud 1912/13, S. 96).

In der Medizin haben die Aufteilung in Fachgebiete und die unausweichliche, immer weitergehende Spezialisierung dazu geführt, daß ungeahnte diagnostische und therapeutische Fortschritte in allen Zweigen erzielt werden konnten. Im Maße der Aufteilung und angesichts vielfacher Bedrohungen und Komplizierungen des Lebens wächst die Sehnsucht nach Einheit und Ganzheit, die in aller Munde sind. Im Zurückphantasieren wird das Paradies gesucht: die verlorengegangene Ganzheit, deren Verlust nach dem Sündenfall zwar die Erkenntnis, aber auch die Zeit und den Tod mit sich brachte.

9.10 Der Körper und die psychoanalytische Methode

Der Körper ist der psychoanalytischen Methode über das *Körpererleben* nur indirekt zugänglich. Um so wesentlicher ist es, daß ärztliche Psychoanalytiker, insbesondere soweit sie in der psychosomatischen Medizin tätig sind, ihre Fähigkeiten in der Diagnostik und Therapie körperlicher Erkrankungen - abgekürzt: in der Körpermedizin - aufrechterhalten. Wie allgemeine oder spezielle ärztliche Kenntnisse parat bleiben können, wenn sie nicht fortlaufend ausgeübt werden, ist ein Problem, das alle Spezialisten betrifft.

Die Probleme, mit denen der Psychoanalytiker aufgrund seiner Spezialisierung konfrontiert wird, sind von allgemeiner Natur und gelten für jede Spezialisierung. Allgemeinärzte haben der Bezeichnung entsprechend ein breit gefächertes Wissen und arbeiten auf einem Niveau, das nicht ausreicht, um auf einem Teilgebiet spezialistisch tätig zu sein. Fachärzte - oder wie die korrekte Bezeichnung lautet: Gebietsärzte - überblicken auf der anderen Seite nicht mehr die gesamte Heilkunde, die der Hausarzt zu vertreten hat. Spezialisierung und Subspezialisierung bringen mit sich, daß der hochgradige Fachmann immer mehr über immer weniger weiß. Dieser spöttische Spruch trifft übrigens nur dann zu, wenn man davon absieht, daß bei allen tiefergehenden wissenschaftlichen Arbeiten, so detailliert sie sein mögen, Beziehungen zu großen Grundlagenproblemen bestehen, die stets weit über das einzelne Fach hinausgreifen und zur interdisziplinären Zusammenarbeit herausfordern. Die Psychoanalyse ist, wie wir unter 1.1 ausgeführt haben, sogar in besonderem Maße auf den Austausch mit allen anderen Wissenschaften vom Menschen angewiesen. All dies ändert freilich nichts daran, daß ihre Methode, soweit sie als therapeutische Technik zur Anwendung kommt, sich dem seelischen Erleben des Kranken zuwendet, nicht aber seinem Körper. Nun lassen sich Methoden nicht nur im Hinblick darauf vergleichen, was jeweils unberücksichtigt und ausgeklammert bleibt. Bei solchen Vergleichen ist die Einheit der Person im Auge zu behalten. So entsteht ein vielfältiges Spannungsfeld. Im Sprechzimmer wird der Analytiker nur in besonderen Augenblicken den ganzheitlichen Bedürfnissen eines Patienten gerecht. Hierfür sind nicht nur die methodischen Grenzen verantwortlich zu machen. Vielmehr ist es das erwähnte Spannungsfeld, das an den Defiziten zwischen der ersehnten, ganzheitlichen, leib-seelischen Zuwendung und der Wirklichkeit entsteht. Dieser These liegt die anthropologische Annahme zugrunde, daß sich die Einheit der Person in ganzheitlichen Erwartungen aktualisiert, die als Gestalten bewußter wie unbewußter Phantasien antizipiert und fortlaufend am Mangel bilanziert werden. In der philosophischen Anthropologie wird das Mängelwesen Mensch seit langem als Januskopf konzeptualisiert, der sich durch seinen Phantasieüberschuß auszeichnet. Damit ist Unzufriedenheit vorprogrammiert, die überall dort besonders groß ist, wo aus methodischen Gründen Ausklammerungen erfolgen oder die Perfektion von Techniken zu wünschen übrig läßt, weil menschliche Unzulänglichkeiten unvermeidlich sind.

Im psychoanalytischen Sprechzimmer werden ganzheitliche Erwartungen von großer Intensität und Ursprünglichkeit bei Patienten geweckt, die sowohl in die Vergangenheit - als dem verlorenen Paradies vor der Trennung und Traumatisierung bzw. Bewußtwerdung - als auch in die Zukunft - als Utopie - verweisen. Schließlich gibt es auch das Sprichwort: „In der Beschränkung zeigt sich der Meister". Wir haben die Erfahrung gemacht, daß diese Wertschätzung trotz der erwähnten und noch weiter zu diskutierenden Probleme auch dem Psychoanalytiker entgegengebracht wird, wenn er die beschränkte Reichweite seiner Methode kompetent vertritt. Zu keiner Zeit endete deren Reichweite an der Grenze des Körpers, insoweit dieser als *Körperbild* im bewußten und unbewußten Erleben repräsentiert ist. Wir machen den Leser auf den Abschnitt „Konversion und Körperbild" (9.2.1) aufmerksam und betonen, daß das Körperbild bezüglich seiner Entstehung eine der Domänen der Psychoanalyse ist und auch in der Therapie eine entscheidende Rolle spielt. Über das Ernstnehmen des Körpergefühls unserer Patienten gelangen wir zu den vielfältigen Aspekten des Körperbilds. Die in ihm vereinigten bzw. sich widersprechenden unbewußten und bewußten Vorstellungsrepräsentanten sind freilich etwas anderes als der *Körper* der naturwissenschaftlichen Medizin.

Die somatopsychischen Auswirkungen schlagen sich im subjektiven Befinden nieder, das als Körpererleben eng mit dem Körperbild verbunden ist. Von dieser psychoanalytischen Domäne aus können dann seelische Einflüsse auf das Körpergeschehen erkannt oder evtl. gemildert werden. Wo nicht mehr alles in einer Hand bleiben kann, weil bei allen schwierigen Fragestellungen das auf viele verteilte Fachwissen notwendig ist, entstehen das Problem der Integration und die Frage, in wessen Hand die damit verbundene Übernahme von Verantwortung für diese Integration liegt. Wir plädieren dafür, daß der behandelnde Analytiker ein starkes Interesse daran bekundet, daß seine Patienten bei interkurrenten oder chronischen körperlichen Erkrankungen so versorgt werden, wie er selbst oder seine Familienangehörigen im Krankheitsfalle ärztlich betreut sein möchten. Diesem alten Leitspruch zu folgen, führt auf den Weg zur bestmöglichen Medizin. Welchen Beitrag der ärztliche Analytiker im gegebenen Fall leisten kann, ist einerseits unter methodischen Gesichtspunkten und andererseits unter Einschätzung der Kompetenz zu entscheiden, die neben der Spezialisierung erhalten blieb und praktiziert werden konnte. Das Ernstnehmen körperlicher Erkrankungen, anstatt diese in einem unverantwortlichen Panpsychismus zu psychologisieren, und die analytische Bearbeitung der subjektiven Krankheitstheorien des Patienten gibt der psychoanalytischen Methode einen großen Spielraum. Vom Befinden des Patienten und seinem Körperbild ausgehend kann die Fürsorge des Analytikers bei körperlichen Erkrankungen sehr viel weitergehen, als es ein falsch verstandenes Abstinenzprinzip zuläßt.

Am häufigsten wird der Analytiker in der Behandlung schwerer Angstkrankheiten, bei Grenzfällen und Psychosen mit der Frage der Verschreibung von Psychopharmaka konfrontiert. Auch Analytiker, die in der Pharmakotherapie erfahren sind, zögern, einem Angstneurotiker einen Beta-Rezeptorenblocker oder ein Benzodiazepin-Präparat selbst zu verordnen. Bei der Befürchtung, die Übertragung könnte im Falle einer Verschreibung „unanalysierbar" beeinflußt werden, wird außer acht gelassen, daß auch die Ablehnung einer solchen eine nachhaltig ungünstige Nebenwirkung haben könnte. Besonders bei Patienten, die ohnehin unter Spaltungsprozessen leiden, bringt die Aufteilung ärztlicher Funktionen auf verschiedene Personen zusätzliche Probleme mit sich. In seiner wenig beachteten Schrift „Drugs in Psychoanalysis and Psychotherapy", deren Titel in der deutschen Übersetzung wohl kaum zufällig auf „Psychopharmaka in der Psychotherapie" verkürzt wurde, hat Ostow zu Recht folgendes festgestellt:

> So wünschenswert diese Gleichförmigkeit [der Übertragung] auch ist, wesentlich ist nur, daß alle Unternehmungen mit dem Patienten genau überlegt und gesteuert sind, so daß Phantasie und Wirklichkeit voneinander unterschieden werden können. So wird z. B. kein Analytiker zögern, einem schwer depressiven Patienten mehr Zeit, mehr Unterstützung und Zuwendung zuteil werden zu lassen als anderen. Drittens hat die Verabreichung einer Medizin für den Patienten unbewußte Bedeutungen, die genauso analysiert werden können, wie die unbewußten Bedeutungen aller anderen Zufälligkeiten des therapeutischen Kontakts, wie etwa das Arrangement der Sprechzimmereinrichtung, der Name des behandelnden Arztes, die Vereinbarungen über die Zahlungsweise der Honorare, eine Krankheit usw. (1966, S. 14).

Diese flexible Einstellung ermöglicht es, vielen Schwerkranken im Sinne unserer adaptiven Indikationsstellung gerecht zu werden, auch wenn Ostows libidoökonomische Spekulationen über die Wirkungsweise von Psychopharmaka unhaltbar sind. Selbstverständlich ist die Medikation von Psychopharmaka in einen analytischen Behandlungsrahmen zu stellen, wobei das Problem der Gewöhnung besonders zu beachten ist. Viele Vertreter der biochemischen Richtung in der Psychiatrie verordnen Psychopharmaka, ohne die genuin seelische Entstehung von Ängsten psychotherapeutisch zu beachten (s. 9.1). Wir geben Beispiele für unterschiedliche Handhabungen bei der Verordnung von Psychopharmaka unter 2.3.1, 3.4.2, 6.4 und 9.3.1. Wegen der spärlichen wissenschaftlichen Untersuchungen lassen sich allgemeine Empfehlungen, in welcher Hand bei einer kombinierten Therapie die Verschreibung liegen sollte, noch nicht aussprechen (s. hierzu Klerman et al. 1984).

Die eingangs beschriebenen Spannungen zwischen ganzheitlicher Erwartung und Unvollkommenheit, wie sie sich auch in der Partikularität von Methoden manifestieren, können fruchtbar gestaltet werden. Hingegen scheint sich der ausgeschlossene Körper – um diesen zu personifizieren – an der Psychoanalyse ebenso zu rächen wie die Angehörigen, die sich ihre Fürsprecher im familientherapeutischen Lager suchen. Doch für welchen Körper sprechen die Körperpsychotherapeuten?

Die Renaissance des Körpers in den Körpertherapien bezieht sich, wie man dem informativen Buch von Brähler (1986) über *Körpererleben* und dem Untertitel „Ein subjektiver Ausdruck von Leib und Seele" entnehmen kann, auf das *Körperbild*. Um dieses geht es auch T. Moser (1987) in seiner Begeisterung für die Körpertherapien, zu deren Entstehen sicher auch der *Ausschluß* des Körpers in einer besonderen Form psychoanalytischer Abstinenz beiträgt, die leider nicht nur in der Karikatur von Moser existiert. Wir teilen diese Kritik, ohne die gleichen Konsequenzen zu ziehen. Daß wir zu anderen Folgerungen gelangen, hat mehrere Gründe.

Nach den Erfahrungen von Benedetti (1980), Schneider (1977), Wolff (1977), Ahrens (1988) und nach unseren eigenen Verlaufsstudien entwickeln Patienten mit körperlichen Symptomen nach einiger Zeit eine affektive Resonanz und Phantasietätigkeit, die sich qualitativ und quantitativ durchaus mit der Behandlung von Neurosen vergleichen läßt. Die von McDougall (1985, 1987) und von Moser beschriebenen behandlungstechnischen Probleme sind also nicht auf die Alexithymie zurückzuführen. Läge freilich ein ausgleichbarer Mangel in der präverbalen Entwicklungsphase vor, wäre es konsequent, zumindest einen Versuch mit einer der Körpertherapien zu machen. Am Probieren jedenfalls sollte man sich durch das Tabu der Abstinenz, das seine rigide Handhabung auch den Zeitumständen verdankte, nicht hindern lassen, wie Moser und Müller-Braunschweig (1986) deutlich machen.

Wir sind in unserer Experimentierfreudigkeit aufgrund theoretischer Erwägungen eingeschränkt. Erfolge oder Mißerfolge von Analysen sind von so vielen Bedingungen abhängig, daß es unmöglich ist, das Scheitern der klassischen Technik bei Patienten mit „psychosomatischer Struktur" auf eine hypothetische frühe Störung zurückzuführen. Noch nicht einmal auf der phänomenologischen Ebene der Diagnostik besteht hier ein Konsens, der über die Übereinstimmung einer Person mit sich selbst hinausginge – ganz zu schweigen von der Rekonstruktion der Entstehungsbedingungen. Im übrigen bringt unsere persönliche Einstellung mit sich, daß wir uns nicht zu einem therapeutischen Handeln entschließen können, wenn wir davon überzeugt sind, daß die Theorie falsch ist, die seiner Begründung dient. Nun gibt es auch therapeutisch hilfreiches Handeln, das auf eine falsche Theorie zurückgeht. Wurde beispielsweise ein Patient jahrelang schwer frustriert, halten wir es für denkbar, daß eine Berührung durch einen begnadeten Körpertherapeuten Wunder wirkt. Mit Traumatisierungen im 1. Lebensjahr und deren Ausgleich anläßlich eines solchen fiktiven Neubeginns hat das Ganze aber u. E. wenig oder nichts zu tun. Bewiesen wird hierbei, daß es schädlich ist, Patienten zu frustrieren, anstatt ihnen die Gelegenheit zu geben, das zu meistern, was ihnen angetan wurde. Was immer die Heilwirkung von Berührungen ausmachen mag, so sind das Erleben und die Entstehung von Mängeln oder Defekten des körperlich verankerten Selbstgefühls eine recht komplexe Angelegenheit. Bedenklich scheint uns schließlich, daß der Körpertherapeut auf einer „Als-ob-Ebene" agiert, aber angeblich an der passenden Stelle mütterliche oder väterliche Dinge tut, denen ein besonders tiefer Realitätsgehalt zugeschrieben wird. Wie kommt man vom „Als-ob" zur tieferen Realität?, ist die Frage! Denn es sind ja nicht die rein faktischen Berührungen und anderes mehr, sondern ihr Bedeutungsgehalt als Sinneswahrnehmung. Genauer betrachtet geht es also um das Körperbild, nicht um den Körper als Gegenstand der naturwissenschaftlichen Medizin, der, soweit er pathophysiologische oder maligne Prozesse aufweist, schließlich wohl nur durch ein Wunder so berührt werden kann, daß der Tod für eine endliche Zeit hinausgeschoben werden kann.

Wo liegen nun die Grenzen der Übersetzbarkeit der Körpersprache ins gesprochene Wort? Forrester (1980) hat einem Buch einen hintergründigen Untertitel gegeben: „Das Symptom als Gespräch - das Gespräch als Symptom". Freilich können *Symptome* ebenso wie *Gespräche* ihr Eigenleben haben und nebeneinander herlaufen. Dementsprechend ist zu ergänzen: Das Symptom als Symptom - das Gespräch als Gespräch. Forrester (S. 131) spricht von einer tiefgehenden Ambiguität, die in der psychoanalytischen Theorie von Anfang an enthalten war. Wir können nämlich die beiden Sprachen, die des Symptoms und die der Therapie, nicht als die gleiche betrachten, obwohl Freud entdeckte, daß ein Symptom als Äquivalent eine Mitteilung ersetzen kann. Die Gleichwertigkeit muß methodisch an der Austauschbarkeit abgelesen werden können. Diese eignet sich hervorragend zur praktischen Bestimmung der therapeutischen Reichweite der psychoanalytischen Methode, deren Grenze dort liegt, wo sich körperliche Symptome der *Übersetzung* entziehen. Gewiß können auch die Symptome einer Krebserkrankung mit Worten beschrieben werden, aber sie werden mit Hilfe naturwissenschaftlicher Begriffe im Zusammenhang kausaler Theorien *erklärt.* Diese Symptome sind aber ebensowenig wie viele andere körperliche Beschwerden mit Hilfe einer Übersetzung so ins bewußte Erleben einzureihen, daß sie tiefenpsychologisch erklärt werden könnten: Diese körperlichen *Symptome* stehen nicht als *Symbole* für etwas anderes, wiewohl der Kranke seinem Leben, Leiden und Sterben einen *Sinn* geben kann.

In der Diagnostik und psychoanalytischen Therapie von Patienten, die an somatischen Symptomen leiden, sind folgende Gesichtspunkte zu beachten. Bei der Übersetzungsarbeit entdecken Patient und Analytiker das Mitsprechen körperlicher Beschwerden beispielsweise im Zusammenhang mit belastenden Situationen. Der Gesunde erlebt sich ganzheitlich. Die beobachtbaren oder der Introspektion zugänglichen Erscheinungen der Freude, der Trauer, des Schmerzes - um nur einige Beispiele zu nennen - verlangen eine kreisförmige Beschreibung. Hierbei bleibt offen, an welcher Stelle das Ganze angefangen hat. Das gleichzeitige Auftreten eines körperlichen Schmerzes bei einer erlebten Trennung von einem geliebten Mitmenschen erlaubt noch keine Aussage über Ursache und Wirkung. Bei Korrelationen ist unentschieden, welche Seite der Beziehung die abhängige bzw. die unabhängige Variable ist, und beide können von einer 3. oder 4. Bedingung abhängig sein. Selbstverständlich setzt die Klärung von somatogenen und psychogenen *Abhängigkeitsverhältnissen* im Sinne von Ursache und Wirkung oder von Begründungszusammenhängen voraus, daß *Korrelationen* überhaupt bestehen und diese wiederholt und regelmäßig bei einem Fall und bei einer Gruppe ähnlicher Fälle nachgewiesen werden. Wir plädieren also mit Fahrenberg (1979, 1981) für eine „Doppelbetrachtung".

> Höhere Lebensprozesse, d.h. an die Hirntätigkeit des Menschen gebundene psychophysische Prozesse können in 2 kategorial verschiedenen und nicht ineinander überführbaren (inkomensurablen, nicht reduzierbaren) Bezugssystemen beschrieben und analysiert werden. Das eine ist nicht Begleiterscheinung, Äquivalent, Hilfsfunktion oder Epiphänomen des anderen, sondern zur adäquaten Beschreibung und zum vollen Verständnis unentbehrlich. Dieses Komplementaritätsmodell der Kategorialstrukturen verlagert also die ontologische Fragestellung auf das kategorialanalytisch-methodologische Gebiet und schließt Vorstellungen psychophysischer Isomorphie oder einfacher Abbildoder Wörterbuch-Funktionen ebenso aus wie energe-

tische Wechselwirkungen (psychische Kausalität, Psychogenese, Annahme geistiger Einflüsse auf die Synapsen oder Module) und physikalistisch-materialistische Reduktionen (1979, S. 161).

Über die *Bedingungsanalyse* von Korrelationen zwischen Erleben, Verhalten und physiologischen Funktionen kann dann systematisch in die Bedingungszusammenhänge eingegriffen werden, indem die verschiedenen Variablen abgegrenzt werden - sei es in experimentellen Versuchsanordnungen, sei es in der Therapieforschung. Insofern ist die *Psychogenese* ohne Rückgriff auf energetische Wechselwirkungen, wie sie der Konversionstheorie anhaften, im Sinne eines *kausalen* Zusammenhangs empirisch nachzuweisen (Grünbaum 1984).

Im allgemeinen wird vom diagnostizierenden Arzt bei allen körperlichen Beschwerden die Korrelation mit dem Erleben zunächst versuchsweise einseitig beantwortet: Weil allen körperlichen Beschwerden körpereigene Ursachen zugrunde liegen könnten, nimmt die sog. Ausschlußdiagnostik einen immer größeren Raum in der Medizin ein. Da Schmerzen in der Leistengegend, die zum Geschlechtsteil hin ausstrahlen, ebenso wie Oberbauchbeschwerden viele Ursachen haben können, die in den verschiedenen Fachgebieten und Subspezialitäten untersucht werden, sind Ausschlußuntersuchungen langwierig. Häufig werden hierbei nur geringgradige Funktionsabweichungen festgestellt, die der Patient oder der Arzt oder beide zu Erklärungsversuchen heranziehen und überbewerten. Da die Erklärungsversuche der Subspezialitäten jeweils mit Therapievorschlägen einhergehen können, entwickelt sich nicht selten ein Circulus vitiosus von Hoffnungen und neuen Enttäuschungen. Bevor es dazu kommt - als Folge einer einseitigen somatopsychischen Auffassung der genannten Korrelationen -, ist es an der Zeit, die ganzheitliche Betrachtung wenigstens annäherungsweise wiederherzustellen. Der Leser wird sich vielleicht daran stören, daß wir von einer annäherungsweisen Wiederherstellung der Ganzheit sprechen. Die mit dem Methodenpluralismus zusammenhängende Vielsprachigkeit läßt sich eben nicht ohne großen Informationsverlust nach jeder Seite in *eine* allgemeingültige Semiotik transformieren, ebensowenig wie die psychoanalytische Methode auf die Physiologie reduziert werden kann oder umgekehrt. Deshalb ist es entscheidend, durch ein *integrierendes Abwägen* von Beobachtungen und Befunden der unstillbaren Sehnsucht nach Ganzheit wenigstens näherzukommen.

Das Mitsprechen körperlicher Symptome im Sinne der Abhängigkeit vom Erleben muß nicht nur per exclusionem durch die sog. Ausschlußdiagnostik gesichert, sondern vielmehr *positiv* begründet werden. Bei der von Freud bei Hysterikern entdeckten Körpersprache handelt es sich um ein verdecktes, um ein unbewußtes Ausdrucksgeschehen, das scheinbar losgelöst vom Bewußtsein und ebenso blind wie zufällig abzulaufen scheint. Insbesondere die Grammatik von Gefühlen und Affekten, die nur künstlich von Wahrnehmungen getrennt werden können, folgt Regeln, deren Entdeckung der psychoanalytischen Methode zu verdanken ist. Symbolisch zum Ausdruck gebrachte Absichten in einen Zusammenhang zu bringen und ihnen einen Sinn zu geben, kennzeichnet Freuds Theorie der dynamischen Auffassung des Seelenlebens, mit der er über eine beschreibende Phänomenologie hinausging. Noch wesentlicher ist die Bindung dieser Theorie an die *methodisch* begründete Behauptung, daß das Erleben und die Erkenntnis unbewußter Wünsche und Absichten die Symptome zum Verschwinden bringen. So heißt es schon in den *Studien zur Hysterie*:

> Gewöhnlich wird die Arbeit zunächst um so dunkler und schwieriger, je tiefer man in das vorhin beschriebene, geschichtete psychische Gebilde eindringt. Hat man sich aber einmal bis zum Kerne durchgearbeitet, so wird es licht, und das Allgemeinbefinden des Kranken hat keine starke Verdüsterung mehr zu befürchten. Den Lohn der Arbeit aber, das Aufhören der Kranheitssymptome darf man erst erwarten, wenn man für jedes einzelne Symptom die volle Analyse geleistet hat; ja, wo die einzelnen Symptome durch mehrfache Knotungen aneinander geknüpft sind, wird man nicht einmal durch Partialerfolge während der Arbeit ermutigt. Kraft der reichlich vorhandenen kausalen Verbindungen wirkt jede noch unerledigte pathogene Vorstellung als Motiv für sämtliche Schöpfungen der Neurose, und erst mit dem letzten Wort der Analyse schwindet das ganze Krankheitsbild, ganz ähnlich, wie sich die einzelne reproduzierte Erinnerung benahm (1895d, S.304).

Da die pathogenen Vorstellungen nicht voneinander isoliert sind, sondern sich gegenseitig verstärken und aufrechterhalten, kann die therapeutische Arbeit an einem Knoten (Fokus) auf das gesamte komplexe Bedingungsgefüge ausstrahlen. Wegen der Verbindung unbewußter Motive wirkt sich der psychoanalytische Dialog netzartig therapeutisch aus, ohne daß jede spezielle Wunschregung beim Namen genannt oder jeder Knoten aufgelöst werden müßte. Somit verfügen wir über eine pragmatische Anleitung: Die Reichweite der psychoanalytischen Methode zum Körperlichen hin endet nicht an der Sprachgrenze, weil der therapeutische Dialog auch eine nichtsprachliche Komponente realisiert. Am Anfang und am Ende des Lebens sind wir sprachlos. So schließt sich der Kreis.

Seitdem Psychoanalytiker als Berater auf Intensivstationen und in der Psychoonkologie mit therapeutischen Aufgaben konfrontiert werden, sind die somatopsychischen Auswirkungen tödlicher Erkrankungen in ihren Erfahrungshorizont getreten (Gaus u. Köhle 1986; Köhle et al. 1986; Meerwein 1987; Sellschopp 1988). Auch hier handelt es sich um das Körpererleben unter den besonderen Bedingungen der Ahnung oder des Wissens vom herannahenden Tod. Bei Sinnfragen, die ein Patient am Ende des Lebens an den Analytiker heranträgt, empfehlen wir, eine Unterscheidung zu treffen. Unübersehbar ist, daß die psychoanalytische Theorie und ihre latente Anthropologie zur Anerkennung des Todes unter dem Gesichtspunkt des Realitätsprinzips auffordert und dem Sterbenden keinen Trost durch Hoffnung auf jenseitige Wunscherfüllungen zu geben vermag. Die Veränderungen bei zum Tode führenden Erkrankungen tragen zur Auflösung raumzeitlicher Grenzen bei; diese können wohl nur durch Gleichnisse zum Ausdruck gebracht werden, die nicht nur in der psychoanalytischen Sprache in die Metaphorik der Rückkehr einmünden.

Diese Gleichnisse trösten den Patienten indirekt, indem sie beispielsweise das Erleben von Geborgenheit vermitteln und damit das Wissen um den körperlichen Zerfall erträglich machen (Eissler 1969; Haegglund 1978). Wie jeder Arzt wird nun der Analytiker als ein Mensch gefordert, der selbst den umfassenden Sinnfragen über Leben und Tod ausgesetzt ist. Es ist uns sehr zweifelhaft, ob Analytiker diese Fragen für sich selbst bevorzugt im Rahmen der Lebens- und Todestriebe oder der Objektbeziehungstheorie beantworten. Wir vermuten, daß auch Analytiker die Begegnung mit sterbenden Patienten weitgehend auf dem Hintergrund ihrer persönlichen Weltanschauung und Lebensauffassung gestalten und die psychoanalytische Theorie einschließlich der Metapsychologie metaphorisch und als haltgebendes Gerüst verwenden.

9.11 Ergebnisse

Die Diskussion des Ausgangs psychoanalytischer Behandlungen hat von Freuds Krankengeschichten ihren Ausgang genommen. Die erste systematische Untersuchung von Behandlungsergebnissen wurde vom Berliner Psychoanalytischen Institut durch Fenichel (1930) vorgelegt. Dieses Institut war nach der auch von Freud (1919j) vertretenen Idee über die Einheit von Krankenversorgung, Forschung und Lehre konzipiert. In der Folge verengte sich jedoch das Arbeitsfeld der meisten Institute fast ausschließlich auf die Ausbildung. In Deutschland hatten die Untersuchungen am Berliner Zentralinstitut für psychogene Erkrankungen von Dührssen (1962) weitreichende Auswirkungen auf die Aufnahme von tiefenpsychologischer und analytischer Psychotherapie in den Leistungskatalog der Krankenkassen (s. Grundlagenband 6.6), doch in der psychoanalytischen Praxis blieb der systematische katamnestische Rückblick ein Stiefkind. Die psychotherapeutische Ergebnisforschung (s. dazu Kächele 1981; Lambert et al. 1986) verzeichnet inzwischen auch methodisch angemessene empirische Studien zur Katamnestik hochfrequenter Psychoanalysen (Bachrach et al. 1985; Bräutigam et al. 1980; Weber et al. 1966; Kernberg et al. 1972; Wallerstein 1986; Zerrsen et al. 1986).

Von vielen Analytikern wird die Forschung an Institutionen delegiert. Die Psychoanalyse hat sich aber aus der Praxis heraus entwickelt, für die Freud das Junktim von Forschen und Heilen beansprucht hat (s. Grundlagenband Kap. 10). Das in vielen Handlungsdisziplinen übliche Vorgehen, das Erfahrungswissen nur soweit aufzubereiten, daß es sich vorwiegend stabilisierend auf die eigene Praxis auswirkt, hat viele Schattenseiten. Tatsächlich besteht eine Spannung zwischen dem Therapeuten und dem Forscher. Der Therapeut benötigt Sicherheit, weil die sichere Vermittlung eine wesentliche Schiene jedweder psychotherapeutischer Einwirkung ist (Kächele 1988). Die Aufgabe des Therapeuten ist es, seine positive Evidenz zu maximieren, um in der klinischen Situation handlungsfähig zu sein. Den Wissenschaftler jedoch leitet ein unterschiedliches Erkenntnisinteresse; seine Aufgabe ist es, negative Evidenz zu maximieren, also die erhobenen Befunde und ihre Erklärungen immer wieder in Frage zu stellen, wie es auch Bowlby betont.

> Ein Wissenschaftler muß bei seiner täglichen Arbeit in hohem Maße in der Lage sein, Kritik und Selbstkritik zu üben: In seiner Welt sind weder die Daten noch die Theorien eines führenden Wissenschaftlers - wie bewundert er persönlich aus sein mag - von Infragestellung und Kritik ausgenommen. Es gibt keinen Platz für Autorität. Das gilt nicht für die praktische Ausübung eines Berufes. Wenn ein Praktiker effektiv sein will, muß er bereit sein, so zu handeln, als seien gewisse Prinzipien und Theorien gültig; und er wird sich bei seiner Entscheidung darüber, welche von diesen Prinzipien und Theorien er sich zu eigen machen will, wahrscheinlich von der Erfahrung derjenigen leiten lassen, von denen er lernt. Da wir ferner alle die Tendenz haben, uns von der erfolgreichen Anwendung einer Theorie beeindrucken zu lassen, besteht bei Praktikern vor allem die Gefahr, daß sie größeres Vertrauen in eine Theorie setzen, als durch die Tatsachen gerechtfertigt erscheinen mag (1982, S. 200).

Diese Sicherheit scheinen viele Analytiker auch nach Beendigung der Behandlung festhalten zu wollen, denn wie Schlessinger u. Robbins (1983, S. 7) betonen, herrscht in der reichhaltigen klinischen Literatur der Psychoanalyse ein offenkundiger Mangel an Katamnesen. Eine bedeutende Rolle spielt ihrer Meinung nach die defensive Haltung der meisten Analytiker, schon im voraus zu wissen, was das Ergebnis einer Psychoanalyse sein sollte, und sich der Wahrnehmung für Vorgänge zu verschließen, die sich nicht mit dem tradierten Bild in Übereinstimmung bringen lassen.

Im Rahmen eines kritisch angelegten Lehrbuchs der psychoanalytischen Praxis scheint es uns deshalb angebracht, Überlegungen zu einer praxisgerechten Katamnese anzustellen. Es liegt im Weiterbildungsinteresse des Analytikers, das dem Wohl seiner Patienten dient, sich kritisch mit den Auswirkungen seiner Behandlungstechnik auseinanderzusetzen. Dies vollzieht sich a) während der Behandlung, b) bei Behandlungsende und c) zu einem oder mehreren späteren Zeitpunkten. Jeder Analytiker erfaßt am Anfang der Therapie den Schweregrad der Symptomatik und stellt aufgrund der zugrundeliegenden Psychodynamik des Patienten bedingte Prognosen auf (Sargent et al. 1968). Diese beinhalten Hypothesen über kausale Zusammenhänge. Die bedingten Prognosen werden in Abhängigkeit von den jeweils erreichten Zwischenergebnissen im Laufe der Therapie korrigiert und ergänzt. Diese am Verlauf orientierte Evaluierung ermöglicht eine Anpassung der Ziele und der Strategien an den Patienten. Irgendwann kommt der Zeitpunkt eines realistischen Abwägens von „Aufwand und Ertrag". Diese nüchterne, ökonomische Betrachtungsweise erinnert an die Grenzen der durch Psychoanalyse zu erzielenden Veränderungen. Nun wird vor allen Beteiligten Bilanz gezogen. Hierbei sind vielerlei Modalitäten möglich: a) jeder für sich allein, b) miteinander, c) von Dritten, z. B. von Angehörigen.

Da es während der Therapie direkt und indirekt immer wieder um das Thema der Veränderung geht, liegt es nahe, in der Beendigungsphase gemeinsam bilanzierende Überlegungen anzustellen. Hierbei wird der Analytiker im günstigen Fall zu hören bekommen, daß der Patient mit dem Ergebnis zufrieden ist, daß seine Beschwerden, derentwegen er die Behandlung aufgesucht hat, verschwunden sind - soweit sie nicht gerade im Zuge der Trennungsproblematik wieder aufgeflammt sind -, daß er sich wie ein neuer Mensch fühle, weil sehr beengende, charakterliche Eigenarten doch ein gutes Stück weit gelockert werden konnten. Die Fähigkeit zur sog. Selbstanalyse, die wir im Grundlagenband (8.9.4) thematisiert haben, wird der Patient selten als solche angeben. Er wird schildern, wie er auf seine besondere Art und Weise die Funktionen des Analytikers internalisiert hat, die in der Selbstanalyse partiell fortgesetzt werden. Eine genuin analytische Handhabung dieses Konzepts wird man vermutlich bei jenen Patienten finden, die aus der analytischen Behandlung für ihren Beruf Nutzen ziehen konnten.

Psychoanalytische Behandlungen stellen durchweg größere Investitionen an Zeit und Geld dar. Die Zahl der Patienten, die ein niedergelassener Analytiker in etwa 20-30 Berufsjahren behandeln wird, ist im Vergleich zu anderen ärztlichen Disziplinen begrenzt. Das Wissen um die weiteren Auswirkungen der analytischen Intervention stellt deshalb für die psychoanalytische Berufsgemeinschaft ein wesentliches korrigierendes Element dar, wie Schlessinger u. Robbins (1983) deutlich gemacht haben.

Viele Analytiker scheuen katamnestische Untersuchungen bei ihren Patienten, weil sie befürchten, daß dann die ursprünglich aufgelöste Übertragung wieder belebt wird. Aus verschiedenen Gründen ist diese Sorge unberechtigt. Seit Pfeffers (1959, 1961, 1963) Untersuchungen, die von Schlessinger u. Robbins (1983) aufgegriffen wurden (s. auch Nedelmann 1980), ist erwiesen, daß die Übertragung bezüglich der positiven Erinnerungen an die hilfreiche Beziehung erhalten bleibt.

Diese beleben sich bei katamnestischen Gesprächen. Bei günstigen Verläufen lösen sich jene Aspekte der Übertragung auf, die sich als neurotische Anteile abgrenzen lassen. Im übrigen behält der Analytiker als bedeutungsvolle Person einen hohen Stellenwert im Erleben des Patienten. Deshalb fällt es ehemaligen Patienten auch leicht, bei katamnestischen Gesprächen, sei es mit Dritten, sei es mit dem Analytiker, rasch wieder Zugang zu alten Beziehungsmodi zu finden und über diese Reaktivierung nachzudenken. Insofern kann die Vorstellung von einer vollständigen Auflösung der Übertragung als widerlegt gelten. Trotzdem erhält sie sich am Leben und führt sogar zu der stetigen Zunahme der Dauer insbesondere von Lehranalysen seit den späten 40er Jahren, die Balint (1948) als „Superanalysen" bezeichnete. Mit diesen ist u.a. die Zielvorstellung verbunden, durch intensive und langdauernde Analyse die Übertragung besonders gründlich aufzulösen. Tatsächlich scheint aber ein gegenteiliger Effekt bzw. Circulus vitiosus eingetreten zu sein, weil sich durch die Superanalysen gerade bei Lehranalysanden Abhängigkeiten vergrößern und sich damit die neurotischen Anteile von Übertragungen verstärken. Die Idealisierung der Lehranalytiker und die Vermeidung realistischer Einschätzung auf beiden Seiten ist bei diesen Analysen besonders ausgeprägt, so daß beide Seiten nach der Beendigung einen Prozeß der Desillusionierung durchlaufen, der sich u.E. jahrelang hinzieht und zu einer nicht geringen Belastung der Berufsgemeinschaft führt. Es ist deshalb als ein großer Fortschritt zu werten, daß diese Probleme kürzlich ausführlich diskutiert wurden (Cooper 1985).

Durch katamnestische Untersuchungen müssen wir mit erheblichen Korrekturen an dem Bild rechnen, das wir während der laufenden Behandlung gewinnen konnten. Da diese Korrekturen sowohl in negative wie in positive Richtungen gehen können, sind sie für die psychoanalytische Behandlungstheorie von großem Wert (Kordy u. Senf 1985).

9.11.1 Rückblicke von Patienten

Da wir die Ansichten unserer Patienten über die Auswirkungen unseres therapeutischen Handelns besonders ernstnehmen, haben wir einer Reihe von Patienten die über sie verfaßten Berichte zum Lesen gegeben und sie um Stellungnahmen gebeten. Wir haben auch rückblickende Bewertungen erhalten.

Die folgende Stellungnahme stammt von dem Patienten Friedrich Y, über den wir unter 2.3.1 berichtet haben. Der Patient beschreibt seine Beschwerden und seine Eindrücke vom Therapiegeschehen. Wir haben an seinem Bericht nur soviel geändert, daß die Anonymität gewahrt bleibt.

Rückblick auf meine Psychoanalyse

Beschwerden

Ich stoße mich immer wieder an meinen Ängsten, an dem Kraftaufwand, mit angezogenen Bremsen zu fahren. Leidensdruck: Ich kann Ärger und Wut über Kollegen, nahe Mitarbeiter nicht direkt herauslassen, nicht austragen, belaste nur meine Frau und mich selbst damit. Ich meide unangenehme Begegnungen, vermeide of Feste, Tanz, Lockeres. Ich schiebe schwierige Telefonate, Besuche auf. Ich habe mich im Betrieb öfters nicht in der Hand, tobe, werde ausfällig, schlage einmal meine Frau. Ich flüchte oft in den Wald, oder in die Selbstüberforderung. Ich kann nicht lockerlassen, ausruhen, mit den Kindern spielen. Ich rechtfertige mich selbst durch Leistung - und setze so die Familie zurück. Ich habe oft Verdauungsbeschwerden, Kopfweh, Halsweh, Rückenschmerzen. Mein Leidensdruck wächst.

Ein Freund macht mir Mut, einen Therapeuten aufzusuchen, den er selbst auch konsultiert hat.

1. Gespräch

Ich gehe hin: a) mit der Furcht, abgewiesen zu werden; b) in rückhaltloser Offenheit, fast Selbstenblößung; c) im Bewußtsein jetzt oder nie, d) mit dem starken Wunsch: ich will die Bremsen in mir lockern. Ich will mehr Leben, ich will - jetzt endlich - mein Leben.

Er nimmt mich. Ich kann es mit ihm. Ich will mit ihm weiterkommen. Er hört mir zu - mit großer Geduld. Ich kann viel aussprechen, Ballast abwerfen. Er hat etwas Lebendiges, Erfahrenes, Freizügiges, Verführerisches an sich. Er drängt nicht.

1. Phase

Ich kann meinen Haß auf die Mutter mit ihm austragen. Sie hat mir soviel Leben vorenthalten, mich geschlagen, unterdrückt, mich in ein Bravheitskorsett gezwängt. Sie hat den Vater fertiggemacht und mich als Ersatzvater mißbraucht. Über schlechtes Gewissen und religiösen Druck hat sie meine Aggressionen unterdrückt, mich zum Schwächling und Krüppel gemacht. Zugleich die Erkenntnis: Sie konnte als älteste Tochter, die früh den Vater verloren hat, eine harte, energische Mutter hatte, für ihre Schwestern verantwortlich war, vielleicht nicht anders. Sie hat das Leben zuerst in sich selber unterdrückt, v.a. nach dem Tod meines Vaters. Sie mußte sich durchkämpfen, energisch sein. Und: Sie ist alt geworden, ist von der Starken zur Schwachen, von der Beherrscherin zum Opfer geworden: Beschämende Zeiten in ihren letzten 2 Jahren, sie hat Angst vor ihren Hausleuten, will sich das Leben nehmen, ist ein schwieriger Patient bei ihrer Pflegefamilie.

In den letzten Jahren kann ich ihr noch etwas Gutes tun, zurückgeben. Ich kann sehen, was sie für mich auch geopfert hat. Ich sehe, bedaure und bewundere ihren Kampf; ich kann sie stützen in ihrer Schwäche, Hilflosigkeit, manchmal ungerechten Wut. Sie stirbt 40 Jahre nach dem Ende der Hitlerherrschaft. (Wie hat sie da gelebt? Darüber konnten wir nie ruhig sprechen. Immer hat sie abgewehrt, sich gerechtfertigt, entschuldigt!)

2. Phase

Was hatte ich an meinem Vater - und mit ihm verloren? Hinter der Mutter taucht in der Therapie immer mehr mein Vater auf. Ich war eigentlich nie Sohn, Junge - eher ein Mädchen wie die Schwester. Ich hatte kein männliches Vorbild in Kampf, Auseinandersetzung, Selbstbehauptung. Jetzt kann ich an meinen Aggressionen arbeiten:

Ich kann im Büro besser hinstehen, mich zurücknehmen, mir Wut zugestehen. Ich verstecke mich nicht mehr so in Gruppen, übernehme Verantwortung, trage Konflikte aus. Ich schone mich und andere nicht mehr so, habe nicht mehr so viel Angst, verletzt zu werden und zu verletzen. Ich verstecke nicht mehr, schäme mich nicht mehr meiner Zuneigung zu anderen Frauen, kann damit umgehen. Ich merke deutlicher, wo meine Frau unter mir leidet, sich von mir überfahren, zurückgesetzt fühlt. Ich kann mich besser mit ihr auseinandersetzen und bin ihr dadurch näher gekommen. Ich kann es eher aushalten, wenn sie verzweifelt ist. Ich kann bis an die Grenze gehen und mich auch bewußt wieder zurücknehmen, nicht aus schlechtem Gewissen, auf Druck, sondern in eigener Entscheidung: z. B. ist meine Frau mir wichtiger als andere. Familie ist oft wichtiger als der Beruf. Einlenken ist manchmal wichtiger als Konflikt „um jeden Preis". Meine Freiheit im Sexuellen zusammen mit meiner Frau, im „Mir-etwas-Leisten" wächst; auch in dem Maße, wie meine Frau etwas für sich tun kann. Ich kann meiner Frau zugestehen, daß sie etwas für sich tut, daß sie noch Zeit braucht, um freier zu werden, um sich von der Last freizumachen, die ich ihr so lange aufgebürdet habe. Auch daß sie sich nach einem Gespräch zu dritt über den Therapeuten ärgert. Ich kann meine Frau besser neben mir „schwach sein lassen" und mir auch eigene Schwäche zugestehen.

3. Phase: Ablösung und Ende der Analyse

Wo ich noch arbeiten will: Am Zusammenhang der Seele mit dem Körper. Wann kommt das Kopfweh, der Darm, der Rücken? Wie stehe ich Krankheiten durch? Wie arbeite ich vorbeugend, an den Ursachen? Ein Feldenkraiswochenende hat mir da weitergeholfen. Wochenlang nach dem Ende der Analyse hatte ich Halsweh, Probleme mit der Stimme, Schwierigkeiten beim Singen, am Arbeitsplatz, beim Referieren. Ich stelle mich öffentlich zu meiner Analyse, kann anderen davon berichten, einzelnen Mut machen, selber an sich zu arbeiten. Ich kehre Konflikte mit den engsten Mitarbeitern nicht mehr unter den Teppich, wehre mich, provoziere manchmal. Es schlaucht mich noch, Widerstand, Feindschaft auszuhalten. Ich werde stärker, unbeugsamer im Einsatz für andere, Unterdrückte, z. B. in Leserbriefen gegen Apartheidsbefürworter und Rassisten. Ich tobe mich nicht einfach aus, sondern kämpfe aktiv, mit Risiko, gegen „böse Geister" wie Sucht, Rassismus, Faschismus. Ich frage den anderen zunehmend: Willst du gesund werden? Wenn nicht, dann benenne ich deine Kranheit, distanziere mich, lasse mich nicht hinabziehen, lasse mich nicht in deine Neurose verstricken. Ich will lieber den fauligen Apfel ausschneiden, den falschen Schein durchbrechen, das eiternde Geschwür aufstechen - als Komplize der Krankheit, des Verdrängens, der Resignation zu sein.

Wie ich meinen Therapeuten erlebt habe

Er war vorwiegend geduldig. Er konnte Schweigen aushalten. Er konnte auch zupackend sein, nicht locker lassend. Er hat oft „kleine" Dinge hinterfragt und mir so weitergeholfen; Gesten, Worte beim Eintreten ins Zimmer, Vergessen einer Stunde, Verabschiedung nach der Stunde usw. Er hat meine Träume behutsam miteinbezogen, mir oft die Augen geöffnet über ihre Bedeutung. Er hat die Ablösung, das Ende der Therapie frühzeitig eingeleitet (nicht zu früh, wie ich einmal versucht war, zu meinem Glück) und auch nach dem Ende der Therapie mir noch die Tür offengelassen. Er hat mir Mut gemacht, nicht zuviel Rücksicht auf ihn zu nehmen (ich wollte ihn manchmal „schonen" – aber er kann sich ja selber wehren).

Als ich meine Sparsamkeit – mit seiner Hilfe – zurücklassen konnte, selbstbewußter auftreten konnte, war der Preis für die Therapie für mich kein Problem mehr. Ich habe mir die Therapie bewußt geleistet (keine Kunst, das meiste wurde durch die Krankenkasse erstattet!) und bin froh, dadurch ein hohes Maß an seelischer und körperlicher Gesundheit gewonnen zu haben.

Dieser Rückblick wurde ein Jahr nach Abschluß der Analyse abgefaßt. Der bisherige weitere Verlauf unterstreicht, daß der Patient seinem Leben durch die Behandlung eine entscheidende Wende zu geben wußte.

Für therapeutische Einrichtungen, die eine größere Zahl von Patienten ohne eine allzu komplexe Methodik nachuntersuchen wollen, bietet sich die Verwendung eines von Strupp et al. (1964) entwickelten Fragebogens an. Durch dieses Vorgehen wird eine retrospektive Beurteilung des Behandlungserfolgs durch den Patienten unter verschiedenen Perspektiven ermöglicht.

In einer eigenen Untersuchung (Kächele et al. 1985) haben wir diesen Weg gewählt, um eine größere Gruppe von 91 Patienten, die mit verschiedenen Verfahren behandelt worden waren, zu befragen. Auf einer den Schulnoten nachempfundenen Bewertungsskala erhielt das „Gefühl der globalen Zufriedenheit mit dem Behandlungserfolg" die durchschnittliche Note 2,2. Die dazu offen kontrastierende Frage „Haben Sie das Gefühl, eine weitere Behandlung notwendig zu haben?" wurde mit der Note 3,1 bei einer breiten Streuung der Werte deutlich ambivalent beantwortet. Obwohl 36% der Patienten sehr zufrieden und 27% zufrieden waren – dies entspricht der in vielen Katamnesen bestätigten ⅔-Rate –, ist eine nicht geringe Zahl der Patienten der Ansicht, daß sie eine weitere Behandlung brauchen. Die Patienten drücken u. E. mit dieser scheinbar widerspruchsvollen Einschätzung eine sehr differenzierte Bewertung aus: Nicht alle Ziele sind erreicht, aber auch nicht alles war erreichbar. Dieses Denken schlägt sich auch deutlich in der Frage nieder, die dem Verhältnis von Aufwand und Nutzen für die Behandlung gilt. Dieses wird mit der Note 1,7 sehr günstig beantwortet. Die Fähigkeit, die persönliche Bedeutung einer eigenen Therapie auch sozial zu vertreten, wird von 72% der Patienten dadurch bekräftigt, daß sie einem engen Freund entschieden empfehlen würden, sich im Bedarfsfall in eine psychotherapeutische Behandlung zu begeben.

Von großer praktischer Bedeutung ist das Ergebnis, daß die Beurteilung des Therapeuten durch den Patienten in den Dimensionen „Empathie und Akzeptanz" sowie „Vertrauen und Wertschätzung" eine retrodiktive Vorhersage der Zufriedenheit mit der Behandlung ermöglichte. Auch ohne elaborierte Prozeß-Ergebnisforschung läßt sich durch eine solche Untersuchung bestätigen, daß die günstige Gestaltung der therapeutischen Beziehung eine Conditio sine qua non, wenn auch nicht die hinreichende Bedingung für die von Patient und Analytiker angestrebte Zufriedenheit mit dem Behandlungsergebnis darstellt. Das früher oft geäußerte zynische Argument, diese Wertschätzung sei nur eine Folge der finanziellen Opfer, die den Patienten zu idealisierenden Selbsttäuschungen veranlassen, ist glücklicherweise mit der Einführung der Kassenregelung erledigt. Deshalb gehen wir davon aus, daß Patienten eine realistische Stellungnahme abgeben.

Jenseits der Stellungnahme von Patienten – in welcher Form auch immer diese eingeholt wird – steht die Frage, die sich jeder Therapeut selbst vorlegen muß: Bin ich zufrieden? Dies ist eine Gretchenfrage, denn sie stellt das berufliche Ich-Ideal auf einen Prüfstand. Der Analytiker kann sich nicht allein mit dem subjektiven Erleben des Patienten zufriedengeben, sondern muß auch überprüfen, ob der Verlauf und das Ergebnis in einem nachweisbaren Zusammenhang mit den von ihm präferierten Theorien über Entstehungs- und Auflösungszusammenhang von Symptomen und Charakterzügen steht. Er wird in seinen abschließenden Überlegungen zu prüfen haben, mit welchen Zielen er eine Behandlung begonnen hat und welche er davon hat einlösen können. Diese Perspektive schließt nicht aus, daß die Verantwortung des Patienten für sich selbst bestehen bleibt; der Analytiker selbst hat aber vor sich und seiner beruflichen Bezugsgruppe Methode und Ergebnis zu vertreten.

Der Vergleich der eigenen Aufzeichnungen vom Beginn der Behandlung mit den Aufzeichnungen vom Ende sollte Grundlage einer Bewertung sein. Besonders bei langer Behandlungsdauer sind erhebliche Veränderungen impliziter und expliziter Therapieziele festzustellen. Wir unterstellen mit guten Gründen, daß eine ziellos geführte Analyse nicht denkbar ist, sondern daß das psychoanalytische Verfahren ein prozessuales Zielverständnis pflegt. Man befindet sich in einem schwerwiegenden Irrtum, wenn man glaubt, sich von konkreten, mit Werthaltungen verknüpften Zielvorstellungen fernhalten zu können (s. Grundlagenband 7.1). Bräutigam (1984) hat die Veränderungen der Zielsetzungen im Laufe der Geschichte der Psychoanalyse kritisch diskutiert und u. E. zu Recht darauf hingewiesen, daß therapie-immanente Zielsetzungen - Bewußtseinserweiterung, affektive Abfuhr, Regression etc. - immer mehr an Bedeutung gewonnen haben. In dem Bemühen, sich den Anschein der Wertneutralität zu geben, wurden die analytischen Bemühungen mit der Formel gekennzeichnet: „Wo Es war, soll Ich werden", die scheinbar eine ätiologisch-pathogenetische Begründung des therapeutischen Vorgehens liefert. Im Rahmen des Strukturmodells ist damit gemeint, daß das Ich eine bessere Kontrolle über das Es gewinnt, was ursprünglich in der topographischen Theorie mit dem freieren Zugang zu dem Unbewußten gemeint war. Das analytische Ziel der strukturellen Veränderung wurde an diese Bewegung geknüpft.

Nach den gründlichen Überlegungen von Wallerstein (1986) anhand der Ergebnisse des „Menninger-Psychotherapie-Projekts" ist die Frage, wie sich „strukturelle Veränderungen" von solchen des Verhaltens und der Symptomatik unterscheiden lassen, mit vielen, nicht zuletzt auch methodologischen Problemen belastet. Nicht aufrechtzuerhalten ist die Auffassung, daß nur die psychoanalytische Technik, die Einsicht vermittelt, strukturelle Veränderungen erzielt. Nach einer auch von Rapaport vertretenen Definition handelt es sich bei Strukturen um seelische Ablaufprozesse mit langsamer Veränderungsrate (1957, S. 701), die wir hypostasieren, aber stets nur an Verhalten und Erleben festmachen können. Aus Wallersteins gründlicher klinischer Zusammenfassung, der wohl umfangreichsten Verlauf-Ergebnis-Studie in der Geschichte der Psychoanalyse, entnehmen wir folgende Feststellungen:

Die Behandlungsergebnisse von klassischer Psychoanalyse, analytischer Psychotherapie und supportiver Therapie zeigten zur Überraschung des Forscherteams mehr Übereinstimmung als erwartet worden war. Alle Behandlungen, auch die klassisch geführten Analysen, wiesen mehr supportive Elemente auf, als von der Therapiekonzeption her zu erwarten wäre. Wallerstein folgert daraus, daß die supportiven Aspekte jeder Psychotherapie, besonders auch der klassischen Analyse, theoretisch und klinisch stärker berücksichtigt werden müssen, als dies bisher in der einschlägigen Literatur geschehen ist. Darüber hinaus erwies sich, daß sich strukturelle Veränderungen bei allen Behandlungsformen finden lassen (referiert nach Wallerstein 1986, S. 730).

Hilfreicher und von uns entschieden bevorzugt ist die Formulierung Freuds aus *Die endliche und unendliche Analyse* (1937 c), in der das Ziel jeder Behandlung klar operational herausgestellt wird: „Die Analyse soll die für die Ich-Funktionen günstigen psychologischen Bedingungen herstellen; damit wäre ihre Aufgabe erledigt.“ Damit ist hinreichend deutlich gemacht, daß die Unterscheidung von Lebenszielen und Behandlungszielen nicht aus dem Auge zu verlieren ist, auf die E. Ticho (1971) aufmerksam gemacht hat.

Die Verpflichtung, am Anfang zugleich auch Ziele der Behandlung mit dem Patienten zu erörtern, dürfte bislang noch wenig eingelöst werden. Viele scheinen die Gefahr zu fürchten, daß der Patient dann zu zielbezogen vom Analytiker die Einlösung des Versprechens fordert.

9.11.2 *Veränderungen*

Was sind nun Behandlungsziele und wie unterscheiden sie sich von Lebenszielen? Wir wollen dies durch eine ausführlichere Diskussion der durch eine Psychoanalyse erzielten Veränderungen der Patientin Amalie X verdeutlichen.

Diese Veränderungen haben wir auf vielfältige Weise evaluiert, da dieser Fall in besonders intensiver Form in verschiedenen Projekten im Rahmen des von der Deutschen Forschungsgemeinschaft geförderten Sonderforschungsbereichs 129 „Psychotherapeutische Prozesse“ untersucht wurde (Hohage u. Kübler 1987; Neudert et al. 1987; Leuzinger 1988).

Da die Patientin Amalie X ihrem Hirsutismus einen wesentlichen Platz in ihrer Laienätiologie zur Entstehung ihrer Neurose eingeräumt hat, beginnen wir mit Überlegungen zum Stellenwert dieser körperlichen Beeinträchtigung, aus der sich die speziellen Veränderungsziele ableiten lassen.

Der Hirsutismus dürfte für Frau Amalie X eine 2fache Bedeutung gehabt haben:

Zum einen erschwerte er die ohnehin problematische weibliche Identifikation, da er unbewußten Wünschen der Patientin, ein Mann zu sein, immer neue Nahrung gab. Weiblichkeit ist für die Patientin lebensgeschichtlich nicht positiv besetzt, sondern mit Krankheit (Mutter) und Benachteiligung (gegenüber den Brüdern) assoziiert. In der Pubertät, in der bei der Patientin die stärkere Behaarung auftrat, ist die Geschlechtsidentität ohnehin labilisiert. Anzeichen von Männlichkeit in Form von Körperbehaarung verstärken den entwicklungsgemäß wiederbelebten ödipalen Penisneid und -wunsch. Dieser muß freilich auch schon vorher im Zentrum ungelöster Konflikte gestanden haben, da er sonst nicht diese Bedeutung bekommen kann. Hinweise darauf liefert die Form der Beziehung zu den beiden Brüdern: Diese werden von der Patientin bewundert und beneidet, sie selbst fühlt sich als Tochter oft benachteiligt. Solange die Patientin ihren Peniswunsch als erfüllt phantasieren kann, paßt die Behaarung widerspruchsfrei in ihr Körperschema. Die phantasierte Wunscherfüllung bietet aber nur dann eine Entlastung, wenn sie perfekt aufrechterhalten wird. Dies kann jedoch nicht gelingen, da ein viriler Behaarungstyp aus einer Frau keinen Mann macht. Das Problem der Geschlechtsidentität stellt sich erneut. Vor diesem Hintergrund sind alle kognitiven Prozesse im Zusammenhang mit weiblichen Selbstrepräsentanzen für die Patientin konfliktreich geworden, lösen Beunruhigung aus und müssen deshalb abgewehrt werden.

Zum anderen erhält der Hirsutismus sekundär auch etwas von der Qualität einer Präsentiersymptomatik: Er wird der Patientin zur Begründung dafür, daß sie sexuelle Verführungssituationen von vornherein meidet. Dabei ist ihr diese Funktion ihrer körperlichen Beeinträchtigung nicht bewußt zugänglich. Für eine erfolgreiche Behandlung der Patientin Amalie X lassen sich aus diesen Überlegungen 2 Forderungen ableiten: Die Patientin wird dann soziale und sexuelle Kontakte aufnehmen können, wenn sie 1) zu einer hinreichend sicheren Geschlechtsidentität gelangen kann und ihre Selbstunsicherheit überwindet und wenn sie 2) ihre Schuldgefühle bezüglich ihrer Wünsche aufgeben kann.

Die in den beiden Punkten benannte bedingte Prognose hat sich bestätigt. Frau Amalie X ist wesentlich beziehungsfähiger geworden. Seit längerer Zeit lebt sie in einer festen Partnerschaft, ohne durch Symptome eingeschränkt zu sein. Ihr Verhältnis zur Sexualität hat sich entkrampft. Ihre anfangs oft extreme Gewissenhaftigkeit ist milder geworden, wenn auch ihre Forderungen an sich und die Umwelt weiterhin hoch sind. Sie wirkt lebendiger und humorvoller im Gespräch und hat offensichtlich an Lebensfreude gewonnen. Sind diese Veränderungen nun darauf zurückzuführen, daß die beiden ätiologischen Bedingungen ihre Wirksamkeit nachweisbar durch die analytische Therapie verloren haben? Wir beantworten diese entscheidende Frage positiv, auch wenn wir die Beweise im einzelnen aus Raumgründen nicht ausbreiten können. Der Nachweis struktureller Veränderungen macht nämlich eingehende Darstellungen des psychoanalytischen Prozesses erforderlich. Zusammenfassend ist zu sagen, daß Frau Amalie X trotz der virilen Behaarung im Sinne unserer Prognose den Weg zu einer positiven femininen Identifizierung gefunden und sich von religiösen Skrupeln und Schuldgefühlen bezüglich ihres sexuellen Erlebens befreit hat.

Die testpsychologischen Befunde, die als Erfolgskontrolle zu Beginn und nach Beendigung der Behandlung sowie anläßlich einer katamnestischen Untersuchung nach 2 Jahren erhoben wurden, belegen die klinische Einschätzung des behandelnden Analytikers, daß die Behandlung erfolgreich verlaufen sei.

Im Freiburger Persönlichkeitsinventar zeigt bereits ein Vergleich der Profile, daß die Skalenwerte der Patientin bei Behandlungsende häufiger im Normbereich liegen und Extremwerte seltener sind als zu Beginn der Therapie. Zum Zeitpunkt der Katamnese hat sich diese Tendenz noch verstärkt.

Insbesondere auf den Skalen, auf denen die Patientin sich urspünglich als äußerst (= Standardwert 1) irritierbar und zögernd (Skala 6), als sehr (= Standardwert 2) nachgiebig und gemäßigt (Skala 7), als sehr gehemmt und gespannt (Skala 8) und als äußerst emotional labil (Skala N) geschildert hat, gehen die Werte in den Normbereich zurück.

Auf einigen Skalen weicht die Patientin positiv vom Normwert nach Abschluß der Behandlung ab: Frau Amalie X schildert sich als psychosomatisch weniger gestört (Skala 1), als zufriedener und selbstsicherer (Skala 3), als geselliger und lebhafter (Skala 5) und als extrovertierter (Skala E). Besondere Beachtung verdient der Standardwert 8 auf der Skala 2 nach Ende der Behandlung, der zum Ausdruck bringt, daß die Patientin sich als spontan sehr aggressiv und emotional unreif erlebt. Möglicherweise fürchtet sie sich zu diesem Zeitpunkt noch vor ihren aggressiven

Impulsen, die sie nicht mehr so stark kontrolliert wie zu Beginn der Behandlung. Bei der Katamnese ist dieser Skalenwert in den Normbereich zurückgegangen. Die Patientin scheint in der Zwischenzeit die Sicherheit gewonnen zu haben, daß sie keine aggressiven Durchbrüche zu befürchten braucht. Auffällig ist auch der Extremwert auf der Skala 3 zum Katamnesezeitpunkt: Frau Amalie X, deren Behandlungswunsch v.a. auf depressive Verstimmungen zurückging, schildert sich hier als äußerst zufrieden und selbstsicher.

Im Gießen-Test (GT) liegen die Skalenwerte für das Selbstbild der Patientin zu keinem der 3 Meßzeitpunkte außerhalb des Normbereichs. Beckmann u. Richter bemerken zu dem von ihnen entwickelten Verfahren: „Bei seiner Konzeption wurde besonderes Gewicht darauf gelegt, durch ihn zu erfahren, wie sich ein Proband in psychoanalytisch relevanten Kategorien in Gruppenbeziehungen darstellt" (1972, S. 12).

Vom Normbereich abweichende extremere Werte weisen lediglich die anfängliche Selbstbeschreibung als relativ depressiv (Skala HM vs. DE) und die abschließende Charakterisierung als eher dominant (Skala DO vs. GE) auf. Die Profile zeigen v.a. dahingehend eine Niveauverschiebung, daß sich die Patientin nach Abschluß der Behandlung dominanter, weniger zwanghaft, weniger depressiv und durchlässiger (offener, kontaktfähiger) erlebt. Zum Katamnesezeitpunkt ist das Skalenprofil des Selbstbilds absolut unauffällig.

Am Bild, das der behandelnde Analytiker zu Beginn der Behandlung von der Patientin hat (GT-Fremdbild) fällt auf, daß er sie für viel gestörter hält als sie selbst es tut: In seinen Augen ist sie wesentlich zwanghafter, depressiver, retentiver und sozial eingeschränkt. In diesen Dimensionen liegt das Fremdbild außerhalb der Norm. Eine so deutliche Diskrepanz zwischen Selbstbild und Fremdbild ist nach Zenz et al. (1975) nach dem Erstinterview häufig zu beobachten. Nach Abschluß der Behandlung ist diese Diskrepanz verschwunden. Der Analytiker betrachtet Frau Amalie X nun als genauso gesund wie sie selbst sich sieht. Größere Unterschiede gibt es nur noch in 2 Skalen: So hält der Analytiker Frau Amalie X einerseits für anziehender und beliebter, andererseits aber auch für zwanghafter, als sie selbst das tut.

Die testpsychologischen Befunde stützen die Einschätzung des behandelnden Analytikers; die Befunde zum Zeitpunkt der Katamnese bestätigen die weitere positive Entwicklung der Patientin Amalie X in der nachanalytischen Phase.

Für eine psychoanalytische Veränderungstheorie (Luborsky u. Schimek 1964) sind aber auch prozessuale Veränderungen von großem Interesse, d.h. Veränderungen in der Art und Weise, wie ein Patient den psychoanalytischen Prozeß gestalten kann. Diese Frage wurde bei dieser Patientin im Rahmen eines Projekts untersucht, bei dem anhand des Umgangs mit Träumen spezielle psychoanalytische Veränderungskriterien erfaßt wurden (Leuzinger 1988). Ergänzend zu den psychologischen Testverfahren wurden auf der Grundlage von Verbatimprotokollen aus der Anfangs- und Endphase mittels einer theoriegeleiteten Inhaltsanalyse ermittelt, wie sich die kognitiven Prozesse bei der Auseinandersetzung mit Träumen verändert haben. Die reiche Fülle von Einzelergebnissen bezüglich der Veränderung kognitiver Prozesse bestätigt die klinische und testpsychologische Evaluierung.

Die einzelfallanalytische Untersuchung der Leidenserfahrungen der Patientin an sich und an der Umwelt ergibt einen klinisch aufschlußreichen Verlauf.

Die Beziehungssituation der Patientin bleibt in der 1. Behandlungshälfte relativ konstant. Sie beschäftigt sich in der Analyse vorwiegend mit sich selbst und ihrer inneren Welt, was durch die Art ihrer in den Stunden berichteten Symptomatik deutlich wird. Erythrophobie, Abhängigkeit von den Eltern sowie Hemmungen im sexuellen Bereich hindern die Patientin daran, sich handelnd mit der Umwelt auseinanderzusetzen. Gegen die 250. Stunde scheint diese Phase der Behandlung abgeschlossen zu sein: Das Leiden der Patientin hat stark nachgelassen. In der 2. Hälfte der Behandlung nimmt das Leiden wieder zu; die Behandlung ist geprägt von der intensiven Auseinandersetzung mit gegengeschlechtlichen Partnern, was auch besonders in der Übertragungsbeziehung sichtbar wird (Neudert et al. 1987).

Die Untersuchung der „emotionalen Einsicht" als Veränderungskriterium bestätigt ebenfalls den positiven Ausgang dieser Behandlung.

Vergleicht man die 8 Anfangsstunden dieser Analyse mit den letzten 8 Stunden, dann spiegeln die Äußerungen der Patientin lebendigeres Erleben wider. Während sie sich am Anfang sehr häufig gedanklich vom aktuellen Erleben distanziert bzw. in ein Grübeln verfällt, ist die Patientin in den Abschlußstunden in ihr Erleben eingetaucht, ohne dabei die Fähigkeit zur kritischen Reflexion verloren zu haben. Die Bedingungen für eine produktive „emotionale Einsicht" sind also am Ende der Behandlung weitaus besser erfüllt (Hohage u. Kübler 1987).

Am Beispiel von Frau Amalie X konnten wir eine große Übereinstimmung von klinisch und testpsychologisch beschreibbarer Veränderung konstatieren. Es ist aber auch anzuerkennen, daß Veränderung multidimensional ist und nicht immer in den verschiedenen Dimensionen kongruente Veränderungen anzutreffen sind.

9.11.3 Abschied

Wie wir in den Vorbemerkungen hervorgehoben haben, verlaufen Beendigungen von Analysen nicht nach einem festen Muster. Nicht selten führt die Therapie zu Veränderungen der Lebensgestaltung, die eine Beendigung nach sich ziehen. Es ist verfehlt, äußere und innere Gründe für Beendigungen gegeneinander auszuspielen und äußere Momente mit der endlichen bzw. innere mit der unendlichen Analyse zu identifizieren. Freilich scheint eine tiefe Sehnsucht nach der Unendlichkeit zu der Utopie zu führen, diese auch erreichen zu können. Diese gemeinsame Phantasie findet ihren Ausdruck in der unrealistischen Konzeption einer normativ konzipierten Beendigungsphase.

Herr Kurt Y, ein 32jähriger Naturwissenschaftler, ein linkisch auftretender Mann von unscheinbarem Aussehen, dabei freundlich und devot, suchte wegen einer ihn sehr belastenden Impotenz eine psychotherapeutische Behandlung, nachdem ein Versuch mit einer nach Masters u. Johnson orientierten Verhaltenstherapie nur kurzfristige Erfolge brachte. Schon im 1. Gespräch führte der Patient selbst seine mangelnde Spontaneität v.a. im sexuellen Bereich auf eine strenge Erziehung zurück. Er hatte erstmalig eine enge Partnerbeziehung zu einer Frau aufgenommen, die er heiraten wollte und die nach seiner Beschreibung auch gut zu ihm paßte.

In seinem Beruf war er als geschickter Experimentator geschätzt und hatte als Faktotum des Betriebs eine wichtige Position, die jedoch meist den anderen zu gutem beruflichem Aufstieg verhalf, ihm selbst hingegen nur wenig Vorteile einbrachte.

Im FPI zeigten sich besonders in den Skalen Aggressivität (Standardwert 7), Erregbarkeit (Standardwert 3), Gelassenheit (Standardwert 1), Dominanzstreben (Standardwert 7), Gehemmtheit

(Standardwert 7) und Offenheit (Standardwert 3) Abweichungen von einer mittleren Ausprägung. Am Ende der Behandlung wies sein Profil nur in den Skalen Aggressivität (Standardwert 8), Dominanzstreben (Standardwert 6) und Gehemmtheit (Standardwert 5) Abweichungen vom Eingangsbefund auf, von denen nur die in der Skala Gehemmtheit eine klinisch bedeutsame Veränderung von 2 Standardwerten darstellt.

Allerdings weisen im Gießen-Test 2 Skalen auf die Veränderungen des Patienten hin: Auf der Skala „unkontrolliert-zwanghaft" verändert er sich von einem T-Wert von 56 am zwanghaften Pol der Skala zu einem T-Wert von 39 am unkontrollierten Pol; eine zweite eindrucksvolle Veränderung zeigt sich auf der Skala „retentiv-durchlässig", wo der Patient von einem T-Wert 58 zu einem T-Wert von 42 sich in Richtung „durchlässig" verändert. Auffallend ist allerdings, daß ein ausgeprägt negativ-resonantes Selbstgefühl von T 30 sich nur auf einen T-Wert von 32 verbessert.

Auch im Rorschach-Versuch ergab sich am Therapieende nur eine geringfügige Veränderung. Aus dem Bericht des Testleiters entnehmen wir die folgende Stellungnahme über die Abschlußuntersuchung:

Der Patient ist leicht für emotionale Reize ansprechbar und kann mit gefühlshaften Situationen variabel umgehen; er kann sich seinen teils primitiven, elementaren Gefühlsregungen überlassen, kann diese aber unter anderen Bedingungen ebenso durch intellektuelle Kontrollen und eine verstärkte Realitätsbeachtung positiv verwerten. Die hierfür erforderlichen Kompromisse verhindern, daß seine hohe intellektuelle Begabung sich ungehindert im Leistungsbereich entfalten kann.

Gelingen die oben genannten Affektkontrollen unzureichend, so setzt ein infantiler Trotz und eine verdeckt aggressive Haltung ein, die sich dann gewissermaßen verselbständigen. Die vielfältigen emotionalen Ausdrucksmöglichkeiten können erst dann zum Tragen kommen, wenn die Situation geklärt und ungefährlich erscheint. Diese Klärung erfolgt in erster Linie durch einen Rückzug auf übliches Normverhalten sowie durch einen intellektuellen, rationalen Zugang der Situationsbewältigung. Trotz allem ist die Bewältigung seiner oft heftigen Emotionalität stets mit Mühe und häufig auch mit Angst und Unsicherheit verbunden.

Seine Zuwendungsbedürfnisse kann er sich nur schwer eingestehen; er neigt dazu, sich von seinen Mitmenschen zu distanzieren und von ihnen nur enttäuschende Erfahrungen zu erwarten. Die wenigen affektiven Kontaktmöglichkeiten sind mit Aggressivität legiert, was ihm den Charakter einer Kampfnatur verleiht.

Diese zusammenfassende Beurteilung des Rorschach-Tests läßt im Vergleich zum Erstbefund unschwer erkennen, daß testdiagnostisch erfaßbare strukturelle Veränderungen in der 4jährigen Psychoanalyse erst in Ansätzen stattgefunden haben.

Im Kontrast hierzu wollen wir nun die klinisch beobachtbaren Veränderungen zusammenstellen, die uns berechtigen, doch von einer erheblichen Besserung des Gesamtbilds einer schizoid-zwanghaften Persönlichkeit zu sprechen.

Die Tatsache, daß ein Mann erst mit 32 Jahren seine erste intime Beziehung eingeht, spricht fast für sich. Die sexuelle Impotenz als Folge eines strengen, von archaischen Normen geprägten Über-Ich verwundert kaum; parallel dazu ist seine partielle berufliche Impotenz zu sehen, die vorwiegend darin bestand, daß er nur für andere leistungsfähig sein durfte. Zum Zeitpunkt der Behandlungsaufnahme hatte er schon Jahre an seiner Dissertation gearbeitet, die er nach Durcharbeitung der damit verbundenen unbewußten aggressiven und grandiosen Phantasien fertigstellen konnte. Diese bezogen sich vorbewußt auf die gefürchtete Entthronung seiner Chefs; unbewußt war damit der Triumph über die beschränkten Leistungen seines Vaters verbunden, der es nur zum mittleren Beamten bei der Bundespost gebracht hatte. Seine sexuelle Impotenz war vorwiegend durch mütterliche Introjekte bestimmt, die ihm eine enge Verbindung von Schmutz und Sexualität diktierten. Sich lustvoll gehen zu lassen als Voraussetzung für einen befriedigenden Verkehr, blieb über längere Strecken der Behandlung hinweg ein nicht erreichbares

Ziel. Erst im letzten Jahr der 4jährigen Behandlung konnte sich der Patient den Wunsch erlauben, mit seiner Frau nicht nur eine Wochenendehe zu führen, sondern auch alltägliche Geborgenheit zu fordern, die dann einem Sexualgenuß in entspannterer Atmosphäre dienlich war.

Sind Liebes- und Arbeitsfähigkeit die 2 Pfeiler psychoanalytischer Zieldiskussionen, so darf nicht unerwähnt bleiben, daß im Gefolge der bisher beschriebenen Veränderungen auch eine Vielzahl scheinbar geringfügiger Bereicherungen seines Daseins eingetreten waren, so z. B. die Fähigkeit, ins Kino zu gehen oder nicht nur Fachbücher zum Einschlafen zu lesen. Bei der begeisterten Lektüre von Stefan Zweigs *Sternstunden der Menschheit* - einen Monat vor Therapieende - vergleicht sich der Patient mit dem alten Goethe, dessen Verliebtheit in den *Marienbader Elegien* ihm so recht nahegebracht hat, daß „ein alter verknorrter Baum sich auch wieder verjüngen kann".

Gemessen an einem Ideal der vollständigen Analyse ist diese Behandlung schmerzlich unvollständig. Ihre Beendigung erfolgte vorwiegend durch die wohl realistische Einschätzung, daß Herr Kurt Y keine wissenschaftliche Karriere machen würde und sich als experimenteller Naturwissenschaftler im Alter von 36 Jahren schwertun würde, eine geeignete Stelle zu finden. Nach sehr langem, quälendem Suchen gab ein Angebot, in einer Provinzstadt die Leitung eines Labors zu übernehmen, den Ausschlag für die Beendigung der Analyse.

In einer der letzten Stunden thematisierte er die für ihn wichtige Frage, ob er Spuren an seinem Wohnort hinterlassen habe, ob er bei seinem Analytiker auch einen bleibenden Eindruck machen konnte - eine Frage, die bislang sorgfältig von ihm vermieden worden war.

Er hatte immmer auf die Schätzchen der Chefs geschimpft, auf die, die sich einschmeicheln können, während er seine Liebe nur in den endlosen Nachtstunden am Computer sprachlos hatte formulieren können. Er beschäftigt sich damit, ob es nicht besser für ihn sei, auf solch einen Wunsch ganz zu verzichten, „schließlich solle man auf dem Bahnhof keine unlösbaren Fragen mehr aufwerfen". Als Einzelkind aufgewachsen hatte er über die ganze Behandlungszeit hinweg die Rolle von „Geschwistern", Mitanalysanden vermieden und meine Hinweise darauf zurückgewiesen.

In der vorletzten Stunde spricht er über die Erfahrung mit dem Rorschach-Test; den Testleiter kann er nur vage beschreiben. Aber den Umgang mit den Tafeln hat er ganz anders erlebt als am Anfang. Nicht mehr jene ängstliche Erwartungshaltung, sondern eine ihn beglückende Erfahrung, sie unter seiner Kontrolle zu haben, mit ihnen spielen zu können. Von den „ulkigen Tafeln" kommt er selbst auf die Möglichkeit, daß er anfangen könne, etwas zu malen, daß er besonders Herbstblätter jetzt malen würde mit ihren vielen Farben. „Früher war für mich alles grau in grau", fügt er hinzu, „heute sehe ich Farben".

Geben wir dem Patienten das letzte Wort in der Beurteilung des Behandlungsergebnisses, indem wir aus der letzten Stunde einige Passagen wiedergeben.

P.: *Ja, ich finde irgendwie, es war - auch vom Erlebnis her - einiges nehme ich mit. Die Stunden hier, es war - na, ich wollte es elegant sagen, aber mir flacht das Wort weg.* (Pause) *Ja, ich würde einfach sagen, es war ein Erleben, das war es nun wirklich. Ja, ich weiß gar nicht mehr, was eigentlich alles war. Sicher, es hat mir nicht immer gefallen, aber offensichtlich liegt es auch darin, der Erlebniswert.* (Pause)

A.: *Dieses Erleben hier, was war das wohl? Was war hier so anders, das Sie nirgendwo sonst in der Weise bisher finden konnten?* (Pause)

P.: *Nun, ich glaube, das war fast wirklich – daß ich hier – wenn ich hierher zu Ihnen kam, dann hatte ich den Eindruck, daß ich wieder aus der Ecke, in die ich abgerutscht war, herauskommen konnte. Ja, vielleicht ist es so zu bezeichnen, daß ich eigentlich mich hier nicht zu schämen brauchte, mich zu schämen brauchte über die Ecke, in der ich mich befand. Und das hat anscheinend genügt, ja aus der Ecke herauszukommen.* (Pause) *Und was heißt das Schämen, ich glaube, das steckt also auch drin, daß ich das überhaupt aussprechen konnte. Denn das Schämen spricht man nicht aus, man zieht sich zurück, man versteckt sich. Das Sichverstecken konnte hier unterbrochen werden. Ja, da drüber zu reden und in diesem Sinne zu überlegen, das selbst zu erleben – das war, glaube ich, immer ein bestimmter Bestandteil von diesem Punkt da, von dem aus man mir – von dem aus ich dann aus der Ecke wieder herauskriechen konnte, glaube ich. Das war, wie soll ich sagen, das Werkzeug, die Maschine, wodurch es mir gelang.* (Pause) *Nun, es verbindet sich, glaub' ich, dieser Tag, er erinnert mich an diese Behandlung. Daneben, konkreter, erinnere ich mich dieser Räumlichkeiten, der Örtlichkeiten und der Person eigentlich jetzt nicht. Da regt mich Ihre Person eigentlich mehr mit der Stimme an, ja, ich sag', das war das Werkzeug, wieder aus dem Gefängnis herauszukommen. Ja, das war eigentlich eine Verstrikkung des Herauskommens.* (Pause) *Eine Verstrickung, die – ich erinnere mich auch selbst nicht – ja, die nicht lösbar war.* (Pause) *Ja, ich glaube, es dreht sich eben jetzt im wesentlichen darum, daß mir hier einfach Raum eingeräumt wurde – Raum jetzt im übertragenen Sinne, den ich offensichtlich gesucht habe und den ich aber nur zögernd habe annehmen können. Und dieser Raum ist vielleicht ein Zeichen dafür – für das Sich-aussprechen-Können.*

A.: *Und es scheint doch ein Raum zu sein, der Ihnen verlorengegangen ist, oder den Sie vielleicht nie gekannt haben, in der Enge, in dem Behütetsein, in der Einschränkung, in der Sie großgeworden sind.*

P.: *Ja, ja, nun – er war mir auf jeden Fall sehr stark verlorengegangen – ja nun, ich weiß gar nicht, ob ich ihn mal gekannt habe – jetzt habe ich auch bei meiner Frau mehr Raum gefunden.*

A.: *Na, weil Sie vielleicht hier auch die Erfahrung gemacht haben, daß Sie diesen Anspruch stellen können.*

P.: *Ja ja, das war – sagen wir – eine langsame, eine mühsame, mühsame möchte ich fast sagen, eine mühsame Entdeckung, aber echt würde ich sagen Entdeckung, wo ich dann also allmählich erfahren habe, ja, daß ich diesen Raum beanspruchen kann. Vielleicht sag' ich jetzt ganz zum Schluß sogar, ja, ich kann es beanspruchen, so etwas. Beanspruchen – ein Wort, das mir jetzt klingt – wenn ich an die Stelle denke, die ich jetzt antrete, da hab' ich mir vorgenommen, ich kann das beanspruchen, das sage ich mir, ich kann den Raum beanspruchen – im übertragenen Sinn. Und nicht mehr diese Ungewißheit haben, wenn ich etwas konkretisieren muß, ich werde dann beanspruchen, daß ich ernstgenommen werde, wenn nicht, dann werde ich böse sein. Dann werde ich's mir nehmen – dann werd' ich drum kämpfen. Ich kann beanspruchen, daß ich hier in meiner Art auftrete, daß ich jetzt mit meinem Stil hier auftrete. Das ist erst so allmählich aufgetreten, fast erst gegen Schluß hier, daß ich mir eingeprägt habe, wo ich mich daran gewöhnen konnte zu beanspruchen und das damit gleichbedeutend ist, daß mir etwas zusteht.* (Pause) *Ja, das ist erst so allmählich aufgetaucht. Ja auf der Skala, wo ich den Anfang und das Ende vergleiche, da kann ich jetzt beanspruchen, daß ich auch hier soviel erlebe. Ich bin kein Hampelmann nicht.*

Die doppelte Verneinung bedeutet in dem Dialekt, den der Patient spricht, eine Verstärkung dieser Verneinung. Der Patient drückt also sehr bestimmt nach 4jähriger Analyse aus, daß er kein Hampelmann mehr ist. Der darin zum Ausdruck kommenden umfassenden und tiefgreifenden Veränderung seines Selbstwertgefühls möchten wir nur noch den Gedanken hinzufügen, daß solche Veränderungen an das Wiederfinden der körperlichen und geistigen Bewegungslust gebunden sind. Schließlich dient der Hampelmann dem Patienten als Metapher eines unbelebten Spielzeugs, dessen festgelegte Bewegungen durch einen anderen und nur von außen in Gang gesetzt werden können.

10 Besondere Themen

Vorbemerkungen

Unvermeidlich weicht dieses Kapitel thematisch von dem entsprechenden des Grundlagenbands ab. Die Beziehung zwischen Theorie und Praxis ist dem Leser gewiß bei allen Beispielen deutlich geworden. Die wissenschaftstheoretische Forderung, die heute an das Junktim zu stellen ist, kann von einem klinischen Lehrbuch nicht eingelöst werden.

Statt dessen können wir den Leser mit speziellen Problemen vertraut machen, die, wie am Beispiel der Konsultation (10.1) erläutert, von großer praktischer Bedeutung sind. Auch das Thema der Religiosität (10.3) verdient sowohl aus therapeutischen als auch interdisziplinären Gründen unsere besondere Aufmerksamkeit. Die Einbeziehung von nicht am therapeutischen Geschehen beteiligten Wissenschaftlern in die Untersuchung des psychoanalytischen Dialogs führt uns am Beispiel der „guten Stunde" zur Junktimbehauptung zurück (10.2).

10.1 Konsultation

Mit Szecsödy (1981) unterscheiden wir zwischen der Konsultation als einer kollegialen, nicht von Abhängigkeitsverhältnissen bestimmten Beratung, wie sie unter Ärzten bei schwierigen diagnostischen und therapeutischen Problemen stets üblich war, und der Supervision als einer Lernsituation im Rahmen der Ausbildung. Die althergebrachte Bezeichnung „Konsilium" ist unüblich geworden, so daß wir uns an den internationalen Sprachgebrauch halten und von Konsultation und Supervision sprechen. Die „Supervision" hat die früher übliche, strenge Bezeichnung „Kontrolle" ersetzt, ohne daß das aus dem angloamerikanischen eingeführte Wort und seine lateinische Herkunft - die „Übersicht", die sich der Kontrollanalytiker als nunmehriger Supervisor verschaffen muß - etwas an der Sache selbst und den damit zusammenhängenden Problemen geändert hätte. Denn mit der Supervision ist auch Überwachung und Bewertung verbunden. Sich einer Supervision zu unterziehen, ist Pflicht, eine Konsultation wird freiwillig verabredet. An der Konsultation sind 3 Personen beteiligt, der Patient, der Therapeut und der Konsiliarius, der „consultant"; bei der Supervision kommt als 4. nicht eine Person, sondern eine Institution hinzu: das Ausbildungsinstitut, dessen Standards von oben, von nationalen und internationalen Gremien festgelegt und überprüft werden.

Ein außenstehender Analytiker, der an der dyadischen Interaktion zwischen Therapeut und Patient nicht beteiligt ist, hat aufgrund der Distanz eine veränderte und in mancher Hinsicht auch eine erweiterte Perspektive. Als kompetenter Supervisor ist er nicht in die Übertragungs- und Gegenübertragungsprozesse verwikkelt. Er befindet sich also in einer günstigen Position, um den Therapeuten auf Wirkungen und Nebenwirkungen seines Fühlens und Denkens aufmerksam zu machen.

Das komplexe Feld von Supervision und Konsultation macht umfangreiche und mehrgliedrige Untersuchungsansätze erforderlich, um wichtige Fragen genauer klären zu können als dies in der bisherigen Praxis möglich war. Wir berichten hier über einen Ausschnitt aus einer Untersuchung, die folgendes Design hatte: 10 aufeinanderfolgende Sitzungen wurden transkribiert. Zwischen jeweils 2 Sitzungen erfolgte eine Konsultation durch einen in der Supervision erfahrenen Kollegen. Dieser befaßte sich vorweg gründlich mit den Transkripten und diktierte nach deren Lektüre in Vorbereitung auf die Konsultation seine Anmerkungen, die im folgenden als solche in den Text eingefügt und gekennzeichnet sind.

Wir entnehmen der Serie die 114. Behandlungsstunde und die im Anschluß daran stattfindende Konsultation.

Den Anmerkungen des Konsiliarius ist zu entnehmen, daß nicht nur der Analytiker eine Verstehens- und Interventionsstrategie hat, sondern auch der beratende Kollege wiederum seine Konzeption an die Interaktion heranträgt. Um die Anmerkungen und Vorschläge des Beraters besser einordnen zu können, geben wir einige wesentliche Gesichtspunkte der von Szecsödy (1981) vertretenen Supervisionskonzeption wieder.

> Um neues Lernen als Ziel einer psychoanalytischen Behandlung zu ermöglichen, müssen Analytiker und Patient einen dafür günstigen interaktionellen Raum entwickeln. Für die Lebensbewältigung wichtige seelische Strukturen verhindern im Alltag, daß neue Erfahrungen akkomodativ zur Veränderung dieser Schemata benutzt werden können. Diese Strukturen entstehen in der psychosozialen Entwicklung aus individuellen, hierarchisch angeordneten Schemata von Selbst- und Objektrepräsentanzen und den dazugehörigen Gefühlen, Phantasien und Erwartungen. Diese Erwartungen beeinflussen unsere Wahrnehmung (Neisser 1979) und motivieren uns auch, dieselben Erlebnisse durch Wiederholung zu bekräftigen. In der für die Psychoanalyse typischen Interaktion werden anhand der individuums-spezifischen Wiederholungsversuche die verinnerlichten Strukturen herausgearbeitet. Der Patient kann dann eine verstehende, für ihn lebensgeschichtlich stimmige und gegenwärtig emotional überzeugende Perspektive von sich selbst bekommen, d.h. er kann sich mit folgenden Fragen auseinandersetzen: Wer bin ich? Was mache ich? Wie und warum mache ich es? Diese veränderte Perspektive sich selbst gegenüber zieht Veränderungen der innerseelischen Strukturen nach sich, womit eine größere Offenheit für neue Erfahrungen möglich wird.

Um Veränderung und Wachstum zu erleichtern, ist es wesentlich, daß der Analytiker hierfür einen günstigen *Raum* schafft. Die metaphorische Verwendung des Raumbegriffs verweist auf Qualitäten, die Winnicott mit dem Bild der „intermediate area“ vorgezeichnet hat.

Da es um die größtmögliche Offenheit geht, ist es naheliegend, in Supervision und Konsultation darauf zu achten, an welchen Stellen der Therapeut wegen seines ungenügenden Wissens im Bereich der individuellen Störung seines Patienten oder aus emotionalen Gründen, also wegen einer situativen oder habituellen Gegenübertragung die Entwicklung einengt. Szecsödy hat für diese Einengungen die Bezeichnungen „dumbness“ und „numbness“, die wir mit *Unwissen* und *Blindheit* eindeutschen, von Ekstein u. Wallerstein (1972) übernommen.

Für die folgende Wiedergabe der 114. Behandlungsstunde aus der Therapie des Patienten Arthur Y wurde das Protokoll der Stunden auf der Basis von Transkripten etwas verdichtet und mit den Anmerkungen des Konsiliarius angereichert.

Herr Arthur Y beginnt die Sitzung mit der Erzählung eines für ihn typischen Erlebnisses: Neulich entdeckte er, daß er sich mehr Raum schaffen und sein Arbeitszimmer vergrößern könnte. Dabei brachte er eine Holzverkleidung an. Bei dieser Arbeit fühlte er sich sehr unsicher und hatte die Vorstellung: „Wenn es mir nicht gut gelingt, dann stehe ich einem Chaos gegenüber." Bei der Arbeit benutzte er ziemlich derbes Holz. In der Maserung konnte man mit einiger Phantasie den Buchstaben W nachbilden. Da kam ihm die Idee: „Mensch, W könnte umgedreht als M, M wie Mord, gelesen werden. Wie im Film ‚M' aus den 30er Jahren, in dem ein Mann sich M nennt, nachdem er einen Mord begangen hat."

P.: *Typisch! Eigentlich habe ich mich fürchterlich geärgert über mich. Ich hab' alles gut hingekriegt, da kommt so ein Blödsinn, etwas fürchterlich an den Haaren Herbeigezogenes. Anstatt mich zu freuen, muß ich mich die ganze Zeit damit beschäftigen, ob ich nicht die Bretter wieder auswechseln soll. Jetzt geht mir gerade durch den Sinn, ich glaube, nächste Woche sind Sie nicht da. Da überfällt mich das Gefühl des Ausgeliefertseins, allein zu sein, das Gefühl der Verlassenheit, weil ich das nur mit Ihnen besprechen kann; andere würden mich für verrückt erklären.*

Anmerkung: Der Patient teilt mit, daß er einen größeren Raum für sich geschaffen hat, da begegnet ihm eine Gefahr. Er kann Bindung und Selbständigkeit nicht vereinen. Wenn er Ärger gegen den Analytiker-Vater fühlt, weil dieser ihn verläßt, bekommt der Ärger mörderische Gewalt. Der Analytiker deutet das Symptom im Zusammenhang eines Stimmungsumschlags, der häufig auftritt: Freude, Begeisterung und Stolz über die schöne Arbeit sind angewachsen, dann ist die kritische Selbsteinschätzung, die Selbstverurteilung angestiegen.

Der Analytiker greift den Hinweis auf das Verlassenheitsgefühl des Patienten nicht auf; das könnte in der Konsultation aufgezeigt werden. Statt dessen fokussiert er auf den Stolz, ein sich wiederholendes Thema.

P.: *Wäre es nicht M, würde es etwas anderes sein. Es hat mir einfach die Freude über die gelungene Arbeit gründlich vergällt. Ich habe so eine Trotzreaktion, so eine Wut! Die Bretter bleiben dran. Es fällt mir gar nicht ein, die ganze Arbeit nochmals zu machen! Ich fühle Wut gegen diese ständige latente Bedrohung, die ich 1000- bis 10000mal schon erlebt habe.*

A.: *Es scheint mir etwas Neues, was Sie gedacht haben, daß eine Wut ansteigt.*

P.: *Gegen das, was mich so umtreibt.*

A.: *Wut auf das, was Ihnen da entgegentritt.*

P.: *Das scheint Ihnen neu zu sein? Hab' ich noch nie darüber gesprochen? Mir ist die Wut nicht fremd. Ich könnte die Holzvertäfelung kurz und klein schlagen.*

A.: *Es ist mir noch nicht deutlich geworden.*

P.: *Mich bewegt eine Sekunde lang: Ich mach' die Bretter runter! Dann Trotz dagegen: Es fällt mir nicht ein! Kann nicht alles aus dem Weg räumen, was mir schon Angst eingejagt hat, da wär' ich unaufhörlich damit beschäftigt, Dinge zurechtzuschmeißen.*

Anmerkung: Der Patient zeigt hier klar, wie er gegen seine bisherige Fehlanpassung ankämpft. Er möchte seine Autonomie beibehalten. Er will nicht nur ausweichen, sondern möchte seine aggressiven Kräfte konstruktiv benützen können.

A.: *Ja, es ist schon ein Zweikampf! Ein Zweikampf gegen die brutale Übermacht dieser Welt, gegen die Macht des bedrückenden und Sie angreifenden Gegenstands, der die Wut auf Unterdrückung richtet.*

Anmerkung: Zwar greift der Analytiker die zentrale Problematik auf, indem er den internalisierten (aber immer wieder leicht externalisierbaren) Konflikt benennt. Aber es ist m. E. nicht günstig, jetzt eine historische Verallgemeinerung einzubringen. Der Analytiker sollte die Wut in der Beziehung zu ihm bearbeiten.

P.: *Gestern, bei all dem Chaos im Zimmer, waren wir auch noch eingeladen. Am Abend hat mein Sohn bei den Soli in der Kapelle die Orgel gespielt. Seit 1½ Jahren ist es selbstverständlich geworden, mit ihm zu gehen und ihn nicht allein spielen zu lassen. Es ist auch für mich eine Möglichkeit zu hören, wie er weiterkommt.*

A.: *Da ist auch Stolz dabei, in dem Saal zu sitzen und dabei zu sein, wie Ihr Sohn den Raum füllt.*

Anmerkung: Wieder eine Anspielung auf den Analytiker, der weggeht und die Fortschritte des Patienten nicht begleitet. Es wäre wichtig zu wissen, warum der Analytiker den Stolz hervorhebt. Ist er stolz auf den Patienten oder auf sich? Ist das eine Reaktion darauf, wie der Patient den Raum füllt, z. B. für sich mehr Raum findet und auch den therapeutischen Raum füllen will?

P.: *Diesmal war es unmöglich, mit dem Sohn zu gehen. Wir waren eingeladen ... Jetzt geht es mir eigentlich in meinem Hin- und Hergerissensein, die Bretter wieder runterzunehmen oder nicht, nicht so sehr um die Arbeit, die damit verbunden ist, aber es geht mir darum, ob ich mich besiegen lasse von meiner Angst. Irgendwann komm' ich bestimmt durch die Analyse aus der Geschichte vollends heraus.*

A.: *Das ist die eine Seite, ob Sie sich da besiegen lassen sollen oder ob Sie stärker sind. Die andere Seite, die Ihnen vielleicht konstruiert vorkommt, ist, daß der Feind der Benignus* (ein sadistischer Lehrer im Internat) *ist - oder das Brett der Teufel. Dann sind Sie, wenn Sie ihn runterreißen, wenn Sie den kurz und klein schlagen, der Sieger. Um noch einen gewaltigen Sprung zu machen - ein Zweikampf ist es, den Sie mit dem Brett auskämpfen -, ob die Analyse hilft oder nicht? Daß Sie wütend sind auf mich, daß, wenn Sie heute weggehen, Sie wieder nicht herausgekommen sind und mich mit dem Brett kurz und klein schlagen möchten.*

Anmerkung: Der Patient spricht über seine Möglichkeit, ob er mit seinen Feinden wie Angst, Abhängigkeit etc. fertigwerden könne. Dabei kämpft er für seine Autonomie, will aber auch die Beziehungen aufrechterhalten. Es besteht also ein Konflikt zwischen Abhängigkeit und Selbständigkeit, der stark mit Trotz und sadistischer Aggressivität aufgeladen ist. Der Analytiker nimmt sich als Objekt der Wut. Warum? Es wäre vielleicht besser, die Gebundenheit des Patienten durch die relative Freiheit des Analytikers zu beleuchten (Kind-Erwachsener). Der Analytiker kann ohne Angst entscheiden: Er kann selbst fortgehen und den Patienten mit seinen Ängsten zurücklassen. Noch immer steht die Frage im Raum, warum der Analytiker den Hinweis auf die bevorstehende Trennung nicht aufgreift.

P.: *Ich komme mir so vor, als säße ich in einer Falle, in einer Zwickmühle, und die Zeit zerrinnt mir zwischen den Fingern. Wenn es nicht die Bretter wären, wäre es etwas anderes. Bin mir nicht klar darüber, gerate in Angst, weil ich diese Figur sehe - irgendwie so, als wäre es mal wieder Zeit, gehörig Angst zu haben.*

A.: *Oder es wäre mal Zeit, wütend zu sein - die ungeheure Lust des Stolzes zu haben. So wie der SS-Offizier* (bezieht sich auf die unter 8.3 berichtete Vorgeschichte). *Und dann ist im Stolz beinahe Bosheit drin oder Grausamkeit, eine maßlose Überheblichkeit.*

P.: *Ja, ich weiß nicht, mir kommt das, was Sie heute sagen - das hindert mich - so abstrakt vor.*

A.: *Ja, es ist auch abstrakt. Eine Seite habe ich vorhin schon anklingen lassen, daß wenn Sie erfolgreich sind und sich eigentlich freuen, zufrieden und stolz sind, der Gedanke kommt: Wer ist dann erfolglos? Und dann kommt ein Gedanke, der Sie stört und den Sie loshaben wollen: daß ich es bin, der Ihnen da hilft ...*

P.: *Ja, sind Sie schon fertig?*

A.: *Ja, ich bin fertig.*

P.: *Das kommt mir vor* (lacht), *als ob Sie mitten im Satz aufhörten.*

A.: *Hm*

P.: *Ja, für mich war - wenn ich etwas Handwerkliches gut hinkriege, ist es mit Erstaunen verbunden. Ich habe lange Zeit gemeint, ich könne es nicht. Wenn ich es seh', da bin ich stolz, aber nicht lange ... Und ich kann mich jetzt überhaupt nicht erinnern an Ihren Satz von gerade eben.*

A.: *Daß durch den Gedanken bewiesen ist, daß ich nichts kann.*

P. (lacht): *Und das soll mich mit Stolz erfüllen? Versteh' ich nicht. Ich habe mich sozusagen an Sie gehängt. Wenn ich Sie mit dem Ast vergleiche, auf den ich mich gesetzt habe - wenn der bricht, fiele ich ja runter: und das soll mich mit Stolz erfüllen?*

A.: *Ja, daß ich nichts fertigkriege.*

P.: *Aber warum soll ich mich drüber freuen? Da schwingt nicht mal eine Spur von Verständnis in mir. Was hab' ich davon?*

A.: *Ja, wie gesagt, das kommt mir auch etwas konstruiert vor.*

P.: *Mich wundert, daß Sie überhaupt auf so eine Idee kommen. Das könnte nur dann stimmen, wenn ich Sie als einen Rivalen betrachten würde, nur dann könnte ich mich freuen, wenn ich entdecken würde, daß Sie nichts können. Ich komm' doch her, um Hilfe zu finden, wie man zum Arzt geht. Da kann sich doch kein Mensch freuen, wenn er entdeckt, daß der Mensch seines Vertrauens unfähig, einfach eine Niete ist. Ich hab' das Gefühl, irgendwo haben wir heute einen Knopf, einen Knoten.*

Anmerkung: Der Patient bietet dem Analytiker an, sich über den Stand des Dialogs zu verständigen.

A.: *Ja, es ist ein Knoten entstanden durch meine Gedanken ... Ich bin nicht davon ausgegangen, daß die Freude darin liegt, mich als Handwerker zu entwerten. Es ist ja wichtig für Sie, daß ich ein guter Handwerker bin. Das meine ich nicht, sondern daß eine Gegnerschaft mit einem intensiven Kampf und Wut entsteht, wenn Ihnen die Lust an Erfolg und Freude irgendwie mißgönnt wird. Und ich habe versucht, mich in den Kampf zwischen Ihnen und den Brettern einzubeziehen.*

P. (lacht leicht): *Das klingt so, als ob es am Rande des Wahnsinns wäre, der Kampf zwischen mir und den Brettern. Vielleicht bin ich auch besonders empfindlich heute ... Ja, ja, es ist schon kompliziert, so ein Seelenleben. „Freut euch des Lebens! Man macht so gern sich Sorg und Müh, sucht Dornen auf und findet sie." Das könnte mir manchmal auf den Leib geschrieben sein.*

A.: *Ja, wenn die Dornen stechen, da kriegt man Schmerz, dann kriegt man Wut, und man möchte die wegreißen, runterreißen.*

Anmerkung: Das Schmerzvolle für den Patienten ist vor allem: „Es tut mir weh, Hilfe in Anspruch zu nehmen. Wütend und omnipotent will ich den zerstören, der mich verläßt und mir damit meine Abhängigkeit schmerzvoll bewußt macht." Dies könnte der Analytiker zusammen mit dem Patienten stärker herausarbeiten. Ein gutes Thema für die kommenden Konsultationen.

Die Konsultation

Wir geben nun eine zusammenfassende Darstellung der Konsultationssitzung. Der Konsiliarius stellt an den Anfang die Überlegung, daß aufzuklären sei, wie man mit dem Konflikt des Patienten (Kampf um Autonomie und Abhängigkeit) am besten arbeiten könne. Der Analytiker betont, daß er die Stunde deshalb für schlecht hält, weil er zuviel intellektuelle Konstruktionen eingebracht hat in der Absicht, „dem sinnlosen Symptom einen Sinn zu geben". Der Analytiker ist unzufrieden, weil es ihm nicht gelungen ist, dem Patienten zu zeigen, wie er in einem Kampf den Analytiker erfolglos machen möchte. Der Konsiliarius erinnert an dieser Stelle den erfolglosen Analytiker an eine diesem wohlbekannte Freud-Stelle: „Denn wodurch könnte die Kranke sich wirksamer rächen, als indem sie an ihrer Person dartut, wie ohnmächtig und unfähig der Arzt ist" (1905e, S. 284). Die beiden rekonstruieren nun den Ablauf dieser Stunde und verständigen sich darüber, daß der vom Patienten benannte „Knoten" nun auch die Aufgabe für die Konsultation stellt.

Konsiliarius: *Zuerst möchte ich gern von Ihnen hören: Wenn Sie zurückdenken, sind Sie unzufrieden, Sie haben einen Knoten gemacht – was können wir damit machen? Würden Sie Ihre Gedanken laufen lassen um herauszufinden, was Sie machen wollten?*

A.: *Mir fällt jetzt ein – was gut zu einem Gedanken paßt, den ich auch in der Stunde hatte –, daß zu seiner vollständigen Lust und Befriedigung hinzugehört, daß er das, was er macht, wieder kaputtmacht. Weil ihm das Objekt zum Feind wird, den er bezwingt, gehört eben dazu, daß er erst das Objekt herstellt und es dann wieder kaputtmacht.*

Konsiliarius: *Symbolisch.*

A.: *Ja, wenn ich derjenige bin, der ihm nahelegt, er solle ruhig die Angst etwas wirken lassen und versuchen, seine Zwangshandlungen hinauszuschieben, dann bin ich der, der ihm die Lust einschränkt.*

Konsiliarius: *Die Lust, etwas kaputtzumachen.*

A.: *Ja, und wenn er jetzt kommt, nachdem es ihm eigentlich gutging, hat er auch wieder etwas kaputtgemacht, und da wollte ich offenbar etwas tun, um zu erreichen, daß die Bretter oben bleiben, daß er die nicht kaputtmacht. Ich wollte ihm heute etwas mitgeben an Befriedigungslust.*

Indem der Konsiliarius den Analytiker auffordert, seine Gedanken laufen zu lassen, laut zu denken – was nicht identisch sein muß mit frei assoziieren, sondern eher bedeutet, in entspannter Atmosphäre laut nachzudenken –, entdeckt der Analytiker seinen Teil am Zweikampf. Indem er etwas gemacht hat, hat er den Patienten auch behindert. Anstatt das Ganze sich erst einmal entwickeln zu lassen, war ihm daran gelegen, den Patienten zu hindern, die Bretter wieder zu zerstören. Der Analytiker vermutet weiter, ihm liege viel daran, daß diese Behandlung erfolgreich verläuft. Es ist deutlich, daß der Analytiker die neutrale Position mit dem Wunsch verlassen hat, daß der Patient das, was er aufgebaut hat, nicht wieder zerstören möge.

Der Konsiliarius bringt in einem weiteren Schritt den Hinweis auf die Verlassenheitsthematik ein, die ihm schon beim Lesen des Protokolls aufgefallen war. Es wird deutlich, daß der Analytiker trotz eindeutiger Hinweise des Patienten - wie „verlassen", „ausgeliefertsein", „einsam" - diese Thematik nicht gehört hat. Die Konfrontation mit dem Material bringt ihm zwar die Erinnerung zurück, aber nicht die affektive Evidenz, daß dies ein dynamisch relevantes Thema der Stunde gewesen sein könnte.

A.: *Ich war zu sehr auf meinem eigenen Trip in dieser Stunde. Nachdem ich erst einmal auf diesem Gleis war, habe ich die Flexibilität verloren, es wieder zu verlassen.*

Konsiliarius: *Sie sind von der Theorie ausgegangen, daß er das Objekt immer wieder aufbaut und dann auch zerstört. Ich sehe folgende Dynamik: Der Patient spricht viel von Autonomie. Sie konnten das Thema der Konkurrenz, des Erfolgs nicht überzeugend vermitteln; es blieb konstruiert. Trotzdem ist Ihr Thema in einer Interaktion entstanden und führte zu einer Interaktion: Statt zu einer Zusammenarbeit und zu gemeinsamer Freude über den Erfolg, führte es zum Zweikampf. Sie wollten ihm nicht gestatten zu zerstören, was er, was Sie beide aufgebaut hatten. Der Patient aber hat sich verlassen gefühlt, er hat dies an seinem Sohn illustriert, den er nicht allein spielen lassen wollte und ihn doch verlassen mußte.*

A.: *Jetzt weiß ich, warum ich nicht gut zugehört habe: Ich war auf einer anderen Linie, nicht auf der, daß er seinen Sohn nicht allein spielen lassen kann, sondern auf der Linie, daß er so stolz ist, daß er dabei sein muß, weil das sein Erfolg ist. Im weiteren Sinne heißt das ja auch, daß er den Sohn nicht allein lassen kann, weil er es dann verpaßt, an dem Erfolg des Sohnes zu partizipieren und sich mit dem Erfolg seines Sohnes zu identifizieren.*

Für den Konsiliarius sind diese Überlegungen eine Bestätigung seines Verständnisses, daß der Analytiker auf diese Linie kam und auf ihr blieb, weil er selbst mit dem Erfolg in der therapeutischen Arbeit so identifiziert ist wie der Patient als Vater des Sohnes. So kam es zum Zweikampf zwischen Sohn und Vater, zwischen Patient und Analytiker. Der Konsiliarius versucht in der folgenden Sequenz des Gesprächs, dieses Verständnis fruchtbar zu machen.

Konsiliarius: *Die Idee des Stolzes hat ja in der typischen Beziehung zwischen Vater und Sohn eine positive und eine negative Seite. Man kann zusammen stolz sein, aber auch miteinander rivalisieren, und auch so reagieren: „Ich will das allein, für mich selbst machen können. Und da mache ich es nicht, weil du mir die Freude, es selbst machen zu können, immer wieder zerstörst."*

A.: *Ja, es gab eine Stelle, wo der Patient sagte: „Wenn das so wäre, daß ich meinen Spaß daran fände, Sie zu entwerten - ja, dann wäre ich verrückt".*

Konsiliarius: *Ja, und da sagten Sie, „Sie müssen mich als guten Therapeuten benutzen" - aber wenn Ihr Erfolg vom Patienten als maßlos erlebt wird, dann werden Sie in diesen Kampf einbezogen. Ich glaube - um unsere Überlegungen auf einen Begriff zu bringen -, wir arbeiten mit demselben Bild verschieden. Ich fokussiere auf die Vater-Sohn-Dynamik: Er hat seinen Vater getötet und muß immer wieder einen neuen erfinden, so daß beide dann gewinnen könnten, wenn es ihm gutgeht. Aber durch das Verlassenwerden wurde der Autonomiewunsch mit Enttäuschung und Wut gefüllt.*

A.: *Das Interessante für mich aus unserem Gespräch ist die Weiterentwicklung mei-*

ner Theorie, daß er mein Verbot zwar übernommen hat, dabei aber auch Wut fühlt und das Verbot zu übertreten wünscht. Jetzt bin ich neugierig, ob er die Bretter herunterreißt oder nicht; ich hoffe, daß ich für beide Ausgänge offen sein kann.

Für den Konsiliarius hat der Verlauf dieser Sitzung deutlich gemacht, daß zunächst ein Zweikampf stattfand, bis der Analytiker auch auf die andere Sichtweise eingehen konnte. Infolge seines Wunsches, den Patienten an etwas zu hindern, um sich selbst erfolgreich fühlen zu können, hat der Analytiker die neutrale Position verlassen und ist dadurch mit dem Patienten in einen Zweikampf geraten.

10.2 Philosophische Überlegungen zum Problem einer „guten Stunde"

Im Anschluß an die im vorigen Kapitel beschriebene Konsultation verlief die 115. Stunde so, daß sie den Analytiker unmittelbar an das Konzept der „guten Stunde" (Kris 1956) erinnerte. Ein Vergleich der „schlechten" 114. mit der „guten" 115. Sitzung findet sich andernorts (Löw-Beer u. Thomä 1988).

Wir möchten den Leser auf einen besonderen Aspekt der nachfolgenden Darstellung aufmerksam machen. Für die psychoanalytische Praxis und Forschung hat es sich als ungemein fruchtbar erwiesen, daß sich unabhängige Dritte, also Wissenschaftler aus anderen Disziplinen, mit Transkripten von therapeutischen Dialogen befassen. Damit kann nicht nur die empirische Prozeßforschung auf eine solide Grundlage gestellt werden. Endlich können sich beispielsweise auch Philosophen mit psychoanalytischen Texten befassen; die geisteswissenschaftliche Auseinandersetzung mit der Psychoanalyse wird dadurch auf eine zeitgemäße und phänomennahe Ausgangsbasis gebracht. Unser psychoanalytisches Denken und Handeln ist durch die interdisziplinäre Zusammenarbeit anhand von Transkripten ganz wesentlich gefördert worden. Die nachfolgende Interpretation durch einen Philosophen ist dafür u. E. ein lehrreiches Beispiel.

Untersucht wird eine „gute" Stunde, die auch „Durchbruchsstunde" genannt wird. Um zu verstehen, was eine gute Stunde ist, muß man sich klarmachen, was positive Veränderungen eines Patienten in einer Sitzung sind. Hierbei sollten Faktoren auszumachen sein, die für diese günstige Veränderung kausal relevant sind.

Der Begriff „gute Stunde" ist unter mindestens 2 Gesichtspunkten zu erläutern: Erstens ist zu klären, was gute Interaktionsverhältnisse und mit ihnen einhergehende Erlebnisse in analytischen Stunden sind, z. B. ob Einfälle des Patienten und Interpretationen des Analytikers sich ergänzen und der Patient sich verstanden fühlt (Kris 1956; Peterfreund 1983). Der 2. Gesichtspunkt, auf den besonders fokussiert werden soll, betrifft die kurative Veränderung des Patienten, die durch die Interaktion mit dem Analytiker vermittelt wird. Dabei ist nicht auszuschließen, daß auch mißlingende Interaktionen mit dem Analytiker – z. B. sich unverstanden fühlen – dann kurative Veränderungen bewirken, wenn der Empathiemangel Gegenstand des Dialogs wird.

Wenn man um die Unterschiedlichkeit dieser Gesichtspunkte weiß, kann man versuchen, sie zu synthetisieren. Die Gefahr einer unreflektierten Synthese findet sich in der Literatur, wenn nur auf die Entwicklung von solchen Fähigkeiten beim Patienten geachtet wird, die gute analytische Stunden ermöglichen. Gemeint sind die Fähigkeiten zur psychischen Integration, Selbstbeobachtung und kontrollierten Regression. Der erwähnte Aufsatz von Kris vermeidet diese Falle nicht völlig, und auch die Ausführungen von Peterfreund sind nicht frei davon, solche Eigenschaften des Patienten hervorzuheben, die aus ihm einen angepaßten Analysanden machen. Dabei bleibt fraglich, ob die Fähigkeiten, die gute Analysestunden ermöglichen, mit den Fähigkeiten, die im übrigen Leben erwünscht sind, zusammenfallen.

Es wird sowohl deskriptiv als auch kausal zu begründen versucht, was gut bzw. schlecht an den Stunden ist und was relevante Veränderungen des Patienten hervorruft. Die kausalen Überlegungen sind mit Vorsicht zu genießen. Es sind Hypothesen, die in weiteren Fällen zu testen sind. Für eine schlechte Stunde ist z.B. charakteristisch, daß der Analytiker das Wissen des Patienten über seine Symptome nicht berücksichtigt, sondern ihm alternative Einstellungen zu seiner Symptomerfahrung suggeriert. Dagegen erweitert der Analytiker den Umgang mit der Symptomerfahrung in der guten Stunde auf eine Weise, die dem Patienten erlaubt, biographische Elemente zu integrieren und eine emotional und intellektuell adäquate Perspektive auf die eigene Biographie zu entwickeln. Vermutlich sind für die positive Entwicklung des Patienten sowohl der Kommunikationsstil des Analytikers als auch seine Interpretationen relevant. Ein bestimmter Kommunikationsstil des Analytikers, der „dramaturgische Technik" genannt werden soll, könnte ein empfehlenswerter Typus therapeutischen Handelns sein.

Herr Arthur Y, auf dessen Analyse sich die folgenden Betrachtungen stützen, leidet seit seiner Jugend unter Zwangsgedanken. Der auffälligste Teil der Symptomatik des Patienten Arthur Y besteht in Zwangsgedanken, seine Kinder ermorden zu müssen. Der Mord an den eigenen Kindern erscheint ihm schlimmer als zu sterben, wobei diese Zwangsgedanken in typischer Weise zu Abwehrhandlungen führen: „Nur wenn du das und das machst, wird verhindert, daß du deine Kinder ermorden mußt." So fürchtet er eine Zeitlang einen grausamen Gott, der ihn zum Kindermord zwingen könne, wenn er ihm nicht Gehorsam leiste.

P.: *Als ob der liebe Gott ... ein SS-Offizier wäre, ... der, wenn ich ihm nicht in höchster Formvollendung den Gruß entbiete, mich ... mit dem Tod bestraft oder vielleicht noch schlimmer, ... wenn ich eins meiner Kinder umbringen würde, das wäre schlimmer als tot zu sein.*

Die 115. Stunde kann man als Durchbruchsstunde bezeichnen. Die sich einstellende positive Veränderung des Patienten ist eklatant. Er kommt ängstlich-resigniert, mit der für ihn typischen Opfermentalität in die Stunde und verläßt sie befreit. Herr Arthur Y hat zu einer beinahe poetischen Ausdruckskraft gefunden. War bisher seine Wut, daß er sich bösartiger Gewalt beugen müsse, auf seine Symptomerfahrung beschränkt, wird nun dieses Schwanken zwischen Wut und Ohnmacht zum entscheidenden Verhältnis des Patienten zu Autoritätsfiguren. Das symptomatische Erleben wird in die Situationen transportiert, in denen es adäquat erscheint. Um mit dem Analytiker zu sprechen: Der Patient hat seine Gefühle wiedergefunden. Die Hypothese des Analytikers ist, daß es sich dabei um die Konflikte handle, auf die der Patient durch pathogene Abwehr reagiert habe.

Wir werden die Stunde unter Konzentration auf die Aspekte zusammenfassen, von denen wir vermuten, daß sie die Entwicklung des Patienten förderten. Es wird angenommen, daß der Motor der Veränderung nicht die Gewinnung von Einsichten über die eigene Person ist, sondern daß Herr Arthur Y durch die animierende

Rolle des Analytikers dazu gebracht wird, auf eine emotional angemessene Weise auf Unterdrückungssituationen zu reagieren. Es kommt zu einer besonderen Form von Einsicht: Der Patient gewinnt ein angemessenes Verständnis seiner Situation.

Der Analytiker verhält sich in der folgenden Szene wie ein Regisseur, der den Patienten anregt, sich in die Rollen, die er erinnert, hineinzuversetzen; er tut dies, indem er die Vorlage - in diesem Fall sind es die Erinnerungen des Patienten -, die dem Schauspieler zur Verfügung steht, dramatisch erweitert.

Der Patient erzählt von einem unempathischen Chirurgen, der ihm als 9jährigem unter örtlicher Betäubung die Mandeln herausnahm. Der Patient hatte Angst, wollte ständig schlucken, der Arzt jedoch habe ihn angeherrscht, den Mund offenzulassen.

A.: *Ha, es fließt da ja so viel Blut.*

P.: *Ja.*

A.: *Daß man dauernd schluckt und eh Angst hat zu ersticken, daß einem das Wasser, das Blut bis zum Halse steht.*

Überlegung: Die Anspielung auf Wasser ist mir eingefallen, weil sich der Patient einmal tatsächlich in einer tödlichen Gefahr befand. Er wäre beinahe ertrunken.

A.: *Die Schere, mit der der geschnitten hat und Sie beinahe zum Ersticken gebracht hat. So erlebt man das, wenn das Blut da hinten zusammenläuft, im Schlund, im Hals. Wenn man ihm ins Gesicht spuckt, muß man befürchten, daß er noch wütender wird.*

P.: *Ja, wenn ich den Gedanken aufgreife, wie wehrt man sich da? Es ist ja naheliegend, Gleiches mit Gleichem zu vergelten.*

A.: *Ja, und da haben Sie ja das Instrument, nämlich in der Schere oder irgendwelchen anderen spitzen Gegenständen.*

P.: *Solche Gedanken verbietet man sich sofort.*

A.: *Die verbieten sich auch durch die Situation. Die Übermacht ist so groß.*

P.: *Und dann, wenn man verdrängt sozusagen und immer wieder verdrängt, dann kommt's halt wo anders - die Schere. Es kommt auch dort, wo es dann - ja, ich hab' da einen Gedanken. Wenn ich als 9jähriges Kind dem jetzt, sagen wir, den nächstbesten Gegenstand durchs Gesicht ziehen würde, dann würde er in der Erwartung eines 9jährigen Kindes mich fertigmachen.*

A.: *Wenn Sie das Messer nehmen, mit dem der da rumschnippelt.*

P.: *Wenn ich mich also wehre, dann macht er mich fertig, dann ist es Schluß. Dann ist es Feierabend, dann bin ich erledigt, genau dasselbe, vor dem ich mich eigentlich heute fürchte.*

A.: *Ja.*

P.: *Denn würde ich mit einer Schere nur so etwas anrichten, dann wäre ich auch fertig, wäre ich erledigt, wär' ich, es wär' Feierabend, es wär' Schluß.*

A.: *Ja, und in der Schere sind Sie der mächtige Chirurg, SS-Offizier, Hitler etc., der liebe Gott mit dem Messer, und in der Gestalt der machtlosen Kinder sind Sie das Kind selbst, sind Sie das Opfer.*

P.: *Ja, ja.*

A.: Sie meinen aber natürlich nicht Ihre Kinder, sondern Sie meinen die Übermacht, die aber so furchtbar ist, daß man das Messer nicht gegen sie richten darf, was ja Auswirkungen hat in viel entlegenere, scheinbar harmlose Dinge, z. B. dürfen Sie auch nicht den Psychotherapeuten, mich kritisieren.

P.: *Ich hab' Sie bis jetzt gut verstanden, und Sie sagen, „Sie meinen nicht ihre Kinder", sondern ich meine, wenn ich jetzt alles in diesen einen Namen hineinlege, den Benignus schlechthin.*
A.: *Ja.*
P.: *Meinen Gegner, meinen Feind. Ich möchte dieses Bild nicht aus den Augen verlieren, daß es sich bei meinen Ängsten in Wirklichkeit gar nicht um meine Kinder handelt, sondern um einen Feind, gegen den ich mich nicht zu wehren wage. Und wenn ich das so an mir vorbeiziehen lasse, dann fühl' ich ganz deutlich, daß ich Sie, wenn Sie also über eine Erhöhung des Honorars zum Beispiel sprechen, genauso empfinde.*

Nun wird Herr AY von Rache- und Ohnmachtsgefühlen überschwemmt. Der eben noch passiv in einer Opfermentalität verharrende Patient rechnet in dramatischen Monologen mit seinen diversen Zwingherren ab: dem Vater, der nicht versucht habe, ihn zu verstehen, sondern ihn nach einem Lausbubenstreich züchtigte und ohne sich zu verabschieden in den Krieg zog, in dem er blieb; ihn würde der Patient am liebsten mit einer Waffe angreifen. Den sadistischen Lehrer möchte er als SS-Mann unter die Fuchtel nehmen. Der Mutter nimmt er übel, daß sie ihn um seine Kindheit betrogen hat. Schließlich greift er den Analytiker an, weil der ihn unter Geständniszwang setzt. Diesen Zwang vergleicht er augenzwinkernd mit dem Bild von einem Hund, den man zum Jagen tragen muß, d.h. er fühlt sich zu etwas gezwungen, was er gleichsam instinktiv möchte. Dem Analytiker wirft er vor, daß er Rachegeister in ihm wachgerufen hat, die nicht mehr zu befriedigen sind. Diesen Vorwurf kleidet der Patient in das ausdrucksvolle Bild eines Mannes, der sich von seiner Erregung nicht einmal mehr durch Selbstbefriedigung befreien kann, weil ihm die Hände fehlen.

P.: *Ja, und da kommen diese ganzen Gestalten und werden lebendig, und damit steigt schon eine ungeheure Wut auf über diese vielen Jahre – wem soll ich's heimzahlen? Es ist niemand mehr da* (Gemurmel). *Es ging mir folgendes durch den Kopf: Was nützt es mir, mich irgendwo aufzugeilen, wenn ich nicht, wenn ich keine Frau habe und nicht mal 2 Hände, um mich – um mich selbst zu befriedigen.*

Was macht diese Stunde zu einer *guten Stunde*? Wie läßt sich die Intuition, daß es sich um eine gute Stunde handelt, begründen? Was bewirkt den Durchbruch? Drei wichtige Merkmale einer guten Stunde werden im folgenden Abschnitt kurz diskutiert.

1) Die Verbesserung der Perspektive auf die eigene Vergangenheit und Gegenwart

Herr Arthur Y vermochte bis zur Durchbruchsstunde für ihn wesentliche Werte nicht auf seine eigene Biographie anzuwenden. Er hatte intellektuell, aber insbesondere erlebnismäßig eine Auffassung von seiner Biographie, die zu seinem heutigen idealen Selbstbild im Widerspruch stand. Über letzteres besteht kulturell breiter Konsensus, der u.a. Patient und Analytiker umfaßt.

Wir verstehen ein Kind, das auf schlechte Behandlung verschüchtert und mit Angst reagiert. Aber wenn ein Erwachsener solche Unterdrückungssituationen durchspielt, erwarten wir, daß er empört ist, wütend wird auf die Personen, die ihn so behandelt haben. Wir finden, Kinder sollten nicht unnötig schlecht behandelt werden und schon gar nicht gequält, auch sollte man ihnen spielerischen Freiraum gewähren, sie nicht als Sorgenteiler benützen. Auch Herr Arthur Y teilt diese Ansichten und verhält sich zu seinen Kindern entsprechend. Aber die eigene Biographie kann er nur zögernd unter diesen Gesichtspunkten begreifen. Im Vordergrund stehen nicht Wut und Empörung darüber, mißhandelt worden zu sein, sondern die Klage des Opfers. Diese Opfermentalität zeigt sich übersteigert bei aktuellen Anlässen. Schon allein der Verdacht, daß ihm eine Person, die er in der gesellschaftlichen Hierarchie höher einstuft, einen Vorwurf machen könnte, löst bei ihm die Panik aus, fertiggemacht zu werden. Er vermag in der Rolle des Adressaten nicht zwischen willkürlicher Herrschaftsgebärde und legitimem Anspruch zu unterscheiden.

Der Eindruck eines Durchbruchs in dieser Stunde ist z.T. dem Umstand zu verdanken, daß Herr Arthur Y nicht nur intellektuell die Verletzung seiner elementaren Rechte und ihre Nichtanerkennung als Kind beklagt, sondern sich dieser Rechte beraubt fühlt und dies als existentiellen Verlust erlebt, auf den er mit Wut reagiert. Nicht nur in bezug auf die Vergangenheit, auch in der Beziehung zum Analytiker werden seine emotionalen Reaktionen angemessener, und zwar nicht nur aus der Sicht des Beobachters, sondern auch aus eigener Sicht. Es gab in vorhergehenden Stunden einige heftige, ja panische Reaktionen des Patienten auf den Analytiker. Charakteristisch in diesen Fällen war die Dissonanz zwischen unmittelbarem und überlegten Urteil des Patienten. Er konnte zwar begreifen, daß der Analytiker ihn mit einer Honorarforderung keineswegs ruinieren wollte oder würde, emotional aber erlebte er den Anspruch des Analytikers als Bedrohung seiner Existenz. Dagegen sind die Vorwürfe an die Adresse des Analytikers in der guten Stunde nicht aus Panik geboren. Er wirft dem Analytiker vor, ihn unter Geständniszwang zu setzen. Da er einsieht, daß er auch ein Bedürfnis hat, sich mitzuteilen, ironisiert er diesen Vorwurf durch das Bild vom Hund, den man zum Jagen tragen muß, und gelangt so zu einer nuancierten Beschreibung seiner Beziehung zum Analytiker. Auch der andere Vorwurf, daß der Analytiker Rachegefühle wachgerufen hat, ohne gleichzeitig die ursprünglichen Objekte des Hasses herbeiholen zu können, ist treffend, und das Bild des „aufgegeilten Mannes“, der keine Frau und keine Hände hat, sich zu befriedigen, ist äußerst prägnant.

2) Befreiung und größerer Spielraum im Sich-zu-sich-Verhalten

Ein Aspekt von Befreiung liegt in dem zuletzt angesprochenen *kreativen Sprachgebrauch*, in den Bildern, durch die Gefühle verdichtet ausgedrückt werden.

In den vorhergehenden Stunden war die Opfermentalität des Patienten auffallend. Er fühlte sich verfolgt, angegriffen, einem grausamen Gott ausgeliefert, der sogar verlangen könnte, die eigenen Kinder zu ermorden. Dagegen dominiert in dieser Stunde die *Rebellion gegen Zwang* – Rebellion gegen die Zumutungen des Chirurgen, der Mutter etc. Eine solche Auflehnung gegen Zwang ist ein Element der Idee von Befreiung. Er will sich weder innerlich noch äußerlich Zwängen unterwerfen, die er als unangemessen einschätzt.

Befreiung manifestiert sich nicht nur in der Auflehnung gegen Zwang, sondern in der Fähigkeit, sich zur eigenen Befindlichkeit im Sinne von Tugendhat (1979) zu verhalten. Die Fähigkeit zur Reflexion der aktuellen Gesprächssituation entwikkelt sich in der Durchbruchsstunde. Es gelingt dem Patienten, nicht nur spielerisch in die Schuhe seiner Kindheit zu schlüpfen, sondern gleichzeitig seine Rolle zu reflektieren. Er erlebt sich nicht als kleines Kind, sondern als Erwachsenen, der nachempfindet, wie es gewesen sein könnte, als Kind mißhandelt zu werden. Dieser spielerische Aspekt hindert ihn nicht daran, seine Biographie ernster zu nehmen als vorher. Das plastische Ausbuchstabieren von Szenarien löst bei dem Patienten heftige Gefühle aus. Wut erfüllt ihn, wenn er seine Kindheit an dem mißt, was Kindheit sein sollte, aber auch Ohnmacht, weil er sich mit dem, was gewesen ist, abfinden muß. „Es ist eine Gefühllosigkeit ersten Ranges, was sich da mein Vater geleistet hat." Er fragt sich: „Was kann ich jetzt mit meinen Rachegefühlen machen, da die Objekte der Rache außer Reichweite sind?"

Im Unterschied zu anderen Stunden integriert der Patient die emotionale Reaktion auf die analytische Gesprächssituation in die eigene Rede. Nun läßt sich die Gedankenfigur der Befreiung von Zwang durch Reflexion exemplifizieren. Der Patient artikuliert sein Rollenverständnis in der analytischen Situation. Ihm wird dabei klar, daß er sich einer stereotypen Rollenerwartung unterworfen hat – der Patientenrolle, in der man alles zu erzählen hat, was einem einfällt. Er reflektiert dies nun als Geständniszwang und fragt sich, ob er in dieser Rolle fortfahren möchte oder was er mit dem Analytiker anderes anfangen könne, inwiefern dieser seine Bedürfnisse befriedigen könne. Mit dieser Fragestellung löst er sich von der Rolle der passiven Pflichterfüllung, von scheinbar vorgeschriebenen Verhaltensweisen, und erlangt die Fähigkeit zur Rollendistanz.

3) Die Bildung produktiver Überzeugungen mit Hilfe der Symptomerfahrung

Herr Arthur Y erlebt seine Symptomatik als Kampf gegen die Unterwerfung unter unsinnige Rituale, die eine drohende, angstmachende Übermacht von ihm fordert. Dieses Erlebnis verwendet der Patient nun zur Beschreibung seiner emotionalen Befindlichkeit in der Konfrontation mit seinen Unterdrückern.

Wir erinnern daran, daß der Analytiker in der „schlechten" Stunde (s. hierzu 10.1) versuchte, die Symptomerfahrung des Patienten zu erhellen, indem er sie mit Lebenserfahrungen des Patienten analogisierte. Da setzte er das Verhältnis des Patienten zu der Holzvertäfelung mit dessen Verhältnis zu den Peinigern gleich. In der guten Stunde macht er die präsente Symptomerfahrung fruchtbar, um die Erinnerung an Unterdrückungssituationen emotional zu beleben.

Die dramaturgische Technik oder das Bühnenmodell von psychoanalytischer Behandlung

Im Grundlagenband haben wir unter 3.4 die Vorgänge in der Analyse mit denen auf der Bühne verglichen. Demnach spielen Analytiker und Patient Rollen und schauen sich dabei über die Schulter. Dem Analytiker fallen neben der spielerischen Komplementierung von Rollenerwartungen des Patienten die Funktionen des Koregisseurs und Zuschauers zu. Es geht darum, die Rollen auszuprobieren, die der Patient nur unzulänglich zu „besetzen" wagte.

In der sog. „Durchbruchsstunde" löst der Analytiker dieses Programm ein. Er richtet im zitierten Stundenanfang seine Phantasie darauf, dem Patienten die blutige Szenerie jener Mandeloperation vor Augen zu führen, von der dieser erzählt.

Woher kennt der Analytiker die blutigen Details jener Mandeloperation, deren

Kumulation den Patienten dazu bewegt, sich in die Situation eines gequälten 9jährigen hineinzuversetzen? Zwar kann der Analytiker die konkreten Umstände gar nicht kennen, doch ist er dem Patienten kulturell nahe genug, um sich die Szenen ausmalen zu können. In dem Bühnenmodell kommt es nicht darauf an, die Biographie so zu rekonstruieren wie sie gewesen ist. Es geht darum zu verstehen, wie der Patient sich *vorstellt*, daß einem 9jährigen zumute gewesen ist, wenn er so behandelt wird.

Anmerkung des behandelnden Analytikers: Es ist erfreulich, daß ein unvoreingenommener außenstehender Wissenschaftler zu Interpretationen gelangt, die sich in das Bühnenmodell einfügen lassen, und nun gar von *dramaturgischer Technik* gesprochen wird. Mich erinnerte die Mandeloperation zunächst an eine Zahnextraktion im Erwachsenenalter, bei der soviel Blut im Rachenraum zusammenfloß, daß mir „das Wasser bis zum Halse stand“. Mit Absicht benütze ich diese Metapher, die wie alle Gleichnisse eine ganze Kategorie von Erfahrungen abdeckt. Die metaphorische Therapiesprache fördert die Intensität des Erlebens. Nun war ich in der beschriebenen Erinnerung durchaus noch Herr der Lage, ja ich gab dem besorgten Zahnarzt zunächst auch kein Zeichen, weil ich eine Grenzsituation bis zum Äußersten ausprobieren wollte. In anderen Situationen meiner Kindheit war ich aber ebenso ohnmächtig wie der Patient. Kein Leser wird Schwierigkeiten haben, sich in mehr oder weniger furchtbare Polarisierungen von Macht und Ohnmacht einzufühlen. Die psychoanalytische Theorie über die Entstehung unbewußter Strukturen und Dispositionen erleichtert das Verstehen. Unbewußte Selbstschemata finden beispielsweise in der Traumsprache eine bildhafte Darstellung. Die erklärende psychoanalytische Theorie läßt freilich erwarten, daß daneben oder darunter andere Selbstbilder liegen, die, so abgespalten sie vom bewußten Erleben auch sein mögen, sich in Aktionspotentialen ankündigen. Zum Opfer gehört der Täter, zum Masochismus der Sadismus. Dieses Wissen ermöglicht die interpretative Belebung von verdrängten oder abgespaltenen Selbstanteilen, die beim Patienten anklingen. Ich halte die dialogische Anreicherung für wesentlich, wobei die begleitenden Interpretationen erschwert würden, wenn man sich tatsächlich auf die Bühne begäbe und psychodramatisch Theater spielte. Es mag an meiner persönlichen Beschränkung liegen, daß ich den Sinn einer Szene in ihrer Beziehung zu unbewußten Motiven und Strukturen oft erst nach gründlichem Nachdenken begreifen und interpretieren kann. Die weiter unten wiedergegebene Regieanweisung Brechts kann ich mir zu eigen machen, und insofern ist mir die Bezeichnung „dramaturgische Technik“ als treffend willkommen.

Um die Vorgehensweise des Analytikers verdeutlichen zu können, unterscheiden wir 3 Formen von Geschichtsschreibung:

Ein bloßer Chronist bescheidet sich damit zu sagen, was war. Ein zweiter Geschichtsschreiber möchte aus seiner aktuellen Sicht zu historischen Ereignissen Stellung nehmen und verfolgt mit seiner Perspektive auf Geschichte bestimmte Erklärungsabsichten. Ein dritter versucht, sich vorzustellen, wie es für ihn wäre, damals zu leben – dies ist eine Haltung, die häufig von Schriftstellern und Schauspielern realisiert wird.

Der Analytiker bringt seinen Patienten in die zuletzt genannte Stellung zur eigenen Biographie. Im Unterschied zum Geschichtsschreiber, der sich probeweise zurückversetzt, und zum Schauspieler, dessen Rolle mit dem Schlußapplaus endet, leidet der Kranke unausweichlich unter seiner Geschichte, die durch den Wiederholungszwang seiner Symptome die Gegenwart beherrscht. Die therapeutische Situation ist also, historisch gesehen, entscheidend durch eine gegenläufige Bewegung bestimmt. Einerseits ist die gegenwärtige Lage des Patienten eine Fortsetzung des Vergangenen, andererseits soll ihm dazu verholfen werden, diese im Lichte des gegenwärtigen „Augenblicks“ lebensgeschichtlich zu revidieren (Marten 1983). Dem Patienten wird nicht nahegelegt, der „mickrige Hosenscheißer“ zu sein, der er wohl damals war und der sich wahrscheinlich kaum denken konnte, daß er eine andere Behandlung verdiente, sondern er soll mit den Vorstellungen, die er *jetzt* über Kinderbehandlung hat, nachvollziehen, wie es ist, in der Rolle dieses gequälten Knaben zu sein.

Der Analytiker ähnelt in seinen Regieanweisungen Brecht. Letzterer wollte, daß der Schauspieler seine Sicht des Darzustellenden nicht verbirgt. Wenn der Schauspieler einen König darstellt, sollte er nicht sich und den Zuschauern die Illusion vermitteln, als ob er der König wäre, sondern er sollte die Rolle spielen ohne aufzuhören, aus seiner Sicht zu dieser Rolle Stellung zu nehmen.

Der Vorteil der dramaturgischen Technik besteht darin, daß sie die Anwendung jener Wertvorstellungen auf die eigene Person fördert, welche bei der Beurteilung von anderen, die in ähnlichen Situationen sein könnten, einleuchten. Die wachgerufene Empörung des Patienten wird erst dadurch ermöglicht, daß er seine bisherige Stellung zu sich verlassen kann zugunsten jener Einstellung, die ihm seinen Kindern gegenüber selbstverständlich ist. Er kann sich als mißhandeltes, um seine Jugend betrogenes Kind sehen, so wie er seine Kinder in entsprechenden Situationen sehen würde.

Dieser Perspektivenwechsel ist durch die dramaturgische Technik allein nicht zu erreichen, allenfalls kurzzeitig. Wie soll ein Mensch, in dessen Symptomatik zwanghafte Mordgedanken über die eigenen Kinder eine quälende Rolle spielen, über einen Chirurgen empört sein? Wie kann er auf der Grundlage eines gebrochenen Selbstgefühls auch nur in der Phantasie gegen die Peiniger seiner Kindheit rebellieren? Insofern ist es notwendig, dramaturgische Technik durch Interpretationen zu flankieren, die das Selbstgefühl des Patienten stärken. Der Analytiker tut das, indem er den Patienten mit der Interpretation beruhigt, daß er mit seinen Mordgedanken gar nicht seine Kinder meint, daß es sich vielmehr um eine Wut handelt, die seinen früheren und gegenwärtigen Feinden gilt.

Wir heben den entsprechenden Dialogabschnitt noch einmal hervor:

A.: *Ja, und mit der Schere sind Sie der mächtige Chirurg, SS-Offizier, Hitler etc., der liebe Gott mit dem Messer, und in Gestalt der machtlosen Kinder sind Sie das Kind selbst, sind Sie das Opfer.*

P.: *Ja, ja.*

A.: *Sie meinen aber natürlich nicht Ihre Kinder, sondern Sie meinen die Übermacht, die aber so furchtbar ist, daß man das Messer nicht gegen sie richten darf, was ja Auswirkungen hat in viel entlegenere, scheinbar harmlose Dinge, z.B. dürfen Sie auch nicht den Psychotherapeuten, mich kritisieren.*

Die Mordgedanken seien verschoben auf die eigenen Kinder, weil er nicht wagen konnte, sie gegen die furchtbare Übermacht zu denken. Diese Interpretation erleichtert den Patienten; er versucht, sie sich einzuprägen. Auf dieser Basis wird die Abrechnung mit seinen Peinigern möglich. Diese Interpretation, nach der er sich nicht mehr als so schlechten Menschen begreifen muß, der Mißhandlungen verdient hätte, zerfällt in 2 Teile: Der eine Teil besagt, daß sich der Patient sowohl als Opfer als auch als Peiniger identifiziert. Das sei der Grund, warum er, wenn er sich seines Wohlbefindens bewußt wird, Angst bekomme, seine Kinder und damit sich selbst fertigzumachen. Der Grund sei, daß er als Peiniger sein eigenes Opfer ist. Er sei der Mörder seines Doppelgängers, wie Mr. Hyde, der Dr. Jekyll umbringt. Dieser Teil der Interpretation ist, wie an anderer Stelle gezeigt wird (8.2), für den Analytiker das theoretische Leitmotiv. Den anderen Teil der Interpretation benützt Herr Arthur Y: Die Mordgedanken richten sich eigentlich auf seine Peiniger und nicht auf seine Kinder; sie haben sich bloß dorthin verschoben, weil er Angst hatte, gegen die Übermacht anzugehen.

Wenn wir dieser Interpretation zuschreiben, daß sie heilend wirksam war, so hat dies 3 Gründe:

1) Das Bewußtsein des Patienten, daß die Interpretation für ihn bedeutsam sei. Er schätzt diese Interpretation selbst als relevant ein; er nimmt sie nicht nur befriedigt zur Kenntnis und beurteilt sie explizit als hilfreich, sondern führt sie weiter, verdeutlicht sie.
2) Es besteht ein thematischer Zusammenhang zwischen dieser Interpretation und den folgenden Redebeiträgen. Das Thema der Interpretation deckt sich mit dem Hauptthema der Stunde. Der Kampf gegen seine Feinde, den sadistischen Lehrer, Chirurgen etc. wird zum zentralen Inhalt der Stunde. Daß seine Mordgedanken sich in Wahrheit auf diese Feinde richten, ist der Inhalt der Interpretation.
3) Es gibt einen Sinnzusammenhang zwischen der Entwicklung des Patienten in der guten Stunde und dieser Interpretation: Es ist plausibel, daß der Patient, solange er vermutet, Mordgedanken gegen die eigenen Kinder zu haben, nicht einfach mit Empörung die Mißhandlungen der eigenen Kindheit kommentieren kann. Wenn er fähig ist, das Schlimmste, was er sich vorstellen kann, zu tun, dann ist er so schlecht, daß er Mißhandlung verdient. Seine Kindheit mag erklären, daß der potentielle Triebtäter Opfer von Verhältnissen ist. Aber die Wut über Mißhandlung setzt voraus, daß er sich genügend wertschätzt, um die eigene Mißhandlung wütend zurückzuweisen.

Anmerkung des behandelnden Analytikers: Theoretische und behandlungstechnische Erwägungen motivierten mich zu dieser Deutung. Ich bin überzeugt davon, daß Herr Arthur Y nicht seine Kinder als Personen meint, sondern diese als Symbolfiguren der Ohnmacht und Hilflosigkeit dienen. Im Erleben und insbesondere in den unbewußten Dimensionen sind freilich die konkreten Personen nicht von ihrem symbolischen Bedeutungsgehalt geschieden. Insofern meint der Patient auch seine Kinder und nicht nur ihren symbolischen Bedeutungsgehalt. Um aber auf längere Sicht eine Differenzierung zwischen Symbol und konkreter Person zu erreichen, setzte ich hier eine Negation ein, um dem Patienten eine gewisse Distanz zu ermöglichen, auch wenn sich diese nur für kurze Zeit bildet.

Unbewußt stehen seine Kinder für die jüngeren Geschwister, insbesondere für einen jüngeren Bruder, dessen Geburt das erniedrigende Einkoten auslöste. Viele Indizien sprechen dafür, daß sich Todeswünsche gegen die Geschwister richteten. Auf den Ursprung von Aggressionen zurückzugehen, beseitigt diese und die damit zusammenhängenden Schuldgefühle natürlich nicht, ermöglicht aber ein Verständnis fremder und unheimlicher Symptome. Behandlungstechnisch gesehen schafft eine kurzfristige Entlastung einen Spielraum für das Nachdenken. Im übrigen vermute ich, daß seine Zwangsgedanken sich deshalb auf seine über alles geliebten Kinder richten, weil er dadurch zugleich eine absolute Barriere gegen die ihm völlig Ich-fremd gewordenen, zerstörerischen Regungen seines Hasses errichten kann. Dieser Haß hat sich seit der Kindheit - weil er abgespalten war, aber nichtsdestoweniger ständig bei irgendwelchen kleinen Kränkungen des Alltags ausgelöst wurde – kumuliert. Es ist der Haß des vollkommen ohnmächtigen Opfers, das gar nicht mehr in der Lage ist, dem Täter gegenüber noch einen Impuls der Gegenwehr aufzubringen. Fast bewußtlos geschlagen kann man noch nicht einmal einen unbewußten Gedanken fassen. Erst viel später im Leben oder in Zwangssymptomen verkapselt ist es dann möglich, das sadomasochistische Verhältnis umzukehren: Die Kinder repräsentieren die eigene kindliche Ohnmacht, und in der grausamen Tat kann man sich mit den Repräsentanten der Macht identifizieren, mit den Gassenbuben, die den Hosenscheißer auslachten, mit Mutter und Vater, mit dem sadistischen Lehrer, mit Hitler, mit SS-Offizieren und mit dem Gott der Rache, der absolute Unterwerfung als Ausdruck der Liebe ansieht und erzwingt.

Formal betrachtet lautet die Frage, die den Patienten beunruhigt: „Habe ich Mordgedanken gegenüber den eigenen Kindern?" Diese Frage hat 2 Konnotationen: a – „Richten sich meine Zwangsgedanken auf meine Kinder?" b – „Wünsche ich, meine Kinder zu ermorden?"

Frage a ist zu bejahen. Mit seinen Zwangsgedanken und ihren sprachlichen Äußerungen nimmt der Patient auf seine Kinder Bezug. Das ist es ja, was ihn beunruhigt. Aber die 2. Frage (b) ist noch viel beunruhigender für ihn. Es ist dies die Frage, die der Analytiker verneint. Die Zwangsgedanken sind nicht als Zeichen von Mordwünschen gegen die eigenen Kinder aufzufassen. Der Patient irrt sich nicht in der Bezugnahme auf die Personen, die er mit seinen Äußerungen meint, aber er irrt in der Bezugnahme auf das Objekt seiner Wünsche.

Wahrheit der Interpretation

Hat Herr Arthur Y Mordwünsche in bezug auf seine Feinde und nicht in bezug auf seine geliebten Kinder? Hat er aus Angst vor der feindlichen Übermacht die Mordgedanken auf die eigenen Kinder verschoben? Die Wahrheitsfrage bezieht sich in den folgenden Ausführungen nicht auf den Kommentar des behandelnden Analytikers, sondern auf das naheliegende und auch vom Patienten geteilte Verständnis besagter Interpretation, daß er nicht wünsche, seine Kinder zu ermorden.

Für die Wahrheit einer Interpretation spricht im allgemeinen, wenn es 1) durch sie gelingt, eine Menge motivational scheinbar unverständlicher Äußerungen in einen systematischen und verständlichen Zusammenhang zu bringen *(Kohärenz- und Rationalitätskriterium)*, wenn sie 2) mit einer genetischen Hypothese, die gut bestätigt ist, verträglich ist *(genetisches Kriterium)* und wenn sie 3) mit den am besten bestätigten Hypothesen der psychoanalytischen Theorie verträglich ist. Wenn man diese Kriterien zugrunde legt, dann spricht einiges dafür, daß zumindest eine Komponente der Symptombildung darin zu suchen ist, daß der Patient sich vor einem mörderischen Selbstbild schützen möchte. Es könnte sein, er hält sich unbewußt für so schlecht, daß er fürchten muß, seine über alles geliebten Kinder zu ermorden. Dabei ist durchaus anzunehmen, daß der Patient in seinem Denken die Erinnerung an seine Geschwister und die Vorstellung von seinen eigenen Kindern vermengt. Wenn man eine bestimmte Beziehung auf andere Objekte überträgt, so impliziert dies nicht, daß man die Übertragungsobjekte mit seinen sprachlichen Äußerungen nicht auch meint. In diesem Fall macht der Analytiker in seiner Interpretation den Patienten nicht darauf aufmerksam, daß er die eigenen Kinder mit seinen Geschwistern gleichsetzt, sondern für den Patienten wird der Gedanke wichtig, daß sich die Aggression eigentlich auf die Übermacht richtet.

Psychoanalytische Symptomtheorie

1) Symptome sind verschobene, verstümmelte Wunschbefriedigungen verpönter, unterdrückter Wünsche.

Diese Annahme stimmt mit dem zitierten Kommentar des behandelnden Analytikers überein: in der unbewußten Phantasie identifiziere der Patient sich lustvoll mit seinen Peinigern, übernehme ihre Haltung.

2) Die Person versucht, mit Hilfe des Symptoms eine traumatische Situation zu bewältigen.

3) Personen versuchen unbewußt, durch ihre Symptomatik ihre unbewußten, pathogenen Meinungen zu falsifizieren, wobei sich dieser Punkt unter 2) subsumieren läßt. Eine Person versucht, mit einer schwierigen Situation fertigzuwerden, indem sie sich bemüht, unbewußte Situationsinterpretationen zu falsifizieren.

2) und 3) stimmen mit der folgenden Symptomerklärung überein: Der Patient möchte vor sich verbergen, daß er sich für so schlecht hält, daß er die eigenen Kinder ermorden könnte. Er versucht, sich und anderen zu beweisen, daß er nicht so schlecht ist, denn er widersteht seinen zwanghaften Mordversuchungen.

Es gibt Kontexte, in denen sich die unterschiedlichen Modelle psychoanalytischer Symptomerklärung ergänzen, und andere, in denen sie sich widersprechen. Hier ergänzen sie sich, denn „Identifikation mit dem Aggressor“ kann sowohl als Versuch interpretiert werden, eine schwierige Situation zu bewältigen, als auch im Sinne einer indirekten Befriedigung destruktiver Wünsche verstanden werden. Die Hypothese in unserem Fall ist, daß Abwehr durch Identifikation mit dem Aggressor eine unerträgliche Situation für den Patienten heraufbeschwört, die dieser durch die Symptombildung zu bewältigen sucht.

Das Symptom hat die Funktion, das negative Selbstbild zu verhüllen. Die Mordgedanken erscheinen als zwanghaft, krankhaft und isoliert vom Selbstverständnis des Patienten (d.h. er definiert sich als einer, dem jene Mordgedanken völlig fremd sind).

Kohärenzkriterium: Bei den kleinsten Anlässen fühlt sich der Patient schuldig, ertappt. Beispielsweise ist er fleißig und erfolgreich in seinem Beruf, erschrickt jedoch regelmäßig panisch über Anrufe seines Chefs. Die weitaus meisten Geschichten in dem 10stündigen Analyseabschnitt handeln davon, daß der Patient Angst empfindet, ruiniert, fertiggemacht zu werden, oder daß er spontan fürchtet, an etwas, wofür er offensichtlich nichts kann, schuld zu sein, z. B. an einem Unfall, bei dem er nur Zeuge ist. Er wird nicht müde, dem Analytiker und sich vorzuführen, daß er auf nichtige Anlässe unnötigerweise mit Angst oder Schuldgefühl reagiert habe. Das könnte die Funktion haben zu zeigen, daß in Wirklichkeit alles bestens stehe, wenn da bloß nicht seine unmittelbar irrationalen Reaktionen wären, von den Symptomerfahrungen ganz zu schweigen.

Ein weiteres Indiz für die These vom gestörten Selbstwert liegt in der bis zur Durchbruchsstunde durchgehaltenen Opfermentalität des Patienten. Er konnte sich zwar an die endlosen Quälereien seiner Jugend erinnern, aber er tat es ängstlich, nicht wütend. Wenn man sich sehr schlecht vorkommt, dann verdient man es, entsprechend behandelt zu werden. Zumindest nimmt man nicht selbstverständlich das Recht in Anspruch, gut behandelt zu werden. Dies ist aber eine Voraussetzung dafür, daß Mißhandlungen Wut hervorrufen.

Genetisches Kriterium: Auch genetisch spricht viel für die Hypothese von dem abgewehrten negativen Selbstwertgefühl des Patienten. Daß Rollenübernahme ein wesentlicher sozialisatorischer Lernmechanismus ist, wird kaum bestritten. Es ist plausibel, daß der Patient sich zu sich so verhält, wie andere sich zu ihm verhalten, d.h. er internalisierte die schlimmen Zuschreibungen der anderen, denen er auf Schritt und Tritt begegnete.

Kurzum, es spricht sehr viel dafür, daß die Symptomatik den Zweck hat, den Patienten vor der Überzeugung, er habe mörderische Absichten, zu bewahren und zu beweisen, daß er nicht so schlecht ist wie er denkt.

Diese Abwehr bewirkt ein negatives Selbstverständnis. Der Patient begreift sich unbewußt als so schlecht, wie er seine Peiniger im Verhältnis zu sich selbst erlebte. Er übertrumpft diese sogar, denn er kommt sich so schlecht vor, daß er die eigenen Kinder ermorden könnte. Die Symptombildung kann als Versuch des Patienten begriffen werden, dieses mörderische Selbstverständnis vor sich zu verhüllen und es zu widerlegen. Er erlebt die Zwangsgedanken so, als ob sie nichts mit den eigenen Wünschen oder Selbsteinschätzungen zu tun hätten, und der erfolgreiche Widerstand gegen die zwanghaften Mordbefehle kann als Beweis dafür gelten, daß die geahnten mörderischen Impulse substanzlos sind.

Stimmen diese Hypothesen über die Symptombildung, wäre diese hier als Folge und Mittel einer Abwehr zweiter Stufe zu begreifen: Das durch Abwehr gebildete, negative Selbstverständnis wird abgewehrt. Berücksichtigt man die unmittelbaren Ursachen der Symptombildung, wäre die Interpretation demnach falsch: Nicht verschobene Wut wäre die Ursache der mörderischen Zwangsgedanken, sondern Abwehr des negativen Selbstverständnisses. Dieses ist freilich wegen der mit der Wut verknüpften Schuldgefühle negativ geworden.

Einsicht und therapeutischer Erfolg

Dem Kommentar des behandelnden Analytikers entsprechend ist Identifikation mit dem Aggressor der Abwehrmechanismus, der den Patienten hindert, seine Wut auf die Unterdrücker zu erleben.

Soll man nun folgern, daß dem Patienten durch die Interpretation falsche Überzeugungen vermittelt wurden?

Im Anschluß an unsere Überlegungen zur dramaturgischen Technik gelangen wir zu anderen Schlußfolgerungen. Wir zweifeln daran, daß das Ziel von Interpretationen in einer möglichst *erschöpfenden* Bewußtmachung der Ursachen einer Symptomatik besteht. Vielmehr gilt es, sich auf jene Ursachen zu konzentrieren, die eine kurative Veränderung ermöglichen. Es geht darum, im Einverständnis mit dem Patienten diesem Einsicht in seine Lebenssituation zu vermitteln. Die Symptome sind Produkte von Abwehr, also inadäquate Versuche, mit traumatischen Situationen fertig zu werden. In unserem Fall entspricht der Symptomerfahrung eine Lebenserfahrung kumulativer Unterdrückung und Ohnmacht. Mit Hilfe der dramaturgischen Technik soll diese Lebenserfahrung in ihren Entstehungskontext zurückgebracht werden. Der Patient soll die Möglichkeit erhalten, endlich den Situationen von Unterdrückung und Ungerechtigkeit nicht mit Abwehr, sondern mit Selbstbestimmung entgegenzutreten. (Zur Frage von Selbstbestimmung und Willensfreiheit s. Löw-Beer 1988.)

Für diesen Zweck ist es nicht förderlich, den Patienten auf ein Selbstverständnis aufmerksam zu machen, das selbst ein Produkt von Abwehr ist und insofern nur ein Zerrbild der eigenen Situation liefert. Bei seinen Mordwünschen gegen die Kinder identifiziert er sich mit den Angreifern. Er traute sich nie, Wut und Widerstand gegen diese entsetzliche Übermacht zu entwickeln. Die Aufgabe ist es, dem Patienten zu ermöglichen, den Situationen kumulativer Traumatisierungen ohne Abwehr ins Auge zu sehen. Die diskutierte Interpretation muß als Mittel zur Einsicht in die eigene Situation aufgefaßt werden. Zur kurativen Veränderung des Patienten gehört die Einsicht in die eigene Situation. Der Begriff „kurative Veränderung“ wurde u. a. durch „Gewinnung von Einsicht“ erläutert. Insofern besteht ein mehr als bloß empirischer, nämlich ein begrifflicher Zusammenhang zwischen therapeutischem Erfolg und der Gewinnung von Einsicht in die eigene Situation. Es bleibt zu untersuchen, wie gelungene Therapiestunden mit gelungenem Leben außerhalb von Therapien zusammenhängen.

Mit der Gewinnung von Einsicht in die eigene Situation ist neben einer von Abwehr befreiten Sicht der eigenen Situation v. a. eine evaluative und emotionale Veränderung gemeint. Der Patient wird in der Durchbruchsstunde wütend auf seine Unterdrücker, und diese Wut ist angemessen. Die evaluative Veränderung erfolgt nicht oder nur zum kleinen Teil aufgrund eines Bewußtwerdungsprozesses. Sie geht auch nicht auf den Versuch einer Rekonstruktion von realen Erlebnissen zurück. Vielmehr fließen in das revidierte Situationsverständnis die Wertvorstellungen des erwachsenen Patienten ein. Das läßt sich z. B. an den Vorstellungen über Kindheit oder Jugend zeigen: Vermutlich litt der Junge auch daran, daß ihn die Mutter in ihre Sorgen einweihte. Aber daß hier einem Jugendlichen die Rolle eines verantwortlichen Ratgebers aufgehalst wurde und daß er damit etwas von seiner Jugend versäumte, was er in der Analyse einklagt, war dem Jungen wahrscheinlich nicht klar. Er wußte vermutlich noch nicht, daß Jugendliche eine andere Rolle verdienen. Ein anderes Beispiel: Zwar spricht die Symptomgeschichte des Patienten dafür, daß er Mordimpulse gegen seinen sadistischen Erzieher hatte. Aber erst der Erwachsene verfügt über einen Begriff von Sadismus und kann beurteilen, wie ungerechtfertigt das Verhalten jenes Lehrers war. Es ist eine interessante Frage für die Forschung, inwieweit diese evaluative Begrifflichkeit auf Aneignungsprozesse in der Analyse zurückgeht und ob sich diese als Lernprozesse ausweisen lassen.

In gewissem Sinne ist die Rekonstruktion der Vergangenheit aus gegenwärtiger Bewertung notwendig. Schließlich können Menschen nicht willentlich von allen Interessen und wertenden Begriffen, die sie haben, abstrahieren. Aber hier gibt es graduelle Unterschiede. Man kann entweder versuchen, von der heutigen Perspektive weitgehend zu abstrahieren und sich vorzustellen, wie eine Person in der Vergangenheit gewesen ist, oder man kann sich ausmalen, wie man aus heutiger Sicht in der vergangenen Situation reagieren würde. Die dramaturgische Technik inszeniert die szenische Darstellung von Konflikten unter gerechtfertigten evaluativen Gesichtspunkten.

10.3 Religiosität

Unsere Kultur ist vom abendländischen Denken geprägt, das aus einer Mischung jüdisch-christlicher Religion mit griechischer Philosophie und römischer Weltsicht entstand. Die Inhalte und Formen dieser Kultur beeinflussen das Fühlen und Denken des einzelnen auch bei nichtreligiöser Erziehung. Unsere Sprache und unser Wertsystem sind von dieser kulturellen Tradition erfüllt. Jeder einzelne lebt in einer psychosozialen Wirklichkeit, die in ihren subjektiven und objektiven Anteilen durch die Gesellschaft vermittelt wird. Zum allgemeinen wie zum persönlichen Wirklichkeitsverständnis gehört ein Wertesystem, ggf. eine Religion, weil Wirklichkeit gedeutet werden muß und zugleich schon immer gedeutet ist. Auch das Wertesystem des Atheisten wird weitgehend von den Inhalten der 10 Gebote ausgefüllt. Innerhalb unserer Gesellschaft vermitteln die Kirchen durch ihre Vertreter die Inhalte der christlichen Religion. Die überlieferten Gottesbilder sind jedoch stets individuell gefärbt, je nach der Erfahrung des einzelnen. Sie verwandeln sich ebenso wie die Religion selbst und deren Menschen- und Gottesbild.

Die Religionskritik, der im letzten Jahrhundert besonders Feuerbach, Marx, Nietzsche und Freud den Boden bereitet haben, vertritt eine Projektionstheorie, nach der alle Bilder Gottes von Menschenhand gezeichnet sind. In aufklärerischer Tendenz zielte diese Religionskritik auf die Abschaffung der Religion. Mit der Aufklärung traten an die Stelle religiöser Deutungs- und Sinnsysteme für das Individuum und für die Gesellschaft atheistische Weltanschauungen und Ideologien. Auch nihilistische Systeme sind gedeutete Wirklichkeit.

Die Funktion solcher Deutungs- und Sinnsysteme – die Funktion also von Religionen, Mythologien und Ideologien für das Leben von Gruppen, Gesellschaften und Völkern und den darin eingebundenen Individuen – lassen sich psychoanalytisch untersuchen. Dies gilt ebenso für das Gottesbild, das der einzelne hat, wie es ihm vorgezeichnet wurde und wie er es selbst gezeichnet hat. Daß Glaubensinhalte verschiedene seelische Funktionen erfüllen, läßt sich unschwer zeigen. Für die christliche Religion hat dies Pfister (1944) in seinem Buch *Die Angst und das Christentum* getan. Er zeigte, wie ein einseitiges Gottesbild, dasjenige des strafenden Gottes, die Entstehung neurotischer Ängste mit sich bringt. Zuvor, als Freud (1927 c) in *Die Zukunft einer Illusion* mit jeglicher Religion radikal abrechnete, hatte Pfister (1928) mit der Umkehrung des Titels – *Die Illusion einer Zukunft* – geantwortet und Freud seinerseits beschuldigt, einer Weltanschauung, nämlich der wissenschaftlichen, anheimgefallen zu sein. Darin sah der Gründer der Psychoanalyse freilich einen Ehrentitel. Um wissenschaftliche Aufklärung, die stets nur zu vorläufigen Wahrheiten gelangen kann, ging es ihm in seinem Werk. Hatte nun der Theologe Pfister das letzte Wort gegen den Psychoanalytiker Freud, weil nach der Entmythologisierung des Glaubens neue Mythologien und Ideologien entstanden sind? Tatsächlich schätzte Freud die Fähigkeit des Menschen zur nüchternen Anerkennung von Realitäten als so gering ein, daß er religiösen Tröstungen, insbesondere dem Glauben an ein Leben nach dem Tode, einen großen Raum ließ. Im

Unterschied zu Nietzsche, in dessen späterem Werk der Satz „Gott ist tot“ eine zentrale These bildet, ließ sich Freud von der menschlichen Sehnsucht nach haltgebenden und trostspendenden Glaubensinhalten leiten. Er bestimmte das Verhältnis zwischen Psychoanalyse und Religion methodisch durch die bekannten Ausführungen: „Kann man aus der Anwendung der psychoanalytischen Methode ein neues Argument gegen den Wahrheitsgehalt der Religion gewinnen, *tant pis* für die Religion, aber Verteidiger der Religion werden sich mit demselben Recht der Psychoanalyse bedienen, um die affektive Bedeutung der religiösen Lehre voll zu würdigen“ (Freud 1927c, S. 360). Es hat sich bewährt, bei allen religiösen Problemen streng beim eigenen Handwerk zu bleiben und von hier aus den ganzen Umfang der affektiven Bedeutung religiöser Vorstellungen und die Funktion des Glaubens im Leben des einzelnen innerhalb seiner jeweiligen Gemeinschaft zu untersuchen.

Hierbei stößt man in vielen Fällen auf die Bedeutung der *Projektion* in der Entstehung von Gottesbildern. Nun war es gerade die Entdeckung der Projektion menschlicher Allmachtsvorstellungen im magischen, mythischen und religiösen Denken und Erleben, die Freud, Feuerbach folgend, in seiner Religionskritik in den Mittelpunkt stellte. Da wir uns im kasuistischen Beispiel unter der Überschrift „Das Gottesbild als Projektion“ mit diesem Problem befassen, sind einige einführende Bemerkungen angezeigt.

Die Projektionsidee und deren Begründung geht im 19. Jahrhundert auf Feuerbach zurück. Dessen Religionstheorie wurde in der Abhandlung von Schneider (1972) dargestellt, der als Theologe und Psychoanalytiker die Reaktion von Theologen auf Feuerbachs Religionskritik gründlich untersucht hat. Feuerbach gibt eine „genetisch-kritische“ Erklärung der Religion, wenn er sagt:

> Die Religion ist das *erste* und zwar *indirekte Selbstbewußtsein* des Menschen. Die Religion geht daher überall der Philosophie voran, wie in der Geschichte der Menschheit, so auch in der Geschichte der einzelnen. Der Mensch verlegt sein Wesen zuerst *außer sich*, ehe er es in sich findet. Das eigene Wesen ist ihm zuerst als ein anderes Wesen Gegenstand. Die Religion ist *das kindliche Wesen der Menschheit*; aber das Kind sieht sein Wesen, den Menschen außer sich – als Kind ist der Mensch sich als ein anderer Mensch Gegenstand. Der geschichtliche Fortgang in den Religionen besteht deswegen darin, daß das, was der früheren Religion für etwas Objektives galt, jetzt als etwas Subjektives, d. h. was *als Gott* angeschaut und angebetet wurde, jetzt als etwas *Menschliches* erkannt wird. ... Jeder Fortschritt in der Religion ist daher eine tiefere Selbsterkenntnis (zit. nach Schneider 1972, S. 251; Hervorhebungen im Original).

Feuerbach führt nach Schneider die religiösen Vorstellungen auf anthropologische Sachverhalte zurück, die der Mensch ursprünglich noch nicht als seine eigenen erkennen könne, sondern nur an diesem realen oder fiktiven Gegenüber, auf das die Eigenschaften zunächst projiziert werden. Wie später Freud begreift Feuerbach die Religion als „kindliches Wesen der Menschheit“ und erklärt dies damit, daß ein Kind sein Wesen an seinen Eltern wahrnimmt. Der Philosoph versucht deshalb z. B. „das Geheimnis des Gebetes“ damit zu erklären, daß ein Kind „im Vater das Gefühl seiner Stärke ..., die Gewißheit der Erfüllung seiner Wünsche“ finde, und stellt fest: „Die Allmacht, an die sich der Mensch im Gebet wendet, ist ... in Wahrheit nichts anderes als die Allmacht des Herzens, des Gefühls, welches alle Verstandesschranken durchbricht, alle Grenzen der Natur überflügelt.“ Zusammenfassend heißt es: „Die Religion hat ihren Ursprung, ihre wahre Stellung und

Bedeutung nur in der Kindheitsperiode der Menschheit ..." (zit. nach Schneider 1972, S. 252).

Feuerbach hat das wahre Wesen der Religion in einer Anthropologie gesucht. Der größere Teil von Feuerbachs Buch *Das Wesen des Christentums* trägt den Titel: „Das wahre, d.i. anthropologische Wesen der Religion". Freud hat diese anthropologische Wendung der Religionskritik konsequent in der psychoanalytischen Tiefenpsychologie fortgesetzt, indem er Inhalte von Religionen und Mythen noch konsequenter als Feuerbach auf die infantile Lebensphase zurückführte. Nach Grünbaum (1987b) fügte die psychoanalytische Religionskritik wesentliche neue Dimensionen hinzu, indem bestimmte Glaubensinhalte - Grünbaum erläutert dies beispielsweise am Dogma der unbefleckten Empfängnis Mariä - aus lebensgeschichtlich entstandenen Tabus abgeleitet und plausibel gemacht wurden. Bei dieser Reduktion begegnete Freud freilich einem Mythos: der Ödipussage. Die Untersuchung der Entstehung von Gottesbildern und die Entdeckung der Projektion führte also einerseits zur Kritik an der *geoffenbarten* christlichen Wahrheit und in einem umfassenden Sinn zur Entmythologisierung, aber gleichzeitig auch zu einer Remythologisierung.

Zu diesem geistesgeschichtlichen Prozeß hat die Psychoanalyse in vielfältiger Weise beigetragen. Wir beschränken uns hier auf einige wenige Punkte. Freud hat eine *Theorie* über Entstehung und Funktion von Mythen, Religionen und Ideologien entworfen und eine Untersuchungsmethode geschaffen. Als Aufklärer konzipierte er ein Realitätsprinzip, das die Welt der Tatsachen umfaßt, deren Anerkennung ein Gebot der Vernunft und des praktischen Verstandes ist. Die wissenschaftliche Weltanschauung führt nach Freud zur Erkenntnis der Zusammenhänge zwischen Tatsachen und damit zur Wahrheit, die wiederum eine realistische Lebensbewältigung ermöglicht. Tatsachen werden der Einbildung, Wahrheit wird dem Trug gegenübergestellt. Die Welt des Mythos und des Glaubens ist aber von Fiktionen und Einbildungen geprägt. Die Gegenüberstellung von logos und mythos läßt sich bis in die frühe griechische Philosophie zurückverfolgen (s. hierzu Dupré 1973).

Vom Realitätsprinzip aus wird der mythologische Prozeß vorwiegend unter dem Gesichtspunkt der Abwehr betrachtet. An ihrem Prototyp, der Verdrängung, hat Jones (1919) schon frühzeitig hervorgehoben, daß die damit verbundene psychoanalytische Symbollehre sich auf einen eingeschränkten Symbolbegriff bezieht. Die psychoanalytische Theorie wird der umfassenden Bedeutung symbolischer Formen im menschlichen Denken und Handeln nicht gerecht. In Fortführung des Werks von Cassirer ist insbesondere die Kritik Langers (1965) am psychoanalytischen Symbolbegriff in der psychoanalytischen Literatur rezipiert worden, was sich fruchtbar auf die Theoriediskussion ausgewirkt hat (Philipps 1962; Lorenzer 1970). Die Einbindung des psychoanalytischen Symbolbegriffs in eine umfassende Symbollehre vertieft das psychoanalytische Verständnis religiösen Erlebens.

Wie alle Einseitigkeiten, so hat auch die Zurückführung religiöser Inhalte auf infantile Wurzeln des Gefühlslebens ihre Stärken und Schwächen. Bei der Befreiung von ängstigenden kindlichen Gottesvorstellungen brauchen sich religiöse Gefühle keineswegs im Nichts aufzulösen. Mit der Veränderung angstbesetzter Gottesbilder im Laufe einer Analyse können neue Glaubensinhalte entstehen. Als Psychoanalytiker hat man nicht die Kompetenz, Glaubenssysteme nach ihrer

Wahrheit zu beurteilen. Wohl aber kann, wenn man von Freuds anthropologischer Sicht ausgeht, dazu Stellung genommen werden, welche Glaubensinhalte einem Menschen adäquat sind, also mit seinem Wesen harmonisieren, und welche ihm widersprechen und sich lebensfeindlich auswirken. Alle Religionen und Weltanschauungen müssen es sich heute mehr denn je gefallen lassen, miteinander auch dahingehend verglichen zu werden, welchen Beitrag sie zu einem erfüllten Leben des einzelnen und zum Ausgleich zwischen Gruppen und Völkern leisten. Der Psychoanalytiker beeinflußt durch seine kultur- und religionskritische Einstellung direkt oder indirekt die Weltanschauung seines Patienten. Insoweit also in der psychoanalytischen Praxis Wertfragen zur Diskussion stehen, muß sich das psychoanalytische System die gleichen Untersuchungen gefallen lassen, die sich seit der anthropologischen Wendung auf Religionen und säkularisierte Glaubensbewegungen richten. Hierbei kann nicht davon abgesehen werden, wie Psychoanalytiker sich innerhalb ihrer Berufstätigkeit und Berufsgemeinschaft verhalten und inwieweit die Wertvorstellungen einer Humanität zum Tragen kommen, wie sie von Freud vertreten wurde.

Der behandelnde Analytiker hat sich im folgenden Beispiel nicht gescheut, das Gottesbild eines Patienten auf Projektionen zurückzuführen. Obwohl er sich damit auf „theologisches Glatteis" begeben hat, kam er nur vorübergehend „ins Rutschen". Er hielt sich an seiner laienhaften Vorstellung von negativer Theologie fest, die er so begreift, daß alle menschlichen Aussagen über Gott diesen, wie er ist, ohnehin nicht erreichen und daß es andererseits auch unmöglich ist, sich „kein Bildnis noch Gleichnis" zu machen (vgl. 2. Mose 20,4). Diese Einstellung bringt eine große Offenheit gegenüber allen religiösen Gefühlen mit sich. Ob ein Atheist bereit ist, seine abgewehrte Vatersehnsucht zur Sprache zu bringen, oder ob ein Angehöriger einer Sekte willens ist, die Funktion seines Jenseitsglaubens im Zusammenhang mit dem angenommenen baldigen Weltuntergang auf unbewußte Wurzeln zu untersuchen, sind behandlungstechnische Fragen, denen wir hier im einzelnen nicht nachgehen können. Entscheidend ist, daß die erwähnte Offenheit besteht, die es prinzipiell ermöglicht, Angehörige aller Glaubenssysteme zu behandeln.

Religiöse Probleme treten in jeder Analyse zumindest bei allen *Schuldfragen* auf. Oft kann man sich auf die Entstehung von *Schuldgefühlen* im Zusammenhang mit der Über-Ich-Bildung beschränken. Vor allem depressive Patienten fühlen sich schuldig, ohne je etwas Unrechtes oder Böses getan zu haben. Beichte und Absolution reichen nicht dorthin, wo unbewußte Schuldgefühle mit verdrängten Intentionen eine enge Verbindung eingegangen sind. An dieser Patientengruppe wurde die Rolle der Verinnerlichung bestrafender Eltern und der ihnen nachgebildeten Gottesbilder entdeckt. Am Übergang von Schuldgefühl zur realen Schuld begegnen sich Theologie und Psychoanalyse (Buber 1958).

Religiöse Inhalte sind besonders häufig bei Zwangsneurosen anzutreffen. Die psychopathologischen Formen der zwanghaften Abwehrrituale haben vielfältige Beziehungen zum Aberglauben und zum magischen Denken. Ängste und Schuldgefühle sowie deren stets nur vorübergehend wirksame Beruhigung durch die typischen Zwangsgedanken oder -handlungen kennzeichnen ein Krankheitsbild, das in endlose Wiederholungen der gleichen Gedanken- oder Handlungsabläufe einmündet, so daß in den schwersten Fällen fast keine normale Handlung mehr möglich ist. Sowohl die Inhalte als auch die Form von Zwangsneurosen legen es nahe, die Funktion von Riten im Seelenleben des einzelnen und innerhalb von Glaubenssystemen miteinander zu vergleichen. Unter psychoanalytischen Gesichtspunkten geht es u.a. darum, den Einfluß christlicher Glaubenssätze und biblischer Geschichten auf die neurotischen Ängste von Kranken zu untersuchen. Religiöse Probleme tauchen in der psychoanalytischen Praxis vorwiegend bei Menschen auf, die durch die Religion und ihre Vertreter geschädigt wurden, wie das nachfolgende Beispiel von Herrn Arthur Y zeigt. Deshalb ergeben sich mit der Veränderung von Symptomen stets auch Abwandlungen der Gottesbilder. Welche religiösen Gefühle übrigbleiben, wenn infantile und magische Vorstellungen ihren Einfluß auf das Denken und Fühlen verlieren, ist eine offene Frage, in der die Meinungen sowohl der Theologen als auch der Psychoanalytiker auseinandergehen (s. hierzu Küng 1987; Meissner 1984).

10.3.1 Das Gottesbild als Projektion

Die unter 6.4 und 8.2 zusammengefaßte Krankengeschichte zeigt, daß in der Zwangssymptomatik von Herrn Arthur Y religiöse Inhalte und Motive eine dominierende Rolle einnehmen. Auch außerhalb der Zwangssymptomatik konfrontierte Herr Arthur Y seinen Analytiker häufig mit religiösen Fragen über die Gerechtigkeit Gottes und die Vereinbarkeit der verschiedenen Gottesbilder miteinander. Die Geschichte von Abraham und Isaak wurde zum unheimlichen und unbegreiflichen Beispiel einer Opferung, in welcher der Patient keine Liebe zu entdecken vermochte. Das nachfolgende Beispiel stammt aus einer späten Phase der Analyse, als Herr Arthur Y bereits eine weit größere innere Freiheit gewonnen hatte. Wegen der großen Bedeutung der besprochenen Probleme erfolgt unter 10.3.2 eine Stellungnahme durch einen Theologen mit dem Titel „Der Analytiker auf dem theologischen Glatteis". Es wird auf eine Äußerung des Patienten Bezug genommen, der den Vorwurf erhoben hatte, daß *Pfarrer* manche Themen vermeiden, um nicht aufs Glatteis zu geraten.

Die Anmerkungen des Analytikers in bezug auf seine Gegenübertragung machen dessen Unsicherheit angesichts des Problems der möglichen Gotteslästerung deutlich. Die Überlegungen bzw. Kommentare wurden in den nachfolgenden Abschnitt erst eingefügt, nachdem die theologische Stellungnahme schon verfaßt war. Diese geht also auf den unkommentierten Teil der Behandlungsstunde zurück.

Herr Arthur Y betont, daß er mit den eigenen Gefühlen von Machtanspruch und Gewalt noch nicht ins reine gekommen sei. Tagelang gehe es ihm hervorragend, und sein Zustand sei überhaupt nicht zu vergleichen mit früher, aber vielleicht sei es eher ein Vergessen (der Angst) - manchmal gebe es Rückfälle von Sekunden, Minuten oder Stunden. Viel habe sich verändert im Umfeld der Angst, er habe eine sichere Basis gewonnen, an den Freuden des Lebens teilzunehmen, er könne großzügig sein und sehe nicht sofort den wirtschaftlichen Ruin auf sich zukommen. Aber die Angst sei immer noch latent vorhanden.

Zwei große Themen sind es, die Herrn Arthur Y noch beunruhigen: Gewalt und Sexualität. Der Patient kommt auf den christlichen Glauben zu sprechen und stellt die Frage, wie der tägliche Konkurrenzkampf, anderen etwas wegnehmen zu müssen oder sie gar brotlos zu machen, mit den christlichen Idealen zu vereinbaren sei. Ein Arbeitskollege schaute ihn kürzlich erstaunt an, als er dieses Problem aufwarf, und antwortete: „Die von Gott gegebenen Fähigkeiten darf man benützen, und wenn man sich damit durchsetzt, so ist das nicht unchristlich." Er müsse dem Kollegen recht geben. Der Mantel der christlichen Nächstenliebe könne nicht über alles gelegt werden. Die Vorstellung eines gewaltfreien Daseins sei doch nicht realistisch. Das Nach-oben-Drängen sei in der ganzen Natur zu beobachten. Alle Pflanzen wüchsen ins Licht. Wer nicht mitkomme, verkümmere. Seine religiösen Probleme belasteten ihn. Er habe sich schwergetan, an Weihnachten das Abendmahl zu nehmen. „Vor einigen Jahren ging mir durch den Kopf, wenn ich bei der Aufnahme der Hostie nicht an meine Ängste denke, ist alles in Ordnung."

Herr Arthur Y vollendet den Bericht über das letzte Abendmahl: „Als ich die Hostie gegessen habe, schoß mir durch den Kopf: Mörder, schlag den Kopf ab. Ich dachte dabei an mich. Dann ist es mir gelungen, die Gedanken abzulenken und nicht zu Ende zu denken. So ging es mir vor einigen Tagen, als ich in großer Ruhe und Harmonie plötzlich an die Abendmahlsszene dachte."

Das religiöse Thema bleibt im Mittelpunkt der Gedanken des Patienten.

P.: *Das Weihnachtsfest ist ja das Fest der Harmonie, aber schon einen Tage später ist der Stephanstag, eine grausame Geschichte, die Steinigung des heiligen Stephanus, der zur Stadt hinausgejagt wurde. Gott hat ja auch den Kreuzestod seines Sohnes bejaht, um versöhnt zu sein. Meine atheistische Erziehung, hat in mir ein Gefühl entstehen lassen, daß es in der Welt nur kalt und erbarmungslos zugeht, aber diese Welt hat meinem Naturell ganz und gar nicht entsprochen. Als dann die Nazis weg waren und ich von meiner Mutter aus Opportunismus in die Kirche geschickt wurde, war ich überrascht, nun mit einer Welt bekannt zu werden, in der man angenommen wird und auch einmal Angst haben darf. Der alte Pfarrer hat es gut verstanden, mich an der Hand zu nehmen. Aber im Internat hat sich die wohltuende Erfahrung nicht fortgesetzt. Im Internat fand ich einen schrecklichen Vertreter Gottes.*

Im Internat traf er auf 2 Vertreter, auf einen abstoßend häßlichen, homosexuellen Verführer und auf einen brutalen Sadisten. Er denkt an Verse Schillers: „Mit Schaudern kroch es heran, das Ungeheuer kroch heran - so kam mir der abscheuliche Mann vor. So ist in mir das Bild eines teuflischen Gottes entstanden."

Der Patient möchte noch einige weitere Verse aus Schillers „Der Taucher" vortragen, was er aber unterläßt, um ja nicht den Eindruck zu erwecken, daß er mit seinem Wissen „angeben" möchte.

Ich mache den Patienten darauf aufmerksam, daß er sich selbstkritisch als Angeber bezeichnete, als er noch einige weitere Verse sagen wollte, aber diesen Gedankengang unterbrochen hat, um ja nicht als Angeber zu gelten. Wenn er in der Geschichte weiterfahre, dann komme er zum Thema der Macht, und zwar nicht nur jener, die ihn von außen treffe, zu den Vertretern eines brutalen Gottesbildes, sondern zur eigenen Lust an der Macht, die er dann gegen die Übermacht einsetze, um sich behaupten zu können.

Der Patient wagt sich nun dem Ungeheuer zu nähern, das da unten lauert, indem er sagt: „Mit solchen Ungeheuern kann man nur fertig werden, wenn man selbst die Macht hat, dann wird man selbst so mächtig wie ein Machthaber, Mörder, wie Gottvater, der nicht verhindert hat, daß sein Sohn am Kreuz umkam."

Überlegung: In einer kurzen Schweigepause geht mir sofort das Problem der

Theodizee, der Rechtfertigung Gottes gegen den Vorwurf, als Welturheber auch für alles Böse verantwortlich zu sein, durch den Kopf. Wer ist verantwortlich für das Böse in der Welt? Wie steht es mit der menschlichen Freiheit? Später lese ich über einige philosophische und theologische Lösungsvorschläge des Theodizeeproblems nach. Doch im Augenblick erfaßt mich in Erinnerung an meine eigene Erziehung eine heftige Gegenübertragung. Ich spüre, daß hinter der negativen Formulierung, daß Gott nicht verhindert hat, die positive unbewußte Phantasie steht. Er hat ihn umbringen lassen = er hat ihn in seiner Allmacht selbst umgebracht. Gegen einen großen inneren Widerstand ringe ich mich gegen die Anklage durch, eine Gotteslästerung zu begehen, und denke, wie ich glaube stellvertretend für den Patienten, seinen und meinen Gedanken zu Ende, indem ich sage: „Denkt man diesen Gedanken zu Ende, dann hat Gottvater seinen Sohn getötet."

Der Patient ist erschrocken und entlastet zugleich, daß sein Analytiker diesen Gedanken klar ausgesprochen hat.

P.: *Das müßten Sie einmal einem Pfarrer sagen. Er würde Ihnen das Kreuz auf den Kopf schlagen.*

A.: *Wenn man gequält wird, können Gedanken der Rache entstehen. Sie wollten so nicht sein, kein rächender Gott, kein Rachegott, und doch wollten Sie auch so sein. Der Pfarrer schlägt* mir *das Kreuz auf den Kopf, wie Sie sagen. Der Opfertod Christi soll die Schuld der Menschen sühnen und tilgen.*

P.: *Ja, das ist schwer zusammenzubringen.*

A.: *Der Sohn unterwirft sich. Nicht mein Wille, sondern dein Wille geschehe.*

P.: *Da fragt man sich natürlich, wie so etwas über 2000 Jahre so viele Menschen fasziniert und geknechtet hat. Angst und Faszination. Wenn die Hostie auf den Boden gefallen wäre, wäre es eine Katastrophe geworden. Ja, man kann doch den Herrgott nicht mit den eigenen Fingern anfassen. Ich hätte mich nie getraut, so unverschlüsselt zu sagen, also hat Gott seinen Sohn umgebracht. Wenn ich so etwas denken würde, dann käme es zur Bestrafung. Dann würde ich meine Kinder umbringen müssen. So lange habe ich also nun gebraucht, um diese Gedanken zu Ende denken zu können.*

A.: *Ja, wenn Sie in den Mund genommen hätten, was ich gesagt habe, nämlich wenn Sie Ihre Anklagen selbst zum Ausdruck bringen, wenn Sie sich empören gegen die Unterwerfungen, die Sie erlebt haben, wenn Sie sich auflehnen gegen die Machthaber, dann werden Sie wie ein Schwein geschlachtet* (Anspielung auf einen masochistischen Gedankeninhalt des Patienten).

P.: *Sie haben mir einmal gesagt, daß Sie evangelisch sind und christlich erzogen wurden. Wie kommen Sie damit zurecht, wenn Sie sagen, Gott ist ein Mörder, obwohl Sie Christ sind? Wie paßt das zusammen?*

Nach langem Nachdenken gebe ich eine ausweichende Antwort: „Was sagt die christliche Theologie dazu?" Ich berufe mich auf eine allgemeine theologische Aussage: Der Opfertod als Symbol der Liebe Gottes.

Der Patient ist sehr entlastet, daß er sich durchgerungen hat, diese Gedanken, die ihn seit langem immer wieder einmal quälen, ausgesprochen zu haben.

P.: *Soll ich froh sein, daß ich diese Gedanken ausgesprochen habe, oder soll ich Angst haben? Ich bin nicht zufrieden damit, was Sie gesagt haben.*

A.: *Ja, damit können Sie nicht zufrieden sein.*

Überlegung: Jetzt fällt mir nichts mehr ein als zu bestätigen, daß der Patient eine berechtigte Unzufriedenheit empfindet. Denn ich bin ins Allgemeine ausgewichen, weil ich im Augenblick nicht mehr weiter weiß. Immerhin wurde so Spielraum gewonnen, damit therapeutisch hilfreichere Aussagen gemacht werden können. Durch meine Bestätigung habe ich den Patienten ermutigt, sich von seiner Unzufriedenheit zu intensiveren Gedanken motivieren zu lassen. Dadurch hat mein Ausweichen, wie der weitere Ablauf zeigt, keine nachhaltige negative Nachwirkung.

Der Patient kommt auf einen der Filme von Don Camillo und Peppone zu sprechen.

P.: *Don Camillo hat mit Gott so gesprochen als wäre er seinesgleichen. Er hat das Kreuz herumgetragen, mit Gott oder mit Christus wie von Mensch zu Mensch gesprochen, indem er hinaufrief, als er mit dem Kreuz zuschlagen wollte, „Halt dich fest!" Eine Seite Gottes hat Ähnlichkeit mit dem sadistischen Lehrer. Von ihm geht aus, duck' dich, mach' dich klein, verstecke dich in der Masse, damit du nicht auffällst. So ging es wohl im KZ zu. Wenn man keine Aufmerksamkeit erregt hat, war man etwas sicherer. Aber man mußte wie ein Wurm kriechen, flach am Boden liegen oder noch besser unter der Erde.*

A.: *Also Don Camillo hat mit Gott wie mit seinesgleichen gesprochen und gefragt, warum hast du nicht verhindert, daß dein Sohn umgebracht wurde. Er hätte wohl kaum gesagt, warum hast du deinen Sohn getötet. Das wäre ja eine aktive Tat. Aber die Frage, warum Gott den Opfertod nicht verhindert hat, diese Frage beschäftigt auch die Theologen. Nach der Bibel hat Gott ja die Macht über Himmel und Erde.*

P.: *Ja, diese Gedankengänge sind einleuchtend, aber man muß es sich getrauen, solche Gedanken auszusprechen. Ich erinnere mich an ein Hörspiel über einen Gotteslästerer, dem angedroht wurde: Der Blitz wird dich demnächst erschlagen. Tatsächlich zog kurze Zeit später ein Gewitter auf. Im Hörspiel hat dieser Mann nur noch geschlottert, bis alles vorbei war, ohne daß er vom Blitz getroffen wurde.*

A.: *Viele Menschen getrauen sich nicht, ihren Verstand einzusetzen und nachzudenken. Der Gotteslästerung folgt die Strafe auf dem Fuße durch einen Blitzschlag. Sie werden bestraft durch den Gedankenblitz, der Ihnen eingegeben wird von dem übermächtigen Lehrer - Gott da oben.*

<u>Überlegung:</u> Es ging mir bei dieser Deutung darum, das Naturgeschehen zu vermenschlichen und zwischen den verschiedenen Blitzen eine Gemeinsamkeit herzustellen oder Ähnlichkeiten zu finden, die eine gemeinsame Wurzel in Polaritäten von Macht und Ohnmacht haben könnten. Die Anspielung auf den Lehrergott bezieht sich auf einen sadistischen Lehrer, der Blitze schleuderte, die wiederum in den zwangsneurotischen Gedankenblitzen des Patienten ihr donnerndes Echo finden.

P.: *Ja, der Don Camillo macht irgend etwas falsch. Er bittet den Gott am Kruzifix um Verzeihung und gelobt, die Zigarre nicht weiterzurauchen, ein großer Verzicht, Don Camillo macht die Zigarre aus. Der Gott oben am Kreuz sagt daraufhin: „Mach' sie nicht nur aus, sondern wirf sie auch weg, steck' sie nicht in die Tasche." Ja, schau mal, ich mach' sie kaputt. So war es, Camillo hatte also den Hintergedanken, die Zigarrre später in der Pfeife weiterzurauchen, und wurde bei dem Gedanken erwischt - eine spaßige Geschichte.*

A.: *Ja, dieser Gott hat auch einen Spaß ertragen, doch der andere, der Grausame nicht, der Ihnen in Gestalt von Benignus* (ein sadistischer Lehrer) *begegnet ist.*

In der folgenden Sitzung spricht der Patient über die befreiende Wirkung der letzten Sitzung, obwohl er auch erschrocken sei über meine Äußerung. Er habe an Sicherheit gewonnen, daß nun Dinge ausgesprochen wurden, die früher ausgespart geblieben seien. Etwas Unheimliches blieb zurück, „die apokalyptischen Reiter könnten kommen oder, einfacher gesagt, es könnte etwas passieren wie im Internat, als der Junge so verprügelt wurde, daß er später Selbstmord beging. Das hat mich alles sehr geprägt".

A.: *Es liegt nahe, das Unheimliche zu vergessen, und deshalb schien Ihnen alles in der letzten Stunde so neu, als hätten Sie diese Gedanken noch nie gehabt.*

P.: *Ja schon, aber so deutlich wurde es noch nie ausgesprochen von Ihnen. Gott - ein Mörder, da müßte das Haus doch zusammenstürzen.*

A.: *Es geht Ihnen besser, nicht nur, weil kein Unglück geschehen ist, sondern weil ich den Satz ausgesprochen habe. Wenn Gottvater zürnt und wenn er einen totschlägt, dann sind ja nicht Sie das Opfer, sondern ich. Ich war ja der Bösewicht, der Gotteslästerer.*

P.: *Ja, Sie haben es gesagt, aber ich war der Anlaß, und das hat mir Angst gemacht. Ich habe mich beruhigt, indem ich mir vorhielt: Er hat es gesagt, nicht ich. Erst im nachhinein war ich auch stolz. Zunächst war ich erschrocken und entsetzt. Nein, ich war eher stolz darauf, daß ich mich so weit vorgewagt habe, und trotzdem macht es mir etwas Sorge, daß ich Sie zu einer Gotteslästerung gebracht habe. Ich kenne Sie ja lange genug, um zu wissen, daß Sie ernstzunehmen sind, und auf meine Frage, wie Sie damit zurechtkommen, haben Sie sich auf eine theologische Meinung zurückgezogen. Ihre eigene haben Sie mir nicht mitgeteilt. Ich komme erneut auf Don Camillo und sein Gespräch mit dem Gekreuzigten. Don Camillo hätte gefragt, warum hast du es nicht verhindert? Diese Frage ist ja viel schwächer. Sie können sich ja nicht einfach hinstellen und einen solchen* (gotteslästerlichen) *Gedanken äußern. Da halte ja wohl nicht nur ich den Atem an, sondern Zehntausende würden genauso reagieren wie ich. Ich habe ja die Geschichte erzählt über die Hostie, die nicht auf den Boden fallen darf.*

A.: *Immerhin, für meine Äußerung bin ich verantwortlich. Für Sie war es entlastend, daß ich die Verantwortung auf mich genommen habe.*

P.: *Ich habe mich in den letzten Tagen etwas mehr beobachtet. Es ist mir aufgefallen, daß ich manchmal versuche, Blickkontakte zu vermeiden. Wenn ich den oder jenen nicht anschaue, dann tut der mir auch nichts.* (langes Schweigen) *Eine Ihrer Formulierungen mißfällt mir. Ich riskiere erst etwas, wenn Sie sich vorwagen. So als würden Sie mir etwas vorwegnehmen, was ich mir selber zutraue, nämlich eine Portion Mut. Nun ja, man könnte es auch anders sehen* (der Patient lacht). *Man könnte sagen, weil der* (Analytiker) *vorausgegangen ist, habe ich den Mut aufgebracht, ein Stück hinterherzugehen.*

A.: *Oder in Ihrer eigenen Spur zu gehen.*

P.: *Ich möchte zu dem Satz zurückgehen und Sie direkt fragen: Haben Sie keine Angst, so etwas zu sagen? Haben Sie sich nicht etwas zu weit vorgewagt? Ist der Gaul mit Ihnen durchgegangen? Oder erinnere ich mich nicht mehr richtig? Ich kann mir nicht vorstellen, daß ich Sie zu etwas provoziere, so daß Ihre Emotionen mit Ihnen durchgehen, aber es wäre eine Erklärung für Ihren Satz.*

A.: *Wäre es Ihnen unheimlich, wenn Sie so viel Macht ausüben und mich zu einer Gotteslästerung provozierten?*

P.: *Ja, eben habe ich daran gedacht, daß ich einem Mitarbeiter, einem Prokuristen im Geschäft einen Lösungsvorschlag gemacht habe, der ihm sehr gefallen hat. Warum fällt es mir wohl so schwer, dazu zu stehen, daß ich selbst auch gute Ideen habe? Also, wenn ich die Macht hätte, Sie zu einer solchen Aussage zu provozieren, ich glaube, es wäre mir nicht mehr so unheimlich wie früher.*

A.: *Ja, Sie haben mich zu diesem Gedanken angeregt. Der Gaul ist mir allerdings nicht durchgegangen. Ich fühle mich da in guter Gesellschaft bedeutender Theologen. Es ist ein Grundthema der christlichen Theologie zu fragen, wo das Böse herkommt. Da Gott die Welt geschaffen hat, gibt es das Problem, warum er Böses nicht verhindert und also zugelassen hat, daß sein Sohn umgebracht wurde. Ich habe diesen Zwischenschritt weggelassen, um deutlicher zu machen, daß auch die indirekte, die mittelbare Tat eine Tat ist.*

P.: *Ich hatte die unterschwellige Angst, daß man darüber nicht sprechen darf und auch keine Denkmodelle haben darf. Also ist es nicht nur mein Problem. Diese Widersprüche berühren also nicht nur mich, sondern Tausende und Tausende von Menschen. Warum wird über diese Problematik, wenn sie doch jedem zu schaffen macht, in der Kirche nicht gesprochen? Ist es deshalb, weil die Pfarrer da auch aufs* Glatteis *geraten?*

Der Patient kommt auf Predigten zu sprechen, die sich mit den Grundthemen befassen, die schon in vorchristlichen Zeiten in Mythologien zum Ausdruck kamen, wie Haß, Liebe, Versöhnung und Opferung. „Ich wundere mich, daß nicht häufiger gefragt wird, warum spricht man vom *lieben* Gott. Ich kann vielleicht diese Frage aus meiner eigenen Lebensgeschichte beantworten. Man hat es mir ausgetrieben, kritisch nachzufragen."

Mit diesen Gedanken findet eine für beide Beteiligte denkwürdige Sitzung ein Ende, die dazu verhalf, daß der Patient projizierte Selbstanteile integrieren konnte.

10.3.2 Der Analytiker auf dem theologischen Glatteis?

Um diese eindrucksvolle Szene, die in großer Verdichtung ein „Menschheitsproblem" zu spiegeln scheint, sinnvoll kommentieren zu können, ist es zweckmäßig, folgenden 5 Fragestellungen nachzugehen:

1) Was erfahren wir in dieser Vignette über den Patienten, seine Krankheit und seinen therapeutischen Fortschritt unter Einschluß der biographischen Daten?

Der Patient geht mit dem Gefühl von Machtanspruch und Gewalt um. Dieses verbindet sich mit der Angst, nahestehenden Menschen etwas antun zu können. Seine Allmachtsphantasien, die den eigenen Gedanken magische Wirkungen zuschreiben, kippen um: Der Patient ist dann das ohnmächtige Opfer und beispielsweise dem wirtschaftlichen Ruin ausgeliefert. Er fühlt sich 2 Welten zugehörig: der einen, in der man angenommen ist und Angst haben darf, und einer anderen sadistisch-sexuell getönten, die er durch Identifikation in sein Inneres aufgenommen hat. Ihm „graue vor der Götter Neide", aber er vermag nun zu sehen, daß der verabscheute Machtimpuls in ihm selbst liegt. Doch gegen die Anerkennung der eigenen Ambivalenz erhebt sich der Widerstand in dem Bestreben, eine klare Trennung der beiden Sphären „gut" und „böse" herbeizuführen. In der symbolischen Kommunikation geht ihm der Analytiker darin voraus, indem dieser stellvertretend für den Patienten den „Lästergedanken" eines ambivalenten Gottes ausspricht. Unter diesem Schutz kann der Patient sich der eigenen Ambivalenz nähern, die allerdings logisch nicht „zusammenzubringen" ist.

Das Brechen des Tabus durch den Analytiker befähigt den Patienten, „legitime" Möglichkeiten der Machtentfaltung im eigenen Leben zu entdecken.

2) Welche Rolle spielen die religiösen Vorstellungen des Patienten im therapeutischen Prozeß auf dem Hintergrund seiner religiösen Sozialisation? Erleichtern sie ihm die Therapie, oder werden sie im Dienste des Widerstands benützt? Welche Auslegungshilfen benützt er selbst, und welche stellt die psychoanalytische Theorie zur Verfügung?

Herr Arthur Y hat offenbar die Möglichkeit, sich mythisch ausdrücken zu können. In diesen Augenblicken ist Außen- und Innenwelt nicht geschieden, Ideelles und Materielles fallen zusammen, Subjekt und Objekt werden nicht getrennt. Er fühlt sich als Kampfplatz numinoser Mächte, die unbedingt getrennt gehalten werden müssen. Alles ist „in Ordnung", wenn er beim Empfang des Heiligen nicht an das Böse denken muß, wenn die Ambivalenz beseitigt ist. Trotzdem fühlt er, daß darin keine Lösung liegt, und er sucht nach Ausdrucksmöglichkeiten für seine Ambivalenz. Nur kurzfristig gelingt ihm die Aussage: „Gott, der den Kreuzestod seines Sohnes annimmt, um versöhnt zu sein". Im Bilde des „teuflischen Gottes", des „Gottes, der tötet", spiegelt sich die eigene dunkle Seite seines Macht- und Gewaltanspruchs. Als Auslegungshilfe in dem Dilemma eines zugleich allmächtigen und leidenden Gottes greift er auf die Gestalt des Don Camillo zurück, deren „Witz" darin besteht, daß ein Gott gezeigt wird, der Humor hat und die Ambivalenzen seines irdischen Stellvertreters akzeptiert, so wie der Patient eine zeitweise Stellvertreterfunktion seines Analytikers zu akzeptieren und so zu neuen Möglichkeiten eigenen Machtgebrauchs hinzufinden vermag.

Das Auftauchen von mythischen Strukturen in unverhältnismäßig vielen analytischen Situationen gibt Anlaß, bereits an dieser Stelle eines der Grundprobleme der psychoanalytischen Theoriebildung zu bedenken: ihr „wissenschaftliches" Selbstverständnis gegenüber den „mythischen" Denkstrukturen sehr vieler Patienten.

Als eine Wissenschaft, in der auf eigenartige Weise „Erklären" und „Verstehen" miteinander verknüpft sind (Thomä u. Kächele 1973; J. Körner 1985, S. 51 ff.), hat nun die Psychoanalyse selbst, von vielen Psychoanalytikern unbemerkt, zu einer beträchtlichen Umgestaltung des intellektuellen Klimas beigetragen, das sich v. a. auch in einer Neubewertung des Mythosproblems in der Wissenschaft niedergeschlagen hat. Die Hoffnung, daß sich alle Mythologie restlos in Tiefenpsychologie auflösen und auf die Projektion unbewußter Wünsche und Phantasien zurückführen lasse, hat sich ganz im Sinne Pfisters als eine „Illusion" herausgestellt (1928, S. 149–184).

So wird von philosophischer Seite konstatiert, daß es heute „überhaupt keinen theoretisch zwingenden, auf Wissenschaft oder Philosophie verweisenden Grund" (Hübner 1985, S. 343) gebe, den Mythos abzulehnen. „Die Mythen, die uns lehren, was ganz einfach einen Wert darstellt, sind unvermeidlich, wenn die menschliche Gesellschaft existieren soll" (Kolakowski 1974, S. 40). Die unkontrollierte Wiederkehr verdrängter Mythen hingegen, die wir derzeit in einer fast eruptiven Stärke miterleben, wird als Schwäche unserer Kultur diagnostiziert (Hübner 1985, S. 15 f.). In zahlreichen Erscheinungen unserer Kultur ist das Mythische verborgen gegenwärtig (Hübner 1985, S. 293 ff.). Darüber hinaus wird aber auch die Chance beschrieben, durch eine bewußte Auseinandersetzung mit dem mythischen Material Einsicht in verdrängte Wünsche zu gewinnen (Heinrich 1986, S. 242). Vieles spricht dafür, daß der Entmythologisierung eine Remythologisierung folgt (Schlesier 1981; Vogt 1986).

Wir wenden uns nach diesem kleinen philosophischen Exkurs wieder der Interventionsstrategie des vorliegenden Falles zu.

3) Was erfahren wir über den Analytiker in seiner Beziehung zum Patienten und seinen religiösen Vorstellungen?

Der Analytiker fühlt sich zunächst offenbar als Anwalt der „Realität". Er scheut sich nicht, einen realistischen Standpunkt einzunehmen. Er sucht zwischen den hochgestochenen und utopischen Idealen und den Verhältnissen, wie sie nun einmal sind, durch Rückgriff auf die „Natur" zu vermitteln. Er befürchtet wohl ein Auseinanderbrechen der beiden Pole in der Ambivalenz seines Patienten. Er hebt sie auf eine andere Ebene, indem er den „Gedankenzauber" des Patienten festhält, aber zugleich auf dessen eigene kritische Impulse dagegen aufmerksam macht, die sich als hintergründiger Hohn und Spott äußern. Er benützt die religiöse Vorstellung des Patienten (das Kreuz als „Machtinstrument"), um ihn an seine eigenen, bisher verdrängten sadistischen Phantasien heranzuführen. Er versucht, ihn mit der Szene seiner „Unterwerfung" zu konfrontieren, um ihm zu zeigen, daß die „Auflehnung" gegebenenfalls mit schrecklichen Strafen bedroht ist. Er formuliert für den Patienten den „Lästergedanken" eines ambivalenten Gottes, zieht sich jedoch auf die hartnäckigen Fragen des Patienten, wie dies „zusammenzukriegen" sei, auf eine allgemeine theologische Formulierung zurück, womit der Patient natürlich nicht zufrieden sein kann. Über die Hilfskonstruktion einer Zweigöttertheorie (des Gottes von Don Camillo und des Gottes des sadistischen Verführers) tastet er sich jedoch wieder an die Ambivalenz des Patienten heran und zeigt ihm seine verborgene Macht, mit der er den Analytiker zur Gotteslästerung provozierte. Das Erschreckende und Isolierende der eigenen Ambivalenz wird einerseits in der Identifikation mit dem Analytiker, zum anderen im allgemeinen Menschheitsproblem „aufgehoben", das logisch unlösbar erscheint und auf das es keine eindeutigen Antworten gibt.

Der Analytiker befindet sich damit in dem Dilemma, entweder sich selbst und seine eigenen religiösen oder nichtreligiösen Einstellungen als Identifizierungsangebot zu stark in den Vordergrund zu spielen oder aber unter Verweis auf ein „Menschheitsproblem" oder einen ganz im allgemeinen verbleibenden „theologischen Topos", für den dem Analytiker keine „Zuständigkeit" zukomme, den Patienten zu sehr allein zu lassen.

Welche Orientierungshilfe könnte es in einem solchen Dilemma geben, das bisher sowohl in der psychoanalytischen Theoriebildung wie auch in der Technik zu wenig gewürdigt wurde? Es ist als ein Irrtum anzusehen, daß lebensfeindliche mythisch-religiöse Sinngebilde von selbst zerfallen. Bleibt dem Analytiker lediglich die Rolle eines unbeteiligten Zuschauers, der abwarten muß, was sich von selbst entwickelt? Dies wäre gewiß eine verhängnisvolle Fehleinschätzung der inneren Dynamik des Therapievorgangs. Auch der Analytiker muß sich bewußtzumachen versuchen, wo er im Blick auf das religiöse Thema selbst steht, um seine Gegenübertragung zum Wohle des Patienten handhaben zu können, auch wenn er

vorschnelle Entscheidungen bei einem Konflikt der Werte, der zwischen ihm und dem Patienten auftreten kann, möglichst lange „in der Schwebe“ zu halten versucht. Ich frage deshalb zunächst:
4) Auf welche Weise ist das religiöse Thema in der Szene und im Widerspiel von Übertragung und Gegenübertragung gegenwärtig?

Die Struktur der geschilderten Szene ist sehr stark geprägt vom Charakter der Stellvertretung und wird vom Analytiker so gedeutet. Als Hilfs-Ich übernimmt er stellvertretend für den Patienten die Formulierung des Gedankens, den der Patient noch nicht auszusprechen vermag. Sie trägt die Züge des von dem Patienten angebotenen religiösen Materials. Dabei scheint mir charakteristisch, daß die Übertragung nicht geprägt ist vom Bild des Vaters (vom Vater des Patienten erfahren wir in dieser Szene gar nichts), sondern des Sohnes, der zwar gehorsam ist (auch er zieht sich häufig auf Autoritäten zurück!), der aber zugleich das Tabu des eindeutigen Vaters durch den „Lästergedanken“ der Ambivalenz bricht und damit Auflehnung und Empörung symbolisiert. Auch die Gegenübertragung des Analytikers erscheint mir von Ambivalenz geprägt zu sein. Auf der einen Seite fühlt er sich als Vertreter der Realität, andererseits läßt er sich so weit auf die religiösen Vorstellungen des Patienten ein, daß er ihnen einen überindividuellen Realitätsgehalt zuspricht, der es dem Patienten ermöglicht, sich sowohl mit dem Analytiker als mit der gesamten Menschheit darin verbunden zu fühlen. Daß dem „Gedankenblitz“ kein „Blitz des Strafgerichts“ folgt, hilft dem Patienten, die Abwehrmechanismen der Verleugnung, der Isolierung und des Ungeschehenmachens zu lockern und Ambivalenz erleben zu können.

Es wird also in der therapeutischen Szene bereits deutlich, daß die religiösen Vorstellungen auf höchst ambivalente Weise affektiv besetzt werden können. Sie spiegeln eindrucksvoll den Stand des analytischen Prozesses. Wenn sich der Patient in diesem Prozeß religiöser Vorstellungen bedient, so kann es nur von Vorteil sein, wenn der Analytiker eine gewisse Bewußtheit darüber erreicht hat, wo er persönlich angesichts dieser Probleme steht. Er sollte sich Klarheit darüber verschaffen, welche Rolle die mythisch-religiösen Vorstellungen in der Selbstinterpretation einer Kultur im Umgang mit dem geistesgeschichtlichen Erbe jeweils spielen. Die „aufklärerische“ Hoffnung der frühen Psychoanalytiker hat sich nicht erfüllt. Die Mythen aber deshalb kritiklos als das archetypische „Ubiquitäre, Überzeitliche, latent Gegenwärtige, stets Wiederkehrende, das die Menschen aller Zeiten und Zonen innerlich miteinander Verbindende“ (Drewermann 1984, S. 165) hinzustellen, verbietet sich wohl durch die Einsicht in die geschichtlichen Veränderungen sowohl individueller wie menschheitlicher Existenzweisen und durch die Beobachtung der Verwandlung der Mythen.

Indem Freud den Begriff der „Arbeit“ an zentraler Stelle sowohl in die therapeutischen Vollzüge wie zur Kennzeichnung des innerpsychischen Geschehens einführte, hat er das entscheidende Lösungswort für das Verhältnis von „Natur“ und „Geschichte“ gesprochen. Durch psychische Arbeit gewinnt die Natur des Menschen ihre Geschichte, und der Psychoanalytiker nimmt sowohl auf der individuellen wie auf der kollektiven Ebene an diesen Prozessen aktiven Anteil. Ob er will oder nicht, ist er notwendigerweise auch an der „Arbeit am Mythos“ beteiligt, die als eine so dringliche Aufgabe angesehen wird (Blumenberg 1981, S. 291 ff.). Er sollte sich dieser Aufgabe bewußter und williger unterziehen, als dies in der Gegenwart der Fall zu sein scheint. Deshalb eine letzte Frage, die die Beschäftigung mit der klinischen Vignette ausgelöst hat:

5) Warum wird unter Psychoanalytikern immer noch so zögerlich mit der religiösen Thematik umgegangen, so als ob es sich um ein Tabu handle, und warum ist das Brechen von Tabus eine so wichtige Aufgabe der Psychoanalyse?

Freud hatte begonnen, die Mythologie in die Psychologie des Unbewußten zu verwandeln, und damit sollten sich nach seiner Überzeugung die religiösen Grundstrukturena"mit der schicksalsmäßigen Unerbittlichkeit eines Wachstumsvorganges" (Freud 1927c, S.367) auflösen lassen.

Auch die Ubiquität religiöser Vorstellungen, welche sich in vielen Analysen in mehr oder weniger drastischen Formen zeigen, mahnt dazu, diesen ihr relatives Recht zuzugestehen, sind sie doch großartige Ausdrucksmittel für psychische Realitäten, die sich in der zweckrational geprägten Alltagssprache nur sehr schwer wiedergeben lassen. Freilich muß man sich dann auch der Mühe einer inhaltlichen Differenzierung unterziehen! Im vorliegenden Fall haben wir es offenbar mit 2 verschiedenen religiösen Ideen zu tun: Auf der einen Seite das Bestreben, Heiliges und Profanes voneinander zu isolieren, Gut und Böse zu trennen, zu verabsolutieren und gegeneinander auszuspielen. Auf der anderen Seite die Möglichkeit, die sich durch den Gedanken der Stellvertretung eröffnet, beide Seiten des Ambivalenzkonflikts im Göttlichen zu vereinen, was zwar zu logischen Widersprüchen führt, emotional aber als entlastend und befreiend empfunden wird.

Für den therapeutischen Fortschritt des Patienten scheint es außer Frage zu stehen, daß die erste Idee ihn eher hemmt, während die zweite ihn eher zu fördern scheint. Damit ist ein „Wert" impliziert, von dem offenbleiben muß, ob er tatsächlich der psychoanalytischen Empirie verdankt wird oder ob er nicht als das Erbe der Entwicklungsgeschichte des menschlichen Selbstbewußtseins und seiner religiösen Ausdrucksform angesehen werden müßte.

Die psychoanalytische Religionspsychologie, die ja in den Anfängen der Psychoanalyse in höchster Blüte gestanden hat (s. hierzu Nase u. Scharfenberg 1977), ist wohl deshalb zum Erliegen gekommen, weil sich die anfängliche Hoffnung auf vollständige Überführung in Psychoanalyse nicht erfüllte. Sie hat aber in jedem Fall das Tabu gebrochen, als müßten die mythisch-religiösen Vorstellungen als unwandelbare, höchste Werte zu allen Zeiten und an allen Orten respektiert werden. Die Enthüllung ihres ambivalenten Charakters hat die Aufgabe ihrer Bearbeitung eröffnet, wie sie sich der sowohl von Theologen wie von Psychoanalytikern in gleicher Weise „vergessene" Oskar Pfister als lebenslanger Kampfgefährte Freuds zur Lebensaufgabe gemacht hatte (vgl. Freud u. Pfister 1963). Die psychoanalytische Religionskritik ist inzwischen auf vielfältige Weise aufgenommen und fortgeführt worden (vgl. Scharfenberg 1968; Küng 1979, 1987; Meissner 1984), so daß dem erbitterten Streit der Frühzeit der Psychoanalyse gegenüber eine völlig neue Gesprächslage entstanden sein dürfte, innerhalb deren der psychoanalytische Beitrag noch deutlich unterrepräsentiert ist. Daß eine solche weiterführende Zusammenarbeit, die bereits viele religiöse Tabus gebrochen hat, dringend notwendig erscheint, zeigt die hier kommentierte klinische Vignette mit großer Deutlichkeit.

Literaturverzeichnis

Abraham K (1921) Beitrag zur Tic-Diskussion. Int Z Psychoanal 7: 393-396, zit. nach Abraham K (1969) Psychoanalytische Studien zur Charakterbildung. Fischer, Frankfurt am Main, S 64-68

Abraham K (1924) Versuch einer Entwicklungsgeschichte der Libido auf Grund der Psychoanalyse seelischer Störungen. Int Psychoanal Verlag, Leipzig Wien Zürich

Ahrens S (1986 a) Alexithymia and affective verbal behavior of psychosomatic patients and controls. In: Gottschalk LA, Lolas F, Viney LL (eds) Content analysis of verbal behavior. Springer, Berlin Heidelberg New York Tokyo, S 207-214

Ahrens S (1986 b) Experimentelle Untersuchungen affektiver Reaktionen bei psychosomatischen Patienten. Psychother Med Psychol 36: 47-50

Ahrens S (1987) Alexithymie und kein Ende? Versuch eines Resümees. Z Psychosom Med. 33: 201-220

Ahrens S (1988) Die instrumentelle Forschung am instrumentellen Objekt. Kritik der Alexithymie-Forschung. Psyche 42: 225-241

Ahrens S, Deffner G (1985) Alexithymie - Ergebnisse und Methodik eines Forschungsbereiches der Psychosomatik. Psychother Med Psychol 35: 147-159

Aichhorn A (1925) Verwahrloste Jugend. Leipzig, Internationaler Psychoanalytischer Verlag

Albert H (1971) Theorie und Praxis. Max Weber und das Problem der Wertfreiheit und der Rationalität. In: Albert H, Topitsch E (Hrsg) Werturteilsstreit. Wiss. Buchgesellschaft, Darmstadt, S 200-236

Alexander F (1935) Über den Einfluß psychischer Faktoren auf gastrointestinale Störungen. Int Z Psychoanal 21: 189-219

Alexander F (1951) Psychosomatische Medizin. De Gruyter, Berlin

Alexander F, French T, Pollock G (1968) Psychosomatic specifity. Univ Chicago Press, Chicago

Amsterdam BK, Greenberg LG (1977) Self-conscious behavior of infants. Developm Psychobiol 10: 1-6

Amsterdam BK, Levitt M (1980) Consciousness of self and painful self-consciousness. Psychoanal Study Child 35: 67-83

Anchin JC, Kiesler DJ (eds) (1982) Handbook of interpersonal psychotherapy. Pergamon Press, New York

Anderson CM (1986) The all-too-short trip from positive to negative connotation. J Marital Family Therapy 12: 351-354

Anzieu A (1977) Rezension von DW Winnicott: Fragment d'une analyse. Payot, Paris 1975. Bulletin 11 European Psychoanalytic Federation S 25-29

Argelander, H (1978) Das psychoanalytische Erstinterview und seine Methode. Ein Nachtrag zu Freuds Fall „Katharina". Psyche 32: 1089-1104

Arlow JA (1979) The genesis of interpretation. J Am Psychoanal Assoc 27: 193-206

Arlow JA (1982) Psychoanalytic education: A psychoanalytic perspective. Annu Psychoanal 10: 5-20

Arlow JA, Brenner C (1988) The future of psychoanalysis. Psychoanal Q 57: 1-14

Bachrach HM, Weber JJ, Murray S (1985) Factors associated with the outcome of psychoanalysis (Clinical and methodological considerations): Report of the Columbia Psychoanalytic Center Research Projekt IV. Int Rev Psycho-Anal 12: 379-389

Bahnson CB (1986) Das Krebsproblem in psychosomaticher Dimension. In: Uexküll Th von

(Hrsg) (1986) Lehrbuch der Psychosomatischen Medizin, München, Urban & Schwarzenberg, S 889-909

Balint M (1935) Zur Kritik der Lehre von der prägenitalen Libido-Organisation. Z Psychoanal 21: 525-543

Balint M (1965) Der Arzt, sein Patient und die Krankheit. Klett, Stuttgart

Baranger M, Baranger W, Mom J (1983) Process and non-process in analytic work. Int J Psycho-Anal 64: 1-15

Bartels M (1975) Selbstbewußtsein und Unbewußtes. Studien zu Freud und Heidegger. De Gruyter, Berlin New York

Beckmann D (1974) Der Analytiker und sein Patient. Untersuchungen zur Übertragung und Gegenübertragung. Huber, Bern Stuttgart Wien

Beckmann D, Richter HE (1972) Gießen-Test. Ein Test für Individual und Gruppendiagnostik. Huber, Bern

Beigler JS (1975) A commentary on Freud's treatment of the rat man. Annu Psychoanal 3: 271-285

Benedetti G (1980) Beitrag zum Problem der Alexithymie. Nervenarzt 51: 534-541

Benkert O, Hippius H (1980) Psychiatrische Pharmakotherapie, 3. Aufl. Springer, Berlin Heidelberg New York

Bergmann P (1966) An experiment in filmed psychotherapy. In: Gottschalk LA, Auerbach HA (eds) Methods of research in psychotherapy. Appleton-Century-Crofts, New York, S 35-49

Bernfeld S (1932) Der Begriff der "Deutung" in der Psychoanalyse. Z angew Psychol 42: 448-497

Bernfeld S (1941) The facts of observation in psychoanalysis. J Psychol 12: 289-305

Bernstein B, Henderson D (1975) Schichtspezifische Unterschiede in der Bedeutung der Sprache für die Sozialisation. In: Bernstein B (Hrsg) Sprachliche Kodes und soziale Kontrolle. Schwann, Düsseldorf, S 22-45

Bertin C (1982) Marie Bonaparte. A life. Harcourt Brace Jovanovich, San Diego New York

Bettelheim B (1982) Freud and man's soul. Knopf, New York. Dt: (1984) Freud und die Seele des Menschen. Claasen, Düsseldorf

Bilger A (1986) Agieren: Probleme und Chance. Forum Psychoanal 2: 294-308

Bion W (1959) Attacks on linking. In: Second thoughts. Heinemann, London pp 93-109

Black M (1962) Models and metaphors. Cornell Univ Press, Ithaca, NY

Blarer A von, Brogle I (1983) Der Weg ist das Ziel. Zur Theorie und Metatheorie der psychoanalytischen Technik. In: Hoffmann SO (Hrsg) Deutung und Beziehung. Kritische Beiträge zur Behandlungskonzeption und Technik in der Psychoanalyse. Fischer, Frankfurt am Main, S 71-85

Blos P (1962) On adolescence. A psychoanalytic interpretation. Free Press, New York. Dt: (1973) Adoleszenz. Eine psychoanalytische Interpretation. Klett, Stuttgart

Blos P (1970) The young adolescent. Clinical studies. Free Press, New York

Blos P (1983) The contribution of psychoanalysis to the psychotherapy of adolescents. Adolescent Psychiatry 11: 104-124

Blumenberg A (1981) Arbeit am Mythos. Suhrkamp, Frankfurt am Main

Blumenberg H (1960) Paradigmen zu einer Metaphorologie. Arch Begriffsgesch 6: 7-142

Boor de C (1965) Zur Psychosomatik der Allergie, insbesondere des Asthma bronchiale. Huber/Klett, Bern/Stuttgart

Bohleber W (1982) Spätadoleszente Entwicklungsprozesse. Ihre Bedeutung für Diagnostik und psychotherapeutische Behandlung von Studenten. In: Krejci E, Bohleber W (Hrsg) Spätadoleszente Konflikte. Indikation und Anwendung psychoanalytischer Verfahren bei Studenten. Verlag f Med. Psychol, Göttingen S 11-52

Boszormenyi-Nagy I (1965) Eine Theorie der Beziehungen; Erfahrung und Transaktion. In: Boszormenyi-Nagy I, Framo L (Hrsg) (dt. 1975) Familientherapie. Theorie und Praxis, Bd 1. Rowohlt, Reinbek, S 51-109

Bowlby J (1973) Separation. Anxiety and anger. The Hogarth Press and The Institute of Psychoanalysis, London; dt. (1976) Trennung. Psychische Schäden als Folge der Trennung von Mutter und Kind. Kindler, München

Bowlby J (1982) Psychoanalyse als Kunst und Wissenschaft. In: J. Bowlby (1982) Das Glück und die Trauer. Klett Stuttgart, S. 197-217

Bracher KD (1982) Zeit der Ideologien. Deutsche Verlagsanstalt, Stuttgart

Brähler E (1986) Körpererleben - ein vernachlässigter Aspekt der Medizin. In: Brähler E (Hrsg)

Körpererleben. Ein subjektiver Ausdruck von Leib und Seele. Springer, Berlin Heidelberg New York Tokyo, S 3-18
Bräutigam W (1954) Grundlagen und Erscheinungswesen des Torticollis spasticus. Nervenarzt 25: 451-462
Bräutigam W (1956) Extrapyramidale Symptome und umweltabhängige Verhaltensstörung. Nervenarzt 27: 97-98
Bräutigam W (1984) Werte und Ziele in psychoanalytischen Therapien 1984. Z Psychosom Med Psychoanal 30: 62-71
Bräutigam W, Christian P (1986) Psychosomatische Medizin, 4. Aufl. Thieme, Stuttgart
Bräutigam W, Rad M von, Engel K (1980) Erfolgs- und Therapieforschung bei psychoanalytischen Behandlungen. Z Psychosom Med Psychoanal 26: 101-118
Brandt LW (1961) Some notes on English Freudian terminology. J Am Psychoanal Assoc 9: 331-339
Brandt LW (1972) Mindless psychoanalysis. Contemp Psychol 17: 189-191
Brandt LW (1977) Psychoanalyse versus psychoanalysis: traduttore, traditore. Bedeutungsunterschiede zwischen psychoanalytischen Grundbegriffen im Englischen und im Deutschen. Psyche 31: 1045-1051
Bromley DB (1986) The case-study method in psychology and related disciplines. Wiley, New York
Brull HF (1975) A reconsideration of some translations of Sigmund Freud. Psychotherapy: Theory, Research and Practice 12: 273-279
Bruner J (1986) Actual minds, possible worlds. Harvard Univ Press, Cambridge, Mass. London
Buber M (1958) Schuld und Schuldgefühle. Verlag Lambert Schneider, Heidelberg
Bucci W (1985) Dual coding: a cognitive model for psychoanalytic research. J Am Psychoanal Assoc 33: 571-607
Bühler K (1934) Sprachtheorie. Gustav Fischer Verlag, Stuttgart
Bürgin D (1980) Das Problem der Autonomie in der Spätadoleszenz. Psyche 34: 449-463
Cannon WB (1920) Bodily changes in pain, hunger, fear and rage. Appleton, New York. Dt: (1975) Cannon WB, Uexküll von Th (Hrsg) Wut, Hunger, Angst und Schmerz. Urban & Schwarzenberg München
Carveth DL (1984) The analyst's metaphors. A deconstructionist perspective. Psychoanal Contemp Thought 7: 491-560
Charlier T (1987) Über pathologische Trauer. Psyche 41: 865-882
Chasseguet-Smirgel (Hrsg) (1974) Psychoanalyse der weiblichen Sexualität. Suhrkamp, Frankfurt am Main
Cheshire N, Thomä H (eds) (1987) Self, symptoms and psychotherapy. John Wiley, Chichester, New York
Christian P (1986) Moderne Handlungstheorien und der „Gestaltkreis". Ein Beitrag zum Werk von Viktor von Weizsäcker mit klinischen Beispielen zum Verständnis psychomotorischer Störungen. Praxis Psychother Psychosom 31: 78-86
Christoffel H (1944) Trieb und Kultur. Zur Soziologie, Physiologie und Psychohygiene der Harntriebhaftigkeit mit besonderer Berücksichtigung der Enuresis. Schwabe, Basel
Cooper AM (Hrsg) (1985) Die Beendigung der Lehranalyse: Prozeß - Erwartungen - Was erreicht wurde. Zweite Lehranalytikerkonferenz der IPV, Hamburg. In: Schriftenreihe der Internationalen Psychoanalytischen Vereinigung, Bd 5
Covner BJ (1942) Studies in phonographic recordings of verbal material: I. The use of phonographic recordings in counseling practice und research. J Consult Psychol 6: 105-113
Cremerius J (1966) Schweigen als Problem der psychoanalytischen Technik. In: Cremerius J (1984) Vom Handwerk des Psychoanalytikers: Das Werkzeug der psychoanalytischen Technik Bd 1, Frommann-Holzboog, Stuttgart, S 17-54
Cremerius J (1975) Der Patient spricht zuviel. In: Cremerius J (1984) Vom Handwerk des Psychoanalytikers: Das Werkzeug der psychoanalytischen Technik Bd 1, Frommann-Holzboog, Stuttgart, S 55-76
Cremerius J (1977) Ist die „psychosomatische Struktur" der französischen Schule krankheitsspezifisch? Psyche 31: 293-317
Cremerius J (1981 a) Die Präsenz des Dritten in der Psychoanalyse. Zur Problematik der Fremdfinanzierung. Psyche 35: 1-41

Cremerius J (1981 b) Freud bei der Arbeit über die Schulter geschaut. Seine Technik im Spiegel von Schülern und Patienten. In: Ehebald U, Eickhoff FW (Hrsg) Humanität und Technik in der Psychoanalyse. Jahrb Psychoanal, Beiheft 6. Huber, Bern Stuttgart Wien, S 123-158

Cremerius J, Hoffmann SO, Trimborn W (1979) Psychoanalyse, Über-Ich und soziale Schicht. Die psychoanalytische Behandlung der Reichen, der Mächtigen und der sozial Schwachen. Kindler, München

Dahl H, Kächele H, Thomä H (1988) (eds) Psychoanalytic process research strategies. Springer, Berlin Heidelberg New York

Danckwardt J (1978) Zur Interaktion von Psychotherapie und Psychopharmakotherapie. Eine klinische Studie über die Wirkung von Parametern bei einer periodisch psychotischen Patientin. Psyche 32: 111-154

Deutsch F (1949) Thus speaks the body. An analysis of postural behavior. Trans. NY. Acad. Sci. Series II, vol XII, Nr 2, pp 58-62

Deutsch F (1952) Analytic posturology. Psychoanal Q 21: 196-214

Deutsch F (1959) On the mysterious leap from the mind to the body. Int Univ Press, New York

Deutsch H (1926) Okkulte Vorgänge während der Psychoanalyse. Imago 12: 418-433

Deutsch H (1930) Psychoanalyse der Neurosen. Int Psychoanal Verlag, Wien

Dewald PA (1972) The psychoanalytic process. A case illustration. Basic Books, New York London

Dewald P (1982) Serious illness in the analyst: transference, countertransference, and reality responses. J Am Psychoanal Assoc 30: 347-363

Doolittle H (1956) Tribute to Freud. Pantheon Books, New York. Dt: (1976) Huldigung an Freud. Ullstein, Frankfurt am Main

Drewermann E (1984) Tiefenpsychologie und Exegese. Walter, Olten

Dührssen A (1962) Katamnestische Ergebnisse bei 1004 Patienten nach analytischer Psychotherapie. Z Psychosom Med 8: 94-113

Düsing E (1986) Intersubjektivität und Selbstbewußtsein. Behavioristische, phänomenologische und idealistische Begründungstheorien bei Mead, Schütz, Fichte und Hegel. Verlag für Philosophie Jürgen Dinter, Köln

Dupré W (1973) Mythos. In: Krings H, Baumgartner HM, Wild C (Hrsg) Handbuch philosophischer Grundbegriffe. Kösel, München. S 948-956

Eagle M (1973 a) Validation of motivational formulations: acknowledgment as a criterion. Psychoanal Contemp Sci 2: 265-275

Eagle M (1973 b) Sherwood on the logic of explanation in psychoanalysis. Psychoanal Contemp Sci 2: 331-337

Eagle M (1984) Psychoanalysis and „narrative truth": A reply to Spence. Psychoanal Contemp Thought 7: 629-640

Eagle M (1988) Neuere Entwicklungen in der Psychoanalyse. Verlag Int Psychoanalyse, München Wien

Eckstaedt, A (1986) A Two complementary cases of identification involving ‚Third Reich' fathers. Int J Psychoanal 67: 317-328

Edelson M (1972) Language and dreams: The interpretation of dreams revisited. Psychoanal Study Child 27: 203-282

Edelson M (1975) Language and interpretation in psychoanalysis. Yale Univ Press, New Haven

Edelson M (1985) The hermeneutic turn and the single case study in psychoanalysis. Psychoanal Contemp Thought 8: 567-614

Edelson M (1986) The convergence of psychoanalysis and neuroscience: Illusion and reality. Contemp Psychoanal 22: 479-519

Ehlich K (1979) Verwendungen der Deixis beim sprachlichen Handeln. Lang Verlag, Frankfurt

Eickhoff FW (1986) Identification and its vicissitudes in the context of the Nazi phenomenon. Int J Psychoanal 67: 33-44

Eimer M (1987) Konzepte von Kausalität. Huber, Bern Stuttgart

Eissler K (1953) The effect of the structure of the ego on psychoanalytic technique. K Am Psychoanal Asoc 1: 104-143

Eissler K (1969) The psychiatrist and the dying patient. Int Univ Press, New York

Ekstein R (1981) Supervision hour 5: On the supervision of the supervisor. In: Wallerstein RS (ed) Becoming a psychoanalyst. A study of psychoanalytic supervision. Int Univ Press, New York, pp 211-225

Ekstein R, Wallerstein RS (1972) The teaching and learning of psychotherapy. Int Univ Press, New York
Engel GL (1975) The death of a twin. Int J Psychoanal 56: 23-40
Engel GL, Schmale AH jr (1969) Eine psychoanalytische Theorie der somatischen Störung. Psyche 23: 241-261
Erikson EH (1950) Childhood and society. Norton, New York. Dt: (1965) Kindheit und Gesellschaft. Klett, Stuttgart
Erikson EH (1955) Das Traummuster der Psychoanalyse. Psyche 8: 561-604. Engl: (1954) The dream specimen of psychoanalysis. J Am Psychoanal Assoc 2: 5-56
Erikson EH (1962) Reality and actuality. J Am Psychoanal Assoc 11: 451-474
Erikson EH (1968) Identity. Youth and crisis. Norton, New York
Etchegoyen RH (1986) Los fundamentos de la técnica psicoanalítica. Amorrortu editores, Buenos Aires
Fahrenberg J (1979) Das Komplementaritätsprinzip in der psychophysiologischen Forschung und psychosomatischen Medizin. Z Klin Psychol Psychother 27: 151-167
Fahrenberg J (1981) Zum Verständnis des Komplementaritätsprinzips. Z Klin Psychol Psychother 29: 205-208
Fain M (1966) Regression et psychosomatique. Rev franc Psychoanal 30: 452-456
Fara G, Cundo P (1983) Psychoanalyse, ein bürgerlicher Roman. Stroemfeld, Roter Stern, Frankfurt am Main
Farrell BA (1961) Can psychoanalysis be refuted? Inquiry 4: 16-36
Fasshauer K (1983) Klinische und elektromyographische Verlaufsuntersuchungen beim Torticollis spasmodicus. Nervenarzt 54: 535-539
Fenichel O (1930) Statistischer Bericht über die therapeutische Tätigkeit 1920-1930. In: Rado S, Fenichel O, Müller-Braunschweig C (Hrsg) Zehn Jahre Berliner Psychoanalytisches Institut. Poliklinik und Lehranstalt. Int Psychoanal Verlag, Wien
Fenichel O (1931) Über respiratorische Introjektion. Int Z Psychoanal 17: 234-255, zit. nach: Fenichel O (1979) Aufsätze Band 1. Walter-Verlag, Olten Freiburg, S 192-214
Fenichel O (1935) Zur Theorie der psychoanalytischen Technik. Int Z Psychoanal 21: 78-95
Fenichel O (1941) Problems of psychoanalytic technique. Psychoanal Quart Inc, Albany New York
Fenichel O (1945) Psychoanalytic theory of neurosis. Norton, New York. Dt: (1975) Psychoanalytische Neurosenlehre. 3 Bde. Walter-Verlag, Olten Freiburg
Ferenczi S (1913) Entwicklungsstufen des Wirklichkeitssinnes. In: Bausteine zur Psychoanalyse, Bd 1. Int Psychoanal Verlag, Leipzig Wien Zürich S 62-83
Ferenczi S (1919) Zur psychoanalytischen Technik. In: Bausteine zur Psychoanalyse, Bd 2. Int Psychoanal Verlag, Leipzig Wien Zürich S 38-54
Ferenczi S (1921) Psychoanalytische Betrachtungen über den Tic. In: Bausteine zur Psychoanalyse Bd 1. Int Psychoanal Verlag, Leipzig Wien Zürich S 193-234
Ferenczi S (1926) Kontraindikationen der aktiven psychoanalytischen Technik. In: Bausteine zur Psychoanalyse Bd 2. Int Psychoanal Verlag, Leipzig Wien Zürich S 99-115
Ferenczi S (1988) Ohne Sympathie keine Heilung. Das klinische Tagebuch von 1932. Fischer, Frankfurt am Main
Ferenczi S, Rank O (1924) Entwicklungsziele der Psychoanalyse. Int Psychoanal Verlag, Wien
Fisher S, Cleveland SE (1968) Body image and personality. Dover Press, New York
Flader D (1979) Techniken der Verstehenssteuerung im psychoanalytischen Diskurs. In: Flader D, Wodak-Leodolter R (Hrsg) Therapeutische Kommunikation. Scriptor, Königstein, S 24-43
Flader D (1982) Die psychoanalytische Therapie als Gegenstand sprachwissenschaftlicher Forschung. In: Flader D, Grodzicki WD, Schröter K (Hrsg) Psychoanalyse als Gespräch. Interaktionsanalytische Untersuchungen über Therapie und Supervision. Suhrkamp, Frankfurt am Main, S 16-41
Flader D, Grodzicki WD, Schröter K (Hrsg) (1982) Psychoanalyse als Gespräch. Interaktionsanalytische Untersuchungen über Therapie und Supervision. Suhrkamp, Frankfurt am Main
Fonagy I (1983) La vive voix. Payot, Paris
Forrester J (1980) Language and the origins of psychoanalysis. Macmillan Press, London
French TM (1952) The integration of behavior. Vol I. Basic postulates. Univ Chigaco Press, Chicago

Freud A (1936) Das Ich und die Abwehrmechanismen. Int Psychoanal Verlag, Wien
Freud A (1954) The widening scope of indications for psychoanalysis. Discussion. J Am Psychoanal Assoc 2: 607-620
Freud A (1976) Contribution to plenary session on „Changes in psychoanalytic practice and experience: theoretical, technical and social implications". Reported by Shengold L and McLaughlin JT. Int J Psycho-Anal 57: 261-274
Freud S (1895 b) Über die Berechtigung von der Neurasthenie einen bestimmten Symptomenkomplex als Angstneurose abzutrennen. GW Bd 1, S 313-342
Freud S (1895 d) Studien über Hysterie. GW Bd 1, S 75-312
Freud S (1895 f) Zur Kritik der Angstneurose. GW Bd 1, S 357-376
Freud S (1896 b) Weitere Bemerkungen über die Abwehr-Neuropsychosen. GW Bd 1 S 377-403
Freud S (1900 a) Die Traumdeutung. GW Bd 2/3, S 1-642
Freud S (1901 b) Zur Psychopathologie des Alltagslebens. GW 4
Freud S (1905 d) Drei Abhandlungen zur Sexualtheorie. GW Bd 5, S 27-145
Freud S (1905 e) Bruchstück einer Hysterieanalyse. GW Bd 5, S 161-286
Freud (1909 a) Allgemeines über den hysterischen Anfall. GW Bd 7, S 235-240
Freud S (1910 h) Über einen besonderen Typus der Objektwahl beim Manne. GW Bd 8, S 65-91
Freud S (1910 i) Die psychogene Sehstörung in pychoanalytischer Auffassung. GW Bd 8, S 93-102
Freud S (1912 e) Ratschläge für den Arzt bei der psychoanalytischen Behandlung. GW Bd 8, S 375-387
Freud S (1912-13) Totem und Tabu. GW Bd 9
Freud S (1914 g) Erinnern, Wiederholen und Durcharbeiten. GW Bd 10, S 125-136
Freud S (1915 a) Bemerkungen über die Übertragungsliebe: GW Bd 10, S 305-321
Freud S (1915 b) Zeitgemäßes über Krieg und Tod. GW Bd 10, S 323-355
Freud S (1915 d) Die Verdrängung. GW Bd 10, S 247-261
Freud S (1916 d) Einige Charaktertypen aus der psychoanalytischen Arbeit. GW Bd 10, S 363-391
Freud S (1916-17) Vorlesungen zur Einführung in die Psychoanalyse. GW Bd 11
Freud S (1918 b) Aus der Geschichte einer infantilen Neurose. GW Bd 12, S 27-157
Freud S (1919 a) Wege der psychoanalytischen Therapie. GW Bd 12, S 181-194
Freud S (1919 h) Das Unheimliche. GW Bd 12 S 227-268
Freud S (1919 j) On the teaching of pycho-analysis in universities. SE vol 17, pp 169-173
Freud S (1920 a) Über die Psychogenese eines Falles von weiblicher Homosexualität. GW Bd 12, S 269-301
Freud S (1920 g) Jenseits des Lustprinzips. GW Bd 13, S 71-161
Freud S (1922 b) Über einige neurotische Mechanismen bei Eifersucht, Paranoia und Homosexualität. GW 13, S 193-207
Freud S (1923 a) "Psychoanalyse" und "Libidotheorie". GW Bd 13, S 209-233
Freud S (1923 b) Das Ich und das Es. GW Bd 13, S 235-289
Freud S (1925 h) Die Verneinung. GW Bd 14, S 9-15
Freud S (1926 d) Hemmung, Symptom und Angst. GW Bd 14, S 111-205
Freud S (1926 e) Die Frage der Laienanalyse. GW Bd 14, S 207-296
Freud S (1927 c) Die Zukunft einer Illusion. GW Bd 14, S 323-380
Freud S (1930 a) Das Unbehagen in der Kultur. GW Bd 14, S 287-296
Freud S (1931 b) Über die weibliche Sexualität. GW Bd 14, S 515-537
Freud S (1933 a) Neue Folge der Vorlesung zur Einführung in die Psychoanalyse. GW Bd 15
Freud S (1933 b) Warum Krieg? GW Bd 16, S 11-27
Freud S (1937 c) Die endliche und die unendliche Analyse. GW Bd 16, S 57-99
Freud S (1937 d) Konstruktionen in der Analyse. GW Bd 16, S 41-56
Freud S (1940 a) Abriß der Psychoanalyse. GW Bd 17, S 63-147
Freud S (1950 a) Aus den Anfängen der Psychoanalyse. Briefe an Wilhelm Fliess, Abhandlungen und Notizen aus den Jahren 1887-1902. Imago, London
Freud S (1987) Originalnotizen zu einem Fall von Zwangsneurose („Rattenmann") Nachtragsband S 505-569 GW Fischer, Frankfurt
Freud S, Pfister O (1963) Briefe 1909-1939. Fischer, Frankfurt am Main
Frick EM (1985) Latent and manifest effects of audiorecording in psychoanalytic psychotherapy. Yearbook Psychoanal Psychother 1: 151-175

Gadamer HG (1965) Wahrheit und Methode. Anwendungen einer philosophischen Hermeneutik. Mohr, Tübigen
Gardiner M (1971) The wolf-man. Basic Books, New York. Dt: (1972) Der Wolfsmann vom Wolfsmann. Fischer, Frankfurt am Main
Garfield SE, Bergin AE (1986) Handbook of psychotherapy and behavior change. 3rd edn. John Wiley, New York
Gaus E, Köhle K (1986) Psychosomatische Aspekte intensivmedizinischer Behandlungsverfahren. In: Uexküll T von (Hrsg) Psychosomatische Medizin, 3. Aufl. Urban & Schwarzenberg, München Wien Baltimore, S 1157-1172
Gebsattel von V (1954) Prolegomena einer Medizinischen Anthroplogie. Springer, Berlin
Gedo JE (1983) Saints or scoundrels and the objectivity of the analyst. Psychoanal Inquiry 3: 609-622
Geist WB, Kächele H (1979) Zwei Traumserien in einer psychoanalytischen Behandlung. Jahrb Psychoanal 11: 138-165
Geleerd E (1963) Evaluation of Melanie Kleins „Narrative of a Child analysis". Int J Psychoanal 44: 493-513
Gill MM (1982) Analysis of transference. Vol. 1. Theory and technique. Psychological Issues Monograph 53. Int Univ Press, New York
Gill MM (1983) The point of view of psychoanalysis: Energy discharge or person. Psychoanal Contemp Thought 6: 523-551
Gill MM (1984) Transference: A change in conception or only in emphasis? A response. Psychoanal Inquiry 4: 489-523
Gill MM (1985) Discussion. - A critique of Robert Langs conception of transference. Yearbook Psychoanal Psychother 1: 177-187
Gill MM, Hoffman IZ (1982) A method for studying the analysis of aspects of the patient's experience in psychoanalysis and psychotherapy. J Am Psychoanal Assoc 30: 137-167
Gill MM, Simon J, Fink G, Endicott NA, Paul IH (1968) Studies in audio-recorded psychoanalysis. I. General considerations. J Am Psychoanal Assoc 16: 230-244
Giovacchini PL, (1972) Tactics and technique in psychoanalytic therapy. Hogarth London
Glover E (1952) Research methods in psycho-analysis. Int J Psycho-Anal 33: 403-409
Glover E (1955) The technique of psychoanalysis. Baillière Tindall & Cox, London
Göbel P (1980) Das Erleben in der Sprache und die Funktion der Metaphorik. Z Psychosom Psychoanal 26: 178-188
Göbel P (1986) Symbol und Metapher. Z Psychosom Med 32: 76-88
Goffman E (1974) Dt: (1977) Stigma. Über Techniken der Bewältigung beschädigter Identität. Suhrkamp, Frankfurt
Goudsmit W (1986) Delinquenz und Gesellschaft. Vandenhoeck & Ruprecht, Göttingen
Goudsmit W (1987) Bemerkungen zur ambulanten Behandlung von Persönlichkeitsstörungen. Z psychoanal Theorie und Praxis 2: 148-164
Gould RL (1970) Preventive psychiatry and the field theory of reality. J Am Psychoanal Assoc 18: 440-461
Grassi E (1979) Die Macht der Phantasie. Zur Geschichte abendländischen Denkens. Athenäum, Königstein im Taunus
Grawe K (1988) Zurück zur psychotherapeutischen Einzelfallforschung. Z Klin Psychol 17: 4-5
Greenson RR (1959) Phobia, anxiety and depression. J Am Psychoanal Assoc 7: 663-674
Greenson RR (1967) The technique and practice of psychoanalysis, vol I. Int Univ Press, New York. Dt: (1973) Technik und Praxis der Psychoanalyse, Bd I. Klett, Stuttgart
Grey A, Fiscalini J (1987) Parallel processes as transference-countertransference interaction. Psychoanal Psychol 4: 131-144
Grinberg L (1962) On a specific aspect of countertransference due to the patients projective identification. Int J Psycho-Anal 43: 436-440
Grinberg L (1979) Projective counteridentification and countertransference. In: Epstein L, Feiner AH (eds) Countertransference. Aronson, New York, pp 169-191
Grosskurth P (1986) Melanie Klein. Her world and her work. Maresfield Library, London
Grünbaum A (1984) The foundations of psychoanalysis. A philosophical critique. Calif Univ Press, Berkeley Los Angeles London
Grünbaum A (1985) Explication and implications of the placebo concept. In: White L, Tursky B,

Schwartz GE (eds) Placebo: Theory, research and mechanisms. Guilford Press, New York, pp 9-36
Grünbaum A (1987 a) Psychoanalyse in wissenschaftstheoretischer Sicht. Zum Werk Sigmund Freuds und seiner Rezeption. Universitätsverlag Konstanz
Grünbaum A (1987 b) Psychoanalysis and theism. The Monist 70: 150-192
Grunberger B, Chasseguet-Smirgel (1979) Freud oder Reich? Psychoanalyse und Illusion. Ullstein, Frankfurt am Main
Gurman AS, Kniskern DP, Pinsof WM (1986) Research on the process and outcome of material and family therapy. In: Garfield SL, Bergin AE (eds) Handbook of psychotherapy and behavior change. John Wiley, New York, pp 565-624
Habermas J (1968) Erkenntnis und Interesse. Suhrkamp, Frankfurt am Main
Habermas J (1981) Theorie des kommunikativen Handelns. Suhrkamp, Frankfurt am Main
Haegglund TB (1978) Dying. A psychoanalytic study with special reference to individual creativity and defensive organization. Int Univ Press, New York
Haesler, L (1985) Zur Psychodynamik der Anniversary Reactions. Jahrb Psychoanal 17: 211-266
Häfner H (1987) Angst als Chance und als Krankheit. Fundamenta Psychiatrica 1: 196-204
Häfner H, Veiel H (1986) Epidemiologische Untersuchungen zu Angst und Depression. In: Helmchen H, Linden M (Hrsg) Die Differenzierung von Angst und Depression. Springer, Berlin Heidelberg New York S 65-74
Hahn P, Jacob W (Hrsg) (1987) Viktor von Weizsäcker zum 100. Geburtstag. Springer, Berlin Heidelberg New York Tokyo
Hamilton, NG (1986) Positive projective identification. Int J Psychoanal 67: 489-496
Hand I, Wittchen HU (eds) (1986) Panic and phobias. Empirical evidence of theoretical models and longterm effects of behavioral treatments. Springer, Berlin Heidelberg New York Tokyo
Hartmann H (1939) Ich-Psychologie und Anpassungsproblem. Int Z Psychoanal 24: 62-135. Nachdruck in Psyche 14: 81-164
Hartmann H (1973) Psychoanalyse und moralische Werte. Klett, Stuttgart. Engl: (1960) Psychoanalysis and moral values. Int Univ Press, New York
Head H (1920) Studies in neurology. Vol 2. Oxford University Press, London
Heigl-Evers A (1966) Einige psychogenetische und psychodynamische Zusammenhänge beim Krankheitsbild des endogenen Ekzems. Z Psychosom Med 12: 163-178
Heigl F, Heigl-Evers A (1984) Die Wertprüfung in der Psychoanalyse. Z Med Psychoanal 30: 27-82
Heimann P (1950) On countertransference. Int J Psychoanal 31: 81-84
Heimann P (1966) Bemerkungen zum Arbeitsbegriff in der Psychoanalyse. Psyche 20: 321-361
Heimann P (1969) Gedanken zum Erkenntnisprozeß des Psychoanalytikers. Psyche 23: 2-24
Heimann P (1978) Über die Notwendigkeit für den Analytiker mit seinen Patienten natürlich zu sein. In: Drews S et al (Hrsg) Provokation und Toleranz. Alexander Mitscherlich zu ehren. Festschrift für Alexander Mitscherlich zum 70. Geburtstag. Suhrkamp, Frankfurt am Main, S 215-230
Heinrich K (1986) „anthropomorphe". Suhrkamp, Frankfurt am Main
Heising G, Brieskorn M, Rost WD (1982) Sozialschicht und Gruppenpsychotherapie. Verlag für Med. Psychologie im Verlag Vandenhoeck & Ruprecht, Göttingen
Henseler H (1981) Behandlungsprobleme bei chronisch-suizidalen Patienten. In: Reimer C (Hrsg) Suizid-Ergebnisse und Therapie. Springer, Berlin Heidelberg New York
Hilgard JR, Fisk F (1960) Disruption of adult ego identiy as related to childhood loss f a mother through hospitalisation for psychosis. J Nerv Ment Dis 131: 47-57
Hilgard JR, Newman M, Fisk F (1960) Strength of adult ego following childhood bereavement. Am J Orthopsychiatry 30: 788-798
Hirsch ED jr. (1972) Prinzipien der Interpretation. Wilhelm Fink Verlag, München. Engl: (1967) Validity in interpretation. Yale Univ Press, New Haven London
Hirsch ED jr. (1976) The aims of interpretation. Univ Chicago Press, Chicago London
Hoffer W (1950) Three psychological criteria for the termination of treatment. Int J Psycho-Anal 31: 194-195
Hoffer A (1985) Toward a definition of psychoanalytic neutrality. J Am Psychoanal Assoc 33: 771-795

Hoffmann SO (1983) Die niederfrequente psychoanalytische Langzeittherapie. In: Hoffmann SO (Hrsg) Deutung und Beziehung. Kritische Beiträge zur Behandlungskonzeption und Technik in der Psychoanalyse. Fischer, Frankfurt am Main, S 183-193

Hoffmann SO (1986) Die Ethologie, das Realtrauma und die Neurose. Z Psychosom Med 32: 8-26

Hoffmann SO (1987) Buchbesprechung von Panic and Phobias. Hand I, Wittchen HU (Hrsg) (1986). Springer, Berlin Heidelberg New York. Nervenarzt 58: 528

Hohage R (1986) Geschenke in der psychoanalytischen Therapie. Prax Psychother Psychosom 31: 138-144

Hohage R, Thomä H (1982) Erinnerungen als Ergebnis fokussierter Traumdeutung. Z Psychosom Med Psychoanal 28: 385-392

Hohage H, Kübler C (1987) Die Veränderung von emotionaler Einsicht im Verlauf einer Psychoanalyse. Eine Einzelfallstudie. Z Psychosom Med Psychoanal 33: 145-154

Holland NN (1975) An identity for the Rat Man. Int Rev Psychoanal 2: 157-169

Hollingshead AB, Redlich FC (1975) Der Sozialcharakter psychischer Störungen. Fischer, Frankfurt am Main

Hübner K (1985) Die Wahrheit des Mythos. Beck Verlag, München

Isaacs S (1939) Criteria for interpretation. Int J Psycho-Anal 20: 148-160

Jacob P jr (1981) Application: The San Francisco Project - The analyst at work. In: Wallerstein RS (ed) Becoming a psychoanalyst. A Study of psychoanalytic supervision. Int Univ Press, New York, pp 191-210

Jacobson E (1953) Contribution to the metapsychology of cyclothymic depression. In: Greenacre P (ed) Affective disorders. Int Univ Press, New York, pp 49-83

Jacobson E (1971) Depression. Int Univ Press, New York. Dt: Depression. Suhrkamp, Frankfurt am Main

Jiménez JP (1988) Die Wiederholung des Traumas in der Übertragung. Katharsis oder Durcharbeiten? Forum der Psychoanalyse 4: 190-204

Joas H (1985) Das Problem der Intersubjektivität. Suhrkamp, Frankfurt am Main

Jones E (1919) Die Theorie der Symbolik. Int Z ärztl Psychoanal 5: 244-273, nachgedruckt in: Menne et al (Hrsg) Sprache, Handlung und Unbewußtes. Athenäum Verlag, Kronberg, S 229-281

Jones E (1928) Die erste Entwicklung der weiblichen Sexualität. Int Z Psychoanal 14: 2-15

Jones E (1960-1962) Das Leben und Werk von Sigmund Freud. Bd I-III. Huber, Bern

Joraschky P (1983) Das Körperschema und das Körper-Selbst als Regulationsprinzipien der Organismus-Umwelt-Interaktion. Minerva Publikation Saur, München

Joseph E (1979) Comments on the therapeutic action of psychoanalysis. J Am Psychoanal Assoc 27: 71-80

Joseph E (1984) Psychoanalysis: The vital issues. Int Univ Press, New York

Junker H (1972) Ehepaargruppentherapie mit Patienten aus der oberen Unterschicht. Psyche 5: 370-388

Junker H (1987) General comments on the difficulties of retranslating Freud into English, based on the reading experiences of a German analyst with the Standard Edition (Strachey). Int Rev Psycho-Anal 14: 317-320

Kächele H (1981) Zur Bedeutung der Krankengeschichte in der klinisch-psychoanalytischen Forschung. Jahrb Psychoanal 12: 118-177

Kächele H (1982) Pflanzen als Metaphern für Selbst- und Objektrepräsentanzen. In: Schempp D, Krampen M (Hrsg) Mensch und Pflanze. Müller Verlag, Karlsruhe S 26-28

Kächele H (1985) Mißerfolg in der Psychotherapie aus psychoanalytischer Sicht. Verhaltensmodifikation 5: 235-248

Kächele H (1988 a) Spezifische und unspezifische Wirkfaktoren in der Psychotherapie. Prax Psychother Psychosom 33: 1-11

Kächele H (1988 b) Clinical and scientific aspects of the Ulm process model of psychoanalysis. Int J Psychoanal 69: 65-73

Kächele H, Schaumburg C, Thomä H (1973) Verbatimprotokolle als Mittel in der psychotherapeutischen Verlaufsforschung. Psyche 27: 902-927

Kächele H, Fiedler I (1985) Ist der Erfolg einer psychotherapeutischen Behandlung vorhersehbar? Psychother Med Psychol 35: 201-206

Kächele H, Wolfsteller H, Hößle I (1985) Psychotherapie im Rückblick - Patienten kommentieren ihre Behandlung. Praxis Psychother Psychosom 30: 309-317

Kächele H, Thomä H, Ruberg W, Grünzig HJ (1988) Audio-recordings of the psychoanalytic dialogue: scientific, clinical and ethical problems. In: Dahl H, Kächele H, Thomä H (eds) Psychoanalytic process research strategies. Springer, Berlin Heidelberg New York, pp 179-194

Kafka JS (1977) Zum Problem der Realität. Reflexionen über Objektkonstanz, Ambiguität, Paradox und Zeit. Psyche 31: 712-731. Engl: (1977) On reality. An examination of object constancy, ambiguity, paradox and time. Psychiatry Human 2: 133-158

Kanzer M, Glenn J (eds) (1980) Freud and his patients. Aronson, New York

Kaplan HF (1982) Ist die Psychoanalyse wertfrei? Huber, Bern Stuttgart Wien

Keller-Bauer F (1984) Metaphorisches Verstehen. Eine linguistische Rekonstruktion metaphorischer Kommunikation. (Linguistische Arbeiten Bd 142) Niemeyer, Tübingen

Kernberg OF (1965) Notes on countertransference. J Am Psychoanal Assoc 13: 38-56; Dt: (1978) Borderlinestörungen und pathologischer Narzißmus. Suhrkamp, Frankfurt am Main

Kernberg OF (1972) Critique of the Kleinian school. In: Giovacchini PL (ed) Tactics and techniques in psychoanalytic therapy. Hogarth, London, pp 62-93

Kernberg OF (1977) The structural diagnosis of borderline personality organization. In: Hartocollis P (ed) Borderline personality disorders. Int Univ Press, New York, pp 87-121

Kernberg OF (1987) Projection and projective identification: Developmental and clinical aspects. J Am Psychoanal Assoc 35: 795-819

Kernberg OF, Bursteine ED, Coyne L, Appelbaum A, Horowitz L, Voth H (1972) Psychotherapy and psychoanalysis. Final report of the Menninger Foundation's psychotherapy research project. Bull Menn Clin 36: 3-275

Kerz J (1987) Verkehrte Einsicht. Forum Psychoanal 3: 328-331

Kettner M (1987) Erwachen aus dem dogmatischen Schlummer. Psyche 41: 749-760

Khan MMR (1963) The concept of cumulative trauma. In: Khan MMR (1974) The Privacy of the Self. Int Univ Press, New York, pp 42-58. Dt: Das kumulative Trauma. In: Khan MMR (1977) Selbsterfahrung in der Therapie. Kindler, München S 50-70

Kierkegaard S (1957) Die Krankheit zum Tode. Diederichs, Düsseldorf

Klann G (1979) Die Rolle affektiver Prozesse in der Dialogstrukturierung. In: Flader D, Wodak-Leodolter R (Hrsg) Therapeutische Kommunikation. Scriptor, Königstein, S 117-155

Klauber J (1966) Die Struktur der psychoanalytischen Sitzung als Leitlinie für die Deutungsarbeit. Psyche 20: 29-39

Klauber J (1987) Illusion and spontaneity in psychoanalysis. Free Association Books, London

Klein DF (1981) Anxiety reconceptualized. In: Klein DF, Rabkin J (eds) Anxiety: New research and changing concepts. Raven Press, New York, pp 235-265

Klein DF, Ross DC, Cohen P (1987) Panic and avoidance in agoraphobia. Arch Gen Psychiatry 44: 377-385

Klein DF (1988) Reply. Arch Gen. Psychiatry 45: 389-392

Klein GS (1975) Psychoanalytic theory. An exploration of essentials. Int Univ Press, New York

Klein M (1932) The psycho-analysis of children. The International Psycho-Analytical Library, No. 22, Hogarth Press, London

Klein M (1935) Contribution to the psychogenesis of manic-depressive states. Int J Psycho-Anal 16: 145-174

Klein M (1946) Notes on some schizoid mechanisms. Int J Psycho-Anal 27: 99-110. Dt: (1962) Bemerkungen über einige schizoide Mechanismen. In: Klein M Das Seelenleben des Kleinkindes. Klett, Stuttgart

Klein M (1957/58) Neid und Dankbarkeit. Psyche 11: 241-255; zit. nach: Klein M (1962) Das Seelenleben des Kleinkindes. Klett, Stuttgart

Klein M (1961) Narrative of a child analysis. Hogarth, London. Dt: (1975) Der Fall Richard. Kindler, München

Klein M (1962) Das Seelenleben des Kleinkindes. Klett, Stuttgart

Klein M, Heimann P, Isaacs S, Riviere J (1952) Developments in psycho-analysis. The International Psycho-Analytical Library, No. 43, Hogarth Press, London

Klermann GL, MM Weissman, BJ Rounsaville (1984) Interpersonal Psychotherapy of Depression. Basic Books, Inc., Publishers

Köhle K, Simons C, Kubanek B (1986) Zum Umgang mit unheilbar Kranken. In: Uexküll T von

(Hrsg) Psychosomatische Medizin. 3. Aufl. Urban & Schwarzenberg, München Wien Baltimore, S 1203-1241
Köhler L (1982) Neuere Forschungsergebnisse psychoanalytischer Mutter/Kind-Beobachtungen und ihrer Bedeutung für das Verständnis von Übertragung und Gegenübertragung. Psychanal 3: 238-267
Köhler L (1985) On selfobject countertransference. Annu Psychoanal 12/13: 39-56
Köhler L (1988) Probleme des Psychoanalytikers mit Selbstobjektübertragungen. In: Kutter P, Páramo-Ortega R, Zagermann P (Hrsg) Die psychoanalytische Haltung. Verlag Internationale Psychoanalyse, München Wien, S 331-348
Kohut H (1959) Introspection, empathy, and psychoanalysis an examination of the relationship between mode of observation and theory. J Am Psychoanal Assoc 7: 459-483
Kohut H (1971) The analysis of the self. A systematic approach to the psychoanalytic treatment of narcissistic personality disorders. Int Univ Press, New York Dt: (1973) Narzißmus. Eine Theorie der psychoanalytischen Behandlung narzißtischer Persönlichkeitsstörungen, Suhrkamp, Frankfurt am Main
Kohut H (1979) Die Heilung des Selbst. Suhrkamp, Frankfurt am Main
Kolakowski L (1974) Die Gegenwärtigkeit des Mythos. Piper Verlag, München
Köller W (1986) Dimensionen des Metaphernproblems. Z Semiotik 8: 379-410
König K (1981) Angst und Persönlichkeit. Verlag für Medizinische Psychologie im Verlag Vandenhoeck & Ruprecht, Göttingen
Kordy H, Senf W (1985) Überlegungen zur Evaluation psychotherapeutischer Behandlungen. Psychother Med Psychol 35: 207-212
Körner J (1985) Vom Erklären zum Verstehen in der Psychoanalyse. Vandenhoeck & Ruprecht, Göttingen
Krause R (1983) Zur Onto- und Phylogenese des Affektsystems und ihrer Beziehungen zu psychischen Störungen. Psyche 37: 1016-1043
Krause R, Lütolf P (1988) Facial indicators of transference processes within psychoanalytic treatment. In: Dahl H, Kächele H, Thomä H (eds) Psychoanalytic process research strategies. Springer, Berlin Heidelberg New York Tokyo, S 241-256
Kris E (1947) The nature of psychoanalytic propositions and their validation. In: Hook S, Konvitz MR (eds) Freedom and experience: Essays presented to Horace M. Kallen. Cornell Univ Press, New York, pp 239-259
Kris E (1956) On some vicissitudes of insight in psychoanalysis. Int J Psycho-Anal 37: 446 ff.
Kubie LS (1952) Problems and techniques of psychoanalytic validation and progress. In: Pumpian-Mindlin E (ed) Psychoanalysis as science. The Hixon lectures on the scientific status of psychoanalysis. Basic Books, New York, pp 46-124
Kubie LS (1953) The central representation of the symbolic process in pychosomatic disorders. Psychosom Med 15: 1-15
Kubie LS (1958) Research into the process of supervision in psychoanalysis. Psychoanal Q 27: 226-236
Küchenhoff J (1984) Dysmorphophobie. Nervenarzt 55: 122-126
Küng H (1979) Freud and the problem of God. Yale Univ Press, New Haven
Küng H (1987) Freud und die Zukunft der Religion. Piper Verlag, Frankfurt am Main
Kuhns R (1986) Psychoanalytische Theorie der Kunst. Suhrkamp, Frankfurt am Main. Engl: (1983) Psychoanalytic theory of art. Columbia Univ Press, New York
Kuiper PC (1969) Liebe und Sexualität im Leben der Studenten. Huber, Bern Stuttgart
Kurz G (1982) Metapher, Allegorie, Symbol. Vandenhoeck & Ruprecht, Göttingen
Kutter P (1981) Der Basiskonflikt der Psychosomatose und seine therapeutischen Implikationen. Jahrb Psychoanal 13: 93-114
Lacan J (1937) The looking-glass phase. Int J Psychoanal 18: 78
Lacan J (1949) Le stade du miroir comme formateur de la function de je. Revue francaise de Psychanalyse 13: 449-455. Dt: Das Spiegelstadium als Bildner der Ichfunktion. In: Lacan J (1973) Schriften 1. Walter Verlag, Freiburg, S 61-70
Lacan J (1975) Schriften I. Suhrkamp Taschenbuch Wissenschaft, Frankfurt am Main
Lacan J (1980) A Lacanian psychosis. Interview by Jacques Lacan. In: Schneiderman S (ed) Returning to Freud. Yale Univ Press, New Haven London, pp 19-41
Lampl-de Groot (1953) Re-evaluation of the role of the oedipus complex. Int J Psychoanal 33: 333

Lampl-de Groot (1976) Personal experience with psychoanalytic technique and theory during the last half century. Psychoanal Study Child 37: 283-296
Lang H (1986) Die Sprache und das Unbewußte. Jacques Lacans Grundlegung der Psychoanalyse. Suhrkamp Taschenbuch Wissenschaft, Frankfurt am Main, 2. Aufl
Langer SK (1942) Dt: (1965) Philosophie auf neuem Weg. Fischer, Frankfurt am Main
Laplanche J, Pontalis JB (1972) Das Vokabular der Psychoanalyse. Suhrkamp, Frankfurt am Main
Laufer M (1984) Adolescence and developmental breakdown. A psychoanalytic view. Yale Univ Press, New Haven
Lasch C (1979) Haven in heartless world. The family besieged. Basic Books, New York
Leavy SA (1980) The psychoanalytic dialogue. Yale Univ Press, New Haven
Lelliott P, Marks I (1988) The Cause and Treatment of Agoraphobia. Arch Gen Psychiatry 45: 388-392
Leodolter R (1975) Das Sprachverhalten von Angeklagten bei Gericht. Scriptor, Kronberg
Lerner RM (1984) Jugendliche als Produzenten ihrer eigenen Entwicklung. In: Olbrich E, Todt E (Hrsg) Probleme des Jugendalters. Neuere Sichtweisen. Springer, Berlin Heidelberg New York Tokyo, S 69-88
Leuzinger-Bohleber M (1988) Veränderungen kognitiver Prozesse in Psychoanalysen. Fünf Einzelfallstudien. Springer PSZ-Drucke, Berlin Heidelberg New York Tokyo
Lewin BD (1933) The body as phallus. Psychoanal Q 2: 24-47
Lewin BD (1971) Metaphor, mind, and manikin. Psychoanal Q 40: 6-39
Lewin BD, Ross H (1960) Psychoanalytic education in the United States. Norton, New York
Lewy E, Rapaport D (1944) The psychoanalytic concept of memory and its relation to recent memory theories. Psychoanal Q 13: 16-42
Lichtenberg JD (1983 a) Psychoanalysis and infant research. Analytic Press, Hillsdale
Lichtenberg JD (1983 b) The influence of values and value judgments on the psychoanalytic encounter. Psychoanal Inquiry 3: 647-664
Lichtenstein H (1961) Identity and sexuality. J Am Psychoanal Assoc 9: 179-260
Lipowski ZJ (1976) Psychosomatic medicine: An overview. In: Hill OW (ed) Modern trends in psychosomatic medicine, III. Butterworths, London, pp 1-20
Lipowski ZJ (1977) Psychosomatic medicine in the seventies: An overview. Am J Psychiatry 134: 233-242
Lipton SD (1982) Essays on Paul Dewald's „The psychoanalytic process". Contemp Psychoanal 18: 349-372
Little M (1951) Counter-transference and the patient's response to it. Int J Psychoanal 32: 32-40
Loewald HW (1980) Papers on psychoanalysis. Yale Univ Press, New Haven London Dt: (1986) Psychoanalyse. Aufsätze aus den Jahren 1951-1979. Klett-Cotta, Stuttgart
Loewald HW (1960) On the therapeutic action of psychoanalysis. Int J Psychoanal 41: 16-33
Loewald HW (1980) Regression: some general considerations. In: Nedelmann C, Jappe G (Hrsg) Zur Psychoanalyse der Objektbeziehungen. Fromann-Holzboog, Stuttgart, S 189-206
Löw-Beer M (1988) Ist die Leugnung von Willensfreiheit eine Selbsttäuschung? In: König T (Hrsg) Sartre, ein Kongreß. Rowohlt, Reinbek bei Hamburg, S 55-73
Löw-Beer M, Thomä H (1988) Zum Verhältnis von Einsicht und Veränderung. Forum Psychoanal 4: 1-18
London NJ, Rosenblatt AD (eds) (1987) Transference neurosis evolution or obsolescence. Psychoanal Inquiry 7
Lorenz K, Leyhausen P (1968) Antriebe tierischen und menschlichen Verhaltens. Piper Verlag, München
Lorenzer A (1970) Sprachzerstörung und Rekonstruktion. Vorarbeiten zu einer Metatheorie der Psychoanalyse. Suhrkamp, Frankfurt am Main
Lorenzer A (1986) Tiefenhermeneutische Kulturanalyse. In: Lorenzer A (Hrsg) Kultur-Analysen. Psychoanalytische Studien zur Kultur. Fischer Taschenbuch Verlag, Frankfurt am Main, S 11-98
Luborsky L (1967) Momentary forgetting during psychotherapy and psychoanalysis: A theory and a research method. In: Holt RR (ed) Motives and thought: Psychoanalytic essays in honor of David Rapaport. (Psychological Issues vol V Nr. 2-3, Monograph 18/19) Int Univ Press, New York, pp 175-217

Luborsky L (1984) Principles of psychoanalytic psychotherapy. Basic Books, New York. Dt: (1988) Einführung in die analytische Psychotherapie. Springer, Berlin Heidelberg New York Tokyo

Luborsky L, Schimek J (1964) Psychoanalytic theories of therapeutic and developmental change: implications for assessment. In: Worchel P, Byrne D (eds) Personality change. Wiley, New York

Luborsky L, Spence DP (1978) Quantitative research on pychoanalytic therapy. In: Garfield SL, Bergin AE (eds) Handbook of pschotherapy and behavior change. An empirical analysis. Wiley, New York, pp 331-368

Luckmann TH (1979) Persönliche Identität, soziale Rolle und Rollendistanz. In: Marquard O, Stierle K (Hrsg) Identität. Fink, München, S 293-313

Mahler MS, Pine F, Bergmann A (1975) The psychological birth of the human infant. Basic Books, New York. Dt: (1978) Die psychische Geburt des Menschen. Fischer, Frankfurt am Main

Mahony PJ (1977) The place of psychoanalytic treatment in the history of discourse. Psychoanal Contemp Thought 2: 77-111

Mahony PJ (1984) Cries of the Wolf Man. Int Univ Press, New York

Mahony PJ (1986) Freud and the Rat Man. Yale Univ Press, New Haven London

Mahony PJ (1987) Freud as a writer. Yale Univ Press, New Haven London

Mahony PJ, Singh R (1975) The interpretation of dreams, semiology and chomskian linguistics: A radical critique. Psychoanal Study Child 30: 221-241

Mahony PJ, Singh R (1979) Some issues in linguistics and psychoanalysis. Reflections on Marshall Edelson's language and interpretation in psychoanalysis. Psychoanal Contemp Thought 2: 437-446

Margolin SG (1953) Genetic and dynamic psychophysiological determinants of pathophysiological processes. In: Deutsch F (ed) The psychosomatic concept in psychonalysis. Int Univ Press, New York, pp 3-34

Margraf J, Ehlers A, Roth W (1986) Panic attacks: Theoretical models and empirical evidence. In: Hand I, Wittchen HU (eds) Panic and phobias. Springer, Berlin Heidelberg New York Tokyo S 31-43

Marquardt O (1987) Transzendentaler Idealismus. Romantische Naturphilosophie, Psychoanalyse. Verlag für Philosophie, Köln

Marten R (1983) Die psychoanalytische Situation und der Augen-Blick. In: Hoffmann SO (Hrsg) Deutung und Beziehung. Fischer Taschenbuch Verlag Wissenschaft, Frankfurt am Main, S 44-70

Martini P (1953) Methodenlehre der therapeutisch-klinischen Forschung. Springer, Berlin Göttingen Heidelberg

Marty P (1974) Die „allergische Objektbeziehung". In: Brede K (Hrsg) Einführung in die Psychosomatische Medizin: Klinische und theoretische Beiträge. Fischer Athenäum, Frankfurt am Main, S 420-445

Marty P (1968) A major process of somatization: the progressive disorganization. Int J Psychoanal 49: 243-249

Marty P (1969) Notes cliniques et hypotheses à propos de l'économie de l'allergie. Rev Franc Psychoanal 33: 244-253

Marty P, M'Uzan M de (1963) La „pensée opératoire". Rev Franc Psychoanal 27: 345-356

Marty P, M'Uzan M de, David C (1963) L'investigation psychosomatique. Presses Universitaires de France, Paris

Masling J (ed) (1983) Empirical studies of psychoanalytical theories. Vol. 1. Analytic Press, Hillsdale

Masling J (ed) (1986) Empirical studies of psychoanalytical theories. Vol. 2. Analytic Press, Hillsdale

Mayman M, Faris M (1960) Early memories as expressions of relationship paradigms. Am J Orthopsychiat 30: 507-520

McDougall J (1974) The psychosoma and the psychoanalytic process. Int Rev Psychoanal 1: 437-459

McDougall J (1985) Plädoyer für eine gewisse Abnormalität. Suhrkamp, Frankfurt am Main. Franz: (1978) Plaidoyer pour une certaine anormalité. Gallimard, Paris

McDougall J (1987) Ein Körper für zwei. Forum Psychoanal 3: 265-287

McDougall J, Lebovici S (1969) Dialogue with Sammy. Hogarth, London

McLaughlin JT (1982) Issues stimulated by the 32nd Congress. Int J Psychoanal 63: 229-240

McLaughlin JT (1987) The play of transference: some reflections on enactment in the psychoanalytic situation. J Am Psychoanal Assoc 35: 557-582

Mead GH (1934) Mind, self and society. From the standpoint of a social behaviorist. Univ Chicago Press, Chicago. Dt: (1968) Geist, Identität und Gesellschaft aus der Sicht des Sozialbehaviorismus. Suhrkamp, Frankfurt am Main

Meehl PE (1983) Subjectivity in psychoanalytic inference: The nagging persistence of Wilhelm Fliess's Achensee question. In: Earman J (1983) (ed) Testing scientific theories. Minnesota Studies in the Philosophy of Science, Vol 10. Univ Minnesota Press, Minneapolis, pp 349-411

Meerwein F (1987) Bemerkungen zur Metapsychologie schwerer Krebserkrankungen. Bulletin der Schweizerischen Gesellschaft für Psychoanalyse. Nr. 23, S 2-12

Meissner WW (1980) A note on projective identification. J Am Psychoanal Assoc 28: 43-67

Meissner WW (1983) Values in the psychoanalytic situation. Psychoanal Inquiry 3: 577-598

Meissner WW (1984) Psychoanalysis and religious experience. Yale Univ Press, New Haven

Meltzer D (1967) The psychoanalytical process. Heinemann, London

Meltzer D (1978) The Kleinian development: Part II, Richard week-by-week. Clunie, Perthshire

Mendelson M, Hirsch S, Weber CS (1956) A critical examination of some recent theoretical models in psychosomatic medicine. Z Psychosom Med 18: 363-373

Menne K, Schröter K (Hrsg) (1980) Psychoanalyse und Unterschicht. Soziale Herkunft - ein Hindernis für die psychoanalytische Behandlung? Suhrkamp Taschenbuch Wissenschaft 301, Suhrkamp, Frankfurt am Main

Menninger KA, Holzman PS (1977) Theorie der psychoanalytischen Technik. Frommann-Holzboog, Stuttgart-Bad Cannstatt

Mentzos S (1984) (Hrsg) Angstneurose. Fischer, Frankfurt am Main

Mergenthaler E (1986) Die Ulmer Textbank. Springer, Berlin Heidelberg New York Tokyo

Merleau-Ponty M (1965) Phänomenologie der Wahrnehmung. Gruyter, Berlin

Mester H (1982) Der Wunsch einer Frau nach Veränderung der Busengröße. - Ein Beitrag zur Frage der Dysmorphophobie. Z Psychosom Med Psychoanal 28: 69-91

Meyer AE (1981) Psychoanalytische Prozeßforschung zwischen der Skylla der „Verkürzung" und der Charybdis der "systematischen akustischen Lücke". Z Psychosom Med Psychoanal 27: 103-116

Meyer AE (1985) Vergleich psychosomatischer Modelle. Mitteilungen des DKPM 8: 46-57

Meyer AE (1987) Das Leib-Seele-Problem aus der Sicht eines Psychosomatikers. Modelle und ihre Widersprüche. Psychother med Psychol 37: 367-375

Meyer AE (1988) What makes psychoanalysts tick? A model and the method of retroreports. In: Dahl H, Kächele H, Thomä H (eds) Psychoanalytic process research strategies. Springer, Berlin Heidelberg New York Tokyo, S 258-267

Miall DS (ed) (1982) Metaphor: Problems and perspectives. Harvester Press, Sussex and Humanities Press, Atlantic Highlands, NJ

Michels R (1988) The future of psychoanalysis. Psychoanal Q 57: 167-185

Mintz J (1971) The anniversary reaction: A response to the unconscious sense of time. J Am Psychoanal Assoc 19: 720-735

Minuchin S (1977) Familie und Familientherapie. Lambertus, Freiburg i. Br.

Mitscherlich A (1966) Krankheit als Konflikt. Studien zur psychosomatischen Medizin 1. Suhrkamp, Frankfurt am Main

Mitscherlich A (1967) Krankheit als Konflikt. Studien zur psychosomatischen Medizin 2. Suhrkamp, Frankfurt am Main

Mitscherlich M (1983) Zur Theorie und Therapie des Torticollis. In: Studt HH (Hrsg) Psychosomatik in Forschung und Praxis. Urban & Schwarzenberg, München Wien Baltimore, S 401-410

Mittelstraß J (1984) Versuch über den sokratischen Dialog. In: Stierle K, Warning R (Hrsg) Das Gespräch. Fink, München, S 11-27

Momogliano LN (1987) A spell in Vienna - but was Freud a Freudian? Int Rev Psychoanal 14: 373-389

Morgenthaler F (1978) Freuds Technik. Zur Dialektik der psychoanalytischen Praxis. Syndikat, Frankfurt am Main

Moser T (1986) Das erste Jahr. Eine psychoanalytische Behandlung. Suhrkamp, Frankfurt am Main

Moser T (1987) Der Psychoanalytiker als sprechende Attrappe. Eine Streitschrift. Suhrkamp, Frankfurt am Main

Moser U (1962) Übertragungsprobleme in der Psychoanalyse eines chronisch schweigenden Charakterneurotikers. Psyche 15: 592-624

Moser U (1984) Beiträge zu einer psychoanalytischen Theorie der Affekte. Ein Interaktionsmodell, Teil II. Berichte aus der Interdisziplinären Konfliktforschungsstelle. Universität Zürich, Nr. 14

Moser U, Zeppelin I von, Schneider H (1981) Objektbeziehungen, Affekte und Abwehrprozesse. Aspekte einer Regulierungstheorie mentaler Prozesse. Berichte der interdisziplinären Konfliktforschungsstelle der Universität Zürich, No 9 (unveröffentlichter Bericht)

Müller-Braunschweig H (1986) Psychoanalyse und Körper. In: Brähler E (Hrsg) Körpererleben. Springer, Berlin Heidelberg New York Tokyo, S 19-33

Murphy C, Messer D (1979) Mothers, infants and pointing: A study of gesture. In: Schaffer H (ed) Studies in mother-infant interaction. Academic Press, New York, pp 325-354

Muschg W (1930) Freud als Schriftsteller. Die psychoanalytische Bewegung 2: 467-509

M'Uzan M de (1977) Zur Psychologie des psychosomatisch Kranken. Psyche 31: 318-332

Nase E, Scharfenberg J (1977) Psychoanalyse und Religion. Wissenschaftliche Buchgesellschaft, Darmstadt

Nedelmann C (1980) Behandlungsziel und Gesundheitsbegriff der Psychoanalyse. In: Bach H (Hrsg) Der Krankheitsbegriff in der Psychoanalyse. Bestimmungsversuche auf einem Psychoanalytiker-Kongreß der Deutschen Gesellschaft für Psychologie, Psychosomatik und Tiefenpsychologie 1980. Vandenhoeck & Ruprecht, Göttingen, S 55-67

Needles W (1959) Gesticulation and speech. Int J Psychoanal 40: 291-294

Neisser U (1979) Kognition und Wirklichkeit. Prinzipien und Implikationen der kognitiven Psychologie. Klett-Cotta, Stuttgart

Nemiah JC, Sifneos PE (1970) Psychosomatic illness: A problem in communication. Recent research in psychosomatic. Psychother Psychosom 18: 154-160

Neudert L, Grünzig HJ, Thomä H (1987) Change in self-esteem during psychoanalysis: A single case study. In: Cheshire N, Thomä H (eds) Self, symptoms and psychotherapy. Wiley, New York, pp 243-265

Neumann H (1987) Ein Ohr für den Partner. Forum Pschoanal 3: 112-126

Niederland WG (1959) The „miracled up" world of Schreber's childhood. Psychoanal Study Child 14: 383-413

Nietzsche F (1973) Sämtliche Werke, Bd 1, Morgenröte. Wissenschaftliche Buchgesellschaft, Darmstadt S 1010-1279

Ogden TH (1979) On projective identification. Int J Psychoanal 60: 357-373. Dt: (1988) Die projektive Identifikation. Forum Psychoanal 4: 1-21

Olbrich E Todt E (1984) Probleme des Jugendalters. Neuere Sichtweisen. Springer, Berlin Heidelberg New York Tokyo

Olinick SL (1964) The negative therapeutic reaction. Int J Psychoanal 45: 540-548

Ornston D (1982) Strachey's influence. A preliminary report. Int J Psychoanal 63: 409-426

Ornston D (1985 a) Freud's conception is different from Strachey's. J Am Psychoanal Assoc 33: 379-412

Ornston D (1985 b) The invention of „cathexis" and Strachey's strategy. Int Rev Psychoanal 12: 391-412

Ortony A (ed) (1979) Metaphor and thought. Cambridge Univ Press, Cambridge

Ostow M (1966) Psychopharmaka in der Psychotherapie. Huber/Klett, Bern/Stuttgart

Overbeck G (1977) Das psychosomatische Symptom. Psyche 31: 333-354

Paivio A (1971) Imagery and verbal processes. Holt, Rinehardt & Winston, New York

Palazzoli Selvini M (1986) Towards a general model of psychotic family games. J Marital Family Therapy 12: 339-349

Palazzli Selvini M (1986) Rejoinder to Anderson. J Marital Family Therapy 12: 335-357

Parin P, Parin-Matthèy G (1983) Medicozentrismus in der Psychoanalyse. Eine notwendige Revision der Neurosenlehre und ihre Relevanz für die Theorie der Behandlungstechnik. In: Hoffmann SO (Hrsg) Deutung und Beziehung. Kritische Beiträge zur Behandlungskonzeption und Technik in der Psychoanalyse. Fischer, Frankfurt am Manin, S 86-106

Perrez M (1972) Ist die Psychoanalyse eine Wissenschaft? Huber, Bern Stuttgart Wien
Perrez M, Otto J (Hrsg) (1978) Symptomverschiebung. Ein Mythos oder ein unklar gestelltes Problem? Otto Müller Verlag, Salzburg
Peterfreund E (1983) The process of psychoanalytic therapy. Models and strategies. Analytic Press, Hillsdale NJ
Peterfreund E (1986) Reply to Eagle and Wolitzky. Psychoanal Contemp Thought 9: 103-124
Petermann F (1982) Einzelfalldiagnose und klinische Praxis. Kohlhammer, Stuttgart
Petzold E (1979) Familienkonfrontationstherapie bei Anorexia nervosa. Verlag für Med Psychol, Göttingen
Pfandl L (1935) Der Narzißbegriff. Versuch einer neuen Deutung. Imago 21: 279-310
Pfeffer AZ (1959) A procedure for evaluating the results of psychoanalysis. J Am Psychoanal Assoc 7: 418-444
Pfeffer AZ (1961) Follow-up study of a satisfactory analysis. J Am Psychoanal Assoc 9: 698-718
Pfeffer AZ (1963) The meaning of the analyst after analysis. A contribution to the theory of therapeutic results. J Am Psychoanal Assoc 11: 229-244
Pfeifer R, Leuzinger-Bohleber M (1986) Applications of cognitive science methods to psychoanalysis: a case study and some theory. Int Rev Psychoanal 13: 221-240
Pfister O (1928) Die Illusion einer Zukunft. In: Imago XIV, S 149-184 (wieder abgedruckt in: Nase E, Scharfenberg J (1977) (Hrsg) Psychoanalyse und Religion. Wissenschaftliche Buchgesellschaft, Darmstadt, S 101-141
Pfister O (1944) Das Christentum und die Angst. Artemis, Zürich
Philippopoulos GS (1979) The analysis of a case of dysmorphophobia (psychopathology and psychodynamics). Can J Psychiatry 24: 397-401
Philipps JH (1962) Psychoanalyse und Symbolik. Huber, Bern
Platon (oJ) Sämtliche Werke, Bd 1. Das Gastmahl. Schneider, Berlin
Pollock GH (1971) Temporal anniversary manifestations: Hour, day, holiday. Psychoanal Q 40: 123-131
Pollock GH (1977) The psychosomatic specificity concept: Its evolution and re-evaluation. Annu Psychoanal 5: 141-168
Porder MS (1987) Projective identification: An alternative hypothesis. Psychoanal Q 56: 431-451
Pribilla O (1980) Arztrechtliche Fragen und Probleme in der Psychotherapie. Dt Ärztebl 38: 2250-2254
Pulver SE (1987) Prologue to „How theory shapes technique: perspectives on a clinical study". Psychoanal Inquiry 7: 141-145. Epilogue to „How theory shapes technique: perspectives on a clinical study". Psychoanal Inquiry 7: 289-299
Racker H (1957) The meanings and uses of countertransference. Psychoanal Q 26: 303-357
Racker H (1978) Übertragung und Gegenübertragung. Reinhardt, München.
Rad M von (1987) Diskussionsbemerkung. In: Hahn P, Jacob W (Hrsg) Viktor von Weizsäcker zum 100. Geburtstag. Springer, Berlin Heidelberg New York Tokyo, S 163-165
Rangell L (1959) The nature of conversion. J Am Psychoanal Assoc 7: 632-662. Dt: (1969) Die Konversion. Psyche 23: 121-147
Rangell L (1984) The analyst at work. The Madrid congress. Synthesis and critique. Int J Psychoanal 65: 125-140
Rank O (1914) Der Doppelgänger. Imago 3: 97-164
Rank O (1924) Eine Neurosenanalyse in Träumen. Int Psychoanal Verlag, Leipzig, Wien, Zürich
Rapaport D (1942) Emotions and memory. Williams & Wilkins, Baltimore. Dt: (1977) Gefühl und Erinnerung. Klett, Stuttgart
Rapaport D (1953) Paul Schilder's contribution to the theory of thought-processes. Translator's foreword. In: Schilder P (ed) (1953) Medical psychology. Int Univ Press, New York, pp 7-16
Rapaport D (1960) Die Struktur der psychoanalytischen Theorie. Versuch einer Systematik. Klett, Stuttgart. Engl: (1960) The structure of psychoanalytic theory. A systematizing attempt (Psychological issues, vol 2, no 2, monograph 6). Int Univ Press, New York
Rapaport D (1957) A theoretical analysis of the superego concept. In: Gill MM (ed) (1967) The collected papers of David Rapaport. Basic Books, New York S 685-709
Reed GS (1987) Scientific and polemical aspects of the term „transference neurosis" in psychoanalysis. Psychoanal Inquiry 7: 465-483
Rehberg KS (1985) Die Theorie der Intersubjektivität als eine Lehre vom Menschen. In: Joas H

(Hrsg) Das Problem der Intersubjektivität. Neuere Beiträge zum Werk GH Meads. Suhrkamp, Frankfurt am Main
Reich W (1933) Charakteranalyse, Technik und Grundlagen. Selbstverlag des Verfassers, Wien
Reider N (1972) Metaphor as interpretation. Int J Psychoanal 53: 463-469
Reiter L (1973) Zur Bedeutung der Sprache und Sozialisation für die Psychotherapie von Patienten aus der sozialen Unterschicht. In: Strotzka H (Hrsg) (1973) Neurose, Charakter, soziale Umwelt. Kindler, München S 157-179
Rentrop E, Straschill M (1986) Der Einfluß emotionaler Faktoren beim Auftreten des idiopathischen Torticollis spasmodicus. Z Psychosom Med Psychoanal 32: 44-59
Richard IA (1936) The philosophy of rhetoric. Oxford Univ Press, London Oxford New York
Richter HE, Beckmann D (1969) Herzneurose. Thieme, Stuttgart
Richter HE (1976) Flüchten oder Standhalten. Rowohlt, Reinbek
Rivers WHR (1920) Instinct and the unconscious. A contribution to a biological theory of the psycho-neuroses. Cambridge Univ Press
Robbins M (1988) Use of audiotape recording in impasses with severely disturbed patients. J Am Psychoanal Assoc 36: 61-75
Rogers R (1942) The use of electrically recorded interviews in improving psychotherapeutic techniques. Am J Orthopsychiatry 12: 429-434
Rogers R (1978) Metaphor: A psychoanalytic view. Calif Univ Press, Berkeley
Roheim G (1917) Spiegelzauber. Imago 5: 63-120
Roiphe H, Galenson E (1981) Infantile origins of sexual identity. Int Univ Press, New York
Rosen VH (1969) Sign phenomena and their relationship to unconscious meaning. Int J Psychoanal 50: 197-207
Rosenfeld H (1971) Contribution to the psychopathology of psychotic states: The importance of projective identification in the ego structure and object relation of the psychotic patient. In: Doucet P, Laurin C (eds) Problems of psychosis. The Hague: Excerpta Medica, pp 115-128
Rosenfeld H (1981) Zur Psychopathologie der Hypochondrie. In: Rosenfeld H (Hrsg) Zur Psychoanalyse psychotischer Zustände. Suhrkamp, Frankfurt am Main, S 209-233
Rosenfeld H (1987) Impasse and interpretation. Tavistock Publications, London.
Rothstein A (1983) The structural hypothesis. An evolutionary perspective. Int Univ Press, New York
Ruberg W (1981) Untersuchung sprachlicher Reaktionen von Patienten auf Tonbandaufnahmen psychoanalytischer Behandlungen. Diss. Dr. rer. biol. hum., Universität Ulm
Rubinstein B (1972) On metaphor and related phenomena. Psychoanal Contemp Sci 1: 70-108
Rubinstein B (1973) On the logic of explanation in psychoanalysis. Psychoanal Contemp Sci 2: 338-358
Rubovits-Seitz P (1986) Clinical interpretation, hermeneutics and the problem of validation. Psychoanal Contemp Thought 9: 3-42
Rüger U (1976) Tiefenpsychologische Aspekte des Verlaufs phasischer Depressionen unter Lithium Prophylaxe. Nervenarzt 47: 538-543
Rüger U (1986) Psychodynamische Prozesse während einer Lithium-Langzeitmedikation. In: Müller-Oerlinghausen B, Greil W (Hrsg) Die Lithiumtherapie. Springer, Berlin Heidelberg New York Tokyo
Sacks S (ed) (1979) On metaphor. Chicago Univ Press, Chicago London
Sander LW (1962) Issues in early mother-child interaction. J Am Acad Child Psychiat 1: 141-166
Sandler J (1962) The Hampstead Index as an instrument of psychoanalytic research. Int J Psychoanal 43: 289-291
Sandler J (1976) Countertransference and role-responsiveness. Int Rev Psychoanal 3: 43-47
Sandler J (1983) Die Beziehung zwischen psychoanalytischen Konzepten und psychoanalytischer Praxis. Psyche 37: 577-595. Engl: (1983) Reflections on some relations between psychoanalytic concepts and psychoanalytic practice. Int J Psychoanal 64: 35-45
Sandler J, Dare C, Holder A (1973) Grundbegriffe der psychoanalytischen Therapie. Klett, Stuttgart. Engl: (1973) The patient and the analyst: The basis of the psychoanalytic process. Allen & Unwin, London
Sandler J, Sandler AM (1984) The past unconscious, the present unconscious and interpretation of the transference. Psychoanal Inquiry 4: 367-399. Dt: (1985) Vergangenheits-Unbewußtes, Gegenwarts-Unbewußtes und die Deutung der Übertragung. Psyche 39: 800-829

Sargent HD, Horowitz L, Wallerstein RS, Appelbaum A (1968) Prediction in psychotherapy research. Method for the transformation of clinical judgements into testable hypothesis (Psychological issues, vo. 6, no 1, monograph 21). Int Univ Press, New York

Sartre JP (1969) Der Narr mit dem Tonband. Neues Forum 16: 705-725

Schalmey P (1977) Die Bewährung psychoanalytischer Hypothesen. Scriptor Verlag, Kronberg/Ts.

Scharfenberg J (1968) Sigmund Freud und seine Religionskritik als Herausforderung für den christlichen Glauben. Vandenhoeck & Ruprecht, Göttingen

Schaumburg C, Kächele H, Thomä H (1974) Methodische und statistische Probleme bei Einzelfallstudien in der psychoanalytischen Forschung. Psyche 28:353-374

Scheidt CE (1986) Die Rezeption der Psychoanalyse in der deutschsprachigen Philosophie vor 1940. Suhrkamp, Frankfurt am Main

Schilder P (1923) Das Körperschema. Ein Beitrag zur Lehre vom Bewußtsein des eigenen Körpers. Springer, Berlin

Schilder P (1933) Das Körperbild und die Sozialpsychologie. Imago 19: 367-376

Schilder P (1935) The image and appearance of the human body. Kegan, London

Schleiermacher FDE (1977) Hermeneutik und Kritik. Suhrkamp, Frankfurt am Main

Schlesier R (1981) Konstruktionen der Weiblichkeit bei Sigmund Freud. Europäische Verlagsanstalt, Frankfurt am Main

Schlessinger N, Robbins FP (1983) A developmental view of the psychoanalytic process. Follow-up studies and their consequences. Int Univ Press, New York

Schmidl S (1955) The problem of scientific validation in psychoanalytic interpretation. Int J Psychoanal 36: 105-113

Schneider E (1972) Die Theologie und Feuerbachs Religionskritik. Vandenhoeck & Ruprecht, Göttingen

Schneider H (1983) Auf dem Weg zu einem neuen Verständnis des psychotherapeutischen Prozesses. Huber, Bern Stuttgart Wien

Schneider PB (1973) Zum Verhältnis von Psychoanalyse und psychosomatischer Medizin. Psyche 27: 21-49

Schneider PB (1977) The observer, the psychosomatic phenomenon and the setting of the observation. Psychother Psychosom 28: 36-46

Schneider W (1987) Deutsch für Kenner. Gruner & Jahr, Hamburg

Schönau W (1968) Sigmund Freuds Prosa. Literarische Elemente seines Stils. Metzlersche Verlagsbuchhandlung, Stuttgart

Schonecke O, Herrmann J (1986) Das funktionelle kardiovaskuläre Syndrom. In: Uexküll Th von Psychosomatische Medizin. Urban & Schwarzenberg, München Wien, S 503-522

Schopenhauer A (1974) Sämtliche Werke. Suhrkamp Taschenbuch Wissenschaft, Frankfurt am Main

Schröter K (1979) Einige formale Aspekte des psychoanalytischen Dialogs. In: Flader D, Wodak-Leodolter R (Hrsg) Therapeutische Kommunikation. Ansätze zur Erforschung der Sprache im psychoanalytischen Prozeß. Scriptor, Königstein, S 186-207

Schüffel W, Uexküll Th von (1986) Ulcus duodeni. In: Uexküll Th von Psychosomatische Medizin. Urban & Schwarzenberg, München Wien, S 761-782

Schultz H (1973) Zur diagnostischen und prognostischen Bedeutung des Initialtraumes in der Psychotherapie. Psyche 27: 749-769

Schur M (1955) Comments on the metapsychology of somatization. Psychoanal Study Child 10: 119-164. Dt: (1974) Zur Metapsychologie der Somatisierung. In: Brede K (Hrsg) Einführung in die Psychosomatische Medizin: Klinische und theoretische Beiträge. Fischer Athenäum, Frankfurt am Main, S 335-395

Schwaber EA (1987) Models of the mind and data-gathering in clinical work. Psychoanal Inquiry 7: 261-275

Schwarz HJ (1987) Illness in the doctor: Implications for the psychoanalytic process. J Am Psychoanal Assoc 35: 657-692

Searles HF (1965) Collected papers on schizophrenia and related subjects. Int Univ Press, New York

Segal H (1964) Introduction to the work of Melanie Klein, 1st edn. Basic Books, New York

Segal H (1973) Introduction to the work of Melanie Klein, rev edn. Hogarth, London. Dt: (1974) Melanie Klein. Eine Einführung in ihr Werk. Kindler, München

Seiffge-Krenke I (1985) Problembewältigung im Jugendalter. Z Pädagogische und Entwicklungspsychologie 18: 122-152
Sellschopp A (1988) Das Dilemma der Psycho-Onkologie. In: Verres R, Hasenbring M (Hrsg) Psychosoziale Aspekte der Krebsforschung. Springer, Berlin Heidelberg New York Tokyo, S 1-27
Shakow D, Rapaport D (1964) The influence of Freud on American psychology. Psychological Issues 4, Int Univ Press, New York
Shane E (1987) Varieties of psychoanalytic experience, Psychoanal Inquiry 7: 199-205 u. 241-248
Shapiro T (1984) On neutrality. J Am Psychoanal Assoc 32: 269-282
Sharpe EF (1940) Psycho-physical problems revealed in language: An examination of metaphor. Int J Psychoanal 21: 201-213
Sheehan DV, Sheehan KH (1983) The classification of phobic disorders. Int J Psychiat Med 12: 243-266
Shengold L (1971) More about rats and rat people. Int J Psychoanal 52: 277-288
Sherwood M (1969) The logic of explanation in psychoanalysis. Academic Press, New York
Sherwood M (1973) Another look at the logic of explanation in psychoanalysis. Psychoanal Contemp Sci 2: 359-366
Sifneos PE (1973) The prevalence of „alexithymic" characteristics in psychosomatic patients. Psychother Psychosom 22: 255-262
Silverman MA (1987) Clinical material. Psychoanal Inquiry 7: 147-165
Silberschatz G (1978) Effects of the therapist's neutrality on the patient's feelings and behavior in the psychoanalytic situation. Unpublished doctoral dissertation, New York University
Simon J, Fink G, Gill MM, Endicott NA, Paul IH (1970) Studies in audio-recorded psychoanalysis. II. The effect of recording upon the analyst. J Am Psychoanal Assoc 18: 86-101
Spence DP (1976) Clinical interpretation: some comments on the nature of evidence. Psychoanal Contemp Sci 5: 367-388
Spence DP (1981) Psychoanalytic competence. Int J Psychoanal 62: 113-124
Spence DP (1982) Narrative truth and historical truth. Meaning and interpretation in psychoanalysis. Norton, New York
Spence DP (1983) Narrative persuasion. Psychoanal Contemp Thought 6: 457-481
Spence DP (1986) When interpretation masquerades as explanation. J Am Psychoanal Assoc 34: 3-22
Spence DP, Lugo M (1972) The role of verbal clues in clinical listening. Psychoanal Contemp Sci 1: 109-131
Sperling E, Massing A (1970) Der familiäre Hintergrund der Anorexia nervosa und die sich daraus ergebenden therapeutischen Schwierigkeiten. Z Psychosom Med Psychoanal 16: 130-141
Spielberger CD (1980) Streß und Angst. Beltz, Weinheim
Spillius EB (1983) Some developments from the work of Melanie Klein. Int J Psychoanal 64: 321-332
Spitz RA (1973) Die Evolution des Dialogs. Psyche 27: 697-717
Spitz RA (1976) Vom Dialog. Studien über den Ursprung der menschlichen Kommunikation und ihre Rolle in der Persönlichkeitsbildung. Klett, Stuttgart
Stein M (1985) Irony in psychoanalysis. J Am Psychoanal Assoc 33: 35-57
Steiner R (1985) Some thoughts about tradition and change arising from an examination of the British Psychoanalytical Society's Controversial Discussions (1943-1944) Int Rev Psychoanal 12: 27-72
Steiner R (1987) Some thoughts on "La vive voix" by I. Fonagy. Int Rev Psychoanal 14: 265-272
Sterba RF (1929) Zur Dynamik der Bewältigung des Übertragungswiderstandes. Int Z Psychoanal 15: 456-470
Sterba RF (1934) Das Schicksal des Ichs im therapeutischen Verfahren. Int Z Psychoanal 20: 66-73
Stern D (1979) Mutter und Kind, die erste Beziehung. Klett-Cotta, Stuttgart. Engl: (1977) The first relationship. Mother and infant. Fontana Open Books, London
Stern D (1985) The interpersonal world of the infant. Basic Books, New York
Stern MM (1970) Therapeutic playback, self objectification and the analytic process. J Am Psychoanal Assoc 18: 562-598
Stevenson RL (1886) Dr. Jekyll & Mr. Hyde. Bantam, New York (1967)

Stiemerling D (1974) Die früheste Kindheitserinnerung des neurotischen Menschen. Z Psychosom Med Psychoanal 20: 337-362
Stierlin H (1975) Von der Psychoanalyse zur Familientherapie. Klett-Cotta, Stuttgart
Stierlin H, Weber G, Simon FB (1986) Zur Familiendynamik bei manisch-depressiven und schizoaffektiven Psychosen. Familiendynamik 11: 267-282
Stoller RJ (1968) Sex and gender. Vol. 1: On the development of masculinity and feminity. Vol. 2: The transsexual experiment. Hogarth, London
Stoller RJ (1975) Perversion. The erotic form of hatred. Reprint Maresfield Library, London (1986). Dt: (1979) Perversion: die erotische Form von Haß. Rowohlt, Hamburg
Stoller RJ (1979) Sexual excitement. Dynamics of erotic life. Maresfield Library, London, Nachdruck 1986
Stolorow RD, Lachmann FM (1984/85) Transference: The future of an illusion. Annu Psychoanal 12/13: 19-37
Stone L (1961) The psychoanalytic situation. An examination of its development and essential nature. Int Univ Press, New York. Dt: (1973) Die psychoanalytische Situation. Fischer, Frankfurt am Main
Strachey J (1934) The nature of the therapeutic action of psycho-analysis. Int J Psychoanal 15: 127-159
Straus E (1949) Die aufrechte Haltung. Mschr Psychiat Neurol 117: 367-379. Engl: (1952) The upright posture. Psychiatr Q 26: 529-561
Strian F (1983) Angst. Grundlagen und Klinik. Ein Handbuch zur Psychiatrie und medizinischen Psychologie. Springer, Berlin Heidelberg New York Tokyo
Strupp HH (1973) Psychotherapy. Clinical research, and theoretical issues. Aronson, New York
Strupp HH (1978) Psychotherapy research and practice: An overview. In: Garfield S, Bergin AE (eds) Handbook of psychotherapy and behavior change. Wiley, New York, pp 3-22
Strupp HH, Binder JL (1984) Psychotherapy in a new key. Basic Books, New York
Strupp HH, Wallach MS, Wogan M (1964) Psychotherapy experience in retrospect: Questionnaire survey of former patients and their therapists. In: Kimble GA (ed) Psychological monographs general and applied. S. Whole No 558
Stunkard AJ (1986) Adipositas. In: Uexküll Th von (Hrsg.) Psychosomatische Medizin, 3. Auflage, Urban & Schwarzenberg, München Wien Baltimore, S 583-599
Szecsödy I (1981) The supervisory process. Theory and research in psychotherapy supervision (a research project). Rapport 3, Univ Stockholm
Szecsödy I (1986) Feedback in psychotherapy and in training. Nord Psych Tidsk 40: 193-200
Szondi F (1975) Einführung in die literarische Hermeneutik. Suhrkamp, Frankfurt am Main
Teller V (1981) Book Review: Rogers R: Metaphor: A psychoanalytic view. Psychoanal Rev 68: 458-460
Teller V, Dahl H (1986) The microstructure of free association. J Am Psychoanal Assoc 34: 763-798
Thomä H (1953) Traitment d'une hypertension considere comme exemple d'un ‚refoulement bephas'. L'Evolution psychiatrique Nr. III: 443-456. Dt: (1953/54) Über einen Fall schwerer zentraler Regulationsstörung als Beispiel einer zweiphasigen Verdrängung. Psyche 7: 579-592
Thomä H (1954) Über die psychoanalytische Behandlung eines Ulcuskranken. Psyche 9: 92-125
Thomä H (1957) Männlicher Transvestitismus und das Verlangen nach Geschlechtsumwandlung. Psyche 11: 81-124
Thomä H (1961) Anorexia nervosa, Geschichte, Klinik und Theorie der Pubertätsmagersucht. Huber/Klett, Bern/Stuttgart
Thomä H (1962/63) Bemerkungen zu neueren Arbeiten über die Theorie der Konversion. Psyche 16: 801-813
Thomä H (1967) Konversionshysterie und weiblicher Kastrationskomplex. Psyche 21: 664-692
Thomä H (1977) Psychoanalyse und Suggestion. Z Psychosom Med Psychoanal 23: 35-55
Thomä H (1978) Von der „biographischen Anamnese" zur „systematischen Krankengeschichte". In: Drews S et al. (Hrsg) Provokation und Toleranz. Festschrift für Alexander Mitscherlich zum 70. Geburtstag. Suhrkamp, Frankfurt am Main, S 254-277
Thomä H (1981) Schriften zur Praxis der Psychoanalyse: Vom spiegelnden zum aktiven Psychoanalytiker. Suhrkamp, Frankfurt am Main
Thomä H (1983) Erleben und Einsicht im Stammbaum psychoanalytischer Techniken und der

„Neubeginn“ als Synthese im „Hier und Jetzt“. In: Hoffmann SO (Hrsg) Deutung und Beziehung. Kritische Beiträge zur Behandlungskonzeption und Technik in der Psychoanalyse. Fischer, Frankfurt am Main
Thomä H, Houben A (1967) Über die Validierung psychoanalytischer Theorien durch die Untersuchung von Deutungsaktionen. Psyche 21: 664-692
Thomä H, Thomä B (1968) Die Rolle der Angehörigen in der psychoanalytischen Technik. Psyche 22: 802-822
Thomä H, Rosenkötter L (1970) Über die Verwendung audiovisueller Hilfsmittel in der psychotherapeutischen Ausbildung. Didacta Medica 4: 108-112
Thomä H, Kächele H (1973) Wissenschaftstheoretische und methodologische Probleme der klinisch-psychoanalytischen Forschung. Psyche 27: 205-236, 309-355)
Thomä H, Grünzig HJ, Böckenförde H, Kächele H (1976) Das Konsensusproblem in der Psychoanalyse. Psyche 30: 979-1027
Thomä H, Hohage R (1981) Zur Einführung einiger kasuistischer Mitteilungen. Psyche 35: 809-818
Thomä H, Kächele H (1985) Lehrbuch der psychoanalytischen Therapie, Bd 1: Grundlagen. Springer, Berlin Heidelberg New York Tokyo
Ticho EA (1971) Probleme des Abschlusses der psychoanalytischen Therapie. Psyche 25: 44-56
Ticho EA (1974) DW Winnicott, Martin Buber and the theory of personal relationships. Psychiatry 37: 240-253
Tölle R (1983) Ärztliche Überlegungen zum Einsichtsrecht des Patienten. Dt Ärztebl 18: 47-53
Tugendhat E (1979) Selbstbewußtsein und Selbstbestimmung. Sprachanalytische Interpretationen. Suhrkamp Taschenbuch Wissenschaft, Frankfurt am Main
Tugendhat E (1984) Frobleme der Ethik, Reclam, Stuttgart
Uexküll T von (1985) Der Körperbegriff als Problem der Psychoanalyse und der somatischen Medizin. Praxis Psychother Psychosom 30: 95-103
Uexküll T von (1986) Psychosomatische Medizin. 3. Aufl. Urban & Schwarzenberg, München Wien Baltimore
Van Dam H (1987) Countertransference during an analyst's brief illness. J Am Psychoanal Assoc 35: 647-655
Vogt R (1986) Psychoanalyse zwischen Mythos und Aufklärung oder Das Rätsel der Sphinx. Campus-Verlag, Frankfurt am Main New York
Wachtel P (1982) Vicious circles: the self and the rhetoric of emerging and unfolding. Contemp Psychoanal 18: 259-273
Waelder R (1930) Das Prinzip der mehrfachen Funktion. Bemerkungen zur Überdeterminierung. Int Z Psychoanal 16: 285-300
Waelder R (1963) Die Grundlagen der Psychoanalyse. Huber, Bern; Klett, Stuttgart. Engl: (1960) Basic theory of psycho-analysis. Int Univ Press, New York
Wallerstein RS (1973) Psychoanalytic perspectives on the problem of reality. J Am Psychoanal Assoc 21: 5-33
Wallerstein RS (1981) Becoming a psychoanalyst. A study of psychoanalytic supervision. Int Univ Press, New York
Wallerstein RS (1983) Reality and its attributes as psychoanalytic concepts: an historical overview. Int Rev Psychoanal 10: 125-144
Wallerstein RS (1986) Forty-two lives in treatment. Guilford, New York
Weber JJ, Elinson J, Moss IM (1966) The application of ego strength scales to psychoanalytic clinic records. In: Goldman GS, Shapiro D (eds) Developments in psychoanalysis at Columbia University. Hafner, New York, pp 215-273
Weber M (1904) Der Sinn der "Wertfreiheit" der soziologischen und ökonomischen Wissenschaften. In: Weber M (1968) Methodologische Schriften (Studienausgabe). Fischer, Frankfurt am Main, S 229-277
Weber M (1921) Soziologische Grundbegriffe. Mohr, Tübingen
Weiner H (1977) Psychobiology and human disease. Elsevier, New York
Weinrich H (1968) Die Metapher. Poetica 2: 100-130
Weinrich H (1976) Sprache in Texten. Klett, Stuttgart
Weiss J, Sampson H (1986) The psychoanalytic process. Guilford Press, New York London
Weizsäcker CF von (1987) Viktor von Weizsäcker zwischen Physik und Philosophie. In: Hahn P,

Jacob W (Hrsg) (1987) Viktor von Weizsäcker zum 100. Geburtstag. Springer, Berlin Heidelberg New York Tokyo
Weizsäcker V von (1950) Diesseits und jenseits der Medizin. Köhler, Stuttgart
Weizsäcker V von (1950) Zwei Arten des Widerstandes. Psyche 4: 1-16
Weizsäcker V von (1951) Fälle und Probleme. 2. Aufl. Thieme, Stuttgart
White TW (1963) Ego and reality in psychoanalytic theory. A proposal regarding independent ego energies (Psychol Issues, vol III, no 3, Monograph 11) Int Univ Press, New York
Wilson E jr. (1987) Did Strachey invent Freud? Int Rev Psychoanal 14: 299-315
Winnicott DW (1949) Hate in the countertransference. Int J Psychoanal 30: 69-74. Dt: (1976) Haß in der Gegenübertragung. In: Winnicott DW (Hrsg) Von der Kinderheilkunde zur Psychoanalyse. Kindler, München, S 75-88
Winnicott DW (1956) Zustände von Entrückung und Regression. Psyche 10: 205-215
Winnicott DW (1965) The maturational processes and the facilitating environment. Studies in the theory of emotional development. Int Univ Press, New York. Dt: (1974) Reifungsprozesse und fördernde Umwelt. Kindler, München
Winnicott (1972) Fragment of an analysis. Dt: (1982) Bruchstücke einer Psychoanalyse. Klett-Cotta, Stuttgart
Wirsching M, Stierlin H (1982) Krankheit und Familie. Klett-Cotta, Stuttgart
Wirsching M, Stierlin H, Haas B, Weber G, Wirsching B (1981) Familientherapie bei Krebsleiden. Familiendynamik 6: 2-23
Wittgenstein (1984) Werkausgabe, Bd 8. Suhrkamp, Frankfurt am Main
Wodak-Leodolter R (1979) Probleme der Unterschichttherapie. Aspekte einer empirischen Untersuchung therapeutischer Gruppen. In: Flader D, Wodak-Leodolter R (Hrsg) Therapeutische Kommunikation. Ansätze zur Erforschung der Sprache im psychoanalytischen Prozeß. Scriptor, Königstein, S 186-207
Wolf ES (1979) Transferences and countertransferences in the analysis of disorders of the self. Contemp Psychoanal 15: 577-594
Wolf ES (1983) Empathy and countertransference. In: Goldberg A (ed) The future of psychoanalysis. Int Univ Press, New York, pp 309-326
Wolff HG (1977) The contribution of the interview situation to the restriction of phantasy, life and emotional experience in psychosomatic patients. Psychother Psychosom 28: 58-67
Wurmser L (1977) A defense of the use of metaphor in analytic theory formation. Psychoanal Q 46: 466-498. Dt: (1983) Plädoyer für die Verwendung von Metaphern in der psychoanalytischen Theoriebildung. Psyche 37: 673-700
Wurmser L (1987) Flucht vor dem Gewissen. Springer, Berlin Heidelberg New York Tokyo
Wyss D (1982) Der Kranke als Partner. Bd 1 und Bd 2. Vandenhoeck & Ruprecht, Göttingen
Wyss D, Bühler KE (1985) Von der Daseinsanalyse zur anthropologisch-integrativen Psychotherapie. Nervenheilkunde 4: 222-226
Yalom ID, Elkin G (1974) Every day gets a little closer. A twice-told therapy. Basic Books, New York
Zenz H, Brähler E, Braun P (1975) Persönlichkeitsaspekte des Kommunikationserlebens im Erstinterview. Z Psychosom Med Psychoanal 21: 376-389
Zeppelin I von (1987) Outline of a process model of psychoanalytic therapy. In: Cheshire N, Thomä H (eds) Self, symptoms and psychotherapy. Wiley, New York, pp 149-165
Zerssen D von, Möller HJ, Baumann U, Bühringer G (1986) Evaluative Therapieforschung in der Bundesrepublik Deutschland und West-Berlin. Psychother Med Psychol 36: 8-17
Zetzel E (1966) Additional notes upon a case of obsessional neurosis: Freud 1909. Int J Psychoanal 47: 123-129
Zulliger H (1957) Bausteine zur Kinderpsychotherapie und Kindertiefenpsychologie. Huber, Bern

Namenverzeichnis

E

F

G

H

I

J

K

L

M

N

O

P

Sachverzeichnis

A

B

L

M

N

R

Z